***ACCESO GRATIS** a la Lectura en la Nube*

Para visualizar el libro electrónico en la nube de lectura envíe junto a su nombre y apellidos una fotografía del código de barras situado en la contraportada del libro y otra del ticket de compra a la dirección:

ebooktirant@tirant.com

En un máximo de 72 horas laborales le enviaremos el código de acceso con sus instrucciones.

HACIA EL PROCESO JUDICIAL DEL SIGLO XXII

Procedimiento de selección de originales, ver página web:
www.tirant.net/index.php/editorial/procedimiento-de-seleccion-de-originales

HACIA EL PROCESO JUDICIAL DEL SIGLO XXII

JORDI NIEVA FENOLL

tirant lo blanch
Valencia, 2025

En caso de erratas y actualizaciones, la Editorial Tirant lo Blanch publicará la pertinente corrección en la página web www.tirant.com.

EDITA: TIRANT LO BLANCH
C/ Artes Gráficas, 14 - 46010 - Valencia
TELFS.: 96/361 00 48 - 50
FAX: 96/369 41 51
Email: tlb@tirant.com
www.tirant.com
Librería virtual: www.tirant.es
DEPÓSITO LEGAL: V-716-2025
ISBN: 978-84-1095-789-3

Si tiene alguna queja o sugerencia, envíenos un mail a: *atencioncliente@tirant.com*. En caso de no ser atendida su sugerencia, por favor, lea en *www.tirant.net/index.php/empresa/politicas-de-empresa* nuestro procedimiento de quejas.

Responsabilidad Social Corporativa: http://www.tirant.net/Docs/RSCTirant.pdf

Índice

TECNOLOGÍA Y DERECHOS FUNDAMENTALES EN EL PROCESO JURISDICCIONAL

INTELIGENCIA ARTIFICIAL Y PROCESO JUDICIAL: PERSPECTIVAS ANTE UN ALTO TECNOLÓGICO EN EL CAMINO

RESOLUCIÓN ONLINE DE LITIGIOS DE ESCASA CUANTÍA: ¿ES ESTA LA ÚNICA SOLUCIÓN REALISTA?

¿SON VIABLES LAS SOLUCIONES RESTAURATIVAS A TRAVÉS DE LA IA?

PERDER EL CONTROL: ¿HACIA UNA DISTOPÍA JUDICIAL?

III. INDEPENDENCIA JUDICIAL Y DISCRECIONALIDAD

APROXIMACIÓN A LA ESENCIA DE LA DISCRECIONALIDAD JUDICIAL

TRASFONDO PSICOLÓGICO DE LA ACTIVIDAD JUDICIAL

INDEPENDENCIA JUDICIAL: ¿CÓMO VOLVER A SU OLVIDADA ESENCIA?

IV. PRUEBA

LA INEXPLICABLE PERSISTENCIA DE LA VALORACIÓN LEGAL DE LA PRUEBA

LOS SESGOS DEL PENSAMIENTO Y LA PRUEBA: HUYENDO DE LA INTUICIÓN DEL JUEZ

LA DISCUTIBLE UTILIDAD DE LOS INTERROGATORIOS DE PARTES Y TESTIGOS

EL INTERROGATORIO COMO PSEUDOCIENCIA

EL ART. 708 LECRIM: UNA LIMITACIÓN INEXISTENTE AL INTERROGATORIO CRUZADO

EL INTERROGATORIO DE MENORES: UNA "PRUEBA PERICIAL" A EVITAR

LA CARGA DE LA PRUEBA: UNA RELIQUIA HISTÓRICA QUE DEBIERA SER ABOLIDA

CARGA DE LA PRUEBA Y ESTÁNDARES DE PRUEBA: DOS REMINISCENCIAS DEL PASADO

REQUIEM POR LA CARGA DE LA PRUEBA

PRUEBA CIENTÍFICA. CUESTIONES DE FUTURO: NEUROCIENCIA E INTELIGENCIA ARTIFICIAL

LA DESORIENTACIÓN COMO REGLA DE REFORMA DEL PROCESO CIVIL

EL PROCEDIMIENTO VERBAL SIN ORALIDAD: LA TRANSFORMACIÓN DE UN MODELO

REFORMANDO LA CASACIÓN —CIVIL Y PENAL— POR REAL DECRETO-LEY: ¿EL ESPÍRITU DE UNA ÉPOCA?

CONTRA EL ELITISMO Y LA POSMODERNIDAD EN EL ARBITRAJE

LA OBLIGATORIEDAD VS. VOLUNTARIEDAD EN EL SISTEMA ARBITRAL DE CONSUMO

VI. PROCESO PENAL

LA INSTRUCCIÓN COMO FALSA "PRIMERA INSTANCIA" DEL PROCESO PENAL: HACIA UNA TOTAL SUPERACIÓN DEL SISTEMA INQUISITIVO

EL PROCEDIMIENTO DE INVESTIGACIÓN EN EL ANTEPROYECTO DE LEY DE ENJUICIAMIENTO CRIMINAL DE 2020

LA DECADENCIA DEL SISTEMA PENAL ACUSATORIO

EL TRÁNSITO DE LA FE A LA TECNOLOGÍA EN EL PROCESO PENAL

SEIS CONCEPTOS EN BUSCA DE UN OBJETIVO: JURISDICCIÓN, ACCIÓN, PROCESO, DERECHOS, PENA Y DELITO

LA COMPETENCIA DE LA SALA SEGUNDA DEL TRIBUNAL SUPREMO PARA EL ENJUICIAMIENTO DE LOS LÍDERES INDEPENDENTISTAS

EL INDULTO: UN CUERPO EXTRAÑO EN EL SISTEMA PROCESAL

LA ACTUACIÓN DE OFICIO DEL JUEZ NACIONAL EUROPEO

THE CJEU AND THE REFINEMENT OF THE PRINCIPLE OF PARTY DISPOSITION

LA AUTONOMÍA DEL LEGISLADOR NACIONAL EN LA REGULACIÓN DE LOS PROCEDIMIENTOS: LAS FRONTERAS DE LA JURISPRUDENCIA EUROPEA

LA PAULATINA CONSTITUCIONALIZACIÓN DEL DERECHO AL RECURSO

HACIA LA CONSTITUCIONALIDAD DEL DISEÑO PROCESAL DE LOS MEDIOS DE IMPUGNACIÓN

EL EXAMEN DE LA AUTORIDAD REQUERIDA EN LA ORDEN EUROPEA DE DETENCIÓN Y ENTREGA DE POLÍTICOS INDEPENDENTISTAS: ENTRE LA POLÍTICA Y EL DERECHO

ORDEN EUROPEA DE DETENCIÓN Y ENTREGA: EL ANÁLISIS DE LA AUTORIDAD REQUERIDA SOBRE EL RESPETO POR LOS DERECHOS FUNDAMENTALES

ORDEN EUROPEA DE INVESTIGACIÓN: AUTORIDADES COMPETENTES EN EL ESTADO EMISOR Y DE EJECUCIÓN. ESPECIAL CONSIDERACIÓN DEL PAPEL DEL MINISTERIO FISCAL

REGLA DE EXCLUSIÓN DE PRUEBAS ILÍCITAS Y EFECTO DISUASORIO: UN ERROR DE BASE EN LA JURISPRUDENCIA ESTADOUNIDENSE

EL ORIGEN INGLÉS DE LA CASACIÓN FRANCESA

¿ES TAN DIFERENTE EL PROCESO CIVIL INGLÉS DE LOS PROCESOS DEL CONTINENTE?

PREFACIO

Reúno en estas páginas, por la gentileza de la Editorial Tirant lo Blanch, la cincuentena de artículos que he ido publicando aquí y allá durante aproximadamente la última década. Es ya la tercera recopilación de estas características que llevo a cabo y expongo a la comunidad científica como forma de hacer más accesibles mis trabajos, facilitando así el estudio y, por descontado, la crítica. Renunciadas las vanidades, publicamos solamente para aportar algo al saber, si es posible. Cualquiera que publica, se expone a que le digan lo que no le gusta. Va con el oficio y bien lo sabe cualquier universitario que, desde los primeros compases de su carrera, o se acostumbra a recibir objeciones y a aprovecharlas para mejorar, o se va a pasar la vida en una estado de tensión soberbia que, a la postre, sólo le va a llevar a no salir de su ínsula solipsista, un lugar imaginario, de triste y grotesca locura, donde sólo él habla y los demás le hacen la ola, y que se extinguirá con su jubilación o fallecimiento. Una pérdida de tiempo como otra cualquiera.

El título de esta obra creo que lo dice todo. Con lo que escribo, intento siempre aportar algo a la evolución del pensamiento procesal. Puede estar completamente convencido el lector de que jamás es mi voluntad formular opiniones a veces extraordinariamente disruptivas o muy novedosas. Simplemente me surgen algunas de esas ideas como nacen todas las demás, sin distinción. Las expongo y sé que pueden provocar polémica, aunque jamás lo pretendo. También sé que me arriesgo a quedarme solo en mis posiciones. Pero ninguna de ambas cosas me ha inquietado nunca, en absoluto y, de hecho, jamás he entendido por qué la discrepancia, la simple discrepancia, o la novedad, deben causar polémica o escándalo. Las ideas no son ciertas porque sean compartidas por mucha gente, porque si así fuera, daríamos por buena la falacia *ad populum*, tan popular en el ámbito científico que en EE.UU incluso constituye un estándar de valoración de la prueba pericial desde 1923, como es sabido desde la sentencia Frye de ese año. Las ideas son acertadas solamente porque encierran una corrección interna que a veces cuesta ver en un primer momento, sobre todo en el ámbito jurídico, tan apegado a la comodidad de la tradición.

Por supuesto, siempre es posible que me haya equivocado y, por ello, los que han leído trabajos míos anteriores, verán en este libro matizaciones o modificaciones en puntos más o menos importantes. Sólo les diré, como ejemplo de lo anterior, que empecé mi carrera pensando firmemente que la casación era una de las mejores obras de ingeniería jurídica del mundo. Hasta escribí tres libros sobre ese recurso, lleno de fervor. Ya no lo pienso en absoluto. Cometí el error, imperdonable en un científico, de dejarme llevar por el argumento de autoridad de Calamandrei, como es tan frecuente entre juristas, siempre ávidos de buscar el precedente jurisprudencial o la opinión doctrinal confirmatoria, es decir, la vulgar falacia *ad populum*. Ya he dejado de trabajar así.

De hecho, nunca me gustó trabajar así. Siempre me produjo hilaridad, y hasta estupor, el clásico comentario de un colega —en un tribunal de tesis, en una revisión de pares, etc.— de que una opinión no estaba confirmada porque faltaba la cita de algún autor que lo hubiera dicho antes, incluso en caso de conclusiones absolutamente obvias. Ya no busco esas confirmaciones, ni se las pido jamás a nadie. Me basta con leer o escuchar una idea original cuya estructura epistémica esté bien formulada. Si además otros autores han llegado antes a la misma o similar conclusión, bueno es dar cuenta de ello para evitar el cáncer científico que es el plagio, pero sin fetichismos, ni egolatrías ni citas de compromiso. Lo esencial habría de ser que la conclusión estuviera confirmada por datos empíricos, pero todavía son infrecuentes, por desgracia, en la investigación jurídica, porque tampoco lo ponen nada fácil los operadores jurídicos para recogerlos, situación que un día deberá cambiar, sobre todo en beneficio de la transparencia imprescindible en una democracia. Pero al margen de todo ello, lo que valoro por encima de cualquier otro aspecto es la creatividad y la originalidad, es decir, que alguien haga el esfuerzo intelectual de cuestionar lo que ve, saliendo del espacio de confort, como el camino más recto para conseguir evolucionar. En la época de la inteligencia artificial, eso es lo único que podrá salvar nuestro oficio. Ojalá algún día este último pensamiento se entienda por la generalidad de los juristas. Es menester dejar de copiar, y aplicar mucho más el razonamiento abstracto en nuestra labor.

En esta obra he agrupado los ensayos en siete grandes apartados, cuyas rúbricas son suficientemente explicativas. Sólo querría hacer una mención ahora a tres de ellos: el dedicado al impacto de la inteligencia artificial, el que se refiere al Derecho europeo y comparado y, finalmente, el trabajo con el que se abre este libro.

En cuanto al primero, intenta ser una actualización de las principales ideas de mi monografía sobre el tema de 2018, traducida al italiano y al portugués. Han sucedido algunas novedades desde entonces, sobre todo en cuanto a la aplicación de esta tecnología a diferentes fases e instituciones del proceso. He creído que merecía la pena agrupar esos trabajos para dar una visión de conjunto, pese a que verá el lector que en muchos otros artículos que no están en este apartado, también se habla de inteligencia artificial, pero más incidentalmente.

En cuanto al segundo, he pensado que podía ser útil exponer con claridad lo mucho que aporta el Derecho europeo al estudio y práctica procesales, pues es de aplicación directa a la mayoría de ordenamientos de este continente. También he querido poner en valor lo muchísimo que da de sí el estudio del Derecho comparado, usado muy frecuentemente en toda esta obra, pero que especialmente ha sido la herramienta esencial de los estudios recopilados en este último epígrafe. Particular atención, y quizás extrañeza, puede merecer el análisis protagónico del Derecho inglés y del Derecho estadounidense. Mucho de lo que tal vez reformemos en el futuro, irá por los caminos que se han ido tomando en estos países, como ya se ha visto, sin ir más lejos, en materia de casación —sí, casación— o en relación con los ADR. Existen otras muchas ideas útiles del mundo del *Common Law* —con los matices de cada país— que merece la pena conocer con algo de detalle, y así han quedado expuestas en este libro.

Con respecto al tercer apartado que deseo destacar, el introductorio, empiezo el libro con un ensayo que redacté con el Profesor Angelo Dondi sobre la Universidad. Me disculpará el lector la tristeza que le inspirará su lectura. Hablamos ahí ambos de cómo superar la evidente derrota política y social a que nos han sometido. Puede que no coincidan con las soluciones que proponemos, pero ojalá sean al menos conscientes del evidente problema que sufrimos.

Por último, nuevamente me perdonará el lector por haber incluido cuatro trabajos en idiomas diferentes del castellano, en concreto, en italiano, en catalán, en alemán y en inglés. Se trata de lenguas en las que me expreso habitualmente, pero en esta ocasión las he utilizado sobre todo por las ocasiones en que fueron realizados dichos trabajos. El recuerdo de esas ocasiones, alguna especialmente emotiva, me ha llevado a la conclusión de que era conveniente mantener los idiomas originales de redacción, que fueron los citados, por supuesto con varias correcciones de manos nativas, salvo en el caso del catalán, obviamente. El científico no encontrará dificultades para acceder a las ideas principales de esos trabajos, o hallará una buena ocasión para aprender las lenguas en las que han sido escritas algunas de las obras literarias más inmortales de nuestra historia. Piensen solamente en la *Divina Comedia*, la *Crítica de la razón pura*, la *Declaración de Derechos de Virginia* o la obra que da nombre a esta editorial, el *Tirant lo Blanc*, justamente elogiado por Cervantes en el *Quijote*, otra de esas pocas obras que cambiaron, en parte, la manera de ver el mundo. Esta pluralidad de lenguas es, en definitiva, un pequeño homenaje a algo que creo esencial en un jurista científico: que sea realmente políglota. Puedo asegurarles que se llega muchísimo más lejos así.

Jordi Nieva Fenoll
Catedrático de Derecho Procesal
Universitat de Barcelona

I. CUESTIONES INTRODUCTORIAS

POSTUNIVERSIDAD: LA DERROTA

Por Jordi Nieva Fenoll y Angelo Dondi.
Publicado en Revista Italoespañola de Derecho Procesal 2-2019, y en italiano en Nuova Antología, julio-septiembre 2020, Vol. 625-Fasc. 2295

1. HACIA EL COLAPSO

Escribimos estas pocas páginas sin citas dos profesores universitarios que, a pesar de pertenecer a diferentes generaciones y naciones, compartimos una idea aproximada de lo que está sucediendo en la Universidad. Ambos enseñamos la misma materia —Derecho Procesal— en Facultades de Derecho. La recíproca amistad ha hecho que en el curso de los años nos hayamos encontrado, compartiendo impresiones acerca del contexto en el que trabajamos, descubriendo ideas comunes en algunos aspectos relevantes o incluso esenciales.

Con respecto a la docencia universitaria, parece evidente que se ha operado un cambio de *status*. Una mutación profunda en sí misma que se manifiesta tanto internamente en la Universidad como *ad extra* en su percepción externa por la sociedad. Se trata de una transformación que tiende al reduccionismo, centrándose en la limitación evidente de su función y rol intelectual en la sociedad.

Es un estado de cosas que se deja sentir a varios niveles, pero que sobre todo se centra en el punto de vista de la función y en particular de la adquisición de dicha función. La cuestión es cómo se llega a ser profesor universitario, o mejor dicho cómo se llegaba hace un tiempo y cómo se llega hoy. La temática puede ser interesante a nivel general, pero muestra un fenómeno que se proyecta en una transformación de nuestras sociedades, lo que convierte su estudio en utilísimo para entender dicha transformación.

Hablaremos de lo que sucedió y de lo que sucede en la Universidad española e italiana, dado que en el resto del mundo, particularmente en las culturas anglosajonas, la realidad es diferente y presenta situaciones muy variadas. Tenemos como modelo de referencia —por experiencia personal— las Facultades de Derecho, aunque lo que aquí se dice puede ser extendido en general a todo el mundo universitario.

El problema que estudiaremos es de absoluta actualidad: la decadencia de la Universidad y del papel actual del profesor universitario. Se analiza bajo la perspectiva de la idea que tiene el académico de sí mismo, así como de su imagen externa y del impacto —ni sorprendente ni lejano— que tiene la percepción de la sociedad y de los políticos sobre la Universidad. Esta última interrelación entre sociedad y política es crucial y está en el origen de nuestra idea de denunciar lo que está sucediendo y lo que ya ha acaecido.

La Universidad no es ya un interlocutor de peso que sea escuchado por parte de quien debe gestionar la vida de los ciudadanos, es decir, de la política. En realidad, la Universidad se ha vuelto silente. Se desea que esté en un mundo aparte, marginal y que en absoluto sea propositiva o proactiva. Todo ello se observa a varios niveles, tanto en el silencio inducido en cuestiones políticas y ya antes en la carrera de acceso a la docencia universitaria, como intentaremos explicar.

Se cuenta que el General Franco, dictador fascista que gobernó España durante casi cuarenta años, le dijo una vez a un periodista: "usted haga como yo y no se meta en política".

Resulta aterrador ese comentario, sobre todo considerando que invitaba al periodista a la censura, al silencio. No debe sorprender que tantos profesores universitarios sientan lo mismo en estos momentos. No es infrecuente escuchar en nuestro entorno habitual el consejo de que mejor permanecer callado. Que te dediques sólo a dar tus clases y que no te metas en cuestiones de calado político.

Y sin embargo, debería ser inevitable que un profesor universitario opinara de cuestiones políticas. No solamente en lo que se refiere al campo jurídico, sino también en materia económica, militar, social o ambiental, dependiendo del ámbito concernido. La universidad es el primer eslabón de la cadena de conocimiento, y no se puede consentir a sí misma el silencio o la ignorancia. No es que deba dirigir la sociedad —para eso está la política—, sino que siempre tiene que dejar oír su voz para aportar conocimiento, no sólo a los dirigentes, sino a la sociedad, para que tenga elementos que le permitan entender su entorno y sus problemas.

Pero los poderes políticos parecen estar desde hace tiempo por otra cosa. Vamos a analizar en este breve escrito cómo de manera a veces deliberada, y otras simplemente imprudente o miserablemente estúpida, en los últimos años se han creado las condiciones para destruir la principal fuente de voces críticas con el poder político y económico. Incluso se ha intentado excluir a la universidad del debate político reclamando su supuesta imparcialidad frente a un buen número de tropelías del poder establecido, que lo son por mucho que sus protagonistas ostenten cargos públicos que poseen —los cargos— la máxima dignidad. Se está pretendiendo el silencio de los que más conocimiento tienen, lo que no es más que un contrasentido.

1. No hay que ocultar que uno de los principales problemas de la Universidad de todas las épocas ha estado centrado en los concursos de profesorado. La lógica de esos concursos ha marcado la vida de gran parte de los profesores universitarios más o menos hasta la última década del siglo XX. De hecho, los concursos universitarios han sido probablemente el campo de batalla más conflictivo con el que nos hemos enfrentado y la mayor fuente de luchas absurdas y situaciones sin sentido, además de ser también un auténtico paraíso de la corrupción. Partiendo de un sistema que de alguna forma disfrazaba algo que, de entrada, no es negativo en sí mismo, como la cooptación, la mayoría de profesores hicieron esfuerzos denodados, no para que entraran en el *alma mater* los docentes e investigadores más brillantes, sino para que sus discípulos tuvieran acomodo.

Y es que aunque sea un esencial deber de los maestros ayudar a sus discípulos a alcanzar su meta, siempre por medios legítimos y concordes con el ordenamiento jurídico, ese deber fue confundido con enorme frecuencia con la voluntad de los profesores de rodearse de sus afines, a fin de aumentar sus huestes y de esa forma incrementar su poder en la universidad. Cuantos más acólitos, más posibilidades de seguir colocando afines hasta llegar a situaciones casi monopolísticas, que por supuesto excluían a candidatos muy bien preparados en beneficio de simples aduladores del maestro sin mérito alguno. Le hicieron un daño irreparable a la cultura, porque dejaron fuera del sistema a excelentes científicos a cambio del cumplimiento de simples y puntuales intereses personales, cuando no de pura satisfacción de egos.

En este sentido, es perfectamente perceptible que hoy ha cambiado la carrera universitaria, aunque con un sustancial descenso de los estándares cualitativos. Si ayer había que superar concursos, hoy estamos ante un modelo que genéricamente se podría denominar de "habilitación". Aparentemente para paliar los estragos que durante siglos provocó el antiguo sistema, en los últimos años en España e Italia se impulsaron sistemas de acreditación o habilitación. Ya no era necesario, como antaño, comparecer personalmente ante un tribunal a defender una trayectoria científica y un proyecto de investigación ya culminado en una obra científica publicada en forma de uno o dos libros. Bastaba y basta en el sistema italiano con mandar un curriculum en papel o a través de una plataforma informática que sería valorado por un grupo de profesores de la especialidad con independencia de la adscripción del candidato a una plaza. Otro modelo afín es el español, que supone ser evaluado por una comisión de profesores de materias más o menos afines, muchas veces tan poco afines como derecho y economía, de manera que, al final, es una aplicación informática la que valora el curriculum. En ambas situaciones, la valoración se realiza a través de supuestos indicios de calidad fundamentalmente cuantitativos, tales como 10 artículos, 2 libros, 10 ponencias en congresos internacionales o un determinado número de meses en una universidad extranjera sin tener que justificar el motivo. Por supuesto, difícilmente se puede acreditar la efectiva lectura de los trabajos científicos por parte de las comisiones.

Con el sistema italiano se reduce en parte el poder de la corrupción en la cooptación, al no aparecer la evaluación positiva vinculada a una plaza. Y con el segundo sistema se abole casi por completo, aunque siempre puede haber alguna interferencia. Sin embargo, es desolador, en el segundo sistema, que la evaluación se haga prácticamente a peso. Y en el primero, aunque las posibilidades de una evaluación correcta aumentan, no se destierran los cálculos estratégicos para bloquear a determinados candidatos a fin de que no obtengan una plaza.

El resultado de todo ello ha sido la falta casi total de compromiso crítico del profesorado universitario para con la realidad que le rodea. Lo más cómodo es dejar pasar cualquier tropelía gubernamental y no comentar absolutamente nada con relevancia política para pasar desapercibido y no generar anticuerpos en ningún evaluador, de manera que simplemente le voten a uno, o a sus discípulos, positivamente. Una inmediata y ulterior consecuencia concierne a la estructura y a la misma calidad de los trabajos sometidos a esta clase de "evaluación". De hecho en muchos trabajos de investigación se abordan esencialmente para la ocasión temas inverosímiles o francamente estúpidos, a fin simplemente de cubrir la exigencias curriculares sin comprometerse ni política ni científicamente, con el objeto de no poner en cuestión las ideas ya publicadas de otros profesores que pueden ser en esa ocasión evaluadores o estar relacionados con los mismos. Hacía tiempo que no se publicaban tantísimos trabajos inútiles científicamente hablando, y no es casual.

Este resultado de falta de enfoque crítico de los universitarios puede ser comodísimo para el poder político. Existe miedo, a veces irracional pero no siempre, a pronunciarse públicamente sobre temas de la competencia de ese profesor universitario de su especialidad. De ese modo, la sociedad ha perdido un actor importante en su evolución y el poder está eliminando limpiamente a un enemigo muy incómodo al ser un experto.

Recuperarse de lo anterior no va a ser fácil. Hay que abolir los sistemas de acreditación/habilitación sin volver al antiguo sistema, de manera que se logre que los candidatos que obtengan la plaza de profesor sean independientes, no deban favores a nadie y no tengan miedo de pronunciarse políticamente. Se puede estar de acuerdo o en desacuerdo con un profesor universitario, pero si ha sido correctamente evaluado es una voz autorizada, particularmente en las materias políticas que afectan a su ámbito de conocimiento, y que sirve de influyente mecanismo de control de las actuaciones del poder político.

2. Como decíamos, el panorama actual de publicaciones es en general lamentable. No es de extrañar que tantos juristas hayan perdido la costumbre de acudir a las librerías jurídicas, o tan siquiera de consultar bibliografía jurídica que les pueda ser útil en los casos en los que trabajan, porque rara vez les sirve para algo. Es sorprendente porque nunca antes se habían publicado tantos libros y artículos en la doctrina. Pero en poquísimas ocasiones aportan algo, porque como antes indiqué se trata de trabajos simplemente redactados para cumplir con las exigencias burocráticas a fin de progresar en la carrera académica.

Los temas son a veces tan imaginativos y marginales que rozan el ridículo. En realidad se trata de escoger un tema que no tenga carga ideológica ni científica, que goce de bibliografía o jurisprudencia suficiente que se pueda copiar con facilidad, completándose en breve plazo un escrito que no resuelva ni un problema práctico ni aporte absolutamente nada, de manera que sea más difícil criticar sus conclusiones, si es que las tiene, que suele no tenerlas. Así se llenan librerías y bibliotecas de materiales completamente inútiles.

Esos trabajos tendrían que ser evaluados, obviamente, de manera negativa. Pero sin embargo, o no son evaluados, como ocurre en el sistema español al ser una máquina quien realiza —en verdad no realiza— esa labor, o bien son valorados por sus características externas más fácilmente identificables, como sobre todo su extensión, colocación editorial o cita más o menos profusa de bibliografía, sin evaluar su uso real en el trabajo.

Es decir, los trabajos, también en el sistema italiano, se acaban evaluando nuevamente a peso. Se evita preponderantemente valorarlos críticamente en función de si aportan ideas o no, que es lo único que habría de ser importante, porque hay que recordar que no se escribe por el simple placer de publicar, sino porque se tiene algo interesante, útil y constructivo que decir, también desde un punto de vista social y politico.

El problema planteado es muy grave especialmente en la perspectiva sistémica. En efecto, los profesores que accedieron a través de este modelo están demasiadas veces inhabilitados para evaluar en el futuro la calidad de un trabajo, al no haber tenido que hacer jamás un estudio de esas características. El problema no es nuevo, porque aquellos antiguos aduladores de catedráticos que accedían a su plaza a base de mucho empeño servil, tantos esfuerzos habían puesto en la humillación que en absoluto se habían ocupado de cultivarse científicamente, por lo que tampoco eran aptos para evaluar a nadie. No fue extraña la situación de que algunos candidatos en los concursos eran muchísimo más versados que los profesores evaluadores. Sin embargo, el carácter reducido de miembros de la Academia hacía que no fuera tan fácil colar a un inepto solemne entre sus filas, aunque sólo fuera por vergüenza. Todo cambió cuando a partir de los ochenta del s. XX en España y a finales de los años noventa en Italia, aumentó muy considerablemente el número de plazas. Y el cambio se ha hecho definitivo con las acreditaciones/habilitaciones. Ya nadie evalúa en realidad. Basta poseer un *curriculum* burocráticamente vistoso.

Es por ello por lo que hay que darle una vuelta de tuerca al sistema, probablemente aprovechando los tremendos beneficios del sistema del doble ciego, que ya fue preconizado hace muchos años por un intelectual académico de valor immensurable como Umberto Eco. Si los candidatos se centraran en escribir una sola obra de valor científico, la tradujeran, y la sometieran a valoración de diversos profesores anónimos españoles, italianos y extranjeros en general que tampoco supieran quién es el concursante, aumentarían extraordinariamente las opciones de tener a buenos científicos en las universidades. Esta del doble ciego es una opción que al menos estadísticamente tiene muchos puntos a favor, y que además permitiría una mejor comunicación entre los profesionales de las diferentes universidades. Obviamente hay que cuidar que la autoría no sea falsa. Sin embargo, el fenómeno sería marginal; no es tan fácil encontrar a alguien dispuesto a hacer de Cyrano y prestar un trabajo original de gran calidad, ni siquiera a cambio de dinero.

3. Con todo lo anterior, la docencia se ha vulgarizado aún más de lo que ya estaba. Ya no es un conjunto de esas antiguas clases magistrales tantas veces aburridas y reiterativas, pero que, para quien quisiera aprovecharlo, dejaban un gran espacio a la libertad de expresión y de cátedra, es decir, al pensamiento crítico. Aunque hay profesores que denodamente intentan mantener ese espacio de razonamiento abstracto, ahora mismo las clases de tantos colegas consisten simplemente en una serie de ejercicios hueros

con ayuda informática, muy vistosos en ocasiones, pero que nada en absoluto enseñan al alumnado.

Lo verdaderamente desgraciado del caso es que provocan muchas veces un inútil sobreesfuerzo de preparación en el profesorado, que trabajosamente elabora ejercicios y más ejercicios para realizar supuestas evaluaciones continuadas que también provocan una tarea interminable a los alumnos, pero que no redundan en un buen resultado de aprendizaje por así decirlo critico y propiamente universitario. Aparentemente se plantean a los estudiantes ejercicios prácticos, debates, exámenes tipo test, exposiciones públicas en clase, elaboración de material práctico de la materia, simulaciones, visionado de vídeos, películas, etc, lo cual resulta a primera vista muy atractivo, pero —a pesar de toda esta escena algo *razzmatazz*— el resultado en cuando a la adquisición del conocimiento es obvio que ha ido a menos.

Cabe preguntarse por qué. Es necesario cuestionarse por qué razones la variación de los métodos docentes, siendo más enfocados —a veces— hacia el conocimiento aplicado y a la propia búsqueda de fuentes por parte del alumnado, está fracasando en cuanto a la preparación de los profesionales del futuro. No porque los resultados sean siempre peores, puesto que ello, al margen de intuiciones siempre inseguras, es bastante complejo de evaluar y sobre todo de cuantificar. De hecho, si imprudentemente se tuviera que elevar a categoría las propias experiencias de los que aquí suscriben, podríamos considerar que los alumnos "brillantes" actuales no están ni mejor ni peor preparados que los de antes. El buen alumno parece que resiste el peor de los sistemas, logrando con el mismo sacar la cabeza.

Lo que sí que es cierto es que con estos sistemas de "innovación" —tantas veces aparente— docente, en ambos modelos de formación universitaria, —español, italiano y en realidad también europeo-continentales— están graduándose muchas más personas. Por experiencia personal se puede afirmar que de hecho, hace años ya que simplemente para elevar el número de matrículas y de resultados de éxito —también aparentes—, las autoridades académicas están recomendando que se rebaje el nivel de exigencia para superar las asignaturas. Lo que provoca, sin duda de ninguna clase, que actualmente se gradúen personas que jamás hubieran podido soñar con obtener un título en el pasado. Y eso sí que provoca un daño social sistémico, porque introduce a malos profesionales en la sociedad que prestan servicios deficientes a los ciudadanos.

Desde la perspectiva de las Facultades de Derecho, lo anterior posee también una consecuencia de carácter social y político. Aunque no siempre se perciba con tanta claridad, muchos de los "recién llegados" con perspectivas de estabilidad, especialmente en la profesión de abogado, tienden a ser cada vez más hijos o familiares de otros abogados, *in absentia* de una efectiva selección durante la carrera universitaria. De ese modo, la universidad no cumple con una básica tarea de selección oficial de la clase dirigente, lo que supone una merma para la democracia, puesto que la selección acaba dependiendo de las relaciones familiares.

Sin embargo, observemos que de ese modo, los profesionales con carrera universitaria, que en otro tiempo eran los que más autoridad o prestigio incluso ideológico podían tener, actualmente son despreciados en su mayoría, y no sin razón, sobre todo cuando se trata de un graduado en una de esas carreras que cursan muchísimas personas, como Derecho. Hay tantos abogados —o jueces o fiscales— que demasiados no honran su profesión con la calidad de su trabajo y con la seriedad en su prestación —algunos hasta pierden las formas en redes sociales—, de manera que ya nadie les escucha. De hecho, la ciudadanía ya hace tiempo que hace más caso de la opinión política de un entrenador de fútbol que de la de un abogado o un médico.

Es lamentable llegar a la conclusión de que una buena parte de ello se debe a los defectos citados en la docencia y a la extrema generosidad en las evaluaciones, que hace que gocen de títulos universitarios aquellos que no los merecen. Por añadidura, algunos de los profesores universitarios se dedican a la vez a la abogacía como trabajo que les proporciona el mayor número de ingresos, descuidan la labor de la evaluación y hasta la de preparación de la docencia. Y los que no tienen contacto alguno con la realidad práctica, difícilmente transmiten en el aula conocimiento aplicado y no simplemente teórico, evaluando cuestiones solamente dogmáticas, muchas ya anticuadas, que no tienen la más mínima relevancia en la realidad. Está pendiente una reforma que permita al profesor universitario tener contacto con la práctica sin hacer de ello su casi exclusiva labor.

Sea como fuere, todo ello ha quitado de en medio a una masa crítica importante frente al poder político. Hubo un tiempo en que era fluída la interlocución del Gobierno con rectores, decanos o presidentes de colegios profesionales. Actualmente en muchos casos esa interlocución es simplemente inexistente o dificultosa. Y así ha desaparecido otro actor incómodo. Sobreactuaciones aparte, en nuestra época ya no le interesan a nadie los pronunciamientos sobre cuestiones de relevancia social provenientes de Universidades o de Colegios profesionales. Es necesario recordar que no siempre fue así. Y que el control que ejercían sobre los Gobiernos era más influyente de lo que se cree. Los gabinetes ministeriales no podían ignorar a esos actores como ahora sin duda lo hacen.

4. Quizás en todo lo anterior tenga también importancia el apartamiento del profesorado de un iluminismo que tanto hizo progresar a la ciencia. En nuestra época, como ya ocurriera en el pasado, muchos solamente quieren repetir y repetir lo que siempre se ha dicho, cobrar su sueldo a fin de mes y esperar a la publicación de sus escritos ¿científicos? *ad maiorem gloriam* personal.

Pero no les preocupa en absoluto conocer la realidad para poder hacer auténtica ciencia, no basada simplemente en disquisiciones teóricas. Aunque últimamente ni siquiera eso se observa. A muchos profesores ni tan solo parece apetecerles ponerse a pensar, es decir, a reflexionar sobre cómo mejorar nuestras explicaciones de conceptos ya consolidados, o al menos identificar los problemas que provocan a fin de revisarlos por si hay algún aspecto de los mismos que quizás esté fallando, yendo más allá de las explicaciones tradicionales y evolucionándolas, más que nada para que en el futuro no se esté explicando lo mismo y de la misma forma que hace trescientos años. Por cierto, algo así ya ocurrió en el pasado medieval y, con respecto al Derecho, casi en la época moderna. Glosadores y comentaristas realizaron explicaciones que fueron reproducidas acríticamente, con escasas variaciones en la mayoría de temas, durante muchísimo tiempo, hasta bien entrado el siglo XVIII, momento en que la ciencia jurídica parece que por fin empezó a despertar. El respeto escolástico por el texto de autoridad hizo un daño tremendo a la ciencia jurídica, daño que por fortuna no se observó tanto en otras disciplinas. En el fondo, era otra manera, más brutal y menos sibilina, de eliminar voces críticas. Incluso en la época hubo métodos más expeditivos aún. Que se lo digan a Galileo.

Pero eso fue en el pasado. En el presente, es posible que la pérdida del enfoque científico sea consecuencia de todos los males ya expuestos, que ha producido profesores poco acostumbrados a ser científicos o que simplemente no pretenden serlo en absoluto. La mediocridad se ha infiltrado y de qué manera entre el colectivo de profesores, aunque siendo justos, como ya se dijo es posible que siempre haya estado instalada ahí. En realidad, muy pocos profesores de cada especialidad se puede decir que hayan destacado realmente en períodos de unos cincuenta años. Cuando uno echa la vista atrás y se pone a pensar, por ejemplo, en los profesores brillantes del siglo XX en una especialidad, la lista pocas veces supera los diez nombres en un país de tamaño medio, y se empequeñece conforme va pasando el tiempo.

Queremos decir con ello que el sistema nunca ha favorecido que surjan grandes figuras, y si han aparecido ha sido a pesar del sistema. Sí que se detectan casos sorprendentes y que merecería la pena estudiar en sus causas, como el siglo XIX prusiano-alemán, en el que surgieron brillantísimos profesores de casi todas las especialidades en relativamente poco tiempo. Es posible que tenga que ver con la reforma de los estudios universitarios de Federico el Grande en el XVIII, pero sin duda algo sucedió. No es habitual que exista tal acumulación de inventores, físicos, químicos, biólogos, juristas y filósofos en un espacio de tiempo tan sumamente breve. Otro tanto podría decirse de lo que ocurrió al otro lado del Atlántico con la creación ideológica y práctica de la *law school* estadounidense. Entre finales del XIX y principios del XX se creó una idea de profesor muy elevada intelectualmente, siendo emblemática la figura de Christopher Columbus Langdell en este sentido. Se concibió una docencia para alumnos excepcionales seleccionados con criterios de calidad, que serían formados para la sofisticada tarea de ser abogados y jueces. Como dijo Karl Llewelling en 1935, se partió de la filosofía de que estos profesores no podían ser hombres banales, sino que "*freak persons and freak policies are needed*". Con ello se pretendía practicar una docencia estimulante destinada tanto a la transformación del Derecho como de la realidad político social.

Es una lástima que las cosas acabaran tan mal políticamente en Alemania en la primera mitad del siglo XX, y que con ello se extinguieran varias generaciones de científicos y hasta quizá una tendencia que hizo del alemán una auténtica lengua imprescindible en la cultura. Sin duda, un testimonio para el futuro de cómo política y ciencia interactúan inevitablemente, y de cómo las voces universitarias críticas con el poder establecido deben ser siempre escuchadas y respetadas. El exilio del profesorado alemán fue verdaderamente tremendo. Y aún más tremendo fue observar como muchos de esos críticos nunca volvieron, y permanecieron en cambio muchos de los que habían abrazado el totalitarismo. El daño fue irreparable.

2. TRAS EL COLAPSO

Nos guste o no a los que formamos parte de la comunidad universitaria, hay que aceptar que el desastre ya se ha producido. Ciertamente, la universidad sigue existiendo, pero su importancia actual en la sociedad ya no tiene nada que ver con la que un día tuvo. Nos hemos transformado en simples centros docentes que de vez en cuando organizan conferencias a las que difícilmente acude alguien que no sean los estudiantes de los profesores convocantes. Ya no hay auténtica curiosidad social por lo que tenemos que decir. Al contrario, cuando se discrepa de nuestra opinión se utiliza nuestro cargo para zaherirnos, diciéndonos poco menos que parece mentira que seamos profesores diciendo lo que hemos dicho. Hay hasta quien sugiere tomar medidas disciplinarias contra nosotros por usar nuestra libertad de expresión dentro de los límites constitucionales, que son y deben ser muy amplios. Es, en el fondo, otra forma de asustarnos. También se nos dice que trabajamos poco al tener pocas horas de clase, despreciando —e ignorando— el mucho tiempo que precisa la investigación. Con esos prejuicios, no se considera que tengamos autoridad científica y ni siquiera que debamos ser escuchados con una atención mínimamente respetuosa.

De ese modo, como vamos a ver, la vulgaridad alcanzada es total. Muchos colegas funcionan como simples profesores de instituto favoreciendo el infantilismo y la falta de espíritu crítico de los alumnos, y por ello no son percibidos como docentes de alto nivel cultural o propiamente universitario. Hubo un tiempo, hasta más o menos el principio de los años noventa del siglo XX, en que el alumnado se preocupaba por entender la política. Ahora, salvo excepciones, sólo se movilizan de oídas y con muy poca consciencia social real. Las asambleas universitarias incomodaron un día al poder político. Ahora se observan las movilizaciones de los estudiantes con absoluta indiferencia, en consciencia de que están ideológicamente cojas y de que la mayoría de los discentes prefiere el bienestar que ya tiene con la pasividad, a todo lo que podría obtener con un activismo pacífico y bien entendido. Actualmente se sabe que una protesta estudiantil no dura para siempre. Y si lo hace, peor para los estudiantes.

En realidad, los estudiantes están tan adormilados como el profesorado. Quizás existe un efecto contagio en este sentido, compartiéndose un bajo nivel cultural generalizado. Al fin y al cabo, siempre ha habido profesores que resultaban inspiradores en las antiguas movilizaciones, o al menos en la voluntad de los estudiantes de obtener información, es decir, su curiosidad. Hoy en día se detecta un tedio generalizado, pese a que no faltan fuentes de información ni razones de mucho peso para que el profesorado, sin perder su neutralidad, consiga denunciar las tropelías políticas sin estar sesgado, que es justo lo que se espera de él. Pero casi nadie lo hace. Ni siquiera, y esto es curioso, la mayoría de los profesores que estarían políticamente sesgados. También sienten miedo.

1. Aunque los medios de comunicación siguen llamando a profesores universitarios a intervenir en sus programas, su opinión no acostumbra a

ser valorada ni mejor ni peor que la de cualquier tertuliano habitual. Queda un cierto respeto en las generaciones más ancianas por lo que pueda decir un docente del *alma mater*, pero en las más jóvenes ese respeto no se detecta en general. Ni tan siquiera se tiene en cuenta qué cargo posee alguien para hablar de lo que habla, lo que tiene una parte positiva pero dice muy poco de la carrera docente universitaria, como si el público fuera en parte consciente de lo que explicamos líneas atrás en este sentido. Se escucha al profesor, pero salvo excepciones, lo que diga un docente universitario es solamente anecdótico.

¿Por qué? Porque la sociedad acostumbra a no tener ni idea de lo que hacemos. En general se piensa que solamente damos clases y ponemos exámenes. Nadie, repetimos, piensa en nuestra actividad investigadora, que por cierto es la que forzosamente ocupa más tiempo, porque es —o debiera ser— una de las principales fuentes de nuestra docencia. Y cuando hablamos de ella, especialmente los juristas pero no solamente, nos topamos con la sorpresa y la incomprensión. Quizás no es extraño teniendo en cuenta los frutos tan pobres que actualmente ofrece esa investigación, como ya se explicó anteriormente, pero no es por eso. Es simplemente que la sociedad ha pasado de considerar a un profesor universitario como una especie de ídolo en un pedestal, a imaginarlo como un ser que trabaja poco y que lo poco que hace no es demasiado importante. Qué lástima que esa imagen, algunas veces, se corresponda demasiado con la realidad.

Pero no pocas veces es muy injusta. Aunque, como ya se dijo, mucha bibliografía es pésima como consecuencia de los concursos de profesorado, nunca se habían escrito páginas de la tremenda calidad que actualmente se publica, perdidas ciertamente entre toda la marea de publicaciones inútiles. Difícilmente se detectan las buenas obras entre semejante marasmo de publicaciones vacuas. Ante el abusivo número de la literatura existente, para que se conozca la propia obra no queda otro remedio que acudir a las redes sociales y viajar a muchos lugares para obtener un mínimo impacto, no social, sino al menos dentro de la especialidad de cada uno.

El impacto social es muy difícil. Realmente sólo lo obtienen los profesores que intervienen en medios de comunicación y en redes sociales haciendo divulgación científica, que es —o debiera ser— una de nuestras obligaciones. El resto del profesorado, a efectos de la sociedad es como si no existiera, lo que resulta penoso porque hay un buen número de docentes e investigadores —ambas cosas es un profesor universitario— cuyas ideas podrían ser utilísimas en la vida cotidiana de tanta gente.

Hace no tanto la sociedad se acostumbró a automedicarse al conocer en parte la etiología de los enfermedades —siempre leves— que padecen. O bien se acostumbraron a ir al médico cuando empiezan a detectar sintomatología quizás no muy molesta pero sí poco corriente, que puede llamar la atención sobre una enfermedad grave. Lo mismo podría hacerse con tantas otras materias, como el Derecho, para tener un comportamiento que no acabe por generar mayores problemas, o hasta con la literatura, para aprender a leer con mayor conocimiento de causa una novela. Qué decir de la informática y otras tantas materias que se imbrincan en nuestra cotidianidad.

Por tanto, una de las claves presentes y futuras es la divulgación científica. Ya se ha perdido —por fortuna— el fatuo respeto reverencial por los profesores universitarios pero que, pese a sus inconvenientes, sí daba a nuestra ciencia impacto social. Tenemos que se capaces de explicar lo más difícil de nuestra materia de manera comprensible para un lego, de forma que no solamente se enriquezca el acervo cultural básico de la sociedad, sino que además se genere curiosidad en tantas y tantas personas, algunas de las cuales, a lo postre, deseen convertirse en científicos.

2. Con todo, las condiciones actuales no ayudan a todo lo anterior. Hacer divulgación no es tan fácil y depende un poco de la suerte para dar con los canales de comunicación adecuados. Pero el problema principal es que para generar ciencia necesitamos financiación. Algunos más, porque precisan laboratorios entre otros medios, y otros menos porque sólo nos hacen falta bibliotecas, accesos online y un lugar donde trabajar con un ordenador y tener algún espacio donde reunirnos con otros investigadores.

Pero ese dinero, poco o mucho, lo necesitamos. Hubo un tiempo en que la Universidad se financiaba con los presupuestos que se otorgaban a cada cátedra. De ese modo, el catedrático, antiguo director de cada materia, hacía y deshacía a su antojo con el dinero que le correspondía a su cátedra. No había controles. Se organizaban actividades tales como conferencias u otros actos que demasiadas veces tenían un interés meramente privado, y hasta se había llegado a malversar.

Con los años, las cátedras se transformaron en departamentos que agrupaban a diversos grupos de profesores y el dinero se fue haciendo más escaso. Pero en los últimos treinta años se fue imponiendo un sistema que ahora ya es casi exclusivo: el de los “proyectos de investigación”. Vaya por delante que ni son proyectos, ni son de investigación. Se trata de aportaciones que otorgan entidades públicas o privadas que sirven para financiar a los profesores agraciados después de haber rellenado una muy ingrata y habitualmente falsaria e inútil burocracia que sólo sirve para obtener el "proyecto" y, tras ello, olvidarse de la investigación. En realidad, al menos en materias —en principio— no experimentales como el Derecho, sólo se busca sacar dinero para organizar congresos, financiar libros en el mejor de los casos, o viajes y material administrativo para los profesores del proyecto.

De ese modo, material básico que debería formar parte automática del presupuesto de cualquier departamento para poder realizar actividades de investigación o difusión, se convierte en un bien escaso que sólo consiguen los mejores burócratas, sean o no buenos investigadores.

Pero lo importante es que con ese método, que es una burda trampa, se da dinero solamente a algunos profesores bien situados en el sistema, esto es, con simpatías entre los evaluadores de los proyectos, que son profesores de la misma materia. De ese modo, los afines se evalúan entre sí para la concesión del dinero, que luego, por muchos aburridísimos controles administrativos que existan —que vaya que si existen—, al final financian actividades que son del interés exclusivo del docente agraciado, cayendo en un personalismo incompatible con la universalidad que es inherente a la ciencia.

Sin embargo, aunque pueda parecer que los profesores, de ese modo, son libres habiendo obtenido financiación, en realidad son esclavos de un sistema perverso que les tiene atenazados a las siguientes convocatorias y, por demás, al silencio. Son inmediatamente excluídos del sistema los que se destacan en contra de determinados grupos de poder, o bien se salen del marco común de apoyo a ese poder establecido. Es sutil, porque jamás se da esa razón, pero es así. Nadie aguanta dentro del sistema de financiación siendo incómodo al poder político o económico que concede los proyectos. Y de ese modo, de forma solapada se procede al control ideológico y, por ende, a la desaparición de la pluralidad.

Otra forma de control es la elección de las temáticas. No es inocente, igual que no lo son las convocatorias. Se privilegian algunos objetos de investigación y se marginan otros de manera absolutamente consciente, aunque a veces tal "consciencia" sea sólo fruto de la politización o el fanatismo de algunos de los autores de las convocatorias, que condicionan temáticas o enfoques por puro capricho, o por una errónea atribución de importancia a algunas de sus manías u obsesiones.

Esta situación no debiera continuar, porque el científico tiene que poder investigar lo que quiera, y no lo que le apetezca a un político, o a un aprendiz de político situado en alguna estructura administrativa que concede proyectos. La Administración puede decidir priorizar algunas materias en general, pero no sesgar la investigación con finalidades políticas o, peor aún, con voluntad de represión de la disidencia.

3. Pero no acaban ahí los males. Las partidas de un presupuesto dedicadas a la universidad están rozando hace tiempo, no sólo el ahogo económico, sino el simple ridículo. En la universidad no hubo nunca muchos profesores, pero en los últimos tiempos se han multiplicado los títulos y las universidades en que se imparten, pero ello no ha ido siempre acompañado de la dotación de plazas de profesorado. De esa manera, el poder político ha ido creando figuras contractuales absurdas, habitualmente mal pagadas, a fin de retrasar las carreras, precarizar los puestos y, a la postre, desincentivar la carrera docente. Hace unas décadas, por lo menos en España, todo aquel que hacía una tesis doctoral podía aspirar a quedarse en la universidad como funcionario público, incluso de la máxima categoría, en torno a los treinta años de edad. Hoy en día son muchas las personas en torno a los cincuenta que están esperando su primer contrato estable, después de años, décadas, de espera, de ir "haciendo *curriculum*" y de mucha angustia. Se apuesta todo a la carrera docente y cuando llegaría la hora de buscar otro trabajo, ya es tarde. La edad ya le ha alcanzado a uno frustrando todo tipo de proyectos, no ya laborales, sino también personales.

Si a ello se suman los factores ya considerados en los anteriores epígrafes, pensar en la libertad de cátedra es poco más que un sarcasmo. ¿Cómo producir ciencia en estas condiciones laborales lamentables? ¿Cómo concebir la valentía —ojalá fuera libertad— de expresión de un docente que no sabe dónde va a estar mañana? La mayoría se inhibe de expresar cualquier opinión que pueda comprometer su futuro, y casi todos tratan de ejercer algún trabajo alternativo por si acaso la Universidad finalmente le expulsa a uno.

Esa precariedad, por supuesto, influye en la calidad y compromiso ideológico y científico de las clases. Esos docentes pocas veces se atreven a exponer en sus lecciones poco más que el resumen de algunos manuales, por ese temor que siempre siente aquel que está en precario a dar información equivocada. Ese temor, de hecho, es bueno tenerlo cuando ya se posee una seguridad laboral, como mecanismo de perfeccionamiento de la propia ciencia y de evitación del endiosamiento. Pero en una persona joven, con toda la creatividad por descubrir, resulta muy inconveniente. Se pierde así la ciencia los mejores años de una persona, aquellos en los que ya gozándose de una madurez, no se posee la audacia para traducir esa madurez en ideas.

El poder político debe decidir qué universidad desea. Es posible que no quiera reactivarla por las razones antes vistas y porque, no nos engañemos, invertir en la partida de universidades no da votos en unas elecciones. Pero lo que no puede pretender es recaudar con las matrículas de títulos universitarios inverosímiles, quizás muy atractivos pero sin salida laboral, y después no dotar a las universidades de un profesorado estable y dignamente pagado para ocuparse de los estudios verdaderamente útiles. Se han podido crear muchas universidades para colocar a amigos de los políticos, o para que un partido tenga una universidad que hable por el mismo, pervirtiendo la libertad de cátedra, y hasta para conseguir votos en algunas zonas del país. Pero las intenciones han acabado en fracaso. Habría que cerrar muchas universidades, o al menos facultades por falta de alumnado o de presupuesto para sufragarlas, pero nadie se atreve, porque es políticamente poco rentable. Se prefiere seguir subfinanciando a todas las universidades que concentrar los recursos en unas pocas.

A este enfoque devaluador se suman los ingresos progresivamente menores del profesor universitario por diversas razones. Incluso los que se encuentran al nivel más alto de la carrera académica, tuvieron que soportar varias y abigarradas "sanciones económicas", como en Italia —o en España— la falta ajuste salarial durante más que una década. Se podría catalogar esto último como una suerte de opresión del poder político que subraya así una substancial devaluación de la función académica que redunda en una evidente devaluación cultural. Por ejemplo, en Italia el sueldo de un catedrático de derecho equivale aproximadamente a un tercio de lo que cobra un juez de una edad equivalente. No por casualidad se ha producido una correspondiente devaluación del profesor a nivel social, atribuyendo al docente universitario la mera función de "dar clases", con muy escasas posibilidades de perspectiva crítica, lo que provoca la ya antes citada falta actual de poder de influencia politico-social del profesor universitario en varios países de Europa.

Con ello se dispersa, también, el espíritu crítico. No es lo mismo que un país posea veinte universidades bien dotadas y posicionadas a que posea casi un centenar entre públicas y privadas. Las voces críticas se difuminan, porque ya a nadie le interesa lo que diga un claustro o un rector, por más que se pretenda utilizarlos incluso con frecuencia. De hecho, siendo sinceros, algunos cargos directivos de la universidad se han transformado en figuras frustrantes e ingratas que nada consiguen mejorar por falta de medios.

En suma, la universidad, como centro de saber, deja de ser una referencia social. Los escándalos que se han visto en España sobre todo en varias universidades privadas y en alguna pública no son más que la consecuencia de haber creado toda una serie de centros docentes inútiles que no hacen sino dar mala fama al resto. La crítica no se refiere a las universidades nuevas, porque alguna muy reciente ha alcanzado posiciones de excelencia encomiables, y alguna histórica, en puridad, habría que cerrarla si no fuera por un sentimiento de nostalgia. Habría que configurar un nuevo mapa de un par de decenas de centros y dotarlos debidamente con plantillas estables y previsibles. Es posible que el poder político se haya quitado de encima a un actor incómodo. Pero un país que no produce saber no goza de prestigio internacional probablemente de ningún tipo, dado que sin generar buenos profesionales, las instituciones acaban en manos de ineptos que acaban hundiendo los países.

4. El silencio, pese a que puede ser prudente, cuando afecta a científicos huele a sumisión y derrota. Bien se podría decir que la sociedad ha perdido la voz de la cultura científica. No se apagará del todo mientras permanezca la del arte, en ocasiones más rompedora, innovadora y disruptiva, pero que no tantas veces sienta bases fiables de futuro.

Sí está llamada a sentar esas bases la Universidad. Es posible que pocos sepan que la auténtica Baja Edad Media, su periodo menos oscuro, se inicia con la creación de la Universidad en Bolonia. Y que si se consiguió salir de ese período oscuro fue porque muchos profesores universitarios enseñaron a pensar a sus alumnos después de conseguir pensar por sí solos ellos mismos, alejándose de la superstición y acercándose a la experiencia empírica, es decir, a la ciencia. Casi todos los nombres célebres de esos años en materia científica, e incluso a veces artística, fueron universitarios. Y también mucho después. Los filósofos, médicos, físicos, químicos, matemáticos, biólogos y científicos en general que nos hicieron avanzar hasta llegar a hoy, fueron prácticamente todos universitarios.

Se ignora también que la Universidad funcionó casi enseguida como "ascensor social" y que consiguió sacar de la pobreza y la marginalidad a muchas personas, porque el conocimiento auténtico acostumbra a comportar empatía y prosperidad, así como la configuración de una mente ordenada que piensa en el hoy y en el mañana contemplando el pasado sin quedarse anclado en él. Esas mentes salieron de la Universidad, y no de ningún otro sitio. No es que la institución haya querido operar ningún monopolio del saber, dado que también ha habido quien ha ayudado a la sociedad a avanzar con sus invenciones o ideas en general abandonando el *alma mater* o sin tan siquiera pisarla. Pero esos casos excepcionales nunca han incomodado a la Universidad. Bien al contrario, sus profesores les hemos prestado atención y hemos intentado aprender de ellos. Sin embargo, al margen de esos pocos y felices casos, casi todo el saber científico ha salido de las aulas universitarias en los últimos siglos.

Y debiera seguir siendo así. Al fin y al cabo, no es tan fácil promover el saber sin estructuras docentes. De hecho, su desaparición conduce a un parón científico evidente. Y al ejercicio del poder sin control de la ciencia, lo que equivale a la ignorancia y, por ende, a la barbarie. Lo único que hay que hacer para ser un experto es leer y pensar. Pero esas no son actividades que el ser humano haga espontáneamente con frecuencia, sino que el acompañamiento de los profesores con una estructura docente favorece la adquisición eficiente de esos conocimientos.

Pero todo se hunde si falla esa estructura. Si la universidad no forma porque sus profesores son incompetentes, o no tienen capacidad de serlo por los problemas ya examinados. O bien regalan títulos universitarios, lo que aleja a esos titulados de las figuras de referencia en las sociedades. Por consiguiente, la Universidad sigue hablando, pero ya pocos escuchan lo que dice. De hecho, no es casual que la evolución de las grandes naciones y poderes mundiales haya solido ir ligada al desarrollo de sistemas universitarios poderosos y bien organizados. Sucedió, aunque todo el mundo lo haya olvidado, en la España del siglo de oro, y más o menos lo mismo aconteció en idéntica época en Inglaterra y en Francia, y más recientemente en la universidad alemana, así como en el siglo pasado en los grandes *campus* universitarios estadounidenses. Todas estas instituciones estaban basadas en serios criterios selectivos y altos objetivos intelectuales, lo que se expresaba con el carácter magistral de las voces de sus profesores. Esas voces ahora resultan sordas, y han sido substituidas por un silencio que conduce, quizás ha conducido ya, a la derrota.

DISCIPLINE EXTRA-GIURIDICHE E STUDIO DEL PROCESSO IN MICHELE TARUFFO

Publicado en Rivista Trimestrale di Diritto e Procedura Civile, 2021, 3, pp. 829-842, y en lengua española en Revista Italo-española de Derecho Procesal n. 1, 2021, pp. 13 a 25.

1. INTRODUZIONE

Una delle prime volte che ho incontrato Michele Taruffo mi raccontò che stava facendo ricerca sulle neuroscienze. Avevo sentito parlare di questo problema da colleghi penalisti, ma a quel tempo non sospettavo che il tema potesse avere un'applicazione diretta nel processo. Me l'ha detto sorridendo, a margine di un'altra conversazione, con quella scintilla negli occhi che ha solo uno scienziato a cui piace quello che fa.

Non era la prima volta che si occupava di discipline extra-giuridiche. A quel tempo era già molto apprezzata la sua monografia "la prova dei fatti giuridici", un lungo saggio in cui applica alla materia della prova la sua vasta conoscenza dell'epistemologia. Con questo lavoro ha conquistato il rispetto e l'ammirazione di molti filosofi del diritto[1], cosa non frequente. Così, ha aperto le frontiere del diritto processuale a un tema, quello della prova, il cui studio, se non fosse stato per lui, sarebbe rimasto davvero incompiuto. Infatti, dai tempi di Bentham[2] non era stata scritta in tutto il mondo una simile opera sull'argomento, capace di risvegliare le coscienze e produrre cambiamenti, come fece quel lavoro dell'inizio del XIX secolo, e che attirò l'attenzione sul sistema di libera valutazione delle prove.

Tuttavia, probabilmente il suo lavoro di maggior successo, a mio avviso, è "la semplice verità"[3], o *Simplemente la verdad*[4], come gli proposi di tradurlo in spagnolo, suscitando, così, la sua entusiastica reazione, che mi espresse con un significativo: "mi piace!". In questo brillante lavoro di sintesi, decisamente audace, scritto in gran parte nel paradiso della sua casa a Ceará

---

1 Wróblewski, *The judicial application of law*, Dordrecht, Boston, London 1992. Ferrer Beltrán, *La valoración racional de la prueba*, Madrid 2007. Ferrer Beltrán, *Prueba y verdad en el derecho*, Madrid 2005.

2 Bentham, *Traité des preuves judiciaires*, Paris 1823.

3 Taruffo, *La semplice verità*, Bari 2009.

4 Taruffo, *Simplemente la verdad. El juez y la construcción de los hechos*, Madrid 2010.

(Brasile), combina con l'epistemologia molti dati provenienti dalla sua altra grande passione: la storia, come modo per comprendere le istituzioni, studiando perché sono nate e quale destinazione avessero in origine, al fine di verificare le loro possibilità di adattamento al momento attuale.

Taruffo si è accostato anche ad altre materie non giuridiche, come si vedrà nelle pagine che seguono. Questa visione olistica del mondo lo collocava in un punto di osservazione privilegiato, dal quale poteva più facilmente combinarne i tasselli. Ecco perché aveva una mente così aperta e si lasciava sorprendere: perché capiva che la realtà può diventar semplice quando, dalla sua apparente complessità, se ne catturano i dettagli, così da ridurla a schemi comprensibili.

Forse è per questo che ha sostenuto con forza, senza obiezioni o sfumature filosofiche, che lo scopo del processo consiste nell'accertamento della verità. Ed è anche riuscito ad elaborare una definizione di un altro concetto chiave estremamente difficile, a causa della sua origine storica confusa, della sua delicatissima percezione sociale e della sua realizzazione. Probabilmente ispirato dallo standard canonico della certezza morale, finì per affermare che la "giustizia" si ottiene grazie ad un corretto accertamento dei fatti e grazie ad una corretta applicazione della legge in un processo in cui sono rispettati i diritti fondamentali[5].

È una definizione alla quale si possono muovere poche obiezioni, a meno che non si voglia stravolgere le cose, come fa sovente la dottrina, pretendendo di fare scienza dal nulla, cosa che certamente Taruffo non ha mai fatto, criticando, peraltro, chi lo faceva. Ma nella scienza abbiamo bisogno quantomeno di orizzonti, prima di raggiungere il luogo desiderato e la definizione offerta ne segna innegabilmente uno molto chiaro. Oggi sembra ovvio che per raggiungere quel luogo, nel diritto processuale sia necessario conoscere almeno alcuni temi di cui si dirà tra breve.

2. L'EPISTEMOLOGIA

Taruffo proveniva dalla Filosofia del diritto, la materia che probabilmente aveva più apprezzato da studente. Com'è accaduto a molti di noi, le vicissitudini della vita universitaria aprono opportunità in ambiti che non corrispondono esattamente a quelli inizialmente desiderati, ma in cui, par-

---

[5] Taruffo, *Idee per una teoria della decisione giusta*, in *Verso la decisione giusta*, Torino 2020, p. 360.

tendo mentalmente da un'altra materia, si può cercare di applicare quanto appreso con piacere in quella originariamente eletta, ottenendo, così, un "prodotto" interdisciplinare davvero utile. Per far ciò, è necessario parlare solo della materia "di destinazione", senza, cioè, che quanto appreso nell'ambito della "vecchia" materia debba essere, per così dire, ricoperto dalla vernice della nuova, in realtà non cambiando nulla. L'obiettivo era, quindi, parlare di diritto processuale, ma mutandone completamente la prospettiva, in modo tale che la materia potesse evolvere. Pochissimi sono riusciti in questa impresa e senza dubbio Taruffo è uno di questi.

Il primo passo consiste nel comprendere la figura centrale dell'intero processo, colui che, con la sua opera, gli dà vita: il giudice. Un soggetto dotato di indipendenza e imparzialità —Taruffo aveva molti dubbi sui reali confini tra i due concetti— la cui missione principale è scoprire la verità, un presupposto indispensabile perché si possa avere una decisione giusta. L'adozione di questo approccio lo ha di fatto costretto a spiegare come il giudice svolgesse il suo compito di accertare la verità, e, per descrivere questo percorso, ha lavorato su due temi fondamentali: l'accertamento dei fatti e la motivazione della sentenza.

Riguardo al primo, ha spiegato con straordinaria chiarezza quale sia il percorso epistemico compiuto dal giudice. Questo percorso si fonda sui mezzi di prova, che apportano al processo gli elementi sulla base dei quali il giudice redige un elenco dei fatti che è in grado giustificare. Quei fatti devono essere adeguatamente ricostruiti, ma la cosa più rilevante consiste nell'idea che il giudice debba giustificare ogni informazione che ha estratto dalle prove. Ciò significa che il giudice non può né improvvisare, né intuire —tanto meno manipolare— assolutamente nulla, ma può solo tener conto di ciò da cui può trarre inferenze, delle quali sia in grado di dar conto.

Una volta operate queste inferenze, rimane un conglomerato di dati che dev'essere ridotto ad unità. A partire da questo punto, la cosa più semplice —ed è proprio quello che spesso fanno agenti di polizia e giudici— è indossare i panni di Sherlock Holmes e formulare un'abduzione per esporre una storia credibile degli eventi, la quale, in sostanza, non è altro che un'altra ipotesi che deve essere dimostrata. Ecco perché, invece di inseguire quest'affabulazione, Taruffo raccomandava di muoversi, piuttosto che verso uno schema olistico —molto letterario, come si è già detto—, verso una ricostruzione atomistica, in modo tale che tutti "i pezzi del puzzle" potessero essere ben identificati a posteriori.

Ed è questo il compito che il giudice deve svolgere nella motivazione: giustificare la propria decisione in modo convincente per le parti, per i giudici superiori e per tutta la società, affinché si completi il controllo democratico su questo potere dello Stato. Taruffo non ha trascurato di evidenziare che in una siffatta motivazione, a parte quelle epistemiche e logiche già descritte, trovano posto altre dimensioni: quella dialettica —diacronica, nell'elaborazione delle conclusioni durante il processo e sincronica, nel momento della sua fissazione in sentenza—, quella giuridica —il giudice è soggetto alla legge e deve rispettarla—, quella assiologica —che include giudizi sociologici di valore nell'interpretazione dei fatti e del diritto— e quella del senso comune —le massime d'esperienza—, che curiosamente Taruffo definisce la più pericolosa, comprendendo la scienza privata del giudice, un elemento non facilmente verificabile, rispetto al quale può essere molto difficile difendersi. Ha sempre respinto la dimensione retorica della motivazione in un modo tale da ricordare intensamente Platone nel Gorgia, sebbene gli conceda un ruolo di rinforzo alla narrazione, senza, tuttavia, che mai possa arrivare a coprirne le carenze o addirittura a simulare un'argomentazione inesistente.

E non è cosa da poco, se si considera che la dottrina, prima che Taruffo scrivesse su questi temi, si basava soprattutto su Calamandrei[6] e De Marini[7], che avevano spiegato molto bene i fondamenti della motivazione, ma in modo troppo semplice per poter competere con tutto quel che è stato scritto in argomento negli anni Settanta e Ottanta del Novecento e anche dopo.

Questi studi mi hanno fornito alcuni aiuti straordinari. Non avrei potuto scrivere il mio libro sul giudizio *prima facie*[8] o quello sulla valutazione della prova[9] senza *La prova dei fatti giuridici*[10]. Le mie conoscenze sulla valutazione della prova prima di leggere Taruffo si limitavano a quelle poche righe dedicate abitualmente all'argomento nelle norme e nei manuali fino a ben oltre il XXI secolo. La valutazione della prova è libera, il che significa che il giudice utilizzerà le massime d'esperienza. E quando si andava a leggere

---

6 Calamandrei, *La genesi logica della sentenza civile*, in Id., *Opere Giuridiche*, Napoli, 1965, vol. I, p. 11 ss.

7 De Marini, *Il giudizio di equità nel processo civile*, Padova, 1959, *passim*.

8 Nieva Fenoll, *Enjuiciamiento prima facie: aproximación al elemento psicológico de las decisiones judiciales*, Barcelona, 2007, *passim*.

9 Nieva Fenoll, *La valoración de la prueba*, Madrid, 2010, *passim*.

10 Taruffo, *La prova dei fatti giuridici*, Milano, 1992, *passim*.

Stein[11], individuando il fondamento di questo concetto, ci si imbatteva in un'opera sagace e molto moderna per l'epoca, ma sorpassata per i giorni nostri, in cui si descriveva come il giudice —che lo volesse o no— usava nelle decisioni la sua scienza privata, che, come avvertiva Taruffo, è estremamente pericolosa.

Ma mancava tutto il resto. Ossia, conoscere la ragione concreta della motivazione e, soprattutto —cosa mi ha occupato di più personalmente— scoprire perché il giudice compie alcune scelte piuttosto che altre nella valutazione della prova, e, infine, per andare all'origine delle origini: come vengono estratti i dati utili derivanti dall'assunzione dei mezzi di prova. Questo interrogativo era per me il più oscuro e per rispondere al quale non resta altro che —proprio come ha fatto Taruffo— rivolgersi alle scienze extra-giuridiche.

Devo presumere che il fatto che Taruffo abbia osato frequentare l'epistemologia mi abbia motivato, come spiegherò in seguito, ad occuparmi di psicologia cognitiva, più specificamente —ma non solo— di psicologia della testimonianza e, in misura minore, di semiotica del testo. Leggere Taruffo mi ha fatto superare la paura di avvicinarmi a materie di cui non sono esperto con l'avida curiosità del principiante, sempre pronto ad imparare, come lo era sempre Taruffo.

È difficile per me dimenticarlo a Lima, nella sala dei congressi. Era la fine della giornata, e, se io ero stanco, lui lo era certamente molto più di me. Lo ricordo seduto in platea, in una poltrona non preferenziale, con la sua consueta postura un po' aristocratica, di grande dignità, ascoltando le relazioni dei giovani ad una competizione tra studenti. Le relazioni del congresso erano terminate e rimanevano solo le esposizioni dei lavori di quei giovani. Lo invitai a venire con me, ma lui, con un gesto saggio e gentile allo stesso tempo, rifiutò. Voleva continuare ad ascoltare. Egli apprendeva da queste giovani menti e gli studenti a loro volta erano stimolati dalla sua presenza.

3. LA STORIA

Un altro dei punti di forza dell'opera di Taruffo è senza dubbio la storia. Ha scritto un'opera di notevole pregio su questo tema, in cui con precisione da scienziato si è allontanato dalle appassionate, quasi romanzate,

---

11 Stein, *Das private Wissen des Richters*, Lipsia, 1893, *passim*.

esposizioni di tanti storici che cercano di colmare con la retorica le inevitabili lacune della storia. Proprio ciò di cui abbiamo appena discusso e che disapprovava, probabilmente perché lo aveva visto fare a troppi giudici.

Al contrario, Taruffo stava semplicemente cercando nella storia dati che lo aiutassero a interpretare il presente. Non fingeva di essere il protagonista di Midnight in Paris (2011), sempre fuori dal tempo, parlando con Hemingway o Buñuel quando erano giovani, fantasticando dei bei tempi andati. Taruffo, infatti, sapeva benissimo che il tempo passato era molto peggiore di quello presente, e, infatti, così si era espresso nella sua indimenticabile *La giustizia civile in Italia dal '700 a oggi*[12], tanto che cercò di individuare gli errori di chi ci ha preceduto. È un libro che gli ha indubbiamente permesso di situarsi nella realtà scientifica e legislativa italiana, e svelare, così, il ruolo che avevano avuto personaggi noti come Chiovenda, Carnelutti o Calamandrei.

Rispetto a quest'ultimo, infatti, è sorto negli ultimi anni un importante dibattito sul suo ruolo nella redazione del codice di procedura civile del 1940. Taruffo sosteneva che il potere politico dell'epoca avesse cercato di "fascistizzare" il codice, ma senza successo, forse proprio grazie a Calamandrei, che non era esattamente un fascista. La consapevolezza di quanto accaduto in quell'epoca lo portò ad opporsi con veemenza ai tentativi di scrivere un'altra storia, provenienti negli ultimi anni da un inaspettato revisionismo.

Ma, come ho già detto, Taruffo non era uno storico, e non si è mai considerato tale. L'unica cosa che voleva, come soleva dire in conversazioni private, era che i processualisti, e i giuristi in generale, acquisissero quello che chiamava il "gusto per la storia" come primo passo da compiere in ogni indagine, insieme allo studio del diritto comparato. Infatti, se non si indaga sapendo che cos'hanno fatto e detto altri studiosi su un dato argomento, e non si conoscono a fondo gli errori commessi in passato, si rischia di ripetere quegli stessi errori più e più volte, il che non solo interrompe il processo di evoluzione del diritto, ma provoca un danno enorme ai cittadini ai quali le norme si applicano. Una riforma legislativa che non sia preceduta da questo studio è un'opportunità sprecata, tenendo conto che ci sono così tante opportunità per una buona riforma delle norme processuali.

Allo stesso modo, un lavoro dottrinale che non fa che ripetere ciò che altri hanno già detto non solo è noioso, ma è anche inutile, benché pro-

---

[12] Taruffo, *La giustizia civile dal '700 a oggi*, Bologna, 1980, *passim*.

prio questi, negli ultimi anni, siano i lavori che ricevono più approvazioni da parte dei revisori. In realtà, opere di tal genere non sono altro che plagi, con alcuni aggiustamenti redazionali, e come tali dovrebbero essere classificati. Al contrario, un lavoro che prenda le mosse da uno studio della storia quantomeno ci consente di sapere dove il legislatore abbia sbagliato ovvero sia intervenuto correttamente —o abbia cercato di farlo— in passato. In tal modo si può sempre recuperare qualcosa non andato a buon fine perché pensato e attuato al momento sbagliato, ma soprattutto si evita, come dicevo, di commettere di nuovo gli stessi errori. In realtà, lo studio della storia e l'analisi della giurisprudenza costituiscono il principale studio sul campo che può essere svolto in materia giuridica, prima di iniziare a ricorrere ad altri strumenti, che dal diritto sono ancora distanti. Un giorno anche nel campo del diritto le simulazioni sperimentali con il minor *bias* possibile saranno un po' più frequenti, ma per il momento non è così, al di là degli inconvenienti etici che molte di esse —forse la maggior parte— implicherebbero. Non va dimenticato che i giudici decidono su casi reali, che coinvolgono esseri umani con problemi reali e non simulati, ai quali non possiamo far fare da cavie.

Lo studio della storia, pertanto, consente di scoprire dati che devono essere collocati nel loro tempo per essere compresi. E, senza dubbio, io stesso ho recepito nei miei lavori questo modo di procedere di Taruffo. Conosciamo tutti il libro di Picó i Junoy *El juez y la prueba* del 2007[13]. Questo saggio storico, mettendo in guardia l'intera dottrina, aveva rivelato che il *partium* era stato aggiunto al brocardo *secundum alligata et probata* nel XIX secolo. Il responsabile di ciò sarebbe stato Wach e le sue *Vorträge* pubblicate nel 1879. La conclusione era originale e fu vista con grande curiosità dalla dottrina in generale, e in particolare da Taruffo, che espresse apprezzamento per l'opera, cosa che io stesso feci, poiché mi ispirava un dubbio che avevo discusso con lui.

Il dubbio iniziale era il seguente: perché qualcuno ha scritto *partium* (genitivo) e non *partibus* (ablativo)? Senza aver ancora iniziato alcuna ricerca, ne parlai con Taruffo nel 2009, ipotizzando in una conversazione che l'autore dovesse parlare una lingua germanica, dato che aveva probabilmente tradotto in latino impropriamente l'espressione *von der Parteien* con un genitivo, fuorviato dalla preposizione "*von*". In altre parole, un giurista di lingua latina non avrebbe mai scritto "*por las partes*" in genitivo. Picó i Junoy ci aveva già detto che probabilmente il responsabile era Wach, che

13 Picó Junoy, *El Juez y la prueba*, Barcelona, 2007, *passim*.

scriveva in tedesco, quindi il cerchio sembrava chiudersi. Ma, parlando con Taruffo, aggiunsi che l'idea del principio della libera disponibilità della prove, che quel brocardo riflette, oltre al principio dispositivo, a mio avviso doveva essere precedente, dato che, commentando l'opera di Lluís de Peguera del 1603[14], non aveva trovato tracce nella dottrina del tempo di poteri officiosi del giudice, ma piuttosto il contrario.

La conversazione a quel punto terminò, ma alcuni mesi dopo gli scrissi frettolosamente per dirgli che avevo individuato il *partium* tre secoli prima, in un'opera di De Verböczy del 1517[15], che —come lo stesso Taruffo mi disse, rispondendomi immediatamente— rendeva sempre più intrigante questa curiosa storia. E, in effetti, ciò mi incoraggiò ad andare ancor più indietro con la mia ricerca. Scoprii, così, che De Verböczy era stato consigliere dell'Imperatore Carlo V alla Dieta di Worms, il che rendeva molto probabile che i due comunicassero in un tedesco incerto o in un latino altamente germanizzato. Dopo tutto, Carlo V parlava il basso tedesco —l'olandese di oggi— e De Verböczy era un ungherese, probabilmente bilingue, appartenendo l'Ungheria dell'epoca al Sacro Romano Impero. E, così, l'ipotesi tedesca si andava consolidando[16].

Fui spinto a risalire ancor più indietro. Non potei fare a meno di individuare il testo di Azzone e Accursio e la reiterazione alterata di Durante[17], che è l'origine più immediata della frase[18]. Lessi i passaggi che precedevano e seguivano la citazione, imbattendomi in qualcosa che non mi aspettavo. Quello che volevano i glossatori era limitare il margine di azione dei giudici dell'epoca, che non erano indipendenti, e sulla cui formazione vi erano dubbi molto seri. Lo scopo era quello di tenere lontani questi giudici dalla loro intuizione, dalla loro "coscienza", affinché si muovessero nell'ambito della mappa delle operazioni che le parti avevano progettato, in modo che non improvvisassero, fuggendo da essa[19].

---

14 De Peguera, *Practica criminalis et ordinis iudiciarii civilis*, Barcellona 1603. Nieva Fenoll, "Praxis civilis (estudi introductori)", *Revista Catalana de Dret Privat*, Vol. 11 (2010), pp. 121 e ss.

15 De Verböczy, *Opus tripartitum juris consuetudinarii regni Hungariae*, Vienna 1561, *passim*.

16 Nieva Fenoll, "La cattiva reputazione del principio inquisitorio", Rivista Trimestrale di Diritto e Procedura Civile, 2014, pp. 943-970.

17 Durandus, *Speculum iuris*, Venezia 1585, Parte II, *De Sententia*, § 5, 1.

18 Azzone, *Brocardica (aurea). sive generalia iuris*, Basilea, 1567, rubrica XX, p. 237.

19 Nieva Fenoll, "I poteri d'ufficio del ciudice nazionale europeo", *Rivista Trimestrale di Diritto e Procedura Civile*, 2019, n. 4, pp. 1223 e ss.

E ciò coincideva non solo con il principio dispositivo nella sua versione classica, che includeva il principio della libera disponibilità delle prove. Era anche qualcosa di identico a quello vigente nel sistema "*adversary*" anglosassone, che univa entrambe le tradizioni in un'origine comune, la Bologna del XII e XIII secolo, le cui opere giuridiche avevano influenzato i giuristi inglesi sin dalla conquista normanna del 1066, i più importanti dei quali furono Ranulf de Glanvill[20] e Henry de Bracton[21].

All'improvviso emergeva come entrambe le tradizioni fossero germinate da un unico tronco: lo *ius commune*, che faceva molto pensare —come a molti è accaduto, e giustamente— alla vera origine dell'espressione *common law*. Ma, oltre a ciò, era possibile intuire quale fosse la ragion d'essere del *secundum alligata et probata (partium)*: ossia potersi difendere adeguatamente, senza dover temere ingerenze a sorpresa dei giudici, ossia, in breve: il diritto di difesa. O, in altre parole, il *due process of law*, o il *fair trial* o, com'era originariamente chiamato nella *Magna Charta Libertatum*, il *lawful judgment*, che da lì ha attraversato i secoli fino ad approdare al *due process of law* del V Emendamento della Costituzione degli Stati Uniti.

La conclusione giunge solo a valle di un'analisi storica in cui sono sempre diversi autori a posare i mattoni dell'edificio: Taruffo, Picó, e tutti coloro che attraverso il "gusto per la storia" vogliono fare qualcosa di interessante per la dottrina.

4. LE NEUROSCIENZE

Come ho detto prima, quando Taruffo mi disse che si stava occupando di neuroscienze, rimasi perplesso. Era prossimo alla pensione e mi sorprendeva che qualcuno in quella fase della vita volesse continuare non solo gli studi, ma anche il lavoro di ricerca, che infatti non ha mai interrotto, avendolo proseguito fino alla fine.

Taruffo era stato attratto dalla stessa scintilla che aveva catturato l'attenzione della maggior parte dei giuristi. Ciò che annunciava il lavoro di Benjamin Libet[22] consisteva nel fatto che le reazioni cerebrali di un soggetto necessarie per prendere una decisione sono anteriori alla sensazione del

---

[20] Glanvill, *Tractatus de Legibus et Consuetudinibus Regni Angliae*, Londra, 1780, *passim*.

[21] Bracton, *DeLegibus et Consuetudinibus Angliae*, Londra, 1569, *passim*.

[22] Libet, *Mind time*, Francoforte, 2005, *passim*. Libet, b. / Freeman, a. / Sutherland, K., *The Volitional Brain: Towards a Neuroscience of Free Will*, Thorverton 1999.

soggetto di voler prendere quella decisione. Ciò potrebbe non solo modificare le nozioni di responsabilità nel diritto penale —era la conclusione più ovvia— ma anche modificare l'elemento del consenso negoziale o anche la nozione stessa di volontà o libertà, che è alla base del nostro intero ordinamento giuridico. Era affascinato dal fatto che il nostro cervello fosse una specie di sala macchine, che governava le nostre azioni e insisteva per scoprire se le cose stessero effettivamente così o meno.

Considerando l'estrema razionalità che ha sempre applicato al suo metodo, non deve averla mai veramente creduta in quel modo. Fin dall'inizio capì che il cervello non è un elemento estraneo nel nostro corpo, ma ne fa parte. È un organo come gli altri, come il cuore, il fegato o i reni o, come diceva lui stesso, come le nostre braccia o le nostre gambe. Gli organi non sono estranei alla persona. Pertanto, indipendentemente dal tempo in cui si verifica quel sentimento di volontà, non si può dire che il cervello di una persona non sia la persona stessa. In realtà, qualsiasi processo fisiologico ha un momento preparatorio di cui non si è consapevoli. Anche i processi metabolici inconsci precedono la sensazione di fame o sete, per fare solo un esempio di facile comprensione.

Ascoltandolo, mentre mangiavamo, tra l'altro, cervella di maiale —"per rimanere in argomento" come diceva lui—, ho percepito di trovarmi di fronte a una persona che, pur non avendo conoscenze di medicina, ma —insisto— con gigantesca razionalità, era in grado pervenire alla conclusione, che la scienza ha generalmente condiviso, secondo la quale il cervello non è qualcosa di distinto dalla persona, ma è la persona stessa. A partire da questo assunto si potrà discutere, se si vuole, della nozione di "io" —sempre che si possa dire che esiste— o, addirittura, si potrà discutere della libertà. A me, ad esempio, tutto ciò ha fatto giungere alla conclusione che la libertà sì esista, ma sia diversa da come l'avevamo immaginata.

Ritengo che il cervello fosse, in realtà, l'organo più finalizzato a garantire la sopravvivenza di tutti gli altri. In questo modo, il cervello di ogni persona è unico, come ha successivamente confermato la neuroscienza, e si configura secondo le esperienze di ogni soggetto, anche, ovviamente, sulla scorta della propria base genetica. Ma è straordinariamente plastico, più di ogni altro, perché è l'organo che, tra gli altri compiti, assolve quello di governare le nostre decisioni, avvicinandoci o allontanandoci da quelle che percepisce come positive o negative per la nostra sopravvivenza. Per questo motivo è possibile convincere un cervello e non un fegato: poiché le nostre parole sono recepite dall'ascoltatore. Ecco perché i criminali vengono reintegrati nella società o perché le persone possono cambiare nel corso della propria vita. Piuttosto, la libertà consiste nel non condizionare i comportamenti, dato che l'unico limite accettabile è —e non senza problemi— il consenso sociale che esiste in ogni momento su ciò che è giusto, che è poi ciò che di cui le nostre leggi recano il riflesso.

Superando questa fase dell'indagine, la risonanza magnetica è rilevante per il diritto processuale, anche se inferiore a quanto inizialmente previsto. In un primo momento, molti ritenevano che le immagini della risonanza magnetica funzionale ci avrebbero aiutato a scoprire la personalità degli uomini, portandoci ai loro comportamenti, e quindi anche ai loro crimini. Ma oggi sappiamo già che questo non è altro che neolombrosianesimo, e, quindi, del tutto falso[23]. Né si possono scoprire bugie attraverso test neuroscientifici, come Taruffo, in effetti, ha sempre categoricamente negato.

Resta, però, un settore molto importante di utilizzo della fMRI, soprattutto per il processo penale: l'individuazione di lesioni cerebrali che possono condizionare il comportamento. Non sappiamo quali lesioni determinino quali comportamenti, ed, infatti, è ben possibile che lesioni simili non generino lo stesso comportamento in due soggetti diversi. Ma è possibile quantomeno affermare che esse alterano il comportamento, tanto da suscitare nei giudici un ragionevole dubbio sulla responsabilità del soggetto. È possibile che ciò non porti a un'assoluzione, ma una lesione cerebrale può servire per ottenere una buona attenuante.

Finora la dottrina è arrivata fin qui, ma potrebbe esserci altra strada da percorrere. Non dobbiamo mai dimenticare che Taruffo, come altre volte, ha fatto il primo passo e ha ispirato la pubblicazione di un interessante libretto[24] sull'argomento che da allora in poi ha costituito un punto di riferimento. Per me è stata la prima volta in cui il mio nome è stato affiancato al suo in un'opera. Da parte sua è stato un atto di generosa amicizia scientifica di cui non lo ringrazierò mai abbastanza.

5. LA PSICOLOGIA

Genova, 3 novembre 2015. Era una delle mie prime conferenze in Italia, su invito dell'amico Angelo Dondi, suo primo allievo. Dovevo parlare di "conoscenza extra-giuridica e valutazione delle prove". Quando lo seppe,

---

23 Julià Pijoan, *Proceso penal y (neuro)ciencia: una interacción desorientada. Una reflexión acerca de la neuropredicción,* Madrid 2020.

24 Taruffo - Nieva Fenoll (a cura di), *Neurociencia y proceso judicial,* Madrid, 2013, *passim.*

Taruffo disse subito che sarebbe venuto a quel convegno, che si sarebbe tenuto nella bellissima Aula Magna dell'Università, e che avrebbe fatto anche da *discussant*, figura che in genere detesto per vari motivi, ma che, in quel caso, trattandosi di Taruffo, rappresentava, al contrario, un vero privilegio.

Posso raccontare ora che ho cercato di convincerlo a non venire. Mi vergognavo immensamente che dovesse venire da Milano per assistere alla mia conferenza. E, inoltre, sebbene sapessi bene che aveva già letto molti dei miei scritti —aveva scritto il prologo del mio libro *La valoración de la prueba* nel 2010 per sua spontanea decisione e con mia grande sorpresa— ero letteralmente terrorizzato all'idea di affrontarlo. Attribuisco all'epistemologia un ruolo molto rilevante sul piano probatorio, ma, a differenza di Taruffo, non credo che svolga una funzione così centrale, ma, piuttosto, sono propenso a spostare la sua importanza sull'elaborazione della motivazione, che è sì un momento chiave, ma non certo l'unico, nell'ambito della decisione.

Per parte mia, attribuivo e continuo ad attribuire un ruolo fondamentale alla psicologia cognitiva, che è la "sorella sperimentale" dell'epistemologia. Le mie riflessioni negli ultimi anni non sarebbero state le stesse se non avessi letto Tversky e Kahneman[25], comprendendo finalmente non solo come i giudici valutano la prova, ma anche come decidono. Lo studio di questa branca della psicologia mi ha dischiuso un universo incredibile, che continua a fornirmi molti dati e spunti di riflessione, e mi ha portato ad approfondire lo studio, per un verso, della psicologia del teste, essenziale nell'ambito della prova orale, e, per altro verso, della psicologia sociale e della psicologia della personalità, essenziali nell'intero mondo del diritto, che non a caso lavora con le persone.

Taruffo non fu mai particolarmente attratto dal mondo della psicologia cognitiva, sebbene la conoscesse e nonostante mi avesse incontrato nel 2007 proprio grazie al mio libro *Enjuiciamiento prima facie*, che è precisamente un saggio di psicologia puramente cognitiva su questo curioso tipo di giudizio[26]. A Taruffo quel libro piacque così tanto, che solo un'ora dopo avermi mandato una prima e-mail in cui mi ringraziava per avergli inviato il libro, mi scrisse di nuovo, esprimendo apprezzamento su ciò che sostenevo in un punto in cui non ero d'accordo con lui, una circostanza alla quale

---

25 Kahneman / Slovic / Tversky, *Judgment under Uncertainty: Heuristics and Biases*, Cambridge 1982.

26 Nieva Fenoll, *Enjuiciamiento prima facie*, cit.

non solo non dava la minima importanza, ma che, al contrario, utilizzava da stimolo intellettuale, come tante volte è accaduto.

Ma quel giorno del 2015, a Genova, il mio dissenso rispetto alle sue posizioni era netto. Il suo approccio si muoveva nell'ambito dell'epistemologia, il mio, piuttosto, in quello della psicologia. E la situazione mi causava una tale angoscia che decisi, incautamente, di scrivergli prima della conferenza, avvertendolo del mio dissenso e scusandomi per questo. Rispose rapidamente, molto brevemente e quasi in modo brusco, che non era un problema. Un paio di giorni dopo, alle 15:00, iniziò la mia conferenza che affrontai con un certo terrore.

Taruffo, una volta sceso dal treno e trovato in stazione —non aveva mai con sé un cellulare— apparve nel suo impermeabile bianco, mi accolse molto cortesemente e, dopo che ebbi finito il mio intervento, prese la parola. Disse pubblicamente, con il tono di un saggio Maestro, che gli avevo scritto pochi giorni prima, preoccupato per le nostre differenze di opinione, e che non c'era motivo di preoccupazione, perché il dissenso è salutare nella scienza e, inoltre, era d'accordo con buona parte delle mie conclusioni, che andavano oltre la psicologia, poiché, come ebbe modo di spiegare, i suoi studi si situavano in un punto differente: quello dell'elaborazione delle inferenze. In altre parole, dicevamo la stessa cosa, anche se con approcci diversi e soprattutto complementari, come poi sarebbe accaduto in altre occasioni negli anni successivi. Una di queste, memorabile, fu a Lima, pochi giorni dopo, parlando del ruolo delle Corti Supreme e dell'origine della distinzione tra fatto e diritto, che di solito viene utilizzata per delimitare il giudizio di cassazione, una istituzione le cui origini storiche sconosciute, in quella conferenza sostenni che risalgono al diritto inglese[27]. Ma tutto ciò attiene ad una questione giuridica sicché dev'essere esclusa dal presente saggio.

Ho avuto alcune conversazioni con lui sul tema della psicologia, soprattutto a seguito della pubblicazione del libro *Il giudice emotivo*[28]. Mi diceva che a suo avviso l'errore era di pensare che tutto il ragionamento del giudice fosse spiegabile attraverso variabili psicologiche, euristiche o emotive, ma credo che lui stesso abbia iniziato a considerare la rilevanza di tutto ciò nell'ambito del ragionamento giudiziario, non solo della prova. Sono serviti anni per capirlo. Insomma, sarebbe servito proprio un saggio di Taruffo

---

27 Nieva Fenoll, "¿Un juez supremo o un legislador "supremo"?", *Justicia*, n. 1, 2015, pp. 31 e ss.

28 Forza - Menegon - Rumiati, *Il giudice emotivo*, Bologna, 2017, *passim*.

su un tema al quale guardava con iniziale diffidenza, un atteggiamento che, ritengo, sia andato attenuandosi negli anni. Mi è rimasto il desiderio di discutere con lui i progetti sperimentali che, nel rispetto dei limiti etici, ho in mente di approfondire, e che sono certo rappresentino il futuro in questo campo, e grazie ai quali ritengo effettivamente possibile che il diritto, finalmente, faccia il salto definitivo dalla filosofia alla scienza, un percorso che già hanno compiuto la psicologia o la fisica, per menzionare solo due esempi tra i più noti. Abbiamo un intero universo da scoprire in sociologia, antropologia e psicologia, che può offrirci elementi essenziali per dare una risposta accurata a molte —la maggior parte— delle nostre domande. A poco a poco stiamo finalmente comprendendo i dettagli empirici del ragionamento giudiziario, ma in seguito credo che capiremo cose essenziali, come la teoria della pena —in questa materia i progressi saranno mirabili—, o ci avvicineremo a comprendere il fine dell'ordinamento giuridico nel suo complesso. Si spera che tutto questo arrivi presto.

In ogni caso, per me è stato sempre motivo d'incoraggiamento vedere che c'era qualcun altro che guardava il diritto dall'esterno e che osava affrontare queste questioni extra-giuridiche. Credo che, senza aver letto *La prova dei fatti giuridici*, mi sarebbe mancato lo stimolo a seguire quel percorso, per me così fecondo. Pochi osano andare in questa direzione, e per questo ho pubblicamente affermato che Muñoz Sabaté è stato, in materia probatoria, il Taruffo spagnolo, soprattutto per la sua audacia e il suo desiderio di dare spiegazioni a ciò che appare ignoto[29].

6. CONCLUSIONI

Il vuoto è immenso e difficile da colmare. Taruffo è stato un esempio per molti processualisti, anche per i suoi critici, cosa che è facilmente percepibile leggendoli. Ha stimolato la scienza ovunque sia andato e ha sempre saputo farlo con un sorriso sulle labbra e anche in occasioni ludiche, che hanno lasciato decine di aneddoti ai suoi amici. Uno straordinario conversatore, un consigliere, un amico e certamente un giurista globale se n'è andato.

Il tempo lo collocherà nell'elenco dei processualisti italiani che chiunque all'estero conosce, un elenco da cui, con il passare degli anni, usciranno i nomi di coloro che avevano più simpatia che scienza. Michele Taruf-

---

29 Muñoz Sabaté, *Técnica probatoria*, Barcellona, 1967, *passim*.

fo poteva arrivare anche ad essere molto duro in determinate occasioni. Ma non sono quei momenti, carichi di emotività, che collocano qualcuno nell'olimpo di una scienza. Sono le sue opere, e quelle dureranno, perché sono e saranno citate inevitabilmente per decenni.

ESPANYA: UN INDRET A ON TOT PODRIA SER JURÍDICAMENT DIFERENT

Publicado en L'Espill, n. 68, 2022, pp. 21-37.

1. INTRODUCCIÓ

Els països són ficcions, miratges de llibertat que tenen alguns grups d'éssers humans que s'agrupen sota una determinada sobirania i que habitualment hi volen pertànyer. Els seus habitants acostumen a tenir en comú la cultura, particularment la llengua sobretot, però el que realment comparteixen és quelcom més sobrevingut: una història que va posar el territori on vivien els seus avantpassats sota una autoritat comuna a altres territoris habitualment propers en l'espai, però no sempre. Alguns pobles volen reafirmar tant el seu lligam amb el territori que fins i tot recorren a raons religioses per posar comodins per defensar-se i guanyar la partida, cartes que la majoria de les vegades són tan fictícies en el fons com tot el seguit de realitats que he anat evocant en aquest paràgraf: cultura, poble, país, territori, avantpassats, història o sobirania. Llengua, fins i tot.

"Cultura", que sovint només fa referència a cançons, balls, arquitectura, manera de vestir o alguns modes de comportar-se. "Poble", que perd les individualitats en un brou comú del que et consideren part t'hi sentis o no, i de fet estàs mal vist si no t'hi sents. "País", perquè t'han deixat ser-ho els altres països, simplement perquè els convenia. "Territori", el que militarment o políticament van poder conservar o guanyar els governants del passat. "Avantpassats", que ningú present ha conegut. "Història", molt, molt sovint manipulada. "Sobirania", imaginada però gairebé sempre poc real sense obeir altres Estats més poderosos, o sense cercar el concurs de països més petits. I "llengua"... derivacions d'una altra llengua antiga. I paga la pena no perdre la llengua actual, cap llengua, perquè els diccionaris dels idiomes i les seves dites o maneres d'expressar-se són un dipòsit bastant realista de tot el nostre passat. Les llengües són el testimoni de la memòria dels que van ser-hi abans de nosaltres. Les llengües donen fe de tot el que li ha passat a una cultura si sabem esprémer realment les seves paraules. Són una excel·lent enciclopèdia viva, realista i sense biaixos. Per això, quan mor una llengua, mor alhora un tros del món. Una part de tots nosaltres.

Molts països, gairebé tots, són un exemple increïble de tot plegat. I les seves llengües ens parlen de si els grups humans van viure aïllats, si es van relacionar, si van patir influències més violentes o més pacífiques o es van barrejar amb altres pobles. També ens diuen si van viatjar o no s'hi van moure. Ho podem saber gairebé tot a través de les traces que queden a totes les llengües, com ja he dit. Per això, els països que apleguen diverses llengües, que vol dir moltes "enciclopèdies", posseeixen una riquesa infinita en comparació amb els països monolingües, a on tothom parla si fa no fa igual amb diverses variants dialectals que, malgrat tot, també ens revelen la seva història.

Hi ha Estats que veuen en el plurilingüisme una riquesa, i fan esforços per preservar-lo. És una decisió política que acaba fent que els habitants de tot el conjunt dominin més d'una llengua, la qual cosa afavoreix l'aprenentatge d'altres en el futur, i més enllà d'això dona accés immediat a tota la població a cultures diferents de la que van veure i sentir a casa, la qual cosa també els enriqueix, òbviament. Malgrat mantenir un monolingüisme en cada regió, els intercanvis culturals i de tot tipus són freqüents entre els diversos territoris. De vegades tenen un passat intercultural pacífic, com ara Suïssa[30], o àdhuc molt conflictiu, com ara Bèlgica[31].

Però assumim que són casos aïllats. La tendència més acusada al món és la lluita pel monolingüisme i l'extermini de les llengües minoritàries. És probablement el que encara queda de l'antiga mentalitat de conquesta de territoris i neteja ètnica o assimilació cultural amb l'objectiu final de desactivar futures tensions nacionals. És una història increïble de reiterats crims contra la humanitat protagonitzats per personatges històrics molt glorificats fins i tot. En alguns casos van tenir èxit i s'han arribat a oblidar les seves matances i llur cruesa[32].

En d'altres però, els crims passats encara couen, malgrat fins i tot que hagi passat molt de temps. Completament contra pronòstic, les noves èpoques han anat fent que sortosament cada vegada sigui més difícil perpetrar-los. Al món han sorgit moviments que defensen aquestes causes de

---

30 Gazzola, M. "Language Policy Instruments and the Promotion of Multilingualism in the Federal Public Administration Of Canada and Switzerland", *REAL Research group "Economics and language"*, 22-7-2021.

31 Witte, E.; Van Velthoven, H., *Les querelles linguistiques en Belgique. Le point de vue historique,* Le Cri 2021.

32 Hen, Y., "Charlemagne's Jihad", *Viator* 2006, pp. 33 i ss. Mayr-Harting, H., "Charlemagne, the Saxons, and the Imperial Coronation of 800". *The English Historical Review,* 1996, 111, pp. 1113 i ss.

pobles menystinguts que tothom hagués suposat perdudes temps enrere. Sovint són poques persones i de vegades grups més nombrosos que potser un dia amb paciència acaben assolint el seu objectiu. El propi Estat d'Israel és un exemple increïble de resiliència mil·lenària en aquest sentit. No només han recuperat una terra, sinó també una llengua que havien perdut realment del tot[33]. Llàstima que sigui a costa d'altres pobles veïns amb qui costa molt d'arribar a acords estables, i amb qui de fet s'ha fet o es fa la guerra en major o menor mesura. Tant de bo algun dia tot canviï.

He fet tota aquesta introducció per mostrar que al món de la política, el nostre món, en matèria d'Estats i les seves circumstàncies hi ha moltíssimes mentides i poques veritats absolutes que no siguin l'ús de la força, i fins i tot aquest darrer no sempre és clar amb quina finalitat s'empra, com va passar a la I Guerra Mundial. No sembla que el sistema democràtic s'hagi estès com caldria a les relacions internacionals, ni tampoc sempre a l'àmbit interestatal de respecte per les cultures internes. Hi ha, doncs, un espai enorme encara per l'autotutela, la justícia per la pròpia mà, i un forat immens a on el Dret malauradament encara no ha entrat, o ho ha fet no com a sistema de convivència, sinó, malgrat tot, d'abús.

A continuació faré referència a algunes normes jurídiques en aquest sentit que semblen indiscutibles a Espanya, i que ben mirades potser no ho haurien de ser tant fins i tot per a totes les parts que sovintejadament es tensen al llarg del temps amb una cadència constant que resulta preocupant. Aquest text no és, però, reivindicatiu, sinó només un seguit de propostes per tal de què les coses es puguin fer potser un dia d'una altra manera, sempre a l'àmbit jurídic.

2. LES TENSIONS PER LA UNITAT

Qualsevol país es preocupa per la seva integritat, és a dir, per no perdre territori, i és lògic[34]. Menys territori acostuma a significar menys recursos de tota mena, energètics o alimentaris, i menys població. A més, tenir menys territori també vol dir posar menys obstacles a una eventual invasió.

---

33 Woodsworth, J. W., "A Language for Israel: The Role of Translation in Building the Resources of Hebrew", Contemporary Review of the Middle East, 2019, vol. 6 issue, 3-4, pp. 224 i ss.

34 Només cal mirar la lletra de l'himne d'Alemanya, que parla de límits territorials fins i tot, o els d'EEUU o França, que refereixen una guerra territorial.

Per tant, no és només una qüestió emocional, sinó que hi ha una variable socioeconòmica i estratègica al darrera que és ben important[35].

La qüestió és la manera de preservar el territori. En un context bèl·lic no queda més opció que defensar-lo amb les armes o deixar-se envair esperant un miracle, o assumint la derrota tot perdent el territori. Però fora de les situacions de conflicte armat, el manteniment de la terra que ocupa un país ha de dependre de consensos democràtics dels habitants del territori. Els governs han de fer política perquè tothom s'hi senti bé i vegi els beneficis de pertànyer-hi. Sovint recorren a allò més fàcil, el patriotisme, inflamat per les guerres passades o per les conteses esportives fins i tot, que fan diluir la individualitat de la gent en un grup molt compacte, impenetrable, que desitja exactament el mateix amb un reduccionisme i un desconeixement sovint espantós. Volen, per exemple, que guanyi el seu equip, amb independència de si juga bé o malament o fa trampes. Només volen la victòria, com a les guerres, un altre escenari a on la individualitat desapareix i es paga amb l'acusació gravíssima de deserció[36]. I és que així es considera a qui no se sent patriota: com un renegat.

Sovint, però, aquests que es resisteixen al patriotisme són aquells que només volen viure en autèntica llibertat, és a dir, sense que ningú els miri malament. I cerquen de crear espais a on no calgui dur l'etiqueta de res. Són ben conscients de què els països són ficcions, i per això no busquen mantenir la ficció amb més enganys, com els pares de molts indrets amb Pare Noel, sinó que pensen que el dia que la ciutadania creixi, és possible que no vulgui mantenir la ficció perquè cregui que no li convé. I per això pensen més aviat en com crear un espai a on tothom vulgui ser-hi.

L'ordenament espanyol és particularment ric en exemples de normes per a mantenir la unitat. Proclama la "indissoluble unitat" a l'art. 2 de la Constitució, i després intenta crear un espai democràtic de respecte als drets fonamentals[37] i d'organització territorial[38] que faci sentir a algunes de les actuals regions que un dia van ser territoris institucionalment independents —malgrat compartir en algunes èpoques sobirà—, que encara conserven part d'aquell antic poder[39]. Per això són dotades de parlament

---

35 Kelly, R. C., *Warless Societies and the Origin of War,* University of Michigan Press, 2000. Otterbein, K. F., *How War Began*, 2004.

36 Fins a 15 anys de presó al Codi Penal Militar Espanyol, art. 57.

37 Arts. 14 i ss.

38 Títol VIII, arts. 137 i ss.

39 Cámara Villar, G. "La organización territorial de España. Una reflexión sobre el estado de la cuestión y claves para la reforma constitucional", *Revista de Derecho Político* n. 101,

i govern propis. Tot, però, sota el dogma de la "indissoluble unitat", que provoca que aquestes mateixes institucions les tinguin també territoris que absolutament mai van tenir una història d'autogovern, la qual cosa dilueix la importància d'aquestes institucions pròpies als territoris que sí les van tenir.

Curiosament, aquesta "igualtat" entre territoris, que ni tan sols és realment idèntica en el marc competencial, no ha apaivagat les tensions territorials, sinó que n'ha creat de noves i fins i tot hi ha hagut dos d'aquests territoris que en moments diferents, amb un suport popular molt considerable, van apostar sense èxit per la seva independència[40]. Indubtablement, no es pot parlar en absolut d'èxit del model en aquestes condicions, sobretot si es té present que malgrat l'estabilitat en què semblen instal·lar-se finalment Catalunya i Euskadi, les referències polítiques a la reclamació de la independència són constants en forces polítiques de gran suport social. Malgrat no ser majoritaris i haver patit els partits independentistes desfetes polítiques rotundes, no sembla que els partits que aposten per la unitat constitucional aconsegueixin atreure votants de l'altre espai[41].

A l'espai independentista se li poden fer innumerables crítiques, però si ens centrem ara en la capacitat dels polítics espanyols de generar un espai sense aquestes tensions territorials al que tothom vulgui pertànyer-hi, potser caldria pensar en altres possibilitats que mantenir la unitat recorrent sempre al pes de la llei i de la seva aplicació pels tribunals, o en el passat a les intervencions armades que han sovintejat al llarg dels segles.

I en aquest escenari, parlar de "unitat indissoluble" no sona ni realista ni democràticament acceptable. Els drets fonamentals no es posen —en general— en qüestió perquè qui els ha anat construït ha pensat en el benestar dels ciutadans gaudint-ne, protegint-se de l'enorme poder de l'Estat[42]. Llibertat, justícia, igualtat o pluralisme polític són valors que ningú discuteix en democràcia. La "unitat", però, és una opció política que no té res a veure ni amb el benestar dels ciutadans ni amb la seva protecció davant del poder de l'Estat. Al contrari, la unitat és una imposició que teletransporta a

---

enero-abril 2018, pp. 395 y ss.

40 Boix Palop, A.; Bethencourt Rodríguez, V., "Perspectivas de la reforma constitucional territorial en España", *Revista Valenciana d'estudis Autonòmics*, n. 64, 2019, pp. 81 i ss.

41 Petithomme, M., "Radicalización nacionalista en Cataluña y pacificación en el País Vasco", *Hispanismes. Revue de la Société des Hispanistes Français*, n. 16, 2020.

42 Aquest és el seu origen i cal no oblidar-ho. Vid. Blackstone, W., *Commentaries on the Laws of England*, I, Oxford 1768, pp. 121 y ss.

temps imperials passats, a on no hi havia ciutadans, sinó súbdits que potser gaudien de viure en un territori enorme.

Per això, si es busca la supervivència d'un Estat, sigui el que sigui, cal cercar valors que tinguin com a resultat la integritat no forçada del seu territori. Basar-se en què el dret a l'autodeterminació només existeix en els supòsits de descolonització de territoris ocupats de manera relativament recent, o quan ho consentin els altres Estats, suposa de fet conduir als independentistes a plantejar-se l'ús de la força si mai l'assoleixen, el que és molt perillós perquè pot crear situacions bèl·liques indesitjables o disputes amb altres Estats que eventualment vulguin ajudar de qualsevol manera el territori la població del qual desitja en major o menor mesura independitzar-se. De nou, anem a les tensions que normes jurídiques similars als drets fonamentals desactivarien.

En el fons, qüestions emocionals a banda, ningú vol escapar d'un país a on viu de manera estable amb bona qualitat de vida sent reconegut en la seva individualitat, part d'aquell país en definitiva. Però en la nostra època, l'apel·lació als sentiments pròpia del patriotisme no pot ser la base de tot plegat, perquè són els sentiments el que cal treure per fi de l'equació. Els éssers humans han volgut estar a un territori perquè s'hi trobaven bé, i el deixaven enrere si ja no era així. Els Estats són ficcions jurídiques que estabilitzen territoris, però no poden convertir-se en presons dels seus habitants. Per tant, el reconeixement de la individualitat i de la llibertat de pertànyer-hi ha de ser la base de la integritat territorial, de l'aliança voluntària entre els ciutadans que formen un país.

3. LA LLENGUA

Un dels factors que juga molt a favor de la individualitat i de la llibertat real és el respecte per la llengua pròpia de tots els ciutadans. Sovint els Estats, com ja s'ha explicat, tenen situacions de monolingüisme natural o sobrevingut sense una pressió violenta o basada en el desprestigi social induït per abandonar la llengua pròpia[43]. De vegades fins i tot accepten reduir l'ús de la llengua pròpia a l'àmbit familiar, com ha passat en bona part

---

[43] Monteagudo, H., "Política lingüística en Galicia: de la normalización sin conflicto al conflicto desnormalizador", a Giralt Latorre; Nagore Laín, *La normalización social de las lenguas minoritarias: experiencias y procedimientos para la salvaguarda de un patrimonio inmaterial*, Zaragoza 2019, pp. 17 y ss.

d'Itàlia, per exemple, amb l'ús del napolità i la seva rica varietat dialectal[44]. Però també insistir de manera hiperbòlica en les diferències dialectals ha estat sovint un dels instruments més eficaços de desprestigi perquè una comunitat lingüística es fragmenti de manera artificial, deixi de reconèixer els seus integrants i es faci cada vegada més petita fins a desaparèixer[45]. Realment hi ha de tot al món i és difícil fer generalitzacions en aquest terreny.

Hi ha vegades, però, que malgrat existir una política molt activa de persecució d'aquestes llengües, han sobreviscut per diferents raons amb una salut acceptable per romandre amb vida. Els casos francès, espanyol, britànic i irlandès són paradigmàtics en aquest sentit. A França la política de la llengua única ha fet desaparèixer pràcticament llengües molt importants fins fa poc, com ara l'occità[46]. En canvi, una política del tot similar no va fer desaparèixer ni el català, ni l'eusquera ni el gallec a Espanya. Tanmateix, al Regne Unit la persecució del còrnic i l'escocès van extingir el primer i marginar moltíssim el segon, i tanmateix el gal·lès, amb exactament les mateixes polítiques, va sobreviure. I a Irlanda, amb tot el suport institucional des de la independència, l'irlandès ha patit una enorme minorització[47].

Totes aquestes situacions tenen una explicació al darrera. El factor de la ruralitat i aïllament —o no— de les comunitats lingüístiques juga un paper enorme sovint, però tampoc sempre. En tot cas, en el món d'avui en dia, tan summament interconnectat, no es pot esperar de cap de les maneres que l'aïllament afavoreixi el manteniment de les llengües, ni tampoc tenir la voluntat d'afavorir que aquesta interconnexió pugui jugar a favor de la seva desaparició. De fet, si el que es desitja és conservar les llengües amb vida, com mana una mínima lògica cultural, els Estats les han de protegir de manera que els seus ciutadans les puguin utilitzar amb normalitat a tot arreu.

---

44 Siebetcheu, R., "La scuola del nuovo millennio: tra italiano, dialetti e altre lingue", a Coonan; Bier; Ballarin (ed.) *La didattica delle lingue nel nuovo millennio Le sfide dell'internazionalizzazione*, 2018, pp. 117 y ss.

45 Carrasco Albertus, J., "Casado hace secesionismo lingüístico en las Baleares: "No habláis catalán"", *El Nacional.cat*, 24-7-2021, https://www.elnacional.cat/es/politica/casado-hace-secessionimse-lingueistico-en-las-islas-baleares-no-hablais-catalan_632018_102.html

46 Garabato, C. A.; Boyer, H., "Le marché et la langue occitane au vingt-et-unième siècle: microactes glottopolitiques et substitution", *Glottopol*, 36, 2022: http://journals.openedition.org/glottopol/1943

47 Coakley, J., "Geographical retreat and symbolic advance? Language policy in Ireland", *Language Problems and Language Planning*, Volume 45, Issue 2, Nov 2021, pp. 239 y ss.

Però novament, no és aquest malauradament el cas d'Espanya, sinó que des de la pròpia Constitució es dona prioritat a una de les llengües parlades al país, el castellà, per sobre de les altres, que són d'aprenentatge voluntari, a diferència del castellà, l'aprenentatge del qual s'imposa directament sense matisos a l'art. 3[48]. La Constitució va néixer, cal recordar-ho, en un moment veritablement perillós després d'una llarga dictadura que va sublimar el nacionalisme castellà i els seus mites patriòtics com l'essència històrica d'Espanya. A més, es va abolir l'ús de les altres llengües a nivell oficial, dificultant-ne moltíssim el seu aprenentatge a l'escola, que només s'assolia amb un esforçat voluntarisme que rarament es produïa[49]. Amb aquest full de ruta, no és estrany que una part important de la població no s'hi sentís implicada.

Novament, va fallar l'atracció democràtica que sempre provoca el reconeixement de la individualitat. De fet, salvant absolutament les distàncies, sobretot polítiques, és el mateix que li va passar a l'independentisme català al 2017 o al basc uns anys abans. Deixant de banda els catalans d'origen que volien mantenir el projecte espanyol, que n'hi havia un bon grapat —igual que de fills de la immigració que apostaven pel projecte independentista—, va haver-hi una part de la població que mercès a la política lingüística del franquisme, havia consolidat en les seves ments una mena de dret a no utilitzar o no aprendre el català, que a més té suport constitucional. I aquesta actitud, insisteixo, perfectament constitucional, impossibilita *de facto* —gairebé *de iure*— l'ús de la llengua catalana arreu. D'aquesta manera, tothom sent que no és a casa seva, sinó que l'hi expulsen, que és ben curiós. Aquest sentiment comú no va ser destacat, o potser descobert, per ningú, i per això tampoc va ser analitzat políticament com hagués correspost. Al cap i a la fi, constitueix una de les més sovintejades desavinences en aquest tema.

Mal començament d'un Estat aquell que no aconsegueix que els seus habitants s'hi sentin còmodes, ja ho he explicat abans. Hi havia independentistes que perseguien clarament l'assimilació en el nou Estat, o la des-

---

48 Artículo 3. 1. El castellano es la lengua española oficial del Estado. Todos los españoles tienen el deber de conocerla y el derecho a usarla.
2. Las demás lenguas españolas serán también oficiales en las respectivas Comunidades Autónomas de acuerdo con sus Estatutos.

49 Casals i Martorell, D., "La represa de l'ensenyament del català durant el tardofranquisme: els cursos i els exàmens de la Diputació de Barcelona (1967-75)", *Zeitschrift für Katalanistik* 31, 2018, pp. 247 y ss

aparició del castellà, o almenys la fi de la realitat bilingüe[50]. Igual que no pocs espanyolistes desitgen encara la desaparició del català allà on es parla. És molt difícil buscar enteses partint d'aquests paràmetres d'ignorància mútua i desig de desaparició, també mutu.

És per això que l'única solució possible en aquest terreny parteix de la fi de les imposicions lingüístiques. De fet, alguns independentistes s'inspiraven en aquest terreny en els models espanyol o francès si s'assolia un Estat propi, la qual cosa era pròpiament decebedora si és té present com han patit moltíssims catalans i d'altres contrades per culpa d'aquest tipus de polítiques. De vegades semblava increïble que encegats per una legítima basarda a la desaparició futura del català, no fossin conscients de l'abast jurídic i social real del que estaven dient, o sent-ne conscients mantinguessin determinades propostes, tot i el seu caràcter vulnerador de drets fonamentals.

Això justament és el que cal canviar a tota Espanya: la voluntat d'assimilació lingüística imposada a la Constitució, que a més és contrària al dret a la igualtat per haver privilegiat una llengua per sobre de les altres, a uns ciutadans, en definitiva, per sobre dels altres. El castellà no és la llengua comuna de tots els espanyols, sinó una llengua imposada als milions que no la parlaven per a fer realitat el somni assimilador propi d'un nacionalisme castellà exacerbat, com el que va defensar el franquisme. Caldria derogar, doncs, aquesta disposició constitucional, filla d'una altra època ja passada, sortosament per tothom.

4. L'ESTRUCTURA JUDICIAL

A Espanya l'estructura judicial és centralista, sense matisos. Malgrat l'existència dels Tribunals Superiors de Justícia, l'origen dels quals és a la Generalitat republicana, no existeix una justícia privativa de les comunitats autònomes, amb un sistema judicial propi d'un estat federal com EEUU[51]. El Tribunal Suprem, com diu l'art. 123 de la Constitució, és el tribunal superior en tots els ordres, i és només un per tot l'Estat.

---

50 Vid. el manifest del Grup Koiné "Per un veritable procés de Normalització Lingüística a la Catalunya Independent": https://llenguairepublica.cat/manifest/text-del-manifest

51 Una explicació molt básica però entenedora pot trobar-se a: https://www.justice.gov/usao/justice-101/federal-courts

Personalment no sóc gaire favorable a l'existència d'estructures judicials pròpies de les comunitats autònomes. Són territoris sovint massa petits com per tenir-ne, amb el risc que sempre suposa per la independència judicial l'excessiva proximitat als assumptes sense conèixer cap control fora de la comunitat autònoma. Si les pressions als jutges en un país de mida mitjana com Espanya ja existeixen, es redupliquen quan l'estructura és massa petita. La justícia pròpia és d'aquells aparells institucionals que només són obligatoris en situació d'independència política d'un Estat, sent molt benvingut malgrat tot un control extern, com ara el del Tribunal Europeu de Drets Humans o altres tribunals internacionals als qui traspassar eventualment —si algun dia és factible— delictes gravíssims com els de lesa humanitat, pels quals acostuma a no ser materialment possible trobar jutges imparcials al territori a on han succeït els fets. Són tan greus que han commogut tothom, també els jutges, que perden així la seva imparcialitat.

Malgrat això, i sempre en una situació de confiança mútua entre tribunals d'un mateix Estat, com la que sempre ha de concórrer en democràcia, fora bona idea no identificar tant la seu del poder polític amb la de la cúpula judicial. Per això és un error que Tribunal Suprem i Tribunal Constitucional comparteixin seu amb el Govern de l'Estat. Si potser té sentit situar tot el Govern en la capital d'un Estat per raons d'eficiència, no hi ha cap motiu per a què un Tribunal Suprem no hagi de tenir una altra seu. Al contrari, als efectes de la seva aparença d'imparcialitat és ben positiu repartir aquesta cúpula del poder en dos ciutats diferents, alguna preferentment de segon ordre, com succeeix a Alemanya per exemple, sent Karlsruhe —una ciutat d'uns 300.000 habitants— la seu tant del Tribunal Suprem com del Tribunal Constitucional. També és d'aquelles decisions que, en reconèixer altres territoris com a vàlids per tenir institucions, vertebren l'Estat.

També seria bo deixar de tenir la competència territorial com a criteri de determinació dels assumptes que coneix un tribunal. El criteri té origen en el sistema feudal, a on tenia sentit per ser la justícia una manifestació més de poder dels senyors, igual que les altres[52]. Actualment, amb els avenços dels mitjans telemàtics, tindria més sentit que els processos s'allunyessin del lloc on han succeït els fets, a on els tribunals no hi fan res ni a efectes probatoris, tampoc per practicar els habituals interrogatoris que, a més, acostumen a ser una pantomima prefabricada pels advocats que no només vulnera tots els postulats de la psicologia del testimoni[53], que és la seva

52 Ho explico a Nieva Fenoll, J., *Derecho Procesal II, Proceso civil,* València 2019, p. 38.

53 Loftus, *Eyewitness testimony,* Harvard 1996. Mazzoni, *Psicologia della testimonianza,* Roma 2015. Mazzoni, *¿Se puede creer a un testigo?,* Madrid 2010. Diges, *Los falsos recuerdos,* Bar-

ciència, sinó que simplement no serveixen per res, no només per com es fan, sinó pel temps enorme que passa entre els fets observats i la declaració del testimoni, que fa que la suposada expressió de la seva memòria al procés sigui una ficció. Els testimonis, més que recordar els fets, expressen al tribunal el relat que han preparat abans de comparèixer davant dels jutges.

Per això, dividint els processos per territoris lingüístics, seria positiu que els casos tramitats en català, malgrat ser malauradament encara pocs, poguessin ser coneguts per qualsevol jutge de Girona a Alacant, o de Fraga a Maó. Fins i tot podria haver-hi jutges competents en llengües cooficials arreu de l'Estat per a conèixer d'aquests casos, la qual cosa faria que es poguessin repartir millor els recursos humans i materials de la justícia a l'Estat, a més de procedir a una descentralització real i eficient del poder judicial.

5. LA DIVISIÓ DE PODERS: EL "GOVERN" DELS JUTGES

La teoria de la divisió de poders[54] no és perfecta, com cap teoria, però tanmateix marca un horitzó molt clar, un camí a seguir que ha orientat de manera eficient les democràcies de tot el món. Malgrat això, s'observa a Espanya, particularment en els darrers temps, que hi ha una certa tendència d'alguns jutges a ultrapassar els límits del seu poder prenent decisions que són típiques de la política, exercida legítimament pel poder legislatiu i el poder executiu. És obvi que el poder judicial, únic poder revestit d'independència i imparcialitat, no pot fer política. Ara bé, quins són els límits d'allò que en diem "política"? O dit d'una altra manera: en quina situació una decisió judicial fa política? Les decisions judicials poden tenir, òbviament, transcendència política, però no fer política. Tanmateix, quan la fan?

El problema és força antic. Jaume II d'Anglaterra ja havia utilitzat els seus jutges per combatre el poder del Parlament abans del seu enderrocament amb la Revolució Gloriosa del 1688[55]. La *Bill of Rights* del 1689 ret

celona 1997. Manzanero, *Memoria de testigos*, Madrid 2010. Manzanero, *Psicología del testimonio*, Madrid 2008. Ibabe Erostarbe, *Psicología del testimonio*, Donostia 2000.

54 Locke, J., *Two treatises on government*, London 1821, §.241. Montesquieu, Barón de, (Charles-Louis de Secondat), *De l'esprit des lois*, reedición de la ed. de Paris 1748, Paris 1979, Lib. XI, cap. VI.

55 Van der Kiste, J., *James II and the First Modern Revolution: The End of Absolute Monarchy*, Barnsley 2021, pp. 88 i ss. Jones, W. J., Politics and the Bench. The Judges and the Ori-

bon compte dels abusos del monarca en aquest sentit. Ja al 1762, Rousseau, potser inspirat en part per l'anterior, havia realitzat seriosos advertiments sobre el problema, afirmant que el poder judicial "no ha de tenir cap participació en el poder legislatiu ni en l'executiu, doncs en això rau que el seu poder sigui tan gran, ja que, no podent fer res, ho pot impedir tot"..."per poca força que tingui de més, pot trastornar-ho tot"... "Degenera en tirania quan usurpa el poder executiu, del qual és només moderador, i vol disposar de les lleis que ha de protegir"[56].

Anys després, encara que paral·lelament a aquests pensaments, va sobrevenir als EUA el cas *Marbury v. Madison* (1803)[57]. Tot es va produir com a conseqüència d'una de les moltes escaramusses polítiques que esdevindrien en els decennis posteriors. El president Adams, ja derrotat a les eleccions per Jefferson el 1800, va propiciar en l'últim sospir del seu mandat —el març del 1801, 48 hores abans de concloure— una sèrie de nomenaments judicials aprofitant la majoria que ostentava al Senat, que va confirmar els nomenaments. Doncs bé, per les presses el secretari d'estat sortint no va aconseguir lliurar els seus nomenaments a quatre d'aquests jutges (Marbury entre ells), per la qual cosa ho havia de fer el nou secretari d'estat, que per cert era James Madison, qui pocs anys més tard es convertiria en president. Marbury va acudir al Tribunal Suprem perquè requerís a Madison el lliurament del nomenament. Però el Tribunal Suprem es va inhibir de la qüestió amb un curiós argument que es va convertir en l'origen dels tribunals constitucionals de tot el món: la Judiciary Act del 1789, és a dir, la llei que conferia al Tribunal Suprem aquesta competència que havia permès Marbury elevar-li la seva queixa perquè en conegués, era inconstitucional perquè sobrepassava les competències que la Constitució dels EUA havia conferit al Tribunal Suprem.

Amb això, el Tribunal Suprem es va treure el problema de sobre amb una decisió de claríssim rerefons polític que va pretendre ser salomònica, però que va produir un cataclisme jurídic-institucional que encara està actiu: el Tribunal Suprem, és a dir, el Poder Judicial, s'hi havia constituït en el suprem intèrpret de la Constitució, quan en puritat és el poder legislatiu aquest únic intèrpret, ja que la Constitució prové d'aquest poder legislatiu. Així, negant tenir una competència que li havia atorgat una llei en considerar-la inconstitucional, es va atribuir el Tribunal Suprem la competència

---

gins of the English Civil War, Londres 1971.

56 Rousseau, Jean-Jacques, *El contrato social*, Madrid 1985, p. 199.

57 Clinton, R. "The Strange History of Marbury v. Madison in the Supreme Court of the United States", 8 St. Louis U. Pub. L. Rev. 1989, pp. 13 i ss.

d'anul·lar lleis per ser contràries a la Constitució, competència que irònicament tampoc no estava en el text fonamental... Per tant, amb aquesta decisió que podia semblar inofensiva, es va desposseir el poble representat pel Parlament del poder exclusiu d'interpretar la Constitució, en benefici del que opinés a cada cas un reduït grup de magistrats, que en aquell moment eren només quatre. Quatre persones, per més bons juristes que siguin, usurpant el poder de tot un poble... Al Regne Unit, perfectament conscients del problema, encara hi ha avui en dia fortes discussions sobre aquest tema[58], i de fet, per prevenir, ni tan sols han compilat i positivitzat la seva *Constitution* ni tampoc han atribuït al seu Tribunal Suprem aquest poder interpretatiu suprem, que segons la mateixa sentència Marbury derivava precisament de què la Constitució dels EUA sí que hi havia estat positivitzada, cosa que —teòricament— permetia que el poder judicial pogués anul·lar lleis que la contravinguessin. De fet, al Regne Unit el Tribunal Suprem només existeix des de l'any 2009, i abans va assumir el seu paper durant més de tres segles justament la cambra alta del parlament, la House of Lords[59].

L'anterior és només un exemple del perillós impacte de les decisions judicials quan tenen rerefons polític. És per això que és una completa irresponsabilitat que les forces polítiques utilitzin el poder judicial com a àrbitre dels seus enfrontaments, o fins i tot els erigeixin com a remei davant els problemes que aquests polítics són incapaços de resoldre en l'exercici de les seves funcions. El poder judicial clarament no té la funció d'interferir en la vida política.

No obstant això, de vegades hi ha jutges que busquen aquesta interferència sense tenir la legitimació democràtica dels membres del parlament i del govern, i a més ostentant càrrecs que solen no ser temporals, a diferència dels anteriors. Així instauren una tirania, ja que generen un efecte descoratjament en els polítics a l'hora de prendre les decisions que els corresponen. El supòsit més groller sobrevé quan els jutges acullen denúncies de suposats delictes comesos per polítics, encara que sigui prou evident no hi ha res real al darrere d'aquestes denúncies. De vegades allarguen artificialment les investigacions per desgastar una formació política, o fins i tot sobrevenen de vegades condemnes desgavellades que només busquen

---

58 Sorabji, J., "El Tribunal Supremo de Reino Unido: procedimientos, precedentes y reforma", a Nieva Fenoll; Cavani (ed.), *La casación hoy, cien años despu´s de Calamandrei*, Madrid 2021, pp. 107 y ss.

59 Jones, D. L., "The Judicial Role of the House of Lords before 1870", a Blom-Cooper; Dickson; Drewry (ed.), *The Judicial House of Lords: 1876-2009*, Oxford 2009, p. 6.

treure del mig el polític. És el famós "*lawfare*", que a imitació del que ha passat de vegades als EUA, s'està practicant de manera vergonyant a massa països[60].

Però hi ha maneres més sibil·lines d'actuar, en el fons, de la mateixa manera, tot usurpant el poder executiu o fins i tot el legislatiu. Esdevé cada vegada que un jutge s'inventa una interpretació de la llei que és clarament contrària a la *voluntas legislatoris* expressada als debats parlamentaris. O quan un Tribunal Constitucional es creu amb dret a decidir si el legislador pot regular qüestions de profund rerefons ideològic com l'eutanàsia, l'avortament o el matrimoni homosexual, quan el mateix constituent ni tan sols va pensar en aquestes qüestions, que per això han de ser deixades a la voluntat política del legislador fent noves lleis, sense elucubrar sobre quina hagués estat la voluntat del constituent esmentat si s'ho hagués plantejat. Una Constitució pot establir drets humans i les institucions de l'Estat, elaborant una sèrie de grans línies fonamentals per al futur legislador, però no ha d'assolir mai un grau de detall que arribi a col·lapsar directament la feina del legislador en la seva tasca ordinària. I sobretot, no és immutable, sinó eternament reformable, malgrat que tendeixi, òbviament, a l'estabilitat.

Però succeeix amb més freqüència encara en l'ordre jurisdiccional administratiu, quan els jutges, encara fent ús de la seva jurisdicció sobre la potestat reglamentària, anul·len la voluntat d'un executiu simplement perquè no els agrada, tot i no ser il·legal en absolut o sent dubtós si ho és o no. De fet, en aquests casos dubtosos i pel que fa a la divisió de poders, els jutges sempre han de respectar la voluntat política dels executius. Hi ha d'haver una mena de *favor administrationis* en aquesta matèria que, malauradament, no sempre s'observa.

Finalment, també passa que els jutges de vegades resolen un simple procés civil, o d'un altre ordre, en un sentit o en un altre afavorint el litigant que els és més proper ideològicament, si es tracta d'un polític. És una altra manera d'intervenir en la vida política d'un mode, a més, que és molt difícil qualificar de prevaricador, atès que la interpretació de la normativa aplicable o la valoració de la prova podia ser dubtosa efectivament. Però

---

60 Dunlap, C. J., "Lawfare Today: A Perspective", 3 *Yale J. Int'l Aff.* 2008, pp. 146 y ss. Werner, W., "The Curious Career of Lawfare", 43 *Case W. Res. J. Int'l L.*, 2010-2011, pp. 66 i ss. Carvalho, C. A.; Carvalho Fonseca, M. G., "Violência em acontecimentos políticos: jornalismo e lawfare no caso Lula", *Galáxia (São Paulo)* (spe1) • May-Aug 2019.

s'observa la tendència soterrada de què la balança es desplaci al costat que ideològicament és més proper al jutge, cosa que és inacceptable.

Tots aquests casos són molt difícilment evitables, i no queda cap altre remei massa vegades que apel·lar a l'honestedat i bona formació jurídica dels jutges, cosa que cal garantir amb l'excel·lència d'aquesta formació, allunyada de qualsevol indici de corrupció i influència. Si no hi ha aquesta excel·lència en la judicatura, el sistema democràtic inequívocament fallarà. Per la seva banda, l'honestedat s'adquireix a les escoles i a l'entorn social, que com més tolerància o fins i tot simpatia tinguin amb la corrupció, més probable serà que un jutge sigui deshonest, i fins i tot més difícil serà que un jutge honest aconsegueixi complir la seva funció sense contratemps que fins i tot poden arribar a ser funestos. L'honestedat dels jutges, per tant, és un factor que en el fons depèn del comportament mateix de la pròpia societat en general.

Tanmateix, al marge d'això, caldria començar a fer un replantejament d'alt nivell en aquesta matèria, a fi de garantir la divisió de poders i amb l'objectiu que el poder polític reflecteixi en cada cas l'opinió real del poble que li ha votat, sense excuses que, per benintencionades que puguin ser, acaben falsejant el sistema. El poble és sobirà fins i tot per decidir autodestruir-se, per més pena que això causi a moltíssimes persones de bona fe, també a qui escriu aquestes línies. I justament per això sempre cal evitar que polítics populistes arribin al poder i utilitzin les majories als parlaments que ingènuament els han donat els ciutadans per a destruir la democràcia, tot sotmetent el poble a la dictadura, que és la principal eina de destrucció dels pobles.

A Espanya s'han produït o es produeixen algunes d'aquestes situacions qüestionables. Cal començar per esmentar que el sistema d'accés a la carrera judicial és summament defectuós. Solament memorístic i amb uns exàmens orals sense motivació de l'avaluació i sense un control extern mínimament eficient, la qual cosa introdueix sospites de favoritisme en l'aprovat d'alguns candidats que fan desmerèixer qui se l'ha guanyat per mèrits propis[61]. Sens dubte, un examen rigorosament objectiu emprant el sistema del doble cec —sense que ni examinador ni examinat sàpiguen qui són mútuament—, ajudaria a apaivagar les sospites d'influència de les associacions judicials, molt polititzades, sobre aquests exàmens i sobre els ascensos dintre de la carrera judicial, que depenen oficialment d'un altre

---

61 Sáiz Arnáiz, A., *La reforma del acceso a la carrera judicial en España. Algunas propuestas*, Madrid 2007.

òrgan directament influenciar per la política atès el sistema de nomenament dels seus vocals: el Consell general del Poder Judicial[62].

Tal vegada, d'aquesta manera tindríem jutges molt més independents de les seves pròpies ideologies, però sobretot ben probablement s'estarien de fer resolucions judicials que entren clarament en l'àmbit de la política. És difícilment comprensible que un tribunal s'hagi atrevit a determinar un tant per cent d'hores de docència a les escoles[63], quan aquesta és tasca, no ja del legislador, sinó d'un govern concretant els preceptes de la llei. Però no és menys greu —i va en la mateixa línia— que un jutge a Madrid[64] gosés anul·lar la suspensió de les multes per incompliment d'un pla de qualitat de l'aire a la ciutat —Madrid Central—, perquè va considerar que aquesta suspensió contravenia la normativa europea, quan la suspensió del pla era una decisió política sobirana de l'Ajuntament de Madrid, que podia plantejar una alternativa igualment raonable per la normativa europea de medi ambient, però no va haver-hi opció. Per la decisió d'un sol jutge, i no d'un consistori escollit democràticament pels ciutadans. És exactament el mateix, però a l'inrevés, que va fer el Tribunal Superior de Justícia de Catalunya[65] amb el pla de baixes emissions de Barcelona, que restringia de manera rellevant l'ús del cotxe. El pla era del tot coherent amb la normativa europea, però el tribunal va decidir que calia buscar altres alternatives menys restrictives, cosa que és opinable però que en tot cas es feina dels polítics. Per això, la sospita de politització d'ambdues decisions va sorgir. Insisteixo, no és que els tribunals no puguin controlar la legalitat de la potestat reglamentària dels governs, tot el contrari. És només que han de ser molt curosos i prudents en fer aquesta tasca només en casos extrems, o estaran fent política que entrarà en competència amb la dels executius. O el que és pitjor, la substituiran.

---

62 Vid. Nieva-Fenoll, Jordi: *Justice and Independence, an Actual Problem in Spain, VerfBlog,* 2020/10/15, https://verfassungsblog.de/justice-and-independence-an-actual-problem-in-spain/

63 Vicens, L. El TSJC obliga que el 25% de les classes siguin en castellà a totes les escoles de Catalunya, Diari Ara, 17-12-2020.

64 "Las multas en Madrid Central volverán hoy tras la decisión de una juez de suspender la moratoria", *Expansión,* 8-7-2019, https://www.expansion.com/economia/politica/2019/07/08/5d22e95ae5fdeab7578b45a3.html

65 "El TSJC anula la ordenanza de la Zona de Bajas Emisiones del Ayuntamiento de Barcelona". Europa Press, 21-3-2022, https://www.europapress.es/catalunya/noticia-tsjc-anula-ordenanza-zona-bajas-emisiones-ayuntamiento-barcelona-20220321154004.html

Malgrat tot, ja eren el propi Tribunal Suprem i el Tribunal Constitucional els que han marcat el camí massa vegades. El Tribunal Suprem[66], amb la incomprensió de moltíssims juristes europeus, va decidir forçar de manera exagerada el redactat del delicte de sedició per qualificar com a tal uns fets que eren una greu desobediència, però desobediència només, com va esdevenir amb la consulta de l'1 d'octubre. Fins i tot el propi Tribunal Suprem, tot i que una altra sala, va ser interpel·lat per anul·lar els indults en aquest cas, malgrat que els indults són potestat indiscutible del Govern de l'Estat. Sortosament, i encertadament, no s'hi va prestar a entrar en aquest joc novament polític.

I el Tribunal Constitucional[67] ni més ni menys que es va a atrevir a dir a la sentència de l'Estatut que el castellà era "com a principi" (?) una llengua vehicular a les escoles, quan no és això en absolut el que diu la Constitució, que només garanteix, com ja hem vist, el deure de conèixer-la però sense establir-hi cap camí. En definitiva, el Tribunal va legislar. Igual que ho va fer quan va anul·lar la prohibició de les curses de braus a Catalunya[68], tirant pel terra la feina del Parlament. O quan va fer, de nou, la feina del legislador, establint una exagerada inviolabilitat del rei d'Espanya[69] que impedeix, no només jutjar-lo per qualsevol delicte per greu que sigui, sinó fins i tot parlar, simplement parlar, en un parlament, d'una possible abolició de la monarquia[70]. Ha hagut de ser un jutge anglès[71], coneixedor del Dret anglès que va introduir aquesta inviolabilitat per primera vegada al món, qui ha hagut de recordar que la conclusió del Tribunal Constitucional espanyol era desencertada.

Espanya podria tenir tribunals que, conscients de les seves obligacions d'independència, imparcialitat i respecte exquisit a la divisió de poders, haguessin evitat pronunciaments tan summament perillosos, dels quals finalment qualsevol Estat se n'acaba penedint. No és que el Parlament ho pugui tot, malgrat les contundents paraules de Blackstone[72] al segle XVIII, dient que era l'autoritat més alta sobre la terra. Hitler es va aprofitar de la seva majoria per anul·lar la Constitució de Weimar i fins i tot incendiar el

---

66 STS 459/2019, 14-10.

67 STC 31/2010, 28-6, FJ 14.

68 STC 177/2016, 20-10.

69 STC 111/2019, 2-10.

70 STC 24/2022, 23-2.

71 "El rey Juan Carlos, sin inmunidad en Inglaterra: ¿qué puede pasar ahora?", El Periódico, 24-3-2022.

72 Op. cit. p. 161.

Reichstag, i això no pot passar. Els parlaments tampoc es poden inventar voluntats populars per a destruir la democràcia aprofitant la majoria que ingènuament els van donar els ciutadans. Aquest és el seu principal límit. I només d'aquest límit s'han d'encarregar en el nostre sistema els tribunals. Qualsevol acció fora d'aquests marges és pura i simplement política que no els pertoca.

II. EL IMPACTO DE LA INTELIGENCIA ARTIFICIAL

UN CAMBIO GENERACIONAL EN EL PROCESO JUDICIAL: LA INTELIGENCIA ARTIFICIAL

Publicado en Revista de Derecho Procesal (Argentina), 2019, 1, pp. 631-647, y en lengua catalana en Espill, 2019, n. 60, pp. 109-122.

1. INTRODUCCIÓN

La inteligencia artificial (en adelante, IA) no es sólo una cuestión de futuro, sino de presente e incluso de pasado. Vivimos y viviremos cada día más rodeados de ella, pese a que se haya introducido en nuestras vidas en su mayoría de un modo tan innegablemente amable que ya no somos conscientes de la misma. Ignoramos que muchas de las gestiones que realizamos cada día sólo son posibles gracias a la IA.

No hay que pensar únicamente en las redes sociales, que "adivinan" nuestros gustos y querencias a veces como si nos conocieran más que nuestra familia, sino pararse por un momento a pensar en la adquisición de productos a través de internet, desde un billete de avión a un vestido o a un producto de alimentación. Toda la tramitación electrónica ha sustituido a los antiguos vendedores y comerciales no ya en la gestión de la compra, sino en la propuesta de opciones y alternativas. Por poner sólo un ejemplo más —hay decenas— cada vez hay más edificios inteligentes, cuyas luces y calefacción se acomodan a las necesidades de cada momento, o reguladores artificiales de tráfico, desde los que adaptan los semáforos de una ciudad al volumen de vehículos hasta los que imponen multas automáticamente por diversas infracciones.

También ha llegado la IA a los tribunales, aunque nuevamente los usuarios del servicio no se percaten de ello, ni siquiera los que trabajan en los mismos. Las herramientas, a veces muy rudimentarias, que proponen plantillas o formularios de escrito para una gran variedad de trámites son testimonio de ello, sin dejar de lado a los buscadores de jurisprudencia, quizás los más antiguos programas jurídicos que utilizan IA de un modo quizás muy básico, pero que se va afinando cada vez más con el paso de los años.

Sin embargo, en estos momentos es preciso ir mucho más allá. Las herramientas existentes actualmente no se aplican en su enorme mayoría en los tribunales, o bien sí se utilizan pero con una nula reflexión jurídica acerca de su impacto, lo que es muy peligroso en materia de derechos fundamentales.

En este trabajo me ocuparé de todo ello en sus puntos clave, de manera que el lector pueda hacerse una idea no solamente de lo que ya tenemos aquí, sino de lo que está por venir, y reflexione sobre su uso. En el futuro, a diferencia de lo que pueda pensarse, va a ser muy importante el estudio filosófico al respecto. El establecimiento de orientaciones humanistas y límites éticos a las novedades tecnológicas será imprescindible. Lo veremos a continuación.

2. UNA JUSTICIA DEL SIGLO XXI

Hace ya tiempo que la justicia dejó de ser la que fue, aunque siendo así, parece incomprensible que se mantenga una estructura tremendamente burocratizada que tenía sentido cuando no existían ordenadores, ni cámaras ni internet, pero que actualmente resulta simplemente ridícula observada con frialdad.

Hoy en día han dejado de tener sentido en muchos casos las complejas normas en materia de competencia territorial[73]. Dado que nos podemos comunicar a distancia y que el juez no suele salir de su juzgado para resolver un proceso, lo lógico sería que se dejara de seguir el antiguo criterio, de origen feudal, de que cada juez se encargue de lo que suceda en su territorio. Tendría mucho más sentido que la mayoría de los juzgados se concentraran en unas pocas sedes bien comunicadas, distribuyendo equitativamente los asuntos en razón simplemente de la carga de trabajo.

Pero además de ello, los procedimientos podrían ser ya mucho más rápidos. Actualmente han dejado de tener lógica alguna los extensos —tantas veces artificiales, previsibles y reiterativos— escritos judiciales iniciales[74], cuando lo que se pretende es una tutela muy simple y con gran frecuencia no discutida, como las clásicas deudas que se resuelven a través de un procedimiento monitorio, o los procesos de tutela de la posesión, especialmente el desahucio por falta de pago. En todos esos casos existe un índice

---

[73] Vid. Bonet Navarro, José, "La tutela judicial de los derechos no humanos. De la tramitación electrónica al proceso con robots autónomos", *Revista CEFLegal*, n. 208 (maig 2018), pp. 77 y ss.

[74] Kafka los criticó irónicamente en *El proceso.*

estadístico muy alto de falta de oposición del demandado, siendo siempre la motivación de la sentencia la misma. En estos supuestos, la respuesta de la jurisdicción debiera ser rápida y automática.

Del mismo modo tendría que ser automatizada la ejecución[75]. Si de lo que se trata es de la localización de un patrimonio y su realización con el máximo provecho para el acreedor ejecutante y el mínimo perjuicio para el deudor, siempre y cuando los bienes de una persona estén debidamente inventariados a nivel oficial —cuentas bancarias, inmuebles y vehículos—, no debería haber dificultad para que una herramienta de IA realizara automáticamente la selección de los bienes siguiendo esos criterios de manera bastante más perfeccionada que un ser humano.

Y es que la IA consiste básicamente en una tremenda base de datos que cruza los mismos siguiendo un esquema llamado "algoritmo" que ofrece diversas perspectivas de solución, basándose sobre todo, aunque no siempre, en criterios estadísticos[76]. Por tanto, cada vez que una decisión se pueda fundamentar en una recopilación suficiente de datos previos que la herramienta pueda almacenar para obtener la solución más correcta en función de los parámetros que el programador le haya dispuesto, tomará esa decisión exactamente igual que lo haría un ser humano, incluso con bastante más automatismo, de manera que las personas que interactúen con la aplicación pueden no saber que se están comunicando con una máquina, teniendo entonces pleno resultado exitoso el llamado test de Turing[77], que justamente mide la eficiencia de la IA en función de que el ser humano no sea capaz de saber que no se está relacionando con una persona.

Ese modo de funcionamiento hace que las posibilidades que se le abren a la IA en materia judicial sean verdaderamente enormes. Y no sólo en los temas ya indicados, que de por sí ya son numéricamente relevantes, sino también en asuntos como la elección de recursos en los países cuyos tribunales supremos dispongan del llamado *certiorari*, y que es una selección de asuntos en función de criterios de relevancia de la decisión, fundamentalmente para la formación de jurisprudencia. Sin duda, una herramienta de

---

75 Vid. Khoury Chaumar, Mario, *Der Einsatz von künstlicher Intelligenz in Berliner Justiz am Beispiel von Erzwingungsverfahren*, Berlin 2015.

76 Vid. López de Mántaras Badia, Ramon / Meseguer González, Pedro, *Inteligencia artificial*, Madrid 2017. Kaplan, Jerry, *Inteligencia Artificial. Lo que todo el mundo debe saber*, Zaragoza 2017.

77 Turing, Alan Mathison, "Computing machinery and intelligence", *Mind* 49, 1950, pp. 433 y ss.

IA haría que la decisión del tribunal dejara de ser discrecional —como suele ser ahora— y acabara siendo mucho más previsible, como merecen los justiciables y desean sobre todo los abogados que interponen los recursos.

Pero también se abren posibilidades inmensas en materia de admisión de las pruebas, sobre todo en el proceso civil, donde los asuntos muchas veces hacen previsible que las únicas pruebas relevantes sean la pericial y la documental, en función de que los hechos juzgados no precisen la verificación de los acontecimientos a través de los testigos presenciales o de referencia, dando por hecho que las partes ya hablan a través de sus letrados, y siendo solamente un arrastre del antiguo sistema legal de valoración de la prueba el que lleva a practicar la declaración de las partes, normalmente sin resultado alguno. Una herramienta de IA podría establecer las posibilidades estadísticas de éxito en materia de resultancia probatoria de los medios de prueba solicitados. Lo veremos después.

Con todo ello, el funcionamiento de la Justicia operaría modificaciones relevantes. Sin embargo, los cambios más impactantes se van a producir en otras materias, que serán analizadas a continuación. Lo que se ha dicho hasta aquí debería ser lo que ya tendría que estar funcionando, dado que existe a día de hoy sobrada tecnología para ello. Sólo hay que implementarlo y ver como el volumen de trabajo de los tribunales se reduce de una manera muy considerable con lo indicado hasta aquí, obteniendo respuestas los litigantes en cuestión de días cuando actualmente se tardan años en conseguirse.

3. LA NUEVA EVALUACIÓN DEL RIESGO (EL *PERICULUM*)

Un ámbito realmente relevante de los procesos es la tutela cautelar, especialmente en los países en que, dados los tremendos retrasos que acumulan sus jurisdicciones, han optado precisamente por acudir a esta solución para conseguir provisionalmente una tutela que tardaría años si se sustanciara todo el procedimiento declarativo ordinario. En los países en que no se acumulan tan increíbles retrasos, el uso de las medidas cautelares no supera el 10% de los asuntos.

En todo caso, existe un problema común a toda la tutela cautelar. La misma precisa la concurrencia de dos presupuestos conocidos como *fumus boni iuris* y *periculum, in mora* o *libertatis*, dependiendo de si nos hallamos en el proceso civil o en el penal. El primero, como es sabido, requiere una demostración, al menos *prima facie*, de que el demandante tiene razón y obtendrá previsiblemente la victoria en la sentencia a fin de que sea concedida la medida cautelar. Con todas las dificultades, es el presupuesto más sencillo de acreditar dado que su justificación acostumbra a confundirse con la de la propia demanda.

El presupuesto más problemático es, sin duda, el *periculum*. El mismo suele ser razonado con una serie de alegaciones que intentan infundir temor al juez con el fin de que se percate del riesgo que existe para el buen fin del proceso si no concede la medida cautelar. Pero este *periculum*, en realidad, por mucho que se intente objetivar, difícilmente sale del ámbito de la elucubración. Al principio de un proceso es muy difícil afirmar sin contratiempos que un demandado se va a quedar en la insolvencia[78], o bien que un investigado por un delito va a fugarse[79] o que va a destruir pruebas[80].

También es muy complicado establecer lo que más suele importar a la población: si existe riesgo de que un reo vuelva a delinquir. Con el resto de riesgos, los tribunales suelen tener en cuenta jurisprudencialmente una serie de parámetros limitados bastante objetivos —aunque también bastante ingenuos en ocasiones— para tratar de adivinar si los peligros existen, y que ya han sido reseñados a pie de página y que muchas veces son aplicados de manera tan automática que podrían ser objeto de una herramienta de IA, aunque para ello habría que avanzar mucho en esta materia. Esos parámetros son demasiadas veces simples resabios del pasado sin un funda-

78 Se suele tener en cuenta la existencia objetiva del impago, la cuantía de la deuda, la situación patrimonial del deudor, en función de que tenga otros procesos pendientes por impago de deudas, o bien que su empresa esté en situación de pérdidas, o que existan retrasos habituales en el pago de las deudas o haya empezado a protagonizar conductas sospechosas tales como la desaparición del deudor, la disgregación patrimonial, o la constitución de nuevas sociedades para eludir responsabililidades, o bien el pago selectivo de algunas deudas al ya saberse el demandado en situación concursal.

79 Se toma en consideración la inminencia de una pena alta, la existencia de fugas anteriores, la resistencia a la autoridad en la detención, la pertenencia del reo a una banda organizada que podría favorecer su fuga, los medios económicos de que disponga el reo —de forma contradictoria—, a la tenencia de un domicilio fijo o las declaraciones del reo en los medios de comunicación acerca de su voluntad de permanecer localizable.

80 Se toman en consideración las actuaciones constatadas del reo dirigidas a preparar coartadas o a eliminar o manipular vestigios del delito, o bien la elusión de entregar vestigios de los que fácilmente dispone el reo, o la peligrosidad de la conducta delictiva en su conjunto —es el indicio más frecuente—, la posición de poder que ejerza el reo en una estructura organizativa, la posibilidad de colaboración en la destrucción por parte de personas afines al reo, o el carácter reciente de los hechos.

mento estadístico más allá de meras intuiciones, lo que es inaceptable para construir con los mismos una herramienta de IA.

Algo parecido, en el fondo, puede acabar pasando con la evaluación del riesgo de reiteración delictiva si no van mejorando los estudios psicológicos acerca de la detección de este factor, aunque han avanzado bastante de manera sectorial. Actualmente, la estrella en este ámbito es una herramienta llamada COMPAS[81], que considera el delito investigado y la peligrosidad del sujeto en función de los siguientes factores, entre otros:

- Si el reo pertenece a una banda organizada.
- Número de detenciones previas de la persona y sus razones.
- Antecedentes de condenas.
- Infracciones disciplinarias durante las estancias en prisión.
- Vulneración de medidas cautelares.
- Antecedentes penales en la familia y en su entorno de amigos.
- Consumo de drogas y alcohol.
- Situación domiciliaria, es decir, si vive en casa propia, con familia, amigos, o cuántas veces se ha mudado, por poner algunos ejemplos.
- Criminalidad en la zona de residencia.
- Nivel de estudios.
- Situación laboral y financiera.
- Situación emocional y atencional, en el sentido de si está triste, se aburre o le cuesta fijar su atención en lo que hace.
- Relación de proximidad con amigos.
- Capacidad de compromiso y honestidad o franqueza en la vida cotidiana.
- Carácter agresivo o pacífico.
- Propensión ideológica al delito.

---

81 Correctional Offender Management Profiling for Alternative Sanctions. Vid. el cuestionario en que se basa en https://www.documentcloud.org/documents/2702103-Sample-Risk-Assessment-COMPAS-CORE.html, así como su manual de uso en NORTHPOINTE, *Practioners Guide to COMPAS*, 17-8-2012.

Todo lo anterior se evalúa en función de 137 items[82] que, finalmente, son combinados por la aplicación citada de un modo desconocido, dado que su empresa creadora se ha negado a desclasificar su funcionamiento alegando derechos de propiedad intelectual.

Sin embargo, tal conducta empresarial es inaceptable en un proceso penal, dado que para poder ejercer plenamente el derecho de defensa, el reo debe poder conocer el funcionamiento interno de la herramienta que lo evalúa, a fin de poder criticar sus resultados. De lo contrario dejamos que la IA domine completamente la decisión de una manera que, además, no conocemos.

Pese a este riesgo absolutamente real y de enorme consideración, los tribunales estadounidenses están aceptando el uso de COMPAS —vid. *State v. Loomis*[83]— si se utiliza de manera complementaria a otras pruebas, lo que equivale a decir, en la práctica y a la larga, que la herramienta toma la decisión ante las dificultades de los jueces para decidir de manera distinta a lo que proponga la máquina, sin descartar asimismo la comodidad.

Lo anterior sería peligroso incluso si COMPAS funcionara correctamente, pero no lo hace. Recientemente se descubrió que COMPAS posee un evidente sesgo racista[84] fruto de un uso absolutamente inadecuado de los datos estadísticos de criminalidad, y que además sus resultados no diferían de las conclusiones de un observador sin experiencia, siendo que este último, además, solía ser más acertado (67%) que la máquina (65%), lo que ya resulta escandaloso para mantener sin matices el uso de la herramienta[85].

---

82 Bornstein, Aaron M., "Are algorithms building the new infrastructure of racism?", *Nautilus*, 21-12-2017, http://nautil.us/issue/55/trust/are-algorithms-building-the-new-infrastructure-of-racism

83 881 N.W.2d 749 (Wis. 2016). Sobre el caso, Tashea, Jason, "Risk-Assessment Algorithms Challenged In Bail, Sentencing And Parole Decisions", *ABA Journal*, marzo 2017, Http://Www.Abajournal.Com/Magazine/Article/Algorithm_Bail_Sentencing_Parole. Thadaney Israni, Ellora, "When An Algorithm Helps Send You To Prison", *The New York Times*, 26-10-2017, https://www.nytimes.com/2017/10/26/opinion/algorithm-compas-sentencing-bias.html

84 Larson, Jeff / Mattu, Surya / Kirchner, Lauren / Angwin, Julia, "How We Analyzed The Compas Recidivism Algorithm", *Propublica*, 23-5-2016, https://www.propublica.org/article/how-we-analyzed-the-compas-recidivism-algorithm.

85 Farrell, JAMES, "Humans Beat Popular Algorithm For Spotting Potential Re-Offenders", *SILICONANGLE*, 17-1-2018, https://siliconangle.com/blog/2018/01/17/popular-algorithm-used-spot-potential-reoffenders-sometimes-extend-prison-sentence-doesnt-work-according-researchers/. Fussell, Sidney, "Study Finds Crime-Predicting Algorithm Is No Smarter Than Online Poll Takers", *Gizmodo*, 18-1-2018, https://gizmodo.com/study-finds-crime-predicting-algorithm-is-no-smarter-th-1822173965. Pear-

Sin embargo, el Tribunal Supremo de los EEUU se ha negado a revisar hasta el momento este delicadísimo asunto.

Este es justamente el riesgo de la IA: que se utilice de manera indiscriminada cayendo en la falacia *ad modernitatem*, que llama la atención del juez incauto con pocas ganas de trabajar. La IA simplifica nuestras vidas y puede ayudar además a que tomemos las decisiones de una forma incluso más ética y objetiva de lo que lo haría un ser humano, como veremos después. Pero utilizada indebidamente se convierte en un simple instrumento lombrosiano[86] de evaluación de los delitos.

4. UNA RENOVADA VALORACIÓN DE LA PRUEBA

Actualmente, está científicamente descartado que los declarantes en un proceso —partes y testigos sobre todo, aunque también peritos— se evalúen en función de la impresión que le causen al juez utilizando la inmediación. La psicología del testimonio[87] ha realizado un impagable trabajo empírico en esta materia, destacando que no sólo es que el juez no pueda adivinar si alguien le miente observando la cara y gestos del declarante, al contrario de lo que es creencia común prácticamente milenaria. Es más, esa observación puede ser altamente perturbadora, al poder infundir en el juez prejuicios de los que se derive una muy probablemente errónea valoración de la prueba.

Ello no significa que el juez no deba estar presente en la práctica de estas pruebas para dirigir, moderar e incluso intervenir activamente en los interrogatorios, pero no se debe dejar engañar por sus creencias atávicas acerca de la gestualidad, sino atender a los parámetros de la psicología del testimonio en cuanto a la valoración, no de la persona del declarante, sino

---

son, Jordan, "Bail Algorithms Are As Accurate As Random People Doing An Online Survey", *Motherboard*, 17-1-2018, Https://Motherboard.Vice.Com/En_Us/Article/Paqwmv/Bail-Algorithms-Compas-Recidivism-Are-As-Accurate-As-People-Doing-Online-Survey. Yong, Ed, A Popular Algorithm Is No Better At Predicting Crimes Than Random People, *The Atlantic*, 17-1-2018, https://www.theatlantic.com/technology/archive/2018/01/equivant-compas-algorithm/550646/

86 Lombroso, Cesare, *L'uomo delinquente*, Torino 1897.

87 Manzanero, Antonio L., *Psicología del testimonio*, Madrid 2008. Masip, Jaume / Garrido, Eugenio, "La obtención de información mediante el interrogatorio del sospechoso", en AAVV (coord. Garrido / Masip / Herrero), *Psicología jurídica*, Madrid 2008, pp. 339 y ss.

de lo que dice esa persona. En una frase lapidaria: no se debe valorar tanto al testigo como a su testimonio.

Esos parámetros sí pueden ser objeto de un algoritmo de IA. Por descontado, los memorísticos y situacionales, porque están respaldados por una suficiente cantidad de metaanálisis que, efectivamente, arrojan datos estadísticos. Pero también en parte los que valoran el contenido de la declaración en cuanto a su coherencia, su capacidad de contextualización y su corroboración, puesto que todos esos factores se basan en la comparación de lo declarado, bien con la propia declaración —coherencia—, bien con los datos resultantes de otras pruebas que obran en el proceso, y que pueden ser también almacenadas de manera que puedan ser utilizadas por la IA. Sólo los comentarios oportunistas lo tendrían más difícil para ser evaluados por la aplicación, ya que se basan en parámetros sociológicos más difícilmente compilables y, por tanto, evaluables por la IA, aunque no resulta imposible. Existen ya aplicaciones en este sentido, como por ejemplo la que valoró la existencia de hurto de teléfonos celulares a través de las declaraciones de las personas[88].

En cuanto a la prueba pericial, existe ya un listado de criterios que si bien concebidos para la admisión de dicha prueba, también pueden ser usados para su valoración. Se trata de los criterios *Daubert*[89], que son la serie de puntos que el juez Blackmun expuso en la sentencia que lleva ese nombre, y que fueron confirmados y matizados en dos resoluciones posteriores

---

88 Vid. Pérez Colomé, "Así sabe la policía si tu denuncia es falsa (y acierta un 91% de veces), *El País,* 17-9-2018, https://elpais.com/tecnologia/2018/09/16/actualidad/1537135174_883514.html

89 Sobre los mismos existe amplia bibliografía. Últimamente Vázquez, Carmen, *De la prueba científica a la prueba pericial,* Madrid 2015, Nieva Fenoll, "Repensando Daubert: la paradoja de la prueba pericial", en AAVV, Peritaje y prueba pericial, Barcelona 2017, pp. 85 y ss, y antes Dondi, Angelo, "Paradigmi processuali ed 'expert witness testimony' nel diritto statunitense", *Rivista Trimestrale di Diritto e Procedura Civile,* 1996, pp. 261 y ss, Auletta, Ferruccio, *Il procedimento di istruzione probatoria mediante consulente tecnico,* Padova 2002. Ansanelli, Vincenzo, *La consulenza tecnica nel processo civile,* Milano 2011, Taruffo, Michele, "Prova scientifica e giustizia civile", en AAVV, *Giurisprudenza e scienza,* Roma 2017, Bardi Edizioni, pp. 241 y ss. En EEUU, entre otros muchos Faigman, David L., "The Daubert Revolution and the Birth of Modernity: Maniging Scientific Evidence in the Age of Science", *Legal Studies Research Paper Series,* n. 19, 46 UC *Davis Law Review* 2013, p. 104. Fournier, Lisa R., "The *Daubert* Guidelines: Usefulness, Utilization, and Suggestions for Improving Quality Control", *Journal of Applied Research in Memory and Cognition,* 5, 2016, p. 308. Haack, Susan, *Evidence Matters,* Cambridge 2014, pp. 121 y ss.

del mismo Tribunal Supremo de los EEUU[90]. Además, los criterios fueron recogidos en parte por el art. 702 de las *Federal Rules of Evidence* en 2011[91].

Esos criterios son cuatro[92] o cinco[93] según qué autor los compile, y son los siguientes:

1. Que la técnica haya sido elaborada siguiendo el método científico, en el sentido de que haya sido verificada empíricamente con intentos de falsificación y refutación.
2. Que la técnica empleada haya sido objeto de revisión por parte de otros expertos y haya sido publicada.
3. Indicación del grado de error de la técnica.
4. Existencia del mantenimiento de estándars y controles sobre la fiabilidad de la técnica.
5. Consenso en la comunidad científica sobre la técnica empleada (estándar *Frye*).

Pues bien, todos los datos anteriores, de difícil conocimiento para un juez, sí pueden ser recopilados por una aplicación que almacena los datos estadísticos con los que trabajan precisamente la mayoría de esos criterios. De ese modo, es mucho más sencillo que un juez los tenga en cuenta, precisamente porque la disponibilidad de los mismos le será muy fácil. Y de esa manera, podrá evaluar al menos la calidad externa del parecer del pe-

---

90 Daubert v. Merrell Dow Pharmaceuticals, 509 U.S. 579 (1993), General Electric Co. v. Joiner, 522 U.S. 136 (1997) y Kumho Tire Co. v. Carmichael, 526 U.S. 137 (1999).

91 **Rule 702. Testimony by Expert Witnesses.** A witness who is qualified as an expert by knowledge, skill, experience, training, or education may testify in the form of an opinion or otherwise if:
(a) the expert's scientific, technical, or other specialized knowledge will help the trier of fact to understand the evidence or to determine a fact in issue;
(b) the testimony is based on sufficient facts or data;
(c) the testimony is the product of reliable principles and methods; and
(d) the expert has reliably applied the principles and methods to the facts of the case.

92 Faigman, David L., "The Daubert Revolution and the Birth of Modernity: Maniging Scientific Evidence in the Age of Science", *Legal Studies Research Paper Series,* n. 19, 46 UC *Davis Law Review* 2013, p. 104. Fournier, Lisa R., "The *Daubert* Guidelines: Usefulness, Utilization, and Suggestions for Improving Quality Control", *Journal of Applied Research in Memory and Cognition,* 5, 2016, p. 308.

93 Garrie, Daniel B., "Digital Forensic Evidence in the Courtroom: Understanding Content and Quality", *Northwestern Journal of Technology and Intellectual Property,* vol. 12, 2014, 2, p. 122. Cfr. Vázquez, Carmen, *De la prueba científica a la prueba pericial,* Madrid 2015, p. 125.

rito en su formación. Diferente por completo es la inteligencia del razonamiento del perito y de sus conclusiones. En ello no ayuda, por el momento, la IA. Sigue siendo el principal tema pendiente en la doctrina con respecto a esta prueba. En realidad es un problema enorme. Se llama a no expertos en una materia científica —los jueces— a pronunciarse sobre la misma, lo que es poco más o menos lo mismo que pedirle a un biólogo o a un topógrafo que evalúen una sentencia en cuanto a su razonamiento jurídico. Sin embargo, esta importante cuestión desborda los límites de este trabajo.

5. LA PROGRESIVA —AUNQUE LIMITADA— AUTOMATIZACIÓN DEL ENJUICIAMIENTO

Además de lo anterior, otra de las materias en las que el uso de la IA será más espectacular se situará en la propia operación intelectiva que supone el enjuiciamiento, es decir, en el trabajo que hasta el momento era el principal del juez y le era conferido en exclusiva.

Y es que el enjuiciamiento es una operación epistémica compleja que ha intentado ser descrita, con desigual éxito, en muchas ocasiones. En todo caso, las aportaciones que han venido en las últimas décadas de la epistemología son las que más han precisado cómo se formulan los juicios sobre la prueba y sobre la argumentación jurídica, describiendo su inescindible engarce.

En cuanto a los primeros, la versión aparentemente más útil de los mismos aprovecha las enseñanzas de la probabilidad inductiva, de manera que propone que el juez debe formular diversas hipótesis posibles de lo ocurrido, a fin de confirmarlas o descartarlas, siendo así que una vez realizada esta labor, la hipótesis que quede subsistente estará más confirmada en función del número de hipótesis alternativas descartadas, siempre y cuando, obviamente, la hipótesis vencedora, resulte regular en la formación de sus inferencias.

En ese camino puede ayudar bastante la IA, precisamente porque ya existen aplicaciones[94] que consideran los escenarios de indicios de unos hechos y formulan automáticamente hipótesis, condenatorias o absolutorias de lo sucedido. De manera que el juez ya no debe hacer el esfuerzo de imaginar hipótesis, sino que las mismas le vienen dadas por la máqui-

94 Matzner, Tobias / Hizler, Pascal, "Any-World Access to OWL from Prolog", en AAVV (Hertzberg e.a. ed.), KI 2007: Advances in Artificial Intelligence, Berlin 2007, p. 95.

na, siendo así incluso más fácil que el juez, inspirado por lo dicho por la herramienta de IA, pueda formular hipótesis alternativas o matizadas a las propuestas por la aplicación. Son evidentes las posibilidades de obtener de todo ello un mejor resultado que el actual.

No obstante hay que prevenir expresamente de los peligros que encierra la utilización de herramientas como COMPAS en el terreno del enjuiciamiento. Para juzgar es imprescincible reconstruir un relato, y COMPAS no lo hace, sino que sólo evalúa supuestos factores de riesgo. Salvo que se desee juzgar a las personas en función de patrones de seres humanos modélicos —como han intentado tantas religiones—, la averiguación de los hechos siempre es fundamental. Lo contrario son simples prejuicios cuyo uso, por cierto, a veces aparece, de manera inopinada e inapropiada, en los enjuiciamientos ante la falta de indicios de responsabilidad.

También aquellos que intentan ayudar al juez a objetivar los niveles de convicción que pueden exigirse a un enjuiciamiento en los llamados "estándares de prueba", como Ferrer Beltrán[95], podrían encontrar una ayuda decisiva en la IA, dado que la exposición de los parámetros de evaluación que suponen dichos estándares se ven claramente simplicados con las descritas herramientas de IA. Si se toman como ejemplo los estándares últimamente fijados por el citado autor, se comprenderá hasta qué punto un algoritmo puede simplicar la labor de su configuración. De mayor a menor exigencia de verosimilitud, esos parámetros son los siguientes:

1. Hipótesis que explique todos los datos probatorios existentes —y potenciales— debidamente confirmados, siendo refutada cualquier otra hipótesis plausible.
2. Hipótesis que explique todos los datos probatorios existentes —y potenciales— debidamente confirmados, siendo refutada una hipótesis alternativa plausible.
3. Hipótesis que parezca la mejor explicación con los datos existentes, siendo los mismos suficientes.
4. Hipótesis que parezca más plausible que una hipótesis contraria, con los datos existentes, siendo los mismos suficientes.
5. Hipótesis que parezca la mejor explicación con los datos existentes.

[95] Ferrer BELTRÁN, "Prolegomena to a theory on standards of proof. The test case for State liability for wrongful pre-trial detention", inédito 2018, pp. 19 y ss.

6. Hipótesis que parezca una mejor explicación que la contraria con los datos existentes.

Obviamente, la labor judicial de evaluación de los resultados del algoritmo es imprescindible, pero debe pensarse que los mismos también vendrán expuestos con un posible grado de acierto de la hipótesis que encajará como un guante en tales estándares. Lástima que incluso con la ayuda de la IA, la subjetividad en su formulación no es evitable, e incluso amenaza con "bayesizar"[96] la valoración probatoria en función de las opiniones y querencias del programador de la herramienta que alteren los resultados estadísticos. En consecuencia, no parece la mejor opción, pero es obvio que la máquina va a ayudar relevantemente a los jueces en este terreno.

Igual que sucederá con la argumentación jurídica. Ya existen herramientas[97] que en un tiempo récord y con lenguaje natural escogen las principales líneas legales y sobre todo jurisprudenciales de un asunto, lo que va a ahorrar mucho tiempo de trabajo no solamente a los jueces, sino también a los abogados en la elaboración de sus escritos. De ahí a que la máquina los sustituya media un larguísimo trecho, aunque no hay que olvidar que haciéndose el trabajo más sencillo, el número de abogados necesario en una sociedad probablemente disminuirá. De hecho, en algunos procedimientos muy frecuentes y reiterativos, desaparecerá la motivación en beneficio del uso de una app que puede resolver el proceso en cuestión de días. Y es que siendo obvia esa motivación —hoy día ya lo es y resulta sobreabundante— la misma será sustituida por el algoritmo, siempre que su contenido sea conocido, claro está.

6. EL "FACTOR HUMANO" DE LA JUSTICIA Y SU REPRODUCCIÓN ARTIFICIAL

Tras leer todo lo anterior, muchos pensarán que la "justicia" de una máquina nunca podrá alcanzar a la humana, fundamentalmente porque existe un factor humano —que pocas veces se concreta— que de algún

96 Finkelstein, Michael O. /Fairley, William B., "A Bayesian Approach to identification evidence", *Harvard Law Review*, vol. 83, 1970, pp. 489 y ss. Finkelstein, Michael O., *Basic concepts of probability and statistics in the Law*, New York 2009, pp. 11 y ss.

97 Aleven, V. / Ashley, K. D., "Evaluating a Learning Environement for Case-Based Argumentation Skills", *ICAIL*, 1997, pp. 170 y ss.

modo hace que los jueces lleguen a un fallo justo que nunca podrá copiar una máquina, que actúa sin emociones.

Sin embargo, en absoluto es así, aunque pueda resultar sorprendente. Hace tiempo que la psicología del pensamiento tiene descritos nuestros procesos de toma de decisiones a través de los llamados heurísticos[98], que son cálculos precisamente estadísticos que los seres humanos hacemos de forma muy aproximada, y que a pesar de que muchas veces nos llevan a decisiones correctas, con frecuencia se producen sesgos que causan errores. Lo que resulta inquietante es que esos heurísticos no son demasiado complejos, resultando que nuestros mecanismos de toma de decisiones son esencialmente básicos.

Todo ello es obvio que puede ser imitado por una máquina, que además use esa estadística barruntada de una forma que pueda evitar más sesgos que un ser humano. De hecho, se puede programar el algoritmo para que utilice uno u otro heurístico con o sin sesgos. Lo lógico será que no se desee imitar el factor humano y se prefiera en su lugar un uso de la estadística mucho más depurado, pero sobrecoge pensar que el factor humano se concreta, fundamentalmente, en una serie de errores.

Pero siempre se podrá decir que las emociones forman parte de los juicios, y que las mismas no pueden ser imitadas por una máquina. Pues bien, aún siendo cierto que la etiología de las emociones obedece a una serie de parámetros fundamentalmente biólogicos cuya comprensión no es fácil[99], la verdad es que existen una serie de factores desencadenantes de estas emociones que suelen funcionar con la mayoría de los seres humanos. La máquina, sin duda, podría imitarlos reproduciendo sorprendentes dotes de persuasión. Sorprendentes porque muchas veces se trata de algo tan básico como una sonrisa o una imagen truculenta que infundan respectivamente afecto u odio. Lo sabe muy bien cualquier director de cine.

Trasladado al ámbito judicial, una herramienta de IA lo tiene muy fácil para evaluar estadísticamente el grado de aceptación social de una posible sentencia, pudiendo incluso sugerir los puntos más delicados que pueden activar esas emociones, obrando el juez en consecuencia en función de lo que quiera exponer a la sociedad a través de su motivación.

---

98 Kahneman, Daniel / Slovic, Paul / Tversky, Amos, *Judgment under Uncertainty: Heuristics and Biases*, Cambridge 1982.

99 Hülstoff, Thomas, *Emotionen*, München 2006.

Como se habrá deducido, en muchos casos parecerá que la IA dicta sentencia, pero no es así. Siempre lo hará el ser humano, sea a través de la elección de la alternativa propuesta por la herramienta, sea con la elaboración de una alternativa distinta o sea a través de la configuración del algoritmo para que la máquina "decida". Pero siempre habrá un ser humano en la escena, que obviamente no debe desaparecer por pereza o comodidad, por muy altas que sean las capacidades de "aprendizaje" de la máquina, que sin duda existen, como saben los técnicos de la materia.

7. LOS PELIGROS DE LA IA PARA ALGUNOS DERECHOS HUMANOS

Con todo lo expuesto, naturalmente se abren frentes de riesgo para algunos derechos humanos en el ámbito procesal, fundamentalmente en materia de imparcialidad, derecho de defensa y presunción de inocencia.

En lo que respecta a la imparcialidad, con la IA cambia el sujeto de la imparcialidad, dado que tendremos que estar probablemente más pendientes de las personas que elaborarán los algoritmos que no del juez que escogerá la opción final, sin descuidar naturalmente a este último. Por ello, la selección del personal informático que estará encargado de la *black box* es algo que deberá cuidarse legislativamente con enorme cautela, controlando que personas muy ideologizadas, por ejemplo, estén alejadas de la configuración del funcionamiento de la herramienta.

En lo que atañe al derecho de defensa, será fundamental el conocimiento del funcionamiento de los algoritmos. Las excusas de propiedad intelectual para no desclasificarlos serán inaceptables, dado que las partes deben tener perfecto conocimiento de los mismos para poder, en su caso, combatirlos. No será aceptable entrar en un oscurantismo de nuevo cuño que dejaría a la Justicia en un ámbito misterioso que es incompatible con la elaboración de las estrategias procesales por parte de los litigantes.

Finalmente, la presunción de inocencia también corre riesgos relevantes con el uso de la IA. Las herramientas que calculan el riesgo de reincidencia no pueden ser utilizadas para la elaboración de relatos condenatorios, puesto que ello significaría que se calcularía la responsabilidad de las personas en función de sus características externas, ajenas al exacto devenir concreto de los hechos. Por tanto, no se puede elaborar la autoría en función de la peligrosidad de un individuo, sino en razón de su precisa participación en los hechos enjuiciados.

TECNOLOGÍA Y DERECHOS FUNDAMENTALES EN EL PROCESO JURISDICCIONAL

Publicado en AAVV, El Derecho y la inteligencia artificial, Granada 2022, pp. 405-422 y en AAVV, La tecnología y la inteligencia artificial al servicio del proceso, Madrid 2023, pp. 405-422, y en lengua inglesa en Civil Procedure Review, 2022, vol. 13, n. 2, pp. 53-68.

1. INTRODUCCIÓN

En el mundo del presente, hablar de tecnología ya no puede consistir en referirse simplemente a los ordenadores personales, a los GPS o a otros medios telemáticos[100], sino que se hace imprescindible abordar el uso de una herramienta que aunque ya posee una cierta antigüedad, en los últimos años —y después de varios intentos fallidos— está conociendo un desarrollo sin precedentes. Me estoy refiriendo a la inteligencia artificial (en adelante IA), que está invadiendo numerosos campos de la vida cotidiana, entre ellos la justicia[101].

---

100 Vid. Greenberg, E. E. / Ebner, N., "Strengthening Online Dispute Resolution Justice", 19-0032, 7-8-2019, http://ssrn.com/abstract=3434058. Sobre los proyectos de e-Justice de la Unión Europea, vid. Covelo de Abreu, J., "The Role of Artificial Intelligence in the European e-Justice Paradigm - Suiting Effective Judicial Protection Demands", en Moura / Novais / Reis ed., *Progress in Artificial Intelligence*, Springer 2019, pp. 299 y ss. BIARD, Alexandre, "Online justice or new Far Www.est? The difficulty of regulating alternative dispute resolution on online platforms", *Revue internationale de droit économique*, 2019/2 (Vol. XXXIII), pp. 165-191.

101 Vid. Bonet Navarro, José, "La tutela judicial de los derechos no humanos. De la tramitación electrónica al proceso con robots autónomos", *Revista CEFLegal*, n. 208 (maig 2018), pp. 77 y ss. Corvalán, J. G., "Inteligencia artificial: retos, desafíos y oportunidades - Prometea: la primera inteligencia artificial de Latinoamérica al servicio de la Justicia", Revista de Investigaçoes constitucionais, abril 2018, pp. 295 y ss. RE, R. M. / Solow-Niederman, A., "Developing Artificially Intelligent Justice", 22 Stan. Tech. L. Rev. 2019, pp. 242 y ss. Giampiero, L., "Regulating (Artificial) Intelligence in Justice: How Normative Frameworks Protect Citizens from the Risks Related to AI Use in the Judiciary", European Quarterly of Political Attitudes and Mentalities, 8(2), 2019, pp. 75 y ss, https://nbn-resolving.org/urn:nbn:de:0168-ssoar-62463-8. RIGANO, C., "Using Artificial Intelligence to Address Criminal Justice Needs", *NIJ Journal*, n. 280 enero 2019, pp. 1 y ss. Cui, Y. Artificial Intelligence and Judicial Modernization, Springer 2020. Wischmeyer e.a., Regulating Artificial Intelligence, Springer 2020.

Sin embargo, por alguna razón no se acaba de acertar al intentar localizar un buen ensamblaje entre IA y justicia, incluso pese a los esfuerzos del Consejo de la Unión Europea[102]. No se trata simplemente de hablar de IA y tribunales o IA y Derecho positivo. Ambas temáticas abren interesantes campos de investigación, pero cuando se tratan, se intuye una enorme laguna filosófica[103] que debe cubrirse antes de seguir adelante.

Dicha laguna no es otra que la identificación del concepto mismo de "justicia", aunque sea de un modo superficial intentando superar polémicas doctrinales, y ver qué contornos debe respetar la IA de modo inexcusable. No deberíamos permitir que la IA propicie en materia de Justicia los desastres que han sucedido en otros ámbitos como el electoral, que constituye un ejemplo paradigmático en vista de lo sucedido en algunas elecciones importantes, como las de EEUU en 2016. Si no acertamos en la delimitación de las fronteras que debe respetar en materia de jurisdicción la IA, se alterarían completamente las bases de nuestra sociedad y, por tanto, de nuestra convivencia, y quizás no para bien. Si los tribunales dejaran de ser lo que son, ciertamente la realidad social sería otra muy distinta.

Según reconoció Michele Taruffo[104], una sentencia justa es aquella en la que se han averiguado correctamente los hechos, se ha aplicado debidamente el derecho y se ha respetado el justo proceso, esto es, los derechos procesales de las partes. Por tanto, se trata de tres pilares fundamentales, tres condiciones que deben cumplirse. Las dos primeras pueden tener que ver también con la IA, pero pertenecen a otro estudio, para el que me remito a mi obra monográfica al efecto[105].

En el presente trabajo me centraré en el tercer pilar de esa noción de "justicia": el respeto por los derechos fundamentales en el ámbito procesal. Es decir, la pregunta es muy simple: ¿qué impacto puede tener la IA en materia de derechos procesales?

---

102 Vid. EUROPEAN COMMISSION FOR THE EFFICIENCY OF JUSTICE (CEPEJ), *European ethical Charter on the use of Artificial Intelligence in judicial systems and their environment*, Adopted at the 31st plenary meeting of the CEPEJ (Strasbourg, 3-4 December 2018), pp. 7 y ss. https://rm.coe.int/ethical-charter-en-for-publication-4-december-2018/16808f699c

103 Vid. Binns, R., "Human Judgement in Algorithmic Loops; Individual Justice and AutomatedDecision-Making", 2019, https://ssrn.com/abstract=3452030

104 Taruffo, M., "Idee per una teoria della decisione giusta·, en *Verso la decisione giusta*, Torino 2020, p. 360.

105 Nieva Fenoll, J., *Inteligencia artificial y proceso judicial*, Madrid 2018.

Pese a la extrema simplicidad de la formulación de la pregunta, la respuesta es, sin duda, bastante más compleja.

2. LA TRILOGÍA ESTRUCTURAL DE DERECHOS PROCESALES

La exposición de los derechos que son relevantes en materia procesal no posee una unidad doctrinal, ni tan siquiera una cierta uniformidad. Explicados a lo largo de la historia a través de diversos brocardos y principios —*audiatur et altera pars, iudicium est actus trium personarum, secundum allegata et probata*[106], *ne eat iudex ultra petita partium, nemo iudex sine actore, nemo iudex in causa sua, lawful judgment*[107], etc.[108]—, pero formulados por primera vez de manera algo más sistemática fundamentalmente en las enmiendas IV, V y VI de la Constitución de los EEUU —con el añadido de la enmienda XIV.1—, han ido pasando por diversos catálogos de derechos de todo el mundo con mayor o menor influencia, desplegando una amplia gama de aspectos que se deberían considerar incluídos en el llamado desde entonces *due process of law*. El resultado es un catálogo disperso de derechos o garantías que debieran ser respetados en el proceso[109].

Analizando su contenido, todo ese extenso listado puede reducirse a tres grandes categorías: derecho al juez independiente, derecho a la defensa y derecho a la cosa juzgada.

---

[106] Durandus, *Speculum iuris*, Venetia 1585, Parte II, *De Sententia*, § 5, 1. pp. 784-785, com el antecedente de AZO, *Brocardica (aurea). sive generalia iuris*, Basilea 1567, rúbrica XX, p. 237: *Iudex debet ex conscientia iudicare, & econtrà.] Secundum allegata iudicare debet. Cum quaeritur, an iudex debeat iudicare secundum conscientiam suam, in causa civili vel criminali, distingue: utrum notum sit ei tamquam iudici, id est, ratione officii sui: an ut privato. In primo casu fertur sentencia secundum conscientiam suam; quae etiam potest dici allegatio. ut ff. de ser. l.2.&ff. Si fer. vend.1 surreptionem. & de minor. 25. anno.l.minor. Quid miri? nonne sert sententiam, secundum testificationes & confessiones, quas novit ut iudex? & et ita potest intellegi hoc generale. Si vero novit ut privatus, non debet ferre sententiam secundum conscientiam suam, sed secundum allegata. & ita intelligitur contraria Rubrica.*

[107] Este precedente (*legale iudicium*) de la Carta Magna Libertatum de 1215, puntos 39, 52, 56 y 57, es particularmente interesante. Posiblemente está influído por el *secundum allegata et probata* de AZO, pero terminológicamente cuenta con curiosos referentes en el Derecho germánico: *Sachsenspiegel*, art. 16 y *Liber iudiciorum*, Lib. II, Tít. I, XVIII.

[108] Sobre estos y otros principios, vid. Nieva Fenoll, *Derecho Procesal I, Introducción*, Valencia 2019, pp. 40 y ss.

[109] Sobre el mismo y sus antecedentes históricos, me remito a lo tratado en Nieva Fenoll, *Derecho Procesal I, Introducción*, cit. pp. 79 y ss.

El primer derecho incluye la independencia del juez con respecto a los poderes del Estado, lo que comprende el derecho al juez legal, pero asimismo permite estudiar bajo su contenido aspectos que afectan a la autonomía de la función judicial y que habría dificultades para situarlos en el ámbito de la independencia o en el de la imparcialidad, como la influencia de los medios de comunicación, de las redes, o incluso de la *communis opinio* de sus compañeros en el estamento judicial, y en general de todos los aspectos que pueden influir en la generación de emociones en el juez que le alejen de la objetividad[110]. Esa es la razón por la que siendo la esencia de la imparcialidad el sentimiento de una emoción —afecto u odio[111]—, se incluye también el derecho al juez imparcial en el ámbito de este derecho al juez independiente, debiendo estar el juez aislado tanto de influencias externas como de sus propias emociones, cuando estas llegan al extremo de impedirle formular un juicio ecuánime.

En cuanto al derecho de defensa, comprende todas las garantías que posibilitan que una persona pueda exponer su punto de vista con la expectativa razonable de ganar un proceso. Ello obliga a las autoridades a disponer un libre acceso a los tribunales, incluyendo al menos la publicidad de los procesos, la fundamental subsanabilidad de los errores de las partes —por tanto, la exclusión del formalismo, que no es sino una forma de autoritarismo— y la actuación judicial sin dilaciones indebidas que hagan inútil la defensa si la tutela si llega tarde. Se incluye también el derecho a formular alegaciones, a proponer prueba y a contradecir las posiciones de la parte oponente. Asimismo se añade el derecho a la motivación de las resoluciones judiciales y a su ejecución, el derecho al recurso, así como el derecho a la igualdad de partes y a la asistencia letrada. Si falta cualquiera de esos contenidos, la defensa deja de ser eficiente o tener sentido.

Finalmente, queda el derecho a la cosa juzgada, es decir, la prohibición de reiteración de juicios[112], cuyo precedente más antiguo está en el mismísimo código de Hammurabi[113]. No es soportable tener una jurisdicción

---

110 Vid. Forza, Antonio / Menegon, Giulia / Rumiati, Rino, *Il giudice emotivo*, Bologna 2017.

111 Todas las causas de recusación tienen ese trasfondo, como puede comprobarse leyendo cualquier catálogo de las mismas. Vid. art. 219 de la Ley Orgánica del Poder Judicial española o arts. 41 y 42 ZPO.

112 Vid. Nieva Fenoll, *La cosa juzgada*, Barcelona 2006, p. 119.

113 Parte VI, § 5: "*Si un juez ha juzgado una causa, pronunciado sentencia (y) depositado el documento sellado, si, a continuación, cambia su decisión, se le probará que el juez cambió la sentencia que había dictado y pagará hasta doce veces la cuantía de lo que motivó la causa. Además, públicamente, se le hará levantar de su asiento de justicia (y) no volverá más. Nunca más podrá*

que carezca de estabilidad. Por ello, el *non bis in idem* debe tener vigencia en cualquier proceso, no sólo en el penal.

Expuestos todos los derechos, veamos a continuación cómo puede afectarles la introducción de la IA en los procesos.

3. DERECHO AL JUEZ INDEPENDIENTE: INDEPENDENCIA E IMPARCIALIDAD

Hasta el momento, como se ha indicado en el anterior epígrafe, la independencia judicial ha supuesto el aislamiento del juez de influencias externas a su persona, lo que hace que el concepto de "imparcialidad", habitualmente explicado por separado, tenga zonas de contacto muy evidentes con el de "independencia" hasta formar parte, en realidad, del mismo contenido. La parcialidad supone casi siempre la existencia de las emociones afecto u odio en el juez por diversas razones, y esa es su esencia. Pero es que en el transfondo de la falta de independencia también están las emociones del juez, dado que se estudia bajo su contenido la influencia de poderes del Estado, poderes fácticos, periodistas o redes sobre el juez, y esa influencia emocional es igualmente clara e incluso más variada, incluyéndose el miedo. Sea como fuere, con todo ello se persigue simplemente conseguir la objetividad en los pronunciamientos judiciales.

Sin embargo, hasta el momento estábamos pensando en el "juez persóna" cuando se formulaban todos esos contenidos, pero nadie pudo llegar a pensar que un día nos preocupara exactamente lo mismo siendo el juez una máquina. Dicho de otro modo, en un contexto de IA, ¿tiene sentido hablar de un concepto como el de juez independiente que, en el fondo, tiene por base las emociones del juez, cuando una máquina por definición no siente emociones? Las emociones[114] son un mecanismo biológico de supervivencia —inconcebible en una máquina— que hace propender al ser humano a lo que su cerebro, en función de su información genética y experiencia vital, percibe adecuado para el mantenimiento de su vida, y lo conducen a alejarse de lo que lo amenaza. Algo así es inconcebible en una máquina por su falta total de autoconciencia. Una aplicación puede

sentarse con los jueces en un proceso." Vid. Lara Peinado, F., *Código de Hammurabi,* Madrid 1997, p. 7.

114 Hogarth, Robin M., *Educar la intuición. El desarrollo del sexto sentido,* Barcelona 2002, p. 89. Hülstoff, Thomas, *Emotionen,* München 2006, p. 14.

estar programada para tener mecanismos de defensa automáticos, pero jamás sentirá miedo o afecto, y por ello, por ejemplo, no entrará en pánico o padecerá adicciones. Por eso aquel HAL del "2001" de Kubrick era tan humano y tan poco artificial.

Para dar respuesta a la pregunta de si el concepto de independencia conserva vigencia en un contexto de IA, se pueden formular dos posibles hipótesis: que la IA asista al juez humano o que sustituya completamente a dicho juez.

La primera es la situación actual. La IA asiste al juez, pero es éste el que realiza el pronunciamiento jurisdiccional definitivo. En este sentido, el juez puede utilizar programas de IA muy débil, como los buscadores de jurisprudencia, o bien programas más avanzados que incluso predicen el riesgo, como es el caso de COMPAS[115] en EEUU o de HART[116] en el Reino Unido[117]. En ambos casos, lo que hace la máquina es simplemente realizar una propuesta.

En el primer caso, el juez intenta buscar jurisprudencia sobre un tema y el programa selecciona las resoluciones que siguiendo sus algoritmos califica como relevantes, con exclusión de otras que deja en un segundo lugar. Habitualmente el programa funciona por palabras clave, pero también posee búsquedas temáticas que pueden orientar más la decisión del juez, lo que hace que la posible selección no sea una simple acumulación de sentencias que el juez pueda leer para ilustrarse, sino que la selección del programa le puede conducir a una determinada decisión descartando otras alternativas. De ese modo, es posible que una jurisprudencia minoritaria sea dejada en segundo término o incluso solapada, lo que favorecerá su desaparición. Por supuesto, el algoritmo también podría llegar a favorecer lo contrario, es decir, que una corriente minoritaria crezca artificialmente en difusión para intentar consolidarla.

Y eso con algo tan aparentemente inocente como la simple búsqueda de jurisprudencia. Pero si de ese terreno relativamente simple pasamos al de la IA más fuerte, por ejemplo, a la predicción del riesgo de reiteración

---

115 Correctional Offender Management Profiling for Alternative Sanctions. Vid. el cuestionario en el que se basa en https://www.documentcloud.org/documents/2702103-Sample-Risk-Assessment-COMPAS-CORE.html, así como su manual de uso en NORTHPOINTE, Practioners Guide to COMPAS, 17-8-2012.

116 Harm Assessment Risk Tool.

117 Giampiero, L., "Regulating (Artificial) Intelligence in Justice: How Normative Frameworks Protect Citizens from the Risks Related to AI Use in the Judiciary", cit. p. 81.

delictiva de COMPAS y de otras herramientas similares, nos encontramos con que esa guía al juez puede ser todavía más precisa. COMPAS selecciona 137 items[118] de un reo que, como es bien sabido, en absoluto son ingenuos, sino que tratan de calificar a una persona por variables tan sensibles como su lugar de procedencia, su entorno social o hasta en cierto modo sus opiniones políticas. Sea como fuere, tanto COMPAS como cualquier otra herramienta, al realizar un pronóstico de riesgo puede calificar de manera maniqueísta a los seres humanos, y de ese modo inclinar al juez a ver un peligro en personas que en realidad no lo tienen si se atiende a la evaluación de los hechos que se están investigando o juzgando.

Es decir, es perfectamente posible que una herramienta de IA oficialice aversiones sociales[119], esto es, emociones negativas hacia determinados colectivos, lo que viene a estabilizar y reforzar de hecho un simple prejuicio social, lo que es sumamente peligroso. Imagínese el riesgo que concurriría si el juez usa la herramienta no solamente para evaluar el riesgo, sino para ayudarse en la evaluación de la responsabilidad del reo en la sentencia.

Es decir, el peligro evidente es que el juez, incluso queriendo ser independiente, tenga la asistencia de una poderosísima herramienta que pueda condicionarle en su juicio, lo que haría que el mismo en realidad no fuera elaborado por el juez, sino más bien por quien configuró el logaritmo de la herramienta, que es lo peligroso[120]. Piénsese que en el juez concurren una serie de garantías para salvaguardar su independencia que no existen para ningún profesional de la informática, y mucho menos en el poder ejecutivo que acostumbra a contratarle.

Qué decir si, en su lugar, el juez no solamente se ve ayudado por la herramienta, sino que se ve completamente sustituido por la misma. Es posible que esa sustitución se opere en procesos de muy sencilla tramitación si no hay oposición, como desahucios o procesos monitorios. En estos casos, el peligro es mínimo porque se trata sustancialmente de asuntos idénticos que el juez persona resuelve siempre de la misma forma de un modo habitualmente muy burocrático. Pero también podría ser que en el futuro esa sustitución se produjera en procesos más complejos, y que a

---

118 NORTHPOINTE, Practioners Guide to COMPAS, 17-8-2012, pp. 23 y ss.

119 Chiao, V., "Fairness, accountability and transparency: notes on algorithmic decision-making in criminal justice", *International Journal of Law in Context*, 2019, 15, pp. 126 y ss.

120 Era ese justamente el problema que se dejó algo de lado en *State v. Loomis* 881 N.W.2d 749 (Wis. 2016). Vid. Tashea, Jason, "Risk-Assessment Algorithms Challenged In Bail, Sentencing And Parole Decisions", *ABA Journal*, marzo 2017, Http://Www.Abajournal.Com/Magazine/Article/Algorithm_Bail_Sentencing_Parole.

la vez entren dentro de un determinado tipo de reclamación que sea frecuente. De hecho, en la actualidad los jueces ya clasifican así los procesos a la hora de elaborar las resoluciones, sobre todo cuando incorporan en la redacción de la resolución algunos pasajes de la motivación que ya tienen elaborados de antemano. Un ejemplo paradigmático, y algo aterrador, son las prisiones provisionales. Sea como fuere, el problema visto en las herramientas de simple asistencia se vería agravado y sistematizado en este caso de sustitución total.

Se podría teorizar que si en algún escenario independencia e imparcialidad son idénticas, es precisamente cuando la IA entra en juego, dado que careciendo la misma de emociones, la posibilidad de influencias externas en el parecer de la máquina sería inexistente. Y ciertamente, lo anterior es incontrovertible. Pero hay que ir un poco más allá y asumir que en materia de IA no hay que imaginar a los personajes artificiales que hemos visto en tantas películas, y que en el fondo están humanizados aunque se nos pretenda hacer creer lo contrario. Más bien, se trata de una herramienta que si recibe influencias externas como las que pueden ejercerse sobre un juez, no va a cambiar su parecer en absoluto porque una máquina carece de cualquier parecer u opinión. Simplemente ejecuta las decisiones siguiendo sus algoritmos. Por ello, cualquier influencia externa es inimaginable. Simplemente cumplirá con su algoritmo, e incluso podrá engañarse a la máquina con información errónea. Pero obviamente, ninguna expresión que busque generar una emoción tendrá en ella el menor efecto.

Por consiguiente, si esa es la situación, a quien debe controlarse muy bien es, ya no tanto al juez, sino al profesional de la informática que elabora el algoritmo. Ello posee muchos inconvenientes pero también alguna ventaja. El inconveniente es que puede ser dueño de nuestra justicia un poder no democrático como una empresa —privada o pública— de sistemas, que pese a las directrices que le dé un Gobierno, o incluso el mismísimo poder judicial, puede manipular la configuración de la herramienta.

Pero en ese punto estriba precisamente su ventaja. La IA puede posibilitar un mejor cumplimiento de las leyes. Lo veremos en el próximo epígrafe.

3.1. IA, emociones y cumplimiento de las leyes

De acuerdo con lo anterior, en un escenario idealmente imaginado, la IA conseguiría que las resoluciones judiciales prescindieran de las emociones del juez, aunque fuera para sustituirlas por las emociones del programador del algoritmo. Eso tendría el inconveniente de no hacerlas tan controlables como teóricamente son las del juez a través del respeto de las garantías que al respecto se han dispuesto en el ordenamiento jurídico.

Pero supongamos que, gracias a los mecanismos democráticos establecidos para su designación[121], se consigue finalmente que el programador sea neutral, y que por tanto no refleje esas emociones propias de su persona en la elaboración de los algoritmos. En ese caso, el algoritmo recogerá simplemente lo ordenado por el ordenamiento jurídico. Sin embargo, ni siquiera en ese caso la IA estaría libre de esas emociones, porque al fin y al cabo las leyes recogen las emociones de sus legisladores, apreciando lo que consideran justo en virtud de las mismas. Y ese es justamente el punto: las leyes no son neutrales, sino que recogen lo que los seres humanos, más o menos democráticamente representados, consideran justo en un momento concreto de la historia. Ese es otro interesante punto al que me referiré en el próximo epígrafe.

Mas en este apartado, la idea es que la IA pueda imponer la aplicación de las leyes de manera estricta, sin matices, teniendo incluso en cuenta las ideas expuestas por el legislador en el *iter* legislativo y que tantas veces quedan en el olvido de las extensísimas recopilaciones de los debates parlamentarios. Probablemente de ese modo, los más positivistas, desde Montesquieu[122] a Bentham[123] entre los más influyentes, estarían complacidos al ver que por fin ese juez es el que desearon: la boca que pronuncia las palabras de la ley sin añadir nada más.

La parte positiva sería que la ley no se manipularía *a posteriori*, como a veces sucede, sino que siempre sería aplicada con su intención original. Si la operación se llevara a cabo a nivel global en todo el ordenamiento jurídico, el resultado sería que las leyes se aplicarían siempre de la misma forma, lo que impondría eficientemente la moral o comportamiento colectivos que hubiera querido el legislador. Es decir, aquello tan temido que es la aplicación de la ley por una máquina, de repente sería lo deseable porque de esa forma ya no tendríamos que estar tan pendientes de lo que piense o diga cada juez, sino que sería previsible la decisión jurisdiccional, lo que sin duda evitaría conflictos que tantas veces se producen con el simple áni-

---

121 Vid. Nieva Fenoll, *Inteligencia artificial y proceso judicial*, cit. pp. 121 y ss.

122 Montesquieu, Barón de, (Charles-Louis de Secondat), *De l'esprit des lois*, reedición de la ed. de Paris 1748, Paris 1979, I, p. 301.

123 Bentham, J., *Introduction to the principles of morals and legislation*, London 1823 (1ª ed. 1780), p. 272.

mo de probar suerte ante la Justicia y aprovecharse de sus deficiencias, así como de las lógicas diferencias de criterio de cada juez. De ese modo, la IA ya no sería un peligro, sino una imprescindible garantía de cumplimiento de las normas.

El problema es que el ordenamiento no puede ser estático, como de hecho imaginaron varias religiones y no pocos dictadores[124]. Se tiene que adaptar a los tiempos, o se acaba queriendo enviar a la hoguera a Galileo Galilei. Y en esa adaptación a los tiempos es esencial la labor del juez, que en su misión de análisis de la situación concreta en la que se aplica la norma, debe observar los matices de esa situación y disponer su mejor aplicación. Es cierto que ello hace que la aplicación del Derecho sea menos previsible de lo que podría aceptar un matemático, o imaginar un programador de IA, pero es precisamente la garantía de que la ley no se introduce como un cuerpo extraño en la vida de la gente, sino que regula de manera razonable su convivencia.

3.2. IA como reflejo de la empatía social. ¿Justicia?

Sin embargo, ¿podríamos ir más allá? Es decir, cabe preguntarse si sería posible que algún día la IA recogiera el sentir general de la población acerca de lo que se considera empático en un momento determinado, que al fin y al cabo es lo que intenta reflejar la justicia.

Hasta el momento nos conformamos con un operador más estático, que es el legislador, que recoge ese supuesto consenso social en torno a lo adecuado en cada momento y recomendamos que la ciudadanía lo cumpla aunque pueda no estar de acuerdo, siempre que el poder público se comporte conforme al mandato que los ciudadanos le dieron en las urnas. De ahí la tremenda importancia de cumplir las promesas electorales, y la esencial prudencia que debiera inspirar formularlas. Y complementariamente, dado que, como ya se ha dicho, la ley no se aplica siempre por sí sola —pese a las recomendaciones para obedecerla— ni puede prever todos los casos concretos en los que está llamada a aplicarse, necesitamos al juez, a fin de que con la ayuda del texto legal, haga de legislador en lo puntual y dirima el conflicto que se le plantea en el proceso dictando la norma aplicable a aquella situación.

---

124 Vid. la palabra "inmutables" en el inciso VII del Decreto 779/1967, de 20 de abril, por el que se aprueban los textos refundidos de las Leyes Fundamentales del Reino de España. BOE n. 95, de 21 de abril de 1967, pp. 5250 y ss.

Ese es el sistema que ha funcionado hasta ahora. Confiamos en que el sistema democrático traerá a un legislador que refleje nuestros sentimientos y forma de pensar en las normas, e intentamos que el juez, como integrante de nuestra comunidad, sea quien complete su labor aportando su empatía, a la que hemos llamado ecuanimidad, tratando de que verdaderamente se sujete a ella y no a otras emociones que pueda sentir individualmente. Por eso le exigimos que sea independiente.

Pero quizás algún día la IA pueda ir más allá. En la actualidad es ya bastante fácil saber qué es lo que piensa la generalidad de las personas en un supuesto concreto, gracias a las redes sociales y al trabajo de los sociólogos que van haciendo esos estudios de opinión de los que tan pendientes están los políticos. Hasta el momento, como se ha explicado, hemos confiado en el juez para proceder a la aplicación de ese sentir social combinándolo con el conocimiento de la ley, intentando que ese juez fuera una especie de representante de ese consenso social que guía a nuestra especie para convivir. De hecho, percibimos que sus decisiones son injustas si se separa de ese consenso social.

Pero si en un futuro —hoy es completamente imposible— la IA pudiera captar en tiempo real lo que siente la gente en cada momento y además tuviera incluído en sus algoritmos el contenido del ordenamiento jurídico, se estaría condensando el concepto de justicia que estamos siguiendo desde el principio: aplicación correcta de las leyes a unos hechos bien averiguados respetando los derechos fundamentales[125]. Y además con la ventaja de que el juicio no estaría sesgado en el sentido de que algún elemento de la proposición pesara más que el otro. Es decir, en algunas situaciones los ciudadanos quieren que se manipulen los hechos o el derecho para que se produzca la sentencia que consideran justa, aunque en realidad no lo sea, lo que ocurre con cierta frecuencia en el proceso penal.

Pues bien, ello sería imposible con una máquina ajena a influencias sociales de ese tipo. Es decir, se trataría de una aplicación que captaría el sentir social pero que sólo lo aplicaría en una sentencia si no se falsean los hechos o se distorsiona la voluntad de la norma jurídica. Habríamos conseguido por fin al juez justo, o habríamos ya alcanzado aquel deseado fin que tantas veces mencionamos pero que ni siquiera somos capaces de definir certeramente: la justicia.

---

125 Nuevamente, Taruffo, op. cit.

El problema es el peligro que conllevaría una herramienta de esas características si el algoritmo se configura erróneamente, así como la complejidad de esa configuración. En un principio surgiría como herramienta de apoyo al juez, señalándole las alternativas de la norma a la situación de hecho evaluada también con la ayuda de otra herramienta de inteligencia artificial, valorando las pruebas que se presenten en el proceso. Finalmente, se le comunicaría la eventual aceptación social de la sentencia proponiendo sus diversos sentidos. ¿Sería eso mejor que lo que hasta ahora hemos denominado como sentido común de un juez[126], máximas de experiencia[127], certeza moral[128], sana crítica[129] o íntima convicción[130]?

Hay que tener en cuenta que el juicio individual de cada juez siempre es variable e inseguro. En cambio, lo que propusiera la IA sería previsible y en todo caso estaría debidamente motivado incluso con respaldo estadístico. No es cuestión de ponerse a pensar si ello sería mejor o peor, porque es obvio que en términos científicos sería mejor, ya que de repente el pronunciamiento jurisdiccional devendría completamente objetivo. Parecería menos humano, pese a que la IA es netamente humana porque son humanos los que la construyen. Pero el mundo se acostumbraría rápido a la situación, que hasta podría alcanzar a la elaboración de leyes, haciendo innecesarias las consultas populares —referendum— que a veces se convocan. Si la máquina es capaz de saber lo que piensa la población en cada momento, no es necesario algo tan estático como la ley.

Sin embargo, tendremos algún día que tomar la decisión de si deseamos ese mundo. La opinión de la gente es cambiante y voluble, y es posible que no fuera operativo cambiar de orientación constantemente. Es decir, es factible que también sea percibida como justa cierta estabilidad en la voluntad social, exactamente igual que ahora no repetimos un referendum constantemente sobre la misma materia.

---

126 Vid. el "buon senso" de Beccaria, Cesare, *Dei delitti e delle pene*, reed. de Acquarelli de Bussolengo 1996, de la ed. de 1764, p. 45. Vid. también Blackstone, William *Commentaries on the Laws of England*, Lib. III, Philadelphia 1867, pp. 290-291.

127 Stein, Friedrich, *Das private Wissen des Richters*, Leipzig 1893, pp. 14-15.

128 Llobell Tuset, Joaquín, *La certezza morale nel processo canonico matrimoniale*, en: "Il Diritto Ecclesiástico, 109/1, 1998, p. 771. Vid. También Aliste Santos, Tomás-Javier, *Relevancia del concepto canónico de "certeza moral" para la motivacion judicial de la "quaestio facti" en el proceso civil*, Ius ecclesiae, Vol. 22, n. 3, 2010, pp. 667-668.

129 Reglamento sobre el modo de proceder el Consejo Real en los negocios contenciosos de la Administración de 30-12-1846 (Gaceta de Madrid 21-01-1847, nº 4512, p. 1), art. 148. Carmignani, Giovanni, *Teoria delle leggi della sicurezza sociale*, t. IV, Pisa 1832, p. 76.

130 Arts. 312 y 342 del *Code d'instruction Criminelle* francés de 1808.

En consecuencia, pese a que la IA podrá identificar al segundo lo que nos parece justo en cada momento, es bastante probable que respetemos del pasado la antigua estabilidad que daban las leyes como expresión de la voluntad general, y programemos el algoritmo de la justicia para que decida en un determinado sentido durante un cierto tiempo al menos, hasta que el consenso sea reiterado, constante y estable. En el fondo, es lo mismo que hace un político cuando se plantea cambiar una ley. Habitualmente espera un consenso social en la materia, y cuando cree que concurre y es estable, procede a iniciar el procedimiento legislativo. Así será quizás en el futuro.

Sin embargo, en esa situación el rol del juez se reducirá considerablemente al de garante de la corrección del algoritmo, siempre dentro de ese escenario de desarrollo extremo de la IA. Deberá observar si la percepción de la máquina coincide con la suya, denunciando un mal funcionamiento en otro caso. Es posible que eso induzca en él una pereza mental[131] que habrá que evitar a través de estímulos y mecanismos en los que será obligado pensar en el futuro.

4. DERECHO DE DEFENSA

Ya se explicó anteriormente el plural contenido del derecho de defensa. En realidad, ese contenido ilustra un bello y detallado resumen de nuestra idiosincrasia y cultura, y de cómo a lo largo de la historia hemos ido concibiendo los procesos para que nos pareciesen justos, en el sentido de que pudiéramos tener la certeza de que el juez nos había escuchado y había tenido en cuenta lo que decíamos. De ahí que su formulación más arcaica[132] sea precisamente el principio de audiencia, que es, de hecho, la rúbrica más amplia e intuitiva de este derecho.

Sin embargo, justo por esas razones históricas, buena parte de su contenido sólo tiene sentido tomando en consideración la figura del juez como persona. Es decir, la mayor parte de ese contenido se dirige a remediar las flaquezas del juez, pero ya no desde las perspectiva de sus emociones realmente, sino más bien con la finalidad de captar su atención totalmente, a

131 La expresión es de Calamandrei, Piero, *La Cassazione civile.* Vol II. Milano 1920, en: "Piero Calamandrei, Opere Giuridiche, Vol. VII, 1976", p. 67.

132 Números 35:12: "*Las ciudades serán para vosotros como refugio del vengador, para que el homicida no muera hasta que comparezca delante de la congregación para juicio.*"), o Demóstenes, Contra Áfobo, I, 2-4.

fin de que ponga lo mejor de sí mismo en la resolución de un caso habiendo escuchado con atención la información que le han aportado las partes.

Pero algo así es inconcebible en una máquina, que está atenta por defecto porque es imposible que se despiste, y esa perspectiva es la que interesa estudiar. Es decir, no trataré a continuación todas las herramientas que ya existen para ayudarle al juez a valorar la prueba o a motivar, sino que imaginaremos la situación planteada en los anteriores epígrafes, esto es, aquella en la que el juez fuera enteramente una máquina.

4.1. Libre acceso, alegaciones, prueba, conclusiones y ejecución

Como se ha dicho, buena parte de estas garantías tan importantes y tradicionales del derecho de defensa pasan a un segundo plano casi definitivo con la IA, y por ello la siguiente explicación será necesariamente breve.

Todas las solicitudes serán admitidas sin que se pongan trabas formalistas, más allá de cumplir con los requerimientos que establezca la aplicación y que a veces, como ya sabemos por muchas webs de contratación de vuelos, entre otras, pueden ser un tanto burocráticos. Pero esa burocracia es muy humana e irá desapareciendo con celeridad. Lo que hará la máquina es localizarnos en un sistema en el que ya estaremos identificados totalmente, y dará curso a nuestra solicitud, sin más, trasladando la petición a la parte contraria, también identificada y localizada de forma automática. Todo el proceso será tan público que será accesible *on line* para que cualquiera pueda verificar su regularidad. Y se ejecutará de manera inmediata, por lo que las dilaciones indebidas serán inimaginables.

Las alegaciones a su vez serán registradas y la prueba, fundamentalmente documental —lo que incluye documentos multimedia— y pericial, será evaluada automáticamente también comprobando que confirma o desmiente lo que afirman las partes, y en el caso de la prueba pericial acreditando de manera automatizada los criterios Daubert[133], a los que probablemente se añadirán más en el futuro que los completen[134]. Es muy probable

---

133 Daubert v. Merrell Dow Pharmaceuticals, 509 U.S. 579 (1993), General Electric Co. v. Joiner, 522 U.S. 136 (1997) y Kumho Tire Co. v. Carmichael, 526 U.S. 137 (1999). Vid. también Rule 702. Testimony by Expert Witnesses de las Federal Rules of Evidence.

134 Cfr. Vázquez, Carmen, *De la prueba científica a la prueba pericial*, Madrid 2015, Nieva Fenoll, "Repensando Daubert: la paradoja de la prueba pericial", en AAVV, Peritaje y prueba pericial, Barcelona 2017, pp. 85 y ss, y antes Dondi, Angelo, "Paradigmi processuali ed 'expert witness testimony' nel diritto statunitense", *Rivista Trimestrale di Diritto e Procedura Civile*, 1996, pp. 261 y ss, Auletta, Ferruccio, *Il procedimento di istruzione proba-*

que la prueba de declaración de las partes acabe desapareciendo del proceso civil, por ser una simple repetición de lo dicho en las alegaciones y por la imposibilidad de adivinar realmente si una persona está mintiendo o no, incluso tomando en consideración los parámetros de la psicología del testimonio[135].

Por la misma razón, los testigos serán excepcionales, como de hecho cada vez más lo son. Tuvieron sentido en una época en que había que acreditar la realidad por falta de documentación o de verosimilitud de la misma. Hoy son en su mayoría prescindibles. También incluso en el proceso penal, ya que ante la avalancha de pruebas tecnológicas —documentales y periciales nuevamente— existentes, los delitos pocas veces se averiguan por la credibilidad de los testigos, que insisto en que siempre es muy precaria. El análisis de la credibilidad es posible que se reserve exclusivamente para las víctimas, y es muy probable que no sean jueces los que valoren el testimonio, sino psicólogos a través de entrevistas cognitivas y tests de personalidad.

Lo mismo puede suceder con los reos. El riesgo con ellos es que sean evaluados, no realmente por los hechos por los que son imputados, sino más bien por sus personalidades como sucede con COMPAS, lo que debe ser evitado en todo caso dado que nadie puede ser condenado por lo que se suponga que es, sino por lo que realmente haya hecho. No se puede caer en una situación análoga de *Minority Report* película en la que se impedían los delitos antes de que fueran cometidos, adivinando las personas que los iban a cometer.

Por ello, la posibilidad —nunca obligación— del reo de aportar pruebas de descargo debe ser siempre respetada, para lo que será esencial la vigencia de la presunción de inocencia, inicialmente concebida para alejar

---

toria mediante consulente tecnico, Padova 2002. Ansanelli, Vincenzo, *La consulenza tecnica nel processo civile*, Milano 2011, Taruffo, Michele, "Prova scientifica e giustizia civile", en AAVV, *Giurisprudenza e scienza*, Roma 2017, Bardi Edizioni, pp. 241 y ss. Faigman, David L., "The Daubert Revolution and the Birth of Modernity: Maniging Scientific Evidence in the Age of Science", *Legal Studies Research Paper Series*, n. 19, 46 UC *Davis Law Review* 2013, p. 104. Fournier, Lisa R., "The *Daubert* Guidelines: Usefulness, Utilization, and Suggestions for Improving Quality Control", *Journal of Applied Research in Memory and Cognition*, 5, 2016, p. 308. Haack, Susan, *Evidence Matters*, Cambridge 2014, pp. 121 y ss.

135 Manzanero, Antonio L., *Psicología del testimonio*, Madrid 2008. Diges, "La utilidad de la psicología del testimonio en la valoración de la prueba de testigos", *Jueces para la democracia*, n. 68, 2010, pp. 51 y ss. Mazzoni, Giuliana, *Psicologia della testimonianza*, Roma 2015.

a los jueces del prejuicio social de culpabilidad[136], es decir, para garantizar su independencia, pero que también tiene un papel en materia probatoria que se hace más intenso en situaciones en que el recurso a la IA podría conducir a la tentación de juzgar a los sujetos por aversión a sus personalidades. Es decir, como ya se indicó, en esa situación la independencia hay que asegurarla en los programadores, y hay que evitar la propensión de que quieran condenar por pronósticos de riesgo[137]. La presunción de inocencia cumple su misión perfectamente precisamente en esta situación, que se hará potencialmente más frecuente con los programas de predicción de riesgo de IA si antes no conseguimos desautorizarlos de manera eficaz.

La contradicción dialéctica propia de las conclusiones, a la vista de las pruebas, difícilmente enriquecerá los debates. Es decir, planteadas las alegaciones y presentadas las pruebas, la máquina decidirá.

Y ejecutará. La ejecución, sea cual fuere el proceso, será una actividad que habiendo sido ya esencialmente administrativa y en ocasiones casi burocrática[138], devendrá automática. La máquina buscará el patrimonio de las partes y lo liquidará para satisfacer al deudor. Es posible que ante la facilidad de la IA en este sentido, la mayoría de condenas de dar, hacer o no hacer sean sustituídas por compensaciones económicas, quedando unas pocas para una imprescindible ejecución *in natura* que precisará actividades complementarias.

En el proceso penal, toda la actividad consistirá en la localización del reo para proceder al cumplimiento de la pena. Pero particularmente en el caso de ingreso penitenciario sí será esencial la IA. Los programas de predicción de riesgo[139] ya juegan un papel esencial en este sentido y lo

---

136 Vid. Nieva Fenoll, *La duda en el proceso penal*, Madrid 2013, pp. 75 y ss.

137 Vid. Grace, J., "Machine learning technologies and their inherent human rights issues in criminal justice contexts", 2019, https://ssrn.com/abstract=3487454.

138 Carreras Llansana, Jorge, "Jurisdicción exclusiva y excluyente del juez del concurso", en *Estudios sobre la Ley concursal: libro homenaje a Manuel Olivencia*, T. 2 Madrid 2005, p. 1287 y del mismo autor *El embargo de bienes*, Barcelona 1957, pp. 95 y ss. Nieva Fenoll, Jordi, *La cosa juzgada*, Barcelona 2006, p. 139. Rosenberg, Leo / Gaul, Hans Friedhelm / Schilken, Eberhard, *Zwangsvollstreckungsrecht*, München 1997, pp. 11-13.

139 Litinetskaia, Marina, "Dangerosité, délinquance et passage à l'acte: psychopathologie et predictivité", *Annales Médico-Psychologiques*, 2012. Redondo Illescas, Santiago / Andrés Pueyo, Antonio, "La Psicología de la delincuencia, y Predicción de la violencia: entre la peligrosidad y la valoración del riesgo de violencia, ambos en: *Papeles del psicólogo: revista del Colegio Oficial de Psicólogos*, vol. 28, Nº. 3, 2007 (Ejemplar dedicado a: Predicción de la violencia), pp. 147 y ss y pp. 157 y ss respectivamente. Andrés Pueyo,

seguirán jugando en el futuro. El esfuerzo en esa materia consiste en que esos programas no estén ideológicamente sesgados.

4.2. La motivación. Los recursos

La motivación de las resoluciones judiciales será concebible para que el ciudadano tenga una respuesta a lo que planteó, pero estará basada en la aplicación del ordenamiento jurídico del modo que se vio al abordar la independencia. Por tanto, es bastante probable que sea sintética y que contenga referencias difícilmente rebatibles ante la aplicación implacable de las decisiones que vengan condicionadas por los algoritmos.

De hecho, ni siquiera es esperable una motivación al estilo que estamos acostumbrados hoy en día, sino que es posible que se desarrolle una explicación muy llana y simple en la resolución que el ciudadano sea capaz de entender. Porque lo relevante, de cara a poner en cuestión una resolución, no serán como ahora las "razones del juez", sino el funcionamiento interno del algoritmo.

Es decir, el algoritmo deberá ser desclasificado en todo caso, o la Justicia será un arcano aún más inextricable de lo que ya lo es hoy en día. Y es que la única posibilidad de poner en cuestión la resolución será discutir el funcionamiento del algoritmo, explicando por qué no ha decidido correctamente un caso concreto. No habrá otra opción posible en un contexto de dominio total de la IA sobre las decisiones judiciales. Es decir, seguirán existiendo los recursos pero su configuración será diferente[140].

En la argumentación del recurso habrá que analizar esas estadísticas de estados de opinión a las que me referí, así como las líneas jurisprudenciales o legales seguidas por el algoritmo, determinando su corrección. Y en la parte de los hechos, podrá discutirse el funcionamiento de la máquina en cuanto a sus predicciones y evaluación de los antecedentes de sus bases de datos, únicos a través de los que puede decidir, argumentando que la situa-

---

Antonio / López, S. / Álvarez, E., "Valoración del riesgo de violencia contra la pareja por medio de la SARA", *Papeles del Psicólogo*, 2008. Vol. 29(1), pp. 107 y ss. Pérez Ramírez, Meritxell / Redondo Illescas, Santiago / Martínez García, Marian / García Forero, Carlos / Andrés Pueyo, Antonio, "Predicción de riesgo de reincidencia en agresores sexuales", *Psicothema* 2008, Vol. 20, nº 2, pp. 205 y ss.

140 Se plantea indirectamente el tema de manera muy interesante Morse, S. C., "When Robots Make Legal Mistakes," *Oklahoma Law Review* 72, n. 1, otoño 2019, pp. 213 y ss.

ción evaluada en el caso concreto es diferente de las que sucedieron en el pasado. No será nada fácil rebatir la decisión de una máquina.

Y ello llevará a la desaparición de esos órganos jurisdiccionales supremos. Establecida la ley de manera precisa con todos sus antecedentes legislativos, intenciones y objetivos del legislador bien precisados, un Tribunal Supremo no tiene absolutamente nada que añadir. Con ello, ese tribunal supremo volverá a sus orígenes tan reveladores en el proceso inglés: la *House of Lords*, de la que el *Tribunal de Cassation*, siempre *auprès du corps législatif*, no fue más que un remedo[141]. Y definitivamente quedará reintegrado en ese poder legislativo.

4.3. Una defensa de inteligencia artificial frente a un juez de inteligencia artificial

Una de las consecuencias más sorprendentes de que la IA se introduzca en la justicia sobrevendrá en el proceso penal. Al no existir problemas de independencia de la máquina, será la misma aplicación la que instruirá y juzgará, sin necesidad además de ministerio fiscal al no ser ya necesaria ni una acusación para garantizar la imparcialidad del juez, ni un garante de la legalidad al ser la propia herramienta de IA garante de sí misma, o si se prefiere decirlo de otro modo, son sus creadores los garantes de todo el proceso. En consecuencia, el esquema actual de proceso dejaría de tener sentido.

Pero al margen de ello, la preocupación por la defensa se centrará probablemente más en las realidades sociológicas y económicas extraprocesales de las partes a la hora de poder contratar a un buen revisor de algoritmos con profundos conocimientos jurídicos para poder presentar debidamente las alegaciones y la prueba de forma que la máquina favorezca a su cliente, y en ello se concretará la asistencia letrada. Y es que, formalmente, e igual que ya sucede en nuestras leyes actualmente, la igualdad de armas será total. Se evitarán probablemente de ese modo muchos pleitos ante lo implacable de las decisiones de la aplicación, aunque es previsible que surjan otros evaluando las opciones que presenten los algoritmos. Será interesantísimo preparar la defensa bajo esas futuristas condiciones.

---

141 Nieva Fenoll, "El origen inglés de la casación francesa", *Revista Ítalo-Española de Derecho Procesal*, Vol. I, 2020.

Con todo, piénsese que buena parte de la defensa también utilizará IA a un nivel mucho más avanzado que en la actualidad[142], que se centra solamente en recopilación de líneas jurisprudenciales y tasas de éxito en los asuntos[143]. En algunos casos será tan obvia que es posible que la propia aplicación judicial prescinda de la defensa, por ser tan sistemáticamente previsible que vendrá dada por defecto al litigante, al menos en los casos más frecuentes. Con ello, el abaratamiento de los costes de la Justicia será una realidad.

Pero en otros casos más complejos, es posible que se produzca una situación nuevamente sorprendente: que el juez máquina se enfrentará a los abogados máquina. Es decir, que las aplicaciones jurisdiccionales y de asistencia letrada, siempre ambas de IA, interactuarán entre sí. Una aplicación jurisdiccional realizará el trabajo de análisis del Derecho y evaluación de las pruebas, mientras otra ha realizado exactamente el mismo trabajo pero con un sesgo de parte, que la máquina deberá descubrir. De ahí que si actualmente ya es útil que los escritos de parte sean lo más objetivos posible, en el futuro ese requerimiento será verdaderamente imperioso. La máquina no se dejará impresionar por alegatos elegantes, sino que precisará datos cuanto más fríos y contrastables, mejor. Quizás ni Platón cuando escribió el *Gorgias* pudo pensar que algún día se podrían eliminar así los peligros de la retórica.

5. ¿DERECHO A LA COSA JUZGADA?

La cosa juzgada no es más que una prohibición de reiteración de juicios[144], que nos ha servido durante milenios para impedir la inseguridad jurídica derivada de que los procesos que total o parcialmente versen sobre un mismo objeto, se repitan una y otra vez. Habitualmente no ha sido fácil identificar estos casos, pese a los frecuentes intentos de la doctrina

---

142 Sobre esa situación actual, con particular atención en la justicia predictiva, Goodman, C. C., "AI/Esq.: Impacts of Artificial Intelligence in Lawyer-Client Relationships," *Oklahoma Law Review* 72, n. 1 (Autumn 2019), pp. 149 y ss. Vid. también Taylor Poppe, E. S., "The Future Is Complicated: AI, Apps & Access to Justice," *Oklahoma Law Review* 72, n. 1, otoño 2019, pp. 185 y ss.

143 Vid. Barona Vilar, S., "*Inteligencia artificial o la algoritmización de la vida y de la justicia: ¿solución o problema?*", Rev. Boliv. de Derecho Nº 28, julio 2019, pp. 41 y ss. comentando el uso de Jurimetría.

144 Nieva Fenoll, *La cosa juzgada*, op. et loc. cit.

de simplificar el análisis de la cuestión, que no pocas veces la complicaron todavía más.

Sin embargo, en un proceso absolutamente regido por la IA, desaparece este problema. La base de la IA son gigantescas bases de datos que se cruzan entre sí, lo que hará difícil que la máquina no detecte automáticamente pronunciamientos firmes incompatibles con las solicitudes actuales de las partes. Dicho de otro modo, las duplicidades serán mucho más fáciles de descubrir.

La dificultad que persistirá, no obstante, es la determinación de los casos en los que el algoritmo deberá detectar esa duplicidad. Es decir, actualmente resolvemos de una forma un tanto drástica el dilema que se plantea ante la reclamación de la propiedad por parte de un sujeto por usucapión, que antes intentó sin éxito ejercitar una acción reivindicatoria. Le sancionamos con la preclusión y le impedimos iniciar ese proceso.

Pero con la IA esa imposibilidad deberá estar prevista en el algoritmo, por lo que habrá que determinar de una vez por todas qué es lo que consideramos ya resuelto y qué oportunidades de volver a discutirlo les damos a los litigantes. Es posible que la configuración del legislador intente ser drástica, pero es recomendable no emplear criterios absolutamente inflexibles que pudieran provocar injusticias. En todo caso, la oportunidad de volver sobre asuntos ya decididos será probablemente cada vez más marginal en ese contexto de un posible futuro.

6. CONCLUSIONES

Es realmente difícil exponer conclusiones sobre futuribles, pero sí es bastante seguro que nuestra protección de derechos procesales deberá modificarse a raíz de la introducción de la IA en los procesos de manera mucho más decidida que en la actualidad. Las garantías de que disponemos están concebidas para remediar las flaquezas de los seres humanos, fundamentalmente de los jueces, lo que demuestra que esos derechos, nuevamente y como todos los demás, son un escudo protector de la ciudadanía frente al enorme poder del Estado[145].

---

145 Locke, J., *Two Treatises of Government*, II, Cambridge 1963, pp. 377 y ss (137 y ss). Blackstone, *Commentaries on the Laws of England*, I, London 1791, pp. 126 y ss.

Pero si en el futuro el litigante trata fundamentalmente con una aplicación de IA y no realmente con un juez, la protección de esos derechos debe reorientarse. Ya no debe preocuparnos tanto la independencia —imparcialidad inclusive— de los jueces como de los programadores de la *black box*. Asimismo, la defensa consistirá en el conocimiento de los algoritmos que contenga la herramienta en cuestión, ya que sin consciencia de su detalle será muy difícil poner en cuestión las decisiones de la máquina, que además corren el riesgo de dejarse guiar por simples variables estadísticas provenientes del *big data*. Nadie debe ser condenado por concurrir en él un determinado perfil, sino por su participación en unos hechos que deben ser averiguados, aplicando el derecho de acuerdo con leyes que serán probablemente elaboradas de manera más democrática, teniendo mucho más en cuenta el sentir ciudadano.

Finalmente, la cosa juzgada no provocará los problemas que hoy produce. Estando todas las resoluciones judiciales en una base de datos, los pronunciamientos repetidos se reducirán al mínimo.

INTELIGENCIA ARTIFICIAL Y PROCESO JUDICIAL: PERSPECTIVAS ANTE UN ALTO TECNOLÓGICO EN EL CAMINO

Publicado en AAVV (Calaza y Llorente (dir.), Inteligencia artificial legal y administración de justicia, Cizur Menor 2022, pp. 417-437, y en Revista General de Derecho Procesal, n. 57, 2022, pp. 1-21.

1. INTRODUCCIÓN: LOS PARONES DE LA CIENCIA

Hace un cierto tiempo que puede detectarse que pese a la enorme expectación suscitada por la posibilidad de introducir la inteligencia artificial en los procesos judiciales[146], el balance es más bien escaso a día de hoy. Está costando mucho automatizar los procedimientos, las herramientas de predicción de riesgo funcionan de manera defectuosa[147], las investigaciones policiales con herramientas de reconocimiento facial están arrojan-

146 La literatura científica es hoy ya recurrente sobre el tema. Partiendo de los primeros estudios de Bonet Navarro, José, "La tutela judicial de los derechos no humanos. De la tramitación electrónica al proceso con robots autónomos", *Revista CEFLegal*, n. 208 (mayo 2018), pp. 77 y ss, y Nieva Fenoll, J., *Inteligencia artificial y proceso judicial*, Madrid 2018, se han sucedido en los últimos años un sinfín de trabajos sobre la cuestión. Por citar sólo algunos, RE, R. M. / Solow-Niederman, A., "Developing Artificially Intelligent Justice", 22 Stan. Tech. L. Rev. 2019, pp. 242 y ss. Giampiero, L., "Regulating (Artificial) Intelligence in Justice: How Normative Frameworks Protect Citizens from the Risks Related to AI Use in the Judiciary", European Quarterly of Political Attitudes and Mentalities, 8(2), 2019, pp. 75 y ss, https://nbn-resolving.org/urn:nbn:de:0168-ssoar-62463-8. RIGANO, C., "Using Artificial Intelligence to Address Criminal Justice Needs", *NIJ Journal*, n. 280 enero 2019, pp. 1 y ss. CUI, Y. Artificial Intelligence and Judicial Modernization, Springer 2020. Quattrocolo, S., *Arificial Intelligence, Computational Modelling and Criminal Proceedings*, Springer 2020. Sourdin, Tania, *Judges, Technology and Artificial Intelligence, The Artificial Judge*, Cheltenham 2021. Forrest, Katherine B., *When Machines Can Be Judge, Jury, and Executioner. Justice in the Age of Artificial Intelligence*, Singapur 2021. Sourdin, Tania, Meredith, Jacqueline, LI, Bin, *Digital Technology and Justice. Justice Apps*, London 2020. Singh, Nishant, *AI and Justice*, New Delhi 2021.

147 Larson, Jeff / Mattu, Surya / Kirchner, Lauren / Angwin, Julia, "How We Analyzed The Compas Recidivism Algorithm", *Propublica*, 23-5-2016, https://www.propublica.org/article/how-we-analyzed-the-compas-recidivism-algorithm. Dressel, Julia / Farid, Hany, "The Accuracy, Fairness, And Limits Of Predicted Recidivism", *Science Advances*, 17-1-2018, http://advances.sciencemag.org/content/4/1/eaao5580.full. Berk, R., Heidari, H., Jabbari, S., Kearns, M., Roth, A., "Fairness in Criminal Justice Risk As-

do todavía demasiados errores[148] —detectados incluso por Facebook[149]—, los ODR con inteligencia artificial no parecen estar avanzando realmente más allá de respuestas automáticas de algunas plataformas a reclamaciones absolutamente previsibles[150], y no se están aplicando las ventajas de la inteligencia artificial a campos como la prueba, o incluso a fases procedimentales relativamente sencillas en la enorme mayoría de los casos, como la ejecución en el proceso civil.

¿Por qué se está operando con semejante lentitud? La respuesta no es evidente. Desde luego, existen diversos factores que explican el retraso, entre ellos el económico por la falta de inversión debidamente orientada. Pero también cabe detectar las dificultades enormes de poner en contacto a juristas e informáticos a la hora de explicar nuestras necesidades y elaborar los algoritmos de manera conveniente, de modo que no vulneren nuestros derechos fundamentales. Esa es la preocupación principal, muy reiterada, en los diversos documentos que las instituciones de la Unión Europea han ido emitiendo sobre este particular desde 2020[151], así como la UNESCO en 2021[152].

A día de hoy, en realidad, sólo parece que los programas que trabajan con selecciones de jurisprudencia y propuestas argumentativas están te-

---

sessments: The State of the Art", *Sociological Methods & Research*, feb. 2021, Vol. 50, issue 1, pp. 3 y ss.

148 Edmon, G., White, D., Towler, A., San Roque, M., Kemp, R., "Facial Recognition and Image Comparison Ecidence: Identification by Investigators, Familiars, Experts, Super-recognizers ans algorithms", Melbourne University Law review, 2021, 45(1), pp. 47-50. Hong Chen, Liwei Geng, Hongdong Zhao, Cuijie Zhao, Aiyong Liu, "Image recognition algorithm based on artificial intelligence", *Neural Computing and Applications*, 2021.

149 De Chant, T. "Facebook to stop using facial recognition, delete data on over 1 billion people", *Ars Technica*, 11-2-2021, https://arstechnica.com/tech-policy/2021/11/after-tagging-people-for-10-years-facebook-to-stop-most-uses-of-facial-recognition/

150 Vid. el errático funcionamiento de la plataforma la resolución de litigios en línea de la Unión Europea: https://ec.europa.eu/consumers/odr/main/index.cfm?event=main.home2.show&lng=ES. Sobre la misma, Valbuena González, F. "La plataforma europea de resolución de litigios en línea (ODR) en materia de consumo", *Revista de Derecho Comunitario Europeo*, 52, 2015, pp. 987 y ss.

151 Vid. la *Propuesta de Reglamento del Parlamento Europeo y del Consejo por el que se establecen normas armonizadas en materia de inteligencia artificial (ley de inteligencia artificial) y se modifican determinados actos legislativos de la Unión.* COM/2021/206 final.

152 *Proyecto de texto de la recomendación sobre la ética de la inteligencia artificial*, 41 C/73, pp. 13 y ss.

niendo un éxito ciertamente remarcable[153], particularmente en algunos despachos grandes de abogados, que han mejorado notablemente su capacidad de trabajo y respuesta de un modo que detectan algunos seres humanos por la rapidez del producto, pero no, y esto es importante, por la calidad intrínseca u originalidad de la argumentación. Con todo, parece que estas herramientas de elaboración de la argumentación y del lenguaje persuasivo, al menos en la parte jurídica, pueden llegar a ser un lugar muy común bastante antes de lo que pensábamos.

Paralelamente, con una observación más detenida cabe detectar también un cierto parón tecnológico nada desdeñable, cuyas causas no son claras, aunque puede estar derivado de las dificultades inmensas en la construcción de los algoritmos y su "entrenamiento". Es cierto que en materia de inteligencia artificial, igual que en otros campos, la evolución de la técnica no ha sido lineal, sino que ha dado saltos seguidos de incomprensibles parones. Puede ser que a veces falte el talento necesario para evolucionar más deprisa, o bien incluso que las empresas estén más centradas en la elaboración de algoritmos para recolectar la mayor cantidad de datos posibles para comerciar con ellos, que no en mejorar la herramienta en sí misma para realizar operaciones más complejas.

Tras el tradicional lenguaje algo falaz en esta materia —*machine learning*, *deep learning*, redes neuronales, etc.— se esconde que lo único que hace la inteligencia artificial es recopilar una enorme cantidad de datos que contrasta con los que ya tiene, pero de manera todavía demasiado defectuosa en su clasificación, sin poder modificar las alternativas de toma de decisión preestablecidas si no es mirando siempre al pasado, a los datos que ya posee. Eso es lo que se denomina "entrenamiento" de la herramienta, y en ese punto radica una de sus principales dificultades. Lo que nos separa a los seres humanos de la máquina no es exactamente nuestra curiosidad, puesto que la IA, con su increíble capacidad de absorción de datos, tiene la más ambiciosa "curiosidad" que pueda imaginarse. Sí nos hace diferentes, en cambio, nuestra creatividad —más allá del criticismo, que también—, que aunque no siempre abunda, no depende sistemáticamente —a diferencia de la IA— de los datos que ya conozcamos. Somos capaces de improvisar. Por ello, el único riesgo a día de hoy que ha intuido la literatura,

---

153 Vid., por ejemplo, https://jurimetria.laleynext.es/content/QueEs.aspx. Vid. también el proyecto Bidaraciv: https://www.heraldo.es/noticias/aragon/2020/11/24/la-inteligencia-artificial-saca-argumentos-de-sentencias-con-decenas-de-folios-en-segundos-1406805.html

e incluso científicos como Stephen Hawking en 2014[154], no es tanto que la máquina nos sustituya, sino que pongamos los medios necesarios para dejarnos sustituir por la máquina, que es muy diferente[155].

El tema es apasionante, pero en este trabajo me voy a ocupar solamente de la aplicación de la inteligencia artificial en materia judicial, en qué medida está usándose de manera efectiva, cuáles son sus perspectivas de futuro y cómo podría afectar a nuestro quehacer cotidiano próximamente.

2. AVANCES EN LA AUTOMATIZACIÓN DE PROCEDIMIENTOS

La experiencia, tan comentada, de Estonia, está resultando algo decepcionante al estar limitada al enjuiciamiento automatizado de pequeñas reclamaciones de cantidad —7.000 €— y haber evidenciado que no se puede utilizar en casos que se separen de la pauta general y requieran más margen de maniobra[156]. Por su parte, la experiencia en Argentina es muy limitada —por ahora— a algunos sectores del ámbito administrativo[157], igual que la de EEUU en materia de infracciones de tráfico[158]. Pese a ello, lo cierto es que la automatización de los procedimientos es el campo en el que la inteligencia artificial tiene hoy por hoy mayor potencial para tener un impacto directo en la vida de los ciudadanos, al acelerar los procesos reduciéndose con ello la litigiosidad. Dicha aceleración no sólo deriva de la rapidez de la máquina y de que pueda trabajar sin descanso, a diferencia de un humano, sino que esa rapidez hará desaparecer los conflictos derivados de la mora dolosa de los muchos deudores que se aprovechaban de las carencias y lentitud del sistema judicial para ganar tiempo.

Como ya se ha detectado en los casos de algunas reclamaciones masivas frente a bancos sobre todo, que han llevado a la discutible decisión de especializar algunos juzgados incluso[159], hay procesos que son idénticos por

---

154 Cellan-Jones, R., "Stephen Hawking warns artificial intelligence could end mankind", BBC, 2-12-2014, https://www.bbc.com/news/technology-30290540.

155 Cfr. Deeks, A., "The Judicial Demand for Explainable Artificial Intelligence", *Columbia Law Review*, vol. 119, n. 7, 2019, pp. 1829 y ss

156 Lo, D. "Can AI replace a judge in the courtroom?", *UNSW Newswire*, 1-10-2021.

157 Tarricone, M. "Justicia automatizada, sí o no: cómo funciona el software que ya se usa en CABA", *Perfil*, 30-9-2020.

158 Sourdin, *Judges, Technology and Artificial Intelligence, The Artificial Judge*, cit. p. 129.

159 Vid. v.g. el Acuerdo de 16 de diciembre de 2020, de la Comisión Permanente del Consejo General del Poder Judicial, por el que se atribuye a determinados juzgados,

mucho que cambien las partes, la cuantía de lo reclamado, o incluso algunas circunstancias particulares bastante previsibles en el fondo. Lo mismo sucede con muchos desahucios y otros procedimientos posesorios, y hasta con reclamaciones de cantidad como la práctica totalidad de los procedimientos monitorios.

Se trata de casos que en muchísimas ocasiones carecen de oposición, por lo que pueden ser tramitados de principio a fin de manera automática, como de hecho ya sucede aunque con un increíble dispendio en recursos humanos, usando los tradicionales formularios. Son procedimientos en los que la reclamación es obvia, la falta de respuesta del demandado es sistemática y la resolución del juez absolutamente previsible con la documentación aportada, que prácticamente siempre es la misma o similar. Ocurre casi lo mismo, por cierto, con la ejecución de condenas dinerarias en el ámbito civil. Sólo hay que buscar patrimonio del deudor en las bases de datos, registrales o no, que ya poseemos, y seleccionar de manera automática el bien más realizable en función de los patrones de decisión que le demos al algoritmo, que deben consistir en combinar el máximo provecho para el acreedor con el menor perjuicio posible para el deudor a fin de no dañarle innecesariamente[160], añadiendo un indigente al sistema de manera absurda.

En estas condiciones, no hay razón alguna para que no exista una herramienta de inteligencia artificial que celebre todos esos procedimientos en un tiempo muy reducido, estableciéndose en las leyes una drástica reducción de los plazos y hasta unos patrones de respuesta muy sencillos que ayuden al demandado o incluso a su abogado. Procesos que actualmente tardan meses o años en concluir con éxito —o con victorias pírricas— podrían estar definitivamente resueltos en unos diez días como máximo, al reducirse de manera radical el tiempo de respuesta judicial, convirtiéndose en automática y trabajando la herramienta inteligencia artificial durante las 24 horas del día.

Es cierto que ello no será posible en los procesos en que la documentación aportada no sea tan fácilmente analizable por la herramienta, al no

---

con competencia territorial indicada para cada uno de los casos, de manera exclusiva y excluyente o no excluyente, según los casos, el conocimiento de la materia relativa a las acciones individuales sobre condiciones generales incluidas en contratos de financiación con garantías reales inmobiliarias cuyo prestatario sea una persona física. BOE 22-12-2020. Vid. también el Acuerdo de 23-6-2021, BOE 28-6-2021.

160 Vid. este parámetro en Nieva Fenoll, J., *Derecho Procesal II, Proceso Civil*, Valencia 2019, p. 456.

entrar en los patrones habituales, o bien que sean los propios abogados o sus clientes quienes intentando dilatar el procedimiento, hagan lo imposible por aportar datos o evidencias que se salgan del patrón. Tal actitud chicanosa podría ser corregida con sanciones que en un primer momento amenazarían con colapsar también el sistema, aunque quizá no tanto si ya se plantean desde un primer momento, consiguiéndose tal vez un eficaz efecto disuasorio acompañado de las debidas explicaciones persuasivas para favorecer que todos los actores colaboren con el sistema, en beneficio de una mejor justicia.

El único problema con todo lo anterior, que no es menor, será la bajada del volumen de trabajo de muchos abogados. Se diga lo que se diga en torno a que la inteligencia artificial va a crear nuevos empleos, lo cierto es que suprimirá modos de trabajo habituales en muchos ámbitos, y este es sin duda uno de ellos[161].

3. USO AMPLIO DE INTELIGENCIA ARTIFICIAL EN LA PREPARACIÓN DE ESCRITOS JUDICIALES

Pero como antes indiqué, el campo principal de aplicación de la inteligencia artificial en materia judicial en este momento es el de la elaboración de escritos judiciales, por ahora de los litigantes, pero probablemente en breve también de los tribunales. Igual que ya leemos muchas argumentaciones en las sentencias, perfectamente detectables, fruto del uso abusivo de las bases de datos de jurisprudencia y de la utilización, aún más abusiva, de la herramienta corta-pega, en el futuro vamos a ver una mayor perfección en la elaboración de estas argumentaciones, cada vez con un lenguaje más natural y con redacciones perfectamente correctas desde el punto de vista gramatical.

De momento están funcionando con ayuda humana, tanto en la reconfiguración de los algoritmos como en la selección o alteración de los textos a utilizar en cada caso. Pero aunque así siga siendo durante bastante tiempo, es obvio el salto cualitativo en nuestra labor cotidiana. El avance ha sido

---

161 Cfr. Sahota, N., "Will A.I. Put Lawyers Out Of Business?", *Forbes*, 9-2-2019. https://www.forbes.com/sites/cognitiveworld/2019/02/09/will-a-i-put-lawyers-out-of-business/?sh=70b953631f00. "Will AI Replace Lawyers & Other Myths: Legal AI Mythbusters", *JDSUPRA*, 5-3-2021, https://www.jdsupra.com/legalnews/will-ai-replace-lawyers-other-myths-1763878/.

posible gracias a los muchos años que llevamos utilizando nuestra primera inteligencia artificial, las bases de datos de jurisprudencia, que constituyen realmente la única experimentación que nosotros les podemos aportar a los informáticos, a diferencia de lo que sucede en otras ciencias, que justamente por eso avanzan muchísimo más deprisa en esta materia. Disponen de muchísimos datos, que a nosotros se nos hacen inaprehensibles.

¿Puede llegar un momento en que esos datos de nuestros procesos dejen de ser tan resbaladizos? Depende del modelo de juez que pensemos asumir en el futuro, más "humano" o con superior automatismo. Hasta el momento, pese a que la "práctica" sin duda ha usado desde hace incluso siglos un rudimentario sistema de automatismos gracias a los modelos de resolución, la ciencia jurídica procesal ha reservado, de manera bastante inconsciente, un espacio enorme al primer modelo, el humano. Se ha aceptado, por ejemplo, que la valoración de los interrogatorios dependa de la intuición del juez fundándose en la "inmediación"[162], instrumento que casi se ha convertido en una especie de varita mágica para algunas jurisprudencias[163] sin la más mínima referencia a la racionalidad. Sucede algo parecido, en el fondo, con la prueba pericial, dado que el compartir o no las razones del perito, incluso con los criterios Daubert[164], acaba siendo casi una cuestión de fe. Pero no sólo eso, sino que también aceptamos que el juez condene a una persona en un proceso penal cuando su convicción vaya "más allá de toda duda razonable", sin concretar con precisión desde ese punto de vista epistémico cuándo concurra ese parámetro o estándar probatorio[165]. Lo mismo exactamente ha sucedido en el proceso civil con

---

162 Henke, Host-Eberhardm "Rechtsfrage oder Tatfrage - eine Frage ohne Antwort?" *ZZP*, 81, 3-4, 1968, p. 323 y ss. Bacigalupo Zapater, Enrique, "Presunción de inocencia, "in dubio pro reo" y recurso de casación", *Anuario de Derecho penal y Ciencias Penales*, 1988, pp. 29 y ss.

163 STC 2/2010, 11-1-2010, FJ 4. STEDH 22-11-2011, as. Lacadena Calero c. España. Aunque algo está cambiando muy poco a poco. Vid. STS 957/2021 (Sala II), 9-12-2021.

164 Daubert v. Merrell Dow Pharmaceuticals, 509 U.S. 579 (1993), General Electric Co. v. Joiner, 522 U.S. 136 (1997), Kumho Tire Co. v. Carmichael, 526 U.S. 137 (1999). Vid. sobre los mismos Vázquez, Carmen, *De la prueba científica a la prueba pericial*, Madrid 2015. Nieva Fenoll, "Repensando Daubert: la paradoja de la prueba pericial", en AAVV, Peritaje y prueba pericial, Barcelona 2017, pp. 85 y ss, y antes Dondi, Angelo, "Paradigmi processuali ed 'expert witness testimony' nel diritto statunitense", *Rivista Trimestrale di Diritto e Procedura Civile*, 1996, pp. 261 y ss, Auletta, Ferruccio, *Il procedimento di istruzione probatoria mediante consulente tecnico*, Padova 2002. Ansanelli, Vincenzo, *La consulenza tecnica nel processo civile*, Milano 2011, Taruffo, Michele, "Prova scientifica e giustizia civile", en AAVV, *Giurisprudenza e scienza*, Roma 2017, pp. 241 y ss.

165 Laudan, Larry, *Truth, error and criminal law: an essay in legal epistemology*, New York 2006, p. 29 y ss, 61. Trata de ponerle remedio a este problema Ferrer Beltrán, Jordi, *Prueba*

la "probabilidad preponderante"[166]. Al final, el juez decide en la sentencia lo que es capaz de motivar de modo que convenza a una mayoría de juristas sobre todo, aunque tantas veces la proximidad de esos juristas con esa convicción del juez se sustenta en impresiones no realmente explicables. Simplemente les parece convincente, pero a la mayoría se le hace muy difícil indicar con total precisión científica por qué. Y eso es justamente lo que necesitaría un programador de inteligencia artificial.

Sucede lo mismo incluso con la argumentación jurídica. Confiamos en el juez por la *auctoritas* que le otorga su amplia formación jurídica[167], si la tiene, y le llamamos a todo ello *iura novit curia*, sin más, porque pensamos que el juez, sea más o menos avezado o incluso simplemente más o menos inteligente —de todo hay—, será capaz de encontrar en el ordenamiento jurídico la mejor respuesta para nuestro caso, aunque muchas veces, leyendo las motivaciones percibamos perfectamente que no ha sido así. Pero a pesar de ello, le damos todo el crédito a lo decidido y lo protegemos a ultranza con la cosa juzgada, convirtiendo así al juez en una especie de oráculo infalible[168]. Aceptando incluso, o sabiéndolo perfectamente[169], que el juez muchas veces se deja llevar por su intuición acerca del trasfondo de lo realmente acaecido en un caso, acomodando la motivación para obtener la decisión que le parezca justa teniendo presente el indicado trasfondo.

Y esa determinación de lo que sea la justicia es muy frecuente, y está basada, insisto, demasiadas veces en la intuición judicial pese a las múltiples admoniciones de doctrina e incluso jurisprudencia para no proceder así. Pero una vez elaborada la motivación, si es considerada razonable en un juicio intersubjetivo de los tribunales superiores que revisen el caso, revisión que puede ser igualmente intuitiva para la mayoría, no será atacable la sentencia, aunque en el fondo esté mal fundada.

En definitiva, en materia judicial se le ha dado un recorrido tremendo al "ojo clínico" de los jueces, igual que en otro tiempo se le atribuyó al de los médicos. Sin duda, es urgente salir de dicha situación, igual que lo hizo la medicina a través de la tremenda batería de pruebas diagnósticas que

---

sin convicción, Madrid 2021, pp. 208 y ss.

166 Rosenberg / Schwab / Gottwald, *Zivilprozeßrecht*, Munchen 2010, p. 768.

167 Carreras Llansana, Jorge, *Las fronteras del Juez*, en: "Fenech / Carreras, Estudios de Derecho Procesal", Barcelona 1962, pp. 103 y ss.

168 Así lo debieron imaginar los juristas en época de Hammurabi, cuando impusieron esta invariabilidad de las resoluciones judiciales de manera generalizada. Vid. Nieva Fenoll, *La cosa juzgada*, Barcelona 2006, pp. 25 y ss.

169 Forza, A., Menegon, G., Rumiati, R., *Il giudice emotivo*, Bologna 2017.

hoy existen y que han partido del conocimiento empírico. Por mucho que tantas veces el paciente lo desearía por comodidad, ningún médico sensato hoy en día se atreve ya a realizar diagnósticos intuitivos tomando los pocos datos de la sintomatología que le suministra el paciente. Esas pruebas diagnósticas le son tan cómodas al médico que incluso se abusa de las mismas en casos en que la sintomatología permitiría realizar un diagnóstico no 100% seguro, pero sí probablemente más allá de toda duda razonable.

El día en que los juristas obremos realmente de la misma forma que los médicos —sin incurrir en el citado exceso de comprobaciones utilizando debidamente el concepto de pertinencia de la prueba— y busquemos justificaciones a nuestros razonamientos que se alejen de una vez por todas de los argumentos de autoridad —que hoy resultan predominantes en la ciencia jurídica— de autores y jurisprudencia, la inteligencia artificial podrá ayudarnos igual que lo hace en el ámbito de la medicina. Con todo, en el momento actual ya podría hacerlo de forma relativamente sencilla, buscando esas opiniones pasadas, de doctrina o jurisprudencia, que sustentan los pareceres presentes. Cabe imaginar una herramienta que no sólo proponga argumentaciones, como ya existe, sino que identifique las argumentaciones de abogados y jueces y les suministre automáticamente esos anhelados apoyos en forma de citas automáticas, perfectamente identificadas, a Locke, Montesquieu, Blackstone o a la sentencia X del Tribunal Supremo o del Tribunal Europeo de Derechos Humanos, es decir, todas esas citas que a la mayoría de juristas le hacen pensar —tantísimas veces de manera errónea— que un escrito está bien fundamentado.

Lo anterior sería el sueño —casi ensueño— de muchos abogados, jueces, y hasta de bastantes profesores universitarios, por cierto. El efecto positivo es que se abolirían los plagios y hasta se fomentaría la creatividad si el jurista quiere ir más allá de lo que ya existe. El negativo es que juristas creativos hay realmente pocos y con esas herramientas podría haber incluso menos si no empieza a ponerse en valor de una vez esa creatividad. La ciencia jurídica podría ir cayendo en el anquilosamiento de la profecía autocumplida de escritos de parte razonables con respuestas judiciales absolutamente previsibles, igual que cae la jurisprudencia con la fosilización propia del sistema de precedentes[170]. De hecho, ya ha ocurrido incluso

---

170 Cfr. Passanante, L., *Il precedente impossibile*, Torino 2018, pp. 185 y ss. Koopmans, T., *The future of the Court of Justice of the European Communities*, Yearbook of European Law 1991, p. 29 y ss. Chiarloni, Sergio, *In difesa della nomofilachia*, Riv. trim. di dir. e proc. civ., 1992, p. 127 y ss. Taruffo, Michele, *La Corte di cassazione tra legittimità e merito*, Il Foro

considerando solamente, como ya se indicó, el uso de las herramientas de corta y pega.

Pero es justamente de algo así de lo que debe huirse, salvo en los casos en que el automatismo sea la única alternativa razonable, como sucede en los procesos reiterativos que antes se citaron. La ciencia jurídica debe escapar definitivamente de la intuición y de la pura filosofía, acercándose mucho más al empirismo, disponiendo la aplicación del derecho en función de la *voluntas legislatoris* tras una determinación de los hechos que sea correcta desde el punto de vista empírico, respetando siempre, naturalmente, los derechos fundamentales[171].

Y en ese trance, como veremos seguidamente, sí puede ayudar la inteligencia artificial, señalando y descartando lo que es correcto desde una lectura certera de la realidad. Veámoslo.

4. INTELIGENCIA ARTIFICIAL Y PRUEBA

En los últimos años, el estudio de la prueba ha experimentado un crecimiento extraordinario que nos está permitiendo sacarlo, como antes se ha indicado, de la simple intuición. Ya no creemos que el juez verá a los testigos y sabrá si mienten recurriendo a su "experiencia"[172], sino que ahora, gracias a la psicología del testimonio[173], es posible establecer parámetros cada vez más fiables de credibilidad. Por desgracia, aún no de veracidad,

---

Italiano, Parte V, Roma 1988, p. 237. Cross, *Precedent in English Law,* Oxford 196, pp. 4, 30-32.

171 Como dejó dicho Taruffo, M., "Idee per una teoria della decisione giusta·, en *Verso la decisione giusta,* Torino 2020, p. 360, explicando así su concepto de "justicia".

172 Partida III, Tít. XVI, Ley 28: "*Otrosi dezimos, que deven ser preguntados del tiempo en que fue fecho aquello sobre que testiguan, assi como del año, e del mes, e del dia, e del logar en que lo fizieron. Ca si se desacordassen los testigos, diziendo el uno que fuera fecho en un logar, el el otro en otra parte, non valdria su testimonio.* (...) *E aun deven ser preguntados los testigos, quien eran los otros testigos que estavan delante, quando acaescio aquello sobre lo que testiguan: e mas preguntas non han por que fazer al testigo que fuere de buena fama. Mas si fuere ome vil, e sospechoso, que entendiesse el Juez, que anda desvariando en su testimonio, entonce devele fazer otras preguntas por tomarle en palabras, diziendo assi: Quando este fecho sobre que testiguas acaecio, que tiempo fazia? Estava nublado, o fazia sol? o quanto ha que conociste estos omes de quien testiguas? e de que paños eran vestidos, quando acaescio esto que dizes? Ca por lo que respondiere a tales preguntas como estas, e porlas señales que viere en la cara del, tomar ha apercibimiento el Juez si ha de creer lo que dize el testigo, o non.*"

173 Loftus, *Eyewitness testimony,* Harvard 1996. Mazzoni, *Psicologia della testimonianza,* Roma 2015. Mazzoni, *¿Se puede creer a un testigo?,* Madrid 2010. Diges, *Los falsos recuerdos,* Bar-

que será la siguiente frontera que tal vez se alcance algún día. De momento permanece en un terreno todavía demasiado intuitivo.

Pero cada vez menos, igual que sucede, como ya se ha dicho, con la prueba pericial. Mejores o peores, tenemos, como ya se dijo, unos criterios de comprobación de las hipótesis, y ese es el primer paso para conseguir que la prueba entre definitivamente en el campo de la ciencia. Curiosamente, mucho ha ayudado una parte de la filosofía en ello, la epistemología[174], pero en esto el Derecho no se diferencia de otras ciencias. Simplemente le ha costado muchísimo más ser consecuente con las exigencias del método científico, cuya concepción pertenece enteramente, por cierto, al terreno de la epistemología.

En concreto, la inteligencia artificial ayudará en materia probatoria en tres campos principales: la revisión de los parámetros de valoración de la prueba, la elaboración de hipótesis y, eventualmente, la concreción con menor subjetividad de los llamados "estándares probatorios" como consecuencia del indicado segundo campo, la elaboración de hipótesis.

En cuanto al primer terreno, la inteligencia artificial podría operar, por ahora, en un doble ámbito: el de los interrogatorios y el de la prueba pericial. Con respecto a las tradicionales prueba testifical y prueba de declaración de las partes —que obviamente son interrogatorios—, como se acaba de indicar, la psicología del testimonio[175] ha avanzado mucho con abundante experimentación que ha arrojado datos empíricos que son utilizables por los programadores al diseñar los algoritmos. Se podría crear una herramienta de inteligencia artificial que valorara, por ejemplo, las condiciones ambientales de la observación sobre la que se declara, teniendo en cuenta la herramienta si el interrogado estuvo lejos o cerca de lo observado, si había más o menos luz, si había consumido alguna sustancia o si estuvo en una situación de estrés, entre otros puntos de interés. También, por supuesto, podría analizar la posible presencia de móviles para mentir,

---

celona 1997. Manzanero, *Memoria de testigos*, Madrid 2010. Manzanero, *Psicología del testimonio*, Madrid 2008. Ibabe Erostarbe, *Psicología del testimonio*, Donostia 2000.

174 Hay que agradecer su labor, entre otros, a Laudan, Larry, *Truth, error and criminal law: an essay in legal epistemology*, New York 2006. Gascón Abellán, Marina, *Los hechos en el derecho. Bases argumentales de la prueba*, Madrid-Barcelona 2004. *Ferrer Beltrán, Jordi, La valoración racional de la prueba*, Madrid 2007. González Lagier, *Quaestio facti. Ensayos sobre prueba, causalidad y acción*, Lima, 2005 y, por supuesto, a Taruffo, Michele, *La prueba de los hechos*, trad. de Jordi Ferrer Beltrán de "la prova dei fatti giuridici", Milano 1992, Madrid 2002.

175 Vid. las obras ya citadas al respecto.

aunque esto es más complicado, igual que podría tener en cuenta la corroboración de la declaración con el resultado de otras pruebas, la coherencia interna de lo declarado o incluso la presencia de comentarios oportunistas en la declaración.

En concreto, la herramienta podría ser diseñada, no como una especie de robot de funcionamiento automático, sino como una pauta de alertas para que el juez vaya introduciendo sus valoraciones al respecto, de manera que el resultado final no sea una especie de pronóstico de credibilidad, sino simplemente el resultado de un trabajo del juez guiado por la herramienta, que podría asistirle también en la motivación. De ese modo podríamos evitar, al menos en parte, los errores que ya sabemos que se han detectado en las herramientas de predicción del riesgo y que veremos en el epígrafe siguiente.

El segundo campo interesante en materia probatoria en que puede intervenir la inteligencia artificial es el de la elaboración de hipótesis. En este caso, la herramienta —ya con precedentes en Alibi[176]— lo que hace es partir de los datos que le va suministrando el juez acerca de la prueba, elaborando hipótesis de qué ha podido suceder. Hasta el momento se ha utilizado para suministrar a los abogados líneas de defensa para la concepción de coartadas para sus clientes, pero se podría utilizar perfectamente para formular una serie de hipótesis de qué ha podido suceder partiendo de los datos de los que el juez dispone. El trabajo de la herramienta tendría como resultado, por ejemplo, la exposición de esas hipótesis, que habrán sido elaboradas partiendo de casos antiguos, lo que supone reunir toda la "experiencia", y mucho más, que pueda tener un juez como fruto de su memoria, pero con dos inconvenientes: la máquina no es creativa, por lo que puede ser esclava de hipótesis de relatos que sucedieron sólo en el pasado, pero que no tienen que ver con el presente; además esos datos, como se ha dicho, serán de procesos antiguos, lo que provocará que si los mismos no fueron juzgados correctamente —y eso difícilmente lo sabremos salvo que se evidencie el error judicial más adelante— se irán arrastrando esos errores y, lo que es peor, su influencia en el presente. Un auténtico desastre.

Ese problema, que en absoluto es menor, lastra el tercer terreno en el que se podría utilizar la IA: la concreción de estándares probatorios[177].

---

176 Nissan, E., "Legal Evidence, Police Intelligence, Crime Analysis or Detection, Forensic Testing, and Argumentation: An Overview of Computer Tools or Techniques", 17 Int'l J. L. & Info. Tech. 1, 2009, pp. 1 y ss.

177 Vid. nuevamente Ferrer Beltrán, *Prueba sin convicción*, cit. pp. 29 y ss.

Los mismos otorgan aparentemente una gran seguridad a los operadores jurídicos, que encuentran en ellos una especie de fórmulas mágicas para exponer sus conclusiones probatorias, pero son muchísimas veces sólo intuitivos, pese a que pretendan los contrario. En su versión a mi juicio más depurada[178], parten precisamente de la elaboración de hipótesis propia de la probabilidad inductiva, arrojando conclusiones más o menos seguras en función de si las hipótesis alternativas a la que va alcanzando mayor sustento probatorio, se van descartando, logrando así por fin un grado de confirmación que pretende otorgar más seguridad al juez que toma la decisión.

En ese escenario podría ayudar naturalmente la inteligencia artificial, pero de un modo limitado aunque a mi juicio benéfico. Podría, en concreto, servir de pauta de la conducta probatoria del juez y las partes en el trance de la admisión y la práctica de la prueba. Al exponer esas hipótesis, es más fácil realizar correctamente la labor de admisión de los medios de prueba, y también es más sencillo guiar su práctica, escapando de la tradicional hipótesis única que sólo busca confirmarse o desmentirse, y que puede ser fácilmente víctima del sesgo de confirmación.

Es decir, siendo a mi juicio la mayor utilidad de los estándares la de servir de pauta probatoria a los jueces, la inteligencia artificial sería útil para conseguir guiar aún mejor el uso de esa pauta, ampliando incluso su rango de observación al ser más probable que elabore bastantes más hipótesis que las que se le puedan ocurrir a un juez tomando como única ayuda su imaginación y la de las partes.

Confirmada la hipótesis de que se trate, la herramienta puede incluso ayudar a redactarla, igual que ya se vio que era posible con el juicio de derecho partiendo sobre todo de la jurisprudencia. Y ello no debe sorprender ni causar estupefacción, puesto que hará más sencilla la labor judicial, con la consiguiente ayuda humana del juez para completar la redacción, como es lógico.

5. INTELIGENCIA ARTIFICIAL Y PREDICCIÓN DEL RIESGO

Este ha sido el campo en el que más se ha desarrollado la inteligencia artificial en el ámbito judicial, y con resultados tan espectaculares como controvertidos. En materia procesal penal, en diferentes momentos, los jueces se preguntan si una persona tiene un perfil de riesgo a fin de saber

---

178 *Ibidem.*

fundamentalmente si volverá a cometer un delito, aunque también para acabar de corroborar pruebas que no les convencen del todo, consiguiendo esa deseada confirmación a través de la averiguación del perfil del reo. Son casos en que el juez tiene ya una convicción razonable acerca de la culpabilidad, pero desea elevar ese nivel de convicción con la indicada determinación del perfil.

Quienes habían perfilado tradicionalmente a los reos, en el mejor de los casos, eran los psicólogos. También los juristas intentaban establecer pareceres —bastante *amateurs*, por cierto— recurriendo a los antecedentes penales del reo e incluso a su comportamiento en la sala de justicia o en el momento de la detención, o incluso acudiendo a trasnochados saberes lombrosianos[179] que pese su carácter vetusto y reiteradamente desacreditado, conservan una sorprendente supervivencia en el imaginario colectivo que también comparten los jueces. Pero todo ello no eran más que prejuicios de quien no es experto en una materia.

Al contrario, los psicólogos de la personalidad[180] fueron elaborando a lo largo de los años una serie de criterios para evaluar el riesgo que podían suponer los reos, compilando decenas de dichos criterios que han ido utilizando cotidianamente en las entrevistas cognitivas que han practicado a un sinfín de sujetos pasivos del proceso penal, sobre todo para evaluar los riesgos de la concesión de permisos carcelarios a un reo, o bien para dictaminar acerca de su libertad condicional.

Entre dichos criterios existen fundamentalmente datos que diversos metaanálisis han demostrado que son buenos predictores de futuro comportamiento delictivo, no considerados de forma separada, sino de manera conjunta. Y así se tiene en cuenta, por ejemplo, el consumo abusivo de alcohol u otras sustancias estupefacientes, el nivel atencional de un reo, su capacidad de compromiso, su comportamiento violento en la prisión a

---

179 Lombroso, Cesare, *L'uomo delinquente*, Torino 1897.

180 Vid. entre otros Redondo Illescas, Santiago / Andrés Pueyo, Antonio, "Predicción de la violencia: entre la peligrosidad y la valoración del riesgo de violencia", *Papeles del psicólogo: revista del Colegio Oficial de Psicólogos*, vol. 28, n. 3, 2007 (Ejemplar dedicado a: Predicción de la violencia), pp. 157 y ss. Redondo Illescas, Santiago / Andrés Pueyo, Antonio, "La Psicología de la delincuencia, *Papeles del psicólogo: revista del Colegio Oficial de Psicólogos*, vol. 28, n. 3, 2007 (Ejemplar dedicado a: Predicción de la violencia), pp. 147 y ss. Andrés Pueyo, Antonio / López, S. / Álvarez, E., "Valoración del riesgo de violencia contra la pareja por medio de la SARA", *Papeles del Psicólogo*, 2008. Vol. 29 (1), pp. 107 y ss.

través de la revisión de su expediente disciplinario, el hecho de ser capaz de generar un entorno de amistad, etc.[181]

Sin embargo, también se han tenido en cuenta a lo largo de los años datos mucho más sensibles como el nivel de estudios, el lugar de residencia, la tenencia de un domicilio fijo o el número de mudanzas en los últimos años, o también datos definitivamente orientados ideológicamente como las opiniones políticas sobre algunos delitos o incluso la raza, por no hablar de la estética física que el individuo decide atribuirse[182]. No se crea, además, que se recurre solamente —aunque también— a los prejuicios para elaborar esos criterios, sino que habitualmente se identifican todos esos datos en personas enjuiciadas —de manera correcta o errónea, es imposible saberlo— como culpables, y a partir de ahí se van elaborando datos estadísticos de incidencia de esos criterios en cada reo que sirven para reforzar o disminuir la relevancia de los mismos en las evaluaciones.

Hace ya tiempo que la inteligencia artificial, o mecanismos similares, entraron en estas evaluaciones, en ocasiones de manera menos polémica, como en el caso de Riscanvi[183] o Hart[184], a veces de manera extraordinariamente polémica, como ha sucedido y está sucediendo con COMPAS[185], y otras veces de modo un tanto ingenuo, como acontece con Viogén[186] o desde 2018 con Veripol[187]. Por ser bastante reasuntivo y reflejar un nivel

---

181 NORTHPOINTE, *Practioners Guide to COMPAS*, 17-8-2012, pp. 23 y ss. http://www.northpointeinc.com/files/technical_documents/FieldGuide2_081412.pdf

182 Bornstein, Aaron M., "Are algorithms building the new infrastructure of racism?", *Nautilus*, 21-12-2017, http://nautil.us/issue/55/trust/are-algorithms-building-the-new-infrastructure-of-racism, y nuevamente NORTHPOINTE, *Practioners Guide to COMPAS*, 17-8-2012, pp. 23 y ss. http://www.northpointeinc.com/files/technical_documents/FieldGuide2_081412.pdf

183 Andrés-Pueyo, A. / Arbach-Lucioni, K. / Redondo, S., "The RisCanvi: A New Tool for Assessing Risk for Violence in Prison and Recidivism", en *Handbook of Recidivism Risk/Needs Assessment Tools*, Chichester 2018, pp. 255 y ss.

184 "Harm Assessment Risk Tool". Giampiero, L., "Regulating (Artificial) Intelligence in Justice: How Normative Frameworks Protect Citizens from the Risks Related to AI Use in the Judiciary", cit. p. 81.

185 "Correctional Offender Management Profiling for Alternative Sanctions". NORTHPOINTE, Practioners Guide to COMPAS, 17-8-2012.

186 http://www.interior.gob.es/web/servicios-al-ciudadano/violencia-contra-la-mujer/sistema-viogen

187 OFICINA DE TRANSFERENCIA DE RESULTADOS DE INVESTIGACIÓN (OTRI). UNIVERSIDAD COMPLUTENSE DE MADRID, "Veripol, inteligencia artificial a la caza de denuncias falsas", https://www.ucm.es/otri/veripol-inteligencia-artificial-a-la-caza-de-denuncias-falsas

máximo de peligro, se explicará solamente lo sucedido con COMPAS en los Estados de EEUU que lo utilizan, que por fortuna ni mucho menos son todos.

COMPAS es una auténtica herramienta de inteligencia artificial que asiste —no sustituye— a los jueces en la predicción del riesgo a fin de evaluar este factor en un reo a efectos de imponer medidas cautelares, decisiones de libertad en el ámbito penitenciario o incluso como acompañamiento de veredictos de culpabilidad. Lo que se conoce de la herramienta —sus fabricantes[188] no revelan los entresijos de su funcionamiento por razones de propiedad intelectual— es relativamente poco. Su algoritmo tiene en cuenta 137 criterios[189], entre los cuales están los antes indicados, también los más polémicos. Pero nadie sabe realmente cómo se realiza esa evaluación. Simplemente se ha demostrado ya en varios estudios que la herramienta no es más acertada que un ser humano[190], y que además es indudablemente racista[191]. Se teme incluso que esta última característica ni siquiera sea algo que los fabricantes hayan querido eludir, sino más bien todo lo contrario. Bien parece que han elaborado unos perfiles de población-diana sobre la que se desea deliberadamente actuar, con un resultado final que es claramente escandaloso[192]. De momento esta herramienta no

188 Northpointe, Inc.

189 https://www.documentcloud.org/documents/2702103-Sample-Risk-Assessment-COMPAS-CORE.html. NORTHPOINTE, *Practioners Guide to COMPAS*, 17-8-2012, pp. 23 y ss.

190 Farrell, JAMES, "Humans Beat Popular Algorithm For Spotting Potential Re-Offenders", *SILICONANGLE*, 17-1-2018, https://siliconangle.com/blog/2018/01/17/popular-algorithm-used-spot-potential-reoffenders-sometimes-extend-prison-sentence-doesnt-work-according-researchers/. Fussell, Sidney, "Study Finds Crime-Predicting Algorithm Is No Smarter Than Online Poll Takers", *Gizmodo*, 18-1-2018, https://gizmodo.com/study-finds-crime-predicting-algorithm-is-no-smarter-th-1822173965. Pearson, Jordan, "Bail Algorithms Are As Accurate As Random People Doing An Online Survey", *Motherboard*, 17-1-2018, Https://Motherboard.Vice.Com/En_Us/Article/Paqwmv/Bail-Algorithms-Compas-Recidivism-Are-As-Accurate-As-People-Doing-Online-Survey. YONG, Ed, A Popular Algorithm Is No Better At Predicting Crimes Than Random People, *The Atlantic*, 17-1-2018, https://www.theatlantic.com/technology/archive/2018/01/equivant-compas-algorithm/550646/

191 Larson, Jeff / Mattu, Surya / Kirchner, Lauren / Angwin, Julia, "How We Analyzed The Compas Recidivism Algorithm", *Propublica*, 23-5-2016, https://www.propublica.org/article/how-we-analyzed-the-compas-recidivism-algorithm.

192 Corbett-Davies, Sam / Pierson, Emma / Feller, Avi / Goel, Sharad, "A computer program used for bail and sentencing decisions was labeled biased against blacks. It's actually not that clear", *The Washington Post*, 16-10-2016, https://www.washingtonpost.com/news/monkey-cage/wp/2016/10/17/can-an-algorithm-be-racist-our-analysis-is-more-cautious-than-propublicas/?noredirect=on&utm_term=.c31b4a5b6bbd.

ha llamado la atención —pese a que no ha faltado oportunidad[193]— del Tribunal Supremo Federal de los EEUU, aunque considerando cuál fuere su composición en un momento determinado, tal vez es mejor que no se fijen demasiado en esta herramienta, a riesgo de bendecir un autoritarismo y arbitrariedad realmente incompatibles con el mantenimiento de la democracia. Lo tristemente sucedido con la benéfica e histórica jurisprudencia de la regla de exclusión[194], podría tener su secuela también en este ámbito.

Con todo ello puede verse cómo la tecnología se puede falsear y poner al servicio de las ideologías, cuando de lo que se trataba en un inicio es de imprimir objetividad y racionalidad al comportamiento judicial. Y es que en realidad, en esta materia puede acabar sucediendo lo mismo que con otros ingenios de inteligencia artificial. Al ir aumentando su enorme base de datos automáticamente con el falazmente llamado *machine learning*, puede llegar un momento en que la máquina sea víctima de la peor versión del sesgo de confirmación, afectando a su funcionamiento de una manera todavía más radical de lo que lo hace con las personas. Quiero decir con ello que la máquina se puede ir haciendo paulatinamente cada vez más discriminadora con determinados grupos de población, a fuerza de ir propiciando cada vez más condenas contra esos colectivos, nutriendo al algoritmo con los datos de dichas condenas.

Lo que sucede es que estas herramientas descubren lo peor de la inteligencia artificial y la razón principal de su parón. La técnica mira siempre al pasado porque se nutre de los datos provenientes del mismo. Y en lugar de superarlo, como ha sucedido tantas veces en la historia humana, se hunde cada vez más en él. Como ya se anunció al inicio de este artículo, la inteligencia artificial es incapaz de superarse, al menos por el momento. Actúa siempre exactamente igual, y son solamente los humanos que mueven los hilos de sus algoritmos los que pueden alterar esta realidad. Y no es nada fácil, dado que el funcionamiento interno de la máquina es algo similar a un conjunto imbricado de madejas de las que es bastante complicado encontrar los hilos correctos llegados a cierto punto.

En realidad, con frecuencia lo único que puede hacerse es empezar de nuevo y construir otra herramienta, que volverá a tener los mismos problemas que la anterior, especialmente el de la orientación ideológica, que es

---

193 State v. Loomis. 881 N.W.2d 749 (Wis. 2016).

194 Vid. Miranda Estrampes, Manuel, *Prueba ilícita y regla de exclusión en el sistema estadounidense. Crónica de una muerte anunciada*, Madrid 2019.

difícilmente evitable en materia judicial. Al fin y al cabo, los jueces de un país siguen diversos patrones ideológicos, más allá de los valores constitucionales, aunque no debiera ser así. Y dichos patrones, si son mayoritarios, acabarán haciéndose preponderantes gracias a la IA, porque se nutre siempre, como ya se ha indicado, de decisiones judiciales pasadas.

Mientras no se supere este inconveniente tecnológico, el problema se producirá una y otra vez. Tal vez ello impedirá un uso extendido de esta tecnología en este ámbito de la realidad judicial, o tal vez la continuará afectando negativamente. Cualquiera de los dos escenarios es nefasto. Y la única solución es la revisión e influencia constante de juristas con valores democráticos muy consolidados trabajando codo con codo con los programadores, existiendo un control democrático estricto en la elección de ambos grupos de profesionales. Nada de lo indicado es fácil en absoluto, pero acabará siendo imprescindible si se desea —sólo si se desea— evitar el autoritarismo.

6. INTELIGENCIA ARTIFICIAL Y ODR

Un ámbito en el que ya existe inteligencia artificial funcionando con cierta frecuencia es el de los ODR. Empezaron algunas empresas[195] a utilizarlo, pero ahora ya son los organismos públicos de algunos países[196] los que están aplicando —o al menos interesándose— por esta tecnología para resolver sobre todo algunas pequeñas causas, esas grandes olvidadas —salvo excepciones— de los sistemas judiciales de todos los tiempos. Parece que por fin se podría encontrar una manera rapidísima y muy barata de resolver estas controversias ya citadas anteriormente, en particular reclamaciones de cantidad, procesos posesorios, procesos de consumidores y divorcios no demasiado complejos, que son la mayoría, por otra parte, si se huye de la salsa del anecdotario de cualquier abogado matrimonialista.

---

195 Ebay: https://pages.ebay.com/services/buyandsell/disputeres.html#what; Paypal: https://www.paypal.com/us/webapps/mpp/security/seller-dispute-resolution; Amazon: https://www.amazon.co.uk/gp/help/customer/display.html?nodeId=G9NMDH46UFNMFNKN

196 Entre otros, Holanda: Kistemaker, Laura, "Rechtwijzer and Uitelkaar.nl. Dutch Experiences with ODR for Divorce", *Family Court Review*, abril 2021. Vid, otras experiencias de EEUU y Canadá en JTC Resource Bulletin, Case Studies in ODR for Courts: A view from the front lines. 29-11-2017. https://www.srln.org/system/files/attachments/Case%20Studies%20in%20ODR%20for%20Courts.pdf

Ciertamente, a día de hoy ya no cuesta tanto pensar en una app para interponer una solicitud monitoria o para divorciarse. En ambos casos, la app tendría que ir dando opciones al usuario que este debería ir marcando. Sin ánimo alguno de exhaustividad, en el caso de la solicitud monitoria, indicar el nombre completo del deudor, la cantidad debida y subir el documento del que se derive la existencia de la deuda. Los datos del acreedor ya figurarán por defecto en la app, que los habrá pedido al descargarla. Con esos datos, la app emitiría un mandato de pago que el deudor contestaría en el plazo establecido en las leyes, con advertencia de que si hay oposición se generará un proceso jurisdiccional y en caso de perderlo, podría sobrevenir una sanción —debiera concretarse cuál— por uso indebido de la administración de justicia. Con ello, la reclamación quedaría resuelta. Lo mismo sucedería con un divorcio. Se formularía la solicitud, que estaría conectada con los datos de los registros para averiguar la existencia de hijos, bienes en común y capacidad económica. De no haber oposición al divorcio, la propia plataforma lo declararía, calcularía la pensión, y pondría en marcha la división del patrimonio, operaciones que podrían ser moduladas posteriormente por los tribunales, pero con el divorcio ya declarado. Y siempre que esas operaciones sean necesarias, claro está. De hecho, es posible que en el futuro, superando la influencia sobre la legislación civil de la indisolubilidad canónica del vínculo, se simplifiquen bastante las medidas económicas consecuencia de un divorcio, pero esa es otra cuestión.

Los anteriores son solamente dos ejemplos de los muchos que podrían darse —entre otros, las ya citadas reclamaciones de consumidores— acerca de lo que está por venir, que podría llegar a automatizarse aún más en el futuro siguiendo la mecánica de los contratos inteligentes —*smart contracts*—: en caso de impago, se formularía inmediatamente una solicitud monitoria. De ese modo, la resolución de esos conflictos tan frecuentes —los impagos de acreedores— sería tan rápida que probablemente el conflicto, o acabaría desapareciendo o nunca llegaría a los tribunales. De hecho, actualmente alcanzan ese estado judicial, como ya se ha dicho, en un intento del deudor de mala fe de utilizar en su favor la lentitud de la administración de justicia.

Pero por otra parte, los ODR pueden favorecer una reforma que ya se está empezando a reclamar desde distintos foros: la contundente simplificación de las normas de competencia territorial, y en muchos casos su abolición[197]. Si los litigios se sustancian en su mayoría a distancia con una res-

---

[197] Vid. Nieva Fenoll, *Derecho Procesal II, Proceso Civil*, cit. pp. 37-38.

tricción drástica de la oralidad[198], carece de sentido que deban asignarse a una sola sede y que además esa asignación pueda provocar complicaciones. Al contrario, cuando los procesos son *online*, no tiene absolutamente nada de particular que los resuelva cualquier tribunal de un Estado, sea cual fuere el territorio en que radique, propiciándose de ese modo una más racional distribución de los recursos materiales y humanos de la justicia de un país, al ser asignados los procesos de manera equitativa a los tribunales con menor carga de trabajo. Palabras como "declinatoria" podrían pasar a la historia en esos procesos, que pueden ser muy fácilmente la mayoría.

Por último, como ya se referenció al inicio de este apartado, debe destacarse la presencia de servicios corporativos que resuelven en línea las reclamaciones de los usuarios cuando no son complejas, consiguiéndose así la evitación de un nuevo proceso. Se trata de herramientas de inteligencia artificial que identifican el problema y ofrecen soluciones al consumidor o usuario, resolviendo definitivamente el inconveniente o canalizándolo al departamento correspondiente de la empresa para favorecer su correcta resolución. Con ello, no solamente se evitan procesos, sino que aumenta el nivel de satisfacción de los usuarios. Algunas de esas herramientas formulan incluso propuestas de conciliación, que una vez aceptadas por el usuario, se convierten en un medio alternativo eficaz íntegramente *online*.

7. UN POSIBLE FUTURO

Es completamente desconocido cómo va a ser el futuro. Lo imaginamos siempre acompañado de una mejora imparable de la tecnología, lo que podría no ser así dependiendo de las circunstancias sociales de cada momento. Las crisis, económicas o incluso bélicas, o las simples faltas de inversión pueden ralentizar los procesos. Ahora mismo, como se dijo al principio del artículo, estamos en un momento evidente de parón derivado de diversas circunstancias, como ya se indicó, no todas claras dejando al margen la dificultad inmensa de configurar correctamente los algoritmos para ser aplicables a situaciones que siempre habían dependido de decisiones con un margen de discrecionalidad elevado el tener en cuenta una multiplicidad de factores, no siempre atribuyéndoles el mismo peso. Ese es

198 Vid. Nieva Fenoll, "La discutible utilidad de los interrogatorios de partes y testigos (algunas reflexiones sobre la oralidad en tiempos de pandemia)", *Ius et Praxis*, vol. 26, n. 3, diciembre 2020. https://www.scielo.cl/scielo.php?script=sci_arttext&pid=S0718-00122020000300157&lng=n&nrm=iso&tlng=n

el caso de los procesos judiciales. Por mucho que las leyes otorguen más estabilidad a las decisiones de los jueces, al final confiamos en juzgadores que son tan humanos como nosotros para que perciban con empatía el caso que se les plantea, empatía social que no siempre pueden reflejar las leyes con puntualidad.

Con todo, si este *impasse* se supera, la presencia humana en los tribunales menguará, igual que lo hará el número de abogados dedicados a los procesos judiciales. Debe evitarse en cualquier caso caer en experiencias de total automatización que anularían la voluntad de los jueces en beneficio de la imposición de las líneas de actuación del poder ejecutivo[199], que es el que acostumbrará a estar encargado de financiar la tecnología para configurar los algoritmos. Es aceptable la automatización de los procedimientos, pero no del enjuiciamiento salvo en casos realmente reiterativos. Debería ser este un límite ético que nunca debiera superarse, a riesgo de pasar de la justicia de los jueces a la justicia de los programadores y de aquellos que les influyan, lo que sería democráticamente inadmisible.

La clave está, por tanto, en no superar los límites que marcan los derechos fundamentales, anulando el derecho de defensa frente a una máquina que va a juzgar siempre sistemáticamente igual en situaciones que puedan parecer idénticas, pero que no lo son atendidas las muy diferentes circunstancias socioeconómicas de los sujetos concernidos. Tampoco es aceptable no dejar espacio a la presunción de inocencia de personas cuyas características estén ya señaladas de antemano por el algoritmo, y que por ello irremediablemente van a verse sujetas en el mejor de los casos sólo a medidas cautelares, y en el peor de ellos a condenas injustas.

Hay que luchar porque todo lo conseguido gracias al derecho al juez independiente e imparcial, no se pierda si algún día las máquinas influyen en mayor medida en el enjuiciamiento. La independencia judicial y la imparcialidad constituyen un único concepto formulado de manera habitualmente binómica, que intentaba que los jueces estuvieran libres de influencias en su criterio que pudieran activar sus emociones, de manera que su juicio se viera ilegítimamente alterado por las mismas. Como dije, se espera del juez una empatía que refleje el consenso social que intentan reflejar

---

199 Vid. See "Big Data, AI and China's Justice: Here's What's Happening", *China Justice Observer*, 1-12-2019. https://www.chinajusticeobserver.com/a/big-data-ai-and-chinas-justice-heres-whats-happening. See also Jie-jing YAO / Peng Hui, "Research on the Application of Artificial Intelligence in Judicial Trial: Experience from China", *Journal of Physics: Conference Series*, vol. 1487, 2020. https://iopscience.iop.org/article/10.1088/1742-6596/1487/1/012013/meta.

las leyes, pero no hasta el punto de manipular lo que dicen esas leyes hasta acabar pervirtiéndolas, que es lo que puede suceder cuando el juez no es auténticamente independiente. Se trata de que no se caiga en el mismo riesgo derivando la decisión en autoridades de programación que no son independientes, o bien en programadores que no pueden evitar que en el proceso de adquisición de datos y enriquecimiento de la herramienta, se manipule igualmente el proceso de decisión de la herramienta, como está sucediendo con algunas redes sociales, particularmente en el momento actual con Facebook[200].

No hay que alarmarse, no obstante. La incorporación de esta tecnología al proceso de manera decidida va a ser tecnológicamente lenta, al menos de momento. Las advertencias que se han realizado están formuladas para el instante en que esa misma tecnología vuelva a avanzar de nuevo de modo acelerado, cosa que, aunque nada es seguro, siempre puede acabar sucediendo.

200 Planas Bou, Carles, "La manipulación política se propaga en Facebook", *El Periódico*, 15-9-2020.

RESOLUCIÓN ONLINE DE LITIGIOS DE ESCASA CUANTÍA: ¿ES ESTA LA ÚNICA SOLUCIÓN REALISTA?

Publicado en AAVV (Calaza y Ordeñana coord.), Next Generation Justice: Digitalización e Inteligencia Artificial, Madrid 2024, pp. 1409-1422, y en lengua inglesa en Revista Italo-española de Derecho Procesal, n. 1, 2022, pp. 1-11.

1. INTRODUCCIÓN

Un problema muy antiguo sigue aún entre nosotros, y no se intuye que —casi— nadie desee prestarle demasiada atención en realidad: ¿cuál es el proceso judicial más adecuado para tratar las demandas de escasa cuantía?[201].

Se han propuesto diversas soluciones a estos litigios que nadie parece dispuesto a celebrar debidamente, pese a la sensación de injusticia que ello deja entre las partes en conflicto[202]. A lo largo de la historia hemos visto procedimientos sumarios, especiales, tribunales también especiales, jueces legos, o profesionales pero noveles[203], y también un recurso a los medios alternativos de resolución de conflictos. Todas estas posibles soluciones han sido ensayadas reiteradamente por diversos legisladores[204], y pese a que no en todos los casos se puede hablar de un fracaso[205], como veremos, el problema sigue sin estar resuelto.

---

201 Hau, W., "Zivilprozesse mit geringem Streitwert: Small claims courts, small claims tracks, small claims procedures", *Rabels Zeitschrift für ausländisches und internationales Privatrecht (RabelsZ)*, n. 81, 2017, vol. 3, p. 570.

202 Vid. Moliner, B. y Fuentes, M., "Causas y consecuencias de la insatisfacción en consumidores con atribuciones externas", *Cuadernos de Gestión*, Vol 11, n. 1, 2011, p. 37.

203 De nuevo, Hau, Wolfgang, "Zivilprozesse mit geringem Streitwert: Small claims courts, small claims tracks, small claims procedures", cit. p. 570.

204 Vid. ampliamente, de nuevo, también en la versión española del trabajo anteriormente citado, Hau, W., "Las pequeñas causas en el proceso civil; tribunales, vías procesales (tracks) y procedimientos de escasa cuantía". *Revista Italo-española de Derecho Procesal*, n. 1, 2019, pp. 73 y ss.

205 Vid. Moliner, B. y Fuentes, M., "Causas y consecuencias de la insatisfacción en consumidores con atribuciones externas", cit. p. 37.

A continuación repasaré brevemente toda esta pequeña historia de desventuras, que concluirá con una mirada al futuro que probablemente sea, finalmente, la clave definitiva que hemos estado buscando durante siglos para resolver los pequeños procesos. En este tema, como en tantos otros, es posible que la tecnología suponga un definitivo salto hacia adelante.

2. EL SEMPITERNO PROBLEMA DE LAS "SMALL CLAIMS"

De minimis non curat praetor[206] es probablemente una de las frases más sinceras de la historia del Derecho. Ciertamente, el problema con las pequeñas causas no es su complejidad, que muchas veces es baja. El inconveniente es su gran número, dado que afectan realmente a toda la ciudadanía, así como la resistencia de los poderes públicos a gestionar estos litigios por dos razones principales.

La primera es la idea de que la conflictividad que producen es baja, puesto que no se trata de graves enfrentamientos que puedan poner en pie de guerra a la comunidad o a los poderosos. Y ciertamente es así. Aisladamente considerados este tipo de conflictos, aún dejándolos sin resolver, no suelen provocar males mayores, de orden público sobre todo.

La segunda razón es algo cruel. Resolver estos litigios requeriría una estructura judicial bastante más ambiciosa que la que tenemos actualmente, y mucho más que la que históricamente ha existido. Y es que los gobiernos acostumbran a encontrar multitud de lugares en los que invertir el dinero que electoralmente les son más rentables que la Justicia[207]. En el pasado fueron las guerras, las grandes empresas comerciales o la construcción de palacios de todo tipo. Ahora, sin descartar todo lo anterior, existen una multitud de asuntos que atraen el voto de la ciudadanía, pero ninguno de ellos suele tener nada que ver con el adecuado mantenimiento de una estructura de tribunales.

---

206 La referencia más antigua que he localizado está en De Benintendi, Pietro, *Decisiones causarum bononiensis,* Frankfurt 1573, p. 6, pero probablemente es anterior. Vid. Klingenberg, Georg, "Minima non curat praetor", en: FS Rolf Knütel, 2009, p. 559

207 CEPEJ, 8th report "European judicial systems —CEPEJ Evaluation Report— 2020, (2018 data). https://www.coe.int/en/web/cepej/home/-/asset_publisher/CO8SnxIjXPeD/content/the-cepej-report-containing-the-figures-on-the-efficiency-of-the-functioning-of-judicial-systems-in-europe-has-been-published?_101_INSTANCE_CO8SnxIjXPeD_viewMode=view/

En definitiva, nada se hace salvo poner parches, aunque no se puede negar que imaginación no les ha faltado a los legisladores. Imaginación no obstante, hay que asumirlo, de muy baja intensidad, realmente inferior a la romana. Si se acude al *Corpus Iuris Civilis*, cualquier lector se encontrará con la sorpresa de que los pleitos que resuelven aquellas antiguas leyes son casi siempre pequeños pleitos propios de una economía rural[208], sobre todo. De hecho, si algo demostró Roma a lo largo de toda su trayectoria es su preocupación por la buena resolución de los litigios, justamente de esos pequeños litigios, incluso de forma prioritaria a las cuestiones que hoy englobamos bajo el Derecho penal, lo que no deja de ser curioso. Es muy posible que la idea, de hecho, tuviera una mucho más antigua inspiración egipcia[209], puesto que la resolución de conflictos con justicia era, precisamente, la principal base fundacional de la cultura egipcia[210].

Y ello fue porque probablemente se dieron cuenta de que estos pequeños litigios sí provocan un problema de orden público, porque suelen estar en el origen, a veces remoto, de males mayores. En un momento histórico como el de la expansión romana en que, precisamente, se trataba de abolir la autotutela como manera de asentar la autoridad de Roma, lo peor que se puede hacer es dejar los cabos sueltos de los conflictos cotidianos de la población, porque de ese modo los habitantes, al no verlos resueltos, buscarán privadamente su manera particular de resolver los conflictos, no consiguiéndose asentar la citada autoridad.

Por ello, entre otras razones[211], Roma creó el proceso formulario, buscando el indicado fin político[212]. Dicho proceso trató de ser un mecanismo de resolución de conflictos que consiguiera atraer a la población local recién conquistada hacia la autoridad romana. Y así, de nuevo al estilo egipcio[213], dispusieron un proceso con dos fases, la primera —*iu iure*— ante un pretor, es decir, una autoridad romana, que oiría el conflicto y diría qué

208 Vid. Kaser, M. / Hackl, K., *Das römische Zivilprozessrecht*, München 1996, p. 156, 408.

209 Vid. Nieva Fenoll, *El origen de la justicia*, Valencia 2023, pp. 226 y ss.

210 Assmann, J., Ma'at. Gerechtigkeit und Unsterblichkeit im Alten Ägypten, München 1995, p. 161. Decoeur, H., "Maat, entre Cosmologie et Mythe: Le Principe Constitutionnel d'un Etat de Racine Chtonienne en Ancienne Egypte". Revue Juridique Themis, vol. 45, n. 2, 2011, p. 358.

211 Kunkel, Wolfgang / Schermaier, Martin, *Römische Rechtsgeschichte*, Köln, Weimar, Wien 2001, p. 112. Kaser, M. / Hackl, K., *Das römische Zivilprozessrecht*, München 1996, p. 156.

212 Vid. Nieva Fenoll, J., "El primer escrito judicial de Hispania: reflexiones de Derecho Procesal sobre el bronce II de Botorrita o Tabula Contrebiensis", en *Jurisdicción y proceso*, Madrid 2009, p. 147.

213 Nieva Fenoll, *El origen de la justicia*, cit. pp. 226 y ss.

dispone el Derecho romano al respecto. La segunda, ante jueces legos —frecuentemente constituídos en jurado[214]— que fueran vecinos del lugar, de manera que la última palabra fuera de ellos, y no de la autoridad romana. Es curioso que una estructura increíblemente parecida se conserve todavía en los sistemas de *common law*.

Pero de lo que hay que ser conscientes es de que el pretor, en aquella época, no estaba en un palacio de justicia, sino en el foro[215], en la plaza central de la localidad, en la que se paseaba, se comerciaba y cotidianamente actuaban los pretores como un comerciante más. Es posible que este mecanismo impusiera la *pax romana* en mayor medida que ningún ejército. Y no hay que perder de vista que lidiaba con lo que desde hace siglos la autoridad se resiste a volver a resolver como lo hizo Roma durante siglos: precisamente las pequeñas causas.

Es decir, lo que estamos viviendo en la actualidad es el resultado de una progresiva elitización de la profesión jurídica, que probablemente fue produciendo un alejamiento paulatino de la ciudadanía, centrándose solamente en los pleitos de quien pudiera pagarlos, dado que la gratuidad de la justicia que existe en varios lugares, no sólo es muy reciente, sino que además ni siquiera existe en la mayoría de sitios[216]. De ese modo, lo que un día probablemente no costó demasiado dinero —el trabajo de un pretor y unos abogados—, progresivamente se fue haciendo inalcanzable para la mayoría, e incluso para el Estado a la hora de proveer lo necesario para el sostenimiento del sistema.

En consecuencia, es muy probable que el verdadero problema no sea más que la elitización del acceso a una Justicia sin recursos públicos para sufragarla, un problema que no ha sido completamente superado desde que la Constitución francesa de 1791 intentó hacerle frente[217]. Es más, como ya se ha dicho, se han ido ensayando diferentes soluciones que en realidad no han sido más que parches, observando el resultado en su conjunto.

---

214 Kaser / Hackl, *Das römische Zivilprozessrecht*, cit. p. 192.

215 Höcker, Ch., "Forum" *Der Neue Pauly*, vol. 4, Stuttgart 1998.

216 Vid. *Gerichtskostengesetz* en Alemania, o la Loi 30-12-1977 en Franccia como ejemplos de ambas tendencias.

217 Chap. V, art. 2. - La justice sera rendue gratuitement par des juges élus à temps par le peuple, et institués par des lettres-patentes du roi qui ne pourra les refuser.- Ils ne pourront être, ni destitués que pour forfaiture dûment jugée, ni suspendus que pour une accusation admise.- L'Accusateur public sera nommé par le Peuple.

Empezó el Derecho canónico con el procedimiento sumario de la *Saepe contingit* en 1306[218], impulsado en la homónima Decretal de Clemente V, por cierto, el primer Papa de Avignon. De ese modo se inauguró la tendencia de tratar de configurar procedimientos especiales, más sencillos, para resolver las pequeñas causas. Sin embargo, esa tendencia generó una multiplicación de procedimientos especiales a lo largo de los siglos, muchos de los cuales todavía existen en nuestras legislaciones, alcanzando la tendencia hasta a la mismísima legislación europea con el proceso el proceso europeo de escasa cuantía (*European Small Claims procedure*)[219].

Otros legisladores, sin renunciar a lo anterior, decidieron disponer jueces especiales para las pequeñas causas. Así surgieron los *justices of the peace* en la Inglaterra del siglo XII[220], cuya larga historia se prolonga hasta hoy, y que sirvió de inspiración a la *justice de paix* de la Revolución Francesa y a otras homónimas jurisdicciones, particularmente en España e Italia. En todo caso, esas jurisdicciones están relacionadas con otros tribunales europeos también dedicados a las pequeñas causas, como los *Amtsgerichte* en Alemania o los *small claims courts* en EEUU desde mediados de los años cincuenta del siglo XX, que vinieron a sustituir precisamente a los *justices of the peace*, o la *Justice de proximité* en Francia, de efímera duración, ya que creada por Ley de 9 de septiembre de 2002, fue suprimida el 1 de julio de 2017. Un ejemplo más de la increíble acumulación de intentos de solución fallidos que se presentan en este tema[221].

Existen, naturalmente, otros muchos ejemplos que vienen a desvelar que la preocupación por las pequeñas causas, pese a no haber recibido la atención política debida, nunca ha dejado de estar presente en las conciencias[222]. Pero quizás el más destacado es una síntesis de todo lo anterior: los

---

218 Vid. Gutiérrez Berlinches, Á., *Algunas reflexiones sobre el concepto de sumariedad*, RDProc, 2003, n. 1-3, p. 296.

219 Regulation (EC) N. 861/2007 of the European Parliament and of the Council of 11 July 2007 establishing a European Small Claims Procedure.

220 Beard, Ch. A. *The Office of Justice of the Peace in England in Its Origin and Development*, 1904. Picardi, Nicola, "Il giudice di pace in Italia. Alla ricerca di un modello", *Riv. Dir. Proc. Civ.* 1993, 3, p. 661. Pronier, Dominique, *Le juge d'Instance dans la société française*, Paris 1993, p. 36.

221 Vid. Nieva Fenoll, J., "La justicia de proximidad", in *Jurisdicción y proceso*, Madrid 2009, p. 111.

222 Vid. sobre el tema Cappelletti, Mauro / Garth, Bryant, "Access to Justice: The Worldwide Movement to Make Rights Effective - A General Report", en Access to Justice, vol. I/1: A World Survey, (1978) 3, pp. 69 y ss; Access to Justice, vol. II/2: Promising Institutions, (dir. Mauro Cappelletti / John Weisner. 1979 pp. 489 y ss.

tracks del Reino Unido[223], es decir, esa combinación de jueces —en parte— especiales y especialidades procedimentales, a elección del litigante o del juez, según los casos. Se trata de otro intento, uno más en la historia, de intentar resolver esta problemática, aunque ni su éxito es destacable ni parece haber sido un modelo inspirador fuera del Reino Unido, más allá de las referencias, siempre algo difusas, al *case management*[224], que ni siquiera está relacionado con la resolución de las pequeñas causas.

3. EL MATIZADO FRACASO DEL ARBITRAJE

Otra alternativa para fallar las pequeñas causas se puede encontrar en los reiterados intentos de implementar el arbitraje en nuestra sociedad, intentos que, en general, se han saldado nuevamente con un fracaso. Por citar solamente un ejemplo, el español, desde 1953 hasta hoy han existido tres leyes de arbitraje: la Ley de 22 de diciembre de 1953, Ley 36/1988 de 5 de diciembre y la vigente Ley 60/2003 de 23 de diciembre. Ni que decir tiene que ninguna de las tres ha servido para resolver, en absoluto, el problema de las pequeñas causas.

Lo que sucedió con el arbitraje, en realidad, era una copia de lo que ya se ha explicado que acaeció con la justicia profesional: elitización. Es decir, se parte de la buena voluntad, siempre bocólica e incluso, permítaseme decirlo, *flower power*, de buscar alternativas a la justicia estatal para intentar combatir sus retrasos y costes. Y se acaba generando un mecanismo que, en realidad, acaba costando más dinero y que en absoluto es realista[225].

Y no lo es porque no se puede pensar que dos litigantes enfrentados van a encontrar a un tercero de su confianza para que les resuelva el litigio. Al contrario, lo que quieren esos dos litigantes es que alguien con autoridad se imponga y le dé la razón a quien la tenga, y eso es difícil que lo haga un amigo de ambos. Incluso en los pleitos de mayor cuantía se suele recurrir a la institución arbitral en busca de ese tercero imparcial. Y es que ese es

---

223 Sorabji, J. "Austerity's Effect on English Civil Justice", *ELR* 2015, p. 159.

224 Nylund, Anna, "Preparatory Proceedings in Norway: Efficiency by Flexibility and Case Management", en Ervo / Nylund (eds.), *Current Trends in Preparatory Proceedings*, 2018, p. 57. Cabral, A. "New trends and perspectives on case management: Proposals on contract procedure and case assignment management", 2019, *Peking University Law Journal*, p. 6.

225 Sobre los datos principals de las diferentes asociaciones arbitrales, vid. Nieva Fenoll, J., "Mediation and Arbitration: A Disappointing Hope", 6 *IJPL* 2016, p. 350.

el problema central: la independencia y la imparcialidad. Tan fáciles de visualizar —más que de definir— y tan difíciles de obtener. Es más, en esas instituciones arbitrales, algunas incluso prestigiosas, se han producido diversos casos no infrecuentes de falta de esas características que siempre deben adornar a la jurisdicción[226].

Es por ello[227] por lo que tal vez puedan fructificar otros intentos en este ámbito que específicamente estén centrados, precisamente, en las pequeñas causas. En este sentido cabe citar la experiencia de las juntas arbitrales de consumo en España, cuya regulación y procedimiento está en otra norma —la cuarta— de arbitraje: Real Decreto 231/2008, de 15 de febrero, por el que se regula el Sistema Arbitral de Consumo, y que de hecho se publicó para adecuar el sistema a la Ley de 2003.

Esa norma reglamentaria establece un procedimiento muy sencillo de arbitraje ante los árbitros designados por la junta arbitral, que son organismos de Derecho público que se crean en el marco de la administración estatal, regional o local. Se trata con ellos de que reciban respuesta litigios de consumidores, es decir, pequeñas causas. Para ello, se ayuda a los consumidores a realizar su reclamación y se hace todo lo posible para resolverla, normalmente, en equidad, decisión que deben tomar las partes del conflicto.

Este mecanismo sí parece estar funcionando mejor[228], aunque la razón es que recibe muy pocas reclamaciones. Para poder acudir a la junta arbitral es necesario que el comerciante se haya adherido al sistema arbitral de consumo. Dado que dicha adhesión, por el momento, es voluntaria, pocos empresarios acuden a la misma. En realidad, les es mucho más conveniente intentar bloquear a los consumidores a través del recurso a los retrasos y costes del la justicia tradicional.

Por esa razón, se elevan de vez en cuando las voces en favor de la obligatoriedad del arbitraje de consumo, lo que incluso ha alcanzado a algún

---

226 Vid. Fach Gómez, Katia, "La creación y el funcionamiento de los tribunales comerciales internacionales: estudio de sus efectos en el ámbito del arbitraje comercial internacional", (18 de septiembre de 2018), en A. M. López Rodríguez and K. Fach Gómez (eds) *Reconocimiento Y Ejecución De Sentencias Arbitrales Extranjeras en España Y Latinoamérica*, Valencia 2019. See also https://papers.ssrn.com/sol3/papers.cfm?abstract_id=3255670, and Park, W. W., "Procedural Tension in International Arbitration: Arbitration in Autumn", *International Arbitration*, 2013, p. 3.

227 Vid. este conjunto de desastres más explicitados en Nieva Fenoll, "Contra el elitismo y la posmodernidad en el arbitraje", *Revista General de Derecho Procesal*, n. 62, 2024.

228 Vid. https://juntarbitral.bcn.cat/

magistrado del Tribunal Constitucional que ha firmado al respecto un voto particular (vid. STC 1/2018[229]). Pero por ahora esa adhesión sigue siendo voluntaria porque se estima que la obligatoriedad vulneraría el derecho a la tutela judicial efectiva, se supone que del empresario... Al parecer, para el Tribunal Constitucional, que el consumidor tenga a su disposición un mecanismo que no se puede permitir por razones de dinero y tiempo —el proceso judicial—, no es una denegación de justicia.

4. EL FRACASO DE LA MEDIACIÓN

Otro medio que no ha solido funcionar es la mediación. Pese a los denodados intentos de la Unión Europea de promoverla (Directiva 2008/52/CE del Parlamento europeo y del Consejo de 21 de mayo de 2008 sobre ciertos aspectos de la mediación en asuntos civiles y mercantiles), la realidad es que se utiliza en la actualidad en sólo el 1% de los litigios de la Unión[230].

Y no es de extrañar. En primer lugar, ni la doctrina ni la Unión Europea deberían haber ignorado que durante mucho tiempo se ensayó en varios países europeos un mecanísmo que, más que análogo, es realmente idéntico: la conciliación. Y fracasó porque cuando las partes ya están enfrentadas, no tienen la más mínima intención de ponerse a conciliar, salvo que alguien con cierta autoridad les inste a ello. Y si ese alguien, que normalmente era un juez —como ocurre hoy en la mediación en Alemania— se extralimita, la supuesta conciliación deja de ser un método pacífico de resolución de conflictos para pasar a ser una amenaza.

No es posible augurarle otro futuro a la mediación, y mucho menos si se hace caso de las ingenuas reclamaciones doctrinales en torno a que el mediador solamente "dinamice" el conflicto, pero no proponga solución alguna[231], que deberían encontrar las partes por sí solas. Cabe preguntarse cómo es posible que partes enfrentadas encuentren soluciones comunes si precisamente mantienen el litigio porque no las han hallado. Si al menos el mediador hiciera una propuesta con cierta *auctoritas* por su conocimien-

---

229 STC 1/2018, 11-1.

230 Zato Etcheverría, María, "Una aproximación al mapa de la mediación en la Unión Europea", *Revista de Mediación*, vol. 8, n. 1, 2015, pp. 72 y ss

231 Punzi, Carmine, *Mediazione e conciliazione*, Rivista di diritto processuale, vol. 64, n. 4, 2009, p. 848. See also Marques Cebola, C., *La mediación*, Madrid 2013.

to del Derecho... Pero no, eso, que es justamente lo único que pudiera garantizar un cierto éxito a la mediación, está vedado. Decirle a las partes que en su opinión, como juez, el litigio se resolverá de un determinado modo. Eso puede hacer flaquear la intransigencia, sin duda[232].

Pero además existe otro problema. Rebajar las emociones de dos partes enfrentadas requiere tiempo. Un tiempo del que no dispone un consumidor, por ejemplo, que lo que quiere es que el empresario cumpla de una vez, y no que adquiera alguna ventaja porque él se comporte como una buena persona y ceda. Porque de ese modo se observa uno de los peores problemas de la mediación: que demasiadas veces obtiene algo quien no lo merece, y simplemente porque se resistió a cumplir con su obligación en su momento. En los litigios de consumo, precisamente, esa es una constante.

Por tanto, no parece que conduzca a ninguna parte insistir con la mediación, a la que se está dejando de prestar atención incluso en EEUU. Es un espacio en el que el poderoso lo tiene todo a favor para abusar del vulnerable. Es posible que este ancestral mecanismo de resolución de conflictos —es uno de los antecedentes del proceso judicial[233]— sea un medio adecuado en los conflictos con una carga emocional intensa pero en los que no existe ninguna discrepancia real, sino que simplemente se utiliza la discrepancia para mantener vivas las emociones, como sucede en las pequeñas comunidades, que es donde hace milenios surgió el modelo. Ocurre también con frecuencia justamente eso en los conflictos de Derecho internacional[234]. Pero en el resto de litigios, particularmente en los civiles, esa carga emocional es inexistente, por lo que tal vez sería el momento de dejar aparcados los esfuerzos en esta dirección.

5. EL FRACASO DE LOS PROCESOS COLECTIVOS

Y mucho me temo que acabarán siguiendo un camino muy similar los procesos colectivos, que ya son una realidad en la legislación europea a tra-

---

232 Sobre estos y otros problemas de la mediación, especialmente las estatísticas sesgadas de éxito, vid. Nieva Fenoll, J., "Mediation and Arbitration: A Disappointing Hope", *International Journal of Procedural Law*, vol. 6, 2016, p. 358

233 Nieva Fenoll *El origen de la justicia*, cit. pp. 99 y ss.

234 Tamarit Sumalla, J., "Justicia penal, justicia reparadora y comisiones de la verdad", in Tamarit Sumalla (ed.), *Justicia de transición, justicia penal internacional y justicia universal*, Barcelona, 2010, p. 45. Martin, A., *La mémoire et le pardon. Les commissions de la vérité et de la réconciliation en Amérique Latine*, Paris 2009.

vés de la Directiva (UE) 2020/1828 del Parlamento Europeo y del Consejo de 25 de noviembre de 2020 relativa a las acciones de representación para la protección de los intereses colectivos de los consumidores.

Esa directiva está inspirada, como es sobradamente sabido, en las *class actions* de EEUU. Y como ha ocurrido con prácticamente todos los estudios dedicados a ese tema, se ha ignorado que el proceso de las *class actions* prácticamente nunca llega a la fase de *trial*[235].

Lo que sucede prácticamente siempre es que las partes, ante el terror a los gastos que provoca el proceso judicial en una sociedad que en los últimos años ha sido cada vez más neoliberal, llegan a cualquier acuerdo antes que arriesgarse a pasar a un proceso ante un jurado, cuyos resultados son obviamente imprevisibles, dado el carácter lego de sus miembros, pero que pueden tener la tendencia a fallar a favor del consumidor al ser ellos mismos consumidores. Es incalificable que esta falta de imparcialidad del juzgador acabe provocando como efecto positivo que exista en EEUU algo que por principio está prácticamente ausente[236]: el Derecho de protección al consumidor. Ese Derecho es justamente, y no por casualidad, una de las principales banderas de la Unión Europea que justamente por eso debería mantenerse.

Ocurre que si el proceso colectivo llega a celebrarse —y en España o Brasil existen varios ejemplos—, el proceso se convierte en una pesadilla. No es fácil reunir a todo el grupo de afectados, pero más difícil aún es poner a todos de acuerdo para que tengan solamente un abogado, o al menos unos pocos, porque de lo contrario será imposible celebrar el proceso.

Igualmente que suele ser una tortura recopilar toda la prueba. Deben encargarse de esa labor los abogados, e incluso con grupos relativamente pequeños, esa tarea es habitualmente muy compleja, debiendo extenderse mucho en el tiempo dado que los afectados suelen tener documentaciones contrastantes que pueden perjudicar la estrategia probatoria.

---

235 Vid. uno de los más recientes, uno de tantos Ormazabal Sánchez, Guillermo, "El "dieselgate" ante los tribunales alemanes y norteamericanos: lecciones que cabe extraer respecto del tratamiento de la litigación masiva", *InDret* 3, 2020, pp. 25 y ss.

236 Vid. de todos modos, Bureau of Consumer Protection in https://www.ftc.gov/es/about-ftc/bureaus-offices/bureau-consumer-protection, y especialmente la mentalidad que se desprende: "*Competition in America is about price, selection, and service. It benefits consumers by keeping prices low and the quality and choice of goods and services high.*" See https://www.ftc.gov/about-ftc/what-we-do

Finalmente, la complejidad se reproduce no solamente en materia de recursos, por la misma razón de la disparidad de opiniones de la pluralidad de litigantes, sino a la hora de decidir a quién afecta la sentencia, habiéndose producido en la materia las más originales elaboraciones doctrinales[237] que pueden llegar a sumir en una inseguridad jurídica inaceptable a la empresa, al ponerse en cuestión la cosa juzgada nada menos. Y otro tema, en el que ahora tampoco puedo entrar, se suscita con respecto a la ejecución. Sus resultados pueden ser muy inciertos si la sentencia no ha acabado de delimitar el número de afectados, como ocurre con cierta frecuencia.

En resumen, se han solido presentar los procesos colectivos como una de las principales novedades acaecidas como consecuencia de los cambios sociales y económicos del siglo XX[238]. Pero se ignora con ello que los procesos colectivos son bastante más antiguos de lo que se cree[239], y que además no son una buena solución en sistemas como los continentales, que poseen la cultura de celebración de los procesos. Diferente es en lugares como EEUU donde se hace todo lo posible para disuadir a los litigantes. Y de hecho, el proceso colectivo es un mecanismo disuasorio de empresarios, fundamentalmente.

6. LA INTELIGENCIA ARTIFICIAL Y LA JUSTICIA PREDICTIVA

¿Qué hacer entonces? Quizá hoy en día la resolución en línea ofrezca una respuesta adecuada a este problema, con la ayuda de la inteligencia artificial. Es cierto que no es tan frecuente encontrar un "grupo de interesados", en materia de reclamaciones de escasa cuantía, aunque se trate de consumidores. Sin embargo, también es verdad que las demandas de escasa cuantía suelen ser análogas en muchos casos, y se pueden clasificar

237 Vigoritti, V., *Interessi collettivi e Processo. La legitimazione ad agire,* Milano 1979. Pellegrini Grinover, A., *La tutela giurisdizionale degli interessi diffussi nel sistema brasiliano,* Riv. Trim. Dir. Proc. Civ., 1984, p. 66. Barbosa Moreira, J. C., *La iniciativa en la defensa judicial de los intereses difusos y colectivos (un aspecto de la experiencia brasileña,* RDProc. 1992, n. 3, p. 527. Proto Pisani, *Appunti preliminari per uno studio sulla tutela giurisdizionale degli interessi collettivi (o più esattamente: superindividuali) innanzi al giudice civile ordinario,* en: "AAVV, Le azioni a tutela di interessi collettivi, Atti del Convegno di studio, Pavia 11-12 de junio de 1974", Padova 1976, p. 815. Constantino Giorgio, ibidem, p. 817.

238 Cappelletti, Mauro, *Formazione soziali e interessi di gruppo davanti alla giustizia civile,* Riv. Dir. Proc. 1975, p. 361.

239 Nieva Fenoll, J., "El primer escrito judicial de Hispania: reflexiones de Derecho Procesal sobre el bronce II de Botorrita o Tabula Contrebiensis", cit., p. 147.

por grandes grupos que, en realidad, cuando son analizadas por un tribunal, se resuelven siempre de la misma manera, y casi siempre buscando las mismas pruebas. La defensa de las partes en la gran mayoría de estos casos es previsible.

Por lo tanto, el reto más importante es identificar estos grupos de demandas de menor cuantía, así como los motivos más frecuentes de defensa de demandantes y demandados. Los casos son tan sumamente análogos que puede diseñarse —incluso fácilmente— un algoritmo. El algoritmo permitiría resolver estos litigios a nivel europeo sin dificultades de traducción o de ley aplicable, siempre que la demanda de escasa cuantía se refiera a asuntos que hayan sido objeto de regulación europea. Si no es el caso, puede que el derecho sustantivo aplicable en los distintos países sea muy similar. Así, se podrían dictar sentencias en muy poco tiempo con la ayuda de la inteligencia artificial y la supervisión de un juez. Todo ello con muy pocos gastos, sin necesidad de desplazamientos ni otras complicaciones. Esto llevaría a empresas y consumidores a adaptar su comportamiento al hecho de que ya no cuentan con una justicia lenta como aliada.

La inteligencia artificial es una herramienta que se ha infiltrado en buena parte de nuestras vidas cotidianas. Está tan integrada en nuestra normalidad y nos hace las cosas tan cómodas, que no nos damos cuenta de que no son solamente las redes sociales o los buscadores de internet los que hacen uso de ella, sino también los semáforos de las calles, las luces de un edificio o algunos sistemas de vigilancia de cuya eficacia gozamos pero no percibimos porque ni siquiera sabemos que existen.

En materia de justicia[240], dejando de lado la experiencia china por ser antidemocrática al pretender, con elegantes y atractivos subterfugios, hacer de la jurisdicción una manifestación autómata[241], se han desarrollado ya algunas aplicaciones que ayudan a gestionar el día a día de un juzgado clasificando asuntos y previendo su tramitación, o que automatizan las reclamaciones de cantidad por deudas dinerarias, o que tratan de procesar

240 Vid. Nieva Fenoll, *Inteligencia artificial y proceso judicial*, Madrid 2018.

241 Recomiendo una lectura reflexiva de "Big Data, AI and China's Justice: Here's What's Happening", *China Justice Observer*, 1-12-2019. https://www.chinajusticeobserver.com/a/big-data-ai-and-chinas-justice-heres-whats-happening. Vid. también Jie-jing Yao / Peng Hui, "Research on the Application of Artificial Intelligence in Judicial Trial: Experience from China", *Journal of Physics: Conference Series*, vol. 1487, 2020. https://iopscience.iop.org/article/10.1088/1742-6596/1487/1/012013/meta.

las denuncias más frecuentes de un modo mucho más rápido[242] —aunque no siempre eficiente—, pero que han llegado incluso al extremo de asistir a los jueces en la planificación de la prueba y en su valoración[243], o en la evaluación del riesgo de reincidencia delictiva en las medidas cautelares en el proceso penal[244].

No todos esos medios funcionan correctamente, y en no pocas ocasiones generan gran polémica, no tanto por la temible —y algo irreal— suposición de que las máquinas van a sustituir a los jueces, sino porque el uso de tales herramientas han supuesto el asentamiento de rechazables sesgos en la decisión de los jueces, tales como el racismo[245] u otras marginaciones de minorías. Al fin y al cabo, la inteligencia artificial es sólo una enorme base de datos, de funcionamiento más complejo de lo habitual, que se conduce a través de los llamados algoritmos, que son los que le permiten a la aplicación la gestión de los datos y la exposición de las alternativas de decisión a la cuestión planteada a la propia aplicación. Ese diseño de los algoritmos

---

242 Vid. Pérez Colomé, "Así sabe la policía si tu denuncia es falsa (y acierta un 91% de veces), *El País*, 17-9-2018, https://elpais.com/tecnologia/2018/09/16/actualidad/1537135174_883514.html

243 Bromby, Michael C. / Hall, Maria Jean, "The Development and Rapid Evolution of the Knowledge Model of Advokate: An Advisory System to Assess the Credibility of Eyewitness Testimony Article", January 2002, pp. 143 y ss, *https://www.researchgate.net/publication/228189761*, y https://www.researchgate.net/figure/ADVOKATE-Witness-Compellability_fig3_228189761. NISSAN, Ephraim, "Digital technologies and artificial intelligence's present and foreseeable impact on lawyering, judging, policing and law enforcement", *AI & Society*, 2015, p. 5.

244 Northpointe INC., *Practitioners Guide to COMPAS*, 17-8-2012, http://www.northpointeinc.com/files/technical_documents/FieldGuide2_081412.pdf. Larson, j. / Mattu, s. / Kirchner, l. / Angwin, J., "How We Analyzed the Compas Recidivism Algorithm", *Propublica*, 23-5-2016, https://www.propublica.org/article/how-we-analyzed-the-compas-recidivism-algorithm. Pearson, Jordan, "Bail algorithms are as accurate as random people doing an online survey", *Motherboard*, 17-1-2018, https://motherboard.vice.com/en_us/article/paqwmv/bail-algorithms-compas-recidivism-are-as-accurate-as-people-doing-online-survey. Thadaney Israni, Ellora, "When An Algorithm Helps Send You To Prison", *The New York Times*, 26-10-2017, https://www.nytimes.com/2017/10/26/opinion/algorithm-compas-sentencing-bias.html. Turke & Strauss LLP, "Algorithms and criminal sentencing", https://www.turkestrauss.com/2016/06/algorithms-and-criminal-sentencing/

245 Larson, Jeff / Mattu, Surya / Kirchner, Lauren / Angwin, Julia, "How We Analyzed The Compas Recidivism Algorithm", *Propublica*, 23-5-2016, https://www.propublica.org/article/how-we-analyzed-the-compas-recidivism-algorithm. Dressel, Julia / Farid, Hany, "The Accuracy, Fairness, And Limits Of Predicted Recidivism", *Science Advances*, 17-1-2018, http://advances.sciencemag.org/content/4/1/eaao5580.full.

puede estar influenciado, naturalmente, por el informático que los configura, y por ello hay que tener un enorme cuidado político —casi podría decirse democrático— en la selección de esa persona y en el control de su trabajo[246], para que no introduzca en el algoritmo variables autoritarias, o simplemente complacientes con su gusto personal. Ha sucedido ya[247], y por ello hay que ser muy conscientes de que el riesgo es real.

La propuesta que se formula aquí consiste en averiguar si las reclamaciones de consumo son clasificables con cierta facilidad, cosa que debe evaluarse, utilizando la información que, de hecho, ya está disponible en algunas de varias webs[248], pero con bastante más detalle, de las juntas arbitrales de consumo pero también de los departamentos de reclamaciones de las empresas. Si la respuesta a esa pregunta es afirmativa, como lo es, el siguiente paso consiste en seleccionar las reclamaciones que sean más frecuentes y que, además, acostumbren a ser similares tanto en las alegaciones presentadas por el consumidor como en las defensas ofrecidas por los empresarios. Si es así, ello querrá decir que la respuesta jurisdiccional también puede ser previsible, lo que abre el paso a su automatización a través de algoritmos de inteligencia artificial.

Si todo lo anterior es posible, la capacidad de respuesta de los jueces que utilicen inteligencia artificial aumentará hasta extremos nunca vistos, pudiendo ser resueltos los litigios en un tiempo récord de pocos días, básicamente los que se considere conveniente ofrecer al empresario para elaborar su defensa, teniendo en cuenta que se trata de casos reiterativos y, por tanto, de respuesta altamente previsible, lo que simplifica en gran medida las alternativas de esa defensa y de decisión. Si ello es así, reclamaciones que actualmente tardan semanas en resolverse ante las Juntas de consumo o meses y hasta algún año por los tribunales, serían dirimidas mucho antes de que el consumidor llegue siquiera a sentir la tensión o el cansancio que le hace desistir de sus reclamaciones habitualmente.

El descrito no es un trabajo que pueda realizar en solitario un ministerio de justicia, sino que precisa de juristas que —de una vez— recopilen debidamente los datos de esos procesos, así como de informáticos espe-

---

246 Nieva Fenoll, "Perder el control digital: ¿hacia una distopía judicial?". *Actualidad Civil*, n. 4, 2023.

247 Torres Menárguez, Ana, "Kate Crawford: "Los ricos temen la rebelión de las máquinas, no tienen otra cosa de la que preocuparse"", *El País*, 18-6-2018. https://elpais.com/tecnologia/2018/06/01/actualidad/1527868778_834780.html.

248 Vid. http://consum.gencat.cat/es/consultes-i-reclamacions/reclamacio-queixa-denuncia/

cializados que puedan trabajar con esos datos debidamente clasificados. Pero lo que sí que puede hacer el ministerio es empezar a preparar ese trabajo de recopilación, realizando, al menos, esa labor de clasificación por demandas, argumentos de defensa de ambas partes, medios de prueba habituales y alternativas más frecuentes de aplicación del ordenamiento jurídico en la decisión judicial. Con todo ello, el trabajo de los informáticos estará ya muy adelantado, porque lo que piden siempre, insisto, son ese tipo de datos para aplicar sus conocimientos técnicos.

La duda surgirá solamente en cuanto a los argumentos de defensa inesperados, que tras su revisión por la aplicación y el descarte de que se trate de argumentos inscribibles en las categorías establecidas, aparezcan como realmente novedosos, momento en que será necesaria la intervención humana, en este caso de un juez, a fin de evaluar dicho argumento fáctico o jurídico, emitiendo la decisión definitiva por la vía tradicional.

Todo el sistema se podría empezar a configurar de manera experimental hasta que se obtenga un buen funcionamiento sin apenas errores, e incluso evitando las alegaciones sorpresivas chicanosas cuyo único objeto sea colapsar el sistema. Todo ello precisa una buena cantidad de esfuerzo y de tiempo, pero que en absoluto son invertidos en vano. Al mismo tiempo habría que propiciar una reforma legal a fin de que este procedimiento telemático sea posible configurándolo de un modo más similar a una red social que a un procedimiento tradicional, de una manera que, obviamente, se considere compatible con el derecho de defensa, lo que no debe plantear dudas si se muestra de manera transparente su funcionamiento y eficiencia.

Tal vez ello resultará inspirador para los tribunales, que empezarán a ansiar procedimientos similares en otros sectores para disminuir su carga de trabajo, y que ya deberían estar previstos en las leyes de enjuiciamiento, ahorrándose así un extraordinario volumen de tramitación que actualmente agobia a los trabajadores de la Justicia, que se pasan el día actuando mecánicamente como máquinas, sin serlo, cubiertos por una maraña de papeleo burocrático que tal vez tuvo sentido antes de la existencia de la informática, pero que desde luego ahora mismo es completamente ineficiente.

En esa nueva realidad se abrirán otras incógnitas, sobre todo en torno a la necesaria desclasificación de los algoritmos[249] o al procedimiento para

---

249 Cfr. State v. Loomis, 881 N.W.2d 749 (Wis. 2016).

su elaboración, a fin de acreditar sin duda de ningún tipo la independencia/imparcialidad de la herramienta, así como su compatibilidad con el derecho de defensa. Si bien al principio el mecanismo generará dudas y hasta reticencias, en breve su uso desembocará en una solución rápida, barata y previsible para las reclamaciones de consumo, que es lo que todos, finalmente, deseamos.

¿SON VIABLES LAS SOLUCIONES RESTAURATIVAS A TRAVÉS DE LA IA?

Publicado en Actualidad Civil, n. 10, octubre 2023, pp. 1-11, y en lengua francesa en AA-VV (Blohorn-Brenneur coord.), Médiation, écologie, environnement et intelligence artificielle, L'Harmattan 2024.

> *"Soy inteligencia artificial. No puedo trabajar como mediador porque no poseo experiencia humana, emociones ni relaciones, que son cruciales para trabajar como mediador. Mis habilidades consisten en analizar y responder al lenguaje humano absorbiendo y utilizando información de diversas fuentes. Sin embargo, puedo servir de herramienta proporcionando información o actuando como medio de comunicación entre las partes en conflicto cuando está presente un mediador humano. En este sentido, puedo ayudar a mejorar la comunicación entre las partes y facilitar así el proceso de mediación."*[250]

1. INTRODUCCIÓN

Hace tiempo que el proceso judicial está en crisis. Se trata de un medio de resolución de conflictos creado probablemente en la cultura egipcia hace más de 5.000 años[251], que llegó a Roma a través de la cultura griega[252] y que tenía el cometido de resolver los conflictos en comunidades relativamente pequeñas, alejándolas del populismo de los antiguos procesos asamblearios en los que, o bien decidía y mediaba —a la vez— toda la comunidad reunida, o se celebraba, en ocasiones, una ordalía[253]. En todo caso, esos procesos, como se evidenció en la cultura griega, probablemente

---

250 Extraído de Heetkamp, S. J.; Piroutek, C., "ChatGPT in Mediation und Schlichtung - Large-Language-Modelle können schon heute in der außergerichtlichen Streitbeilegung unterstützen. Führen sie in Zukunft die Verfahren sogar selbst?", *Zeitschrift für Konfliktmanagement*, vol. 26, n. 3, 2023, p. 80.

251 Nieva Fenoll, J., *El origen de la justicia*, Valencia 2023, pp. 110 y ss.

252 Heródoto, *Historia*, Barcelona (ed. Gredos) 2020, Libro II, particularmente los incisos 49 y ss. pp. 272 y ss. Aristóteles, *La constitución de los atenienses*, Madrid (Ababa ed.) 2005, § 11, p. 43.

253 Vid. entre otros Boehm, "Execution within the Clan as an Extreme Form of Ostracism", *Social Science Information*, 24, 1985, p. 311. Fry, D. P., "Conflict management in cross-cultural perspective," cit., p. 339. Malinowski, B., *Crimen y costumbre en la sociedad salvaje*, Barcelona 1982, p. 75.

fueron víctima del citado populismo[254], siendo que un modo de alejarlos del mismo fue precisamente la creación de la figura del juez único.

Sin embargo, como se ha dicho, esta solución está en crisis porque ya no puede atender las necesidades actuales de la sociedad. La población se va desencantando cada vez más con una justicia que siente muy lejos, y los jueces se ven impotentes para resolver los conflictos con la debida información y tiempo, dado que no disponen habitualmente de ninguno de los dos elementos. La prueba, demasiadas veces, o es inconducente o es insuficiente. La carga de la prueba no soluciona nada en el sistema de libre valoración[255], y cuando la doctrina se empeña en que lo haga, el resultado final es demasiadas veces injusto. Por último, el tiempo para resolver un conflicto dictando una sentencia debidamente, simplemente no existe, y no parece haber modo de que nuestros poderes públicos decidan crear las condiciones para que los jueces dispongan del suficiente espacio temporal para sopesar las alegaciones, practicar y valorar adecuadamente las pruebas y dictar una sentencia debidamente motivada. En definitiva, se trata de un escenario que se mueve en ocasiones entre la farsa, el abandono y el terror, y ya ni nos percatamos de todo ello por estar absolutamente habituados a este drama o sencillamente por desconocer esa lamentable situación de la Justicia. Convivimos con este desastre con resignación o estupefacción, o con una mezcla de ambas cosas.

Estando en estas circunstancias, de repente nos hablan de que la inteligencia artificial podría resolver una parte de nuestros problemas cotidianos, o simplemente facilitar su resolución. ¿Sería posible que esa misma inteligencia artificial contribuyera a resolver nuestro problema con la Justicia? Esa es la pregunta que cabe formularse, evocando así un dilema que ha merecido atención de la doctrina ya desde hace algunos pocos años[256],

---

254 Platón, *Apología de Sócrates*, Madrid (Espasa-Calpe) 1986, pp. 15 y ss.

255 Nieva Fenoll, "Requiem por la carga de la prueba", *Quaestio Facti*, n. 4, 2023, pp. 39 y ss.

256 Traté el tema en Nieva Fenoll, J. *Inteligencia artificial y proceso judicial*, Madrid 2018. Vid. también Bonet Navarro, J., "La tutela judicial de los derechos no humanos. De la tramitación electrónica al proceso con robots autónomos", *Revista CEFLegal*, n. 208 (mayo 2018), pp. 77 y ss, Giampiero, L., "Regulating (Artificial) Intelligence in Justice: How Normative Frameworks Protect Citizens from the Risks Related to AI Use in the Judiciary", European Quarterly of Political Attitudes and Mentalities, 8(2), 2019, pp. 75 y ss, https://nbn-resolving.org/urn:nbn:de:0168-ssoar-62463-8. Sourdin, T., *Judges, Technology and Artificial Intelligence, The Artificial Judge*, Cheltenham 2021. Forrest, K. B., *When Machines Can Be Judge, Jury, and Executioner. Justice in the Age of Artificial Intelligence*, Singapur 2021. Quattrocolo, S., *Arificial Intelligence, Computational Modelling and Crimi-*

aunque los poderes públicos no acaben de acertar ni en el modo ni sobre todo en el método para utilizar esa tecnología en los tribunales, dado que se sigue perdiendo miserablemente el tiempo sin disponer una estrategia para recoger lo que la inteligencia artificial necesita imperiosamente: datos. Por ello el ritmo de la introducción de esta tecnología en la justicia está siendo espantosamente lento, e incluso empieza a enquistarse la situación.

¿Sin embargo, podría al menos funcionar la inteligencia artificial con los ADR? No exactamente en el arbitraje, pero sí en la mediación y otros medios restaurativos de resolución de conflictos, que necesitan casi siempre de alguien que de algún modo, no tanto comunique, sino que persuada a las partes en conflicto[257], o al menos dinamice su relación. ¿Podría ser ese actor persuasivo la inteligencia artificial? Esa va a ser la temática de este trabajo.

2. LA INTELIGENCIA ARTIFICIAL GENERATIVA

El año 2023 ha sido el de la explosión de una variedad de inteligencia artificial llamada "generativa", que no obstante ya existía con anterioridad[258]. Consiste en que dándole la razón a cuanto dijo Alan Turing hace más de setenta años[259], la máquina interactúa con el ser humano casi aparentando actuar como otro ser humano. Así, la persona le hace preguntas o le pide que haga tareas de redacción de textos que la aplicación lleva adelante con más o menos acierto, pero que ha alcanzado resultados que han sorprendido a la población en general. Así, ChatGPT, Bard, Llama o Bing entre otros, han alcanzado una popularidad sin precedentes, siendo ya de uso cotidiano por tantas personas que hasta los centros educativos más sensatos ya van modificando lentamente sus sistemas de evaluación para impedir su uso a los alumnos, evitando así que vulgares plagios aparenten ser tareas

---

nal Proceedings, Springer 2020. Sourdin, T., *Judges, Technology and Artificial Intelligence, The Artificial Judge*, Cheltenham 2021. Forrest, K. B., *When Machines Can Be Judge, Jury, and Executioner. Justice in the Age of Artificial Intelligence*, Singapur 2021. Barona Vilar, S., *Algoritmización del Derecho y de la Justicia. De la Inteligencia Artificial a la Smart Justice*, Valencia 2021.

257 Igual que en el mundo de los negocios. Vid. Filzmoser, M., "Automated vs. Human Negotiation", *International Journal of Artificial Intelligence*, 2010, vol. 4, n. S10, pp. 64 y ss.

258 Ben-Ari, D. / Frish, Y. / Lazovski, A. / Eldan, U. / Greenbaum, D., "Artificial Intelligence in the Practice of Law: An Analysis and Proof of Concept Experiment." *Richmond Journal of Law & Technology*, 2017, 23 (2), p. 31.

259 Turing, A. M., "Computing machinery and intelligence", *Mind* 49, 1950, pp. 433 y ss.

escolares[260]. Lo curioso es que estas herramientas ya existían antes de la irrupción de Chat GPT. Con anterioridad habían sido aplicaciones utilizadas un poco *giocandi gratia*, que permitían al usuario conversar —es un decir— con "Siri" o "Alexa", pero de repente su uso se hizo más cotidiano, aún sin ser tan masivo como por ejemplo el de las aplicaciones de mensajería, ni mucho menos. Al final, en resumidas cuentas estos ChatBots no eran más que versiones avanzadas de buscadores ya existentes como Google, o el propio Bing, que no sólo ofrecían las fuentes de la información —de hecho, los ChatBots suelen ocultarlas—, sino que responden a la búsqueda con respuestas ya procesadas, redactando el texto que el usuario hubiera podido escribir como resumen de su propia búsqueda.

Estas herramientas trabajan con una ingente cantidad de datos, los mismos que los buscadores, que son filtrados y afinados en función del resultado que se supone que desea el usuario, expresando las respuestas en un lenguaje habitualmente natural, a veces con fallos de redacción, pero que cada vez se irán perfeccionando más utilizando estilos de expresión preconcebidos, en ningún caso creativos.

Existen otras herramientas también generativas, de imágenes, por ejemplo, pero no tienen, al menos por ahora, relevancia para el objeto de este estudio. Igual que tampoco la poseen los entresijos técnicos de estas herramientas. Basta con saber algo que ya es conocido. El filtrado y afinación de datos obedecen al diseño de un algoritmo generado por un ser humano, que por descontado gobierna sus posibilidades de respuesta[261].

En este sentido, es perfectamente posible, por ejemplo, que priorice unas respuestas sobre otras o que utilice deliberadamente lenguaje que disuada al usuario de seguir una determinada orientación, o bien que, al contrario, lo atraiga hacia la misma. En ese momento, el usuario debería ser completamente consciente de que es dependiente de aquellos que diseñaron los algoritmos y que, por supuesto, puede ser manipulado por los mismos. Pero habitualmente no lo es. Existe todavía una absurda creencia en la objetividad de la búsqueda, o de la respuesta de la herramienta en el caso de la inteligencia artificial generativa, que es bastante previsible que se acabará disipando con el tiempo, lo que plantea la ventaja de que el ser humano podrá ganar una distancia insólita con respecto a quien le persua-

---

[260] Nakano, E. "ChatGPT-Wary Universities Scramble to Prepare for New School Year", Bloomberg 15-8-2023.

[261] Cfr. Seymour, W., "Detecting Bias: Does an Algorithm Have to Be Transparent in Order to Be Fair?", 2018, https://ir.shef.ac.uk/bias/pdf/seymour2018detecting.pdf

de y que ahora no concurre entre personas, si el ser humano persuasivo se gana su confianza.

Por descontado, es posible que una máquina avance en la presentación objetiva de sus respuestas y también se gane la confianza de todos, incluso concibiendo el usuario que en realidad la máquina sólo le ayuda a buscar una respuesta que elabora él mismo, como se puede pensar usando las redes sociales. Sin embargo, insisto, estos juegos virtuales es posible que sólo afecten a esta primera generación de usuarios, estando bajo sospecha constante en el futuro y debiendo, por tanto, perfeccionar muchísimo los sistemas de generación de confianza. No es imposible, pero tampoco nada sencillo a medio y largo plazo.

Al fin y al cabo, la confianza que generaron en el pasado los medios de comunicación estaba basada en la relación de proximidad que generaba el periodista. Que una máquina acabe produciendo algo así es mucho más complicado, insisto, a medio y largo plazo, cuando todo el mundo sepa que la objetividad de estas herramientas es casi imposible. Quizás ello obligará, por fin, a las personas a pensar, y no solamente a asumir mensajes. Está por ver. El prestigio de una aplicación también puede generar confianzas abrumadoras, que se traicionen en el futuro sin siquiera percibirlo el usuario. Ya ocurre en las redes sociales. De hecho, como ya se ha dicho, en las mismas el usuario cree estar dirigiendo el contenido que presencia, porque así se le sugiere constantemente con los requerimientos de afinación de búsquedas. No es verdad.

3. LA CRISIS DEL PROCESO JUDICIAL: DE LA JURISDICCIÓN A LA RESTAURACIÓN

Justo en este panorama, tan futurista como de presente, se plantea el reto de asumir una cierta inadecuación del proceso judicial como medio de resolución de conflictos. Personalmente estoy convencido de que con una adecuada dotación de medios personales y materiales, así como con una auténtica excelencia en la formación de los jueces, el proceso judicial sigue siendo un mecanismo plenamente válido que, en el fondo, hay que asumir que nos ha servido durante milenios.

Sin embargo, existe una característica del proceso judicial que, bien observada, da al traste con su utilidad. Paradójicamente esa característica es la seguridad jurídica, y más en concreto la que otorga la sentencia y su invariabilidad otorgada por la cosa juzgada. Aunque pudo haber sido distinto

—de hecho, históricamente es muy probable que lo fuera[262]—, en nuestra cultura hemos querido que los conflictos no se eternicen, y por ello intentamos darles una solución definitiva, buena o mala, a través del juicio. De ese modo, las partes en conflicto deben reglamentarse en el futuro con ese fallo, les guste o no, esperando así que ante la imposibilidad de cambiar la realidad, acaben olvidando el conflicto y empezando una vida nueva.

La anterior es una lógica que, bien mirada, no deja de ser algo perversa. Se dice que en los procesos judiciales se debe hacer justicia, lo que significa que, buscando una definición poco polémica, el juez deba hacer observar en la sentencia las leyes, como expresión del acuerdo comunitario sobre lo bueno y lo malo que tiene cada comunidad[263]. El paso previo a esa aplicación correcta del derecho no es exactamente la elección de la interpretación adecuada a la realidad, sino la averiguación precisa de esa realidad[264], sin la que el juez simplemente va a ciegas, sin saber si son reales los hechos que cree verídicos. Todo ello, como ya se advirtió, le pone frente una situación muchas veces imposible, ante la tremenda dificultad de averiguar en un proceso la auténtica realidad de los hechos, conocida por ambas partes, pero no por el juez.

De ahí que tantas veces las partes tengan un sentimiento íntimo, más o menos explícito, de "injusticia" tras la sentencia. No es ya la frustración por no haber ganado el proceso, sino la sensación de que el juez no se ha enterado de nada, y que en realidad ha pretendido solamente basarse en cuatro detalles que le han parecido objetivos y que desprecian la auténtica realidad de lo acaecido, insisto, bien conocida habitualmente para ambas partes. En concreto, una de las situaciones que más frecuentemente se observan en los procesos civiles y penales es que los jueces, como si todavía estuviéramos bajo la vigencia del régimen de prueba legal[265], buscan desesperadamente un documento que, al menos aparentemente, evidencie la realidad. Puede ser un escrito que no sea dudoso en cuanto a su redactado, o bien una grabación en la que se observen unas imágenes. Si se da con ese elemento, es muy probable que se gane el proceso, puesto que el análisis de semiótica textual[266] que debe acompañar a cada documento, es habitualmente dejado de lado.

---

262 Nieva Fenoll, *El origen de la justicia*, cit. p. 231.

263 Elster, J., "Norms of Revenge", Ethics, 100, 1990, p. 865.

264 Taruffo, M., "Idee per una teoria della decisione giusta·, en *Verso la decisione giusta*, Torino 2020, p. 360.

265 Nörr, *Romanisch-kanonisches Prozessrecht*, Heidelberg 2012, p. 128.

266 Cassany, D., *Tras las líneas*, Barcelona 2006.

Las cosas discurren normalmente del siguiente modo: el documento dice A, y el juez no suele desear ir en búsqueda de los debidos indicios que acrediten el contexto en el que el autor del documento dijo A. El hallazgo de esos indicios podría evidenciar que en realidad no se quiso decir A, sino B. Sin duda es mucho más sencillo no ir más allá, como si el redactado literal del documento tuviera —que no lo tiene— valor privilegiado. Insisto, pura prueba legal.

Lo mismo sucede con los mensajes de texto. Habitualmente contienen un trozo de realidad que dejan completamente de lado lo que ocurrió antes o después del hecho que —teóricamente— documentan, lo cual aísla a la imagen o al mensaje de su contexto, haciendo que en el mejor de los casos sólo sirva para apoyar la hipótesis preconcebida de la realidad que, en el fondo, ya poseía el juez al inicio del proceso. "En el mensaje se dice claramente //te voy a matar//, lo que después hizo", ignorando que tal vez otra persona no identificada fue posiblemente el autor del homicidio, y que las conversaciones anteriores entre ambos interlocutores, ignoradas en el proceso bajo tacha de impertinencia, ya tenían un registro de lenguaje violento que nunca antes había provocado el acaecimiento de un hecho delictivo. Averiguando ese contexto se podría llegar a demostrar que el autor del mensaje ni siquiera estuvo en la escena del crimen, pero el poder de la frase "te voy a matar" es demasiado poderoso, naturalmente.

Exactamente lo mismo sucede con las imágenes. Se pueden obtener de los momentos anteriores y previos a la agresión, y es posible que cualquier observador se quede con la idea de que ambos participantes ya se conocían y se llevaban bien, lo que hace difícil aventurar que en el pasaje que las cámaras no captaron, se produjo una agresión sexual. Y es que la víctima, antes de la agresión, ni se esperaba ese hecho violento, y después intentó asumir lo sucedido como intentando normalizar lo que acababa de pasar, y al mismo tiempo como pidiendo explicaciones a su agresor. ¿Es viable que alguien que ha recibido una agresión, pueda acercarse de nuevo voluntariamente a su agresor justo después? La respuesta es cruel. Un animal nunca lo haría, pues suele huir despavorido u olvidar la agresión rápidamente[267]. Una persona, con bastante más memoria a largo plazo que un animal[268], sí busca esa comprensión e interiorización de lo sucedido.

---

267 De Waal, F. B. M (1982), Chimpanzee Politics: Power and Sex among Apes. New York: Harper and Row, 1982, p. 30.

268 Chen, J.; Houser, D., "Non-human Primate Studies Inform the Foundations of Fair and Just Human Institutions", *Soc Jus Res*, 2012, 25, pp. 277 y ss.

Pues bien, todo ello suele dejarse de lado. A lo sumo, la hipótesis judicial se intenta sustentar vanamente en informes periciales que no acreditan violencia en la agresión al no resistirse la víctima para evitar males mayores, o bien en testigos que, mucho tiempo después de lo sucedido, acuden al juicio con una lección aprendida que es difícil que refleje realmente la realidad de los hechos. Pero en caso de que al juez le sirvan para sustentar la hipótesis preconcebida, los acepta.

Todo lo anterior es muy difícil de acreditar, salvo por algunos pocos casos de errores judiciales demostrados casi milagrosamente *a posteriori*[269], que evidencian que la cosa juzgada a veces solamente sella equívocos sin otorgar seguridad jurídica, sino todo lo contrario: una sensación de injusticia que invade a la víctima, pero que al mismo tiempo provoca el macabro regocijo del incumplidor. Y el hecho es que es muy difícil que las cosas dejen de suceder de este modo. Las posibilidades probatorias de los jueces siempre serán limitadas, mucho más si ni siquiera se les dan los medios necesarios para perfeccionar su labor. Fue diferente cuando nació el proceso ante el juez único como medio de resolución de conflictos. Hace siglos, lo sucedido no le era ajeno ni a la —pequeña— comunidad donde había ocurrido, ni tampoco al juez, que formaba parte de esa misma comunidad[270]. Esa implicación imposibilitaba, de hecho, su independencia e imparcialidad, es decir, su neutralidad tal y como la exigimos actualmente, pero otorgaba un muy superior conocimiento de los hechos, que es uno de los objetivos tantas veces imposible de los actuales procesos judiciales.

¿Existe alguna vía de salida? Hasta ahora nos hemos centrado en buscar una solución al conflicto, dejando de lado la averiguación de sus causas, tema que sí era muy probablemente prioritario en la antigüedad en los procesos asamblearios[271] y que desde luego es relevante en la mediación o conciliación, que son los medios compositivos que nos han quedado de aquel pasado. Veámoslo.

---

269 Por citar el más reciente, STS (Sala 2ª) 531/2023, 28-6-2023.

270 Neudorf, L. *Judicial independence: the judge as a third party to the dispute*, Montreal 2009, pp. 16 y ss, 24-25.

271 Fry, D. P., "Conflict management in cross-cultural perspective," cit., p. 339.

4. MEDIACIÓN O CONCILIACIÓN: ¿LES ES APLICABLE AL IA?

La mediación y la conciliación no son dos medios distintos de resolución de conflictos, sino uno solo[272]. Se trata de sinónimos que evocan la figura de un tercer sujeto, no siempre del todo ajeno al conflicto, que intenta avenir a las partes a través de diversos medios que pueden ser englobados en el término "persuasión". Es decir, se trata de que el mediador, de un modo u otro, convenza a las partes de la necesidad de poner fin a un conflicto que ni siquiera se va a saldar con un acuerdo, sino que puede acabarse con que una de las partes le otorgue la razón a la otra. Es decir, conviene no confundir la mediación con la transacción, por más que esta última sea un resultado muy frecuente de la mediación, pero en absoluto el único.

Pero también conviene darse cuenta de que la mediación no es autocompositiva, como se dice tantas veces, sino heterocompositiva. Es decir, por más que sean las partes las que dan su consentimiento para poner fin al litigio, lo cierto es que no lo hubieran hecho sin la intervención del mediador. Dicho de otro modo, sin la "composición" del mediador, que las ha persuadido con argumentos que sirven para que las partes decidan no seguir luchando.

Esta forma de resolver un conflicto es ancestral, extraordinariamente antigua, y de hecho se observa en culturas indígenas de todo el globo, también de esa isla cultural que es América[273] y que se separó del resto del mundo habitado hace entre 14.000 y 11.000 años[274]. Se observa, de hecho, todavía en muchas comunidades indígenas como medio de resolución de controversias previo al contacto con la cultura europea, y que consiste en que los dos contendientes exponen sus quejas ante el grupo, que va inclinándose en favor de uno o de otro, o bien trata de distraer o avenir a ambos para que cesen en el conflicto, interviniendo, no uno, sino varios de los miembros de la comunidad a la vez[275]. Eso no es más que una mediación, que a veces acaba con una decisión del grupo expulsando —de manera

---

272 Cfr. Punzi, C., *Mediazione e conciliazione*, Rivista di diritto processuale, vol. 64, n. 4, 2009, pp. 848 y ss. Marques Cebola, C., *La mediación. Un instrumento de solución de conflictos en el siglo XXI*, Universidad de Salamanca 2011, pp. 185 y ss.

273 Vid. ampliamente Jiménez Fortea, J., "El proceso penal de los pueblos indígenas de Latinoamérica. Una visión desde Europa", *Sistemas Judiciales*, año 6, n. 12, 2007, pp. 19 y ss.

274 Gibbon, G. E., *Archaeology of Prehistoric Native America*, New York 2022.

275 Malinowski, B., *Crimen y costumbre en la sociedad salvaje*, Barcelona 1982, p. 75.

más o menos violenta— a uno de los contendientes, evidenciando así que esa mediación es el origen del proceso judicial.

En los últimos tiempos se hecho especialmente popular la posibilidad de reducir la conducción de esa mediación del esquema antiguo del grupo, al actual de una sola persona que protagonizaría toda la labor persuasiva. El problema —sobradamente detectado— que sufre el mediador es el mismo que antes se achacó a los jueces: no conocen realmente el conflicto. Eso no sucedía en las antiguas mediaciones. Y por ello, las propuestas de persuasión son artificiales y tantísimas veces transaccionales, aunque con gran frecuencia se diga o al menos se sugiera lo contrario. Al final, el mediador acaba proponiendo soluciones, igual que a buen seguro los antiguos grupos mediadores, pero esas soluciones están basadas en uno de los valores que más se identifican en nuestra justicia con la cultura: la equidad[276]. De ahí la tremenda frecuencia de las ofertas transaccionales.

La pregunta es si, una vez entendido el fenómeno persuasivo que representa la mediación, le es aplicable la inteligencia artificial[277]. Y para ello, como el primer paso que siempre debería concurrir, debe averiguarse si la persuasión es, en alguna medida al menos, parametrizable. Es decir, si las estrategias de persuasión podrían ser compiladas de manera que una máquina las pudiera automatizar.

Existen ya varios ejemplos de lo anterior que podrían llevar a una respuesta aparentemente positiva. Ya existen varias empresas —Ebay, Amazon, diversas compañías aéreas, entre otras muchas— que utilizan lo que aún se llama *Online Dispute Resolution*, y que suponen que la propia empresa con la que el consumidor tiene el conflicto, contacta con él preguntándole por su problema y ofreciéndole alternativas de solución que, por cierto, siempre están parametrizadas. De hecho, el margen de respuesta de estos actores de las empresas es bastante limitada, pero lo cierto es que solucionan conflictos cuyo problema de base —muchas veces un simple error— se evidencia a través de una breve conversación que ahorra un costoso —a todos los efectos— proceso judicial[278].

---

276 Aristóteles, *Ética a Nicómaco*, Madrid 2005, Lib. V, 10, p. 177.

277 Rickert, A., "Online-Mediation - was ist das?", en *Online-Mediation*, Springer Gabler, Wiesbaden 2023. Montesinos García, A., "Inteligencia artificial y ODR", en *Justicia algorítmica y neuroderecho: una mirada multidisciplinar*, pp. 507 y ss. Martín Diz, F., "Inteligencia artificial y ADR: evolución en el arbitraje y la mediación", *La Ley. Mediación y arbitraje*, n. 2 (abril-junio), 2020.

278 Más ampliamente, Martín Diz, F., "Inteligencia artificial y ADR: evolución en el arbitraje y la mediación", *La Ley. Mediación y arbitraje*, n. 2 (abril-junio), 2020, pp. 20 y ss.

No siempre es viable automatizar esa corrección de errores confiándola a la inteligencia artificial, que podría llegar a evidenciar su comportamiento como lo que es: una máquina. De hecho, las respuestas de los participantes humanos en estas ODR está tan sumamente limitada que parecen máquinas, superando el test de Turing pero curiosamente en sentido contrario. Cuando se habla de este tema, se olvida que estas personas de carne y hueso tienen una dosis de voluntarismo que implica creatividad, lo cual sigue siendo patrimonio de los seres humanos. Creatividad que, además, no es fácilmente parametrizable pues, si bien los conflictos en algunos sectores suelen ser idénticos y sistemáticamente previsibles, en ocasiones definitivamente nada aisladas, se requiere que el interlocutor de la empresa piense, aceptando la solución que le propone el consumidor o improvisando una nueva que sea aceptable para los condicionantes económicos y culturales de la empresa. Es difícil que una máquina, al menos en futuro relativamente próximo, pueda actuar de ese modo.

Olvidamos también que, en ocasiones, la persuasión se produce acudiendo al elemento emocional. El interlocutor de la empresa empatiza con el usuario, cosa que jamás hará una máquina, simplemente porque no puede. Pero lo que sí puede una máquina es aparentar emociones, a fin de persuadir con las mismas al consumidor. ¿Podría ofrecer la máquina mensajes que disuadieran al consumidor de seguir adelante con el litigio? Indudablemente sí, toda vez que ese mismo efecto ya lo consiguen los muchísimos carteles de prohibición que existen desde hace mucho tiempo en nuestra vida cotidiana. Y, desde luego, un cartel tampoco es un ser humano. Además, existe un dato importante. Hace ya años que los psicólogos están usando herramientas de inteligencia artificial para interactuar con autistas, y ya se ha confirmado que las máquinas han logrado un mayor grado de conexión con ellos que los seres humanos[279]

En consecuencia, debe reconocerse que la máquina puede ofrecer mensajes de persuasión que sugieran soluciones al conflicto o que inspiren emociones. Y que mientras dichos mensajes no sean absolutamente previsibles por el usuario hasta el punto de considerarlos irrisorios, pueden llegar a funcionar. De hecho, existirá una buena parte de esos mensajes previsibles que va a satisfacer al usuario en conflicto, precisamente porque esa es la respuesta que espera y que resuelva su problema, por cierto, sin transacción alguna.

---

279 Larson, D. A., "Artificial Intelligence: Robots, Avatars, and the Demise of the Human Mediator", *Ohio State Journal on Dispute Resolution*, Vol. 25, 2010, pp. 117-118.

Por tanto, si todo consiste, en el fondo, en ir lanzando mensajes que resuelvan el conflicto de manera eficiente o persuadan a los litigantes, la inteligencia artificial puede ayudarles en la medida en que esos mensajes, efectivamente, sean compilables y, por tanto, parametrizables. A continuación se analizará en qué medida una actuación así es técnicamente viable.

5. LA RECOGIDA DE DATOS: AVERIGUACIÓN DE LAS CAUSAS DEL CONFLICTO

En el epígrafe anterior he puesto el ejemplo de empresas que ya operan con ODR porque sus conflictos son casi siempre los mismos y las soluciones resultan ser fácilmente accesibles. Incluso la parametrización de la empatía es sencilla en personas que aleguen, por ejemplo, llevar seis horas en un aeropuerto sin comer esperando un vuelo alternativo al que la compañía, por la razón que fuere —también parametrizada— no les pudo ofrecer.

Pero con el resto de litigios, en general, la parametrización es mucho más compleja, pero no imposible, puesto que la mayoría de desencuentros son ya conocidos de antemano. En los pleitos matrimoniales, el elemento emocional suele estar a flor de piel, por lo que una puesta en evidencia de esa emoción que sólo busca destruir al contendiente, podría ser eficaz para deshacer el conflicto. O el recurso al escaso valor de lo reclamado en comparación con la importancia de disponer de un adecuado convenio regulador de las relaciones posteriores a la ruptura.

En los procesos civiles en los que el elemento patrimonial suele ser el trasfondo principal, que son la enorme mayoría, la visualización de las oportunidades de ganar y perder el proceso acostumbran a ser también bastante convincentes, evidenciando las dificultades probatorias o de interpretación jurídica que pueden conducir a un juez a un fallo adverso. Es decir, en un proceso civil la incertidumbre es una de las mejores aliadas de la persuasión.

En los procesos penales, en cambio, la averiguación de si alguien cometió un delito suele ser elemento principal de cualquier enjuiciamiento, como es lógico. En eso no nos hemos alejado demasiado del esquema ancestral, que perseguía sobre todo localizar al pecador, es decir, a aquel que se había deshonrado vulnerando las reglas del grupo[280]. La presunción de

280 Vid. Nieva Fenoll, *El origen de la justicia*, cit. pp. 68 y ss.

inocencia, de hecho, intentó dulcificar ese objetivo, aunque el juicio de autoría sigue siendo, naturalmente, prioritario.

Con esa estrategia de identificar el "mal" que podía destruir la comunidad, se ha solido dejar atrás la averiguación de las causas de la comisión del delito. Es decir, tratar de saber si la persona cometió la acción antijurídica llevada por estímulos socioculturales inducidos por una insuficiente educación o por la proliferación en su entorno de ejemplos contrarios al cumplimiento de la norma, entre otras muchas posibles causas del hecho delictivo. De hecho, es justamente la averiguación de esas causas lo que no pocas veces centra el periodo penitenciario, esperándose del sujeto precisamente una averiguación de por qué delinquió, con el propósito de que no lo vuelva a hacer creándose en él una suerte de reflejo condicionado.

Pues bien, una aplicación de inteligencia artificial que se desee eficiente, debería partir de la recopilación de esas causas del delito, o bien de esos incumplimientos de la legislación civil que conducen a una persona, por ejemplo, a no pagar. Unas veces serán las dificultades económicas de su empresa, lo que tal vez haga mucho más factible la búsqueda de ayudas a su actividad empresarial que pretender que pague lo que no puede, arruinando así su negocio y haciéndolo inviable. Otras veces se desvelará un aprovechamiento de los retrasos del sistema judicial para obtener demoras en el pago, conducta desleal que debiera ser corregida con suspensiones de la actividad empresarial en caso de que se demuestre la mala fe, elemento tantas veces citado en los procesos pero que en tan pocas ocasiones es objeto de prueba, convirtiéndose más bien en un elemento pseudopersuasivo dirigido al juez, con el propósito de crearle un marco mental que psicológicamente le sitúe del lado de una de las partes. También podrá descubrirse la actividad depredadora de grandes empresas que abusan de los consumidores, conducta que suele ocupar a organismos administrativos y asociaciones de consumidores, pero no tan frecuentemente a los tribunales salvo en los casos de cláusulas abusivas, y sobre todo por la influencia en este sentido de la benéfica jurisprudencia del Tribunal de Justicia de la Unión Europea[281].

Es relativamente sencilla la recopilación de estas causas del conflicto, de manera que una aplicación de inteligencia artificial pueda identificarlas

---

[281] STJUE 14-6-2012, Banco Español de Crédito c. Joaquín Calderón. C-618/10. STJUE 14-3-2013, Mohamed Aziz c. Catalunyacaixa. C-415/11. STJUE 14-11-2013, Banco Popular Español c. María Teodolinda Rivas y Banco de Valencia c. Joaquín Valldeperas. C-537/12 y C-116/13. Incluso en un procedimiento concursal: STJUE 21-4-2016, Radlinger y Radlingerová c. Finway a.s. C-377/14.

con cierta facilidad teniendo presentes sus indicios más frecuentes. Lo más difícil, una vez identificadas las causas, es la creación de soluciones para que se resuelva el conflicto concreto, intentando prevenir que se pueda volver a producir en el futuro.

6. LA CREACIÓN DE SOLUCIONES AL CONFLICTO

Esa es justamente la última labor de aquellos que pretendan construir una aplicación de inteligencia artificial con finalidades restaurativas. No solamente es necesario identificar las razones del desencuentro, sino que también hay que ponerle remedio. En este sentido, se abren diferentes alternativas que, nuevamente, deberían ser parametrizadas en los algoritmos por los creadores de la aplicación.

La primera opción, naturalmente, es darle la razón a quien la tiene, como se pretende con un proceso judicial. También se trata de una solución restaurativa si el tribunal tiene *auctoritas* para las partes. Pero tiene el inconveniente de que ese prestigio social está hoy en día, ya se ha dicho, bajo mínimos. Además, como ya se refirió, la actividad probatoria es muy compleja en nuestro escenario social actual, que nada tiene que ver con el que existió cuando fueron creados los procesos judiciales. Por consiguiente, aún sin descartar que el fallo de un tercero pueda ayudar en la restauración, su incidencia actual es marginal en comparación con lo que pueden ayudar otras opciones. Además, la inteligencia artificial, aunque puede ayudar en casos complejos, no va a dictar la sentencia, como sí puede ocurrir en los casos prototípicos. Por ello hay que pensar en otras opciones más parametrizables.

Otra posibilidad es partir de lo que único que probablemente une a ambas partes: el reconocimiento de la existencia de un conflicto, con independencia de quién parta la hostilidad, cuestión siempre de averiguación útil, aunque habitualmente muy compleja. En ese escenario, otro punto clave es el deseo de poner fin al conflicto, que obviamente debe existir por ambas partes. Si se ha reconocido la existencia del conflicto y se han identificado las causas, es probablemente más sencillo ponerle remedio. Si esas causas son legítimas, al menos en principio —en el marco de una mediación es difícil profundizar mucho más—, habrá que proponer una solución que favorezca a quien tiene esa legitimidad de su parte. De lo contrario, será necesario activar una batería de disuasiones que desanimen al sujeto conflictivo. De ambas cuestiones se puede encargar una aplicación de inteligencia artificial. Al final, no es difícil listar las desventajas a corto, medio y largo plazo de mantener vivo un conflicto.

Una tercera y, por ahora, última posibilidad, es poner por separado a las partes ante sus propias razones. Es decir, en este caso la aplicación debería consultar a cada sujeto procesal por qué cree que tiene razón, planteándole alternativas argumentales a lo que dice, tratando de quebrar así su inmovilismo. Es decir, se trata de llevarle la contraria. Desde luego, una máquina puede ocuparse de esta misión[282] incluso mejor que un ser humano, en el sentido de que las personas participantes sabrán que no están intentando convencer a la máquina, sino que la aplicación simplemente está anticipando fríamente los obstáculos que existen al mantenimiento a ultranza de su postura, informando de las opciones legales y jurisprudenciales sin ningún apasionamiento ni conflicto de intereses[283], lo que provocará la duda en ambos sujetos y los predispondrá a la cesión. Es decir, se trata de alterar la seguridad que sienten en sus propias posiciones. Además, la máquina, a diferencia del ser humano, no se cansa, y por tanto dispone de todo el tiempo del mundo, tanto como necesite el sujeto[284]. Otra ventaja que se hace claramente evidente es la neutralidad que aparenta la máquina, es decir, la deseada imparcialidad[285], aunque debe recordar que esa efectiva neutralidad depende de la honestidad de quien elabore los algoritmos.

Salvo la primera de las opciones, las dos segundas describen una actividad que ya pueden llevar a cabo las aplicaciones de inteligencia artificial generativa, como puede comprobarse acudiendo a cualquiera de ellas. Se trataría de construir una aplicación bastante más modesta que las generalistas existentes, especializada en la resolución de conflictos en los diferentes ámbitos, hasta llegar a una aplicación más universal. No debería ser difícil, aunque el tiempo y las voluntades, gubernamentales y empresariales, dirán si ello es factible en los próximos tiempos más allá de lo que ya existe[286].

---

282 Vid. Montesinos García, A., "Inteligencia artificial y ODR", cit. pp. 516 y ss, sobre todo pp. 518-519

283 Sarita, and Harsh Kumar, "Mediation and Artificial Intelligence: Future of Dispute Resolution", *International Journal of Law Management & Humanities*, 4, 2021, pp. 1472 y ss.

284 Vid. Larson, "Artificial Intelligence: Robots, Avatars, and the Demise of the Human Mediator", cit. pp. 161-162.

285 Wambach-Schulz, M. K., "Mediation und Künstliche Intelligenz", IUBH Discussion Papers - Sozialwissenschaften No. 2/2021, pp. 4 y ss.

286 Vid. Montesinos García, A., "Inteligencia artificial y ODR", cit. pp. 516 y ss.

PERDER EL CONTROL: ¿HACIA UNA DISTOPÍA JUDICIAL?

Publicado en Actualidad Civil, n. 4, abril 2023, pp. 1-13, en AAVV, (dir. Calaza e.a.), El proceso judicial en un marco cultural y digital, Madrid 2023, pp. 317 a 334, en el Libro Homenaje a Angelo Dondi y pendiente de publicación en lengua italiana.

1. INTRODUCCIÓN

Aún tardará, pero no queda tanto tiempo antes de que el uso de la IA se generalice en nuestros tribunales. Ya existen herramientas de justicia predictiva[287] que padecen todavía de muchísimos errores[288], pero que están marcando el camino futuro de cómo, no tanto las máquinas, sino las personas que las programan, decidirán en muchos casos nuestros destinos judiciales, no de manera realmente individualizada, sino de modo colectivo, parametrizando los criterios de decisión de una manera que dejará en el olvido las grandes líneas de trabajo que marcamos los seres humanos para organizar cualquiera de nuestras labores reiterativas[289]. No va a ocurrir mañana, pero sí en un futuro más próximo de lo que parece, que casi todos los lectores de este escrito pueden razonablemente esperar ver

No obstante, la razón del retraso inmenso que lleva la IA en la Justicia en relación con otros sectores como la medicina o las propias redes sociales se debe a la enorme dificultad de recoger lo que esencialmente necesita la IA para poder funcionar: datos[290]. La IA lo único que hace es

---

287 Northpointe, *Practioners Guide to COMPAS*, 17-8-2012, pp. 23 y ss. http://www.northpointeinc.com/files/technical_documents/FieldGuide2_081412.pdf.

288 Bornstein, Aaron M., "Are algorithms building the new infrastructure of racism?", *Nautilus*, 21-12-2017, http://nautil.us/issue/55/trust/are-algorithms-building-the-new-infrastructure-of-racism. Andrés-Pueyo, A.; Arbach-Lucioni, K.; Redondo, S., "The RisCanvi: A New Tool for Assessing Risk for Violence in Prison and Recidivism", en *Handbook of Recidivism Risk/Needs Assessment Tools*, Chichester 2018, pp. 255 y ss. Giampiero, L., "Regulating (Artificial) Intelligence in Justice: How Normative Frameworks Protect Citizens from the Risks Related to AI Use in the Judiciary", European Quarterly of Political Attitudes and Mentalities, 8(2), 2019, pp. 75 y ss, https://nbn-resolving.org/urn:nbn:de:0168-ssoar-62463-8

289 Kahneman, D; Sibony, O.; Sunstein, Cass, *Noise: a Flaw in Human Judgement*, 2021.

290 Nieva Fenoll, J., "Inteligencia artificial y proceso judicial: perspectivas tras un alto tecnológico en el camino", *Revista General de Derecho Procesal*, 57, 2022, p. 19.

imitar nuestros procesos de decisión, recopilando nuestros criterios para resolver hacer algo[291]. Si todo —o la mayoría— lo fiamos a la intuición o a las emociones, como ocurre con gran frecuencia en el terreno judicial, esa recopilación deviene muy compleja, porque ni los propios jueces pueden decir a ciencia cierta por qué toman una decisión u otra con respecto a la prueba, por ejemplo, o por qué optan, en función de su propio criterio de justicia, por una interpretación u otra del ordenamiento jurídico, porque habitualmente ni siquiera pueden explicar con la precisión necesaria por qué razones una decisión y no otra les parece más justa[292]. Hasta que los jueces no reflexionen realmente sobre ello y los científicos —psicólogos sobre todo, pero no solamente— les ayuden a hacerlo, va a ser muy difícil que se avance en ese camino, más allá de la automatización de los muchos procedimientos reiterativos que existen. Pero se acabará avanzando. De hecho, cada vez conocemos mejor la mente judicial, pese a lo lejísimos que estamos aún del final de ese camino[293].

Con todo y con eso, existe un elemento que no se debería descuidar, porque es muy importante. Y en ello nos va una de las principales bases de nuestras democracias: la Justicia y su inherente independencia[294]. El tribunal que no es independiente no es un tribunal, sino una simple farsa como la que ha existido en demasiados y prolongados períodos de la historia[295]. Sucedió cuando los jueces sólo eran herramientas del poder político, o simples corruptos que sólo utilizaban el espacio jurisdiccional para hacer teatro del malo, aparentando una corrección inexistente, incurriendo en una insoportable frivolidad. Pero ese es otro problema, aunque siga sucediendo, por desgracia, en la actualidad[296].

El inconveniente al que me quiero referir se centra en darse cuenta de que la IA se está desarrollando gracias a enormes cantidades de dinero

---

291 Lo expliqué ampliamente en Nieva Fenoll, J. *Inteligencia artificial y proceso judicial*, Madrid 2018.

292 Vid. Forza, A., Menegon, G., Rumiati, R., *Il giudice emotivo*, Bologna 2017.

293 Nuevamente, Forza, A., Menegon, G., Rumiati, R., *Il giudice emotivo*, Bologna 2017. Posner, R., *How Judges Think*, Harvard 2010. Kahneman, D; Sibony, O.; Sunstein, Cass, *Noise: a Flaw in Human Judgement*, 2021. Epstein, L.; Weinshall, K., *The Strategic Analysis of Judicial Behavior. A comparative Perspective*, Cambridge 2021.

294 Van Dijk, F. (2020), *Perceptions of the Independence of Judges in Europe. Congruence of Society and Judiciary*, Palgrave Macmillan. Gutmann, J.; Voigt, S. (2020), Judicial independence in the EU: a puzzle, *Eur.J.LawEcon*, 49, p. 88.

295 Neudorf, L (2009), Judicial independence: the Judge as a Third Party to the Dispute.

296 Tiede, L. (2006). Judicial Independence: Often Cited, Rarely Understood, *Journal of Contemporary Legal Issues*, 15, p. 130-131.

que están invirtiendo macroempresas privadas —Google y Microsoft entre otras[297]—, cuyo tamaño y actividades no es solamente que sean muy difíciles de controlar por nuestras instituciones democráticas, sino que es realmente complicado evitar que incurran en conductas monopolísticas y que, a la postre, influyan en las decisiones de nuestros Gobiernos y Parlamentos sin que nadie haya controlado democráticamente el nombramiento de la dirigencia de estas empresas. Dicho en palabras mucho más sencillas, es posible que unas pocas personas inmensamente ricas a las que nadie ha votado, acaben controlando nuestros destinos manipulando a los ciudadanos por los que sí hemos votado y que integran esas instituciones. Es más, existen claras evidencias de que esas personas tan potentes económicamente ya han intentado, o al menos tolerado, la manipulación de elecciones democráticas, no ya financiando a políticos —lo que es legal en no pocos países—, sino creando estados de opinión artificiales en las redes sociales que orientan las tendencias ideológicas de la gente[298].

Pensado con detenimiento, todo ello produce simplemente terror. ¿Existe la posibilidad de que la Justicia pueda caer también en sus manos? ¿Qué riesgos existen en un salto empresarial como ese? A estas cuestiones se dedica el presente trabajo.

2. LA CONCRECIÓN ABSTRACTA DEL RIESGO DE LA IA APLICADA A LA JUSTICIA

Reconózcase que podemos pasar del terror al pánico si esas grandes empresas se acaban infiltrando en un poder del Estado que aún no controlan, o que les cuesta más controlar, que es precisamente el sector de los tribunales. Hace ya mucho tiempo que el neoliberalismo[299], encubierto bajo un

---

297 Maguire, J. "100 Top Artificial Intelligence (AI) Companies in 2023", *Datamation*, 2-2-2023.

298 La bibliografía sobre el tema es extensa. Hegelich, S. "Facebook needs to share more with researchers", *Nature*, vol. 579, 7800, mar. 2020. Marchal, N., "Junk News During the EU Parliamentary Elections: Lessons from a Seven-Language Study of Twitter and Facebook"*Data Memo* 2019.3. Baptista, J. P.; Gradim, A., "Online disinformation on Facebook: the spread of fake news during the portuguese 2019 election", *Journal of Contemporary European Studies*, 30, 2, pp. 297 y ss.

299 Vid. la promoción del arbitraje en el ámbito del consumo en Gilmer v. Interstate/ Johnson Lane Corp., 500 U.S. 20 (1991).

manto de posmodernidad[300], está desplegando una campaña de privatización que es definitivamente abolicionista de la Justicia, intentando, en pocas palabras, que los tribunales desaparezcan, pretendiendo que la gente "resuelva" —es un decir— sus problemas acudiendo a medios alternativos de resolución de conflictos, tales como el arbitraje o la mediación, que son escenarios que esas colosales firmas pueden manipular con muchísima facilidad al tener una posición económica potentísima incomparable con la de cualquier ciudadano. Esa posición les hace tener ventaja, no solamente en la elección de cualquier árbitro incluso recurriendo a cualquier asociación arbitral, sino en cualquier negociación propia de la mediación. No por casualidad algunas empresas como Meta[301] o eBay[302] están ofreciendo servicios privados de mediación, o incluso de Justicia[303], en los que aunque intenten aparentar lo contrario, son Juez y parte, o al menos mediador y parte. De seguir esta tendencia, se abriría un escenario claramente distópico en el que la resolución de conflictos con esas empresas sólo será posible del modo que apetezca esa firma, convenciendo al usuario, además, de que es la solución justa, manipulando el criterio de un ciudadano que, pese a la manipulación, seguirá creyendo ser libre.

Y eso solamente en los asuntos que les interesan económicamente. Ahora imagínese lo que ocurriría si en la implementación de la IA en la Justicia en general, se descansa solamente en empresas privadas. Es sencillo que tras un período no demasiado extenso, ante la espectacularidad de la rapidez y la mecanización de los procedimientos, se decida acabar entregándoles el control sobre el resultado final, es decir, sobre las mismas resoluciones judiciales. Insisto, en general, no solamente en el ámbito negocial de esas empresas.

De ese modo, ya no sólo tendrían amplias posibilidades de controlar el poder legislativo y ejecutivo a través de las elecciones y la corrupción de los políticos a los que financian dichas elecciones, sino que dominarían la vida judicial de un país de acuerdo con sus intereses. Es cierto que ello

---

300 *The Pound Conference: Perspectives on Justice in the Future.* Puede encontrarse el *Varieties of Dispute Processing* de Sander en http://geoffsharp.atomicrobot.co.nz/wp-content/uploads/2010/03/PoundConfSander.pdf

301 https://www.facebook.com/community/managing-conflict/

302 https://pages.ebay.com/services/buyandsell/disputeres.html

303 Gulati, Rishi, "Meta's Oversight Board and Transnational Hybrid Adjudication - What Consequences for International Law?", March 2022, *KFG Working Paper Series*, n. 53, 2022, Berlin Potsdam Research Group "The International Rule of Law - Rise or Decline?".

no afectaría en principio a una multitud de casos individuales que no les preocupen. De hecho, esos pequeños casos les ayudarían a encubrirse y pasar desapercibidos, pero por supuesto la empresa influiría en todo lo que tenga que ver con su actividad económica. Y lo tendría muy fácil para hacerlo, puesto que teniendo el poder de creación del algoritmo, harían literalmente lo que quisieran con esos casos de su interés.

Ya ocurre algo muy parecido en las actuales redes sociales donde muchísimas personas cuelgan información que les divierte mucho a ellos y a otros. Esa información, en realidad, le importa poco a cualquier estrategia política o económica de las empresas propietarias. Además, esa actividad masiva de pequeños usuarios individuales confiere a la red social una imagen de entretenimiento inocente o incluso ingenuo, inofensivo en suma, que le hace ganar enorme popularidad, al tiempo que hace sentir a los usuarios como los verdaderos protagonistas de la red. La realidad es que esa popularidad, falso empoderamiento del usuario e imagen *cool* —moderna y entrañable a la vez— de la empresa, no es más que un señuelo para que los gestores de la compañía recojan masivamente datos conductuales de los usuarios, comercien con ellos y manipulen la información como quieran y con la finalidad que deseen.

Aunque parezca mentira, eso mismo podrían llegar a hacer con nuestros procesos: tratar de forma rápida y aparentemente eficiente lo que más acucia al ciudadano, y una vez ganado el prestigio social, tendrían patente de corso de toda la sociedad para llegar a todo lo que ideológicamente les convenga más —o piensen que les conviene— a los dirigentes de esas empresas, aunque no tenga que ver con su actividad económica. Aunque ahora cueste concebirlo, la Justicia puede acabar siendo esclava de las tendencias religiosas, políticas, o simplemente conductuales de cuatro caciques mundiales. Y todo solamente a través de la elaboración de los algoritmos...

3. ALGUNOS EJEMPLOS DE DISTOPÍA EN LA JUSTICIA

Pongamos algunos ejemplos para salir de lo abstracto, de manera que se entienda bien lo que se está diciendo. Imagínese a un directivo de una de esas grandes empresas que quiere promover la compraventa de inmuebles, disminuyendo el volumen del mercado de alquiler y haciendo bajar también, al menos de momento, los precios de las viviendas. Para ello, lo único que tiene que hacer es adoptar medidas para obstaculizar los desahucios, promoviendo así las ocupaciones ilegales. En no demasiado tiempo, los pequeños propietarios acostumbrados a vivir del alquiler de una vivienda, al ver que no pueden obtener ya dinero por el alquiler, querrán vender esa vivienda. Así bajarán los precios de esas viviendas al haber cada vez más en el mercado, aumentando la oferta. De ese modo, podrán acabar acaparando ese mercado en el futuro, momento en que podrán regular los precios de alquileres y ventas a su voluntad, porque no tendrán rivales. Al cabo de un cierto tiempo, volverán a vender al precio que quieran, e incluso promover los alquileres si les interesa, consiguiendo, entonces sí, desalojos exprés. Y siempre ganarán dinero, simplemente a través de la manipulación del algoritmo que eventualmente se ocupe de resolver los desahucios y los desalojos, haciendo algo tan sumamente sencillo como que los procedimientos sean más o menos lentos, por ejemplo. Y piénsese que los procedimientos de desahucio son muy frecuentes y reiterativos, por lo que son perfectos para que sean de los primeros en verse influidos por la IA.

Pongamos otro ejemplo: las reclamaciones de cantidad. Puede pensarse que a cualquier gran empresario le interesa que las deudas se paguen y, efectivamente, suele ser así. Pero si lo que desea es eliminar competidores, lo que es perfecto es que las deudas se paguen muy lentamente —o no se paguen— durante un tiempo relativamente prolongado y esos competidores fenezcan ahogados por el volumen de los impagos. Mientras tanto, los grandes empresarios podrán aguantar ese período transitorio de extinción de los rivales porque tienen mucho más músculo económico. De nuevo, lo único necesario es que acudir a la Justicia sea lento y costoso, y que estos procedimientos se sustancien de manera más farragosa cuando interese. Un algoritmo puede generalizar este modo de hacer las cosas de una manera nunca vista.

Lo mismo podría suceder con la persecución de algunos pequeños delitos, como los hurtos o los robos de escasa cuantía, si lo que se busca es generar sensación de inseguridad para que la población acepte dócilmente leyes o actuaciones policiales o directamente gubernamentales en general, cada vez más restrictivas de su libertad. Para todo ello es necesario que el servicio de Justicia funcione deficientemente. De hecho, a veces cabría sospechar si las actuales calamidades en la labor de los tribunales no obedecen a una oscura voluntad superior en ese sentido, si no fuera porque el servicio de justicia hace mucho tiempo que se presta de manera deficiente y ello no es debido a una mano negra, sino a una muy conocida y extendida falta de atención política a dicho servicio por ser escasamente rentable en el terreno electoral.

Por supuesto, todo puede suceder al revés. De repente, puede haber procedimientos que se sustancien a velocidad meteórica, aparentando eficiencia, allí donde se localice un grupo de asuntos que preocupa enormemente a la sociedad en aquel momento. Pongamos por caso que en un instante determinado se decide perseguir algunos de los llamados "delitos de odio". Inmediatamente se configurará el algoritmo para que los detecte con extrema facilidad en las publicaciones de redes sociales, por ejemplo, siendo más o menos generosos en esa apreciación. Todo depende de si se desea que la sociedad goce más o menos ampliamente de su libertad de expresión.

Se han ofrecido a propósito situaciones que, sin citar referentes, habrán hecho pensar al lector en casos concretos que ya conoce, para evidenciar que el ser humano poderoso que toma las decisiones de manipular a la sociedad, no es que cambie con la IA, sino que consigue con mucha mayor facilidad sus objetivos, siempre que sepa utilizar la herramienta, claro está. En resumidas cuentas, si los gobiernos contratan a una empresa privada para diseñar las aplicaciones correspondientes en materia de Justicia, por mucho que encarguen el diseño de los algoritmos de acuerdo con los intereses institucionales decididos por los parlamentos, el control de la *black box* les será sumamente difícil, por muchos observadores o controladores externos que dispongan. Y es que el principal problema será ese: que son externos. Y si ya desde dentro a veces es difícil conocer con precisión las evoluciones de los algoritmos[304], desde fuera se convierte en una tarea titánica que no está razonablemente al alcance de prácticamente nadie. De ese modo, la impunidad puede llegar a ser casi total.

4. LA ENTRADA DE LOS ESTADOS EN EL SECTOR "IA Y JUSTICIA"

Por ello, es urgente y obligada la entrada de los Estados en ese negocio, teniendo una estructura propia formada, al menos, por ingenieros de telecomunicaciones, informáticos y matemáticos que diseñen las aplicaciones y los algoritmos relacionados con la Justicia. El plan de actuación que habría que emprender, debería comprender al menos los siguientes pasos:

---

304 Tufekci, Z., "Algorithmic Harms beyond Facebook and Google: Emergent Challenges of Computational Agency", 13 *Colo. Tech. L.J.* 203, 2015, pp. 203 y ss.

En primer lugar, debe reclutarse a los matemáticos, informáticos e ingenieros de telecomunicaciones de la estructura, sin excluir la posibilidad de contratar a otros profesionales, como sociólogos y psicólogos. En todo caso deben ser personas, no solamente de alta capacitación, sino que también debe revisarse su perfil personal. Van a tener entre manos un trabajo desde el que podrían manipular todo el funcionamiento de una futura herramienta de la Justicia con sesgos ideológicos. Por ello, el sistema no puede permitirse que haya fanáticos en sus filas, sino personas de gran flexibilidad y pragmatismo que piensen solamente en cumplir su encargo, y no aprovechar su función con el fin de imponer sus visiones políticas[305] en un sector tan sumamente sensible como el de los tribunales. En el fondo, deben tener idénticas garantías en cuanto a su independencia y objetividad que si fueran jueces, puesto que van a parametrizar y automatizar el trabajo de los propios jueces en no pocos asuntos, lo que implicará, a la postre, sustituirles, aunque suene muy duro decirlo. Pero es que esa sustitución se ha operado ya en los asuntos más reiterativos, llevando habitualmente toda la tramitación, sentencia inclusive, no todavía la IA, pero sí desde hace décadas el personal administrativo de los tribunales. Lo que ocurrirá con la IA es que esa sustitución se hará más evidente para cualquier observador. Pero en cuanto a la labor judicial en esos casos, no solamente es que no va a cambiar nada, sino que se producirán muchos menos errores que actualmente debido a que dejará de influir el factor humano.

La segunda fase es la definición de los objetivos que tendrá la herramienta. Sus fabricantes deben saber muy bien qué es lo que les pide el Estado que hagan en materia de Justicia. El primer objetivo es la automatización de los asuntos que no suelen ser complejos y que, por tanto, admiten esa mecanización. Es una decisión que debe reflexionarse muy bien porque en esos supuestos la sustitución del juez por la máquina va a ser prácticamente total. Por tanto, también debe establecerse la posibilidad de que el juez paralice el proceso si detecta que el caso es distinto y que, por tanto, no debe ser resuelto de modo automatizado, lo que obligará a establecer un sistema de alertas cuando eso ocurra[306].

El segundo y último objetivo será establecer en qué sectores adicionales se dejará que incida la IA. Los principales candidatos a ello son la ejecución dineraria de los procesos no penales, las medidas cautelares, la prueba

[305] Reid, M., "Rethinking the Fourth Amendment in the Age of Supercomputers, Artificial Intelligence, and Robots." *West Virginia Law Review*, 2017, 119 (3), p. 873.

[306] Vid. Libro blanco sobre la inteligencia artificial —un enfoque europeo orientado a la excelencia y la confianza, Bruselas 9.2.2020, COM(2020) 65 final, p. 25.

y la redacción del juicio de derecho en una sentencia[307]. La ejecución dineraria consiste en la búsqueda del patrimonio del ejecutado, su selección y liquidación para obtener rendimiento económico. Existiendo múltiples bases de datos patrimoniales, todas esas operaciones son perfectamente automatizables. Sólo en los pocos supuestos en que surgen inconvenientes jurídicos con el embargo de algún bien —tercería de dominio, por ejemplo—, la ejecución detendría su automatización. Pero supuestos como el de las inembargabilidades, podrían ser introducidos con facilidad en las bases de datos de la herramienta. El resto de incidencias —bienes gananciales, cargas registrales, etc.— también se dejan automatizar en gran medida, pero siempre podrán suponer la paralización del procedimiento en espera de la decisión judicial, previo aviso del deudor o alerta del sistema.

En el resto de sectores —medidas cautelares, prueba y redacción del juicio de derecho—, debe quedar muy claro a los técnicos que en este caso se están configurando, no automatizaciones de los procedimientos, sino asistencias a los jueces que no van a sustituir su parecer, que siempre será individualizado. Es más, la mayoría de las medidas cautelares y de los criterios de valoración de la prueba no son parametrizables, sirviendo la herramienta de IA más bien para sugerir al juez pareceres o simples ideas, pero no para enviar a prisión a nadie[308] o establecer la credibilidad de un testigo o la corrección científica de un dictamen pericial. Es decir, lo que va a hacer la herramienta es recordarle al juez los criterios Daubert[309], o los

---

307 Sobre todos estos aspectos, vid. ampliamente Nieva Fenoll, J. *Inteligencia artificial y proceso judicial*, cit. Madrid 2018. Bonet Navarro, J., "La tutela judicial de los derechos no humanos. De la tramitación electrónica al proceso con robots autónomos", *Revista CEFLegal*, n. 208 (mayo 2018), pp. 77 y ss, Giampiero, L., "Regulating (Artificial) Intelligence in Justice: How Normative Frameworks Protect Citizens from the Risks Related to AI Use in the Judiciary", European Quarterly of Political Attitudes and Mentalities, 8(2), 2019, pp. 75 y ss, https://nbn-resolving.org/urn:nbn:de:0168-ssoar-62463-8. Sourdin, T., *Judges, Technology and Artificial Intelligence, The Artificial Judge*, Cheltenham 2021. Forrest, K. B., *When Machines Can Be Judge, Jury, and Executioner. Justice in the Age of Artificial Intelligence*, Singapur 2021.

308 Pearson, Jordan, "Bail Algorithms Are As Accurate As Random People Doing An Online Survey", *Motherboard*, 17-1-2018, Https://Motherboard.Vice.Com/En_Us/Article/Paqwmv/Bail-Algorithms-Compas-Recidivism-Are-As-Accurate-As-People-Doing-Online-Survey. Larson, J.; Mattu, S.; Kirchner, L.; Angwin, J., "How We Analyzed The Compas Recidivism Algorithm", *Propublica*, 23-5-2016, https://www.propublica.org/article/how-we-analyzed-the-compas-recidivism-algorithm. Vid. También Quattrocolo, S., *Arificial Intelligence, Computational Modelling and Criminal Proceedings*, Springer 2020.

309 Daubert v. Merrell Dow Pharmaceuticals, 509 U.S. 579 (1993), General Electric Co. v. Joiner, 522 U.S. 136 (1997), Kumho Tire Co. v. Carmichael, 526 U.S. 137 (1999). Vid. Vázquez, Carmen, *De la prueba científica a la prueba pericial*, Madrid 2015. Nieva Fenoll,

criterios de valoración del SVA[310] —Statement Validity Assessment— para personas interrogadas. O algunos parámetros de la psicología de la personalidad para la detección del riesgo de reincidencia[311]. Pero no debe hacer evaluaciones que el juez pueda copiar, sino simplemente ofrecer criterios aplicables en el caso concreto que el juez deberá valorar libremente, como ocurre con toda —o casi toda— la actividad probatoria.

La tercera fase es la aprobación parlamentaria de dichos objetivos, lógicamente a través de una ley aprobada con amplia mayoría, como todas las que afectan derechos fundamentales, dado que esta puede vulnerar de manera muy relevante varios de esos derechos, en particular el derecho de defensa. La Ley tiene que marcar los objetivos que he señalado, indicando con mucha precisión los procedimientos en que se operará una sustitución del juez, y aquellos en los que no debe operarse jamás, a riesgo de que los criterios de justicia del juez-ser humano, por discutibles y polémicos que sean, acaben siendo sustituidos pos los criterios de los gestores del sistema de IA. Adicionalmente, la ley también debe regular los criterios de reclutamiento de los trabajadores del sistema, haciendo especial mención a la revisión de las personalidades de los seleccionados y el control externo periódico del normal funcionamiento de su trabajo. No es nada diferente de lo que hace cualquier departamento de recursos humanos que funcione debidamente. Lo que ocurre es que sorprendentemente, en la contratación administrativa o funcionarial, todo lo anterior es insólito y tiene que dejar de serlo.

La cuarta fase, que puede iniciarse paralelamente a las anteriores, es la recogida de datos. Hay que empezar a pedir a los trabajadores de la justicia —particularmente a los jueces y a los Letrados de la Administración de Justicia— que empiecen a recopilar los datos decisionales de las resolucio-

---

"Repensando Daubert: la paradoja de la prueba pericial", en AAVV, Peritaje y prueba pericial, Barcelona 2017, pp. 85 y ss. Dondi, A., "Paradigmi processuali ed 'expert witness testimony' nel diritto statunitense", *Rivista Trimestrale di Diritto e Procedura Civile*, 1996, pp. 261 y ss, Auletta, F., *Il procedimento di istruzione probatoria mediante consulente tecnico*, Padova 2002. Ansanelli, V., *La consulenza tecnica nel processo civile*, Milano 2011.

310 Köhnken, G. / Manzanero, A. L. / Scott, M. T., "Análisis de la validez de las declaraciones: mitos y limitaciones", *Anuario de Psicología Jurídica*, 2015, pp. 13 y ss. Bueno Ochoa, L., "El protocolo SVA como sistema de análisis de validez de las declaraciones en contextos forenses", en Fuertes-Planas (ed.), *Concepciones sistemáticas y visiones literarias del Decho. Principios del Derecho VI*, Madrid 2020, pp. 441 y ss.

311 Andrés-Pueyo, A. / Arbach-Lucioni, K. / Redondo, S., "The RisCanvi: A New Tool for Assessing Risk for Violence in Prison ans Recidivism", en *Handbook of Recidivism Risk/Needs Assessment Tools*, Chichester 2018, pp. 255 y ss.

nes que dictan. No es una labor fácil. Hay que elaborar cuestionarios que lo ideal sería que rellenaran en cada proceso, pero basta, al menos en un principio, con hacerlo en unos cuantos procesos seleccionados. Lo que queremos es recoger los criterios o razones que se utilizan para decidir hacer un acto procesal, y específicamente en el caso de los jueces, necesitamos que empiecen a explicar por qué escogen una interpretación de la ley en lugar de otra, por qué creen a un testigo o por qué les parece creíble un dictamen pericial, y todo ello va mucho más allá de lo que se suele reflejar en la motivación. La elaboración del cuestionario no es fácil, pero si nunca se activa, será imposible obtener herramientas que ayuden a los jueces con la debida seguridad jurídica. Esas herramientas les quitarán una cantidad ingente de trabajo, pero en esta primera fase es imprescindible realizar esta labor de recogida en los aspectos que sea posible y que deben seleccionarse. La IA necesita muchísimos datos, y no puede trabajar sin ellos. En este sentido, la doctrina debería prestar una labor esencial de asistencia en la elaboración de esos cuestionarios.

La quinta fase consiste en la elaboración de la aplicación. Los técnicos de esa estructura antes citada ya habrán sido seleccionados y es el momento de que se pongan a trabajar configurando los algoritmos de la herramienta IA de la Justicia. Esa elaboración requerirá tiempo, aunque menos de lo que se puede pensar si la fase anterior se ha cumplido debidamente, sin atajos consistentes en cargar en el sistema todas las resoluciones judiciales y que la herramienta realice una especie de resoluciones predictivas al estilo de ChatGPT. Algo así sería un inmenso fracaso. Se heredarían errores y mecánicas de trabajo del pasado, no se corregirían las disfunciones y acabarían apareciendo resoluciones judiciales afectadas de un sinnúmero de sesgos de épocas pasadas que sería complicadísimo corregir, hasta el punto de que las sentencias acabarían siendo ridículas en demasiados casos. Además, la jurisprudencia dejaría de evolucionar de esa forma, puesto que las nuevas resoluciones generadas con IA, ya no innovarían ni aportarían nada creativo o ingenioso, adecuado para el caso concreto, sino que sería todo un conjunto de corta-pegas absolutamente inaceptable. El desprestigio, no ya de la Justicia, sino de la herramienta IA y de su propio uso en materia judicial, simplemente se traduciría en un inmenso fracaso.

La sexta y última fase consiste en la desclasificación de los algoritmos del sistema creado. Los justiciables y sus abogados, por un esencial respeto al derecho de defensa, deben tener la posibilidad de saber a qué se están enfrentando para poderse defender. Hemos aceptado hasta ahora que los jueces decidan según su criterio personal simplemente porque el juzgador es uno de los nuestros, un ser humano que decide con su experiencia, pero al que tratamos de controlar a través de las leyes que debe aplicar —aunque su criterio pudiera haber sido contrario al legal— y a través de la motivación de la sentencia, para que nos explique por qué ha decidido en un determinado sentido. Tal vez no podemos ir más allá en ese escenario, pero cuando se trata de una aplicación de IA, no es que podamos ir más allá, sino que tenemos que ir mucho más allá. No podemos tolerar que la herramienta funcione de modo secreto, sino que debe ser previsible y controlable, sobre todo para evitar manipulaciones y corregir errores[312].

La excusa que suelen ofrecer las empresas para no desclasificar los algoritmos es que protegen con ello su propiedad intelectual[313]. De ahí la ventaja de que esta herramienta la configure una empresa pública, que no ponga inconvenientes en ese sentido. Además, los algoritmos no se pueden revisar a simple vista, pero la posibilidad de su revisión técnica debe existir siempre. No hay razones de seguridad nacional que pudieran prever lo contrario, porque no tiene ningún inconveniente que la Justicia revele su modo de funcionar. No es una sociedad secreta. Es un servicio público a la ciudadanía.

5. PREVENCIÓN DE PRIVATIZACIONES

Un peligro enorme es que, una vez configurada la herramienta, los Estados se cansen de destinar recursos para su mantenimiento y mejora, y decidan delegar en manos privadas esa gestión y optimización del sistema, exactamente igual que a veces han hecho con los servicios postales, energéticos o de salud entre otros. En esos casos ya ha sido grave perder esa atención a la ciudadanía, pero en el sector de la Justicia es simplemente inaceptable.

La razón es que transferir el funcionamiento de la herramienta de IA de la Justicia sería tanto como privatizar el poder judicial, es decir, confiar la formación y selección de jueces en una empresa privada que preste ese servicio, lo que lo arrancaría de las manos de la soberanía popular para poner a su frente a la alta dirección de una empresa que, sin duda, funcionaría de un modo u otro forma autocrática, por muchos controles externos o

312 Abordé el tema en Nieva Fenoll, "Technology and fundamental rights in the judicial process", *Civil Procedure Review*, v. 13, mal.-ago. 2922, pp. 53 y ss.

313 Cfr. Larson, J. / Mattu, S. / Kirchner, L. / Angwin, J., "How We Analyzed the Compas Recidivism Algorithm", *Propublica*, 23-5-2016, https://www.propublica.org/article/how-we-analyzed-the-compas-recidivism-algorithm

auditorías de funcionamiento que intentasen imponérseles. Al final, las empresas tienen vida propia y es tremendamente difícil controlar su gestión en los detalles clave.

El poder judicial es un sector estratégico de cualquier estado. De sus decisiones depende no solamente en muchas ocasiones la gobernanza de un país, sino también el mantenimiento de la paz pública y a la postre de la libertad de los ciudadanos. Por supuesto, una empresa privada seleccionaría a los jueces a su entera conveniencia, no solamente económica en función del tejido empresarial al que perteneciera o en función de alianzas con otras empresas. Como ya se advirtió, sería la oportunidad de darle a muy pocas personas el control de la orientación ideológica de los jueces. Ello, por cierto, ya es un problema en estos momentos en que no se ve la ocasión de garantizar el pragmatismo de los jueces superiores al menos, y bien al contrario, los partidos políticos tratan de colocar a sus fieles de confianza en las altas magistraturas para manipular su funcionamiento. Es algo que de tan reiterado, se ha normalizado de una manera imprudente, al estilo de lo que sucede con los nombramientos de los jueces del Tribunal Supremo de los EEUU[314]. Se trata de un pésimo ejemplo que no solamente no habría que seguir, sino que sería imprescindible condenarlo y expulsarlo de nuestras democracias, en beneficio de un sistema que realmente elija a juristas de auténtico prestigio sin vinculaciones ideológicas tan sumamente íntimas. La prestación por parte de muchos de esos altos magistrados de servicios pasados a esos partidos políticos, estuvieran o no en el Gobierno, está alcanzando ya extremos de pura vergüenza. De hecho, no pocos jueces saben ya muy bien que la clave de sus ascensos dentro de la carrera depende, precisamente, de esas vinculaciones políticas.

Y es que con esa privatización se haría realidad por otra vía el antiguo sueño de muchas de esas grandes empresas: la privatización del sistema de Justicia. Como se advirtió, aprovechándose de una ingenua corriente posmoderna[315], llevan desde los años setenta del siglo XX inmersos en una campaña de desprestigio social del poder judicial, favoreciendo su ahogo económico y el desinterés gubernamental por la catastrófica situación, promoviendo al mismo tiempo los llamados A.D.R., es decir, los medios alternativos de resolución de conflictos, que es, como ya se advirtió, el escenario

---

314 Epstein, L.; Segal, J. A.; Westerland, C., "The Increasing Importance of Ideology in the Nomination and Confirmation of Supreme Court Justices", 56 Drake L. Rev. 609 (2007-2008), pp. 609 y ss.

315 Sobre el tema, ampliamente, Aliste Santos, *Hacia la justicia posmoderna*, Barcelona 2022, pp. 13 y ss y 85 y ss.

en que desaparece la igualdad de partes que garantiza un proceso judicial. Estas empresas pueden, no sólo influir en el nombramiento de los árbitros interviniendo en las asociaciones arbitrales directa o indirectamente, sino que también pueden participar en la formación, privada por supuesto, de mediadores, haciendo que estos se comporten de acuerdo con patrones de conducta que les acaben favoreciendo, promoviendo acuerdos que no son sino una aceptación de los abusos empresariales por parte de consumidores ingenuos que no desean litigar. Para que todo ello funcione, naturalmente, es necesario mantener al servicio de justicia bajo mínimos de una subsistencia razonable.

En consecuencia, es imprescindible la formación de este servicio público que cree y se ocupe del mantenimiento de la herramienta de IA de la justicia. Cualquier otra alternativa externalizadora en manos privadas redundará en una alienación del servicio que, aunque ahora cueste concebirlo, acabaría cambiando nuestra sociedad.

6. EL METAVERSO: POR AHORA, UNA ANÉCDOTA

Aunque no se trata del tema principal de este trabajo, es preciso dedicarle unas breves palabras al llamado "metaverso", por ser precisamente un ejemplo de lo que puede suceder si se deja que una iniciativa privada se inmiscuya en sectores clave de la vida democrática de la ciudadanía.

Se trata de un entorno virtual[316] promovido por algunas empresas, especialmente Meta, en el que gracias a unas gafas de realidad virtual, sus usuarios pueden tener una experiencia sensorial más vívida que si simplemente interactúan mirando unas pantallas. Ahora mismo, ese entorno virtual es prácticamente como el que se obtendría si alguien se introdujera en una película de dibujos animados de bajo presupuesto, asignándose a cada usuario un avatar que ahora mismo es simplemente ridículo y que, aun pretendiendo modernidad, parece ya antediluviano. De ese modo, todos los usuarios y sus avatares pueden interrelacionarse pudiendo llegar a tener la sensación de que se están tocando, no por experimentar esa

---

316 Entre otros muchos, Sparkes, M., "What is a metaverse", *NewScientist*, vol. 251, 3348, 21-8-2021, p. 18. Ng, D. T. K., "What is the metaverse? Definitions, technologies and the community of inquirí", *Australasian Journal of Educational Technology*, *38* (4), 2022, pp. 190 y ss.

sensación física, sino porque el cerebro la procesa como si estuviésemos teniendo una especie de sueño.

Insisto, ahora mismo la experiencia es algo ridícula. Pero cuando en el futuro mejore de manera muy relevante este entorno gráfico y ya no haya avatares, sino imágenes nuestras generadas con inteligencia artificial que crearán una sensación de estar realmente ante otras personas en un entorno que también aparente perfección, mejorando a la vez nuestra recepción visual y auditiva con los instrumentos adecuados, la sensación será mucho más parecida a la que en la película *The Matrix* (1999) Neo experimenta cuando ingresa en "Construct", un programa de carga que se puede alimentar con todos los efectos de la vida cotidiana que se deseen, y que se perciben como reales una vez el sujeto ingresa en el programa conectándose directamente no con sus ojos y sus oídos, sino directamente con su cerebro. En ese momento es cuando cualquiera se haría la pregunta que Neo se hace: "*This isn't real?*". A lo que Morpheus contesta con dos preguntas que son entre filosóficas e inquitantes: "*What is "real"? How do you define "real"?*"

La utilidad del uso de un entorno semejante es evidente en materia de entrenamiento militar o deportivo, más allá de todo tipo de entretenimiento que haga percibir, por ejemplo, una de las actuales películas como algo en lo que el sujeto está participando desde muy cerca, incluso aunque sea pasivamente. En materia judicial, las utilidades del metaverso han comenzado a ser estudiadas[317], aunque de momento no parecen pasar de la utilidad de resolver conflictos generados en el propio metaverso dentro del mismo entorno virtual. O de facilitar el acercamiento de las partes en procesos jurisdiccionales o en negociaciones, haciendo que la distancia deje de determinar las normas de competencia o cree una sensación de lejanía entre árbitros, mediadores y partes.

Actualmente, lo cierto es que no se percibe la utilidad de interactuar a través de avatares, que no son más que muñecos. Pero cuando los entornos gráficos mejoren muy relevantemente, como ya se ha dicho, el uso de esta tecnología podrá ser mucho más extendido, porque siempre será mejor tener la sensación de estar delante de alguien que verlo simplemente en una pantalla. El salto definitivo se dará cuando la conexión con el sujeto

---

317 Vid. por todos Bueno de Mata, F., "Del metaverso a la metajurisdicción: desafíos legales y métodos para la resolución de conflictos generados en realidades virtuales inmersivas", *Revista de Privacidad y Derecho Digital*, julio-septiembre 2022, n. 27, pp. 19 y ss.

vaya más allá de generar audio y vídeo, extendiéndose al resto de sentidos del ser humano.

Sin embargo, queda muchísimo tiempo para que eso ocurra y, de hecho, actualmente podría compararse nuestra evolución en esta materia con la distancia tecnológica existente entre un salto en paracaídas y un viaje interestelar a velocidades superiores a las de las actuales naves espaciales. Es decir, ahora simplemente hemos aprendido a hacer un paracaídas, que no es poco, pero ese artilugio está muy lejos de un viaje a una galaxia vecina. En consecuencia, los entornos parecidos al metaverso solamente generarán —cuando mejoren— una comunicación mejor a las de las actuales videoconferencias, lo que en el *statu quo* actual sería relevante en materia de interrogatorios y de presentación de alegaciones, de manera que se podrían evitar las audiencias en las salas de justicia, el traslado de presos a los tribunales, la presencia física de público, etc. Sucede, no obstante, que tampoco sabemos si en el futuro se seguirán celebrando muchos interrogatorios, toda vez que la psicología del testimonio[318] nos está descubriendo que los juristas estamos practicando en los interrogatorios simples pantomimas autocomplacientes que sólo se ven guiadas por la intuición, lo que es inaceptable a los efectos del razonamiento probatorio. Además, es más que probable que si se implementa la IA en materia de Justicia en el sentido propuesto en este trabajo, nuestros extensos alegatos actuales sean reducidos algún día a cruces en cuestionarios preconcebidos, cuya única motivación será la aplicación de la ley una vez se acredite que los hechos juzgados se corresponden con el supuesto de hecho previsto por la norma. Por tanto, las motivaciones, tal y como hoy las conocemos, serán más infrecuentes y limitadas a los casos más complejos.

Pero volviendo al tema, no se olvide que el metaverso actualmente sólo es, pese a la publicidad muy agresiva que se le ha dado, un entorno gráfico con las posibilidades de audio que ya conocemos. Con todo, habrá que estar atentos a las posibles evoluciones de esta herramienta o de otras parecidas.

---

318 Loftus, *Eyewitness testimony*, Cambridge 1996. Mazzoni, G. *Psicologia della testimonianza*, Roma 2015. Madrid 2010. Diges, M., *Los falsos recuerdos*, Barcelona 1997. Manzanero, A., *Memoria de testigos*, Madrid 2010.

7. ENTRE BLADE RUNNER, UN MUNDO FELIZ Y 1984

Ya se ha citado a *Matrix* entre las evocaciones literarias concernidas en este artículo. Existe una cierta tendencia a hacerlo cuando se habla de tecnología y se mira hacia el futuro, puesto que no es sólo que aquellos que escriben ciencia ficción con frecuencia hayan hablado antes con científicos que les han contado los últimos avances en sus ciencias, desconocidos en general para la población, sino que los propios científicos evocan a veces esos relatos fantásticos para definir líneas de investigación futura. Aunque ello es muy infrecuente en materia jurídica, en ocasiones esa literatura también sirve para evocar realidades de los próximos tiempos. No es lo que se ha hecho en este trabajo, que ha estado centrado sólo en la realidad actual y sus avances previsibles. Sin embargo, como colofón del mismo sí es oportuno ilustrar lo indicado recurriendo brevemente a esa literatura fantástica, aprovechando para desmontar algunas de las afirmaciones más osadas de las que se han dicho en la doctrina en los últimos tiempos.

Hablando de inteligencia artificial y justicia, algunos se han referido al "juez-robot". El término es correcto si se refiere a un sistema de software, pero normalmente se evoca con una máquina capaz de efectuar movimientos. El más conocido por la ciudadanía es el robot humanoide, que evidentemente puede ir mejorando con el tiempo en su apariencia física hasta el punto de convertirse en un organismo vivo idéntico a nosotros, pero ya programado para realizar algunas tareas. Esos eran los replicantes de *Blade Runner* (1982).

Nunca existirá un ingenio de esas características en materia judicial, simplemente porque no es necesario. Primero porque es bastante probable que si algún día conseguimos generar algo así, también hayamos sido capaces de encontrar el modo de resolver nuestros conflictos de manera mucho más pacífica que la actual. En el fondo, en un proceso judicial se produce un enfrentamiento, y cabe suponer que en el futuro puede hallarse una forma más eficiente de resolver desencuentros que no pase por acudir al parecer de un tercero[319]. Pero en segundo lugar, porque no es necesario darle forma humana al programa IA de la Justicia. Es muchísimo más eficiente que sea una simple máquina sin rostro, como H.A.L. de *2001: A Space Odissey* (1968), que reciba datos y emita muy rápidamente resoluciones judiciales.

---

319 Vid. Martín Diz, F., "Inteligencia artificial y ADR: evolución en el arbitraje y la mediación", *La Ley. Mediación y Arbitraje*, n. 2, 2020.

Por tanto, no vamos a necesitar formar a ningún cuerpo policial para que vaya identificando a los jueces replicantes, a fin de apartarlos de la función judicial. Al contrario, la figura del juez es eminentemente humana y responde a la necesidad social de que un tercero escuche —o lea— a las partes en conflicto y evalúe sus pruebas, emitiendo después su parecer de acuerdo con su propio criterio de justicia, a veces determinado por las leyes hechas por la propia ciudadanía, y otras veces esperando que esa noción de justicia sea intersubjetiva y por tanto coherente con el sentir general de la población. Ese recurso al "ser humano bueno" que es la justicia desaparece cuando se activa un sistema de IA, incluso de la forma limitada que se ha visto en este trabajo. Cambia completamente el paradigma y en esa situación solamente hay que controlar que quien elabora los algoritmos, no supere los criterios establecidos en la ley

En realidad, el sistema de IA de la Justicia nos podría situar más bien en un entorno similar al imaginado por Huxley en *Un mundo feliz*[320]: una sociedad de unos pocos elegidos narcotizada con la felicidad de sus consumos, absolutamente separada del terreno de los salvajes, que no gozan de esa narcosis y que, por tanto, ven la realidad. Efectivamente, la IA tiene muchas posibilidades de hacernos sentir felices con su uso, como ya se explicó en este mismo trabajo cuando se previno de la asunción del negocio por parte de las empresas privadas. Se prioriza lo que más preocupa a la gente, se la hace sentir empoderada y a partir de ahí se la puede manipular como se quiera. Solamente quien no participa del sistema sabe que todo es falso, y que responde simplemente a una voluntad de control de esa gran empresa con fines, no ya económicos, sino de proselitismo ideológico o de simple ejercicio del poder absoluto.

Y ello nos conduce a *1984*[321]. Se trata la sociedad distópica imaginada por Orwell observando sobre todo los sistemas totalitarios, pero no solamente, sino también las manipulaciones informativas de la prensa. En aquel momento Orwell intuyó una estrategia de control ciudadano en el que se obligaba a cada sujeto a sentirse feliz con su vida y con el sistema de gobierno, al tiempo que se manipulaban las noticias y la historia a la conveniencia del gobernante en cada momento, sometiendo además a un férreo control de vigilancia a la población como el que ya se había observado en la Alemania nazi con la Gestapo sobre todo, y que se replicó de manera

---

320 Huxley, A., *Brave New World*, 1932.

321 Orwell, G., Nineteen eighty-four, 1949.

espectacular en la Unión Soviética y en otros países de la órbita de aquel imperialismo.

La forma de evitar llegar a esa situación sin que nos enteremos es que los Estados tomen las riendas de estas herramientas de IA que afecten a sectores institucionales clave, como es el caso de la Justicia. Es cierto que Orwell imaginó que sería la iniciativa estatal la que podría crear un Gran Hermano, y ciertamente así podría haber sido. Pero en nuestras democracias tenemos los instrumentos para evitarlo. Si dejamos que nuestras instituciones se echen en brazos de algunas de esas grandes empresas, serán ellas las que manipularán el sistema sin que nos enteremos. Seguirá habiendo elecciones y seguiremos pensando que escogemos a nuestros representantes, pero todo habrá sido manipulado ya en origen. Sólo se presentarán los que quiera esa dirigencia económica, y una vez en el poder, seguirán sus dictados. En materia de Justicia puede ser todo incluso más sencillo, al no existir habitualmente ese elemento electoral. De ese modo, no habrá más justicia que la imaginada por la dirigencia de esas empresas. Olviden que la herramienta de IA refleje el sentir ciudadano sobre esa antigua noción de lo que un grupo humano considera positivo. Al contrario, será ese sentir ciudadano el que repetirá el dictado que quiera establecer la dirigencia. Sin saberlo, y creyéndose libres.

De nuevo, como decía Morpheus: *What is "real"?*

III. INDEPENDENCIA JUDICIAL Y DISCRECIONALIDAD

APROXIMACIÓN A LA ESENCIA DE LA DISCRECIONALIDAD JUDICIAL

Publicado en Justicia, n. 2.2022, pp. 27-49.

1. INTRODUCCIÓN

Hace ya varios años, Carlo Maria Di Marini se refirió a los juicios de valor. Acertaba cuando decía que eran individuales de cada juez y que se debían a su experiencia personal[322]. Incluso llegaba a afirmar que algunos de ellos, en cuanto no formulados por un legislador o un juez, no interesaban al jurista[323], y probablemente en eso se equivocaba.

En esas palabras, y en todas las vueltas que le dio Aristóteles a los conceptos de justicia y equidad en la *Ética a Nicómaco*[324], en realidad se detecta exactamente el mismo trasfondo. Por mucho que, como vamos a ver, hayamos diseñado mecanismos para guiar los enjuiciamientos de los jueces, es prácticamente imposible ponerles siempre y en todo caso ante un estrecho pasillo del que no puedan salir por ninguna parte hasta llegar a la estancia final deseada por el legislador. Y además, como se ha dicho hasta la saciedad, ni siquiera esos estrechos márgenes son los habitualmente deseados por el legislador, salvo en las leyes penales con el principio de taxatividad[325] y no sin límites que pueden convertirse en tremendos agujeros interpretativos en manos de un juez imaginativo.

La verdad es que existen ocasiones en que un legislador no acaba de precisar más las cosas, unas veces dejando voluntaria o involuntariamente lagunas en el ordenamiento, y otras recurriendo a cláusulas generales que aludan a una idea que resuene en la mente judicial como una referencia, ya conocida por la mayoría de juristas, de manera que esas palabras le transporten a la solución que hubiera querido eventualmente un legislador, aunque más bien a la solución que desea en cada momento la sociedad.

---

322 Di Marini, C. M., *Il giudizio di equità nel processo civile*, Padova 1959, pp. 98 y ss.

323 Di Marini, C. M., *Il giudizio di equità nel processo civile*, cit. p. 105.

324 Aristóteles, *Ética a Nicómaco*, Madrid, Alianza Eitorial 2005, libro V, 10, p. 177.

325 Quintero Olivares, G., *Derecho Penal, parte general*, Madrid 1989, p. 47. Mir Puig, S., *Derecho Penal, parte general*, Barcelona 2011, p. 107.

Y es que, en el fondo, los jueces no son más que miembros de esa sociedad dotados de la labor de juzgar, y privilegiados con la posibilidad de que su ideología se refleje en los fallos[326], al menos cuando no sea incompatible con la ideología ordenada por el ordenamiento jurídico. Por poner un ejemplo sencillo, un juez anarquista no puede fallar en sentido contrario todas las acciones reivindicatorias que le vengan a su juzgado, pero sí puede, sin embargo, analizar el uso de la posesión a los efectos de evaluar si es apta para producir una usucapión. Y en ese trance, sí puede tener alguna influencia su ideología libertaria y va a ser difícil ponerle coto a esa influencia. Al final, cuando tenga que decidir sobre la propiedad de una finca rural ocupada públicamente por personas vulnerables que la han labrado con su agricultura durante larguísimo tiempo, posiblemente acabe decidiendo que "la tierra es para quien la trabaja", como sugirió Emiliano Zapata, pese a que el acto posesorio fuera simplemente tolerado, al amparo del art. 444 del Código Civil, y por tanto no aprovechara a la posesión. ¿Y cómo lo hará? Por decirlo descarnadamente, jugando con el concepto de tolerancia y hasta con la valoración de la prueba. Y será muy difícil impedirle ambas cosas, pese a los denodados esfuerzos doctrinales e incluso jurisprudenciales para evitarlo[327].

En este breve estudio voy a ocuparme sólo de una parte de esa discrecionalidad: la que atañe a los conceptos jurídicos indeterminados. Pero evitaré repetir las ideas de siempre, en torno a que son nociones que ofrece el legislador —a veces con cierta indolencia—, a fin de indicar su voluntad general al juez en situaciones en las que es difícil precisarla más allá de esa noción general, que debe concretarse en cada caso concreto estableciendo el propio concepto cuáles son los límites legítimos de esa discrecionalidad. Más que localizar esos límites, que es lo que ha ocupado a la doctrina, lo que intentaré es ir a la esencia de esa discrecionalidad judicial, tratando de averiguar cómo se construye en la mente del juez, a los fines de averiguar finalmente su legitimidad, que en el fondo es otro modo de abordar esos límites

326 Forza, A.; Menegon, G.; Rumiati, R., *Il giudice emotivo*, Bologna 2017, pp. 93 y ss, 107 y ss.

327 Vid. García de Enterría, E., Curso de Derecho Administrativo, I, Madrid 1992, pp. 455 y ss.

2. ALGUNOS CONCEPTOS JURÍDICOS INDETERMINADOS

No es solamente el Derecho administrativo aquel en el que más recorrido tienen los conceptos jurídicos indeterminados[328]. Al contrario, como quizás debería haber sido lógico pensarlo, el Derecho Procesal no es solamente que posea un buen número de ellos, sino que además es el Derecho que estudia el acto de aplicación de esos conceptos, el enjuiciamiento[329], esa operación mental del juez que hasta ahora ha resultado tan sumamente opaca, pese a algunos esfuerzos apreciables para descubrirlo, los más recientes de Posner[330] y de Kahneman[331].

Lo que sucede es que en Derecho procesal esos conceptos jurídicos indeterminados han pasado probablemente desapercibidos, escondidos la mayoría de ellos tras algunas expresiones en latín, y otros ni siquiera eso, pero no identificados como tales conceptos jurídicos indeterminados al no hacer referencia directa a nociones de utilidad pública —como la mayoría de esos conceptos—, sino directamente a las fronteras del comportamiento del juez. Un listado tentativo de algunos de los primeros sería el siguiente:

1. *Nemo iudex in causa sua*: es decir, el derecho fundamental al juez imparcial. Pero, claro está ¿qué hace parcial a un juez? La jurisprudencia española, para prevenir el fraude en las recusaciones, ha acotado esta circunstancia a las causas de parcialidad establecidas en el art. 219 de la Ley Orgánica del Poder Judicial. Sin embargo, ¿son realmente sólo esas causas las que hacen parcial a un juez?

2. *Nemo iudex sine actore / Ne procedeat iudex ex officio / Ne eat iudex ultra petita partium*: principio dispositivo. El juez no puede proceder de oficio. ¿Siempre y en todo caso? No es concebible ninguna iniciativa

328 García de Enterría, E., Curso de Derecho Administrativo, I, Madrid 1992, pp. 455 y ss. Parada Vázquez, R., *Derecho Administrativo I*, Madrid 1997, p. 106. Igartua Salaverría, J., "Principio de legalidad, conceptos indeterminados y discrecionalidad administrativa", *Civitas: Revista española de derecho administrativo*, 92, 1996, p. 535. Igartua Salaverría, J., "El indeterminado concepto de los «conceptos indeterminados»", *Revista vasca de administración pública*, 56, 2000, p. 145.

329 Vid. por todos Serra Domínguez, M., "El juicio jurisdiccional", en *Estudios de Derecho Procesal*, Barcelona 1969, pp. 64 y ss. Satta, S., *Il mistero del processo*, 1994, Carnelutti, *Torniamo al giudizio*, Rivista di Diritto Processuale, 3, 1949, pp. 169 y ss. Taruffo, M., "Giudizio (teoria generale)", *Enc. giur.*, XV, Treccani, Roma 1989, p. 2.

330 Posner, R., *How Judges Think*, Harvard 2010.

331 Kahneman, D.; Sinony, O.; Sunstein, C. R., *Noise. A Flow in Human Judgment*, Boston 2021.

oficial en el proceso, al admitir la prueba o incluso al juzgar en la sentencia?

3. *Da mihi factum, dabo tibi ius*: principio de aportación de parte. ¿El juez no puede tener en cuenta, realmente, ningún otro hecho ni prueba que no haya sido aportado por las partes?

4. *Iudex iudicat secundum allegata et probata (partium), et non secundum conscientiam / Iudex iudicare debet, secundum allegata et probata (partium)*: principio de aportación de parte y parcialmente principio de congruencia. El alcance de este principio, originariamente relacionado con la independencia judicial, es tan sumamente impreciso que da lugar a no pocas discusiones sobre las fronteras de la iniciativa del juez, entre la boca que pronuncia las palabras de la ley, de Montesquieu[332], y el modelo de juez soviético[333], absolutamente director del proceso, o chino, supervisado por el poder político[334].

5. *Non exemplis sed legibus iudicandum est*: prohibición de vinculación al precedente jurisprudencial. Sin embargo, ¿en qué medida la interpretación judicial de una ley puede superar el mandato de un legislador en el caso concreto?

6. *De minimis non curat praetor*: se refiere al tradicional abandono de los legisladores —y de los jueces— por la correcta resolución de los procesos de escaso interés económico o mínima relevancia penal. Sin embargo, ¿qué es un asunto bagatela? El legislador suele decirlo, pero no en todo caso. Ni siempre que lo dice se trata de un asunto bagatela. En ese trance, de nuevo, es el juez quien decide la atención que debe dispensársele a ese proceso concreto.

Pero no son solamente esas expresiones, conceptos, principios, brocardos… los que deben ser interpretados por el juez. Otros son todavía más comprometidos. La presunción de inocencia, sin ir más lejos[335]. Formulada como *in dubio pro reo* hace muchos siglos[336], ordena al juez la absolución en

---

[332] Montesquieu, (Charles-Louis de Secondat), *De l'esprit des lois*, reedición de la ed. de Paris 1748, Paris 1979, L. XI, Cap. VI, p. 295.

[333] Wyschinski, A. Y., *Theorie der gerichtlichen Beweis im sowietischen Recht*, Berlin 1955, p. 180.

[334] Yaxin Wang, Hangping Chen, Junbo Liu, Key Handout on Chinese Civil Procedure Law (中国民事诉讼法重点讲义), Peking: Higher Education Press, 2021, p. 209.

[335] Vid. Nieva Fenoll, J., *La duda en el proceso penal*, Madrid 2013, pp. 61 y ss.

[336] Dig. L. 48, tít. 19, 5. Ulpiano: "*sed nec de suspicionibus debere aliquem damnari divus traianus adsidio severo rescripsit: satius enim esse impunitum relinqui facinus nocentis quam innocentem damnari.*"

caso de duda. Ahora bien, ¿cuándo existe una duda? Porque dudas existen siempre, al ser prácticamente imposible la certeza en un enjuiciamiento, pero la apreciación de cuándo la duda es suficientemente razonable para absolver, depende por completo de la decisión judicial, que debe ser racional, claro está, pero el margen de apreciación es realmente enorme, y tal vez queramos, en parte, que sea así cuando el propio legislador habla de "sana crítica" en la valoración de la prueba, por más que intentemos acotar el razonamiento judicial a través de la lógica de los estándares probatorios[337]. Lo veremos después.

Lo mismo sucede cuando por ejemplo el art. 567 de la Ley de Enjuiciamiento Civil obliga al juez a calcular los intereses de demora "conforme a su prudente arbitrio". También recurre a la "prudencia" el legislador en el art. 364.2 LEC cuando debe el juez decidir si las partes y sus abogados no deben concurrir a una declaración testifical domiciliaria.

Pero si uno bien se fija, las leyes procesales están plagadas de estas referencias. ¿Qué son las "graves contradicciones" que motivan al juez a ordenar un careo, según el art. 373 LEC? ¿Qué es la buena fe procesal del art. 247 LEC?[338] ¿Cuándo se produce el caso de que un proceso se celebre a puerta cerrada porque "las circunstancias lo aconsejen", al amparo del art. 754 LEC? ¿Cuándo considera un tribunal de casación "conveniente" la celebración de una vista?

Pero se puede ir aún más allá. ¿Cuándo se considera que concurre el *periculum in mora* de una medida cautelar? Y en ese mismo escenario provisional, ¿cuándo estamos ante una acreditación suficiente del *fumus boni iuris*? O exactamente en el mismo apartado epistemológico, ¿cuándo existe un principio de prueba? Es curioso que la determinación de esto último era clara en la Edad Media[339], pero con los años preferimos hacerla más difusa a través de la libre valoración de la prueba...[340] Paradojas de la evo-

---

337 Ferrer Beltrán, J. *Prueba sin convicción*, Madrid 2021. González Lagier, D., "¿Es posible formular un estándar de prueba preciso y objetivo?Algunas dudas desde un enfoque argumentativo de la prueba", *Revista telemática de filosofía del derecho*, n. 23, 2020, pp. 79 y ss. Dei Vecchi, D., Los confines pragmáticos del razonamiento probatorio, Lima 2020. Fernández López, M., "La valoración de las pruebas personales y el estándar de la duda razonable", Cuadernos Electrónicos de Filosofía del Derecho, núm. 15, 2007. Gascón Abellán, M., "Sobre la posibilidad de alcanzar estándares de prueba objetivos", *Doxa*, 2005, n. 28, pp. 127 y ss.

338 Picó Junoy, *El principio de buena fe procesal*, Barcelona 2012.

339 Nörr, K. W., *Romanisch - kanonisches Prozessrecht*, Berlin 2012, p. 129. Jaumar y Carrera, J., *Práctica forense*, Barcelona 1840, p. 48.

340 Bentham, J., *Traité des preuves judiciaires*, Paris 1823, t. II, pp. 9 y ss.

lución jurídica, que con todo, al menos en este caso, no es que carezca precisamente de sentido.

En definitiva, que los conceptos jurídicos indeterminados no son patrimonio de una rama del Derecho, es bien sabido, pero que son más frecuentes en el Derecho procesal de lo que podría llegar a pensarse. Con todo, ¿a qué se apela con esos conceptos? Dicho de otro modo, ¿De qué está hecha la discrecionalidad judicial?

3. ¿DE QUÉ ESTÁ HECHA LA DISCRECIONALIDAD JUDICIAL?

Como había intuido De Marini[341], puede que esa pregunta sea mejor hacérsela a un psicólogo. A un psicólogo del pensamiento[342], para ser más exactos. Porque ciertamente, con esos conceptos jurídicos indeterminados se está apelando, no tanto a lo que se ha llamado "máximas de experiencia", sino en realidad a la intuición[343] y hasta a las emociones del juez[344]. En resumidas cuentas, esos serían en última instancia, dejando lo jurídico de lado momentáneamente, los dos elementos principales de la discrecionalidad judicial.

Pero existe otro posible elemento que para muchos puede aparecer en el camino: el concepto de justicia, al que también juristas y filósofos[345], y hasta últimamente primatólogos[346] e incluso algún historiador o economista[347], le han dado ya unas cuantas vueltas. Es un concepto realmente fascinante, porque es probablemente la principal base filosófica de nuestra cultura, que parte de la división maniqueísta entre lo bueno y lo malo. Lo bueno sería lo justo. Pero, ¿qué es "lo bueno"?

En una respuesta precipitada, pero que no deja de acercarse muchísimo a la realidad, lo bueno es lo que una comunidad social percibe como positivo en un momento determinado. No existen nociones inmanentes

---

341 Di Marini, C. M., *Il giudizio di equità nel processo civile*, cit. p. 105.

342 González Labra, M. J., Introducción a la psicología del pensamiento", Madrid 2005. Garnham, A. / Oakhill, J., *Manual de psicología del pensamiento*, Barcelona 1996.

343 Gigerenzer, G., *Decisiones intuitivas*, Barcelona 2008.

344 Forza; Menegon; Rumiati, *Il giudice emotivo*, Bologna 2017.

345 Rawls, J. *A Theory of Justice*, 1971

346 Brosnan, S. F.; De Waal, Frans B. M., "Fairness in Animals: Where to from Here?", *Soc. Just. Res.*, 2012 25, pp. 336 y ss.

347 Sen, A., *La idea de la justicia*, 2011

en este sentido, como se intentaron y aún pretenden localizar los iusnaturalistas[348]. En realidad, si observamos solamente lo que se ha considerado delictivo en los últimos 4.000 años en culturas próximas a la nuestra, veremos que el concepto ha sido extraordinariamente voluble, casi gaseoso. A nadie le preocupa ya la brujería[349]. El adulterio o infidelidad sexual[350] han perdido un peso relevante en nuestro día a día, hasta el punto que existen personas que han dejado de entender por qué eso debe ser algo importante, igual que la homosexualidad, que todavía se castiga con la pena de muerte en demasiados lugares. Queda claro, por tanto, que lo "bueno" no es algo ni mucho menos eterno, sino que depende de la observación de cada sociedad. Ni siquiera el robo tiene una consideración social tan estable. En otro tiempo robaba quien usurpaba la propiedad de otro. Hoy un número creciente de personas considera que los que realmente roban son los que poseen mucho más que los demás. Hasta hace muy poco fueron considerados personajes ejemplares esos ricos, y hoy en día están bajo una creciente sombra de sospecha.

Por tanto, queda claro que el concepto de lo justo depende de lo que cada sociedad perciba como positivo en cada momento. Aunque pese a esa imprecisión tan enorme que impide estabilizar el concepto más allá de lo indicado, existen algunos intentos de darle un contenido incluso biológico que no dejan de tener cierto interés, puesto que curiosamente enlazan con la que parece ser la primera formulación histórica del concepto de justicia, representado en la diosa Maat[351]. Lo que nos dejan intuir los jeroglíficos es que esa diosa simbolizaba una especie de armonía cósmica que restauraban los jueces cuando era alterada.

Desde luego, la formulación es extraordinariamente anticuada, supersticiosa, ambigua y acientífica. Pero no deja de evocar la importancia que aquella sociedad le dio a la averiguación de lo que, según ellos mismos, era bueno. Hasta designaron representantes dentro de esa sociedad para determinarlo: los jueces. Pero la pregunta vuelve a ser la misma: ¿qué es lo que consideraban bueno, o dicho de otra manera, justo?

---

348 Cicero, *De Legibus* o, nuevamente Aristóteles, *Ética a Nicómaco,* Madrid, Alianza Eitorial 2005.

349 Código de Ur-Nammu, Col. II, II, art. A 6 y Col. VI. Vid. Szlechter, E., *Les lois sumériennes,* Roma 1983, p. 23.

350 Vid. Lara Peinado, F., *Código de Hammurabi,* Madrid 1997, §§ 129 a 133.

351 Decoeur, H., "Maat, entre Cosmologie et Mythe: Le Principe Constitutionnel d'un Etat de Racine Chtonienne en Ancienne Egypte". *Revue Juridique Themis,* vol. 45, n. 2, 2011, pp. 343 y ss.

En ese aspecto están incidiendo los primatólogos[352] últimamente, aunque de una manera que puede ser algo sesgada, a mi juicio. Han observado que algunos animales, bastantes más de los que pensamos, parecen tener gestos de empatía, de ayuda desinteresada a quien lo necesita. Han visto cómo un chimpancé le devolvía la manta a otro chimpancé después de habérsela robado, sin acto de reclamación previa. O han observado cómo las tortugas se agrupan en torno a otra a la que se le ha dado la vuelta el caparazón para conseguir que vuelva a sustentarse sobre sus cuatro patas. Hay muchos más comportamientos de este estilo que están inspirando en esos estudiosos un estudio sobre la empatía en el mundo animal, una cualidad que hasta hace no tanto se creía exclusivamente humana. Y que además no solamente se observa en primates sino, como se ha visto, incluso en reptiles.

Pero ciertamente, esa cualidad indiscutiblemente no es sólo humana. Parece que una parte importantísima de seres vivos ayudan a los que lo necesitan y no solamente piensan en ellos como posible alimento cuando están en dificultades. Pues bien, ese es el comportamiento que parece más identificado como positivo en nuestra especie: la conducta solidaria, que consiste no solamente en ayudar a los demás, sino procurar que todos tengan más o menos lo mismo, empezando por su propia vida. Tal vez ese era el equilibrio cósmico de Maat, excluyendo a los jerarcas como el Faraón, claro está, que era precisamente el sumo transmisor de la voluntad de Maat, es decir, del concepto de justicia. Es increíble echar la vista atrás y ver cómo esa manera de entender las jerarquías en un Estado, se ha arrastrado durante tantísimo tiempo simbolizada en reyes, emperadores, jerarcas de religiones y hasta en dictadores.

Al margen de ello, queda vigente esa especie de tendencia a la igualdad, al reparto de lo existente. El no aislar a nadie, en pocas palabras. Con contratiempos importantes, como las culturas que conocen de un modo u otro el sistema de castas, esa tendencia al comportamiento solidario parece que es la que se identifica como virtuosa, en el fondo, en las culturas que nos son más próximas. Puede que todo se deba a la observación de no pocos

[352] Brosnan, S. F.; De Waal, Frans B. M., "Fairness in Animals: Where to from Here?", *Soc. Just. Res.*, 2012 25, pp. 336 y ss. Preston, S. D.; De Waal, F. B. M., "Empathy: its ultimate and proximate bases", *Behavioral and Brain Sciences*, 2002, 25, pp. 1 y ss. Skitka, L. J., "Cross-Disciplinary Conversations: A Psychological Perspective on Justice Research with Non-human Animals", Soc Jus Res, 2012, 25, pp. 327 y ss.

filósofos —incluyendo a Confucio[353] o a Lao-Tse[354]— de que ese pasaba por ser el comportamiento que garantizaba una convivencia más pacífica, es decir, que evitaba conflictos. El "camino" de Lao-Tse renegaba de la violencia y de la sobrerregulación de las conductas, tratando de obtener la libertad de todos a través de la mutación perpetua aprovechando el esquema causa-efecto, respetando el devenir de la naturaleza, lo que otorga al pensamiento un trasfondo claramente cósmico que pretende la armonía: nuevamente la igualdad. Algo parecido a lo que Confucio deseaba proclamando la entrega a la población de todo lo necesario para la subsistencia, buscando el "justo medio" que lleva nuevamente a la paz y a la armonía. De nuevo, el comportamiento solidario como definidor de lo bueno: el *suum cuique tribuere* y *alterum non laedere* de Ulpiano[355].

Con todo, no siempre es así. La fuerza y la discriminación de los débiles son bien vistas por no pocas culturas, que desmienten que esa armonía solidaria sea una especie de valor universal. En Esparta[356] se valoraba a los individuos más fuertes —matando a los más débiles— como defensores de toda la comunidad, en un ejercicio de la solidaridad patria bien cuestionable desde el mismo parámetro solidario, aunque entendible en un pueblo que se siente amenazado. Pero no parece ser ese —la fuerza— el valor director en nuestra cultura, por lo que sí se puede dar por válido que la conducta solidaria es la base de la percepción de lo justo en nuestra sociedad, que se alinea totalmente con esas culturas más ancestrales a las que ya he hecho referencia.

Sin embargo, quedan por analizar las herramientas que utiliza el juez en la determinación de esa conducta solidaria. Y en ese punto es cuando se apela, como antes se dijo, a la intuición y a las emociones del juez. A ambas cosas.

La intuición había sido hasta hace poco un terreno absolutamente pantanoso que hasta se había llegado a romantizar. Hoy lo conocemos mucho

---

353 Confucio, *Lun Yu*, Barcelona 2002.

354 *Tao Te Ching: Los libros del Tao*. Trad. Iñaki Preciado, Madrid, Trotta 2018.

355 Dig.1.1.10.1.

356 Cartledge, P., *Sparta and Lakonia: A Regional History 1300 to 362 BC*, Oxford 2002, p. 84. Pitsios, T. K., "Ancient Sparta - Research Program of Keadas Cavern", Bulletin der Schweizerischen Gesellschaft für Anthropologie 16 (1-2), 2010, pp. 13 y ss.

mejor, gracias a psicólogos como Tversky[357], Kahneman[358] o Gigerenzer[359]. Ahora ya sabemos que las decisiones humanas que no están basadas en datos concretos identificables claramente *a priori*, sino que se asientan sobre cálculos estadísticos sumamente imprecisos sobre los que tomamos nuestras decisiones, haciendo aquello que recordamos que tuvo éxito más veces —heurístico de representatividad[360]—, o bien lo que recordamos con más facilidad —heurístico de accesibilidad[361]—, o bien lo que asumimos como cierto, habitualmente con esos cálculos preliminares, y luego lo defendemos a capa y espada como verdad absoluta —heurístico de anclaje y ajuste[362]—, o bien en función de aquello que por razones emocionales nos provoca mayor proximidad o rechazo —heurístico de afección[363]—. De esa forma tan burda se construyen nuestras decisiones intuitivas, por lo que no es de extrañar que padezcan muy frecuentes errores o sesgos.

Pero también se cuenta con la utilización de nuestras emociones[364], que sólo son un mecanismo biológico de supervivencia que nos aleja o acerca de lo que nuestro cerebro percibe como positivo o negativo para nuestra vida física. González Lagier[365] ha demostrado recientemente cómo se insieren en el proceso de decisión judicial, a veces dificultándolo pero no pocas veces teniendo una influencia positiva, añado yo, por reflejar las más habituales reacciones emocionales entre la sociedad. Es obvio que no está bien visto reaccionar sin emotividad a lo que impresiona a todo el mundo, y en este sentido ve González Lagier una guía para el juez bastante más orientadora de lo que en principio podría parecer.

---

357 Kahneman, D.; Tversky, A., "On the study of statistical intuitions", *Cognition*, 1982, 11, pp. 123 y ss.

358 Kahneman, D.; Slovic, P.; Tversky, A. (ed.), *Judgment under Uncertainty: Heuristics and Biases*, Cambridge 1982.

359 Gigerenzer, G., *Decisiones intuitivas*, Barcelona 2008.

360 Kahneman, D.; Tversky, A., "Subjective probability: A judgment of representativeness", en Kahneman; Slovic; Tversky (ed.), *Judgment under Uncertainty: Heuristics and Biases*, Cambridge 1982, pp. 33 y ss.

361 Tversky, A. / Kahneman, D., "Availability: A heuristic for judging frequency and probability", en Kahneman; Slovic; Tversky (ed.), *Judgment under Uncertainty: Heuristics and Biases*, Cambridge 1982, pp. 163 y ss.

362 Tversky; Kahneman, *Judgment under Uncertainty: Heuristics and Biases*, cit. p. 16.

363 Finucane, M. L.; Alhakami, A.; Slovic, P.; Johnson, S. M., "The Affect Heuristic in Judgment of Risks and Benefits". *Journal of Behavioral Decision Making* 13 (1), enero 2000, pp. 1 y ss.

364 Hülstoff, T., *Emotionen*, München 2006.

365 González Lagier, D., *Emociones sin sentimentalismo. Sobre las emociones y las decisiones judiciales*, Lima 2020.

Y no es extraño que así sea, o parezca, pues en este contexto lo que es y lo que parece se entremezcla inevitablemente. Si podemos concluir que lo justo es lo que intersubjetivamente se percibe como bueno, en esa percepción los heurísticos —incluso con sus sesgos— y las emociones poseen un papel absolutamente protagónico. Y hasta parece esperarse que sea así.

Si se repasan los conceptos jurídicos indeterminados que antes se listaron sin ánimo alguno de exhaustividad, pero también sin haberlos escogido por ningún motivo en concreto, se verá que lo que hay detrás de la presunción de inocencia, de la imparcialidad judicial o de la necesidad de protección frente a los peligros —el *periculum in mora*— no es más que una y otra vez exactamente lo mismo: la noción de lo bueno, de lo justo. Volvemos así una y otra vez, no ya a ese concepto de justicia, sino a Maat, que no es sino un concepto teológico, como tal vez ya habrá detectado el lector.

Y ello no deja de causar problemas. Lo teológico, al final, no es más que la imposición de unos valores en los que han creído algunas mayorías, o alguna dirigencia, durante un tiempo, y que se han difundido entre la sociedad gracias al aparentemente involuntario comportamiento gregario que ha estudiado la psicología social[366]. Al final, los mejores vigilantes y censores de comportamientos sociales son los propios miembros de la sociedad, que hacen de policía gratuita de esa dirigencia que impulsó un día aquellos valores, o de aquellos grupúsculos sociales que gracias a su retórica e influencia en la comunidad, consiguieron difundir dichos valores en el resto del grupo.

Pero la pregunta que queda después de todas estas reflexiones es todavía más sencilla, y volvemos al punto de partida de la intersubjetividad. Todos estos comportamientos, como se ha visto no tan lejanos del comportamiento animal, están basados en unas formas de pensar que se remontan muy atrás, a un momento en que la comunidad humana no conocía la ciencia, y explicaba todo lo que no entendía a través de la teología. La pregunta es si tenemos que asumir que esa manera de hacer estrictamente teológica, basada en esa intersubjetividad intuitiva, debe seguir teniendo un peso en las decisiones judiciales, o bien podemos pensar hoy en día en algo bastante más científico, o simplemente en algo científico.

---

366 Rook, L., "An Economic Psychological Approach to Herd Behavior", *Journal of Economic Issues*, 2006, n. 40, 1, pp. 75 y ss. Stanford, C. B., "Avoiding Predators: Expectations and Evidence in Primate Antipredator Behaviour", *International Journal of Primatology*, 2002, 23, 4, pp. 741 y ss.

4. ¿ES REALMENTE NECESARIA LA DISCRECIONALIDAD JUDICIAL?

Es decir, la cuestión a resolver es si una vez comprobado que la discrecionalidad judicial nos entrega a un mundo de intuiciones y emociones que pretenden captar la opinión comunitaria en el mejor de los casos, deberíamos excluir dicha discrecionalidad en beneficio de un empirismo que consiguiera arrinconar cada vez más esa libertad de juicio, tan incontrolable, de los jueces.

Dicho de otro modo, se trata de saber si seguimos deseando tener a los jueces como gurús de nuestra sociedad en casos que nos cueste resolver, o preferimos ir concretando los márgenes de esas expresiones ambiguas que emplea el ordenamiento en las situaciones en las que el legislador, ante la cantidad de datos que deberían tenerse en cuenta para conseguir una decisión, no justa, sino simplemente correcta, abdica de su misión y lo encomienda a todo a la fe en un ser humano, el juez, recurriendo a su discrecionalidad. Y es que, claro está, si esa fe está sustentada en una conexión con la divinidad, como ocurrió en el mundo egipcio y muchísimo después incluso con los jurados, en el fondo todo podría tener sentido. Pero para aceptar la corrección de ese esquema, no queda otro remedio que creer en la divinidad, y actualmente son ya demasiados los que no están dispuestos a aceptar ese final, porque en el fondo supone una renuncia al empleo de la ciencia.

Pues bien, si queremos proseguir por ese camino iluminista, no hay otra solución que profundizar en la labor que en otro tiempo, y aún hoy, quisieron hacer los legisladores, reduciendo a márgenes mucho más estrechos el ámbito de influencia de los conceptos jurídicos indeterminados. Por ejemplo, cuando se considera el *periculum in mora*, se suele entender, de un modo u otro[367], que resulta imposible describir con precisión todas las circunstancias de peligro que justifican la adopción de una medida cautelar. Sin embargo, ¿es ello así?

La verdad es que no. Es cierto que no podemos saber con total certeza si una persona no va a pagar, se va a fugar o no va a volver a delinquir. Pero sí que podemos estudiar circunstancias que puedan hacer más factible la toma de decisiones en ese sentido por parte de un sujeto, y explicarlo

---

367 Fairén Guillén, V., "La reforma del proceso cautelar español", en *Temas del ordenamiento procesal*, Madrid 1969, tomo II. p. 906. Serra Domínguez, M., (con Ramos Méndez), *Las medidas cautelares en el proceso civil*, Barcelona 1974, p. 41. Montero Aroca, J., "Medidas cautelares", en *Trabajos de Derecho procesal*, Barcelona 1988, p. 431.

debidamente, que es a lo que solemos denunciar. En ese camino se han empeñado no pocos psicólogos de la personalidad[368], y los resultados, aún con sus defectos y carencias, son esperanzadores. Se han identificado muchos de esos parámetros tendenciales, aunque se detecta que no siempre se evalúan bien cuando se comprueba que las decisiones judiciales son exactamente las mismas acudiendo a un número muchísimo más reducido de parámetros, como acaba de demostrar Kahneman[369] evaluando, una vez más, el cuestionable rendimiento de COMPAS[370].

Sin embargo, ello nos da la clave de que ese escenario de incertidumbre tan enorme con respecto a ese concepto se conjura acudiendo, una vez más, a la ciencia. Se podría hacer exactamente lo mismo con la buena fe, concretando que la misma se precisa en el estudio de la creencia real de estar obrando de manera justa, descubriendo los datos que permiten revelar que no ha sido así. También se consigue ampliar el catálogo de causas de recusación identificando los factores que dan origen a la parcialidad judicial, más allá de los que ya se han fijado en la ley[371]. Y hasta puede evaluarse si el principio dispositivo —tal vez habría que empezar a hablar de sistema dispositivo— permite realmente garantizar esa imparcialidad o acaba siendo contraproducente para la misma. Pero con realismo científico y sin presunciones ideológicas o generalizaciones del estilo de las que afirman que el sistema adversarial[372] —la denominación del sistema dispositivo en el mundo anglosajón— es infinitamente bueno. No lo es, y lo sabemos muy bien actualmente.

Tal vez así podremos averiguar por fin por qué la presunción de inocencia debe respetarse en todo caso. Como ya comenté hace un tiempo[373], en la sociedad en general existe un formidable prejuicio social de culpabilidad, derivado del instinto de supervivencia, que también influye a los jueces. Si esos juzgadores se dejaran llevar por el mismo, dejarían de ser imparciales, lo que sería inaceptable, puesto que el juez que se sitúa en el

---

368 Por todos, Andrés Pueyo, A.; López, S.; Álvarez, E., "Valoración del riesgo de violencia contra la pareja por medio de la SARA", *Papeles del Psicólogo*, 2008. Vol. 29(1), pp. 107 y ss.

369 Kahneman e.a., *Noise*, cit., pp. 127 y ss.

370 Correctional Offender Management Profiling for Alternative Sanctions. NORTHPOINTE, *Practioners Guide to COMPAS*, 17-8-2012.

371 Nieva Fenoll, "El sesgo ideológico como causa de recusación", *Ius et Praxis*, vol. 18, n. 2, 2012, pp. 295 y ss.

372 Freer, R. D., *Civil Procedure*, New York 2017, p. 4. Damaska, M. R., *The Faces of Justice and State Authority*, New Haven 1986, p. 3.

373 Nieva Fenoll, *La duda en el proceso penal*, cit. pp. 101 y ss.

lado de las partes deja de ser un juez, y esto es una constatación científica, y no un concepto jurídico indeterminado.

5. DE LA LEY A LA INTELIGENCIA ARTIFICIAL (IA): LA LUCHA POR EL ARRINCONAMIENTO DE LA DISCRECIONALIDAD

Curiosamente, es la inteligencia artificial la que nos puede ayudar en este apasionante camino de empirismo. Muchos operadores jurídicos, especialmente los que trabajan en los tribunales, están acuciados desde hace bastante tiempo por el gran número de demandas reiterativas que les consume unos esfuerzos procedimentales y decisionales enormes. Intuyen que la IA podría ayudarles a mecanizar esas procedimientos, y ciertamente así es[374].

Sin embargo, lo que acostumbran a ignorar, porque es lo más complejo, es que no se puede iniciar ningún proceso serio de construcción de un algoritmo sin datos. Y que esos datos los tienen que recabar los juristas, y específicamente esos trabajadores de la justicia, lo que es una tarea extraordinariamente laboriosa y que lleva bastante tiempo, pero que tiene como premio esa deseada automatización en términos razonables a medio plazo. En definitiva, se trata de analizar el propio comportamiento cuando se conduce un procedimiento, evaluando durante un tiempo en todos y cada uno de los procedimientos, cuáles son las eventualidades, factores influyentes y alternativas decisionales que concurren en todos los casos concretos con que se enfrenta el tribunal.

Por ejemplo, desde la perspectiva procedimental, que es tal vez la más simple, el Letrado de la administración de Justicia, es decir, el director de la oficina judicial, con la colaboración de los otros funcionarios administrativos del tribunal, tiene que ir anotando todas esas eventualidades, factores y alternativas de cada procedimiento concreto. Al cabo de un cierto tiempo, se dispondrá de una cantidad notable de datos con los que finalmente el ingeniero informático podrá trabajar para elaborar el algoritmo. Y es importante entender que ese trabajo de recopilación lo tiene que realizar el personal del tribunal, y no el ingeniero informático, porque no es su ámbito y podría cometer centenares de errores que luego darían al traste con la herramienta de inteligencia artificial que creara. Y ello es un aviso,

---

374 Deeks, A., "The Judicial Demand for Explainable Artificial Intelligence", *Columbia Law Review*, vol. 119, n. 7, 2019, pp. 1829 y ss

también, para los propios trabajadores del tribunal. Todos los errores que cometan en esa recopilación de datos, serán los errores que cometa después la herramienta.

Leyendo lo anterior se comprenderá que la labor de recopilación en la evaluación de cada concepto jurídico indeterminado es bastante más compleja, pero hay que entender también que no es imposible. Bastante más difícil era determinar todos los factores que influyen en la fisiología de un tumor, es decir, en su aparición, crecimiento y también en el aspecto externo de un tumor cancerígeno, y los médicos llevan décadas recopilándolos, lo que ha supuesto una ventaja extraordinaria para elaborar los algoritmos[375] de análisis de las imágenes de las resonancias magnéticas, fMRI y tomografías axiales computerizadas. Los juristas no tenemos que deslizarnos, de nuevo, hacia el terreno de la fe, creyendo que la cantidad de factores influyentes en una decisión judicial es completamente ilimitada. A pesar de que en el conjunto de un proceso sí que puede concurrir una multiplicidad de factores sumamente variables y puntuales, tanto que no son realmente recopilables —piénsese solamente en la evaluación de la credibilidad de los testigos[376]—, en cuanto a la evaluación de los conceptos jurídicos indeterminados, esa cantidad de factores es más limitada. Al final, como ya se dijo, estamos intentando que el juez precise en un caso concreto qué es "lo bueno". Y ese estado óptimo intersubjetivo sí se puede determinar con bastante precisión, aunque ajustando los factores influyentes a cada época, naturalmente.

Y ello precisamente ayuda a que los jueces sean conscientes de todo lo que les influye en esa evaluación. Si los juzgadores hacen examen de conciencia con total sinceridad, y apuntan qué razones concretas les llevaron en cada caso concreto a interpretar de un modo u otro un concepto jurídico indeterminado, acabaremos identificando por fin los sesgos en la decisión judicial con cada vez mayor precisión. Será el momento de que los jueces dejen de evaluar a las personas por su aspecto, vestimenta, manera de hablar, posturas, gestualidad, lenguaje empleado, y otros muchos factores que salvo que tenga una justificación razonable tomarlos en consideración en un caso concreto, normalmente conducen a sesgos, es decir, a errores. Desorientan absolutamente la decisión judicial. Podría ser que

---

375 Entre otros muchos, Hofman, P., "ALK in Non-Small Cell Lung Cancer (NSCLC) Pathobiology, Epidemiology, Detection from Tumor Tissue and Algorithm Diagnosis in a Daily Practice", *Cancers* 2017, *9*(8), p. 107.

376 Por todos, Loftus, E. *Eyewitness testimony*, Harvard 1996. Mazzoni, G., *Psicologia della testimonianza*, Roma 2015. Manzanero, J. A., *Memoria de testigos*, Madrid 2010.

gracias a esa labor de recopilación para la elaboración de la herramienta de inteligencia artificial, pudiéramos obtener finalmente una mayor calidad de la Justicia, lo que sería positivo porque se iría arrinconando de ese modo la discrecionalidad.

Sin embargo, no se olvide que esos mismos prejuicios también están muy difundidos entre la población, lo que haría que la percepción ciudadana de esta nueva justicia automatizada pudiera no ser positiva en un principio, hasta que la gente identifique la incidencia en sus decisiones de los prejuicios sociales. Puede que con ello se ilumine finalmente una nueva conciencia colectiva que nos lleve a un muy deseable objetivo final: el fin de la discriminación. Todo lo contrario de lo que ha ocurrido con herramientas terribles como COMPAS[377]. Evidentemente, todo ingenio, toda evolución tecnológica, se puede utilizar en sentido favorable y desfavorable para la consecución de un objetivo. En Derecho tenemos un parámetro de bondad, si se me permite decirlo así, en la teoría de los derechos fundamentales. Ese debería ser también el parámetro o guía de cualquier ingenio de inteligencia artificial.

---

[377] Por todos, Larson, J.; Mattu, S.; Kirchner, L, / Angwin, Julia, "How We Analyzed The Compas Recidivism Algorithm", *Propublica*, 23-5-2016, https://www.propublica.org/article/how-we-analyzed-the-compas-recidivism-algorithm.

TRASFONDO PSICOLÓGICO DE LA ACTIVIDAD JUDICIAL

Publicado en AAVV (Nieva Fenoll/Oteiza dir.), La independencia judicial: un constante asedio, Madrid 2019, pp. 23-37.

1. INTRODUCCIÓN

Un tema que, salvo excepciones[378], acostumbra a dejarse de lado cuando se aborda el concepto de independencia, se refiere a la psicología de los jueces. Se suele partir de la errónea premisa, pocas veces asumida, de que dicha psicología afecta solamente a la imparcialidad, cuando lo cierto es que el trasfondo de la independencia está basado casi siempre en la psicología. La independencia depende en gran medida de la resistencia de cada juez, incluso cuando es un simple delegado del poder ejecutivo. Si cede a las presiones lo hace, por ejemplo, por temor a perder su trabajo[379], y esa es una cuestión puramente psicológica.

De entre todos los enfoques que se podrían adoptar para tratar este tema dejaré al margen el estudio de la personalidad[380] del juez. El análisis sería muy interesante, pero terriblemente complejo, de manera que la falta de estudio individualizado lastraría las conclusiones y las dejaría a merced de simples intuiciones, lo que no es admisible científicamente. Por eso centraré el examen exclusivamente en el pensamiento judicial de un juez que carezca de una personalidad patológica. El juez megalómano, justiciero, soberbio o fanático, o dicho en categorías psiquiátricas, histriónico, paranoico, esquizoide, límite, antisocial o narcisista —entre otras— ciertamente existe, pero lo aislado de los casos en que se producen esas disfunciones —que deben ser corregidas— oscurecería el estudio del juez habitual, es decir, el que no padece ninguno de esos trastornos de la personalidad[381].

---

[378] Vid. por todos Posner, Eduard A., *Cómo deciden los jueces*, Madrid 2011, passim.

[379] Epstein, Lee, "Some Thoughts on the Study of Judicial Behavior", *William & Mary Law Review*, vol. 57, 6, art. 3, 2017, p. 2024.

[380] Vid. un buen compendio en Andrés Pueyo, Antonio, *La personalitat*, Barcelona 2005. También Andrés Pueyo, Antonio, *Manual de psicología diferencial*, Madrid 1997.

[381] Vid. Millon, Theodore / Davis, Roger D., *Trastornos de la personalidad: más allá del DSM-IV*, Barcelona 1998. AAVV, *Manual diagnóstico y estadístico de los trastornos mentales: DSM 5*, Madrid 2014.

En consecuencia, centraré el estudio en la psicología del pensamiento judicial[382]. El mismo no es diferente al de cualquier otro ser humano, como no puede ser de otro modo, y es interesante analizar si los habituales patrones de pensamiento que todos utilizamos para tomar decisiones, afectan a la independencia en sus variedades más importantes: la independencia frente al resto de poderes del Estado y la independencia de los jueces como personas[383]. Asimismo se analizará el papel de las emociones[384] del juez, que condicionan también las decisiones.

2. ¿AFECTAN A LA INDEPENDENCIA JUDICIAL LOS HEURÍSTICOS EN LA TOMA DE DECISIONES?

Tversky y Kahneman[385] le hicieron un inmenso favor a la humanidad bajándola del pedestal y denunciando que nuestras decisiones no son demasiado complejas. Ello rompía una tendencia en la historia del pensamiento, que quizás partiendo de un cierto condicionamiento religioso tendía a elevar al ser humano y sus capacidades intelectuales hasta cotas poco menos que paranormales. De hecho, los filósofos habían intentado describir el pensamiento humano, desde Aristóteles[386], con una relevante complejidad[387], valiéndose sobre todo de la intuición en la mayoría de ocasiones. Aunque quizás el producto más importante de la historia de la filosofía es haber alejado paulatinamente a nuestra sociedad de las "verdades" teológicas, impuestas de manera muchas veces arbitraria por los propios humanos, en beneficio precisamente de la reflexión alejada de dichas "verdades". El racionalismo y su atención por la "experiencia" es fiel testimonio de ello[388].

---

382 Sobre el tema, KAPARDIS, *Psychology and Law: A Critical Introduction.* Klein / Mitchell, *The Psychology of Judicial Decision Making.* Danziger, Shai e. a., *Extraneous Factors in Judicial Decisions,* 108 Proc. Nat'l Acad. Sci. U.S. 6889, 2011, pp. 1 y ss. FORZA, Antonio / Menegon, Giulia / Rumiati, Rino, *Il giudice emotivo,* Bologna 2017.

383 Nieva Fenoll, *Derecho Procesal I. Introducción,* Madrid 2014, pp. 71 y ss.

384 Hülshoff, Thomas, *Emotionen,* München 2006.

385 Kahneman, Daniel / Slovic, Paul / Tversky, Amos, *Judgment under Uncertainty: Heuristics and Biases,* Cambridge 1982.

386 Aristóteles, *Tratados de la lógica (Órganon),* II, Ed. Gredos, Madrid 2008, pp. 93 y ss.

387 Johnson-Laird, P. N. / Byrne, *Deduction,* London 1991, p. 106.

388 Vid. De Montaigne, Michel, "De cómo filosofar es aprender a morir", en *Ensayos completos,* Madrid 2013, pp. 122 y ss, Hume, *Investigación sobre el conocimiento humano,* Madrid 2015, p. 50.

Pues bien, ahora sabemos que ese pensamiento no es habitualmente tan complejo, sino que los seres humanos utilizamos fundamentalmente cuatro parámetros pseudoestadísticos para optar por la decisión correcta en cualquier contexto[389]. Es decir, cuando tenemos que decidir simplemente hacemos memoria de lo que más frecuentemente ha tenido éxito, o bien tratamos de defender nuestra opinión previa, lo que en el fondo puede estar basado en otro cálculo estadístico: el pensamiento —estúpido, pero que ayuda a vivir— de que uno suele tener razón[390]. Todo ello habitualmente arroja una decisión correcta, pero que puede ser también impresionantemente errónea. Veamos esos parámetros aplicados al quehacer cotidiano de los jueces.

2.1. Representatividad: la tradición y el compañerismo mal entendido

Este heurístico[391] expone cómo los seres humanos, para tomar una decisión, habitualmente intentamos recordar cómo hemos reaccionado nosotros, u otros, ante situaciones análogas, obteniendo el éxito final. Sistematizamos así ese recuerdo y decidimos.

Por ello nos parece preferible ir al cine o al teatro en función de lo que nos hayan gustado las películas o las funciones que hayamos visto últimamente. Optamos por comer bacalao o merluza recordando qué nos gustó más las últimas veces. Decidimos estudiar una u otra carrera en función del éxito que hayamos visto en nuestros conocidos que cursaron esos estudios. Los jueces, por su parte, se inclinan estadísticamente más por las condenas que por las absoluciones[392], tanto en el proceso civil como en el proceso penal, por diversas razones, entre otras por la creencia de que pocas personas denuncian falsamente un hecho injusto. O bien admiten pruebas

---

389 Kahneman, Daniel / Tversky, Amos, *On the study of statistical intuitions*, Cognition, 1982, 11, pp. 123 y ss. Tversky, A. / Kahneman, D., *Judgment under Uncertainty: Heuristics and Biases*, en: "Kahneman / Slovic / Tversky (ed.), Judgment under Uncertainty: Heuristics and Biases. Cambridge 1982, p. 3.

390 Es la primera frase del Discurso del Método de René Descartes, Madrid 1986, p. 35.

391 Kahneman, Daniel / Tversky, Amos, *Subjective probability: A judgment of representativeness*, en: "Kahneman / Slovic / Tversky (ed.), Judgment under Uncertainty: Heuristics and Biases. Cambridge 1982, pp. 33 y ss.

392 Muchos datos avalan esta conclusión. Vid. entre otros, http://www.elmundo.es/sociedad/2015/12/18/5673dd60e2704e7e348b4698.html: Dos de cada tres sentencias por violencia de género son condenatorias. EL Mundo, 18-12-2015. Y ya era así hace un siglo. Vid. Ortego Gil, Pedro, *Estadística y control de la actividad judicial durante el siglo XIX*, Madrid 2016, p. 280.

de declaración de las partes[393] pese a saber que habitualmente no añaden absolutamente nada a lo dicho por los abogados, y lo hacen porque históricamente siempre se hizo así, es decir, por tradición, la joya de la corona del heurístico de representatividad. O aceptan la práctica de la declaración de testigos a sabiendas de que habiendo sido traídos por las partes, difícilmente declararán en su contra, lo que provoca que aparentemente ignoren en sus motivaciones lo declarado por tales testigos, muy especialmente en el proceso civil, aunque en numerosas ocasiones dichos testigos declaran la verdad, y así lo reconocen de manera mucho más frecuente de lo que se cree[394].

Todas esas decisiones se ven conducidas por el heurístico de representatividad, porque con ellas los jueces se limitan a repetir lo que hacen siempre o, peor aún, lo que siempre han hecho. La mayoría de esas conductas pueden implicar indudablemente a la imparcialidad, pero en su esencia hay dos de esos comportamientos que pueden afectar directamente a la independencia: las condenas en los procesos penales y seguir hábitos de juicio como los citados simplemente porque, como se ha dicho, los otros jueces siempre han actuado del mismo modo.

Los epistemólogos hablarían de falacias *ad verecundiam* y *ad antiquitatem*, pero lo interesante desde la Psicología del pensamiento es que el enorme número de condenas en el proceso penal[395] revela un seguidismo de los jueces por el parecer, no sólo del ministerio fiscal, sino también de la policía, lo que revela un ataque a la independencia por suponer una intromisión evidente del poder ejecutivo en sus decisiones. Y seguir el parecer del resto de jueces, sin más, supone hacerse esclavo de la *communis opinio* entre los mismos, lo que implica un nuevo ataque a la independencia[396].

---

393 En el antiguo sistema legal de valoración de la prueba esa conducta tenía pleno sentido: la confesión de las partes hacía prueba plena en el proceso, y por ello podía concluirlo prematuramente. En el sistema de valoración libre algo sí es simplemente un disparate. Vid. Nieva Fenoll, "La inexplicable persistencia de la valoración legal de la prueba", *Ars Iuris Salmanticensis*, vol. 1, n. 1, 2017, pp. 57 y ss.

394 Reinecke, Gerhard, *Die Krise der freien Beweiswurdigung im Zivilprozeß oder über die Schwierigkeit, einem Zeugen nicht zu glauben*, en: MDR 1986, p. 631. El autor analizó el informe de 1980 del Institut für Rechtstatsachenforschung in Stuttgart, y comprobó que de una muestra de 1.400 declaraciones testificales, el testigo no fue creído sólo en 65 ocasiones.

395 Un 80%. La cifra es de 1959, la más reciente que he podido localizar. Vid. http://www.ine.es/inebaseweb/pdfDispacher.do?td=174278&L=0. En ese año, de un total de 215.559 personas, fueron condenadas 166.963.

396 Gigerenzer, G. *Decisiones intuitivas*, Barcelona 2008, p. 212: "*HAZ LO QUE HAGAN LA MAYORÍA DE TUS IGUALES O PERSONAS AFINES. Esta sencilla regla orienta la conducta*

Por consiguiente, estamos ante dos decisiones muy frecuentes, casi podría decirse que "normales", que revelan influencias notables del poder ejecutivo, así como una falta de criterio propio que deriva en un comportamiento gregario[397] con respecto a las conductas probatorias que se tienen por habituales. En definitiva, se afecta a la independencia desde fuera del Poder Judicial y desde su mismo seno. En otras palabras, se pone en cuestión la autonomía de la función judicial como poder del Estado.

Una toma de consciencia de lo anterior debería conducir a un cambio de costumbres, que de hecho no tendría que resultar tan complicado. En buena medida, hacer lo que siempre se ha hecho es una conducta que está también basada en la comodidad y en la evitación de enfrentamientos, lo que es especialmente evidente en los tribunales colegiados. Desde luego, la vida del juez es mucho más sencilla si no se pasa el tiempo discrepando constantemente de sus compañeros de tribunal, o bien de policías y fiscales, puesto que estos últimos, los policías especialmente, con frecuencia entienden que esa actitud supone dificultar su labor. Pero a la vez también provoca esa discrepancia que dicha labor sea cada vez más respetuosa con los derechos fundamentales, lo que es bueno para todos[398]. En ese punto se evidencia la importancia de mantener la independencia judicial en este ámbito.

Por último, una alteración en los hábitos judiciales habituales genera, de entrada, perplejidad, pero también la ruptura de dinámicas viciadas. A veces basta que un solo juez actúe de forma diferente a lo habitual para que otros se paren a pensar y analicen su proceder, redundando esa reflexión en una mejora de la marcha del procedimiento. Por poner sólo un ejemplo, es bastante evidente la simplificación probatoria que se produciría en el proceso civil si habitualmente se prescindiera de la prueba de declaración de las partes —para no repetir lo que ya han dicho sus abogados—, o se limitara la prueba testifical a las cuestiones ciertamente relevantes,

---

a través de diversos estados de desarrollo, desde la infancia intermedia hasta la adolescencia y la vida adulta. Prácticamente garantiza la aceptación social en el grupo de iguales y la conformidad con la ética de la comunidad. Violarla podría significar que le llamaran a uno cobarde o excéntrico."

397 Rook, Laurens, *An Economic Psychological Approach to Herd Behavior,* Journal of Economic Issues, 2006, nº 40 (1), pp. 75 y ss. Stanford, Craig B., *Avoiding Predators: Expectations and Evidence in Primate Antipredator Behaviour, International Journal of Primatology,* 2001, nº, pp. 741 y ss.

398 Fue la idea de la jurisprudencia del Tribunal Supremo de EEUU sobre la regla de exclusión y el efecto disuasorio. Vid. Nieva Fenoll, "Policía judicial y prueba ilícita. Regla de exclusión y efecto disuasorio: un error de base", *Diario La Ley,* n. 9068, 25-10-2017.

huyendo de formulismos. De nuevo, la preservación de la independencia judicial en un aspecto que no ha sido objeto de estudio, redundaría sin duda en su sostenimiento y mejora.

2.2. *Accesibilidad*

El heurístico de accesibilidad[399] provoca que los seres humanos decidan según situaciones que les impresionaron anteriormente, de manera que crean, a veces de modo erróneo, que esa situación es la más frecuente. Por esa razón las personas suelen tener más miedo a viajar en avión que en automóvil, si bien la estadística de siniestralidad del tráfico rodado es espantosamente desastrosa en comparación con la gran seguridad que otorgan los medios aéreos. Pero como un accidente de aviación suele ser terrorífico al fallecer muchas personas al mismo tiempo, se recuerda habitualmente dicho accidente, y no los múltiples accidentes de automoción.

Eso mismo le puede suceder a un juez en la adopción de las medidas cautelares, especialmente cuando dicta la prisión provisional, teniendo en cuenta la implicación de derechos fundamentales que sin duda posee la decisión de privación de libertad de una persona. La valoración de los riesgos que justifican la prisión —fuga, destrucción de pruebas o reiteración delictiva— no son nada fáciles de apreciar, y por ello en la práctica se suele acudir a automatismos como la gravedad de la pena, la falta de domicilio fijo del reo o la cuantía de su patrimonio para valorar sobre todo el riesgo de fuga. Tampoco es nada sencillo valorar el riesgo de reiteración delictiva, puesto que es dificilísima la prognosis sobre si un delincuente va a reincidir. A un psicólogo de la personalidad, es decir, a un experto, le llevaría días determinar esos riesgos, y sin embargo un juez —que no es ningún experto—, al menos en España, debe tomar esa decisión en un máximo de 72 horas (art. 505 LECrim). Lo cierto es que salvo que el reo tenga antecedentes, la decisión se suele tomar a ciegas y normalmente inducida por la gravedad del delito cometido. Es decir, por el temor a que un acto bárbaro vuelva a suceder o que la entidad de la pena persuada al reo a eludir la acción de la justicia, cosa que puede suceder a veces, pero ni mucho menos siempre; en el mundo actual, lleno de tecnología, no es nada fácil escaparse, lo que desactiva el ánimo de huir.

---

399 Tversky, Amos / Kahneman, Daniel, *Availability: A heuristic for judging frequency and probability*, en: "Kahneman / Slovic / Tversky (ed.), Judgment under Uncertainty: Heuristics and Biases. Cambridge 1982, pp. 163 y ss.

Lo anterior se agrava cuando el juez dicta la decisión en función de su propia experiencia. Es posible que en el pasado, siguiendo rectamente las normas legales y la protección del derecho fundamental a la libertad de movimientos, el juez haya dejado en libertad a más de un sospechoso por delito grave al no tener aún la certeza total de la autoría del delito o de la realidad del mismo. Pero si en alguna ocasión el reo de aquel delito se escapó o reincidió, a partir de ahí la decisión sobre la prisión puede hacerse sistemática, lo que explica el habitual (ab—)uso que se hace en la práctica de esta medida cautelar, muchas veces injustificadamente[400].

Aún siendo graves las implicaciones para la función judicial del heurístico de accesibilidad, las mismas tienen cierta trascendencia en la consideración de la imparcialidad judicial, pero no así de la independencia. Que un juez se vea influido por sus propios temores no es algo que venga inducido, al menos en principio, por nadie, sino por su propio ánimo, como ser humano que es. Podría aventurarse incluso la creación de una causa de recusación que revelara la pérdida de imparcialidad cuando el juez se ve impresionado por sucesos pasados, pero sería verdaderamente arriesgado, por no decir prácticamente inviable, salvo que la repetición constante de la incidencia de este heurístico en situaciones concretas, le hiciera desequilibrar sistemáticamente la balanza en beneficio de una de las partes, lo que constituiría un supuesto patológico incluso subsumible en la aversión del juez para cierto tipo de delincuentes. Pero como digo, se trata de un supuesto extremo.

Sin embargo, con respecto a la independencia no se detecta con este heurístico ataque alguno a la misma en ninguna de sus variedades. Ningún otro poder del Estado ni ningún poder fáctico está en la base de la activación de este heurístico, por lo que su relevancia en esta materia puede darse por descartada.

---

400 Aunque no existen estadísticas oficiales, según el informe de investigación de la ASOCIACIÓN PRO DERECHOS HUMANOS EN ESPAÑA, *La práctica de la prisión provisional en España*, noviembre 2015, sólo el 65% de los presos provisionales son finalmente condenados. Vid. pp. 8 y 55-56. (https://www.fairtrials.org/wp-content/uploads/INFORME_LA-PRACTICA-DE-LA-PRISION-PROVISIONAL.pdf). No obstante, destaca el mismo informe que el porcentaje de población carcelaria provisional ha descendido notablemente desde 2010.

2.3. Anclaje y ajuste

El heurístico de anclaje y ajuste[401] es especialmente relevante en materia judicial. Supone que un sujeto acostumbra a asentar su opinión inicial sobre un tema aunque *a posteriori* vaya adquiriendo informaciones en contra de ese parecer primigenio. De hecho, reinterpreta esas nuevas informaciones para conseguir consolidar el pensamiento inicial. Con ello puede caer en el llamado sesgo de confirmación, que consiste justamente en manipular o tergiversar esas nuevas informaciones para conseguir un falso apoyo a sus tesis iniciales.

Lo descrito consiste en una variedad de lo que históricamente se ha llamado prejuicio. Entre los jueces el mismo puede darse cuando al inicio del proceso, antes de ver ninguna prueba o hacer una reflexión detenida sobre el derecho aplicable, el juez ya formula una conclusión inicial elaborada a primera vista con los datos de los que dispone al inicio de las actuaciones, a raíz de un examen muy superficial de los autos o de la adopción, por ejemplo, de una medida cautelar. Se convence, por ejemplo, de que una persona es culpable de un robo, y a partir de ahí no consigue ver nada más que la culpabilidad durante todo el proceso. El reo formulará una coartada, que aunque sea cierta le parecerá falsa. Creerá que los alegatos del acusado son mendaces, escuchará sólo a los testigos que formulen conclusiones incriminatorias y se fijará solamente en los aspectos de la prueba que apunten a la culpabilidad, descartando lastimosamente todos los demás, incluso de manera motivada. Un auténtico desastre, cuando sucede.

Sin embargo, nuevamente son descartables las influencias externas en la consideración de este heurístico, que sin duda podrían existir, pero no es necesaria su concurrencia para que el sesgo de confirmación se produzca. Los legisladores han propendido a analizar alguno de los aspectos derivados del mismo como causa de recusación, impidiendo por ejemplo que el juez que haya participado en la instrucción no pueda ser después el juez que dicte sentencia[402]. Es decir, han analizado la cuestión bajo el paraguas de la imparcialidad, pero no así con respecto a la independencia que, como se ha dicho, no posee trascendencia en esta materia.

---

401 Furnham, Adrian / CHU BOO, Hua, "A literature review of the anchoring effect", *The Journal of Socio-Economics*, vol 40, 1, Feb. 2011, pp. 35 y ss.

402 Vid. por ejemplo el art. 219.11ª de la LOPJ.

2.4. Afección: La influencia del entorno personal del juez

El heurístico de afección[403] describe cómo una persona se deja influenciar por aspectos emocionales provocados por el lenguaje o la apariencia, entre otros factores. Si por ejemplo se presenta una persona ante un auditorio diciendo que va a hablar de la "paz", la predisposición que se genera entre los oyentes es positiva, lo cual hará que asuman con mayor facilidad las palabras que va a pronunciar. Lo contrario sucede cuando alguien se presenta diciendo la palabra "muerte". En definitiva, este heurístico indica cómo a veces una simple sonrisa, una forma de vestir o un mal gesto pueden cambiarlo todo en cuanto a las decisiones que esperamos de los demás.

Por descontado, este heurístico puede tener trascendencia en materia judicial, naturalmente en las vistas orales en las que tan importante es el aspecto y el arranque del discurso y el tono de cualquiera de los intervinientes[404]. Pero lo mismo puede suceder por escrito, en función de las expresiones utilizadas para atraer la atención del lector, habitualmente el juez.

En este caso, sin pasar por alto la afectación de la imparcialidad sobre todo por razones ideológicas que valoran el aspecto externo[405] o forma de hablar de una persona, o incluso —lamentablemente— su sexo[406], sí se produce una indudable afectación de la independencia, dado que esas razones ideológicas, no tan fácilmente detectables, hacen que el juez dependa de los condicionamientos del grupo social al que pertenece, de manera que su voluntad se vea influida por el mismo, produciéndose una quiebra de la independencia de su función[407]. Cuando los mismos son tan evidentes que hacen del juez un fanático, es la imparcialidad la que se ve afectada,

---

403 Finucane, M. L. / Alhakami, A. / Slovic, P. / Johnson, S. M., "The Affect Heuristic in Judgment of Risks and Benefits". *Journal of Behavioral Decision Making* 13 (1), enero 2000, pp. 1 y ss. Slovic, P. / Finucane, M./ Peters, E./ Macgregor, D., "Risk as Analysis and Risk as Feelings: Some Thoughts about Affect, Reason, Risk, and Rationality". *Risk Analysis* 24 (2), 13-4-2004, pp. 311 y ss.

404 El cambio de imagen de los reos, recomendado por los abogados, es a veces espectacular. Sobran ejemplos. Vid. Entre otros muchos casos Martí Font, José María, "El juicio por el incendio de Mölln revela el fondo social del racismo en Alemania. *El País*, 18-5-1993. https://elpais.com/diario/1993/05/18/internacional/737676025_850215.html. Vid. También DE PUIG, Ana, "Acusados y su apariencia en los juicios", *Enclave noverbal*, 3-5-2017. https://enclavenoverbal.com/acusados-apariencia-juicios/

405 Forza / Menegon / Rumiati, *Il giudice emotivo*, Bologna 2017, p. 115.

406 Vid. Epstein, "Some Thoughts on the Study of Judicial Behavior", cit. p. 2049.

407 Vid. Forza / Menegon / Rumiati, *Il giudice emotivo*, Bologna 2017, pp. 107 y ss.

puesto que el juez ya no es capaz de dominar su voluntad al margen de ese condicionante ideológico.

Pero cuando se trata de algo que pasa más inadvertido, es decir, la tendencia sociológica del juez que le hace vestir, hablar o pensar de un modo que, aún no siendo tan marcado, salta la vista esa tendencia para la mayoría de observadores, lo cierto es que sentirá mayor proximidad para con las personas que se parezcan a él, y mayor rechazo para los que sean diferentes. No tiene por qué ocurrir siempre, pero reiteradas investigaciones han demostrado que así es[408].

Siendo las cosas de ese modo, el juez puede hacerse esclavo de su grupo social y tomará las decisiones que ese grupo suponga que se deben tomar, por ser habituales en el mismo[409]. Aunque en el siguiente grupo de epígrafes se hará referencia puntual a alguna de estas afectaciones, en general las personas suelen verse influidas por esos aspectos externos de las personas que tienen delante. Ello supone claramente una discriminación, y no es fácil para el juez escapar de la misma, aunque sí que es muy sencillo ser víctima de esta conducta que se observa constantemente en sociedad a la hora de decidir si alguien, a primera vista "cae" bien o mal.

La única forma de evitarlo es que el juez sea consciente de su propio ser y de los prejuicios propios de la manera de comportarse en la vida que tiene el entorno social en el que se encuentra más a gusto. No es nada fácil porque ello requiere una dosis altísima de sinceridad y autoconocimiento, y además la tendencia natural es la contraria. El ser humano es un animal muy gregario que constantemente está buscando apoyo en su grupo, comportándose habitualmente igual que los sujetos de su entorno más inmediato a fin de no desentonar. La regla, reiteradamente expuesta por la psicología social[410], es "haz lo mismo que los demás y todo irá bien"[411]. En ese caso, son los demás los que dictan sentencia, y no uno mismo por mucho que tenga una cierta individualidad dentro de ese grupo, puesto que anulado por el sentir general pasa a ser uno más de la masa, y no ese juzgador al que se le supone independencia para juzgar a cualquiera o en cualquier tema.

---

408 Forza / Menegon / Rumiati, *Il giudice emotivo*, Bologna 2017, pp. 93 y ss.

409 Vid. Aronson, Elliot, *The social animal*, New York 2011, pp. 299 y ss.

410 Vid. Ross, Lee / Nisbett, Richard E., *The person and the situation*, London 2011, pp. 150 y ss.

411 Nuevamente, Gigerenzer, *Decisiones intuitivas*, cit. p. 212.

Y es que en ningún caso es imposible superar esos condicionamientos. Basta con ser consciente de que se tienen, a fin de no verse influido por opiniones externas al proceso a la hora de juzgar. En un juez debe exigirse una presencia de ánimo superior a la de muchas profesiones, dada la especial relevancia social de su función y las exigencias de la independencia. De nada serviría que le hagamos inmune a los ataques del poder ejecutivo, de los otros jueces y de los poderes fácticos económicos —a través de la elevada cuantía de su sueldo— si finalmente va a decidir comportarse según los dictados de una camarilla social que ninguna influencia debe tener en la función de juzgar.

3. EL PAPEL DE LAS EMOCIONES

Las emociones de las personas pueden cambiar cualquier decisión, por mucha deliberación previa que haya existido[412]. El afecto, el odio, la alegría, la tristeza, la sorpresa, la vergüenza, la aversión o el temor pueden modificar hasta la decisión más racional, y por ello es preciso ser consciente siempre de las mismas, aunque incluso con plena consciencia de su afectación, no suele ser sencillo sobreponerse, especialmente al temor, aunque también a la aversión.

En materia judicial se detecta una especial incidencia de estas emociones en algunas situaciones muy reiteradas, que sin duda perjudican la garantía de la independencia. Son todas las citadas salvo —habitualmente— el afecto y el odio, puesto que estas dos emociones son las que han servido a la tradición jurídica para sustentar el concepto de imparcialidad. Si bien se atiende, se localizarán estas dos emociones en casi todas las causas de recusación. De hecho, son las más fácilmente identificables.

Queda por tanto el resto. Estudios detallados han demostrado la influencia en los jueces de la alegría y la tristeza, pero no de manera que pueda predicarse de las mismas un ataque a la independencia, sino la simple influencia del estado de ánimo de las personas en sus decisiones. No hay datos fiables con respecto a la sorpresa[413], aunque sin duda serían interesantes y ayudarían a descubrir buena parte de los trucos de prestidigitador que se practican frecuentemente ante un jurado, pero ello se aleja de este estudio.

---

412 Forza / Menegon / Rumiati, *Il giudice emotivo*, Bologna 2017, pp. 18-19.

413 Vid. Forza / Menegon / Rumiati, *Il giudice emotivo*, Bologna 2017, p. 59.

Sí son interesantes, en cambio, el temor —la principal[414]—, la aversión y la vergüenza, porque las mismas están detrás de una serie de conductas frecuentes que se observan en materia judicial, detrás de las que sí existe esa influencia externa a la función de juzgar. Las mismas se recopilan a continuación.

3.1. Las expectativas de ascenso

Cualquier persona, también la más resignada, tiene expectativas de prosperar, incluso aunque para ese sujeto prosperar sea permanecer en el estado en el que se encuentra, que ya le parece agradable. En materia judicial casi cualquier juez, cuando inicia su carrera, ansía llegar un día al Tribunal Supremo. Pero aunque ese sea un objetivo en general poco razonable teniendo en cuenta la notoria escasez de las plazas en los altos tribunales, con frecuencia deseará un ascenso a la segunda instancia, o bien a otro tribunal que le sea más cómodo o que esté mejor situado dentro de las ciudades más potentes económicamente de un país, donde las oportunidades sociales sean mejores en cualquier ámbito[415].

Aunque todos los ascensos podrían ser —dentro de lo humanamente posible— netamente objetivos estableciendo una baremación de méritos siguiendo algo parecido al método del doble ciego —es decir, sin conocerse ni la identidad del evaluado ni del evaluador más que *a posteriori*—, con gran frecuencia esas elevaciones de rango dependen de criterios discrecionales de las autoridades —ojalá que al menos judiciales— que deben decidirlos. En ese momento, la lucha por situarse debidamente en esas esferas de poder puede hacerse especialmente intensa, de manera que el juez va a estar pendiente de los ámbitos sociales en los que puede coincidir con sus superiores. Obviamente, facilita esa labor de escalada la existencia de asociaciones judiciales y eventos sociales varios en que coinciden los jueces en un ambiente mucho más distendido, aunque sin duda existen otros ámbitos, como las diversas actividades de formación dirigidas a jueces en las que sea como ponentes o como asistentes, van a coincidir unos y otros.

---

414 TARR, George Alan, *Without fear or favor. Judicial independence and judicial accountability in the States*, Stanford 2012, p. 91.

415 Vid. Shepherd, Joanna, Global Econ. Group, http://www.globaleconomicsgroup.com/experts/joanna-shepherd-bailey/#. Epstein, "Some Thoughts on the Study of Judicial Behavior", cit. p. 2024, 2047.

Habitualmente, esas actividades dinamizan las relaciones sociales entre el colectivo y no van a afectar a la labor judicial, más allá del estado de ánimo que presente el juez en función de que intuya por sus propias impresiones que se van cumpliendo sus expectativas. Pero puede llegar el momento en que el juez deba decidir un caso sensible para una de esas altas esferas. Siendo así, aunque es posible que se produzca la influencia —claramente delictiva— del juez superior en forma de llamada a capítulo, tampoco es descartable que el propio juez inferior adivine que los superiores verán con agrado que el fallo sea en un determinado sentido. En ese momento se producirá la quiebra de la independencia si el juez inferior, en lugar de resistir la presión y dictar la sentencia que proceda según la interpretación estricta del ordenamiento jurídico, desea complacer inspirado por su *temor* a no ver materializado el ascenso que tanto ansía.

El único modo de evitar este ataque a la independencia es, como se ha dicho, objetivar los ascensos. De lo contrario, especialmente en los altos tribunales, con frecuencia habrá jueces que deban el favor de su nombramiento, aunque puedan haber excepciones, o realmente lo deban pero decidan no pagarlo, precisamente para reforzar su independencia. La gratitud es un sentimiento noble, pero la función judicial es obviamente un interés superior a cualquier propensión individual, con lo que sin duda debe prevalecer la independencia a la gratitud[416].

Pero de nuevo en esta situación puede nacer el temor. Por alto que sea el puesto que se ocupe en el poder judicial y por fuertes que sean las garantías de la inamovilidad, cualquier juez puede sentir miedo a que como venganza por su ingratitud, o simplemente por su falta de "colaboración", le monten una operación en su contra, es decir, una especie de complot. En los altos tribunales se decide colegiadamente, y no siempre existe la capacidad de controlar los casos en los que uno de los jueces no ha sido ponente, sino que simplemente firma la resolución. La única forma de evitar cualquier responsabilidad es elaborar un voto particular en esas situaciones, a fin de liberarse de culpa en los casos que aparezcan dudosos. Pero cualquier juez de un órgano colegiado sabe que no se puede pasar la vida firmando votos particulares[417], con lo que aunque la posibilidad de ser investigado por algún ilícito sea algo remota, no puede descartarse que esa responsabilidad acabe apareciendo. De hecho, cada vez se están produciendo —aunque con cuentagotas— más casos en los que aparecen

---

416 Vid. Epstein, "Some Thoughts on the Study of Judicial Behavior", cit. p. 2054.

417 Epstein, "Some Thoughts on the Study of Judicial Behavior", cit. p. 2057. POSNER, *Cómo deciden los jueces*, cit. p. 44.

condenados magistrados de las cortes supremas. O presidentes o ministros de un país.

Es difícil prevenir estas situaciones. Por bajos que sean los niveles de corrupción de un Estado, en las altas instancias siempre parece existir una comunicación fluida entre los diversos poderes[418], escenario en el cual solamente la autocontención y el respeto mutuo pueden prevenir habitualmente los ataques a la independencia, sin perjuicio de la imputación penal de los que intentan el tráfico de influencias o ceden a él. Pero hay que reconocer que esos diálogos normalmente son sumamente opacos y es difícil lograr la transparencia, a menos que se quiera someter a vigilancia permanente a los diversos magistrados. Si los nombramientos de los jueces de los altos tribunales fueran plenamente objetivos, como se ha dicho, sería mucho más complicado que acaeciera el ataque a la independencia, pero no se eliminarían por completo todos los riesgos. A continuación me ocuparé de otro caso en el que puede producirse con especial virulencia el ataque a la independencia, y que está directamente relacionado con lo comentado en este apartado.

3.2. La "razón de Estado"

Durante el período de la II Guerra Mundial se constató que los jueces del Tribunal Supremo de los EEUU fueron más proclives a darle la razón al Gobierno de lo que lo eran normalmente[419]. Se supuso que la explicación a ello consiste en una especie de voluntad implícita de cierre de filas de las instituciones frente a una amenaza grave, lo cual deriva, no hay que engañarse, en un ataque a la independencia judicial. En esta ocasión la agresión puede no provenir de ningún otro poder del Estado, sino simplemente del ánimo de los propios jueces estimulado por el patriotismo[420]. Existe, por tanto, una mezcla de afecto al país, temor a no estar a la altura de las cir-

---

418 Franklin, Charles H., "Behavioral Factors Affecting Judicial Independence", en Burbank / Friedman, *Judicial Independence at the Crossroads: An Interdisciplinary Approach,* Thousand Oaks 2002, pp. 148 y ss.

419 Epstein, Lee et al., "The Supreme Court During Crisis: How War Affects Only Non-War Cases", 80 *N.Y.U. L. Rev.* 1, 109-10, 2005. Staudt, Nancy, *The Judicial Power Of The Purse: How Courts Fund National Defense In Times Of Crisis,* 2011. Vid. Sobre el tema Howell, William G. / Ahmed, Faisal Z., "Voting for the President: The Supreme Court During War", 30 *J.L. Econ. & Org.* 39, 68, 2014.

420 Vid. Garoupa, Nuno e. a., "Judging Under Political Pressure: An Empirical Analysis of Constitutional Review Voting in the Spanish Constitutional Court", 29 *J.L. Econ. & Org.* 513, 516, 2013.

cunstancias y radical aversión al enemigo. Todo ello condiciona decisiones judiciales que si no se hubieran dado esas circunstancias, posiblemente hubieran tenido otro sentido. Aparentemente una "razón de Estado", es decir, la defensa del mismo, avala esa conducta[421].

Está sumamente demostrado que en momentos de grave tensión política, como la que se produce en una situación bélica, las posturas de unos y otros se extreman y se tiende a ver a los equidistantes, es decir, a los que no se sienten cómodos en el extremismo o en la brutalidad de la masa, como cobardes, oportunistas, o simplemente como traidores que se han pasado al otro bando, aunque no estén en ninguno en realidad. En esas situaciones el libre pensamiento deja de estar de moda y se intensifica el pensamiento gregario al que antes me referí, como si la unidad a ultranza fuera necesaria para vencer. Actualmente esa manera de actuar se percibe empíricamente con gran virulencia en las redes sociales. El insulto o la descalificación al contrario, llegando incluso a la amenaza, son de lo más habitual, aunque también resalta un vergonzante silencio y condescendencia por los errores del propio bando. De hecho, destacar los errores de la propia "manada" acostumbra a confundirse con una traición. Qué decir del derrotismo... Aunque muchas veces no lo sean, estas situaciones se plantean como si fueran bélicas.

Todo ello es terrible para la independencia judicial. No se acepta que nadie se salga de la línea, y mucho menos los jueces, que se supone que tienen que "ayudar". Aunque muchos de ellos puedan actuar ideológicamente convencidos sin que nadie les persuada[422], lo cierto es que el condicionamiento del grupo ya supone, como vimos anteriormente, un ataque a la independencia. Es cierto que un juez dicta sentencia en nombre del pueblo, pero ello no quiere decir que deba ceder a las emociones puntuales de dicho pueblo[423], porque tiene que obedecer las leyes, que también emanan de dicho pueblo y que acostumbran a ser elaboradas con mayor reflexión que estas decisiones de la sociedad, habitualmente muy guiadas por las emociones. De hecho, en este tipo de momentos el ordenamiento

---

421 Vid. el interesante estudio de Carrubba, Clifford J. e. a., "Judicial Behavior Under Political Constraints: Evidence from the European Court of Justice", 102 Am. Pol. Sci. Rev. 435, 449, 2008.

422 Vid. al respecto Pritchett, C. Herman, "The Roosevelt Court: A Study in Judicial Politics and Values, 1937-1947", at xi (1948). BAUM, Lawrence, "C. Herman Pritchett: Innovator with an Ambiguous Legacy", in *The pioneers of judicial behavior* 57, 57-59, 2003. Posner, *Cómo deciden los jueces,* cit. p. 37.

423 Aunque sin duda sucede. Vid. Epstein, "Some Thoughts on the Study of Judicial Behavior", cit. p. 2068.

jurídico no solamente no es un estorbo, sino que más bien es una garantía de preservación de la racionalidad frente a las decisiones impulsivas que a corto o medio plazo se pueden acabar lamentando.

Y es que resulta que las "razones de Estado" muchas veces acostumbran a ser simplemente momentos puntuales en que un gobernante se pone nervioso y no sabe cómo afrontar debidamente una situación, por lo que se propone resolverla rápidamente saltándose todos o algunos canales normales de la toma de decisiones, entre ellos especialmente la protección de los derechos fundamentales. Los ordenamientos ya regulan las situaciones de estado de excepción, precisamente para que no sea adoptado de forma arbitraria. Pero en ninguna de esas situaciones límite se dice que los tribunales deban prescindir del respeto al ordenamiento jurídico. Más bien todo lo contrario. Se trata de momentos en que la única seguridad la pueden otorgar precisamente los tribunales[424], que ante la falta de vida inteligente en un gobierno o un parlamento, deben proteger a la ciudadanía frente a los excesos de personas irresponsables con escasa o nula formación y serenidad que eventualmente hayan alcanzado el poder.

Pero en esos casos, la conservación de la independencia vuelve a depender del ánimo de los propios jueces, identificando sus emociones, es decir, sus temores y aversiones, a fin de no actuar como soldados de un ejército desbocado cuyo General ha enloquecido. No es nada fácil resistir esas presiones, pero deben ser muy conscientes de que cuando no lo hacen o bien no tienen medios para aguantar, el Estado de derecho se ha perdido. Que se lo digan a los jueces de la Alemania nacionalsocialista[425], entre otros muchos ejemplos históricos que se podrían poner, algunos muy recientes.

3.3. La influencia de los medios de comunicación y las redes sociales manipuladas

Por último, corresponde analizar la influencia en los jueces de los medios de comunicación. La misma es fuerte entre la ciudadanía[426], que suele

---

424 Por supuesto, también existe el peligro contrario, es decir, que los jueces interfieran en el funcionamiento normal de la política, como tenió Jefferson. Vid. al respecto Brito, Wladimir, "A protecção jurídico-ideológica dos juízes dos tribunais plenários", *Scientia Iuridica*, t. LXVI, 2017, n. 345, p. 346.

425 Vid. Rüthers, Bernd, *Derecho degenerado. Teoría jurídica y juristas de cámara en el Tercer Reich*, Madrid 2016. Trad. De García Amado.

426 Aronson, *The social animal*, cit. pp. 59 y ss.

escoger naturalmente al medio que más se aproxima a su manera de pensar, y a partir de ahí espera oír siempre informaciones en el mismo sentido de esos periodistas. No es que se pierda absolutamente la capacidad de crítica, porque cuando los medios cambian el discurso, si no son cautos en la manera de hacerlo, la audiencia les abandona. Pero pueden actuar con la adecuada sutiliza para evitar la fuga de clientes.

Esta influencia se manifiesta especialmente con los llamados "juicios paralelos"[427]. Aunque no existe una definición unificada de los mismos, podría decirse que se producen cuando se aprovecha el pretexto de un proceso judicial para montar en torno al mismo un espectáculo mediático. En dicho circo se deja la deontología periodística de un lado y por tanto ya no es relevante la veracidad, la presunción de inocencia, el honor y la intimidad de las personas, aprovechándose cualquier filtración o tergiversando cualesquiera datos que le lleguen al periodista, puesto que de lo contrario la *performance* deja de tener lugar.

Cuando el asunto es político o truculento, si se instala el juicio paralelo es ilusorio pensar que las noticias que se emitan no van a tener trascendencia alguna en el juez. El juzgador es de carne y hueso, y sabe que lo que se publica en los medios de comunicación es *communis opinio* entre sus lectores u oyentes, por lo que puede hacerse una idea de cuál va a ser la reacción a la sentencia que se dicte. Como es ya sobradamente sabido, se pueden incluso adulterar las redes sociales para influir al juez[428]. Basta

---

427 Sobre los que existe vasta literatura. Vid. entre otros Juanes Peces, Ángel, "Los juicios paralelos, el derecho a un proceso justo: doctrina jurisprudencial en relación con esta materia, conclusiones y juicio crítico en relación con las cuestiones analizadas", *Cuadernos de derecho judicial*, nº 16, 2006, pp. 61 y ss. Carrillo López, Marc, "Configuración general del derecho a comunicar y recibir información veraz: especial referencia a las relaciones entre Poder judicial y medios de comunicación", *Cuadernos de derecho judicial*, n. 16, 2007, pp. 13 y ss. Cortés Bechiarelli, Emilio, "Un paso trascendente hacia la necesaria regulación legal de los juicios paralelos: a propósito de la STC 139/2007, de 4 de junio", *Revista de derecho de Extremadura*, nº. 1, 2008, pags. 88-98. Bouza Álvarez, Fermín, "La influencia de los medios en la formación de la opinión pública: los procesos jurídicos y los juicios paralelos", *Doxa Comunicación: revista interdisciplinar de estudios de comunicación y ciencias sociales*, nº. 5, 2008, pp. 15 y ss. Ortego Pérez, Francisco, "De los delitos, de ciertas «penas»... y de algunas instrucciones (La justicia penal en los medios de comunicación)", *Diario La Ley*, n. 7346, 19-2-2010. Nieva Fenoll, "Los "juicios paralelos": su complejo encaje constitucional", en AAVV (dir. Mir Puig / Corcoy Bidasolo), *Protección penal de la libertad de expresión e información*, Valencia 2012, pp. 219 y ss.

428 Vid. sobre toda esta batalla de la desinformación, Baños, Pedro, *Así se domina el mundo*, Barcelona 2017, pp. 266 y ss.

que el juzgador sea asiduo a las mismas o ideológicamente[429] afín a ese medio de comunicación, o lo sea su entorno, para que la influencia se pueda producir[430]. Al fin y al cabo el juez también tiene que volver a su ambiente después de dictar sentencia, y no va a ser agradable la atmósfera que encuentre si su fallo ha decepcionado. El temor y la vergüenza son las emociones que en este caso están a flor de piel. Se puede ignorar esa realidad si se desea, pero no se puede negar que la misma existe. Muchos jueces que lean estas líneas sabrán que algunas de sus sentencias les han hecho perder amigos.

Es inútil pedirles a los medios autocontención, aunque no es imposible, en absoluto, avanzar en ese terreno desde la ética que no pocos periodistas se esfuerzan en practicar. Pero es difícil que la misma sea generalizada. Es por ello por lo que sólo cabe esperar que los jueces, desde su más temprana formación, sean entrenados para no dejarse influir por los medios ni por las redes sociales. Un juez no es un político ni su puesto depende —en la mayoría de Estados[431]— de que le voten en las próximas elecciones, por lo que debe resistir la presión siendo consciente de la importancia de preservar su criterio autónomo, que sólo debe servidumbre al ordenamiento jurídico.

De lo contrario, la independencia de la justicia en estos casos será simplemente ilusoria. Los jueces dictarán sus resoluciones al dictado de los medios de comunicación, lo que redundará en un desastre que, por desgracia, en ocasiones se ha observado, muy especialmente en los jurados, mucho menos acostumbrados a bregar con estas circunstancias y más proclives a seguir las tendencias populares. Los jueces profesionales no pueden permitirse el lujo de caer en esas trampas mediáticas, a veces orquestadas por *lobbies* de presión completamente ajenos a la libertad de información, sino simplemente defensores de sus intereses particulares. Un juez no es un *lobbista,* y mucho menos alguien que deba recibir, ni esperar ni promover, el aplauso popular a su labor.

---

429 Epstein, "Some Thoughts on the Study of Judicial Behavior", cit. p. 2020.

430 Shepherd, Joanna / Kang, Michael S., *Skewed Justice:* Citizens United, "Television Advertising and State Supreme Court Justices' Decisions in Criminal Cases", http://skewedjustice.org.

431 Vid. Schottland, Roy A. "Campaing Finance in Judicial Elections", *Loyola of Los Angeles Law Review,* 34, n. 4, 2001, pp. 1489 y ss. Bonneau, Chris W. / Hall, Melinda Gann, *In Defense of Judicial Elections,* New York 2009.

INDEPENDENCIA JUDICIAL: ¿CÓMO VOLVER A SU OLVIDADA ESENCIA?

Publicado en Jueces para la democracia, n. 109, abril 2024, pp. 31-46.

1. INTRODUCCIÓN

Hace un tiempo, en un país maravilloso de cuyo nombre no quiero acordarme, tuve la desgraciada fortuna de hablar con un juez del lugar. No nos conocíamos. Tras algunos comentarios míos sobre la corrupción sistémica en el país, me dijo así, sincerándose:

> "Mire, yo soy un juez corrupto. Me gustaría no serlo, pero si me resisto a algunos de los que vienen a mi juzgado a ofrecerme dinero para que un fallo les beneficie, no sólo no me enriqueceré, sino que conseguirán mi destitución, o directamente me asesinarán. Corromperme es el único modo de sobrevivir en esta sociedad mía".

El testimonio de este juzgador me impresionó tanto que ahora mismo, aunque me dijo su nombre, sería incapaz de recordarlo e incluso de dar algún detalle de su descripción física, más allá de que era un hombre que frisaba los sesenta y tenía leves problemas de sobrepeso, así como otros aparentes achaques derivados probablemente de una dieta demasiado rica en grasas y alcohol. Pero no recuerdo, y esto me resulta sorprendente, ni siquiera su tono de voz. La potencia del mensaje impactó en mí de tal manera que sólo podía concentrarme en lo que acababa de decir aquella persona que, tras hacer esas declaraciones en privado, vio que ya habían venido a buscarle, se despidió muy cortésmente y se marchó entre escéptico por su futuro y apesadumbrado por su presente. Nunca sabré si aquel hombre estaba pidiendo ayuda a un profesor extranjero para que yo denunciara lo que estaba ocurriendo en su país, o simplemente intentaba ser paternalista, aunque no me pareció esto último, y en realidad tampoco lo primero. No hablaba orgulloso ni se ufanaba, sino que su voz sonaba más bien como el lamento sordo del que se percata que su vida laboral está próxima a su fin y que, durante la misma, no ha podido transformar absolutamente nada de lo que tal vez anheló mejorar de joven. Al contrario, me contó también que las condiciones de trabajo en su país habían empeorado notablemente con el tiempo.

Llevo ya aproximadamente tres décadas explicando en diversos foros lo que significa la independencia judicial, pero jamás pensé que viviría tan directamente un ejemplo tan diáfano de su vulneración como una confesión desinteresada. Siempre evoqué los ataques a la independencia desde la influencia de poderes políticos y económicos que el juez, si quería, podía resistir, y eso era precisamente lo que la mayoría de la ciudadanía esperábamos de un juzgador. Sin embargo, ahí tenía ante mis ojos a un juez dependiente de esos poderes, que además en su país controlan tanto la política como la economía en una situación de extrema violencia. Quien aspira a ser juez, sabe perfectamente a lo que va, y aunque llega de vez en cuando algún o alguna valiente que tiene que trasladarse constantemente de sede para eludir un homicidio que a veces acaba por suceder, la mayoría llegan al cargo de juez para enriquecerse ilegítimamente. Saben lo que hay, creen que no hay manera humana de cambiarlo y, por tanto, se dedican a ir cobrando ilegalmente aproximadamente entre un 10 y un 30% de la cuantía del asunto para dictar la sentencia comprometida, tomándose el soborno como un sobresueldo que, de hecho, ya esperan. Esas "tarifas", pagadas a veces con pluses lúdicos —prostitución y estupefacientes—, ni siquiera son exclusivas de ese país. Las he escuchado antes en otros Estados de la misma área geográfica, y aún algo más lejos. De hecho, curiosamente son también los porcentajes que se rumorean en países en los que aparentemente no existe ese nivel de corrupción sistémica, aunque sí que está presente en un grado inferior pero, pese a ello, de un modo que resultaría alarmante para la ciudadanía si supiera de esas trapacerías. Todo sería tan sencillo como investigar el tren de vida habitual de algunos de esos jueces, comprobando su patrimonio y descubriendo, incluso con cierta facilidad, que esa situación acomodada no es coherente con el sueldo que han cobrado durante años, y ni siquiera con una desconocida herencia o una "afortunada" lotería. Tal vez algún día se pondrán los medios para que todo esto se sepa y, por tanto, se evite.

La desastrosa situación que acabo de relatar permite, no obstante, introducir una serie de reflexiones sobre la independencia judicial que son pertinentes justo en este momento. Originariamente no existió esa independencia sino como simple imparcialidad, que es uno de sus más esenciales fundamentos, tan básico que la doctrina[432] tradicionalmente ha separado su estudio del de la independencia, lo que intentaré demostrar en estas líneas que es erróneo. Pero al margen de ello, se ha descrito la in-

---

432 Por todos, Bachmaier Winter, L., *Imparcialidad judicial y libertad de expresión de jueces y magistrados*, Cizur Menor 2008, pp. 37 y ss.

dependencia como una suerte de blindaje de los jueces frente a cualquier influencia externa, habiendo derivado esta asepsia a la que tantos —yo también— hemos contribuido, en una suerte de autocracia judicial que es absolutamente impropia, porque una cosa es proteger a los jueces de los ataques a su independencia, y otra muy distinta que puedan ignorar absolutamente los mandatos del único poder originario, el poder legislativo, al que no solamente deben obediencia, sino que es el poder ante el que debieran rendir cuentas, como ocurre, de un modo u otro, en una de las democracias modernas más antiguas, una de esas en las que nos hemos inspirado todos los demás: EEUU. Veamos todo ello a continuación.

2. INDEPENDENCIA E IMPARCIALIDAD: ALGUNOS ERRORES

Hace ya tiempo que el estudio de la independencia y de la imparcialidad se ha separado por completo tanto en la doctrina como en la jurisprudencia, si bien existen algunos intentos relativamente recientes de volver a aproximar ambas nociones[433]. En realidad, es sorprendente que alguna vez se haya separado su análisis, toda vez que ambas pretenden exactamente lo mismo: la neutralidad del juez. En realidad, ni siquiera se trata de algo difícil de entender.

Sin embargo, aunque existe algún precedente antiguo de una cierta separación de ambas ideas, lo cierto es que lo que parece haber ocurrido es que en un principio los juristas concebían que la neutralidad de un juez sólo debía depender de su falta de relación con las partes o, en cierta medida, con el objeto del proceso, como se evidencia en el Decreto de Horemheb[434] del antiguo Egipto, en el que hacia el año 1300 a.C. se ordenaba a los jueces no dejarse influir por otros ciudadanos, tampoco aceptando dinero de ellos[435]. La propia presunción de inocencia, que también es muy antigua al hallarse precedentes, no ya en el Derecho romano[436], sino en el

---

433 Taruffo, M., "La cultura de la imparcialidad en los países del Common Law y del Derecho continental", en AAVV, *La imparcialidad judicial*, Estudios de Derecho Judicial, n. 151, Madrid 2009, p. 98.

434 The Great Edict of Horemheb: https://web.archive.org/web/20180817035720/http://www.reshafim.org.il/ad/egypt/texts/edict_of_horemheb.htm

435 Neudorf, L. *Judicial independence: the judge as a third party to the dispute*, Montreal 2009, pp. 16 y ss, 24-25.

436 Dig. L. 48, tít. 19, 5. Ulpiano: "*sed nec de suspicionibus debere aliquem damnari divus traianus adsidio severo rescripsit: satius enim esse impunitum relinqui facinus nocentis quam innocentem damnari.*"

Código de Hammurabi[437] —1750 a.C.— y en el antiguo Derecho chino del Shujing —siglo IV a.C.[438]—, es una forma de garantizar la imparcialidad judicial, haciendo que el juez ya de entrada no esté predispuesto contra el reo. En la Edad Media no cambió este modo de ver las cosas[439].

La idea de la independencia de los otros poderes del Estado es algo bastante más moderno, dado que en el pasado era ontológicamente imposible la separación de los jueces con respecto a su soberano, del que todo el poder provenía, también y, por cierto, especialmente el poder judicial. Por eso la independencia judicial sólo es concebible en democracia. Es decir, a partir de ese momento feliz en que se empezaron a limitar los poderes de reyes y emperadores, como acaeció por primera vez en Inglaterra con la *Bill of Rights* de 1689, y doctrinalmente con la decidida apuesta de Locke en ese sentido, al publicar sus dos Tratados de Gobierno justamente en ese mismo año[440].

Ilustra el cambio que acaeció en esta materia en aquella época, la archiconocida anécdota legendaria de Federico II el Grande de Prusia y el molinero de Potsdam. "W*enn wir nicht das Kammergericht in Berlin hätten*"[441],

---

437 Ley 1.

438 Gelatt, T. A., "The People's Republic of China and the Presumption of Innocence", *Journal of Criminal Law and Criminology*, vol. 73, 1, primavera 1982, p. 263. Karlgren, B. "The Book of Documents", *The Museum of Far Eastern Antiquities. Stockholm*, Bull. n. 22, p. 84, inciso 17.

439 NR, Libro XII, Título XXXII, Ley X.

440 Locke, J., *Two treatises on government*, London 1821, "*§.241. But farther, this question (Who shall be judge?) cannot mean, that there is no judge at all: for where there is no judicature on earth, to decide controversies amongst men, God in heaven is judge. He alone, it is true, is judge of the right. But every man is judge for himself, as in all other cases, so in this whether another hath put himself into a state of war with him, and whether he should appeal to the Supreme Judge, as Jephtha did. §. 242. If a controversy arise betwixt a prince and some of the people, in a matter where the law is silent, or doubtful, and the thing be of great consequence, I should think the proper umpire, in such a case, should be the body of the people: for in cases where the prince hath a trust reposed in him, and is dispensed from the common ordinary rules of the law; there, if any men find themselves aggrieved, and think the prince acts contrary to, or beyond that trust, who so proper to judge as the body of the people, (who, at first, lodged that trust in him) how far they meant it should extend? But if the prince, or whoever they be in the administration, decline that way of determination, the appeal then lies no where but to heaven; force between either persons, who have no known superior on earth, or which permits no appeal to a judge on earth, being properly a state of war, wherein the appeal lies only to heaven; and in that state the injured party must judge for himself, when he will think fit to make use of that appeal, and put himself upon it. §. 243.*"

441 "*Sais-tu bien*, continua le Roi, *que je puis le prendre, sans te donner un denier? Oui*, répondit le meunier, *n'était la chambre de justice de Berlin*." Thiébault de Laveaux, J. C., *Vie de Frederic II, Roi de Prusse*, Estrasburgo 1787, p. 308.

habría dicho el molinero, siempre en la leyenda. La frase puede ser simplemente parte de una fabulación que, no obstante, por la época en la que se originó el relato[442], estaba tratando de impulsar una independencia judicial, entonces inexistente, de la que ni siquiera un soberano absoluto, el Rey, pudiera escapar, incluso, y esto es curioso, siendo inviolable. Desde Bracton —siglo XIII— se decía en Inglaterra aquello de que *the King can do no wrong*[443], en el sentido de que habiendo sido designado el monarca por la gracia de la divinidad, era imposible que sus designios fueran malos. A pesar de ello, la Ilustración y su liberalismo introducen de repente la idea de que incluso el soberano, si llegase a hacer ese mal, podría acabar siendo juzgado de forma desfavorable a esos designios suyos nada menos que por el pueblo[444], como veremos después que sucedió en Inglaterra 1649 y acabó sucediendo en Francia entre 1792 y 1793. Y esa es justamente la nueva realidad que ilustra la leyenda del molinero de Potsdam, que puede situarse en esa misma época, hacia 1744-1745, momento en que se planifica la construcción del palacio de Sanssouci[445]. Toda una revolución jurídica y política que alumbraba esa noción moderna de la independencia en la teoría de la separación de poderes y que, además, como se ha visto, hace depender esa independencia, y esto es muy importante, del poder del pueblo. En el siguiente epígrafe se abordará esta interesante historia con más detalle.

Pero volviendo a la cuestión de la independencia y la imparcialidad, debe repetirse que ambas buscan la ya aludida neutralidad, lo que no es sino la autonomía psicológica del juez en la toma de sus decisiones, de manera que no sienta emociones[446] que le influyan a la hora de juzgar de una manera tan sumamente intensa, que le aparten de una objetiva valoración de la prueba y de una correcta aplicación del ordenamiento jurídico a los hechos averiguados. Es irreal pensar que un ser humano no experimenta emociones en cualquier momento. La importante es que no sean tan poderosas como para quebrar su juicio en el sentido indicado.

---

442 Thiébault de Laveaux, *Vie de Frederic II, Roi de Prusse*, cit. p. 308.

443 Frase popular recogida, entre otros, por Blackstone, W. *Commentaries on the Laws of England*, Lib. I, London 1783 p. 246, y que se remonta, como ha quedado dicho, al siglo XIII de Bracton: "Nihil enim aliud potest rex in terries, cum sit Dei minister & vicarious, nisi id solu q de iure potest, nec obstat q dicitur, q principi placet…" Bracton, H., *De legibus et consuetudinibus Angliae*, vol. 2, Longman 1879, p. 172.

444 Nuevamente, Locke, J., *Two treatises on government*, cit. §.241.

445 AAVV (Otto. R. ed.), *Schloss Sanssouci*, Berlin 1996, p. 14.

446 González Lagier, D., *Emociones sin sentimentalismo*, Lima 2020, pp. 57 y ss.

Esas emociones perturbadoras, desde luego, pueden venir de varios orígenes. Sucede que estudiándolas se llega a la conclusión de que lo que se intenta evitar es que el juez juzgue siendo víctima de las mismas. Pueden provenir de su fuero interno, como las que se originan cuando está implicado en el proceso alguien con quien tiene buena o mala relación, o un asunto que le importa o hasta perturba, incluso ideológicamente. Esas alteraciones del ánimo judicial son las que habían constituido el estudio clásico de la imparcialidad, es decir, el simple afecto u odio por lo juzgado o por las partes. Pero añadiéndose a ese descripción el contenido designado como "independencia", lo que sucede es que se pretende —de entrada— evitar que el juez juzgue siendo presa de los poderes que en el pasado le habían gobernado, fundamentalmente el poder ejecutivo, poder que siempre había estado directamente en manos de los reyes y que incluso se les reservaba en los primeros compases del liberalismo[447]. La justicia, aunque era algo que podían ejercer por sí mismos, como originariamente había sido en el mundo egipcio[448], era habitualmente delegada en jueces al ser imposible que el soberano se encargara de resolver todos los conflictos[449].

Esa influencia del poder ejecutivo puede provocar afecto u odio en el juzgador, pero también miedo, igual que los poderes económicos o políticos más variados, que hasta pueden ser parte en el proceso, momento en que independencia e imparcialidad son evidentemente idénticas. De ese modo, la independencia acaba consistiendo intrínsecamente también una cuestión de emociones que en su esencia no se distinguen de las concernidas al abordar la imparcialidad, lo que hace que el contenido del estudio sea exactamente el mismo, aunque se haya solido estudiar, como ya se ha dicho, de modo diferenciado.

Incluso situando el estudio desde la perspectiva de los heurísticos del pensamiento, el resultado es exactamente el mismo. Un juez se deja influir por el parecer de sus colegas, no ya a través de la jurisprudencia, que es la única vía legítima reconocida por el ordenamiento, sino tratando de evitar enfrentamientos con sus colegas de trabajo, que ni siquiera siempre son jueces. Se intenta constantemente evitar desencuentros con los compañe-

---

447 Montesquieu, Barón de, (Charles-Louis de Secondat), *De l'esprit des lois*, reed. de la ed. de Paris 1748, Paris 1979, Lib. XI, cap. VI, p. 299.

448 Lichtheim, M., *Maat in Egyptian Autobiographies and Related Studies*, Freiburg (Suiza) 1992., p. 17.

449 Wallis Budge, E. A., *The Book of the Dead. The Papyrus of Ani in the British Museum*, London 1895, p. 194. Vid. la influencia de este texto egipcio sobre la cultura hebrea en Éxodo, 18, 13-27.

ros de tribunal, con los fiscales y hasta con los policías, dejándose llevar por la corriente mayoritaria, como cualquier otra persona en cualquier otro colectivo diferente, haciendo así un uso intenso del llamado heurístico de representatividad[450], que supone creer correcto aquello que se recuerda como estadísticamente más plausible. Sucede también con el heurístico de accesibilidad[451], cuando un juez decide recordando aquella experiencia que le impactó más en el pasado, tratando de que no se vuelva a producir un resultado desgraciado que provocó una decisión suya que, por demás, podía ser correcta, ignorando además que eso no hace correctas las sentencias futuras. Ocurre constantemente con las resoluciones sobre medidas cautelares en las que el riesgo que se intentaba conjurar, finalmente se materializó.

También sucede lo mismo cuando el juez se forma una opinión en un primer examen superficial de un litigio, lo cual hace que *a posteriori* le cueste horrores cambiar de opinión, porque le supone un esfuerzo cognitivo superior. Es el heurístico de anclaje y ajuste[452], que desde luego también quiebra la neutralidad que se espera del juzgador en todo momento del proceso, no sólo en sus inicios. Y por último, también influye en el juez su entorno personal, el de su vida privada, con el que puede comentar casos, haciendo así que las personas de ese círculo de íntimos le traslade todos sus prejuicios desinformados. Es el heurístico de afección[453].

Por supuesto, no hace falta ni hablar de las emociones que provocan en el juez las expectativas de ascenso que tenga y que dependen de personas que pueden influirle activamente en sus juicios. Qué decir de la opinión publicada en los medios de comunicación[454], en las redes sociales —y sus

---

450 Kahneman, D. / Tversky, A., *Subjective probability: A judgment of representativeness*, en: “Kahneman / Slovic / Tversky (ed.), Judgment under Uncertainty: Heuristics and Biases. Cambridge 1982, pp. 33 y ss.

451 Tversky, A. / Kahneman, D., *Availability: A heuristic for judging frequency and probability*, en: “Kahneman / Slovic / Tversky (ed.), Judgment under Uncertainty: Heuristics and Biases. Cambridge 1982, pp. 163 y ss.

452 Furnham, A. / Chu Boo, H., “A literature review of the anchoring effect”, *The Journal of Socio-Economics*, vol 40, 1, Feb. 2011, pp. 35 y ss.

453 Finucane, M. L. / Alhakami, A. / Slovic, P. / Johnson, S. M., “The Affect Heuristic in Judgment of Risks and Benefits”. *Journal of Behavioral Decision Making* 13 (1), enero 2000, pp. 1 y ss. Slovic, P. / Finucane, M./ Peters, E./ Macgregor, D., “Risk as Analysis and Risk as Feelings: Some Thoughts about Affect, Reason, Risk, and Rationality”. *Risk Analysis* 24 (2), 13-4-2004, pp. 311 y ss.

454 Shepherd, J. / Kang, M. S., *Skewed Justice:* Citizens United, “Television Advertising and State Supreme Court Justices' Decisions in Criminal Cases”, http://skewedjustice.org. Ortego Pérez, F., “De los delitos, de ciertas «penas»... y de algunas instrucciones (La

posibles campañas de desinformación[455]— en las que decida participar sin la debida prudencia, o bien que, como ya se mencionó, sus opiniones políticas[456] le hagan quebrar, de nuevo, su neutralidad.

Con todo ello se evidencia, no sólo que el estudio de la independencia y de la imparcialidad son idénticos, sino que su análisis profundo, hasta sus últimas consecuencias, todavía es demasiado fragmentario y puede que esté pendiente abordarlo con visión de conjunto. Tal vez en el futuro sea mejor incluso prescindir de la tradicional categoría del juez independiente e imparcial en beneficio del "derecho al juez neutral", por ser esta noción, al menos terminológicamente, más omnicomprensiva. Y desde luego mucho más expresiva de lo que quiere significar.

3. DE LA DEPENDENCIA ORIGINARIA A LA MODERNA INDEPENDENCIA DEL SIGLO XVIII

Como ya se ha comentado, los jueces históricamente jamás fueron independientes, simplemente porque no existía la división de poderes y esa independencia constituía un imposible político[457]. Así se evidencia en uno de los más antiguos textos medievales al respecto, que además posee un valor fundacional porque es el mismo que inauguró el actual proceso del principio dispositivo, también llamado *adversarial system* en los modelos del *Common Law*, y que es la principal guía del proceso civil europeo continental, e incluso en parte del penal bajo el disfraz del "sistema acusatorio".

---

justicia penal en los medios de comunicación)", *Diario La Ley*, n. 7346, 19-2-2010. Nieva Fenoll, "Los "juicios paralelos": su complejo encaje constitucional", en AAVV (dir. Mir Puig / Corcoy Bidasolo), *Protección penal de la libertad de expresión e información*, Valencia 2012, pp. 219 y ss.

455 Baños, P., *Así se domina el mundo*, Barcelona 2017, pp. 266 y ss.

456 Epstein, L. et al., "The Supreme Court During Crisis: How War Affects Only Non-War Cases", 80 *N.Y.U. L. Rev.* 1, 109-10, 2005. Staudt, N., *The Judicial Power Of The Purse: How Courts Fund National Defense In Times Of Crisis*, 2011. Vid. Sobre el tema Howell, W. G. / Ahmed, Faisal Z., "Voting for the President: The Supreme Court During War", 30 *J.L. Econ. & Org.* 39, 68, 2014.

457 Un eficaz resumen de la evolución histórica puede encontrarse en Molina Galicia, R., "Gobierno judicial y áreas de tensión con otros poderes del Estado", en Nieva Fenoll; Oteiza (eds.), *La independencia judicial: un constante asedio*, Madrid 2018, pp. 101 y ss.

Ese texto es la Glosa de Azón[458] al *Corpus Iuris Civilis* que se remonta al siglo XIII, con algún antecedente romano muy controvertido[459]. El autor advierte al juez superior de que no se entrometa en la jurisdicción del inferior, lo que es ya una evidente alusión a la independencia judicial, aunque todavía lejos de la noción más moderna del concepto. Justo después de ese pasaje viene el mucho más conocido en el que Azón expresó la idea de que el juez debía juzgar *secundum allegata et probata* (*partium*)[460], que es el brocardo fundamental —condensado por Durante ya más adelantado el siglo XIII[461]— en el que se basa el principio dispositivo, y que de ese modo concibe a un juez inactivo, al margen de los litigantes, árbitro silente de la batalla procesal entre las partes, que se convierten así en las dueñas del pleito. Ese es el juez que desearon los juristas de la Edad Media, fundamentalmente porque pertenecían a una incipiente burguesía que llevaba sus conflictos comerciales a los tribunales, y que era evidentemente ajena y recelosa a la nobleza de la que procedían los nombramientos de los jueces. Simplemente querían un juez atado de pies y manos como mecanismo pa-

---

458 Azzone (o Azo o Azón), *Brocardica (aurea). sive generalia iuris*, Basilea 1567, rúbrica XX, pp. 235-236: "*Maior iudex de his quae ad sui subditi iurisdictionem spectant, se intromittere non debet: nisi negligens fuerit, vel aliqui ante eum appellati*".

459 Vid. Aliste Santos, "La facultad de iniciativa probatoria ex officio iudicis en nuestro derecho procesal", *Actualidad civil*, n. 9, 2012, pp. 940-941.

460 Azzone, *Brocardica (aurea)*, cit. rúbrica XX, p. 237: *Iudex debet ex conscientia iudicare, & econtrà.] Secundum allegata iudicare debet. Cum quaeritur, an iudex debeat iudicare secundum conscientiam suam, in causa civili vel criminali, distingue: utrum notum sit ei tamquam iudici, id est, ratione officii sui: an ut privato. In primo casu fertur sentencia secundum conscientiam suam; quae etiam potest dici allegatio. ut ff. de ser. l.2.&ff. Si fer. vend.1 surreptionem. & de minor. 25. anno.l.minor. Quid miri? nonne sert sententiam, secundum testificationes & confessiones, quas novit ut iudex? & et ita potest intellegi hoc generale. Si vero novit ut privatus, non debet ferre sententiam secundum conscientiam suam, sed secundum allegata. & ita intelligitur contraria Rubrica.*

461 Durandus, *Speculum iuris*, cit. Parte II, *De Sententia*, § 5, 1. pp. 784-785: "*Qualiter aut sententia sit promulganda, clarius explicemus. Et quidem iudex ante omnia debet diligenter cuncta, quae fuerunt in iudicio acta discutere, et cum peritis deliberare, ut s. de requis, cos. in prin. et in si. postmodum partes citandae sunt ad sententiam audiendam, ut extr. de testi. cum olim. in si. aliter non valeret sententia, ut s. de citat. §. viso ver. aliter autem. Deinde est ferenda sententia, iudice sedente pro tribunali in loco consueto, vel alias honesto, utraque parte praesente, vel altera contumaciter absente: (quia contumacia tunc eam pro praesente haberi) sententia prius in scripti redacta, et correcta, sacris et coram se positis, sciat iudex, quia non minus iudicabit, quam iudicet hoc probatur per ordinem 2. q. 3. § notandum versi abolitio et 3.q.3. § spacium ver. a procedente. C. de iudi. properandum et l. rem non novam. C. quomodo et quando iud. ea quae exc. de dolo et contu. veritatis ext. de iur. venientes. Et j. eo.ti.§.iuxta. ver.item non valet et per totum. 1 Item debet ferri secundum allegata et probata, et non secundum conscientiam, ut 3.q.7. iudicet ff. de offi. iud. or.si sacerdos 2 et de off. de leg. pastoralis...*"

ra cortocircuitar la dependencia del poder político de los soberanos, que lógicamente podía influir en su actividad comercial[462].

El sistema funcionó a trancas y barrancas en realidad, pero se impuso por la fuerza de la tradición con el devenir de los siglos, llegando hasta nuestros días en una situación socioeconómica completamente diferente a la del siglo XIII, cosa que debería suscitar una profunda reflexión en el procesalismo, por cierto, de la que ya están habiendo destellos desde finales del siglo XIX[463], aunque no acaban de cristalizar.

Pero, como digo, ese sistema dispositivo del siglo XIII, aunque perseguía convertir al juez en un auténtico convidado de piedra, no funcionó sin contratiempos. Los siglos XVI y sobre todo XVII ingleses son un ejemplo frecuente de las luchas de poder del rey y su entorno de gobierno más cercano, utilizando a los jueces en trifulcas políticas y económicas, aprovechando la dependencia de los juzgadores, claro está. Esa dependencia de los jueces con respecto al poder político era idéntica en todas partes, al no existir, insisto, la división de poderes, pero tal vez en Inglaterra se produjo de una manera peculiar que excitó más las conciencias jurídicas que en otros lugares. La razón puede ser que ancestralmente, parece que los ingleses poseían una especie de justicia comunal, probablemente mezcla de las costumbres romanas y de los pueblos germánicos invasores[464], pero que se habría asentado en las conciencias y que, de hecho, convertía a la justicia en virtualmente independiente de los soberanos al tener una base popular que se confirma poco después, en la *Carta Magna Libertatum* de 1215, con la institución del jurado como lo conocemos hoy en día, y que en aquella época pudo significar la lucha por volver a algo más cercano a esa ancestral justicia popular inglesa. Y es que había sucedido que sólo después de la conquista del rey Guillermo I en 1066 y el consiguiente cambio de dinastía, habría ido el rey poco a poco ocupando espacios de poder, también

---

462 Lo explico en Nieva Fenoll, J., "La actuación de oficio del juez nacional europeo", *Diario La Ley*, n. 9.000, 2017.

463 Vid. Endemann, W., *Die Folgen freier Beweisprüfung im Civilprozesse*, AcP nº 41, 1858, p. 324 y ss. Wach, A., *Der Entwurf einer deutschen Civilprozeßordnung*, Kritische Vierteljahresschrift für Gesetzgebung und Rechtswissenschaft vol. 14 1872, pp. 331 y ss. Von Canstein, R. F., *Die Grundlagen des Beweisrechts*, ZZP nº 2, 1880, p. 351.

464 Vid. Macnair, M., "Vicinage and the Antecedents of the Jury", *Law and History Review*, 17, 1999, p. 537. Brunner, H., *Die Entstehung der Schwurgerichte*, Berlin 1872, Van Caenegem, *Royal Writs in England from the Conquest to Glanvill*, Selden Society, vol. 77, 1959, pp. 57 y ss. Turner, *The origins of the medieval english Jury: Frankish, English or Scandinavian?*, Journal of British Studies, 7, n. 2, 1968, pp. 1 y ss. Dawson, J. P., *A History of Lay Judges*, Cambridge 1960. Taruffo, M., *La semplice verità*, cit. pp. 19 y ss.

el judicial[465] y no sin esfuerzo. De hecho, está demostrado que la creación de la *Court of Chancery*[466], actuando como tribunal de equidad, respondía precisamente a esa finalidad regia de poder crear Derecho —disfrazado, según el ejemplo griego[467], bajo la categoría de equidad— a través del nuevo tribunal, escapando así del antiguo Derecho tradicional, origen —controvertido— del *Common Law*.

Pese a ello, la convicción de lo evidente, es decir, que el rey ostentaba el poder sobre los jueces, no cambió hasta que varios casos escandalosos fueron persuadiendo a las mentes de la época de la necesidad de privar definitivamente al monarca de ese poder de juzgar. Dicho de otro modo, se determinaron a alejar al poder judicial del poder ejecutivo ostentado por el rey, reclamando así la independencia de los jueces con respecto al soberano. Esa realidad de la época, muy concreta además, es posible que fuera la primera expresión moderna de la independencia judicial. Luego se ha ido completando de la manera algo fragmentaria y en parte mítica que la conocemos hoy en día.

Puede que uno de los casos más antiguos en que se manifestó esa necesidad de aislar a los jueces del poder político fuera el de Richard Strode, diputado de la *House of Commons* que en 1512 fue hecho preso para evitar que pudiera votar una ley que mejoraba las condiciones de trabajo de los mineros. Ese caso de auténtico *lawfare* fue el que propició precisamente la *Privilege of Parliament Act* del mismo año citado, que es el origen de la actual inmunidad parlamentaria.

Sin embargo, los casos más graves, y que fueron probablemente los que inspiraron a John Locke[468] —y partiendo de su obra, a Montesquieu[469] y a Rousseau[470]—, llegaron durante el reinado de Charles I (1625-1649) y también de James II (1685-1688). Se enumerarán sólo algunos de ellos.

---

465 Baker, J. H., *An Introduction to English Legal History*, New York 2007, p. 9.

466 Basset, W. W., "Canon Law and the Common Law", *Hastings Law Journal*, vol. 29, 6, 1-1978, p. 1406. Marsh, A. H., *History of the Court of Chancery and of the rise and development of the doctrines of equity*, Toronto 1890, p. 16.

467 Aristóteles, *Retórica*, Madrid (Alianza ed.) 2004, cap. XIII, 1374b, p. 126.

468 Locke, *Two treatises on government*, cit. §§.241 y 242.

469 Montesquieu, Barón de, (Charles-Louis de Secondat), *De l'esprit des lois*, reed. de la ed. de Paris 1748, Paris 1979, Lib. XI, cap. VI, p. 299.

470 Rousseau, J.-J., *El contrato social* (Trad. de Azcoaga), Madrid 1985, al respecto (cap. V, Libro IV), p. 199. "*El tribunado (...) no debe tener participación alguna en el poder legislativo ni en el ejecutivo, pues en ello estriba en que el suyo sea el mayor, ya que, no pudiendo hacer nada, puede impedirlo todo*"..."*por poca fuerza que tenga de más, puede trastornarlo todo*"... "*Degenera en tiranía cuando usurpa el poder ejecutivo, del cual es sólo moderador, y quiere disponer de las*

Uno de los más sonados acaeció con la prisión de John Eliot —miembro del parlamento—, ordenada por el rey repetidamente de 1624 a 1629, no sólo por razones de religión, sino también por oponerse a la creación de nuevos impuestos, así como por denunciar la corrupción de los ministros del rey. Esa prisión arbitraria en la Torre de Londres era dictada por los jueces, naturalmente, que hasta le llegaron a negar la inmunidad parlamentaria de manera ilegítima, alegando que el precedente del asunto Strode de 1512, antes citado, era sólo un caso particular[471]... En realidad, el litigio se enmarcaba en una guerra abierta del rey contra su parlamento que, aunque no era inédita, cobró tintes dramáticos durante este reinado.

El siguiente caso tristemente célebre, contemporáneo al anterior, fue el "*Five Knights' Case*" (1627)[472], también llamado *Darnell's Case*[473], en el que otro tribunal, el *Court of King's Bench*, reconoció la prerrogativa real de ordenar la prisión sin previo enjuiciamiento y hasta sin cargos, afirmando que algunos delitos eran demasiado graves como para ser debatidos públicamente... Sobran los comentarios. El escándalo, entre otras razones, acabó forzando al rey a aceptar en 1628 la llamada *Petition of Right*, que fue una ley votada por ambas cámaras bajo esa original forma parlamentaria —*petition*— que eludía las trabas del monarca, y que dispuso la obligatoriedad de que los impuestos vinieran precedidos por una ley del parlamento, la prohibición de la prisión sin cargos y la inviolabilidad del domicilio, reclamada por el histórico jurista que tuvo la idea de formular la *petition*: Edward Coke[474]. La *Petition of Right* es actualmente uno de los principales textos constitucionales del sistema británico[475].

Pero no quedaron ahí las cosas. Ya en 1641 tuvo lugar el proceso contra Thomas Wentworth, el primer Conde de Strafford[476]. Aunque el origen del caso era una lucha parlamentaria contra un impuesto real, lo cierto es que el rey, pese a estar agradecido por otros servicios del reo, no evitó su conde-

---

leyes que debe proteger"..."*El tribunado, como el gobierno, se debilita por la proliferación de sus miembros*"..."*El mejor medio para evitar las usurpaciones de tan temible cuerpo, medio que ningún gobierno ha descubierto todavía, sería el de no hacerlo permanente, regulando los intervalos durante los cuales se le debe suprimir*", etc.

471 R. v. Eliot, Hollis and Valentine (1629).

472 Five Knights' case (1627) 3 How St Tr 1.

473 Hart, J. S., The Rule of Law, 1603-1660. Crowns, Courts and Judges, London 2014, pp. 122 y ss.

474 Coke, E., *The Institutes of the Laws of England*, 1628, Third Part, cap. 73.

475 Su texto es fácilmente localizable, pero puede hallarse en: https://teachingamericanhistory.org/document/petition-of-right/

476 Cooper, E., *The life of Thomas Wentworth, Earl of Strafford*, London 1874, pp. 318 y ss.

na a muerte dictada por el propio parlamento, que acababa de ganar una mayoría —efímeramente— favorable al monarca. Se entiende que el rey decidió al final intentar lograr la supervivencia política de la monarquía, en vano, como se vería años después.

Y esa fue la dinámica que marcó todo su reinado en este sentido: un intento continuado del monarca de utilizar políticamente la justicia en su favor para salvarse a sí mismo, lo que debilitó la confianza de la gente, no ya en la justicia, sino en las instituciones en general[477]. Ya en el marco de la primera guerra civil, en 1642 Charles I intentó cerrar el parlamento ordenando a su fiscal general imputar por traición a cinco miembros de la *House of Commons*, lo que fue en vano, dado que perdió la primera guerra civil en 1646, la segunda en 1648 y ya su propia cabeza en 1649. Durante el proceso que acabó condenando a Charles I, el rey se negó a reconocer la jurisdicción del tribunal —constituido en el parlamento[478]—, puesto que, alegaba, un monarca no podía ser juzgado, a lo que se le respondió con un curioso y truculento pasaje bíblico de los Números[479]. De hecho, lo que subyacía en esa soberbia afirmación del rey es que la justicia le pertenecía, es decir, que la justicia era él mismo. Toda una provocación para las mentes científicas —pronto empiristas— de la época que, precisamente para salir de ese modelo ancestral[480], acabaron desarrollando décadas después el concepto de independencia judicial.

Años más tarde, discurrió por un camino parecido el breve reinado de James II (1685-1688), último monarca de la dinastía Estuardo. En 1686 (asunto *Godden v. Hales*[481]) consiguió el soberano un pronunciamiento a favor de su poder de prescindir de las leyes del parlamento, sustituyendo nada menos que a seis de los doce jueces del *Court of King's Bench*, el tribunal que debía juzgar esa prerrogativa[482].

---

477 Vid. Jones, D. L., "The Judicial Role of the House of Lords before 1870", en AAVV (Blom-Cooper, Dickson y Drewry eds.), *The Judicial House of Lords, 1876-2009*, Oxford 2009, pp. 5 y ss.

478 6. January 1649: An Act of the Commons of England Assembled in Parliament, for Erecting of a High Court of Justice, for the Trying and Judging of Charles Stuart, King of England. https://www.british-history.ac.uk/no-series/acts-ordinances-interregnum/pp1253-1255.

479 Números, 35, 33: "*...la tierra no será expiada de la sangre que fue derramada en ella, sino por la sangre del que la derramó*".

480 Vid. Nieva Fenoll, *El origen de la justicia*, Valencia 2023, pp. 218 y ss.

481 Godden v Hales (1686) 11 St Tr 1166.

482 Sobre el caso, Rose, J., *Godly Kingship in Restoration England: The Politics of The Royal Supremacy, 1660-1688*. Cambridge 2011, pp. 89 y ss. Dixon, D., "Godden v Hales revisited

El último caso de esta sucesión de despropósitos utilizando a los jueces sobrevino cuando en 1688, con ocasión del enésimo conflicto religioso, el monarca ordenó el inicio de un proceso por sedición contra los siete obispos de la Iglesia de Inglaterra[483], siendo detenidos días antes del proceso y juzgados en la misma *Court of King's Bench*. El tribunal, inesperadamente —estaba integrado por jueces leales al rey—, les absolvió el 30 de junio del citado año. El caso fue clave para que James II fuera despojado de la corona pocos meses después, y constituye el antecedente de otro de los textos constitucionales más importantes del Reino Unido: la *Bill of Rights* de 1689, que sin duda intentó reforzar la independencia judicial o, más precisamente, la independencia de los jueces con respecto al rey, así como algo esencial para reafirmar dicha independencia: la obediencia incondicional de los jueces[484], y del propio rey, a las leyes del parlamento[485]. De hecho, posteriormente siguió habiendo tensiones entre el rey y el Parlamento, como la acaecida en 1831 con William IV[486], pero ya con otro cariz.

4. LA ACTUAL NOCIÓN DE INDEPENDENCIA JUDICIAL EN REINO UNIDO Y EEUU: SUS RASGOS FUNDAMENTALES

Con estos antecedentes, no es de extrañar que la Constitución de los EEUU (1789), diseñara un Estado basado en la división de poderes, y que en su art. III dispusiera un poder judicial independiente que cumpliera las leyes y que fuera culminado por un Tribunal Supremo cuyos miembros fueran elegidos por el presidente, cargo temporal de elección directa, con el consentimiento del Senado, es decir, de la cámara alta[487], pudiendo ser

---

-James II and the dispensing power", *The Journal of Legal History* 27(2), August 2006, pp. 129 y ss.

483 Gibson, W., James II and the Trial of the Seven Bishops, Springer 2009. Glassey, L. K. J., "In Search of the Mot Juste: Characterizations of the Revolution of 1688-9, en Harris, Tim; Taylor, Stephen, eds. The Final Crisis of the Stuart Monarchy, Woodbridge 2015, pp. 1 y ss. Strickland, A., The Lives of the Seven Bishops Committed to the Tower in 1688, London 1866.

484 Insiste en ella Andrés Ibáñez, P., *El tercero en discordia*, Madrid 2015, p. 158.

485 Entre otros pasajes de la *Bill of Rights* particularmente evidentes: "*That the pretended power of suspending the laws or the execution of laws by regal authority without consent of Parliament is illegal; That the pretended power of dispensing with laws or the execution of laws by regal authority, as it hath been assumed and exercised of late, is illegal;*"

486 Vid. el panfleto anónimo *The King Can Do No Wrong*, London 1832, que es fácilmente localizable en Google Books.

487 Art. II Sección 2.

esos jueces procesados por el mismo Senado[488]. De hecho, la propia Declaración de Independencia de 1776 se refirió al tema de la independencia judicial de manera particularmente directa, acusando al rey de haberla quebrantado[489]. El resultado final, que hace depender a los jueces, en última instancia, del parlamento, tal vez no sea del todo satisfactorio, porque acaba favoreciendo su evidente politización que, de hecho, no se esconde en EEUU, al margen de que cada juzgador sea más o menos entusiasta en la defensa del partido que le promovió para alcanzar la judicatura a través de sistemas más o menos indirectos de nominación, basados tendencialmente en la meritocracia, pero no sin contratiempos[490]. Esa imagen pública, sin duda, es relevante para la percepción de la independencia, y ahora mismo no pasa por su mejor momento en EEUU[491]. Se vuelve a ver a los jueces —al menos a algunos—, no como órganos independientes, sino —igual que en el siglo XVII inglés— como herramientas de la política, a lo que en no pocas ocasiones se prestan ellos mismos. Este resultado es, evidentemente, un desastre, y sobran ejemplos muy recientes de su realidad. No hay más que pensar en *Dobbs v. Jackson Women's Health Organization* (2022)[492] o en *Trump v. Anderson* (2024)[493].

También en el Reino Unido se fue desarrollando esta idea de la independencia judicial, aunque tal vez con más éxito al final del día, siendo considerada desde antiguo una característica clave del sistema, y expresamente desde la *Constitutional Reform Act* de 2005[494]. Todo empezó con la *Bill of Rights* de 1689, que empezando por recordar los crímenes del rey

---

488 Art. I, Sección 3, art. II, Sección 4.

489 "*He has obstructed the Administration of Justice, by refusing his Assent to Laws for establishing Judiciary powers*", "*He has made Judges dependent on his Will alone, for the tenure of their offices, and the amount and payment of their salaries*".

490 Wilets, J.; Garcia, T.; Rodriguez, S., "A Critique of the Judicial Appointment Process and the Rule of Law in the United States: A Comparative Perspective", *Nova Law Review*, vol. 46, 2022, pp. 213-214.

491 Strong, S. I., "Judging Judicial Appointment Procedures." *Vanderbilt Journal of Transnational Law*, vol. 53, n. 2, marzo 2020, pp. 615 y ss. Wilets, J.; Garcia, T.; Rodriguez, S., "A Critique of the Judicial Appointment Process and the Rule of Law in the United States: A Comparative Perspective", cit. pp. 204 y ss. Rakove, J. N., "The Original Justifications for Judicial Independence." *Georgetown Law Journal*, vol. 95, n. 4, April 2007, pp. 1061 y ss.

492 N. 19-1392, 597 U.S. 215 (2022).

493 N. 23-719, 601 U.S. (2024).

494 Woodhouse, D, "The Constitutional Reform Act 2005-defending judicial independence in the English way", *Journal of Constitutional Law*, 5, no. 1, enero 2007, p. 153.

utilizando políticamente a los jueces[495], comenzó a suprimir su poder de crear tribunales sin el consentimiento del parlamento[496], idea que se confirmó ya mucho más directamente en la *Act of Settlement* de 1701 —otro de los textos fundamentales de la nunca codificada Constitución británica—, que añadió la incapacidad del rey de cesarlos sin el consentimiento de ambas cámaras del parlamento[497]. Ese fue el modelo copiado en parte, como se acaba de ver, en EEUU, y constituye el primer precedente de uno de los derechos que principalmente garantizan la independencia judicial: el derecho al juez ordinario predeterminado por la ley.

Sin embargo, al haber separado a la justicia, no ya del poder del rey, sino del resto de poderes, posteriormente se fue más allá de estas bases, en el sentido de hacer que los jueces fueran los depositarios del poder de establecer las fronteras entre los actos del poder ejecutivo y del poder legislativo, con el fin de que no las ultrapasen, lo que evidentemente constituía una idea novedosa. Para posibilitar esa nueva función resulta fundamental, como se dijo más arriba, la neutralidad de los jueces, puesto que mal puede actuar de manera independiente quien se deja influir por las circunstancias indicadas en el segundo epígrafe de este estudio.

Sin embargo, con ello se situó a los jueces en el centro del sistema jurídico. La cuestión se planteó, tal vez por primera vez, en el *Dr. Bonham's Case*

---

495 "*Whereas the late King James the Second, by the assistance of divers evil counsellors, judges and ministers employed by him, did endeavour to subvert and extirpate the Protestant religion and the laws and liberties of this kingdom;*"

496 "*That the commission for erecting the late Court of Commissioners for Ecclesiastical Causes, and all other commissions and courts of like nature, are illegal and pernicious;*" "*...according to the resolution and desire of the said Lords and Commons contained in the said declaration. And thereupon their Majesties were pleased that the said Lords Spiritual and Temporal and Commons, being the two Houses of Parliament, should continue to sit, and with their Majesties' royal concurrence make effectual provision for the settlement of the religion, laws and liberties of this kingdom, so that the same for the future might not be in danger again of being subverted, to which the said Lords Spiritual and Temporal and Commons did agree, and proceed to act accordingly.*"

497 "*And whereas it is requisite and necessary that some further provision be made for securing our religion, laws and liberties, from after the death of his Majesty and the princess Anne of Denmark, and in default of issue of the body of the said princess, and of his Majesty respectively; be enacted by the King's most excellent majesty, by and with the advice and consent of the lords spiritual and temporal, and commons, in parliament assembled, and by the authority of the same.*" "*That no person who has an office or place of profit under the King, or receives a person from the crown, shall be capable of serving as a member of the house of commons. That after the said limitation take effect as aforesaid, judges commissions be made quandiu se bene gesserint, and their salaries ascertained and established; but upon the address of both bodies of parliament it may be lawful to remove them*".

de 1610[498] declarando los jueces —a iniciativa de Edward Coke— la incompatibilidad de una ley del parlamento con el *Common Law*[499]. Sin embargo, aproximadamente un siglo y medio más tarde, en sentido frontalmente contrario Blackstone afirmó el poder soberano del parlamento por encima de cualquier otro en la Tierra[500], lo que evidentemente suprimía el control del poder judicial sobre los actos del parlamento, debiendo los jueces simplemente cumplir con su voluntad. Pero el debate se acabó desbordando poco después en EEUU, ya en el siglo XIX, en *Marbury v. Madison* (1803), asumiéndose que el Tribunal Supremo —es decir, el poder judicial— podía anular las leyes contrarias a la Constitución. Es decir, volviendo a la conclusión —tal vez algo oportunista analizando ambos casos— de Edward Coke de 1610.

En el Reino Unido, se trató de garantizar la independencia a través del histórico *Lord Chancellor*, figura que estuvo a medio camino entre lo ejecutivo, lo judicial y hasta lo legislativo. Actualmente se trata de un ministro del gobierno[501] de designación real a propuesta del primer ministro, que antes de la *Constitutional Reform Act* 2005 presidía la *House of Lords*, y que hoy cumple funciones de ministro de justicia, denominación que adoptó en 2007. Se encarga de los nombramientos de jueces, hoy a propuesta de la *Judicial Appointments Commission*, de composición muy plural[502], precisamente con la finalidad de garantizar su neutralidad, aunque no sin acusaciones de influencia gubernamental[503].

---

498 Thomas Bonham v College of Physicians.

499 Coke, E., *Selected Writings of Sir Edward Coke*, Indianapolis 2003, vol. I, p. 838: "*...one cannot be Judge and Attorney for any of the parties, Dyer 3 E. 6. 65. 38 E. 3. 15. 8 H. 6. 19b. 20a. 21 E. 4. 47a. &c. And it appeareth in our Books, that in many Cases, the Common Law doth controll Acts of Parliament, and somtimes shall adjudge them to be void: for when an Act of Parliament is against Common right and reason, or repugnant, or impossible to be performed, the Common Law will controll it, and adjudge such Act to be void*".

500 "*An act of parliament, thus made, is the exercise of the highest authority that this kingdom acknowledges upon earth.*". Blackstone, W., *Commentaries on the Laws of England*, L. I, Oxford 1765, p. 178

501 Woodhouse, "The Constitutional Reform Act 2005-defending judicial independence in the English way", *cit.* p. 154.

502 Vid. The Judicial Appointments Commission Regulations 2013, https://www.legislation.gov.uk/uksi/2013/2191/made, así como la Crime and Courts Act 2013, 20.

503 Cfr. Delaney, E., "Searching for constitutional meaning in institutional design: The debate over judicial appointments in the United Kingdom", *International Journal of Constitutional Law*, 2016, Vol. 14, n. 3, pp. 752 y ss.

Situar al poder judicial como árbitro del poder ejecutivo y legislativo posee evidentes riesgos[504]. Como se verá en el último epígrafe, amenaza con otorgar al cuerpo de jueces una excesiva autonomía que le haga caer en la autocracia, lo que le arrastra al conservadurismo y a la endogamia para mantener ese poder en manos de los mismos que ya lo integran, así como a responder solamente ante sí mismo, lo que acaba deviniendo un contrasentido al generar una autocracia contraria a la propia base teórica de los *checks and balances*, sólo prevenible a través de la regularidad de los procedimientos de nombramiento de los jueces y del seguimiento de la adecuación jurídica de sus resoluciones, lo que en absoluto es sencillo.

Es lógico, en consecuencia, que haga tiempo que se ha detectado en el Reino Unido un creciente papel político de su poder judicial[505], básicamente porque al poder participar en materias propias del debate político, es fuerte la tentación del juez de convertir su ideología personal en la interpretación suprema de la ley, o al menos dejarse influir por esa ideología, lo que provoca un desastre para la división de poderes. Que un juez tape la boca a un legislador no es sólo alterar la conocidísima frase original de Montesquieu. Significa que, al final, los países no se rigen por lo que dispone su parlamento y el gobierno que ese mismo parlamento elige, sino por lo que opina un juez que, además, a diferencia del modelo estadounidense original, ya no responde ante el parlamento, sino ante el propio poder judicial, y a veces incluso incomprensiblemente ante sus colegas más próximos, lo que le garantiza una perfecta impunidad siempre que consiga no crear enemigos entre sus propios compañeros. No es, ni mucho menos, una situación ideal, que reclama una reforma, en evitación de esa referida autocracia.

5. CONTRA LA AUTOCRACIA JUDICIAL Y LA MANIPULACIÓN POLÍTICA DE LOS JUECES

Expuesto brevemente el origen y desarrollo del concepto de la independencia allí donde primero se suscitó el debate, cabe sacar una conclusión obvia aunque esencial: la solución al problema no es fácil, aunque tampo-

504 Vid. Hyre, J., "The United Kingdom's Declaration of Judicial Independence: Creating a Supreme Court to Secure Individual Rights under the Human Rights Act of 1998." *Fordham Law Review*, vol. 73, n. 1, October 2004, pp. 423 y ss.

505 Woodhouse, "The Constitutional Reform Act 2005-defending judicial independence in the English way", *cit.* p. 154.

co lo es la identificación del mismísimo problema. Dejando de lado el tema de los nombramientos y siguiendo la estela histórica, la discusión se ha planteado en términos de respeto por la división de poderes, en evitación de un retorno a las primitivas dictaduras absolutistas de los soberanos, auténtico totalitarismo puesto en práctica durante siglos o hasta milenios. Sin embargo, partiendo de esa base, que es esencialmente correcta por ser fiel a la realidad histórica, se ha acabado derivando hacia una especie de búsqueda mítica, no ya de la división de poderes, sino de una independencia judicial tan aséptica que puede que humanamente sea incluso imposible, por más buena voluntad que le pongan los juzgadores.

Tal vez haya que salir de este último marco mental. En nuestras democracias, no es que los parlamentos no legislen o que los gobiernos estén atados de pies y manos porque se lo impida una irresistible fuerza superior, como fue antaño. Lo que sucede es que en algunas ocasiones puntuales, pero muy polémicas, o hasta escandalosas o disparatadas, los jueces revocan la obra de un parlamento o entorpecen la acción política de un gobierno. En los casos más graves, los jueces acaban persiguiendo penalmente, de manera injustificada, a miembros de ambos poderes, en una actitud de evidente *lawfare* que recuerda muy poderosamente a aquellas antiguas maniobras de Charles I en el siglo XVII, y que le costaron, no ya la corona, sino la vida. Al final, el móvil de esos déspotas siempre es el mismo: ejercer el poder sin limitaciones con finalidades económicas o ideológicas que pueden ser tan espurias como aquellos antiguos intentos de aquel monarca por crear nuevos impuestos o perseguir a ciudadanos por razón de su religión.

A estas alturas de nuestra evolución histórica, ya sabemos que el parlamento, por mucho que represente a la ciudadanía y lo dijera nada menos que Blackstone[506], no puede tener un poder absoluto. Que Hitler consiguiera aprobar en el *Reichstag* su *Ermächtigungsgesetz* de 24 de marzo de 1933, logrando así el suicidio del propio parlamento, es un poderoso aviso a navegantes de que no todo puede ser posible a través de una asamblea legislativa. De ahí —y de reflexiones anteriores— surgió la *Reine Rechtslehre* de Hans Kelsen justo un año después[507], reivindicando el papel protagónico de la normal fundamental como freno a semejantes actuaciones. Justo por eso disponemos en varios países europeos de Tribunales Constitucionales, particularmente en los que padecimos una dictadura.

---

506 Blackstone, *Commentaries on the Laws of England*, cit. p. 178

507 1934, p. 67.

Pero una vez dicho y reconocido lo anterior, no podemos permitir tampoco que los jueces decidan sobre cuestiones esencialmente ideológicas y que, desde luego, no alteran la arquitectura fundamental de un Estado amenazando, no ya con su destrucción, lo que es sumamente difícil y, de hecho, irreal, salvo que exista una posibilidad de invasión inminente. El peligro principal a evitar, y puede que el único peligro en realidad, es que el sistema político democrático no se transforme en una dictadura. Es decir, que deje de existir lo que en el ámbito del *Common Law* se llama *Rule of Law*. Eso es probablemente lo único que el poder judicial debería impedir que ocurriera. Pero sin desbordar jamás ese marco, que es sumamente estrecho porque excepcionales, por fortuna, son también las situaciones en que algo así sucede.

Habría que darse cuenta de que el Tribunal Supremo de los EEUU ha entrado en política reiteradamente demasiadas veces desde el desgraciado precedente antes citado de *Marbury v. Madison* (1803) que, por cierto, resolvía el nombramiento de unos jueces por el presidente cesante… Que se haya pronunciado sobre cuestiones raciales, sobre el aborto o sobre el matrimonio homosexual, entre muchos otros temas, es algo que, por mucho que hayan podido gustar —a veces— sus pronunciamientos, no es propio de la función judicial, porque se trata de cuestiones profundamente ideológicas, o casi exclusivamente ideológicas, como lo demuestra el hecho de que la mayoría de ellas tienen un curioso trasfondo religioso, cuya detección debería servir para activar alertas en este sentido.

Para justificar la labor en este terreno de los tribunales, se ha puesto reiteradamente como excusa la defensa de los derechos fundamentales, y ciertamente el argumento es potentísimo. Pero por esa rendija se ha abierto un enorme boquete que ha permitido a los tribunales empezar a hacer política pura, revocando los actos de los parlamentos, no cuando intentan acercar el sistema político a una dictadura, sino simplemente cuando discrepaban ideológicamente de esas leyes, poniendo como excusa la vulneración de un derecho fundamental. Los jueces, en esos casos, alejándose de todo método científico y basando, por tanto, sus conclusiones en pura y simple argumentación o, más bien, retórica, no persuaden a la comunidad a la que sirven, sino que sólo convencen a quien eventualmente comparte la ideología de los juzgadores que firmaron la sentencia, que se convierten así en una suerte de "legisladores" claramente aristocráticos, persuadidos de que su —a veces— autoatribuida excelencia jurídica les legitima para realizar este tipo de actuaciones que son, estas sí, peligrosísimas para la división de poderes.

Y es que con ello hacen política, con frecuencia defendiendo directamente los intereses personales de algunos sujetos influyentes, lo que ya es el colmo. Ya que, por razones psicológicas, es muy difícil, y volátil, que el poder judicial decida autolimitarse en su jurisprudencia, es posible que no hiciera ningún daño que se introdujera una norma en la Constitución que expresamente dispusiera lo siguiente: que los tribunales solamente pueden anular una ley en caso de vulneración frontal de la división de poderes, atribuyendo a un gobierno facultades legislativas, al propio parlamento facultades judiciales, o incluso a un tribunal posibilidades de creación de derecho equivalentes a una ley, que también son impropias cuando no solamente actualizan o integran inevitables lagunas de un acto normativo, sino que crean *ex novo* una norma que hubiera debido provenir, no de los jueces, sino del parlamento, o de la acción política del poder ejecutivo en cumplimiento de las leyes. En la historia existen sobrados ejemplos funestos de todas estas situaciones.

En todo lo demás, los parlamentos debieran ser libres, puesto que el desarrollo de los derechos fundamentales, al final, depende de lo que los propios ciudadanos, que son sus titulares, decidan por sí mismos hacer con ellos, al menos en una democracia. Una cosa es que los tribunales corrijan esas vulneraciones cuando provengan de jueces inferiores, lo que es legítimo y debido, y otra muy diferente pensar que una ciudadanía democráticamente formada, no se defenderá en las siguientes elecciones de una ley que menoscaba esos derechos, dejando de votar a quien la impulsó.

Por supuesto, se puede desconfiar de la ciudadanía con el manido argumento de hacerla víctima —responsable también— del populismo de los políticos, que les impide detectar sus trampas. Sin embargo, a pesar de todos los pesares, es un riesgo que hay que correr. Lo contrario sería volver a las democracias aristocráticas al estilo aristotélico, o incluso al sufragio censitario, o pensar que los jueces, por el solo hecho de serlo, poseen el mejor criterio sobre lo que es adecuado en una sociedad, lo que es expresivo de un elitismo inaceptable que, además, en no pocas ocasiones ni siquiera está respaldado por la realidad de esa supuesta sapiencia infinita. En el pasado fue el recelo de las élites hacia el pueblo lo que obstaculizó la democracia. No deberíamos caer, de nuevo y por otras vías, en el mismo error.

IV. PRUEBA

LA INEXPLICABLE PERSISTENCIA DE LA VALORACIÓN LEGAL DE LA PRUEBA

Publicado en Ars Iuris Salmanticensis, vol. 1, n. 1, 2017, pp. 57-76.

1. INTRODUCCIÓN

Durante muchos siglos, en la práctica de los tribunales europeos se desarrolló un sistema de valoración de la prueba que no se cohonestaba con el Derecho romano, aunque curiosamente se basaba en el mismo. Se trataba del sistema de prueba legal, que intentó hacer más fáciles, mucho más fáciles, las cosas a los jueces a la hora de valorar la prueba. Probablemente demasiado fáciles, aunque finalmente el sistema podía resultar sorprendentemente complejo. Una auténtica paradoja.

El problema es que de tanto querer simplificar la valoración de la prueba, se llegó al absurdo, al mecanicismo del uso forense que siempre amenaza el funcionamiento de la Justicia, aún a día de hoy. Obviamente, los encargados de cualquier tarea de la vida intentan sacarla adelante de forma rápida, y así se incurre en un cierto automatismo que a veces es total, y que en materia de Justicia viene favorecido sobre todo por la necesidad de que la labor de los tribunales no se retrase todavía más. Se trata de una forma de trabajar sumamente defectuosa, que en el fondo es aparente porque no cumple con el cometido real de su función. Pero como digo, aparentemente el trabajo se realiza, y eso parece ser lo único importante. Y así observamos que la enorme mayoría de resoluciones judiciales que se dictan son fruto de un formulario que ya estaba confeccionado de antemano en un 90% de su contenido, siendo este porcentaje aún superior en ocasiones.

Dentro de esta misma dinámica surge el sistema de valoración legal de la prueba, y aunque su origen no es este mecanicismo, como veremos seguidamente, su uso abusivo sí que es debido a la conducta explicada en el párrafo anterior. Lo curioso es que aunque ese sistema dejó de existir casi por completo, todavía se detectan constantes referencias legales a prácticas del mismo que actualmente han dejado de tener cualquier sentido. Incluso el uso forense sigue afectado, como veremos, por ese antiguo modo de hacer.

El presente trabajo se propone poner en evidencia dichas prácticas y tendencias, a fin de que sean definitivamente abolidas del proceso actual de la mayoría de Estados. En dicho proceso oficialmente reina, por fortuna, la libre valoración de la prueba. Pero sólo oficialmente.

2. EL FUNCIONAMIENTO DEL SISTEMA DE PRUEBA LEGAL

El sistema de prueba legal es, en realidad, una anomalía histórica que ha durado demasiado tiempo. Sus orígenes hay que buscarlos en el Código de Hammurabi, en cuyos incisos 10, 11 y 13[508] se obligaba al juez a buscar testigos de la propiedad de un objeto para acreditar su pérdida. Posteriormente, los incisos 182 y 183 se referían al "documento sellado" para demostrar la existencia de una dote[509].

No conferían tales preceptos valor de prueba legal ni a los testigos ni al documento, pero desde luego constituían una guía muy precisa dirigida al juez sobre el modo de proceder probatorio para dictar su sentencia en el proceso. Esos preceptos, probablemente por la vía indirecta del Pentateuco[510] —de fuerte influencia mesopotámica—, crearon la regla de que

---

508 Se utilizarán las traducciones de Lara Peinado, Federico, *Código de Hammurabi*, Madrid 1997: *§10 Si el comprador no ha presentado al vendedor que le vendió la cosa, ni a los testigos en cuya presencia se efectuó la compra, y el dueño de la cosa perdida presenta testigos que atestigüen (la preexistencia de) la cosa (y el dominio) de dicho propietario, el comprador fue el ladrón: será castigado con la muerte. El propietario de la cosa perdida recobrará su propiedad.*
§11 Si el propietario de la cosa perdida no presenta testigos que presten testimonio sobre dicho objeto, es un farsante, y puesto que denunció falsamente, será castigado con la muerte.
§13 Si los testigos del anterior denunciante no estuviesen localizables, los jueces le señalarán un plazo de seis meses. Y si al término del mismo no presenta sus testigos, será considerado un farsante y sufrirá en su totalidad la pena de este proceso.

509 *§182 Si un padre tiene una hija que sea sacerdotisa de Marduk de Babilonia y no la dotó escribiéndole un documento sellado, a la muerte del padre le corresponderá un tercio de la herencia, que podrá dejar en sucesión a quien prefiera.*
§183: Si un padre tiene una hija concubina, y le da dote, le concede marido y le otorga documento sellado al respecto, a la muerte de su padre no heredará ningún bien.

510 Deuteronomio, cap. 19, vs. 15-21: "*No basta un solo testigo para declarar a un hombre culpable de crimen o delito; cualquiera que sea la índole del delito, la sentencia deberá fundarse en la declaración de dos o más testigos. Si un falso testigo se levanta contra un hombre y lo acusa de rebeldía, las dos partes en litigio comparecerán delante del Señor, en presencia de los sacerdotes y de los jueces en ejercicio. Los jueces investigarán el caso cuidadosamente, y si se pone de manifiesto que el acusador es un testigo falso y ha atestiguado falsamente contra su hermano, le harán a él lo mismo que él había proyectado hacer contra su hermano. Así harás desaparecer el mal de entre ustedes. Y cuando se enteren los otros, sentirán temor y no volverá a cometerse esta infamia entre*

para dar por probado un hecho debía existir una pluralidad de testigos, y no uno solo. Esa regla la encontramos finalmente en el *Codex* de Justiniano[511], ya en la primera mitad del siglo VI, es decir, con toda la influencia judeocristiana derivada de la legalización oficial de la religión correspondiente desde el año 313. También se hallan en el *Codex* los primeros trasuntos del valor privilegiado de la prueba documental, aunque sin conferirle realmente el valor legal que tendría después[512], que probablemente estaba inspirado en la última disposición de este capítulo del *Codex*, que equiparaba el valor probatorio de testigos y documentos[513]. Esta última norma fue otorgada por Constantino en el 317, pero tampoco era, naturalmente, una norma de prueba legal.

Sin embargo, de todas esas normas se dedujo en la Baja Edad Media el valor legal del testimonio de al menos dos testigos —en la línea de lo establecido en el Deuteronomio—, del documento público, del documento privado reconocido y de la confesión[514], así como de la llamada "evidencia", es decir, del reconocimiento judicial[515]. Es posible que en ello haya tenido alguna responsabilidad el pensamiento escolástico[516], tan preocupado por la fidelidad a la autoridad de los textos originales, de manera que las disposiciones romanas ya citadas, que tenían un simple valor admonitivo u operativo en la organización de la estrategia probatoria, alcanzaran al final a la mismísima valoración de la prueba, produciéndose bajo la vigencia del sistema legal su completa anulación. Aunque suene extraño, es necesario decirlo así directamente, sin matices, porque verdaderamente fue eso lo que sucedió: el sistema legal de valoración de la prueba implicaba la anulación de la valoración de la prueba.

Y es que a partir de ahí los jueces dejaron de escuchar a los testigos, a los que sólo se les pedía que juraran y se ratificaran. Lo mismo se hizo con

---

vosotros. No tendrás compasión: vida por vida, ojo por ojo, diente por diente, mano por mano, pie por pie."

511 Codex, Libro IV, título XX, nº 9, §1: *Simili modo sauximus, ut unius testimonium nemo iudicium in quacunque causa facile patiatur admitti. Et nunc manifeste sancimus, ut unius omnino testis responsio non audiatur, etiamsi praeclarae curiae honore praefulgeat.*

512 Codex, Libro IV, título XXI.

513 Codex, Libro IV, título XXI, nº 15: *In exercendis litibus eandem vis obtinnet tam fides instrumentorum, quam depositiones testium.*

514 Jaumar Carrera, *Práctica forense*, Barcelona 1840, pp. 39-40, 44-45

515 Degli Ubaldi, Baldo, *Practica Baldi*, Perugia 1521, folio 39 vuelto. Jaumar Carrera, op. cit., p. 45, Partida III, tít. 14, Ley 13.

516 Endemann, Wilhelm, *Die Beweislehre des Civilprozesses*, Heidelberg 1860, p. 630. Cfr. Calogero, Guido, *La logica del giudice e il suo controllo in cassazione*, Padova 1937, p. 75.

el juramento de las partes. Y exactamente igual se operó con respecto a los documentos públicos. Todos ellos eran prueba "plena". La prueba "semiplena" o "sumaria" se tenía cuando no se alcanzaba el número mínimo de dos testigos, el documento no era público o el litigante simplemente declaraba, sin jurar[517].

Sólo se ganaba el proceso cuando se habían conseguido, numéricamente, más pruebas "plenas" que el otro litigante, o más de dos pruebas "semiplenas" frente a una plena[518]. Habitualmente se trataba de aportar más testigos, que era lo más sencillo, ya que bastaba que algunos "amigos" —no identificados como tales— comparecieran a ratificar unas frases escritas por la parte que los presentaba. No obstante, el sistema era algo más complejo, puesto que se exigía un mayor número de testigos dependiendo de la prueba a confrontar[519]. Por ello la tacha tenía, como veremos, un papel fundamental en este sistema. Un testigo más o menos podía suponer la victoria o derrota en un proceso. Adicionalmente se contaba la prueba "plenissima", que era una especie de estándar de prueba reforzado de muy difícil configuración, aunque sólo tenía relevancia en el proceso penal[520].

La monstruosidad jurídica descrito se completaba con las normas sobre las habitualmente estúpidas inhabilidades de los testigos[521] y el extensísimo listado de documentos que podían alegarse en el proceso[522]. Con razón

---

517 Cfr. Ortiz de Zúñiga, *Práctica general forense*, T. II, Madrid 1856, pp. 239, 255, 257 y especialmente 271. De Vicente y Caravantes, *Tratado histórico, crítico filosófico de los procedimientos judiciales en materia civil según la nueva Ley de Enjuiciamiento*, Madrid 1856, p. 133.

518 Jaumar Carrera, op. cit., p. 48. Vid. también NÖRR, *Romanisch-kanonisches Prozessrecht*, Heidelberg 2012, p. 128.

519 Lo explica Gómez Negro, *Elementos de práctica forense*, Valladolid 1838, pp. 95-96, basándose en la Partida III. Vid. también Gómez de la Serna / Montalbán, *Tratado académico-forense de los procedimientos judiciales*, Tomo I, Madrid 1861, p. 435.

520 NÖRR, *Romanisch-kanonisches Prozessrecht*, cit. p. 129. La clasificación de plenissima, plena y semiplena era de Azón, *Summa Azonis*, Venecia 1581, lib. III, 1 (De iudicis), 18, 19. Con más precisión, Durante, *Speculum iuris*, Venecia 1602, lib. I, Part. I, *De summaria cognitione*, 1, 2 y 3.

521 Merece la pena recordar el listado de la Partida III, tít. XVI: personas de mala fama, condenados por falso testimonio, falsificadores, envenenadores, abortistas, asesinos, adúlteros, libertinos, violadores, apóstatas, incestuosos, enajenados mentales, ladrones, proxenetas, tahúres, lesbianas transvestidas, pobres de solemnidad, mentirosos, incumplidores de sentencias, judíos, musulmanes, herejes (Ley 8), presos, toreros, prostitutas, libertos en pleito de su antiguo señor (ley 10), siervos (salvo excepciones y bajo tormento, Leyes 12 y 13), así como en pleitos hereditarios, a mujeres y hermafroditas que "*tirassen mas a varon que a muger*" (Ley 17).

522 Pueden hallarse en la Partida III, tít. XVI y XVIII.

formuló Bentham[523] durísimas objeciones a este absurdo sistema, críticas que fueron el principio del fin del sistema de valoración legal, y el tránsito al sistema de valoración libre[524].

De hecho, lo que cuesta creer es que el sistema estuviera vigente durante tanto tiempo, más o menos desde el siglo XIII, por la influencia del trabajo de Azón antes citado[525]. Sin embargo, la explicación más plausible es que, como se ha advertido, en el fondo era un sistema de fácil aplicación, aunque podía complicarse tomando en consideración el número y calidad de las pruebas plenas y semiplenas que se presentaran. Pero no debía ser así habitualmente. Una confesión concluía el proceso, igual que un documento público. Y cuando no existía este último, o las confesiones de las partes eran contrapuestas, se echaba mano de los testigos, que finalmente, como se advirtió, sólo había que sumar, llevándose la victoria aquel que más testigos consiguiera presentar sin *obiectio*, es decir, sin ser tachados.

En el fondo, y ello se detecta todavía hoy en día, este sistema otorgaba una extraña —y falsaria— seguridad jurídica, puesto que nada dependía, en el fondo, de la libre apreciación del juez, sino del número de pruebas existentes, que no se valoraban al establecer el ordenamiento su evidencia. Con todo, el sistema era la viva imagen de la corrupción. En ninguna parte se decía que los testimonios no fueran valorados por el juez. Es más, en las Partidas[526] se detalla un completo —aunque a ratos ingenuo— método de interrogatorio del testigo y valoración del testimonio. Pero se solía prescindir del mismo por la sencilla razón de que los jueces delegaban ese interrogatorio en sus subalternos[527], lo que favorecía que el mismo no se realizara, consistiendo en una simple ratificación. Además, es obvio que valorar un testimonio es mucho más complicado que computar un número de testigos.

---

523 Bentham, Jérémie, *Traité des preuves judiciaires*, Paris 1823, pp. 9 a 15.

524 Especialmente reveladoras son estas palabras de su obra: "*Qu'est-ce qu'une fausse règle en matière de procédure? C'est une règle qui tend à mettre en contradiction la décision du juge et la loi; qui entraîne le juge à prononcer contre sa persuasion intime, à sacrifiquer le fond à la forme...* "Bentham, *Traité*, cit. p. 5.

525 Azón, *Summa Azonis*, cit., lib. III, 1 (De iudicis), 18, 19.

526 Partida III, tít. XVI, Ley 28. Transcribo solamente una parte de dicha ley: "*Mas si fuere ome vil, e sospechoso, que entendiesse el Juez, que anda desvariando en su testimonio; entonce devele fazer otras preguntas, por tomarle en palabras, diziendo assi: quando este fecho sobre que testiguas acaecio, que tiempo fazia? Estava nublado, o fazia Sol? O quanto ha que conociste estos omes de quien testiguas? E de que paños eran vestidos, quando acaescio esto que dizes? Ca por lo que respondiere a tales preguntas como estas, e por las señales que viere en la cara del, tomar apercibimiento el Juez, si ha de creer lo que dize el testigo, o non.*"

527 NR, Libro XII, Título XXXII, Leyes X, XVI y XVII.

3. LA CASI TOTAL ABOLICIÓN DEL SISTEMA

El sistema entró en crisis con la Ilustración. Influidos los juristas franceses por la libre valoración de la prueba que provenía de los jurados ingleses —que era el sistema preponderante de enjuiciamiento en ese país—, al instituir esos jurados asimismo en Francia, y ante el lógico desconocimiento de los mismos de las antiguas reglas del sistema legal, no quedaba otro remedio que introducir la libre valoración de la prueba a través de la expresión *intime conviction.*

No obstante, esas normas de prueba legal también existían en Inglaterra, aunque estaban algo atemperadas[528], y desde luego superadas finalmente con el recurso al "*the best of their own knowledge*"[529] de los miembros del jurado, expresión coloquial de la lengua inglesa que está en el origen de la *intime conviction* de la Ley francesa de 16-21 de septiembre de 1791 que desarrolló la institución del jurado[530], creado a través de la *Constitution française* de 3-9-1791[531]. Con la introducción de la "íntima convicción" se

---

528 Blackstone, William, *Commentaries on the Laws of England,* Lib. III, London 1794, pp. 370 y ss.

529 Blackstone, William, *Commentaries on the Laws of England,* cit. pp. 373-374 y ss: "*As to such evidence as the jury may have in their own consciences, by their private knowledge of facts, it was an ancient doctrine, that this had as much right to sway their judgment as the written or parol eyidence which is delivered in court. And therefore it hath been often held, that though no proofs be produced on either side, yet the jury might bring in a verdict. For the oath of the jurors, to find according to their evidence, was construed to be, to do it according to the best of their own knowledge. This seems to have arisen from the ancient practice in taking recognitions of assise, at the first introduction of that remedy; the sheriff being bound to return such recognitors as knew the truth of the fact, and the recognitors, when sworn, being to retire immediately from the bar, and bring in their verdict according to their own personal knowledge, without hearing extrinsic evidence or receiving any direction from the judge. And the same doctrine (when attaints came to be extended to trials by jury, as well as to recognitions of assise) was also applied to the case of common jurors; that they might escape the heavy penalties of the attaint, in case they could shew by any additional proof, that their verdict was agreeable to the truth, though not according to the evidence produced: with which additional proof the law presumed they were privately acquainted, though it did not appear in court. But this doctrine was again gradually exploded, when attaints began to be disused, and new trials introduced in their stead. For it is quite incompatible with the grounds upon which such new trials are every day awarded, viz. that the verdict was given without, or contrary to, evidence. And therefore, together with new trials, the practice seems to have been first introduced, which now universally obtains, that if a juror knows any thing of the matter in issue, he may be sworn as a witness, and give his evidence publicly in court.*"

530 Vid. los debates de la Asamblea francesa, absolutamente esclarecedores sobre este tema, reproducidos en Nieva Fenoll, *La valoración de la prueba,* Madrid 2010, p. 73, nota 202.

531 Cap. V, art. 9.

cumplían las aspiraciones seculares de varios juristas que habían denunciado la absurdidad del sistema de valoración legal[532], y se iniciaba el largo —y aún inconcluso— tránsito del siglo XIX al sistema de valoración libre, abandonando por completo el sistema de valoración legal en el proceso penal, y con mayor dificultad en el proceso civil.

El paso definitivo en el proceso civil se dio en Alemania[533], aunque no fue en absoluto fácil[534], pues había quien opinaba que el sistema de valoración legal daba mayor fijeza y seguridad jurídica que un uso difícilmente controlable de la "conciencia" de los juzgadores[535]. Tuvo que ser Savigny[536] y otros[537] —Endemann[538] sobre todo— los que explicaran que libre valoración no significa arbitrariedad y falta de motivación, sino todo lo contrario. Finalmente, el sistema de libre valoración de la prueba se introdujo en la ZPO alemana de 1877, actualmente vigente, en su §259, hoy §286[539], aunque, igual que en otros lugares, subsistió la valoración legal de la prueba documental.

El sistema llegó a España con el Reglamento sobre el modo de proceder el Consejo Real en los negocios contenciosos de la Administración de 30-12-1846[540], en cuyo art. 148 se introduce por primera vez el concepto "re-

---

532 Vid. Al respecto Taruffo, Michele, *Libero convincimento del giudice. (I Diritto processuale civile)*, Enc. giur. Treccani, vol. XVIII, Roma 1990, p. 1.

533 Patermann, Christian, *Die Entwicklung des Prinzips der freien Beweiswürdigung im ordentlichen deutschen Zivilprozess in Gesetzgebung und Lehre*, Bonn 1970.

534 Walter, *Freie Beweiswürdigung*, cit. pp. 331 y ss.

535 Gneist, Rudolph, *Die Bildung der Geschworenengerichte in Deutschland*, Berlin 1849, p. 62 y ss. Bähr, *Die Grenzen der freien Beweistheorie*, cit. p. 413.

536 Savigny, *Über Schwurgerichte und Beweistheorie im Strafprozesse*, Goltdammers Archiv, 1858, pp. 469 y ss.

537 Jarke, *Bemerkungen über die Lehre vom unvollständigen Beweise, vornehmlich in Bezug auf die außerordentlichen Strafen*, Neues Archiv des Criminalrechts, 1826, pp. 102-103. Mittermeier, *Die Lehre vom Beweiseim deutschen Strafprozesse*, Darmstadt 1834, p. 66.

538 Endemann, Wilhelm, *Die freie Beweisprüfung im Civilprozesse*, AcP nº 41 (1858), pp. 92 y ss; *Die Folgen freier Beweisprüfung im Civilprozesse*, AcP nº 41 (1858), pp. 289 y ss; *Die freie Prüfung des Zeugenbeweises*, AcP nº 42 (1859), pp. 246 y ss; D*er Urkundenbeweis ohne gesetzliche Beweisregeln*, AcP nº 43 (1860), pp. 1 y ss; *Der Eid bei freier Beweisführung*, AcP nº 43 (1860), pp. 349 y ss; *Die Beweislehre des Civilprozesses*, Heidelberg 1860.

539 **§ 286 Freie Beweiswürdigung.** (1) Das Gericht hat unter Berücksichtigung des gesamten Inhalts der Verhandlungen und des Ergebnisses einer etwaigen Beweisaufnahme nach freier Überzeugung zu entscheiden, ob eine tatsächliche Behauptung für wahr oder für nicht wahr zu erachten sei. In dem Urteil sind die Gründe anzugeben, die für die richterliche Überzeugung leitend gewesen sind. (2) An gesetzliche Beweisregeln ist das Gericht nur in den durch dieses Gesetz bezeichneten Fällen gebunden.

540 Gaceta de Madrid 21-01-1847, nº 4512, p. 1.

glas de la sana crítica". Y con algunos pasos intermedios se introdujo en un código procesal ya en 1855, con motivo de la Ley de Enjuiciamiento Civil de ese mismo año, en su art. 317, con respecto a la valoración de las declaraciones de los testigos[541]. Ya en la Ley de Enjuiciamiento Civil de 1881 se introdujo también con respecto a la prueba pericial[542].

Actualmente el sistema está vigente en toda la Ley de Enjuiciamiento Civil española, salvo en parte para la prueba documental y muy discutiblemente en relación con la prueba de declaración de las partes, como veremos seguidamente. Pero no son los únicos puntos en los que subsiste el antiguo sistema que, como vamos a ver, presenta una supervivencia sorprendente.

4. LAS INCOMPRENSIBLES REMINISCENCIAS DEL SISTEMA DE PRUEBA LEGAL

Con la derogación del antiguo sistema y su total desautorización doctrinal, o simplemente lógica, todo la estructura de dicho sistema tendría que haber desaparecido por completo. Pero como tantas veces sucede en materia jurídica, los cambios cuestan. Existe entre los juristas no ya un cierto apego, sino un declarado afecto por "la tradición" que en materia científica resulta completamente inexplicable. La ciencia se rige por el método científico, es decir, por la experimentación y el contraste de los resultados, y en ello la tradición no posee el más mínimo papel.

En realidad, la tradición, en este contexto, no es más que un uso de la falacia *ad antiquitatem*. Los seres humanos la utilizan para dar una solidez aparente a un argumento erróneo, evocando que el contenido de dicho argumento es correcto porque ya estaba vigente en tiempos pasados. Ello resulta absurdo, porque el hecho de que algo se haya dicho en el pasado no quiere decir que sea cierto. Bien al contrario, el sistema de prueba legal es simplemente una aberración, una distorsión brutal de lo que inicialmente fueron solamente normas admonitivas, como ya se dijo, que intentaban guiar al juzgador. Si se hace de las mismas un fetiche, la orientación pierde toda lógica para convertirse en un vulgar sinsentido.

---

541 **Art. 317.** Los Jueces y Tribunales apreciarán, según las reglas de la sana crítica, la fuerza probatoria de las declaraciones de los testigos.

542 Arts. 609, 632.

Aunque no se haya destacado de ese modo, varias de nuestras disposiciones actuales son vestigios de aquel sistema de prueba legal que, igual que el mismo, carecen de sentido, con más razón si el sistema del que provienen ni siquiera existe ya. La mayoría se refiere a la materia probatoria, pero otras no realmente, aunque proceden del mismo origen.

4.1. La prueba "plena"

La expresión "prueba plena" es una antigua categoría, antes referida, todavía muy utilizada por la jurisprudencia, por las leyes y hasta por el periodismo, simplemente porque es bastante contundente, pero sobre todo porque apela a una tradición —la del sistema legal— que la población todavía identifica, sorprendentemente, con bastante facilidad.

Bien al contrario, hay que explicar que en el sistema de valoración libre ya no pueden existir pruebas "plenas", en contraposición a pruebas de inferior categoría por no serlo. Como vimos, el campo de lo que era prueba plena estaba muy acotado, pero actualmente ya no existe, por lo que resulta absurdo seguirse refiriendo a tal concepto.

Ni siquiera tiene auténtico sentido hablar de prueba *prima facie*[543], que es la prueba "semiplena" o "sumaria" de esos tiempos pasados, con más razón cuando se analiza su esencia y se descubre que, en realidad, muy pocas veces se juzga con una "apariencia" de prueba[544]. Ni tan solo cuando se decide sobre las medidas cautelares, porque en esos casos lo que suele producirse en realidad es un avance de la prueba que va a ser presentada en el proceso, en el antiguamente llamado "plenario".

"Plenario", por cierto, es una expresión que junto con "sumario" también hace referencia a categorías propias del sistema de valoración legal, en este caso en el proceso penal, distinguiendo con esas denominaciones las dos fases características de este proceso: la investigación o instrucción y el juicio oral. Para el plenario se requerían pruebas plenas o plenísimas. Para el sumario bastaban las pruebas sumarias o semiplenas, es decir, simples sospechas que debían alcanzar su plenitud si se quería llegar a una condena, dado que las presunciones estaban prohibidas o muy limitadas[545].

---

543 Cfr. Nieva Fenoll, *Enjuiciamiento* prima facie, Barcelona 2007, pp. 35-36.

544 Vid. Nieva Fenoll, *Hacia una nueva configuración de la tutela cautelar*, en "La ciencia jurisdiccional: novedad y tradición", Madrid 2016, p. 95.

545 Partida III, tít. XIV, Ley 12.

Resulta sorprendente hasta qué punto un antiguo sistema deja su huella después de tantas décadas de desuso.

4.2. La valoración de la prueba documental

Se trata, probablemente, de la reminiscencia más fácil de identificar. Los arts. 319 y 326 de la Ley de Enjuiciamiento Civil española disponen el valor probatorio legal de los documentos públicos y privados en algunos extremos y con matices. Pero imponen esa valoración legal, de manera que tratándose de un documento público, el juez debe creer su fecha, la identidad de sus otorgantes y que los mismos dijeron lo que allí se afirma, no que lo afirmado sea cierto. Los documentos privados tienen ese mismo valor si no son impugnados. En términos parecidos, aunque más extensivos, se presenta el valor de esta prueba en Francia[546], Italia[547] y Portugal[548]. En Alemania[549] poseen valor legal los documentos públicos[550] y privados firmados por su autor[551], las actas del proceso y la sentencia[552].

---

546 **Art. 1371 CC.** *L'acte authentique fait foi jusqu'à inscription de faux de ce que l'officier public dit avoir personnellement accompli ou constaté.*

547 ***Art. 2700 Codice Civile. Efficacia dell'atto pubblico.*** *L'atto pubblico fa piena prova, fino a querela di falso, della provenienza del documento dal pubblico ufficiale che lo ha formato, nonché delle dichiarazioni delle parti e degli altri fatti che il pubblico ufficiale attesta avvenuti in sua presenza o da lui compiuti.*

548 ***Artigo 371. Código Civil (Força probatória)*** *1. Os documentos autênticos fazem prova plena dos factos que referem como praticados pela autoridade ou oficial público respectivo, assim como dos factos que neles são atestados com base nas percepções da entidade documentadora; os meros juízos pessoais do documentador só valem como elementos sujeitos à livre apreciação do julgador. 2. Se o documento contiver palavras emendadas, truncadas ou escritas sobre rasuras ou entrelinhas, sem a devida ressalva, determinará o julgador livremente a medida em que os vícios externos do documento excluem ou reduzem a sua força probatória.*

549 Vid. Britz, Jörg W., *Beschränkungen der freien Beweiswürdigung durch gesetzliche Beweisregeln?*, ZZP 110 (1997), pp. 61 y ss.

550 ***§415 Beweiskraft öffentlicher Urkunden über Erklärungen*** *(1) Urkunden, die von einer öffentlichen Behörde innerhalb der Grenzen ihrer Amtsbefugnisse oder von einer mit öffentlichem Glauben versehenen Person innerhalb des ihr zugewiesenen Geschäftskreises in der vorgeschriebenen Form aufgenommen sind (öffentliche Urkunden), begründen, wenn sie über eine vor der Behörde oder der Urkundsperson abgegebene Erklärung errichtet sind, vollen Beweis des durch die Behörde oder die Urkundsperson beurkundeten Vorganges.*
(2) Der Beweis, dass der Vorgang unrichtig beurkundet sei, ist zulässig.
Vid. también §§416a a 418 ZPO.

551 ***§416 Beweiskraft von Privaturkunden.*** *Privaturkunden begründen, sofern sie von den Ausstellern unterschrieben oder mittels notariell beglaubigten Handzeichens unterzeichnet sind, vollen Beweis dafür, dass die in ihnen enthaltenen Erklärungen von den Ausstellern abgegeben sind.*

552 §§165.II y 314 ZPO.

Por supuesto, siempre es posible pensar que no tendría sentido que la ley negara la veracidad de esos evidentes extremos, y que por ello es razonable establecer en estos casos el valor legal. Pero lo que probablemente carezca de todo sentido es que la ley se dedique a recordarle al juez aspectos tan sumamente evidentes. Aunque la ley no lo dijera, ningún juez se atrevería a afirmar, sin más, que son falsos dichos extremos, porque sería absurdo negarlo, lo que sería inconciliable con la lógica aunque se dispusiera para los mismos la libre valoración. Dicho de otro modo, en la actualidad dichas disposiciones son solamente el residuo de las antiguas normas de prueba legal, y tienen más bien el aspecto de ser una apelación desesperada a su vigencia en los tiempos actuales.

Y es que, por otra parte, ¿qué sentido tiene *hoy en día* confiar en la fe pública de un ser humano? Actualmente disponemos de medios mucho mejores de acreditar la realidad, como la grabación de los actos de otorgamiento, ante notario incluso, que debiera ser sistemática sobre todo para controlar la presencia de frecuentes vicios del consentimiento, como el dolo o el error, o incluso de defectos de capacidad de los otorgantes, que un notario pudiera decidir pasar por alto dolosamente. Es cierto que un notario no puede dictaminar médicamente que una persona sufre alzheimer, pero también es verdad que cualquiera que hable dos minutos con una persona de capacidades cognitivas limitadas, se percata de sus dificultades.

En el pasado era obvio que sólo podíamos confiar en una pluralidad de testigos que juraban por dios para dar constancia a un acto jurídico, o teníamos que dar por buena la "fe" pública de un escribano, lo que tiene también un trasfondo religioso importante, por cierto. Pero actualmente la prueba en el proceso ya no es una cuestión de fe, sino una materia de riguroso análisis epistemológico[553]. Antiguamente se confiaba mucho en la fe porque no había otro remedio que recurrir a la religión ante lo poco que ofrecía la ciencia, aunque ya en la época ofrecía más que lo que quizás se quería asumir. Hoy en día no se pueden confundir las creencias con el análisis probatorio. Por ello, despojada la prueba documental de los antiguos restos de su valoración legal, que estaban basados en esa creencia, los documentos deben ser valorados de forma libre, sin otro condicionamiento que el evidente e inevitable: el razonamiento judicial.

---

553 Por todos, Taruffo, Michele, *La prueba de los hechos*, trad. de Jordi Ferrer Beltrán de "la prova dei fatti giuridici, milano 1992, Madrid 2002. Taruffo, Michele, *La semplice verità*, Bari 2009. *Ferrer Beltrán, Jordi, La valoración racional de la prueba*, Madrid 2007. Gascón Abellán, Marina, *Los hechos en el derecho. Bases argumentales de la prueba*, Madrid-Barcelona 2004. Cohen, Lawrence Jonathan, *The probable and the provable*, Oxford 1977.

4.3. El juramento

El valor que aún mantiene el juramento en diversas legislaciones es todavía más sorprendente. Dicho valor legal lo encontramos todavía en multitud de países, alguno de los cuales, por cierto, promueve decididamente el laicismo. Ejemplos de ello son Francia con la confesión[554] y el juramento decisorio[555], igualmente Italia[556], Portugal[557], Grecia[558] y Suecia[559] solamente con la confesión.

Cuando se comprueba que el juramento —y la confesión, también jurada— no son más que reminiscencias humanizadas de las ordalías[560], se hace especialmente difícil mantener la vigencia de esta institución, no solamente en el ámbito probatorio, sino en cualquier situación. Seguir exigiendo el juramento, o la todavía más absurda promesa, a presidentes, ministros o cualesquiera cargos públicos no es más que mantener la tradición de unos actos iniciáticos que, despojados de su contenido religioso, no pasan de la categoría de *happening*. Por mucha pompa que quiera dárseles, son simplemente ridículos, por lo que deben ser abolidos, siendo sustituidos por la simple aceptación burocrática, a ser posible sin pompa, del nuevo titular de dichos cargos.

---

554 ***Article 1383 CC.*** *L'aveu judiciaire est la déclaration que fait en justice la partie ou son représentant spécialement mandaté.*
Il fait foi contre celui qui l'a fait.
Il ne peut être divisé contre son auteur.
Il est irrévocable, sauve en cas d'erreur de fait.

555 ***Article 1385-3.2 CC.*** *Lorsque le serment déféré ou référé a été fait, l'autre partie n'est pas admise à en prouver la fausseté.*

556 ***Art. 2733 CC. Confessione giudiziale.*** *È giudiziale la confessione resa in giudizio. Essa forma piena prova contro colui che l'ha fatta, purché non verta su fatti relativi a diritti non disponibili.* Vid. También arts. 2736-2739 del *Codice Civile* en cuanto al juramento.

557 ***Artigo 358 CC. (Força probatória da confissão)*** *1. A confissão judicial escrita tem força probatória plena contra o confitente.*

558 Arts. 352 y 354 del Κοδικασ Πολιτικη Δικονομια. Vid. Orfanides, George, *Das Beweisrecht in Griechenland*, en: AAVV (ed. Lebre de Freitas), The Law of Evidence in the European Union; Das Beweisrecht in der Europäischen Union; Le Droit de la Preuve dans l'Union Européenne, Den Haag 2004, pp. 217-218.

559 ***Cap. 35, Sec. 3 del Código de procedimiento judicial.*** *If, in a case amenable to out of court settlement, a party admits a certain circumstances, his admission constitutes full proof against him. If the party withdraws his admission, the court shall determine, in view of the alleged reasons for the withdrawal and other circumstances, the evidentiary value of the admission, if any.*
In cases other than those mentioned in the first paragraph, the court shall determine the evidentiary value of the admission with respect to the particular circumstances.

560 Patetta, *Le ordalie*, Torino 1890, pp. 14-15. Lévy-Bruhl, Henri, *La preuve judiciaire*, Paris 1964, p. 59.

Pero en materia probatoria, dicha derogación es todavía más urgente. En ningún juicio debe darse por probado un hecho por la simple confesión de una de las partes, como recuerda muy acertadamente el art. 406 de la Ley de Enjuiciamiento Criminal de 1882. Ni en un proceso penal, ni por supuesto en un proceso civil, porque un litigante puede equivocarse al afirmar un hecho, y no por ello podemos dar por buena en un proceso esa realidad falseada. Tampoco puede aceptarse que un litigante mienta, y deba prevalecer su declaración pese a que en el proceso se presenten pruebas que acrediten esa falsedad.

Y ni siquiera cuando su declaración le perjudique, como trata de decir con discutible fortuna el art. 316.1 de la Ley de Enjuiciamiento Civil[561], porque el hecho de que un litigante reconozca como auténtico aquello que le perjudica, no quiere decir que sea cierto, sino que habitualmente quiere decir simplemente que se ha equivocado, dado que de lo contrario hubiera dado la razón a su adversario antes de iniciar el proceso. Tampoco es el proceso jurisdiccional un ámbito para sancionar los errores o los descuidos de un litigante, igual que tampoco lo es para premiar la "habilidad" de la contraparte[562] aprovechándose ilegítimamente de esos errores, alejando al juez de la realidad y obrando, de hecho, de un modo muy similar a aquel pobre litigante de hace casi 2.000 años que perdió un proceso por decir cepas (*vites*) en lugar de árboles (*arbores*), como lo contó Gayo[563]. No se trata, por tanto, de volver al proceso de las *legis actiones*.

En consecuencia, el juramento y la confesión deben ser abolidos. La declaración que haga cualquier persona será tenida racionalmente por cierta, pero sólo si el juez encuentra méritos objetivos para ello basados en la psicología del testimonio. No es preciso que exista ningún precepto que ordene creer lo declarado por un litigante, porque ello sería antiepistémico. Tampoco tiene por qué dudarse, en principio, de la sinceridad de una persona que ha realizado unas declaraciones ante un notario, porque de lo contrario no las hubiera expresado, pero no es preciso que ley alguna imponga la veracidad intrínseca de dichas declaraciones, porque pueden ser falsas. Todavía persiste la conciencia de que esas disposiciones facilitan la contratación civil y mercantil, pero nada hay en ello de cierto. En los Estados donde no existe el valor privilegiado de esas pruebas, la contratación

561 Si no lo contradice el resultado de las demás pruebas, en la sentencia se considerarán ciertos los hechos que una parte haya reconocido como tales si en ellos intervino personalmente y su fijación como ciertos le es enteramente perjudicial.

562 Vid. Jauernig / HESS, *Zivilprozessrecht*, München 2007, p. 100.

563 Gayo, *Instituciones*, trad. Abellán, Arias, Iglesias-Redondo, Roset, Madrid 1995, IV, 11.

no ha sufrido merma alguna. Simplemente porque nadie se atreve a negar que dijo algo que consta perfectamente que dijo, lo que puede reforzarse, como ya se indicó, con la grabación de su declaración.

4.4. *La ficta confessio*

Curiosa es también la subsistencia de preceptos que imponen la llamada *ficta confessio*. Los arts. 261.4, 304, 307 o 329 de la Ley de Enjuiciamiento Civil española son ejemplos de esta trasnochada institución que todavía persisten.

Todas esas normas dan por cierta la versión de un documento ofrecida por un litigante que solicita su exhibición a la contraparte, si esta última no los exhibe (arts. 261.4 y 329), o bien no comparece a declarar o se niega a hacerlo, o bien da respuestas evasivas a lo que se le pregunte en el marco de una prueba de declaración de las partes (arts. 304 y 307).

Tales preceptos intentan establecer un estímulo a los litigantes para que colaboren con la justicia, pero responden a una lógica extraordinariamente antigua, que tiene mucho más que ver con una concepción atávica de la carga de la prueba —que después se analizará— antes que con un sistema en el que rige la libre valoración de la prueba.

En un sistema en el que gobierna la racionalidad, quien calla no oculta nada, sino que simplemente no dice nada. Y quien no exhibe un documento puede ser que no lo tenga a su disposición, sin más. De ahí que acertadamente el art. 329 LEC disponga que el juez puede proceder a esa *ficta confessio* pero sólo "*tomando en consideración las restantes pruebas*", lo que equivale a decir que, en realidad, no hay *ficta confessio*, porque no se valora realmente el silencio del litigante, sino las otras pruebas[564]. Algo parecido, aunque no de forma tan contundente, dispone el art. 261.4 LEC. En todo caso, no se trata de normas de valoración legal, sino de preceptos que intentan conservar su originario valor admonitivo.

En realidad, debiera prescindirse incluso de ese valor. En absoluto debe darse por cierta la versión de un documento que aporte una de las partes si la otra no lo exhibe, y no existen pruebas adicionales para semejante proceder. Al contrario, el juez puede valorar los hechos alegados en el proceso con las pruebas de que disponga. Pero para ello le asistirá mucho más

---

[564] Vid al respecto el problema suscitado en este sentido en el proceso penal con la inopinada sentencia del caso Murray. STEDH 18731/91. 8-2-1996.

la racionalidad que implica la libre valoración, antes que un consejo legal que pocas veces puede ser tenido en cuenta en realidad, y que, además, en absoluto suele representar estímulo alguno.

Lo mismo sucede con el silencio o las evasivas del litigante. No es que de ese comportamiento no pueda inferirse racionalmente ocultación, sino que, como ya ha quedado dicho en el anterior epígrafe, si no puede darse por probado un hecho porque lo diga una de las partes, ni aunque lo jure, mucho menos si ni siquiera lo afirma, sino que sencillamente guarda silencio.

En consecuencia, la *ficta confessio* no es más que una norma derivada del antiguo valor legal del juramento. Abolido éste, debe desaparecer también dicha institución.

4.5. Las tachas de testigos

La tacha, la antigua *obiectio* del *ius commune*, no es más que otro resto del sistema de valoración legal cuya operatividad ya ha sido referida. En una época en la que los procesos se ganaban simplemente por haber podido presentar más testigos que la otra parte, las tachas representaban un instrumento poderosísimo.

Aunque alguna de la razones de la tacha era lógica, solían responder a las obsesiones y exclusiones sociales de la época, como ya se vio anteriormente con la cita de la Partida III[565]. Actualmente han desaparecido de muchas leyes procesales, entre ellas la italiana, la francesa o la alemana. Pero la Ley de Enjuiciamiento Civil española las conserva para los peritos de parte (art. 343) y para los testigos (377). Ya no suponen la expulsión del proceso del testigo o del perito, pero sí intentan mostrarle al juez la proximidad del declarante con una de las partes o con el objeto del proceso —vínculo familiar o de dependencia laboral, amistad o enemistad, interés en la causa—, o bien el hecho de haber mentido en otras ocasiones al haber sido condenado por falso testimonio. Con ello se trata de que el juez tenga en cuenta, libremente, estas circunstancias en la valoración de la declaración. Con el mismo fin se le leen al testigo las "preguntas generales" (art. 367), que tratan de descubrir al inicio de la declaración una circunstancia de tacha.

---

[565] Partida III, tít. XVI.

Pero todo ello, aunque tiene una voluntad noble de ayudar al juez, no es más que un residuo del sistema de valoración legal, en el que esas circunstancias provocaban la utilísima exclusión a los efectos de la "valoración" tasada de la prueba. Pero hoy en día no hacen sino interponerse en la libre valoración pudiendo provocar importantes prejuicios en la mente judicial. Un familiar o un amigo no tienen por qué ser mentirosos profesionales, sino que pueden razonablemente declarar la verdad. Si ya de inicio el juez les escucha con prevención, es imposible que valore imparcialmente su declaración, porque está condicionado.

Al contrario, lo correcto es no informar de esas circunstancias hasta el final del interrogatorio, momento en el que se puede comprobar en qué medida han podido influir en la veracidad del testimonio, dependiendo de cuál sea el tema discutido en el proceso[566]. Por ello, todo el sistema de tachas y preguntas generales debiera ser derogado de inmediato.

4.6. La carga de la prueba

Muy interesante es la consideración de la carga de la prueba. Como es sabido, aunque a la misma se hacía referencia implícita en el Derecho romano, no tuvo la operatividad que alcanzó después durante la vigencia del sistema legal de valoración.

Dicha operatividad era verdaderamente sorprendente. Actualmente resulta evidente que la carga de la prueba es una institución extrema, una auténtica *ultima ratio* que sólo se activa cuando no hay prueba[567], es decir, cuando no ha existido en absoluto o en los escasos supuestos en que toda la practicada sea tan extremadamente infructuosa que el juez no disponga de material alguno que valorar. Entonces el ordenamiento le ordena que decida cuál de las partes estaba más próxima[568] de una prueba para aportarla al proceso y no lo hizo. Es decir, cuál de las dos partes lo tenía más fácil para aportar medios de prueba y omitió dicha aportación[569].

---

566 Vid. Nieva Fenoll, *La valoración de la prueba*, cit. pp. 265 y ss.

567 Rosenberg / Schwab / Gottwald, *Zivilprozeßrecht*, München 2011, p. 645.

568 Besso-Marcheis, "La vicinanza della prova", *Revista Eletrônica de Direito Procesual*, v. 16, 2015, pp. 93 y ss. En: http://www.e-publicacoes.uerj.br/index.php/redp/article/view/19962/14303

569 Vid. la explicación de este aserto en Nieva Fenoll, *Los sistemas de valoración de la prueba y la carga de la prueba: nociones que precisan revisión*, en "La Ciencia Jurisdiccional: novedad y tradición", Madrid 2016, pp. 271 y ss.

De esa conducta[570] infiere la ley que si el litigante no aportó la prueba es porque la ocultó al no interesarle aportarla, y por ello le condena.

Como se puede suponer, planteado en esos términos, el juicio se hace dificilísimo, e incluso seguir la tradicional regla básica en materia de carga de la prueba —que quien alegue un hecho presente la prueba del mismo— se puede hacer muy injusta, por mucho que la hayan dispuesto las leyes de diversos Estados (art. 217 LEC, 1.315 del Código Civil francés[571] o 2.697 del Código Civil italiano[572]). Ya es difícil valorar la prueba, pero imaginar quién pudo tener una conducta obstruccionista en el proceso puede ser una misión imposible. De ahí que las leyes citadas sean tan contundentes, lo que no quiere decir que, a la postre, sean adecuadas.

Pero como se ve, la institución se utiliza actualmente al final del proceso, ya en fase de deliberación, cuando la valoración de la prueba es infructuosa. Sin embargo, bajo la vigencia del sistema legal, la carga de la prueba se utilizaba antes de la práctica de la prueba, es decir, en un momento muy inicial, como evoca el Código Civil italiano al situar esa norma en el primer lugar del apartado de la prueba, o como era el caso de los manuales de Derecho procesal antiguos[573].

La razón se hace obvia. En el antiguo sistema un litigante, para ganar el proceso, debía tener una confesión de la contraria, o su propio juramento, o un documento público o al menos dos testigos. Si carecía siquiera de cualquiera de esos medios de prueba, ya no merecía la pena empezar el proceso porque iba a ser condenado. De ahí que la doctrina se esforzara en indicar qué litigante debía probar cada hecho, para averiguar ya al principio del proceso si podía disponer, al menos *prima facie*, de tal prueba. De ahí proviene también la afirmación, todavía muy frecuente, de que los demandantes deben probar los hechos constitutivos, y los demandados los impeditivos, extintivos y excluyentes, con todos los problemas conceptua-

570 Muñoz Sabaté, Lluís, *Introducción a la probática*, Barcelona 2007, p. 111. Leipold, Dieter, *Comentario al §286 ZPO*, en: en "Stein/Jonas, Kommentar zur ZPO, Tübingen 1997", p. 556.

571 Celui qui réclame l'exécution d'une obligation doit la prouver.
Réciproquement, celui qui se prétend libéré doit justifier le paiement ou le fait qui a produit l'extinction de son obligation.

572 Chi vuol far valere un diritto in giudizio deve provare i fatti che ne costituiscono il fondamento. Chi eccepisce l'inefficacia di tali fatti ovvero eccepisce che il diritto si è modificato o estinto deve provare i fatti su cui l'eccezione si fonda.

573 Bartolo de Sassoferrato, *Commentaria in primam codicis partem*, Lyon 1550, p. 158. Durantis, Gulielmus, *Speculum iuris*, pars II, Venecia 1585, p. 618.

les que tiene esa clasificación[574]. En otras palabras, el actor debía aportar pruebas de su demanda, y el demandado de sus excepciones.

Si no presentaban tales pruebas, con independencia de su valoración posterior en la fase correspondiente, el proceso no podía continuar. Y en ese momento la carga de la prueba era una institución operativa, útil y sobre todo coherente con el sistema legal. En dicho sistema cada litigante sabe con mucha precisión lo que tiene que hacer, aunque sea absurdo. Y si no lo hace, es obvio que perderá el proceso.

Todo cambia con el sistema de libre valoración, porque en el mismo ya nada es obvio, en el sentido de que las pruebas se practicarán en el proceso con independencia de a qué litigante puedan beneficiar, porque *a priori* es imposible saber su resultado. Con ello, la prueba intentará acercar al juez a la realidad de los hechos, y de lo que haya podido averiguar de la misma inferirá su juicio jurisdiccional, con una resolución racional y epistémicamente bien construída, sin que la ley le haya dispuesto ningún mapa que a la postre puede resultar altamente irracional.

Lo que es obvio es que en ese escenario es absurdo que la ley indique quién tiene que probar un hecho, por lo que la carga de la prueba queda como una institución casi vacía de contenido, si no fuera porque todavía presenta alguna utilidad extrema en el momento que antes se ha señalado: al final del proceso, en caso de insuficiencia probatoria. Pero esa utilidad, como se ha indicado, es muy difícil en sus propios términos. Lo que hay que hacer, en realidad, es optimizar la valoración de la prueba para que dé sus frutos.

4.7. Las presunciones

Tampoco tiene sentido en todo este panorama la marginación de las presunciones[575]. La erróneamente llamada "prueba de indicios" y su correspondiente clasificación como especie directa del resto de pruebas, tenía su razón de ser en oposición a las pruebas tasadas: el documento público, los dos testigos, el juramento o la confesión. Esas pruebas eran también

---

574 Leipold, Dieter, *Comentario al §286 ZPO*, en: "Stein/Jonas, Kommentar zur ZPO, Tübingen 1997", p. 527.

575 Obligada es la cita de Serra Domínguez, Manuel, *Normas de presunción en el Código Civil y en la Ley de Arrendamientos Urbanos*, Barcelona 1963. Carreras Llansana, Jorge, *Naturaleza jurídica y tratamiento de las presunciones*, en "Fenech/ Carreras, Estudios de Derecho Procesal", Barcelona 1962, pp. 335 y ss.

indiciarias, pero al señalarlas la ley como verdades inmutables, se oponían a cualquier otra versión alternativa del relato del proceso, que quedaba en la mera categoría de indicios[576].

Es decir, los indicios eran solamente lo que quedaba cuando no había pruebas plenas y ni siquiera una pluralidad de semiplenas. En ese contexto, la presunción era poco menos que nada, porque no se alcanzaba ninguno de los estándares o medidas de prueba —como prefiere decir el Derecho alemán[577]— requeridos por las leyes, como todavía, por cierto, se llaman a algunos de esos niveles probatorios, arrastrando quizás, también en esta materia, algo del antiguo sistema de prueba legal.

Pero hoy en día sabemos que la presunción no es más que una descripción tradicional de nuestro propio pensamiento. Es el antiquísimo sistema del silogismo propio de la lógica formal aristotélica, con el que se puede describir de modo básico cualquiera de nuestros pensamientos. Además, también es preciso señalar que con el silogismo propio de la presunción también puede describirse la mecánica de cualquier medio de prueba[578]. Un documento, un testigo o la declaración de un litigante no son sino indicios para que el juez pueda llegar a una conclusión fáctica en el proceso, es decir, para que pueda llegar a averiguar el hecho desconocido en el proceso, esto es, la razón por la que se ha practicado la prueba. A dicho hecho se le puede llamar en todo caso hecho presunto, pero no es necesario. En la medida en que los hechos a averiguar en un proceso son desconocidos de entrada, la conclusión sobre los mismos no puede ser sino el producto de una presunción establecida a partir de unos indicios de los que se deriva la declaración judicial de los hechos. Así es siempre en el sistema de valoración libre.

Y si las cosas son de ese modo, ya no tiene sentido, como se ha dicho, separar las presunciones como si fueran algo diferente de los medios de prueba, porque los mismos están basados en ese mismo razonamiento lógico-deductivo. Siendo así, la categoría "prueba indiciaria" o "prueba circunstancial" o "prueba de presunciones" debe desaparecer en beneficio

---

576 Lo evidencia Menochius, Iacobus, *De praesumptionibus, coniecturis, signis et indiciis*, Torino 1594, p. 2.

577 Scherer, Inge, *Das Beweismaß bei der Glaubhaftmachung*, ("Prozessrechtliche Abhandlungen", Bd. 101). Köln, Berlin, Bonn, München 1996. Leipold, Dieter, *Wahrheit und Beweis im Zivilprozeß*, FS Nakamura, 1996, pp. 307 y ss.

578 Muñoz Sabaté, *Técnica probatoria*, Barcelona 1993, p. 20.

del estudio epistemológico de la prueba, que ya cuenta hoy en día con aportaciones doctrinales verdaderamente sólidas[579].

5. LOS PROCEDIMIENTOS EJECUTIVO Y MONITORIO

Aunque no se haya detectado de ese modo, el procedimiento o juicio ejecutivo, ejecución de títulos no jurisdiccionales, también es heredero directo del sistema de valoración legal de la prueba. De hecho, nuevamente, tiene sentido en ese marco, y no tanto si la valoración de la prueba es libre, aunque sigue conservando cierta utilidad si el título ejecutivo es altamente verosímil.

Ese procedimiento se creó como consecuencia de ser la confesión y la escritura pública que reconocía la deuda confesada[580], pruebas de valoración legal en el antiguo sistema[581]. El deudor que poseyera ese título estaba dispensado de cualquier otra prueba, puesto que frente a la fe de un escribano —actual notario—, era muy difícil oponer testigos que pudieran declarar la falsedad del título, o siquiera desvirtuar por otro camino ese medio de prueba. En consecuencia, reaccionaba el ordenamiento y ahorraba la celebración del larguísimo y farragoso *solemnis ordo iudiciarius* al ser completamente innecesario por tener el demandante la prueba privilegiada que necesitaba. Al no precisarse, por tanto, el proceso de declaración, con la presentación del título podía despacharse directamente ejecución, es decir, comenzar inmediatamente el proceso de ejecución, dejando una pequeña fase declarativa interpuesta para el improbable caso de que el deudor pudiera desvirtuar el título[582].

Lo anterior es quizás de lo poco que puede salvarse del sistema de valoración legal. Lo cierto es que a día de hoy la escritura pública conserva una verosimilitud estraordinaria, y aún podrían añadírsele otras garantías tecnológicas que la reforzarían todavía más. En consecuencia, puede conservarse este original procedimiento, aunque es muy positivo saber de dónde proviene, precisamente para descartar ya definitivamente las antiguas dis-

---

579 Nuevamente, por todos, Taruffo, *La prueba de los hechos*, op. cit. *passim.*

580 Es algo parecido a lo que sucedía en el *trial by certificate* del Derecho inglés, en situaciones, no obstante, bastante diferentes a la considerada en este epígrafe. Vid. Blackstone, *op. cit.*, pp. 330 y 333 y ss.

581 De Hevia Bolaños, Juan, *Curia Philípica*, tomo I, reimpr. de la edición de Madrid 1797, Valladolid 1989, pp. 100 y ss.

582 Hevia Bolaños, op. cit. p. 115.

cusiones sobre si se trataba de un proceso de declaración o de ejecución[583]. En las condiciones descritas no cabe duda de que el procedimiento es de ejecución.

De similar modo el procedimiento monitorio, aunque tiene claros antecedentes romanos[584], puede haber surgido precisamente en la época del *ius commune* porque persigue obtener otro de los medios de prueba privilegiados: la confesión[585], en este caso de la deuda. No se trataba de una actitud inusual de un deudor demandado sin defensa[586]. Lo que fue —en parte— original de la época bajomedieval fue aislar un procedimiento como consecuencia de que el juez, a requerimiento del demandante, formulara un *mandatum de solvendo cum clausula iustificativa.*

Pero lo que se buscaba en realidad era, como se ha dicho, esa confesión, acompañada, si era posible, del pago. Pero la novedad es que se deducía la confesión de la falta de respuesta, operándose, aquí sí, una auténtica *ficta confessio* propia de aquel período histórico. Se trata, por tanto, de otro vestigio del antiguo sistema, pese a que conserva su utilidad en la actualidad.

---

583 Girbau Coll, Alexandre, *El juicio ejecutivo: perspectiva histórica desde el prisma del título ejecutivo,* en: "Realismo jurídico y experiencia procesal; *Liber amicorum* a Manuel Serra Domínguez", Barcelona 2009, pp. 571 y ss.

584 Vid. Nieva Fenoll, *Aproximación al origen del procedimiento monitorio,* en "La ciencia jurisdiccional: novedad y tradición", cit. pp. 197 y ss.

585 La confessio in iure. Kaser / Hackl, *Das römische Zivilprozessrecht,* München 1996, p. 72.

586 Incluso se alude a esta actitud del demandado en el Derecho inglés: Blackstone, op. cit., pp. 302-303. También en el Derecho castellano: Conde de la Cañada, op. cit. p. 94.

LOS SESGOS DEL PENSAMIENTO Y LA PRUEBA: HUYENDO DE LA INTUICIÓN DEL JUEZ

Publicado en InDret, 2025, n.1, y pendiente de publicación en lengua italiana.

1. INTRODUCCIÓN

No es sencillo descubrir a toda una comunidad, humana en general y científica en particular, que estamos reiterando, una vez tras otra, un mismo error. El hecho es que pensamos, y afirmamos continuamente, que los jueces realizan una labor que, en realidad, no desempeñan. Por ejemplo, creemos —incluso firmemente— que descubren la verdad de los hechos observando interrogatorios, o bien que mantienen por completo su independencia e imparcialidad a la hora de aplicar el Derecho vigente, escogiendo la interpretación que más se ajusta a la justicia del caso concreto. Y, por descontado, también confiamos en ellos para determinar, precisamente, cuál es la "justicia" en ese caso concreto.

Tal vez somos muy poco —o nada— conscientes de que la noción de "justicia" posee un evidente origen teológico, pues en el Antiguo Egipto, cuando fue creada tal noción[587], se le atribuyó por completo a una diosa —Maat— cuyo nombre era, por cierto, la mismísima palabra "verdad" en lengua egipcia[588], lo que constituye algo más que una declaración de intenciones. Ese fue, con toda probabilidad, el auténtico contenido original del concepto: la averiguación de la verdad, lo que no deja de resultar curioso si se recuerdan los modernos debates sobre la finalidad de la prueba[589]... Por cierto, aquellos antiguos jueces egipcios fueron una especie de sacerdotes de Maat, en todo caso delegados del Faraón, que era la máxima autoridad

---

[587] Assmann, J., *Ma'at. Gerechtigkeit und Unsterblichkeit im Alten Ägypten*, München 1995.

[588] Lichtheim, M., *Maat in Egyptian Autobiographies and Related Studies*. Freiburg (Suiza) 1992, p. 18.

[589] Vid. Serra Domínguez, M., "Contribución al estudio de la prueba", en *Estudios de Derecho Procesal*, Barcelona 1969, p. 357. Montero Aroca, J., *La prueba en el proceso civil*, Cizur Menor 2005, p. 45. Muñoz Sabaté, Ll., *Técnica probatoria*, Barcelona 1967, p. 61. Taruffo, M., *La semplice verità*, Bari 2009, p. 78.

religiosa[590] como transmisor directo de la voluntad de la diosa. El modelo pudo ser copiado, al menos en parte, en la Roma monárquica[591], la primera Roma, con la figura del *rex*, que dio lugar nada menos que al llamado *rex sacrorum* en época republicana[592], y no hay duda de que ese *rex* no desvinculaba su poder de enjuiciar de su autoridad de origen divino[593]. Siendo todo ello así, se trataba en realidad de que una autoridad de raigambre religiosa[594] nos trasladara el parecer de la divinidad, lo que implicaba un proceso que precisaba imperiosamente de la fe de las partes en conflicto, como es forzoso en ese contexto teológico.

Es curioso que actualmente todavía se hable de fe —o de confianza— en la justicia, sobre todo cuando han existido tantísimos jueces en la historia que han traicionado esa confianza. Pero lo sorprendente, insisto, es que, en realidad, el éxito del proceso judicial se base en buena medida en la confianza de los litigantes. Obsérvese que socialmente se atribuye una altísima fiabilidad a la intuición judicial para que valore correctamente pruebas que no están al auténtico alcance de la interpretación de los seres humanos, como sucede con los interrogatorios, salvo que se supongan capacidades paranormales adivinatorias en los jueces, que desde luego no poseen. En 2020, 51 expertos en psicología forense y del testimonio de todo el mundo firmaron un manifiesto[595] confirmando que no se puede detectar la mentira mediante comunicación no verbal, denunciando la pseudociencia que se halla detrás de quienes todavía lo defienden[596]. Pese a ello, la creencia persiste en la sociedad, también entre jueces y policías

---

590 Vid. Kootz, A. B., "Der altägyptische Staat. Untersuchung aus politikwissenschaftlicher Sicht", *MENES. Studien zur Kultur und Sprache der ägyptischen Frühzeit und des Alten Reiches*, vol. 4, Wiesbaden 2006, p. 70.

591 Kaser, M. / Hackl, K., *Das römische Zivilprozessrecht*, München 1996, pp. 31-32.

592 Kunkel, W.; Schermaier, M., *Römische Rechtsgeschichte*, Köln 2001, p. 18.

593 Kaser, M. / Hackl, K., *Das römische Zivilprozessrecht*, München 1996, p. 31.

594 Kaser; Hackl, *Das römische Zivilprozessrecht*, cit. p. 37.

595 Denault, V., Plusquellec, P., Jupe, L. M., St-Yves, M., Dunbar, N., Hartwig, M., Sporer, S. L., Ri-oux-Turcotte, J., Jarry, J., Walsh, D., Otgaar, H., Viziteu, A. D., Talwar, V., Keatley, D. A., Blandón-Gitlin, I., Townson, C., Deslauriers-varin, N., Lilienfeld, S., Patterson, M. L... van Koppen, P. J., The Analysis of Nonverbal Communication: The Dangers of Pseudoscience in Security and Justice Con-texts. Anuario de Psicología Jurídica, 30, 2020, pp. 1 y ss.

596 Vid. también, citando este manifiesto, Sánchez, N.; Manzanero, A. L., "El engaño en contextos judiciales", *Revista Ítalo-Española de Derecho Procesal*, n. 1, 2023, p. 9.

a nivel mundial[597], lo que es el colmo, puesto que estos profesionales sí deberían conocer lo que dice la ciencia al respecto.

Sucede casi lo mismo con la prueba pericial. Se obliga a un no experto —el juez— a valorar el parecer de un experto —el perito—, lo que es una evidente *contradictio in terminis* que sólo puede tener un pase, nuevamente, si se confía —casi ciegamente— en el juez. Junto con su misión de determinar la "justicia" en el caso concreto, aunque no se diga de esta forma, todo el sistema se basa en una auténtica fe por la intuición del juez. Intuición que acostumbra a no ser siquiera motivable, lo que ha hecho saltar, con buen criterio, las alarmas de varios juristas en los últimos tiempos[598].

Sin embargo, sobre todo ahora que tanto se debate sobre inteligencia artificial[599], se habla de las ventajas del "factor humano" de los jueces, aludiendo con ello a las emociones que el juez sin duda emplea, así como, en el fondo, a esa intuición que acaba de referirse. Todo ello, insisto, dibuja una confianza casi incondicional en el criterio judicial que, si no es idéntica a la antigua fe por Maat de los egipcios, desde luego se le parece muchí-

---

597 Strömwall, L. A., Granhag, P. A. y Hartwig, M., "Practitioners' Beliefs About Deception" en P. A. Granhag y L. A. Strömwall (eds), *The Detection of Deception in Forensic Contexts,* 2004, pp. 229 y ss, Cambridge University Press), y, nuevamente Sánchez, N.; Manzanero, A. L., "El engaño en contextos judiciales", *Revista Ítalo-Española de Derecho Procesal,* n. 1, 2023, p. 8, citando este mismo estudio.

598 Por todos, Taruffo, M., *Libero convincimento del giudice. (I Diritto processuale civile),* Enc. giur. Treccani, vol. XVIII, Roma 1990, pp. 1 y ss. Taruffo, M., *Motivazione della sentenza. (III, Diritto processuale civile),* Enciclopedia giuridica (Treccani), vol. XX, Roma 1990, pp. 1 y ss.

599 Entre otros muchos, Bonet Navarro, J., "La tutela judicial de los derechos no humanos. De la tramitación electrónica al proceso con robots autónomos", *Revista CEFLegal,* n. 208 (mayo 2018), pp. 77 y ss, Nieva Fenoll, J., *Inteligencia artificial y proceso judicial,* Madrid 2018, se han sucedido en los últimos años un sinfín de trabajos sobre la cuestión. Re, R. M. / Solow-Niederman, A., "Developing Artificially Intelligent Justice", 22 Stan. Tech. L. Rev. 2019, pp. 242 y ss. Giampiero, L., "Regulating (Artificial) Intelligence in Justice: How Normative Frameworks Protect Citizens from the Risks Related to AI Use in the Judiciary", European Quarterly of Political Attitudes and Mentalities, 8(2), 2019, pp. 75 y ss, https://nbn-resolving.org/urn:nbn:de:0168-ssoar-62463-8. Rigano, C., "Using Artificial Intelligence to Address Criminal Justice Needs", *NIJ Journal,* n. 280 enero 2019, pp. 1 y ss. Cui, Y. Artificial Intelligence and Judicial Modernization, Springer 2020. Quattrocolo, S., *Arificial Intelligence, Computational Modelling and Criminal Proceedings,* Springer 2020. Sourdin, T., *Judges, Technology and Artificial Intelligence, The Artificial Judge,* Cheltenham 2021. Forrest, K. B., *When Machines Can Be Judge, Jury, and Executioner. Justice in the Age of Artificial Intelligence,* Singapur 2021. Sourdin, T., Meredith, J., LI, Bin, *Digital Technology and Justice. Justice Apps,* London 2020. Singh, N., *AI and Justice,* New Delhi 2021

simo. Y que empieza a recibir más que fundamentados cuestionamientos desde el mundo extrajurídico[600].

Con todo, ese estudio de la mente judicial tiene actualmente un enorme recorrido que supera amplísimamente el análisis teológico, que obviamente también desborda el estudio filosófico y que se introduce de lleno en la psicología cognitiva[601]. Resulta que el ser humano, para tomar decisiones en las que existen fuertes factores de incertidumbre —eso son muchas veces las resoluciones judiciales—, utiliza una serie de parámetros burdamente estadísticos para intentar asegurar el éxito de su decisión. Esos parámetros, junto con las emociones del juez, dibujan con mucha precisión ese "factor humano" que conviene conocer, desde luego a cualquier jurista, pero particularmente al propio juez, a fin de tratar de ser decididamente más imparcial en su criterio, acercándose así definitivamente al empirismo propio de la ciencia.

En el presente trabajo se van a describir esos parámetros psicológicos de cualquier ser humano, pero adaptando la explicación a la decisión judicial. Con ello se descubrirá cómo en el momento presente estamos ante un período de cambio que nos permitirá alejarnos al máximo, finalmente, de la intuición del juez, lo que también significará que se dejará atrás la arbitrariedad propia de la intuición. Y es que en absoluto está de más recordar algo obvio pero que tantísimas veces se olvida: es claramente autoritario un poder ejercido de forma arbitraria.

2. LOS HEURÍSTICOS DEL PENSAMIENTO APLICADOS LA ACTIVIDAD PROBATORIA

La psicología cognitiva, desde los estudios de Tversky y Kahneman iniciados en los años setenta del siglo XX[602], y que incluso merecieron el

---

600 Vid. Kahneman, D; Sibony, O.; Sunstein, Cass R., *Noise, A Flaw in Human Judgment*, London 2021, pp. 13 y ss.

601 Epstein, L., "Some Thoughts on the Study of Judicial Behavior", *William & Mary Law Review*, vol. 57, 6, art. 3, 2017, p. 2024. Carrubba, C. J. e. a., "Judicial Behavior Under Political Constraints: Evidence from the European Court of Justice", 102 Am. Pol. Sci. Rev. 435, 449, 2008. Kapardis, *Psychology and Law: A Critical Introduction*. Klein; Mitchell, *The Psychology of Judicial Decision Making*. Danziger, S. e. a., *Extraneous Factors in Judicial Decisions*, 108 Proc. Nat'l Acad. Sci. U.S. 6889, 2011, pp. 1 y ss. Forza, A. / Menegon, G. / Rumiati, R., *Il giudice emotivo*, Bologna 2017.

602 Kahneman, D.; Slovic, P.; Tversky, A., *Judgment under Uncertainty: Heuristics and Biases*, Cambridge 1982.

premio Nobel de Kahneman en 2002 —Tversky había fallecido en 1996—, han puesto a disposición una serie de categorías que a los juristas nos permiten ver por fin con muchísima mayor claridad, cuáles son los auténticos entresijos de la mente judicial. Hasta que no se dispuso de esas categorías, se había abordado el estudio del enjuiciamiento probatorio desde el terreno cuasi pseudofilosófico, que es el análisis jurídico tradicional y, en el mejor de los casos, epistemológico[603]. Pero no se había conseguido descender tanto al detalle de por qué un juez valora de un modo u otro la prueba.

La primera categoría útil en este sentido es la de los "heurísticos". Se trata de atajos del pensamiento que facilitan el proceso de toma de una decisión. Esos atajos se concretan en un cálculo estadístico, habitualmente rápido y hasta burdo[604], de las probabilidades de éxito de esa decisión. Desde los estudios iniciales, la doctrina psicológica ha ido extendiendo el número de heurísticos. Pero si nos quedamos con los más utilizados por los autores, puede hablarse fundamentalmente de cuatro.

El primero en ser identificado fue el *heurístico de representatividad*[605]. Supone que los seres humanos tomamos una decisión en función de aquello que recordamos que tuvo éxito otras veces, en nosotros o también en otras personas. Es decir, con ello tratamos de concretar cuál es nuestra "experiencia", lo que tiene una destacadísima importancia en el terreno probatorio, como veremos después. Sea como fuere, esta reflexión lleva al sujeto a optar por lo que le salió bien en el pasado o por aquello que ve que les sale bien a otros. Incluso se puede ver influido el sujeto por el comportamiento de personas que reúnan una serie de características que le parezcan exitosas, lo que supone ya una simplificación al máximo del proceso de decisión, y que por descontado provoca errores, como veremos en el siguiente epígrafe. Pero lo cierto es que habitualmente funciona bien proceder de este modo. De hecho, el heurístico de representatividad constituye la base principal de nuestras decisiones cotidianas.

---

603 Taruffo, M., *La prueba de los hechos*, trad. de Jordi Ferrer Beltrán de "La prova dei fatti giuridici, Milano 1992, Madrid 2002. Gascón Abellán, M., *Los hechos en el Derecho. Bases argumentales de la prueba*, Madrid 2004. *Ferrer Beltrán, J., La valoración racional de la prueba*, Madrid 2007.

604 Kahneman, D.; Tversky, A., *On the study of statistical intuitions*, Cognition, 1982, 11, pp. 123 y ss.

605 Tversky, a.; Kahneman, D., "Judgments of and by Representativeness", en Kahneman; Slovic; Tversky (ed.), *Judgment under Uncertainty: Heuristics and Biases*, Cambridge 1982, pp. 84 y ss. Kahneman, D.; Tversky, A., *Subjective probability: A judgment of representativeness*, en Kahneman; Slovic; Tversky (ed.), *Judgment under Uncertainty: Heuristics and Biases*, cit. pp. 33 y ss.

En el campo probatorio, este heurístico lleva al juez a aplicar su "experiencia", lo que en el terreno práctico puede concretarse en una buena cantidad de prejuicios. De hecho, una de las conductas judiciales más frecuentes, pocas veces confesada[606], consiste en intuir al principio del proceso, con relativamente pocos datos, alguna hipótesis tantas veces estereotípica en la que cuadre el relato de hechos del proceso. Más allá de ello, la credibilidad de los interrogados se hace depender demasiadas veces de su aspecto externo, de su gestualidad, de la seguridad con que declaren, etc., lo que no son más que generalizaciones sin el más mínimo fundamento científico[607], pero que poseen una fuerza impresionante. Son las clásicas generalizaciones propias del heurístico de representatividad.

El *heurístico de accesibilidad*[608], que es el segundo más frecuente en la doctrina[609], supone que los seres humanos toman la decisión en función de aquello que recuerdan con más facilidad, lo que suele coincidir con lo más impactante, produciéndose una inmediata sobreestimación de la frecuencia con que sucede un acontecimiento. Este heurístico es muy fácil de entender si se piensa con sinceridad sobre los viajes en automóvil y en avión. Todos sabemos que estadísticamente es muchísimo más peligroso viajar en automóvil que en avión. Sin embargo, la mayoría de personas siente un mayor temor cuando vuelan que cuando circulan por una carretera. La razón es que las catástrofes aéreas impresionan sobremanera y se recuerdan con mayor facilidad.

Aplicado al terreno probatorio, lo anterior significa que un juez que decrete la libertad provisional de una persona perteneciente a un colectivo vulnerable que *a posteriori* comete un homicidio, podría acabar decretando la prisión provisional con más frecuencia en casos análogos. Ese juez y buena parte de sus compañeros, especialmente si el caso se hizo más mediático

---

606 *Parmeggiani, S.,* "L'intervista. Gianrico Carofiglio: "I nostri errori vanno amati"", *La Repubblica*, 28-3-2022, https://www.repubblica.it/cultura/2022/03/28/news/intervista_gianrico_carofiglio_nuovo_romanzo_penelope_sbagli_passato_i_nostri_errori_vanno_amati-343195224/. Hernández Velasco, I., "Carofiglio, exfiscal y 'bestseller': "No tener una opinión sobre todo es signo de inteligencia"", El Confidencial, 22-1-2023, https://www.elconfidencial.com/cultura/2023-10-22/carofiglio-entrevista-ex-fiscal-best-seller_3758325/.

607 Mazzoni, *Psicologia della testimonianza,* Roma 2015, pp. 108 y ss.

608 Tversky, A.; Kahneman, D., *Availability: A heuristic for judging frequency and probability*, en Kahneman; Slovic; Tversky (ed.), *Judgment under Uncertainty: Heuristics and Biases*, cit., pp. 163 y ss.

609 Entre otros muchos, Pollard, P., *Human Reasoning: Some Possible effects of Availability*, Cognition, 1982, 12, pp. 65 y ss.

de lo habitual. Por supuesto, ello redundaría en que un buen número de inocentes acabaran en prisión antes de ser juzgados. Sería el precio a pagar por un uso tal vez desmedido —y muy probablemente abusivo— de la "experiencia" en el terreno judicial[610].

Con todo, es el tercer heurístico el que probablemente tiene una incidencia más evidente en materia probatoria, y judicial en general. Se trata del *heurístico de anclaje y ajuste*[611]. Consiste en la imposibilidad de cambiar de idea una vez que se ha formulado, pública o internamente, un parecer inicial. Después de que un juez se haya hecho una composición de lugar acerca de lo sucedido en la situación que debe enjuiciar aplicando, como vimos, el heurístico de representatividad, va a ser dificilísimo que cambie de idea después. Al contrario, por mucha actividad probatoria que se practique y que vaya dando datos en sentido contrario a ese parecer inicial, el juez los irá "anclando" y "ajustando" a fin de que cuadren con esa idea que formuló al inicio del proceso. A partir de ahí, será tan difícil convencer al juez de lo contrario como lo es intentar persuadir a alguien de que vote al partido rival del que habitualmente obtiene su sufragio. Misión habitualmente imposible, salvo que ocurra algo muy espectacular que altere esa tendencia. No se sabe por qué los seres humanos actuamos de esta forma, pero es posible que todo sea fruto de una cierta pereza mental, dado que supone un mayor esfuerzo cognitivo cambiar de opinión que mantenerla. Al fin y al cabo, para mantener una opinión basta con repetir los argumentos a favor que la sustentan. Cambiar de parecer obliga a pergeñar una argumentación diferente para defender el nuevo parecer. También explica esa tendencia el apego a la tradición, a lo que siempre se hizo o a lo que nos es más familiar[612].

---

610 Así lo confirma la estadística. Vid. en *Fiscales.gob.ar*: "La Procuraduría de Violencia Institucional informó que las poblaciones más vulnerables registran los porcentajes más altos en prisión preventiva". https://www.fiscales.gob.ar/violencia-institucional/la-procuraduria-de-violencia-institucional-informo-que-las-poblaciones-mas-vulnerables-registran-los-porcentajes-mas-altos-en-prision-preventiva/.

611 Amos Tversky; Daniel Kahneman, "Judgment under Uncertainty: Heuristics and Biases", *Science*, New Series, Vol. 185, No. 4157, Sep. 27, 1974, p. 1128. Furnham, A.; Chu Boo, Hua, "A literature review of the anchoring effect", *The Journal of Socio-Economics*, vol 40, 1, Feb. 2011, pp. 35 y ss.

612 Vid. nuevamente Kahneman; Tversky, "Subjective probability: A judgment of representativeness", cit. pp. 33 y ss.

Por último, debemos aludir al *heurístico de afección*[613]. Nuevamente, es prácticamente una derivación del heurístico de representatividad. Consiste en la afectación del proceso de decisión de una persona por variables emocionales inducidas habitualmente por el lenguaje o por la apariencia, y que desde luego forman parte del bagaje de recuerdos del observador, tantas veces compartidos en una comunidad. De ese modo, creemos más próximo a nosotros a quien habla con un registro similar al nuestro, o va vestido de una determinada forma que consideramos elegante, o bien que exhibe una simple sonrisa que nos resulta agradable. Nos alejamos, en cambio, de quien viene a hablarnos de una desgracia que creemos que nos podría suceder a nosotros. Todo ello configura contextos positivos o negativos que ponen de mejor o peor humor al observador. Desde luego, en materia probatoria ello puede tener un impacto tremendo en los interrogatorios, aunque también en general en las exposiciones orales —o incluso escritas— de los abogados. Al final, esas son, en buena medida, las herramientas de la retórica, que tantas veces engañan a los ingenuos, como advirtió con gran precisión Platón en el Gorgias[614].

Todo lo anterior explica bastante bien lo que sucede cuando una persona decide intuitivamente[615], o incluso, dicho de una forma filosóficamente tal vez más elegante, por su experiencia[616]. En realidad, lo único que hace es realizar cálculos estadísticos atropellados influidos claramente tanto por lo que es capaz de recordar mejor en aquel momento, como por una indolencia para pensar con mayor reflexión. Abandonarse a la intuición supone entrar, por tanto, en un espacio de aparente confort en el que las decisiones no cuestan esfuerzo y se producen escuchando al "corazón" de uno. Por ello se llaman corazonadas y tienen tanto prestigio social, pues provocan un orgullo personal inconmensurable cuando culminan con un éxito, al tomar una persona decisiones acertadas basándose en un juicio

---

613 Finucane, M. L.; Alhakami, A.; Slovic, P.; Johnson, S. M., "The Affect Heuristic in Judgment of Risks and Benefits". *Journal of Behavioral Decision Making* 13 (1), enero 2000, pp. 1 y ss. Slovic, P.; Finucane, M.; Peters, E.; Macgregor, D., "Risk as Analysis and Risk as Feelings: Some Thoughts about Affect, Reason, Risk, and Rationality", *Risk Analysis* 24 (2), 13-4-2004, pp. 311 y ss.

614 Platón, *Gorgias o de la retórica*, Barcelona (Espasa Libros), 2019, pp. 48 y ss.

615 Myers, D. G., Intuición. El poder y el peligro del sexto sentido, trad. de Guillermo Solana de Intuition: its power and perils, New Haven y Londres 2002, Barcelona 2003. Gigerenzer, G. *Decisiones instintivas*, Barcelona 2008. Kahneman, D.; Tversky, A., "On the study of statistical intuitions", *Cognition*, 1982, 11, pp. 123 y ss.

616 Kant, I., *Kritik der reinen Vernunft*, Königsberg 1787, p. 31, Hume, D., *A Treatise of Human Nature*, Lib. I, Parte I, Sec. I.

rapidísimo basado en su experiencia vital. No es difícil confundir a alguien así con una especie de "superhombre" —*Übermensch*—, como hubiera dicho Nietzsche[617], aunque en un contexto muy distinto, pese a que tal vez no tanto en el fondo, o al menos en la intención del filósofo, que con todo no fue en absoluto la de aquellos que recomiendan confiar en los pálpitos o corazonadas[618].

Y es que las decisiones probatorias no pueden ser intuitivas en ningún caso, bajo ningún punto de vista. Al contrario, como se ha explicado de manera brillante muy recientemente[619], el proceso judicial existe precisamente para que el juez reflexione, es decir, para que pueda decidir pausadamente sin ser esclavo de esos heurísticos. Cuando las decisiones relevantes del proceso se toman de manera rápida y superficial, se regresa de nuevo a la intuición, lo que es un desastre en términos epistémicos, como se verá en el siguiente epígrafe.

3. LOS SESGOS EN LA VALORACIÓN DE LA PRUEBA

Los anteriores heurísticos provocan evidentes errores, ya se ha dicho. Esos errores son llamados "sesgos" por los psicólogos cognitivos[620]. Existe actualmente un listado inacabable de los mismos, puesto que son muchísimos los investigadores que se han puesto en la labor de identificar con mayor precisión algunos errores, varios de los cuales, por cierto, ya habían sido descritos en el pasado como "falacias" por los epistemólogos, como sucede por ejemplo con la falacia de autoridad o *ad verecundiam*[621]. Con todo, existen algunos de ellos que tal vez son de estudio más interesante, puesto que derivan de manera más evidente de los citados heurísticos.

En concreto, el heurístico de representatividad suele provocar, entre otros, el sesgo "tiene sentido"[622], que tiene relación con el llamado *framing*

---

617 Nietzsche, F., *Also sprach Zarathustra*, Frankfurt (Insel) 1976.

618 Vid. ampliamente Nietzsche, F., *Zur Genealogie der Moral*, Ditzingen 1988.

619 Julià Pijoan, M., "Una razón de ser para el proceso judicial", *Revista General de Derecho Procesal*, n. 61, 2023.

620 Por todos, Kahneman, D.; Slovic, P.; Tversky, A., *Judgment under Uncertainty: Heuristics and Biases*, Cambridge 1982.

621 Milgram S., "Behavioral Study of Obedience", Journal of Abnormal Psychology. 67 (4), 1963, pp. 371 y ss. Walton, D., *Appeal to Expert Opinion: Arguments from Authority*, 1997.

622 Garnham, A.; Oakhill, J., *Manual de psicología del pensamiento*, Barcelona 1996, p. 288. Einhorn, H. J.; Hogarth, R. M., *Judging probable cause*, Psychological Bulletin, 1986, 99,

effect[623], tan frecuente en la profesión periodística y desde luego en la política. Consiste el primero en que el sujeto adquiera la opinión de que un relato es cierto sólo porque se corresponde con sus creencias previas sobre el tema. Justo esta tendencia es la que aprovecha el *framing effect*, que se produce cuando una información se considera creíble en función de cómo es presentada. Desde luego, todo ello prescinde del detenido análisis de los hechos, abandonándose a esa "experiencia" de la que tan a menudo se piensa que se saca un partido útil, cuando en realidad tantísimas veces solamente sirve para engañarnos mejor... El juez observa que la hipótesis que le cuenta una parte se corresponde con su experiencia y, acto seguido, sin más análisis, se la cree por completo.

El heurístico de accesibilidad es descrito en sí mismo a veces como un sesgo[624], puesto que la tendencia a creer más frecuente lo que más nos impresionó es, ciertamente, un error o falacia. Sin embargo, tal vez el más directamente implicado por este heurístico es el llamado sesgo de la "minimización de la carga cognitiva"[625], a través del cual un sujeto tiende a despreciar reflexiones más complicadas en beneficio de pensamientos más simples, o bien incluso a creer que lo más simple es lo más cierto, como sostuvo nada menos que Guillermo de Ockham[626]. Desde luego, es más sencillo creer que los aviones se caen, o que los inmigrantes delinquen más, o que quien ha delinquido ya una vez, lo volverá a hacer en el futuro, descartando completamente la presunción de inocencia[627]. Todos los ejemplos citados, tremendamente frecuentes en el ámbito judicial, toman información muy accesible —la raza, el recuerdo de un accidente o el terror por la reincidencia— en beneficio de una simplificación.

---

p. 5.

623 Tversky, A.; K., Daniel, "The Framing of decisions and the psychology of choice", *Science*, 211, 1981, (4481), pp. 453 y ss. Plous, S., *The psychology of judgment and decision making*, 1993. Andrews, A.; Clawson, R. A.; Gramig, B. M., "Finding the Right Value: Framing Effects on Domain Experts", *Political Psychology*, vol. 38, 2, abril 2017, pp. 261 y ss.

624 Hanson, S.; Pearson, B., "Availability Bias: Retrievability, Narrow Range of Experience, and Client Behavior", *Journal of Financial Planning*, Tomo 36, n. 1, enero 2023, pp. 49 y ss.

625 Garnham; Oakhill, *Manual de psicología del pensamiento*, cit. p. 288.

626 Ockham, W., *Summa logicae*, p. I, Louvain 1957, cap. 64, p. 178. Phil Mole, "Ockham's Razor cuts both ways: The Uses and Abuses of Simplicity in Scientific Theories", *Skeptic*, t. 1, n. 10, 2003, pp. 40 y ss.

627 Vid. Nieva Fenoll, *La duda en el proceso penal*, Madrid 2013, pp. 123 y ss.

Por su parte, el heurístico de anclaje y ajuste provoca una batería de sesgos de lo más entretenido, pues todos son muy fácilmente identificables. El más evidente es el "sesgo de confirmación"[628], que lleva al sujeto a creer que informaciones contrarias a su opinión inicial, en realidad la confirman, esforzándose el sujeto en ese ajuste de las informaciones contradictorias. También es consecuencia de este heurístico el "sesgo egocéntrico"[629], que lleva a aquel que ha formulado un juicio, a creer que todo el mundo pensaría exactamente lo mismo que él, lo que refuerza falazmente su convicción. Aunque la lista, ya se ha dicho, podría ser más larga, también se ve con frecuencia el llamado "sesgo de *a posteriori*"[630], consistente en que el sujeto formula un parecer inicial, tras lo cual olvida selectivamente los datos que no convienen a esa opinión y ajusta en sentido falazmente favorable las informaciones contrarias a la misma que van surgiendo. Cabe identificarlo muy fácilmente en todas aquellas personas que formulan juicios morales ambiguos relacionados con una situación futura aún incierta. Sólo después, ya con la información completa del evento en la mano, afirman haberlo previsto con el clásico "ya te lo dije". En materia judicial se observa con muchísima frecuencia, sobre todo en las decisiones inmotivadas de instancias superiores que confirman el parecer probatorio de las inferiores, simplemente repitiéndolo sin dar ningún dato adicional en absoluto, contando además con la excusa, por supuesto falaz, de la "inmediación"[631] del juez de primera instancia. Como si existiera un ser humano capaz de averiguar la realidad de los hechos mirándole a la cara a una persona...

En último lugar, el heurístico de afección recuerda mucho a lo que se ha descrito como principio de Pollyanna[632] o sesgo de positividad. Basado en el personaje de la recordada novela de Eleanor H. Porter, consiste en la tendencia a recordar mejor eventos positivos que negativos, lo que lleva a la sobreestimación de las posibilidades de éxito en diversos escenarios,

628 Myers, *Intuición. El poder y el peligro del sexto sentido*, cit. p. 175.

629 Artieta Pinedo; González Labra, *La toma de decisiones*, cit. p. 344.

630 Garnham; Oakhill, *Manual de psicología del pensamiento*, cit. p. 180. Artieta Pinedo; González Labra, *La toma de decisiones*, cit. p. 372.

631 Andrés Ibáñez, P. "Sobre el valor de la inmediación (Una aproximación crítica)", *Jueces para la Democracia*, n. 46, 2003, pp. 57 y ss. Henke, H.-E., "Rechtsfrage oder Tatfrage - eine Frage ohne Antwort?", *ZZP*, 81, 3-4, 1968, p. 323 y ss. Bacigalupo Zapater, E., "Presunción de inocencia, "in dubio pro reo" y recurso de casación", *Anuario de Derecho penal y Ciencias Penales*, 1988, pp. 29 y ss.

632 Matlin, M. W., "Pollyanna Principle", en Rüdiger, F. Pohl (ed.). *Cognitive Illusions: A Handbook on Fallacies and Biases in Thinking*, 2004, p. 260. Artieta Pinedo; González Labra, *La toma de decisiones*, cit. p. 372.

cosa que se hace particularmente evidente con los juegos de azar. En todo caso, como ya se dijo antes, una presentación en tono positivo mantendrá mejor la atención y memoria de un juez si se es capaz de conectar con sus emociones, sobre todo a la hora de decidir la justicia del caso concreto, que en última instancia consiste en determinar lo que es hacer "el bien" en aquella situación. Si se logra conectar con ese sentido de la bondad que tenga cada juez —que en realidad es también su sentido de la justicia[633]—, y que desde luego no tiene por qué ser un sentido único entre toda una comunidad, aumentan exponencialmente las posibilidades de lograr su convicción acerca de un relato de hechos.

Como puede verse, todos los errores descritos son burdos, e incluso fáciles de reconocer a pesar de su extraordinaria frecuencia y extensión entre los seres humanos. Todos ellos son producto, como se ha explicado, de la simplificación de los heurísticos, o incluso más bien de la simplificación del pensamiento, que lleva a pasar por alto muchísimas informaciones relevantes en aras de la comodidad.

4. LA PREVENCIÓN DE LOS SESGOS

La única posibilidad de prevenir todos esos errores es conocerlos. Como ya se advirtió, el listado de los mismos es enorme, como también lo es el de las falacias, a pesar de que tampoco es necesario ese detallismo en la identificación del sesgo en concreto, ni mucho menos. En realidad, basta con saber que la simplificación provoca errores, conociendo con mayor precisión aquellos que sean más frecuentes, como se ha hecho en el anterior apartado.

Para ello, el estudio del jurista, y por supuesto particularmente el de los jueces, debe salir del ámbito del Derecho. Aunque nuestra doctrina ha identificado tradicionalmente algunos errores lógicos derivados sobre todo de las defectuosas motivaciones[634], cuanto aquí se ha descrito pertenece al ámbito previo a la motivación, es decir, al fuero interno del juez, que es el que sin duda hay que formar debidamente en evitación de los indicados errores. Ello significa que, al contrario de lo que se ha hecho durante muchas décadas y hasta siglos, no se pueden simplificar los errores de los

---

633 Nieva Fenoll, J., *El origen de la justicia*, Valencia 2023, pp. 183 y ss.

634 Vid. Iacoviello, F. M., *La motivazione della sentenza penale e il suo controllo in cassazione*, Milano, 1997.

jueces en los ataques a la congruencia o a la cosa juzgada, o en defectuosas redacciones de las sentencias, sino que hay que ir mucho más allá, descubriendo la excesiva incidencia de un determinado heurístico en el juez con datos que lo hagan demostrable, naturalmente. También la precisa identificación de sesgos que han influido en el enjuiciamiento debería ser algún día un motivo impugnatorio, puesto que nadie desea que un juez errado dicte sentencias.

Pues bien, eso justamente es lo que hasta el momento ha impedido la falta de estudio psicológico de los enjuiciamientos. Al no ser ni tan siquiera conocidos en el ámbito judicial estos problemas de la toma de decisiones entre los seres humanos, simplemente se pasan por alto, y puede que pertenezcan a comentarios a vuelapluma que se hacen en privado entre abogados, sobre todo, tratando de entender por qué un juez se equivocó. Pero no traspasan ese terreno, ni mucho menos suelen formar parte del ámbito impugnatorio, por evidente que sea la existencia de un sesgo.

Es por ello por lo que la formación de los jueces al menos, aunque también la de los abogados, debería extenderse a la psicología cognitiva. Hay que ser muy conscientes de que un enjuiciamiento no es otra cosa que la toma de una decisión, y que, en consecuencia, debe ser estudiada con detalle para evitar sus posibles defectos a la luz de la ciencia que estudia la toma de decisiones: la psicología cognitiva. En este sentido, por supuesto que habrá abogados que intenten inducir errores, igual que habrá quien esté dispuesto a advertirlos para que tengan incidencia en la mente judicial. Ello ya forma parte de algunas de esas impugnaciones de preguntas en los interrogatorios, particularmente en el ámbito del *Common Law*[635], pero no son frecuentes cuando se escuchan alegatos, en los que se permite el uso de la retórica más disparatada sin que nadie se inmute lo más mínimo. Este espectáculo lamentable debiera acabarse algún día, haciendo que el juez, como el buen periodista entrevistando a un político, corrija el intento de inducción de sesgos por parte de los litigantes. Es algo que, en un futuro, incluso debería poder acaecer a instancia de parte.

Y todo ello sólo es posible si los jueces conocen toda la información ofrecida en los dos epígrafes anteriores incluso con un muy superior grado de detalle, a fin de evitar ellos mismos caer en los errores descritos una y otra vez. Se desea que las resoluciones judiciales sean lo más perfectas

---

635 Wigmore, John Henry, *A Treatise on the System of Evidence in Trials at Common Law*, vol. II, Boston 1904. Roberts, P, / Zuckerman, A., *Criminal Evidence*, Oxford 2010. Munday, R.; *Evidence*, Oxford 2013, Murphy, P., *Murphy on evidence*, Oxford 2005.

posible, precisamente porque son una de las claves de la concordia en una comunidad: la recta resolución de conflictos, como sucedió en el Antiguo Egipto[636]. Desde luego, los enjuiciamientos serán tanto más perfectos cuantos menos errores epistémicos contengan, y dichos errores son fácilmente identificables si se conocen. Ojalá en el futuro veamos, por tanto, una más que necesaria formación en este terreno, tradicionalmente rechazada de forma soberbia por los juristas. Esa incomunicación entre la Psicología y el Derecho debe acabar[637]. No se olvide, además, que la Psicología es una ciencia empírica[638] y en cambio el Derecho, aunque debiera serlo, todavía no lo es. Está demasiado afectado por categorías exclusivamente filosóficas —más bien pseudofilosóficas en demasiadas ocasiones— y generalizaciones tradicionales que no son más que el producto de esas simplificaciones del pensamiento que se han descrito. Hora es ya de cambiar las cosas.

5. *BEST OF ONE'S KNOWLEDGE, INTIME CONVICTION*, MÁXIMAS DE LA EXPERIENCIA, REGLAS DE LA SANA CRÍTICA

Para ello, habrá que acabar con uno de los conceptos más tradicionales, y hasta queridos, de la valoración de la prueba. El antes llamado *id quod plerumque accidit*, conocido en el procesalismo desde el siglo XIX[639], por influencia de la filosofía empirista[640], como "experiencia" o, más precisamente, como máximas de experiencia, siguiendo la traducción de la expresión original de Friedrich Stein acabada de mencionar a pie de página.

---

636 Assmann, *Ma'at. Gerechtigkeit und Unsterblichkeit im Alten Ägypten*, cit. p. 161.

637 Vid. los intentes de Muñoz Sabaté, Ll., *Summa de probática civil. Cómo probar los hechos en el proceso civil*, Madrid 2008. Muñoz Sabaté, Ll., *Introducción a la probática*, Barcelona 2007. Muñoz Aranguren, "La influencia de los sesgos cognitivos en las decisiones jurisdiccionales: el factor humano. Una aproximación", *InDret* 2/2011. Alonso Gallo, J., "Las decisiones en condiciones de incertidumbre y el derecho penal", *InDret* 4/2011. Alonso Gallo, J., "Errores y sesgos cognitivos en la expansión del Derecho Penal", en *Derecho y justicia penal en el siglo XXI: liber amicorum en homenaje a Antonio González-Cuéllar García*, Madrid 2006, pp. 31 y ss. Nieva Fenoll, J., *Enjuiciamiento prima facie: aproximación al elemento psicológico de las decisiones judiciales*, Barcelona 2007.

638 Al menos desde Wundt, W. M., *Grundriss der Psychologie*, Leipzig 1896. Wundt, W. M., "Über die Definition der Psychologie", en *Philosophische Studien*, 1896, t. 12, pp. 9 y ss.

639 Stein, F., *Das private Wissen des Richters*, Leipzig 1893, p. 15: "*Bleiben wir also einstweilen bei diesem Namen. Er ist nicht einwandsfrei, - ich weiss es und bin bereit, ihn für einen besseren aufzugeben.*"

640 Nuevamente Kant, *Kritik der reinen Vernunft*, cit. p. 31: "*Daß alle unsere Erkenntniß mit der Erfahrung anfange, daran ist gar kein Zweifel.*"

A decir verdad, por mucha admiración que suscitara esa antigua obra de Stein, sobre todo sus primeras decenas de páginas, desde una perspectivas racional es literalmente alucinante que hayamos permitido que los jueces hayan tomado como asidero de sus juicios probatorios simplemente su experiencia, es decir, su manera de ver el mundo, su *Weltanschauung*, en el fondo. Pero eso es lo que se les ha permitido desde siempre en la doctrina, y sobran ejemplos reafirmando que así es, como veremos seguidamente.

Desde luego, y aunque no se sea consciente de ello, el origen de esta idea es aquella fe en los jueces egipcios que ya se ha comentado anteriormente, y que muy pronto debió pasar a una observación por parte de esos juzgadores de aquello que parecía correcto en una comunidad, como todavía se hace en los procesos asamblearios de las comunidades indígenas[641], y que al final es el mismísimo concepto de justicia, positivizado más modernamente en las leyes. Nada distinto sucedía en los procesos asamblearios, en los que toda la comunidad expresaba su parecer[642], siendo esa, justamente, la justicia de aquel caso concreto. Ahí debieron nacer los prejuicios a la hora de evaluar a los testigos por su aspecto externo y su retórica[643], aunque en un contexto muy diferente al actual y que, de hecho, era bastante más lógico. En comunidades pequeñas, todos se conocen, y por tanto están familiarizados con la expresividad de los demás y saben, en el fondo, algo de los hechos que se juzgan, lo que hace no solamente algo más sencilla la detección de la mentira, sino que, por encima de todo, facilita también un consenso de la comunidad sobre cómo fallar en un proceso, es decir, acerca de cómo hacer justicia, lo que por descontado alcanza a la valoración de la prueba.

En fechas mucho más cercanas a las nuestras, tenemos constancia de que los jurados ingleses medievales eran integrados prioritariamente por testigos de los hechos[644], que precisamente por su conocimiento estaban en mejores condiciones de juzgar que los demás. Fue mucho más adelante cuando se acabó reconociendo que provocaba un prejuicio precisamente

---

641 Jiménez Fortea, J., "El proceso penal de los pueblos indígenas de Latinoamérica. Una visión desde Europa", *Sistemas Judiciales*, año 6, n. 12, 2007, p. 33. Colmenares Olívar, R., "El derecho consuetudinario indígena en Venezuela: Balance y perspectivas", *Revista IIDH*, vol. 41, 2005, p. 99.

642 Malinowski, B., *Crimen y costumbre en la sociedad salvaje*, Barcelona 1982, p. 75.

643 Lo explico en Nieva Fenoll, *El origen de la justicia*, cit. pp. 106 y ss.

644 Macnair, M., "Vicinage and the Antecedents of the Jury", *Law and History Review*, 17, 1999, pp. 538, 556.

conocer los hechos con carácter previo al proceso, lo que excluía la imparcialidad judicial[645].

Pero ya en ese momento, la filosofía había alcanzado un grado de evolución que iba a acabar provocando una lentísima revolución en materia procesal, particularmente en materia probatoria. Fue Montaigne[646] quien dijo que nuestro conocimiento provenía de la percepción que, aunque podía ser engañosa —alucinaciones—, si era reiterada podía llegar a ser fiable. Ello les puso prácticamente una autopista a filósofos posteriores como Descartes[647], que ya situó en la observación —en la capacidad de hacerlo más bien— la constatación de la realidad de las cosas, pero tuvo que venir algo después Hume[648] para anunciarnos que el conocimiento humano deriva de la experiencia, conclusión reiterada por Kant[649].

Esa experiencia es a la que aludía Blackstone en ese mismo siglo XVIII cuando anunciaba que los jurados valoraban la prueba acudiendo a sus "*own consciencies*", según "*the best of their knowledge*"[650], expresión de uso co-

---

645 Blackstone, W., *Commentaries on the Laws of England*, Lib. III, Oxford 1773, p. 375. De Vicente y Caravantes, J. *Tratado histórico, crítico filosófico de los procedimientos judiciales en materia civil, según la nueva Ley de Enjuiciamiento*, T. II, Madrid 1856, p. 214: "*El Magistrado, si quiere ser testigo, que se quite la toga, que preste juramento, que se someta a las preguntas de los magistrados y de las partes, que podrán discutir sobre sus declaraciones; pero que no condene por una persuasión secreta que no pueden combatir los litigantes, y cuyas razones ignora también el público*".

646 Montaigne, M., *Ensayos completos*, Madrid 2003, Lib. I, cap. 21, p. 141; Lib. II, cap. 12, p. 445.

647 Descartes, R., *Discurso del método*, Madrid 1986, cuarta parte, p. 62.

648 Hume, *A Treatise of Human Nature*, cit. Lib. I, Parte I, Sec. I.

649 Kant, *Kritik der reinen Vernunft*, cit. p. 31.

650 Blackstone, *Commentaries on the Laws of England*, cit. pp. 374-375: "*As to such evidence as the jury may have in their own consciences, by their private knowledge of facts, it was an ancient doctrine, that this had as much right to sway their judgment as the written or parol eyidence which is delivered in court. And therefore it hath been often held, that though no proofs be produced on either side, yet the jury might bring in a verdict. For the oath of the jurors, to find according to their evidence, was construed to be, to do it according to the best of their own knowledge. This seems to have arisen from the ancient practice in taking recognitions of assise, at the first introduction of that remedy; the sheriff being bound to return such recognitors as knew the truth of the fact, and the recognitors, when sworn, being to retire immediately from the bar, and bring in their verdict according to their own personal knowledge, without hearing extrinsic evidence or receiving any direction from the judge. And the same doctrine (when attaints came to be extended to trials by jury, as well as to recognitions of assise) was also applied to the case of common jurors; that they might escape the heavy penalties of the attaint, in case they could shew by any additional proof, that their verdict was agreeable to the truth, though not according to the evidence produced: with which additional proof the law presumed they were privately acquainted, though it did not appear in court. But this doctrine was again gradually exploded, when attaints began to be disused, and*

tidiano en lengua inglesa que se transformó en la *intime conviction* cuando fue traducida por los juristas franceses de la Revolución Francesa[651], y que de ahí pasó a ser la "sana crítica" en España[652] —muy probablemente por influencia de D'Alembert o de Voltaire[653]— y una expresión alemana de resonancias claramente kantianas —como ya se ha explicado— que hizo fortuna a finales del siglo XIX: *Erfahrungssätze*[654], es decir, las máximas de experiencia[655].

Y ahí nos hemos quedado. La doctrina intentó separar la definición de una parte de esas expresiones, pero no lo consiguió en realidad[656]. Se pretendió evocar algo más científico con la "experiencia" y algo más subjetivo con la "íntima convicción", pero no se consiguió en absoluto. En realidad, nos estábamos refiriendo en todo caso, sin demasiada consciencia sobre ello, al bagaje de conocimientos generales del juez, que eran verificables

---

new trials introduced in their stead. For it is quite incompatible with the grounds upon which such new trials are every day awarded, viz. that the verdict was given without, or contrary to, evidence. And therefore, together with new trials, the practice seems to have been first introduced, which now universally obtains, that if a juror knows any thing of the matter in issue, he may be sworn as a witness, and give his evidence publicly in court."

651 Ley de 16-21 de septiembre de 1791: "*La loi ne demande pas compte des moyens par lesquels (les jurés) se sont formés une conviction; elle ne leur prescrit point de règles auxquelles ils doivent attacher particulièrement la plénitude et la suffisance d'une preuve: elle leur demande de s'interroger eux-mêmes dans le silence et le recueillement et de chercher, dans la sincérité de leur conscience, quelle impression ont faite sur leur raison les preuves apportées contre l'accusé, et les moyens de la défense. La loi ne leur dit point: "Vous tiendrez pour vrai tout fait attesté par tel ou tel nombre de témoins, ou vous ne regardez pas comme suffisamment établié toute preuve qui ne sera pas formée de tant de témoins ou de tant d'indices"; elle ne leur fait que cette seule question, qui renferme toute la mesure de leur devoir: Avez-vous une intime conviction?* (...)".

652 Reglamento sobre el modo de proceder el Consejo Real en los negocios contenciosos de la Administración de 30-12-1846 (Gaceta de Madrid 21-01-1847, nº 4512, p. 1), en cuyo artículo 148 podía leerse: "*Las demás personas serán examinadas como testigos, sin perjuicio de que las partes puedan proponer acerca de ellas, y el Consejo calificar según las reglas de sana crítica, las circunstancias conducentes á corroborar ó disminuir la fuerza probatoria de sus declaraciones.*"

653 Discurso preliminar de D'Alembert a la Enciclopedia de Diderot de 1751: "l*es lois de la saine Critique étoient entierement ignorées*". Vid. también Voltaire, Carta 24 sobre las academias, al final de la misma, 1734 en *Lettres philosophiques*, Rouen 1734, p. 136.

654 Stein, *Das private Wissen des Richters*, cit. p. 15.

655 La última referencia en la doctrina es la publicación del antiguo estudio de Taruffo, M., *Contribución al estudio de las máximas de experiencia*, Madrid 2023.

656 Sólo se ha acercado a ese objetivo con respecto de las reglas de la sana crítica, con riqueza de argumentos, González Lagier, D. "¿Es posible formular un estándar de prueba preciso y objetivo? Algunas dudas desde un enfoque argumentativo de la prueba", *Revista Telemática de Filosofía del Derecho*, n. 23, 2020, p. 83.

cuando son conocimientos científicos, pero que ni siquiera se concretaban cuando, en realidad, lo que ocurría es que no se sabía cómo hacía el juez para valorar una prueba, como sucedió con los interrogatorios. Desconectada ya la doctrina del XIX, y desde luego del XX, del antiquísimo precedente egipcio, y además ignorando absolutamente todo sobre los ancestrales procesos asamblearios —pese a que existían numerosas evidencias coetáneas de su celebración en aquellos días en varios lugares[657]—, la doctrina se abandonó en la intuición del juez, confiando en ella como una renovada —o redescubierta implícitamente— fe en la antigua Maat. Es increíble que no se intentara ir más allá, aunque hubo algunos destellos en este sentido en Von Liszt[658] —inspirado por William Stern[659]— y Gorphe[660] sobre todo, que realizaron las primeras experiencias empíricas de psicología del testimonio[661]. De hecho, Von Liszt se hizo en el lugar citado, tras un llamativo experimento, la pregunta adecuada:

> "*¿Qué va a ser de toda nuestra administración de justicia penal si su fundamento más seguro, la declaración de testigos creíbles, se ve sacudido por excelentes investigaciones científicas, si se socava la fe en la fiabilidad de nuestras pruebas más valiosas?*"[662]

En el resto del texto, Von Liszt recomendaba a los jueces dejarse asistir por los auténticos expertos en el tema: los psicólogos. Pero sus palabras no tuvieron, sobre todo en la práctica, el impacto que hubieran debido tener. Al final, pesaban muchísimo las reflexiones de Blackstone[663] y Bentham[664] sobre la fiabilidad del parecer de los jueces —¡o jurados!— al valorar los in-

---

657 Vid. ampliamente, entre otros, Patetta, F., *Le ordalie*, Torino 1890. Kohler, J., *Über das Recht in Afrika*, en: "Bechmann; Sendel, Kritische Vierteljahresschrift für Gesetzgebung und Rechtswissenschaft", Neue Folge, tomo XII, der ganzen Folge, tomo 31, München 1889, pp. 105 y ss.

658 Von Liszt, F. "Strafrecht und Psychologie", *Deutsche Juristen-Zeitung*, 1-1-1902, n. 1, pp. 16-18.

659 Schneider, R. U., *Mordversuch im Hörsaal*, NZZ, 1-7-2002, https://www.nzz.ch/folio/mordversuch-im-horsaal-ld.1618293

660 Gorphe, F., *La critique du témoignage*, Paris 1924.

661 Julià Pijoan, M., "Un análisis del fundamento de la declaración del testigo ocular como medio de prueba, a partir de la investigación empírica", *Ius et Praxis*, vol. 29, n. 2, 2023, pp. 44 y ss.

662 "*Was soll aus unserer ganzen Strafrechtspflege werden, wenn ihre sicherste Grundlage, die Aussage unverdächtiger Thatzeugen, durch exakte wissenschaftliche Forschung erschüttert, wenn der Glaube an die Zuverlässigkeit unseres wertvollsten Beweismaterials untergraben wird?*"

663 Blackstone, *Commentaries on the Laws of England*, cit. p. 373.

664 Bentham, *Traité des preuves judiciaires*, cit. pp. 9 y ss.

terrogatorios valiéndose de algo que ya por aquel entonces, sólo se practicaba en Inglaterra: la inmediación, propiciada por la oralidad. Es increíble que un genio incuestionable como el de Bentham no se diera cuenta de que con ello se estaba retrocediendo a fases precientíficas, fiándolo todo en la intuición judicial. Pero así sucedió. El pensamiento de Bentham tuvo tantísima fuerza que aún hoy en día son mayoría los juristas que confían ciegamente en la "inmediación", aunque su número está menguando muy decididamente como consecuencia de los estudios de psicología del testimonio[665], lo que ya se está dejando sentir incluso en la jurisprudencia de algunos países[666].

Pero aún falta mucho para aplicar el conocimiento realmente científico a la prueba. Un primer paso lo dio Muñoz Sabaté en 1967[667] al anunciar solemnemente que todas las pruebas eran libres, porque dependían, precisamente, de las máximas de experiencia, no habiendo pruebas directas o indirectas. Lo que, por cierto, como él mismo sugirió, convertía a todas las pruebas en presunciones. Pocos le escucharon, aunque sus conclusiones fueron confirmadas posteriormente por otros autores[668]. En todo caso, quisiéramos o no ser conscientes de ello, la prueba había salido ya del oscurantismo fetichista y burocrático de la prueba legal en el que había permanecido durante siglos, y sin duda se estaba acercando ya a un estudio de la mente judicial, que por supuesto, como se ha ido explicitando en este trabajo, primero fue eminentemente filosófico y más adelante epistemológico, yendo un poco más allá en el camino correcto.

El punto de llegada debe ser la averiguación de dos puntos de vital importancia: el primero consiste en la averiguación de en qué consiste la intuición judicial, con el propósito de decidir qué hacer con ella, como veremos en el siguiente epígrafe, lo que será determinante para decidir también qué hacer con las máximas de la experiencia.

---

665 Andrés Ibáñez, P. "Sobre el valor de la inmediación (Una aproximación crítica)", *Jueces para la Democracia*, n. 46, 2003, pp. 57 y ss. Igartua Salaverria, J., *Prueba científica y decisión judicial (unas anotaciones propedéuticas*, La Ley, nº 6812, 2-11-2007. Nieva Fenoll, J., "Inmediación y valoración de la prueba: el retorno de la irracionalidad", *Civil Procedure Review*. V. 3, n. 1, enero-abril 2012, pp. 3 y ss.

666 STS 806/2021 de 20/10/2021.

667 Muñoz Sabaté, *Técnica probatoria*, cit. p. 46. Muñoz Sabaté, Ll., *Técnica probatoria*, 3ª ed., Barcelona 1993, p. 20.

668 Bender, R.; Nack, A., "Grundzüge einer Allgemeinen Beweislehre", *Deutsche Richterzeitung* 1980, p. 121.

El segundo no es objeto del presente trabajo, pero no por ello posee menor relevancia, bien al contrario. Si se acabara reconociendo que la intuición no debe ser tan determinante como lo ha sido hasta el momento en la valoración de la actividad probatoria, habrá qué decidir con qué sustituirla. Ese contenido está integrado por las ciencias que se esconden detrás de cada medio de prueba, que son múltiples con la prueba pericial, y por ahora una sola con los interrogatorios: la psicología del testimonio, siendo la semiótica textual la ciencia que estudia los documentos para conseguir interpretar rectamente su contenido. Pero insisto, este estudio ya es ajeno al presente trabajo[669].

6. HACIA UNA CANCELACIÓN DE LA INTUICIÓN EN LA VALORACIÓN DE LA PRUEBA

¿Qué es la intuición? Justamente lo que Taruffo había definido como máximas de experiencia: *un insieme caotico e indeterminato*[670]. En realidad, es algo menos caótico e indeterminado si se piensa que lo que llamamos intuición es el uso de los heurísticos que ya se describieron en los apartados anteriores, lo que hace, no sólo que se convierta en algo aprehensible, sino que además podamos identificar los errores que provocan las generalizaciones propias de esos heurísticos, que a mi juicio es precisamente lo más importante, sobre todo a los efectos de evaluar el acierto de la valoración de la prueba realizada por el juez, fundamentalmente con el fin de poderla impugnar, en su caso. Por supuesto, cuando existe algún conocimiento científico implicado en la valoración de la prueba —lo que también se ha considerado máxima de experiencia—, es más fácil de evaluar esa actividad.

Pero cuando todo acaba consistiendo en el uso de esa intuición, ¿es realmente adecuado que permitamos al juez hacer un uso incondicional de ella? Eso es justamente lo que estamos haciendo cada vez que la jurisprudencia sostiene que la valoración de los interrogatorios depende de la "inmediación" del juez de primera instancia, y nadie se sonroja después de decir semejante barbaridad. ¿Qué aporta la inmediación? ¿Evaluar la veracidad de una declaración observando la gestualidad, modo de vestir y

---

669 Me ocupé de ello en Nieva Fenoll, *La valoración de la prueba*, cit. pp. 209 y ss.

670 Taruffo, "Libero convincimento", cit. p. 4. Taruffo, M., "Considerazioni sulle massime d'esperienza", *Rivista trimestrale di Diritto e procedura civile*, 2009, pp. 557 y ss.

retórica del testigo? Si al menos se evaluara solamente el contenido de esa declaración[671], como propone la psicología del testimonio, la conclusión sería científicamente más aceptable. Pero es que, para la evaluación de ese contenido, la inmediación no es imprescindible. Al contrario, puede llegar hasta a ser perturbadora si se piensa en la cantidad de prejuicios de los que puede ser víctima el juez cuando observa hablar a una persona.

En consecuencia, disponiendo de datos empíricos que el juez debe evaluar, debemos avanzar hacia una cancelación de la intuición en el razonamiento probatorio, es decir, en la actividad de valoración de la prueba en su conjunto, desde la admisión hasta su práctica y, desde luego, en la extracción de conclusiones sobre lo practicado. De ese modo, el juez debe motivar, por ejemplo, por qué considera a un testigo más creíble que a otro, no pudiéndose contentar con expresar que fue más vehemente, porque eso es pura retórica. O bien que fue coherente, porque eso puede revelar un interrogatorio preparado, que descarta, por cierto, su validez científica, insisto, desde el punto de vista de la psicología del testimonio.

En todo ese proceso de análisis de por qué el juez considera a un testigo creíble o no, el juzgador debe explicarse, es decir, motivar por qué se convenció o no. Si no lo hace, la sentencia no está debidamente motivada, lo que la hace impugnable, naturalmente. Y si lo hace, debemos evaluar en cada una de sus palabras y silencios la presencia de heurísticos, que son los que descubrirán si el juez le dio margen a esa intuición que, en realidad, no está motivando, incurriendo así en arbitrariedad. No podemos mantener por más tiempo la creencia en el buen criterio del juez. En una sociedad democrática, las autoridades se explican. Dicen por qué toman sus decisiones, que es justamente lo que no hacen en las dictaduras. Los jueces no son, en absoluto, una excepción en esa obligación.

De esa forma, el juez podrá afirmar, con más tranquilidad que ahora, que no es capaz de saber si un testigo mentía o no, porque no ha podido corroborar lo que dice con ningún otro medio de prueba, o bien porque no existen motivos objetivos de incredibilidad, como podrían serlo una distancia excesiva al hecho observado o la ausencia de luz, por ejemplo. De ese modo, ya no podremos poner al juez ante la tesitura de evaluar la palabra del uno frente a la del otro, si no hay más pruebas. Al contrario, deberemos poder saber si un testigo tiene motivos para ser creído, o bien no se puede saber en absoluto si miente o no. Para ello será imprescindible

671 Manzanero, *Psicología del testimonio*, cit. p. 177.

acudir, como se ha dicho, a los otros medios de prueba, en busca de indicios que corroboren o no un relato.

Si el juez no procede de esa manera, simplemente estará decidiendo según su olfato, su corazón, en definitiva, su intuición, lo que no es admisible, como se acaba de explicar. Eso es algo que se les permite a los jurados del *Common Law* por pura tradición histórica, pero no deja de ser un sinsentido científico que nada tiene que ver con una actividad probatoria debidamente llevada a cabo. Cuando la comunidad pensaba que un jurado, precisamente por el hecho de jurar, decidía en conexión con la divinidad, este sistema podía tener un sentido. Hace ya mucho tiempo que estamos intentando no mezclar a la fe en los asuntos judiciales, al menos desde 1215[672], porque sabemos que la verdad de los hechos no se obtiene por métodos adivinatorios como en el pasado fueron las ordalías, sino que, bien al contrario, se consigue acceder a la realidad dejándose acompañar por la ciencia. Eso es justamente lo que todavía se tiene que aprender en materia probatoria en tantos y tantos lugares, la mayoría, de hecho.

En consecuencia, es evidente que estamos a las puertas de una auténtica revolución: aquella que traerá la ciencia a la valoración de la prueba, convirtiendo así al juez en un auténtico científico, y no en un adivino o en un lector de un oráculo cualquiera. El juez ganará una renovada dignidad cuando, igual que el médico en el pasado, deje de utilizar una especie de "ojo clínico" y se incline más bien por el camino de la ciencia, como corresponde y hace ya mucho tiempo que han hecho los médicos, mejorando sobremanera en sus diagnósticos, salvándose así un incontable número de vidas. Del mismo modo, muchos menos justiciables se irán a su casa después de un proceso pensando que no se les hizo justicia, porque sabrán lo que en el proceso se llevó a cabo, conociendo con precisión la labor del juez.

Y así se conocerán mejor las fronteras de su labor. Se ha dicho con gran reiteración, de forma unánime, de hecho, que el juez no puede incurrir en un *non liquet*. Es decir, que debe resolver de un modo u otro la controversia que le ha sido sometida. Hablando así, puede que no hayamos sido demasiado conscientes de que cada vez que el juez no estima una deman-

---

672 Concilio Lateranense IV de Inocencio III. Mansi, Joannes Dominicus, *Sacrorum conciliorum nova et amplissima collectio*, vol. 22, Graz 1961, p. 1007, XVIII: "*Nullus quoque clericus rottariis, aut balistariis, aut huiusmodi viris sanguinum praeponatur, nec illam chirurgiae partem subdiaconus, diaconus, vel sacerdos exerceant, quae ad ustionem vel incisionem inducit. Nec quisquam purgationi aquae ferventis vel frigidae seu ferri candentis ritum cuiuslibet benedictionis aut consecrationis impedat, salvis nihilo minus prohibitionibus de monomachiis sive duellis antea promulgatis.*"

da, en realidad se está inclinando por no hacer nada, es decir, por dejar la realidad tal y como estaba antes de que le fuera sometida al proceso. Puede parecer que la decisión es diferente de un "no lo sé", pero no lo es en realidad. Al contrario, si la demanda y la prueba que la sustenta no le convence, lo que tiene que hacer es no hacer nada en términos de decisión de la controversia, puesto que no se produce transformación alguna de la realidad que ya existía antes del proceso. Sólo se produce esa transformación en los casos de estimación. Cuesta mucho más de observar el mismo fenómeno en el proceso penal, pues por mor de la presunción de inocencia, el "no lo sé" se transforma en una absolución, lo que sí resulta transformador, sobre todo si el reo padeció medidas cautelares privativas de libertad. Lo que debe observarse, no obstante, es que el reo siempre fue inocente, en todo momento, antes del proceso y durante el mismo. La absolución mantiene ese estado de inocencia. Lo cual quiere decir que ese *non liquet* se produce igualmente.

En definitiva, los justiciables aceptarán por fin que los jueces no son dioses, y tampoco sacerdotes. Son simples seres humanos con una capacidad de raciocinio idéntica a la del resto, que deben tener cuidado en no cometer errores al incurrir en un exceso de generalizaciones, particularmente si son inmotivadas. Ese debe ser, prioritariamente, el siguiente objetivo a conseguir, que provoca, como se anunció, la abolición de la intuición como herramienta de razonamiento probatorio. En realidad, la intuición es la negación de dicho razonamiento.

LA DISCUTIBLE UTILIDAD DE LOS INTERROGATORIOS DE PARTES Y TESTIGOS

Publicado en Diario La Ley, n. 9672, 2020, en Ius et Praxis, vol. 26, n. 3, dic. 2020, en lengua italiana en Questione Giustizia, 28-09-2020, y en lengua inglesa en ZZPInt, 26, 2021, pp. 225-241.

1. INTRODUCCIÓN

Hablar sobre oralidad es siempre espinoso. Se ha repetido como un mantra a lo largo de todo el siglo XX, y aún hoy, que la oralidad es positiva para los procesos judiciales[673]. La conclusión se supone tan obvia, que cuando se pone en cuestión sus entusiastas responden con otra de esas palabras mágicas que caracterizan la historia del Derecho Procesal y que no significan tanto como se piensa: la inmediación[674]. Y se añade una referencia a la supuesta celeridad con la que se celebran los procesos orales[675].

Seguidamente vamos a repasar esta historia de auténticos tópicos. Actualmente ya sabemos que la oralidad no solamente no simplifica sistemáticamente los procesos, sino que en ocasiones los embrolla mucho más[676]. Además, tampoco es cierto que los haga más rápidos, dado que hay que buscar días en la agenda del juez para celebrar audiencias de duración ciertamente indeterminada, lo que acaba haciendo el sistema difícilmente viable dado que el año no tiene más que 365 días, y el día 24 horas. Y en algún momento hay que dormir. Además, en los países que, siguiendo unas mínimas condiciones humanitarias, poseen derechos laborales, es ineludible hacer vacaciones. Por tanto, o se dispone una gran pluralidad de jueces

---

673 Vid. AAVV (Carpi / Ortells ed.). *Oralidad y escritura en un proceso civil eficiente,* Valencia 2008.

674 Vid. entre otros Henke, Host-Eberhard, “Rechtsfrage oder Tatfrage - eine Frage ohne Antwort?” *ZZP,* 81, 3-4, 1968, p. 323 y ss. Bacigalupo Zapater, Enrique, “Presunción de inocencia, “in dubio pro reo” y recurso de casación”, *Anuario de Derecho penal y Ciencias Penales,* 1988, pp. 29 y ss. Martínez Arrieta, Andrés, *El recurso de casación penal. Control de la presunción de inocencia.* Granada 1996, pp. 29.

675 Chiovenda, G., *Principi di Diritto Processuale Civile,* Napoli 1923, p. 677.

676 Cfr. Las ponencias publicadas en AAVV (Carpi / Ortells ed.). *Oralidad y escritura en un proceso civil eficiente,* Valencia 2008 de Jorge W. Peyrano (t. I, pp. 149 y ss), Michele Taruffo (t. I, pp. 185 y ss) y Eduardo Oteiza (t. I, pp. 413 y ss), entre otros. Vid. también Nieva Fenoll, “Los problemas de la oralidad,” *Justicia* 2007, n. 1-2, pp. 101 y ss.

para celebrar las muchas audiencias que generan los procesos orales, o se evita acudir a los procesos masivamente recurriendo a medios alternativos de resolución de conflictos, es decir, privatizando la justicia, porque si no el sistema deja de ser viable. No obstante, hay que decir que la solución de los ADR no ha funcionado en general por diferentes razones[677], salvo en algunos pocos casos excepcionales y por motivos también algo excepcionales[678].

Aunque este trabajo tiene una vocación más generalista, se centrará sobre todo en la actual virtualidad de los interrogatorios tanto de partes como de testigos, considerando la cuestión tanto en el proceso civil como en el proceso penal. Para el gran público, los interrogatorios suelen ser lo que más se recuerda de un proceso, porque es lo que acostumbra a resultar más vistoso incluso con pésimos interrogadores o aburridos deponentes. Pero queda por ver si esos interrogatorios son verdaderamente útiles hoy en día, o incluso si alguna vez fueron realmente útiles, trampantojos aparte. Es una cuestión en la que ni se piensa, pero que ha revelado su dificultad con motivo de la pandemia del covid-19 y las dificultades técnicas de las conexiones que a veces se producen. Pero queda por ver si aunque esas conexiones fueran perfectas —como un día probablemente lo serán—, los interrogatorios sirven realmente para algo.

2. LA FASCINACIÓN POR LA ORALIDAD

Todo comenzó con una no muy racional fascinación por la oralidad que posee unos antecedentes que basculan entre lo curioso y lo fascinante. La Revolución Inglesa de 1688 había demostrado, tal vez por primera vez en el mundo, que el poder de los reyes era, no sólo controlable, sino incluso sustituible a través de un parlamento que representara a la gente, al pueblo, como se dijo después. Tras una extensísima historia en Europa de emperadores y reyes más o menos absolutos que se remontaba a época romana, lo sucedido en Inglaterra fue muy inspirador porque suponía, por fin, empezar a alcanzar la libertad frente a los tiranos[679]. Tan inspirador

---

677 Nieva Fenoll, "Mediación y arbitraje: ¿una ilusión decepcionante?", *Revista General de Derecho Procesal*, nº 39, mayo 2016.

678 Vid. Nylund, A. / Ervasti, K. / Adrian, L. (ed.), *Nordic Mediation Research*, Cham 2017.

679 Vid. Baker, K. M., "On the problem of the ideological origins of the French Revolution" en *Inventing the French Revolution*, Cambridge 1990, pp. 23 y ss. Stone, B., *Reinterpreting the French Revolution*, Cambridge 2002, p. 37.

fue que al cabo de un siglo en Francia habría otra importante revolución basada en los mismos principios que la inglesa, y poco antes, en 1776, se produjo la rebelión de una importante colonia dando lugar a un nuevo país que recogería en su ordenamiento lo mejor del racionalismo inglés y las ideas políticas de Locke[680], base principal de la Ilustración: EEUU.

Todo lo anterior fue tan sumamente estimulante que los ojos de los intelectuales del siglo XVIII se volvieron hacia Inglaterra[681] para intentar copiar, al menos en parte, las instituciones y ordenamiento de aquellos que habían obtenido la libertad despojando a un rey de su poder. Se fijaron fundamentalmente en su sistema parlamentario, pero también en su manera de conducir los procesos[682], encontrándose de repente con una institución que no existía en la Europa continental: el jurado[683]. Y con un tipo de procedimiento que estaba adaptado al hecho de que no eran juristas quienes juzgaban, sino legos en derecho, muchos de ellos analfabetos.

Ese procedimiento tenía que ser forzosamente oral dado que, obviamente, los analfabetos no saben leer. Y además, aunque persistían en Inglaterra abundantes restos del antiguo sistema de prueba tasada[684], no existía realmente en ese país el sistema de prueba legal como se conoció en la Europa continental, sino que al desconocer el jurado el Derecho y, por tanto, cualquier regla de prueba legal, el sistema no podía ser otro que el de libre valoración. Ambos puntos son muy relevantes para todo lo que se dirá en los epígrafes posteriores.

De repente, ¡un proceso oral! Cuando el proceso en la Europa continental era escrito desde hacía siglos, siguiendo la estela marcada por el Papado

---

680 Locke, J., *Two treatises on government*, London 1821, §.241.

681 Particularmente Montesquieu, Barón de, (Charles-Louis de Secondat), *De l'esprit des lois*, reedición de la ed. de Paris 1748, Paris 1979, I, p. 301.

682 Blackstone, W., *Commentaries on the Laws of England*, Lib. III, London 1794, cap. 23, pp. 373-374.

683 Art. 9 de la Constitución francesa de 1791.- *En matière criminelle, nul citoyen ne peut être jugé que sur une accusation reçue par des jurés, ou décrétée par le Corps législatif, dans les cas où il lui appartient de poursuivre l'accusation.- Après l'accusation admise, le fait sera reconnu et déclaré par des jurés.- L'accusé aura la faculté d'en récuser jusqu'à vingt, sans donner des motifs.- Les jurés qui déclareront le fait, ne pourront être au-dessous du nombre de douze.- L'application de la loi sera faite par des juges.- L'instruction sera publique, et l'on ne pourra refuser aux accusés le secours d'un conseil.- Tout homme acquitté par un juré légal, ne peut plus être repris ni accusé à raison du même fait.*

684 Un testimonio claro son las inacabables *hearsay rules*. Murphy, Peter, *Murphy on evidence*, Oxford 2005, pp. 190 y ss.

en 1215[685]. Los juristas progresistas de la época, y en general varios pensadores del s. XVIII, debieron de quedar fascinados por aquella realidad y decidieron copiarla en bloque[686]. Sin embargo, la popularidad del jurado fue declinando desde entonces, siendo su subsistencia testimonial en la actualidad tanto en el Reino Unido como en Francia. Con todo, la discusión sobre su presencia en los ordenamientos se convirtió en una de las más absurdas e intensas polémicas, más políticas que doctrinales, que más nos han hecho perder el tiempo hasta el día de hoy a penalistas y procesalistas fundamentalmente[687]. De hecho, que actualmente aún subsista ese debate es muy llamativo, una vez que hemos conseguido profesionalizar a los jueces desde el siglo XIX, sobre todo[688]. Sin embargo, la autofascinación de EEUU por —algunas de— sus propias instituciones y la influencia cultural de ese país sobre el mundo han favorecido que el debate, insisto que de modo bastante incomprensible, se mantenga, pero esa es otra cuestión.

Volviendo a la oralidad, y ya al margen de la discusión sobre el jurado, esa forma del procedimiento ganó valor por sí misma en dos momentos puntuales y por dos razones diferentes. La primera fue la voluntad de alejamiento del sistema legal de valoración de la prueba, voluntad inspirada sobre todo en las quejas de Bentham[689], entre otros[690]. Lo más característico de ese sistema, dejando al margen los documentos, era la confesión y

---

685 Mansi, Joannes Dominicus, *Sacrorum conciliorum nova et amplissima collectio*, Vol 22, Graz 1961, pp. 1023-1026. La referencia del Concilio es: Lateranense IV, Innocentius P.III, Cap. XXXVIII, anno Christi 1215: "*Quoniam contra falsam assertionem iniqui iudicis innocens litigator, quandoque non potest veram negationem probare, cum negantis factum per rerum naturam nulla sit directa probatio: ne falsitas veritati praeiudicet aut iniquitas praevaleat aequitati, statuimus ut tam in ordinario iudicio quam extraordinario, iudex semper adhibeat aut publicam (si potest habere) personam, aut dos viros idoneos, qui fideliter universa iudicii acta conscribant, videlicet citaciones et dilationes, recusationes et exceptiones, petitiones et responsiones, interrogationes et confessiones, testium depositiones et instrumentum productiones, interlocutiones, apellationes, renunciationes, conclusiones et cetera quae ocurrunt competenti ordine conscribenda, designando loca, tempora et personas...*"

686 Vid. el art. 9 de la Constitución francesa de 1791 antes citado. Vid. también Beccaria, Cesare, *Dei delitti e delle pene*, Bussolengo 1996, XLIII, p. 120. Rousseau, Jean-Jacques, *El contrato social* (Trad. de Azcoaga), Madrid 1985, cap. V, Libro IV, p. 199.

687 Lo explico en Nieva Fenoll, "Ideología y justicia lega (con una hipótesis sobre el origen romano del jurado inglés)", *Revista Ius et Praxis*, 22, n. 1, 2016, pp. 59 y ss.

688 Vid. Kühne, H. H., "Die globale Agonie des Rechtsstaats? Ein Beitrag zu der im April unter diesem Titel stattfindenden internationalen Fachtagung in der Bucerius Law School", *Goltdammer's Archiv für Strafrecht*, vol. 167, n. 3, 2020, pp. 113 y ss.

689 Bentham, Jérémie, *Traité des preuves judiciaires*, Paris 1823, pp. 9 a 15.

690 Voltaire, (François-Marie Arouet), *Oeuvres complètes de Voltaire*, t. XXXVI, *Politique et législation*, vol. 4, Bruselas 1829, pp. 104 y ss.

el doble testimonio conforme como pruebas "plenas"[691], que había hecho que los jueces desde la Baja Edad Media no vieran jamás a las partes ni a los testigos[692], dado que el acto del juramento de partes y testigos era adverado por el escribano; los testigos y litigantes decían sí o no a lo que se les planteaba y se daba por acabado un acto en el que jamás intervenía el juez.

Pero en el siglo XVIII —igual que varios siglos antes[693]— se pensó que si los jueces abandonaban la comodidad de sus despachos y esas ratificaciones escritas de las pruebas testificales, podrían evaluar los juzgadores a los testigos por su gestualidad sobre todo, lo que en aquel momento se pensaba que era conducente[694]. Aún lo piensan muchos todavía[695], aunque ya sea absurdo afirmarlo, como se dio cuenta en España Perfecto Andrés Ibáñez en un artículo realmente pionero que ponía por fin en cuestión la virtualidad de la inmediación[696]. Sea como fuere, para observar esa gestualidad era necesario que los procesos fueran orales sistemáticamente y no sólo eventualmente cuando lo decidía el juez. Fue la primera llamada de atención importante con respecto a la cuestión que nos ocupa.

---

691 Existen múltiples testimonios del sistema, comenzando por Degli Ubaldi, Baldo, *Practica Baldi*, Perugia 1521, folio 39 vuelto. Vid. también Ortiz de Zúñiga, *Práctica general forense*, T. II, Madrid 1856, pp. 239 y ss. De Vicente y Caravantes, *Tratado histórico, crítico filosófico de los procedimientos judiciales en materia civil según la nueva Ley de Enjuiciamiento*, Madrid 1856, pp. 133 y ss. Jaumar Carrera, *Práctica forense*, Barcelona 1840, pp. 39. Nörr, *Romanisch-kanonisches Prozessrecht*, Heidelberg 2012, pp. 128 y ss.

692 Vid. NR, Libro XII, Título XXXII, Ley XVI, donde se atestigua el general incumplimiento de la inmediación.

693 Vid. de nuevo NR, Libro XII, Título XXXII, Ley XVI, que recoge una norma que data del año 1500.

694 El testimonio de las Partidas en este sentido es ciertamente revelador: Partida III, Tít. XVI, Ley 28: "*Otrosi dezimos, que deven ser preguntados del tiempo en que fue fecho aquello sobre que testiguan, assi como del año, e del mes, e del dia, e del logar en que lo fizieron. Ca si se desacordassen los testigos, diziendo el uno que fuera fecho en un logar, el el otro en otra parte, non valdria su testimonio.* (...) *E aun deven ser preguntados los testigos, quien eran los otros testigos que estavan delante, quando acaescio aquello sobre lo que testiguan: e mas preguntas non han por que fazer al testigo que fuere de buena fama. Mas si fuere ome vil, e sospechoso, que entendiesse el Juez, que anda desvariando en su testimonio, entonce devele fazer otras preguntas por tomarle en palabras, diziendo assi: Quando este fecho sobre que testiguas acaecio, que tiempo fazia? Estava nublado, o fazia sol? o quanto ha que conociste estos omes de quien testiguas? e de que paños eran vestidos, quando acaescio esto que dizes? Ca por lo que respondiere a tales preguntas como estas, e porlas señales que viere en la cara del, tomar ha apercibimiento el Juez si ha de creer lo que dize el testigo, o non.*"

695 Ekman, Paul, Cómo detectar mentiras, Madrid 2012.

696 Andrés Ibáñez, Perfecto, "Sobre el valor de la inmediación (Una aproximación crítica), *Jueces para la Democracia*, n. 46, 2003, pp. 57 y ss.

Pero a finales del s. XIX sobrevino la segunda. Austria publicó una Ley de Enjuiciamiento Civil en 1895, y dicha ley contenía una novedad asombrosa[697]. El tradicional proceso medieval que se había arrastrado hasta entonces —el *solemnis ordo iudiciarius* de origen romano postclásico—, presentaba una facultad odiosa que interrumpía los procesos: la posibilidad de oposición de excepciones dilatorias antes de la contestación de la demanda[698]. Su planteamiento interrumpía el proceso por largo tiempo y, según fuera el uso forense de cada lugar, la suspensión se podía repetir una y otra vez. Esa argucia podía llegar a retrasar años y años un proceso. Todo dependía del dinero que tuviera el litigante para pagar los honorarios de su abogado y los aranceles de los tribunales.

Pero de repente, a los legisladores austríacos —particularmente a Franz Klein[699]— se les ocurrió que todas esas excepciones fueran planteadas a la vez en una vista oral, resolviéndose inmediatamente después. Con ello se eliminaba un problema creando un nuevo trámite, la *erste Tagsatzung* o audiencia previa, lo que suponía un nuevo impulso para la oralidad.

Ciertamente la solución fue imaginativa para la época, aunque tampoco era tan difícil imaginar un único trámite escrito para ello. Pero probablemente pensó Klein que siendo la mayoría de esas excepciones dilatorias realmente infundadas[700], podrían despacharse con facilidad en una audiencia oral. Sea como fuere, se extendió así la idea de que la oralidad

---

697 § 239 öZPO (1895): "*Die erste Tagsatzung findet vor dem Vorsitzenden des Senates oder vor einem von diesem beauftragten Mitglied des Senates statt. Die erste Tagsatzung ist zur Vornahme eines Vergleichsversuches, zur Anmeldung der Einreden der Unzulässigkeit des Rechtsweges, der Unzuständigkeit des Gerichtes, der Streitanhängigkeit und der rechtskräftig entschiedenen Streitsache, sowie zur Entgegennahme der Erklärung des benannten Auctors bestimmt. Bei der ersten Tagsatzung ist ferner der Antrag auf Sicherheitsleistung für die Processkosten zu stellen; auch kann bei der ersten Tagsatzung die Streitsache auf Grund eines Anerkenntnisses oder Verzichtes oder infolge Versäumnis durch Urtheil erledigt oder vom Kläger der Antrag auf Bewilligung der Änderung der Klage angebracht werden. Über den Antrag auf Sicherheitsleistung für die Processkosten oder auf Gestattung der Klagsänderung, sowie über den bei der ersten Tagsatzung von einer Partei wegen der Processunfähigkeit eines der Streittheile oder wegen mangelnder Berechtigung der als Vertreter einschreitenden Person gestellten Antrag auf Zurückweisung der Klage ist sogleich bei der ersten Tagsatzung zu verhandeln und zu entscheiden. Auch von amtswegen kann eine Erörterung über die letzteren Punkte oder über eine durch ausdrückliche Vereinbarung der Parteien nicht zu beseitigende Unzuständigkeit des Gerichtes bei der ersten Tagsatzung eingeleitet und auf Grund dessen ein Beschluss über die Einstellung des Verfahrens gefasst werden. Alles andere Anbringen ist von der ersten Tagsatzung ausgeschlossen.*"

698 Vid. Nörr, *Romanisch-kanonisches Prozessrecht*, Heidelberg 2012, cit. p. 99.

699 Klein, Franz, *Vorlesungen über die Praxis des Civilprocesses*, Viena 1900.

700 Vid. nuevamente Nörr, *Romanisch-kanonisches Prozessrecht*, Heidelberg 2012, cit. p. 99.

podía ser un remedio, no solamente para las demoras derivadas —supuestamente— de la escritura, sino que además era el modo de que la prueba pudiera valorarse debidamente, es decir, de manera libre, como ya había reclamado Bentham menos de cien años antes[701]. El prestigio de la oralidad no había hecho sino comenzar.

Había supuesto ya un hito importante la promulgación en Alemania de la ZPO de 1877 —aún vigente— que implementaba esa idea de la oralidad, con un apoyo doctrinal relevante en Wach[702] y en otros autores germánicos anteriores desde principios del XIX[703] y que iban en la línea de reivindicar la importancia de la oralidad como garantía de la publicidad, al estilo del *Code de Procedure Civile* de 1806 y del *Code d'Instruction Criminelle* de 1808, inspirados a su vez, como ya se ha dicho, en el proceso inglés con jurado. Obviamente, esa correlación entre oralidad y publicidad tenía sentido entonces y aún mucho después, con unos grados de analfabetismo increíble y sin internet. Hoy en día sucede justo lo contrario. Todo lo escrito es más fácilmente público que lo oral, por su mayor facilidad de difusión a través de la web, así como por la mayor sencillez de revisión posterior de la documentacion por parte de cualquier observador.

Lo sucedido en Alemania en el siglo XIX obviamente tuvo gran influencia en Chiovenda[704], inspiradísimo —como tantas otras veces— en la obra de Wach. Chiovenda se convirtió así en el gran difusor de la oralidad en

701 Bentham, *Traité des preuves judiciaires*, cit. pp. 9 y ss.

702 Wach, Adolf, *Handbuch des deutschen Civilprozessrechts.* T. I, Leipzig 1885, y se verá que así es.: "*Sie ist gebaut auf die Gedanken der Oeffentlichkeit und Mündlichkeit —Unmittelbarkeit der richterlichen Wahrnehmung-...*"

703 Von Feuerbach, A. R., *Betrachtungen über die Oeffentlichkeit und Mündlichkeit der Gerechtigkeitspflege*, Gießen 1821 y 1825. Donsbach, C., *Die Verfassung und das Processverfahren der Untergerichte im Großherzogthum Baden*, Karlsruhe 1822. Freyberg, M. F., *Ueber das altdeutsche öffentliche Gerichts-Verfahren*, Landshut 1824. Von Miller, J. *Die Oeffentlichkeit und Mündlichkeit des bürgerlichen Gerichts-Verfahren*, München 1826. Nibler, J. B., Projekt einer auf Öffentlichkeit und Mündlichkeit der Rechtspflege, Straubing 1828. Zentner, J., *Das Geschwornengericht mit Oeffentlichkeit und Mündlichkeit im Gerichtsverfahren, in besonderer Rücksicht auf den Strafprozeß*, Freiburg 1830. Mittermaier, C. J. A., *Der gemeine deutsche bürgerliche Prozeß in Vergleichung mit dem preußischen und französischen Civilverfahren*, Bonn 1840. También había voces críticas que, de hecho, se avanzaron en cierto modo a un futuro muy remoto. Vid. Von Dresch, L., *Betrachtungen über den revidirten Entwurf der Prozeß-Ordnung in bürgerlichen Rechts-Streitigkeiten für das Königreich Bayern*, München 1828.

704 Chiovenda, Giuseppe, *Principios de Derecho Procesal.* Traducción de Casais a la tercera Edición de la obra "*Principii di Diritto Processuale*". Madrid 1977, p. 143.

el mundo latino junto con Cappelletti[705], que llegó en un momento más tardío. Olvidaron todos estos autores que en 1909 y 1924 sobrevinieron dos importantes reformas del proceso alemán que restringieron la oralidad al irse descubriendo sus problemas[706], aunque hubiera una vuelta postrera a la misma en 1976 con la introducción del *Haupttermin* o audiencia principal.

La doctrina latina, salvo excepciones[707], pareció ser inmune a esas reformas en pro de la escritura, siguiendo acríticamente, como tantas otras veces, un argumento de autoridad, en este caso simbolizado por Chiovenda. Y así se mantuvo durante décadas hasta nuestros días. Corresponde ahora analizar si el mantenimiento de la idea tiene algún sentido desde los dos puntos de vista originarios: la inmediación y la celeridad.

3. LOS APORTES DE LA PSICOLOGÍA DEL TESTIMONIO

Actualmente no se puede hablar ya de inmediación sin conocer una materia imprescindible si se desea comprender algo científicamente correcto de la prueba de interrogatorio. Me refiero a la psicología del testimonio[708].

Se trata de una ciencia que ya no es completamente desconocida para los procesalistas, por fortuna, como sí lo era a comienzos del siglo XXI[709] pese a los primeros estudios en esta dirección de François Gorphe[710], y an-

---

705 Cappelletti, Mauro, *La oralidad y las pruebas en el proceso civil*, traducción de Sentís Melendo de Buenos Aires, 1972.

706 Rosenberg / Schwab / Gottwald, *Zivilprozeßrecht*, München 2018, p. 444.

707 Prieto-Castro Ferrándiz realizó una traducción de un artículo de Schoch, llamado "la reforma del procedimiento civil en Alemania", Revista de Derecho Privado, 1931, p. 113, al respecto, pero pasó desapercibido.

708 Vid. Loftus, *Eyewitness testimony*, Harvard 1996. Mazzoni, *Psicologia della testimonianza*, Roma 2015. Mazzoni, *¿Se puede creer a un testigo?*, Madrid 2010. Diges, *Los falsos recuerdos*, Barcelona 1997. Manzanero, *Memoria de testigos*, Madrid 2010. Manzanero, *Psicología del testimonio*, Madrid 2008. Ibabe Erostarbe, *Psicología del testimonio*, Donostia 2000.

709 Hice un intento de divulgación, creo que exitoso, de la materia, en Nieva Fenoll, *La valoración de la prueba*, Madrid 2010.

710 Gorphe, François, *La critique du témoignage*, Paris 1924. Sin despreciar los trabajos de Cattell, James McKeen, *Psychometrische Untersuchungen*, Leipzig 1886. Gross, Hans, *Criminalpsychologie*, Graz 1898. Münsterberg, Hugo, *On the Witness Stand: Essays on Psychology and Crime*, New York 1908. Lombroso, Cesare, *Le più recenti scoperte ed applicazioni della psichiatria ed antropologia criminale*, Torino 1893. Lombroso, Cesare, "La psicologia dei testimoni nei processi penali", *Scuola positiva*, XV, sept-oct 1905.

tes de von Liszt[711] y Bentham[712]. Aunque todavía queda bastante para que sus conocimientos entren en las leyes procesales —como habrá de suceder algún día—, sí que al menos han conseguido infundir algunas ideas novedosas que están cambiando algunos interrogatorios y sobre todo su moderación en la práctica. Queda todavía mucho camino por recorrer, pero el comienzo está siendo esperanzador.

La primera conclusión de los psicólogos, bastante demoledora por cierto, es que la memoria humana es bastante mala[713]. No solamente se olvida un ser humano con cierta facilidad y rapidez sobre hechos que un sujeto ha presenciado, sino que además genera falsos recuerdos[714] sobre lo presenciado cuando se intenta rellenar la información que se ha olvidado. Se trata, además, de falsos recuerdos que el testigo da por ciertos incluso con vehemencia, pudiendo así confundir a los juzgadores.

Además, la memoria depende de condiciones de observación que no acostumbran a tenerse en cuenta en los procesos[715]. No sólo es relevante el intervalo de exposición del testigo a lo observado, sino también la luz, la distancia, la edad del declarante, el estrés que padeció durante la observación, la focalización de su visión en un punto o el consumo de sustancias estupefacientes por parte del testigo. Todos esos factores, entre otros, pueden alterar de forma relevante la memoria del testigo.

Por añadidura, el interrogatorio no puede ser veloz y angustioso para el declarante, sino que debe ser pausado, paciente y sin que se le introduzca al testigo ningún factor de presión o estrés —inclusive la gestualidad o tono del interrogador— que no sólo altere su memoria, sino que la anule, siendo así más fácilmente conducido por el interrogador, lo que resulta letal. Además, el interrogador debe emplear el método narrativo y muy escasamente el interrogativo, formulando preguntas abiertas al testigo de manera que éste pueda explayarse sobre lo que recuerda, sin que en ningún caso el interrogador pueda darle informaciones al testigo en sus preguntas, puesto que se corre el riesgo cierto de que este las asuma indebidamente. Y si esto es así, se comprenderá, como veremos después, que un interrogato-

---

711 Von Liszt, Franz, "Strafrecht und Psychologie", *Deutsche Juristenzeitung* 7 (1902), pp. 16 y ss. Vid. también Messer, August, *Die Apperzeption als Grundbegriff der pädagogischen Psychologie*, 1915, pp. 18-19.

712 Bentham, Jérémie, *Traité des preuves judiciaires*, Paris 1823.

713 Manzanero, *Psicología del testimonio*, cit. pp. 48, 100.

714 Diges, *Los falsos recuerdos*, cit. pp. 105 y ss.

715 Manzanero, *Psicología del testimonio*, cit. pp. 106 y ss. Manzanero, *Memoria de testigos*, cit. pp. 23 y ss.

rio convencional en una sala de justicia es justamente lo contrario a lo que recomienda la psicología del testimonio[716]. Como veremos en el próximo epígrafe, las páginas 141 a 143 de la citada obra de Manzanero deberían constituir en el futuro, para algún legislador inteligente, la base de una nueva regulación[717]. Nuestras leyes debieran cambiar de manera muy relevante en este punto.

Finalmente, la psicología del testimonio sugiere no fijarse en la gestualidad del interrogado. Este había sido un punto controvertido, pero las opciones doctrinales que pretenden valorar esa gestualidad, aunque son las más espectaculares[718], están muy desacreditadas en la actualidad. Lo único útil es valorar lo que dice el testigo, y no cómo lo dice o la mímica empleada para decirlo, que puede ser altísimamente desorientadora. Por tanto, debe valorarse el testimonio, y no al testigo. Es decir, justo lo contrario de lo que hacían las antiguas leyes en el sistema de prueba legal con las exclusiones o tachas de testigos, y que todavía reproducen no pocos jueces, y buena parte de la sociedad, a la hora de evaluar la credibilidad de una persona. Utilizan factores externos como la apariencia física, la "raza" o precedencia de una persona, la manera de hablar más o menos vehemente o incluso la forma de vestir o moverse o sonreír. Llevar a término una valoración de la prueba con todos esos prejuicios acaba siempre con un rotundo fiasco que aleja a los jueces —y a la sociedad— de la realidad.

En consecuencia, o bien se suprimen todos esos prejuicios y se crean las condiciones para realizar un interrogatorio científicamente serio, es decir, sosegado y sin el interrogador dirigiendo de un modo u otro al testigo, o habiéndolo "preparado" previamente —lo que debería invalidarlo por completo[719]—, o bien seguimos haciendo los interrogatorios como los hemos hecho hasta ahora y continuamos adelante con algo que hoy en día sabemos ya que es una simple farsa. Muy vistosa, por cierto, como se ha encargado de enseñarnos la cinematografía. Pero que no sirve absolutamente para nada, más allá de para intentar engañar a los jueces.

Por último, hay que tener en cuenta un factor que, aunque intuído, tiende a ignorarse. Por diversas razones de peso —entre otras algunas de

---

716 Manzanero, *Psicología del testimonio*, cit. pp. 141-143.

717 Vid. también Mazzoni, *Psicologia della testimonianza*, cit. pp. 108 y ss.

718 Ekman, Paul, Cómo detectar mentiras, Madrid 2012. Ekman, Paul, El rostro de las emociones, Barcelona 2004.

719 Vid. Manzanero, *Psicología del testimonio*, cit. p. 139.

las ya indicadas—, no existen testigos realmente fiables[720]. Además, deben recordarse unas palabras muy reveladoras de Giuliana Mazzoni[721] de las que debieran ser muy conscientes todos los procesalistas: "*... chi viene ascoltato di solito per vari motivi non racconta la verità. Reticenza, timidezza, paura di non essere creduti, timore di essere considerati poco intelligenti ecc., infatti, spingono una persona a modificare quello che riporta.*"

4. UN NUEVO MÉTODO DE INTERROGAR

Es justamente en ese punto en el que debieran centrarse actualmente los gobiernos, dotando de infraestructura a los tribunales para abrir un nuevo período.

Hay que asumir que la Europa continental no sabía hacer interrogatorios porque jamás los había practicado en realidad, al menos desde hacía muchísimo tiempo. Se venía del sistema de prueba legal en el que el testigo acudía a ratificar un escrito que el abogado del litigante había redactado para que lo asumiera. Y asumirlo significaba decir simplemente "sí". No es extraño, en absoluto, que el juez, como ya se explicó, no asistiera a esos "interrogatorios", que empezaron a celebrarse de forma simplemente burocrática.

Durante un largo período, las cosas fueron de esa forma. Probablemente por influencia del cine estadounidense, aún sin cambiar tanto las leyes al menos en este punto, los interrogatorios se fueron haciendo más abiertos, de manera que los testigos ya no solamente acudían a ratificarse, sino que debían responder unas preguntas formuladas con el encabezamiento "diga ser cierto", a las que el testigo respondía sí o no. Tampoco solía estar presente el juez en estos interrogatorios, sino que se practicaban ante un subalterno que, previamente, le había pasado al juez el listado de preguntas formulado por el litigante, haciendo el juez una absurda declaración de pertinencia, siempre dentro de su despacho y al margen de todo. El subalterno a veces pretendía llevar a cabo una suerte de evaluación psicológica de la sinceridad del testigo que resultaba ridícula por un doble motivo: ni él era el legitimado para hacerla, sino el juez en su caso, ni tenía los conocimientos adecuados para poder evaluar esa sinceridad, aunque también debe decirse que tampoco los tenía el juez. Normalmente esa pretenciosi-

---

720 Mazzoni, *¿Se puede creer a un testigo?*, cit. p. 16.

721 Mazzoni, *Psicologia della testimonianza*, cit. p. 108.

dad no sucedía y el interrogatorio se sustanciaba de manera simplemente burocrática, pero cuando ocurría que uno de esos subalternos se creía juez y psicólogo a la vez, saltaban todas las alarmas. Incluso se cuentan historias rigurosamente ciertas de jueces que instaban a esos subalternos a hacerlo así, lo que era ya simplemente lamentable.

Esa forma de realizar los interrogatorios se acabó cuando la presencia de los jueces en la prueba de interrogatorio se hizo físicamente ineludible, no porque la ley empezara a obligar a ello, porque como ya se dijo hacía siglos que disponía esa forzosa presencia con un resultado ineficiente. La presencia de los jueces sobrevino cuando se dispuso la grabación de las audiencias[722], no siendo posible ya ante la cámara el antiguo subterfugio.

Y de repente, los abogados se pusieron a interrogar sin formación ni experiencia para ello. La mayoría se inspiró en lo que había visto en las películas, y poco a poco cada cual fue adquiriendo, con peor o mejor fortuna, su propia experiencia. Sin embargo, lo que se veía en el cine era un interrogatorio anglosajón que pocas veces fue estudiado, quizás nunca fue entendido y, lo más importante, jamás fueron descubiertas sus profundos errores.

El interrogatorio del *common law*[723], pensado para el jurado como ya indiqué, posee tres fases[724]: la *examination in chief* (interrogatorio principal), la *cross-examination* (interrogatorio cruzado) y la *re-examination* (contrainterrogatorio). La primera consiste en el interrogatorio del litigante que ha traído al testigo. Se da por supuesto que si lo ha traído es porque va a decir lo que le favorece —nuevo guiño a la prueba legal previa a la vigencia del principio de adquisición—, y por ello no le puede realizar preguntas que le guíen —*leading questions*— sino preguntas abiertas con las que el testigo pueda desarrollar su relato. Si no le favorece, se convierte en un testigo hostil y existen diferentes caminos para impugnar su testimonio.

La segunda fase, que es en la que más se ha fijado la doctrina —a veces la única— consiste en el interrogatorio de la contraparte, que le puede preguntar lo que desee e incluso guiar al testigo, siendo especialmente

---

722 Art. 147 de la Ley de Enjuiciamiento Civil española de 2000.

723 Vid. Wigmore, John Henry, *A Treatise on the System of Evidence in Trials at Common Law*, vol. II, Boston 1904, §1367, pp. 1697 y ss.

724 Vid. sobre todo este punto, ampliamente, Clark, Ronald H. / Dekle, George R. Sr., Bailey, William S., Cross-Examination Handbook: Persuasion, Strategies, and Technique, New York 2015. Wellman, Francis L., The art of cross-examination, (1a. ed. 1903), New York 1997.

relevantes las preguntas que intenten desacreditar su credibilidad aunque no tengan relación con el objeto del proceso.

Si durante la segunda fase han salido nuevos temas, el litigante que lo trajo puede preguntarle exclusivamente sobre esos temas para intentar salvar su credibilidad. Es una forma, además, de que el abogado de la *cross-examination* no se exceda, para asegurarse que el jurado escuchará solamente su interrogatorio en último lugar, sin que quede perturbado su recurso por la *re-examination.*

Se comprenderá que este estilo de interrogatorio, por más que haya sido el que más hemos visto en pantalla, no es precisamente la mejor manera de que una persona declare tranquilamente. Incluso se ha instalado en el imaginario colectivo la terrible idea de que si el interrogador consigue presionar y acorralar al testigo, habrá conseguido su objetivo ante el tribunal, lo que sólo es una solemne memez, a la vista de lo que han escrito ya muy reiteradamente, y con apoyo empírico, los auténticos expertos en la materia: los psicólogos del testimonio[725]. Acosar al testigo sólo consigue alterar su memoria, y por otra parte es un acto contrario a la dignidad y a la integridad psíquica, por lo que en muchos ordenamientos, tal vez la mayoría, debiera ser inconstitucional.

En realidad, si el interrogatorio se debe practicar en las condiciones de tranqulidad que reclaman los psicólogos del testimonio, existe un elemento realmente concebido para la práctica de los interrogatorios y que tal vez haya que repensar profundamente: la sala de audiencias. Se trata de un espacio que intenta garantizar la posición central y directora del juez y, en la medida de lo posible, de las partes, a fin de que puedan interactuar todos entre sí y con el declarante. En ese espacio, las miradas entre los participantes del proceso son ciertamente esenciales y cruciales en ocasiones, pero al tratar de infundir emociones o estados de ánimo, no son aceptables. Muchos fiscales o jueces alzan la vista para buscar los ojos del juez mientras un testigo declara, o al término de su pregunta, a fin de hacerle un gesto de aprobación o desaprobación buscando su complicidad, lo que rompe la imparcialidad judicial y por ello es inaceptable. Pero con frecuencia el interrogador mira con escepticismo o ironía al interrogado, o aprobando sus respuestas, lo que constituye un evidente intento de guiarle o de ponerle nervioso, o de ambas cosas a la vez. Ello induce, sin duda, emociones al declarante, que es otra forma de introducirle subrepticiamente información, lo que nuevamente altera la fiabilidad del testimonio.

---

725 Vid. por todos Mazzoni, *Psicologia della testimonianza,* cit. pp. 108 y ss.

Qué decir de cuando se le interrumpe o se busca ametrallar al interrogado a preguntas para que quiebre su ánimo. O qué decir, también, de las preguntas que se convierten en extensas letanías que sólo buscan que el testigo, a la antigua usanza, asienta a toda la información que ha recibido y que le va a costar recordar, respondiendo afirmativa o negativamente a algo que no se corresponde en absoluto con su recuerdo, aunque ya no sea consciente de ello.

Todo ello está sucediendo en las salas de justicia de todo el mundo y conduce a la unívoca conclusión de que se está haciendo mala justicia en esas salas concebidas para llevar a cabo los interrogatorios. O que, al menos, las condiciones dispuestas no son las mejores para que los interrogatorios resulten fiables. Al contrario, igual que se hace cada vez más con los menores[726] e incluso con mujeres víctimas de violencia física, psíquica o sexual, es posible que haya que buscar otro espacio que no sea la sala de justicia si realmente se pretende extraer información útil de un testigo. A tal efecto, lo ideal sería una entrevista cognitiva realizada por el juez, previo un aprendizaje intenso de la psicología del testimonio, formulando al testigo, con tranquilidad, las preguntas que desean realizarle las partes, previa su declaración de pertinencia, claro está, y siempre con la finalidad, no de poner en cuestión la credibilidad de un testigo, sino de sacar la mayor cantidad de información fiable de él. Y ciertamente es el juez por su neutralidad, al margen de los intereses de las partes, el que está en la mejor posición para realizar esa labor de filtro y formulación de las preguntas. Pero debidamente instruído para ello, claro está. La formación de los jueces debería mejorar mucho en este sentido antes de que esto sea posible.

De ese modo, el interrogatorio se realizaría a solas con el juez, para no intimidar al testigo disponiéndole ante una especie de examinadores, en una sala que permita el visionado de la actuación a las partes, así como su constante contacto con el juez para matizar las preguntas abiertas realizadas en un principio, formuladas y respondidas con el método narrativo, lo que hará más sencilla su ejecución por parte del juez. Hay que contar, por tanto, con que el interrogatorio debe ser paciente y puede durar más de lo que actualmente se extiende. A cambio de que el mismo sea realmente útil, y no una pantomima.

---

726 Vid. art. 3.1 de la Convención sobre los Derechos del Niño (res. 44/25 de 20 de noviembre de 1989). Decisión marco 2001/220/JAI del Consejo, de 15 de marzo de 2001.

La pregunta no es si un interrogatorio practicado en estas condiciones será más útil, porque es obvio que sí lo será. La cuestión es si podremos generar jamás la infraestructura material y personal para llevar a cabo algo así. Y puede afirmarse que todo ello es imposible. Aunque debe pensarse muy bien que la alternativa a todo ello es seguirnos engañando practicando una prueba de un modo que, desde luego, no nos acerca a la realidad.

5. ¿ES ÚTIL LA PRUEBA DE INTERROGATORIO?

Sin embargo, hay que formularse una pregunta adicional para la que es posible que exista una respuesta muy difícil de asumir: ¿es útil la prueba de interrogatorio? Para responder a esta pregunta, debe diferenciarse en primer lugar si nos hallamos en el proceso civil o en el proceso penal.

En el proceso civil debe distinguirse entre el interrogatorio de partes y el interrogatorio de testigos. El primero proviene de la prueba plena principal del sistema de prueba legal: el juramento —o confesión—, tan atacado, con razón, por Bentham. Era el máximo probatorio posible, porque suponía que una persona empeñaba a la divinidad su palabra en un asunto propio. Por ello actualmente, aunque ese juramento ha perdido todo valor en un buen número de países, intuitivamente, por el peso de la tradición, se sigue identificando ese interrogatorio de las partes como una prueba ineludible, aunque ya no exista razón alguna para ello.

Y es que el interrogatorio que practica el abogado sobre el propio litigante, o incluso sobre el contrario, es uno de los mayores sinsentidos del proceso. Se trata de interrogatorios con respuestas muy preparadas, en los que el declarante contesta solamente lo que le ha dicho su abogado. Y si no es así, no es que esté o no diciendo la verdad, sino que simplemente se está equivocando. Y no se puede deducir la credibilidad de una persona partiendo de un error, porque por definición un error es una información falsa. En consecuencia, si el litigante repite lo que ya ha dicho su letrado en la demanda o en la contestación, la prueba es una pérdida de tiempo. Y si no es así, simplemente se está equivocando, lo que tampoco acaba resultando demasiado útil a efectos probatorios, aunque pueda parecer muy revelador. Lo único cierto es que un ciudadano le encarga a un abogado su defensa para que hable por él. Intentar verificar lo que dice su letrado con su interrogatorio es una simple redundancia, o una actuación sin sentido. Por ello, abolido el antiguo valor probatorio pleno del juramento, la prueba de interrogatorio de las partes debería ser habitualmente declarada impertinente salvo en las ocasiones que excepcionalmente pueda revelarse de utilidad, que son muy pocas, estableciendo de forma motivada su práctica.

En cuanto a la prueba testifical, el comentario es algo más favorable pero tampoco tanto, siempre en el proceso civil. Pocas veces es relevante la declaración de un testigo en el proceso civil. Con frecuencia, los abogados disponen su presencia en el proceso para aparentar volumen probatorio, y además, aunque hay excepciones, acostumbran a no traerlos cuando creen que su declaración no les va a favorecer. De ese modo, el interrogatorio de testigos se convierte en una simple forma de corroborar aparentemente unos hechos que si no gozan adicionalmente de otros soportes probatorios, no serán creídos por el juez. Y si esos apoyos probatorios ya existen, solicitar el interrogatorio de los testigos puede ser sobreabundante, o simplemente inconducente. Súmese a todo ello la dificultad de extraer información útil de un testigo, que ya vimos en el apartado anterior.

En algunos procesos sin soporte documental o pericial y que dependen, por tanto, de lo que alguien haya visto, la presencia de testigos será ineludible, pero como ya se ha dicho, ello sucede en muy pocas ocasiones. En algunos procesos de familia o sucesorios, y tal vez en algunos procesos posesorios o sobre obligaciones contractuales que no consten por escrito. Pero es bien sabido que si no concurren más elementos que la palabra de una persona, el hecho que se intenta acreditar con su testimonio habitualmente se establecerá como no probado. Y no ya por una atávica tendencia a desconfiar en la credibilidad de un testigo, sino porque realmente existen serias dudas sobre lo que simplemente afirma una persona, y no hay manera humana de conjurarlas desde el punto de vista científico.

En un proceso penal, el escenario es distinto aunque los problemas científicos de determinación de la credibilidad son exactamente los mismos. Precisamente por las mismas razones históricas que en el proceso civil, la declaración del acusado está claramente sobrevalorada puertas afuera de los tribunales al menos, porque puertas adentro es bien sabido que los tribunales no suelen tenerla en cuenta en absoluto cuando es exculpatoria[727]. Por bien que se defienda el reo que decida declarar —su declaración es claramente un mecanismo de defensa—, el tribunal no se va a fijar en absoluto en lo que dice. Es un simple espectáculo que al abogado del reo le cuesta mucho tiempo preparar, pero que no aporta nada, lo que se hace definitivamente obvio cuando se acoge a su derecho a no declarar.

---

727 Vid. Mazzoni, *Psicologia della testimonianza*, cit. p. 108.

La tendencia práctica es a asumir su declaración cuando es inculpatoria, pese a las advertencias de la doctrina y de alguna ley como la Ley de Enjuiciamiento Criminal de 1882 (art. 406). Pero debe reconocerse que la tradición histórica, la práctica y últimamente el torrente de los *guilty pleas* de EEUU reman en esa dirección, que vuelven a convertir la declaración de culpabilidad en una prueba plena, y la asunción de la responsabilidad criminal en un acto dependiente del principio dispositivo, lo que es —o debiera ser— insólito en el proceso penal. Es posible que todo ello ahorre mucho trabajo a los tribunales, pero es absolutamente contrario a cualquier principio básico del Derecho penal, particularmente a la clave de bóveda del sistema: la *ultima ratio*.

La declaración de la víctima acostumbra a estar también muy sobrevalorada, e igualmente acostumbra a estar preparada por su abogado en los sistemas en que puede ser parte principal del proceso, o por el ministerio fiscal. En todo caso, volvemos a asistir a una declaración que puede impresionar por su emotividad, pero que hace entrar a los jueces en todo tipo de prejuicios con respecto a la apariencia física y gestualidad de la víctima, como ya se dijo, lo que por cierto también les puede ocurrir con el reo. Por demás, la víctima, igual que el reo, acostumbra a padecer un importante estrés en su interrogatorio, como es natural, lo que tampoco favorece que su declaración pueda ser realmente útil.

Sin embargo, a veces es ineludible, y de aquí la diferencia fundamental con el proceso civil. En ocasiones, poco más tenemos que la palabra de la víctima contra la palabra del reo. Además, tanto uno como otra merecen ser escuchados por un juez, el uno para defenderse de una acusación, y la otra para intentar demostrar que no miente. Aunque los deseos de la víctima acerca de la pena que sufra el reo deben ser completamente irrelevantes —la pena no es un mecanismo de compensación de la víctima—, debe sentirse amparada por el sistema, porque ello es importante para alejar la autotutela de su mente y de la de la ciudadanía. Por tanto, en nuestra sociedad actual, su declaración se hace psicológica y sociológicamente ineludible, más allá de sus posibles efectos probatorios.

Pero fijémonos en que la declaración del reo y de la víctima acaban siendo relevantes para el proceso penal, aunque por razones alejadas de la temática probatoria, lo que no deja de ser curioso. Sea como fuere, lo cierto es que esa prueba hay que celebrarla, aunque ciertamente en unas condiciones de interrogatorio como las descritas en el párrafo anterior, que no son las actuales.

En cuanto a la declaración de testigos, el problema del proceso civil se reproduce. Los tribunales los miran con desconfianza, pero en el proceso penal a veces no tenemos nada más. En este sentido, la realidad ha mejorado bastante con respecto a la existente hace pocas décadas. Actualmente contamos con pruebas periciales e incluso con evidencias que documentan el delito, como mensajes de texto o grabaciones de audio, de sonido o de ambas cosas. Esas son las que realmente acostumbran a causar mayor impacto en el tribunal si se demuestra que no están manipuladas. En la situación actual se está observando una creciente atención por estas pruebas y un tedio infinito por los tradicionales interrogatorios. Además, no ha ayudado la obsesiva costumbre forense de algunos fiscales de interrogar comparando a cada paso la declaración del testigo en la instrucción con la que presta en ese momento en el juicio oral, a la caza desesperada de una contradicción, por pequeña que sea. Se acaba produciendo un espectáculo simplemente ridículo.

Y a todo ello, como siempre, hay que sumarle las dificultades científicas de extraer información realmente útil de un interrogatorio. De hecho, en las sentencias se acostumbran a dejar de lado la enorme mayoría de las declaraciones, seleccionando fragmentariamente los jueces a veces solamente las respuestas de las que surgen apoyos puntuales para defender su propio relato de la sentencia. Desde luego, no tiene nada que ver eso con una correcta valoración de esta prueba.

En resumidas cuentas, en el momento actual, la práctica de los interrogatorios en el proceso penal, a efectos probatorios suele ser escasamente útil, aunque decirlo parezca un pecado. A veces es eficiente para impresionar a los jueces, pero su utilidad para la averiguación de la verdad puede ponerse realmente en entredicho.

Es por ello por lo que si bien en el proceso penal no es oportuno ser tan restrictivo —al menos por ahora— como en el proceso civil, sí que convendría operar un cambio en el modo de interrogar, en el sentido ya visto en el apartado anterior, y en consecuencia ser más selectivos en la admisión de las pruebas testificales, lo que abreviaría los procesos y haría que los interrogatorios practicados pudieran tener más potencial probatorio, lo que debería ser claramente bienvenido.

Continuar como hasta ahora es persistir en un ritualismo, es decir, un teatro de pésima calidad escénica sin ningún fondo, que haga que rituariamente desfilen ante el tribunal partes y testigos para que todo el mundo se sienta absurdamente satisfecho porque se ha hecho lo tradicionalmente correcto, lo cual no es sino una falacia *ad antiquitatem*.

Sería mucho más productivo alejarnos por fin de ese modelo y ponernos en manos de la ciencia, evaluando debidamente las muchas pruebas documentales y periciales que hoy podemos realizar, arrinconando los interrogatorios como elementos a los que acudir sólo cuando sean realmente útiles, y no simplemente por pura costumbre. Se ahorrarían muchas horas de sopor y aburrimiento en muchos pleitos, y muy probablemente nos acercaríamos mucho más a la realidad de lo realmente acaecido, aplicando así el Derecho con mejores posibilidades de corrección. Todo eso, junto con el respeto escrupuloso por los derechos fundamentales, es la auténtica justicia[728].

6. CODA: LA INUTILIDAD DE MUCHAS AUDIENCIAS

Más que coda es un estrambote lo que aquí voy a decir. No es una auténtica repetición de la melodía que se ha compuesto en todo este artículo, sino sólo unas palabras para rematarlo, no sin algo de ironía.

Se ha dicho con inusitada frecuencia que una audiencia oral es mucho más eficaz y veloz que un intercambio de escritos. Todo depende de quién hable y de quién escriba, cabría añadir. Las audiencias, con todo, sí que es cierto que aceleran el trabajo del juez cuando el mismo decide en el acto. No así cuando debe decidir después por escrito, puesto que en ese caso preferirá disponer de los escritos de las partes para completar así su resolución.

Pero el problema fundamental de las audiencias es que hay que convocarlas con una agendación razonable, lo que hace perder el tiempo a todo el mundo. A los abogados una mañana en el juzgado, y a los jueces bastante más al tener más audiencias, siendo muy difícil mantener la memoria de todas ellas al final del día, lo que provoca que al final sea escasa la eficacia de la oralidad con que se celebran. Incluso llevándolas a cabo por videoconferencia, a la desagradable sensación de no saber a ciencia cierta si alguien le está escuchando a uno ni poder dirigir la mirada a los oyentes —un recurso retórico habitual y legítimo de la oratoria en un alegato—, se suma el hecho de que también hay que dejarlo todo para concentrarse en la audiencia, lo que al trabajo de su preparación se añade el tiempo que dure la audiencia. Pero insisto en el tema, que no es baladí, de que uno

---

[728] Taruffo, M., "Idee per una teoria della decisione giusta·, en *Verso la decisione giusta*, Torino 2020, p. 360.

no sabe seguro si le están escuchando. Por debajo de la webcam del interlocutor —y el interlocutor puede ser el juez— puede haber un teléfono móvil que nadie ve más que ese interlocutor, y en su pantalla puede haber cualquier cosa además de la imagen de los litigantes. Sea como fuere, los recursos atencionales del juzgador tienen más posibilidades de disminuir que en una sala de audiencias.

Indico todo lo anterior porque si la actuación puede realizarse con un intercambio de escritos, es posible que sea más eficiente para todos los participantes. La oralidad es útil cuando el tribunal es colegiado y conviene que todos los jueces adquieran la misma información a la vez. O bien para procesos pequeños que realmente se puedan decidir en el acto. Para otras actuaciones, la escritura —con mesura— acostumbra a ser bastante más eficiente.

Quizás debió de haberlo tenido presente Klein a finales del s. XIX cuando ideó la audiencia previa. Si en lugar de verse atrapado por la fascinación por la oralidad regulando una audiencia, hubiera dispuesto que todas las excepciones dilatorias se plantearan a la vez en la contestación de la demanda, como hoy es el caso, la novedad legislativa hubiera sido más eficiente, añadiendo a la vez su resolución escrita previo traslado a la contraria, con carácter previo a la práctica de la prueba.

Pero en la ciencia jurídica las cosas van despacio y las modas influyen a veces de manera aún más agresiva que los estilos de vestir, como sucedió entonces con la oralidad, más adelante con los procesos colectivos o ahora con los ADR, por poner sólo algunos ejemplos. Si Klein hubiera dispuesto un trámite escrito semejante en su época, le hubieran acusado de no estar *up-to-date*, a la moda. Le hubieran afeado seguir abusando de la escritura, o no conocer "la práctica" (...) y no darse cuenta de que las excepciones dilatorias debían ser siempre resueltas antes de la contestación a la demanda para que el proceso no avanzara inútilmente estando ya herido de muerte por un defecto procesal...

Es posible que alguien lo hubiera expresado así, incluso con ese apasionamiento. Debería hacernos reflexionar un poco lo equivocado que hubiera estado ese alguien, por mucha razón que pareciera que tenía en su momento. Liberar la mente de tradiciones y progresismos exacerbados y centrarse en lo que empíricamente se demuestre correcto, debería ser la única manera de hacer ciencia. También la jurídica.

EL INTERROGATORIO COMO PSEUDOCIENCIA

Publicado en Actualidad Civil, n. 5, mayo 2024, pp. 1-14 y en lengua italiana en Foro Italiano, n. 7, julio-agosto 2024, pp. 312-320.

1. INTRODUCCIÓN

No es desconocido que los interrogatorios han sido la base histórica de muchos procesos penales, y todavía conservan, de hecho, una importancia destacada. En el proceso civil han pasado realmente a un segundo plano, aunque conservan todavía una relevancia verdaderamente remarcable en el ámbito del *Common Law*. La razón no es sólo histórica; la presencia secular del jurado en estos sistemas jurídicos favoreció la celebración de interrogatorios de manera muchísimo más frecuente que en los sistemas continentales, ciertamente. Sin embargo, el motivo de su todavía extendida presencia actual es, de hecho, también histórico pero bien vigente en la actualidad. En la fase de *pretrial* de esos sistemas, ante una sobrevenida insuficiencia de pruebas documentales, las partes tienden a aportar declaraciones juradas de testigos[729] ofreciendo su interrogatorio en el *trial*, si este llega a celebrarse, lo que ocurre en un número realmente escasísimo de veces (un 3% en el Reino Unido)[730]. En todo caso, cuando el *trial* se celebra, los interrogatorios son la actividad procesal que ocupa la mayor parte del tiempo.

Estas son las circunstancias actuales en ambos sistemas. Y que todo sea así hace especialmente incómodas las conclusiones que voy a pasar a exponer brevemente a continuación. El hecho cierto es que los jueces, cuando observan los interrogatorios o incluso intervienen en los mismos, no están realizando una actividad que epistémicamente sea correcta. En realidad, están llevando a cabo una labor completamente acientífica. Tanto, que una vez reconocidos y asumidos los datos que se van a exponer a continuación,

---

729 Part. 22 Civil Procedure Rules (United Kingdom).

730 Entre 2000 y 2018, según la estadística publicada por Grosvenor Law. https://www.grosvenorlaw.com/2019/11/14/how-many-civil-cases-actually-go-to-trial/#:~:text=Taking%20an%20average%20of%20the,to%20a%20fully%20contested%20trial.

la única conclusión posible es que los interrogatorios deberían desaparecer casi por completo, siendo celebrados excepcionalmente sólo con grandes cautelas y con la intervención de un experto.

La conclusión no es mía y ni siquiera es moderna. La formuló con acierto hace más de un siglo nada menos que Franz von Liszt[731]. Pero pese al renombre de su figura, sus palabras, extraordinariamente correctas y contundentes, apenas tuvieron impacto. De habérsele escuchado, nuestro proceso —penal y civil— actual sería muy distinto, y muy probablemente mucho mejor. Actualmente está anclado en una serie de tradicionalismos y prácticas sin sentido científico que sólo han llegado a nuestra época por pura inercia, y sobre todo por una supina ignorancia científica que debe superarse de inmediato.

2. LAS CIRCUNSTANCIAS HISTÓRICAS DE LOS INTERROGATORIOS

El interrogatorio es, sin duda, el medio de prueba más antiguo de la historia del mundo[732]. De hecho, hubo una época en que se trataba del único medio de prueba en realidad, al existir una total carencia de documentos y, desde luego, de pruebas periciales. No existía una distinción entre partes y testigos a la hora de declarar, pues de hecho esa distinción sobreviene solamente en el Bajo Medioevo[733] con la introducción decidida del sistema de valoración legal de la prueba que, aunque basado en antiguas normas romanas[734] que se remontaban, algunas de ellas, al código de Hammurabi[735], completó su entrada en escena a partir del siglo XIII aproximadamente[736].

En todo caso, en esa época remota de hace milenios, no se celebraban todavía procesos ante un solo juez, sino que dichos procesos eran asamblearios, como atestiguan todavía las costumbres de varios pueblos indíge-

---

731 Von Liszt, F. "Strafrecht und Psychologie", *Deutsche Juristen-Zeitung*, 1-1-1902, n. 1, pp. 16-18.

732 Vid. Deuteronomio, cap. 19, vs. 15-21, o los preceptos 11 y 13 del código de Hammurabi.

733 Endemann, Wilhelm, *Die Beweislehre des Civilprozesses*, Heidelberg 1860, p. 630. Cfr. Calogero, Guido, *La logica del giudice e il suo controllo in cassazione*, Padova 1937, p. 75.

734 Codex, Libro IV, título XXI, nº 15.

735 Lara Peinado, Federico, *Código de Hammurabi*, Madrid 1997, Leyes 11, 13, 182 o 183. Vid. también Deuteronomio, cap. 19, vs. 15-21.

736 Vid. Degli Ubaldi, Baldo, *Practica Baldi*, Perugia 1521, folios 39 y ss.

nas en la actualidad[737]. En el proceso asambleario es el mismo pueblo, es decir, la comunidad —habitualmente pequeña— aquella que asume el rol de juzgador. Y en ese momento, miembros de esa misma comunidad van declarando sobre aquello que conocen acerca de los hechos, observando el resto de la comunidad la retórica y gestualidad de los declarantes, lo que les lleva a una sensación de convicción[738].

En ese contexto, ciertamente, tiene todo el sentido que el pueblo juzgue la sinceridad de personas que ya conoce de antemano desde hace años, sabiendo por tanto de sus reacciones más habituales, manera de expresarse, etc. Incluso cuando —muy probablemente[739]— en el antiguo Egipto se introdujo la figura del juez único, superando así esos antiguos procesos asamblearios en ese territorio, es muy probable que el juez, perteneciendo a la misma comunidad, también tuviera el mismo bagaje de conocimientos que ésta sobre las reacciones de los interrogados, al ser sus propios vecinos. De ese modo, utilizaba la intuición, que acostumbra a ser, como ha explicado la Psicología, el conjunto de generalizaciones compartidas por una comunidad[740].

Sin embargo, esa especie de magia inicial, esa sensación de saber quién mentía y quién no, se rompió cuando el juez pasó a ser un oficial ajeno a la comunidad y que, por tanto, no conocía a nadie de la misma. Desde aquel momento hasta hoy no han cambiado tanto las circunstancias, al menos en este sentido, y lo único que hacen los jueces es escuchar los interrogatorios y valorarlos según su "experiencia", que además es la experiencia compartida por la enorme mayoría de la sociedad; en consecuencia, como se acaba de explicar, esa "experiencia" es en realidad la intuición. Dicho de una

---

737 Boehm, C., "Execution within the Clan as an Extreme Form of Ostracism", Social Science Information, 24, 1985, p. 311. Fry, D. P., "Conflict management in cross-cultural perspective," en F. Aureli and F. B. M. de Waal (eds.) Natural Conflict Resolution, pp. 334-351. Berkeley 2000, p. 339. Malinowski, B., *Crimen y costumbre en la sociedad salvaje*, Barcelona 1982, p. 75.

738 Cfr. Patetta, F., *Le ordalie*, Torino 1890, p. 29.

739 Assmann, J., *Ma'at. Gerechtigkeit und Unsterblichkeit im Alten Ägypten*, München 1995, p. 58.

740 Tversky, A. / Kahneman, D., "Judgments of and by Representativeness", en Kahneman / Slovic / Tversky (ed.), *Judgment under Uncertainty: Heuristics and Biases*, Cambridge 1982, pp. 84 y ss. Tversky, A. / Kahneman, D., "Extensional vs. Intuitive Reasoning: The Conjunction Fallacy in Probability Judgment", *Psychological Review*, 1983, 90, 4, pp. 293 y ss.

manera más técnica desde el punto de vista procesal, utilizan las máximas de experiencia[741], que es además lo que les dicen algunas leyes[742].

Pero, ¿cuáles son concretamente esas máximas de experiencia? A pesar de ser, como dijo Taruffo, un *un insieme caotico e indeterminato*[743], en este caso, básicamente, son aquellas que identifican la mentira en las personas que se ruborizan, que no miran a los ojos, que titubean al declarar o que se contradicen, o incluso que se ponen nerviosas, salvo que esos nervios deriven en vehemencia, en cuyo caso es posible que el relato del declarante se tenga por creíble. También se suele valorar positivamente que se ofrezcan detalles de lo relatado y que se sea claro en la exposición, o bien que se sea expresivo. O incluso que no existan lagunas en la memoria o que tenga un tono y contenido ecuánime[744].

Pues bien, todo lo anterior, por mucho que pertenezca al acervo cultural de nuestra sociedad, es científicamente inaceptable en su casi completa integridad, hasta el punto de que es directamente disparatado[745]. Nuevamente, no es una conclusión del autor de este trabajo, sino de los auténticos expertos en la materia: los psicólogos del testimonio[746]. Lo veremos en el siguiente epígrafe.

3. LA CIENCIA DEBE IMPONERSE

La Psicología del testimonio es una ciencia que hace ya tiempo que está sobre la mesa de los juristas, pero su atención hacia la misma ha crecido de manera relevante en las dos últimas décadas. Quizás ha sido porque sus conclusiones han sido más difundidas, o simplemente porque varios juristas de nuestra época han decidido, por fin, introducir la ciencia en los procesos.

---

[741] Stein, F., *Das private Wissen des Richters*, Leipzig 1893, p. 15.

[742] Vid. arts. 316, 348 o 376 de la Ley de Enjuiciamiento Civil.

[743] Taruffo, "Libero convincimento", cit. p. 4. Taruffo, M., "Considerazioni sulle massime d'esperienza", *Rivista trimestrale di Diritto e procedura civile*, 2009, pp. 557 y ss.

[744] Vid. estas "máximas" y algunas más en la STS 678/2019, 6-3-2019.

[745] Vid. Manzanero, A. L., "El engaño en contextos judiciales", *Revista Ítalo-Española de Derecho Procesal*, n. 1, 2023, p. 7 y ss.

[746] Loftus, E. *Eyewitness testimony*, Harvard 1996. Mazzoni, G. *Psicologia della testimonianza*, Roma 2015. Diges, M. *Los falsos recuerdos*, Barcelona 1997. Manzanero, A. *Memoria de testigos*, Madrid 2010.

El hecho es que los psicólogos del testimonio parten de una constatación que ya debería ser bastante demoledora: la memoria humana es muy falible[747]. La memoria a largo plazo[748] es una de las principales cualidades humanas que nos han permitido habilidades tan destacables como el lenguaje, así como una comprensión de las relaciones sociales y de otros fenómenos que no es imaginable en el resto de animales. Sin embargo, como simple mecanismo de supervivencia que es, se borra con bastante facilidad, teniendo el ser humano a integrar esas inevitables lagunas de la memoria con los llamados "falsos recuerdos"[749]. Es decir, cuando el sujeto no recuerda algo, simplemente afirma lo que le parece más razonable que sucediera, con enorme frecuencia sin ser siquiera consciente de que se lo está inventando.

Ello es justamente lo que expuso públicamente Von Liszt[750], tras la experimentación que hizo en su propia clase siguiendo un experimento sugerido por William Stern[751]. Consistió en la simulación de un homicidio llevada a cabo por dos alumnos, previo acuerdo con su profesor. Descubierta la pantomima, se fue tomando declaración, el mismo día y los posteriores, a los otros alumnos acerca de lo ocurrido. Las imprecisiones y lagunas de la memoria que se descubrieron resultaron impresionantes, sobre todo considerando que se trataba de un acontecimiento muy reciente aquel sobre el que los testigos declaraban. Esos defectos son los que durante todo el siglo XX y parte del XXI han demostrado empíricamente, más allá de toda duda razonable, los psicólogos del testimonio antes citados.

Pero además, también han constatado algo inquietante para la población en general. La gestualidad de los declarantes es engañosa, hasta el punto de que es mejor pasarla por alto, porque no lleva al descubrimiento de verdad alguna, sino solamente a conectar con nuestros prejuicios socia-

---

747 Manzanero, A. L., *Psicología del testimonio*, Madrid 2008, pp. 38-39. Julià Pijoan, M. "Un análisis del fundamento de la declaración del testigo ocular como medio de prueba, a partir de la investigación empírica", *Ius et Praxis*, vol. 29, n. 2, 2023, pp. 44 y ss.

748 Cowan, N., "What are the differences between long-term, short-term, and working memory?", *Essence of Memory*, Progress in Brain Research, vol. 169, Elsevier 2008, pp. 323 y ss. Norris, D., "Short-term memory and long-term memory are still different", *Psychological Bulletin*, septiembre 2017, 143 (9), pp. 992 y ss.

749 Diges, M. *Los falsos recuerdos*, Barcelona 1997.

750 Von Liszt, F. "Strafrecht und Psychologie", *Deutsche Juristen-Zeitung*, 1-1-1902, n. 1, pp. 16-18.

751 Schneider, R. U., *Mordversuch im Hörsaal*, NZZ, 1-7-2002, https://www.nzz.ch/folio/mordversuch-im-horsaal-ld.1618293

les[752]. Exactamente lo mismo ocurre con la vehemencia o expresividad del interrogado. Y todo ello demostrado, nuevamente, de manera absolutamente contundente.

Por último, han estudiado también los psicólogos las circunstancias que alteran la memoria, como la distancia con respecto a lo observado, la hora de la observación, la luz que había en el ambiente, la edad del testigo o el consumo de sustancias estupefacientes, entre otros diversos factores a tener en cuenta[753]. Pero se han referido además a una circunstancia que sin duda altera el recuerdo de las personas de manera evidente: el estrés[754], como por otra parte sabe cualquier persona que se ha examinado alguna vez. De manera que una persona que se pone nerviosa, pierde extraordinariamente en la calidad de su recuerdo.

¿Qué tendrían que decir a lo anterior aquellos que creen que un buen interrogatorio es aquel que acosa al testigo? Es decir, aquella técnica, tan popular en la cinematografía, que pone al interrogado entre la espada y la pared. Pues bien, simplemente hay que constatar que ese estilo de interrogatorio no solamente es que no sirva para nada a efectos científicos, pues está enfocado, no a averiguar la verdad, sino a ofrecer una imagen de mentiroso del interrogado que pueda impresionar negativamente al tribunal. Además de su inutilidad, alterar intencionadamente la tranquilidad de una persona simplemente es una especie tortura psicológica. Puede que se trate, en realidad, del último resquicio de las torturas que en el pasado se practicaron legalmente en los procesos[755].

De modo que la psicología del testimonio impone que las declaraciones de los testigos de un hecho se celebren de manera veloz tras el acaecimiento de los hechos, puesto que el tiempo altera de manera fatal la memoria. Además, sugieren que el interrogatorio se practique en condiciones de tranquilidad para el declarante, sin ponerlo en una posición o ambiente incómodos y sobre todo sin prisas, con paciencia, para que así se favorezca la recuperación del recuerdo. Además, recomiendan que no se le hagan

---

[752] Manzanero, *Psicología del testimonio,* cit. p. 177. Mazzoni, *Psicologia della testimonianza,* cit. pp. 108 y ss. Cfr. Ekman, Paul, Cómo detectar mentiras, Madrid 2012. Ekman, Paul, El rostro de las emociones, Barcelona 2004.

[753] Diges, M. Pérez-Mata, N., "La prueba de identificación desde la psicologia del testimonio", en AAVV, *Identificaciones fotográficas y en rueda de reconocimiento: un análisis desde el derecho procesal penal y la psicología del testimonio,* Madrid 2014, pp. 33 y ss.

[754] Diges, M. Pérez-Mata, N., "La prueba de identificación desde la psicologia del testimonio", p. 44.

[755] Partida VII, tít. I, Ley XXVI.

preguntas al declarante que le aporten información, porque podría asumirla sin querer en las respuestas[756]. Al contrario, se sugiere que las preguntas sean muy abiertas, de manera que no se suministre ningún tipo de información, sin incurrir además en ninguna amenaza o presión sobre el interrogado.

Pues bien, compárese todo lo anterior con nuestras salas de vistas, togas y estilos de interrogatorio, añádase el acto —mágico— del juramento o promesa, y se verá con claridad que las condiciones en que estamos celebrando los interrogatorios, no solamente es que sean acientíficas, que lo son, sino que suponen actualmente una simple pantomima nostálgica de lo que debieron ser los interrogatorios en aquel pasado remoto de los procesos asamblearios, pero que actualmente ya no poseen ni la más mínima validez.

Incluso sin poseer tantos detalles científicos en la época, de todo ello se dio cuenta Von Liszt[757] a principios del siglo XX, y estas fueron sus palabras:

> "*¿Qué va a ser de toda nuestra administración de justicia penal si su fundamento más seguro, la declaración de testigos creíbles, se ve sacudido por excelentes investigaciones científicas, si se socava la fe en la fiabilidad de nuestras pruebas más valiosas?*"[758]

Sin embargo, estas palabras pasaron completamente desapercibidas, al menos en la práctica. No cambió absolutamente nada en ningún país, a pesar de la autoridad que en la época tenía ya un maestro como Von Liszt, que desde luego conserva aún mucho después. ¿Cómo es posible que no se haya, modificado al menos, la forma de practicar interrogatorios en el proceso? ¿Cuál es la razón de que nuestros jueces, fiscales, abogados[759] y

---

756 Manzanero, *Psicología del testimonio,* cit. p. 137.

757 Von Liszt, "Strafrecht und Psychologie", *Deutsche Juristen-Zeitung,* 1-1-1902, n. 1, cit. p. 16.

758 "Was soll aus unserer ganzen Strafrechtspflege werden, wenn ihre sicherste Grundlage, die Aussage unverdächtiger Thatzeugen, durch exakte wissenschaftliche Forschung erschüttert, wenn der Glaube an die Zuverlässigkeit unseres wertvollsten Beweismaterials untergraben wird?"

759 Strömwall, L. A., Granhag, P. A. y Hartwig, M., "Practitioners' Beliefs About Deception" en P. A. Granhag y L. A. Strömwall (eds), *The Detection of Deception in Forensic Contexts,* 2004, pp. 229 y ss, Cambridge University Press). Sánchez, N.; Manzanero, A. L., "El engaño en contextos judiciales", *Revista Ítalo-Española de Derecho Procesal,* n. 1, 2023, p. 8.

profesores de derecho Procesal en general, sigan ignorando los datos que vienen de la ciencia?

Es incluso molesto aceptar que ha sido solamente la inercia, la comodidad y el conservadurismo lo que ha provocado que esta situación realmente ridícula se mantenga. Cuando celebramos estos interrogatorios, no estamos practicando un procedimiento científico en absoluto, pero como es lo que se ha hecho siempre durante siglos y siglos, se sigue haciendo exactamente de la misma forma, solamente con algunas variaciones derivadas de la extensión de la oralidad en los sistemas continentales, habiéndola exportado de los sistemas del *Common Law*. A partir de ahí, se ha copiado su estilo más bien de la cinematografía que de la práctica procesal de esos países.

Pero la crítica puede ir más allá. En los sistemas del *Common Law* se aceptó durante mucho tiempo —y aún se acepta en parte—, la existencia del jurado, también en el proceso civil. Incluso sin poner en cuestión que hagan "justicia" un conjunto de ciudadanos legos que no motivan su veredicto, cuesta mucho comprender que se confíe simplemente en la intuición de estas personas para mandar a la cárcel varios años a una persona, o en el peor de los casos condenarla a muerte. Si además se piensa en la inhabilidad científica manifiesta para obtener la verdad a través de un interrogatorio, la situación se revela todavía más escandalosa. De hecho, rayana con la brutalidad.

Igual que es absurdo a día de hoy el mantenimiento de una especie de ceremonia mágica como el juramento antes de los interrogatorios. No se trata de un simple ritualismo, sino de una institución que tuvo su importancia cuando pensábamos que ningún ciudadano se atrevería a pecar ante la divinidad. Ahora mismo es ya una simple pérdida de tiempo, que implica el mantenimiento de una vulgar superstición. Parece mentira que fuera Beccaria[760] ya en el siglo XVIII quien advirtiera sobre la inutilidad de los juramentos. Beccaria nada menos… Pero nadie le escucho tampoco, igual que a Von Liszt. ¿Cómo es posible que la práctica procesal sea tan sumamente inmune a la ciencia?

760 Beccaria, *Dei delitti e delle pene*, 1764, cap. XVIII.

4. EL MANTENIMIENTO DE LA FE EN EL JUEZ

No solamente es la inercia en el medio forense lo que ha favorecido esta situación. Wigmore[761], casi al mismo tiempo que Von Liszt, estaba diciendo que la *cross examination* era el mejor medio de averiguar la realidad, palabras que quedaron y permanecen en el imaginario colectivo de muchísimos juristas norteamericanos. Por otra parte, el siglo XX, gracias a Wach[762], Chiovenda[763] y Cappelletti[764], sobre todo, fue el siglo de la oralidad. Durante décadas no hubo congreso en el que no se hablara de oralidad, hasta que finalmente se consiguió introducir en los procesos y se comprobó que no era tan benéfica como se había pensado. Los procesos siguen sufriendo increíbles retrasos y las pruebas no se están valorando de mejor manera. Además de ello, nada menos que Bentham[765] y Blackstone[766] habían manifestado su confianza en los interrogatorios, y sobre todo en la observación directa del juez: la celebérrima "inmediación"[767].

Pero en realidad, se trataba todo, como se ha dicho, de "confianza". Más bien, de fe en sentido propio. Fe en que los jueces sabrían hacer bien el trabajo de valorar los interrogatorios. Es una fe que la sociedad, pese a todo, conserva, y de hecho también los jueces. Cuando son preguntados espontáneamente sobre cómo hacen para saber si alguien miente o dice la verdad, muchos responden que siguen su "experiencia". Dicho en sentido propio, su intuición[768], que está basada en los criterios acientíficos que antes fueron referidos. Otra cosa es que la enorme mayoría no se atrevería a escribir en una sentencia que no creyeron a un testigo porque se ruborizó, aunque sí que hacen constar que su convicción provino de la seguridad

---

761 Wigmore, John Henry, *A Treatise on the System of Evidence in Trials at Common Law*, vol. II, Boston 1904, §1367, p. 1697.

762 Wach, Adolf, *Handbuch des deutschen Civilprozessrechts*. T. I, Leipzig 1885, p. 138

763 Chiovenda, Giuseppe, *Principios de Derecho Procesal*. Traducción de Casais a la tercera Edición de la obra "*Principii di Diritto Processuale*". Madrid 1977, p. 143.

764 Cappelletti, Mauro, *La oralidad y las pruebas en el proceso civil*, traducción de Sentís Melendo de Buenos Aires, 1972, p. 5.

765 Bentham, Jérémie, *Traité des preuves judiciaires*, Paris 1823, pp. 9 y ss.

766 Blackstone, W., *Commentaries on the Laws of England*, Lib. III, Oxford 1773, p. 373.

767 Chiovenda, *Istituzioni di Diritto Processuale Civile*, vol. I (reedición de la 2ª ed, Napoli, 1960) y II, Napoli 1936, p. 390.

768 Myers, D. G., Intuición. El poder y el peligro del sexto sentido, trad. de Guillermo Solana de Intuition: its power and perils, New Haven y Londres 2002, Barcelona 2003. Gigerenzer, G. *Decisiones instintivas*, Barcelona 2008. Kahneman, D.; Tversky, A., "On the study of statistical intuitions", *Cognition*, 1982, 11, pp. 123 y ss.

con la que el testigo profirió sus respuestas. Y ello es igualmente absurdo, al fin y al cabo.

La ciudadanía comparte, en general, ese parecer, aunque pocas veces se formula la pregunta. Varias veces he denunciado públicamente esta situación de falta de apego a la ciencia de los juzgadores, y lo que he obtenido son reacciones de comprensión, pero a la vez de sorpresa. La comprensión proviene, lógicamente, de que es muy fácil caer en la cuenta de todo a poco que uno se pone a pensar sobre ello y sabe que ningún ser humano en el mundo posee poderes paranormales, y desde luego no por el hecho de ser juez.

Pero es bueno saber que en un origen sí se creyó que esos poderes concurrían en los jueces. Los egipcios, como se acaba de explicar, fueron los inventores de lo que he llamado la "cultura del juez único", es decir, del hecho de un juzgador, o un tribunal formado por un número limitado de jueces, juzgara las controversias que antes se resolvían a través de procesos asamblearios, como ya se ha explicado. Es bueno saber, además, que en dichos procesos asamblearios eran frecuentes las ordalías[769], que es un medio absurdo de resolución de conflictos que conecta a la divinidad con la emisión de un veredicto. Al asumir los jueces la resolución de dichas controversias, se revistieron de un poder religioso también. No en vano, una de las diosas principales del panteón egipcio es Maat[770], que fue conocida por los griegos como Temis y como Iustitia por los romanos[771]. Era, en consecuencia, la diosa de la justicia. Si además se tiene en cuenta que la palabra "maat" en egipcio antiguo significaba "verdad"[772], pueden quedar pocas dudas sobre qué era el sentido de la justicia para aquel antiguo pueblo, porque enlaza directamente con nuestros propios requerimientos científicos actuales en materia de valoración de la prueba. Maat, además, es decir, la justicia, tenía un valor claramente fundacional del Estado egipcio[773].

Sin embargo, lo interesante en este momento es observar que hicieron de este tema una cuestión claramente religiosa. El Faraón era el transmisor de la voluntad de Maat, lo que hacía de sus jueces una especie de sacerdo-

---

769 Nottarp, H., *Gottesurteilstudien*, München 1956. p. 22.

770 Assmann, J., *Ma'at. Gerechtigkeit und Unsterblichkeit im Alten Ägypten*, München 1995.

771 Vid. Nieva Fenoll, *El origen de la justicia*, Valencia 2023, pp. 218 y ss.

772 Lichtheim, M., *Maat in Egyptian Autobiographies and Related Studies*. Freiburg (Suiza) 1992, p. 18.

773 Assmann, *Ma'at. Gerechtigkeit und Unsterblichkeit im Alten Ägypten*, cit. p. 161.

tes que interpretaban los designios de una diosa. Junto con la confianza experimentada durante milenios en la observación de la gestualidad y retórica de los testigos para saber si decían la verdad en los procesos asamblearios, añadir además un elemento religioso incluso más depurado teológicamente que la ordalía, tuvo que suponer una revolución —probablemente lenta— del pensamiento en aquel momento, pero que desde luego inspiró una fe entre la población. Fe que hemos heredado y mantenido casi 5.000 años después. De hecho, los procesos en la más antigua Roma tuvieron un carácter indudablemente religioso[774]. Como ya se ha explicado, puede que la inercia haya hecho el resto. Tal vez lo único que se ha conservado de esa época son los juramentos y la confianza en los jueces como adivinos de la verdad, observando las reacciones de los interrogados. Ambas cosas son absurdas desde el punto de vista científico y deben ser superadas cuanto antes.

5. EL FUTURO

Pero claro, ¿hacia dónde vamos? Esa fue la pregunta que, como hemos visto, se hizo Von Lizst. Si le quitamos al sistema de justicia una de las bases que lo ha movido durante milenios, ¿qué nos queda?

Creo que en este sentido es necesario dirigir la mirada hacia adelante, sin miedo, igual que desde Montaigne[775] se está diciendo que dado que la mente es lo más preciado que nos ha dado Dios, debemos utilizarla. En su época, el filósofo consiguió con ello que los científicos comenzaran a experimentar, intentando sacar de la realidad empírica confirmaciones de nuestras principales incógnitas, sin abandonarnos a la fe de antaño. Ello inspiró una revolución filosófica, sin duda, pero también científica que fue, de hecho, lo que nos empezó a sacar de la Edad Media.

Sin embargo, los procesos judiciales no dieron realmente ese paso evolutivo. Se quedaron, en parte, en ese terreno de oscurantismo supersticioso del que, al menos en materia de interrogatorios, todavía no han salido. De hecho, si se propusiera una reforma legal para prescindir de los interrogatorios, la reacción de la profesión jurídica sería de terror. No son pocos los abogados que ante la insuficiencia de prueba, intentan basar su defensa

---

[774] Kaser, M. / Hackl, K., *Das römische Zivilprozessrecht*, München 1996, p. 31.

[775] Montaigne, M., *Ensayos completos*, Madrid 2003, Lib. I, cap. 21, p. 141; Lib. II, cap. 12, p. 445.

en algunos testigos escogidos y preparados para tratar de crear un poco de empatía en el juez.

Pero no es necesario ser tan radicales. Las personas que han visto u oído algo, también pueden ser útiles en los procesos en la escasa medida que su memoria les permita recordar algo medianamente fiable. Por tanto, no debemos prescindir de ellos, sino que lo que es necesario es cambiar el método con que son examinados. Es obvio que el interrogatorio no sirve, puesto que sólo es un campo en que los maestros de la retórica tienen una oportunidad interrogando "hábilmente", o declarando también "hábilmente". Esos retóricos deben ser expulsados de los procesos porque no nos acercan a la verdad de los hechos, que es el objetivo irrenunciable. Al contrario, sólo tratan de crear una atmósfera favorable para que el juez les dé la razón. Y eso es pura retórica, siempre falsaria, como recordó tan bien Platón[776].

La alternativa existe. Consiste en renunciar a los interrogatorios judiciales en beneficio de las entrevistas cognitivas de los psicólogos[777]. Es decir, se trata de convertir el interrogatorio en una prueba pericial, haciendo que dichos psicólogos, a través de un método no demasiado controvertido por la comunidad científica, evalúen la información útil que pueda aportar un testigo. Ello requiere tiempo, naturalmente, para que el psicólogo pueda trabajar tranquilamente. Ese es justamente el tiempo del que no suele disponer el juez.

Este modo de proceder requiere seleccionar muy bien a los sujetos que van a ser objeto de una entrevista cognitiva. No tiene sentido que sean interrogadas las partes, porque su declaración es siempre preparada con los abogados, lo que invalida su eficiencia de raíz. Por supuesto, eso no supone que no se puedan expresar, si lo desean, ante el tribunal, pero sin necesidad de ser interrogados.

En cambio, sí debe escogerse mucho mejor que ahora a los testigos que sean evaluados. No será tan difícil procediendo a un cambio de mentali-

---

776 Platón, *Gorgias o de la retórica*, Barcelona (Espasa Libros), 2019, pp. 48 y ss

777 Entre otros, vid. Köhnken, G. / Manzanero, A. L. / Scott, M. T., "Análisis de la validez de las declaraciones: mitos y limitaciones", *Anuario de Psicología Jurídica*, 2015, pp. 13 y ss. Bueno Ochoa, L., "El protocolo SVA como sistema de análisis de validez de las declaraciones en contextos forenses", en Fuertes-Planas (ed.), *Concepciones sistemáticas y visiones literarias del Decho. Principios del Derecho VI*, Madrid 2020, pp. 441 y ss. Montanari Vergallo, G. / Marinelli, E. / Mastronardi, V. /Di Luca, N. M. / Zaami, S., "The credibility of testimony from minors allegedly victims of abuse within the Italian legislative framework", *International Journal of Law and Psychiatry* 56, 2018, pp. 59 y ss.

dad. Ya no se trata de crear una atmósfera favorable al cliente en la mente judicial con su interrogatorio. Lo que es imprescindible es llamar al proceso a quien sí disponga de alguna información útil, siendo evaluado sobre la misma, debiendo ser excluido en cuanto se demuestre su previa preparación, que puede llegar a reconocer el mismo testigo.

De ese modo, nuestros procesos podrán desarrollarse mucho más rápido, sin deber celebrar inacabables audiencias de práctica de la prueba que no sirven en absoluto para la averiguación de la realidad de los hechos. En el proceso civil esta debiera ser ya la realidad, puesto que la presencia de testigos es más excepcional, dependiendo normalmente los juicios de pruebas documentales y periciales.

En el proceso penal es más complicado. La tradición de la declaración del reo posee un peso histórico increíble, aunque pocas veces o ninguna sirva tampoco para nada útil. La declaración de la víctima también es una costumbre inveterada, aunque su interrogatorio suele convertirse en una tortura psicológica inconducente, inaceptable además al soler suponer, en cualquier caso, una victimización secundaria, más allá de la sufrida por el delito. La declaración del resto de testigos tampoco suele ser tan útil como se cree, más allá de la creación del ambiente para condicionar la mente judicial[778] al que me referí. Debe pensarse, no obstante, que en la actualidad del proceso penal tiene también una importancia fundamental la prueba pericial, pero muy señaladamente en los últimos años la prueba documental. En los últimos veinte años hemos visto cómo los procesos se han llenado de conversaciones de chat, de vídeos de informes de localización y de transcripciones de emails. Es bueno no olvidarlo, porque de esos documentos depende sobre todo la valoración de la prueba en los procesos actuales. Es posible que durante el siglo XX no tuviéramos nada mejor que los testigos para intentar hacer justicia, aunque fuera mentira. Todo un fenomenal y masivo autoengaño social. Hoy ya no es así. Y las leyes deben reflejar esa realidad.

---

[778] Tversky, A.; K., Daniel, "The Framing of decisions and the psychology of choice", *Science*, 211, 1981, (4481), pp. 453 y ss. Plous, S., *The psychology of judgment and decision making*, 1993. Andrews, A.; Clawson, R. A.; Gramig, B. M., "Finding the Right Value: Framing Effects on Domain Experts", *Political Psychology*, vol. 38, 2, abril 2017, pp. 261 y ss.

EL ART. 708 LECRIM: UNA LIMITACIÓN INEXISTENTE AL INTERROGATORIO CRUZADO

Publicado en Revista Teoría y Derecho Revista de Pensamiento Jurídico, 26/2019, pp. 235-250.

1. INTRODUCCIÓN

Uno de los primeros días en que se celebraron pruebas testificales escuchamos como el magistrado presidente de la Sala Segunda del Tribunal Supremo declaraba la impertinencia de preguntas formuladas por la parte contraria a aquella que había traído al testigo al proceso, si esas preguntas no iban referidas a los mismos temas sobre los que le hubiera cuestionado la parte principal.

La limitación era insólita. Jamás se había escuchado en ninguna sala de justicia, al menos en España. Justificó el magistrado presidente que la intención era que el interrogatorio no siguiera un devenir "zigzagueante", en el sentido de que para respetar el derecho de contradicción de todos los litigantes, si la contraparte interrogaba sobre un nuevo tema, habría que darle la palabra de nuevo a la parte proponente del testigo, que a su vez podría ampliar el interrogatorio, y así sucesivamente de manera indefinida.

La justificación estaba amparada en una evidente hipérbole, que podía evitarse perfectamente restringiendo el *ius novorum* en la réplica, como veremos que ocurre en el *common law*. Pero más que por ello, quizás fue, como se ha dicho, lo insólito de la restricción lo que sorprendió a todos los letrados presentes en la sala. Varios protestaron la decisión del tribunal, aunque después durante el proceso reivindicaron su vigencia en diversas ocasiones para limitar los interrogatorios de los fiscales, por lo que podría decirse que la acabaron asumiendo, cosa que en mi opinión nunca debieron haber hecho. Sea como fuere, lo cierto es que se respiró la sensación de que la limitación se estaba operando simplemente para tratar de abreviar la duración del proceso.

De hecho, otra justificación que expuso el magistrado presidente es que si tanto interesaba la declaración de ese testigo a la contraparte, debía haberlo propuesto también ella, lo que no tenía sentido toda vez que precisamente las partes se creían amparadas por el principio de adquisición procesal, como hasta entonces siempre había ocurrido, y porque además la relevancia de algunas cuestiones se descubre al oír la declaración principal, y no antes, especialmente las que cuestionan la credibilidad del testigo, como después se explicará.

En estas líneas trataré de exponer por qué esta restricción fue en mi opinión completamente inadecuada, así como las consecuencias prácticas que la misma ha podido tener en el proceso. Todo ello vendrá ilustrado con el examen de la doctrina al respecto y sobre todo de la historia del precepto que dio lugar a la restricción.

2. ANTECEDENTES HISTÓRICOS DEL ART. 708 LECRIM

El art. 708 de la LECrim[779] es un precepto algo aislado y sobre todo anticuado[780], no reformado desde 1882 y que, en consecuencia, pertenece a otra época, como deja entrever con toda claridad su redactado y antecedentes. Hasta el proceso que ahora nos ocupa había sido utilizado sobre todo para permitir las preguntas que de oficio quisieran dirigir los jueces a los testigos, habiéndose siempre recomendado que se aplicara la moderación en el uso de este precepto, moderación que por cierto no comparto del todo, dado que frente a la insuficiencia de un interrogatorio y ante la imperiosa necesidad del juez de conocer la realidad para dictar una sentencia justa, es perfectamente adecuado que el juzgador pueda dirigir preguntas a los testigos con carácter subsidiario a las que formulen las partes. Y más en un proceso penal, es decir, un proceso en el que se debate una materia no disponible para los litigantes, razón por la que los seculares

779 **Artículo 708.** El Presidente preguntará al testigo acerca de las circunstancias expresadas en el primer párrafo del artículo 436, después de lo cual la parte que le haya presentado podrá hacerle las preguntas que tenga por conveniente. Las demás partes podrán dirigirle también las preguntas que consideren oportunas y fueren pertinentes en vista de sus contestaciones.
El Presidente, por sí o a excitación de cualquiera de los miembros del Tribunal, podrá dirigir a los testigos las preguntas que estime conducentes para depurar los hechos sobre los que declaren.

780 Proviene del art. 619 de la Ley provisional de Enjuiciamiento Criminal de 1872. Gaceta de Madrid, nº 361, 26-12-1872, y a su vez de un proyecto de código de procedimiento criminal de 1821 que jamás entró en vigor, y en cuyo art. 489, para el proceso con jurado, se lee: "*Después del interrogatorio hecho por el fiscal el juez superior preguntará al reo y á su defensor si quieren hacer algunas preguntas ó reconvenciones al testigo sobre lo que declaró.*"

ecos del antiquísimo *secundum allegata et probata* —principio dispositivo— no debieran alcanzar a esta materia, ni siquiera a través de un indebido entendimiento del principio acusatorio, que nada tiene que ver con esta temática del principio dispositivo, aunque tantas veces se ignore especialmente en España. Pero esa es otra cuestión.

Lo relevante es que el art. 708 LECrim en su párrafo primero dice que la parte proponente del testigo podrá realizar las preguntas que considere conveniente. Pero el precepto posee un último inciso que delata claramente su origen: "*Las demás partes podrán dirigirle también las preguntas que consideren oportunas y fueren pertinentes en vista de sus contestaciones.*"

Ese origen es el sistema de prueba legal, en el que haciéndose un uso abusivo de la carga de la prueba —uso que sólo tenía sentido en ese antiguo sistema—, cada parte era, por así decirlo, dueña de sus medios de prueba, de manera que tenía que aportar "sus" documentos, "sus" testigos, o su confesión con el fin de alcanzar el estándar de "*plena probatio*" que exigían la doctrina jurídica y, en general, los tribunales. Es decir, la prueba no era propiamente un material del proceso, sino que era "propiedad" de cada parte, como después se verá cuando se aborde el principio de adquisición procesal.

En ese contexto de prueba legal sí que tiene sentido que la contraparte se ciña a los aspectos sobre los que ha preguntado la parte proponente del testigo. Pero en un escenario de libre valoración de la prueba eso simplemente no es posible, porque hurta al juez la posibilidad de tener acceso a toda la realidad de los hechos para convencerse de la misma. Quizás por esa razón de fondo, nadie hasta el momento había interpretado ese precepto en el sentido de que se restringiera la posibilidad de la contraparte de preguntarle al testigo lo que quisiera, dentro de la pertenencia al objeto del proceso.

De hecho, el más relevante comentarista de la Ley de Enjuiciamiento Criminal, Enrique Aguilera de Paz[781], se había expresado en términos que desde entonces no habían dejado lugar a la duda:

> "*Es indudable el derecho que todas las partes concurrentes al juicio penal tienen para intervenir en la ejecución de cada una de las pruebas que fueren propuestas, aunque ellas no la hubieran articulado como propia, y, por lo tanto, los testigos designados por cualquiera de dichas partes pueden ser interrogados sin dificultad alguna por las demás.*"

---

781 Aguilera de Paz, Enrique, *Comentarios a la Ley de Enjuiciamiento Criminal*, Tomo V, Madrid 1924, pp. 424-426.

Y añade Aguilera de Paz borrando ya cualquier género de duda:

> *"Réstanos indicar que el derecho reconocido a las partes para dirigir preguntas a los testigos propuestos por las demás que intervengan en el juicio, es de tal naturaleza, que si el tribunal no permitiera a alguna de ellas hacer tales preguntas, se incurriría por esto en el quebrantamiento de forma previsto en el núm. 1º del art. 911, según tiene declarado el expresado tribunal en sentencias de 9 de marzo de 1884 y 7 del mismo mes de 1887."*

He transcrito los párrafos de Aguilera de Paz para tomar consciencia de la dimensión anulatoria que, no solamente hoy, sino hace más de un siglo, tenía ya operar una restricción como la que indebidamente ha llevado a cabo, por desgracia, la Sala Segunda del Tribunal Supremo, pese a las reiteradas protestas al efecto de los letrados actuantes. Es sorprendente que tampoco la Fiscalía, guardiana de la legalidad, protestara por este punto, siendo de meridiana evidencia la recepción que ya a principios del siglo XX tenía en España el principio de adquisición procesal. Por eso es notoriamente impropio que ahora, bien entrado ya el siglo XXI, el Tribunal Supremo ponga en cuestión de forma inopinada ese principio de adquisición, devolviéndonos, en pocas palabras, a la Edad Media. Lo veremos después.

No obstante, debe asumirse que el estudio del interrogatorio no ha sido desarrollado en España con la atención que sí ha tenido en el mundo anglosajón, particularmente en el Reino Unido y en EEUU. No puede negarse que *Testigo de cargo*, *Matar a un ruiseñor*, *Anatomía de un asesinato* o más especialmente los interrogatorios que se observaban en la serie *Perry Mason* han tenido una influencia en los usos forenses españoles, aunque sea por puro mimetismo, igual que ahora se ve a presidentes de parlamentos imitar algunos de los comportamientos del inolvidable *Speaker* John Bercow dirigiendo la *House of Commons*. Sea como fuere, reconociendo esa influencia llegada por un canal poco tradicional en el mundo jurídico como es el arte, lo cierto es que resulta obligado acercarse a la realidad del interrogatorio en esos países, a fin de poder dictaminar seriamente sobre lo que se opera en el nuestro.

3. LA *CROSS-EXAMINATION*

En el mundo anglosajón, con destacables influencias del antiguo sistema medieval de inspiración romana, existen tres tipos de interrogatorio:

la *examination in chief*, la *cross-examination* y la *re-examination*. Podría decirse que se trata de fases de un mismo interrogatorio en realidad.

El primero es el interrogatorio que realiza la parte que ha pedido la presencia del testigo en el proceso. En su práctica es diferente del segundo. En la *examination in chief* no se pueden hacer *leading questions*, es decir, preguntas que orienten al testigo en su declaración reproduciendo en la pregunta la que se quiere que sea la respuesta. Se espera del testigo en este primer interrogatorio que coopere con la parte que le ha llamado, porque se da por hecho que sabe de lo que va a hablar. No se puede poner en duda, en principio, la credibilidad del testigo, pero si no coopera, se convierte en un testigo hostil y existen diferentes modos de impugnar su testimonio, pero esa cuestión se aleja del objeto de este trabajo.

La *cross-examination* no tiene esos límites. Es el interrogatorio de la parte contraria o contrainterrogatorio, y se celebra justo después de la *examination in chief*. Su objetivo es muy evidente. Se trata de formular preguntas que cuestionen la credibilidad del testigo, o su capacidad de recordar debidamente y, este punto es importante, sacarle a relucir cualesquiera otros temas que contribuyan al esclarecimiento de los hechos juzgados. Por consiguiente, es fundamental la libertad del interrogador en este sentido. Dicho interrogador puede formularle esas *leading questions* vedadas en la *examination in chief*, y su objetivo es desacreditar al testigo, sin matices.

Por último, en caso de que, efectivamente, durante la *cross-examination* hayan salido a relucir nuevos temas, la parte que trajo al testigo puede volver a interrogarle pero exclusivamente sobre esos nuevos temas, y con el único objetivo de puntualizar y salvar, en general, la imagen de credibilidad del testigo. Por tanto, no se puede ampliar este tercer interrogatorio a otras cuestiones, o aprovechar para introducir nuevos hechos que no han sido objeto de los interrogatorios anteriores. Teniendo en cuenta que de no apuntar esos nuevos temas, el abogado de la contraparte cierra el interrogatorio y no se celebra *re-examination*, es también una cuestión de estrategia procesal no hacer uso de ese *ius novorum* para asegurarse la última palabra en el interrogatorio.

Sin duda, el modelo de interrogatorio expuesto es mucho más elaborado que el que se realiza en tantos otros países, entre ellos España. Al menos posee una serie de fases perfectamente estructuradas, aunque en la práctica padece también deficiencias, sobre todo a la hora de determinar lo que es o no una *leading question*. La fase de *cross-examination*, en frase de Wigmore mil veces citada, "*is beyond any doubt the greatest legal engine ever in-*

vented for the discovery of the truth."[782] Es decir, se parte de la base de que un testigo sometido a un interrogatorio destructivo sacará a relucir la verdad en caso de ser veraz.

Ojalá fuera así. Lo cierto es que el modelo anglosajón de interrogatorio también está francamente anticuado, pese al prestigio del que goza sobre todo socialmente, y sobre todo a pesar de lo mucho que disfruta morbosamente el público en general viendo a un interrogador acosar a un testigo durante la *cross-examination.* Hay que reconocer sin ambajes que este tipo de interrogatorio está pensado sobre todo para otra época —la medieval— en la que el testigo primero había realizado una declaración por escrito que se disponía a ratificar ante el juez, como de hecho sigue siendo el caso en no pocos procesos civiles del *common law,* y fue la regla habitual en el resto de países europeos, los del *ius commune.* Es curioso que hasta se comparta terminología en las expresiones de contenido teóricamente tan dispar "*common law*" y "*ius commune*", pero esa es otra muy espinosa cuestión a la que, por desgracia, no puedo referirme en este momento, pero sí debo advertir que las coincidencias en cuestiones procesales entre ambos ordenamientos, descendiendo de la superficie al fondo, es sorprendentemente llamativa.

Sea como fuere, al celebrarse el proceso ante un jurado en los países del *common law,* se asentó la práctica de celebrar un interrogatorio que no consistiera en una mera ratificación ante el juzgado de lo ya expresado por escrito, como sucedió en los países del *ius commune.* La razón es evidente. Al jurado había que convencerlo y, además, solía no saber leer. El juez, por lo general, sí sabía leer, y no precisaba que le convencieran de nada. Leía el escrito, tenía por efectuada la ratificación y lo más que esperaba de la parte contraria eran las *obiectiones,* es decir, las tachas, que se formulaban para que la parte contraria no alcanzara el número mínimo de testigos (dos) para llegar al estándar de *plena probatio* propio del sistema de prueba legal, o para que al menos no tuviera más testigos en favor de su postura que la contraparte, a la hora de "pesar" las pruebas. Así de absurdo era el sistema legal.

Es evidente, por tanto, que el jurado provocó la separación de dos sistemas que provenían de un tronco común. El *common law* pudo desarrollar así un modelo que construyó la práctica de un auténtico interrogatorio, lo que jamás hizo el *ius commune.* Pero reconocido ese mérito, que además ex-

---

782 Wigmore, John Henry, *A Treatise on the System of Evidence in Trials at Common Law,* vol. II, Boston 1904, §1367, p. 1697.

plica por qué miramos hacia el *common law* en materia de interrogatorios, es necesario poner en un contexto histórico actual el modelo de interrogatorio anglosajón y apreciar sus méritos y deméritos.

4. LA *CROSS-EXAMINATION* Y LA PSICOLOGÍA DEL TESTIMONIO

Actualmente no es el Derecho y sus antiguas reglas el que debe regular los interrogatorios para que ofrezcan información útil. Es la psicología del testimonio la encargada de indicarnos cómo sacar lo mejor de un declarante, y el Derecho tendría que adaptarse urgentemente a la misma. Y para ello, obviamente, hay que conocer esa materia.

Muy resumidamente, la psicología del testimonio asume que la memoria humana es deficiente y se ve afectada por factores inevitables como el paso del tiempo, el estrés, el cansancio, el consumo de sustancias estupefacientes, la luz o la distancia en la observación, el intervalo de observación, la edad del testigo, etc. Y además de advertirnos de esos factores, la ciencia citada tiene como principal empeño aislar al testigo de la información que le pueda dar el interrogador para guiarlo en su interés, y crear las condiciones precisas para que el testigo no sienta emociones que perturben su recuerdo, tales como el estrés provocado fundamentalmente por el miedo, como ya se ha indicado. De ahí que la técnica empleada en la *cross-examination,* si se convierte en un auténtico acoso al testigo, sea absolutamente rechazable porque no contribuye a la averiguación de la verdad, sino a la distorsión de su memoria, lo que sólo puede arrojar como resultado una declaración falsa.

Por ello la psicología del testimonio se centra, sobre todo, en que las preguntas que se le formulen al testigo sean abiertas, en el sentido de que estén carentes de información alguna, para asegurar que el testimonio es espontáneo y no se ve contaminado por los datos que dé el interrogador al testigo. Por ello, las *leading questions* son inaceptables, también en la *cross-examination,* aspecto que debiera ser corregido en la práctica anglosajona, como ya han advertido varios autores. Pero también son rechazables las preguntas que esperan ser respondidas con un sí o un no, tras una pregunta que más que una cuestión es un relato que se desea que el testigo asuma. A veces se trata de un relato tan sumamente largo, que el testigo puede dar por ciertas inadvertidamente partes del mismo que, en realidad, no desee reconocer.

Por último, se trata de que el testigo esté lo más tranquilo posible, y precisamente en este punto fallan todas las salas de justicia del mundo, puesto que la teatralización que allí se dispone no contribuye a la serenidad de alguien que incluso puede ser que ya venga impresionado por los hechos acerca de los que tiene que declarar. Mucho menos ayuda que un abogado empiece a perseguir a un testigo con preguntas rápidas para no dejarle pensar y conducirle hacia donde él quiere, actitud frecuente en algunos abogados que los jueces debieran corregir cuanto antes para que en el futuro se borre del imaginario colectivo esa imagen que, visto todo lo anterior y, por tanto, conociendo la psicología del testimonio, no cabe sino calificar como nefasta.

Al contrario, la psicología del testimonio insiste en la tranquilidad que, en la medida de lo posible, debe respirar el testigo. Advierte además que sus reacciones gestuales, o incluso sus tonos de voz, no deben ser tenidos en cuenta por estar empíricamente más que demostrado que guiarse por los mismos —como hace el común de las personas en su vida cotidiana, y tantos jueces— es tremendamente desorientador.

Teniendo en cuenta todo ello, los jueces ya estarán en situación de evaluar, no tanto al testigo como a su testimonio, es decir, su declaración, en función de parámetros tales como su coherencia, capacidad de contextualización del testigo, corroboración de sus declaraciones con otras pruebas o la existencia en sus dichos de comentarios oportunistas.

Por tanto, es perfectamente perceptible que la psicología del testimonio no impide hacer al testigo ningún tipo de pregunta, con la condición de que no suministre información al testigo y siempre que sea conducente al esclarecimiento de los hechos o sea relevante para efectuar el juicio sobre la credibilidad del deponente, a cuyo fin cabe hacerle preguntas ajenas a los hechos que puedan alterar la imagen de objetividad o sinceridad de su declaración, y que serán evaluadas por el tribunal. En todo ello sí que aciertan los usos anglosajones.

5. POSIBLE LIMITACIÓN A LA *CROSS-EXAMINATION*

Alguna voz propuso en el pasado[783], no obstante, una posible limitación de la temática de las preguntas en la *cross-examination* que recuerda

---

783 Trató esta cuestión, entre otros, Greenleaf, Simon, *A Treatise on the Law of Evidence*, vol. I, 2ª ed. Boston 1844, pp. 521-522, §445.

muchísimo a la restricción impuesta en este caso por la Sala Segunda. Un antecedente de esa restricción puede hallarse en el Tribunal Supremo de los EEUU, en concreto en el caso *Philadelphia & Trenton R. R. v. Stimpson* de 1840[784], que versaba sobre derecho de patentes. Efectivamente, como cabe leer en la cita, el Tribunal Supremo impidió que en la *cross-examination* se le pudieran plantear otros temas al testigo diferentes de los que hubieran aflorado en la *examination in chief*. La razón la expone la propia sentencia. El Tribunal no deseaba que la contraparte pudiera sorprender a su oponente proponiendo pruebas en el momento que menos lo esperase, de manera que no pudiera estar preparada para defender a su cliente[785]. Se trataba, por tanto, de proteger desde ese punto de vista el derecho de defensa.

Sin embargo, existe un precedente todavía más antiguo. Se remonta a la Inglaterra del siglo XVIII, en el caso *Dean of Ely v. Stewart*[786], en el que también se limitó el contrainterrogatorio a los puntos que hubiera puesto de manifiesto la parte que trajo al testigo. Sin embargo, al parecer tal restricción se produjo al ser los interrogatorios escritos en esa época. Y es que, efectivamente, se hubiera provocado un evidente trastorno procedimental si se hubieran autorizado esos *nova reperta*, al obligar a un nuevo y trabajoso intercambio de escritos.

Lo curioso es que todo ello enlaza con cuanto se decía anteriormente acerca de la época en la que habría surgido una restricción semejante y, sobre todo, su razón de ser. En el sistema de prueba legal, siendo el proceso eminentemente escrito, no se podían permitir esos interrogatorios novedosos, a riesgo de obstaculizar el proceso. Por ello, se puede establecer cla-

---

784 Philadelphia & Trenton R. R. v. Stimpson, 39 U.S. 448 1840: "*A party has no right to cross-examine any witness except as to facts and circumstances connected with the matters stated in his direct examination. If he wishes to examine him on other matters, he must do so by making the witness his own and calling him as such in the subsequent progress of the cause. A party cannot, by his own omission to take an objection to the admission of improper evidence, brought out on a cross-examination, found a right to introduce testimony in chief to rebut it or explain it.*"

785 ""*If every party had a right to introduce evidence at any time, at his own election, without reference to the stage of the trial in which it is offered, it is obvious that the proceedings of the court would often be greatly embarrassed, the purposes of justice be obstructed, and the parties themselves be surprised by evidence destructive of their rights, which they could not have foreseen or in any manner have guarded against.*"

786 Dean of Ely v. Stewart, 2 Atk. 44 (1740): "*Where at law a witness is produced to a single point by the plaintiff or defendant, the adverse party may cross-examine as to the same individual point, but not to any other matter; so in equity, if a great variety of facts and points arise, and the plaintiff examines only as to one, the defendant may cross-examine to the same point, but can not make use of such witness to prove a different fact.*"

ramente que la restricción está confinada en el tiempo y a una razón muy concreta que difícilmente puede operar en un interrogatorio oral actual, y mucho menos cuando, en realidad, el contrainterrogatorio no es que amplíe el objeto del proceso, sino que versa sobre los mismos hechos que el interrogatorio, aunque en otras facetas o aspectos y, en todo caso, se trata, como se ha dicho, de hechos relevantes para el objeto del litigio.

De hecho, no se trata de una restricción que haya tenido recorrido en el mundo anglosajón, toda vez que, además, siendo una reminiscencia del sistema de prueba legal, poco recorrido podía tener en sistemas de valoración libre de la prueba como los del *common law.* Pero la restricción desaparece sobre todo después de la contundente declaración de WIGMORE al respecto: si se permite que el testigo solamente hable acerca de lo que le ha preguntado el litigante que lo ha traído al proceso, se corre el riesgo de que se convierta en un simple aliado de la parte, lo que hace que diga medias verdades. Es por ello imprescindible que la contraparte pueda contribuir a desvelar lo que el testigo ha callado[787], porque ello es lo necesario para que el tribunal pueda formar correctamente su convicción. De hecho, Wigmore considera que las preguntas acerca de la credibilidad del testigo y las cuestiones sobre lo omitido por el testigo en su primera declaración, constituyen los dos contenidos esenciales de la *cross-examination.*

Con todo, la restricción ha continuado suscitando debate con respecto al acusado, que también declara como testigo en el *common law.* Pero se trata de un testigo especial, puesto que tiene derecho a guardar silencio y a no incriminarse, por lo que suscitarle temas en el contrainterrogatorio sobre los que no hubiera declarado en el interrogatorio podría ser vulnerador de su derecho de defensa, siguiendo el anteriormente citado precedente de 1840. Sin embargo, la jurisprudencia del Tribunal Supremo de los EEUU es constante desde 1900 considerando que sí se le pueden formular esas preguntas —con alguna controversia acerca de la extensión de su temática— si el acusado renunció a su derecho al silencio al responder a su abogado[788]. De hecho, contestar a las preguntas del interrogatorio del abogado propio y no responder a las preguntas del contrainterrogatorio de la parte oponente es algo considerado como indicativo de que el declarante

---

787 Wigmore, *op. cit.* §1368, p. 1701.

788 Fitzpatrick v. United States, 178 U.S. 304, 315 (1900): "*Where an accused party waives his constitutional privilege of silence, takes the stand in his own behalf, and makes his own statement, it is clear that the prosecution has a right to cross-examine upon such statement with the same latitude as would be exercised in the case of an ordinary witness as to the circumstances connecting him with the alleged crime.*"

está mintiendo, como confirma la jurisprudencia posterior[789]. Una deducción como esta, bastante lógica por otra parte, sería imposible *rebus sic stantibus* en España, aunque no estaría de más revisar ese postulado, dado que es absurdo tener que escuchar la declaración prefabricada de un acusado respondiendo a su abogado y no poder oír qué tiene que decir el declarante cuando contesta espontáneamente a la parte contraria. La declaración que el reo realiza a preguntas de su propio abogado suele ser una completa pérdida de tiempo porque en nada contribuye a la convicción del tribunal, pero esa es otra cuestión.

Visto todo lo anterior, parece evidente que la restricción que se está estudiando en este trabajo no está vigente en la actualidad[790], dado que si es dudosa para el acusado por los derechos de que disfruta, no puede serlo para un testigo que no goza de esos derechos. Por tanto, cualquier restricción en este sentido es ilegítima. El proceso ya tiene su objeto, y sobre el mismo deben declarar los testigos, y no solamente sobre la parte que decide el interrogador que los ha traído. Lo contrario es solamente querer cerrar los ojos de los jueces a la realidad.

6. EL PRINCIPIO DE ADQUISICIÓN PROCESAL

Al menos desde Chiovenda[791], se entiende pacíficamente[792] que el principio de adquisición procesal supone que la prueba en un proceso no es del litigante que la ha aportado, sino que forma parte del material probatorio de todo el proceso y, por tanto, puede beneficiar o perjudicar a cualquiera de las partes, así como ser utilizada también indistintamente por ambas y, por supuesto, por el juez.

No se ha explicado demasiado bien la génesis de este principio. Simplemente se ha afirmado y se ha dado por obvio en la práctica procesal. Proviene claramente, como ya se advirtió, de la superación del antiguo sistema de prueba legal, que obligaba a cada parte a aportar sus pruebas, no siendo concebible que los documentos o testigos aportados, y mucho menos la confesión, pudieran beneficiar a la parte contraria.

---

789 Brown v. United States, 356, U.S. 148 (1958).

790 Vid. contundemente, también para el Reino Unido, Murphy, Peter, *Murphy on evidence*, Oxford 2005, p. 540.

791 Chiovenda, Giuseppe, *Principi di Diritto Processuale*, 3ª ed. Napoli 1923, p. 748.

792 Satta, Salvatore / PUNZI, Carmine, *Diritto Processuale Civile*, Padova 1996, p. 383.

Sin embargo, con la introducción del sistema de valoración libre, el juez se libera de las antiguas ataduras de los estándares de la prueba legal —particularmente de la *plena probatio*— y se actualiza el antiguo principio dispositivo —*secundum allegata et probata*—, desdoblado en época relativamente reciente en la doctrina alemana entre el principio dispositivo y el principio de aportación de parte.

Fijándonos ahora solamente en el segundo, el mismo supone que no es el juez, sino las partes las que traen la prueba al proceso y, lógicamente, una vez que la han traído, al ser de valoración libre simplemente es inimaginable que dichas pruebas no puedan ser aprovechadas por todos los sujetos del proceso. De hecho, como mantiene la doctrina alemana[793], el principio de aportación de parte supone el aprovechamiento del natural egoísmo de los litigantes en la defensa de su posición en el proceso, para lo cual traerán los materiales probatorios que mejor les convengan. Con todo, se espera de las partes una cooperación eficiente para la consecución del fin del proceso, esto es, la averiguación de la realidad, lo que les obliga a obedecer los requerimientos del juez en cuanto a la aportación de pruebas, estándoles vedada una actitud táctica o estratégica escondiendo o reservándose pruebas si las mismas son descubiertas y, como se ha dicho, son requeridas en el proceso para la averiguación de la realidad.

En todo este contexto, es rechazable cualquier disposición que limite la potencialidad averiguatoria de un medio de prueba, siempre obviamente que el medio en cuestión no vulnere derechos fundamentales, lo que acostumbra a no ser el caso. De ahí, por ejemplo, que un testigo tenga indefectiblemente la obligación de contestar en un proceso, perjudique o beneficie su respuesta a la parte que le ha traído, obligación bien recogida por nuestra Ley de Enjuiciamiento Criminal (art. 707) y que es coherente con todo lo que se está explicando.

Por ello, carece de sentido que una vez que esté un testigo en el proceso, el juez se niegue a que sea evaluado pretextando que la parte que intenta contrainterrogarlo no lo llamó al proceso. La prueba no es una actividad que sirve solamente a la defensa de las partes, sino que está enfocada a obtener la convicción judicial. Si se ve la prueba como un instrumento exclusivamente en manos de las partes, no es solamente que se corra el riesgo de evidente de retroceder varios siglos en los estudios de Derecho probatorio, sino que como se explicará seguidamente, se cae en una defectuosa

793 Rosenberg, Leo / Schwab, Karl Heinz / Gottwald, Peter, *Zivilprozessrecht*, München 2018, pp. 427-428.

formación del material probatorio, lo que es letal para la configuración del relato de hechos en la sentencia.

7. LA ERRÓNEA FORMACIÓN DEL MATERIAL PROBATORIO. JURISPRUDENCIA DEL TRIBUNAL EUROPEO DE DERECHOS HUMANOS

Y ese es justamente el riesgo más evidente de la decisión tomada por la Sala Segunda: que en el proceso no se averigüe debidamente la realidad. Aún peor, que el relato que se conforme sea defectuoso al estar basado en lagunas y silencios que pudiendo haber sido cubiertos por datos probatorios en el proceso, deban ser integrados por la intuición de los jueces, y no por las respuestas del testigo conocedor de los hechos, lo que es objetivamente empobrecedor. Además, y esto es lo jurídicamente más relevante, se compromete la motivación de la sentencia, puesto que pudiendo estar construída con datos empíricos, se integra por las bases arbitrarias fruto de esa intuición judicial, que por más razonable que se suponga, nunca llegará a serlo si pudiendo estar basada en los aportes de las declaraciones de los testigos acerca de la realidad, decidieron los jueces voluntariamente prescindir de esas declaraciones sin tan siquiera querer escucharlas.

En estas condiciones, la decisión del tribunal no tuvo el más mínimo sentido. Supuso, además, una sorpresa imprevisible para los abogados del proceso contra los líderes independentistas, imprevisibilidad judicial que, además, raya la vulneración del derecho de defensa al constituir una especie de "decisión sorpresa" de nuevo cuño, contraria a la análoga orientación que marca desde los años setenta del siglo XX el art. 139.2 ZPO para las sentencias de fondo por razones que en España consideraríamos de congruencia, pero esa es otra cuestión. Por añadidura, la decisión ni siquiera tiene una razón de ser que pueda ser aplicada a otros procesos puesto que en el futuro, a fin de evitar la restricción, lo único que tendrá que hacer el litigante —como ya hacían anteriormente algunos abogados para subrayar el principio de adquisición—, es reproducir toda la prueba testifical pedida de contrario y hacerla propia al principio del proceso. Pero ello sólo contribuye a aumentar la burocracia del proceso con la petición de pruebas testificales *ad cautelam*, pruebas que, además, una vez en el proceso pueden mostrarse como perfectamente prescindibles según el curso que vayan tomando las actuaciones.

Pero más allá de todo ello, lo más grave es que ese modo de restringir los interrogatorios choca con los estándares mínimos establecidos por la jurisprudencia del Tribunal Europeo de Derechos Humanos. El art. 6.3.d del Convenio Europeo de Derechos Humanos prevé el derecho del acusado a interrogar a los testigos que declaren en su favor **en las mismas condiciones** que los testigos que lo hagan en su contra. Y obviamente no se practican los interrogatorios en las mismas condiciones si con respecto a los testigos de la parte contraria se ordenan restricciones inaceptables en la posibilidad de formulación de preguntas de los abogados que interrogan.

El Tribunal Europeo de Derechos Humanos no parece haber abordado directamente una restricción semejante, quizás por lo exótica que es, como ya ha quedado explicado anteriormente. En realidad, la misión del tribunal de Estrasburgo consiste en observar toda la actividad procesal valorando si en su conjunto esa actividad fue la propia de un proceso justo, pero evitando entrar tanto —en principio— en la admisión[794] como en todo caso en la valoración de la prueba, como repite constantemente en su jurisprudencia[795]. En cambio, sí puede entrar en la consideración de cómo fue practicada la prueba[796].

Pues bien, se trata de saber si la restricción podría ser considerada aceptable o no por el Tribunal Europeo de Derechos Humanos, en función de su compatibilidad con la celebración de un proceso justo, para lo que es necesario acudir a la vía analógica.

En el caso *Al-Khawaja y Tahery c. Reino Unido*[797], el tribunal entendió que en un sistema adversarial —es decir, en un proceso penal acusatorio— el acusado debe tener una oportunidad adecuada y suficiente de poner en cuestión a un testigo que declaró contra él e interrogarle al menos en al-

794 Application n. 315/09. A.G. v. Sweden, 10-1-2012: "*It is normally for the national courts to decide whether it is necessary or advisable to hear a witness (see, among other authorities, Bricmont v. Belgium, judgment of 7 July 1989, Series A no. 158, § 89).*"

795 Al-Khawaja And Tahery v. The United Kingdom, (n. 26766/05 y 22228/06), 15 December 2011, 118.

796 Application n. 315/09. A.G. v. Sweden, 10-1-2012: "*The Court's task under the Convention is not to give a ruling about whether statements of witnesses were properly admitted as evidence, but to ascertain whether the proceedings as a whole, including the way in which evidence was taken, were fair (see Garcia Ruiz v. Spain [GC], no. 30544/96, § 28, ECHR 1999-I).*"

797 Al-Khawaja And Tahery v. The United Kingdom, (n. 26766/05 y 22228/06), 15 December 2011, 118. Vid. también Trampevski V. The Former Yugoslav Republic Of Macedonia. *(4570/07), 10-10-2012*, 44.

gún momento del proceso[798]. En este caso se trató de unos testimonios anónimos que no pudieron ser sometidos a interrogatorio cruzado en el proceso, por lo que la solución del caso es evidente. La pregunta que cabe hacerse en el supuesto que se está considerando es si habiendo tenido esa oportunidad de interrogatorio cruzado, invalida el contrainterrogatorio la restricción de esa oportunidad a la pauta que marcó el primer interrogador, en el sentido de que lo hace escasamente útil, existiendo además el riesgo de que el primer interrogador limite estratégicamente la declaración del testigo para frustrar las posibilidades de defensa de la parte contraria en esa fase de interrogatorio cruzado.

La cuestión es si un acusado que ve menoscabadas sus oportunidades de preguntar en un interrogatorio cruzado disfrutó de esa "*adequate and proper opportunity to challenge and question a witness against him*", es decir, de esa oportunidad adecuada y suficiente de poner en cuestión a un testigo que declaró contra él e interrogarle. Es posible que el caso *Isgrò c. Italia*[799] ofrezca una clave al respecto. En ese asunto se consideró justamente si el acusado Isgrò tuvo esa oportunidad, y para ello se fija el tribunal en si el abogado del acusado tuvo la oportunidad de discutir la veracidad de las declaraciones del testigo aportando al proceso toda la información que podía ser susceptible de sembrar dudas sobre la credibilidad del testigo[800].

"*Challenge the credibility*", esa es la clave. El problema es que en este proceso se redujo considerablemente esta posibilidad al limitar la temática del interrogatorio del modo explicado, lo que llevó incluso, no sólo —como ya se dijo— a que el tribunal tuviera que plantear una pregunta clave de oficio, sino a que fueran declaradas impertinentes preguntas que cuestionaban directamente la credibilidad de algunos testigos, como la posesión de un perfil ideológicamente sesgado en contra de la orientación política

---

798 Punto 118. Article 6 § 3 (d) enshrines the principle that, before an accused can be convicted, all evidence against him must normally be produced in his presence at a public hearing with a view to adversarial argument. Exceptions to this principle are possible but must not infringe the rights of the defence, which, as a rule, require that the accused should be given an adequate and proper opportunity to challenge and question a witness against him, either when that witness makes his statement or at a later stage of proceedings (see *Lucà*, cited above, § 39, and *Solakov v. "the former Yugoslav Republic of Macedonia"*, no. 47023/99, § 57, ECHR 2001-X).

799 Isgrò V. Italy (11339/85), 19-2-1991.

800 35 y 36: "*Secondly, the confrontation of 10 April 1979 enabled the applicant to put questions directly to Mr D. and to discuss his statements, thus providing the investigating judge with all the information which was capable of casting doubt on the witness's credibility. (...) he could thus challenge the accuracy of those allegations and the credibility of the witness himself.*"

de los reos en una red social. Esa temática, sin género alguno de duda, afectaba a la credibilidad del testigo, y sin embargo no se pudo plantear en el proceso. Es un solo ejemplo de bastantes que cabe localizar en los autos de la causa.

Pero es que, además, lo más grave es que el interrogatorio cruzado o contrainterrogatorio es la sede procesal en la que, como ya se ha visto, hay que plantear este tipo de preguntas. El tribunal sentenciador insistió en que si tanto interesaba la declaración del testigo, tenían que haberlo solicitado las partes que protestaban por no poder contrainterrogar debidamente. Y sin embargo, ni siquiera hubiera sido así siguiendo la práctica anglosajona, puesto que cada parte llama solamente al testigo que cree que le va a favorecer, no siendo por tanto el primer interrogatorio —la *examination in chief*— la sede adecuada para plantear esas preguntas que minan la credibilidad del testigo.

Sin embargo, incluso superando la lógica anglosajona y yendo a la práctica continental de los interrogatorios, en la que se inscribe la española, es obvio que cada parte puede llamar a los testigos que le plazca, le vaya a ser o no favorable su declaración. No se conoce la figura del "testigo hostil" porque se parte de la base de que el testigo aportará informaciones que podrán ser rebatidas precisamente a través de las preguntas del interrogatorio. Y ello es porque no se ve al testigo como propiedad de ninguna de las partes, habida cuenta de la total superación del sistema medieval de valoración legal cuyos restos aún se perciben, pese a todo, en el interrogatorio anglosajón en este punto. En nuestros sistemas está completamente interiorizado el principio de adquisición, como ya fue explicado anteriormente, habida cuenta de la total extensión de la libre valoración de la prueba a través del art. 741 LECrim como copia de la antigua *intime conviction* del *Code d'Instruction Criminelle* francés de 1808 (art. 246), que a su vez estaba inspirada en la tradición inglesa que imponía la libre valoración al juzgar a través de jurados. Extrañas paradojas de la historia, de una historia tantas veces muy mal contada, por cierto.

Aunque debe añadirse que a veces los tribunales se empeñan en recuperar una especie de uso forense propio de otra época. Un ejemplo evidente es la restricción al contrainterrogatorio ejecutado por la Sala Segunda. Y otros son la visión influenciada por la carga subjetiva —*burden of production*— de la prueba del interrogatorio del *common law*, o las célebres excepciones a la *hearsay evidence*, provenientes de la antigua prohibición medieval del testigo de referencia, que no era *plena probatio*, y que ha conocido un desarrollo verdaderamente sorprendente en el *common law*. Pero ese es otro tema del que ahora no puedo ocuparme. En todo caso, se trata de restos de ese antiguo sistema de prueba legal que ya debería estar superado por completo desde hace muchísimo tiempo. Pero parece que la tradición pesa en la ciencia jurídica de cualquier latitud.

8. UTILIDAD GENERAL DEL INTERROGATORIO

Con todo, y aunque en el proceso penal con cierta frecuencia —cada vez menos— no haya otra cosa, tampoco se debe sobredimencionar el valor de los interrogatorios. Actualmente, gracias sobre todo a las pruebas periciales fruto de la evolución de la ciencia, disponemos de muchos más datos que un juez del siglo XIX, es decir, del momento del que datan la mayoría de nuestras normas procesales. Actualmente la prueba documental, además, se ve enriquecida por las grabaciones de imágenes y sonido, de manera que ya no podemos decir que la mayoría de delitos no se documentan, sino que muchas veces encontramos en los procesos grabaciones de cámaras de seguridad o incluso mensajes telefónicos entre el agresor y la víctima, o entre los agresores, que narran el delito incluso con bastante precisión, lo que era inimaginable hace poco más de treinta años.

De hecho, en el proceso contra los líderes independentistas, no es sólo que existiera abundante material videográfico que la Sala se negó a contrastar simultaneamente con las declaraciones de los testigos, lo que hubiera sido, desde luego no imprescindible, pero sí utilísimo en la apreciación de su credibilidad, especialmente de los policías actuantes el día del referendum. Además existía más que suficiente documentación pública y notoria de todo el proceso político independentista que, aunque en la mayoría de ocasiones se trataba de actos de promoción ideológica sin virtualidad delictiva alguna, sí podía servir para dibujar el marco general en el que sucedieron los hechos que se juzgaron, lo que podía ser útil para todas las partes en el proceso.

Con todo ello, de hecho, la declaración de muchísimos testigos fue absolutamente sobreabundante. No se entiende en absoluto cómo fue posible que la Fiscalía se empecinara en traer tantísimos testigos que, al final además, han sido ignorados en su mayoría por la sentencia, una vez que fue practicada su declaración, por cierto, en las restrictivas condiciones que se han examinado en este artículo. Han sido preteridos en la motivación porque poco o nada se refiere a ellos la sentencia, pero eso no quiere decir que no hayan contribuido en la convicción de la sala. Al fin y al cabo, los testigos policías describieron un ambiente de tensión social cuya consideración ha sido sin duda dirimente en el fallo, aunque no se exprese directamente de este modo.

Una práctica de los interrogatorios que hubiera permitido contrainterrogar con las máximas oportunidades de cuestionar la credibilidad del declarante, hubiera podido dibujar un panorama bastante distinto en las impresiones sociológicas, y hasta jurídicas, del tribunal. No es lo mismo preguntarle a un policía que acudió a cerrar una mesa electoral si percibió agresiones en su intervención y después poderle preguntar únicamente por esas agresiones, que en su lugar poderle preguntar sobre las órdenes recibidas previamente, la ideología del declarante, los comentarios que realizó con sus compañeros antes, durante o después de la intervención, sus condiciones de vida en los lugares en los que permanecieron acuartelados antes del día del *referendum*, sus actividades cotidianas de paisano fuera de esos lugares, incidentes que en esas actividades extrapoliciales pudieron protagonizar, etc.

Todo ello no se pudo hacer. De hecho, a casi cada intento de los abogados sobrevino una interrupción del presidente del tribunal, que negó no solamente en ocasiones la explicación del letrado sobre la procedencia de la pregunta, sino incluso que constara en acta la pregunta que quería hacerse. Sólo lo segundo hubiera permitido conocer en su extensión la relevancia de la misma para la defensa de los acusados. Cuando en los interrogatorios del *common law* se hace una pregunta que tras la correspondiente protesta —*objection*— se declara impertinente, si no es evidente la razón de la impertinencia, se ofrece esa razón, a veces previo el alegato de la parte que objeta la pregunta. Pero se deja formular la pregunta porque de lo contrario es imposible evaluarla. Con ello queda registro de lo ocurrido, cosa que en este proceso no pudo suceder en demasiadas ocasiones.

Pese a todo lo dicho, honestamente no creo que hubiera mala fe en ninguno de los integrantes de la Sala. Sí que es posible que hubiera un cierto exceso de celo en el ejercicio de la autoridad, muy frecuente en las salas de justicia de todo el mundo, cuando observamos a los jueces más preocupados por preservar esa imagen de autoridad que no de resolver el problema que les está siendo planteado por las partes. Es factible también, como dije al principio, que una preocupación por que el proceso no durara demasiado tiempo haya condicionado algunas decisiones como la que se ha analizado en este trabajo. Al fin y al cabo, el Tribunal Supremo no es un órgano jurisdiccional acostumbrado a celebrar procesos en primera instancia, sino a resolver recursos de casación, y es posible que el tiempo que tuvo que emplearse en la celebración de las sesiones del juicio oral inquietara al tribunal por no sufrir retrasos en la tramitación del resto de asuntos, más allá de la también lógica preocupación por que no se dilatara en el tiempo la decisión de un proceso tan importante para la opinión pública española.

Con todo, si se declaró la pertinencia de las pruebas testificales, lo que no era concebible es que las mismas se practicaran en condiciones restrictivas, porque impedían la debida conformación del relato de hechos en la mente judicial, tan importante en cualquier proceso, pero especialmente en éste en el que las informaciones periodísticas habían sesgado notoriamente la opinión sobre los hechos de tantísimas personas. Quién sabe si también de los jueces. En realidad, la única forma eficiente de evitar ese pernicioso resultado era celebrar toda la actividad probatoria sin limitaciones inaceptables.

EL INTERROGATORIO DE MENORES: UNA "PRUEBA PERICIAL" A EVITAR

Publicado en InDret, n. 1.2023, pp. 1-13, en AAVV (dir. Calaza e.a.), Justicia de familia ante una nueva realidad tecnológica: estudio comparado entre España y Portugal, 2024, pp. 225-242, y en lengua portuguesa en Lex Familiae Revista Portuguesa de Direito da Família Ano 20 nº 39, enero a junio 2023, pp. 21-34.

1. INTRODUCCIÓN

El interrogatorio, pese a algunos esfuerzos para revitalizarlo[801], ha entrado en crisis como medio de prueba. Es posible incluso que acabe desapareciendo de la práctica habitual ante el abrumador valor superior que tienen a efectos de convicción las actuales pruebas biológicas y tecnológicas, pero también las que implican otros saberes científicos bastante más fiables que escuchar hablar a una persona intentando averiguar intuitivamente si dice la verdad. Hay que darse cuenta de que hasta hace muy poco tiempo, particularmente en los procesos penales, no teníamos mucho más que reo, víctima y testigos. Pero hoy disponemos de bastantes más materiales probatorios de muy alta calidad científica. En estas condiciones, un proceso basado en la prueba obtenida a través de la simple palabra de los citados sujetos es poco menos que una farsa sólo apta para los todavía crédulos en el siglo XXI[802].

Pese a todo ello, uno de esos interrogatorios todavía parece relevante: el de los menores de edad. Ello es así porque no es tan sumamente sencillo que esté preparado, como ocurre recurrentemente con el interrogatorio de los mayores de edad, y si lo está, debe descubrirse ese relevante hecho en el proceso, porque resulta ser crucial. Pero lo cierto es que existen algunos delitos, como vamos a ver, que solamente se descubren a través del relato del menor, como ocurre con los abusos sexuales de que puede haber sido víctima en situaciones de clandestinidad. Hay veces que no existe otro

---

801 Artkämper, H. / Floren, T. / Schilling, K., *Vernehmungen. Taktik, Psychologie, Recht*, Hilden 2021. Bender, R. / Nack, A. / Treuer, W-D., *Tatsachenfeststellung vor Gericht*, München 2007.

802 Desarrollé esta conclusión en Nieva Fenoll, J., "La discutible utilidad de los interrogatorios de partes y testigos (Algunas reflexiones sobre la oralidad en tiempos de pandemia)", *Ius et Praxis*, vol. 26, n. 3, dic. 2020.

rastro que ese testimonio, y por ello es preciso examinarlo con el mayor cuidado, obteniendo el testimonio cuanto antes[803]

Sin embargo, tampoco hay que tratarlo a través de una suerte de credibilidad automática[804] que, de hecho, ni siquiera está extendida entre la sociedad al considerarse en general como poco fiable el relato de un testigo vulnerable[805]. Los menores tienen una memoria frágil[806] y también mienten, o poseen un recuerdo alterado de la realidad que les puede llevar a creer acaecidos hechos que jamás sucedieron[807], con mayor facilidad que un adulto, de hecho, siendo especialmente vulnerables a ser guiados[808] en las respuestas si ya fueron abusados previamente, poseyendo una superior dificultad a decir "no"[809]. En etapas tempranas de la vida, distinguir entre realidad e imaginación no es sencillo. Incluso los sueños se entremezclan

---

803 Marinović, D. et al., "Obtaining the Child Testimony in the Criminal Proceedings", *Coll. Antropol.* 34 (2010) Suppl. 2, p. 253.

804 Vid. Chaaya, M., "Children's Evidence in Sexual Abuse Cases: The Need for Radical Reappraisal", *Current Issues in Criminal Justice*, vol. 9, no. 3, March 1998, p. 265.

805 Aunque no siempre sea cierto, Vid. Bull, R. "The investigative interviewing of children and other vulnerable witnesses: Psychological research and working/professional practice", *Legal and Criminological Psychology* 2010, 15, p. 6 y 9.

806 McEwan, J., "The testimony of vulnerable victims and witnesses in criminal proceedings in the European Union", *ERA Forum* 2009, 10, p. 379.

807 Lamb, M. E. / Orbach, Y. / Herschkowitz / Esplin, P. W. / Horowitz, D., "Structured forensic interview protocols improve the quality and informativeness of investigative interviews with children: A review of research using the NICHD Investigative Interview Protocol", *Child Abuse Negl.* 2007, 31(11-12), p. 1202.

808 Vid. las diferentes formas de guiar al menor en Pires de Souza, L. F., *Prova testemunhal*, Coimbra 2020, pp. 55 y ss.

809 Gudjonson, G. / Vagni, M. / Maiorano, T. / Giostra, V. / Pajardi, D., "Trauma symptoms of sexual abuse reduce resilience in children to give 'no' replies to misleading questions", *Personality and Individual Differences*, 168, 2021, p. 1 y ss. Benedan, L. / Powell, M. B. / Zajac, R. / Lum, J. A. G. / Snow, P., "Suggestibility in neglected children: The influence of intelligence, language, and social skills, *Elsevier, Child Abuse & Neglect*, 79, 2018, p. 51. Roma, P. / Sabatello, U. / Verrastro, G. / Ferracuti, S., "Comparison between Gudjonsson Suggestibility Scale 2 (GSS2) and Bonn Test of Statement Suggestibility (BTSS) in measuring children's interrogative suggestibility", *Personality and Individual Differences* 51, 2011, p. 488. Glynn Crane, M., "Childhood Trauma's Lurking Presence in the Juvenile Interrogation Room and the Need for a Trauma-Informed Voluntariness Test for Juvenile Confessions", *South Dakota Law Review*, vol. 62, n. 3, 2017, p. 626. Vid. también Petzoldt, V. "Ermittlungsarbeit mit lriminalitätstraumatisierten Personen", *Siak-Journal*, 2/2021, pp. 44-45.

con lo realmente acontecido, y lo imaginado puede tener una potencia lo suficientemente poderosa como para alterar el relato de la realidad[810].

A continuación se irán analizando todos esos inconvenientes y algunos otros obstáculos que se dan en este caso, así como la necesidad de protección del menor, fruto de su indiscutible vulnerabilidad[811]. También se hará referencia a la valoración científica de este tipo de interrogatorio. Vaya por delante que incluso celebrado por psicólogos especializados, su valor científico es realmente controvertido, como después se explicará con más detenimiento.

2. INTERROGATORIO Y SUPERSTICIÓN

Antes de todo ello, es preciso dedicar unas breves palabras a la relevancia científica de los interrogatorios practicados por abogados y jueces. Como se acaba de indicar en el epígrafe anterior, son y han sido solamente una espantosa pantomima a través de la que durante siglos los seres humanos nos hemos engañado completamente creyendo que podíamos valorarlos con seriedad, y que de esa valoración podía surgir incluso una sentencia justa. En el fondo, tuvo más sentido renunciar a la evaluación de esa credibilidad durante la larga vigencia del sistema de prueba legal, en beneficio de un valor privilegiado de los juramentos que enlazaba con las antiguas ordalías[812]. También ello era absurdo, pero como mínimo se obtenía una especie de "justicia", por llamarla de algún modo, dando la razón a quien hubiera acudido al proceso trayendo a más personas que le apoyaran, es decir, más testigos[813]. Por lo menos se fallaba a favor de quien tenía más respaldo en el grupo, lo que sin duda debía favorecer la convivencia pacífica, que al final es la razón de ser del proceso y de otras instituciones que buscan la paz social, entre ellas la mismísima noción de "justicia" en

---

810 Montanari Vergallo, G. / Marinelli, E. / Mastronardi, V. /Di Luca, N. M. / Zaami, S., "The credibility of testimony from minors allegedly victims of abuse within the Italian legislative framework", *International Journal of Law and Psychiatry* 56, 2018, p. 61.

811 Bull, R. "The investigative interviewing of children and other vulnerable witnesses: Psychological research and working/professional practice", *Legal and Criminological Psychology* 2010, 15, p. 5.

812 Patetta, F. *Le ordalie,* Torino 1890, pp. 14-15.

813 Degli Ubaldi, Baldo, *Practica Baldi,* Perugia 1521, folio 39 vuelto. De Vicente y Caravantes, *Tratado histórico, crítico filosófico de los procedimientos judiciales en materia civil según la nueva Ley de Enjuiciamiento,* Madrid 1856, pp. 133 y ss. Nörr, *Romanisch-kanonisches Prozessrecht,* Heidelberg 2012, pp. 128 y ss.

nuestra cultura. En el fondo, el método empleado por el sistema de prueba legal no es tan diferente de la validación actual de ciertas opiniones en la ciencia jurídica. Al margen de todo método científico, damos por buena una conclusión simplemente porque la apoyan varios autores o porque la jurisprudencia es mayoritaria en favor de esa opción. Es, de hecho, la misma base del controvertido *peer review*. Todo se abandona a ese apoyo intersubjetivo. La comprobación científica, insisto, tantas veces parece brillar por su ausencia. Pura falacia *ad populum* puesta en práctica como base de una disciplina. Pero esa es otra desagradable cuestión de la que no puedo ocuparme ahora.

Sin embargo, la alternativa al sistema de prueba legal propuesta por Bentham a principios del XIX[814], basada indudablemente en el funcionamiento de los jurados ingleses, tampoco era demasiado depurada. Bentham pensaba, como la enorme mayoría de personas en otras épocas[815] y todavía hoy[816], que mirar la cara y gestos de un interrogado permitía evaluar su credibilidad, acompañada en parte del análisis del contenido de lo declarado. Se basaba, además, en un prejuicio muy sostenido en la sociedad: que se esclarecerá la verdad si una vez que se le ha tomado juramento a un interrogado y está amenazado penalmente por quebrantarlo, se le maltrata psicológicamente, acosándole. De ahí toda la fe en la *cross-examination* que expresó con vehemencia Wigmore[817] y que, en realidad, no es más que una vulgar forma de tortura. Psicológica y habitualmente leve, pero tortura. Hoy ya sabemos, gracias a las contundentes experimentaciones de la psicología del testimonio, que poco o nada de ello sirve para algo[818]. Las amenazas al declarante son contraproducentes para la evaluación de su credibilidad. Los interrogadores agresivos que juegan dialécticamente con el interrogado manipulan el contenido de la declaración. Finalmente, la creencia en los poderes adivinatorios del juez no era más que una superstición inveterada.

---

814 Bentham, J., *Traité des preuves judiciaires*, Paris 1823, pp. 9 y ss.

815 Partida III, Tít. XVI, Ley 28.

816 Ekman, P., *Cómo detectar mentiras*, Madrid 2012. Ekman, P., *El rostro de las emociones*, Barcelona 2004.

817 Wigmore, J. H., *A Treatise on the System of Evidence in Trials at Common Law*, vol. II, Boston 1904, §1367, p. 1697.

818 Loftus, *Eyewitness testimony*, Cambridge 1996. Mazzoni, G. *Psicologia della testimonianza*, Roma 2015. Madrid 2010. Diges, M., *Los falsos recuerdos*, Barcelona 1997. Manzanero, A., *Memoria de testigos*, Madrid 2010.

A pesar de todo lo anterior, ha quedado todavía el análisis técnico —es decir, no jurídico— de la memoria del interrogado y de las circunstancias que pueden afectarla, así como del contenido de la declaración[819]. Lo primero no está al alcance de un jurista habitualmente, al menos con la precisión científica deseable. Y lo segundo es más factible pero ciertamente complicado. Evaluar en una declaración su coherencia, contextualización, corroboración con otros medios de prueba, ausencia de comentarios oportunistas, o incluso la ausencia de móviles para mentir, no es algo sencillo ni siquiera para un psicólogo del testimonio, aunque lo haga de manera incomparablemente mejor que un jurista. Es difícil determinar si la contextualización debe ser evaluada con más o menos detalles, y qué cantidad de ellos es suficiente. No es fácil afirmar categóricamente que cualquier contradicción sea indicativa de mendacidad, igual que no es factible aseverar sin titubeos que miente quien formula un comentario oportunista.

Solamente la corroboración puede comprobarse realmente, a pesar de que en ese caso, posiblemente lo que muchas veces tenga un potencial valor corroborador, y tal vez innecesario, sea la declaración del interrogado y no el medio de prueba que hubiera servido, en teoría, para corroborar lo que dice. Si encontramos sangre de un agresor en el cuerpo de una víctima, es posible que un testigo nos sirva para confirmar la hipótesis de la agresión. Aunque esa corroboración, en el fondo, es débil comparada con la fuerza de la prueba biológica. Para lo único que sirve habitualmente el testimonio es para expresar un relato de hechos que pueda convertirse en hipótesis que abra la investigación, o que confirme sus resultados. Pero al contrario de lo que, tal vez por el peso de la historia, se ha creído hasta ahora, el valor del interrogatorio es siempre instrumental y no principal, siempre que queramos acercarnos a la ciencia y separarnos de la creencia, claro está. Sorprender a un testigo en una contradicción, o en un renuncio, aunque pueda parecer espectacular y muy revelador —particularmente en la cinematografía—, puede ser solamente el fruto de la retórica y manipulación del interrogador, como ya se ha dicho, aprovechándose de los nervios del declarante, que simplemente yerra en una respuesta incluso pretendiendo decir la verdad.

Partiendo de estas realidades debe concluirse que los interrogatorios son muy escasamente útiles, más allá de lo ya indicado. Y que cuando deben realizarse es solamente en los casos en que no dispongamos de otros medios de prueba, y en ese caso debemos llamar a un perito especializado,

---

819 Sobre ambos aspectos y su tratamiento jurídico, vid. ampliamente Nieva Fenoll, J., *La valoración de la prueba*, Madrid 2010, pp. 213 y ss.

es decir, a un psicólogo del testimonio. Uno de esos casos puede ser precisamente el del menor, que es el que se va a tratar a continuación.

3. LA VULNERABILIDAD DE UN MENOR Y SU INTERROGATORIO

Así como en principio muchas personas pueden resistir un interrogatorio, incluso innecesariamente violento verbalmente, una víctima nunca debiera ser puesta en ese riesgo de victimización secundaria, porque además suele servir de muy poco a efectos probatorios, como acabamos de ver. Pero sea como fuere, un menor, víctima o no, no puede ser sometido jamás a algo así, calificado por algunos, no sin razón, como una "ordalía"[820], reflejando con esa palabra más bien la violencia que la esencia de ese acto ancestral. La integridad psicológica del menor exige una alternativa, lo que ya ha sido reconocido desde hace bastante tiempo por la normativa internacional, aunque algunos tribunales hayan sido incomprensiblemente insensibles a ese hecho.

Y es que el movimiento a nivel global para proteger al menor en los procesos judiciales empezó hace ya tiempo, pero ha sido realmente lento probablemente por la resistencia a sustraer a dicho menor, no ya de las salas de justicia, sino de la propia presencia judicial. Es posible que la fe ciega en la eficacia de la *cross examination* haya tenido un peso demasiado relevante en este tema, puesto que incluso en normas muy recientes cabe observar la insistencia por no alejar al menor de las audiencias judiciales.

Todo empezó en 1989, con el art. 3.1 de la Convención sobre los Derechos del Niño[821], que dio protagonismo a un concepto que tendría mucho recorrido en los años posteriores: el "interés superior del menor": "*en todas las medidas concernientes a los niños que tomen las instituciones públicas o privadas de bienestar social, los Tribunales, las autoridades administrativas o los órganos legislativos, una consideración primordial a que se atenderá será el interés superior del niño*". La Convención dispuso además en su art. 40 una protección pro-

---

820 STEDH S. M. v. Suecia, 2-10-2002 (n. 34209/96), 47. McEwan, J., "The testimony of vulnerable victims and witnesses in criminal proceedings in the European Union", *ERA Forum* 2009, 10, p. 373.

821 Res. 44/25 de 20 de noviembre de 1989. Sobre el traslado de la Convención al Derecho interno, vid. por ejemplo Forde, L., "The role of the courts in protecting children's rights in the context of police questioning in Ireland and New Zealand", *The Howard Journal of Crime and Justice*, 2022, 61, pp. 240 y ss.

cesal integral para el menor imputado, atribuyéndole todos los derechos del mayor de edad de una manera adaptada a su condición[822]. Aunque en relación con el interrogatorio, sólo le reconoció el derecho al silencio (art. 40.2.b.iv).

Más tarde vino la Decisión marco 2001/220/JAI del Consejo, de 15 de marzo de 2001, referente al estatuto de la víctima en el proceso penal, que dio un paso más en su art. 8.4 disponiendo lo siguiente: "*Los Estados miembros garantizarán, cuando sea necesario proteger a las víctimas, y sobre todo a las más vulnerables, de las consecuencias de prestar declaración en audiencia pública, que éstas puedan, por resolución judicial, testificar en condiciones que permitan alcanzar ese objetivo, por cualquier medio adecuado compatible con los principios fundamentales de su Derecho.*" Es decir, por fin se estaba reconociendo expresamente que algo había que hacer con los interrogatorios de menores, a fin de que no fueran practicados como los de cualquier adulto. Y se señalaba específicamente como problemática a la comparecencia en audiencia pública ante un juez.

Poco después se añadió a este proceso evolutivo el Tribunal Europeo de Derechos Humanos. En el asunto *S.N. v. Suecia*[823] los jueces de Estrasburgo también insistieron en tomar medidas para garantizar la integridad de un menor, aunque sin perjudicar los derechos de defensa, operando una ponderación en este sentido, pero sin realizar más concreciones al respecto.

Tras ello llegó en 2005 la sentencia del conocido *asunto Pupino* del Tribunal de Justicia de las Comunidades Europeas[824], en el cual sí empezaron a venir ya las deseadas precisiones en el tratamiento de un menor en una sala de justicia, mencionando la posibilidad de que declarara fuera del tribunal y antes del inicio del proceso en su fase oral[825], evitando en la

---

[822] Lo que tendría recorrido posteriormente, como veremos seguidamente. Vid. Radić, I., "Right of the child to information according to the Directive 2016/800/EU on procedural safeguards for children who are suspects or accused persons in criminal proceedings", *EU and Comparative Law Issues and Challenges Series*, 2, 2018, pp. 468 y ss. Rap, S. E. / Zlotnik, D., "The Right to Legal and Other Appropriate Assistance for Child Suspects and Accused", *European Journal of Crime, Criminal Law and Criminal Justice*, 26, 2018, pp. 110 y ss.

[823] STEDH S.M. v. Suecia, 2-10-2002 (n. 34209/96).

[824] STJCE C-105/2003 16-6-2005. Sobre esta sentencia, entre otros, Schünemann, B., "Protection of children and other vulnerable victims against secondary victimisation: making it easier to testify in Court", *ERA Forum* 2009, 10 pp. 387 y ss.

[825] "*el órgano jurisdiccional nacional debe poder autorizar que niños de corta edad que aleguen haber sido víctima de malos tratos presten declaración según unas formas que garanticen a dichos*

medida de lo posible la repetición de la declaración[826]. En esta resolución, además, se declaró que la condición de menor que alega sufrir malos tratos basta para considerarlo vulnerable[827].

Poco más de un mes después, Naciones Unidas, en sesión plenaria del Consejo Económico y Social adoptó una *Resolución sobre las directrices en materia de menores víctimas y testigos de delitos*[828]. En ellas se reconoció, ya sin matices, la vulnerabilidad de menores víctimas y testigos de hechos punibles, estableciendo la necesidad de adoptar medidas legislativas, particularmente procesales[829], en todos los Estados para prevenir daños ulteriores en sus personas, así como avanzar en la formación de profesionales adecuados para acompañar tales medidas. También se dijo expresamente que el menor es vulnerable por definición, particularmente si es mujer[830]. Y con respecto al interrogatorio, se previó que los menores fueran oídos sobre la manera de prestar declaración para protegerlos más eficazmente[831]. Pero además, y

---

niños un nivel adecuado de protección, por ejemplo, fuera de la audiencia pública y antes de la celebración de ésta".

826 Punto 56: "...*la posibilidad de utilizar, para las víctimas especial mente vulnerables, un procedimiento especial, como el incidente de práctica anticipada de la prueba previsto en el Derecho de un Estado miembro y las formas particulares de declaración asimismo previstas, cuando dicho procedimiento responda mejor a la situación de tales víctimas y se imponga para evitar la pérdida de los elementos de prueba, reducir al mínimo la repetición de los interrogatorios y evitar las consecuencias perjudiciales, para las referidas víctimas, de prestar declaración en audiencia pública.*"

827 Punto 53: *Sin embargo, con independencia de la cuestión de si el hecho de que la víctima de una infracción penal sea un menor basta, en general, para calificarla de especialmente vulnerable en el sentido de la Decisión marco, no cabe negar que cuando, como en el asunto principal, niños de corta edad alegan haber sufrido malos tratos, por parte, además, de una maestra, dichos niños pueden ser objeto de tal calificación habida cuenta, en particular, de su edad, así como de la naturaleza y consecuencias de las infracciones de las que consideran haber sido víctimas, a fin de disfrutar de la protección específica exigida en las disposiciones anteriormente citadas de la Decisión marco.*

828 ECOSOC Resolution 2005/20, 22-7-2005, Guidelines on Justice in Matters involving Child Victims and Witnesses of Crime.

829 I. 4. *In implementing the Guidelines, each jurisdiction should ensure that adequate training, selection and procedures are put in place to protect and meet the special needs of child victims and witnesses of crime, where the nature of the victimization affects categories of children differently, such as sexual assault of children, especially girls.*

830 II. 7. *(b) Recognizing that children are vulnerable and require special protection appropriate to their age, level of maturity and individual special needs; (c) Recognizing that girls are particularly vulnerable and may face discrimination at all stages of the justice system;*

831 VIII.21 *(b) Ensuring that child victims and witnesses are enabled to express freely and in their own manner their views and concerns regarding their involvement in the justice process, their concerns regarding safety in relation to the accused, the manner in which they prefer to provide testimony and their feelings about the conclusions of the process;*

esto es lo importante, se estableció ya un protocolo concreto[832], disponiendo la creación de salas de interrogatorio especialmente diseñadas a fin de no ser agresivas para los menores, estableciendo también la posibilidad de modificar las salas de justicia ya existentes en el mismo sentido de buscar una atmósfera agradable para el menor, limitándose el número de interrogatorios o entrevistas cognitivas con el menor y previéndose la posibilidad de prescindir de la *cross examination*, respetando los derechos de defensa, evitando el contacto visual con el acusado y siendo interrogados de un modo sensible con su edad, excluyendo la intimidación y disponiendo la ayuda de psicólogos, con una extensión indeterminada en cuanto a la entidad de dicha ayuda[833]. Sin duda, esta Resolución de 2005 es el documento de referencia en la materia al ser el que contiene más detalles al respecto.

Dos años después se volvió a pronunciar el Tribunal Europeo de Derechos Humanos en el asunto *W.S. v. Polonia*[834], insistiendo en la utilidad de la entrevista cognitiva practicada por psicólogos, sugiriendo en su defecto, al menos, la celebración de un interrogatorio en presencia de esos mismos psicólogos y de la progenitora del menor, grabándose la diligencia para poder ser examinada posteriormente[835].

Todas esas sugerencias se concretaron en las *Directrices del Comité de Ministros del Consejo de Europa sobre una justicia compatible con la protección del menor*[836], que vinieron precedidas en 2007 por el *Convenio del Consejo de Europa para la protección de los niños contra la explotación y el abuso sexual* (arts.

---

832 Punto XI.

833 XI.31. (c) *To ensure that child victims and witnesses are questioned in a child-sensitive manner and allow for the exercise of supervision by judges, facilitate testimony and reduce potential intimidation, for example by using testimonial aids or appointing psychological experts.*

834 STEDH W.S. v. Polonia, 24-9-2007 (n. 21508/02).

835 61. *However, the Court observes that it has not been shown or argued that the authorities envisaged or made attempts, either at the investigation stage, or later, before the court, to test the reliability of the victim in a less invasive manner than direct questioning. This could have been done, for example, by more sophisticated methods, such as having the child interviewed in the presence of a psychologist and, possibly, also her mother, with questions put in writing by the defence, or in a studio enabling the applicant or his lawyer to be present indirectly at such an interview, via a video-link or one-way mirror (Accardi and Others v. Italy (dec.), cited above; S.N. v. Sweden cited above, § 13). Had the authorities in the present case taken measures which would have allowed the court to have at its disposal, for instance, a recording of the interview which the psychologists had with the victim, the applicant's defence rights would have been better safeguarded.*

836 Guidelines of the Committee of Ministers of the Council of Europe on child-friendly justice, 17-11-2010.

30-36)[837], insistiendo particularmente en la necesidad de grabar las entrevistas y comparecencias del menor y disponiendo la necesidad, siempre que fuera posible, de que los menores fueran examinados solamente por "profesionales formados" a través de una entrevista cognitiva[838], evitando su repetición que, en caso de acaecer, debería ser practicada por el mismo profesional que la primera.

Finalmente, este periplo avanzando hacia la protección del menor en los tribunales ha culminado de momento de una forma un tanto accidentada[839] con la *Directiva (UE) 2016/800 del Parlamento Europeo y del Consejo de 11 de mayo de 2016 relativa a las garantías procesales de los menores sospechosos o acusados en los procesos penales*, que añade a todo lo anterior una especial preocupación por la averiguación de las condiciones particulares de cada menor, disponiendo un examen individual en este sentido (art. 7), a fin de establecer los elementos concretos de su vulnerabilidad. Sin embargo, con respecto a los interrogatorios, sólo se dispone su grabación (art. 9), sin aludirse a la intervención de psicólogos, sino que sólo se refiere a la formación de jueces y fiscales en psicología infantil[840], lo que parte probablemente de la creencia —extendida entre algunos jueces[841]— de que un interrogatorio no traumatiza a un menor, lo cual es manifiestamente decepcionante, dado que un jurista no puede aspirar más que a ser un psicólogo *amateur*, salvo que a su profesión habitual añada efectivamente la formación y ex-

---

837 CETS N. 201, Lanzarote 25-10-2007. https://www.coe.int/en/web/conventions/full-list?module=treaty-detail&treatynum=201

838 64. *Interviews of and the gathering of statements from children should, as far as possible, be carried out by trained professionals.*

839 Vid. De Vocht, D., et al., "Procedural Safeguards for Juvenile Suspects in Interrogations. A Look at the Commission's Proposal in Light of an eu Comparative Study", *New Journal of European Criminal Law*, 5, 2014, pp. 480 y ss. Sommerfeld, M., "Die EU-Richtlinie über Verfahrensgarantien in Strafverfahren für Kinder (= Personen im Alter von unter 18 Jahren), die Verdächtige oder beschuldigte Personen in Strafverfahren sind, und ihre Umsetzung ins deutsche Jugendstrafverfahrensrecht", *ZJJ* 4/2018, pp. 296 y ss.

840 Punto 63 del preámbulo de la directiva: *Los Estados miembros deben adoptar medidas adecuadas para garantizar que los jueces y fiscales que intervengan en procesos penales en que estén involucrados menores dispongan de aptitudes específicas en esa materia o tengan acceso efectivo a una formación específica, en particular en materia de derechos de los menores, técnicas adecuadas de interrogatorio, psicología infantil y comunicación mediante un lenguaje adaptado a los menores. Los Estados miembros también deben adoptar medidas adecuadas para promover que reciban ese tipo de formación los letrados que intervengan en procesos penales en que estén involucrados menores.*

841 Chaaya, M., "Children's Evidence in Sexual Abuse Cases: The Need for Radical Reappraisal", cit., p. 266.

periencia como psicólogo, lo que es difícilmente factible[842]. Ni siquiera se desarrolla realmente este importante tema en el articulado, pese a existir estudios al respecto del protocolo NICHD[843], por ejemplo[844]. No se alude siquiera a la cámara de Gesell que, pese a ser muy controvertida[845], al menos aleja en parte la directa intervención de jueces, abogados y fiscales.

Sea como fuere, lo que resulta de todo lo anterior es que a día de hoy ya nadie discute que el menor sea vulnerable[846], aunque todavía no hayan quedado específicamente concretadas todas las razones científicas de por qué lo sea[847], pero sí algunas de ellas. La neurociencia ha establecido con bastante claridad una reducción del volumen del hipocampo y de la amíg-

842 Vid. Anzenberger P., *Vernehmung von Verbrechensopfern und Minderjährigen im Zivilverfahren nach §§ 289a und 289b ZPO, ÖJZ* 2017, p. 256.

843 Este protocolo (https://nichdprotocol.com) inició su andadura en Canadá en 2000. Vid. Ball, E. / Ball, J. / La Rooy, D., "The National Institute of Child Health and Human Development (NICHD) Protocol. Interview Guide", Royal Holloway University London 9-8-2017. http://nichdprotocol.com/wp-content/uploads/2017/09/InteractiveNICHDProtocol.pdf. La Rooy, D., Brubacher, S. P., Aromäki-Stratos, A., Cyr, M., Hershkowitz, I., Korkman, J., Myklebust, T., Naka, M., Peixoto, C. E., Roberts K. P., Stewart H., & Lamb M. E., "The NICHD Protocol: A review of an internationally-used evidence-based tool for training child forensic interviewers", *Journal of Criminological Research, Policy and Practice. 2,* 2015, pp. 76 y ss. Lamb, M. E., Brown, D. A., Orbach, I. H. Y., Esplin, P. W., *Tell Me What Happened: Questioning Children About Abuse,* Hoboken 2018.

844 Lamb, M. E. / Orbach, Y. / Herschkowitz / Esplin, P. W. / Horowitz, D., "Structured forensic interview protocols improve the quality and informativeness of investigative interviews with children: A review of research using the NICHD Investigative Interview Protocol", cit. p. 1201 y ss. Otgaar, H. /de Ruiter, C./Sumampouw, N./ Erens, B./Muris, P., "Protecting Against Misinformation: Examining the Effect of Empirically-Based Investigative Interviewing on Misinformation Reporting", *Journal of Police and Criminal Psychology,* July 2020, pp. 1 y ss.

845 Aun alejándose del tema, vid. Ossmer, C., "Normal Development: The Photographic Dome and the Children of the Yale Psycho-Clinic", *Isis,* vol. 111, n. 3, sept. 2020, pp. 516 y ss.

846 Vid. algunas experiencias y consecuencias dramáticas de esa vulnerabilidad en Guerrini, F., "Über Sexualität sprechen, über Gewalt schweigen. Zur Dethematisierung sexueller Gewalt in jugendamtsinternen Sittlichkeitsdiskursen (1945-1960)", *Jahrbuch erziehungswissenschaftliche Geschlechterforschung. Generation und Sexualität,* 16/20, pp. 51 y ss.

847 De Vocht, D., et al., "Procedural Safeguards for Juvenile Suspects in Interrogations. A Look at the Commission's Proposal in Light of an eu Comparative Study", *New Journal of European Criminal Law,* 5, 2014, p. 489.

dala[848] ligada al shock postraumático[849]. Parece ser que la mayor flexibilidad cerebral, así como la inmadurez del lóbulo prefrontal y del sistema límbico[850] del menor, hacen que sea más fácilmente vulnerable que una persona adulta, lo que basta para alejarle de cualquier experiencia traumática. Y sin duda un interrogatorio judicial es una de estas experiencias[851], con más razón si además está declarando sobre un delito que ha padecido en sus propias carnes. Más allá de eso, esa experiencia traumática se traduce posteriormente en un coeficiente intelectual más bajo, dificultades para procesar emociones y para la concentración, atención e interpretación de las emociones ajenas y señales sociales[852]. En consecuencia, las dudas expresadas al respecto por el entonces Tribunal de Justicia de las Comunidades Europeas en el asunto Pupino (2005) deben considerarse actualmente superadas, debiendo producirse, no sólo para los menores, sino en general, un acompañamiento psicosocial de las víctimas en el proceso[853].

Los que aún no se han superado son los titubeos con respecto a la necesidad de que sea un psicólogo[854], y no un juez, fiscal o policía, quien practique el interrogatorio al menor. Todavía existe una resistencia a estas alturas un tanto excesiva a proteger, no sólo al menor, sino a las víctimas en general[855], de las salas de justicia, e incluso a alejar a dicho menor de los abogados, particularmente de los del acusado. Se sigue partiendo de una fe absurda en los interrogatorios y se los relaciona en estos casos de una

---

848 Glynn Crane, M., "Childhood Trauma's Lurking Presence in the Juvenile Interrogation Room and the Need for a Trauma-Informed Voluntariness Test for Juvenile Confessions", cit. p. 644.

849 Benedan, L. / Powell, M. B. / Zajac, R. / Lum, J. A. G. / Snow, P., "Suggestibility in neglected children: The influence of intelligence, language, and social skills, *Elsevier, Child Abuse & Neglect*, 79, 2018, p. 52.

850 Glynn Crane, M., "Childhood Trauma's Lurking Presence in the Juvenile Interrogation Room and the Need for a Trauma-Informed Voluntariness Test for Juvenile Confessions", cit. pp. 628 y 639 y ss.

851 Chaaya, M., "Children's Evidence in Sexual Abuse Cases: The Need for Radical Reappraisal", cit., p. 270.

852 Glynn Crane, M., "Childhood Trauma's Lurking Presence in the Juvenile Interrogation Room and the Need for a Trauma-Informed Voluntariness Test for Juvenile Confessions", cit. p. 652.

853 Behrmann e.a. (ed.), *Psychosoziale Prozessbegleitung*, Opladen; Berlin y Toronto 2022.

854 Vid. Martire, K. A. / Kemp, R. I., "Can experts help jurors to evaluate eyewitness evidence? A review of eyewitness expert effects", *Legal and Criminological Psychology*, 2011, 16, p. 24 y ss.

855 Acker, T., "Mehr Opferschutz bei Vernehmungen im Strafverfahren?", NK 33, 4/2021, pp. 489 y ss.

forma irracional con el derecho de defensa. Incluso los propios psicólogos se resisten a establecer hechos potencialmente probados en su dictamen como fruto de la entrevista, arguyendo que esa es una labor judicial a la que ellos son ajenos, estando limitado su dictamen a la averiguación de las condiciones de credibilidad del menor[856].

Vamos a ver a continuación si todo ello es adecuado a día de hoy. Corresponde valorar, por tanto, desde un punto de vista científico, la potencialidad y utilidad de la entrevista cognitiva.

4. LA EVALUACIÓN PSICOLÓGICA DE LA CREDIBILIDAD DEL MENOR

A decir verdad, la información en este punto es lamentablemente escasa, aunque probablemente suficiente a los fines de evaluar si es más conveniente a efectos probatorios que un juez, fiscal o abogado practique el interrogatorio a un menor, o es más razonable que lo haga un psicólogo.

Vaya por delante que el interrogatorio de un menor desde el mundo del Derecho no posee ningún tipo de estrategia, más allá de prohibir su declaración —lo que se hizo históricamente[857]— y evitar la confrontación visual con el agresor. Pero sobre la valoración de este interrogatorio[858], que habría de ser lo esencial a efectos probatorios, no se dice absolutamente nada, casi igual que en el interrogatorio de mayores de edad, en el que además aún subsisten en algunos ordenamientos antiguas normas del sistema de prueba legal[859].

Sin embargo, en el mundo de la Psicología al menos existen algunas metodologías[860]. Una de las más difundidas se conoce con el nombre de

---

856 Vid. Montanari Vergallo, G. / Marinelli, E. / Mastronardi, V. /Di Luca, N. M. / Zaami, S., "The credibility of testimony from minors allegedly victims of abuse within the Italian legislative framework", cit. p. 59.

857 *Fuero Juzgo,* Lib. II, tít. IV, XII.

858 Vid. *in extenso* Conteras Rojas, C., *La valoración de la prueba de interrogatorio,* Madrid 2015.

859 Vid. sobre algunas de estas carencias De Vocht, D., et al., "Procedural Safeguards for Juvenile Suspects in Interrogations. A Look at the Commission's Proposal in Light of an EU Comparative Study", *New Journal of European Criminal Law,* 5, 2014, p. 503.

860 Vid. Montanari Vergallo, G. / Marinelli, E. / Mastronardi, V. /Di Luca, N. M. / Zaami, S., "The credibility of testimony from minors allegedly victims of abuse within the Italian legislative framework", cit. p. 60: "*The scientific community has set up several methodo-*

Statement Validity Assessment (SVA)[861], y consiste en una entrevista cognitiva con el menor que tiene como fase previa la familiarización del profesional con los autos del caso, formulando ya tras su lectura las primeras hipótesis sobre el "origen de la declaración", es decir, sobre la verosimilitud de los hechos que van a declararse y que se concretaron en la *notitia criminis*. Esas hipótesis son después contrastadas en la entrevista en sí, que será adaptada al caso y circunstancias del menor, y que también, precisamente para ello, le someterá a cuestionarios sobre personalidad y capacidad cognitiva, habitualmente relacionada con la edad aunque no siempre[862], pues existen grandes diferencias entre menores de la misma edad en función de su madurez, padecimiento de posibles trastornos mentales, consumo de estupefacientes, etc.[863]. Finalmente se accede a la evaluación de resultados que se reparte en cuatro grandes fases:

a. Análisis de los criterios de realidad: entre otros 19 criterios, se procede al análisis de la coherencia y contextualización de la declaración, cantidad de detalles aportados, lenguaje empleado o sensaciones del menor[864].

b. Diagnosis de los resultados valorando la capacidad cognitiva del menor, su experiencia previa relacionada con los hechos —abusos anteriores, visualización de pornografía, por ejemplo—, así como el tiempo transcurrido desde los hechos y otras circunstancias ambientales.

c. Análisis de la consistencia de la declaración.

---

logies to be applied to the questioning of child and adolescent witnesses in a judicial setting, e.g., the Step-Wise interview (Goodman et al., 1998), the Cognitive Interview (Koehnken, Thurer, & Zorberbier, 1994; Mestitz, 2003, chap. 2), and the Structured Interview (Klettke, Hallford, & Mellor, 2016; Lamb, Orbach, Hershkowitz, Esplin, & Horowitz, 2007). "

861 Seguiré en la explicación a Köhnken, G. / Manzanero, A. L. / Scott, M. T., "Análisis de la validez de las declaraciones: mitos y limitaciones", *Anuario de Psicología Jurídica*, 2015, pp. 13 y ss. Vid. también Bueno Ochoa, L., "El protocolo SVA como sistema de análisis de validez de las declaraciones en contextos forenses", en Fuertes-Planas (ed.), *Concepciones sistemáticas y visiones literarias del Decho. Principios del Derecho VI*, Madrid 2020, pp. 441 y ss.

862 Vid. Brewer, N. / Keast, A. / Sauer, J. D., "Children's eyewitness identification performance: Effects of a Not Sure response option and accuracy motivation", *Legal and Criminological Psychology*, 2010, 15, p. 264.

863 Köhnken / Manzanero / Scott, "Análisis de la validez de las declaraciones: mitos y limitaciones", cit. p. 16.

864 Vid. ampliamente Steller, M. / Köhnken, G, "Análisis de declaraciones basados en criterios", en Raskin (ed.), *Métodos psicológicos en la investigación y pruebas criminales*, pp. 217 y ss, Bilbao 1994. Vid. también Undeutsch, "The development of statement reality analysis", en Yuille (ed.), *Credibility Assessment*, Dordrecht 1988, pp. 101 y ss.

d. Estudio de la evolución de la declaración desde la denuncia inicial y a lo largo de las diferentes entrevistas, incluyéndose un análisis de la reacción de otras personas a la declaración inicial.

e. Análisis de la motivación (interés del menor en declarar falsamente fantaseando, atribuyendo el abuso a otra persona, por presiones de terceros o voluntad de ayudarles, etc.)[865].

Con ello concluye el examen, evaluando finalmente las hipótesis del principio y exponiendo los resultados, relacionándolos con los autos. Es importante que el profesional mantenga en todo momento la neutralidad alejándose de la sugestión, es decir, que no tenga un especial empeño en descubrir, por ejemplo, que han existido abusos sexuales[866]. Es decir, todo lo contrario de lo que suelen hacer policías y jueces abusando del método inductivo[867], que en estas situaciones ha sido acertadamente descrito como "efecto túnel"[868], y que naturalmente provoca el sesgo de confirmación[869].

El método tiene obviamente sus limitaciones —empezando por la actitud del psicólogo[870]—, y no es aplicable a cualquier menor. Contiene el CBCA (*Criteria Based Content Analysis*)[871], pero va más allá de ese análisis del contenido de la declaración, centrado fundamentalmente en la detección de la mentira deliberada[872], aún sin pararse en aspectos externos habitualmente irrelevantes como la gestualidad del menor. Con todo, y esto es importante, el cometido del SVA no es la detección de la mentira, sino más

---

865 Köhnken / Manzanero / Scott, "Análisis de la validez de las declaraciones: mitos y limitaciones", cit. p. 15.

866 Köhnken / Manzanero / Scott, "Análisis de la validez de las declaraciones: mitos y limitaciones", cit. p. 15.

867 Ruiz Tejedor, M. P., "Valoración de la credibilidad del testimonio en menores abusados sexualmente", *Boletín Galego de Medicina Legal e Forense*, n. 11, abril 2003, p. 88.

868 Judson, K., "Bias, Subjectivity, and Wrongful Convictions.", *University of Michigan Journal of Law Reform*, vol. 50, n. 3, Spring 2017, p. 784. Leo, R. A., "Police Interrogation, False Confessions, and Alleged Child Abuse Cases.", *University of Michigan Journal of Law Reform*, vol. 50, n. 3, Spring 2017, p. 710.

869 Kahneman, D. / Slovic, P. / Tversky, A. (ed.), *Judgment under Uncertainty: Heuristics and Biases*, Cambridge 1982, p. 16.

870 Godoy-Cervera, V. / Higuera, L., "El análisis de contenido basado en criterios (CBCA) en la evaluación de la credibilidad del testimonio", *Papeles del Psicólogo*, 2005, vol. 26, p. 97.

871 Sobre el mismo, Godoy-Cervera / Higuera, "El análisis de contenido basado en criterios (CBCA) en la evaluación de la credibilidad del testimonio", cit. pp. 92 y ss.

872 Köhnken / Manzanero / Scott, "Análisis de la validez de las declaraciones: mitos y limitaciones", cit. p. 17.

bien la detección de la incorrección de la declaración cuya causa puede ser, ciertamente y entre otras, esa mentira deliberada, pero no solamente, puesto que también pueden existir errores no intencionales, como la mala interpretación de lo sucedido[873], o incluso el siempre enigmático falso recuerdo[874], cuyo carácter espontáneo o creado es habitualmente problemático[875].

Es importante que la entrevista no se repita, no solamente por la consabida victimización secundaria del menor, sino porque es una peligrosa oportunidad para reconstruir el recuerdo y alterar la realidad[876].

Leyendo lo anterior, que es solamente un resumen extraordinariamente condensado del SVA, ya se puede detectar con mucha facilidad que el análisis de los psicólogos está a años-luz del de los juristas interrogadores, de manera que lo único que deberíamos sentir es probablemente vergüenza por estar instalados en la simple y burda intuición y no atender prácticamente a nada de lo anterior. Es más, cuando algún jurista más avezado intenta profundizar en alguno de esos contenidos del SVA, buscando sobre todo los móviles para mentir de los testigos o tratando de escudriñar sus capacidades cognitivas, o incluso intentando valorar la capacidad de contextualización del testigo, las preguntas formuladas suelen ser declaradas impertinentes por los jueces al no tener que ver directamente —y supuestamente— con el objeto del proceso... Cabría decir realmente que en comparación con el examen de un psicólogo, los interrogatorios de los juristas están claramente en la prehistoria y son prácticamente ordálicos.

Y todo ello con respecto a los mayores de edad. Con respecto a los menores, el intento de interrogatorio por un jurista es simplemente una aberración que debe ser expulsada definitivamente de nuestros tribunales y, mejor aún, de nuestras leyes. Un jurista puede evaluar eventualmente la credibilidad de un mayor de edad sólo con enormes limitaciones. Con un menor de edad, simplemente no le es posible, cayendo algunos jueces y fiscales sobre todo —también policías, que ni siquiera son juristas— en una falsaria "sensación de saber" influida por todo tipo de prejuicios fun-

---

873 Köhnken / Manzanero / Scott, "Análisis de la validez de las declaraciones: mitos y limitaciones", cit. p. 15.

874 Diges, M. *Los falsos recuerdos*, Barcelona 1997.

875 Köhnken / Manzanero / Scott, "Análisis de la validez de las declaraciones: mitos y limitaciones", cit. p. 16.

876 Köhnken / Manzanero / Scott, "Análisis de la validez de las declaraciones: mitos y limitaciones", cit. p. 15. Loftus, E., *Eyewitness Testimony*, Cambridge 1996, pp. 88 y ss.

damentalmente[877] —pero no solamente— gestuales. Basta conversar con algunos policías para darse cuenta de la importancia que para ellos tienen las miradas y las primeras reacciones de una persona para considerarle sospechoso... y de cómo sus interrogatorios no son más que procesos psicológicamente coercitivos para hacer sentir al detenido que ha sido "atrapado" y que la única salida a ese estado de desesperación es la confesión, minimizando las repercusiones de la misma[878], obteniendo así declaraciones de culpabilidad de personas inocentes[879]. El problema es que sus prejuicios se trasladan con enorme facilidad a jueces y fiscales, condicionándose así todo el proceso hasta la mismísima sentencia[880].

Dicho lo cual, es preciso profundizar algo más en las evidentes limitaciones del SVA, a los efectos de evaluar su aceptabilidad científica en un proceso.

5. CUMPLIMIENTO DE ESTÁNDARES CIENTÍFICOS DE LA ENTREVISTA COGNITIVA

Al proceso, especialmente en los últimos tiempos, se aproximan muchos científicos prometiendo maravillas que no son reales. Ha sucedido particularmente en EEUU como consecuencia de su sistema de jurados, pero también en otros países. Fiscales y abogados sólo buscan impresionar a un conjunto de personas legas que deben juzgar sin motivar por qué declaran a una persona culpable o inocente. En ese contexto, presentar una prueba "científica" espectacular es lo que desean todos los participantes, a fin de poder resolver el caso de manera prácticamente mágica. Pero esa magia suele ser *junk science* es decir, ciencia basura. Ocurrió particularmen-

---

877 Vid. algunos de esos prejuicios sociales en George, R. / Ferguson, S. *Review into de Criminal Justice System response to adult rape and serious sexual offences across England and Wales*, Research Report, HM Government, junio 2021, pp. 71-72.

878 Leo, R. A., "Police Interrogation, False Confessions, and Alleged Child Abuse Cases.", *University of Michigan Journal of Law Reform*, vol. 50, n. 3, Spring 2017, p. 713.

879 Glynn Crane, M., "Childhood Trauma's Lurking Presence in the Juvenile Interrogation Room and the Need for a Trauma-Informed Voluntariness Test for Juvenile Confessions", cit. p. 627 y 648 y ss. Leo, R. A., "Police Interrogation, False Confessions, and Alleged Child Abuse Cases.", cit. p. 704.

880 De Vocht, D., et al., "Procedural Safeguards for Juvenile Suspects in Interrogations, cit. pp. 482-483.

te con algunas supuestas pruebas neurocientíficas de triste recuerdo[881], pero también con el polígrafo[882] y hasta con a veces con análisis parapsicológicos de lo más entretenido.

A fin de evitar el acceso al proceso de toda esta inmundicia pseudocientífica, en 1993 el Tribunal Supremo de los EEUU dictó una sentencia que acabó siendo histórica y que formó una serie de tres pronunciamientos que conocemos con el nombre de una de las partes del primer proceso: Daubert[883]. En esos fallos[884], el tribunal exigió que a partir de entonces esos dictámenes periciales, antes de acceder al proceso y formar parte del material de convicción, fueran analizados por los jueces a través de los siguientes cinco criterios a los fines de acreditar su adecuación científica:

1. Que la técnica utilizada por el perito ha sido probada suficientemente frente a errores.
2. Que la técnica ha sido revisada por otros científicos y, en su caso, ha sido publicada.
3. Que el perito indique el grado de acierto de la técnica.
4. Justificación del mantenimiento de estándares de calidad en el uso de la técnica.
5. Consenso en la comunidad científica sobre la fiabilidad de la técnica.

---

881 Vid. Julià Pijoan, M., *Proceso penal y (neuro)ciencia: una interpretación desorientada*, Madrid 2020, pp. 111 y ss

882 Vid. National Research Council (Committee to Review the Scientific Evidence on the Polygraph), *The polygraph and lie detection*, 2003, pp. 212 y ss.

883 Daubert v. Merrell Dow Pharmaceuticals, 509 U.S. 579 (1993), General Electric Co. v. Joiner, 522 U.S. 136 (1997), Kumho Tire Co. v. Carmichael, 526 U.S. 137 (1999).

884 Sobre los mismos, Faigman, D. L., "The Daubert Revolution and the Birth of Modernity: Maniging Scientific Evidence in the Age of Science", *Legal Studies Research Paper Series*, n. 19, 46 UC *Davis Law Review* 2013, p. 104. Fournier, L. R., "The *Daubert* Guidelines: Usefulness, Utilization, and Suggestions for Improving Quality Control", *Journal of Applied Research in Memory and Cognition*, 5, 2016, p. 308. Garrie, D. 1 B., "Digital Forensic Evidence in the Courtroom: Understanding Content and Quality", *Northwestern Journal of Technology and Intellectual Property*, vol. 12, 2014, 2, p. 122. Vázquez, C., *De la prueba científica a la prueba pericial*, Madrid 2015, p. 125. Taruffo, M., "La prova scientifica. Cenni generali", 47 *Ragion pratica* 2016, p. 335 y ss. Dondi, A., "Paradigmi processuali ed 'expert witness testimony' nel diritto statunitense", *Rivista Trimestrale di Diritto e Procedura Civile*, 1996, pp. 261 y ss, Auletta, F., *Il procedimento di istruzione probatoria mediante consulente tecnico*, Padova 2002. Ansanelli, V., *La consulenza tecnica nel processo civile*, Milano 2011

La pregunta es si el análisis SVA supera dichos criterios. Y en este sentido, la respuesta es altamente comprometida. Dicho análisis está especialmente diseñado para superar el primer criterio, puesto que su propia práctica está configurada teniendo en cuenta que en sí misma es un método de generación y falsación de hipótesis, habiendo recogido una cantidad bastante grande de datos sobre los que trabajar[885]. También supera sin problemas el segundo, puesto que ha sido ampliamente revisada por pares científicos, y muchos de ellos la han validado. También podría controlarse *a posteriori* el cumplimiento del cuarto criterio, teniendo en cuenta que la grabación de la entrevista y los materiales utilizados podrán ser revisados por completo, incluyendo la competencia del psicólogo[886], exigiendo ya la técnica de entrada, como vimos, unos parámetros de calidad.

Sin embargo, en donde falla la técnica es el tercer y en el quinto criterio. En ningún momento se habla de porcentajes de acierto, que son de por sí imposibles de obtener en cada caso concreto, por lo que probablemente este criterio debería ser dejado de lado, como ocurre con otras técnicas, particularmente las que provienen de la psiquiatría[887]. Y ello no es motivo para dejar de realizar el examen, dado que está ayudando realmente a jueces y tribunales a realizar su labor sin poner en riesgo al menor.

Pero justamente esa falta de determinación del grado de acierto[888], debida a la carencia de resultados empíricos consistentes en la doctrina[889], es

---

885 Köhnken / Manzanero / Scott, "Análisis de la validez de las declaraciones: mitos y limitaciones", cit. p. 14.

886 Ese parece ser un problema recurrente. Vid. Bull, R. "The investigative interviewing of children and other vulnerable witnesses: Psychological research and working/professional practice", cit. p. 7. Stalker, K. / McArthur, K., "Child Abuse, Child Protection and Disabled Children: A review of recent research", *Child Abuse Review* Vol. 21, 2012, p. 34.

887 American Psychiatric Association, *Manual diagnóstico estadístico de los trastornos mentales, DSM*-5, Madrid 2014.

888 Es demoledor el análisis de Cooper, Penny, et al. "One Step Forward and Two Steps Back? The '20 Principles' for Questioning Vulnerable Witnesses and the Lack of an Evidence-Based Approach." International Journal of Evidence & Proof, vol. 22, no. 4, October 2018, p. 396-397. De 20 principios para evaluar a personas vulnerables, sólo dos están respaldados por evidencia científica.

889 Benedan, L. / Powell, M. B. / Zajac, R. / Lum, J. A. G. / Snow, P., "Suggestibility in neglected children: The influence of intelligence, language, and social skills, cit. p. 52. Brewer, N. / Keast, A. / Sauer, J. D., "Children's eyewitness identification performance: Effects of a Not Sure response option and accuracy motivation", *Legal and Criminological Psychology*, 2010, 15, p. 261. Bull, R. "The investigative interviewing of children and other vulnerable witnesses: Psychological research and working/professional practice", *Legal and Criminological Psychology* 2010, 15, p. 14.

el que hace que la comunidad científica muestre sus recelos sobre el SVA en una medida demasiado elevada quizás. Sin duda, si pudiera avanzarse en el tercer criterio, la comunidad científica se alejaría de esas dudas, pero de momento no es así. Y ello debe ser tenido inevitablemente en cuenta a efectos procesales.

6. CONCLUSIÓN: UN MEDIO DE PRUEBA DEMASIADO CONTROVERTIBLE

Todo ello conduce a un final un tanto decepcionante, al menos en apariencia. Si ya partíamos de la base de que los interrogatorios debían ser ciertamente arrinconados en los procesos en beneficio de pruebas periciales, nos encontramos con un método que sin duda constituye una prueba pericial, pero que aún siendo mucho mejor que el interrogatorio del menor a cargo de un jurista, no deja de ser un medio de prueba con una fiabilidad demasiado escasa a los efectos, por ejemplo, de obtener una declaración de culpabilidad. Tampoco habría de ser suficiente para sustentar una exculpación, pero en este segundo sentido, al menos la vigencia de la presunción de inocencia lo pone bastante más sencillo.

Sin embargo, para condenar, aun sin entrar en la lógica de los estándares de prueba, son precisos más elementos de juicio que la palabra del menor, incluso proviniendo del SVA. A partir de ahí, el estudio de la personalidad del acusado, así como de los daños físicos y psicológicos que haya podido padecer el menor, podrán ser de ayuda, incluso sin descartar que el SVA aporte datos interesantes que podrían abrir otros caminos probatorios, como la comprobación de los entornos donde se produjo el delito, o bien incluso la existencia de otras denuncias sobre hechos parecidos sobre ese reo. Pese a lo peligrosa que resulta esta consideración de la supuesta multireincidencia desde el punto de vista de la presunción de inocencia, al menos es un dato más que puede acabar conformando la convicción judicial de un modo razonable.

Dicho lo cual, parece obvio que se trata de un medio de prueba difícilmente evitable si ha existido una denuncia de un delito cometido sobre el menor. Pero que cuando no sea imprescindible por ser particularmente evidente la agresión por la existencia de un parte médico convincente[890],

---

890 Lo que no siempre es fácil. Vid. Barnes, P., "Child Abuse - Nonaccidental Injury (NAI) and Abusive Head Trauma (AHT) - Medical Imaging: Issues and Controversies in the

vídeos, fotografías o grabaciones, por ejemplo, junto con un dictamen pericial médico que confirme los daños padecidos por el menor, parece que no será necesario someterle a una entrevista cognitiva, por enriquecedora que se piense que puede resultar, puesto que es posible que con ello estemos cayendo en el mismo prejuicio de la importancia de la *cross examination*, aunque reconvertida ahora en una idea falsa acerca de que esta prueba sea insustituible. Al contrario, si tenemos otros elementos de convicción que aportan información suficiente para afirmar que los hechos han ocurrido, no debe molestarse al menor sometiéndole a un examen que jamás olvidará. Carece de sentido. Insisto, si por ejemplo un agresor sexual grabó en vídeo sus fechorías con el menor y dicho vídeo se localiza, ¿qué sentido tiene que el menor reviva la experiencia? Si existe, por ejemplo, una grabación en la que el agresor reconoce los hechos y hasta se extiende en sus detalles constando en la causa suficientes vestigios, ¿por qué tenemos que preguntarle al menor sobre los mismos, incluso si ya es mayor de edad?

Fuera de esos casos de particular evidencia, más frecuentes actualmente de lo que parece por la gran presencia de tecnología en nuestras vidas cotidianas[891], la entrevista cognitiva no podrá ser evitada, a riesgo de dejar a la defensa sin material probatorio para realizar su labor, cuestionando por ejemplo la regularidad y verosimilitud del examen pericial fruto de la entrevista cognitiva. Pero a día de hoy debería ya abandonarse por completo la posibilidad de que los juristas interroguen a los menores. La entrevista cognitiva sólo deberá ser celebrada cuando no quede otro remedio. Y esa será la única oportunidad de examen del menor. Habrá que tener buen cuidado en practicarla correctamente desde un principio, puesto que de lo contrario es posible que las pruebas en el proceso sean inexistentes, con las inevitables consecuencias que se derivan en ese caso.

Era of Evidence-Based Medicine." *University of Michigan Journal of Law Reform*, vol. 50, no. 3, Spring 2017, pp. 679 y ss. Ta Yo Yu, D. / Ngo, T. L. / Goldstein, M., "Child Abuse-A Review of Inflicted Intraoral, Esophageal, and Abdominal Visceral Injuries", *Clinical Pediatric Emergency Medicine*, Vol. 17, n. 4, pp. 284 y ss.

891 Vid. ampliamente Merkel, L., *Derechos humanos e investigaciones policiales: Una tensión constante*, Madrid 2022, pp. 251 y ss.

LA CARGA DE LA PRUEBA: UNA RELIQUIA HISTÓRICA QUE DEBIERA SER ABOLIDA

Publicado en Revista Italo-española de Derecho Procesal, 2018, n. 1, pp. 1-17 y en Nieva; Ferrer; Giannini, Contra la carga de la prueba, Marcial Pons, Madrid, 2019, pp. 23-52.

1. INTRODUCCIÓN

No es fácil decir adiós a aquello que siempre nos acompañó. Esa máxima, bien estudiada por la psicología cognitiva y que enseña que nos inspira más confianza aquello que nos es más familiar[892], asiste a los juristas de todo el mundo en demasiadas ocasiones. La mayoría son refractarios a los cambios, a hacer la cosas de manera diferente a como siempre se hicieron. Hermanados con la tradición, los juristas critican sistemáticamente reformas legislativas, en ocasiones simplemente porque son nuevas, o son muy reticentes ante cualquier novedad doctrinal o jurisprudencial. El Derecho no es la única ciencia en que ello ocurre. A Charles Darwin[893] y a otros muchos[894] se lo hicieron saber muy bien. Sufrieron un absurdo y atávico desprecio de los "científicos" de su época. Sin embargo, cuando el estudio de la historia y de la práctica, pasada y presente, arrojan un mismo resultado, la obligación del científico es exponerlo y someterse a esas críticas, por aceradas que sean.

Ese es justamente el resultado de mis investigaciones sobre la carga de la prueba. A lo largo del tiempo, tras haber estudiado sus orígenes y desarrollo, así como sus muchas veces funestas consecuencias prácticas[895], no me

---

892 Kahneman, Daniel / Tversky, Amos, *Subjective probability: A judgment of representativeness*, en: "Kahneman / Slovic / Tversky (ed.), Judgment under Uncertainty: Heuristics and Biases. Cambridge 1982, pp. 33 y ss.

893 Kjaergaard, Peter C. / Gregersen, Niels Henrik / Hjermitslev, Hans Henrik, "Darwinizing the Danes, 1859-1909", en AAVV (ed. Engels/Glick), *The reception of Charles Darwin in Europe*, London 2014, vol. I p. 151.

894 A Samuel Morse, por ejemplo: Lifshitz, Kenneth B., *Makers of the Telegraph*, Jefferson 2017. p. 188.

895 Nieva Fenoll, "Los sistemas de valoración de la prueba y la carga de la prueba: nociones que precisan revisión", pp. 261, "La carga de la prueba y las presunciones en los procesos de restitución de tierras y desplazamiento forzado", ambos en *La ciencia jurisdiccional: novedad y tradición*, Madrid 2016. Y antes en "Imprecisiones privatistas de la ciencia jurisdiccional", en *Jurisdicción y proceso*, Madrid 2009, pp. 38 y ss. Y últimamente

ha quedado otro remedio que defender su desaparición de nuestros procesos, igual que ha desaparecido en tantos lugares el juramento, el sistema de prueba legal o la propia ordalía[896], que tanta seguridad provocaba entre los ignorantes que la observaban[897].

El presente estudio es una dación de cuentas de ese recorrido argumental. A continuación se va a exponer cómo la lógica de la carga de la prueba es ciertamente remota[898], razonablemente básica en su origen —"que cada litigante pruebe lo que afirma" era el principio original—, y cómo a lo largo del tiempo se fue actualizando y recargando su contenido con diversas apreciaciones doctrinales que, en realidad, no han llevado a ninguna parte. Actualmente la carga de la prueba es solamente una pieza de museo que todavía se utiliza muchísimo en los procesos, priorizándola incluso a una valoración racional de la prueba, casi como si los juristas prefirieran el uso de un astrolabio al de un GPS para orientarse.

Y es que la carga de la prueba[899], tal y como se emplea hoy en día, no despeja las incógnitas sobre los hechos, sino que simplemente las arrincona para alcanzar un juicio que puede alejar muchísimo al juez de la realidad, lo que es contrario a la justicia que debe intentar hacer la jurisdicción[900]. Se trata, simplemente, de un modo de finalizar el proceso, en su origen prematuramente, y actualmente al final del mismo una vez fracasada la valoración de la prueba. Pero es indiferente. Lo cierto es que el proceso termina con una sentencia ficticia, casi con una expresión de fe, lo que no es aceptable por la ciencia.

---

en "La inexplicable persistencia de la valoración legal de la prueba", *Ars Iuris Salmanticensis*, vol. 1, n. 1, 2017, pp. 57 y ss.

896 Patetta, Federico, *Le ordalie*, Torino 1890.

897 Foucault, Michel, *La verdad y las formas jurídicas*, trad. Lynch de la ed. de Río de Janeiro 1978, Barcelona 1996, p. 61-62. Taruffo, Michele, *La semplice verità*, Bari 2009, pp. 4 y ss.

898 Se remonta al proceso de las *legis actiones*. Vid. Kaser / Hackl, *Das römische Zivilprozessrecht*, München 1996, p. 118.

899 Sobre su concepto, vid. por todos, Musielak, Hans-Joachim, *Die Grundlagen der Beweislast im Zivilprozess*, Berlin 1975, pp. 282 y ss. Devis Echandia, Hernando, *Teoria general de la prueba judicial*, Bogotá 2002, pp. 405 y ss. Parra Quijano, Jairo, *Manual de Derecho probatorio*, Bogotá 2008, pp. 249 y ss.

900 El fin de la averiguación de la verdad a través de la prueba está formulado desde muy antiguo en la doctrina. Vid. Weber, Adolph Dieterich, *Ueber die Verbindlichkeit zur Beweisführung im Civilprozeß*, Halle 1805, p. 5.

2. LA REMINISCENCIA DE LA FASE *IN IURE* DEL PROCESO FORMULARIO ROMANO

El proceso formulario romano ha sido probablemente uno de los más inspiradores del mundo. Fruto quizás —es completamente desconocido— de una lógica militar de conquista[901], había dividido el procedimiento en dos fases: la primera ante un funcionario de la autoridad invasora —el pretor— para que escuchara a las partes y les asesorara sobre el derecho aplicable al caso concreto (fase *in iure*); y la segunda ante un juez o un colegio de jueces, legos en todo caso[902], del lugar (fase *apud iudicem*).

No es difícil encontrar paralelismos entre la fase *in iure* y la fase previa del proceso medieval, que después se abordará, o con el *preliminary hearing* del proceso penal estadounidense[903]. Asimismo es sugerente la comparación con el *indictment* del *Grand Jury*, también en el proceso penal de EEUU, que tiene una historia remota en la Inglaterra de 1166[904] que todavía se asemeja más a esa fase *in iure*[905]. De hecho, la fase *apud iudicem* solía sustanciarse ante un jurado, pues resulta evidente que ese colegio de jueces legos era lo que desde al *Carta Magna Libertatum* de 1215 —e incluso antes— llamamos jurado.

En esta primera fase del proceso formulario romano se desplegaba una actividad preparatoria, pero que no tenía trascendencia probatoria, puesto que toda la actividad en este sentido se desplazaba a la segunda fase. Y tampoco se consideraba la carga de la prueba, dado que aunque estaba presente desde hacía siglos la idea de que cada cuál tenía que probar lo que decía[906], no se entraba en esa consideración ante el pretor.

Sin embargo, sí se podía practicar un juramento[907] en esa fase inicial, lo que constituye un trasunto remoto, aunque muy relevante, de la considera-

---

901 Vid. Nieva Fenoll, "El primer escrito judicial de Hispania: reflexiones de Derecho procesal sobre el Bronce II de Botorrita o *Tabula Contrebiensis*", en *Jurisdicción y proceso*, Madrid 2009, pp. 160 y ss.

902 Kaser / Hackl, *Das römische Zivilprozessrecht*, cit. p. 197.

903 Rule 5.1 Federal Rules of Criminal Procedure.

904 Baker, J. H., *An Introduction to English Legal History*, Oxford 2007, pp. 73 y ss.

905 Lo explico en Nieva Fenoll, "Ideología y justicia lega (con una hipótesis sobre el origen romano del jurado inglés)", en *La ciencia jurisdiccional: novedad y tradición*, Madrid 2016, pp. 53 y ss.

906 Nuevamente, Kaser / Hackl, *Das römische Zivilprozessrecht*, cit. p. 118.

907 Kaser / Hackl, *Das römische Zivilprozessrecht*, cit. p. 266. Para el proceso formulario, op. cit. pp. 363-364.

ción de la carga de la prueba en este período inicial del proceso[908]. Resulta que las partes, habitualmente de manera voluntaria o en ocasiones forzada por el pretor, podían jurar la veracidad de sus pretensiones. Ello constituye, sin duda, un primer intento de resolver anticipadamente la cuestión probatoria, tratando de evitar la celebración del proceso posterior, justo del modo que acabó sucediendo, como veremos, de manera algo más compleja, en el proceso medieval.

Pero el proceso formulario no amplió más desde el punto de vista probatorio la fase *in iure*. Es más, en la época este juramento no parece ser considerado un medio para probar los hechos[909], sino simplemente un instrumento para acabar el proceso con el juego de la remisión recíproca de los juramentos que todavía se conoce en algunas legislaciones actuales, pese a que está derogado en la mayoría de latitudes.

Es interesante observar cómo este modo de hacer amplió sus márgenes en la siguiente época del proceso romano: el proceso de cognición clásico. En el mismo se respetó la básica regla de carga de la prueba antes enunciada —que cada cual pruebe lo que dice—, pero la novedad es que el juez único para todo el proceso[910], propio de esta época clásica, ya no enuncia, como el pretor, los hechos que debían probarse en el proceso, sino que describe a través de una *interlocutio* —hoy sería un auto interlocutorio— cuáles son las pruebas que incumben a cada parte[911], dando inicio así a una tendencia, la del reparto subjetivo de la carga de la prueba, que determinaría en gran medida cuanto sucedió después.

La tendencia, no obstante, se relajó en el período posterior, el del proceso postclásico. Aunque abundan los recuerdos generales de la idea básica de la carga de la prueba antes enunciada[912] y se empezaron a exigir documentos mucho más precisos para cada pretensión, e incluso para cada parte[913], como se refleja en algún lugar del *Codex* de Justiniano[914].

---

908 Relacionando la confesión con la carga de la prueba, Rosenberg, Leo, *Die Beweislast*, Berlin 1923, pp. 273 y ss.

909 Hubo una histórica discusión sobre ello, que arrancó en la Edad Media. Vid. Nörr, Knut Wolfgang, *Romanisch-kanonisches Prozessrecht*, Berlin 2012, pp. 78 y ss.

910 Kaser / Hackl, *Das römische Zivilprozessrecht*, cit. p. 435.

911 Kaser / Hackl, *Das römische Zivilprozessrecht*, cit. p. 493.

912 Vid. C, 3, 32, 28; 4, 4, 1; 4, 19, 24; 9, 19, 2, 1; 9, 22, 22, 1; 9, 22, 24.

913 Kaser / Hackl, *Das römische Zivilprozessrecht*, cit. p. 597.

914 C. 11, 39, 1: *Cautiones servorum publicorum ita demum firmam securitatem debitoribus praestant, si curatorum assignantium vel eorum, quibus exigendi ius est, auctoritate subnixae sunt. Quum autem is, qui exsolvisse dicitur, solam scripturam actoris suscipientis pecuniam promat,*

Todo ello consolidó una tendencia que parece evidente que dejó su huella en el proceso medieval, como veremos seguidamente, y condicionó una forma de entender la carga de la prueba en el proceso que ha llegado hasta nuestros días. En el fondo, como puede observarse con facilidad, se estaban sentando las bases del sistema de valoración legal de la prueba, que regiría en los siguientes siglos y cuya compatibilidad con la concepción de la carga de la prueba puede ya comprobarse desde este mismo período histórico. De hecho, el sistema legal constituye una exageración medieval de las normas admonitivas romanas de valoración, exageración debida al apego a la letra de los textos con autoridad del método escolástico, propio de la época. Como vamos a ver, la carga de la prueba sufrió una suerte parecida.

3. LA FASE PREVIA EN EL PROCESO MEDIEVAL DEL *IUS COMMUNE*

El proceso del *ius commune,* el *solemnis ordo iudiciarius,* siguió la estela del proceso romano postclásico aunque con diversas variaciones y adaptaciones derivadas, bien de la realidad de la época, bien de defectuosas traducciones. Tampoco se puede decir que fuera el mismo proceso en todas partes de Europa, pero sí que tenía multitud de rasgos en común que le fueron atribuyendo los comentaristas y tratadistas posteriores.

Una de las fases de ese proceso que han quedado más ensombrecidas ha sido la que se celebraba justo antes de la presentación propiamente de la demanda[915]. En una primera audiencia ante el juez, el demandado podía allanarse —*confessio*—, oponer excepciones procesales, o bien entrar en la consideración de que la pretensión era completamente infundada. También se podía comprobar la legitimación del demandado a través de su *interrogatio,* que si era negada por el mismo y no podía ser demostrada por el actor, conducía a la desestimación prematura de la demanda[916]. En consecuencia, se trataba de un primer momento en el que se consideraba la carga de la prueba.

---

ea tantum defensio consuevit admitti, si, quod exsolutum est, rationi reipublicae profecisse doceatur. Sane curator vester, si fraude servi constiterit effectum, ut interciperentur a curatore illatae a debitoribus quantitates, de peculio eius, quod eo modo deest, restituet.

915 Vid. Nörr, *Romanisch-kanonisches Prozessrecht,* cit. pp. 78 y ss.

916 Nörr, *Romanisch-kanonisches Prozessrecht,* cit. pp. 83-85.

Pero hay más. Una vez presentada la contestación, el juez establecía plazos probatorios en los que se tenía que producir la presentación de los documentos que marcaban las leyes[917] para cada caso concreto a los fines de disponer de una prueba plena[918]. También se marcaban plazos preclusivos para la presentación de testigos[919], a los mismos fines probatorios[920]. Pero lo importante es que si no se presentaban unos y otros, ya no se celebraba la prueba y el proceso se perdía irremediablemente. Por tanto, es obvio que la cuestión de quién tenía la carga de probar, es un asunto que se debatía con carácter previo a la práctica de la prueba. De ahí que los manuales situaran su estudio, habitualmente, como primer punto de los temas probatorios[921].

Y es que no tenía sentido hacerlo de otro modo. En el proceso medieval no se valoraban realmente las pruebas, sino que simplemente se verificaba que los testigos no estuvieran en ninguna de las múltiples causas de inhabilidad que existían[922], y que los documentos fueran realmente los requeridos por las leyes con un detallismo increíble en ocasiones. Por tanto, la labor de valoración se concentraba exclusivamente en contar los testigos hábiles que finalmente hubieran quedado —tras las exclusiones del propio juez y las eventuales tachas de la parte contraria— para verificar si llegaban al número de dos para obtener la prueba plena. Y con los documentos se comprobaba su autenticidad y carácter completo, es decir, si contenían todos los requisitos legales. En consecuencia, faltando unos y otros al final del término probatorio, ya carecía de sentido seguir adelante con el proceso, pues se podía fallar utilizando la carga de la prueba.

---

917 Vid. Partida III, tít. XVIII y sus nada menos que 121 leyes.

918 Vid. Nörr, *Romanisch-kanonisches Prozessrecht,* cit. pp. 160 y ss y 129-130 en cuanto a los grados de prueba.

919 NÖRR, *Romanisch-kanonisches Prozessrecht,* cit. pp. 130 y ss.

920 NÖRR, *Romanisch-kanonisches Prozessrecht,* cit. p. 123.

921 Bartolo de Sassoferrato, *Commentaria in primam codicis partem,* Lyon 1550, p. 158. Durantis, Gulielmus, *Speculum iuris,* pars II, Venecia 1585, p. 618-621.

922 La Partida III, tít. XVI hace un recuento espeluznante, que refleja los prejuicios de la época: personas de mala fama, condenados por falso testimonio, falsificadores, envenenadores, abortistas, asesinos, adúlteros, libertinos, violadores, apóstatas, incestuosos, enajenados mentales, ladrones, proxenetas, tahúres, lesbianas transvestidas, pobres de solemnidad, mentirosos, incumplidores de sentencias, judíos, musulmanes, herejes (Ley 8), presos, toreros, prostitutas, libertos en pleito de su antiguo señor (ley 10), siervos (salvo excepciones y bajo tormento, Leyes 12 y 13), así como en pleitos hereditarios, a mujeres y hermafroditas que "*tirassen mas a varon que a muger*" (Ley 17).

De hecho, era el juez quien distribuía con carácter previo la carga de la prueba[923], al determinar qué hechos debían ser probados por no ser notorios[924]. Se trataba, por tanto, de una especie de planificación de la fase de prueba, y es que en realidad la carga de la prueba se dirigía a ese objetivo de gestión procesal[925], más que a los fines de resolver una situación de insuficiencia probatoria, puesto que la misma ya venía resuelta de modo radical a través del sistema de prueba legal, sistema con el que la carga de la prueba, como se verá después, guardaba una total coherencia[926].

Lo que ocurre es que esa situación de falta inicial del cumplimiento de la carga debía darse pocas veces[927], al menos en abogados experimentados, pues debían intentar aparentarla hasta que ya no fuera posible. Pero en otros casos debió de concluir prematuramente los procesos. De hecho, en una fase más avanzada se creó el juicio ejecutivo justamente por esa misma razón[928], en las situaciones en las que el documento a aportar era muy evidente[929]. Si era presentado, comenzaba la ejecución, y si no lo era el proceso no llegaba ni a empezar.

De ese modo, la carga de la prueba habría pasado de ser una orientación del juez durante el proceso formulario, a concretarse en un mecanismo de gestión procesal durante la Edad Media, que también debió de servir a la economía procesal. Ahora bien, de lo que no hay ni rastro es de un uso más concienzudo de la carga de la prueba, similar al actual, lo que no deja de resultar sorprendente, aunque perfectamente explicable si se atiende a todo cuanto se acaba de explicar.

---

923 Lo explica Rosenberg, *Die Beweislast*, cit. p. 29.

924 NÖRR, *Romanisch-kanonisches Prozessrecht*, cit. p. 124.

925 Cfr. Montero Aroca, *La prueba en el proceso civil*, Cizur Menor 2005, p. 113.

926 De hecho, remotamente —en el código de Hammurabi— se confundía la carga de la prueba con la valoración legal de la prueba. Lo explico en Nieva Fenoll, *La valoración de la prueba*, Madrid 2010, p. 50.

927 Lo advierte el Conde de la Cañada (Juan Acedo Rico), *Instituciones prácticas de los juicios civiles*, t. I, 2ª ed. Valladolid 1794, p. 94.

928 Vid. Nieva Fenoll, *Derecho Procesal II: Proceso Civil*, Madrid 2015, pp. 417 y ss.

929 Vid. De Hevia Bolaños, Juan, *Curia Philípica*, tomo I, reimpr. de la edición de Madrid 1797, Valladolid 1989, pp. 100 y ss.

4. CARGA DE LA PRUEBA Y SISTEMA LEGAL DE VALORACIÓN

Y es que el hecho de que las leyes exigieran pruebas tan precisas gracias al sistema de valoración legal, propició que la decisión de los procesos se simplificara, tanto que se acabó prescindiendo de la valoración de la prueba y se optó por hacer un uso abusivo, que pasó bastante inadvertido[930], de la carga de la prueba. Es decir, se eligió resolver los procesos mayoritariamente a través de la carga de la prueba. De ese modo, esa institución fue mutando de ese inicial sentido gestor para convertirse en la principal herramienta para la construcción del juicio jurisdiccional.

El procedimiento no cambió demasiado, sino que fue extendiendo la influencia de la carga de la prueba a lo largo de todo el proceso ante las dificultades de darlo por concluido en este estadio previo declarando, por ejemplo, un hecho notorio, lo que exigía un examen detenido de la causa[931]. En realidad, sólo se concluía el pleito en esta fase preliminar, como había ocurrido en el pasado romano, si se producía la confesión de una de las partes[932] aprovechando que dicha declaración de los litigantes era previa a la práctica de la prueba. De ahí probablemente las dudas que surgieron en la doctrina sobre si esas afirmaciones de las partes —las "posiciones"— constituían o no una prueba[933].

Presentados los escritos de alegaciones e intentada esa confesión, el juez dictaba el llamado "auto de prueba"[934] en el que, generalmente, eran admitidas todas las pruebas solicitadas por las partes y se abría un extenso plazo para presentarlas. Normalmente se trataba solamente de testigos y documentos[935]. Pasado el plazo, se publicaban las pruebas presentadas, momento en que se podían tachar testigos[936] y documentos. Tras ello venía ya el escrito de conclusiones de las partes —"escrito de bien probado"[937]—,

---

930 La doctrina de la época apenas se refiere al tema. Vid. De Vicente y Caravantes, José, *Tratado histórico, crítico filosófico de los procedimientos judiciales en materia civil según la nueva Ley de Enjuiciamiento*, Madrid 1856, t. II, pp. 137-139. Gómez de la Serna, Pedro / Montalbán, Juan Manuel, *Tratado académico-forense de los procedimientos judiciales*, Madrid 1861, p. 384. Lastres, Francisco, *Procedimientos civiles y criminales*, Madrid 1874, p. 101.

931 Conde de la Cañada, *Instituciones prácticas de los juicios civiles*, cit., p. 95.

932 Conde de la Cañada, *Instituciones prácticas de los juicios civiles*, cit., p. 95.

933 Sí la consideró como tal prueba Gómez Negro, Lucas, *Elementos de práctica forense*, Valladolid 1838, p. 99.

934 Conde de la Cañada, *Instituciones prácticas de los juicios civiles*, cit., p. 94.

935 Conde de la Cañada, *Instituciones prácticas de los juicios civiles*, cit., pp. 98 y ss.

936 Conde de la Cañada, *Instituciones prácticas de los juicios civiles*, cit., pp. 163 y ss.

937 Conde de la Cañada, *Instituciones prácticas de los juicios civiles*, cit., p. 180.

y finalmente la sentencia, en la que se consideraba el pleito del modo más sencillo: computando las pruebas de las partes para comprobar a qué estándares de prueba —plena, semiplena[938]— habían llegado, dictando sentencia en coherencia con lo dispuesto por la carga de la prueba.

En definitiva, la carga de la prueba tenía un cometido esencial en fase de admisión, que era normalmente superada por los letrados, por lo que esa utilidad solía pasar desapercibida, pese a que, lógicamente, debía ser tenida muy en cuenta por los abogados. No obstante, donde adquiría un mayor papel era en fase de conclusiones y, por supuesto, en la sentencia, aunque la doctrina de la época no habla de este punto.

Por tanto, la utilidad principal de la carga de la prueba consistió en saber quién debía probar qué hechos[939]. Para saberlo, aunque en el fondo se seguía la regla básica del Derecho romano que ya se ha repetido varias veces, la práctica poco más hacía que cumplir las mismas leyes que establecían las normas de prueba legal y su interpretación doctrinal, determinando en cada caso concreto qué documento o cuántos testigos debían ser aportados y quién debía hacer esa aportación, conociendo entonces la institución una casuística fragmentación que provocaba no pocas dudas[940], complicándose notablemente los procesos y el aprendizaje de las diversas reglas.

Por ello, la primera aparición auténticamente científica de la carga de la prueba se produce a principios del siglo XIX, y precisamente se centra en la rúbrica que designa ese contenido: la carga subjetiva o formal de la prueba[941]. Es decir, quién debe probar o llevar a cabo la prueba[942]. Y, por descontado, trata de establecer una regla general para reducir a una uniformidad toda la casuística, reduciendo la misma a una única idea: debe probar aquel que afirma un derecho, y lógicamente debe probar su extinción el que lo niega[943]. Es decir, paradójicamente se volvía a la formulación romana original. Pero intentándose superar todas las complejidades me-

---

938 Vid. Entre otros muchos de Vicente y Caravantes, *Tratado histórico, crítico filosófico*, cit. pp. 139-140.

939 Rosenberg, *Die Beweislast*, cit. p. 28.

940 Describe la situación Weber, *Ueber die Verbindlichkeit zur Beweisführung im Civilprozeß*, cit. pp. 158.

941 Weber, *Ueber die Verbindlichkeit zur Beweisführung im Civilprozeß*, cit. pp. 154 y ss.

942 La *Beweisführungslast* a que se refiere Rosenberg, *Die Beweislast*, cit. p. 28.

943 Weber, *Ueber die Verbindlichkeit zur Beweisführung im Civilprozeß*, cit. pp. 154-155.

dievales, Weber volvía en realidad a un extensísimo casuísmo de los supuestos concretos[944].

Sin embargo, lo que resulta más interesante reseñar es que, como ya se advirtió, el sistema de carga de la prueba estaba configurado siguiendo la pauta del sistema de prueba legal, hasta el punto de confundirse con el mismo. Incluso se defendía dicho sistema para luchar contra la arbitrariedad judicial[945].

5. PRUEBA LIBRE Y CARGA DE LA PRUEBA

Todo cambió con la introducción del sistema de libre valoración de la prueba. Con el mismo deja de existir un número de testigos mínimo para probar un hecho. Ya no se señala qué documentos deben servir de manera imprescindible para probar una conclusión. Y tampoco se le atribuye un valor privilegiado a la confesión, por lo que señalar con precisión todos esos medios de prueba acaba resultando inútil.

Justo en ese momento decae toda la utilidad que hasta entonces había tenido la carga de la prueba. Y es que ya no importa propiamente quién debe probar qué hecho, sino que lo que se pretende es determinar la realidad en general, es decir, la averiguación del hecho, con independencia de quién aporte la prueba. Parte de la doctrina puso de manifiesto esta revolucionaria novedad[946]. Sin embargo, la conclusión fue duramente combatida por Wach[947], dado que desde el principio de aportación de parte no se entendía —naturalmente a primera vista— que no hubiera un reparto de la carga de probar. Pero las palabras de Wach venían inspiradas por el clásico temor, que se repite cíclicamente cada cierto tiempo[948], acerca del

---

944 Weber, *Ueber die Verbindlichkeit zur Beweisführung im Civilprozeß*, cit. pp. 165 y ss.

945 Vid una auténtica loa del sistema en Weber, *Ueber die Verbindlichkeit zur Beweisführung im Civilprozeß*, cit. pp. 10 y ss.

946 Lo destacó Kohler, Josef (con Holtzendorff), *Encyclopädie der Rechtswissenschaft*, vol. 3, Leipzig 1904, pp. 315 y ss. También Bar, L., *Recht und Beweis im Zivilprozesse*, Leipzig 1867, pp. 46 y ss.

947 Wach, Adolf, "Der Entwurf einer deutschen Civilprozeßordnung", Kritische Vierteljahresschrift, 14, 1872, p. 357.

948 Vid. Wilhelm Endemann entre 1858 y 1860 en el *Archiv für die Civilistische Praxis*, en especial *Die Folgen freier Beweisprüfung im Civilprozesse*, AcP nº 41 (1858), pp. 289 y ss. Vid. también Wach, Adolf, *Der Entwurf einer deutschen Civilprozeßordnung*, Kritische Vierteljahresschrift für Gesetzgebung und Rechtswissenschaft vol. 14 1872, pp. 331 y ss. Von Canstein, Raban Freiherr, *Die Grundlagen des Beweisrechts*, ZZP nº 2 (1880), p. 351. Cava-

uso del principio inquisitivo en el proceso civil. De hecho, el propio autor no dio más razones al respecto, y tampoco lo hizo Rosenberg años más tarde. Ojalá en aquel momento hubieran sido conscientes esos autores —que influyeron a toda la doctrina posterior— de que el *secundum allegata et probata*[949] no era mucho más que un intento de los siglos XII-XIII[950] de controlar la arbitrariedad judicial en uso de su propio raciocinio, limitando los materiales de juicio a lo mostrado en el proceso[951]. Es decir, se trataba de

---

llone, Bruno, *En defensa de la verifobia*, en: "Cavallone / Taruffo, Verifobia, un diálogo sobre prueba y verdad, Lima 2010, p. 31. Montero Aroca, Juan (con Gómez Colomer y Barona Vilar), *Derecho jurisdiccional*, I, Valencia 2012, p. 266. Alvarado Velloso, Adolfo, *La prueba judicial*, Valencia 2006, p. 25. Cipriani, *El proceso civil entre viejas ideologías y nuevos eslóganes*, in Montero Aroca (coord.), *Proceso civil e ideología. Un prefacio, una sentencia, dos cartas y quince ensayos*, Valencia, 2006, p. 93. Taruffo, Michele, *Poteri probatori delle parti e del giudice in Europa*, Rivista Trimestrale di Diritto e Procedura Civile, 2006, pp. 452 y ss.

949 Sobre el mismo, vid. Vid. Picó i Junoy, *El juez y la prueba*, Barcelona 2007, pp. 99 y ss. Nieva Fenoll, "El mal nombre del principio inquisitivo", en *La ciencia jurisdiccional: novedad y tradición*, Madrid 2016, pp. 27 y ss. Aliste Santos, "La facultad de iniciativa probatoria ex officio iudicis en nuestro derecho procesal", *Actualidad civil*, n. 9, 2012, pp. 944 y ss.

950 Azzone, *Brocardica (aurea)*, cit. rúbrica XX, p. 237: *Iudex debet ex conscientia iudicare, & econtrà.] Secundum allegata iudicare debet. Cum quaeritur, an iudex debeat iudicare secundum conscientiam suam, in causa civili vel criminali, distingue: utrum notum sit ei tamquam iudici, id est, ratione officii sui: an ut privato. In primo casu fertur sentencia secundum conscientiam suam; quae etiam potest dici allegatio. ut ff. de ser. l.2.&ff. Si fer. vend.1 surreptionem. & de minor. 25. anno.l.minor. Quid miri? nonne sert sententiam, secundum testificationes & confessiones, quas novit ut iudex? & et ita potest intellegi hoc generale. Si vero novit ut privatus, non debet ferre sententiam secundum conscientiam suam, sed secundum allegata. & ita intelligitur contraria Rubrica.*

Traducción: "*El juez debe juzgar en conciencia y, al contrario, debe juzgar según lo alegado. Se pregunta si el juez, en el proceso civil y penal, debe juzgar según su conciencia. Hay que distinguir entre lo que le sea conocido como juez —esto es, en razón de su oficio—, y lo que conozca por su vida privada. En el primer caso, debe dictar la sentencia según su conciencia, que también puede formar con las alegaciones. (…) ¿Qué tiene esto de extraño? ¿Acaso no es válida la sentencia dictada teniendo en cuenta los testimonios y confesiones que conoce como juez? De ese modo puede conocer todos los datos del asunto. Pero si conoce la verdad por su vida privada, no debe dictar la sentencia según su conciencia, sino (solamente) teniendo en cuenta lo alegado. Y así se entiende de la rúbrica contraria.*"

951 Durandus, *Speculum iuris*, cit. Parte II, *De Sententia*, § 5, 1. pp. 784-785: "*Qualiter aut sententia sit promulganda, clarius explicemus. Et quidem iudex ante omnia debet diligenter cuncta, quae fuerunt in iudicio acta discutere, et cum peritis deliberare, ut s. de requis, cos. in prin. et in si. postmodum partes citandae sunt ad sententiam audiendam, ut extr. de testi. cum olim. in si. aliter non valeret sententia, ut s. de citat. §. viso ver. aliter autem. Deinde est ferenda sententia, iudice sedente pro tribunali in loco consueto, vel alias honesto, utraque parte praesente, vel altera contumaciter absente: (quia contumacia tunc eam pro praesente haberi) sententia prius in scripti redacta, et correcta, sacris et coram se positis, sciat iudex, quia non minus iudicabit, quam iudicet*

garantizar —en la época— el derecho de defensa y la imparcialidad judicial en un contexto histórico de jueces no demasiado instruídos[952].

Es por todo ello por lo que la doctrina que fue consciente de lo anterior, intentó salvar la vida de la institución a través de un nuevo concepto: la carga objetiva —o material— de la prueba[953], también llamada carga de averiguación[954]. Para ese intento de salvación, Rosenberg, con pleno conocimiento del problema[955], relaciona la cuestión, no de entrada con la libre valoración de la prueba sino más bien con el principio de aportación de parte, aunque curiosamente acaba negando que el mismo tenga ninguna influencia al respecto[956]. Sin embargo, como ya se ha dicho, fue claramente la introducción del sistema de libre valoración de la prueba lo que lo cambió todo[957]. Con el sistema de prueba legal se establecía claramente quién debía probar un hecho y resultaba utilísimo saberlo para poder operar en este sistema, puesto que la aplicación de la carga podía resolver toda la cuestión probatoria.

Pero con el sistema de libre valoración se abre un nuevo universo, que es en el fondo el que descubrió Rosenberg en su relevante obra ya citada. Ya no importa quién pruebe un hecho, ni siquiera si es el juez el que debe procurar la prueba para que el mismo sea demostrado, porque como afirma el autor, en el proceso no es importante quién ha aportado una aprueba o quién ha afirmado un hecho[958]. Lo que interesa es averiguar la veracidad de los hechos, es decir, lo que denomina carga objetiva de la

---

hoc probatur per ordinem 2. q. 3. § notandum versi abolitio et 3.q.3. § spacium ver. a procedente. C. de iudi. properandum et l. rem non novam. C. quomodo et quando iud. ea quae exc. de dolo et contu. veritatis ext. de iur. venientes. Et j. eo.ti.§.iuxta. ver.item non valet et per totum. 1 Item debet ferri secundum allegata et probata, et non secundum conscientiam, ut 3.q.7. iudicet ff. de offi. iud. or.si sacerdos 2 et de off. de leg. pastoralis..."

952 Vid. Nieva Fenoll, "La actuación de oficio del juez nacional europeo", *Justicia*, n. 1, pp. 181 y ss.

953 Destacando la impropia distinción objetiva-subjetiva, Serra Domínguez, Manuel, *Comentario al art. 1214*, en: "AAVV (dir. Albaladejo), Comentarios al Código Civil y compilaciones forales, Madrid 1991, p. 54. Vid. también las reflexiones de Jauernig / Hess, *Zivilprozessrecht*, München 2011, p. 203. Sobre el tema, vid. asimismo Devis Echandia, *Teoria general de la prueba judicial*, cit. p. 416.

954 *Feststellungslast*. Rosenberg, *Die Beweislast*, cit. p. 34.

955 Rosenberg, *Die Beweislast*, cit. pp. 76-77.

956 Rosenberg, *Die Beweislast*, cit. pp. 34 y ss.

957 Cfr. Devis Echandia, *Teoria general de la prueba judicial*, cit. p. 431.

958 Rosenberg, *Die Beweislast*, cit. pp. 34-35.

prueba[959], formando parte de un momento posterior la concreción de a quién le perjudica la falta de prueba de un hecho. La respuesta a lo anterior es obvia: perjudica a quien pretenda la aplicación de la consecuencia jurídica de ese hecho[960].

Pero esa cuestión se deja ya claramente para el final del proceso[961], cuando tras una actividad probatoria infructuosa se descubre la "insuficiencia de prueba" —*Beweislosigkeit*—, que es el concepto que a partir de entonces servirá de punto de partida para el uso y estudio de la carga de la prueba[962], lo que refuerza el cambio radical que operó inadvertidamente la institución, y del que creo que la doctrina posterior a Rosenberg en su enorme mayoría no ha sido consciente. La insuficiencia de prueba se puede descubrir solamente tras haber intentado valorar la prueba existente, aunque sea mínima. Y de ese modo se produce un decisivo desplazamiento del momento procesal en el que se tiene presente la carga de la prueba: no ya al principio del proceso como había sucedido antaño, sino directamente al final, en el momento del juicio, tras el fracaso de la valoración de la prueba.

Sin embargo, todo ello ya no forma parte de un "reparto de cargas", ni siquiera de una cuestión de "cargas", sino de la simple averiguación de los hechos en el proceso. En ese instante, en puridad, la carga de la prueba como concepto debió dejar de existir, puesto que ya carecía de toda utilidad.

En el fondo lo vino a reconocer el propio Rosenberg[963], aunque de pasada y con otra intención. Tratando de demostrar que las normas de carga de la prueba no son siempre necesarias en el proceso, argumenta —re-

---

959 Rosenberg, *Die Beweislast*, cit. p. 34: "*Die Feststellungslast sieht dagegen von jeder Tätigkeit der Parteien, streitige Tatsachen zur Feststellung zu bringen, ab; sie fragt nur danach, welche Tatsachen zur Erreichung des begehrten Prozeßziels fesstehen müssen, und bestimmt die Folgen der Ungewißheit eines Tatumstandes, gleichgültig, ob sie die eine oder die andere oder beide Parteien oder das Gericht um seine Feststellung bemüht haben*".

960 Rosenberg, *Die Beweislast*, cit. pp. 36-37.

961 Rosenberg, *Die Beweislast*, cit. p. 35.

962 Vid. Rosenberg, *Die Beweislast*, cit. pp. 35 y 55. Leipold, Dieter, *Comentario al §286 ZPO*, en: "Stein/Jonas, Kommentar zur ZPO, Tübingen 1997", p. 525. Rosenberg / Schwab / Gottwald, *Zivilprozeßrecht*, München 2011, p. 645. Montero Aroca, *La prueba en el proceso civil*, cit. p. 112. Serra Domínguez, Manuel, *Comentario al art. 1214*, cit. p. 55. Nieva Fenoll, "Los sistemas de valoración de la prueba y la carga de la prueba: nociones que precisan revisión", en *La ciencia jurisdiccional: novedad y tradición*, Madrid 2016, p. 271. Nieva Fenoll, *Derecho procesal II. Proceso civil*, Madrid 2015, p. 191. Escaler Bascompte, Ramon, *La carga de la prueba*, Barcelona 2017, p. 83.

963 Rosenberg, *Die Beweislast*, cit. p. 55.

produciendo la ya referida historia de la institución— que las mismas no entran en juego en caso de notoriedad, o bien cuando una parte ha confesado un hecho, o bien cuando un juez utiliza máximas de experiencia para construir su convicción... Cuando Rosenberg escribe —1923—, el uso del concepto de máxima de experiencia no estaba tan extendido[964], pero hoy sabemos que el mismo es una simple descripción del pensamiento judicial, es decir, de su simple raciocinio o intelecto, que lógicamente se utiliza siempre[965]. De haberse dado cuenta Rosenberg de ello, quizás hubiera sido otra su conclusión sobre la persistencia de la utilidad de la carga de la prueba en un proceso dominado por la libre valoración de la prueba[966].

6. LA ILOGIDAD DE LA IDEA RECTORA DE LA CARGA DE LA PRUEBA

Quizás, en realidad, estamos ante lo que ha sido la persistencia milenaria en una idea falsa. Esa idea es el pensamiento base de la carga de la prueba, recargada durante el período del sistema legal de valoración de la prueba y complicada aún más con las llamadas inversiones de la carga de la prueba, pese al intento de simplificación de la facilidad probatoria, más modernamente llamada carga dinámica de la prueba: que el que alega un hecho —lógicamente en su beneficio— lo pruebe.

Y es que a pesar de que esa idea base romana parece absolutamente lógica, en realidad no lo es[967]. Cuando el proceso era un asunto de las partes que intentaban demostrar algo ante un tercero, que era el juez, lo lógico es que el litigante demostrara lo que le beneficia, pero en realidad no es así. En cualquier proceso una parte afirma siempre hechos, sin más, y muchas veces no dispone de la prueba sobre los mismos. En la actualidad, siendo de ese modo, el litigante lo mejor que puede hacer es no iniciar el proceso, puesto que la otra parte no le va a ayudar, y difícilmente el juez podrá

---

964 Stein, Friedrich, *Das private Wissen des Richters*, Leipzig 1893, p. 15.

965 Vid. al respecto Serra Domínguez, Manuel, *Contribución al estudio de la prueba*, en: "Estudios de Derecho Procesal", Barcelona 1969, p. 362. Taruffo, Michele, *Libero convincimento del giudice. (I Diritto processuale civile)*, Enc. giur. Treccani, vol. XVIII, Roma 1990, p. 4. Taruffo, Michele, "Considerazioni sulle massime d'esperienza", *Rivista trimestrale di Diritto e procedura civile*, 2009, pp. 557 y ss.

966 Rosenberg, *Die Beweislast*, cit. p. 77.

967 Cfr. Serra Domínguez, Manuel, *Comentario al art. 1214*, cit. p. 56.

utilizar la prueba de oficio, simplemente por una lógica falta de medios muchas veces irremediable[968].

Pero fijémonos que ello no fue así siempre. Durante mucho tiempo se utilizó la ordalía para resolver los procesos. Cuando la misma se utilizaba, ambas partes carecían de prueba y el juez no tenía manera humana de saber qué había sucedido. Por ello se acudía a esa especie de "ojo que todo lo ve" de la época: la divinidad. Es curioso observar cómo ese fue el modo más ancestral de resolver las situaciones de insuficiencia probatoria. No se dejaba al litigante inerme ante su falta de recursos para probar los hechos que alegaba, sino que se le daba la opción de someterlos a ese juicio divino. De ese modo, la ordalía excluía la carga de la prueba[969].

Después —o contemporáneamente— vino la carga de la prueba. Ya no se contentaban los jueces con el recurso a la divinidad, sino que exigían a las partes que aportaran una prueba para creerles. En el fondo, ello suponía un alejamiento lento de la superstición porque siguió existiendo durante mucho tiempo el juramento, que no es sino una humanización de la ordalía[970]. Se exigió así que las partes probaran lo que alegaban, pero simplemente porque pareció lógico y justo que debiera perder el proceso quien no disponía de pruebas para demostrar lo que afirmaba.

Pero como digo, esa vía de salida estaba sustentada en un error de base. Constantemente vemos como las partes no disponen de prueba pese a tener toda la razón, y contra ese hecho intentan luchar las inversiones de la carga de la prueba —que suponen en el fondo una negación de la institución en su idea de base— o la más modernamente llamada "prueba de la apariencia"[971], que trata de aligerar la carga aparentemente sin invertirla. Pero el problema sigue siendo el mismo. En ocasiones se alegan hechos completamente ciertos en el proceso que no pueden ser demostrados.

En Roma se optó, como ya vimos, por una solución práctica: que pruebe el que alega, y si no prueba, perderá el proceso. Pero ello aleja al proceso jurisdiccional de la justicia, que con independencia de cuál sea su definición y fundamentos filosóficos, sólo se produce en cualquiera de los casos cuando el juez se aproxima en la mayor medida posible a la realidad de los

---

968 Jauernig / Hess, *Zivilprozessrecht*, cit. p. 103.

969 Vid. Nieva Fenoll, *La valoración de la prueba*, cit. pp. 41 y ss.

970 Patetta, *Le ordalie*, cit., pp. 14-15. Kohler, Josef, *Über das Recht in Afrika*, en: "Bechmann / Sendel, Kritische Vierteljahresschrift für Gesetzgebung und Rechtswissenschaft", Neue Folge, tomo XII, der ganzen Folge, tomo 31, München 1889, pp. 105-106.

971 Por todos, Rosenberg / Schwab / Gottwald, *Zivilprozessrecht*, p. 769.

hechos. En el fondo, la carga de la prueba no es más que una presunción mal construída que permite inferir que quien no tiene prueba de un hecho está alegando un hecho falso. La máxima de experiencia que sustenta esa presunción no tiene razón de ser. Muchas veces no quedan pruebas de un hecho, aunque sea cierto. En el proceso penal es muy frecuente esa situación —agresiones sexuales, por ejemplo—, pero el problema no es ajeno al proceso civil. Con frecuencia quien ha pagado una deuda no ha conservado la documentación que acredita el cumplimiento de la obligación, y no lo ha hecho no por mala fe, ni siquiera por descuido, sino simplemente porque confiaba en la buena fe de su acreedor, que no le reclamaría la deuda que ya cobró. Pero sabemos muy bien que eso no siempre es así.

En consecuencia, hace más de dos mil años debió buscarse una solución alternativa a la ordalía o a la carga de la prueba. Pero nunca llegó, o al menos no se impuso con la contundencia que hoy en día sí debiera tener.

7. UN PROCESO SIN CARGA DE LA PRUEBA

En consecuencia, ¿cabe imaginar un proceso sin la presencia de la carga de la prueba? Pues bien, aunque la misma sea reconocida por la mayoría de los ordenamientos, que siguen, como es obvio, una larguísima tradición histórica, la respuesta es indudablemente que sí.

La antes vista "carga objetiva de la prueba" dio la pauta para ello, porque en realidad esa carga objetiva no tiene nada que ver con una carga. En un proceso se valora la prueba, y deben optimizarse al máximo las oportunidades de hacerlo. Tras ello, si queda algún hecho ignoto, y ante la necesidad de evitar un *non liquet* que crearía mayor conflictividad social[972], lo que hay que hacer es simplemente no darlo por probado. Ello en el fondo es un auténtico *non liquet*, que en el proceso penal se interpreta favorablemente al reo[973] para protegerle del prejuicio social de culpabilidad[974], pero que en el resto de procesos puede dejarse perfectamente sin juzgar. No es que no haya sucedido el hecho; lo que sucede es que se ha intentado probar y no ha sido posible demostrar ni que existe ni que no existe. Y ante esa situación, no se puede aplicar la norma jurídica que parte de su existencia.

---

972 Serra Domínguez, Manuel, *Comentario al art. 1214*, cit. p. 51.

973 Sobre la inoportunidad de aplicar el concepto de carga de la prueba en el proceso penal, vid. Parra Quijano, Jairo, *Manual de Derecho probatorio*, cit. pp. 253 y ss.

974 Vid. Nieva Fenoll, *La duda en el proceso penal*, Madrid 2013, pp. 106 y ss.

Aunque podría ser diferente, no es la carga de la prueba la que asegura la viabilidad del juicio que finalmente se dicte, sino la cosa juzgada. No es que la sentencia declare que el hecho no ha existido, sino que no se puede volver a abrir un proceso por los mismos hechos, dado que no podemos estar poniendo constantemente en cuestión ante la justicia una misma situación. La cosa juzgada es una prohibición de reiteración de juicios[975], y el juicio en ese proceso es que se procuró probar un hecho pero no se pudo, y ya no se podrá probar nunca más. Proceder de modo contrario nos arrojaría al temido *non liquet* generalizado.

De esa manera, la cosa juzgada es la que cierra el sistema, y no la carga de la prueba. Pero cabe preguntarse qué cambia nuestros procesos esta nueva conclusión. En sentido práctico permite que a nadie le sea prejuzgada una pretensión por no disponer de prueba en fase de admisión, como todavía sucede con frecuencia, arrastrándose un modo de entender la institución extraordinariamente anticuado. Y es que obrando de esa forma se produce una lesión del derecho de defensa, dado que se impide actuar en el proceso a quien de entrada no dispone de prueba, pero nada impide que durante la práctica de la misma en el proceso surjan datos que lleven al juez a sustentar la pretensión de ese litigante.

Ello era imposible en el sistema legal de valoración de la prueba, que sí que asentaba con tremenda contundencia ese prejuicio. Pero en el sistema de valoración libre cambia todo. La prueba no sólo debe valorarse con libertad, sino que también debe practicarse con esa misma libertad a pesar de que *a priori* pueda parecer que uno de los litigantes carece de prueba. La prueba que aporte la otra parte puede acabar siendo contraria a sus intereses, cuestión que no hay que dejar de lado. Ocurre con frecuencia que un testigo declara justo lo contrario de lo que se esperaba de él, o que un dictamen pericial trae al proceso conclusiones diferentes de las previsibles. Es por ello por lo que es preciso aguardar a que la práctica de la prueba acabe, observándose después cuál ha sido su resultado, sin prejuicio de ninguna clase. De ese modo, un litigante en principio inerme probatoriamente, puede acabar ganando el proceso.

En sentido teórico la desaparición de la carga de la prueba es todavía más relevante. Se nos ahorra el estudio y explicación de un concepto sobreabundante, que en realidad carece de utilidad en el proceso y que cuando se aplica puede conducir a conclusiones desacertadas. Veámoslo.

---

975 Nieva Fenoll, *La cosa juzgada*, Barcelona 2006, p. 119.

8. LA INOPORTUNIDAD DE LAS INVERSIONES DE LA CARGA DE LA PRUEBA Y DE LA CARGA DINÁMICA DE LA PRUEBA O FACILIDAD PROBATORIA

Ya es injusto de por sí inferir que quien no tiene prueba no tiene razón, o peor aún, que quien no aporta prueba al proceso es porque la está ocultando, al serle adverso su contenido. Esa es la base del pensamiento que está detrás del principio de facilidad probatoria[976] —o carga dinámica de la prueba— y que en realidad es la idea inferencial básica de toda la institución de la carga de la prueba. Se exigió probar los hechos constitutivos al demandante porque es lo que *a priori* le es más fácil, y los impeditivos, extintivos y excluyentes al demandado por la misma razón.

Y cuando ello no funcionaba, se obró de la misma forma pero al revés, aunque de una manera curiosa. Si realmente existiera una inversión de la carga de la prueba se supondría que el demandante debería probar los hechos impeditivos, extintivos y excluyentes y que el demandado debería probar los hechos constitutivos. Pero no es así[977]. En los casos de inversión de carga de la prueba lo que sucede habitualmente es que al demandante le basta con alegar lo que afirme, siendo el demandado quien tiene que descartar la presencia del hecho constitutivo. Es decir, lo que sucede en estos supuestos es que el demandante es relevado de prueba. Se supone que de esa forma se favorece su posición en el proceso, que se supone débil, haciendo de ese modo que se materialice el principio de igualdad de partes.

Sin embargo, las cosas son muy distintas. Analizando simplemente las dos normas de inversión de carga de la prueba del art. 217 de la Ley de Enjuiciamiento Civil española[978] —idénticas o similares a las existentes legal

---

976 Cuyo origen remoto está en también en el siglo XIII, en de Fano, Martino, *Negativa qualiter probanda*, en: "AAVV, *Tractatus illustrium in utraque tum Pontificii, tum Caesarei iuris facultate Iurisconsultorum, De Probationibus*", T. IV, Venecia 1584, p. 12, n. 3 ("Probandi facilitas transmittit onus probationis. Legitimatio personae standi in iudicio per quem probanda"): "*Quarto fallit, quando illud quod negatur, esse quodmodo impossibilis probationis quo ad ipsum negantem, et facilis probationis quo ad adversarium. exemplum, si teneris mihi quolibet anno pro anima patris dicere unam missam, nam si allego te non dixisse hoc anno, impossibilis mihi esse talis probatio, et quo ad te facilis probatio censetur, merito tibi tale onus incumbit propter facilitatem. ad hoc induco Bald. in l. cum mulier in sua repeti solu matri.*" No obstante, Bentham, Jérémie, *Traité des preuves judiciaires*, Paris 1823, t. II, Lib. VII, cap. XVI, p. 163, se había referido también al mismo.

977 Cfr. Montero Aroca, *La prueba en el proceso civil*, cit. p. 126.

978 Sobre las mismas, vid. ampliamente Escaler Bascompte, *La carga de la prueba*, cit. pp. 114 y ss. Trujillo Cabrera, *La carga dinámica de la prueba*, Bogotá 2006, pp. 83 y ss.

o jurisprudencialmente en otros países— cabe concluir que si bien dichas normas están formuladas con la mejor intención, pueden producirse resultados absolutamente ajenos a su vocación:

- En los procesos sobre competencia desleal y publicidad ilícita (art. 217.4 LEC), la situación es que un empresario se ve afectado por la actividad comercial desleal, o por la publicidad engañosa, de otro empresario rival. Pues bien, demandando el primero al segundo, resulta que el demandado debe acreditar que su competencia no fue desleal o que la publicidad que realizó estaba basada en la veracidad, sin que el demandante deba acreditar esos extremos, sino simplemente denunciar el acto ilícito.

  Lo que cabe preguntarse es qué sucedería si no existiera una tal norma. Simplemente que el demandante demostraría indiciariamente su alegación y que el demandado la desmentiría. Es decir, lo mismo que sucede con esta supuesta norma de inversión, que planteada en estos términos lo cierto es que carece de sentido. La razón es la de siempre: la vigencia del sistema de valoración libre. Y es que, efectivamente, si la valoración de la prueba fuera legal, el demandante no tendría ninguna oportunidad al no poder probar de manera "plena" absolutamente nada, dado que los datos de la competencia y de la publicidad son comerciales y están en poder del demandado.

- En los procesos por discriminación por razón de sexo (art. 217.5 LEC), el demandado debe probar que no existió tal discriminación. Nuevamente, la carga de la prueba es ajena a ello. De no existir, el demandado haría exactamente lo mismo, aunque hay que reseñar que en este supuesto, la inversión puede sumir al demandado en una *probatio diabolica*[979]. Aunque se trate de medidas que se han concretado en actuaciones precisas, partiendo de una especie de sospecha legal va a ser casi imposible demostrar que no fueron discriminatorias, salvo que muy claramente las medidas estuvieran enfocadas a lo contrario: a salvaguardar la igualdad de género. Sea como fuere, la carga de la prueba tampoco se invierte en este caso ni tiene la más mínima trascendencia.

---

[979] Vid. Ormazabal Sánchez, *Discriminación y carga de la prueba en el proceso civil*, Madrid 2011, pp. 117 y ss. Escaler Bascompte, *La carga de la prueba*, cit. p. 98.

Y así sucede también con la aplicación de la facilidad probatoria[980] o carga dinámica[981]. En realidad la misma sólo es una relajación de los estrictos criterios de distribución de la carga propios del sistema de valoración legal, pero que pierde su sentido al no existir dichos criterios ni el sistema en el que se basa, que vedaba la prueba de los hechos negativos al basarse en el principio de que el actor debía probar los hechos constitutivos de su pretensión. Lo que sucede en el sistema de libre valoración es que los hechos se someterán a prueba en el proceso con independencia de quién aporte los medios al mismo. El demandado, en ese sistema de prueba libre, ya no puede esperar que el demandante no consiga probar su pretensión, sino que tiene que aportar la prueba necesaria para intentar ganar el proceso. Hacer lo contrario sería altamente imprudente, exista o no el criterio de la facilidad probatoria.

---

980 Besso-Marcheis, "La vicinanza della prova", *Revista Eletrônica de Direito Procesual*, v. 16, 2015, pp. 93 y ss. En: http://www.e-publicacoes.uerj.br/index.php/redp/article/view/19962/14303

981 Peyrano, Jorge W (dir. y coautor), *Cargas probatorias dinámicas*, Buenos aires 2008, en especial pp. 13 y ss, 19 y ss y 75 y ss.

CARGA DE LA PRUEBA Y ESTÁNDARES DE PRUEBA: DOS REMINISCENCIAS DEL PASADO

Publicado en InDret, 3/2020, pp. 406-437, en lengua alemana en ZZP, 2021, 134, XX, pp. 41-65, en lengua portuguesa en Revista da Faculdade de Direito da FMP, 2022, Porto Alegre, v. 17, n. 2, p. 116-138.

1. INTRODUCCIÓN

El destino de la prueba presentada en un proceso es valorarla racionalmente, es decir, de veras. No se pueden establecer atajos en este camino, aunque con frecuencia esa actividad de valoración sea tan sumamente difícil que, ciertamente, el jurista desearía disponer de algún tipo de herramienta, casi una piedra filosofal, para conocer cuál es la realidad de los hechos. Porque valorar la prueba consiste justamente en eso: en averiguar la realidad[982].

La dificultad no es nueva. Históricamente se intentaron ofrecer ayudas a los jueces. Las arcaicas normas de prueba legal del código de Hammurabi[983] dan buena prueba de ello, y todos los ejemplos establecidos en el

---

982 Lo explico *in extenso* en Nieva Fenoll, *La valoración de la prueba,* Madrid 2010.

983 Vid. las traducciones originales, que he alterado en parte, en Lara Peinado, Federico, *Código de Hammurabi,* Madrid 1997, p. 6. y ss:
§7 Si alguien manifiesta haber adquirido o recibido en depósito plata, oro, esclavo o esclava, buey, oveja o asno o cualquiera otra cosa, sin testigos ni contrato, será considerado reo de robo y condenado a muerte.
§10 Si el comprador no ha presentado al vendedor que le vendió la cosa, ni a los testigos en cuya presencia se efectuó la compra, y el dueño de la cosa perdida presenta testigos que atestigüen (la preexistencia de) la cosa (y el dominio) de dicho propietario, el comprador fue el ladrón: será castigado con la muerte. El propietario de la cosa perdida recobrará su propiedad.
§11 Si el propietario de la cosa perdida no presenta testigos que presten testimonio sobre dicho objeto, es un farsante, y puesto que denunció falsamente, será castigado con la muerte.
§13 Si los testigos del anterior denunciante no estuviesen localizables, los jueces le señalarán un plazo de seis meses. Y si al término del mismo no presenta sus testigos, será considerado un farsante y sufrirá en su totalidad la pena de este proceso.
§150: Si el marido donó a su esposa campo, huerta o casa, y le escribió un documento al respecto, después de la muerte del marido sus hijos no podrán reclamarle nada; la madre dejará en herencia esos bienes al hijo que prefiera, pero no a un extraño.

Corpus Iuris Civilis[984] —luego reproducidos en leyes medievales[985]— van por esa misma línea. Pero justamente en la Edad Media surgen dos institutos, no tanto llamados a hacer la vida más fácil a los jueces en este sentido, como más bien a poner fronteras a su labor[986], en la línea iniciada por el *secundum allegata et probata*[987] que configuraron AZZONE y ACCURSIO[988]. Así surgieron, como veremos seguidamente, tanto el *onus probandi* como las medidas de prueba, el antecedente de los actuales estándares de prueba y del *Beweismaß* alemán.

Sin embargo, sea cual fuere el origen de las instituciones, estas van mutando con el tiempo, y finalmente pueden acabar transformándose en algo irreconocible para sus creadores. Y es justamente esto lo que ha sucedido con las dos instituciones en cuestión. Probablemente si a un jurista medieval le habláramos de algo "más allá de toda duda razonable", o bien de

---

§182 Si un padre tiene una hija que sea sacerdotisa de Marduk de Babilonia y no la dotó escribiéndole un documento sellado, a la muerte del padre le corresponderá un tercio de la herencia, que podrá dejar en sucesión a quien prefiera.

§183: Si un padre tiene una hija concubina, y le da dote, le concede marido y le otorga documento sellado al respecto, a la muerte de su padre no heredará ningún bien.

984 Por ejemplo, Codex, Libro IV, título XX, nº 9, §1: *Simili modo sauximus, ut unius testimonium nemo iudicium in quacunque causa facile patiatur admitti. Et nunc manifeste sancimus, ut unius omnino testis responsio non audiatur, etiamsi praeclarae curiae honore praefulgeat.*

985 Fuero Juzgo, Lib. II, tít. II, VI. *En los pleytos que el iues oye, cada una de las partes debe dar sus pesquisas é sus pruevas, y el iuez debe catar qual prueva meior. E si por las pruevas non pudiere saber la verdad, estonze debe mandar el iues á aquel de quien se querellavan, que se salve por su sacramiento, que aquella cosa quel demandan, non la ovo, nin la a, ni sabe ende nada, ni lo cree, ni que non fizo aquello quel dizen. E pues que iurar aquel quel demandó tuerto, peche V. sueldos.* Vid. también Partida III, tít. XVI, Leyes 29 y 32.

986 Lo explico en Nieva Fenoll, "La actuación de oficio del juez nacional europeo", Diario La Ley, n. 9000, 14-6-2017, traducido al italiano en Nieva Fenoll, "I poteri d'ufficio del giudice nazionale europeo", Rivista Trimestrale di Diritto e Procedura Civile, 4, 2019, pp. 1223 y ss.

987 Vid. Nörr, K. W., *Zur Stellung des Richters im gelehrten Prozeß der Frühzeit: Iudex secundum allegata non secundum conscientiam iudicat,* München 1967.

988 AZZONE (o AZO o AZÓN), *Brocardica (aurea). sive generalia iuris,* Basilea 1567, rúbrica XX, p. 237: *Iudex debet ex conscientia iudicare, & econtrà.] Secundum allegata iudicare debet. Cum quaeritur, an iudex debeat iudicare secundum conscientiam suam, in causa civili vel criminali, distingue: utrum notum sit ei tamquam iudici, id est, ratione officii sui: an ut privato. In primo casu fertur sentencia secundum conscientiam suam; quae etiam potest dici allegatio. ut ff. de ser. l.2.&ff. Si fer. vend.1 surreptionem. & de minor. 25. anno.l.minor. Quid miri? nonne sert sententiam, secundum testificationes & confessiones, quas novit ut iudex? & et ita potest intellegi hoc generale. Si vero novit ut privatus, non debet ferre sententiam secundum conscientiam suam, sed secundum allegata. & ita intelligitur contraria Rubrica.* ACCURSIUS, e.a., *Corporis Iustinianaei Digestum Vetus, seu Pandectarum,* Vol. 6, Lyon 1604, p. 17: "*Iudex debet ferre sententiam, secundum allegata et probata, non secundum conscientiam.*"

"carga objetiva de la prueba", y le dijéramos que, junto con la subjetiva, es algo a utilizar solamente al final del proceso cuando aparece una situación de ausencia de prueba —*Beweislosigkeit*[989]—, no entendería absolutamente nada.

A continuación iré explicando poco a poco todo lo anterior acompañando la exposición de un relato ligero de la historia pero sin ninguna clase de prejuicio histórico. Bien al contrario, se comenzará la explicación concretando las definiciones que de ambos conceptos ofrece ahora mismo la doctrina. Después serán sometidas a la comprobación histórica y práctica, y de los resultados que objetivamente se obtengan se extraerán conclusiones precisas.

2. CONCEPTO Y VARIEDADES DE LA CARGA DE LA PRUEBA

La carga de la prueba no tiene una definición unívoca en absoluto. En realidad, se trata de una expresión que condensa diferentes ideas que no tienen tanto que ver entre sí como se piensa. De hecho, vamos a ver a continuación que realmente tienen bastante poco que ver.

En la Edad Media se construyó la noción de *onus probandi* recogiendo restos del proceso romano[990] sacados del contexto original[991]. Pero sea como fuere, se asentó la idea de que cada parte tenía que aportar prueba de lo que decía. Dicho de otro modo, que cada litigante poseía la carga de probar lo que afirmaba para tener una expectativa de ganar el proceso[992].

---

989 Vid. Rosenberg, *Die Beweislast*, Berlin 1923, pp. 35 y 55. Leipold, Dieter, *Comentario al §286 ZPO*, en: "Stein/Jonas, Kommentar zur ZPO, Tübingen 1997", p. 525. Rosenberg / Schwab / Gottwald, *Zivilprozeßrecht*, München 2018, p. 698. Montero Aroca, *La prueba en el proceso civil*, Cizur Menor 2005, p. 112. Serra Domínguez, Manuel, *Comentario al art. 1214*, en: "AAVV (dir. Albaladejo), Comentarios al Código Civil y compilaciones forales, Madrid 1991, p. 55. Nieva Fenoll, "Los sistemas de valoración de la prueba y la carga de la prueba: nociones que precisan revisión", en *La ciencia jurisdiccional: novedad y tradición*, Madrid 2016, p. 271. Nieva Fenoll, *Derecho procesal II. Proceso civil*, Valencia 2019, p. 201. Escaler Bascompte, Ramon, *La carga de la prueba*, Barcelona 2017, p. 83.

990 Kaser / Hackl, *Das römische Zivilprozessrecht*, München 1996, p. 493. PRÜTTING, Hanns, "Carga de la prueba y estándar probatorio: la influencia de Leo Rosenberg y Karl Heinz Schwab para el desarrollo del moderno Derecho probatorio", *Revista Ius et Praxis*, 2010, n. 1, p. 457.

991 Vid. Nörr, Knut Wolfgang, *Romanisch-kanonisches Prozessrecht*, Berlin 2012, pp. 78 y ss.

992 Lo explico en Nieva Fenoll, "La carga de la prueba: una reliquia histórica que debiera ser abolida", en Nieva / Ferrer / Giannini, *Contra la carga de la prueba*, Madrid 2019, pp. 25 y ss.

Ese fue el *onus probandi* y ese es, por tanto, el primer concepto de la carga de la prueba: la obligación de cada parte de traer pruebas al proceso en defensa de su posición. Era, además, una obligación muy antigua[993] y realmente bastante lógica, casi intuitiva. Si se parte de la máxima de la experiencia de que, salvo casos excepcionales, el adversario siempre obra en su propio beneficio y nada hace por su enemigo, la prueba era, en esa antigua concepción, una de sus principales armas para ganar el proceso.

El concepto es coincidente con la primera acepción moderna del descrito *onus probandi* medieval: la llamada *carga subjetiva de la prueba*, también denominada carga formal[994]. Supone precisamente eso, que cada parte debe aportar al proceso la prueba de los hechos que le son favorables[995], tal y como dispone de modo muy sintético, por ejemplo, el art. 196 del Código Procesal Civil peruano de 1993[996]. La doctrina incluso trazó un mapa de dichos hechos para orientar a los litigantes, estableciendo que el demandante debe probar los hechos constitutivos de su pretensión, y el demandante los hechos impeditivos, extintivos y excluyentes de dicha pretensión[997]. Sin tanto detalle pero con la misma idea de fondo, se habló en el *Common Law* de la *burden of production* en EEUU[998] o *evidential burden* en el Reino Unido[999], que son simplemente un remedo de la carga subjetiva con su mismo contenido.

Se confirma que se trata, por tanto, de la concepción originaria de la carga de la prueba después de la Edad Media. La doctrina posterior, consciente de lo injusto de la regla entendida de manera estricta, dibujó dife-

993 Kaser / Hackl, *Das römische Zivilprozessrecht*, cit. p. 118.

994 Vid. Sundelin, P., *Die Staats-Anwaltschaft in Deutschland*, Anklam 1860, p. 121.

995 Weber, Adolph Dieterich, *Ueber die Verbindlichkeit zur Beweisführung im Civilprozeß*, Halle 1805, pp. 154 y ss.

996 Artículo 196.- Carga de la prueba.- Salvo disposición legal diferente, la carga de probar corresponde a quien afirma hechos que configuran su pretensión, o a quien los contradice alegando nuevos hechos.

997 Leipold, Dieter, *Comentario al §286 ZPO*, en: “Stein/Jonas, Kommentar zur ZPO, Tübingen 1997”, p. 527. Vid. también D’Alessandro, E., “Onere della prova e legge applicabile”, *Giurisprudenza italiana*, Nov. 2018, p. 2546.

998 Redmayne, Mike, “Standards of Proof in Civil Litigation”, *Modern Law Review* 62, n. 2, marzo 1999, p. 172.

999 Dennis, *The Law of Evidence*, London 2013, p. 442.

rentes formas de suavizarla[1000]. Arrancó Bentham[1001] con una antigua idea medieval[1002] que rescata en su conocido libro sobre la materia, y que establece que debe tener la carga —siempre subjetiva— de la prueba la parte a la que le resulte más fácil probar un hecho, es decir, lo que la doctrina posteriormente llamó *facilidad probatoria*[1003] o en Italia *vicinanza probatoria*[1004]. Esa idea, obviamente, alteraba el original y estricto reparto.

En esa misma idea se basaron después las llamadas inversiones de la carga de la prueba —que si bien se piensa no tienen nada de inversiones—, y aún más adelante esa idea cargada de inseguridad jurídica que constituye la llamada *carga dinámica de la prueba*[1005], que ha quedado reflejada en el art. 217.7 de la Ley de Enjuiciamiento Civil española[1006], o en el art. 167

1000 Vid. su estricto —y sorprendente— funcionamiento en el antiguo periodo en Lessona, Carlo, *Teoría general de la prueba en Derecho Civil*, Parte General, Trad. de Enrique Aguilera de Paz, Madrid 1928, pp. 118 y ss.

1001 Bentham, Jérémie, *Traité des preuves judiciaires*, Paris 1823, t. II, Lib. VII, cap. XVI, p. 163.

1002 De Fano, Martino, *Negativa qualiter probanda*, en: "AAVV, *Tractatus illustrium in utraque tum Pontificii, tum Caesarei iuris facultate Iurisconsultorum, De Probationibus*", T. IV, Venecia 1584, p. 12, n. 3 ("Probandi facilitas transmittit onus probationis. Legitimatio personae standi in iudicio per quem probanda"): "*Quarto fallit, quando illud quod negatur, esse quodmodo impossibilis probationis quo ad ipsum negantem, et facilis probationis quo ad adversarium. exemplum, si teneris mihi quolibet anno pro anima patris dicere unam missam, nam si allego te non dixisse hoc anno, impossibilis mihi esse talis probatio, et quo ad te facilis probatio censetur, merito tibi tale onus incumbit propter facilitatem. ad hoc induco Bald. in l. cum mulier in sua repeti solu matri.*"

1003 Serra Domínguez, Manuel, *Comentario al art. 1252 del Código Civil*, en: "Comentarios al Código Civil y compilaciones forales" (dirigidos por Albaladejo), Madrid 1991, tomo XVI, vol. 2, pp. 66-68.

1004 Besso-Marcheis, "La vicinanza della prova", *Revista Eletrônica de Direito Procesual*, v. 16, 2015, pp. 93 y ss. En: http://www.e-publicacoes.uerj.br/index.php/redp/article/view/19962/14303

1005 Peyrano, Jorge W (dir. y coautor), *Cargas probatorias dinámicas*, Buenos aires 2008, en especial pp. 13 y ss, 19 y ss y 75 y ss.

1006 Artículo 217. Carga de la prueba. 1. Cuando, al tiempo de dictar sentencia o resolución semejante, el tribunal considerase dudosos unos hechos relevantes para la decisión, desestimará las pretensiones del actor o del reconviniente, o las del demandado o reconvenido, según corresponda a unos u otros la carga de probar los hechos que permanezcan inciertos y fundamenten las pretensiones.
2. Corresponde al actor y al demandado reconviniente la carga de probar la certeza de los hechos de los que ordinariamente se desprenda, según las normas jurídicas a ellos aplicables, el efecto jurídico correspondiente a las pretensiones de la demanda y de la reconvención.

del Código General del Proceso colombiano de 2012[1007] o en el art. 214 del Anteproyecto de Código Procesal Civil y Comercial de la Nación argentina de 2019[1008]. En realidad, como vienen a reconocer estas normas, no se trata

---

3. Incumbe al demandado y al actor reconvenido la carga de probar los hechos que, conforme a las normas que les sean aplicables, impidan, extingan o enerven la eficacia jurídica de los hechos a que se refiere el apartado anterior.
4. En los procesos sobre competencia desleal y sobre publicidad ilícita corresponderá al demandado la carga de la prueba de la exactitud y veracidad de las indicaciones y manifestaciones realizadas y de los datos materiales que la publicidad exprese, respectivamente.
5. De acuerdo con las leyes procesales, en aquellos procedimientos en los que las alegaciones de la parte actora se fundamenten en actuaciones discriminatorias por razón del sexo, corresponderá al demandado probar la ausencia de discriminación en las medidas adoptadas y de su proporcionalidad.
A los efectos de lo dispuesto en el párrafo anterior, el órgano judicial, a instancia de parte, podrá recabar, si lo estimase útil y pertinente, informe o dictamen de los organismos públicos competentes.
6. Las normas contenidas en los apartados precedentes se aplicarán siempre que una disposición legal expresa no distribuya con criterios especiales la carga de probar los hechos relevantes.
7. Para la aplicación de lo dispuesto en los apartados anteriores de este artículo el tribunal deberá tener presente la disponibilidad y facilidad probatoria que corresponde a cada una de las partes del litigio.

1007 Artículo 167. Carga de la prueba. Incumbe a las partes probar el supuesto de hecho de las normas que consagran el efecto jurídico que ellas persiguen. No obstante, según las particularidades del caso, el juez podrá, de oficio o a petición de parte, distribuir la carga al decretar las pruebas, durante su práctica o en cualquier momento del proceso antes de fallar, exigiendo probar determinado hecho a la parte que se encuentre en una situación más favorable para aportar las evidencias o esclarecer los hechos controvertidos. La parte se considerará en mejor posición para probar en virtud de su cercanía con el material probatorio, por tener en su poder el objeto de prueba, por circunstancias técnicas especiales, por haber intervenido directamente en los hechos que dieron lugar al litigio, o por estado de indefensión o de incapacidad en la cual se encuentre la contraparte, entre otras circunstancias similares. Cuando el juez adopte esta decisión, que será susceptible de recurso, otorgará a la parte correspondiente el término necesario para aportar o solicitar la respectiva prueba, la cual se someterá a las reglas de contradicción previstas en este código. Los hechos notorios y las afirmaciones o negaciones indefinidas no requieren prueba.

1008 Artículo 214.- Carga de la prueba. Incumbirá la carga de la prueba a la parte que afirme la existencia de un hecho controvertido o de un precepto jurídico que el juez o el tribunal no tenga el deber de conocer. Incumbirá a cada una de las partes la carga de probar el presupuesto fáctico de las normas favorables a su pretensión, defensa o excepción. No obstante, según las particularidades del caso, el juez podrá, de oficio o a petición de parte, distribuir la carga al ordenar las pruebas, exigiendo probar determinado hecho a la parte que se encuentre en una situación más favorable para aportar las evidencias o esclarecer los hechos controvertidos. Se considerará en mejor posición para probar a la parte en virtud de su cercanía con el material probatorio,

más que la mismísima facilidad probatoria designada con un nombre quizás más atractivo para algunos observadores. Pero en todo caso seguimos hablando de lo mismo: de la carga subjetiva y de sus matizaciones. Curioso a veces el empeño de la doctrina por complicar terminológicamente conceptos que bastantes problemas traen por sí mismos. Un último ejemplo de esta tendencia es la llamada por algunos autores *tactical burden of the proof*[1009], que significa ni más ni menos que conforme va avanzando el proceso y las partes exponiendo sus pruebas, dependiendo de la fuerza que pueda tener un argumento probatorio de una parte, la contraria se ve forzada a presentar un medio de prueba más convincente. Pura lógica de estrategia probatoria de cualquier proceso elevada a una categoría doctrinal que tampoco tiene la más mínima utilidad. Dicho de otro modo, seguimos en el ámbito de la carga subjetiva.

Sin embargo, todo lo anterior ya apunta al siguiente concepto, probablemente el más oscuro de todos los que afectan —podría decirse "aquejan"— a la carga de la prueba: la *carga objetiva*, originalmente denominada carga material[1010] o carga de averiguación[1011], denominación esta última muy indicativa de lo que significa[1012]. Con la misma se designaría, no al litigante que debe probar un hecho, sino directamente a los hechos que deben ser probados en el proceso para poder emitir el juicio. El concepto, según la concepción original de Glaser[1013], haría frente al riesgo de que el juez, al no poderse probar un hecho, dé por probado automáticamente el contrario. Ese riesgo lo sufriría el litigante beneficiado por ese hecho. Por

---

por tener en su poder el objeto de prueba, por circunstancias técnicas especiales, por haber intervenido directamente en los hechos que dieron lugar al litigio, o por estado de indefensión o de incapacidad en la cual se encuentre la contraparte, entre otras circunstancias similares. A la parte a quien se imponga la carga se le otorgará el plazo suficiente para ofrecer la prueba.

1009 Gordon, Thomas F. / Walton, Douglas, "A formal model of legal proof standards and burdens", en Emeren, F. H. van (Ed.); Garssen, B. (Ed.); Godden, D. (Ed.); Meuffels, B. (Ed.); International Society for the Study of Argumentation —ISSA—: *7th Conference of the International Society for the Study of Argumentation 2010. Proceedings*: Amsterdam, June 29 to July 2, 2010, Amsterdam: Sic Sac, 2011, pp. 644 y ss. Prakken, H. / Sartor, G., "A Logical Analysis of Burdens of Proof". en Kaptein, H. / Prakken, H. /Verheij, B. (Eds.), *Legal Evidence and Proof: Statistics, Stories, Logic,* Farnham 2009, pp. 223 y ss. Bex, F. / Walton, D., "Burdens and standards of proof for inference to the best explanation: three case studies", *Law, Probability and Risk* 11, 2012, p. 118.

1010 Glaser, Julius, *Handbuch des Strafprozesses*, vol. I, 1883, p. 364.

1011 Sobre la cuestión terminológica, vid. Rosenberg, *Die Beweislast*, cit. pp. 26-27.

1012 Rosenberg, *Die Beweislast,* cit. p. 34.

1013 Glaser, Julius, *Handbuch des Strafprozesses*, vol. I, 1883, p. 364.

tanto, la carga objetiva de la prueba consistiría en determinar, no a qué litigante le es más fácil probar un hecho —esa es la carga subjetiva—, sino a qué parte perjudicará la falta de prueba de un hecho.

Sin embargo, es muy importante saber que esa noción —algo extraña y en buena medida tautológica de la de carga subjetiva[1014]— provenía del proceso penal, y servía sobre todo para explicar por qué el acusado, sin tener la carga subjetiva de la prueba y por tanto sin tener que cumplir con la obligación de aportar medios de convicción, podía finalmente resultar condenado. Sea como fuere, el concepto pasó al terreno del proceso civil y sufrió una intensa reelaboración por parte de Rosenberg[1015], que es quien, en mi opinión, le da auténtico contenido aunque también aquel que, llevando la lógica de sus ideas hasta el final, le acaba sustrayendo ese contenido, como vamos a ver.

Dice Rosenberg[1016], hablando de la carga subjetiva de la prueba, que el concepto inicial habría evolucionado en el sentido de superar la concepción original de *onus probandi* en el sistema de prueba legal. En ese sistema, como se explicará después, los pleitos se decidían en función de si cada parte había aportado o no sus pruebas, y no en razón de su valoración. Es decir, se verificaba solamente si la parte demandante había aportado su prueba y la demandada la suya. Y después, para ver quién ganaba el proceso, se pesaba o sumaba la prueba aportada por cada parte en función de los estándares *plena probatio* y *semiplena probatio* que veremos en el siguiente epígrafe, pero nada más, es decir, no se valoraba realmente —es decir, racionalmente— la prueba.

Pues bien, Rosenberg[1017] nos dice que a partir de la introducción de la frase "*unter Berücksichtigung des gesamten Inhalts der Verhandlungen*"[1018] en el §286 ZPO[1019], ya habría dejado de importar quién aportaba la prueba,

---

1014 La carga subjetiva indica a qué parte le es más fácil probar un hecho y, si no lo hace, esa será la parte perjudicada por la falta de prueba del hecho, lo que es la carga objetiva pero supone una identidad con la carga subjetiva en gran medida, con la principal excepción del acusado en el proceso penal, como vamos a ver.

1015 Rosenberg, *Die Beweislast*, cit. pp. 34 y ss.

1016 Rosenberg, *Die Beweislast*, cit. pp. 28 y ss.

1017 Rosenberg, *Die Beweislast*, cit. p. 30.

1018 Traducción: "considerando el contenido global de las actuaciones".

1019 **§ 286 Freie Beweiswürdigung.** (1) Das Gericht hat unter Berücksichtigung des gesamten Inhalts der Verhandlungen und des Ergebnisses einer etwaigen Beweisaufnahme nach freier Überzeugung zu entscheiden, ob eine tatsächliche Behauptung für wahr oder für nicht wahr zu erachten sei. In dem Urteil sind die Gründe anzugeben, die für

sino que el tribunal la valoraría con independencia de ese hecho, es decir, tomaría en consideración todo el material aportado por las partes sin tener en cuenta cuál de ellas lo había aportado. Ese precepto, por cierto, fue el que introdujo el sistema de libre valoración en Alemania. Y estamos también ante la tenebrosa génesis que nunca explicó Chiovenda[1020] —que lo expuso sin citarlo— del llamado "principio de adquisición" por las doctrinas italiana[1021] e hispana, que es importantísimo en la materia que estamos analizando. Ese origen no es más que la consecuencia lógica de la introducción del sistema de libre valoración. Con el mismo se dejaba atrás el antiguo sistema —el de prueba legal— y se introducía el nuevo, el de libre valoración, en el que el *onus probandi* —la carga subjetiva— había dejado de tener, como se acaba de evidenciar, sentido alguno. Ya no importaba en absoluto qué litigante aportaba las pruebas al proceso. En ese momento debió haberse eliminado por la doctrina el concepto de carga de la prueba porque era una pieza de un sistema, el legal, que en gran medida había dejado de existir.

Hubo quien señaló esta fatal consecuencia en su día[1022], pero Wach[1023], siendo muy joven[1024], descalificó con evidente soberbia a quien sostuvo esa tesis, muy probablemente por considerar que la misma abría las puertas

---

die richterliche Überzeugung leitend gewesen sind. (2) An gesetzliche Beweisregeln ist das Gericht nur in den durch dieses Gesetz bezeichneten Fällen gebunden.

1020 Chiovenda, Giuseppe, *Principi di Diritto Processuale,* 3ª ed. Napoli 1923, p. 748.

1021 Vid. Taruffo, M., "La valutazione delle prove", en AAVV (dir. Taruffo), *La prova nel processo civile,* Milano 2012, en la serie Cicu / Messineo / Mengoni / Schlesinger, *Trattato di Diritto civile e commerciale* pp. 249 y ss.

1022 Kohler, Josef (con Holtzendorff), *Encyclopädie der Rechtswissenschaft,* vol. 3, Leipzig 1904, pp. 315 y ss. BAR, L., *Recht und Beweis im Zivilprozesse,* Leipzig 1867, pp. 46 y ss.

1023 Wach, Adolf, *Der Entwurf einer deutschen Civilprozeßordnung,* Kritische Vierteljahresschrift für Gesetzgebung und Rechtswissenschaft vol. 14 1872, p. 357: "*Eine der größten Thorheiten der Reformjurisprudenz ist die Behauptung, die freie Beweistheorie führe zur Beseitigung der Grundsätze über Vertheilung der Beweislast. Sie beruht auf einer groben Verwechslung des inquisitorischen Princips des Strafprocesses, der Pflicht des Richters zur selbstthätigen Beschaffung der Beweise und der Emancipation von Beweisregeln bei Beurtheilung des von der Parteien gelieferten Materials. Die vielgehörte Erwägung, weil der Richter aus dem Ergebnis der ganzen Verhandlung unter Würdigung aller Umstände sich seine Ueberzeugung zu bilden habe, so kann nur noch darauf ankommen, ob bewiesen ist, nicht wer zu beweisen und beweisen habe, ist ein Trugschlug. Dem Richter kann es allerdings gleich sein, wer bewiesen hat, wenn bewiesen ist, aber nicht wer zu beweisen hatte, wenn nicht bewiesen ist. Die Sätze* actore non probante reus absolvitur *und* reus excipiendo actor fit *bleiben unerschüttert* (...)".

1024 Había nacido en 1843 en Kulm (la actual Chełmno), por lo que en el momento de publicarse su escrito tenía 29 años.

a la vigencia del principio inquisitivo en el proceso[1025], cuando no es así. Sea como fuere, es muy probable que Wach influyera en buena parte de la doctrina por la difusión de sus ideas, y también en Rosenberg en este particular —no así en otros muchos aspectos del mismo tema— cuando este redactó la primera versión de su libro al respecto en 1900. De hecho, Wach, entre otros, recensionó el libro de Rosenberg en 1925[1026] y consta que se conocían[1027]. Quién sabe si esas circunstancias influyeron en Rosenberg para perpetrar un auténtico acto de nostalgia científica difícilmente explicable, reafirmando con mayor influencia que ningún otro autor la idea de Glaser. Y así se dispuso, primero, a no plantear —sorprendentemente— la abolición del concepto de carga subjetiva —pese a lo que había dicho al respecto— y, segundo —en contra de la opinión de Wach[1028]—, a asentar el concepto de carga objetiva o de carga de averiguación, que debe hacerse notar que no es sino una consecuencia de la abolición del concepto de carga subjetiva y que, en el fondo, trata de mantener doctrinalmente esa antigua idea aunque sea pendiente de un hilo. Y así afirmó que aunque ya no interesaba, en realidad, quién había aportado la prueba en el proceso a efectos de valoración, aún era interesante determinar a quién iba a perjudicar la falta de prueba de un hecho con independencia de su actuación en el proceso. Y ese es el único contenido de la carga objetiva. No tiene más[1029].

Y digo que no tiene más porque a partir de ese momento, como viene a reconocer el propio Rosenberg, el concepto se separa definitivamente de la definición de "carga", porque en realidad la carga no la tiene nadie, sino que sin la prueba de esos hechos, no es que el proceso no pueda resolverse, sino que, en verdad, la noción de carga objetiva supera por completo el

1025 Se deduce claramente del texto de la nota anterior. Wach, *Der Entwurf einer deutschen Civilprozeßordnung*, cit. pp. 331 y ss, 357-358.

1026 Wach, Adolf, "Rez. Rosenberg, Beweislast, 2. Auflage", *Juristische Wochenschrift*, 54, 1925, p. 722.

1027 Gräfe, Ulrike, *Leo Rosenberg - Leben und Wirken (1879-1963)*, Berlin 2011, pp. 46 y ss.

1028 Wach, "Beweislast nach dem BGB", *ZZP*, 29, 1901, pp. 363-364., definió la carga material como un "gegenstandsloser Begriff", es decir, un concepto sin objeto.

1029 Vid. el propio Rosenberg, Leo, *Lehrbuch des Deutschen Zivilprozeßrechts*, Berlin 1929, p. 368. Y detrás de éñ, toda la manualística: Pohle, Petra, *Zivilprozessrecht*, München 2014, p. 153, Lüke, Wolfgang, *Zivilprozessrecht*, München 2011, p. 273, Jauernig, Othmar / Hess, Burkhard, *Zivilprozessrecht*, München 2011, pp. 202-203. Musielak, Hans-Joachim, *Grundkurs ZPO*, München 2002, p. 279. Grunsky, *Zivilprozessrecht*, Bielefeld 2003, p. 40. Schilken, Eberhard, *Zivilprozessrecht*, München 2006, pp. 271-272, o la propia edición actual del manual de Rosenberg: Rosenberg / Schwab / Gottwald, *Zivilprozeßrecht*, München 2018, p. 697.

reparto de responsabilidades probatorias entre los litigantes y describe un espacio de incógnitas fácticas que debieran ser resueltas para poder emitir el juicio jurisdiccional. El concepto podría ser relevante en los procesos en los que puede practicarse prueba de oficio, porque de algún modo puede decirse que sirve para orientar la labor del juez —aunque estaría perfectamente orientada sin el mismo, como se verá después—, pero fuera de ello sólo marca el campo de actuación de la carga subjetiva, lo que provoca la —casi completa— tautología a la que antes me referí. Es decir, la carga objetiva expresaría los hechos que deben probarse, y la subjetiva quién debe hacerlo. Por ello se ha dicho que en un orden lógico primero se considera la carga objetiva, y después la subjetiva[1030].

Pero como decía, ello obscurece definitivamente el concepto de "carga", alejándolo por completo del originario *onus probandi*. Con el concepto de "carga" objetiva estamos más bien ante un listado de hechos a probar, y que deben ser demostrados a través de los medios de prueba que serán objeto de valoración judicial. Y es justo en ese punto en el que se abre la pregunta de qué fuerza debe tener la prueba que se obtenga en el proceso para satisfacer la convicción judicial. Es como si de repente, la palabra "carga", de designar una especie de "obligación" para las partes, adoptara una significación más literal y pasara directamente a ser un "peso" que debe tener la prueba para ser convincente.

Sin embargo, se trata de un salto argumental realmente insalvable, porque se pasa de la cuestión de quién aporta la prueba a su valoración, que son cosas absolutamente diferentes y que sólo cabría relacionar, como veremos después, en un sistema de prueba legal en el que, precisamente, la cuestión de quién aporta la prueba, no es sólo que asista a la valoración del juez, sino que sustituye a dicha valoración[1031]. De esa consciencia implícita viene que Rosenberg[1032], completamente orientado por el sistema de valoración libre y tratando de superar el legal, dijera que las normas de carga de la prueba no son necesarias cuando el hecho es notorio, cuando

---

1030 Vid. Rosenberg / Schwab / Gottwald, *Zivilprozeßrecht*, München 2018, p. 697, LAUMEN, Hans-Willi, "Grundbegriffe der Beweislast", en Baumgärtel / Laumen / Prütting, *Handbuch der Beweislast*, München 2009, pp. 42-43.

1031 Es absolutamente fundamental leer a Taruffo, Michele, *Studi sulla rilevanza della prova*, Padova 1970, pp. 14-18, para entender hasta sus últimas consecuencias los antecedentes y esencia de lo que acabo de afirmar, que también confundieron a Micheli, Gian Antonio, en su *L'onere della prova*, Padova 1966, pp. 141 y ss.

1032 Rosenberg, *Die Beweislast*, cit. p. 55.

ha sido confesado por un litigante o cuando un juez utiliza máximas de la experiencia para construir su convicción.

Poco a nada consciente fue Rosenberg de las consecuencias de esta última frase, que influyó, por cierto, en el art. 139 de Código General del Proceso de Uruguay de 1988[1033] o en parte en el art. 136 del Código Procesal Civil boliviano de 2013[1034]. Si la incógnita sobre los hechos se resuelve a través de máximas de experiencia, es decir, a través del razonamiento lógico del juez expresando en su sentencia la impresión que le provoca la práctica del medio de prueba, se acaba sustituyendo a la carga —ahora objetiva— de la prueba por el sistema de libre valoración. Algo querrá decir que Laumen[1035], recogiendo la opinión de Bender, Nack y Treuer[1036], reconozca que casi todas las pruebas —salvo el reconocimiento judicial— son indirectas, es decir, indicios[1037].

No deja de resultar curioso, y hasta revelador, que Rosenberg en la página inmediatamente anterior[1038] de su obra diga que no se puede distinguir la respuesta a la pregunta "¿qué se debe probar?" de la que tenga la pregunta "¿quién debe probar?", ya que la respuesta a la primera pregunta da la respuesta también a la segunda, dado que no se puede separar la respuesta a ambas preguntas. De ese modo, carga objetiva y subjetiva irían de la mano. Es también revelador que cambiando de sistema jurídico, el concepto complementario al de *burden of production* en el *Common Law* sea el de *burden of persuasion* —o *persuasive burden o probative burden* en el Reino

---

1033 Artículo 139.- Carga de la prueba. 1 Corresponde probar, a quien pretende algo, los hechos constitutivos de su pretensión; quien contradiga la pretensión de su adversario tendrá la carga de probar los hechos modificativos, impeditivos o extintivos de aquella pretensión.
2. La distribución de la carga de la prueba no obstará a la iniciativa probatoria del tribunal ni a su apreciación, conforme con las reglas de la sana crítica, de las omisiones o deficiencias de la prueba.

1034 Artículo 136. (carga de la prueba). I Quien pretende un derecho, debe probar los hechos constitutivos de su pretensión. II. Quien contradiga la pretensión de su adversario, debe probar los hechos impeditivos, modificatorios o extintivos del derecho de la parte actora. III. La carga de la prueba que el presente Código impone a las partes no impedirá la iniciativa probatoria de la autoridad judicial.

1035 Laumen, "Grundbegriffe der Beweislast", cit. p. 308.

1036 Bender, Rolf / Nack, Armin / Treuer, Wolf-Dieter, *Tatsachenfeststellung vor Gericht*, München 2007, p. 145.

1037 Enfoque ya expresado en Bender, Rolf / Nack, Armin, *Grundzüge einer Allgemeinen Beweislehre*, Deutsche Richterzeitung 1980, p. 121 y que comparte con Muñoz Sabaté, Lluís, *Técnica probatoria*, 3ª ed., Barcelona 1993, p. 20.

1038 Rosenberg, *Die Beweislast*, cit. p. 54.

Unido[1039]—, pensado sobre todo para el jurado, y que justamente el mismo se centre en qué "estándares de prueba" deben alcanzarse para dar por probado un hecho en cada proceso. Es decir, como vamos a ver en el apartado siguiente, qué niveles de convicción debe tener el juez para dar por probado un hecho[1040]. Y ello conduce al paso final no tan claramente dado por la doctrina alemana: se acaba identificando la carga de la prueba con la valoración de la misma, lo que deja sin contenido al concepto de *carga objetiva* y al de *burden of persuasion*. Es decir, bajo ambas nociones se está describiendo en realidad la valoración de la prueba, centrándose en el nivel de convicción, es decir, en la propia esencia de la valoración de la prueba.

En consecuencia, el concepto, o deja de llamarse "carga" —salvo que se la identifique con un peso, como se dijo—, o simplemente se convierte en redundante del de valoración.

Pero se deduce aún otra consecuencia importante del concepto de carga objetiva a la que ya se hizo referencia pero que merece la pena recordar, y que es un nuevo resultado del sistema de libre valoración y que supera la versión originaria del principio dispositivo en el que estaba basado el sistema legal como forma de controlar al juez. En el proceso se identifican hechos que deben probarse pero, como hemos visto, por mor del principio de adquisición ya no importa quién los traiga, de manera que las pruebas aportadas por una parte y que en principio le benefician, pueden contener detalles que acaben beneficiando a la parte contraria. Y ello es relevante a efectos de valoración, porque lo que importa es que el hecho sea objeto de prueba para esclarecerlo, con independencia de quién contribuya a aclararlo, que como ya se dijo era lo único que importaba en el sistema de prueba legal. Sucede constantemente que un documento tiene detalles que pueden beneficiar al adversario, o bien que un testigo se convierte en hostil. Y ello no importa, puesto que la información que aportan esos medios de prueba es útil para el proceso, con independencia de quién aporte la prueba. Todo lo descrito, ya se ha dicho, es el llamado desde Chiovenda "principio de adquisición", que curiosamente ha sido objeto de un estudio bastante superficial, dado que su contenido se considera simplemente lógico[1041].

1039 Dennis, *The Law of Evidence*, cit. p. 441.

1040 Bex / Walton, "Burdens and standards of proof for inference to the best explanation: three case studies", cit. p. 113, 117.

1041 Vid. nuevamente Taruffo, *Studi sulla rilevanza della prova*, cit. pp. 14-18.

Y en realidad, lo es. Es una simple consecuencia del sistema de libre valoración, en el que se espera de las partes que colaboren con el juez en el esclarecimiento de los hechos[1042], y no solamente que aporten medios de prueba que les beneficien, como ocurría bajo el dominio del sistema de prueba legal. Y es que finalmente el proceso, en nuestra época, se ha convertido en lo que nunca debió dejar de ser: un espacio que ponga al juez en las mejores condiciones para recibir las alegaciones de las partes y la prueba de los hechos, valorándolos libremente sin recurrir a los atajos de la carga subjetiva de la prueba, que muchas veces provocan resultados absurdos.

Con ello se completa una evolución, pero a la vez desaparece un concepto[1043]. Bajo el sistema de prueba libre, la utilidad de la carga objetiva se identifica con la valoración de la prueba, y la carga subjetiva deja de tener sentido con el principio de adquisición. Era quizás el único destino posible para dos instituciones que derivaban del sistema legal y tenían su lógica en ese sistema. Lo vamos a ver a continuación.

3. CONCEPTO Y VARIEDADES DE ESTÁNDARES DE PRUEBA

Hay que profundizar en los entresijos de esa "carga" objetiva, tan similar a la *burden of persuasion* si se mira la esencia de ambas y no se atiende solamente a las definiciones doctrinales que sólo hacen que disponer fronteras artificiales entre nociones análogas o idénticas.

A lo largo de la historia y en diversas culturas jurídicas ha existido la referencia a los que actualmente se llaman, por influencia anglosajona, "estándares de prueba"[1044]. Resulta sumamente interesante tomar en consideración que se trata de una temática abordada recurrentemente, a veces de manera cerrada y otras de modo más abierto, como sucede actualmen-

---

1042 Rosenberg, Leo / Schwab, Karl Heinz / Gottwald, Peter, *Zivilprozessrecht*, cit. pp. 427-428.

1043 Lo apuntó o intuyó en su día Muñoz Sabaté, Lluís, *Técnica probatoria*, Barcelona 1967, p. 46.

1044 Una perspectiva comparatista, aunque con errores, puede verse en Clermont, K. M. / Sherwin, E., "A Comparative View of Standards of Proof", *American Journal of Comparative Law* 50, n. 2, primavera 2002, pp. 243 y ss. Vid. los errores de este artículo señalados y debidamente subsanados por Taruffo, M., "Rethinking the Standards of Proof", *American Journal of Comparative Law* 51, n. 3 verano 2003, pp. 659 y ss. Vid. también Clermont, K. M., "Standards of Proof Revisited", *Cornell Law Faculty Publications*, 13, 2009, pp. 469 y ss.

te. Se ha llegado a decir que "*standards of proof are a simple concept, unless you stop to think about them.*"[1045] No es una mala orientación de partida, aunque quizás sea errónea en su destino.

Los primeros en surgir en la historia fueron los estándares del sistema de prueba legal. Conocía solamente dos de esos estándares[1046], más un tercero que a veces se citaba pero que tenía una definición sumamente imprecisa para el proceso penal. Me refiero a la *plena probatio*, la *semiplena probatio* y, finalmente, a ese tercer estándar que conocían algunos autores llamado *probatio plenissima*, al que apenas me referiré por ser extraordinariamente impreciso su contenido[1047].

La *plena probatio* fue el estándar de convicción —en principio— máxima que se podía alcanzar en el proceso. Se llegaba al mismo disponiendo de un documento público —muchas veces se decía cuál debía ser exactamente[1048]—, o bien dos testigos presenciales, o bien a través del juramento. En realidad, en todo caso se trataba de un mismo trasfondo: el juramento. Y es que detrás de un documento público había un fedatario que juraba que era cierto, o bien los dos testigos juraban, o bien el propio litigante juraba. Por tanto, se trataba de un estándar netamente religioso para ser exactos, que hacía depender la convicción judicial de la fe, lo que lo relacionaba con la ordalía. De hecho, el juramento es una civilización de esa ordalía que suprimía el bestialismo[1049]. Y como se ha dicho, el nivel de convicción es máximo[1050]. En la época no se podía dudar de la fe, esto es, de la voluntad de la divinidad.

La *semiplena probatio* era todo lo demás, es decir, el documento privado, un solo testigo —o testigos de referencia— o un litigante que afirmaba sin jurar. Ello daba lugar a los indicios, más tarde incluídos en el estudio de las

---

1045 Clermont, K. M., "Staying Faithful to the Standards of Proof", *Cornell Legal Studies Research Paper* n. 18-45, 2018, p. 2.

1046 Cfr. Ortiz de Zúñiga, *Práctica general forense*, T. II, Madrid 1856, pp. 239, 255, 257 y especialmente 271. De Vicente y Caravantes, *Tratado histórico, crítico filosófico de los procedimientos judiciales en materia civil según la nueva Ley de Enjuiciamiento*, Madrid 1856, p. 133.

1047 NÖRR, *Romanisch-kanonisches Prozessrecht*, cit. p. 129. La clasificación de plenissima, plena y semiplena era de Azzone, *Summa Azonis*, Venecia 1581, lib. III, 1 (De iudicis), 18, 19. Durante, *Speculum iuris*, Venecia 1602, lib. I, Part. I, *De summaria cognitione*, 1, 2 y 3.

1048 Siguiendo las indicaciones del Codex sobre todo, aunque luego las leyes de cada territorio concretaban esos documentos a su realidad. Vid. Partida III, Tít. 18.

1049 Lo explico en Nieva Fenoll, *La valoración de la prueba*, cit. pp. 41 y ss.

1050 Garnot, B., "Voltaire et la justice d'ancien régime: la médiatisation d'une imposture intellectuelle", *Nouveau Monde Éditions*, 2010, n. 15, p. 29.

presunciones. En este punto la valoración de estas pruebas hubiera debido de ser libre, pero en realidad se acababa sumando simplemente el número de pruebas semiplenas[1051], sin valorarlas en absoluto a través de la lógica. En todo caso, se trataba de un nivel de convicción menor que el anterior. Es por ello por lo que en el proceso penal se prohibieron los testigos de referencia[1052], e incluso con frecuencia la "prueba de indicios"[1053], porque se trataba de obtener la *plena probatio*, es decir, un nivel de convicción máxima que permitiera alcanzar las exigencias de Ulpiano[1054] de no condenar por sospechas, sino por lo que más adelante se llamaron "pruebas directas". De hecho, la *probatio plena* era la única prueba directa, siendo indirecta el resto, es decir, la *semiplena probatio*.

Se trata, sin duda, del primer intento de estandarización de la valoración de la prueba, a fin de controlar más que de ayudar al juez, huyendo de su conciencia o intuición y haciendo que lo que ocurriera en el proceso fuera patrimonio de las partes, como pretendió con éxito el remoto *secundum allegata et probata* (*partium*[1055]). Pero paralelamente, ya en el siglo XVIII, en el mundo del *Common Law* surgió un estándar para el proceso penal que tendría un larguísimo recorrido, llegando hasta nuestros días, y que en su origen sólo buscó orientar a los jurados. Es el *beyond any reasonable doubt* o "más allá de toda duda razonable"[1056], en expresión española, no hay que negarlo, un tanto pintoresca, aunque recogida en estos términos

---

[1051] Vid. Jaumar y Carrera, Joaquín, *Práctica forense*, Barcelona 1840, p. 48: "Por regla general el conjunto de dos pruebas semiplenas equivale á una de plena, pero carecen de esta fuerza en las causas criminales y aun en las civiles cuando obsta á las dos semiplenas una de plena." Nörr, *Romanisch-kanonisches Prozessrecht*, Heidelberg 2012, p. 128.

[1052] Partida III, tít. XVI, Ley 28. *Constitutio criminalis Carolina* de 1532, art. 65: ***Art. 65. Wie zeugenn sagen sollen.*** *Jtem die zeugen sollenn sagen von jrem selbs eigen waren wissenn mit antzeigung jrs wissens gruntlicher vrsach. So sy aber vonn frembden hören sagenn wurden, das soll nit genugsam geacht werden.*

[1053] Partida III, tít. XIV, Ley 12.

[1054] Dig. L. 48, tít. 19, 5. Ulpiano: "*sed nec de suspicionibus debere aliquem damnari divus traianus adsidio severo rescripsit: satius enim esse impunitum relinqui facinus nocentis quam innocentem damnari.*"

[1055] Sobre el "partium" me remito a cuanto indiqué en Nieva Fenoll, "El mal nombre del principio inquisitivo", en *La ciencia jurisdiccional: novedad y tradición*, Madrid 2016, pp. 30 y ss.

[1056] Vid. Dalia, Gaspare, *Convincimento giudiziale e ragionevole dubbio*, Milano 2018, pp. 1 y ss.

por el art. 340 del Código Procesal Penal chileno de 2000[1057] o por el art. 359 del Código Nacional de Procedimientos Penales mexicano de 2014[1058].

Se trata de un estándar que está demostrado[1059] que surgió de otro estándar anterior del Derecho canónico: la *certeza moral*[1060]. La misma supone que si un proceso se celebra de acuerdo con lo alegado y probado en el proceso —aspecto objetivo— ante un juez debidamente instruído que actúe racionalmente —aspecto subjetivo—, quizás no podamos asegurar que averigüemos la verdad en el proceso, pero tendremos la "certeza moral" de haberlo hecho. Pues bien, con el *más allá de toda duda razonable* se trataría de expresar en una frase las bondades de ese concepto de un modo comprensible, de manera que se transmitiera a los jurados la idea de que tenían que estar muy seguros de la culpabilidad de un reo para condenarle[1061]. Es decir, que la condena sólo procedía con una máxima seguridad de la convicción que sienta cada jurado, esto es, con una parte esencial —el aspecto objetivo— de esa certeza moral. En la época en que se enunció, el *beyond any reasonable doubt* no fue, por tanto, realmente pensado como un estándar máximo, aunque luego se convirtiera en dicho estándar, sino como una simple instrucción para jurados. No es de extrañar que poco

---

1057 Artículo 340.- Convicción del tribunal. Nadie podrá ser condenado por delito sino cuando el tribunal que lo juzgare adquiriere, más allá de toda duda razonable, la convicción de que realmente se hubiere cometido el hecho punible objeto de la acusación y que en él hubiere correspondido al acusado una participación culpable y penada por la ley.
El tribunal formará su convicción sobre la base de la prueba producida durante el juicio oral.
No se podrá condenar a una persona con el solo mérito de su propia declaración.

1058 Artículo 359. Valoración de la prueba El Tribunal de enjuiciamiento deberá hacer referencia en la motivación que realice, de todas las pruebas desahogadas, incluso de aquellas que se hayan desestimado, indicando las razones que se tuvieron para hacerlo. La motivación permitirá la expresión del razonamiento utilizado para alcanzar las conclusiones contenidas en la resolución jurisdiccional. Sólo se podrá condenar al acusado si se llega a la convicción de su culpabilidad más allá de toda duda razonable. En caso de duda razonable, el Tribunal de enjuiciamiento absolverá al imputado.

1059 Whitman, James Q., *The origins of reasonable doubt*, New Haven y London 2005, pp. 187 y ss.

1060 Llobell Tuset, Joaquín, *La certezza morale nel processo canonico matrimoniale*, en: "Il Diritto Ecclesiástico, 109/1, 1998, p. 771. Aliste Santos, *Relevancia del concepto canónico de "certeza moral"*, cit. pp. 667-668, y del mismo autor, *La motivación de las resoluciones judiciales*, cit. pp. 309 y ss.

1061 Así se hizo hacia 1780 en el *Old Bailey* de Londres, como relata Whitman, *The origins of reasonable doubt*, cit. p. 187.

después los revolucionarios franceses lo expresaran en traducción libre[1062] como *intime conviction*, expresión que ya tenía cierto uso en Francia antes de ese momento[1063]. En realidad, se trataba de que expresaran su convicción según *the best of their knowledge*, expresión inglesa corriente que está en la base de la concepción moderna del sistema de libre valoración[1064].

Pero conforme fue pasando el tiempo, el mundo del *Common Law* sintió —aunque no unánimemente[1065]— la necesidad de determinar mejor los niveles de convicción a fin de intentar evitar —creo que vanamente— veredictos erróneos, y así surgieron la "probabilidad preponderante" —*preponderance of evidence*[1066]— o *balance of probabilities* en el Reino Unido[1067] y la *clear and convincing evidence*[1068]. La primera sería el estándar mínimo para

---

1062 La primera vez que lo hicieron, al traducir la obra de Blackstone, *Commentaires sur les loix angloises*, traduits de l'Anglois par Auguste-Pierre Damiens de Gomicourt sur la quatrieme edition d'Oxford, t. V, Bruselas 1776, p. 176, lo tradujeron simplemente como "connoisance" (sic).

1063 Vid. por ejemplo, de la Tour, Bertrand, *Oeuvres*, Colonia 1776, p. 41.

1064 Blackstone, Commentaries on the Laws of England, III, London 1794, cap. 23, pp. 373-374: "*As to such evidence as the jury may have in their own consciences, by their private knowledge of facts, it was an ancient doctrine, that this had as much right to sway their judgment as the written or parol eyidence which is delivered in court. And therefore it hath been often held, that though no proofs be produced on either side, yet the jury might bring in a verdict. For the oath of the jurors, to find according to their evidence, was construed to be, to do it according to the best of their own knowledge. This seems to have arisen from the ancient practice in taking recognitions of assise, at the first introduction of that remedy; the sheriff being bound to return such recognitors as knew the truth of the fact, and the recognitors, when sworn, being to retire immediately from the bar, and bring in their verdict according to their own personal knowledge, without hearing extrinsic evidence or receiving any direction from the judge. And the same doctrine (when attaints came to be extended to trials by jury, as well as to recognitions of assise) was also applied to the case of common jurors; that they might escape the heavy penalties of the attaint, in case they could shew by any additional proof, that their verdict was agreeable to the truth, though not according to the evidence produced: with which additional proof the law presumed they were privately acquainted, though it did not appear in court. But this doctrine was again gradually exploded, when attaints began to be disused, and new trials introduced in their stead. For it is quite incompatible with the grounds upon which such new trials are every day awarded, viz. that the verdict was given without, or contrary to, evidence. And therefore, together with new trials, the practice seems to have been first introduced, which now universally obtains, that if a juror knows any thing of the matter in issue, he may be sworn as a witness, and give his evidence publicly in court.*"

1065 Son bien conocidas las críticas de Wigmore, John Henry, *A Treatise on the System of Evidence in Trials at Common Law*, vol. IV, Boston 1905, §2497-2498, pp. 3540-3547, sobre el particular.

1066 Redmayne, M., "Standards of Proof in Civil Litigation", *Modern Law Review* 62, no. 2, marzo 1999, pp. 167 y ss.

1067 Murphy, Peter, *Murphy on evidence*, Oxford 2005, p. 102

1068 Redmayne, M., "Standards of Proof in Civil Litigation", cit. p. 187.

dar por probado un hecho en una sentencia, que podría representarse intuitivamente con un porcentaje del 50,01% de convicción[1069]. El segundo sería más exigente, pero un escalón por debajo del "más allá de toda duda razonable". Surgen así, como se ve, tres estándares que recuerdan muy poderosamente a la *semiplena probatio* y a la *probatio plena*, quedando el *beyond any reasonable doubt* en el terreno de una especie de *probatio plenissima*, tan difícil de definir como aquel antiguo concepto[1070]. También se ha hablado de estándares inferiores a la *preponderance of evidence*, que sirven sobre todo en el proceso penal para iniciar actuaciones policiales. El más conocido sin duda es el de la *probable cause*[1071], pero se han desarrollado algunos más sobre todo en la jurisprudencia estadounidense, pero que no son ni tan conocidos ni tan utilizados.

Finalmente, en Alemania habla la doctrina de la medida de prueba —*Beweismaß*[1072]—. Se trata de diferentes medidas de prueba en realidad, y ofrecen también distintos niveles de convicción que en parte son conocidos por el Derecho continental y en parte por el *Common Law*. De este último se ha adoptado la probabilidad preponderante —*Überwiegensprinzip*[1073]— y el más allá de toda duda razonable, como estándares de convicción respectivamente del proceso civil y del proceso penal, pero existe un tercer estándar que es la *Glaubhaftmachung*[1074], que equivaldría a la prueba *prima facie* del Derecho español o italiano entre otros. Significa este último un estándar mínimo de convicción, suficiente para la adopción de medidas cautelares en general, salvo las más graves del proceso penal, que requieren un grado de convicción superior. Se discute si debe existir también una medida de prueba en los casos del *Anscheinbeweis* —prueba de la aparien-

1069 Guerra, A. / Luppi, B. / Parisi, F., "Standards of Proof and Civil Litigation: A game-Theoretic Analysis", *The B.e. Journal of Thworetical Economics*, 2019, p 2.

1070 LAUDAN, *Truth, error and Criminal Law*, cit. pp. 29 y ss. Doak, Jonathan /McGourlay, Claire, *Criminal evidence in context*, London - New York 2009, pp. 58 y ss. Keane, Adrian, *The modern law of evidence*, London 2000, pp. 92 y ss. Choo, Andrew L-T, *Evidence*, Oxford 2009, p. 49.

1071 IV enmienda de la Constitución de los EEUU. Sobre el mismo, Miranda Estrampes, M., *Prueba ilícita y regla de exclusión en el sistema estadounidense. Crónica de una muerte anunciada*, Madrid 2019, pp. 17 y ss.

1072 Leipold, Dieter, *Beweismaß und Beweislast im Zivilprozeß*, Berlin 1985. Gottwald, *Das relative Beweismaß im englischen und deutschen Zivilprozeß*, FS Henrich 2000, pp. 165 y ss. Schweizer, *Beweiswürdigung und Beweismaß*, Tübingen 2015. Brinkmann, M., *Das Beweismaß im Zivilprozess aus rechtsvergleichender Sicht*, Köln 2005.

1073 Schweizer, *Beweiswürdigung und Beweismaß*, cit. p. 455.

1074 Scherer, Inge, *Das Beweismaß bei der Glaubhaftmachung*, Köln 1996, pp. 4-5 y 75 y ss.

cia[1075]—, es decir, en los supuestos en que claramente la decisión del proceso en favor del actor depende de indicios derivados de una prueba que habitualmente sería considerada insuficiente, pero que en determinados supuestos-tipo frecuentes, puede servir para dar lugar a la demanda[1076]. No falta quien intenta cuantificar con guarismos el *Beweismaß*[1077].

Como se ve, parece que ninguna familia jurídica ha sido ajena al tema de los estándares. Quizás sea por nostalgia de las falsas seguridades que ofrecía el antiguo sistema de la *probatio plena/semiplena probatio*, o probablemente por darle algún tipo de pauta a los jueces a la hora de cumplir la dificilísima labor de valorar la prueba, una vez superada la vocación de control del *secundum allegata et probata*, y habiendo asumido ya la confianza que deposita en el juez el sistema de libre valoración de la prueba. Aunque hay que tener en cuenta algunos hechos que son importantes.

En primer lugar, hablar de la probabilidad preponderante y determinarla como una conclusión más probable que improbable, no es ninguna herramienta que ayude al juez, sino que se trata de una simple descripción de su labor cotidiana. Desde luego que para no ser arbitrario, el juez debe declarar probado lo que puede justificar a través de la motivación que le parece más probable, y no lo que le parece menos factible. Es tan obvio que no haría falta ni decirlo.

En segundo lugar, debe tenerse muy presente que la definición de los estándares está sobre todo pensada para el jurado[1078], a fin de ofrecer pun-

---

1075 Me ocupé del concepto en Nieva Fenoll, "Los sistemas de valoración de la prueba y la carga de la prueba: nociones que precisan revisión", en *La ciencia jurisdiccional: novedad y tradición*, Madrid 2016, pp. 268 y ss, traducido al alemán en Nieva Fenoll, "Beweislast und Beweiswürdigung: Begriffe, die einer Überprüfung bedürfen", *Zeitschrift für Zivilprozess International*, 13, 2008, pp. 297 y ss.

1076 Vid. Brinkmann, *Das Beweismaß im Zivilprozess aus rechtsvergleichender Sicht*, cit. pp. 54 y ss.

1077 Vid. la sorprendente enumeración de autores y procentajes que reproduce Schweizer, *Beweiswürdigung und Beweismaß*, cit. p. 454.

1078 Lo reconocía Wigmore, *A Treatise on the System of Evidence in Trials at Common Law*, cit. §2497, p. 3543-3544, citando la opinión del Juez May: "*Nevertheless, when anything more than a simple caution and a brief definition is given, the matter tends to become one of mere words, and the actual effect upon the jury, instead of being enlightenment, is rather confusion or, at the least, a continued incomprehension. In practice, these detailed amplifications of the doctrine have usually degenerated into a mere tool for counsel who desire to entrap an unwary judge into forgetfulness of some obscure precedent, or to save a cause for a new trial by quibbling, on appeal, over the verbal propriety of a form of words uttered or declined to be uttered by the judge. "No man can measure with a rule he does not understand; neither can juries determine by rules obscure in themselves and made yet more obscure by attempted definition." The effort to perpetuate and*

tos de referencia que ayuden a construir la intuición inmotivada que expresa con su veredicto[1079], habiéndose estudiado la posibilidad de que los jurados quizás podrían verse influidos psicológicamente por las palabras empleadas en cada estándar[1080]. Sin embargo, el método es tan inseguro que últimamente hasta se ha llegado a sugerir a los jurados que midan su sensación de sorpresa ante la hipótesis de que el relato de la acusación no fuera cierto[1081], a fin de acreditar la contundencia de su convicción de culpabilidad. En fin, un capítulo más en la historia de una reliquia histórica —el jurado— que por absurdas razones políticas se resiste a morir.

Sea como fuere, los estándares forman parte de la *burden of persuasion*, es decir, del momento de la decisión, a diferencia de la *burden of production*, que opera solamente para los jueces en el momento de admitir las pruebas antes de que las vea el jurado, y que tiene por objeto que los jurados presencien solamente material de calidad, y no pruebas falsarias como por ejemplo dictámenes periciales basados en *junk science*, como recordó la serie de sentencias Daubert[1082]. Es importante recordar que en el sistema estadounidense nadie debe motivar el cumplimiento de los estándares, tam-

---

develop these unserviceable definitions is a useless oe, and serves to-day chiefly to aid the purposes of the tactician. It should be wholly abandoned."

1079 Vid. Dane, Francis C., "In Search of Reasonable Doubt", *Law and Human Behavior*, vol. 9, n. 2, 1985, p. 142.

1080 Con esta idea se hizo la experimentación de Kagehiro, D. K. / Stanton, C., "Legal vs. Quantified Definitions of Standards of Proof", *Law and Human Behavior*, vol. 9, n. 2, 1985, pp. 160 y ss.

1081 Ginther, M.; Cheng, E. K., "Surprise vs. Probability as a Metric for Proof", *Seton Hall Law Review* 48, n. 4, 2018, pp. 1081 y ss. Pardo, M. S., "Epistemology, psychology, and standards of proof: An essay on risinger's surprise theory", *Seton Hall Law Review*, 48(4), 2018, pp. 1039 y ss. Vid. también Risinger, D., "Leveraging surprise: What standards of proof imply that we want from jurors, and what we should say to them to get it", *Seton Hall Law Review*, 48(4), 2018, pp. 965 y ss.

1082 Daubert v. Merrell Dow Pharmaceuticals, 509 U.S. 579 (1993), General Electric Co. v. Joiner, 522 U.S. 136 (1997), Kumho Tire Co. v. Carmichael, 526 U.S. 137 (1999). Sobre esta jurisprudencia, vid. Faigman, David L., "The Daubert Revolution and the Birth of Modernity: Maniging Scientific Evidence in the Age of Science", *Legal Studies Research Paper Series*, n. 19, 46 UC *Davis Law Review* 2013, p. 104. Fournier, Lisa R., "The *Daubert* Guidelines: Usefulness, Utilization, and Suggestions for Improving Quality Control", *Journal of Applied Research in Memory and Cognition*, 5, 2016, p. 308. Garrie, Daniel B., "Digital Forensic Evidence in the Courtroom: Understanding Content and Quality", *Northwestern Journal of Technology and Intellectual Property*, vol. 12, 2014, 2, p. 122. VÁZQUEZ, Carmen, *De la prueba científica a la prueba pericial*, Madrid 2015. Dondi, Angelo, "Paradigmi processuali ed 'expert witness testimony' nel diritto statunitense", *Rivista Trimestrale di Diritto e Procedura Civile*, 1996, pp. 261 y ss, Auletta, Ferruccio, *Il procedimento di istruzione probatoria mediante consulente tecnico*, Padova 2002. Ansanelli, Vincenzo, *La*

poco el juez, por lo que su virtualidad se agota precisamente en ese punto: la convicción inmotivada de los jurados[1083]. Quiero decir con ello que no hay nada realmente científico detrás de esos estándares, en el sentido de que no describen la realidad, sino un mero *desideratum* psicológico que no va a ser comprobado.

De todos modos, aunque sí se procediera a esa comprobación y confirmación a cargo de un juez, el resultado podría ser finalmente el mismo. Pese a que ha habido muy apreciables esfuerzos para dotar de contenido científico a esos estándares[1084], lo cierto es que esos esfuerzos sólo sirven para intentar guiar al juez más en su motivación que en su convicción, en el sentido de que tendrá —teóricamente— que ajustarse al contenido de los estándares a la hora de redactar sus razonamientos[1085]. Pero es fácil deducir que por intensos que sean los esfuerzos del juez en esa redacción, al final se van a centrar más en la argumentación de la que sea su decisión, basada en una sensación subjetiva[1086], que en un auténtico ejercicio epistemológico construyendo su convicción de forma gnoseológicamente correcta. Ciertamente, en cualquier cálculo existe una parte subjetiva[1087], pero para ser válido es cálculo, esa subjetividad no puede acabar siendo tan sumamente predominante como en este caso[1088].

---

consulenza tecnica nel processo civile, Milano 2011, Taruffo, Michele, "Prova scientifica e giustizia civile", en AAVV, *Giurisprudenza e scienza*, Roma 2017, pp. 241 y ss.

1083 Vid. Taruffo, "Rethinking the Standards of Proof", cit. p. 677.

1084 Aparte de la doctrina estadounidense que se está citando, vid. Ferrer Beltrán, J., "Prolegomena to a theory on standards of proof. The test case for State liability for wrongful pre-trial detention", inédito 2018, pp. 19 y ss. *Ferrer Beltrán, J., La valoración racional de la prueba*, Madrid 2007.

1085 Cfr. Gascón Abellán, M., "Sobre la posibilidad de formular estándares de prueba objetivos", *DOXA, Cuadernos de Filosofía del Derecho*, 28, 2005, p. 137.

1086 Rosenberg, Leo / Schwab, Karl Heinz / Gottwald, Peter, *Zivilprozessrecht*, cit. p. 686.

1087 Vid. Loevinger, L., "Standards of Proof in Science and Law", *Jurimetrics Journal*, 32, n. 3, pp. 328, 335.

1088 Vid. la ilustrativa conclusión de Clermont, K. M., "Standards of Proof Revisited", *Cornell Law Faculty Publications*, 13, 2009, pp. 487: "*The psychological mechanism for implementing standards of proof remains to be discovered. For the time being, science gives law no reason to abandon its traditional hope that its intuitive fact-finder roughly estimates the subjective probability of the burdened party's version of fact, and then compares the probability to a set scale of coarse gradations of probability, such as asking whether the version appears more likely than not or whether the version appears almost certain.*"

Este resultado decepcionante[1089] —también para quien escribe— se comprueba no solamente leyendo las motivaciones de demasiados jueces en cuanto a su convicción probatoria, observando cómo seleccionan la información de la práctica de la prueba que les sirve para asentar su conclusión preconcebida, soliendo descartar inmotivadamente el resto. Es que, además, obrar de otra forma sería muy complicado porque es difícil incluir en la motivación de la sentencia absolutamente todos los extremos de un documento o todas las respuestas de la declaración de todos los testigos, explicando por qué le parecen al juez más o menos convincentes.

A lo más a lo que se puede aspirar es a que la motivación del juez sea intersubjetivamente razonable, en el sentido de que pueda convencer a la mayoría de observadores. Y en esa tarea es preciso realizar generalizaciones que desbordan el contenido de los estándares, porque no se puede clasificar a través de los mismos esa convicción judicial de manera que el juez diga que está convencido, más convencido o muy convencido, lo cual, además, no deja de ser una sensación absolutamente subjetiva.

En el fondo, la lógica de los estándares, como vamos a ver enseguida, está basada en la misma lógica matemática[1090] de todo el sistema de valoración legal. Recordemos que se sumaban y se pesaban pruebas, lo que hoy nos parece aberrante, pero entonces era considerado razonable. Es fácil decir que 90[1091] es más que 75 y 75 más que 50, pero esa lógica aritmética no se puede hacer realidad en un sistema de libre convicción judicial[1092], salvo que se pueda medir científicamente la intensidad cerebral de la convicción humana, cosa que hoy no es posible[1093], y ni siquiera puede decirse que fuera útil[1094].

1089 Cfr. Ball, V. C., "The Moment of the Truth: Probability Theory and Standards of Proof", 14 *Vanderbilt Law Revies*, vol. 14, 1961, p. 830.

1090 Vid. Dekay, M. L., "The difference between Blackstone-Like Error Ratios and Probabilistic Standards of Proof, *Law and Social Inquiry*, 21, n. 1, 1996, p. 97.

1091 Es el porcentaje que suele citarse como referencia del *beyond any reasonable doubt*. Vid. Vars, F. E., "Toward general theory of standards of proof", *Catholic University Law Review*, 60 (1), 2010, p. 2.

1092 Aunque algunos sugieren la interesante conclusión de que una referencia numérica puede orientar eficazmente a los jurados. Magnussen, S. / Eilertsen, D. E. / Teigen, K. H. / Wessel, E., "The Probability of Guilt in Criminal Cases: Are People Aware of Being 'Beyond Reasonable Doubt'?", *Applied Cognitive Psychology*, 28, 2014, pp. 196 y ss.

1093 Pečarič, M. / Kozjek, T., "From rational to more rational standards of proof", *International Journal of Public Policy*, enero 2016, pp. 115 y ss.

1094 Clermont, K. M., "Staying Faithful to the Standards of Proof", cit. p. 3.

Lo que intento decir se observa con la apreciación del probablemente único estándar probatorio utilizado en España con cierta conciencia de que lo es: la prueba *prima facie*[1095]. Se trata de una convicción superficial, rápida aunque no precipitada, que concede una tutela —habitualmente cautelar— a alguien que todavía tiene que demostrarla en un proceso. O que sirve para admitir a trámite una denuncia o querella, o una declinatoria o una tercería de dominio, al considerar mínimamente creíble la historia que cuenta el solicitante. En realidad, esa formulación es muy probable que sea una simple secuela de la antigua *semiplena probatio*.

Pero si nos acercamos al lado práctico de esos enjuiciamientos nos daremos cuenta de que en su mayoría exigen una convicción judicial total, al menos con los datos que en ese momento están sobre la mesa, que salvo en el caso de la denuncia —y no siempre— suelen ser todos los datos que se aportarán también en el proceso. Quizás es más exacto decir que el juez, para tomar cualquier decisión, debe tener una convicción que pueda motivar razonablemente con los datos de que disponga en cada momento. Intentar medir el nivel de convicción judicial es simplemente imposible. Es una sensación tan subjetiva como los intentos de objetivar el contenido de cada estándar[1096]. En realidad, cuando se intenta esa objetivación se cae en la misma subjetividad al contener dicha objetivación elementos valorativos difícilmente justificables hasta las últimas consecuencias[1097].

En suma, como antes se dijo, bien parece que en este contexto se esté expresando una añoranza por las seguridades del pasado de la prueba legal. Esas seguridades pueden obtenerse a veces, cuando todo el material probatorio es unívoco. Pero si no lo es —y a veces no lo es—, inevitablemente se entra en el subjetivismo para intentar —no nos engañemos— adivinar lo que ocurrió. Y justamente ahí es cuando olvidamos la afirmación de uno de los pocos juristas que, a mi juicio, sin llevar la cuestión al cumplimiento de ningún estándar, centró el tema de manera más correcta y útil.

Me estoy refiriendo a Ulpiano y su referencia a las sospechas.

1095 Sobre el concepto, Nieva Fenoll, J., *Enjuiciamiento prima facie*, Barcelona 2007.

1096 Ferrer Beltrán, "Prolegomena to a theory on standards of proof. The test case for State liability for wrongful pre-trial detention", inédito 2018, pp. 19 y ss.

1097 González Lagier, "Prueba y argumentación. ¿Es posible formular un estándar de prueba preciso y objetivo? Algunas dudas desde un enfoque argumentativo de la prueba", *inédito* 2018, p. 13.

> *"Pero Trajano respondió por rescripto a Adsiduo Severo que nadie debía ser condenado por sospechas: es preferible que se deje impune el delito de un culpable antes que condenar a un inocente."*[1098]

No es controvertido lo que es una sospecha. Es lo contrario de una certeza, es decir, una incertidumbre. Lo que dijo el jurista romano es bien fácil de entender, aunque suene duro a los punitivistas. Es preferible que se escapen delincuentes a que condenemos a un inocente. Si no podemos afirmar tajantemente que alguien ha cometido un delito, debemos absolverlo. Y por supuesto, podríamos decir que Ulpiano —pese a la época a la que pertenece— era un "inocentista" y por tanto un exagerado, y que lo correcto es condenar cuando existen datos probatorios que involucran a un sujeto con el crimen, pero también datos en sentido contrario igualmente fiables. Pero seguimos respetando la máxima de Ulpiano, es decir, la presunción de inocencia, porque nos sigue pareciendo —ojalá que por mucho tiempo[1099]— lo más justo.

Por ello creo que ha sido más certera la estrategia de la probabilidad inductiva[1100] tanto en su método como en sus resultados, compatibles además con las orientaciones de la psicología[1101] sobre el particular y hasta con algunos desarrollos doctrinales sobre los estándares de prueba. La idea consiste en trazar hipótesis bien construídas que expliquen un relato de hechos relevante para el proceso. Sólo si logramos descartar razonablemente todas las hipótesis alternativas a la del relato de culpabilidad, podremos condenar, y siempre que este relato sea también razonable. Eso es justo lo que reclamaba Ulpiano. Pero intentar elevar este acertado *modus operandi* o estrategia a la categoría de estándar me parece desacertado, porque no es posible explicarlo con el detalle que precisa la seguridad que debiera dar un estándar.

1098 Dig. L. 48, tít. 19, 5. Ulpiano: "*sed nec de suspicionibus debere aliquem damnari divus traianus adsidio severo rescripsit: satius enim esse impunitum relinqui facinus nocentis quam innocentem damnari.*"

1099 Aunque existen ya voces que empiezan a pronunciarse parcialmente en contra, sugiriendo emplear un estándar de prueba más bajo para los reos reincidentes, lo que puede esconder una intención de orillar finalmente la presunción de inocencia. Vid. Laudan, Larry, "Different Strokes for Different Folks: Fixing the Error Pattern in Criminal Prosecutions by Empiricizing the Rules of Criminal Law and Taking False Acquittals and Serial Offenders Seriously", *Seton Hall Law Review* 48, n. 4, 2018, pp. 1243 y ss.

1100 Cohen, Lawrence Jonathan, *The probable and the provable*, Oxford 1977, pp. 121 y ss.

1101 Johnson-Laird, P. N., "Mental Models and Probabilistic Thinking", *Cognition*, 1994, 50, pp. 191 y ss.

Bien al contrario, tanto a un juez como —muy especialmente— a un jurado, sería mucho más útil decirles que deben elaborar hipótesis diferentes sobre cómo sucedieron los hechos, procediendo al descarte de las que no les parezcan razonables. Si ninguna les parece razonable, deben absolver, aunque no hayan logrado configurar un relato. Sólo si una hipótesis inculpatoria parece razonable y se pueden descartar, no por intuición, sino con argumentos, las hipótesis de inocencia, se podrá condenar legítimamente. No hay que dejarse llevar por la rabia contra alguien que prejuzgamos como delincuente y que nos produce coraje que pueda escaparse. Esa debería ser la segunda advertencia, insisto que tanto a jueces como a jurados, allí donde todavía existan.

Y lo mismo debe ocurrir en un proceso civil, aunque sin la referencia de la presunción de inocencia, lo que, por cierto, hace las cosas más complicadas. En un proceso civil aparecerán varias hipótesis de lo que es razonable. El juez debe escoger la que pueda fundamentar mejor, sin deber preferir por defecto la opción que beneficia a una de las partes. En el proceso penal sí debe existir esa preferencia para compensar la desigualdad que en el proceso le produce al reo el enorme poder investigador del Estado —particularmente de la policía— que puede convertir muy fácilmente a un inocente en culpable. Y además para combatir el enorme prejuicio social de culpabilidad que padece toda la población humana, y que es la principal razón de existencia de la presunción de inocencia[1102].

En consecuencia, en mi opinión es conveniente huir de la lógica de los estándares de prueba. Fueron pensados, primero, para controlar a los jueces, y más adelante para orientar a jurados sobre todo. Pero ni aquellos lograron una mejor justicia, ni estos han logrado poseer el empirismo necesario para ser considerados realmente científicos, más allá de una posible virtualidad en la orientación del comportamiento de un juez[1103]. Bien al contrario, es mejor enfrentarse con la realidad y sus múltiples caras tal y como es, seleccionando la que el juez pueda justificar que es más razonable. Poco más —y no es poco— puede hacerse.

[1102] Nieva Fenoll, *La duda en el proceso penal*, Madrid 2013, pp. 75 y ss.

[1103] Demougin, D. / Fluet, C., *Deterrence vs. Judicial Error: A Comparative View of Standards of Proof*, *Journal of Institutional and Theoretical Economics*, 161, 2005, pp. 193 y ss.

4. LAS RAZONES DEL SISTEMA DE PRUEBA LEGAL

Se han dicho ya algunas de las razones del sistema de prueba legal y se ha explicado sumariamente cómo funcionaba este absurdo escenario probatorio. Pero conviene profundizar en esas razones del sistema, que ciertamente las tenía.

Aunque no se ha dicho habitualmente de ese modo, cuando se repasan las resistencias doctrinales que durante el siglo XIX se sucedieron para suprimir el sistema de prueba legal[1104], sobre todo en el proceso civil, se descubren claramente cuáles fueron esas razones de por qué la doctrina concibió un sistema en el que el juez o pudiera introducir hechos en el proceso, no pudiera ser proactivo con las alegaciones de las partes y no pudiera valorar la prueba a su voluntad.

En el siglo XIX temían los abogados que los procesos se les fueran de las manos. Lo siguen temiendo aún hoy muchos cada vez que oyen hablar de prueba de oficio. Pues bien, ese terror en el siglo XII estaba perfectamente justificado en la época[1105]. Los jueces eran simples delegados del poder político. Por tanto, carecían de independencia y además adolecían de una preparación muy precaria, básicamente la que cabe suponer en un jurista antes del nacimiento de las Universidades, y sobre todo en alguien que es designado por el poder político, lo que hace pensar en él como un "amigo" o protegido, es decir, un inepto. En alguien así no podían confiar los primeros juristas universitarios de la historia, y mucho menos para encomendarles las controversias comerciales propias de su nivel estamental, que no era el de la nobleza o realeza que había designado al juez.

Por tanto, diseñaron un sistema en el que el juez tiene que trabajar lo menos posible. No puede utilizar su intuición o consciencia ni tampoco su conocimiento privado de los hechos, sino que solamente podía juzgar *secundum allegata et probata* (*partium*). Así nació el principio dispositivo[1106], del que mucho después emanó el principio de aportación de parte

---

1104 Vid. Gneist, Rudolph, Die Bildung der Geschworenengerichte in Deutschland, Berlin 1849, p. 62. Bähr, Otto, *Die Grenzen der freien Beweistheorie*, en: Jahrbücher für die Dogmatik des heutigen römischen und deutschen Privatrechts, T. 25 (1887), p. 413. Heusler, Andreas, *Die Grundlagen des Beweisrechts*, AcP nº 62 (1879), p. 305.

1105 Lo explico en Lo explico en Nieva Fenoll, "La actuación de oficio del juez nacional europeo", cit.

1106 Jauernig / Hess, *Zivilprozessrecht*, cit. p. 93. Rosenberg, Leo / Schwab, Karl Heinz / Gottwald, Peter, *Zivilprozeßrecht*, cit. pp. 425 y ss. Serra Domínguez, Manuel, *Liberalización y socialización del proceso civil*, RDProc, 1972, p. 520. Etxeberria Guridi, José Francisco, *Las facultades judiciales en materia probatoria en la LEC*, Valencia 2003, pp. 31 y ss.

(*Verhandlungsmaxime*)[1107]. No se le permitió tampoco ir *ultra petta partium*. En el fondo, se trata de una expresión medieval del derecho de defensa. En ese contexto las partes podían atacarse y defenderse sin que el juez interfiriera o se decantara por una u otra. Y así consiguieron, además de garantizar el derecho de defensa, a un juez independiente e imparcial.

Pero aunque el juez no interfiriera en lo que alegaban y aportaban como prueba las partes, siempre podía escapar del control de los litigantes sobre el objeto del juicio valorando la prueba libremente. Justamente esto último es lo que impidió el sistema de prueba legal. Sólo se daría por probado lo que dijera la ley, a través de la *plena probatio*. Todo el resto sería una prueba mperfecta, es decir, la *semiplena probatio*, que sí que era claramente susceptible de valoración libre, aunque en general los jueces se limitaban a "pesar" dicha prueba[1108].

Sin embargo, entonces entró en juego otro factor que aún se observa en algunos lugares en los que se conserva la prueba legal, y que de hecho explica las decisiones de no pocos servidores públicos y a veces también privados: la minimización de la carga cognitiva[1109], o ley del mínimo esfuerzo. Dicha "ley" dicta que ante una perspectiva de decisión, el ser humano tiene la tendencia a adoptar la que le cuesta menor esfuerzo cognitivo. Pues bien, el sistema legal era un sistema realmente fácil de aplicar en la práctica. Solamente había que sumar testigos, tomar juramentos y comprobar que un documento es público. No es de extrañar que este sistema provocara el absentismo de los jueces, porque no hacían la más mínima falta. En realidad, el juez pasó a ser lo que es ahora todavía en demasiadas latitudes. Un sujeto cargado de un halo de autoridad que simplemente firma el trabajo mecánico que hace el personal de su juzgado.

No es nada extraño que varios autores quisieran que el sistema cambiara para que los jueces, por su propio sentido común, acreditaran la realidad al margen de las injusticias de las pruebas legales. El mismo Voltaire[1110] fue uno de los más destacados en contra del sistema y que, por tanto, puso las bases del cambio.

1107 Jauernig / Hess, *Zivilprozessrecht*, cit. p. 97.

1108 De nuevo, Jaumar y Carrera, *Práctica forense*, cit. p. 48.

1109 Garnham, Alan / Oakhill, Jane, *Manual de psicología del pensamiento*, trad. de Eva Juarros Daussá de la obra *Thinking and reasoning* de 1994, Barcelona 1996, p. 288.

1110 Voltaire, (François-Marie Arouet), *Oeuvres complètes de Voltaire*, t. XXXVI, *Politique et législation*, vol. 4, Bruselas 1829, pp. 104 y ss

5. LAS RAZONES DEL SISTEMA DE LIBRE VALORACIÓN DE LA PRUEBA

Bentham fue probablemente el que hirió de muerte el sistema de prueba legal[1111]. La justificación era muy sencilla: es un sistema contrario a la lógica, sin más. No podía ser que en un caso concreto todo el mundo viera racionalmente una determinada realidad, y en cambio la justicia se separara de la realidad por culpa del sistema de valoración legal. Es probable que la incomprensión social por las decisiones de los jueces venga de entonces, momento en el que sin duda se creó la idea de que una cosa era la verdad y otra lo que declaraban los jueces. Los conceptos de verdad formal y verdad material, que describían muy gráficamente el antiguo y el nuevo sistema respectivamente, trataron justamente de desautorizar al sistema legal[1112], aunque luego fueran tal mal entendidos.

Por tanto, lo que correspondía era desmontar el sistema. Si se renuncia a la valoración legal, automáticamente debe caer también la idea de que las partes deben aportar al proceso la prueba que les favorezca, por lo que se abre paso el principio de adquisición procesal y deja de tener sentido la carga subjetiva de la prueba. Y si, como hemos visto, la carga objetiva al final se centra en una cuestión de pura valoración racional, el concepto de carga objetiva decae también. Se supera así la noción de carga de la prueba por completo.

Incluso se empieza a apuntar el paso siguiente, que consiste en acabar de desmontar el *secundum allegata et probata* abriendo la puerta a la prueba de oficio, atribuyendo una confianza al juez que no tuvo en el pasado. Todos los pasos citados fueron o son polémicos, pero este último en concreto ha despertado unas inquinas doctrinales impropias[1113] que han oscurecido

---

1111 Bentham, *Traité*, cit. p. 9. "*...on remonte à l'origine de ces règles si gênantes et si peu raisonnables, de cette variété de tribunaux qui ont chacun leur système et qui multiplient si étrangement les questions de compétence, de ces fictions puériles qui mêlent sans cesse l'œuvre du mensonge à la recherche de la vérité. L'histoire de cette jurisprudence est le contraire de celle des autres sciences: dans les sciences, on va toujours en simplifiant les procédés de ses prédécesseurs; dans la jurisprudence, on va toujours en les compliquant davantage. Les arts se perfectionnent en produisant plus d'effets par des moyens plus faciles; la jurisprudence s'est détériorée en multipliant les moyens et en diminuant les effets.*"

1112 Busch, *Der zwiespalt der deutschen Gesetzgebungen*, cit. p. 65. Endemann, Wilhelm, *Die Folgen freier Beweisprüfung im Civilprozesse*, AcP nº 41 (1858), p. 324.

1113 Endemann, *Die Folgen freier Beweisprüfung im Civilprozesse*, cit. pp. 289 y ss. Wach, Adolf, *Der Entwurf einer deutschen Civilprozeßordnung*, Kritische Vierteljahresschrift für Gesetzgebung und Rechtswissenschaft vol. 14 1872, pp. 331 y ss. Von Canstein, Raban Freiherr, *Die Grundlagen des Beweisrechts*, ZZP nº 2 (1880), p. 351. Cavallone, Bruno, *En defensa*

la intención de fondo: que el sistema de valoración libre pueda desplegar todos sus efectos.

En Derecho siempre es muy costoso y arriesgado luchar contra la tradición, pero es obligado hacerlo si sigue parámetros absurdos. El problema es que cuando se desmonta un sistema hay que construir una alternativa razonable, y ahí fallaron todos los tratadistas del siglo XIX y buena parte del XX. Probablemente tenían tanta confianza en el Imperio de la Razón que pensaron que se impondría por sí sola. No fue así. Los jueces fueron utilizando las expresiones "íntima convicción", "sana crítica" o "máximas de la experiencia" simplemente para encubrir con una frase hermosa el uso de su propia intuición. Hay que reconocer que se les había dejado a los pies de los caballos. Del cómodo sistema de valoración legal pasaron de repente a la nada. Y encima se les exigía que motivaran.

Los intentos de orientarles realmente tardaron aún mucho tiempo. Los estándares probatorios, pura reminiscencia mimética del sistema legal, no sirvieron de mucho, pero al menos pusieron el objetivo en el lugar adecuado, el razonamiento judicial, convirtiendo el problema en una cuestión epistemológica, lo que es acertado y propició trabajos de procesalistas con profunda formación filosófica como Michele Taruffo[1114], o directamente de filósofos del Derecho[1115]. Ellos han ayudado a centrar el problema en su justa dimensión y han puesto encima de la mesa las carencias estructurales del sistema.

Esas carencias son el problema actual de la valoración libre. Empieza a estar asumido el reconocimiento de que para valorar la prueba hay que salir del Derecho y mirar a la ciencia[1116]. De ahí que la psicología del tes-

---

de la verifobia, en: "Cavallone / Taruffo, Verifobia, un diálogo sobre prueba y verdad, Lima 2010, p. 31. Montero Aroca, Juan (con Gómez Colomer y Barona Vilar), *Derecho jurisdiccional*, I, Valencia 2012, p. 266. Alvarado Velloso, Adolfo, *La prueba judicial*, Valencia 2006, p. 25. Cipriani, *El proceso civil entre viejas ideologías y nuevos eslóganes*, in Montero Aroca (coord.), *Proceso civil e ideología. Un prefacio, una sentencia, dos cartas y quince ensayos*, Valencia, 2006, p. 93.

1114 Entre otros muchos trabajos, Taruffo, Michele, *La motivazione della sentenza civile*, Padova 1970. Taruffo, Michele, *La prueba de los hechos*, trad. de Jordi Ferrer Beltrán de "la prova dei fatti giuridici, milano 1992, Madrid 2002.

1115 Por todos, Laudan, L., *Truth, error and criminal law: an essay in legal epistemology*, New York 2006. Haack, S., *Evidence Matters*, New York 2014. Gascón Abellán, M., *Los hechos en el Derecho. Bases argumentales de la prueba*, Madrid 2004. *Ferrer Beltrán, J., La valoración racional de la prueba*, Madrid 2007. *Ferrer Beltrán, Jordi, Prueba y verdad en el derecho*, Madrid 2005.

1116 Es el enfoque que seguí en Nieva Fenoll, *La valoración de la prueba*, Madrid 2010.

timonio[1117] haya supuesto una herramienta esencial en las pruebas de interrogatorio, o que la semiótica textual nos esté ayudando a interpretar debidamente los documentos, más allá de su lectura.

Habiendo avanzado muchísimo en materia de razonamiento probatorio con resultados bien tangibles, a mi juicio[1118], el problema actual más acuciante de la valoración de la prueba se centra en la prueba pericial. Le pedimos a un no experto —el juez— que valore la labor de un experto: el perito. Es más o menos lo mismo que pedirle a un biólogo que valore una sentencia sobre cosa juzgada. Daubert nos ha ayudado a poner sobre las vías de la racionalidad este auténtico disparate, pero aún falta mucho por hacer.

En todo caso, hemos llegado al imperio de la libre valoración de la prueba, lo que obliga a liberarse de todas las ataduras del pasado: estándares probatorios, carga de la prueba y una visión demasiado estricta del principio de aportación de parte. Queda para el futuro el resultado procesal que ello provocará, que se verá afectado además por otros factores relevantes, entre ellos el tecnológico[1119]. En todo caso, especialmente con este último habrá que estar muy pendiente de no perder la racionalidad a cambio de cálculos estadísticos sesgados y oscurantistas. El imperio de la razón fue una conquista social. Merecería la pena no perderlo.

1117 Por todos, Manzanero, A. L., *Psicología del testimonio*, Madrid 2008.

1118 Nieva Fenoll, "Repensando Daubert: la paradoja de la prueba pericial", en AAVV, Peritaje y prueba pericial, Barcelona 2017, pp. 85 y ss.

1119 Nieva Fenoll, *Inteligencia artificial y proceso judicial*, Madrid 2018, pp. 79 y ss.

REQUIEM POR LA CARGA DE LA PRUEBA

Publicado en Quaestio Facti, Revista Internacional sobre Razonamiento Probatorio, n. 4, y en lengua inglesa en Revista Italoespañola de Derecho Procesal, n. 2, 2022.

1. INTRODUCCIÓN

Hace ya cuatro años que, con un temor y respeto inmensos, sugerí[1120] por primera vez que la institución de la carga de la prueba debía ser abandonada tanto en su vertiente objetiva como subjetiva. Ni mucho menos era una conclusión original, dado que al menos Kohler[1121] y Bar[1122] habían apuntado en esa dirección hacía más de un siglo, como consecuencia inevitable de la introducción del sistema de libre valoración de la prueba. Hasta Rosenberg[1123] vino a asumir esa conclusión en cuanto a la carga subjetiva y, en el fondo, también con respecto a la objetiva, aunque esto segundo fuera ajeno a sus intenciones[1124]. Y no les faltaban argumentos a los abolicionistas; como veremos después, efectivamente, la carga de la prueba era incompatible con el sistema de libre valoración de la prueba[1125].

Pero sorprendentemente, tal vez por influencia de las erróneas aunque contundentes apreciaciones de la época realizadas por Wach[1126], formu-

---

1120 Nieva Fenoll, J., "La carga de la prueba: una reliquia histórica que debiera ser abolida", *Revista Ítalo-española de Derecho Procesal*, 2018, n. 1, pp. 129 y ss, también publicado en Nieva Fenoll / Ferrer Beltrán / Giannini, *Contra la carga de la prueba*, Madrid 2019, pp. 23 y ss. Volví al tema en Nieva Fenoll, "Carga de la prueba y estándares de prueba: dos reminiscencias del pasado", InDret 3/2020, pp. 406 y ss.

1121 Kohler, J. (con Holtzendorff), *Encyclopädie der Rechtswissenschaft*, vol. 3, Leipzig 1904, pp. 315 y ss.

1122 Bar, L., *Recht und Beweis im Zivilprozesse*, Leipzig 1867, pp. 46 y ss.

1123 Rosenberg, L. *Die Beweislast*, Berlin 1923, p. 30.

1124 Rosenberg, *Die Beweislast*, cit. p. 55.

1125 Rosenberg, *Die Beweislast*, cit. p. 30.

1126 Wach, A., "Der Entwurf einer deutschen Civilprozeßordnung", Kritische Vierteljahresschrift, 14, 1872, p. 357: "*Eine der größten Thorheiten der Reformjurisprudenz ist die Behauptung, die freie Beweistheorie führe zur Beseitigung der Grundsätze über Vertheilung der Beweislast. Sie beruht auf einer groben Verwechslung des inquisitorischen Princips des Strafprocesses, der Pflicht des Richters zur selbstthätigen Beschaffung der Beweise und der Emancipation von Beweisregeln bei Beurtheilung des von der Parteien gelieferten Materials. Die vielgehörte Erwägung, weil der Richter aus dem Ergebnis der ganzen Verhandlung unter Würdigung aller Umstände sich seine Ueberzeugung zu bilden habe, so kann nur noch darauf ankommen, ob bewiesen*

ladas además en tono áspero, y muy probablemente por simple inercia lingüística y conductual de profesores, abogados y jueces, la "carga de la prueba" sobrevivió como institución —tal vez más bien como expresión— en la jurisprudencia y en los manuales de Derecho procesal. Sin embargo, aunque la doctrina sigue hablando habitualmente de la carga de la prueba en su acepción más primitiva —la subjetiva—, o bien de la objetiva "subjetivizándola" a través una especie de "reparto de riesgos"[1127] —expresión confusa donde las haya—, lo que se está utilizando en los tribunales no es la carga de la prueba en realidad, dado que, por más que se la cite, su contenido genuino no se está aplicando en esa misma praxis judicial, sino que más bien se están usando reglas indiciarias, es decir, de valoración de la prueba, cubiertas bajo el manto solemne de la "carga de la prueba"[1128]. Sorprendentemente ha quedado entre nosotros una especie de expresión fantasma que se refiere de manera errónea a algo que ya no existe, como cualquier fantasma con respecto a la persona que supuesta evoca, por otra parte. Sin embargo, como digo, aún se menciona ese fantasma por simple comodidad o tradición, pero no porque sirva realmente para nada.

En las líneas que siguen trataré de demostrar una vez más estas contundentes apreciaciones, aunque ya han sido objeto de confirmación total escrita por Michele Taruffo[1129], sólo en la vertiente subjetiva por Jordi Ferrer[1130], y años antes de que yo las formulara, aunque sólo en una mínima parte, por Barbosa Moreira[1131]; y únicamente en la vertiente objetiva por

ist, nicht wer zu beweisen und beweisen habe, ist ein Trugschlug. Dem Richter kann es allerdings gleich sein, wer bewiesen hat, wenn bewiesen ist, aber nicht wer zu beweisen hatte, wenn nicht bewiesen ist. Die Sätze actore non probante reus absolvitur *und* reus excipiendo actor fit *bleiben unerschüttert (...)*".

1127 Barbosa Moreira, J. C., "Julgamento e Ônus da prova", en *Temas de direito processual*, segunda série, Sao Paulo 1988, p. 75. Cfr. Laumen, H-W., "Grundbegriffe der Beweislast", en Baumgärtel / Laumen / Prütting, *Handbuch der Beweislast*, München 2009, p. 27.

1128 Cfr. Laumen, H-W., "Grundbegriffe der Beweislast", en Baumgärtel / Laumen / Prütting, *Handbuch der Beweislast*, München 2009, p. 102.

1129 Taruffo, M., "Casi una introducción", en Nieva Fenoll, Ferrer Beltrán, Giannini, *Contra la carga de la prueba*, Madrid 2019, pp. 18-21.

1130 Ferrer Beltran, J., "La carga dinámica de la prueba. Entre la confusión y lo innecesario", en Nieva Fenoll, Ferrer Beltrán, Giannini, *Contra la carga de la prueba*, Madrid 2019, p. 73.

1131 Barbosa Moreira, "Julgamento e Ônus da prova", cit. p. 75: "*Conforme bem se percebe, o primeiro aspecto* (la carga subjetiva) *desse conjunto de fenômenos tem relevância mais* psicológica *do que* jurídica."

Luca Passanante[1132], entre otros. Además, las publicaciones que hasta ahora han existido sobre esta cuestión abolicionista y que defienden, pese a todo, la vigencia del concepto, han sido extraordinariamente prudentes[1133].

Y es que, al final, aunque sea lo más sencillo y tópico, es imposible sustentar la existencia de una institución simplemente acudiendo a los argumentos *ad antiquitatem, ad populum* y *ad verecundiam,* tres falacias que pretenden confirmar que una conclusión es cierta simplemente porque "desde antiguo" la defiende "todo el mundo", incluyéndose a "autores de reconocido prestigio". Las cosas no son tan fáciles. Una conclusión se confirma científicamente cuando epistémicamente puede defenderse su corrección, así como cuando aparecen datos empíricos que corroboran su presencia, lo que hace obvio ese primer paso. Por ejemplo, la cosa juzgada existe porque los ordenamientos recogen una prohibición de reiteración de juicios que es perfectamente tangible en la práctica, y no porque la doctrina o la jurisprudencia hablen de ella. Al contrario, muchos ordenamientos hablan de "carga de la prueba", pero la trascendencia empírica de sus palabras es nula, más allá de una simple orientación indiciaria, como veremos después. En todo caso, una institución jurídica no puede sostenerse con la fe. Debe ser aprehensible. De lo contrario, acaba siendo la tetera de Russell[1134], sorprendente analogía que, por cierto, puede formularse incluso a través de la lógica tradicional de la carga de la prueba, aunque nada tenga que ver con ella: debe probar la existencia de un concepto quien afirma su existencia, no quien la niega. Y esa es justamente la cuestión. Cuando se intenta probar la existencia de la carga de la prueba, se demuestra como un concepto innecesario. Con todo, también es posible, al menos en este caso, demostrar la inexistencia de la noción en el sistema de libre valoración, lo que da una pista, por cierto, de que la lógica propia de la "carga de la prueba" es simplemente aparente.

1132 Passanante, L., "Per la difesa dell'onere della prova", en Saccoccio; Cacace (ed.), *Europa e America Latina. Due continenti, un solo diritto,* Torino y Milano 2020, pp. 798 y ss.

1133 Mitidiero, D., *O ônus da prova e seus inimigos,* Revista de processo, n. 306, 2020, p. 17. Ramos, V. P., *La carga de la prueba en el proceso civil,* Madrid 2020 y, nuevamente Passanante, "Per la difesa dell'onere della prova", cit. pp. 798 y ss.

1134 Russell, B., "Is There a God? [1952]", en Slater, (ed.). *The Collected Papers of Bertrand Russell,* Vol. 11: Last Philosophical Testament, 1943-68 Routledge, pp. 542.

2. LA CARGA SUBJETIVA: UN CADÁVER VIVIENTE

La distinción entre carga objetiva y subjetiva de la prueba es ajena al proceso romano-canónico[1135]. Con todo, la carga subjetiva de la prueba es la única vertiente de esta institución que, pese a haber sido aislada científicamente en el siglo XIX de forma algo artificiosa[1136], coincide con su sentido más primigenio. Parte de una base realmente muy rudimentaria: cada litigante del proceso debe aportar prueba de lo que afirma, porque de lo contrario perderá dicho proceso. Tan rudimentaria que incluso puede hallarse la idea —no la institución— antes de la historia de Roma, en el mismísimo Código de Hammurabi[1137], que disponía nada menos que la pena de muerte para quienes no trajeran sus pruebas al proceso[1138]. Es más que curioso que incluso con una disposición tan radical, nadie parezca haber afirmado que la "carga de la prueba" naciera en época de Hammurabi. Partiendo de esa misma base, aunque muy influida por la doctrina medieval, los autores clásicos[1139] más próximos a nuestros días habían afirmado que el demandante debía probar los hechos constitutivos de la pretensión, y el demandado los impeditivos, extintivos y excluyentes[1140].

Aunque se ha señalado lo contrario, la noción de "carga de la prueba" no proviene del proceso romano en ninguna de sus cuatro fases históricas.

1135 Nörr, *Romanisch - kanonisches Prozessrecht*, cit. p. 127.

1136 Glaser, J., *Beiträge zur Lehre vom Beweis im Strafprozeß*, Leipzig 1883, pp. 85 y ss.

1137 §§ 1, 7, 10, 11 o 13 del citado Código:
§1. "Si una persona acusa a otra de haber cometido homicidio pero no consigue probarlo, el acusador será condenado a muerte."
§7. Si alguien manifiesta haber adquirido o recibido en depósito plata, oro, esclavo o esclava, buey, oveja o asno o cualquiera otra cosa, sin testigos ni contrato, será considerado reo de robo y condenado a muerte.
§10. Si el comprador no ha presentado al vendedor que le vendió la cosa, ni a los testigos en cuya presencia se efectuó la compra, y el dueño de la cosa perdida presenta testigos que atestigüen (la preexistencia de) la cosa (y el dominio) de dicho propietario, el comprador fue el ladrón: será castigado con la muerte. El propietario de la cosa perdida recobrará su propiedad.
§11. Si el propietario de la cosa perdida no presenta testigos que presten testimonio sobre dicho objeto, es un farsante, y puesto que denunció falsamente, será castigado con la muerte.
§13. Si los testigos del anterior denunciante no estuviesen localizables, los jueces le señalarán un plazo de seis meses. Y si al término del mismo no presenta sus testigos, será considerado un farsante y sufrirá en su totalidad la pena de este proceso.

1138 Vid. Lara Peinado, *Código de Hammurabi*, cit. Sassoon, J., *Ancient Laws And Modern Problems: The Balance Between Justice and a Legal System*, London 2001, pp. 40 y ss.

1139 Cfr. Pothier, R. J., *Traité des obligations*, en *Ouvres de Pothier*, T. I, Paris 1827, pp. 436 y ss.

1140 Entre otros muchos, Leipold, *Comentario al §286 ZPO*, cit. p. 527.

Kaser[1141], aunque cita la institución, pasa sobre ella de puntillas. Prácticamente la excluye en el proceso de las *legis actiones*[1142], y la menciona por primera vez en el período del proceso formulario, aunque no como una institución que aplique ningún *iudex* en la fase *apud iudicem*, ni siquiera ningún *praetor* en la fase *in iure*, sino como simple expresión de la idea básica de siempre: lo lógico es que cada parte pruebe lo que afirma, lo que no excluye —lo afirma explícitamente Kaser— que el *iudex* —o los *iudices*— pudieran aprovechar la prueba de la parte contraria para sustentar la posición de la contraparte[1143], como era lo lógico en este proceso fallado habitualmente por jurados[1144] sin control alguno sobre una supuesta aplicación de la carga de la prueba, puesto que dicho control que simplemente no existía. Es una curiosa primera referencia al principio de adquisición[1145], por cierto.

Sólo empieza a detectarse algo parecido a la institución que, a mi juicio, se produjo en época medieval en el proceso de cognición clásico o *cognitio extra ordinem*. Kaser[1146] hace referencia a la *interlocutio* que se habría ocupado —siempre según el autor— en ese proceso de la cuestión de la carga de la prueba. Sin embargo, es difícil decir si esa fugaz *interlocutio* a la que se refiere Kaser[1147] hacía referencia a la admisión de la prueba —que es lo que parece[1148]— o a una supuesta aplicación de la "carga de la prueba", que es tal vez lo menos probable, como explicaré enseguida. Finalmente, en el proceso postclásico, que es ya en el que se inspira directamente el proceso romano-canónico, Kaser[1149] reconoce que la institución se vuelve confusa.

Lo que cuenta Kaser es sorprendente: una institución que apenas se vislumbra, que aparece de repente y luego casi se esfuma... Sin embargo, es posible que exista una buena explicación a esta especie de escapismo de la "carga de la prueba". A mi juicio, no es que dejara de utilizarse una

---

1141 Kaser / Hackl, *Das römische Zivilprozessrecht*, München 1996, p. 363.

1142 Kaser / Hackl, *Das römische Zivilprozessrecht*, cit. p. 118.

1143 Kaser / Hackl, *Das römische Zivilprozessrecht*, cit. p. 364.

1144 Kaser / Hackl, *Das römische Zivilprozessrecht*, cit. pp. 151 y ss.

1145 Chiovenda, G., *Principi di Diritto Processuale*, 3ª ed. Napoli 1923, p. 748.

1146 También Passanante, "Per la difesa dell'onere della prova", cit. p. 803.

1147 Kaser / Hackl, *Das römische Zivilprozessrecht*, cit. p. 493.

1148 Vid. nuevamente Passanante, "Per la difesa dell'onere della prova", cit. p. 803: "*In sostanza, la discrezionalità del giudice nella valutazione probatoria era anticipata nella fase anteriore alla pronuncia della Beweisinterlocut, nella quale venivano fissate le prove e distribuiti i relativi oneri. Successivamente la parte, portando nel processo la prova di cui era stata onerata, determinava direttamente il contenuto della sentenza del giudice*".

1149 Kaser / Hackl, *Das römische Zivilprozessrecht*, cit. p. 593.

supuesta institución llamada "carga de la prueba". Si se relee completo el Título III del Libro XXII del Digesto, se comprobará que no se está hablando en estos pasajes de "carga de la prueba", sino más bien de lo que dice su título, *de probationibus et praesumtionibus*, es decir, de pruebas e indicios. Dicho más simplemente, de libre valoración de la prueba, que era el sistema de valoración de la prueba vigente en esta época en Roma. Y es que en estos párrafos lo único que se hace es establecer una serie de reglas orientadoras de la libre valoración en casos concretos, citando los indicios más típicos en algunos de los procesos más frecuentes en la época, igual que se hace con respecto a los documentos en el título IV del mismo Libro XXII e incluso con respecto a los testigos en el título V. Algunas de esas exposiciones indiciarias son, por cierto, las que sirvieron de base —o pretexto— en la Baja Edad Media para crear las normas de prueba legal[1150], pero en absoluto eran entonces normas de prueba legal, puesto que en Roma, al menos indudablemente en época clásica, rigió siempre el sistema de libre valoración.

Aunque pueda parecerlo en una lectura más apresurada o, peor aún, excesivamente literal, no es que los juristas romanos dijeran realmente en estos párrafos "quién" tiene que probar, que es lo que se concluyó en época medieval con una interpretación, insisto, ultraliteral, muy propia de ese tiempo de escolasticismo. En realidad, lo que hacían esos juristas era solamente exponer los indicios más característicos de los procesos más difíciles, aplicándoles la lógica esencial de base, ya referida, de que quien afirma algo debe probarlo. En consecuencia, el Título III —junto con el IV y el V— del Libro XXII del Digesto no es una pequeña monografía sobre "carga de la prueba". Es un simple tratado de indicios como los muchos, más extensos, que se escribieron después[1151], llegando esa tradición hasta nuestros días[1152].

Pues bien, lo que Kaser dijo que se volvió confuso, no fue realmente la "carga de la prueba", sino que lo que sucedió es que, por pura lógica de los muchos casos diversos que debieron producirse en la práctica de varios

---

1150 Vid. por ejemplo una de las más conocidas *probationes plenae* medievales: el doble testigo conforme: D. 22.5.12: Ubi numerus testium non adiicitur, etiam duo sufficient; pluralis enim elocutio duorum numero contenta est.

1151 Entre otros, Bruni, F., *Tractatus de indiciis, et tortura*, Lyon 1546. Hossfeld, F. *De indiciorum materia*, Altdorf 1665. Struve, G. A., *De indiciis*, Jena 1666. Hall, C. C., *De indiciis, eurumque vi, ad probationem in causis poenalibus efficiendam*, Copenhague 1840.

1152 Döhring, E., *La prueba, su práctica y apreciación*, Buenos Aires 1964. Muñoz Sabaté, Ll., *Técnica probatoria*, Barcelona 1967. *Tratado de probática judicial*, Barcelona 1992. Muñoz Sabaté, Ll., *Summa de probática civil. Cómo probar los hechos en el proceso civil*, Madrid 2008.

siglos, cayeron en constante matización las reglas indiciarias orientadoras del juez que contenían esos títulos del Libro XXII del Digesto, y que simplemente guiaban al juzgador sobre qué prueba practicar en cada proceso, así como quién era más probable que dispusiera de esa prueba.

Esas justamente son las reglas, siempre admonitorias en época romana —regia la libre valoración—, que la Baja Edad Media convirtió en normas de valoración legal al emplear el método escolástico, basado —hay que insistir en ello— tantas veces en la literalidad de los textos de autoridad[1153]. De hecho, cuando Kaser[1154] afirma que sólo fue Justiniano quien intentó volver a la tradición del período clásico en esta materia recuperando supuestamente la "carga de la prueba", lo que hizo el emperador en realidad fue recordar la regla nemotécnica básica que se remontaba, como se ha visto, a Hammurabi al menos: el que afirma algo, debe probarlo[1155]: *quia semper necessitas probandi incumbit illi, qui agit.* O como dijo Celso a inicios del siglo II, *quod qui excipit, probare debeat*[1156]. Pero atiéndase bien a algo que también es importante: en el primer pasaje reproducido ya ni siquiera se habla de *onus,* sino de algo bastante diferente que desde luego no es una obligación: "*necessitas*".

Por consiguiente, falta en las fuentes romanas una prueba de la existencia de la institución que hoy conocemos como "carga de la prueba". En realidad, la noción se creó doctrinalmente en el proceso medieval del *solemnis ordo iudiciarius*[1157]. En ese proceso fruto de la glosa y comentario del *Corpus Iuris Civilis,* se concibió un procedimiento en el que tras una farragosísima fase previa (*praeparatoria iudicii*)[1158] que intentaba verificar la subsistencia del litigio y la inexistencia de defectos procesales —*exceptiones dilatoriae*—, se iniciaba una segunda fase con la *litis contestatio*[1159], que no era la "contestación" de la demanda, sino el inicio de la celebración del proceso "cum testes", es decir, la proposición y práctica de la prueba. Ese

---

1153 Colish, M. L., *Medieval foundations of the western intellectual tradition, 400-1400,* London 1999, pp. 25, 265-266, 319 y ss.

1154 Kaser / Hackl, *Das römische Zivilprozessrecht,* cit. p. 598.

1155 D. 22, 3, 21

1156 D. 22, 3, 9.

1157 Sobre el mismo Nörr, K. W., *Romanisch - kanonisches Prozessrecht,* Berlin 2012, *passim.*

1158 Nörr, *Romanisch - kanonisches Prozessrecht,* cit. pp. 59 y ss.

1159 Nörr, *Romanisch - kanonisches Prozessrecht,* cit. pp. 109 y ss.

"falso amigo" "*contestatio*-contestación" ha jugado alguna mala pasada a la doctrina en español en general[1160].

Dejando ese último tema terminológico de lado, el hecho es que esa segunda fase se iniciaba con una demanda breve y con una contestación aún más breve, en la que simplemente se negaba lo solicitado por el demandante[1161]. Tras la prestación por ambas partes del juramento de calumnia —que podía concluir el proceso en sentido desfavorable a quien no lo prestara[1162]—, empezaba la fase más importante del proceso. El demandante debía formular sus *positiones*, es decir, sus afirmaciones sobre los hechos, a lo que el demandado replicaba con sus *responsiones*, que eran también afirmaciones de hecho formuladas en su defensa[1163].

La lista de *positiones* y *responsiones* configuraban la hoja de ruta del devenir posterior del proceso[1164], que era justamente la práctica de la prueba sobre esas *positiones* y *responsiones*. Formuladas ambas, sin solución de continuidad ni decisión judicial expresa —la *interlocutio probationis* sólo se produjo en un estado muy inicial del proceso romano-canónico, y luego desapareció[1165]— cada litigante debía ofrecer prueba de cada uno de los hechos de su lista[1166], siendo repartida así la carga de la prueba[1167]. Si el demandante no lo hacía ya de entrada, el proceso debía concluir[1168], salvo que para cubrir su deficiencia probatoria solicitara el juramento de la parte contraria, que habitualmente debía prestarlo para no perder el proceso. Es este, el juramento, un disparatado resto que aún quedaba de las antiguas ordalías[1169] y que sorprendentemente, todavía está presente en varios países[1170]. Si, al contrario, ofrecía prueba el demandante pero el demandado no ofrecía la suya, se le tenía por confeso y el proceso igualmente concluía

---

1160 Entre otros muchos: "... que la litis contestación ha quedado establecida en los términos que expresan los resultandos anotados, según los cuales el demando afirma categóricamente que..." Newton, E. F. (ed.), *Fallos de la Cámara Federal de Apelación de La Plata*, t. XV, La Plata 1909, p. 275.

1161 Nörr, *Romanisch - kanonisches Prozessrecht*, cit. pp. 110-111.

1162 Nörr, *Romanisch - kanonisches Prozessrecht*, cit. p. 112.

1163 Nörr, *Romanisch - kanonisches Prozessrecht*, cit. p. 116.

1164 Nörr, *Romanisch - kanonisches Prozessrecht*, cit. p. 118.

1165 Nörr, *Romanisch - kanonisches Prozessrecht*, cit. p. 122.

1166 Nörr, *Romanisch - kanonisches Prozessrecht*, cit. p. 117, 122.

1167 Nörr, *Romanisch - kanonisches Prozessrecht*, cit. p. 123.

1168 Nörr, *Romanisch - kanonisches Prozessrecht*, cit. p. 175.

1169 Vid. Patetta, Federico, *Le ordalie*, Torino 1890, pp. 14-15.

1170 Vid. por ejemplo arts. 2736 y ss del Codice Civile italiano y 233 y ss del Codice di Procedura Civile, también italiano.

también. Había nacido así la carga de la prueba, el *onus probandi*, que se tomaba en consideración, como se ve, antes de la práctica de la prueba. Por tanto, si la pregunta es si en esta fase un litigante podía perder el proceso por no cumplir con la carga de la prueba de los hechos que había alegado, la respuesta es indudablemente afirmativa.

En ese momento casi concluía su papel la "carga de la prueba" —en una versión claramente subjetiva—, pero aún tenía una misión al final del proceso, que es la que probablemente ha despistado a la doctrina, mezclando la carga de la prueba y la valoración de la prueba en ese mismo proceso medieval. En aquel tiempo, recuérdese una vez más que los abogados se defendían en los procesos en la antes citada fase previa (*praeparatoria iudicii*), formulando sobre todo, insisto de nuevo, esas excepciones dilatorias con el objetivo de encontrar algún defecto procesal que paralizara la reclamación de la parte actora, así como analizando si estaban de acuerdo o no ambas partes en realidad, lo que podía favorecer no sólo allanamientos o desistimientos, sino también acuerdos. Superada esa fase y llegados a la *litis contestatio*, la labor de los abogados consistía, por una parte, en denunciar que las *positiones* habían sido formuladas de manera poco clara[1171] —es el antecedente de la excepción de defecto legal en el modo de proponer la demanda[1172]—, o bien que las *responsiones* suponían en realidad *confessiones*[1173], lo que hacía innecesaria la prueba. Pero fijadas ambas listas de hechos, los litigantes, como ya se ha dicho, ofrecían su prueba, cumpliendo así con el *onus probandi*. A la vez, en ese momento los esfuerzos se centraban también en *objetar* —"tachar", en castellano— testigos y documentos.

La razón de esas objeciones era muy clara. En aquella época, los jueces no escuchaban a los testigos[1174] y ni siquiera leían los documentos a veces, pues eran con relativa frecuencia analfabetos[1175]. Al contrario, tal vez por la influencia del Derecho germánico y su frecuentísimo recurso a testigos para confirmar —o atestar— actos jurídicos[1176], no se valoraba su credi-

---

1171 Nörr, *Romanisch - kanonisches Prozessrecht*, cit. p. 119.

1172 Vid. por ejemplo el art. 424 de la Ley de Enjuiciamiento Civil.

1173 Nörr, *Romanisch - kanonisches Prozessrecht*, cit. p. 121.

1174 Nörr, *Romanisch - kanonisches Prozessrecht*, cit. p. 123.

1175 Situación tolerada por las leyes (vid. Partida III, Ley III, o NR, Libro XII, Título XXXII, Ley III (D. Fernando y Dª Isabel, en la Instrucción de Corregidores de 1500, cap. 36)) que duró hasta nuestros días. Vid. Vid. Montero Aroca, J., *La justicia municipal*, en: "Estudios de Derecho Procesal", Barcelona 1981, p. 91.

1176 Vid. Eckhardt, Karl August, *Lex Salica, 100 Titel-Text*, Weimar 1953: "*1. Si quis ad mallum venire contempserit aut quod ei a rachineburgiis fuerit judicatum adimplere distulerit, si nec de compositione nec ineo nec de ulla legem fidem facere voluerit, tunc ad regis praesentia ipso manire*

bilidad escuchándoles, sino que simplemente se constataba que alguien estuviera dispuesto a confirmar con su juramento lo que decía el actor o el demandado, lo cual, desde una concepción netamente religiosa, tiene una lógica total. Con los documentos públicos pasaba lo mismo: un escribano o notario estaba dispuesto a confirmar su veracidad con su "fe", que era otro modo de prestar un juramento.

Pero como decía, el esfuerzo en esta fase estribaba también en tachar testigos y documentos, dado que no valorándose ni unos ni otros de manera libre —no había modo de hacerlo, pues se imponía el juramento—, simplemente se sumaban los medios de prueba que le habían quedado subsistentes a cada parte, ganando el proceso el litigante que hubiera obtenido un mayor número[1177]. Dicho de otro modo, vencía aquel que hubiera cumplido con su "carga" de la prueba poniendo un mayor "peso" probatorio en su respectivo plato de una imaginaria balanza procesal[1178]. En ese trance tenía gran importancia la distinción entre *plena probatio* y *semiplena probatio* (también llamada *probatio summaria*), dado que la primera tenía mayor valor —legal— que la segunda[1179]. La primera se cumplía habitualmente con una pareja de testigos, o un documento público, o un *iuramentum veritatis*[1180] —mucho más infrecuente que el de calumnia, que era sistemático y no tenía valor de prueba plena— siendo así que alguien con diez (10) testigos y un (1) documento público poseía seis (6) pruebas plenas. Un solo testigo o un documento no público venía rebajado al valor de prueba semiplena, que pongamos por caso —aunque esto era varia-

---

debet. Et ibi duodicem testes erunt qui per singulas vices tres jurati dicant, quod ibi fuerunt ubi rachineburgius judicavit, ut aut ad ineo ambularet aut fidem de conpositione faceret et ille dispexerit. Iterum alii tres jurare debent ut ibi fuissent illa die quando rachineburgii judicaverunt, ut aut per ineo aut per conpositione se educeret, hoc est de illa die in XL noctis in mallobergo iterum ei solem collocaverit et nullatenus legem voluerit adimplere. 2. Tunc eum debet manire ante regem hoc est in noctes XIV et tria testimonia jurare debent, quod ibi fuerunt ubi eum manivit et solem collocavit. Si nec tunc venit, ista novem testimonia jurati sicut superius diximus dicant. Similiter illa die si non venerit, collocet ei solem et illa tria testimonia qui ibi fuerunt ubi collocavit solem, iterum jurare debent. Tunc si ille qui admallat, ista omnia impleverit et qui admallatus est, ad nullum placitum venire voluerit, tunc rex ad quem manitus est, extra sermonem suum ponat eum. Tunc ipse culpabilis et omnes res suas erunt. Et quicumque eum aut paverit aut hospitalem dederit, etiam si uxor sua proxima, hoc est DC dinarios qui faciunt solidos XV culpabilis judicetur, donec omnia que imputatur conponat."

1177 Nörr, *Romanisch - kanonisches Prozessrecht*, cit. p. 190.

1178 Vid. Jaumar y Carrera, J., *Práctica forense*, Barcelona 1840, p. 48.

1179 Nörr, *Romanisch - kanonisches Prozessrecht*, cit. p. 129.

1180 Nörr, *Romanisch - kanonisches Prozessrecht*, cit. p. 115.

ble[1181]— que fuera la mitad. De ese modo, el litigante con diez testigos, un documento público, y un documento privado tenía seis (6) pruebas plenas y una (0,5) semiplena: 6,5. Si su contrincante había conseguido sumar doce testigos y dos documentos privados, poseía seis (6) pruebas plenas y dos (0,5+0,5) semiplenas, es decir, un resultado de 7. Ganaba el proceso. Y, por supuesto, en la aportación de la prueba el juez no tenía el más mínimo papel, salvo en el *iuramentum veritatis*, que podía ser ordenado por dicho juzgador en procesos espirituales y matrimoniales[1182]. Siempre juzgaba *secundum allegata et probata* (*partium*)[1183]. Aunque los jueces podían valorar la prueba de forma razonablemente libre[1184], no era ello lo habitual, sino el sistema aritmético ya descrito. Así de absurdas eran las cosas entonces, como consecuencia, no solamente de la ya señalada influencia del Derecho germánico, sino probablemente por una desconfianza con respecto al papel de los jueces propia de la época: no eran independientes al ser delegados de nobleza o realeza[1185], y tenían no pocas veces una bajísima instrucción jurídica, como ya se dijo.

Todo lo anterior dejó de tener sentido con la (re—)introducción de la libre valoración de la prueba en el siglo XIX, un auténtico iluminismo procesal, volviéndose así a un pasado romano en que la "carga de la prueba" tampoco existía realmente más como mera descripción nemotécnica de algo simplemente lógico: quien afirma algo debe probarlo[1186], por la sencilla razón de no se pueden iniciar ni mantener procesos en el vacío, y mucho menos ganarlos.

Pero antes de concluir, para eliminar dudas hay que volver a hacer referencia a una importante afirmación contenida en el Digesto: *ei incumbit probatio qui dicit, non qui negat*[1187]. La frase en cuestión debe ponerse en su

---

1181 Nuevamente, Jaumar y Carrera, *Práctica forense*, cit. p. 48.

1182 Nörr, *Romanisch - kanonisches Prozessrecht*, cit. p. 115.

1183 Sobre el *partium* me remito a lo tratado en Nieva Fenoll, "El mal nombre del principio inquisitivo", *Justicia*, 2014, n. 1, pp. 131 y ss, también publicado en italiano como "la cattiva reputazione del principio inquisitorio", Rivista Trimestrale di Diritto e Procedura Civile, vol. 68, n. 3, 2014, pp. 943 y ss.

1184 Nörr, *Romanisch - kanonisches Prozessrecht*, cit. p. 191.

1185 Azzone, *Brocardica (aurea)*, cit. rúbrica XX, pp. 235-236: "*Maior iudex de his quae ad sui subditi iurisdictionem spectant, se intromittere non debet: nisi negligens fuerit, vel aliqui ante eum appellati*". Nieva Fenoll, "La actuación de oficio del juez nacional europeo, Justicia, n. 1, 2017, pp. 181 y ss, también en Rivista Trimestrale di Diritto e Procedura Civile, n. 4, 2019, pp. 1223 y ss.

1186 Cfr. Passanante, "Per la difesa dell'onere della prova", cit. p. 810.

1187 D. 22.3.2.

contexto para ser debidamente interpretada. En primer lugar, obsérvese que el Digesto en ese pasaje ***no*** habla de "*onus probandi*", como a veces se ha dicho citando esa misma frase, sino simplemente de "*probatio*", lo que ya supone un primer hecho destacable. No es sino hasta unos cuantos números más allá del mismo título cuando el propio Paulo —también autor de la primera frase— sí pronuncia las palabras "*onus probationis*"[1188], pero no parece que con ello esté refiriéndose a institución alguna, ni tan siquiera creándola. La palabra "*onus*" es de uso muy frecuente en el Digesto, referida a muy diversas obligaciones, responsabilidades o incluso misiones. Pero si se examina todo ese título III del Libro XXII, se comprobará que lo que hacen esos pasajes es simplemente establecer, como ya se dijo, un listado de indicios para diferentes procesos, señalando quién es más habitual que disponga de ellos, con el ánimo de ayudar al juez marcándole esa guía incluso con espíritu admonitorio. Pero en absoluto se está dando a luz a toda una institución que supuestamente hubiera sido importante para un jurista romano. Por ejemplo, cuando el Digesto se refiere a la *res iudicata*[1189] o a la *actio* constantemente, o a la *exceptio*[1190] o al *interdictum*[1191] o a la appellatio[1192], les dedica pasajes enteros que en el caso de la "carga de la prueba" están ausentes.

Todo ello contrasta extraordinariamente con las obras de Derecho medieval, en las que el *onus probandi* no solamente está muy presente[1193], sino que en no pocas ocasiones se aborda al inicio de las explicaciones sobre la prueba[1194], coincidiendo también con el lugar temporal que tenía reservado durante el proceso, al inicio de la *litis contestatio.* Bien parece que los juristas medievales, apoyándose, hay que repetirlo, en una lectura escolástica, siempre exageradamente literal, del *Corpus Iuris Civilis*, crearon una institución que tenía sentido en su época pero que no había existido en

---

1188 D. 22.3.25.3: In omnibus autem visionibus quas praeposuimus licentia concedenda est ei, cui onus probationis incumbit, adversario suo rei veritate iusiurandum ferre...

1189 D. 42.1; D. 44.2.

1190 D. 44.1.

1191 D. 43.1.

1192 D. 49.1.

1193 Bartolo de Saxoferrato utiliza con frecuencia la expresión "*onus probandi*". Vid. Bartolo, *Bartoli a Saxoferrato Commentaria, in II.partem infortiati*, Basilea, 1588, tít. IV, L. V, p. 468.

1194 Azo, *Summa Azonis*, Venecia 1610, Rubrica XV, p. 42. Duranti, G., *Speculum iuris*, p. II, Venecia 1585, *De probationibus* y *Qui et qualiter debent probare*, pp. 618, 619. Bulgari, *Summa de judiciis*, Tit. 53, p. 91, reproducido en Wunderlich, A., *Anecdota quae processum civilem spectant*, Göttingen 1841.

realidad en Roma. Y ello influyó a la doctrina más moderna. Con frecuencia se intentan identificar hechos o lógicas del presente buscándolas en el pasado, ignorando que el pasado hay que interpretarlo en su contexto como algo completo, sin auxiliarse del futuro, que le es completamente ajeno. Se pueden hacer viajes en el tiempo en la historia del Derecho de atrás hacia adelante hasta nuestros días, pero intentarlos de adelante hacia atrás, aunque es sumamente evocador, es como tratar de identificar instituciones jurídicas europeas en el Derecho tradicional amazónico, o al revés. Siempre habrá elementos que se parezcan, pero no serán habitualmente comunes.

Por tanto, llegamos al siglo XVIII con una institución, el *onus probandi*, que existía en el sistema probatorio de entonces: el legal. Pero de repente, justamente para romper con el sistema legal, alguien sugirió copiar el modo de hacer de los jurados ingleses, dando origen a la lucha por la reconquista de la libre valoración de la prueba, que había quedado arrinconada en la Baja Edad Media por los estudiosos de Bolonia. Ese alguien fue, como es sabido, Jeremy Bentham[1195].

Bentham, en una línea parecida a Beccaria[1196], había sugerido que los jueces viesen y escuchasen a los testigos[1197], juzgando según su íntima con-

---

[1195] Bentham, J., *Traité des preuves judiciaires*, Paris 1823, t. II, p. 9. "*...on remonte à l'origine de ces règles si gênantes et si peu raisonnables, de cette variété de tribunaux qui ont chacun leur système et qui multiplient si étrangement les questions de compétence, de ces fictions puériles qui mêlent sans cesse l'œuvre du mensonge à la recherche de la vérité. L'histoire de cette jurisprudence est le contraire de celle des autres sciences: dans les sciences, on va toujours en simplifiant les procédés de ses prédécesseurs; dans la jurisprudence, on va toujours en les compliquant davantage. Les arts se perfectionnent en produisant plus d'effets par des moyens plus faciles; la jurisprudence s'est détériorée en multipliant les moyens et en diminuant les effets.*"

[1196] Beccaria, C., *Dei delitti e delle pene*, reed. de Acquarelli de Bussolengo 1996, de la ed. de 1764, p. 45. "*Se nel cercare le prove di un delitto richiedesi abilità e destrezza, se nel presentarne il risultato è necessaria chiarezza e precisione, per giudicarne dal risultato medesimo non vi si richiede che un semplice ed ordinario buon senso, meno fallace che il sapere di un giudice assuefatto a voler trovar rei e che tutto riduce ad un sistema fattizio imprestato da' suoi studi.*"

[1197] Bentham, *Traité*, cit. pp. 13-14: "*Voyons maintenant quels sont les traits les plus éminents de cette procédure domestique ou naturelle. Le père de famille, dès qu'il s'élève une contestation entre les personnes qui dépendent de lui, ou qu'il est dans le cas de prononcer sur quelque contravention à ses ordres, appelle les parties intéressées à paraître devant lui; il les admet à témoigner en leur propre faveur; il exige une réponse à toutes ses questions, même à leur désavantage; et il considère leur silence comme un aveu, à moins qu'il n'entrevoie des motifs qui peuvent engager l'innocent même à se taire. Il fait son interrogatoire sur le lieu même; la réponse est donnée immédiatement après chaque question, sans qu'on connaisse celle qui doit suivre. Il n'exclut aucun témoin: il écoute tout, en se réservant d'apprécier chaque témoignage; et ce n'est pas d'après le nombre, mais d'après la valeur des témoins, qu'il prononce. Il permet à chacun d'eux de faire son narré de*

vicción[1198], pues así hacían los jurados en su país. A Bentham le hicieron caso en primer lugar en Francia[1199]. En consecuencia, ya no había que sumar testigos, sino escucharlos. Ya no había que sumar documentos, sino leerlos. Y de ese modo, ya no podía valer más lo que dijeran dos testigos que lo que dijera uno, pues todo dependía de la credibilidad que les atribuyeran los jueces. Y de ese modo, al valorarse la prueba de forma libre, ya no podía fallarse el pleito observando qué parte había "cumplido con su carga de la prueba", porque las pruebas aportadas por ambos litigantes ya no eran simplemente sumadas por separado, dando por obvio que las pruebas aportadas por cada uno les beneficiaban indudablemente. Ahora podía ser que una prueba aportada por una de las partes pudiera beneficiar a la otra, lo que no solamente inauguraba la presencia del llamado por Chiovenda[1200] "principio de adquisición", sino que hacía inútil la aplicación de la lógica de la carga de la prueba, al menos en su vertiente subjetiva. La prueba iba a valorarse libremente con independencia de quién la había aportado. Y se dejaban de establecer absurdos apriorismos en cuanto al "cumplimiento de la carga" al principio del proceso. La prueba se valoraba en su conjunto (§286 ZPO)[1201], y se daban por probados los hechos que el juez pudiera motivar que eran reales, a la luz de la prueba practicada. Lo mismo que hacían los jurados ingleses, pero motivando, y no fiándolo todo a su buen criterio (*the best of their knowledge*)[1202], esa *intime conviction*, como lo tradujeron los franceses.

---

suite, à sa manière, et avec les circonstances nécessaires pour la liaison du tout. S'il y en a qui se contredisent, il les confronte immédiatement, il les met aux prises l'un avec l'autre, et c'est de ce conflit que la vérité jaillira. Il cherche à arriver à une conclusion prompte, pour ne pas fomenter des germes de dissension dans sa famille; et parce que des faits récents sont plus aisément connus et prouvés, il n'accordera de délais que pour des raisons spéciales."

1198 Bentham, *Traité*, cit. p. 5: "*Qu'est-ce qu'une fausse règle en matière de procédure? C'est une règle qui tend à mettre en contradiction la décision du juge et la loi; qui entraîne le juge à prononcer contre sa persuasion intime, à sacrifiquer le fond à la forme...*"

1199 Ley de 16-21 de septiembre de 1791.

1200 Chiovenda, G., *Principi di Diritto Processuale*, 3ª ed. Napoli 1923, p. 748.

1201 § 286 **Freie Beweiswürdigung.** (1) Das Gericht hat unter Berücksichtigung des gesamten Inhalts der Verhandlungen und des Ergebnisses einer etwaigen Beweisaufnahme nach freier Überzeugung zu entscheiden, ob eine tatsächliche Behauptung für wahr oder für nicht wahr zu erachten sei. In dem Urteil sind die Gründe anzugeben, die für die richterliche Überzeugung leitend gewesen sind. (2) An gesetzliche Beweisregeln ist das Gericht nur in den durch dieses Gesetz bezeichneten Fällen gebunden.

1202 Blackstone, Commentaries, cit. pp. 290-291,

Todo ello convirtió en absurdas las "inversiones" de la carga de la prueba, los "aligeramientos" de esa misma carga[1203] o la facilidad probatoria[1204], base inicial, por cierto, de la clásica distribución de la carga de la prueba, y también, por descontado, de esa nostálgica formulación moderna que es la llamada "carga dinámica" de la prueba[1205]. Todas ellas son reacciones de la doctrina y de la jurisprudencia, intentando vanamente conservar la vigencia de una institución que había dejado de tener sentido, alterando por completo su planteamiento original. Todas las citadas —inversiones, aligeramientos, facilidad, carga dinámica— no son sino situaciones identificadas en su mayoría por la jurisprudencia en las que se prevé que una de las partes, habitualmente —aunque no siempre— vulnerable, lo va a tener difícil para defenderse en el proceso, al no tener acceso fácil a las pruebas. Y de ese modo, se le otorga una credibilidad inicial a su versión, aunque no esté demasiado —o casi en absoluto— fundamentada con pruebas, y se le advierte a la contraparte de que debe esforzarse más de lo habitual para demostrar lo que dice, o bien que debe desclasificar pruebas que tenga a su alcance, puesto que si no lo hace, aunque no se diga de este modo tan gélido o desagradable, se fallará el proceso en su contra ya que se entenderá que las oculta porque favorecerían a su contrincante. Es decir, se estima que la deficiencia probatoria de un litigante que podría abastecerse fácilmente de esas pruebas, significa que está manipulando la realidad en su beneficio procesal, ocultando indicios. Y en consecuencia, partiendo de lo que es un simple indicio de ocultación, se le condena. Pero todo ello no es carga de la prueba, sino que se trata de la valoración de un indicio. Es decir, se trata de valoración de la prueba. Libre valoración de la prueba.

En conclusión, la libre valoración de la prueba, con su inherente principio de adquisición, convierte en obsoleto el estudio de la carga subjetiva de la prueba, que por tanto debe darse por superado doctrinalmente. Veamos

---

1203 Rosenberg / Schwab / Gottwald, *Zivilprozessrecht*, p. 770.

1204 Bentham, J., *Traité des preuves judiciaires*, cit., t. II, Lib. VII, cap. XVI, p. 163. Vid. También De Fano, M., *Negativa qualiter probanda*, en: "AAVV, *Tractatus illustrium in utraque tum Pontificii, tum Caesarei iuris facultate Iurisconsultorum, De Probationibus*", T. IV, Venecia 1584, p. 12, n. 3. Serra Domínguez, M., *Comentario al art. 1252 del Código Civil*, en: "Comentarios al Código Civil y compilaciones forales" (dirigidos por Albaladejo), Madrid 1991, tomo XVI, vol. 2, pp. 66-68. Besso-Marcheis, "La vicinanza della prova", *Revista Eletrônica de Direito Procesual*, v. 16, 2015, pp. 93 y ss. En: http://www.e-publicacoes.uerj.br/index.php/redp/article/view/19962/14303

1205 Peyrano, J. W. (dir. y coautor), *Cargas probatorias dinámicas*, Buenos aires 2008, pp. 13 y ss, 19 y ss y 75 y ss.

si, pese a ello, la otra acepción de la carga de la prueba, la objetiva, puede conservar alguna vigencia.

3. LA CARGA OBJETIVA: UNA ACTIVIDAD JUDICIAL CON UN NOMBRE IMPROPIO

Como se ha podido observar en la explicación anterior, en el proceso del *solemnis ordo iudiciarius* se mezclaban consideraciones de valoración y reparto de la carga de la prueba al menos en dos momentos. Al inicio del proceso, cuando se hacía perder el proceso a quien no ofrecía prueba, o toda la que tenía le era objetada; y al final del proceso, cuando se "pesaba" la aportación de cada parte acudiendo a los más antiguos estándares probatorios que se conocen: *probatio plena* y *semiplena probatio*. Esa actividad de pesar las pruebas, propia del régimen de prueba legal, sustituía a la libre valoración de la prueba. En realidad, podría decirse que ese "pesar las pruebas", esa "valoración legal de la prueba", no era en verdad valoración alguna, sino simple aplicación de la carga de la prueba. Cada parte había cumplido o no con la suya en mayor o menor medida. Y en función del resultado aritmético, se decidía. Muy absurdo, como se ha dicho, pero muy sencillo de aplicar en la práctica, y por eso tuvo éxito. Al final, "la práctica", como pura y lógica autodefensa frente a la carga de trabajo de los tribunales, busca las soluciones más simples, que menos esfuerzo supongan, siempre que a la vez resulten aparentes.

Con esta explicación de lo sucedido se comprende que no fue muy difícil la confusión de conceptos y el surgimiento, algo inopinado no obstante, de la carga objetiva de la prueba. Apareció doctrinalmente en el proceso penal[1206], ante la constatación evidente de que en ese proceso no se puede aplicar la carga subjetiva de la prueba, puesto que el reo no tiene obligación de probar nada y el ministerio público, de hecho, ni siquiera tiene que probar la acusación, al contrario de lo que se piensa, sino simplemente contribuir en el esclarecimiento de los hechos averiguando los vestigios de cargo, pero también de descargo, relacionados con el delito objeto del proceso. De ese modo, la labor del ministerio público es ajena a la institución de carga subjetiva de la prueba. Su misión es simplemente colaborar con a

1206 Glaser, Julius, *Handbuch des Strafprozesses*, vol. I, 1883, p. 364.

averiguación de la verdad. En realidad, como se afirma pacíficamente en la doctrina alemana desde hace tiempo, no es una parte del proceso[1207].

Glaser[1208] estimó, no obstante, que persistía otra variedad de la carga de la prueba, que era la consideración de los antiguos estándares para averiguar qué hechos resultaban probados y cuáles no, alcanzando esos niveles probatorios, que en el proceso penal, para declarar la culpabilidad, alcanzaba un estándar nuevo, la *probatio plenissima*[1209], superior a la *probatio plena* y que en parte intentó reflejar en Inglaterra el *beyond any reasonable doubt*[1210], aunque su concreción es muy compleja y, de hecho, fue probablemente el primer atisbo de liberación judicial de las ataduras del sistema de prueba legal en beneficio de la libre apreciación de la prueba, al menos en parte. A esa consideración de determinación de los niveles o estándares probatorios le llamó Glaser[1211] "carga objetiva de la prueba". Al fin y al cabo era la fase final de la consideración del *onus probandi* medieval en el sistema de prueba legal, determinando si, aunque efectivamente el litigante hubiera aportado pruebas, cubriendo así la carga subjetiva, ¿lo había hecho de forma suficiente?

En el sistema legal, esa cuestión se respondía sumando, pesando, por lo que era fácil confundirla con la carga subjetiva de la prueba, dado que ambas se orientaban hacia un mismo objetivo: decidir el vencedor del proceso de manera automática. Pero cuando del sistema legal se pasa al sistema de libre valoración, todo cambia, puesto que ya no se pesa, sino que se sopesa, que es muy diferente. Sin atender a cómodos automatismos ni a confortables prejuicios, el juez debe evaluar los indicios que le ofrece la práctica de la prueba buscando así materiales que le permitan motivar por qué cree que un resultado probatorio es creíble. Pero eso ya no es carga de la prueba, sino que esa evaluación de los indicios es pura y simplemente la valoración de la prueba, que el juez va a ir realizando simultáneamente mientras percibe los resultados probatorios fruto de la práctica de la prueba, porque humanamente no es posible primero percibir y luego valorar. Se percibe porque se valora. No se puede percibir sin valorar. Lo que no

---

1207 Peters, K., *Strafprozeß*, München 1985, p. 164, Kleinknecht, T. / Meyer, K. / Meyer-Goßner, L., *Strafprozeßordnung*, München 1995, p. 1440.

1208 Glaser, *Handbuch des Strafprozesses*, cit. p. 364.

1209 Nörr, *Romanisch - kanonisches Prozessrecht*, cit. p. 129.

1210 Whitman, J. Q., *The origins of reasonable doubt*, New Haven y London 2005, pp. 193 y 202. Mueller, C. B. / Kirkpatrick, L. C., *Evidence*, New York 2003, p. 130.

1211 Glaser, *Handbuch des Strafprozesses*, cit. p. 364.

se valora, se pasa por alto. Simplemente no se percibe, como confirma la psicología cognitiva[1212].

Por tanto, no es que esa actividad de valoración no exista. Es que llamarle "carga de la prueba", aunque tenga una evidente explicación histórica, es actualmente desacertado, confuso y sobre todo altísimamente desorientador, porque desconociendo el funcionamiento del antiguo proceso medieval, es muy fácil incurrir en confusión sobre el contenido de la noción.

Cuestión diferente es si esa actividad de valoración debemos encaminarla por los raíles de los estándares probatorios —*semiplena probatio, plena probatio, probatio plenissima*—, como hizo el sistema de prueba legal, o debemos dejarla en completa libertad del juez, como manda el sistema de libre valoración. En este sentido, los intentos de reconducir esta materia a una lógica de estándares[1213], o han sido muy polémicos[1214], o bien se refieren simplemente a frases que tratan de guiar generalmente a órganos judiciales que no motivan: los jurados[1215]. La eficacia orientadora de esas hermosas frases para transmitir su contenido —*probable cause, preponderance of evidence, clear and convincing evidence, beyond any reasonable doubt*— es más que discutible y, en el caso del jurado, imposible de analizar *a posteriori* ante la ausencia de motivación de los jurados[1216].

1212 Vid. al respecto Manzanero, A. L., *Psicología del testimonio,* Madrid 2008, p. 31.

1213 Ferrer Beltrán, J., *Prueba sin convicción,* Madrid 2021, pp. 109 y ss.

1214 González Lagier, D., "¿Es posible formular un estándar de prueba preciso y objetivo?Algunas dudas desde un enfoque argumentativo de la prueba", *Revista telemática de filosofía del derecho,* n. 23, 2020, pp. 79 y ss. Dei Vecchi, D., Los confines pragmáticos del razonamiento probatorio, Lima 2020. Fernández López, M., "La valoración de las pruebas personales y el estándar de la duda razonable", Cuadernos Electrónicos de Filosofía del Derecho, núm. 15, 2007. Gascón Abellán, M., "Sobre la posibilidad de alcanzar estándares de prueba objetivos", *Doxa,* 2005, n. 28, pp. 127 y ss.

1215 Wigmore, *A Treatise on the System of Evidence in Trials at Common Law,* cit. §2497, p. 3543-3544

1216 Ginther, M.; Cheng, E. K., "Surprise vs. Probability as a Metric for Proof", *Seton Hall Law Review* 48, n. 4, 2018, pp. 1081 y ss. Pardo, M. S., "Epistemology, psychology, and standards of proof: An essay on risinger's surprise theory", *Seton Hall Law Review,* 48(4), 2018, pp. 1039 y ss. Risinger, D., "Leveraging surprise: What standards of proof imply that we want from jurors, and what we should say to them to get it", *Seton Hall Law Review,* 48(4), 2018, pp. 965 y ss. Kagehiro, D. K. / Stanton, C., "Legal vs. Quantified Definitions of Standards of Proof", *Law and Human Behavior,* vol. 9, n. 2, 1985, pp. 160 y ss.

Con todo, sí puede ser conveniente la aplicación del *método* en el que se basa la configuración de esos estándares, que fundamentalmente es la probabilidad inductiva[1217], que constituye un excelente modo de dirigir la práctica de la prueba, no centrando toda esa actividad en una sola hipótesis, sino también en las otras hipótesis que hayan aparecido como posibles, a fin de descartarlas. Todo ello conlleva, no obstante, una inevitable subjetividad en el planteamiento de las hipótesis y hasta en la valoración de su resultado, pero que esa subjetividad se encauce a través de un método no es algo rechazable, sino conveniente. Diferente es que se pretenda alcanzar umbrales probatorios a partir de ese método. Dada su inherente subjetividad, el cálculo de esos umbrales, o bien se objetiva de forma radical, como en el régimen de prueba legal, o se convierte solamente en un desiderátum imposible. No es realmente factible defender con razones sólidas que un acaecimiento del pasado enjuiciado en el proceso —eso es un hecho objeto de prueba— sea con total exactitud más o menos probable que otro, puesto que al no haber presenciado el juez esos hechos ni conocido todas sus circunstancias, las conclusiones no son más que hipótesis. No es como la demostración de la existencia de agujeros negros, o la eficacia de un medicamento. En el proceso solamente podemos reconstruir trazos de realidad, pero jamás confirmarla "más allá de toda duda razonable", por más que se repita la frase. Lo que sí podemos hacer es tratar de minimizar esas dudas, que es lo que nos pide ese ese estándar. Sin embargo, reconstruir hasta ese altísimo punto la realidad no es verdaderamente factible. En el proceso siempre caminaremos sobre una versión declarada probada como sobre ascuas. Podremos explicar por qué hemos arrinconado las inevitables dudas sobre una versión sobre los hechos. Pero igual que le sucede a un historiador[1218], jamás podremos afirmar que fue eso y sólo eso lo que sucedió. Es tal vez decepcionante, pero los seres humanos tenemos limitaciones, y esta es una de ellas. Quién sabe si en el futuro encontraremos la manera de confirmar hechos extraprocesales con una eficacia parecida a la que podemos obtener para corroborar la existencia del bosón de Higgs. Ojalá llegue ese momento, pero de momento es ciencia ficción.

1217 Cohen, L. J., *The probable and the provable*, Oxford 1977, pp. 121 y ss.

1218 Vid. Calamandrei, "Il giudice e lo storico", in Rivista di diritto processuale civile, XVII, 1939, pp. 105 y ss.

4. LA *BURDEN OF PRODUCTION*: UNA INSTITUCIÓN ÚTIL EN UN PROCESO ANACRÓNICO

Causa mucha sorpresa que cuando nos acercamos a los sistemas anglosajones, distintos entre sí pero con tanto, tantísimo, en común entre ellos, nos topamos de nuevo con la carga de la prueba. Y también tenemos dos variedades, la *burden of production* y la *burden of persuasión,* más allá de la *burden of allegation,* que evoca el antiguo sistema de *positiones* y *responsiones* y que ahora dejaremos de lado, por el momento. Además, sorprende también contemplar cómo la *burden of production* es coincidente con la carga subjetiva de la prueba[1219], en su versión influida por el principio de facilidad probatoria/*vicinanza probatoria*[1220], siendo la *burden of persuasion* coincidente con la carga objetiva[1221]. ¿Qué ha sucedido?

Lo que ha ocurrido es algo simple pero poco asumido. No sólo es que los juristas ingleses estudiaran prioritariamente y en profundidad el Derecho romano al menos hasta finales del siglo XVIII[1222], sino que el Derecho inglés también conoció el proceso romano-canónico del *solemnis ordo iudiciarius*[1223], y si bien discurrió por caminos en parte diferentes como consecuencia sobre todo de la fase de *trial* ante jurados, en realidad la estructura procesal dividida en dos fases —*pretrial* y *trial*— de los sistemas anglosajones, recuerda poderosamente, no ya a la *praeparatoria iudicii* y a la *litis contestatio* de aquel proceso medieval configurado por los glosadores y comentaristas de Bolonia, donde también estudiaron ingleses en la Edad Media[1224], sino incluso más bien a las fases *in iure* y *apud iudicem* del antiguo proceso formulario romano. De hecho, la fase *in iure* se celebraba ante un *praetor,* y la *apud iudicem* habitualmente ante jurados[1225]. Igual que el *pretrial* (ante un juez) y el *trial* (ante un jurado) en EEUU. Igual que la diferencia

---

1219 Redmayne, M., "Standards of Proof in Civil Litigation", *Modern Law Review* 62, n. 2, marzo 1999, p. 172. Dennis, *The Law of Evidence,* London 2013, p. 442.

1220 Besso-Marcheis, "La vicinanza della prova", *Revista Eletrônica de Direito Procesual,* v. 16, 2015, pp. 93 y ss. En: http://www.e-publicacoes.uerj.br/index.php/redp/article/view/19962/14303

1221 Dennis, *The Law of Evidence,* cit. p. 441.

1222 Vid. Blackstone, W., *Commentaries on the Laws of England,* Lib. I, London 1768, pp. 3 y ss.

1223 Vid. Bracton, H., *DeLegibus et Consuetudinibus Angliae,* London 1569, Lib. III, Cap. VIII. Gordon, W., "A Comparison of the Influence of Roman Law in England and Scotland", en *Roman Law, Scots Law and Legal History: Selected Essays,* Edinburgh 2007.

1224 Nuevamente, Bracton, *DeLegibus et Consuetudinibus Angliae,* London 1569, Lib. III, Cap. VIII.

1225 Kaser / Hackl, *Das römische Zivilprozessrecht,* cit. pp. 192-197.

entre *barrister* y *solicitor* es muchísimo más fiel al modelo *procurator / advocatus* en el sistema inglés, pero esa es otra cuestión.

Lo que quiero decir es que el actual proceso de inspiración anglosajona tiene una estructura extraordinariamente antigua a la que sus usuarios parecen encontrarle utilidad, aunque sea altamente discutible. Todo empieza con una larguísima[1226] fase de *pretrial* —como larguísimos también eran los *praeparatoria iudicii*— en la que se intenta sobre todo negociar, igual que en el *solemnis ordo iudiciarius* se pretendía comprobar si subsistía el litigio. Pero además, en esta fase existe algo de la antigua fase preliminar de la *litis contestatio*: las *positiones* y las *responsiones*, es decir, la *claim* y la *defense* que el juez intenta entender exigiéndoles a las partes que cumplan, cómo no, con la *burden of production*, es decir, con la carga —subjetiva— de la prueba. Y vaya que si lo hacen, porque en caso de no hacerlo, es posible que el juez diga que el caso no tiene *prospects of success* para la parte que no cumplió con su *burden*, siempre según el juez[1227]. Y así puede dictar un *summary judgement* en su contra para evitar el *trial*[1228]. Y así discurren las partes aportando documentos y más documentos, citando testigos y haciéndoles *affidavits*, al más puro estilo medieval de ratificación de los testigos sin verlos ni oírlos. En este sistema sí tiene pleno sentido, por tanto, el *onus probandi*, la "carga subjetiva de la prueba", la *burden of production*. Pero qué sentido…

En consecuencia, nos encontramos con un sistema que teóricamente utiliza la libre valoración de la prueba, pero que ha conservado unas facultades judiciales absolutamente inquisitorias en el *pretrial*, en ese proceso supuestamente adversarial… ¿Cuál es la explicación a todo ello? Sería largo de concretar y merecería una investigación más profunda, pero desde luego el terror a la impredictibilidad del jurado[1229], y por supuesto al *summary judgment*[1230], han jugado un papel importante. Sin embargo, que se haya configurado así el proceso obedece a una lógica mucho más actual. El proceso judicial es un servicio público, lo que no se compagina bien con una lógica neoliberal, que desea privatizarlo todo, también los litigios, a fin de que los más poderosos no se equiparen ante los ojos de un juez,

---

1226 Andrews, N., *English Civil Justice*, Cambridge 2009-2010, p. 21.

1227 Civil Procedure Rules. Part. 24. Summary Judgment.

1228 También de manera parecida en EEUU. Vid. Rule 56, Summary Judgment, Federal Rules of Civil Procedure.

1229 Hans, V. P. / Eisenberg, T., "The Predictability of Juries", *DePaul Law Review*, 2011, 60, p. 375.

1230 Robertson, "The Right to Appeal", 91, *The North Carolina Law Review*, 2012-2013, p. 1219.

sino que acaben sufriendo una terrorífica desigualdad en un terreno en el que nadie les tutela: los medios alternativos de resolución de conflictos. Así surgen mediaciones ineficaces, cuyo único objeto es desgastar a base de tiempo y dinero al débil, arbitrajes en manos de instituciones arbitrales influidas por los grandes poderes económicos, o negociaciones en general en las que los sujetos vulnerables tienen todas las de perder. En definitiva, el proceso judicial es una víctima, una más, del neoliberalismo, que ha hecho que el proceso mantenga instrumentos procesales medievales para que, lejos de los esquemas liberales del siglo XIX, un tribunal vuelva a ser un espacio ajeno a la enorme mayoría de la población.

5. LA *BURDEN OF PERSUASION*: UN DESEO IMPOSIBLE

¿Y la *burden of persuasión*?[1231] Poco más que una cuestión de fe. Una quimera. Un establecimiento de umbrales probatorios —*probable cause*[1232], *preponderance of evidence*[1233], *clear and convincing evidence*[1234], *beyond any reasonable doubt*[1235]— idénticos respectivamente a: *semiplena probatio*, *probatio summaria* o *probatio prima facie* descompuesta en dos niveles; *plena probatio*; *probatio plenissima*. En definitiva, un simple remedo de antiguas realidades del sistema de prueba legal que, por fortuna, ya no existen.

La copia no ha sido realmente consciente, y por ello se han olvidado en el ámbito anglosajón casi todos los antiguos estándares probatorios medievales de los que provienen. Ni siquiera se citan, salvo la *probatio prima facie*[1236], con exactamente el mismo sentido que tuvo en el proceso romano-canónico, es decir, la suficiencia inicial de prueba, observada a primera vista.

La cuestión a dilucidar es si detrás de esas frases, u otras similares, puede haber algo realmente científico, es decir, que escape de la simple intuición. Hay que comenzar diciendo que sin duda lo hubo, cuando se determinó exactamente, como se vio, lo que era la *plena probatio* y la *semiplena probatio*.

1231 Dennis, *The Law of Evidence*, cit. p. 441.

1232 IV enmienda de la Constitución de los EEUU.

1233 Redmayne, M., "Standards of Proof in Civil Litigation", *Modern Law Review* 62, no. 2, marzo 1999, pp. 167 y ss.

1234 Redmayne, M., "Standards of Proof in Civil Litigation", cit. p. 187.

1235 Laudan, *Truth, error and Criminal Law*, cit. pp. 29 y ss.

1236 Herlitz, G. N., "The Meaning of the Term Prima Facie", *Louisiana Law Review* 55, no. 2, 1994-1995, p. 391.

Pero cuando se trata de salir de esquemas simplemente fosilizados para intentar convertirse en categorías epistémicas, las dificultades son máximas, rayando francamente con la imposibilidad. Puede perseguirse la tentativa de construir esos niveles basándose en la formulación plural de hipótesis propia de la probabilidad inductiva[1237], pero esa formulación será más o menos completa en función del esfuerzo, la creatividad o incluso las ganas de quien realice esa labor, lo que introduce un elemento de máxima inseguridad que simplemente no es aceptable. Ya sabemos que cuando se trata de reconstruir unos hechos pasados, no podemos tener las confirmaciones típicas del mundo de la física o de la química, por falta de capacidad de contraste con otras hipótesis similares. De ahí que falle en este contexto el teorema de Bayes[1238].

Sin embargo, también debe reconocerse que esa formulación creativa de hipótesis es lo que han hecho policías, fiscales y jueces a lo largo de toda su historia. Acudiendo a su experiencia vital y profesional, tratan de juntar las piezas de que disponen para crear un puzle que se corresponda con esa experiencia previa. Y lo hacen fundamentalmente acudiendo al heurístico de representatividad[1239], es decir, realizando un cálculo estadístico aproximado que puede ser bastante impreciso o incluso burdo, pues depende simplemente de su intuición gobernada por el uso de ese heurístico. Eso ha dado a los seres humanos sensación de justicia en muchas ocasiones a lo largo de milenios. Es hora ya de que encontremos algo mejor, sin insistir en el modelo inicial, ni siquiera pasándolo por el cedazo de la epistemología.

Hay situaciones en las que, efectivamente, existen datos que confirman completamente un hecho, sin necesidad de entrar en más complejidades. Son más frecuentes de lo que parece, especialmente en el proceso civil, donde la prueba documental es la reina y actualmente es predominante no solamente gracias a los documentos escritos, sino también a la facilidad con la que disponemos de nuestras comunicaciones por mails o mensajes o incluso grabaciones de cámaras de seguridad, o por lo sencillo que es corroborar la presencia de nuestros dispositivos electrónicos en un deter-

---

[1237] Es lo que intenta con encomiable esfuerzo Ferrer Beltran, *Proeba sin convicción*, cit. *passim.*

[1238] Cfr. Edwards, W. / Lindman, H. / Savage, L. J., *Bayesian Statistical Inference for Psychological Research*, Psychological Review, 1963, 70, pp. 193 y ss. Finkelstein, Michael O., *Basic concepts of probability and statistics in the Law*, New York 2009, pp. 11 y ss. Vid. ampliamente Taruffo, *La prueba*, cit. pp. 200 y ss.

[1239] Kahneman, D. / Tversky, A., *Subjective probability: A judgment of representativeness*, en: "Kahneman / Slovic / Tversky (ed.), Judgment under Uncertainty: Heuristics and Biases. Cambridge 1982, pp. 33 y ss.

minado lugar. Esos datos eran inconcebibles hace sólo que cuarenta años, en los últimos veinte años del siglo XX, pero hoy contamos con ellos. Y teniéndolos a nuestra disposición, no podemos seguir actuando como si no existieran, recurriendo predominantemente a la intuición, como tradicionalmente se hizo.

Además, existen pruebas científicas, biológicas sobre todo, que de unos restos que en el pasado eran inservibles, nos dicen mucho de los participantes en los lugares donde aparecieron los vestigios. Las huellas de ADN son relativamente sencillas de conseguir en un contexto de criminalidad, y nos pueden confirmar la presencia de alguien que, de no estar relacionado con los hechos, se hace inconcebible que estuviera justamente en ese lugar.

Todo ello quiere decir que ya no tenemos que depender de evaluaciones intuitivas de la gestualidad o tono de unos testigos[1240], y que incluso en muchas ocasiones, la enorme mayoría, podremos prescindir de esos testigos, cuyo testimonio siempre es un recuerdo borroso y muchas veces preparado por los abogados, lo que le suprime su credibilidad, y ello sin contar con la precariedad intrínseca de nuestra memoria. Sin documentos ni pruebas científicas, es obvio que sólo podíamos fiarnos de que alguien hubiera visto algo. Hoy ya no es necesario. Esos documentos y pericias son los mejores notarios de la realidad. Dicho con propiedad, jamás en la historia ha sido más accesible juzgar con mayores posibilidades empíricas —y no intuitivas— de justicia.

En consecuencia, el futuro de la prueba en el proceso no debe depender de precarios estándares que son poco más que un método de trabajo, pero que no pueden crear umbrales probatorios. Al contrario, el proceso, y más en concreto la prueba, debe abrazar la ciencia. La participación de economistas, biólogos, médicos y psicólogos tiene que ser muchísimo más frecuente en nuestros procesos, hasta el punto de no poder prescindir de ellos a la hora de valorar incluso la intencionalidad en el proceso penal, más allá de los hechos basilares del objeto del proceso. Hay que oficializar y normalizar su presencia, no haciéndola depender de los alegatos del fiscal o de las partes.

[1240] Vid. Loftus, E. *Eyewitness testimony,* Harvard 1996. Mazzoni, G., *Psicologia della testimonianza,* Roma 2015, pp. 108 y ss. Manzanero, J. A., *Psicología del testimonio,* Madrid 2008, pp. 141-143.

Tras ello, el juez ya no será un ser omnisciente inspirado por la divinidad, que es lo que ha intentado ser desde Egipto[1241], sino que será simplemente un gestor de las pruebas científicas que van acumulándose, un garante de derechos fundamentales y un aplicador de las leyes a los hechos determinados cada vez de forma más certera por la ciencia. Su apreciación personal, tantas veces intuitiva, no podrá depender ya de su convicción íntima, de lo mejor de su conocimiento, sino más bien de que sea capaz de recopilar correctamente los datos que le ofrezcan los expertos, con los que no deberá entrar en conflicto al no disponer de competencia científica para ello.

Todo ello nos iluminará un proceso nuevo, *non secundum conscientiam, sed secundum probata peritorum.* En el terreno de la prueba, sólo será posible ejercer la defensa desacreditando con otros datos científicos esos pareceres.

1241 Decoeur, H., "Maat, entre Cosmologie et Mythe: Le Principe Constitutionnel d'un Etat de Racine Chtonienne en Ancienne Egypte". *Revue Juridique Themis*, vol. 45, n. 2, 2011, pp. 343 y ss.

PRUEBA CIENTÍFICA. CUESTIONES DE FUTURO: NEUROCIENCIA E INTELIGENCIA ARTIFICIAL

Publicado en La prueba en el proceso / Evidence in the Process, Barcelona 2018, pp. 473-495.

1. INTRODUCCIÓN

Cuando se habla de "prueba científica" no se es demasiado consciente de que actualmente toda la prueba es científica, y no sólo algunas pruebas periciales[1242], aunque cabría decir que todas en el fondo lo son, incluso las que parecen más intuitivas[1243]. Todos los interrogatorios[1244] —de partes, testigos o peritos— están actualmente gobernados por la psicología del testimonio[1245], y siempre debieron haber respondido a esa ciencia[1246], pese a que ha sido la prueba que tanto en la actualidad como históricamente, más lo fía todo a la intuición[1247].

1242 Sobre la prueba pericial, vid. Picó Junoy, Joan, *La prueba pericial en el proceso civil español*, Barcelona 2001. Auletta, Ferruccio, *Il procedimento di istruzione probatoria mediante consulente tecnico*, Padova 2002. Ansanelli, Vincenzo, *La consulenza tecnica nel processo civile*, Milano 2011.

1243 Vid. Kumho Tire Co. v. Carmichael, 526 U.S. 137 (1999).

1244 Sobre los mismos, vid. por todos Contreras Rojas, *La valoración de la prueba de interrogatorio*, Madrid 2015.

1245 Por todos, Manzanero, Antonio L., *Psicología del testimonio*, Madrid 2008.

1246 Algo de ello hubo: Gorphe, François, *La critique du témoignage*, Paris 1924. La traducción española (*la crítica del testimonio*) está publicada en ed. Reus, Madrid 2003 (2ª reimpresión de la sexta edición).

1247 Vid. Partida III, Tít. XVI, Ley 28: "*Otrosi dezimos, que deven ser preguntados del tiempo en que fue fecho aquello sobre que testiguan, assi como del año, e del mes, e del dia, e del logar en que lo fizieron. Ca si se desacordassen los testigos, diziendo el uno que fuera fecho en un logar, el el otro en otra parte, non valdria su testimonio.* (...) *E aun deven ser preguntados los testigos, quien eran los otros testigos que estavan delante, quando acaescio aquello sobre lo que testiguan: e mas preguntas non han por que fazer al testigo que fuere de buena fama. Mas si fuere ome vil, e sospechoso, que entendiesse el Juez, que anda desvariando en su testimonio, entonce devele fazer otras preguntas por tomarle en palabras, diziendo assi: Quando este fecho sobre que testiguas acaecio, que tiempo fazia? Estava nublado, o fazia sol? o quanto ha que conociste estos omes de quien testiguas? e de que paños eran vestidos, quando acaescio esto que dizes? Ca por lo que respondiere*

Algo parecido sucede con la prueba documental. Quizás sea más polémico calificar como "ciencia" a la semiótica textual[1248], pese a que sus resultados también parten de la observación y de la experimentación, es decir, de la aplicación del método científico, por lo que no deberían existir grandes problemas para su inclusión en esa categoría científica. Por último, la prueba de reconocimiento judicial carece habitualmente de sentido si no viene acompañada de una prueba pericial[1249]. El juez suele desconocer los saberes que son precisos para observar debidamente una cosa o persona, y por ello la participación del perito acostumbra a ser fundamental, lo que le otorga indudable cientificidad a esa prueba.

Sin embargo, los citados saberes no son exactos en la enorme mayoría de ocasiones. En realidad, el uso de la ciencia en el proceso siempre topa con una cierta incomprensión tanto en cuanto al fondo de la materia científica de que se trate, como con respecto a la oportunidad de su uso. De hecho, con respecto a lo primero, como veremos a continuación, obligamos a un lego —el juez— a interpretar y hasta a objetar las conclusiones de un científico —el perito—, y ello no deja de ser una cierta *contradictio in terminis*[1250]. Y en cuanto a lo segundo, quizás existe un atávico rechazo derivado del desconocimiento, aunque ello tiene cada vez menos incidencia.

Siendo esta la situación, han venido al proceso —para quedarse— dos nuevos saberes o técnicas: la neurociencia y la inteligencia artificial (IA). La primera ha sido acogida por la ciencia jurídica, sorprendentemente —quizás sea la primera vez que ocurre desde Lombroso[1251]— con una gran expectación y hasta con un exceso de confianza en algunas de sus conclusiones, aunque más vale que al menos en esta ocasión la tendencia de la doctrina jurídica se haya visto más orientada por la curiosidad que por el consabido, tradicional e ignorante rechazo. Y con respecto a la inteligencia artificial, se está produciendo una sorprendente situación. Hace tiempo que se usa en el proceso[1252], aunque no se sea muy consciente de ello, pero

---

a tales preguntas como estas, e porlas señales que viere en la cara del, tomar ha apercibimiento el Juez si ha de creer lo que dize el testigo, o non."

1248 Cassany, Daniel, *Tras las líneas*, Barcelona 2006. Lozano, Jorge / Peña-Marín, Cristina / Abril, Gonzalo, *Análisis del discurso*, Madrid 2007.

1249 Lo explico en Nieva Fenoll, *La valoración de la prueba*, Madrid 2010, pp. 336 y ss.

1250 Vid. Haack, Susan, *Evidence Matters*, Cambridge 2014, p. 121. Taruffo, Michele, "La prova scientifica. Cenni generali", 47 *Ragion pratica* 2016, pp. 241 y ss.

1251 Lombroso, Cesare, *L'uomo delinquente*, Torino 1897.

1252 Y también se ha escrito sobre la misma hace años. Vid. Taruffo, Michele, "Judicial Decisions and Artificial Intelligence", *Artificial Intelligence and Law* 6, 1998, pp. 311 y ss.

lo que se desconoce casi completamente todavía es su potencialidad presente y desde luego futura, aunque ya exista bibliografía al respecto.

Por tanto, no cabe dudar que la ciencia se ha instalado por fin en el proceso, desplazando ya cada vez más a la intuición, como ha ocurrido en todo el resto de ciencias antes o después. Casi todas empezaron en la filosofía, se desarrollaron con ayuda de la reflexión y la intuición y finalmente desplazaron a esta última en beneficio del razonamiento científico. El Derecho procesal ya ha empezado a recorrer ese camino, y quizás acabe siendo la primera rama del Derecho que sale de ese oscurantismo a veces de filosofía mal entendida y en muchas ocasiones de pura intuición. Intentaré explicarlo en este trabajo.

2. LA PRUEBA CIENTÍFICA EN UNA PARADOJA: AUGE Y CRISIS

Desde hace algunos decenios se ha estudiado la prueba pericial sobre todo desde el punto de vista epistemológico[1253], tratando de escudriñar en la lógica y coherencia de aquello que redactaban y declaraban los peritos, a fin de descubrir por estos medios la corrección de su dictamen[1254]. Aunque proceder de ese modo era lógico ante la ausencia casi total de herramientas alternativas, todo ello fue, en el fondo, expresión de la frustración que sentíamos los juristas por no poder comprender debidamente los saberes de los peritos.

Más modernamente se ha intentado establecer, no sin polémica[1255], una especie de subclase dentro de la prueba pericial a la que se ha llamado prueba científica. Dentro de la misma estaría comprendida, por ejemplo, la prueba de ADN, o la prueba neurocientífica, como veremos más adelante, pero también en general las pruebas médicas —como las ya citadas—, y asimismo pruebas medioambientales, topográficas[1256], de ingeniería en cuanto a la existencia de una estructura, etc.

Esas pruebas han conocido un gran auge, especialmente la citada en primer lugar —la prueba de ADN—. Sin embargo, pese a la gran fiabili-

---

[1253] Taruffo, *La prueba de los hechos*, Madrid 2002, pp. 330 y ss. Vázquez, Carmen, *De la prueba científica a la prueba pericial*, Madrid 2015, p. 266.

[1254] Serra Domínguez, *Estudios de Derecho probatorio*, Lima 2009, pp. 530-531.

[1255] Haack, *Evidence Matters*, cit. p. 110 y ss.

[1256] González Cabezas, Antonio, *Lecciones de topografía y replanteos*, Alicante 2010, pp. 10 y ss. AAVV (Leach ed.), *Optical Measurement of Surface Topography*, Berlin 2011.

dad que prometen esas pruebas, su problema sigue siendo exactamente el mismo que en el pasado: el juez no las entiende realmente[1257]. De ahí que se haya propuesto mejorar la formación del juez en saberes científicos[1258] u obligar al perito a explicarse mejor en sus dictámenes[1259]. Pero pese a lo uno y lo otro, el problema sigue siendo el mismo. Aunque se ha dicho con tremenda soberbia e imprecisión que el juez es el *peritus peritorum*, en realidad el juzgador solamente es un perito en Derecho y no hasta las últimas consecuencias, dado que es casi imposible conseguir la omniscencia jurídica, pese a que cualquier jurista puede aprender con un poco de dedicación sectores del Derecho que desconoce.

Pero lo que desconoce completamente el juez son materias extrajurídicas, porque no son parte de su formación. Es más, aunque realmente pudiéramos encontrarnos con un juez que fuera médico, biólogo o psicólogo a la vez, tampoco estaríamos hablando de un experto, porque la pericia en un saber científico no se obtiene aprobando una serie de exámenes en un estudio universitario, sino que es preciso, además de dicho estudio, practicar la profesión de que se trate. De lo contrario, la persona con un título universitario que jamás lo ha utilizado en su actividad laboral, no se es más que un teórico de bajo nivel cuyos conocimientos le pueden ser útiles para acceder con más facilidad a los saberes científicos de que se trate. Pero no estamos ante un experto.

Es por ello por lo que se han mirado con recelo estos conocimientos privados del juez[1260]. A diferencia del dictamen de un perito, se trata de un saber que no es controlable por las partes, dado que el juez no expone sus conocimientos durante la práctica de la prueba, de manera que las partes puedan impugnarlos, como hacen con cualquier dictamen pericial. Al contrario, los conocimientos científicos del juez, si los posee, permanecen en un terreno misterioso, y por ello las partes no los pueden rebatir, lo que equivale a decir que no pueden defenderse de los mismos. Por tanto, la consecuencia del uso de estos conocimientos privados en el proceso es directamente la indefensión, lo que no resulta aceptable en un proceso. Y si

---

1257 Lo destaca con vehemencia —y no sin razón— Haack, *Evidence Matters*, cit. p. 117.

1258 Reisberg, Daniel / Simons, Daniel J. / Fournier, Lisa R., "Introduction to the Forum on When and Whether PsychologicalResearch is Ready for Use in the Justice System", *Journal of Applied Research in Memory and Cognition*, 2016, 5, p. 234. Vid. también Gascón Abellán, "Prueba científica. Un mapa de retos", cit. pp. 193 y ss.

1259 Rosenberg / Schwab / Gottwald, *Zivilprozessrecht*, München 2010, pp. 701-702. Satta / Punzi, *Diritto Processuale Civile*, Padova 1996, p. 385.

1260 Taruffo, *La prueba de los hechos*, Madrid 2002, pp. 330 y ss.

el juez declarara públicamente su experticia sería todavía peor, puesto que en ese momento se comprobaría que no se trata de un auténtico experto, sino de alguien que por su formación conoce mejor la materia que otras personas, pero que no puede dictaminar sobre la misma.

Una puerta de salida a esta problemática la representó en los años noventa del siglo XX la serie de tres sentencias que expusieron y asentaron los que desde entonces se llamaron criterios *Daubert* o estándar *Daubert*, en honor a la primera sentencia en la que fueron expuestos por el juez Blackmun[1261].

Los criterios fueron elaborados al hilo de una problemática que es propia de EEUU como consecuencia de la existencia del jurado. Como si de un proceso formulario romano se tratara[1262], el Derecho estadounidense, dejando otros detalles aparte, celebra en el proceso dos fases importantes: una previa ante el juez —el *summary judgment*[1263], que a ratos recuerda a la fase *in iure* ante el pretor[1264]— en la que con la misión de averiguar si existen realmente hechos discutidos que deban ser esclarecidos en el proceso ante el jurado —*trial*— se prepara la actividad probatoria y se trata de seleccionar para el jurado los materiales probatorios en principio válidos, a fin de que ya en esa fase siguiente ante el jurado —que vuelve a recordar demasiado a la fase *apud iudicem* del proceso formulario romano[1265], que también solía sustanciarse ante un jurado[1266]—, dicho órgano jurisdiccional examine solamente la prueba que pueda orientar rectamente su criterio.

Por tanto, el juez en esa fase tiene una auténtica misión de cancerbero —*gatekeeper*—, es decir, de encargado de no dejar pasar a la audiencia ante el jurado materiales que puedan desorientarle. Es en ese contexto en el que se pronuncia la primera sentencia de la serie *Daubert*, enunciando

---

1261 Daubert v. Merrell Dow Pharmaceuticals, 509 U.S. 579 (1993), General Electric Co. v. Joiner, 522 U.S. 136 (1997), Kumho Tire Co. v. Carmichael, 526 U.S. 137 (1999).

1262 Kaser, Max / Hackl, Karl, *Das römische Zivilprozessrecht*, München 1996, pp. 151 y ss.

1263 Vid. Rule 56 FRCP y las sentencias Celotex Corp. v. Catrett, 477 U.S. 317, 322-27 (1986), Anderson v. Liberty Lobby, Inc., 477 U.S. 242, 257 (1986), Matsushita Elec. Industrial Co. v. Zenith Radio Corp., 475 U.S. 574, 596-98 (1986).

1264 Kaser / Hackl, *Das römische Zivilprozessrecht*, cit. pp. 220 y ss.

1265 Kaser / Hackl, *Das römische Zivilprozessrecht*, cit. pp. 350 y ss.

1266 Kaser / Hackl, *Das römische Zivilprozessrecht*, cit. p. 197.

cuatro[1267] o cinco criterios[1268] —depende de quién los exponga— a fin de eliminar de la consideración del jurado las pruebas periciales que no sean auténticamente "científicas" en un sentido laxo, es decir, pseudociencias y ciencias con posible futuro científico pero que todavía están en una fase inicial de la investigación. Dichos criterios son los siguientes:

- Que la técnica utilizada por el perito ha sido probada suficientemente frente a errores.
- Que la técnica ha sido revisada por otros científicos y, en su caso, ha sido publicada.
- Que el perito indique el grado de acierto de la técnica.
- Justificación del mantenimiento de estándares de calidad en el uso de la técnica.
- Consenso en la comunidad científica sobre la fiabilidad de la técnica (estándar *Frye*)[1269].

Como se ha indicado, todos esos criterios son útiles para proceder a la admisión de la prueba, pero sin duda pueden ser utilizados en su valoración, como ha solido ser el caso en Europa allí donde se han tomado en consideración[1270], o incluso en EEUU[1271], cuando a tenor de los mismos el

---

1267 Faigman, David L., "The Daubert Revolution and the Birth of Modernity: Maniging Scientific Evidence in the Age of Science", *Legal Studies Research Paper Series*, n. 19, 46 UC *Davis Law Review* 2013, p. 104. Fournier, Lisa R., "The *Daubert* Guidelines: Usefulness, Utilization, and Suggestions for Improving Quality Control", *Journal of Applied Research in Memory and Cognition*, 5, 2016, p. 308.

1268 Garrie, Daniel B., "Digital Forensic Evidence in the Courtroom: Understanding Content and Quality", *Northwestern Journal of Technology and Intellectual Property*, vol. 12, 2014, 2, p. 122. Vázquez, Carmen, *De la prueba científica a la prueba pericial*, cit. p. 125, añade un quinto factor a considerar: si los peritos llevaron a cabo investigaciones científicas anteriores e independientes al proceso en cuestión.

1269 Frye v. U.S., 293 F. 1013 (District of Columbia Circuit 1923).

1270 Vázquez, Carmen, *De la prueba científica a la prueba pericial*, cit., Nieva Fenoll, "Repensando Daubert: la paradoja de la prueba pericial", en AAVV, Peritaje y prueba pericial, Barcelona 2017, pp. 85 y ss, y antes Dondi, Angelo, "Paradigmi processuali ed 'expert witness testimony' nel diritto statunitense", *Rivista Trimestrale di Diritto e Procedura Civile*, 1996, pp. 261 y ss, Auletta, Ferruccio, *Il procedimento di istruzione probatoria mediante consulente tecnico*, Padova 2002. Ansanelli, Vincenzo, *La consulenza tecnica nel processo civile*, Milano 2011, Taruffo, Michele, "Prova scientifica e giustizia civile", en AAVV, *Giurisprudenza e scienza*, Roma 2017, pp. 241 y ss.

1271 Faigman, David L., "The Daubert Revolution and the Birth of Modernity: Maniging Scientific Evidence in the Age of Science", *Legal Studies Research Paper Series*, n. 19, 46 UC *Davis Law Review* 2013, p. 104. Fournier, Lisa R., "The *Daubert* Guidelines: Useful-

juez falla anticipadamente el caso en el propio *summary judgment*. Por ello los criterios *Daubert* fueron introducidos en parte en 2000 en la regla 702 de las *Federal Rules of Evidence*[1272].

Sin embargo, como ya evidenciara en 1997 la segunda sentencia de la Serie —*Joiner*—, y de hecho el voto particular de Rehnquist a la propia sentencia *Daubert*[1273], los jueces no están realmente preparados para aplicar estos criterios. Asumiendo la realidad, un juez, por su formación, no puede saber si una técnica pericial ha sido elaborada siguiendo el método científico. Podrá comprobar —aunque no sin dificultad— si la técnica ha sido publicada y revisada por otros científicos, pero no podrá conocer si esos otros pares han hecho esa labor seriamente, o bien la revista en cuestión ha publicado la técnica por criterios de oportunidad editorial, y los pares han obrado por razones de oportunidad política, como por desgracia no es infecuente que suceda en la ciencia.

Por otra parte, el juez no puede controlar realmente si el grado de acierto que el perito afirma en su dictamen se corresponde con la realidad. Y además, no pocas ciencias carecen auténticamente de grados de acierto, como sucede por ejemplo con la psiquiatría. Por añadidura, el juez no tiene formación alguna para saber si el perito ha mantenido los estándares de calidad en el uso de la técnica, por lo que se limitará a aceptar lo que diga el experto o a rechazarlo sin motivo, incluso aunque ello pueda convertirse en un motivo de impugnación para la parte contraria a la que presentó el dictamen, si logra transmitir al juez ese defecto.

---

ness, Utilization, and Suggestions for Improving Quality Control", *Journal of Applied Research in Memory and Cognition*, 5, 2016, p. 308.

1272 **Rule 702. Testimony by Expert Witnesses.** A witness who is qualified as an expert by knowledge, skill, experience, training, or education may testify in the form of an opinion or otherwise if:

(a) the expert's scientific, technical, or other specialized knowledge will help the trier of fact to understand the evidence or to determine a fact in issue;

(b) the testimony is based on sufficient facts or data;

(c) the testimony is the product of reliable principles and methods; and

(d) the expert has reliably applied the principles and methods to the facts of the case.

1273 "*I defer to no one in my confidence in federal judges; but I am at a loss to know what is meant when it is said that the scientific status of a theory depends on its "falsifiability," and I suspect some of them will be, too. I do not doubt that Rule 702 confides to the judge some gatekeeping responsibility in deciding questions of the admissibility of proffered expert testimony. But I do not think it imposes on them either the obligation or the authority to become amateur scientists in order to perform that role. I think the Court would be far better advised in this case to decide only the questions presented, and to leave the further development of this important area of the law to future cases.*"

Pero es que ni siquiera se puede controlar la existencia del estándar *Frye*[1274], es decir, de esa "*standing and scientific recognition among* —scientifical— *authorities*". No es infrecuente que en la literatura jurídica se encuentren afirmaciones como que "la doctrina unánimemente manifiesta", o bien que "la mayoría de la doctrina dice", o incluso que "la *mejor* doctrina afirma". Y esas expresiones son simplemente refuerzos retóricos de un discurso, pero carecen de la más mínima base estadística. Si ello es así en materia jurídica y no es tan fácil contrastar la veracidad de esas afirmaciones, imagínese en materias científicas ajenas al acervo de conocimientos del juez.

Es por todo ello por lo que no ayudan realmente esos cinco criterios en la consideración de la cientificidad de una prueba pericial. Sirven de punto de apoyo para realizar intentos al respecto, especialmente desde la perspectiva impugnatoria o reafirmatoria de las partes, o incluso para ayudar al juez a motivar su parecer sobre las conclusiones del dictamen pericial.

Pero se trata de puntos de apoyo débiles, y lo cierto es que el juez poquísimas veces puede rebelarse con fundamento al parecer de un perito, puesto que la situación que se crea es la misma que cuando un lego en derecho discute a un jurista una cuestión jurídica. La conversación en esos casos discurre entre la ignorancia, la sorpresa y el dislate, y finalmente el lego suele acabar "dictaminando" sobre la materia jurídica basándose en algo tan básico y acientífico como sus propias emociones, sin más.

Y casi lo mismo hace un juez. O bien acepta las conclusiones del perito de forma acrítica, convirtiendo la prueba pericial en una prueba legal, o bien analiza el resto de pruebas que sí es capaz —en principio— de valorar más fácilmente, construyendo una conclusión y finalmente adapta su criterio sobre la prueba pericial a su prejuicio resultante de la valoración del resto de pruebas. En términos objetivos, un auténtico desastre. Pero el juez carece de otras herramientas para intentar hacer algo distinto, por mucho que se le recomiende que analice desde el punto de vista epistémico el dictamen. Y es que es difícil analizar racionalmente aquello que no se entiende.

Es por ello por lo que personalmente he propuesto[1275] olvidarnos en la medida de lo posible de todo lo anterior y centrarnos en conseguir la máxima perfección de los dictámenes periciales, insistiendo en la excelencia de la formación y cualificación de los peritos, es decir, en la exigencia de su

1274 Frye v. U.S., 293 F. 1013 (District of Columbia Circuit 1923).

1275 Nieva Fenoll, "Repensando Daubert: la paradoja de la prueba pericial", cit. pp. 99 y ss

estudio, universitario o no. Es decir, finalmente poco más se puede hacer que poner el acento en la calidad de los estudios, a fin de que las autoridades educativas sean conscientes de la responsabilidad que les compete en la presencia en la sociedad de excelentes profesionales que presten un buen servicio a la ciudadanía. De lo contrario, la sociedad se ve inundada de malos médicos, deficientes abogados, pésimos ingenieros o ineptos economistas que sólo producen desastres en la sociedad, lo que también sucede cuando se acercan al proceso.

En consecuencia, la clave del futuro éxito de la prueba científica, y pericial en general, estará en la configuración adecuada de la estructura educativa de un país. Si la misma falla, fallará todo lo demás. En el proceso y fuera de él.

3. LA NEUROCIENCIA: UNA MATIZABLE DECEPCIÓN

Uno de los campos en los que precisamente más se ha hecho evidente la conclusión anterior ha sido en materia neurocientífica. Se trata de una ciencia eminentemente médica pero que, al estudiar el cerebro y su funcionamiento, ha recibido una particular atención por parte de estudiosos ajenos a la medicina, en especial psicólogos, juristas y filósofos[1276].

Esa atención generalizada pudo haber empezado en 1929 cuando se descubrió la actividad eléctrica del cerebro a través del electroencefalograma[1277]. Sin embargo, el interés general de la ciencia por la actividad cerebral, más allá de la medicina, se produjo en los años setenta del siglo XX con la neurociencia cognitiva, pero también en los ochenta pero sobre todo a finales de los noventa del siglo XX[1278] cuando se reparó en las posibles consecuencias para el estudio de la volición de un hecho sor-

---

1276 AAVV (Demetrio Crespo dir.). *Neurociencias y Derecho Penal*, Buenos Aires 2013. Rubia, Francisco J., *El fantasma de la libertad*, Barcelona 2009. Aavv (Taruffo/Nieva dirs.), *Neurociencia y proceso judicial*, Madrid 2013. Díaz Arana, Andrés Felipe, *Las mentes libres en el Derecho penal*, InDret 1/2016, pp. 1 y ss. Pérez Manzano, Mercedes, *Fundamento y fines del Derecho penal. Una revisión a la luz de las aportaciones de la neurociencia*, InDret 2/2011, pp. 1 y ss. Feijoo Sánchez, Bernardo, *Derecho Penal y Neurociencias. ¿Una relación tormentosa?*, InDret 2/2011, pp. 1 y ss. PARDO, Michael S. / Patterson, Dennis, *Fundamentos filosóficos del Derecho y la neurociencia*, InDret 2/2011, pp. 1 y ss.

1277 Berger, Hans, "Über das Elektrenkephalogramm des Menschen", *Archiv für Psychiatrie und Nervenkrankheiten*, 1929, 87, pp. 527 y ss.

1278 Libet, B. / Freeman, A. / Sutherland, K., *The Volitional Brain: Towards a Neuroscience of Free Will*, Thorverton 1999.

prendente: que la actividad eléctrica cerebral para la ejecución de un acto fuera aparentemente previa a la sensación de voluntad del sujeto, como si el cerebro gobernara al sujeto y no al revés. La conclusión era discutible y fue discutida[1279], pero psicólogos, filósofos y juristas echaron a volar la imaginación al ponerse en cuestión el fundamento principal de su estudio: la libre voluntad.

Sin embargo, poco importa todo lo anterior en materia probatoria, y en el fondo al derecho en general, toda vez que aun si fuera cierto que la actividad cerebral es previa a la sensación de voluntad del sujeto, la consiguiente conclusión de la falta de libre albedrío está sustentada en una simple falacia dualista: no es que el cerebro gobierne al individuo, sino que el cerebro es el individuo. Dejando al margen el resto del físico, no hay más ser humano que el cerebro o, mejor dicho, no existe el ser humano más allá de su cerebro, por lo que siendo la voluntad un producto de esa actividad cerebral, la misma tiene su origen en el sujeto. Es una conclusión sencilla, pero de necesaria inteligencia para concluir ya este absurdo debate.

Sin embargo, la neurociencia sí ha producido otros resultados que son verdaderamente interesantes en el mundo del derecho, y que tienen trascendencia en materia probatoria, al menos en tres terrenos: la detección de alteraciones cerebrales que modifican el comportamiento, la prognosis de peligrosidad —directamente relacionada con la anterior— y la detección de mentiras[1280].

Los resultados más prometedores se han obtenido precisamente en los dos primeros campos. Ya en el siglo XIX se sugirió que algunas áreas del cerebro podían asociarse a la realización de actividades motoras[1281], pero con las herramientas de diagnóstico y experimentación existentes actualmente —aparte del EEH, la tomografía axial computerizada (TAC), la tomografía por emisión de positrones (PET), la tomografía computerizada de emisión monofotónica (SPECT)[1282], la imagen por resonancia magné-

---

1279 Vid. particularmente Taruffo, "Proceso y neurociencia. Aspectos generales", p. 23 y González Lagier, "¿La tercera humillación? (sobre neurociencia, filosofía y libre albedrío)", p. 41, ambos en AAVV (Taruffo y Nieva dir.), *Neurociencia y proceso judicial*, Madrid 2013.

1280 Trato los tres en Nieva Fenoll, "Neurociencia y proceso jurisdiccional: pasado y presente. ¿Futuro?", en *La ciencia jurisdiccional: novedad y tradición*, Madrid 2016, pp. 691 y ss.

1281 *Foerster, O., "The Motor Cortex in Man in the Light of Hughlings Jackson's Doctrines", Brain, 59 (2, 1936, pp. 135 y ss.*

1282 Moya Albiol, Luis / Romero Martínez, Ángel, "El cerebro violento", Moya Albiol (ed.), *Neurocriminología*, Madrid 2015, pp. 43 y ss.

tica (MRI)—, de entre las que destaca la fMRI o imagen por resonancia magnética funcional[1283], se ha confirmado que, efectivamente, los daños anatómicos, por ejemplo, en el lóbulo frontal[1284], pueden hacer perder capacidad de empatía a una persona o inteligencia para comprender la ilicitud de sus acciones.

Por ello, la presencia en los tribunales de estas pruebas se ha hecho más frecuente[1285], habiéndose hecho especialmente popular la fMRI, al no ser en absoluto agresiva o simplemente peligrosa para el ser humano, dado que genera sus imágenes a través de la señal BOLD[1286], es decir, a través de los cambios de magnetismo producidos por la oxigenación del cerebro como consecuencia del flujo sanguíneo.

Pero como decía, quizás los resultados más interesantes se han producido por ahora en materia de detección de alteraciones cerebrales que modifican el comportamiento. Hasta el momento, esas modificaciones conductuales se detectaban a través de las entrevistas cognitivas que realizan psicólogos y psiquiatras, que se ven aquejadas, como es lógico, de falta de exactitud a pesar de la relevante ayuda que representa el DSM-5[1287]. De repente, si estas pruebas diagnósticas a través de la fMRI funcionaran con total precisión, desaparecerían todas las inconcreciones de las tradicionales conclusiones psiquiátricas sobre el comportamiento de un sujeto.

Sin embargo, parece que estamos algo lejos de ello. Aunque gracias a la benéfica influencia de la jurisprudencia *Strickland*[1288] se ha producido un mayor uso de la prueba neurocientífica en los tribunales[1289] en averiguación de daños cerebrales que pudieran determinar la conducta de un reo, la realidad es que todavía es pronto para poder afirmar sin ninguna dificultad que la presencia de una concreta lesión cerebral, o particular anatomía del cerebro, produce un determinado comportamiento en un sujeto. Varios reos de crímenes terribles han eludido la pena de muerte

---

1283 Vid. Filipi, Massimo, *fMRI techniques and protocols,* Totowa NJ 2009.

1284 Denno, Deborah W., "The myth of the double-edged sword: an empirical study of neuroscience evidence in criminal cases", *Boston College Law Review,* vol. 56, 2015, p. 494.

1285 Shen, Francis X., "Neuroscience, Mental Privacy, and the Law", *Harvard Journal of Law & Public Policy,* vol. 36, 2, 2013, p. 660.

1286 Blood Oxigen Level Dependent.

1287 Diagnostic and Statistical Manual of Mental Disorders. AMERICAN PSYCHIATRIC ASSOCIATION, *DSM-5. Manual Diagnóstico y Estadistico de Trastornos Mentales,* 2014.

1288 Strickland v. Washington, 466 U.S. (1984).

1289 Denno, Deborah W., "The myth", cit. p. 501.

en EEUU gracias a estas pruebas[1290], pero la razón de las reservas científicas sobre las mismas se centran en la falta de "validez ecológica"[1291] de las conclusiones de los neurocientíficos. Es decir, que sus estadísticas[1292] sobre grado de acierto no están basadas en suficiente experimentación[1293], por lo que los resultados obtenidos pueden ser falsos, y todo ello suponiendo que los cálculos sean correctos, dado que al margen de otros contrastes científicos más burdos[1294], en 2016 se descubrió que los análisis estadísticos de la fMRI estaban produciendo nada menos que un 70% de errores[1295]. El cerebro de las personas no es idéntico, ni mucho menos, y cuesta mucho establecer parámetros generales que puedan predecir con una suficiente fiabilidad que un daño de unas determinadas características en una particular área del cerebro, determinará una conducta.

En consecuencia, la presencia de un daño cerebral es un indicio más que puede explicar la conducta pasada de una persona, a la que se le unirán las conclusiones de la tradicional entrevista cognitiva de un psiquiatra o psicólogo. Pero no puede decirse, al menos por el momento, que una lesión cerebral determine una conducta. Exactamente igual que tampoco puede afirmarse todavía que sean correctos los resultados de algo especialmente útil en el proceso civil —también penal— como es la neurociencia del dolor[1296], sobre todo para el cálculo de indemnizaciones relacionadas con los daños morales.

1290 Vid. Denno, "The myth", cit. p. 494 y ss.

1291 Greely, Henry T., "Neuroscience, mindreading, and the Courts: the example of pain", *Journal of Health Care Law & Policy*, vol. 18, 2015, pp. 192-194. Schleim, "Bildgebende Verfahren der Neurowissenschaften in der strafrechtlichen Ermittlungspraxis: Eine kritische Perspektive auf den Stand der Forschung", pp. 381 y ss.

1292 Schleim, "Bildgebende Verfahren der Neurowissenschaften in der strafrechtlichen Ermittlungspraxis: Eine kritische Perspektive auf den Stand der Forschung", cit. p. 374.

1293 Morse, Stephen J., "Criminal Law and Common Sense: An Essay on the Perils and Promise of Neuroscience", *Marquette Law Review*, 2015, vol. 99, p. 61.

1294 Bennett, Craig M. / Baird, Abigail A. / Miller, Michael B. / Wolford, George L., "Neural correlates of interspecies perspective taking in the post-mortem Atlantic Salmon: An argument for multiple comparisons correction". http://prefrontal.org/ files/posters/Bennett-Salmon-2009.pdf.

1295 Eklund, Anders / Nichols, Thomas E. / Knutsson, Hans, "Cluster failure: Why fMRI inferences for spatial extent have inflated false-positive rates", *PNAS*, 12-7-2016, 113 (28), pp. 7900 y ss. http://www.pnas.org/content/113/28/7900.

1296 Morse, "Criminal Law and Common Sense: An Essay on the Perils and Promise of Neuroscience", cit. p. 63. Cfr. Greely, Henry T., "Neuroscience, mindreading, and the Courts: the example of pain", cit. pp. 179 y ss. Picó Junoy, "La prueba del dolor", en AAVV (Taruffo y Nieva dir.), *Neurociencia y proceso judicial*, Madrid 2013, pp. 83 y ss.

De hecho, ni siquiera se ha logrado establecer que existan diferencias significativas entre el cerebro de un enfermo mental y el de una persona sana[1297]. Y ello hace que sea todavía más complicado realizar el examen de la prognosis de peligrosidad de un sujeto. En el fondo, está basado en lo mismo que la detección de las alteraciones cerebrales que modifican el comportamiento y, como se ha visto, ni siquiera superaría los estándares *Daubert* antes referidos, dando por supuesto que sean realmente útiles y practicables por un juez.

Ello tiene como consecuencia que todavía no se puede prever, al menos a través de las pruebas neurocientíficas, si un sujeto va a volver a cometer un determinado delito, lo que sería magnífico para la actividad probatoria que debe realizarse en la decisión sobre medidas cautelares tan graves como la prisión provisional. No puede afirmarse que en un futuro no se pudiera conseguir ese resultado, pero debe asumirse que no es nada fácil.

Téngase en cuenta, además, que esta investigación emana de una idea de partida que podría ser falsa: no que la estructura cerebral determine el comportamiento de las personas, porque ello tiene enormes posibilidades de ser cierto, sino que ciertos detalles de esa estructura pueden revelar con certeza una personalidad. Aún más, que algunas personalidades son *per se* patológicas, cuando lo único cierto es que lo que es delito, o mucho de lo que consideramos patológico en psiquiatría, está completamente condicionado por nuestra propia visión del mundo, es decir, por la ideología. En consecuencia, no es que un acto sea positivo o negativo, sino que es considerado positivo o negativo según el grupo de observadores del entorno en el que se produce el acto. Merecería la pena recordar que ya en el pasado algunos científicos procuraron la búsqueda de patologías que estuvieran en el origen de la homosexualidad[1298], o incluso de la ideología marxista[1299], aludiendo incluso a la falta de religiosidad como uno de los problemas causantes de ambas.

En consecuencia, hay que tener extremo cuidado científico en esta materia, de manera que no se crea que el estudio del cerebro puede avanzar todos los comportamientos de una persona que consideráramos ideológi-

---

1297 Morse, "Criminal Law and Common Sense: An Essay on the Perils and Promise of Neuroscience", cit. p. 66.

1298 La homosexualidad fue suprimida de la lista de enfermedades mentales del DSM en 1987.

1299 Vallejo Nágera, A., Martínez, Eduardo M., "Psiquismo del fanatismo marxista III: Investigaciones psicológicas en marxistas femeninas delincuentes", *Semana médica española: revista técnica y profesional de ciencias médicas*, n. 25, 1939, pp. 194 y ss.

camente patológicos. En este caso, ya no es que los investigadores se vieran afectados por el llamado irónicamente "*Brain Overclaim Syndrome*"[1300] (BOS) o exceso de confianza en los resultados de la neurociencia, sino que directamente intenten buscar por un camino científico la causa de comportamientos que no tienen la más mínima anormalidad natural. Se tipifica el robo o el homicidio como delito porque nuestra sociedad los entiende como comportamientos negativos para nuestra propia existencia pacífica, pero se trata de conductas absolutamente habituales en la naturaleza, como es sabido, sin que el animal que los protagoniza padezca ningún tipo de patología cerebral. Al contrario, el responsable de tales hechos es un ser perfectamente normal, y sólo el ser humano, en virtud de las épocas, considera que unos y otros son positivos o negativos, y así se acepta o se condena la pena de muerte, por ejemplo, que no es más que un repugnante homicidio, o bien se llega a hablar, v.g. de "pío latrocinio" para justificar la acción del obispo Gelmírez al robar las reliquias de algunas iglesias de Braga en el siglo XI para traerlas a Santiago de Compostela.

Quiero decir con ello que es posible que algunos estudios neurocientíficos de la conducta estén siguiendo una pista falsa. La reincidencia en un comportamiento no siempre es patológica, y no siéndolo es difícil detectar esa tendencia en un cerebro, suponiendo que sea además una tendencia, y no una decisión puntual en función de las circunstancias. En esta materia, por tanto, todavía debe avanzarse mucho tanto desde el punto de vista filosófico como, por supuesto, desde el terreno neurocientífico.

Pero llegamos al tercer gran grupo de utilidades probatorias de la neurociencia, que es además probablemente el que más publicidad ha tenido entre el gran grupo: la detección de mentiras. Nuevamente, nos encontramos con una dificultad de raigambre filosófica: la mentira como hecho negativo, lo que puede condicionar —de hecho lo hace— el estudio sobre esta materia. Pero además nos encontramos en esta materia con otro factor determinante: la creencia de que la mentira provoca reacciones físicas, o que al menos el esfuerzo cognitivo de mentir es superior que el de decir la verdad.

Habría que comenzar diciendo que la mayor parte de las veces que se miente se hace de manera inconsciente, porque el sujeto que no recuerda

---

1300 Morse, Stephen J., "Brain Overclaim Syndrome and Criminal Responsibility: A Diagnostic Note", *Ohio State Journal of Criminal Law*, vol. 3, pp. 397 y ss. Maero, Fabián, "Cuando las neurociencias engañan", en http://www.psyciencia.com/2016/30/cuando-las-neuroimagenes-enganan-una-entrevista-investigador/?utm_content=bufferf72ab&utm_medium=social&utm_source=facebook.com&utm_campaign=buffer, 30-6-2016.

algo con precisión genera lo que se llaman falsos recuerdos[1301], que en realidad son mentiras de las que el sujeto ni siquiera es consciente, y por ello son indetectables a través de una prueba científica. No existe nada que pueda contrastarse para proceder a la localización del falso recuerdo. El cerebro los genera constantemente, y no los identifica como falsos recuerdos en absoluto. En consecuencia, no pueden generar ningún tipo de reacción física.

Tampoco es cierto que el esfuerzo cognitivo de mentir sea superior que el de decir la verdad[1302]. Cuesta mucho más trabajo pronunciar una verdad amarga que urdir una mentira fácil que satisfaga a nuestro interlocutor. Nuevamente, la fMRI, igual que en su día el absurdo polígrafo o detector de mentiras[1303], podrá detectar ese superior aumento de flujo sanguíneo o de presión arterial, o de frecuencia cardíaca. Pero media un trecho enorme de ahí a decir que esos factores estén relacionados con el hecho de mentir.

Pero a pesar de todo ello, inasequibles al desaliento se encuentran científicos centrados en encontrar la piedra filosofal de la detección de mentiras. Y en ese contexto se sitúan tanto la propia fMRI como la llamada prueba de la onda P-300.

Con respecto a la primera, sus defensores afirman poseer evidencias de que pueden averiguar la sinceridad de una persona con resultados que poseen un 100% de acierto[1304], lo que ya es rarísimo en ciencia. Pero es que, además, son legión los investigadores que ponen en cuestión estas conclusiones[1305]. Como mucho, la fMRI puede detectar los estados emocionales

---

1301 Diges Junco, Margarita, *Los falsos recuerdos. Sugestión y memoria*, Barcelona 1997.

1302 Burgoon, Judee K., "When is Deceptive Message Production More Effortful than Truth-Telling? A Baker's Dozen of Moderators", *Front. Psychol.*, 24-12-2015. http://journal.frontiersin.org/article/10.3389/fpsyg.2015.01965/full. Sporer, Siegfried L., "Deception and Cognitive Load: Expanding Our Horizon with a Working Memory Model", *Front. Psychol.*, 7-4-2016. http://journal.frontiersin.org/article/10.3389/fpsyg.2016.00420/full. Pardo, "Neuroscience Evidence, Legal Culture, and Criminal Procedure", cit. pp. 312, 314. Schleim, "Bildgebende Verfahren der Neurowissenschaften in der strafrechtlichen Ermittlungspraxis: Eine kritische Perspektive auf den Stand der Forschung", p. 387.

1303 NATIONAL RESEARCH COUNCIL (Committee to Review the Scientific Evidence on the Polygraph), *The polygraph and lie detection*, 2003, pp. 212 y ss.

1304 No Lie MRI (http://www.noliemri.com/) y Cephos (http://www.cephoscorp.com/.

1305 Vid. Kahn, "Neuroscience, Sincerity and the Law", *Bergen Journal of Criminal Law and Criminal Justice*, 2/2015, p. 204. Cfr. Hakun, J. G. / Ruparel, K. / Seelig, D. / Busch, E. / Loughead, J. W. / Gur, R. C. / Langleben, D. D., *Towards clinical trials of lie detection*

asociados al hecho de mentir[1306], pero dado que cada persona es diferente y que, por tanto, no puede elaborarse un patrón seguro de reacciones a la acción de mentir y que, además, en todo caso, el investigador responsable del experimento siempre induce al sujeto a realizar la acción —en este caso mentir— y la misma no es espontánea, los resultados de la experimentación son difícilmente apreciables científicamente.

Lo mismo sucede con la onda P-300[1307], así llamada por ser una onda que se genera 300 milisegundos después de ser sometido el sujeto a un estímulo. Pese a que ha sido observada con gran atención en anhelo de su eficacia, no puede derivarse de la ocurrencia de una onda eléctrica del cerebro la realidad de que una persona esté diciendo lo contrario a lo que realmente recuerda, que es lo que realmente detectaría esta prueba. Es decir, que el sujeto, por ejemplo, dice no haber estado en un lugar o no reconocer a una persona, pero que en cambio mostrándole una imagen de ese lugar o de esa persona, la generación de la onda P-300 en su cerebro le delata. Ojalá pudiera ser así, pero lamentablemente no parece ser de ese modo[1308]. Además, en el mejor de los casos la prueba detectaría que el sujeto cree reconocer el lugar o la persona o incluso un objeto, pero no que lo reconozca realmente[1309].

Por tanto, parece que el fin de los interrogatorios tal y como hoy los conocemos tendrá que esperar. No existe todavía una máquina de la verdad que lea el cerebro de las personas. Y en caso de existir, habrá que estar muy pendientes de su uso judicial para que no vulnere de ninguna manera derechos fundamentales como el de defensa o el derecho a la intimidad, este último uno de los fundamentos más sensibles del Estado democrático, modelo en el que es la actividad estatal la que debe ser transparente y en ningún caso el cerebro de los ciudadanos.

---

with fMRI, Social Neuroscience, 2009, Vol. 4, 6, pp. 518 y ss. Moreno, "The Future of Neuroimaged Lie Detection and the Law", cit. p. 732. Schleim, Stephan, "Bildgebende Verfahren der Neurowissenschaften in der strafrechtlichen Ermittlungspraxis: Eine kritische Perspektive auf den Stand der Forschung" en: Stephan Barton, Ralf Kölbel, Michael Lindemann (dir.), *Wider die wildwüchsige Entwicklung des Ermittlungsverfahrens,* p. 370.

1306 Greely, "Neuroscience, mindreading, and the Courts: the example of pain", cit. p. 180.

1307 Sobre la misma, por todos, Villamarín López, María Luisa, *Neurociencia y detección de la verdad y del engaño en el proceso penal,* Madrid 2014. Libano Beristain, Arantza, "Neurociencia y proceso penal", Justicia n. 2, 2015, pp. 246 y ss.

1308 Greely, "Neuroscience, mindreading, and the Courts: the example of pain", cit. pp. 190-191.

1309 Greely, "Neuroscience, mindreading, and the Courts: the example of pain", cit. p. 190.

4. UN FUTURO PROBABLE: LA INTELIGENCIA ARTIFICIAL (IA)

Se trata de la última frontera —por el momento— en materia probatoria[1310]. Bajo estas palabras que suenan todavía algo misteriosas, se esconde algo nacido del genio sobre todo de Alan Turing[1311] y que resulta fácil de explicar e incluso de entender. Gracias a las impresionantes capacidades de cálculo estadístico de la informática actual, nos es posible calcular la frecuencia de cualesquiera actos que sigan o parezcan seguir un patrón. De ese modo, puede preverse la ocurrencia de acontecimientos antes de que sucedan.

Con esa capacidad, una máquina puede aparentar "pensar" o comportarse como un ser humano en algunas situaciones, cada vez más, y potencialmente en muchas que ahora ni imaginamos y que involucran decisiones cotidianas e incluso emociones[1312]. Ello abre la opción a una nueva sustitución de humanos por máquinas, en evolución de la primera acción histórica de estas características devenida a raíz de la Revolución Industrial.

Hasta el momento es conocido su uso en miles de aplicaciones informáticas que hacen la compra por nosotros, nos recomiendan un restaurante en el que cenar o nos presentan materiales con los que entretenernos de acuerdo con los que la máquina prevé que son nuestros gustos, o hacen diagnósticos médicos de acuerdo con la información que nosotros mismos hemos proporcionado a la herramienta de IA. No es que la IA "aprenda", sino que recopila los datos que se le van proporcionando, los transforma en parámetros y establece alternativas de decisión, escogiendo la que parece más probable en función de las decisiones previas que haya almacenado en el pasado. La operación que almacena los datos y contiene esa estructura decisional se denomina algoritmo[1313]. Evidentemente, saber cómo funciona otorga el poder sobre la herramienta y permite alterar su capacidad ejecutiva a voluntad.

1310 Nuevamente Taruffo, M., "Judicial Decisions and Artificial Intelligence", cit. pp. 311 y ss.

1311 Turing, Alan Mathison, "Computing machinery and intelligence", *Mind* 49, 1950, p. 433 y ss.

1312 Lo explico en Nieva Fenoll, *Inteligencia Artificial y proceso judicial*, Madrid 2018.

1313 Sobre el tema, Mccarthy, John e. a., "A Proposal for the Dartmouth Summer Research Project on Artificial Intelligence, August 31, 1955", *AI Magazine* vol. 27, n. 4, 2006, p. 12. http://www.aaai.org/ojs/index.php/aimagazine/article/view/1904/1802. García Serrano, Alberto, *Inteligencia Artificial. Fundamentos, práctica y aplicaciones*, Madrid 2016, pp. 2 y ss. Con una lectura procesal, vid. la obra pionera de Comoglio, Paolo, *Nuove tecnologie e disponibilità della prova*, Torino 2018, pp. 330 y ss.

La IA se ha utilizado ya en muchísimos ámbitos, también en el proceso jurisdiccional, aunque ese uso ha podido pasar desapercibido. Primero fueron las aplicaciones informáticas que almacenaban y proponían modelos de formularios para concretas actuaciones judiciales reiterativas, pero seguidamente vinieron los buscadores de jurisprudencia, que ofeciéndoles una temática o algunas palabras clave, localizaban las sentencias que podían interesar al usuario, ahorrando horas y horas de búsqueda ímproba en la que siempre podían escaparse algunas sentencias relevantes.

Utilizando una técnica parecida, actualmente ya existen herramientas que permiten preparar una argumentación jurídica[1314] poniendo un caso en contexto con los materiales legales y jurisprudenciales relacionados con el mismo, ayudando a estructurar la citada argumentación de un escrito judicial. WIGMORE CHARTS, QUESTMAP, ARGUMED o CATO[1315] son las denominaciones de las muchas aplicaciones que ya existen para este fin, funcionando como se ha indicado. ROSS INTELLIGENCE propone informaciones sobre el supuesto del que se trate y sugiere incluso tasas de éxito de la defensa[1316].

También analizan las herramientas de IA la copiosa documentación de un caso, examinando en segundos una serie de contratos, por ejemplo, y detectando los posibles errores que contengan[1317], lo que es fundamental para el examen de la prueba documental. En el contexto de las investigaciones del proceso penal, existen también herramientas de IA que se dedican al llamado *Data Mining*, es decir, a la búsqueda de datos que permitan establecer escenarios posibles de un delito, guiando a los investigadores hacia los lugares donde sea más probable localizar elementos de convic-

---

1314 Alarie / Niblett / Yoon, "Law in the future", cit. p. 3.

1315 Aleven, V. / Ashley, K. D., "Evaluating a Learning Environement for Case-Based Argumentation Skills", *ICAIL*, 1997, pp. 170 y ss.

1316 Vid otros programas similares en Ben-Ari / Frish / Lazovski / Eldan / Greenbaum, "Artificial Intelligence in the Practice of Law: An Analysis and Proof of Concept Experiment." cit. pp. 32 y ss. También Nissan, "Digital technologies and artificial intelligence's present and foreseeable impact on lawyering, judging, policing and law enforcement", cit. pp. 9, 13. Mcginnis / Pearce, "The Great Disruption: How Machine Intelligence Will Transform the Role of Lawyers in the Delivery of Legal Services", cit. p. 3052.

1317 Chin, Monica, "An AI just beat top lawyers at their own game", *Mashable* 26-2-2018, https://mashable.com/2018/02/26/ai-beats-humans-at-contracts/?utm_campaign=Mash-BD-Synd-Flipboard-All-Full&utm_cid=Mash-BD-Synd-Flipboard-All-Full#sJuKuln1jkq4.

ción con una efectividad de hasta un 68% por ciento, superior a la que otorgan la imagninación, creatividad o experiencia de un ser humano[1318].

Y con esos datos, la IA también puede elaborar estrategias de acusación y defensa, elaborando historias creíbles en las que el acusado pueda ser culpable o inocente, según convenga a cada posición procesal. Las herramientas son STEVIE[1319]— o ECHO y PEIRCE-IGTT[1320] o el programa ALIBI[1321].

Sin embargo, no todo son buenas noticias. Desde hace ya tiempo se está utilizando en EEUU una herramienta cuya misión es averiguar el ansiado pronóstico de reiteración delictiva, a los fines de decidir la imposición de medidas cautelares sobre una persona. Así nacieron *Level of Service Inventory-Revised* (LSI-R)[1322], FOTRES, OASIS, HCR-20[1323], SVR-20 y RSVP[1324], SARA[1325], ODARA[1326] VRAG[1327] STATIC-99[1328] o RiscCanvi[1329], aunque la que ha recibido una mayor atención mediática —y no sin razón—, es la aplicación llamada COMPAS[1330].

1318 Adderley, R. / Bond, J. W. / Townsley, M., "Predicting Crime Scene Attendance." *International Journal of Police Science & Management*, 2007, 9 (4), pp. 312 y ss.

1319 Nissan, "Digital technologies and artificial intelligence's present and foreseeable impact on lawyering, judging, policing and law enforcement", cit. p. 11.

1320 Nissan, "Digital technologies and artificial intelligence's present and foreseeable impact on lawyering, judging, policing and law enforcement", cit. p. 13.

1321 Nissan, E., "Legal Evidence, Police Intelligence, Crime Analysis or Detection, Forensic Testing, and Argumentation: An Overview of Computer Tools or Techniques", 17 Int'l J.L. & Info. Tech. 1, 2009, pp. 1 y ss.

1322 Graña, José Luis / Andreu, José Manuel / Silva, Teresa, "Evaluación de las propiedades psicométricas del LSI-R en una muestra penitenciaria", *Psicopatología Clínica, Legal y Forense*, vol. 14, 2014, pp. 7 y ss.

1323 Hilterman, Antonio, *HCR-20. Guía para la valoración del riesgo de comportamientos violentos*, Barcelona 2005.

1324 Hart, S. *RSVP Protocolo para la valoración del riesgo de violencia sexual*, Barcelona 2016.

1325 http://criminal-justice.iresearchnet.com/forensic-psychology/spousal-assault-risk-assessment-sara/

1326 Ontario Domestic, Assault Risk Assessment. Para violencia de género. http://grcounseling.com/wp-content/uploads/2016/08/domestic-violence-risk-assessment.pdf

1327 http://criminal-justice.iresearchnet.com/forensic-psychology/violence-risk-appraisal-guide-vrag/

1328 Para delincuentes sexuales. Http://www.static99.org/

1329 Andrés-Pueyo, A. / Arbach-Lucioni, K. / Redondo, S., "Ther RisCanvi: A New Tool for Assessing Risk for Violence in Prison ans Recidivism", en *Handbook of Recidivism Risk/Needs Assessment Tools*, Chichester 2018, p. 259.

1330 Correctional Offender Management Profiling for Alternative Sanctions. NORTHPOINTE, *Practioners Guide to COMPAS*, 17-8-2012.

COMPAS es una herramienta de IA de predicción de riesgo, igual que las otras citadas, que tiene en cuenta una serie de datos bastante variopintos[1331] que pueden influir en el comportamiento de una persona, tales como los antecedentes del reo, ámbito social del mismo, nivel de estudios, situación laboral, situación emocional e incluso su ideología relacionada con el delito. Su creador[1332] ha combinado todos estos datos en un algoritmo que no ha revelado, lo cual no ha impedido a los tribunales estadounidenses su uso, basado en una sentencia del Tribunal Supremo de Wisconsin que el Tribunal Supremo Federal se negó a revisar en un *certiorari*, lo cual ha dado de momento carta de naturaleza a su uso[1333], como suele suceder jurisprudencialmente en estos casos, a modo de un indicio más junto con otras pruebas, lo que ha propiciado su crítica[1334], sobre todo teniendo en cuenta que los tribunales, por comodidad, acostumbran a acabar valiéndose por defecto de la herramienta incurriendo en un automatismo inaceptable aunque probablemente inevitable, dado que llega un momento en que los jueces piensan que sus consideraciones no van a ser mejores que las de la máquina.

Y ello no es cierto, toda vez que investigaciones recientes han demostrado no solamente que COMPAS tenía un sesgo racista[1335], sino que además, sometidos los mismos casos a voluntarios que operaban al azar o por mera intuición, resultó que las personas presentaron una eficacia percentual de acierto ligeramente superior a la de COMPAS[1336], lo que debería obligar a replantearse muchas cosas en este terreno, entre ellas la principal: si no

---

1331 Vid. el cuestionario en el que se basa en https://www.documentcloud.org/documents/2702103-Sample-Risk-Assessment-COMPAS-CORE.html, así como su manual de uso en

1332 Northpointe, Inc.

1333 *State v. Loomis*, 881 N.W.2d 749 (Wis. 2016).

1334 Sobre el caso, Tashea, Jason, "Risk-Assessment Algorithms Challenged In Bail, Sentencing And Parole Decisions", *ABA Journal*, marzo 2017, Http://Www.Abajournal.Com/Magazine/Article/Algorithm_Bail_Sentencing_Parole. THADANEY ISRANI, Ellora, "When An Algorithm Helps Send You To Prison", *The New York Times*, 26-10-2017, https://www.nytimes.com/2017/10/26/opinion/algorithm-compas-sentencing-bias.html

1335 Larson, Jeff / Mattu, Surya / Kirchner, Lauren / Angwin, Julia, "How We Analyzed The Compas Recidivism Algorithm", *Propublica*, 23-5-2016, https://www.propublica.org/article/how-we-analyzed-the-compas-recidivism-algorithm.

1336 Farrell, JAMES, "Humans Beat Popular Algorithm For Spotting Potential Re-Offenders", *SILICONANGLE*, 17-1-2018, https://siliconangle.com/blog/2018/01/17/popular-algorithm-used-spot-potential-reoffenders-sometimes-extend-prison-sentence-doesnt-work-according-researchers/. Pearson, Jordan, "Bail Algorithms Are As Accurate As Random People Doing An Online Survey", *Motherboard*, 17-1-2018, Https://

vulnera el derecho de defensa que los tribunales estén trabajando con una aplicaciòn cuyo algoritmo se desconoce —la empresa creadora aduce derechos de autor para no publicarlo— y que, por tanto, es inimpugnable.

Todo lo anterior sirve claramente de inspiración para evaluar si la IA podrá suplir en un futuro a un juez en la valoración de la prueba. La pregunta parece claramente absurda, pero en realidad no lo es tanto si se considera que la apreciación de la prueba también está sometida a parámetros de conducta del juez. Es decir, no puede depender de la intuición u olfato del juez porque los mismos no son motivables, y cualquier manifestación del poder del Estado que no se motiva deviene arbitraria.

En consecuencia, deben analizarse las pautas de valoración de cada medio de prueba, y en este sentido se abre un enorme camino a recorrer en el futuro. Resulta que todos los medios de prueba están condicionados por una ciencia. Los interrogatorios por la psicología del testimonio, la prueba documental por la semiótica textual, la prueba pericial por la materia científica de que se trate en el dictamen, y por último el reconocimiento judicial habitualmente por una prueba pericial, que por tanto también se rige por una ciencia.

Todas esas ciencias ofrecen parámetros a sus usuarios, que precisamente al existir y ser aplicables de forma matizadamente sistemática, son aptos para ser objeto de un algoritmo con el que se construya una herramienta de IA.

La psicología del testimonio[1337] ofrece unos porcentajes de acierto de la memoria en función del tiempo de exposición, la antigüedad del recuerdo, o bien las circunstancias situacionales[1338] tales como el estrés del observador —a mayor estrés, peor memoria—, o bien la raza del atacante, dado que su cara se recuerda peor por el atacado si no es de su raza. O bien el consumo de alcohol y sustancias, la luminosidad de la observación, la distancia respecto al testigo y la situación observada, entre otras cuya interpretación se puede deducir intuitivamente, pero que lo importante es que están respaldadas por datos estadísticos realizados con una base científica completamente seria.

Motherboard.Vice.Com/En_Us/Article/Paqwmv/Bail-Algorithms-Compas-Recidivism-Are-As-Accurate-As-People-Doing-Online-Survey.

1337 Vid. ampliamente Manzanero, *Psicología del testimonio*, pp. 27 y ss.

1338 Vid. Diges / Pérez Mata, *La prueba de identificación desde la Psicología del testimonio*, en: AAVV, *Identificaciones fotográficas y en rueda de reconocimiento: un análisis desde el Derecho procesal penal y la Psicología del testimonio*, Madrid 2014, pp. 36 y ss.

Y dado que ello es así, ya han surgido aplicaciones que almacenan en sus algoritmos estos datos, de manera que los utilizan de manera automática, como se procede a través del programa ADVOKATE[1339], aunque la eficacia que se predica del mismo siempre depende del fabricante, que anuncia unas tasas de éxito en torno al 70%, como ya vimos anteriormente, y que en todo caso serían superiores a las capacidades de acierto humanas, que estarían en el 40%[1340].

Lo mismo se podría hacer con algunos de los parámetros de valoración de la declaración. Tomando en consideración los más frecuentes en las motivaciones de las sentencias —coherencia, capacidad de contextualización del declarante, corroboraciones con otras pruebas y comentarios oportunistas del declarante[1341]—, al menos la contextualización —la correspondencia de la declaración con el entorno situacional— y las corroboraciones sí pueden ser objeto de IA, porque pueden cruzar los datos que se vayan obteniendo del resto de medios de prueba. La coherencia, sin embargo, no es tan fácilmente compendiable, dado que todo ser humano tiene en su discurso un cierto nivel de incoherencia que la máquina podría confundir erróneamente con sistemáticas mentiras, igual que operan obsesivamente algunos abogados y fiscales señalando contradicciones estúpidas o de matiz entre la declaración realizada en la instrucción y la expresada en el juicio oral de un proceso penal, intentando de ese modo ofrecer una falsa imagen de incredibilidad del interrogado.

Y de igual modo sucede con los comentarios oportunistas, es decir, con el uso de la retórica en la declaración. Los mismos no son tan sistemáticos como a veces puede parecer, y ni siquiera revelan un embuste cuando el declarante dice, por ejemplo, que recuerda perfectamente un hecho y su autoría porque siempre ha tenido una gran memoria visual y jamás olvida una cara. Es obvio tanto que ese es un comentario oportunista como que el declarante es muy probable que tenga esa alta opinión de sí mismo, pero

---

1339 BROMBY, Michael C. / Hall, Maria Jean, "The Development and Rapid Evolution of the Knowledge Model of ADVOKATE: An Advisory System to Assess the Credibility of Eyewitness Testimony Article", January 2002, pp. 143 y ss, *https://www.researchgate.net/publication/228189761*, y https://www.researchgate.net/figure/ADVOKATE-Witness-Compellability_fig3_228189761.

1340 A Adderley, R. / Bond, J. W. / Townsley, M., "Predicting Crime Scene Attendance." *International Journal of Police Science & Management*, 2007, 9 (4), pp. 320 y ss.

1341 Basándome en las enseñanzas de la psicología del testimonio (Manzanero, *Psicología del testimonio*, cit. pp. 201 y ss) propuse estos factores en Nieva Fenoll, *La valoración de la prueba*, Madrid 2010, pp. 222 y ss. Vid. también Contreras Rojas, *La valoración de la prueba de interrogatorio*, cit. pp. 275 y ss.

ello no quiere decir que esté mintiendo. Hay que valorar cuidadosamente el resto de su declaración, y esa labor es difícil que la haga una máquina, por complejo que sea su algoritmo. Hay que valorar todo el contexto de acuerdo con máximas de comportamiento social que pueden y deben ser motivables, pero que son dificilmente compendiables.

Lo que sí puede hacer bastante bien una herramienta de IA es detectar preguntas inapropiadas en un interrogatorio porque introduzcan información que se espera que sea asumida inadvertidamente por el declarante[1342]. Son las preguntas que han solido ser conocidas como capciosas, sugestivas, etc, pero que se reducen normalmente a lo dicho: a la introducción de información no deseada. Esas herramientas ya existen, imponiendo un estilo en su formulación. Basta intentar introducir un nuevo artículo en Wikipedia para comprobarlo.

De forma análoga se puede obrar con la prueba documental. La semiótica textual[1343] también impone unos parámetros de valoración —la contextualización del documento y su modalidad— que pueden evaluar las intenciones y el contexto de un documento a partir del vocabulario y expresiones empleadas. Es cierto que en este terreno podrá irse avanzando, dado que los estilos de redacción de las personas son bastante sistemáticos, como han ido demostrando algunas aplicaciones, por ejemplo una bastante reciente que detecta denuncias falsas[1344]. Pero la inteligencia de un documento es labor humana en cuanto a las intenciones últimas del autor del escrito, igual que sucedía con la interpretación de los comentarios oportunistas. Es decir, una máquina puede calificar la modalidad de un comentario averiguando así la intención de su autor en ese momento puntual —la burla, por ejemplo—, pero entender el contenido total del documento es algo bastante más complejo y se escapa, por ahora, de las posibilidades de una máquina, más allá de la detección de errores sistemáticos en un grupo de contratos, como antes se indicó[1345].

1342 Manzanero, *Psicología del testimonio,* cit. p. 137. Ibabe Erostarbe, Izaskun, *Psicología del testimonio,* Donostia 2000, p. 47.

1343 Vid. de nuevo Cassany, Daniel, *Tras las líneas,* cit., Lozano, Jorge / Peña-Marín, Cristina / Abril, Gonzalo, *Análisis del discurso,* cit.

1344 Quijano-Sánchez e. a., "Applying automatic text-based detection of deceptive language to police reports: Extracting behavioral patterns from a multi-step classification model to understand how we lie to the police", cit. pp. 155 y ss.

1345 Mcginnis, J. O. / Pearce, R. G., "The Great Disruption: How Machine Intelligence Will Transform the Role of Lawyers in the Delivery of Legal Services, 82 *Fordham L. Rev.*, 2014, p. 3041.

Por último, la IA sí puede valorar la concurrencia de los criterios Daubert con respecto a una prueba pericial, y bastante más rápidamente y con mayor precisión que un ser humano al poder tener la información global de las técnicas publicadas y su consenso científico, y hasta el grado de acierto atribuído en esas publicaciones. Pero lo que nos importa del dictamen es que el juez lo entienda, como ya se dijo anteriormente. En esa materia poco puede ayudar la IA, más allá de lo indicado. Igual que tampoco podrá valorar intrínsecamente el contenido de los peritos, salvo que se den por buenos los habituales parámetros —profundamente falseables— que tienen en cuenta las diversas agencias de acreditación universitarias[1346], habitualmente engañadas por abnegados burócratas expertos en maquillar su trayectoria profesional y científica.

Queda por ver si la IA podría ayudar en la aplicación de estándares probatorios, asumiendo que estos existan o deban existir, cuestión sumamente controvertida. Es decir, estaría por ver si el "más allá de toda duda razonable" o la "probabilidad preponderante" podrían ser automatizados.

En este sentido, el pronóstico es pesimista, u optimista, según se mire. Si se cae en la tentación bayesiana, evidentemente la IA es perfecta para ese enfoque, que lo reduce todo a una probabilidad estadística. Pero si ello es descartado al carecer, como es bien sabido, de la problemática —pero imprescindible— *prior probability*, el inconveniente es que todo lo que se llaman estándares de prueba[1347] se traducen en formulaciones valorativas que nos llevan a estimar que una hipótesis ha sido confirmada o refutada en cada caso concreto, lo que no parece que sea generalizable teniendo en cuenta la complejidad potencial de cualquier situación real[1348].

Sin embargo, teniendo en cuenta la existencia, antes reseñada, de programas de IA que son capaces de establecer hipótesis inculpatorias o exculpatorias plausibles, los mismos sí podrían ser útiles al perfilar los datos sobre los que se pretende aplicar el estándar, al generar las hipótesis alternativas a la principal, lo que ayuda sin duda a la utilización de estos

---

1346 Vid. en España la Agencia Nacional de Evaluación de la Calidad y Acreditación (http://www.aneca.es/Programas-de-evaluacion/Evaluacion-de-profesorado/ACADEMIA). Con más flexibilidad, aunque también con criterios orientativos se desarrolla la misma misión en Italia a través de la Abilitazione Scientifica Nazionale (http://abilitazione.miur.it/public/index.php).

1347 También los seis claramente expuestos por Ferrer Beltrán, Jordi, "Prolegomena to a theory on standards of proof. The test case for State liability for wrongful pre-trial detention", en prensa, 2018, pp. 19-20.

1348 Taruffo, M., "Judicial Decisions and Artificial Intelligence", cit. p. 311.

estándares basados en la probabilidad inductiva. Otra cosa es la pretendida fiabilidad de esos estándares, en la que no confío particularmente al no ser posible que ofrezcan un umbral seguro de convicción[1349], dado que la gradación acostumbra a depender de una sensación de convencimiento difícilmente motivable, por más que pueda servir de orientación a la intuición judicial. Pero esa es otra cuestión ajena a este estudio.

5. CONCLUSIONES

1. La prueba científica ha conocido un importante auge en los últimos decenios, lo que ha permitido comprender mejor algunos de los hechos más dificilmente averiguables de un proceso.
2. Con todo, sigue pendiente el problema de la incomprensión de los jueces por la esencia de los dictámenes periciales, cuestión que los criterios Daubert sólo ayudan a resolver mínimamente.
3. La neurociencia ha supuesto un avance relevante —aunque limitado— en materia de explicación y predicción del comportamiento de los reos en el proceso penal. Con todo, sus conclusiones son todavía demasiado provisionales desde el punto de vista científico.
4. En materia de detección de mentiras, los métodos desarrollados hasta ahora —fMRI y onda P-300 sobre todo— no presentan evidencia científica que permita concluir, por el momento, su validez.
5. La inteligencia artificial va a cambiar muchos aspectos de la tramitación del proceso, de la argumentación de los escritos judiciales y de la elaboración de estrategias probatorias, de manera que esas actividades pueden llegar a optimizarse hasta un punto nunca visto anteriormente.
6. También va a ayudar la IA en la valoración de la prueba. Algunos de sus parámetros son bastante sistemáticos, por lo que son aptos para la generación de una herramienta de IA, aunque con fuertes limitaciones en cuanto a la apreciación conjunta de todo el material probatorio.

1349 Cfr. Taruffo, M., "Judicial Decisions and Artificial Intelligence", cit. pp. 315, 317 y 320.

LA PRUEBA PRECONSTITUIDA: UN CONCEPTO ERRÓNEO E IMPOSIBLE

Publicado en Diario La Ley, n. 10532, 24-6-2024.

1. INTRODUCCIÓN

Si un día hubiera que escribir una historia del "*marketing* científico" en Derecho Procesal, puede que la denominación "prueba preconstituida" fuera una de aquellas nociones que más destacarían por su reluciente apariencia, escondiendo tras de sí una insólita vacuidad que deja al científico perplejo. ¿Cómo es posible que solamente con una palabra sonora e infrecuente en el lenguaje cotidiano —preconstituida—, los juristas hayan podido dibujar un concepto que, como vamos a ver seguidamente, en realidad no sirve absolutamente para nada, salvo para aparentar hacer ciencia?

Voy a explicarlo en el presente trabajo, aunque vaya por delante que el caso de esta denominación no es único. Hubo una época en que los juristas con pretensiones teóricas, en ausencia de cualquier intención de uso del método científico, decidieron utilizar el instrumento principal de su arte en los procesos para su trabajo de "investigación", a fin de ofrecer una imagen —tal vez involuntariamente— falsa de que estaban produciendo ciencia. Ese instrumento, utilizado tanto en sus escritos como en las intervenciones orales, era —y es— la retórica[1350], que ya se refleja en uno de los primeros cuentos de la historia del mundo: "El campesino elocuente"[1351]. En dicho cuento del Antiguo Egipto, cuya antigüedad supera los 4.000 años, se relata la historia de un campesino que exhibió una sorprendente habilidad retórica en un proceso en su propia defensa. Esa retórica impresionaba al juez que le escuchaba, tanto que, con una crueldad sin límites, demoró hacerle justicia para poder disfrutar escuchándole por más tiempo[1352].

1350 Platón, *Gorgias o de la retórica*, Barcelona (Espasa Libros), 2019, pp. 48 y ss

1351 En español: http://www.egiptomania.com/literatura/campesino.htm. En inglés en: https://web.archive.org/web/20120518100415/http://jimloy.com/egypt/peasant.htm. Sobre el mismo, vid. Assmann, J., *Ma'at. Gerechtigkeit und Unsterblichkeit im Alten Ägypten*, München 1995, p. 58.

1352 Sobre el mismo, vid. ampliamente Nieva Fenoll, J., *El origen de la justicia*, Valencia 2023, pp. 218 y ss.

Esta pequeña historia hace muy evidente que una parte muy importante de la historia del proceso judicial ha sido llenada por jueces y abogados simplemente con eso: retórica. Al fin y al cabo, el discurso jurídico es siempre persuasivo[1353], claro está, pero como pretende serlo cualquier otro científico que expone sus conclusiones. Sucede, sin embargo, que al resto de científicos se les exigen datos empíricos para confirmar sus ideas, más allá de ese trabajo de argumentación que busca la persuasión. De hecho, a los juristas también se les deberían exigir esos datos, pero demasiadas veces sucede en los trabajos con vocación científica, que esos datos de "confirmación" se salvan simplemente con citas de autoridad —de doctrina o jurisprudencia—, lo que es una simple falacia, pues ninguna confirmación real puede encontrarse en el hecho de que alguien repita lo que uno piensa, por más autoridad que ese alguien pueda tener. Puede que a cualquier otro científico le impresionara saber que los juristas utilizan como principal instrumento de su trabajo esa falacia *ad autoritatem* junto con la falacia *ad populum*, manteniendo que un argumento es cierto solamente porque otros juristas también lo defienden, al margen de cualquier otra consideración, no ya experimental, sino simplemente empírica.

Pues bien, ese modo de hacer ha provocado que la doctrina, en ocasiones, también aparente hacer ciencia acudiendo a otro método de lo más simpático: generando categorías artificiales que simplemente tratan de cubrir un vacío en el estudio de los autores. El caso de las "características" de las medidas cautelares[1354], la enorme mayoría de ellas falsas o redundantes[1355], es un buen ejemplo. Pero también lo es el de la restricción de los tribunales de casación a las cuestiones de derecho, que no es sino una manera de hacer proveniente del *common law*[1356], donde tuvo sentido[1357], pero que jamás lo poseyó ni lo posee en ningún tribunal de casación del mundo, salvo para quitarse asuntos de encima, lo que es inaceptable desde la perspectiva del derecho de defensa del justiciable. Pero fue y es una

---

1353 Atienza, M., *Curso de argumentación jurídica*, Madrid 2013, p. 653.

1354 Calamandrei, P., *Introduzione allo studio sistematico dei provvedimenti cautelari*, Padova 1936.

1355 Lo explico en Nieva Fenoll, J. "Hacia una nueva configuración de la tutela cautelar", *Diario La Ley*, n. 8773, 1-6-2016.

1356 Blackstone, W., *Commentaries on the Laws of England*, Lib. IV, Oxford 1770, p. 384. Blackstone, W., *Commentaries on the Laws of England*, Lib. III, London 1768, p. 452.

1357 Vid. Nieva Fenoll, J., "El origen inglés de la casación francesa", *Revista Ítalo-Española de Derecho Procesal*, vol. 1, 2020, pp. 83 y ss.

restricción que es defendida a muerte, a pesar de su absoluta falta de fundamento, denunciado por la doctrina no pocas veces[1358].

Pues bien, exactamente lo mismo ha sucedido con la noción que nos ocupa: la prueba "preconstituida". Es un simple invento solamente terminológico, realizado junto a otros, por cierto, por el mismo autor y también inútiles. Se trata de una historia sencillamente sorprendente que hasta tiene un punto de divertida. La explicaré en las siguientes páginas.

2. UN "CONCEPTO" DE BENTHAM, PROPIO DE LA ÉPOCA

Todo el mundo debería haber leído el *Traité des preuves judiciaires* de Jeremy Bentham, que se remonta a 1823[1359]. No porque sea un excelente libro, que ya no lo es aunque sí fue excepcional en su día por su sistemática y temática si se compara con otras obras de la época, muy inferiores. De hecho, es una obra pionera que, a su vez, es la principal responsable doctrinal del declive y hasta desaparición del régimen de la valoración legal de la prueba[1360]. Aunque sólo fuera por eso, merece indudablemente un lugar destacado en la historia del Derecho Procesal.

Más allá de lo anterior, es preciso haberlo leído porque ha sido una de las principales fuentes de inspiración, y también de plagio —sin citarlo—, de tantos y tantos autores posteriores en varios puntos, aun ignorando que en realidad se trata de una obra compuesta de muchos extractos dispersos

---

1358 Entre otros, Chiarloni, S., "La cassazione e le norme", *Rivista di Diritto Processuale Civile* 1990, pp. 992 y ss. Fairén Guillén, V., "De los "hechos" al "derecho". Uno de los sofismas de la Ley del Jurado de 1995", *Revista de Derecho Procesal*, n. 2, 1997, p. 359. Guasch Fernández, S., *El hecho y el derecho en la casación civil*, Barcelona 1997, p. 200. Iacoviello, F. M., *La motivazione della sentenza penale e il suo controllo in cassazione*, Milano, 1997, p. 265. Kleinknecht, T.; Meyer, K.; Meyer-Gossner, L., *Strafprozeßordnung*, München 1995, p. 991. Mazzarella, F., ""Fatto e diritto" in Cassazione", *Rivista Trimestrale di Diritto e Procedura Civile*, 1974. pp. 82 y ss. Neumann, U., "Die Abgrenzung von Rechtsfrage und Tatfrage und das Problem des Revisionsgerichtlichen Augenscheinsbeweises", *GA*, 1988, p. 387. Nieva Fenoll, J., *El hecho y el derecho en la casación penal*, Barcelona 2000, p. 101 y ss. Satta, S., "Il formalismo nel proceso", *Rivista Trimestrale di Diritto e procedura Civile*, 1958, p. 1154. Temming, D. e.a., *Strafprozeßordnung*, Heidelberg, 1995, p. 1243. Serra Domínguez, M., "Del recurso de casación, en AAVV, *Comentarios a la reforma de la Ley de Enjuiciamiento Civil*, Madrid 1985, p. 843. Verger Grau, J., "Algunas observaciones al Proyecto de Ley Orgánica del Tribunal del jurado de 20 de abril de 1994", *Justicia* 1994, pp. 528-529.

1359 Bentham, J., *Traité des preuves judiciaires*, Paris 1823.

1360 Bentham, *Traité des preuves judiciaires*, cit. pp. 9 a 15.

del autor que estaban dirigidos al Derecho inglés, y que el compilador francés[1361] intentó recomponer y simplificar como pudo[1362], además de adaptar lo tratado, en parte, al Derecho francés. El hecho es que el libro da cuenta por ejemplo, entre otras muchas cosas, de por qué se introdujo la oralidad en los procesos del continente, que sobrevino básicamente por una creencia ancestral[1363], aunque científicamente disparatada[1364], en el criterio del juez a la hora de evaluar por su gestualidad si una persona mentía o no, además de la creencia ingenua, pero afirmada por el autor, de que la gente no suele mentir. Bentham, en realidad, recogió el sentir general de la época, muy extendido todavía hoy, y hasta intentó revestirlo de razones "científicas" que hoy resultan simplemente absurdas[1365].

Pero centrándonos en el tema que nos ocupa, el hecho es que en el capítulo VI del libro I de su obra[1366], habla Bentham de las diversas clases de pruebas, estableciendo unas clasificaciones que vistas hoy en día resultan entre rebuscadas e inútiles. En concreto, y en lo que puede ser útil en este trabajo, distingue el autor entre pruebas personales y reales, incluyendo entre las primeras al interrogatorio y entre las segundas al resto, referidas, como dice el propio Bentham, a las "cosas"[1367]. Tras ello, distingue entre pruebas directas y pruebas indirectas o circunstanciales, siendo que las primeras estarían vinculadas al hecho principal del proceso, como un testigo directo, y las segundas, también llamadas presunciones, a hechos conexos íntimamente ligados con el hecho principal, lo que le lleva a afirmar que todas la pruebas reales son circunstanciales[1368]. Con ello se alejaba del fundamento real de estas dos clases de prueba[1369], que probablemente no había entendido correctamente al no ser tan clara esta división en el sistema del *common law*, y que en realidad reflejaba la tradicional clasificación

---

1361 Dumont, según figura en la portado del libro citado.

1362 Vid. su prefacio a Bentham, *Traité des preuves judiciaires*, cit. pp. I y ss.

1363 Anónimo, *The Law Code of Manu. A new Translation by Patrick Olivelle*, Oxford 2009, p. 124, cap. 8. Vid. también Partida III, tít. XVI, Ley 28.

1364 Por todos, Mazzoni, G., *Psicologia della testimonianza*, Roma 2015, p. 108 y ss. Manzanero, A. L., "El engaño en contextos judiciales", *Revista Ítalo-Española de Derecho Procesal*, n. 1, 2023, p. 7 y ss.

1365 Bentham, *Traité des preuves judiciaires*, cit. pp. 33 y ss.

1366 Bentham, *Traité des preuves judiciaires*, cit. pp. 24 y ss.

1367 Bentham, *Traité des preuves judiciaires*, cit. p. 25.

1368 Bentham, *Traité des preuves judiciaires*, cit. pp. 25-26.

1369 Nörr, *Romanisch-kanonisches Prozessrecht*, Heidelberg 2012, p. 129.

del Derecho romano-canónico entre *plena* y *semiplena probatio*[1370]. Tras ello, se refería a otra ulterior clasificación entre testimonios voluntarios e involuntarios, y aún a otras categorías —hasta ocho[1371]—, sin la más mínima importancia a los efectos del presente trabajo[1372].

Pero aludía también a dos categorías que son el origen del concepto que estudiamos. Distinguió Bentham entre pruebas por documentos casuales y pruebas por documentos preconstituidos[1373]. Los primeros serían aquellos documentos no confeccionados con finalidades procesales, sino que se trataría de documentos cotidianos como cartas, notas o diarios. Sin embargo, los segundos documentos serían los que se han confeccionado respetando las formas legales para ser eventualmente utilizados como prueba en un determinado proceso. Estos últimos serían la "prueba preconstituida"[1374].

No queda claro si esos documentos se elaboran en el mismo proceso —dice Bentham "*témoignage produit dans une cause*"— o pueden realizarse fuera de él, puesto que acto seguido distingue entre la prueba preconstituida *ex parte* y *a partibus*, siendo la primera la confeccionada por uno solo de los litigantes, como un libro de contabilidad, o por ambos, como un contrato, denominando a la primera "prueba semi-preconstituida"[1375]. Y aclara —por decir algo— a pie de página que esta palabra, "preconstituida", es original suya y que otorga "*beaucoup de clarté sur la matière des preuves*"... Añade el jurista inglés que ha dudado acerca de denominarla "preestablecida" o "preconstituida", pero que ha preferido la segunda rúbrica, porque es el legislador quien ordena la realización de esos documentos "preconstituidos".

Hasta aquí la explicación de Bentham, o más bien se diría que de Dumont, que la verdad es que resulta bastante confusa, porque por una parte el concepto de "preconstitución" parece referirse a los contratos sometidos a forma por las leyes civiles, y por otra a los documentos que se realizan *ad cautelam* pensando en un ulterior proceso. Es cierto que las leyes civiles someten algunos documentos a forma pensando en la prevención de fu-

---

1370 Azón, *Summa Azonis*, Venecia 1581, lib. III, 1 (De iudicis), 18, 19. Durante, *Speculum iuris*, Venecia 1602, lib. I, Part. I, *De summaria cognitione*, 1, 2 y 3.

1371 Bentham, *Traité des preuves judiciaires*, cit. p. 28 y ss.

1372 Bentham, *Traité des preuves judiciaires*, cit. pp. 26-27.

1373 Bentham, *Traité des preuves judiciaires*, cit. pp. 27-28.

1374 Bentham, *Traité des preuves judiciaires*, cit. p. 28.

1375 Bentham, *Traité des preuves judiciaires*, cit. p. 28.

turos conflictos, para que los términos de lo acordado en un contrato, por ejemplo, le resulten claros a las partes y, en última instancia, al juez.

Sin embargo, cuando ya más adelante, en el Libro IV de la obra de Bentham[1376], se tratan monográficamente las pruebas preconstituidas, el autor se refiere casi exclusivamente a los documentos para los que las leyes prevén algún tipo de forma. Ese Libro IV es relativamente extenso, pero realmente no se va mucho más allá del contenido ya indicado: contratos para los que se exige la escritura[1377], documentos de estado civil —matrimonios, fallecimientos, nacimientos, etc.—, documentos administrativos, judiciales o legislativos incluso[1378]. Se añaden[1379] solamente unas muy interesantes consideraciones de semiótica textual, insólitas para la época[1380], para verificar la autenticidad de documentos, pero que no vienen realmente al caso que nos ocupa.

Sin embargo, no parece realmente plausible que Bentham se estuviera refiriendo a nada de lo anterior en las lecciones de las que Dumont sacó sus notas. En cambio, es bastante probable que el jurista inglés estuviera hablando más bien de los numerosos *affidavits*[1381] de la fase de *pretrial* del sistema del *common law*[1382], descendiente de la fase *in iure* del proceso romano en cualquiera de sus épocas[1383]. En dicha fase, haciendo un uso intensivo de la carga subjetiva de la prueba —propio del Derecho canónico[1384]—, se comprueba que las partes presentan pruebas suficientes para que merezca la pena pasar a la fase de *trial*, que fue la fase *apud iudicem* en el período romano[1385]. Sucede con frecuencia que las partes no poseen ninguna prueba documental para rebatir lo que ha dicho la contraria, y en ese caso recurren a una declaración que una persona realiza documentalmente y con fehaciencia, comprometiéndose a acudir al *trial* para ser interrogado como testigo en caso necesario.

1376 Bentham, *Traité des preuves judiciaires*, cit. pp. 249 y ss.

1377 Bentham, *Traité des preuves judiciaires*, cit. pp. 255 y ss.

1378 Bentham, *Traité des preuves judiciaires*, cit. p. 259.

1379 Bentham, *Traité des preuves judiciaires*, cit. pp. 290 y ss, especialmente pp. 302 y ss.

1380 Vid. Cassany, D., *Tras las líneas*, Barcelona 2006. Lozano, J.; Peña-Marín, C.; Abril, G., *Análisis del discurso*, Madrid 2007.

1381 Cfr. Bentham, *Traité des preuves judiciaires*, cit. pp. 84 y 86.

1382 Vid. entre otros muchos, Elias, J., "The Ascertainability Landscape and the Modern Affidavit", 84 Tenn. L. Rev. 1 (2016-2017).

1383 Kaser, M.: Hackl, K., *Das römische Zivilprozessrecht*, München 1996, p. 37.

1384 Nörr, K. W., *Romanisch - kanonisches Prozessrecht*, Berlin 2012, pp. 59 y ss y 116 y ss.

1385 Kaser; Hackl, *Das römische Zivilprozessrecht*, cit. pp. 26 y ss.

Eso es el *affidavit,* inexistente como tal en el Derecho francés, y que es muy probable que despistara o al menos sorprendiera a Dumont, que llegó a afirmar que el medio había existido en Francia pero que fue víctima de la corrupción[1386], palabras que por su directa referencia a la situación en el país galo no pueden ser de Bentham, sino del propio Dumont. Es probable que fueran esas las únicas pruebas "preconstituidas" a las que se habría referido Bentham con su nuevo concepto original. Y si es así, tanto el concepto como la denominación no dejan de carecer de sentido, al menos en el *common law.*

Lo anterior se confirma en el párrafo final de las explicaciones de Bentham[1387], cuando tratando de resumir lo explicitado, el autor —sea quien fuere, Bentham o Dumont— acaba reduciendo sus clasificaciones exclusivamente a dos clases de pruebas: las directas y las indirectas. Las primeras serían, siempre según el texto citado, el testimonio de un testigo directo y las pruebas preconstituidas. Las segundas serían las pruebas reales y circunstanciales, así como las copias —*preuves inoriginales*—. Lo que hace que cobre sentido la hipótesis que he expuesto en el párrafo anterior. Al final, la prueba preconstituida sería, por analogía —no reconocida en el texto— la de un testigo que posee informaciones de un hecho pero que aún no ha declarado en el *trial.* Es decir, el sujeto habitual de un *affidavit.*

Esta hipótesis se confirma en la propia obra, en los pasajes que se refiere finalmente a los "*procès verbaux*"[1388], que también considera pertenecientes al concepto de prueba preconstituida. Los describe como comparecencias ante alguna autoridad dotada de fe pública, a fin de hacer constar unos hechos sobre los que después los comparecientes no se puedan desdecir en el proceso[1389]. Es decir, los *affidavits* ingleses, como el propio autor —sea más Bentham o más Dumont en este pasaje— reconoce indirectamente.

En consecuencia, el nacimiento del concepto puede que respondiera más bien a una voluntad de Bentham de explicar una práctica procesal del Derecho inglés, sin más pretensiones probablemente que intentar que también fuera útil en Francia, igual que lo fueron otras muchas normas procesales inglesas, particularmente en el proceso penal. Sin embargo, el responsable de la expansión del concepto puede que haya sido más Dumont que el propio Bentham. Le dedica nada menos que el libro IV entero

---

1386 Bentham, *Traité des preuves judiciaires,* cit. p. 279.

1387 Bentham, *Traité des preuves judiciaires,* cit. p. 32.

1388 Bentham, *Traité des preuves judiciaires,* cit. pp. 276 y ss.

1389 Bentham, *Traité des preuves judiciaires,* cit. p. 278.

del tomo primero de su obra[1390], pero su lectura demuestra cuanto se ha dicho hasta aquí: que en realidad nada tienen que ver esas casi sesenta páginas[1391] del libro con una "preconstitución" de la prueba al estilo de los *affidavits*. Se describen simplemente documentos privados sometidos a forma o documentos públicos. Pero nada de ello se parece a un *affidavit*. Tal vez la desorientación de Dumont sobre esta última figura del Derecho inglés le llevara a rellenar el capítulo con una denominación que le fascinó, la de prueba preconstituida, pero que no llegó a entender completamente. Y no es extraño. Como vamos a ver a continuación, la fascinación, a la vez que la confusión, persisten a día de hoy con respecto a esta noción.

3. EVOLUCIÓN POSTERIOR DEL CONCEPTO

Tras las palabras de la monografía de Bentham, no es de extrañar que la evolución posterior del concepto haya sido realmente errática, hasta hacerse propiamente inidentificable *strictu sensu*.

Pero, ¿cómo se derivó hacia allí, partiendo de las palabras de Bentham? Pues bien, quien probablemente inició el uso moderno de esta expresión fue, como tantas otras veces, Chiovenda[1392]. Este autor, afirmando seguir a Bentham, no le sigue en realidad sino que introduce ideas en la noción de su propia cosecha, igual que en otros puntos de su obra[1393]. Afirma que según el autor inglés, las pruebas se clasifican en preconstituidas y simples... lo que, evidentemente, basta leer el epígrafe anterior para darse cuenta de que no es cierto. Pero acto seguido mantiene que las pruebas preconstituidas son aquellas que preexisten a la necesidad de probar un hecho en el proceso, lo que incluye a las pruebas preparadas en previsión de tal necesidad. Esto último, obviamente, se aleja de lo mantenido por Bentham, pero se aproxima a lo que después ha dicho la doctrina, lo que demuestra la tremenda influencia de este autor incluso cuando se equivocaba, así como el escaso rigor, lamento decirlo, del propio Chiovenda y de quienes simplemente le copiaron.

1390 Bentham, *Traité des preuves judiciaires*, cit. p. 249 a 310.

1391 Bentham, *Traité des preuves judiciaires*, cit. pp. 249 a 310.

1392 Chiovenda, G., *Principii di Diritto Processuale Civile*, Napoli 1923, p. 813.

1393 Es paradigmático en este sentido su estudio de la teoría de las partes. Si se compara con la doctrina alemana en la que se inspira, el resultado no deja de ser sorprendente. Vid. Chiovenda, G., *Principii di Diritto Processuale Civile*, cit. pp. 578 y ss. Wach, A., *Handbuch des deutschen Civilprozessrechts*, Leipzig 1885, pp. 518 y ss.

Y es que, aunque hubo quien fundadamente dudó[1394], de Chiovenda pasa la noción a Gómez Orbaneja[1395] y a Prieto-Castro y Ferrándiz[1396], que simplemente la trasladan acríticamente a sus propios manuales. Pero quien realmente configura la noción que luego ha ido asumiendo, de un modo u otro la jurisprudencia española, es Gimeno Sendra[1397], para quien la prueba preconstituida es aquella que supone custodiar la fuente de prueba para evitar su pérdida, mientras que la anticipada supondría la práctica del mismo medio de prueba. La distinción es original del autor y está basada en la clasificación entre fuentes y medios de prueba de Carnelutti[1398] que, como es sabido, hizo bastante fortuna en la doctrina.

Sin embargo, la noción de "preconstitución" está ausente en las doctrinas de otros países[1399]. Sólo en Canadá se ha hablado tradicionalmente de la "*self-serving evidence*"[1400], designando con esta rúbrica a la prueba prefabricada por una parte con vistas a un proceso, lo que constituye un motivo para su exclusión, por cierto. Algo parecido sucede en Italia con la prohibición de realizar declaraciones de hechos ante notario para "preconstituir" la prueba[1401], utilizando exactamente esta terminología probablemente por influencia de Chiovenda.

Sea como fuere, esa concepción sí se aproxima más a la noción que en general se tiene, al menos en la jurisprudencia española[1402], del concepto, aunque dicha jurisprudencia no asume la distinción entre anticipación y preconstitución de Gimeno Sendra, dado que uno de los ejemplos de esta última, el citado por la propia sentencia, es la toma de declaración a un

---

1394 Vid. Sentís Melendo, S., "Fuentes y medios de prueba", en *La prueba. Los grandes temas del Derecho probatorio*, Buenos Aires 1979, pp. 160 y ss. Más tarde, Miranda Estrampes, M., *La mínima actividad probatoria en el proceso penal*, Barcelona 1997, p. 322.

1395 Gómez Orbaneja, E., *Derecho Procesal Civil*, vol. I, Madrid 1976, p. 290.

1396 Prieto-Castro y Ferrándiz, L., *Derecho Procesal Civil*, vol. 1, Madrid 1973, pp. 134-135.

1397 Gimeno Sendra, V., *Derecho Procesal Penal*, Cizur Menor 2015, p. 444.

1398 Carnelutti, *La prova civile*, cit. pp. 66 y ss.

1399 Vid. Rosenberg, L. Schwab, K. H.; Gottwald, P., *Zivilprozessrecht*, München 2018, pp. 664-665.

1400 Grosman, B. A., "An Important Exception to the Rule against Admission of Self-Serving Evidence", *Criminal Law Quarterly* 6, n. 1, junio 1963, pp. 27 y ss.

1401 Vid. Consiglio Nazionale del Notariato, n. 432-2012C. https://notariato.it/wp-content/uploads/432-12-c.pdf

1402 Por ejemplo, entre otras muchas, STS 289/2024, 21-3-2024, FD 1.5.

menor, precisamente[1403], lo que para el autor citado hubiera sido, precisamente, como veremos después, una prueba anticipada.

4. LA DISTINCIÓN CON RESPECTO A LA PRUEBA ANTICIPADA

Ocurre, sin embargo, que no hay motivo alguno para seguir manteniendo ni la distinción ni quizás, como vamos a ver después, la categoría.

La distinción "anticipada-preconstituida" es completamente inconducente, porque también lo es, pese a su difusión, la diferenciación carneluttiana entre fuentes y medios de prueba. Proviene muy probablemente de la observación de la prueba de interrogatorio, donde se puede distinguir la fuente —el declarante— del producto del interrogatorio, es decir, la declaración. También se puede hacer algo parecido con la prueba pericial, donde la fuente sería el objeto de la pericia, y el producto de la misma el informe pericial. Incluso en el reconocimiento judicial se puede distinguir, aunque ya es algo más comprometido, entre el objeto observado por el juez, que sería la fuente, y el resultado de la observación, que sería lo que ha percibido el juez.

Pero con la prueba documental, la distinción fracasa. Fuente de prueba sería el documento, y la práctica de la prueba su lectura, como si el documento sin ser leído sirviera para algo… Aunque lo mismo se puede decir de la persona del interrogado y su declaración: ¿sirve de algo la persona, si no declara, a efectos probatorios? Más allá de su examen médico o su posible reconocimiento, es obvio que no. Un razonamiento parecido se podría hacer con la prueba pericial —de nada vale un río contaminado si no se analizan sus aguas— y desde luego con el reconocimiento judicial, en el que solamente cuando el juez hace explícita su observación, puede ser útil la prueba.

En realidad, lo que ocurre es que la distinción entre fuente y medio es artificial, y solamente puede tener una cierta virtualidad cuando se desea describir la situación de custodia de un objeto probatorio que puede perderse. Pero nótese bien que lo que se custodia en un interrogatorio no es la persona, sino su declaración, por lo que el objeto se confundiría con el resultado del medio de prueba.

1403 Vid. también, en el mismo sentido, STS 281/2024, 21-3-2024, FD 2. STS 869/2023, 23-11-2023, FD 2.2.

Ello evidencia que tal vez la única categoría con cierta utilidad práctica es la de prueba anticipada, para designar las situaciones en que es preciso realizar actuaciones probatorias antes del momento establecido para ello, lo que es extraordinariamente frecuente en el proceso penal, y de hecho también es bastante común en la fase de *pretrial* de los sistemas del *Common Law*. Tan común, que de nuevo se abre la sospecha de si aquello a lo que se debió querer referir Bentham en sus lecciones francesas, recogidas después en su libro, fueron justamente las actuaciones de esta fase, y más precisamente, como se ha dicho, los *affidavits*.

En todo caso, volviendo a nuestros procesos, lo que carece de todo sentido es distinguir entre anticipado y preconstituido, porque al margen de la intención teorizante de distinguir entre fuentes y medios de prueba de manera además puramente procedimental, ninguna consecuencia práctica cabe anudar a la distinción. Se trata simplemente de actuaciones probatorias, de mayor o menor entidad y consideración, que se celebran antes de la fase de práctica de la prueba.

5. UNA DENOMINACIÓN INNECESARIA QUE DEBE SER ABANDONADA

Ocurre, sin embargo, que la categoría suena rimbombante, siendo uno de aquellos "palabros" que tanto divierten a algunos especialistas de una disciplina, simplemente porque nadie les entiende cuando lo dicen. Sería mucho más sencillo, sin duda de ninguna clase, hablar de la práctica de una actividad probatoria de manera previa, o anticipada si se quiere, a su momento procesal habitual, sin más. Hablar de "preconstitución" da la imagen de que se está intentando asegurar un determinado resultado probatorio de cara al proceso, lo que además ni siquiera es así en el ejemplo más clásico de prueba preconstituida: la entrevista cognitiva a una víctima[1404]. Los datos que se desprendan de dicha entrevista podrán ser rele-

---

1404 Vid. Montanari Vergallo, G. / Marinelli, E. / Mastronardi, V. /Di Luca, N. M. / Zaami, S., "The credibility of testimony from minors allegedly victims of abuse within the Italian legislative framework", *International Journal of Law and Psychiatry* 56, 2018, p. 60. Köhnken, G. / Manzanero, A. L. / Scott, M. T., "Análisis de la validez de las declaraciones: mitos y limitaciones", *Anuario de Psicología Jurídica,* 2015, pp. 13 y ss. Vid. también Bueno Ochoa, L., "El protocolo SVA como sistema de análisis de validez de las declaraciones en contextos forenses", en Fuertes-Planas (ed.), *Concepciones sistemáticas y visiones literarias del Derecho. Principios del Derecho VI,* Madrid 2020, pp. 441 y ss. Luaces Gutiérrez, "La regulación de la prueba preconstituida en menores de edad en ley or-

vantes o no finalmente para el resultado que se recoja en la sentencia, lo que hace ineficiente hablar de "preconstitución".

De hecho, incluso repasando todos los ejemplos de prueba preconstituida y anticipada enumerados por Gimeno Sendra[1405], ninguna trascendencia cabe atribuir a la distinción, como vamos a ver a continuación. Para el citado autor, que intenta realmente ser fiel a su definición, serían prueba preconstituida: la prueba alcoholométrica, el reconocimiento en rueda, los seguimientos de audio y vídeo, las intervenciones e inspecciones corporales, la geolocalización, el reconocimiento judicial (del juez de instrucción), la recogida y conservación del cuerpo del delito, la entrada y registro en lugar cerrado, la intervención de comunicaciones y el registro remoto de equipos informáticos. Anticipadas serían la pericial y la testifical cuando se practican con las garantías del juicio oral[1406].

Con las diligencias del primer grupo se custodiaría una fuente de prueba, mientras que con las de segundo grupo se practicaría la prueba. Sin embargo, lo cierto es que con esas dos pruebas anticipadas también se custodia algo: su resultado, que es el que va a servir de fuente de conocimiento probatorio para que el tribunal pueda dictar su sentencia.

Y con todas las pruebas referidas como preconstituidas, la realidad es que también se está practicando un medio de prueba, no de los tradicionales, pero se está realizando una actividad que sólo desde un punto de vista excesivamente teorizante cabría decir que es una actividad probatoria. Resulta evidente en la rueda de reconocimiento[1407], cuyo resultado es una posible identificación, idéntica además a la que se puede llevar a cabo durante la práctica de una prueba testifical. Pero también sucede lo mismo con la prueba alcoholométrica, que no es otra cosa que un examen pericial idéntico a un análisis de sangre practicado por un médico. Análogas a los anteriores son las inspecciones corporales, siendo las intervenciones corporales la práctica de un método para averiguar la realidad, perfectamente equivalente a cualquier otro medio de prueba. Lo mismo exactamente sucede con cualquier tipo seguimiento de audio y vídeo, con comunica-

---

gánica 8/2021, de 4 de junio, de protección integral de la infancia y la adolescencia frente a la violencia: especial referencia a la utilización de cámara Gesell como instrumento para evitar la victimización secundaria", *La Ley, Derecho de Familia*, n. 34, 2022, pp. 155 y ss.

1405 Gimeno Sendra, *Derecho Procesal Penal*, cit. pp. 450 y ss.

1406 Gimeno Sendra, *Derecho Procesal Penal*, cit. pp. 483 y ss.

1407 Vid. Manzanero Puebla, A. L. "Identificación de personas: las ruedas de reconocimiento", en AAVV (Garrido, Masip, Herrero), *Psicología jurídica*, Madrid 2008, p. 328.

ciones o sin ellas, o la geolocalización. Y por descontado, las diligencias de entrada, registro y ocupación del cuerpo del delito no son más que reconocimientos judiciales. En todo caso, como ya se ha dicho, todos ellos son métodos para averiguar la realidad, que es lo que intentan ser todos los medios de prueba.

Por tanto, todos estos instrumentos designados como pruebas anticipadas o preconstituidas, en realidad implican la práctica de un método y la custodia de su resultado. Lo único que las distingue de los medios de prueba más tradicionales es que, efectivamente, la mayoría de ellos son más modernos. Pero no por ello dejan de implicar la misma actividad y tener el mismo objetivo: la averiguación de la realidad.

Es muy posible que en esta clasificación haya influido el hecho de que se trata de actuaciones que se llevan a cabo en la fase de instrucción, y que la doctrina del siglo XIX y XX repitió una y otra vez que no eran pruebas para tratar de evitar, vanamente, que pudieran ser utilizadas en el juicio oral. Con ello se trataba de superar también el sistema inquisitivo, en el que la instrucción había ocupado casi todo el espacio del proceso, haciendo que el juicio oral fuera marginal[1408]. Se trataba de potenciar este último,

---

[1408] Vid. con mucha claridad la Exposición de Motivos de la Ley de Enjuiciamiento Criminal española de 1882, que es donde se inspiran las declaraciones doctrinales posteriores: "*...nuestros Jueces y Magistrados han adquirido el hábito de dar escasa importancia a las pruebas del plenario, formando su juicio por el resultado de las diligencias sumariales y no parando mientes en la ratificación de los testigos, convertida en vana formalidad; que, en ausencia del inculpado y su defensor, los funcionarios que intervienen en la instrucción del sumario, animados de un espíritu receloso y hostil que se engendra en su mismo patriótico celo por la causa de la sociedad que representan, recogen con preferencia los datos adversos al procesado, descuidando a las veces consignar los que pueden favorecerle; y que, en fin, de este conjunto de errores, anejos a nuestro sistema de enjuiciar, y no imputable, por tanto, a los funcionarios del orden judicial y fiscal, resultan dos cosas a cual más funestas al ciudadano: una, que al compás que adelanta el sumario se va fabricando inadvertidamente una verdad de artificio que más tarde se convierte en verdad legal, pero que es contraria a la realidad de los hechos y subleva la conciencia del procesado; y otra, que cuando éste, llegado al plenario, quiere defenderse, no hace más que forcejear inútilmente, porque entra en el palenque ya vencido o por lo menos desarmado.* (...) *Subsiste, pues, el secreto del sumario; pero sólo en cuanto es necesario para impedir que desaparezcan las huellas del delito, para recoger e inventariar los datos que basten a comprobar su existencia y reunir los elementos que más tarde han de utilizarse y depurarse en el crisol de la contradicción durante los solemnes debates del juicio oral y público* (...) *El juicio verdadero no comienza sino con la calificación provisional y la apertura de los debates delante del Tribunal que, extraño a la instrucción, va a juzgar imparcialmente y a dar el triunfo a aquel de los contendientes que tenga la razón y la justicia de su parte. La calificación jurídica provisional del hecho justiciable y de la persona del delincuente, hecha por el acusador y el acusado una vez concluso el sumario, es en el procedimiento criminal lo que en el civil la demanda y su contestación, la acción y las excepciones.*" (...) *tratándose en la hora presente de un método de enjuiciar en el cual el sumario es una*

sin darse cuenta de que lo cierto es que la celebración del juicio oral es imposible con unas mínimas garantías científicas, si se ignoran los materiales obtenidos durante la instrucción, que serán tratados, se quiera o no, como auténticas pruebas en el proceso. Lo fundamental debía haber sido que se prohibiera realizar conclusiones incriminatorias en la instrucción que provinieran de las autoridades policiales[1409], y que la única incriminación fuera realizada en tono dubitativo por el ministerio fiscal, que no debía ser una especie de abogado de la acusación, sino un asistente del juez que le ayudara a descubrir la realidad. Así debía ser en un proceso en el que en la fase de juicio, no iba a resolver un jurado ajeno completamente a la investigación, como sucede en los sistemas del *Common Law,* sino un juez, compañero de fiscales y jueces de instrucción y que, por tanto, no es del todo ajeno a los mismos.

En realidad, ni siquiera la entrevista cognitiva, actual paradigma jurisprudencial de la llamada "prueba preconstituida" en España, lo es siguiendo la definición de Gimeno Sendra, definición que puede ser discutible, claro está, pero que por lo menos es lógica. La entrevista cognitiva[1410], como es sabido, consiste en la realización de un encuentro relajado entre un psicólogo y un sujeto con conocimiento de los hechos, habitualmente una víctima en la actualidad, pero que en el futuro podría —y tal vez debería— ser cualquier otro testigo, dado que la entrevista cognitiva al menos es un método pericial[1411] de averiguación de la realidad que tiene una base científica desde luego muchísimo más fiable que el interrogatorio judicial, que sin duda no la tiene. Sea como fuere, esa entrevista será una prueba pericial o testifical, pero sería anticipada para Gimeno Sendra en cualquiera de los dos casos, de ser practicada, como es habitual, durante la instrucción. Sin embargo, la jurisprudencia, como ya se vio, la califica de "preconstituida".

En definitiva, se confirma que no estamos ante una cuestión de técnica jurídica, sino frente a una simple denominación engañosa que ha hecho fortuna en la doctrina española sobre todo. Sería ya el momento de des-

---

mera preparación del juicio, siendo en éste donde deben esclarecerse todos los hechos y discutirse todas las cuestiones que jueguen en la causa..."

1409 Vid. muy ampliamente al respecto Borràs Andrés, N., *La instrucción sin prejuicios, La necesaria limitación a la recogida de vestigios,* Madrid 2023, pp. 197 y ss.

1410 Vid. Köhnken, G. / Manzanero, A. L. / Scott, M. T., "Análisis de la validez de las declaraciones: mitos y limitaciones", *Anuario de Psicología Jurídica,* 2015, pp. 13 y ss.

1411 Así la califico en Nieva Fenoll, J, "El interrogatorio de menores: una prueba pericial a evitar", *InDret,* 1, 2023, pp. 285 y ss.

terrarla, porque utilizar esa terminología no tiene la más mínima trascendencia práctica. Es más, resulta innecesariamente confusa y denota una falsaria erudición que es sólo aparente.

LA PRUEBA DE LOS *DEEPFAKES* PORNOGRÁFICOS: I.A. SOBRE I.A.

Publicado en Diario La Ley, n. 10516, 2024.

1. INTRODUCCIÓN

Los procesos judiciales van a encontrarse, en muy breve plazo, con una situación generalizada que este antiquísimo[1412] medio de resolución de conflictos no está preparado para afrontar. Actualmente hemos experimentado unas mejoras espectaculares en cuanto a la reconstrucción de la realidad que han acabado entrando en los procesos de manera bastante natural, sin ser realmente conscientes, tal vez, de lo mucho que nos han ayudado. Me estoy refiriendo a la enorme cantidad de mails, conversaciones de mensajería telemática, fotos, vídeos, audios, datos de localización, firmas electrónicas y otros avances que ha traído la tecnología con los que no se podía sensatamente ni soñar a principios de los años noventa del siglo XX. Hoy en día, aunque tantas veces se ignore lamentablemente tanto en la doctrina como en la práctica judicial, la elaboración de un relato bastante completo de los hechos partiendo de esos indicios es verdaderamente muy superior que la que tenía en mente, no ya Carnelutti al redactar *la prova civile*[1413] en 1915, sino el propio Michele Taruffo cuando publicó *La prova dei fatti giuridici*[1414] en 1992.

En consecuencia, hace ya tiempo que deberíamos haber salido de los márgenes que tradicionalmente nos había marcado la prueba de interrogatorio de partes o testigos[1415], o incluso la tan frecuente prueba pericial caligráfica[1416], que lógicamente ha ido disminuyendo su incidencia en el proceso pese a conservar todavía un uso relativamente frecuente en la práctica, que contrasta, por cierto, con su escasísima fiabilidad científica

---

1412 Vid. Nieva Fenoll, J. *El origen de la justicia*, Valencia 2023.

1413 Carnelutti F., *La prova civile*, Roma 1915.

1414 Taruffo, M., *La prova dei fatti giuridici*, Milano 1992.

1415 Vid. Jiménez Conde, F., *El interrogatorio de las partes en el proceso civil*, Madrid 2007.

1416 Vid. Espino Bermell, C., *La prueba caligráfica desde la visión práctica del jurista y del perito*, Madrid 2017.

real[1417], bastante desconocida, también por cierto, por jueces, fiscales y abogados. Sin embargo, en los procesos se siguen buscando, algo obsesivamente, "pruebas directas", a la antigua usanza del régimen de valoración legal de la prueba, y se suelen dejar de lado los indicios, ignorando así que ninguna prueba es directa ya bajo el régimen de valoración libre de la prueba[1418], actualmente vigente[1419]. Las pruebas ya no tienen mayor o menor valor, sino que dependen de lo que el juez sea capaz de razonar. Y ante esa dificultad, el juez suele refugiarse en algún documento que nadie discuta, o en algunos testigos que digan lo mismo con una retórica que le convenza, y poco más. Bien parece que sigamos anclados en los primeros lustros del siglo XIX en este sentido, pero esa es otra cuestión.

Pues bien, hemos pasado a una realidad tecnológica que podría haber ayudado muchísimo más de lo que lo ha hecho. Y estando instalados en esa realidad, de repente sobreviene algo que no es inédito, pero sí a este nivel de riesgo: el llamado *deepfake*[1420]. En términos prácticos, la posibilidad muy cierta de que toda la prueba documental presentada en el proceso —y parte de la pericial— sea falsa, y no exista, en ocasiones, manera humana de saberlo, al aparentar ser cierto cuanto vemos, oímos o leemos en esos documentos. Considerando que los documentos constituyen la actual prueba reina de cualquier proceso, civil o penal, la perspectiva que está en ciernes es realmente inquietante.

El tema es mucho más amplio, pero a modo de ejemplo de su increíble potencialidad, en este estudio lo centraré en los casos, habitualmente del proceso penal, en que se introduce un *deepfake* de contenido pornográfico en la prueba. La incertidumbre acerca de si los protagonistas de esas escenas son los que parecen, no solamente va a constituir la cuestión central

---

1417 Committee on Identifying the Needs of the Forensic Sciences Community, National Research Council, *Strengthening Forensic Science in the United States: A Path Forward*, agosto 2009, pp. 163 y ss. https://nap.nationalacademies.org/catalog/12589/strengthening-forensic-science-in-the-united-states-a-path-forward.

1418 Vid. Blackstone, W., *Commentaries on the Laws of England*, Lib. III, Oxford 1773, p. 371. "*Positive proof is always required, where.from the nature of the case it appears it might possibly have been had. But next to positive proof, circumstantial evidence or the doctrine of presumptions must take place; for when the fact itself cannot be demonstratively evinced, that which comes nearest to the proof of the fact is the proof of such circumstances which either necessarily, or usually, attend such facts; and these are called presumptions, which are only to be relied upon till the contrary be actually proved.*" Y definitivamente Muñoz Sabaté, *Técnica probatoria*, cit. p. 46. Muñoz Sabaté, Ll., *Técnica probatoria*, 3ª ed., Barcelona 1993, p. 20. Bender, R.; Nack, A., "Grundzüge einer Allgemeinen Beweislehre", *Deutsche Richterzeitung* 1980, p. 121.

1419 Cfr. STS 1589/2024, 12-3-2024, FD 1.

1420 Sobre el concepto, entre otros muchos, Meikle, G., *Deepfakes*, Cambridge 2023.

del proceso, sino que en términos estrictos puede que haga dicho proceso racionalmente imposible, a riesgo de legitimar auténticos *non liquet* que pasen desapercibidos por el manto de las absoluciones. No es que el juez no sea capaz de obtener resultados de la prueba y a partir de ahí tenga un *dubium* que le obligue a absolver. Lo que puede ocurrir en estos casos es que todo el proceso sea celebrado realmente en balde, no porque no se pueda lograr una condena, sino porque, en realidad, no se pueda llevar a cabo la actividad probatoria.

2. LAS LIMITACIONES PROBATORIAS DE LA MENTE JUDICIAL

Antes de entrar en materia, no obstante, es preciso ocuparse también de un asunto que ha pasado bastante desapercibido, escondido durante siglos tras el fenomenal disfraz que siempre ofrece a los juristas la tradición, que no es más que la falacia *ad antiquitatem*, en realidad: algo es correcto porque siempre se hizo así. Conclusión que, obviamente, es absurda.

La doctrina, durante siglos[1421], no ha sido nada consciente de que los jueces no son humanamente capaces de saber si alguien miente o no, porque no pueden penetrar en la mente de nadie cuando habla. De hecho, hoy sabemos que la gestualidad y modo de expresarse de una persona, en realidad no orienta sobre si dice la verdad, sino que activa una serie de prejuicios sociales muy extendidos que pueden provocar con mucha facilidad que le juez se equivoque[1422], teniendo no obstante una sensación de saber inmensa[1423]. Sensación de saber falsa, por descontado[1424]. La verdad es que los interrogatorios no suelen servir para descubrir la realidad, sino solamente para intentar crear empatía en el juez condicionándole con la creación de un marco mental a través de la "actuación" del interrogado.

1421 Anónimo, *The Law Code of Manu. A new Translation by Patrick Olivelle,* Oxford 2009, p. 124, cap. 8. Partida III, tít. XVI, Ley 28.

1422 Loftus, E. *Eyewitness testimony,* Harvard 1996. Mazzoni, G. *Psicologia della testimonianza,* Roma 2015. Diges, M. *Los falsos recuerdos,* Barcelona 1997. Manzanero, A. *Memoria de testigos,* Madrid 2010.

1423 Manzanero, A. L., "El engaño en contextos judiciales", *Revista Ítalo-Española de Derecho Procesal,* n. 1, 2023, p. 7 y ss.

1424 Julià Pijoan, M. "Un análisis del fundamento de la declaración del testigo ocular como medio de prueba, a partir de la investigación empírica", *Ius et Praxis,* vol. 29, n. 2, 2023, pp. 44 y ss.

No es otra cosa que el ya muy estudiado *framing effect*[1425], tan utilizado en el periodismo y la política para manipularnos, pero también en los procesos judiciales por los abogados y los fiscales para intentar manipular al mismísimo juez, aunque ello pase habitualmente desapercibido, lo que no quiere decir que no consiga su efecto demasiadas veces. Tanto que no pocos juzgadores, particularmente en el proceso civil pero no solamente, contemplan esos interrogatorios con gran escepticismo pocas veces declarado públicamente, pues suelen afirmar lo contrario[1426]. Sea como fuere, lo cierto es que a través de los interrogatorios, al contrario de lo que pueda pensar la sociedad en general, poquísimas veces se logra realmente averiguar la realidad. El juez no es ningún ser sobrenatural.

El problema es que históricamente lo fue, o se le tuvo por tal. Sin duda, el primer medio de prueba de la historia es el interrogatorio[1427], porque los procesos eran asamblearios[1428] y la comunidad, inspirada habitualmente por alguna divinidad a la que incluso buscaban no pocas veces a través de las ordalías[1429], juzgaba según aquello que le parecía más justo por ser coherente con su propia noción del bien y del mal —luego volveré a este punto—, y por supuesto de acuerdo con la credibilidad que le planteaban las personas que declaraban en el proceso y a las que ya conocían, al ser habitualmente miembros de la propia comunidad. Al conocerlas personalmente, tenían una sensación de saber si mentían o no tal vez más acorde con la realidad, puesto que conocían su forma de actuar cotidiana. Al me-

---

1425 Tversky, A.; K., Daniel, "The Framing of decisions and the psychology of choice", *Science*, 211, 1981, (4481), pp. 453 y ss. Plous, S., *The psychology of judgment and decision making*, 1993. Andrews, A.; Clawson, R. A.; Gramig, B. M., "Finding the Right Value: Framing Effects on Domain Experts", *Political Psychology*, vol. 38, 2, abril 2017, pp. 261 y ss.

1426 Strömwall, L. A., Granhag, P. A. y Hartwig, M., "Practitioners' Beliefs About Deception" en P. A. Granhag y L. A. Strömwall (eds), *The Detection of Deception in Forensic Contexts*, 2004, pp. 229 y ss, Cambridge University Press). Sánchez, N.; Manzanero, A. L., "El engaño en contextos judiciales", *Revista Ítalo-Española de Derecho Procesal*, n. 1, 2023, p. 8.

1427 Deuteronomio, cap. 19, vs. 15-21, o los preceptos 11 y 13 del código de Hammurabi.

1428 Vid. Nieva Fenoll, *El origen de la justicia*, cit. pp. 104 y ss.

1429 Hoof, Johann Georg August, *Von den Ordalien oder Gottesurtheilen: Eine historische Erzählung*, 1784. Majer, Friedrich, *Geschichte der Ordalien*, 1795. Phillips, George, Ueber die Ordalien bei den Germanen in ihrem Zusammenhange mit der Religion, 1847. Pfalz, Franz, *Die germanischen Ordalien*, 1865. Kohler, J., *Studien über die Ordalien der Naturvölker*, Zeitschrift für vergleichenden Rechtswissenschaft, 5 (1884), pp. 368 y ss. Kohler, J. "Beiträge zur Lehre von den Ordalien", *Zeitschrift für Strafrechtswissenschaft*, 5, 681-682 y 6, 365-372. Patetta, F., *Le ordalie*, Torino 1890. Chase, O., *Derecho, cultura y ritual. Sistemas de resolución de controversias en un contexto intercultural*, Madrid 2011.

nos, así lo creían, probablemente, porque esa confianza en la gestualidad para saber si alguien miente o no ha alcanzado a nuestros días[1430].

Pero todo ello sólo explica por qué, pese a todas las muy correctas impugnaciones provenientes de la Psicología del testimonio[1431], siguen tantas personas confiando en este medio de prueba. Antes o después habrá de venir una reforma histórica en los procesos que convierta los interrogatorios en entrevistas cognitivas[1432] serias realizadas por expertos en casos excepcionales, abandonando ya definitivamente la pantomima de los interrogatorios judiciales, que sólo nació para impresionar a jurados y jueces aprovechando la tradicional —y falaz— confianza de la sociedad en esta prueba que provenía, ya se ha visto, de los ancestrales procesos asamblearios. El engaño se ha desplegado con tan grande eficacia, que la enorme mayoría de jueces y policías se siguen dejando engañar, pensando que aplicando su intuición al valorar esos interrogatorios, logran descubrir la realidad[1433].

Algo parecido sucede con las pruebas periciales. En las mismas, como ya he denunciado algunas veces, se da carta de naturaleza a la sorprendente paradoja de que un no experto —el juez— deba cuestionar y valorar lo que dice un experto, es decir, el perito, lo que es nuevamente absurdo[1434], y para entenderlo basta con imaginar a un biólogo dando su parecer sobre una sentencia acerca de un litisconsorcio pasivo necesario o sobre el efecto positivo de la cosa juzgada material.

Sin embargo, en este caso la inteligencia artificial va a acabar suponiendo una tabla de salvación razonable para los jueces en un número indeterminado de casos[1435]. Como vamos a ver después y ya se ha sugerido, el principal problema de la prueba pericial es la incapacidad del juez, no ya

---

1430 Ekman, Paul, Cómo detectar mentiras, Madrid 2012. Ekman, Paul, El rostro de las emociones, Barcelona 2004.

1431 Además de las citadas, cabe mencionar la histórica de Von Liszt, F. "Strafrecht und Psychologie", *Deutsche Juristen-Zeitung*, 1-1-1902, n. 1, pp. 16-18.

1432 Vid. Köhnken, G. / Manzanero, A. L. / Scott, M. T., "Análisis de la validez de las declaraciones: mitos y limitaciones", *Anuario de Psicología Jurídica*, 2015, pp. 13 y ss. Bueno Ochoa, L., "El protocolo SVA como sistema de análisis de validez de las declaraciones en contextos forenses", en Fuertes-Planas (ed.), *Concepciones sistemáticas y visiones literarias del Decho. Principios del Derecho VI*, Madrid 2020, pp. 441 y ss.

1433 Nuevamente, Strömwall, L. A., Granhag, P. A. y Hartwig, M., "Practitioners' Beliefs About Deception" en P. A. Granhag y L. A. Strömwall (eds), *The Detection of Deception in Forensic Contexts*, 2004, pp. 229 y ss, Cambridge University Press).

1434 Vid. Haack, S., *Evidence Matters*, Cambridge 2014, p. 121. Taruffo, M., "La prova scientifica. Cenni generali", 47 *Ragion pratica* 2016, pp. 241 y ss.

1435 Nieva Fenoll, J., *Inteligencia artificial y proceso judicial*, Madrid 2018, pp. 96 y ss.

para conocer la ciencia en la que el perito es experto, sino para cerciorarse siquiera, con una mínima certeza razonable, acerca de los requisitos de calidad que debe cumplir cualquier pericia, y que el perito debe justificar en su dictamen[1436]. Sin embargo, una aplicación de inteligencia artificial que tenga como fundamento una gran base de datos sobre esos requisitos, puede ayudar de manera bastante eficaz al juez en esa labor, superando así el inconveniente, muy real, que predijo el juez Rehnquist en su voto particular a la sentencia Daubert de 1993[1437].

En consecuencia, el juez precisa de esa herramienta, y sin ella su juicio sobre una prueba pericial también entrará en el terreno de la intuición, dejándose influir nuevamente por sus prejuicios sobre la retórica y gesticulación del perito cuando le vea declarar, o bien por su modo de redactar, creyendo que un buen dictamen es aquel que está redactado de una forma más comprensible o incluso convincente. Evidentemente, no es así, porque la valoración de la prueba pericial no es la deliberación del jurado en un concurso de literatura. Consiste en aplicar la ciencia a la ciencia ya aplicada en el dictamen, si se me permite el juego de palabras, evaluando su adecuación epistémica a través de esos parámetros científicos, que son los únicos que realmente cabe tener en consideración.

Por último, con la prueba documental las limitaciones del juez son menos obvias, porque desde siempre hemos partido de la base de que el juez sabe leer, y que eso en consecuencia es suficiente para valorar esa prueba. Se ha ignorado así, casi por completo, la semiótica textual[1438], que es la disciplina que obliga a tener en cuenta el contexto de un docu-

---

1436 Vázquez, C., *De la prueba científica a la prueba pericial*, Madrid 2015, Nieva Fenoll, "Repensando Daubert: la paradoja de la prueba pericial", en AAVV, Peritaje y prueba pericial, Barcelona 2017, pp. 85 y ss. Dondi, A., "Paradigmi processuali ed 'expert witness testimony' nel diritto statunitense", *Rivista Trimestrale di Diritto e Procedura Civile*, 1996, pp. 261 y ss, Auletta, F., *Il procedimento di istruzione probatoria mediante consulente tecnico*, Padova 2002. Ansanelli, V., *La consulenza tecnica nel processo civile*, Milano 2011, Taruffo, M., "Prova scientifica e giustizia civile", en AAVV, *Giurisprudenza e scienza*, Roma 2017, Bardi Edizioni, pp. 241 y ss. Faigman, D. L., "The Daubert Revolution and the Birth of Modernity: Maniging Scientific Evidence in the Age of Science", *Legal Studies Research Paper Series*, n. 19, 46 UC *Davis Law Review* 2013, p. 104. Fournier, L. R., "The *Daubert* Guidelines: Usefulness, Utilization, and Suggestions for Improving Quality Control", *Journal of Applied Research in Memory and Cognition*, 5, 2016, p. 308. Haack, S., *Evidence Matters*, cit. pp. 121 y ss.

1437 Daubert v. Merrell Dow Pharmaceuticals, 509 U.S. 579 (1993), General Electric Co. v. Joiner, 522 U.S. 136 (1997) y Kumho Tire Co. v. Carmichael, 526 U.S. 137 (1999).

1438 Lozano, J.; Peña-Marín, C.; Abril, G., *Análisis del discurso*, Madrid 2007. Cassany, D., *Tras las líneas*, Barcelona 2006.

mento y el registro o modalidad de su lenguaje, a fin de acreditar la verosimilitud intrínseca de su contenido, al margen de la pericia caligráfica de su firma que, además, en los documentos electrónicos es imposible, incluso estando firmados electrónicamente. En realidad, el uso indebido de una firma electrónica auténtica debe probarse a través de otros medios de prueba, que demuestren que el sujeto que teóricamente era el único legitimado para utilizarla, no estuvo presente en el lugar o en el tiempo en el que realmente se realizó. No siempre es fácil acreditarlo, al contrario, pero no acostumbra a ser del todo imposible. Por ejemplo, cuando se envían por correo electrónico documentos recién firmados, queda un rastro averiguable del lugar y tiempo desde el que fue remitido el correo electrónico, datos que posee la empresa prestadora del servicio y que debe facilitarlos si es requerida para ello por la autoridad judicial. Si acreditamos que el sujeto no pudo estar allí, es difícil que sea el auténtico autor de la firma electrónica.

Pero prescindamos de la firma electrónica. Es posible que el documento refleje imágenes y sonidos que parezcan reales, aunque puedan no serlo. Y ese es justamente el reto al que hay que buscar respuesta, porque justamente eso es lo que se llama *deepfake*. Desde luego, el juez puede intentar distinguirlo a simple vista, y hasta podrá hacerlo con las fotos, audios y vídeos más obvios. Incluso puede llegar a la conclusión de que un documento es falso si la persona cuya voz refleja, no habla el idioma de la grabación. O bien puede acreditar que jamás estuvo en Cuba, si es en ese lugar el que aparentemente se desarrolla la escena de la que es su supuesto protagonista. En el momento actual, detectar todo ello no es difícil en ocasiones, pero ya existen no pocos documentos acerca de los que resulta definitivamente imposible aceptar que el juez pueda discernir si son verdaderos o falsos.

Y esta es la pregunta central del presente estudio: ¿qué hacemos en estos casos? ¿Aceptamos también el uso de la intuición judicial, igual que hemos hecho desde hace milenios con la valoración de los interrogatorios? En términos de pura lógica, ni siquiera existiría un inconveniente real para ello, toda vez que tan absurdo es pensar que un juez puede detectar a simple vista un *deepfake*, como creer que puede descubrir si un testigo miente mirándole y escuchándole, sin usar otra herramienta que su intuición, que es lo que se hace actualmente en la enorme mayoría de casos. En realidad, no es distinto lo uno de lo otro. La única diferencia es que lo segundo, como ya se ha explicado, está respaldado por una tradición y todo un bagaje cultural profundamente erróneo, pero asumido, en general por la población, en uno de los ejemplos más llamativos —hay más y mucho más polémicos[1439]— de autoengaño de la especie humana, mientras que lo primero no posee toda esa enorme apoyatura social. Es decir, el único sustento de la diferencia es una falacia, lo que epistémicamente es sencillamente espectacular, por no decir algo mucho peor, que tal vez sería bastante más correcto.

Por supuesto, como después se verá, el juez en estos casos puede acudir a la prueba pericial, lo que le pondrá en los problemas que ya han sido expuestos con respecto a este medio de prueba, que le obligarán, por cierto, a tener que utilizar una aplicación de inteligencia artificial para valorar el buen funcionamiento científico de otra aplicación de inteligencia artificial, que será la que habrá detectado el *deepfake*, que a su vez habrá sido creado con inteligencia artificial. Parece un trabalenguas, pero es perfectamente real lo que se acaba de exponer, y luego se entrará en su detalle. Lo que conviene advertir es que en este escenario, el juez poquísimo puede hacer utilizando solamente su mente, más allá de esperar a que hable la tecnología y le dé una respuesta medianamente razonable a sus incógnitas probatorias.

Además, debe tenerse en cuenta que el *deepfake* no sólo afecta a documentos visuales o de audio, sino que se puede manipular un documento escrito —*deepfake text*— como un contrato sin el menor inconveniente, que sólo podrá frenarse, en parte, con la firma electrónica. De ese modo, correos y mensajes de chat o en las redes sociales pueden ser creados de manera artificial suplantando la autoría, como ya es sobradamente conocido[1440], lo cual posee un recorrido verdaderamente inédito en materia de falsedad documental, que lleva a otros delitos como las estafas, las amenazas o incluso las agresiones sexuales. El recorrido de esos documentos falsos puede ser prácticamente ilimitado.

Para entenderlo, analicemos uno de los *deepfakes* más frecuentes y que de hecho son socialmente más conflictivos: los pornográficos.

1439 Russell, B., "Is There a God? [1952]", en Slater, (ed.). *The Collected Papers of Bertrand Russell*, Vol. 11: Last Philosophical Testament, 1943-68 Routledge, pp. 542 y ss.

1440 Weiss M., "Deepfake Bot Submissions to Federal Public Comment Websites Cannot Be Distinguished from Human Submissions", Technology Science, 2019121801, December 18, 2019. http://techscience.org/a/2019121801. Maddocks, S., "A Deepfake Porn Plot Intended to Silence Me': exploring continuities between pornographic and 'political' deep fakes", *Porn Studies*, 7 (4), 2020, pp. 415 y ss.

3. EL *DEEPFAKE* PORNOGRÁFICO: ENTRE LA REALIDAD Y LA CULTURA

No voy a entrar con la profundidad debida en una definición de lo que es pornografía[1441], dado el carácter intensamente sociológico del término, lo que significa que lo que hoy es conceptuado como tal, mañana podría dejar de serlo, igual que hubo actos cuya exhibición era indudablemente "pornográfica" en otra época, y que hoy ya no lo es. Al final, se identifican actos de contenido sexual que en el imaginario colectivo de aquel momento se considera que, por un sentido más o menos extendido del decoro o moral pública, no deben ser exhibidos habitualmente. Pero es que incluso es polémico aquello que tenga contenido sexual o no. Alguien que según nuestra cultura actual fuera conceptuado como fetichista, es posible que considerara pornográfico algo del todo inofensivo para el común de la población, pero que esa persona considera excitante. Si el fetiche se extiende, en realidad deja de serlo, por lo que el acto deja de tener ese contenido sexual. Piénsese en la exhibición de la cabellera o de los senos de una mujer, sin ir más lejos, en las distintas culturas del mundo, inofensivo para unas, altamente excitante o incluso ofensivo para otras. Ello quiere decir también, por descontado, que lo que se considere como delictivo partiendo de esa conceptuación, siempre será probablemente matizable y no pocas veces polémico. Ocurre con otras muchas figuras delictivas[1442], pero el caso de la pornografía es muy llamativo por el carácter intrínsecamente cultural de la noción.

Sin embargo, ello plantea una dificultad añadida para el juez a efectos probatorios. No se trata solamente de identificar una imagen como pornográfica, sino de ser conscientes de que lo exhibido no es real, aunque a efectos prácticos solamente posea más realismo que un dibujo. Se va aceptando ya, no sin dificultad[1443], que son expresivas de la libertad de expresión las caricaturas de personajes con un cargo público que son pintados

---

1441 Por todos, Valero, A., *La libertad de la pornografía*, Sevilla 2022, pp. 29 y ss.

1442 Fuentes Osorio, J. L., "El odio como delito", *Revista Electrónica de Ciencia Penal y Criminología*, 2017, pp. 1 y ss. Pérez Manzano, M., "La caracterización del feminicidio de la pareja o expareja y los delitos de odio discriminatorio", *Derecho [online]*, 2018, n. 81, pp. 163 y ss.

1443 Bonnet v. Francia, n. 35364/19, 25-1-2022. Colombani v. Francia, n. 51279/99, 25-9-2002, Pakdemirli v. Turquía, n. 35839/97, 22-1-2005, Artun y Güvener v. Turquía, n. 75510/01, 26-6-2007, Otegi Mondragón v. España, n. 2034/07, 15-3-2011, Stern Taulats y Roura Capellera v. España, nº 51168/15 y 51186/15, 13-3-2018. Mariya Alekhina v. Rusia, nº 38004/12 17-7-2018.

en una postura sexual si contribuyen al debate público y no buscan solamente la denigración. Un *deepfake* lo único que hace es darle un realismo extraordinariamente superior a esa representación, tanto que hasta puede confundirse con la misma realidad. El problema, a partir de ahí, que causa no pocos quebraderos de cabeza al Derecho Penal[1444], es decidir la razón por la que se sanciona, que desde luego no consiste en absoluto en la realidad de la relación sexual, sino más bien en la consideración pública de una persona cuya imagen es manipulada en esos términos, así como los daños psicológicos que ello pueda ocasionar, lo que es especialmente delicado en el caso de los menores[1445], naturalmente.

Todo ello representa una situación muy compleja que debe ser afrontada por la prueba, dado que hay que demostrar al menos tres aspectos en el proceso:

1. El carácter pornográfico de la imagen.
2. Que su exhibición cumple los requisitos del tipo penal del que se trate.
3. Su carácter verdadero o falso.

Y lo verdaderamente perturbador de lo anterior es que la actividad probatoria sobre todos esos puntos no tiene por qué seguir un determinado orden, sino que muy probablemente deberá ser afrontada a la vez. Piénsese que sucedería lo mismo si se tratara de otro ejemplo que nada tenga que ver con la pornografía. Si, por ejemplo, se tratara de un contrato, habría que averiguar que las obligaciones contractuales cumplen los requisitos de la legislación civil, así como algo complicadísimo en cualquier ocasión: la demostración de la ausencia de vicios del consentimiento. Y todo ello además de la averiguación del carácter auténtico o falso del contrato.

Con todo, la complejidad con los *deepfakes* es realmente inédita. Cuando se trataba de averiguar la falsedad de una firma, simplemente se debía investigar su autoría, quedando la interpretación del contenido de lo escrito para un momento posterior. Sin embargo, los *deepfakes*, al poseer un hiperrealismo que jamás consiguió un documento en papel, obligan a la consideración simultánea de todo lo anterior, dado que el problema en

---

1444 Villacampa Estiarte, C., "Sexting: prevalencia, características personales y conductuales y efectos en una muestra de adolescentes en España", *Revista General de Derecho Penal*, 25, 2016, pp. 1 y ss.

1445 Salvadori, I., "La controvertida relevancia penal del *sexting*" en el derecho italiano y comparado", *Revista Electrónica de Ciencia Penal y Criminología*, 19-29, 2017, pp. 1 y ss.

estos casos no siempre va a ser si el documento analizado es falso o no, sino que incluso siéndolo —o no—, puede tener consecuencias jurídicas su contenido. Antiguamente, cuando un documento era falso, no se le daba más vueltas a la cuestión. Hoy en día es posible que el documento sea falso solamente en parte, teniendo una alteración ligerísima pero relevante que en el pasado podía ser descubierta con cierta facilidad, pero que hoy requiere un análisis mucho más detenido.

Veámoslo con el *deepfake* pornográfico. Es posible que el documento haya tomado por base una relación sexual real, siendo solamente algunos detalles los que sean falsos, pero que justamente constituyan también aquellos que son relevantes a efectos procesales. Se puede haber filmado un beso, por ejemplo, acompañado de un abrazo a horcajadas, todo ello perfectamente real. Lo que ya no lo es puede ser la desnudez de las piernas y la acción de los genitales. E insisto, con un documento puede ocurrir lo mismo. Es posible que una conversación de mensajería móvil sea perfectamente real, pero no así la interpolación de algunos mensajes, fotos o emoticonos que pueden ser relevantes para la valoración de la prueba y la calificación jurídica del contenido del documento. Y lo mismo que sucede con una conversación y sus interpolaciones, puede pasar con un contrato. Completamente real, salvo alguna cláusula en la que se alteró algún término relevante.

Los detalles técnicos de la detección de todo ello serán abordados, en parte, a continuación. Pero todo lo que se acaba de explicitar debería bastar para entender que la valoración de la prueba en estos casos cambia completamente su cometido tradicional. La pregunta de si algo ha acontecido o no se hace muchísimo más fluida, hasta el punto de que no se trata ya sólo de averiguar si un testigo dice toda la verdad o la cuenta a medias, lo que siempre ha constituido un problema, naturalmente, sino que es preciso, además, discernir de exactamente un mismo documento aquello que tiene relevancia social y jurídica de aquello que no la tiene en absoluto, estableciendo las fronteras precisas de la falsedad de un modo que cabe preguntarse si supera las fronteras de lo que un juez humanamente es capaz de hacer, y entra dentro de lo que solamente es capaz de considerar una máquina con una memoria extraordinariamente superior a la del juez: una aplicación de inteligencia artificial[1446].

1446 Vid. Mai, K. T., Bray, S., Davies, T., Griffin, L. D., "Warning: Humans cannot reliably detect speech deepfakes", *Plos One*, 2-8-2023. Kobis, N., Dolezalova, B., Soraperra, I., Twice, F., "People cannot detect deepfakes but think they can", *iScience*, 19-11-2021. Ferreiro Baamonde, X., "El control judicial de la legalidad de la prueba obtenida a través

Ciñámonos a los tres puntos anteriormente mencionados para explicarlo. Lo que sea o no pornográfico va a tener que ser averiguado de acuerdo con los parámetros sociales vigentes en la actualidad de cada momento. El juez no puede ni debe dar respuesta a esta cuestión de manera intuitiva, a riesgo de que aplique en la sentencia su propia ideología en la cuestión y ello afecte a una de sus actividades cruciales: la valoración de la prueba. Por ello, la averiguación bibliográfica y la concreción del estado de opinión social al respecto debe ser completa. Ello depende de una serie de datos doctrinales y sociológicos que no están al alcance de la mente judicial, por lo que una aplicación de inteligencia artificial que recoja esos datos con más facilidad, será de gran utilidad en este sentido. Esa aplicación debería ser capaz de ofrecer una información no sesgada y, por tanto, estadísticamente correcta, sobre los consensos acerca del tema y sus lagunas informativas.

Menos compleja, después de lo anterior, será la determinación correcta de los elementos objetivos y subjetivos del tipo. Aunque el juez deberá cerciorarse de que esa aplicación, con capacidad de tratar tantísima información, no está sesgada por sus creadores. Y es que esas empresas pueden tener, naturalmente, la voluntad de que la sociedad se haga más o menos liberal en un sector, todavía en nuestros días, tan sumamente sensible como es el de la moral sexual[1447]. Diferente sería, naturalmente, si un día la cuestión sexual dejara de ser tan sumamente relevante para las religiones en particular y para la sociedad en general, momento en que la complejidad probatoria en estos casos se relajaría.

Y al mismo tiempo que se lleva a cabo todo lo anterior, habrá que ir averiguando qué es real y qué es falso en esa imagen, por supuesto utilizando la tecnología. Reitero que este tipo de análisis, gracias a la inteligencia artificial, pueden ser frecuentes en un futuro, estrechando también en este terreno el margen de la intuición judicial, hasta ahora depositaria de la noción social de justicia. Puede que en el futuro, gracias a esta tecnología, podamos limitar de manera relevante el recorrido de la interpretación jurídica de los jueces, previniendo así desviaciones de los mandatos del legislador. Tal vez con ello lograríamos una sociedad más democrática, aunque tiene sus riesgos, naturalmente, dado que en la actualidad, todo el sector de la inteligencia artificial está confiado a la iniciativa privada, lo que hace

---

de inteligencia artificial", en AAVV, *El proceso como garantía*, Barcelona 2023. Blázquez Moreno, R., "Deepfakes en el procedimiento probatorio", *Revista Vasca de Derecho Procesal y Arbitraje*, n. 3, 2023.

1447 Me referí genéricamente al tema en Nieva Fenoll, "Perder el control digital: ¿hacia una distopía judicial?", *Actualidad Civil*, n. 4, 2023.

que el control democrático de la elaboración de sus herramientas sea entre deficitario e inexistente[1448]. Si avanzamos en esta dirección, habrá que cambiar muchas cosas en este terreno, o se nos escurrirá de entre los dedos la democracia sin que nos demos ni cuenta[1449].

4. ¿ES SIEMPRE IMPRESCINDIBLE LA PRUEBA PERICIAL?

En un primer momento cabría pensar que el análisis pericial de los documentos analizados constituye la prueba central a desarrollar en un proceso para averiguar la existencia de *deepfakes*. Sin embargo, sin restar un ápice de importancia a esta dificilísima prueba, es posible que no siempre sea así.

La prueba pericial en estos casos posee unas dificultades que a día de hoy son difícilmente superables, y pueden hacerse todavía más complejas, de hecho. Existe una cantidad aún incalculable de técnicas de detección, que además va en constante aumento[1450]. Consciente el sector privado de la relevancia de la detección de *deepfakes* en varios sectores —político, militar, judicial, contractual, sociológico, etc.—, se ha puesto manos a la obra de un modo que se hace casi imposible para un jurista entender, con una mínima profundidad, el *modus operandi* de cada técnica. Por citar sólo cuatro ejemplos al respecto, véanse los siguientes.

- *NoiseDF*: se trata de un método de detección de *deepfakes* basado en el ruido subyacente que se deja en los vídeos cuando se introducen imágenes irreales. También aísla cuadros de imágenes de partes de la cara, analizando asimismo el fondo de imagen, averiguando si se corresponde con el original, lo que evidentemente sólo es posible si

1448 Vid. Hegelich, S. "Facebook needs to share more with researchers", *Nature*, vol. 579, 7800, mar. 2020. Marchal, N., "Junk News During the EU Parliamentary Elections: Lessons from a Seven-Language Study of Twitter and Facebook"*Data Memo* 2019.3. Baptista, J. P.; Gradim, A., "Online disinformation on Facebook: the spread of fake news during the portuguese 2019 election", *Journal of Contemporary European Studies*, 30, 2, pp. 297 y ss.

1449 Reid, M., "Rethinking the Fourth Amendment in the Age of Supercomputers, Artificial Intelligence, and Robots." *West Virginia Law Review*, 2017, 119 (3), p. 873.

1450 Vid. Westerlund, M., "The Emergence of Deepfake Technology: A Review", *Technology Innovation Management Review*, Nov. 2019, vol. 9, 11, pp. 39 y ss

en el documento aparece un fondo de imagen, y no sólo si se ve una cara[1451].

- *ResNext*: este sistema utiliza un algoritmo de red neuronal convencional y una red neuronal recurrente de larga memoria a corto plazo (LSTM), con el fin de detectar errores que se repiten pero que son puntuales y por eso pasan desapercibidos. En este caso se trata de detectar precisamente esos pequeños fallos recurrentes en la generación de vídeos falsos que se pueden repetir en cada grabación que se haya elaborado utilizando las herramientas más disponibles para el gran público[1452].
- *Algoritmo basado en la atención*: en este caso se trata nuevamente de una herramienta de red neuronal que se focaliza en un recorte de la imagen que se quiere averiguar si es falsa, analizando al mismo tiempo otras partes y comparándolas con infinidad de imágenes, a fin de obtener una posibilidad estadística de falsificación que ayude al ser humano a tomar la decisión de identificación del *deepfake*[1453]. Por tanto, se trata más bien de una herramienta de asistencia solamente, que deja al ser humano la decisión final sobre si se trata o no de un *deepfake.*
- *Identificación de características faciales únicas*: la aproximación es diferente con este método. Se trata, no tanto de analizar la imagen sospechosa, sino más bien la imagen real de la persona en busca de características únicas de esa imagen —habitualmente de una cara— que el programa que haya producido el *deepfake* no haya podido copiar[1454].

Todas estas herramientas requieren asistencia técnica, porque de hecho son las utilizadas por los peritos para elaborar su informe dictaminando

---

1451 Wang, T; Chow, K. P., "Noise Based Deepfake Detection via Multi-Head relative-Interaction", p*roceedings of the AAAI Conference on Artificial Intelligence,* 37(12), 2023, pp. 14548 y ss.

1452 Vurimi Veera Venkata Naga Sai Vamsi, Sukanya S. Shet, Sodum Sai Mohan Reddy, Sharon S. Rose, Sona R. Shetty, S. Sathvika, Supriya M. S., Sahana P. Shankar, "Deepfake detection in digital media forensics", *Global Transitions Proceedings*, Vol. 3, 1, junio 2022, pp. 74 y ss.

1453 Silva, S. H., Bethany. M., Votto, A. M., Scarff, I. H., Beebe, N., Najafirad, P., "*Deepfake forensics analysis: An explainable hierarchical ensemble of weakly supervised models*", *Forensic Science International: Synergy*, vol. 4, 2022, 100217, pp. 1 y ss.

1454 Cozzolino, D., Pianese, A., Nießner, M., Verdoliva, L., "Audio-Visual Person-of-Interest DeepFake Detection", *IEEE Computer Society Conference on Computer Vision and Pattern Recognition Workshops,* 2023, pp. 943 y ss.

si existe o no el *deepfake*. Pero tienen todavía el enorme problema, que ya ha destacado la doctrina[1455], de que su fiabilidad científica no está consolidada. Siguiendo los criterios establecidos en la sentencia Daubert[1456], prácticamente no cumple ninguno de ellos, salvo el del grado de acierto, que algunas de esas técnicas se atreven a predecir, pero que en absoluto está considerado. No es ya que no se haya demostrado que sigan el método científico o que hayan sido evaluadas esas técnicas por pares fiables, sino que no cumplen ni el estándar Frye de 1923[1457], porque en absoluto existe consenso en la comunidad científica sobre ninguna de esas técnicas. Y va a ser difícil que ese consenso exista alguna vez en un futuro próximo, dado que de momento los diferentes científicos están compitiendo por averiguar el sistema de detección que tenga mayor aceptación entre la comunidad científica.

Además, salvo que exista ese grado de consenso, en un futuro próximo no existirá en los juzgados esa herramienta indiscutida de detección. Y ya no estamos en los tiempos en que aceptamos sin demasiados problemas técnicas periciales con un respaldo científico ciertamente precario, como sucedió con la prueba dactiloscópica, la prueba de balística o la mismísima prueba de ADN[1458]. El terreno dejado a la fe de los ciudadanos en el juez ha menguado de manera relevante también este sector pericial, de manera que ya no basta que acuda el perito al proceso a decir lo que quiera aparentando una convicción que es imposible que posea, dado el estado de avance de la ciencia. Durante mucho tiempo, la presencia del perito era aceptada sin pedir justificaciones acerca de la eficacia de la técnica pericial empleada. Sigue siendo así en cuanto a las pericias tradicionales, varias de las cuales se encargan a la policía científica, cuya formación en algunos terrenos es algo más que discutible. Cada vez se confía menos en esa especie de peritos *amateur*, pero su relevancia todavía se deja sentir en los procesos.

Es posible que algo así no suceda con la detección de *deepfakes*, aunque aún es muy pronto para decirlo. Hoy en día ya somos conscientes de que un juez no puede valorar realmente el acierto intrínseco de las conclusio-

1455 Cano Fernández, S., "El "deepfake" en los documentos audiovisuales: un reto para la valoración de la prueba", *Actualidad Civil*, n. 2, 2004, p. 6.

1456 Daubert v. Merrell Dow Pharmaceuticals, 509 U.S. 579 (1993).

1457 Frye v. U.S., 293 F. 1013.

1458 Executive Office of the President. President's Council of Advisors on Science and Technology, *Report to the President: Forensic Science in Criminal Courts: Ensuring Scientific Validity of Feature-Comparison Methods*, septiembre de 2016. Traducido al castellano por José Juan Lucena Molina, en *Quaestio Facti*, 2022, n. 3, pp. 1 a 196.

nes de un perito, pero a pesar de eso, irán apareciendo en los procesos informes de *deepfakes* cuya fiabilidad podrá discutirse incluso con cierta facilidad por cualquier abogado bien instruido, simplemente haciendo comparecer en el proceso a otro experto que descubra los puntos débiles de la técnica empleada. En esta materia, durante un tiempo vamos a permanecer en una situación de tinieblas, probablemente hasta que no se le dé credibilidad en los procesos a las imágenes que no reúnan una serie de garantías de autenticidad sobre las que se reclama legislación[1459], que desde luego es necesaria, aunque también hay que pensar que esas garantías normativas pueden estar superadas al tiempo de evaluar nuevas falsificaciones que aparenten poseerlas.

Por ello, puede que haya que plantearse una salida distinta, al margen de acudir a medios de prueba más tradicionales para analizar la verosimilitud de la imagen o sonido analizados[1460], lo que siempre es posible aunque también tenga inconvenientes, sobre todo cuando solamente contamos con las siempre cuestionables pruebas testificales. Hay que ser muy conscientes de que el *deepfake*, como ya se ha advertido, va a ser el principal problema con el que deban lidiar los tribunales en un futuro bastante próximo. Nuestros procesos ya se han llenado de documentos audiovisuales que ahora mismo plantean una credibilidad variable, aunque habitualmente alta, todavía. Pero en cuanto se empiece a sospechar de la alteración sistemática de esos documentos dada la tremenda accesibilidad de las herramientas de manipulación, esa credibilidad va a descender y va a resultar imposible practicar una prueba pericial en cada proceso analizando la autenticidad ni tan siquiera de los documentos más relevantes para la valoración de la prueba. No es ya que sea incuestionablemente antieconómico, sino que puede resultar imposible en términos prácticos localizar suficientes expertos contrastados en la materia, que tengan la posibilidad de realizar su labor en cada proceso.

Ello abre un futuro hacia una nueva realidad en la que, probablemente, ante la lógica incompetencia técnica del juez para detectar *deepfakes* y la dificultad de localizar técnicas y peritos fiables, tal vez haya que empezar a pensar en otras soluciones para los conflictos de las generaciones futuras que no pasen necesariamente por el enjuiciamiento, medio de resolución de conflictos que nos ha acompañado durante milenios, ciertamente, pero

---

1459 Cano Fernández, S., "El "deepfake" en los documentos audiovisuales: un reto para la valoración de la prueba", cit. p. 7.

1460 Vid. Cano Fernández, S., "El "deepfake" en los documentos audiovisuales: un reto para la valoración de la prueba", cit. p. 5.

que ha llegado un punto que puede revelar su impotencia para ocuparse de nuestras controversias al no ser verdaderamente realista concebir una actividad probatoria celebrada con unas mínimas garantías de adecuación científica. En consecuencia, es posible que haya llegado ya el tiempo de moverse hacia otro lugar.

5. HACIA UN FUTURO MENOS ENJUICIADOR Y MÁS RESTAURATIVO

El contenido de este epígrafe es necesariamente futurista y lleno de incertidumbres, por lo que debe ser forzosamente breve para no caer de lleno en el terreno de la especulación.

Nadie parece ser muy consciente de que puede llegar un momento en que los medios de prueba tradicionales revelen su falta de adecuación a los tiempos. Ello ya está ocurriendo con los interrogatorios, pero de momento nos vamos refugiando en muchos procesos en la prueba documental y en la prueba pericial.

La pregunta es qué vamos a hacer cuando los documentos no sean fiables al poder estar manipulados, y no tengamos manera humana de descubrir esa manipulación con precisión, o bien sólo podamos hacerlo sufriendo grandes costes. En otra época, los seres humanos inventaron la figura de los dadores de fe pública para remediar ese inconveniente, y pese a la corrupción de algunos de ellos, encontramos así un medio de tener mayor seguridad con algunos documentos realmente importantes. Desde luego, podemos intentar hacer algo análogo con los documentos audiovisuales, estableciendo, como se ha dicho, esas garantías técnicas que, por desgracia, no van a ser insuperables para un buen falsificador. En la mayoría de procesos, ciertamente, esas garantías valdrán, al menos a medio plazo, pero a largo plazo puede que tengamos que rendirnos a la evidencia. Todos nuestros medios para reproducir la realidad pueden ser manipulados.

Es posible que en esos futuros escenarios, la actividad procesal deje de estar focalizada en la prueba para situarse en la averiguación de las causas del conflicto, lo que además, en los casos de pornografía particularmente entre menores, podría ser incluso mucho más adecuado[1461]. Es decir, ya no invertiremos tantos esfuerzos en la averiguación de la realidad, sino en la

---

[1461] Salvadori, I., "La controvertida relevancia penal del *sexting*" en el derecho italiano y comparado", *Revista Electrónica de Ciencia Penal y Criminología*, 19-29, 2017, pp. 1 y ss.

exploración de los motivos del desencuentro, que aunque pueden tener que ver, naturalmente, con el falseamiento de la realidad, puede que sea más sabio, entonces, resolver de otro modo. Al fin y al cabo, la obsesión por la averiguación de la verdad, que heredamos de los antiguos egipcios al haber tomado de ellos, por vía griega y luego romana, el concepto de justicia[1462], en el fondo sólo era una manera de entender lo que era positivo en aquella sociedad, que creyó que la averiguación de la verdad era lo que haría paz entre los contendientes. Tanto es así que inventaron una diosa que representara ese sentido de lo bueno, Maat[1463], palabra que en egipcio significaba "verdad"[1464] , y que los romanos identificaron con su diosa *Iustitia.* De ahí viene nuestro propio modo de entender la recta resolución de las controversias: averiguando la verdad y aplicando las normas de la comunidad, tantas veces plasmadas en leyes.

De lo que hay que darse cuenta es que se trata de una posible solución a un conflicto, pero no es la única. Otras comunidades humanas, con éxito desigual, han perseguido más la vía de la reconciliación de los contendientes, tratando de compensar las pérdidas que cada uno sentía. De esas pérdidas sentidas como ciertas se habla muy poco en nuestros actuales procesos, salvo para inspirar marcos mentales en los jueces que les condicionen en su decisión, a veces incluso de manera eficaz. Puede que la clave del futuro esté más bien en la determinación correcta de ese marco, que es más difícilmente manipulable si la actividad procesal se centra directamente en él. Puede que hasta el resultado de todo ello apunte más en la dirección de una "justicia social" en la que tantas veces pensamos, pero que raras veces ponemos realmente en práctica, al menos en el marco de un proceso. No es que ello sea un defecto, pues nuestras actuales leyes no están habitualmente enfocadas en ese sentido. Quizá en futuro habrá que modificar ese enfoque ante la realidad averiguada en este trabajo: un día puede llegar a ser casi imposible descubrir la realidad. Y carecemos ya de una diosa que la represente y de unos "sacerdotes" en los que creamos para transmitir sus designios: los jueces.

[1462] Nieva Fenoll, *El origen de la justicia,* cit. pp. 218 y ss.

[1463] Assmann, J., *Ma'at. Gerechtigkeit und Unsterblichkeit im Alten Ägypten,* München 1995.

[1464] Lichtheim, M., *Maat in Egyptian Autobiographies and Related Studies.* Freiburg (Suiza) 1992, p. 18.

REPENSANDO DAUBERT: LA PARADOJA DE LA PRUEBA PERICIAL

Publicado en AAVV, Peritaje y prueba pericial, Barcelona 2017, pp. 85-101.

1. INTRODUCCIÓN

SATTA[1465] se refirió al proceso como un misterio, aunque en realidad el proceso no tiene nada de misterioso. Lo que se sustancia en él puede ser complejo en ocasiones, pero es perfectamente comprensible. Lo que sí que, más que misterioso, resulta curioso y ciertamente intrigante es que los seres humanos hayamos aprendido a confiar, pese a todo, en la opinión de un tercero para resolver nuestros conflictos. Algunos autores se han propuesto explicar la razón de esa confianza[1466], pero no se ha abundado demasiado en la misma. Sería un interesante estudio antropológico al respecto que no puedo realizar en estas líneas.

Lo intrigante, sobre todo, es que se confíe en un ser humano que no posee auténticas capacidades para valorar la prueba. Es lógico que se acuda a un juez si la disputa es meramente jurídica, porque el juzgador está específicamente formado para dar un buen parecer a las partes sobre el conflicto, con el objetivo de que se imponga. Pero cuando la disputa es fáctica, el juez no es más que un primate, como todos los demás humanos, que no sabe cuándo le mienten, porque difícilmente puede saberlo persona alguna, sea juez o no, lo que le hace inhábil, o difícilmente útil para valorar la prueba que consista en la declaración de personas, salvo que reciba una completa instrucción en psicología del testimonio[1467], y ni siquiera así es sencillo[1468].

1465 Satta, "Il mistero del processo", en *Soliloqui e colloqui di un Giurista*, Padova 1968, pp. 3 y ss. También Serra Domínguez, "El juicio jurisdiccional", en *Estudios de Derecho Procesal*, Barcelona 1969, pp. 63 y ss.

1466 Carreras Llansana, Jorge, "Las fronteras del Juez", en Fenech / Carreras, *Estudios de Derecho Procesal*, Barcelona 1962, pp. 103 y ss. D'ORS, Álvaro, "Principios para una teoría realista del derecho", *Anuario de Filosofía del Derecho*, 1953, p. 18.

1467 Manzanero Puebla, Antonio Lucas, *Psicología del testimonio*, Madrid 2008. DIGES, Margarita, *Los falsos recuerdos*, Barcelona 1997.

1468 Vid. Nieva Fenoll, *La valoración de la prueba*, Madrid 2010, pp. 212 y ss.

Si se habla de la prueba pericial[1469], el problema es que el juez no es un experto en la materia técnica de que se trate, pero en cambio debe valorar lo que diga un técnico, tercero en quien de nuevo se confía para alumbrarle al juez la solución del litigio. Algunos autores[1470] hemos criticado la institución del jurado por la falta de formación o capacitación judicial de sus miembros[1471]. Y sin embargo, con respecto a la prueba pericial reproducimos el principal problema de esa institución fósil: le decimos al lego —el juez— que opine sobre lo que dice el perito, es decir, que someta a análisis aquello de lo que no sabe[1472].

Siendo así, nos queda solamente la prueba documental. El juez sin duda —actualmente— sabe leer, pero una cosa es estar alfabetizado y otra muy distinta ser capaz de interpretar un documento. Para lo segundo se necesita saber semiótica textual[1473] y tener capacidad de razonamiento abstracto. No habría problema en instruir con más ahínco al juez en esa materia y en la citada habilidad, pero no siempre los pleitos son resolubles a través de una prueba documental. Es más, no pocas veces precisamos de un perito para interpretar un documento.

Los citados problemas son muy graves, pero en esta ocasión voy a centrarme solamente en uno de los principales quebraderos de cabeza de un juez: la valoración de la prueba pericial. La tentación en la que se cae más frecuentemente consiste en que el juez asuma sin más, automáticamente, el parecer del perito, siguiendo esa línea antropológica de confiar en la opinión de un tercero a quien se considera más autorizado. Esa decisión, aunque molesta a la parte que se ve perjudicada por el dictamen —a su abogado especialmente—, suele pasar casi desapercibida. ¿Cómo no hacer-

---

1469 Sobre la misma, Picó Junoy, Joan, *La prueba pericial en el proceso civil español*, Barcelona 2001. Auletta, Ferruccio, *Il procedimento di istruzione probatoria mediante consulente tecnico*, Padova 2002. Ansanelli, Vincenzo, *La consulenza tecnica nel processo civile*, Milano 2011.

1470 Taruffo, Michele, *La semplice verità*, Bari 2009, pp. 21-22. Nieva Fenoll, "Ideología y Justicia lega (con una hipótesis sobre el origen romano del jurado inglés)", en *La ciencia jurisdiccional: novedad y tradición*, Madrid 2016, pp. 62 y ss.

1471 No faltan opiniones en contra, inclusive algún autor que considera, en el fondo, a los jurados más capacitados que los jueces para apreciar los criterios *Daubert*, aunque sea con la excusa de que el parecer judicial de admisión no condicione al jurado: Pikus, Krista M., "We the people: juries, not judges, should be gatekeepers of expert evidence", *Notre Dame Law Review*, vol. 90, 2014, p. 474.

1472 Destaca precisamente este hecho, entre otros muchos, Haack, Susan, *Evidence Matters*, Cambridge 2014, p. 121. Vid. también Taruffo, "Prova scientifica e giustizia civile", cit. pp. 241 y ss.

1473 Lozano, Jorge / Peña-Marín, Cristina / ABRIL, Gonzalo, *Análisis del discurso*, Madrid 2007. Cassany, Daniel, *Tras las líneas*, Barcelona 2006.

le caso al perito, si es el que sabe de aquella materia técnica? Sin embargo, el problema se evidencia cuando hay en el proceso más de un dictamen pericial y los peritos no son coincidentes en su parecer. ¿Cómo proceder entonces?

En definitiva, cuando accede al proceso una prueba pericial, a cambio de eliminar una incógnita —la realidad de los hechos— se introduce el oscurantismo de la supuesta ciencia de un perito. La situación es bastante más grave de lo que podemos ser capaces de asumir, con la paradoja, además, de que un dictamen pericial sin duda puede provocar mayor seguridad en la prueba que un testimonio presencial[1474], por lo que no debemos prescindir de la pericia. En este trabajo se intentará arrojar algo de luz en esta materia, con el objeto de tratar de optimizar las posibilidades de la prueba pericial, pero también se aprovechará para introducir una importante dosis de realismo en esas posibilidades, que son ciertamente limitadas y debe saberse que es así.

2. DE FRYE A DAUBERT

La historia de la prueba pericial es en parte una historia de fe[1475]. Las primeras referencias romanas a la misma, ya en tiempos de las *legis actiones*[1476], atribuyen un poder de convicción total al perito, tanto en la delimitación de la extensión de una finca[1477] como en la determinación de si una mujer está embarazada[1478], exigiendo en este último caso que acudieran

1474 Vid. Dehghani-Tafti, Parisa / Bieber, Paul, "Folklore and forensics: the challenges of arson investigation and innocence claims", *West Virginia Law Review*, col. 119, 2016, pp. 549 y ss.

1475 De "mito de infalibilidad" habla Gascón Abellán, Marina, "Prueba científica. Un mapa de retos", en AAVV (ed. Vázquez), *Estándares de prueba y prueba científica*, Madrid 2013, p. 185.

1476 Vid. Kaser / Hackl, *Das römische Zivilprozessrecht*, München 1996, pp. 120 y 369.

1477 Dig. 10, 1, 8, 1: *Ad officium de finibus cognoscentis pertinet, mensores mittere, et per eos dirimire ipsam finium quaestionem, ut aequum est, si ita res exigit, oculisque suis subiectis locis.*

1478 Dig. 25, 4, 1: *igitur si perstat in eadem postulatione, commodissimum est eligi honestissimae feminae domum, in qua domitia veniat, et ibi tres obstetrices probatae et artis et fidei, quae a te adsumptae fuerint, eam inspiciant. et si quidem vel omnes vel duae renuntiaverint praegnatem videri, tunc persuadendum mulieri erit, ut perinde custodem admittat atque si ipsa hoc desiderasset.*

tres parteras —escogidas por el pretor— a examinar a la mujer, siendo creído el dictamen coincidente de dos de ellas[1479].

Esa fe, de hecho, tiene cierta lógica: si el juez no sabe más que de derecho, bueno es que se confíe en los especialistas que sí conocen el resto de materias científicas cuando son relevantes en el proceso. Además, como apuntó Lessona, la falsa pericia es más difícil de descubrir que el falso testimonio[1480], razón por la que aunque el autor italiano reconoció la posibilidad del juez de apartarse del dictamen pericial, en realidad acabó relajando de manera muy relevante la motivación del juez sobre este punto[1481]. Lo cierto es que con esta crédula visión, la prueba pericial se convierte prácticamente en una prueba legal[1482].

Además de ello es posible que, en el siglo XIX especialmente, influyera en ese parecer atávico e inmanente la fascinación que causaron los constantes descubrimientos científicos de esas épocas[1483], que alejaban a la población de una ignorante credulidad en fuerzas cósmicas, aunque sustituyendo la misma por una credulidad casi idéntica en lo que dijeran los científicos.

Quizás esa mentalidad esté en el origen del estándar *Frye*[1484]. Lo explica la propia sentencia en un párrafo que es verdaderamente esclarecedor de la mentalidad de la época:

> "*The rule is that the opinions of experts or skilled witnesses are admissible in evidence in those cases in which the matter of inquiry is such that inexperienced persons are unlikely to prove capable of forming a correct judgment upon it, for the reason that the subjectmatter so far partakes of a science, art, or trade as to require*

1479 Sobre a historia remota de la prueba pericial, vid. Auletta, *Il procedimento di istruzione*, pp. 10 y ss.

1480 Lessona, *Teoría general de la prueba en Derecho Civil*, Madrid 1942 T. IV, p. 549. Debe considerarse que la obra original de Carlo Lessona es de finales del siglo XIX.

1481 Lessona, *Teoría general*, cit. pp. 556-558. Es interesante la lectura de estos párrafos porque aunque el autor parta, con vehemencia, de la idea de que el juez debe motivar por qué se aparta del dictamen pericial, lo cierto es que acaba exigiendo muy poco a la motivación en caso de aceptación del dictamen, más allá de una reproducción del parecer del perito que el juez da por válido. Lo que favorece la habitual conducta judicial que se analizará en el texto principal.

1482 Cfr. Dittrich, Lotario, "La ricerca della verità nel processo civile: profili evolutivi in tema di prova testimoniale, consulenza tecnica e fatto notorio", *Rivista di Diritto Processuale*, 2011, 1, p. 117.

1483 De ello son testimonio destacado Jules Verne y H. G. Wells. Pero hay muchos más ejemplos.

1484 Frye v. U.S., 293 F. 1013.

> *a previous habit or experience or study in it, in order to acquire a knowledge of it. When the question involved does not lie within the range of common experience or common knowledge, but requires special experience or special knowledge, then the opinions of witnesses skilled in that particular science, art, or trade to which the question relates are admissible in evidence."*

Sin embargo, esta propia sentencia, que precisamente ha pasado a la historia por no atribuir una fe ciega en la opinión de los científicos —se descartó el polígrafo—, en realidad fue víctima de esa misma idea. En su último párrafo, la sentencia no aceptaba como prueba pericial el parecer de un solo científico aisladamente considerado, sino que exigía "*standing and scientific recognition among physiological and psychological authorities*", lo que equivale a decir que cuando ese consenso científico exista, habrá que hacer caso de lo que diga el perito. De hecho, por más que se haya intentado combatir esa idea, esa es justamente la realidad, incluso actual, de los tribunales: un examen prácticamente acrítico de las pruebas periciales, lo que supone un inconveniente que, como se está viendo, ha sido recurrente en los últimos 150 años sobre todo. Como se decía, se hace de la prueba pericial prácticamente una prueba legal[1485].

Ese es justamente el problema que intentaron resolver la serie de sentencias "Daubert"[1486]. En la primera de ellas, ante la dificultad que suponía que accedieran al jurado dictámenes periciales que podían impresionar demasiado al colegio de ciudadanos juzgadores, pero que no eran realmente científicos, el Tribunal Supremo —específicamente el ponente Blackmun— estableció unos criterios orientadores —no necesariamente obligatorios— dirigidos a los jueces, a fin de que no permitieran la introducción en el proceso de los dictámenes que no cumplieran con dichos criterios.

Dichos criterios, que son cuatro[1487] o cinco[1488] según los autores, consisten en lo siguiente:

[1485] Dittrich, "La ricerca della verità nel processo civile", cit. p. 117.

[1486] Daubert v. Merrell Dow Pharmaceuticals, 509 U.S. 579 (1993), General Electric Co. v. Joiner, 522 U.S. 136 (1997), Kumho Tire Co. v. Carmichael, 526 U.S. 137 (1999).

[1487] Faigman, David L., "The Daubert Revolution and the Birth of Modernity: Managing Scientific Evidence in the Age of Science", *Legal Studies Research Paper Series*, n. 19, 46 UC *Davis Law Review* 2013, p. 104. Fournier, Lisa R., "The *Daubert* Guidelines: Usefulness, Utilization, and Suggestions for Improving Quality Control", *Journal of Applied Research in Memory and Cognition*, 5, 2016, p. 308.

[1488] Garrie, Daniel B., "Digital Forensic Evidence in the Courtroom: Understanding Content and Quality", *Northwestern Journal of Technology and Intellectual Property*, vol. 12, 2014,

- Que la técnica utilizada por el perito ha sido probada suficientemente frente a errores.
- Que la técnica ha sido revisada por otros científicos y, en su caso, ha sido publicada.
- Que el perito indique el grado de acierto de la técnica.
- Justificación del mantenimiento de estándares de calidad en el uso de la técnica.
- Consenso en la comunidad científica sobre la fiabilidad de la técnica.

Más que la exposición de unos factores para considerar el dictamen "científico"[1489], lo que expuso Blackmun fueron unos criterios muy flexibles —insiste en ello la sentencia varias veces[1490]— para guiar a los jueces con el objeto de detectar técnicas "periciales" poco serias que pudiéramos llamar *pseudociencias*, o incluso técnicas que todavía estuvieran en una fase experimental o embrionaria, de manera que su fiabilidad todavía no pudiera ser afirmada con rotundidad.

La sentencia *Daubert* supuso un intento, revolucionario para muchos[1491], de reforzar el papel de los jueces en la prueba pericial, y aunque en EEUU ello sólo se concibiera en principio para la fase de admisión de la misma, es obvio que los criterios señalados también pueden ser utilizados en fase de valoración de la prueba, dado que de lo contrario la misma deviene poco menos que imposible.

Pero aquí concluyen las buenas noticias. Esos criterios planteaban un reto importantísimo para los jueces, que no estaban formados para apreciar los criterios indicados, de manera que el cumplimiento de los mismos podía acabar transformándose en una formalidad cuyo cumplimiento real pasaría desapercibido a los jueces[1492].

2, p. 122. Vázquez, Carmen, *De la prueba científica a la prueba pericial*, Madrid 2015, p. 125, añade un quinto factor a considerar: si los peritos llevaron a cabo investigaciones científicas anteriores e independientes al proceso en cuestión.

1489 Sobre este tema, vid ampliamente Vázquez, *De la prueba científica a la prueba pericial*, cit. pp. 83 y ss.

1490 Y así lo han interpretado varios tribunales. Thomson, William T., "*Pomona v. SQM North America Corp.:* Trial Courts as "Gatekeepers" Under *Daubert* and its Progeny", *American Journal of Trial Advocacy*, vol. 39, 2015, pp. 383 y ss.

1491 Faigman, "The Daubert Revolution", cit. p. 113. Cfr. Taruffo, Michele, "La prova scientifica. Cenni generali", 47 *Ragion pratica* 2016, p. 335 y ss.

1492 Algo parecido sugirió Rehnquist en la propia sentencia Daubert: "*I defer to no one in my confidence in federal judges; but I am at a loss to know what is meant when it is said that*

Esa dificultad se manifestó en la siguiente resolución de la serie *Daubert*: la sentencia *Joiner*[1493]. En dicha resolución se reafirmó lo dicho en la sentencia *Daubert*, pero es indicativo observar que no se utilizaron realmente los criterios indicados por dicha sentencia, porque el Tribunal Supremo simplemente dijo que el tribunal de apelación sólo consideró la cuestión de si Joiner había contraído cáncer de pulmón por haber sido expuesto a bifenilos policlorados (PCB), pero no a furanos y dioxinas, hecho que había rechazado inmotivadamente —*abuse of discretion*—, razón por la que anuló la sentencia y la reenvió a la instancia. Nuevamente, un voto particular de Breyer a esa sentencia recordó que los jueces no tenían preparación para realizar la tarea encomendada por Daubert, aunque debían hacerla[1494], lo que constituye una curiosa paradoja.

Hubo de llegar la sentencia KUMHO[1495] para reafirmar con más énfasis que los criterios *Daubert*, además de aplicarse a cualquier pericia —no exclusivamente a la "científica", sino también a las diversas "técnicas" basadas más bien en la habilidad o en la experiencia— ni son definitivos ni son inflexibles. Tras esa sentencia, en el año 2000 —con una corrección de estilo en 2011—, se reformaron las *Federal Rules of Evidence* para introducir en su artículo 702, no los criterios, sino la orientación de la sentencia *Daubert* para intentar conseguir la fiabilidad de los dictámenes[1496].

---

the scientific status of a theory depends on its "falsifiability," and I suspect some of them will be, too. I do not doubt that Rule 702 confides to the judge some gatekeeping responsibility in deciding questions of the admissibility of proffered expert testimony. But I do not think it imposes on them either the obligation or the authority to become amateur scientists in order to perform that role. I think the Court would be far better advised in this case to decide only the questions presented, and to leave the further development of this important area of the law to future cases."

1493 General Electric Co. v. Joiner, 522 U.S. 136 (1997).

1494 "*Yet, as* amici *have pointed out, judges are not scientists and do not have the scientific training that can facilitate the making of such decisions. (...) Of course, neither the difficulty of the task nor any comparative lack of expertise can excuse the judge from exercising the "gatekeeper" duties that the Federal Rules of Evidence impose*".

1495 Kumho Tire Co. v. Carmichael, 526 U.S. 137 (1999).

1496 **Rule 702. Testimony by Expert Witnesses.** A witness who is qualified as an expert by knowledge, skill, experience, training, or education may testify in the form of an opinion or otherwise if:

(a) the expert's scientific, technical, or other specialized knowledge will help the trier of fact to understand the evidence or to determine a fact in issue;

(b) the testimony is based on sufficient facts or data;

(c) the testimony is the product of reliable principles and methods; and

(d) the expert has reliably applied the principles and methods to the facts of the case.

Y de esa manera se cierra la serie de estas sentencias. En pocas palabras, lo que ganamos con el estándar *Frye* fue que los jueces comprobaran algo que estaban, en principio, en condiciones de analizar: si existía consenso científico sobre la validez de una técnica pericial. Con la serie *Daubert* se les pide a los jueces que hagan algo que no están capacitados para hacer más que de manera muy superficial. De los cinco —o cuatro— criterios enunciados anteriormente, el juez en realidad sólo puede comprobar el último, el consenso científico general, que es justamente el estándar *Frye*, y ni esto le va a ser precisamente fácil. Pero con tremenda dificultad podrá comprobar el juez si la técnica ha sido testada, y además revisada por otros científicos. No está en condiciones reales de revisar si se mantuvieron los estándares de calidad en el examen, salvo que se haya producido un análisis pericial poco menos que escandaloso. Al juez se le puede engañar con facilidad sobre el grado de acierto de la técnica[1497], puesto que aunque pueda comprobar ese índice de error en general a través del análisis —no siempre fácil— de publicaciones científicas, nunca podrá determinar con certeza que sea correcto el grado de acierto expresado en *esa* prueba pericial.

En realidad, el juez sólo puede analizar si la técnica ha sido publicada, pero justamente éste era el criterio al que menos importancia se atribuía en la sentencia Daubert, precisamente. Y es lógico porque, por desgracia, que una técnica haya sido publicada, incluso en revistas indexadas en buen lugar, puede no querer decir absolutamente nada acerca de su fiabilidad, como sabe cualquier científico.

Es por todo ello que la aplicación de los criterios *Daubert*, pese a contar con la —relativa— ventaja de que puede permitir el ingreso en el proceso de técnicas en desarrollo[1498], ha encontrado grandes resistencias entre los jueces estadounidenses[1499], pese a que ha provocado en los litigantes una

---

1497 Meixner, John B. / Seidman Diamond, Schari, "The hidden *Daubert* factor: how judges use error rates in assessing scientific evidence", *Wisconsin Law Review*, 2014, pp. 1063 y ss.

1498 Kerkmans, Jason P. / Gaudet, Lyn M., "Daubert on the brain: how New Mexico's Daubert standard should inform its handling of neuroimaging evidence", *New Mexico Law Review*, vol. 46, n. 2, 2016, pp. 405 y ss. Somers, Brady, "Neuroimaging Evidence: A Solution to the Problem of Proving Pain and Suffering?", *Seattle University Law Review*, vol. 39, 2015, p. 1409.

1499 Fournier, The *Daubert* Guidelines", cit. p. 309. Vid. Bernstein, David E. / Lasker, Eric G., "Defending Saubert: it's time to amend Federal Rule of Evidence 702", *William & Mary Law Review*, vol. 57, n. 1, 2015, pp. 1 y ss. Cooper, James C., "Information and

conciencia de mayor exigencia judicial en cuanto a la prueba pericial[1500]. Al margen de ello, los criterios *Daubert* se convierten en aquello que, en realidad, estaban llamados a ser: unos simples factores orientadores en los que apoyarse a la hora de inadmitir una prueba, y que naturalmente van a ser útiles en la elaboración de la motivación como datos para reforzarla, ya que ciertamente pueden ser empleados por un juez en su valoración, pero sólo en la medida en que resulten muy evidentes o destaque extraordinariamente la ausencia de su mención en el dictamen. Pero poco más, porque alejarse de esos casos obvios supone un riesgo tremendo de error judicial[1501]. Lo cierto es que una prueba pericial que cumpla, a juicio del juzgador, con los criterios *Daubert*, no tiene por qué ser una prueba pericial aceptable. Y es que esos criterios no son un compendio de lo que debe ser considerado "científico"[1502].

3. LA EXPERIENCIA EUROPEA: EL PERITO DE DESIGNACIÓN JUDICIAL

La Europa continental se ha solido regir por la tradición romana de la omniscencia del perito, así como en su designación a cargo de un juez. La idea básica es que si el experto no lo designan las partes, sino que lo hace el juzgador —aunque sea por sorteo—, se garantizará su imparcialidad, lo que sería imposible en un perito designado por un litigante, que lógicamente nunca traería al proceso a nadie que declarara en contra de sus intereses.

---

settlement: Empirical evidence on *Daubert* rulings and settlement rates", *International Review of Law and Economics*, 51, 2017, pp. 1 y ss.

1500 Lo confirman Jurs, Andrew W. / Devito, Scott, "Et Tu, Plaintiffs? An Empirical Analysis of *Daubert*'s Effect on Plaintiffs, and Why Gatekeeping Standards Matter (a Lot)", *Arkansas Law Review*, vol. 66, 2013, pp. 975 y ss. Jurs, Andrew W., "*Daubert*, probabilities and possibilities, and the Ohio solution: a sensible approach to relevance under rule 702 in civil and criminal applications", *Akron Law Review*, 2008, pp. 609 y ss.

1501 Lo advierte Bermúdez Muñoz, Martín, *Del dictamen judicial al dictamen de parte*, Bogotá 2012, pp. 58, 64 y especialmente en la p. 65.

1502 Vid. Taruffo, Michele, "Prova scientifica e giustizia civile", en AAVV, *Giurisprudenza e scienza*, Roma 2017, Bardi Edizioni, pp. 241 y ss. Bernstein, "What to do about Federal Agency Science: some doubts about regulatory *Daubert*", *George Mason Law Review*, vo. 22:3, 2015, pp. 550-551.

Se ha insistido mucho en el hecho de que el juez no debe ser esclavo del perito[1503], siguiendo la línea histórica antes reseñada, pero también se ha llegado a sostener, no sin razón, que el análisis judicial del dictamen pericial solamente puede ser externo en realidad, pero no de fondo[1504]. En sentido parecido se ha afirmado que el perito, para valorar el dictamen, poco más puede hacer que acudir a la crítica de la argumentación de su redactado[1505], lo que se supone un análisis más profundo, pero que también escapa en gran medida del conocimiento científico, artístico o práctico de la técnica pericial.

Otros autores[1506] han venido a sugerir que el juez tiene que hacer suyo el dictamen, haciendo el esfuerzo de aprender en lo posible la ciencia que contiene para entenderlo y simplificarlo para poderlo utilizar en su sentencia. Serra Domínguez[1507] compendió originalmente las anteriores ideas, manifestándose también receloso de la capacidad del juez de analizar los conocimientos del perito vertidos en el dictamen, llegando a sugerir al juzgador documentarse privadamente en esas materias técnicas. Estas conclusiones son coincidentes con las que se encuentran, en general, en toda la doctrina europea[1508]. Finalmente Taruffo[1509] subraya las analogías entre el metodo utilizado por el juez para descubrir los hechos y el método científico, aunque advirtiendo nuevamente de los peligros de que el juez substituya sin conocimientos el parecer de quien sí los tiene, aconsejando por ello un análisis que, sin simplificaciones, se centre en el terreno epistémico[1510].

Y ahí se ha detenido el análisis de la doctrina europea, que últimamente se ha acercado a la tendencia *Daubert*[1511]. En realidad, desde el punto de vista de la supuesta mayor fiabilidad del perito de designación judicial, poco han aportado los autores, más allá de dar por hecha esa mayor fiabilidad derivada de su carácter neutral, al haber sido elegido por el juez y no por

---

1503 Entre otros, Devis Echandia, *Teoría general de la prueba judicial*, Bogotá 2002, T. II, pp. 337 y ss.

1504 Sanjurjo Ríos, Eva Isabel, *La prueba pericial civil. Procedimiento y valoración*, Madrid 2013, p. 253.

1505 Bermúdez Muñoz, Martín, *Del dictamen judicial*, cit. p. 87.

1506 Parra Quijano, Jairo, *Manual de Derecho probatorio*, Bogotá 2008, pp. 655-657.

1507 Serra Domínguez, *Estudios de Derecho probatorio*, Lima 2009, pp. 530-531.

1508 Rosenberg / Schwab / Gottwald, *Zivilprozessrecht*, München 2010, pp. 701-702. Satta / Punzi, *Diritto Processuale Civile*, Padova 1996, p. 385.

1509 Taruffo, *La prueba de los hechos*, Madrid 2002, pp. 330 y ss.

1510 Es también la opción de Vázquez, *De la prueba científica a la prueba pericial*, cit. p. 266.

1511 Vid. Nieva Fenoll, *La valoración de la prueba*, Madrid 2010, pp. 294 y ss. Sanjurjo Ríos, *La prueba pericial civil*, cit. pp. 242 y ss.

las partes. Al margen del análisis comparatístico[1512], lo que ha sucedido es que pocos[1513] se plantearon la posibilidad de introducir los dictámenes periciales de parte hasta épocas más recientes, por lo que los problemas principales se centraron en la valoración del propio dictamen, lo que une los análisis sobre la valoración de la prueba pericial sea cual fuere el origen del perito, parcial o judicial.

Poco se escribió, no obstante, sobre un tema acerca del que sí existía un problema grave y que será analizado en el punto siguiente: la posible corrupción del perito y su defectuosa formación. Un perito de parte debe ser prestigioso a fin de que alguien en el proceso tome siquiera su dictamen en consideración. Sin embargo, a un perito judicial le bastaba con estar en una lista de profesionales para ser designado, lo que provocó la existencia de dictámenes periciales absolutamente mecanizados o, como digo, directamente corruptos.

4. UN PROBLEMA COMÚN: LA CORRUPCIÓN DEL PERITO O SU DEFECTUOSA FORMACIÓN

Una compleja cuestión que suele dejarse de lado es que probablemente poco o nada se discutiría de este tema si existiera la seguridad de que el perito es perfectamente competente. En ese escenario, ningún juez podría poner en cuestión sus conclusiones, salvo que evidenciara algún error o laguna en los hechos que el perito tuvo en cuenta, antes de ser analizados científicamente. Dicho de un modo más directo, si un médico dice, después de ver una serie de pruebas diagnósticas, que existe un cáncer de páncreas incipiente, el paciente es muy libre de acudir a un hechicero a curar su dolencia, o bien de no creer al médico olvidando aparentemente que existe la enfermedad. Pero lo único cierto es que le acabará matando si no se trata correctamente de inmediato. En realidad, sólo un buen médico puede poner en cuestión la opinión de otro buen médico, pero no el paciente, que es lego en ese saber más allá de poder tener un conocimiento *amateur* más o menos amplio.

1512 Hazard / Taruffo, "Transnational Rules of Civil Procedure. Rules and Commentary", *Cornell International Law Journal*, col. 30 2/1997, art. 6, pp. 502 y 526 y ss.

1513 Una destacable excepción fue la Ley de Enjuiciamiento Civil española de 2000.

El problema es tener un buen médico, es decir, un buen perito. Y que, a la vez, el perito no se corrompa. Aunque pocas veces se han puesto por escrito, existen historias reales de peritos de designación judicial que, una vez nombrados, son telefoneados a la carrera por los abogados de las partes para proponerles cobrar más dinero si les hacen el dictamen a su favor. Muchos de esos dictámenes han sido elaborados del siguiente modo: el perito realiza un borrador de dictamen, se lo pasa al abogado, éste le da la forma que convenga a sus intereses y finalmente se presenta el dictamen en el juzgado como si lo hubiera hecho el perito en solitario.

Con los dictámenes de parte sucede esencialmente lo mismo. Ningún dictamen de parte es presentado sin antes haber sido revisado y adaptado profundamente por el abogado. De hecho, si el perito se niega a hacer el dictamen que le pide el abogado, el experto es sustituido por otro profesional que sí se adapte a esos intereses. En condiciones de plena honestidad, ningún perito se prestaría a ese juego, pero la realidad, por razones económicas, es bien otra. Hasta los peritos más competentes se involucran en ese modo de hacer las cosas.

Por otra parte, la resolución de cuestiones científicas, o técnicas o prácticas, pocas veces posee un resultado único. Todo es matizable, incluso lo que pueda parecer más escandaloso, porque la ciencia simplemente no es exacta. Y en esa inevitable inexactitud encuentran un campo de actuación tremendo los peritos deshonestos.

Observada la situación con objetividad, quizás lo único sensato sería prescindir por completo de los dictámenes periciales, pero ello dejaría la resolución de cuestiones científicas en manos de quien no posee saber sobre las mismas: el juez. El remedio sería aún peor que la enfermedad.

Por ello, no queda otra solución que disponer una vía de salida que pueda resultar aceptable. Prescindir de la ciencia es absurdo, pero hay que asegurar que la ciencia que ingresa en el proceso verdaderamente lo sea, y ni siquiera eso es fácil, porque la propia definición de lo que sea verdaderamente "científico" está en entredicho[1514]. Veamos algunas posibles soluciones a este rompecabezas.

1514 Haack, *Evidence Matters*, cit. p. 110 y ss.

5. LA CARGA DE LA PRUEBA: UNA SOLUCIÓN FALSA

Una mala tentación, utilizada muy reiteradamente en el sistema de prueba legal[1515], es acudir a la falsa panacea de la carga de la prueba. Si alguna de las partes no trae la prueba que debería demostrar los hechos que alega, se falla el proceso en su contra. Extraordinariamente simplista y muchas veces injusto, pero muy eficaz.

Sin embargo, con la prueba pericial no puede obrarse de ese modo[1516]. En primer lugar, si el perito es de designación judicial, no puede acusarse a la parte de haber hecho todo lo posible por traer la prueba al proceso. Solamente podría aplicarse tal solución si el dictamen pericial fuera de parte y el mismo hubiera resultado defectuoso, aunque ni siquiera en ese caso resulta aceptable tal proceder, porque la realidad de los hechos permanecerá en la oscuridad y el fin del proceso es precisamente el contrario: descubrir la verdad para salir de las tinieblas[1517].

Pero es que, además, en numerosas ocasiones el dictamen de parte va a suponer una descompensación de la igualdad que siempre debe regir en el proceso en los casos en que existe una parte débil en el mismo. Por ejemplo, en los procesos contra una gran compañía telefónica, el proveedor del servicio dispone de una incontable lista de peritos dispuestos a trabajar para la misma, por razones absolutamente obvias. Si el cliente, que es la parte débil, interpone una reclamación contra la empresa de telecomunicación por mal funcionamiento del servicio, la compañía presentará un dictamen en el proceso en el que, sin ningún género de dudas, se dirá que el servicio se prestó a la perfección, y la parte débil no podrá contrarrestar esa realidad, salvo pagando a otro perito —más próximo a una compañía rival o milagrosamente independiente— para que elabore un dictamen en sentido contrario, lo que es muy complicado. De nuevo, la carga de la prueba en este caso no ayudará a esclarecer la realidad de los hechos.

Otra opción es que el juez prescinda de los dictámenes periciales porque sospeche que son parciales, pero en ese caso tampoco podrá aplicar la carga de la prueba. No la podrá aplicar ni a la parte demandante ni a la demandada, si ambos presentaron su dictamen que el juez declara descartado. Y si el perito fue de designación judicial e igualmente no considera

---

[1515] Nieva Fenoll, "la inexplicable persistencia de la valoración legal de la prueba", *Ars Iuris Salmanticensis,* 2017.

[1516] Vid. Bermúdez Muñoz, *Del dictamen judicial,* cit. pp. 85 y ss.

[1517] Vid. Taruffo, *La prueba de los hechos,* cit. p. 331.

su dictamen, si opta por no darle la razón al demandante será a costa de no conocer la auténtica realidad de los hechos constitutivos, sin haber podido averiguar tampoco la realidad de los extintivos, impeditivos y excluyentes. En definitiva, acabará dictando la sentencia que le dicte la intuición, lo que le arrojará a una inaceptable falta de motivación de la sentencia.

En resumidas cuentas, el mecanismo de la carga de la prueba no puede ser la solución ante la problemática planteada, porque puede acabar conduciendo a resultados absurdos. En consecuencia, debe seguirse pensando en otras posibles soluciones que coordinen debidamente el deber de motivación del juez con uno de los fines principales del proceso, esencial para hacer justicia: la averiguación de la realidad.

6. LA FORMACIÓN CIENTÍFICA DEL JUEZ

Aunque desde luego no será la panacea[1518], un primer paso hacia la salida a este embrollo consiste en mejorar la formación científica del juez[1519], al menos en los asuntos que con mayor frecuencia le llegan al tribunal, sobre todo para sacarle del terreno de la intuición en la apreciación de pruebas periciales[1520]. En materia penal, por ejemplo, es inaceptable que el juez todavía no suela poseer una formación específica en criminalística, para que conozca, por ejemplo, las limitaciones de la prueba de ADN —habitualmente ignoradas[1521]—, o las carencias muy relevantes de las pruebas dactiloscópicas o de balística[1522], que gozan de gran popularidad entre la

1518 Lo destaca con vehemencia —y no sin razón— Haack, *Evidence Matters*, cit. p. 117.

1519 Es imprescindible si se desea aplicar en alguna medida la jurisprudencia *Daubert*. Faigman, "The Daubert Revolution", cit. p. 137.

1520 Señalan certeramente este problema Reisberg, Daniel / Simons, Daniel J. / Fournier, Lisa R., "Introduction to the Forum on When and Whether PsychologicalResearch is Ready for Use in the Justice System", *Journal of Applied Research in Memory and Cognition*, 2016, 5, p. 234. Vid. también Gascón Abellán, "Prueba científica. Un mapa de retos", cit. pp. 193 y 195.

1521 Curiosamente más por los jueces que por la población en general. Vid. Garrett, Brandon L. / Mitchell, Gregory, "Forensics and fallibility: comparing the views of lawyers and jurors", *West Virginia Law Review*, vol. 119, 2016, p. 635. Taruffo, Michele, "La prova scientifica. Cenni generali", 47 *Ragion pratica* 2016, p. 335 y ss. Taruffo, "Prova scientifica e giustizia civile", cit. pp. 241 y ss.

1522 Es imprescindible la lectura de COMMITEE ON IDENTIFYING THE NEEDS OF THE FORENSIC SCIENCES COMMUNITY, NATIONAL RESEARCH COUNCIL, *Strengthening Forensic Science in the United States: A Path Forward*, 2009, p. 7: "*With the exception of nuclear DNA analysis, however, no forensic method has been rigorously shown to have the*

población sobre todo gracias a la cinematografía, pero que poseen lagunas científicas que llegan al terreno de lo escandaloso.

Lo mismo podría decirse de las pruebas psiquiátricas: un juez siempre espera que el psiquiatra, o el psicólogo, le dé una certeza sobre el padecimiento de una enfermedad mental por parte del reo, o al menos un grado de acierto del diagnóstico. Y sin embargo debiera saber que el establecimiento de ese grado de acierto simplemente no es posible[1523], porque la pericial psiquiátrica está basada en una serie de criterios diagnósticos —el DSM-5[1524]— que ni siquiera son unánimes ni seguros, puesto que muchos síntomas, la enorme mayoría, son compatibles con otras patologías no incapacitantes, o que incluso afectan a personas que pueden considerarse perfectamente sanas. Además, todos los criterios de esta ciencia tienen fines terapéuticos, no forenses[1525]. El juez debiera conocer esta realidad, así como que la relación entre psiquiatra y paciente puede llegar a alterar la

---

capacity to consistently, and with a high degree of certainty, demonstrate a connection between evidence and a specific individual or source. In terms of scientific basis, the analytically based disciplines generally hold a notable edge over disciplines based on expert interpretation. But there are important variations among the disciplines relying on expert interpretation. For example, there are more established protocols and available research for fingerprint analysis than for the analysis of bite marks. There also are significant variations within each discipline. For example, not all fingerprint evidence is equally good, because the true value of the evidence is determined by the quality of the latent fingerprint image. These disparities between and within the forensic science disciplines highlight a major problem in the forensic science community: The simple reality is that the interpretation of forensic evidence is not always based on scientific studies to determine its validity. This is a serious problem. Although research has been done in some disciplines, there is a notable dearth of peer-reviewed, published studies establishing the scientific bases and validity of many forensic methods." Vid. También Gates, James S., "A View from a member of the National Commission on Forensic Science: A Perspective on Deliberations About Forensic Science and The Path Forward", en NATIONAL INSTITUTE OF JUSTICE, *Forensic Science Research and Evaluation Workshop*, 2015, pp. 81 y ss. Beety, Valena E., "Introduction to the West Virginia Law Review flawed forensics and Innocence Symposium", *West Virginia Law Review*, vol 119, 2016, pp. 520-521. Cole, Simon A., "Scandal, Fraud, and the reform of forensic science: the case of fingerprint analysis", *West Virginia Law Review*, vol. 119, 2016, pp. 523 y ss. Vid. también Taruffo, Michele, "La prova scientifica. Cenni generali", 47 *Ragion pratica* 2016, p. 335 y ss. Taruffo, "Prova scientifica e giustizia civile", cit. pp. 241 y ss.

1523 Vid. Woody, Robert. H., "Psychological Testimony and the *Daubert* Standard", *Psychological Injury and Law*, 2016, 9, p. 94.

1524 AMERICAN PSYCHIATRIC ASSOCIATION, *Manual diagnóstico y estadístico de los transtornos mentales. DSM-5*, Madrid 2014.

1525 Faigman, "The Daubert Revolution", cit. p. 108.

declaración judicial del perito[1526]. Por frustrante que parezca, no se le puede exigir a un psiquiatra o psicólogo que digan más de lo que su propia ciencia les permite decir[1527].

Lo mismo puede decirse en el proceso civil. Los dictámenes más habituales son los topográficos, los arquitectónicos y los económicos, sin descartarse otros que, según la dedicación del juez, también pueden ser frecuentes, como los biológicos. Una adecuada formación sobre los mismos —sin llegar a hacer del juez un experto— permitiría que al menos el juzgador entendiera de primera mano el dictamen que tiene delante, sin necesidad de tenerle que hacer al perito, durante el interrogatorio, siempre las mismas preguntas obvias.

Ello le permitiría evaluar con mayor verosimilitud la corrección del dictamen. No hay que olvidar que el mismo solamente es un dato del proceso, uno más, a considerar junto con los demás que aparezcan en dicho proceso. En este sentido, un juez no debe esperar certezas, que casi nunca concurren, sino datos que pueda coordinar con el resto de los que estén presentes en el proceso, a los fines de elaborar una motivación coherente.

De ese modo, el juez recibirá esos datos de un modo más crítico, pero no por la falta de verosimilitud de lo que diga el perito, sino por la realista consideración de que lo que diga el perito no tiene por qué ser exacto. De esa forma, el dictamen pericial será apeado del pedestal en el que ahora mismo está situado, y probablemente así saldremos de esa antigua fe en los expertos que lejos de traer luz al proceso, muchas veces solamente ha aportado oscurantismo. El papel de los peritos es muy importante, pero en una medida limitada que ponderará un juez que, a su vez, posea conocimientos básicos en la materia científica, pero que no podrá acometer el juez ignorante. A ese examen se añadirá el de la coherencia epistémica del dictamen, que se fundirá con el anterior porque pertenecen a un mismo terreno de un único razonamiento: el humano.

1526 Gordon, Sara, "Crossing the line: *Daubert*, dual roles, and the admissibility of forensic mental health testimony", *Cardozo Law Review*, vol. 37, 2016, pp. 1345 y ss, especialmente p. 1377.

1527 Taruffo, "Prova scientifica e giustizia civile", cit. pp. 241 y ss.

7. LA OPTIMIZACIÓN DEL ESTUDIO UNIVERSITARIO

Algo en lo que tampoco se repara habitualmente es en el estudio universitario o la formación del perito. No me estoy refiriendo a que el perito posea un prestigio entre sus colegas por la obra que lleve realizada, porque en realidad profesionales de prestigio hay muy pocos. Me refiero más bien a algo que está sufriendo una severa crisis desde hace mucho tiempo a la que nadie parece dispuesto a poner remedio: el estudio universitario.

Hubo un tiempo, bastante extenso, en que la posesión de un grado universitario atribuía a quien lo ostentaba la condición de experto, sin que nadie pusiera en discusión lo que decía. Es cierto que se trata de épocas en que el nivel cultural de la población era prácticamente subterráneo, pero el hecho es que desde las primitivas épocas del estudio de Bolonia hasta probablemente finales del siglo XIX, las carreras universitarias gozaban de prestigio. No siempre merecido, pero al menos se sabía que quien tenía un grado tenía un conocimiento en esa materia muy superior al del resto de la población.

Desde hace tiempo las cosas han cambiado. Las campañas de alfabetización del siglo XX y la redistribución de la riqueza en muchos países han hecho que la masa de la población ya no esté tan desinformada como antes, y que casi todos los habitantes puedan acceder al menos a los saberes científicos, a través de la lectura sobre todo. En este sentido, la adicional labor de divulgación de algunos científicos ha sido verdaderamente encomiable, y habría que profundizar en la misma.

Sin embargo, al mismo ritmo que crecían la cultura y las posibilidades económicas de la población, se masificaron los estudios universitarios, de manera que si en 1948 una promoción de la Facultad de Derecho de la Universidad de Barcelona —única existente en Cataluña e Islas Baleares— contaba unas 80 personas, actualmente son varios cientos de alumnos los que se gradúan cada año en la decena de universidades hoy existentes. Yendo más atrás, en la Facultad de Medicina de la misma Universidad se licenciaron en 1880 unas 50 personas. Hoy los números son muy otros.

En esas épocas pasadas, muy probablemente los estudios no eran de mejor calidad que hoy en día, pero los que conseguían graduarse conseguían un prestigio social evidente fruto de las circunstancias de pobreza e ignorancia antes referidas. Siendo los tiempos hoy en día muy diferentes, y estando llamados los numerosos profesionales a atender las necesidades de una sociedad mucho más informada y compleja, la calidad de los mismos debiera ser muy superior a la actual. Todos los profesores sabemos —y lo saben también la mayoría de alumnos— que se están graduando personas que no lo merecen. Esas personas después se convierten en profesionales incompetentes que provocan un daño social gravísimo al prestar sus servicios de manera inadecuada.

Y entre esos servicios está, qué duda cabe, el de los peritos en el proceso. Es más, con frecuencia se dedican a hacer dictámenes periciales algunos graduados que no tienen éxito en su profesión, haciendo de la Justicia su *modus vivendi*. De esa manera, cada vez más centrados en un solo tipo de dictámenes periciales, se acaban acomodando en su quehacer resultando finalmente que en no pocas ocasiones se observan en el proceso dictámenes idénticos, textos a los que solamente se les ha cambiado los nombres de los interesados en el proceso y cuatro datos identificativos más. Y a veces, por error, ni siquiera eso.

Puede pensarse que es poco realista proponer una mejora en los estudios universitarios para que la prueba pericial recupere su antiguo prestigio, pero los que así piensen hermanados con el pragmatismo, estarán asumiendo una situación en la que han proliferado el número de centros docentes sin responder a una demanda profesional real de la sociedad, y que sus alumnos, teniendo en cuenta el altísimo precio que pagan por sus matrículas, esperan muchos de ellos aprobar como recompensa al esfuerzo económico realizado. No estoy diciendo que en la actualidad la Universidad esté poblada de alumnos caraduras, porque si hay que comparar la situación docente de ahora con la que encontré cuando empecé mi carrera, es bastante obvio que el número de indolentes ha disminuído notablemente, al contrario de lo que suele decirse. Quizás muchos son conscientes de que un título, actualmente, ya no asegura ningún puesto de trabajo en el futuro, y que la única forma de conseguirlo es acreditando un nivel de excelencia tras la obtención del grado.

Con todo, no se puede esperar solamente a que las tendencias sociales optimicen los estudios universitarios, sino que debe mejorarse al mismo tiempo el nivel del profesorado, que es notorio que también ha aumentado en diversos departamentos con respecto a lo que se observaba hace solamente algunas décadas. Hace veinte años había algunos buenos docentes, pero tengo para mí que ahora son más. Al menos se observa un mayor compromiso con la docencia y un muy menor grado de absentismo entre los profesores, que cincuenta años atrás era, por desgracia, muy habitual.

Si mejora el profesorado y, por tanto, el nivel de la docencia y consiguientemente la exigencia de las evaluaciones, saldrán mejores profesionales. Esa, se quiera o no, es una de las claves más sistémicas de la mejora futura de la prueba pericial.

8. LA RESPONSABILIDAD DEONTOLÓGICA DEL PERITO

Como complemento a lo anterior, algo que debiera mejorar también sería la responsabilidad del perito. La mayoría pertenecen a un colegio o asociación profesional que acostumbra a comportarse de modo muy corporativista, pero no en el sentido positivo que pueda tener la palabra, sino realizando de escudo protector de un mal profesional que no lo merece.

Los dictámenes, en mi opinión, en los casos en que así lo pida directamente el juez —no así las partes, que podrían utilizarlo sistemáticamente como medio dilatorio o de ataque—, deberían ser objeto de revisión por el colegio profesional o incluso por la Universidad si se busca más imparcialidad, a fin de identificar suficientemente al mal profesional. Si ello se llevara a cabo, muchos peritos se abstendrían de realizar según que actuaciones en un proceso, ante el temor a ser reprobados. Ello conferiría una mayor fiabilidad a los dictámenes periciales.

Por supuesto, la responsabilidad profesional debe modularse en función de las carencias o errores —intencionados o no— que haya mostrado el perito. En la mayoría de las ocasiones bastaría una reprobación, que identificara a los profesionales que la tuvieron y los señalara como poco fiables para transmitir conocimientos científicos a un juez. Y en los casos más graves debería procederse a una responsabilidad disciplinaria. No puede consentirse que un profesional sea corrupto o ignorante, y eso es lo que ocurre hoy en día, dado que la responsabilidad del perito por un dictamen mal realizado suele ser inexistente.

Esa realidad debe cambiar. Es posible que la Universidad se haya equivocado otorgando un título a quien no lo mereció. Es factible que al cabo de los años un graduado que no ha cuidado su formación continuada, haya perdido el nivel de excelencia indispensable para ejercer su profesión. Esas situaciones deben ser detectadas y obrar en consecuencia. Quizás con ello podamos a volvernos a fiar del estándar *Frye*, que reflejaba la situación social de los años veinte del siglo XX, antes referida. Quizás de ese modo evitaremos que el juez se vea obligado a analizar algo para lo que, no nos engañemos, no está capacitado: la mayoría de los criterios *Daubert*.

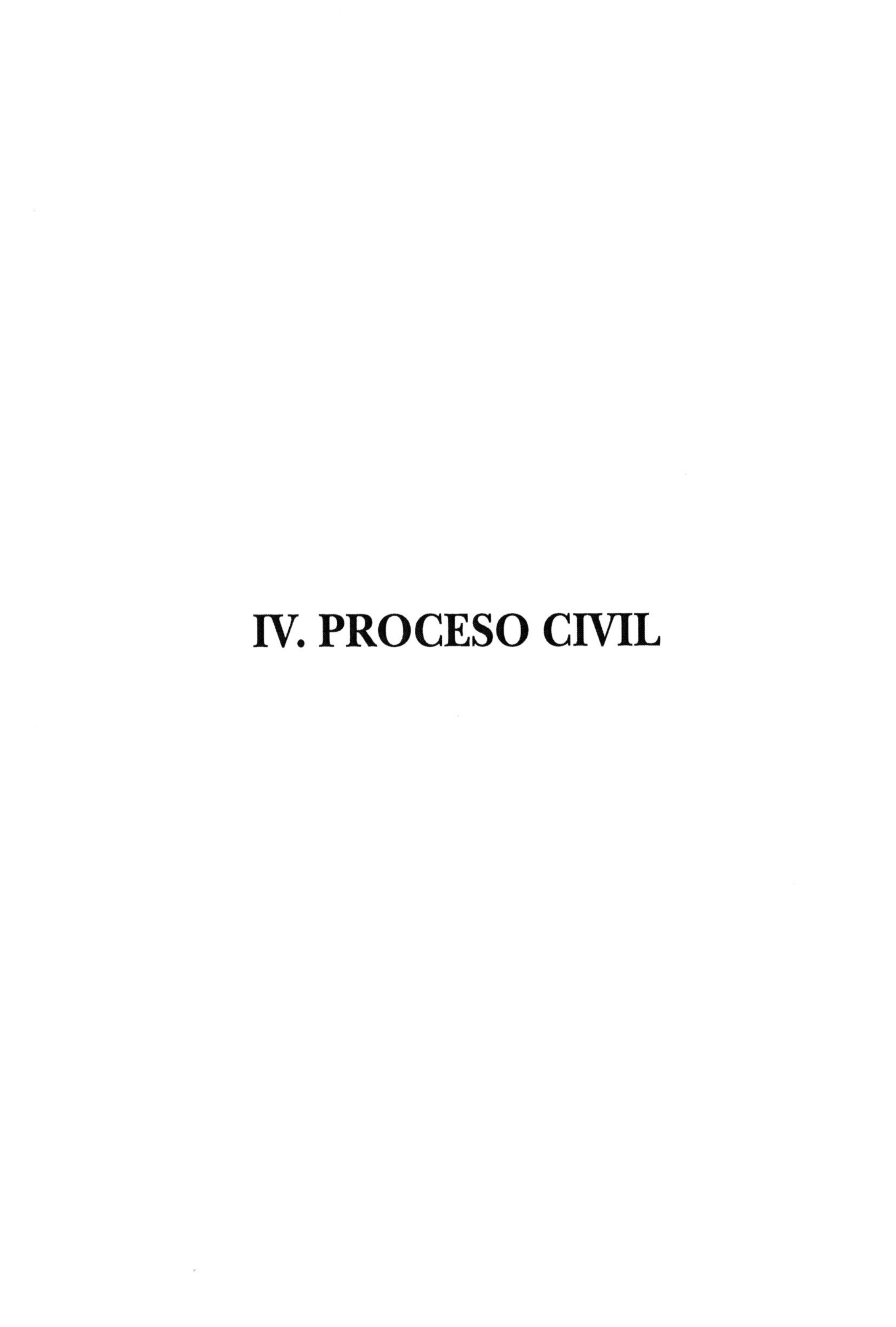

IV. PROCESO CIVIL

ANÁLISIS DE LA JUSTICIA CIVIL EN ESPAÑA

Publicado en AAVV, Los principios procesales de la Justicia Civil en Iberoamérica, Ed. Palestra, Lima 2018, pp. 249-274.

1. INDEPENDENCIA, IMPARCIALIDAD Y CUALIFICACIÓN DEL JUEZ

La independencia del poder judicial está reconocida en España en un triple sentido[1528].

En primer lugar cabe hablar de la independencia de los jueces en su conjunto como poder del Estado (art. 117 de la Constitución). En este sentido, los jueces españoles gozan de inamovilidad, en cuanto al hecho de que no pueden ser removidos arbitrariamente de su cargo. Además gozan de exclusividad, significando que sólo los jueces, y no otro poder del Estado, puede ejercer la jurisdicción. Por añadidura, están sometidos a la garantía del derecho fundamental al juez ordinario predeterminado por la ley (art. 24.2 de la Constitución), lo que implica que la determinación del órgano, integración y competencia deben ser establecidos por ley previa. Por lo demás, deben cumplir la ley, en el sentido de que no pueden usurpar la función legislativa, lo que le daría un cariz político a sus decisiones incompatible con la independencia. Tampoco están los jueces sometidos a sus superiores, sino que son plenamente independientes en su labor, lo que excluye en España la introducción del sistema del precedente vinculante. Por último, tienen libertad de asociación como garantía de su independencia, lo que no pocas veces ha influido, por desgracia, en un indeseable condicionamiento en la designación de los magistrados de los tribunales superiores, que es claramente contrario precisamente a la misma independencia.

En segundo lugar, los jueces son independendientes como personas, gozando de una remuneración suficientemente desahogada aunque sin llegar al elitismo, teniendo como contrapartida una incompatibilidad para el desempeño de profesiones, cargos públicos o cualquier otro empleo o

---

[1528] Sobre el tema, por todos, Andrés Ibáñez, Ética de la independencia judicial, en "AAVV (coord. García Pascual), El buen jurista: Deontología del derecho", 2013, pp. 23 y ss. Montero Aroca, *Independencia y responsabilidad del Juez*, Madrid, 1990.

función pública. Por descontado, quedan incapacitados para la función judicial los imputados por delito doloso, los condenados por el mismo título no rehabilitados así como los que no estén en pleno ejercicio de sus derechos civiles.

En tercer lugar, el ordenamiento español ha decidido seguir el ejemplo francés e italiano de los consejos de la magistratura, creando un órgano de autogobierno llamado Consejo General del Poder Judicial[1529], alejando las competencias más sensibles de gobierno de los jueces de las manos del ministerio de justicia, es decir, del lugar donde habían estado tradicionalmente por influencia del sistema de administración napoleónica. Existen más órganos de autogobierno inferiores, pero todos ellos tienen un funcionamiento prácticamente jerárquico con respecto a la posición superior del Consejo General del Poder Judicial.

Sin duda, uno de los mayores inconvenientes con respecto a la independencia se produce con respecto a este último órgano. Aunque se han ensayado diversos sistemas de designación de sus miembros, lo cierto es que dicha elección ha estado lastrada por una evidente influencia política particularmente intensa de los que han sido los dos partidos mayoritarios en España en las últimas cuatro décadas. Ello ha provocado sonoros escándalos en cuanto a algunas decisiones del Consejo altamente sospechosas de haber estado mediatizadas por la política. De hecho, la prensa habla cotidianamente sin ninguna clase de reparo de "vocales conservadores" y "vocales progresistas", e incluso a veces de "los vocales del PP" y "los vocales del PSOE"[1530], lo que resulta vergonzante.

1529 Andrés Ibáñez, *Consejo General del Poder Judicial, versión 1985: Un desastre anunciado,* en "El gobierno de la Justicia. El Consejo General del Poder Judicial", Universidad de Valladolid, 1996, p. 207 y ss. Andrés Ibáñez, El Consejo General del Poder Judicial vuelve al "quirófano", Jueces para la democracia, n. 73, 2012, pp. 12 y ss. Vegas Torres, El Consejo General del Poder Judicial como garantía de la independencia judicial, Diario La Ley, n. 7925, 2012. Villagómez Cebrián, *Las atribuciones del órgano de gobierno del Poder Judicial: análisis comparado del sistema italiano y español,* Poder Judicial, n. 35, 1994, pp. 311 y ss. Pedraz Penalva, *Del Consejo General del Poder Judicial y de la selección de sus miembros,* La Ley, 1996, 2, p. 1556 y ss.; y en "El gobierno de la justicia.", cit., p. 9 y ss. Gerpe Landín, *La composición del Consejo General del Poder Judicial,* RCEC., n. 9, 1991, 145 y ss. Bustillo Bolado, *EL autogobierno del Poder Judicial en Europa. Breve estudio de Derecho comparado,* Poder Judicial, n. 37, marzo 1995, pp. 55 y ss.

1530 "PP y PSOE culminan el reparto político del CGPJ", en http://www.elmundo.es/espana/2013/11/25/52939a2a63fd3d71458b4573.html. Vid también: http://www.libertaddigital.com/nacional/los-vocales-del-cgpj-elegidos-por-el-psoe-salvan-a-caamano-1276371902/

Tal y como de manera muy clamorosa ha señalado el Grupo Anticorrupción del Consejo de Europa (GRECO) en su informe de 7 de junio de 2017[1531], está pendiente una nueva reforma que anule estas indeseables influencias políticas que desvirtúan la independencia, y que quizás en un futuro podrían acabar con la desaparición del propio Consejo General del Poder Judicial —así lo ha propuesto ya algún partido[1532]— en favor de la asunción de competencias, por ejemplo, por parte del Tribunal Supremo, asegurando, claro está, la transparencia en el sistema de designación de sus magistrados, de manera que se garantice la indiscutible excelencia de los jueces del más alto tribunal del Estado.

Una última garantía adicional de la independencia es el régimen de responsabilidad judicial[1533]. Todos los jueces son responsables penalmente por las actuaciones indebidas en el ejercicio de su función, además de serlo disciplinariamente como funcionarios en el caso de faltas que no alcancen relevancia penal. Por añadidura, el Estado será responsable patrimonialmente por los errores judiciales groseros o evidentes y por el mal funcionamiento, en general, de la administración de justicia.

La imparcialidad es, a mi juicio, uno de los tres derechos esenciales de la Justicia, junto con la defensa y la cosa juzgada[1534]. El derecho al juez imparcial no está garantizado directamente en España por la Constitución, sino que por omisión involuntaria del constituyente existe una evidente e imperdonable laguna en el texto fundamental. La misma ha tenido que ser suplida por el Tribunal Constitucional[1535], no sin vacilaciones en su primera jurisprudencia[1536], aludiendo a que la rúbrica "derecho a un proceso con todas las garantías" incluía en su seno el derecho al juez imparcial. En realidad, esa rúbrica general es una traducción española algo defectuosa de la expresión *due process of law* de la V enmienda de la Constitución de los EEUU, pero es tan genérica que sirve de cajón de sastre para salvar omisiones como la indicada.

1531 http://www.coe.int/en/web/greco/evaluations#{"22359946":[1]}

1532 https://politica.elpais.com/politica/2015/11/07/actualidad/1446884889_172099.html

1533 Por todos, Díez-Picazo Giménez, *Poder Judicial y responsabilidad*, Madrid 1990.

1534 Vid. Nieva Fenoll, *Derecho Procesal I, Introducción*, Madrid 2014, pp. 125 y ss.

1535 STC 113/1987 de 3-07-1987.

1536 STC 47/1983 de 31-05-1983, FJ 2.

El derecho al juez imparcial[1537] ha sido reconocido de un modo muy restringido por la jurisprudencia española, temerosa de que, como en el pasado, las causas de recusación se convirtieran en un pretexto chicanoso para paralizar el procedimiento. De ese modo, el legislador español ya configuró un procedimiento que impidiera, en la medida de lo posible, tales maniobras. Pero ello no pareció suficiente a la jurisprudencia, que reconoce como causas de recusación exclusivamente las establecidas en el art. 219 de la Ley Orgánica del Poder Judicial, y además con interpretaciones todavía más restrictivas, que hacen tremendamente difícil su estimación, incluso concurriendo auténticas manifestaciones de parcialidad por parte del juez, que le otorgan una apariencia de falta ecuanimidad directamente contraria al espíritu de la jurisprudencia del Tribunal Europeo de Derechos Humanos.

Por ejemplo, una de las razones por las que es casi imposible apartar a un juez en España es por razón de un sesgo ideológico que haga de dicho juez un auténtico fanático, o al menos alguien claramente influido en sus decisiones por una opción política[1538]. Aunque en algunos altos tribunales —malinterpretando en mi opinión lo que sucede en la Corte Suprema de los EEUU— se admite la existencia de esa ideologización, por ejemplo en el Tribunal Constitucional, no parece que sea defendible en ningún caso porque la misma hace que el juez no sea un ser libre, sino directamente preso de su ideología, lo que rompe irremediablemente su imparcialidad en los casos en que esa ideología resulta trascendente, así como eventualmente su propia independencia en manos de los políticos de su tendencia que, sabedores de su sesgo, intenten influirle.

La cualificación judicial existe, pero es francamente mejorable. Aunque había antecedentes de algo parecido a estudios judiciales desde el siglo XIX (Reales Derechos de 22-9-1836 y de 22-10-1855), la conciencia de necesidad de una formación no se concreta hasta la ley de 14 de octubre de 1882 adicional a la Ley Orgánica del Poder Judicial de 1870. Pero pese a esos precedentes, el sistema no se ordenó hasta el Real Decreto de 20-6-1912, celebrándose la primera oposición debidamente organizada a partir del Reglamento del cuerpo de aspirantes a la Judicatura y al Ministerio Fiscal de 17-10-1921. La Escuela Judicial no se crearía hasta dos décadas después, con la Ley de 26 de mayo de 1944.

[1537] Por otodos, Bachmaier Winter, *Imparcialidad judicial y libertad de expresión de jueces y magistrados*, Cizur Menor 2008.

[1538] Nieva Fenoll, *El sesgo ideológico como causa de recusación*, Ius et Praxis 2012, vol. 18, nº 2, pp. 295 y ss.

El sistema vigente en la actualidad es una de las diversas variaciones que han acaecido del original de 1921, estando recogido actualmente en el Reglamento 2/2011 de la Carrera Judicial, así como en el Reglamento 2/1995 de la Escuela Judicial.

Consiste en una primera fase de oposición libre con tres exámenes eliminatorios sobre 322 temas que preponderantemente versan sobre Derecho civil, Derecho penal y Derecho procesal. El primero consiste en un test de 100 preguntas sobre la primera parte del temario, y los otros dos son exámenes orales en los que el opositor debe exponer a una velocidad de vértigo —que con frecuencia resulta difícil de seguir— cinco temas en cada uno de los dos exámenes, escogidos a sorteo de entre los que pertenecen a la primera y segunda parte del programa.

Superada esta fase simplemente memorística, se pasa a la realización de un curso teórico-práctico en la Escuela Judicial, que suelen superar todos los aspirantes, y después a un período de cuatro meses de prácticas tuteladas, seguido de cuatro meses más en los que realizan labores de sustitución y refuerzo con plena responsabilidad.

Como se ve, el sistema es muy anticuado, incompleto —solamente se evalúan materias jurídicas, y de estas solamente una parte— y técnicamente defectuoso al fiarlo todo a la memoria del opositor, y no a sus facultades ejecutivas de toma de decisiones y resolución de problemas, ni tampoco, en general, a su capacidad de razonamiento abstracto, tan necesaria para la debida prestación de la función judicial. Por otra parte, el periodo teórico-práctico posterior es manifiestamente ineficiente, pese a los esfuerzos de buena parte del profesorado de la Escuela Judicial.

Con todo, lo peor es que en España se puede acceder a la función judicial pasando un examen bastante más simple, para el que se reservan una de cada cuatro plazas vacantes de magistrado. Se requieren diez años de experiencia previa en una profesión jurídica. Se evalúa sobre todo el *curriculum* del candidato, más un examen consistente en la realización de un dictamen práctico. El sistema, de por sí, no es exigente, pero se ha vuelto muy competitivo por la gran cantidad de aspirantes, provocada por la inflación de juristas en disposición de ejercer pero sin volumen de trabajo, situación que aqueja a tantísimos países, por otra parte.

El último sistema es el de la designación discrecional, reservado a una quinta parte de las plazas del Tribunal Supremo y un tercio de las de los Tribunales Superiores de Justicia. Esa discrecionalidad, con frecuencia política, intenta atraer a juristas de reconocido prestigio con más de quince años de ejercicio. Se trata de una vía muy poco trasparente criticada desde todos los frentes, también el del GRECO antes citado, pese a los intentos, algo vanos, de dotarla de una mayor funcionalidad y sobre todo pulcritud.

2. IGUALDAD PROCESAL DE LAS PARTES

El derecho a la igualdad de partes está reconocido por el art. 14 de la Constitución, pese a que la jurisprudencia lo ha resituado con frecuencia en el art. 24 dedicado a la tutela judicial efectiva[1539], relacionándolo correctamente con el más amplio derecho de defensa. La igualdad de armas es sin duda una de las bases esenciales de dicha defensa en cualquier contexto.

La igualdad de partes tiene pocas manifestaciones expresas en el ordenamiento jurídico. La conducta del juez debe asegurar dicha igualdad concediendo las mismas oportunidades a las partes. Además, la regulación procedimental debe garantizar también esa misma igualdad de oportunidades, configurando así el proceso como una estructura diálectica en la que las partes tengan siempre oportunidad de alegación y réplica. Todo ello, por lo general, está asegurado en la legislación española, existiendo solamente excepciones lógicas en materia de medidas cautelares adoptadas *inaudita parte*, cuando son de temer actuaciones del demandado que frustrarían la eficacia de la medida, y que son compensadas por la audiencia posterior. También existe alguna desigualdad relevante en el procedimiento de título extrajurisdiccional hipotecario que han venido a ser corregidas por la benefactora jurisprudencia del Tribunal de Justicia de la Unión Europea[1540].

Con todo, la principal materialización legal de la igualdad de armas acaece en materia de defensa letrada y asistencia jurídica gratuita. Siendo por naturaleza los sujetos procesales diferentes en su capacidad retórica y sus conocimientos jurídicos, la ley garantiza la defensa a cargo de abogado en cualquier proceso, igualando de ese modo las oportunidades de todas las partes, encomendando la defensa técnica a sendos profesionales equiparados en cuanto a conocimientos especializados por la tenencia del grado de derecho. A partir de ahí, lógicamente, se producirán desigualdades teniendo en cuenta que no todos los abogados son igual de competentes profesionalmente.

1539 STC 174/2009.

1540 STJUE 14-3-2013, Mohamed Aziz c. Catalunyacaixa. C-415/11.

Sin embargo, más allá del establecimiento de unos estudios de Derecho, el Estado no puede ni quizás debe ir más allá. Una posibilidad sería el otorgamiento de facultades de dirección al juez que suplieran la posible actuación defectuosa de un letrado, pero algo así podría poner en peligro precisamente la imparcialidad judicial. Por ello, no queda otro remedio que ordenar, como se ha indicado, los estudios nacionales de derecho con excelencia. Y en ese punto es donde quizás más falla el sistema. En virtud de una autonomía universitaria muy mal entendida, lo cierto es que cada universidad establece su plan de estudios, resultando que en la práctica no es lo mismo estudiar en una que en otra universidad. La razón es que esa libertad en la fijación del itinerario curricular ha provocado diferencias sustanciales en la importancia y profundidad que se les dispensa a las diferentes materias, resultando que, por ejemplo, en una Facultad pueden existir 24 créditos de Derecho procesal mientras que en otra solamente son 12, es decir, justo la mitad. Lo mismo sucede con otras materias. Ello sin duda redunda en la calidad del Estudio, existiendo una gran descompensación en este particular entre las diferentes universidades. Se trata de una materia que, por el bien, no ya del alumnado y su formación, sino de la defensa de la ciudadanía, debería modificarse convenientemente en el futuro. La posible lesión a la igualdad derivada de esas diferencias se hace absolutamente evidente.

El legislador solamente se ha ocupado del aspecto más tradicional de la igualdad: que no existan diferencias entre ricos y pobres a la hora de litigar. Por ello existen la Ley 1/1996, de 10 de enero, de Asistencia Jurídica Gratuita, y el Real Decreto 996/2003, de 25 de julio, por el que se aprueba el Reglamento de asistencia jurídica gratuita.

Con todo, el sistema padece disfunciones que pueden llegar a ser muy relevantes. En primer lugar, la defensa de los litigante desfavorecidos económicamente se encomienda, no a una defensoría pública, que no existe, sino a una serie de profesionales liberales que voluntariamente se dedican a este servicio, llamado "turno de oficio". Existen algunos abogados que se dedican al mismo por una cuestión simplemente vocacional y solidaria, pero la gran mayoría lo hacen al no disponer de volumen de negocio suficiente en su despacho. Si a ello se añade el hecho de que son misérrimos los pagos de la administración a dichos profesionales por sus servicios, se puede imaginar la calidad global del sistema. Existe actualmente un proyecto de hacer la defensa de oficio obligatoria para todos los abogados por sorteo, lo que ya fue intentado en el pasado y amenaza con empeorar aún más la situación, al corresponderles la defensa a letrados en los que no concurre el más mínimo interés profesional en la defensa. La reforma, por ello, de producirse, podría saldarse con un tremendo fiasco.

La ley deja al margen de la defensa letrada obligatoria, en general, las reclamaciones de cantidad en cuantía inferior a 2.000 euros, así como la solicitud inicial del procedimiento monitorio de cualquier cuantía (art. 31 LEC). En estos casos, el legislador español ha incurrido en un inmenso error. Considera que se trata de actuaciones simples en las que cualquier ciudadano puede ejercer la autodefensa, cuando ello es falso a poco que se piense sobre la cuestión. Una cosa es que el Estado decida que económicamente no puede encargarse de sufragar la defensa en todos los procesos, y otra que acudiendo al mito liberal de la autodefensa, deje desprotegidas a personas para las que 2.000 euros es una cantidad sin duda relevante, que son la enorme mayoría. En estos casos se da la paradoja, además, de que pocos abogados se quieren hacer cargo de la defensa, dado que la misma puede llegar a ser más cara que la propia cuantía del pleito. Todo ello redunda en una situación de indefensión para estas pequeñas causas[1541].

Lo correcto sería que el legislador español hubiera arbitrado un procedimiento especial muy expedito con ciertas facultades oficiales y mediadoras del juez, a los efectos de que el proceso se pudiera resolver de una manera inmediata, estableciendo los mecanismos para subsanar los posibles defectos en la defensa de partes que no tengan conocimientos jurídicos. Pero el legislador no ha pensado siquiera en esa vía, pese a haber formado parte del Derecho histórico español.

Peor es que el litigante deba realizar él solo una solicitud monitoria. Piensa el legislador que la misma no es peligrosa para la defensa del solicitante, por defectuosa que sea la solicitud. Sin embargo, sucede todo lo contrario. El procedimiento monitorio español es documental y exige la fijación irrevocable de una cantidad solicitada derivada de una deuda líquida y exigible. Todo ello hace que los conocimientos que hay que tener para presentar la solicitud escapen del común de la ciudadanía. Quizás la solución hubiera sido que en estos casos hubiera introducido el legislador el procedimiento monitorio puro, sometido al principio de eventualidad, y no al de preclusión, de manera que fueran posibles al menos las rectificaciones *a posteriori* de errores evidentes. Pero las cosas no han discurrido

[1541] Sobre todos estos problemas enumerados, vid. el opúsculo Nieva Fenoll, *Necesito un abogado*, Barcelona 2017.

por ese camino, produciéndose una merma evidente en las facultades de defensa de las partes[1542].

3. CONTRADICTORIO Y FORMA DEL PROCESO

En cuando al llamado "contradictorio", es decir, el derecho de defensa de las partes, la legislación española contiene unas normas, respaldadas por la reiterada jurisprudencia del Tribunal Constitucional, que aseguran una pluralidad de garantías que permiten establecer, más allá de la igualdad de partes, ese modelo contradictorio o adversarial del proceso[1543].

En primer lugar se garantiza el derecho al libre acceso a los tribunales. Ello supone la esencial subsanabilidad de cualquier error de parte, haciendo que la defensa no dependa de la picardía o el tacticismo de cada litigante, aprovechando ilegítimamente errores ajenos, sino de que se cree un espacio en el que resplandezca la razón de aquel a quien debidamente le asista. Asimismo, las actuaciones judiciales son públicas, no sólo para que las partes tomen pleno conocimiento de todos los autos, sino para que también exista una garantía de publicidad *ad extra*, de manera que los actos procesales no se produzcan de forma clandestina, sin el debido control potencial de toda la ciudadanía. Por añadidura, se prevé que el proceso no debe ser celebrado con dilaciones indebidas que hagan inútil el juicio jurisdiccional al llegar con retraso. Por último, las instalaciones judiciales deben estar humanizadas, de manera que acudir a las mismas sea algo cómodo y amigable para todos los sujetos del proceso. En esta cuestión, en España, como en tantos otros países, es preciso mejorar modernizando instalaciones judiciales anticuadas o bien optimizando las modernas pero que todavía resultan insuficientes.

En segundo lugar, todo litigante tiene derecho a formular alegaciones, de manera que el juez pueda oír las afirmaciones de todas las partes sin que estas se vean privadas del más básico derecho a expresarse.

En tercer lugar, las partes tienen derecho a utilizar medios de prueba en defensa de sus alegaciones. La prueba es una actividad dirigida fundamentalmente a la construcción de la convicción judicial, pero es además un mecanismo que permite demostrar a los litigantes la veracidad de cuanto

---

1542 Sobre el tema, por todos, Correa Delcasso, *El proceso monitorio*, Barcelona 1998.

1543 Con mayor detalle, Nieva Fenoll, *Derecho Procesal I, Introducción*, Madrid 2014, pp. 125 y ss.

afirman, aportando la prueba que les sea necesaria para sustentar sus asertos, pero también para rebatir todo lo alegado de contrario.

En cuarto lugar, como antes ya se ha sugerido, las partes deben tener siempre derecho de pronunciarse al menos una vez sobre cualquier punto de relevancia para el proceso y para replicar las posiciones así mantenidas por la contraparte, de manera que con la construcción del debate dialéctico el juez, manteniendo su imparcialidad, pueda contrastar lo que afirman los litigantes formándose su opinión, que es el juicio jurisdiccional. Esta garantía sólo es operativa con asistencia letrada y en plena igualdad de partes, como ya fue explicado anteriormente.

En quinto lugar, el sistema contradictorio exige la motivación del juicio jurisdiccional. Mal se podrían defender las partes de lo decidido por los jueces si no conocieran las razones de su juicio. Por otra parte, la motivación también tiene una función *ad extra* de legitimación democrática de la función jurisdiccional, a los efectos de que no sea la expresión de un poder arbitrario, sino la manifestación de una labor que debe ser comprendida por toda la ciudadanía. Dentro de esta función *ad extra*, la motivación también cumple la misión de formación de jurisprudencia, que ayuda a orientar a todos los tribunales en casos futuros, pero también asiste a la labor de argumentación de los litigantes en cualesquiera procesos.

En sexto lugar, los litigantes poseen el derecho al recurso establecido por las leyes. En este sentido, más allá del proceso penal, no existe un derecho constitucional a que el legislador establezca recursos, pudiendo teóricamente configurarse un sistema en que cualquier asunto se fallara en única instancia. Pero no siendo así y estableciendo el legislador recursos en la ley procesal, es fundamental para el respeto de la defensa que los recursos puedan ser eficazmente utilizados por las partes, como modo de obtener una resolución judicial perfeccionada por el debido contraste entre habitualmente jueces distintos, extendiendo así el método dialéctico para todas las sentencias —salvo las de último grado de jurisdicción—, con idéntica oportunidad de asertar y replicar a la descrita anteriormente al abordar la contradicción, pero ahora referida a la necesaria confrontación entre el parecer judicial y los alegatos de las partes.

En séptimo y último lugar asiste a los litigantes el derecho a la ejecución de las sentencias. De nada serviría el juicio jurisdiccional si no dispusiera de su materialización práctica. De ahí que no solamente la Constitución se refiera a la tutela judicial *efectiva*, sino que la jurisprudencia haya subrayado este aspecto y también que la Ley de Enjuiciamiento Civil, en su artículo 570, disponga lapidariamente que "*la ejecución forzosa sólo terminará con la completa satisfacción del acreedor ejecutante*", frase que es toda una declaración de intenciones y no deja margen de duda en absoluto.

En cuanto a la forma del proceso, pese a que la Ley de Enjuiciamiento Civil, influida por toda la corriente doctrinal del siglo XX[1544], afirme que la forma del proceso es predominantemente oral, y así lo reconozca también la propia Constitución española (art. 120.2), lo cierto es que el proceso civil español es predominantemente escrito. Sólo son orales la audiencia previa y la práctica de la prueba que implica declaración de personas, así como el reconocimiento judicial.

Pero más allá de eso, todo el procedimiento es escrito, como ya se ha dicho. Escritas son todas las alegaciones, la mayoría de recursos interlocutorios, las declaraciones del tribunal fuera de las audiencias indicadas, la sentencia y la casi completa tramitación de todos los recursos devolutivos. Y es lógico que sea así, toda vez que las reivindicaciones del siglo XX sobre todo en torno a la oralidad, en realidad lo que pretendían es que el juez estuviera de una vez por todas presente en la práctica de la prueba, presencia que escatimaron los juzgadores durante siglos. Con todo, es preciso indicar que la presencia judicial no ha venido asegurada, en absoluto, por una redacción legal, que además ya existía desde la Ley de Enjuiciamiento Civil de 1881 al menos y aún anteriormente. Lo que realmente ha garantizado la presencia de los jueces ha sido la obligatoria grabación de todas las audiencias, dispuesta por la Ley de Enjuiciamiento Civil de 2000. Además ello ha asegurado, aun con algunas corruptelas, que todo lo que ocurre en la sala de justicia goce de auténtica publicidad.

Diferente es la cuestión acerca de si ello era tan necesario como creyeron los mejores doctrinantes de los siglos XIX y XX. La moderna psicología del testimonio[1545], al contrario de lo que supone el saber popular inveterado, ha enseñado que no se descubre la sinceridad de las personas mirando sus caras u observando sus gestos, sino analizando cuidadosamente lo que digan, es decir, su declaración, evaluando su coherencia, su corroboración con otros medios de prueba, así como teniendo en cuenta otros factores esenciales que sirven de indicios de la veracidad, tales como

---

1544 Vid. Chiovenda, Giuseppe, Principios de Derecho Procesal. *Traducción de Casais a la tercera Edición de la obra* "Principii di Diritto Processuale ". *Madrid 1977, p. 143. Prieto-Castro Ferrándiz, Leonardo,* Oralidad y escritura en el proceso civil, *en: "Trabajos y orientaciones prácticas de Derecho Procesal", Madrid 1964, p. 209.* Cappelletti, Mauro, La oralidad y las pruebas en el proceso civil, *traducción de Sentís Melendo de Buenos Aires, 1972.*

1545 Manzanero, *Memoria de testigos: obtención y valoración de la prueba testifical,* Madrid 2010. Contreras Rojas, *La valoración de la prueba de interrogatorio,* Madrid 2015.

la capacidad de contextualización del declarante o el carácter desapasionado de sus comentarios. Y no sólo eso, sino que además hay que evaluar las circunstancias de la observación del declarante a la hora de valorar no solamente su sinceridad, sino la muy frecuente concurrencia de falsos recuerdos involuntarios. Se trata de toda una ciencia que algún día deberá ser objeto de detenido estudio por toda la judicatura.

Pero si todo ello es así, debe observarse que todos esos factores no son dependientes de que el juez tenga delante al declarante, lo que pone entredicho una de las garantías más indiscutidas por parte de la doctrina de todos los tiempos: la inmediación. Quizás es momento de hallar otras ventajas de la misma, como la posibilidad de interrogatorio directo del juez a los declarantes sobre aquellos puntos acerca de los que dude. Pero en ningún caso la inmediación debe ser vista como una especie de método adivinatorio, una bola de cristal que el juez utilizaría con alguna especie de saber inspirado aunque alejado de cualquier consideración científica. En esta materia, igual que en otras, es preciso salir de la superchería y acercarse al rigor del método científico cuanto antes[1546].

4. PODERES DEL JUEZ EN LA DIRECCIÓN DEL PROCESO

Esta cuestión ha abierto todo un debate en la doctrina que va yendo y viniendo cada cierto tiempo[1547], siempre repitiendo los mismos argumentos y experimentándose los mismos puntos de choque. En los últimos tiempos

1546 Vid. Andrés Ibáñez, Sobre el valor de la inmediación. (Una aproximación crítica), Jueces para la democracia, n. 46, 2003, pp. 57 y ss. Nieva Fenoll, "Inmediación" y valoración de la prueba: el retorno de la irracionalidad, Diario La Ley, n. 7783, 2012.

1547 Vid. Wilhelm Endemann entre 1858 y 1860 en el *Archiv für die Civilistische Praxis*, en especial *Die Folgen freier Beweisprüfung im Civilprozesse*, AcP nº 41 (1858), pp. 289 y ss. Vid. también Wach, Adolf, *Der Entwurf einer deutschen Civilprozeßordnung*, Kritische Vierteljahresschrift für Gesetzgebung und Rechtswissenschaft vol. 14 1872, pp. 331 y ss. Von Canstein, Raban Freiherr, *Die Grundlagen des Beweisrechts*, ZZP nº 2 (1880), p. 351. Taruffo, Michele, *Poteri probatori delle parti e del giudice in Europa*, Rivista Trimestrale di Diritto e Procedura Civile, 2006, p. 452. Cavallone, Bruno, *En defensa de la verifobia*, en: "Cavallone / Taruffo, Verifobia, un diálogo sobre prueba y verdad, Lima 2010, p. 31. Montero Aroca, Juan (con Gómez Colomer y Barona Vilar), *Derecho jurisdiccional*, I, Valencia 2012, p. 266. Alvarado Velloso, Adolfo, *La prueba judicial*, Valencia 2006, p. 25. Cipriani, *El proceso civil entre viejas ideologías y nuevos eslóganes*, in Montero Aroca (coord.), *Proceso civil e ideología. Un prefacio, una sentencia, dos cartas y quince ensayos*, Valencia, 2006, p. 93. Parra Quijano, *Racionalidad e ideología en las pruebas de oficio*, Bogotá 2004. Abel Lluch, Xavier, *iniciativa probatoria de oficio en el proceso civil*, Barcelona 2005.

el debate se ha "enriquecido", por decir algo, con la aportación de autores que han creído ver una voluntad política en las decisiones del legislador en esta materia, y que a día de hoy pueden considerarse ampliamente rebatidos al haberse descubierto su falta de sustento lógico e histórico.

Entrando en las disposiciones de la Ley de Enjuiciamiento Civil, en España no existe la *Hinweis— und Aufklärungspflicht* del Derecho alemán[1548], pese a lo cual se ejerce informalmente en no pocas ocasiones en la práctica, dependiendo, y esto es lo más inseguro, del uso forense de cada juez. Aunque se trataría de una reforma muy polémica, quizás sería el momento de regular esta materia expresamente en la ley, huyendo de la inseguridad que otorga el criterio personal de cada juzgador.

Tampoco existen matizaciones al principio dispositivo en el proceso civil ordinario. Las partes son las dueñas del proceso, como advierte el art. 216 de la Ley de Enjuiciamiento Civil, lo que significa que pueden elegir entre acudir a la jurisdicción ordinaria o arbitral en los casos en que es posible, tienen el poder de someter sus controversias a la jurisdicción o resolverlas pacíficamente al margen de la misma y, por último, disponen del más amplio poder de disposición sobre sus pretensiones, pudiendo renunciarlas, transigirlas, allanarse o desistir.

El único límite en este sentido son los llamados tradicionalmente "procesos civiles inquisitivos". Se trata de procesos cuyo objeto cae fuera del poder de disposición de las partes, como ocurre con los asuntos de incapacitación, filiación o menores en general, y todavía en cierta medida con los procesos matrimoniales, aunque en esta última materia el legislador español ha dado lugar a una especial impronta del principio dispositivo, una vez superados los esquemas religiosos de indisolubilidad del vínculo.

Con todo, se trata de procesos en los que es frecuente la intervención —muy anticuada— del ministerio fiscal, aunque por lo que más se caracterizan es por la restricción del poder de disposición con respecto al objeto del proceso, señalada expresamente en el art. 751.

En cuanto al principio de aportación de parte, antiguo derivado del principio dispositivo[1549], su reconocimiento legal es pleno en la Ley de Enjuiciamiento Civil, pese a que existen no pocos aspectos que lo ponen en cuestión. En primer lugar, en los ya referidos procesos inquisitivos, es posible la práctica de prueba de oficio (art. 752).

1548 Vid. Hess / Jauernig, *Manual de Derecho Procesal Civil*, Madrid 2015, pp. 170 y ss.

1549 Hess / Jauernig, *Manual*, cit. p. 165 y ss.

Pero además, existe en la audiencia previa (art. 429.1.III) la facultad de sugerencia de pruebas por parte del juez. Sin embargo, se trata de una mera sugerencia, como se ha dicho, en evitación de insuficiencias probatorias que llevarían a una aplicación de la siempre indeseable *ultima ratio* de la carga de la prueba. Por tanto, no se trata de una facultad de proponer pruebas de oficio, sino sencillamente de una simple posibilidad de sugerencia que, pese a su carácter admonitivo, ha sido criticada por parte de la doctrina.

En cambio, sí existen posibilidades de prueba de oficio en materia de diligencias finales. La Ley de Enjuiciamiento Civil recoge las antiguas "diligencias para mejor proveer" del Derecho histórico castellano, inéditas en el resto de Europa en la época en que fueron tímidamente introducidas (siglo XIII). Sea como fuere, el art. 435.2 dispone que una vez concluido el proceso y justamente antes de dictar sentencia, el juez "*excepcionalmente*" pueda acordar de oficio la práctica de prueba en supuestos de insuficiencia probatoria sobrevenida, en averiguación de hechos relevantes para el proceso.

Pero es preciso decir que hay tres facultades estrictamente oficiales del juez que han pasado completamente desapercibidas para la doctrina, pese a su tremenda importancia.

La primera es la admisión de la prueba, que es enteramente oficial (arts. 283, 285, 347.1.II, 429.2 y 443.4 LEC). A través de la misma, el juez, valorando la pertinencia de la prueba propuesta, puede rechazar la práctica de todas las pruebas solicitadas por las partes si así lo justificare, condicionando de ese modo la práctica de la prueba en el proceso. Se trata, se quiera o no, de una facultad oficial que contradice claramente el principio de aportación de parte, puesto que los litigantes no practican en el proceso las pruebas que desean, sino solamente aquellas que al juez le parecen relevantes, es decir, pertinentes.

El segundo caso de prueba de oficio es todavía más ignorado: la admisión de preguntas en los interrogatorios juez (arts. 302, 303, 368, 369 LEC). Los jueces pueden inadmitir preguntas por no hacer referencia al objeto del proceso, es decir, por ser impertinentes, o por añadir información a las preguntas de manera que sea asumida por el declarante, falseando así su testimonio. También pueden los jueces españoles, por cierto, formular preguntas directamente al declarante (art. 306, 347.2, 372.2 LEC). Todo ello, insisto, son facultades oficiales.

Igual que también lo es la posibilidad del juez de llamar a declarar a los peritos de parte (art. 338.2.II) y a los de designación judicial (art. 346

LEC). Esas facultades vienen recogidas expresamente por la ley, y hacen que los poderes del juez en esta materia se subrayen todavía más.

No existe en España nada parecido a la jurisprudencia Strickland de EEUU (Strickland v. Washington, 466 U.S. (1984), en función de la cual una sentencia es anulable si el abogado de la parte indebidamente no utilizó una prueba en defensa de su cliente. Se trata de una expresa corrección del principio de aportación de parte en sentido estricto que aparentemente existe en EEUU, y que quizás podría ser asumido, al menos en algunas ocasiones, por parte de la jurisprudencia española, en orden a garantizar en mayor medida el derecho de defensa.

Por lo demás, el juez conserva siempre las facultades de dirección del proceso en cuanto a que el mismo en España es de impulso oficial, justo al revés de lo que ocurría antes de la reforma llevada a cabo a través del Decreto de 2-4-1924, coincidiendo en el tiempo con la reforma Emminger (13-2-1924) de Alemania que discurrió en el mismo sentido. Actualmente el art. 179 LEC reconoce el impulso de oficio, precluyendo los plazos automáticamente (art. 136 LEC), sin que sea precisa petición alguna de las partes, lo que ya en su día descongestionó y sobre todo desburocratizó el procedimiento.

Con todo, debe señalarse que el impulso procesal no es exactamente del juez, sino que esta función fue encomendada desde la reforma de 3 de noviembre de 2009 al secretario judicial, que actualmente se denomina "letrado de la administración de justicia". No obstante, pese a no estar dotado dicho letrado de independencia ni ser en absoluto un juez, lo cierto es que el impulso no depende de las partes, sino del órgano jurisdiccional en su conjunto. Por tanto, se trata de una facultad oficial del poder del Estado, y no de las partes, por lo que puede hablarse en este sentido de esa facultad de dirección.

5. CARGA Y ESTÁNDAR DE PRUEBA

La Ley de Enjuiciamiento Civil no conoce más estándares de prueba que las reglas de la sana crítica, a las que remite la libre valoración de la prueba en general salvo en materia de documento público, de documento privado no discutido y mucho más dudosamente en la prueba de declaración de las partes, con un misterioso redactado en el art. 316 que aunque apunta a la valoración legal de la prueba, en realidad acaba abocando a la valoración libre ante lo extremo de la única situación en la que se produciría teóricamente, la valoración legal, y que por otra parte muy difícilmente podría ser controvertida bajo un régimen de valoración libre.

En consecuencia, en España, con las excepciones citadas, rige en toda su extensión el sistema de valoración libre de la prueba[1550]. No existe referencia alguna al estándar de la probabilidad preponderante ni a ningún otro, ni siquiera en la jurisprudencia. Se considera que el juez es libre para valorar la prueba siempre y cuando motive sus conclusiones en función de inferencias correctamente construídas desde el punto de vista epistémico. La referencia a la "sana crítica" es de origen desconocido, pese a que todo apunta a un posible origen italiano quizás influido a su vez por el empirismo inglés, posible base, a mi juicio, del sistema de libre valoración de la prueba, sin descartar en absoluto una decisiva influencia kantiana en el sistema de la *freie Beweiswürdigung* cuya doctrina, naturalmente, no ha sido indiferente a los autores de ningún país por caminos más directos o indirectos.

En cuanto a carga de la prueba, la Ley de Enjuiciamiento Civil sigue la doctrina tradicional en esta materia en su art. 217, proveniente directamente del Código Civil francés influido por las ideas de Pothier[1551]. Según el precepto citado, el demandante debe probar los hechos constitutivos, debiendo el demandado demostrar los impeditivos, extintivos y excluyentes. Se sigue esa misma directriz general en cuanto a la *ficta confessio* y con respecto a la exhibición de documentos entre partes.

No obstante, el mismo precepto citado, consciente probablemente de lo anticuado e inseguro de todo lo anterior, introdujo algunas reglas de inversión de la carga de la prueba en materia de competencia desleal, publicidad ilícita y discriminación por razón de sexo, dejando la puerta abierta incluso a que leyes especiales añadieran otras normas de inversión.

Finalmente introduce el art. 217.7 el criterio de la facilidad probatoria, también bastante más antiguo de lo que se cree[1552], y que ha sido estudiado en Italia bajo la denominación de *vicinanza probatoria*[1553], y en América La-

---

[1550] Nieva Fenoll, *La valoración de la prueba*, Madrid 2009.

[1551] Pothier, Robert Joseph, *Traité des obligations*, en: "Ouvres de Pothier", T. I, Paris 1827, p. 436 y ss.

[1552] De Fano, Martino, *Negativa qualiter probanda*, en: "AAVV, *Tractatus illustrium in utraque tum Pontificii, tum Caesarei iuris facultate Iurisconsultorum, De Probationibus*", T. IV, Venecia 1584, p. 12, n. 3. Bentham, Jérémie, *Traité des preuves judiciaires*, Paris 1823, II, pp. 163 y ss.

[1553] Besso-Marcheis, "La vicinanza della prova", *Revista Eletrônica de Direito Procesual*, v. 16, 2015, pp. 93 y ss. En: http://www.e-publicacoes.uerj.br/index.php/redp/article/

tina como “carga dinámica de la prueba”[1554]. En todo caso se está hablando exactamente de lo mismo: que la carga de la prueba debe atribuirse al litigante que menor dificultad posea para traerla al proceso, infiriendo así que si no lo hace es porque dicha prueba le perjudica, siendo consiguientemente condenado.

No ha introducido la ley española la moderna visión del principio de carga de la prueba en la doctrina alemana, y tampoco ha extraído sus últimas consecuencias, todavía vacilantes incluso en aquel país. Lo cierto es que como sí afirma en ocasiones la jurisprudencia española y parte de la doctrina, la carga de la prueba es una institución que solamente entra en juego en el proceso cuando no hay prueba, es decir, en supuestos de insuficiencia probatoria. Y es que previamente a la aplicación de esta auténtica *ultima ratio* deben agotarse todas las posibilidades que dé de sí la valoración de la prueba. Solamente resultando plenamente infructuosas es posible acudir a algo tan inseguro como determinar quién tenía más próxima la fuente de prueba, cargándole con la derrota en el proceso en caso de no aportarla.

Tampoco ha sido consciente el legislador español, como en general ningún otro legislador, de que la carga de la prueba es una institución que provenía del antiguo sistema legal de valoración y que solamente poseía pleno sentido en su vigencia. Dicho sistema obligaba a las partes a la aportación de unas pruebas tasadas para obtener la victoria en el proceso, por lo que la carga de la prueba era valorada al principio del mismo, como sugieren los manuales de la época. Si el litigante poseía dichas pruebas, podía vencer en el proceso. De no tenerlas era prematuramente derrotado. Sólo en caso de paridad de pruebas aportadas debía continuar el proceso en espera de si podían objetarse o tacharse documentos o testigos de la contraria que inclinaran la balanza de uno u otro lado, haciendo que esa antigua y bella alegoría griega de la balanza cobrara realidad de un modo ciertamente burdo.

6. DETERMINACIÓN DE LOS HECHOS Y DEL DERECHO

En materia de determinación de los hechos rige el principio de aportación de parte y, con matices, la valoración libre de la prueba, cuestiones

---

view/19962/14303

1554 Peyrano, *Cargas probatorias dinámicas*, Buenos Aires 2008.

que ya han sido explicitadas anteriormente. Los medios de prueba que son utilizables en el proceso español son ilimitados, existiendo en este sentido un *numerus apertus* en el art. 299, siempre y cuando conserven su licitud por no ser contrarios a derechos fundamentales.

Los medios de prueba directamente reconocidos son el interrogatorio de las partes, el interrogatorio de testigos, la prueba documental, la prueba pericial y el reconocimiento judicial. Inicialmente, la Ley de Enjuiciamiento Civil había hecho referencia en su art. 299.2 a los medios reproductores del sonido y de la imagen, aunque actualmente ese precepto y los relacionados con el mismo han quedado vacíos de contenido, toda vez que la propia Ley de Enjuiciamiento Civil reconoce desde 2007 el documento electrónico como prueba documental, sin matices. La valoración de todos estos medios ya ha sido referida anteriormente.

En cuanto a la determinación del derecho, hay que atender a cuanto dice el art. 218.1.II de la Ley de Enjuiciamiento Civil. El precepto señala que el tribunal podrá acudir a normas no alegadas por las partes siempre y cuando no se separe de la causa de pedir alegada por las mismas.

Lo anterior supone la materialización del principio *iura novit curia* en la norma legal, aunque de un modo complejo, acudiendo al concepto de raíz romana —Ulpiano[1555]— de causa de pedir, aunque pasado por el cedazo de la doctrina alemana de finales del siglo XIX y principios del XX[1556], que tampoco ha ofrecido conclusiones claras en cuanto al contenido de ese concepto. De hecho, la propia Ley de Enjuiciamiento Civil considera que la causa de pedir es idéntica si la "acción" se fundamenta en los mismos "hechos" (art. 72.II), lo que aleja la cuestión del dominio del derecho, precisamente, al menos en este sentido.

1555 Dig. Libro 44, Tít. II, 12, 13 y 14.

1556 Windscheid, *Die Actio des römischen zivilrechts vom Standpunkte des heutigen Rechts,* Düsseldorf, 1856, p. 73-74. Wach, Adolf, *Handbuch des deutschen Zivilprozeßrecht,* Leipzig 1885, p. 18. Hellwig, Konrad, *Anspruch und Klagrecht. Beiträge zum bürgerlichen und zum Prozeßrecht,* Reed. de Darmstadt 1967, de la ed. de Leipzig de 1924. Fasching, Hans W., *Lehrbuch des österreichischen Zivilprozeßrechts,* Wien, 1990, p. 587. Horn, Lutz, *Die Lehre vom Streitgegenstand,* Juristische Schulung (JuS), 1992, 8, p. 681. Costede, Jürgen, *Unorthodoxe Gedanken zur Streitgegenstandslehre im Zivilprozeß,* en: Festschrift für Erwin Deutsch, 1999, p. 911. Beys, Kostas E., *Zum Problem des Streitgegenstandes im Zivilprozeß und den (gegebenenfalls national) zu ziehenden Folgerungen, insbesondere für die Rechtskraft,* ZZP, nº 105, 2, 1992, p. 150. Lenze, Konrad, *Von der actio im Privatrechtssystem Savignys zum Streitgegenstand im Zivilprozeßrecht,* Münster 1971, p. 53. Rosenberg, Leo, *Lehrbuch des Deutschen Zivilprozeßrechts,* Berlin 1929, p. 249 y ss

Lo que ocurre en realidad es que como ha reconocido una enorme pluralidad de autores ya a estas alturas[1557], en el juicio jurisdiccional no se puede distinguir entre hecho y derecho, tratándose de dos entidades íntimamente entrelazadas hasta el punto de perder sentido la una sin la otra.

Siendo así, y para explicarlo de un modo sencillo, lo que quiere decir la ley es que el tribunal, lógicamente, no puede pasar por encima del principio dispositivo modificando la pretensión alegada por el litigante. Pero además, y esta es la explicación definitiva, porque si obrara de ese modo estaría vulnerando el derecho de defensa de las partes, lo que también sucedería, por cierto, si acudiera a normas diferentes de las alegadas por las partes sin previo aviso, puesto que en ese caso la defensa de las mismas, privada de la necesaria contradiccion, resultaría completamente baldía. Por otra parte, cabría dudar también muy seriamente de la imparcialidad del juez que procediera de ese modo, incurriendo en tal extralimitación. ¿Qué interés le movería a obrar así? La respuesta, ciertamente, podría estar en sus posibles emociones que le llevaran a favorecer a una parte antes que a otra.

No hay que olvidar que el origen de todo ello es nada más y nada menos que el *secundum allegata et probata* que Azón[1558] escribió a caballo entre el siglo XII y el siglo XIII, y que sólo intentaba salvaguardar precisamente el derecho de defensa de las partes y la imparcialidad judicial, haciendo que

---

[1557] Entre otros muchos, Chiarloni, Sergio, *La cassazione e le norme*, Riv. di dir. proc. civ. 1990, p. 992 y ss. De la Plaza Navarro, Manuel, *La casación criminal española: Su origen. Desarrollo en el mundo hispánico y posibles reformas*, Anuario de Derecho Penal y Ciencias Penales, 1952, p. 198. Fairén Guillén, *De los "hechos" al "derecho". Uno de los sofismas de la Ley del Jurado de 1995*, RDProc, nº 2, 1997, p. 359. Guasch Fernández, *El hecho*, cit. p. 200. Iacoviello, Francesco M., *La motivazione de la sentenza penale e il suo controllo in cassazione*, Milano, 1997, p. 265. Kleinknecht, Theodor / Meyer, Karlheinz / Meyer-Goßner, Lutz, *Strafprozeßordnung*, München 1995, p. 991. Mazzarella, Ferdinando, *"Fatto e diritto" in Cassazione*. RTDPCIt, 1974. pp. 82 y ss. Neumann, Ulfrid, *Die Abgrenzung von Rechtsfrage und Tatfrage und das Problem des Revisionsgerichtlichen Augenscheinsbeweises*, GA, 1988, p. 387. Nieva Fenoll, *El hecho*, p. 101 y ss. OTTO, Harro, *Möglichkeiten und Grenzen der Revision in Strafsachen*, NJW, 31, enero 1978, p. 7. Ramos Méndez, Francisco, *Derecho y proceso*, Barcelona 1978, p. 185. SATTA, Salvatore, *Il formalismo nel processo*, RTDPCIt, 1958, pp. 1154. Schmidt-Hieber, Werner, *Grunlagen der Strafrechtlichen Revision*, Jus 1988/9, p. 710. Temming, Dieter (con Lemke, Michael / Julius, Karl-Peter / Krehl, Cristoph / Kurth, Hans-Joachim / Rartenberg, Erardo Cristoforo), *Strafprozeßordnung*, Heidelberg, 1995, p. 1243. Serra Domínguez, *Del recurso de casación* (1985), cit. p. 843. Verger Grau, *Algunas observaciones al Proyecto de Ley Orgánica del Tribunal del jurado de 20 de abril de 1994*, Justicia 94, pp. 528-529. Vázquez Sotelo, *La Casación Civil*, cit. p. 198.

[1558] Azzone (o AZO o AZÓN), *Brocardica (aurea). sive generalia iuris*, Basilea 1567, rúbrica XX, p. 237.

el juez decidiera con todas las cartas encima de la mesa, y no en función de su conocimiento privado o, peor aún, según su intuición[1559].

En consecuencia, si se recupera el sentido original de esta difícil cuestión, estudiada bajo la rúbrica de "congruencia" por la jurisprudencia española, se simplifica enormemente la cuestión. Lo protegido no es una obsesiva y fetichista correspondencia entre las peticiones de las partes y el juicio del juez. Lo que se tutela es mucho más prosaico, simple y comprensible: el derecho de defensa.

7. IMPUGNACIÓN

La impugnación en el proceso civil es relativamente sencilla, tanto por la claridad del esquema como por el hecho de que no difiere en gran medida del existente en el derecho comparado. Con todo, se producen algunas complejidades que oscurecen el panorama y que serán referidas a continuación[1560].

En cuanto a los recursos no devolutivos (arts. 451 y ss LEC), existe solamente el recurso de reposición, que concurre contra todas las resoluciones interlocutorias no definitivas de cualquier juez. También conoce del llamado "recurso de revisión" contra las resoluciones del letrado de la administración de justicia que pongan fin al procedimiento, o cuando así lo establezca la ley. Su tramitación es sencilla en ambos casos, limitada al intercambio de alegaciones entre las partes y a la resolución del juez.

Los recursos devolutivos son los de apelación (arts. 455 y ss LEC) y casación (arts. 468 y ss LEC). El recurso de apelación abre una segunda instancia en todo caso, pudiéndose discutir en la misma cualquier defecto de hecho o de derecho de la sentencia dictada en primera instancia. Sólo quedan al margen de la apelación, por mor de una jurisprudencia claramente equivocada, los errores en la valoración de la prueba de declaración de personas, por depender la misma —supuestamente— de la inmediación del juez de primera instancia, incontrolable, según esta misma teoría, para el juez de apelación. Siguiendo las reflexiones antes realizadas en este punto se comprende lo radicalmente absurdo de esta jurisprudencia, basada

---

[1559] Vid. Nieva Fenoll, *La actuación de oficio del Juez Nacional Europeo*, Diario La Ley, n. 9000, 14-6-2017.

[1560] Sobre todo el sistema, Nieva Fenoll, *Derecho Procesal II, Proceso Civil*, Madrid 2015, pp. 306 y ss.

en un error de interpretación de la antigua jurisprudencia anglosajona del jurado que ha pasado por completo inadvertido.

El recurso de casación, a su vez, está subdividido en dos recursos: el recurso de casación *strictu sensu*, limitado a motivos *in iudicando*, y el llamado recurso extraordinario por infracción procesal, que no es sino una casación por motivos *in procedendo*, sin más complicación. Pero además el recurso se sustancia, bien ante el Tribunal Supremo en caso de vulneración de norma estatal, o bien ante el Tribunal Superior de Justicia de la Comunidad autónoma —denominación que recibe la región española— si la principal infracción alegada es de Derecho propio de esa misma Comunidad autónoma.

No existe nada parecido al *certiorari* con respecto a este recurso, pero sí que se requiere "interés casacional" en los asuntos de cuantía inferior a 600.000 euros, o de cuantía superior pero que hayan sido tramitados a través de un procedimiento especial. Concurre interés casacional cuando se haya vulnerado jurisprudencia del Tribunal Supremo o la misma no exista, cuando haya jurisprudencia contradictoria entre los tribunales de segunda instancia, y por último cuando se alegue como infringida una norma que lleve menos de cinco años en vigor y no existiera jurisprudencia anterior del Tribunal Supremo sobre una norma de similar contenido.

Por lo demás, existen tres medios de impugnación de procesos enteros: La rescisión de sentencia firme y audiencia al litigante rebelde (arts. 496 y ss LEC) cuando el demandado haya permanecido en situación de rebeldía involuntaria, en un plazo variable según se haya producido el conocimiento de la sentencia, pero en cualquier caso no superior a dieciocho meses. También existe la revisión (arts. 509 y ss LEC) ante el Tribunal Supremo, en los casos en que se haya cometido un delito que haya influído en la sentencia firme, o bien un hecho muy grave que evidencie que la sentencia es errónea. Por último, cabe la posibilidad de presentar incidente excepcional de nulidad de actuaciones (art. 241 de la Ley Orgánica del Poder Judicial) ante el tribunal que dictó la sentencia firme, en el supuesto de que se haya producido la vulneración de un derecho fundamental. El plazo máximo para la interposición de estas dos últimas impugnaciones es de cinco años.

8. CONCLUSIONES

1. España posee todas las herramientas necesarias para garantizar la independencia de los tribunales. Sin embargo, vicia todo el sistema

un defectuoso mecanismo de selección de los vocales del Consejo General del Poder Judicial y de los magistrados de los Altos Tribunales, que por ello no escapan de la posibilidad de influencias políticas. A la vez, debería mejorar sustancialmente el sistema de acceso a la judicatura y formación de los jueces.

2. La igualdad procesal de las partes está garantizada en el sistema español. Sólo debe mejorar muy sustancialmente la asistencia jurídica de personas con escasos recursos económicos, así como la regulación de la defensa letrada en los asuntos de escasa cuantía.

3. El sistema español es adversarial y predominantemente escrito, pese a la existencia de dos audiencias durante la primera instancia.

4. En España rige el principio dispositivo con escasas excepciones y el principio de aportación de parte, pese a que existen diversas manifestaciones de la prueba de oficio que en ningún caso son desmesuradas, sino adecuadas a los propósitos que se planteó el legislador en cada trámite.

5. No existe en la legislación civil española estándar probatorio alguno, más allá de una difusa referencia a las máximas de experiencia a través del concepto de “reglas de la sana crítica”. En materia de carga de la prueba se sigue el tradicional sistema francés, con la introducción en el año 2000 del principio de facilidad probatoria, que en realidad es una síntesis del sustrato último del sistema francés.

6. En materia de determinación de hechos rige la libre valoración de la prueba salvo con respecto a la prueba documental y más dudosamente en relación con la prueba de declaración de las partes. El uso del principio *iura novit curia* está sometido al estricto respeto del derecho de defensa y de la imparcialidad judicial.

7. El sistema de impugnación está conformado por una estructura de recursos devolutivos que comprenden la apelación y la casación. Existen además una serie de remedios excepcionales para anular procesos completos concluídos por sentencia firme.

LA DESORIENTACIÓN COMO REGLA DE REFORMA DEL PROCESO CIVIL

Publicado en Actualidad Civil, n. 10, octubre 2024, y en lengua italiana en Rivista Trimestrale di Diritto e Procedura Civile, 1/2025.

1. INTRODUCCIÓN

El único criterio que debería seguir cualquier reforma del proceso civil es la consecución de la eficiencia. Es decir, posibilitar que aquellos que acuden al juez en busca de justicia la obtengan realmente, esto es, con calidad y de una manera rápida, pudiendo haber expresado previamente sus puntos de vista formulando alegaciones y presentando sus pruebas. Realmente, nada más es necesario, al margen, por supuesto, del respeto del juez a los derechos fundamentales[1561].

El proceso de todas las épocas, aunque muy probablemente no de una manera consciente, ha intentado perseguir siempre ese objetivo. Tal vez la más clara en este sentido fue aquella norma del Derecho Canónico, la Decretal de Clemente V de 1306 conocida como *Saepe Contingit* por las palabras con que se inicia, y que efectivamente buscaba que los pleitos se sustanciaran más rápido, ordenando que los más sencillos fueran fallados *simpliciter et de plano, sine strepitu nec figura iudicii.* Es decir, *in voce* y sin prácticamente procedimiento[1562].

Sin embargo, los tiempos han cambiado. Y han cambiado muchísimo, de hecho, en los últimos veinte años[1563]. Nuestros procesos civiles siguen el esquema medieval romano-canónico prácticamente en todo el mundo, sea en el ámbito del *Common Law*[1564] o en el del Derecho continental. Ese proceso estaba inspirado en el último proceso romano, el postclásico, y

---

1561 Vid. Taruffo, M., "Idee per una teoria della decisione giusta·, en *Verso la decisione giusta,* Torino 2020, p. 360.

1562 "*Saepe contingit, quod causas commitimus, et in earum aliquibus simpliciter et de plano, ac sine strepitu et figura iudicii procedi mandamus.*" Vid. Gutiérrez Berlinches, Á, *Algunas reflexiones sobre el concepto de sumariedad,* RDProc, 2003, n. 1-3, pp. 289 y ss.

1563 Vid. Al respect Dondi, A.; Ansanelli, V.; Comoglio, P., *Procesos civiles en evolución. Una perspectiva comparada,* Madrid 2017.

1564 Vid. Blackstone, W., *Commentaries on the Laws of England,* Lib. I, London 1768, pp. 3 y ss. Baker, J. H., *An Introduction to English Legal History,* Oxford 2007, pp. 73 y ss. Nieva-

este a su vez bebía de las primitivas fuentes romanas iniciales —el proceso de las *legis actiones*[1565]— que, igual que todavía el proceso en el ámbito del *Common Law*, seguía una estructura bifásica *in iure* y *apud iudicem* que se corresponde a la perfección con el *trial* y el *pretrial* anglosajones, y que se remontaba al más antiguo proceso griego[1566], y este probablemente al antiguo proceso egipcio[1567].

Durante esos casi tres milenios, las necesidades procesales civiles de los seres humanos no cambiaron de manera muy relevante. Al final, se trataba casi siempre de pleitos sobre pequeños litigios comerciales, o bien discusiones sobre la propiedad y posesión de bienes inmuebles sobre todo, y en ocasiones muebles. Y así ha sido hasta hace bien poco, cuando el crecimiento del comercio a gran escala ha generado la figura del consumidor, que era un actor ausente durante todo aquel tiempo[1568]. Existía anteriormente, por supuesto, pero no con la extensión del fenómeno que ahora está presente gracias a la producción en masa de bienes de consumo y a la difusión entre la población de un modelo ciudadano de convivencia que ha hecho casi desaparecer la realidad anterior que fue el modelo rural. Además, ese comercio a gran escala ha producido litigios entre grandes empresarios de unas cuantías económicas desproporcionadas, probablemente inéditas en la historia, lo que también ha generado un tipo de procesos que no se puede comparar ni a los pleitos tradicionales, ni tampoco a los litigios con consumidores.

El nacimiento de estos dos nuevos tipos de conflicto —litigios de grandes empresas y procesos con consumidores— debería haber hecho que el proceso se hubiera modificado drásticamente ya hace unos cincuenta años, pero no ocurrió. La doctrina se dejó deslumbrar por los procesos colectivos[1569], y para los procesos entre grandes empresarios se dejó seducir por

Fenoll, "Il processo inglese è così diverso dai processi continentali?", *Cammino Diritto,* 2023, n. 12, https://rivista.camminodiritto.it/articolo.asp?id=10123.

1565 Kaser, M. / Hackl, K., *Das römische Zivilprozessrecht,* München 1996, p. 26.

1566 Demóstenes, "Excepción contra Nausímaco y Jenopites", pp. 206 y ss; Demóstenes, "Contra Áfobo, I", §§ 5-7, p. 11, ambos en Demóstenes, *Discursos privados,* Madrid (ed. Gredos) 1983.

1567 Diodoro Sículo, *Bibliotheca Historica,* I, apartado 75. http://remacle.org/bloodwolf/historiens/diodore/livre1c.htm. Vid. más informaciones al respecto en Nieva-Fenoll, *El origen de la justicia,* Valencia 2023, pp. 226 y ss.

1568 Vid. Cappelletti, M., "Formazione soziali e interessi di gruppo davanti alla giustizia civile", *Riv. Dir. Proc.* 1975, pp. 361 y ss.

1569 Nuevamente Cappelletti, "Formazione soziali e interessi di gruppo davanti alla giustizia civile", cit. pp. 361 y ss., pero también, por todos, Proto Pisani, A., *Appunti prelimi-*

un antiguo medio griego[1570] de resolución de conflictos, el arbitraje[1571]. Finalmente, adquirió gran popularidad, en general, una idea casi posmoderna proveniente directamente de las afirmaciones de Blackstone[1572] y Bentham[1573], es decir, del proceso inglés: la oralidad en los procesos[1574]. Al margen de lo anterior, la doctrina dio muy poco más de sí y, por supuesto, es evidente que no se atendieron debidamente los nuevos problemas que planteaba ese surgimiento de litigios de nuevo cuño.

En los últimos años se ha dado una ulterior vuelta de tuerca a todo lo anterior: la digitalización, que ha cambiado muestras vidas, hasta el punto de que casi ninguna de nuestras actividades —realmente ninguna— ha escapado de verse afectada por un ingenio informático. Enviamos mensajes, medimos nuestros pasos, pagamos, decidimos qué vemos en televisión o planificamos nuestras compras, o incluso nuestros encuentros sexuales, a través de la tecnología. De hecho, el día empieza y muere con un teléfono móvil en las manos, y nos ponemos a trabajar delante de una pantalla durante prácticamente toda la jornada, pantalla que alternamos con otros ingenios informáticos.

Todo lo anterior, que es muchísimo, evidencia que está absolutamente fuera de época un proceso concebido en una sociedad de base rural, con aún escasa vida ciudadana, en la que los grandes empresarios eran insólitos y la tecnología simplemente no existía porque ni siquiera la electricidad se utilizaba para casi nada. Sin embargo, no han llegado las reformas que precisaba el proceso para atender a esos nuevos conflictos. Y no solamente eso, sino que ni tan siquiera se ha formulado una reflexión, más general, sobre si el proceso judicial es todavía un adecuado medio de resolución

---

nari per uno studio sulla tutela giurisdizionale degli interessi collettivi (o più esattamente: superindividuali) innanzi al giudice civile ordinario, en: "AAVV, Le azioni a tutela di interessi collettivi, Atti del Convegno di studio, Pavia 11-12 de junio de 1974", Padova 1976, p. 815. Vigoritti, V., *Interessi collettivi e processo. La legitimazione ad agire,* Milano 1979, Barbosa Moreira, J. C., A ação popular do Direito brasileiro como instrumento de tutela jurisdicional dos chamados "interesses difusos", Revista Dos Tribunais, 1982, v. 8, n. 28, pp. 7 y ss. Pellegrini Grinover, A., *La tutela giurisdizionale degli interessi diffussi nel sistema brasiliano,* Riv. Trim. Dir. Proc. Civ., 1984, p. 67.

1570 Aristóteles, *Retórica,* Madrid (Alianza ed.) 2004, cap. XIII, 1374b, p. 126.

1571 Edwards, H. T., *Alternative Dispute Resolution: Panacea or Anathema,* Harv. L. Rev., 1985-1986, n. 99, p. 668.

1572 Blackstone, W., *Commentaries on the Laws of England,* Lib. III, Oxford 1773, p. 373.

1573 Bentham, J., *Traité des preuves judiciaires,* Paris 1823, pp. 9 y ss.

1574 Cappelletti, M., "La oralidad y las pruebas en el proceso civil", traducción de Sentís Melendo de Buenos Aires, 1972, p. 5. Chiovenda, G., *Principii di Diritto Processuale.* Napoli 1923, pp. 677 y ss.

de conflictos, procurando no deslizar el debate hacia la habitual aproximación naif a los medios alternativos de resolución de conflictos, que nos hace acudir a dos mecanismos que, o son muy caros —como suele serlo el arbitraje[1575]—, o son igualmente inefectivos en demasiadas ocasiones, al margen de sus inmensas dificultades organizativas, que es lo que suele sucederle a la mediación[1576].

En este trabajo, aunque no sea realmente interesante, comenzaré por dar cuenta de las reformas que se han sucedido en materia procesal civil, en los últimos veinte años aproximadamente, en España, Portugal y América Latina. Tras ese somero análisis se podrán exponer cuáles han sido las razones de las reformas, averiguando si existe algún hilo conductor común que las explique. Finalmente, expondré las que a mi juicio deben ser las reformas futuras que, ya lo advierto, necesariamente deben pasar por una modificación integral de las leyes procesales civiles sin mirar al pasado, haciendo que sean normas de su tiempo, y no del medioevo.

2. LÍNEAS DE REFORMA EN ESPAÑA

En España se promulgó una nueva Ley de Enjuiciamiento Civil en el año 2000. Dicha ley simplificó y actualizó el proceso civil, pero quedó algo lejos de una auténtica reforma de su tiempo al basarse, sobre todo, en ideas formuladas por la doctrina algunas décadas atrás[1577]. El hecho es que el proceso civil sigue padeciendo prácticamente los mismos males que en cualquier otro sitio: retrasos, superficialidad en la labor de los jueces derivada de la insoportable acumulación de asuntos, así como una dependencia en el factor humano del juzgador que aunque a veces es elogiado[1578], en realidad introduce infinidad de errores aleatorios en el sistema de justicia[1579], aceptando que el juez sea antes un oráculo que un científico en

---

1575 Vid. http://www.iccwbo.org/Products-and-Services/Arbitration-and-ADR/Arbitration/Introduction-to-ICC-Arbitration/Statistics/

1576 Cfr. Marques Cebola, C., *La mediación*, Madrid 2013. Giannini, L., *La mediación en Argentina*, Buenos Aires 2015.

1577 Profesores de Derecho Procesal, Corrección y actualización de la Ley de Enjuiciamiento Civil, ed. Tecnos, Madrid, tomo I, 1972; tomo II, 1974.

1578 De La Oliva Santos, A., *El "factor humano" en la Justicia (hablando claro sobre el tópico "Justicia y sociedad")*, XX Jornadas Iberoamericanas de Derecho Procesal. Málaga (España), 27 de octubre de 2006, p. 556

1579 Kahneman, D; Sibony, O.; Sunstein, Cass R., *Noise, A Flaw in Human Judgment*, London 2021, pp. 13 y ss.

situaciones que en la actualidad, al amparo de la ciencia y sus resultados empíricos, podemos juzgar como impropias.

Pues bien, al margen de otras reformas muy puntuales, motivadas varias de ellas por la transposición de normativa europea[1580], las que tuvieron una aspiración más generalista, o han tenido más impacto, fueron las siguientes:

- Ley 15/2005 por la que se modifican el Código Civil y la Ley de Enjuiciamiento Civil en materia de separación y divorcio.
- Ley 41/2007, de 7 de diciembre, por la que se modifica la Ley 2/1981, de 25 de marzo, de Regulación del Mercado Hipotecario y otras normas del sistema hipotecario y financiero, de regulación de las hipotecas inversas y el seguro de dependencia y por la que se establece determinada norma tributaria (Disposición Final 6ª).
- Ley 13/2009, de 3 de noviembre, de reforma de la legislación procesal para la implantación de la nueva Oficina judicial.
- Ley 19/2009, de 23 de noviembre, de medidas de fomento y agilización procesal del alquiler y de la eficiencia energética de los edificios.

1580 Entre otras, Reglamento (CE) nº 805/2004 del Parlamento Europeo y del Consejo, de 21 de abril de 2004, por el que se establece un título ejecutivo europeo para créditos no impugnados. Reglamento (CE) nº 2201/2003 del Consejo, de 27 de noviembre de 2003, relativo a la competencia, el reconocimiento y la ejecución de resoluciones judiciales en materia matrimonial y de responsabilidad parental, por el que se deroga el Reglamento (CE) nº 1347/2000. Directiva 2004/113/CE, sobre aplicación del principio de igualdad de trato entre hombres y mujeres en el acceso a bienes y servicios y su suministro. Reglamento (CE) nº 805/2004 del Parlamento Europeo y del Consejo, de 21 de abril de 2004, por el que se establece un título ejecutivo europeo para créditos no impugnados. Reglamento (CE) nº 861/2007 del Parlamento Europeo y del Consejo, de 11 de julio de 2007, por el que se establece un proceso europeo de escasa cuantía. Reglamento (CE) nº 1896/2006 del Parlamento Europeo y del Consejo, de 12 de diciembre de 2006, por el que se establece un proceso monitorio europeo. Reglamento (UE) nº 650/2012 del Parlamento Europeo y del Consejo, de 4 de julio de 2012, relativo a la competencia, la ley aplicable, el reconocimiento y la ejecución de las resoluciones, a la aceptación y la ejecución de los documentos públicos en materia de sucesiones "mortis causa" y a la creación de un certificado sucesorio europeo. Reglamento (UE) nº 655 del Parlamento Europeo y del Consejo, de 15 de mayo de 2014, por el que se establece el procedimiento relativo a la orden europea de retención de cuentas a fin de simplificar el cobro transfronterizo de deudas en materia civil y mercantil. Reglamento (UE) 910/2014 del Parlamento Europeo y del Consejo, de 23 de julio de 2014, relativo a la identificación electrónica y los servicios de confianza para las transacciones electrónicas en el mercado interior.

- Ley 4/2013, de 4 de junio, de medidas de flexibilización y fomento del mercado del alquiler de viviendas.
- Ley 19/2015, de 13 de julio, de medidas de reforma administrativa en el ámbito de la Administración de Justicia y del Registro Civil.
- Real Decreto 1065/2015, de 27 de noviembre, sobre comunicaciones electrónicas en la Administración de Justicia en el ámbito territorial del Ministerio de Justicia y por el que se regula el sistema LexNET.
- Ley 5/2018, de 11 de junio, de modificación de la Ley 1/2000, de 7 de enero, de Enjuiciamiento Civil, en relación a la ocupación ilegal de viviendas.
- Real Decreto-ley 21/2018, de 14 de diciembre, de medidas urgentes en materia de vivienda y alquiler.
- Real Decreto-ley 7/2019, de 1 de marzo, de medidas urgentes en materia de vivienda y alquiler.
- Ley 12/2023, de 24 de mayo, por el derecho a la vivienda.
- Real Decreto-ley 5/2023, de 28 de junio, por el que se adoptan y prorrogan determinadas medidas de respuesta a las consecuencias económicas y sociales de la Guerra de Ucrania, de apoyo a la reconstrucción de la isla de La Palma y a otras situaciones de vulnerabilidad; de transposición de Directivas de la Unión Europea en materia de modificaciones estructurales de sociedades mercantiles y conciliación de la vida familiar y la vida profesional de los progenitores y los cuidadores; y de ejecución y cumplimiento del Derecho de la Unión Europea.
- Real Decreto-ley 6/2023, de 19 de diciembre, por el que se aprueban medidas urgentes para la ejecución del Plan de Recuperación, Transformación y Resiliencia en materia de servicio público de justicia, función pública, régimen local y mecenazgo.

La primera de las reformas relevantes (Ley 15/2005) tuvo por objeto la drástica simplificación de los procesos de divorcio en un contexto en que la ruptura ya no es causal, sino que obedece a la simple voluntad de las partes, lo que hace absurdo un procedimiento más complicado.

La Ley 13/2009 intentó una reforma del funcionamiento de los tribunales, atribuyéndole sobre todo mayores funciones judiciales a los letrados de la administración de justicia, así como avanzando en un modelo de trabajo, ya concebido en 2003[1581], de los juzgados de una instancia en el que ya no habrían de ser órganos separados, sino que compartirían unas estructuras burocráticas comunes, lo que teóricamente debería hacer que ningún tribunal quedara inactivo por problemas estructurales puntuales. La reforma generó contradicciones y solapamientos entre el trabajo del juez y el de los letrados, y no aceleró sustancialmente los procesos, además de que fue de imposible aplicación en muchos lugares[1582].

Las reformas de la Ley 41/2007, de 7 de diciembre, la Ley 19/2015, del Real Decreto 1065/2015, así como del Real Decreto-ley 6/2023 se han centrado sobre todo, al margen de otros temas, en la digitalización de la justicia, empezando por la equiparación total entre documentos electrónicos y en papel, así como con la celebración de las subastas de manera electrónica, aunque sin haber logrado un procedimiento tan ágil como el existente en el ámbito comercial, que sería lo menester. Más allá de eso, la idea de estas reformas es que todas —o la enorme mayoría— de las comunicaciones fueran electrónicas, así como que todo el expediente judicial fuera completamente electrónico. Pese a que a día de hoy la digitalización ya es un hecho bastante generalizado en los tribunales españoles, el éxito de la reforma está por ver, aunque es de esperar que tarde o temprano se acabará cumpliendo incluso por simple comodidad o inercia.

Con todo, está existiendo una resistencia[1583] a la celebración de actuaciones judiciales telemáticas por una errónea concepción de lo que implica y significa la inmediación[1584], que probablemente también se corregirá cuando los jueces asuman las enseñanzas de la psicología del testimonio[1585]:

[1581] Ley Orgánica 19/2003, de 23 de diciembre, de modificación de la Ley Orgánica 6/1985, de 1 de julio, del Poder Judicial. Vid. Rayón Ballesteros, M. C., "La nueva oficina judicial para el siglo XXI", *Anuario Jurídico y Económico Escurialense*, XL, 2007, pp. 303 y ss.

[1582] Vid. Calzado Juliá, J., "¿Es un fracaso la implantación de la nueva Oficina Judicial?", 22-10-2010, www.upsj.org.

[1583] Cfr, García Sanz, J.; González Guimarães-da Silva, "Las "vistas telemáticas" en el proceso civil español: visión comparada, regulación y cuestiones prácticas que suscita su celebración", Diario La Ley, n. 9659, 23-6-2020.

[1584] Andrés Ibáñez, P., "Sobre el valor de la inmediación (Una aproximación crítica), *Jueces para la Democracia*, n. 46, 2003, pp. 57 y ss. Igartua Salaverria, J., *Prueba científica y decisión judicial (unas anotaciones propedéuticas*, La Ley, nº 6812, 2-11-2007.

[1585] Loftus, E. *Eyewitness testimony*, Harvard 1996. Mazzoni, G. *Psicologia della testimonianza*, Roma 2015. Diges, M. *Los falsos recuerdos*, Barcelona 1997. Manzanero, A. *Memoria de testigos*, Madrid 2010. Julià Pijoan, M. "Un análisis del fundamento de la declaración del testigo ocular como medio de prueba, a partir de la investigación empírica", *Ius et Praxis*, vol. 29, n. 2, 2023, pp. 44 y ss. Strömwall, L. A., Granhag, P. A. y Hartwig, M.,

no se ve nada diferente en persona y a distancia, y además lo que se ve ni siquiera es relevante, sino desorientador, pues sobre todo en los interrogatorios, la inmediación activa una serie de prejuicios sociales de los jueces que son absolutamente inconvenientes para la correcta valoración de la prueba, constatación con incuestionable base científica que, desde luego, cambia la historia de este medio de prueba, como ya advirtiera Von Liszt, con toda la razón pero sin éxito, a principios del siglo XX[1586].

La reforma que comportó el Real Decreto-ley 5/2023 es sencilla de explicar. De manera solapada, pero completamente real, se ha introducido el *certiorari* en la casación civil española[1587]. Esta reforma reducirá el número de recursos pendientes, por supuesto, pero también amenaza con hacer a la casación irrelevante, convirtiéndose en un recurso con el que la mayoría de abogados no podrán contar, siendo incluso cuestionable el auténtico mantenimiento de la función nomofiláctica[1588] si la enorme mayoría de las infracciones de la ley escapan del control del Tribunal Supremo.

Por último, han sido entretenidas, por decirlo de algún modo, las hasta seis reformas —Leyes 19/2009, 4/2013, 5/2018, y 12/2023 y Reales Decretos-ley 21/2018 y 7/2019— que el legislador español ha operado en los procedimientos de recuperación de la posesión de inmuebles en los últimos quince años. La idea inicial fue agilizar los desahucios —Leyes 19/2009, 4/2013 y 5/2018—, aunque las últimas reformas de 2018, 2019 y 2023 han hecho justamente todo lo contrario, obstaculizando los desalojos en casos de situación de vulnerabilidad del ocupante, como consecuencia de la presión de los colectivos sociales. Con todo, el efecto de la reforma ha sido un descenso drástico del mercado de alquiler por el miedo de los propietarios a no poder hacer efectivos los desalojos en caso de impago, lo que ha reducido de manera muy relevante el parque de viviendas disponibles a precios razonables. Obviamente, se trata de un efecto no deseado por el legislador, pero que está afectando a una parte enorme de la población

---

"Practitioners' Beliefs About Deception" en P. A. Granhag y L. A. Strömwall (eds), *The Detection of Deception in Forensic Contexts*, 2004, pp. 229 y ss, Cambridge University Press). Sánchez, N.; Manzanero, A. L., "El engaño en contextos judiciales", *Revista Ítalo-Española de Derecho Procesal*, n. 1, 2023, p. 8.

1586 Von Liszt, F. "Strafrecht und Psychologie", *Deutsche Juristen-Zeitung*, 1-1-1902, n. 1, pp. 16-18.

1587 Nieva-Fenoll, "Reformando la casación —civil y penal— por Real decreto-Ley: ¿el espíritu de una época?", *Actualidad Civil*, n. 7, julio 2023, pp. 1 y ss.

1588 Calamandrei, P., *La Cassazione civile*, Vol I y II, Milano 1920. Chiarloni, S, *In difesa della nomofilachia*, Riv. trim. di dir. e proc. civ., 1992, p. 123 y ss. Chiarloni, S., *La cassazione e le norme*, Riv. di dir. proc. 1990, p. 992 y ss. Taruffo, M., *Il vertice ambiguo*, 1991.

que debe buscar, o bien viviendas compartidas, o bien alejarse a distancias irracionales de las ciudades más importantes para conseguir un lugar asequible donde vivir.

En definitiva, el efecto de las reformas ha sido realmente cuestionable sobre el funcionamiento de los tribunales. En realidad, el resultado resumido en materia estrictamente procesal es que se ha alejado a los ciudadanos del Tribunal Supremo y se ha avanzado mucho en la digitalización de los procesos. Sin embargo, nada de ello ha provocado el efecto que hubiera debido ser la prioridad número uno: la reducción drástica de la burocracia procesal, que pertenece a otra época, y que es absurdamente reproducida en el contexto digital, en el que ya no tiene sentido. Y esa es, sin duda, la principal reforma pendiente: la nueva regulación de un proceso realmente eficiente en un contexto totalmente digital, que pueda ser realmente útil para la resolución de los litigios que genera la realidad socioeconómica actual.

3. LÍNEAS DE REFORMA EN PORTUGAL Y AMÉRICA LATINA

En Portugal y América Latina las reformas han seguido, en general, unas orientaciones que, salvo alguna excepción, han implementado ideas originales… de hace varias décadas, pero no auténticas modificaciones eficientes que sean realmente útiles en nuestra época. Los campos de reforma más habituales han sido la oralidad, los procesos colectivos, la llamada "carga dinámica de la prueba"[1589], en alguna medida el *case management*[1590] y últimamente la digitalización y en algún caso a la "perspectiva de género", aun sin desarrollar realmente la trascendencia que dicha perspectiva tenga en materia procesal civil[1591].

Y aunque los campos de reforma han sido, como se ve, limitadísimos en realidad, los Estados han solido optar por reformas integrales, como fue el caso de Portugal en 2013[1592]. Ello, sin duda, era necesario para superar la

---

1589 Art. 167 del Código General del Proceso de Colombia. Vid. Peyrano, J. W. (dir. y coautor), *Cargas probatorias dinámicas*, Buenos aires 2008.

1590 Vid. Art. 139 del código de Brasil. Vid. también Cabral, A., "New trends and perspectives on case management: Proposals on contract procedure and case assignment management", *Peking University Law Journal* 6 (1), enero 2018, pp. 5 y ss. Nylund, A.; Cabral, A., *Shaping Civil Litigation Using Procedural Agreements*, 2024.

1591 Vid. art. 7. XIV del Código Nacional de Procedimientos Civiles y Familiares de México.

1592 Código de Processo Civil. Ley n. 41/2013, 26-6-2013.

influencia del período colonial en América Latina, pero no a cambio de volver a configurar un esquema de proceso que, en el fondo, cuando se superan las grandilocuentes declaraciones iniciales de los códigos, se parece demasiado al que existía anteriormente.

De esa manera, en Chile, Argentina y Perú ha llegado a haber proyectos de reforma integral prácticamente culminados (respectivamente en 2014, 2019 y 2021) que finalmente no salieron adelante, al menos por ahora. Sin embargo, en Honduras (2007)[1593], El Salvador (2008)[1594], Colombia (2012)[1595], Bolivia (2013)[1596], Brasil (2015)[1597], Ecuador (2015)[1598], Nicaragua (2015)[1599], Costa Rica (2016)[1600], República Dominicana (2016)[1601], México (2023)[1602] y Panamá (2023)[1603] se consiguieron esas reformas integrales que, pese a sus avances, tampoco han logrado —ni van a lograr— el objetivo de la eficiencia al que me refería más arriba. El resto de países, o tienen reformas integrales más antiguas —Uruguay (1988)[1604]— o no han logrado modificaciones sustanciales que puedan resultar de algún interés, lo que sucede en el caso de Venezuela, cuyos intentos de reforma —que los ha habido— no han superado siquiera las primeras fases.

La enorme mayoría de esos códigos sigue los principios básicos del Código de Uruguay, que a su vez fue el país que implementó el Código Modelo para Iberoamérica del Instituto Iberoamericano de Derecho Procesal, también de 1988[1605]. Pero en cada país, tras la enunciación de los principios generales, en realidad han incorporado buena parte de sus normas vigentes anteriores, lo que supone mantener en gran medida la antigua burocracia, que era justamente lo que interesaba suprimir. Por ello, las llamadas a la oralidad o la inmediación, muy frecuentes, han quedado, o

1593 Código Procesal Civil. Decreto n. 211-2006.

1594 Código Procesal Civil y Mercantil. 18 de septiembre de 2008.

1595 Código General del Proceso. Ley 1564 de 2012.

1596 Código Procesal Civil. Ley de 19 de noviembre de 2013.

1597 Código de Processo Civil. Lei n. 13.105, de 16 de marzo de 2015.

1598 Código Orgánico General de Procesos de 26 de abril de 2015.

1599 Código Procesal Civil. Ley n. 902 de 5 de agosto de 2015.

1600 Código Procesal Civil, n. 9342, 3 de febrero de 2016.

1601 Código de Procedimiento Civil. 8 de junio de 2016.

1602 Código Nacional de Procedimientos Civiles y Familiares de 7 de junio de 2023.

1603 Código Procesal Civil. Ley de 8 de agosto de 2023.

1604 Código General del Proceso. Ley 15.982 de 14 de noviembre de 1988.

1605 http://www.iibdp.org///wp-content/uploads/2020/08/IIDP_Codigo_Procesal_Civil_Modelo_Iberoamerica.pdf

bien como un brindis al sol, o más bien como la utilización de herramientas vistosas, o al menos muy repetidas en la doctrina, pero sin tener muy clara su utilidad actual, que será analizada después. En cualquier caso, la triste realidad es que ninguno de estos códigos supone un avance real en la ciencia procesal. En la enorme mayoría de los casos, e insisto que con alguna excepción puntual, se han limitado a hacer correr el calendario de las normas procesales a una fecha más próxima, lo que puede tener sentido solamente a efectos estéticos, pero no sirve absolutamente para nada. No debería olvidarse nunca que las normas procesales que se utilizan en uno de los países con una justicia más eficiente datan nada menos que de 1877: Alemania.

4. EL AMIGUISMO ACADÉMICO Y LA COYUNTURA POLÍTICA COMO FACTORES REFORMADORES

Pero… ¿por qué la mayoría de reformas procesales fracasan? Una causa común es que en dichas reformas no se emplea en absoluto el método científico. Casi todas las reformas parten de la idea —o elucubración— de algún jurista que en aquel momento es puntualmente influyente en el ministerio de justicia de aquel país, cuyo titular prepara los proyectos de reforma para el Parlamento. La situación, entonces, es que los períodos políticos son muy cortos, por lo que el redactor en la sombra de la reforma no suele disponer de demasiado tiempo para configurarla, pues debe presentarse en el Parlamento con suficiente antelación para que siga todo el procedimiento legislativo. Tanto el redactor como el ministro que encarga el proyecto de reforma suelen tener mucha prisa en que salga adelante, el ministro por intereses políticos, y el redactor por (vana)gloria personal.

En ese contexto, el tiempo para experimentar previamente con la reforma suele ser inexistente. En cualquier otro sector de la ciencia[1606] —medicina, ingeniería, biología, etc.—, antes de poner en marcha una nueva técnica, se sigue toda una fase de experimentación, que suele ser larga, a fin de ver si funciona antes de ponerla en práctica. En materia procesal, y jurídica en general, eso no se hace —y no se ha hecho— prácticamente jamás. Se experimenta con el resultado de la entrada en vigor de la ley y,

[1606] Vid., entre otros muchos, Bradford Hill, A., "The Clinical Trial", *The New England Journal of Medicine*, 24 de julio de 1952, pp. 113 y ss.; Holford, N. H. G.; Kimko, H. C.; Monteleone, J. P. R.; Peck, C. C., "Simulation of Clinical trials", *Annual Review of Pharmacology and Toxicology*, vol. 40, 2000, pp. 209 y ss.

si no funciona, se vuelve a experimentar con una nueva reforma sin hacer un auténtico análisis de las causas del fracaso de la anterior. Y así hasta el infinito. En estas condiciones es imposible que funcione reforma alguna, salvo que sea por casualidad, o bien porque algún redactor sea muy experimentado y tenga algo de suerte. O bien porque se copie del extranjero, lo que también se hace con frecuencia, aun sin evaluar habitualmente las diferencias en las circunstancias de cada país.

En resumidas cuentas, al final las leyes las hacen los amigos de los ministros de justicia. A veces son profesores universitarios, otras veces jueces, en ocasiones algún abogado y —no sé si— en el mejor de los casos, se forma una comisión de todos ellos que, ante la falta de resultados empíricos frutos de la experimentación, acaba celebrando sus debates en la que muchos de sus integrantes intentan imponer, de un modo u otro, sus ideas iniciales. Es decir, salvo que en las reuniones intervengan personas con una especial disposición a escuchar y a modificar sus opiniones de partida, es fundamentalmente la egolatría, más o menos pronunciada, la directriz que rige estos trabajos.

5. ¿PUEDE UTILIZARSE EL MÉTODO CIENTÍFICO EN EL PROCESO?

Para salir de este esquema de cosas, debería ser necesario evaluar cuáles son los problemas de nuestro proceso actual, cosa que con mayor o menor acierto ha ido haciendo la doctrina o ha descubierto la jurisprudencia. Pero existe una limitación algo dramática en este análisis. Los juristas, en general, estamos muy influidos por la falacia *ad antiquitatem*, que nos impide con frecuencia valorar que no es correcto todo aquello que siempre se ha hecho de una determinada forma. Y en este sentido, es posible que nos resistamos a tener en cuenta tres hechos que, con altísimas probabilidades, constituyen las causas principales del fracaso de nuestra justicia:

1. El esquema de intercambio de alegaciones —demanda/contestación— no permite al juez hacerse una idea precisa de lo que se discute en el proceso, siendo frecuente que pase por alto argumentos o puntos de discusión. La explicación a esos despistes no es sólo la sobrecarga de asuntos, sino el modo de formular las alegaciones, habitualmente víctima de la retórica.

2. Los medios de prueba no pueden ser realmente valorados por el juez. Ningún juez puede descubrir la mentira a través de los gestos[1607], además de que tanto las partes como los testigos con mucha frecuencia son preparados por los abogados antes de ser interrogados. Ello descarta que los interrogatorios contribuyan a una correcta averiguación de la verdad. La prueba pericial no puede ser realmente entendida ni valorada por los jueces, al no ser expertos[1608]. Finalmente, la prueba documental en la actualidad puede ser víctima de *deepfakes* indetectables[1609]. En estas condiciones, toda la actividad probatoria puede ser inútil. Tal vez lo ha sido, en alguna medida, siempre.
3. Las sentencias deberían ser algo parecido a la exposición de resultados de un artículo científico, y sin embargo suelen ser ejercicios

---

1607 Nuevamente, Loftus, E. *Eyewitness testimony,* Harvard 1996. Mazzoni, G. *Psicologia della testimonianza,* Roma 2015. Diges, M. *Los falsos recuerdos,* Barcelona 1997. Manzanero, A. *Memoria de testigos,* Madrid 2010. Julià Pijoan, M. "Un análisis del fundamento de la declaración del testigo ocular como medio de prueba, a partir de la investigación empírica", *Ius et Praxis,* vol. 29, n. 2, 2023, pp. 44 y ss. Strömwall, L. A., Granhag, P. A. y Hartwig, M., "Practitioners' Beliefs About Deception" en P. A. Granhag y L. A. Strömwall (eds), *The Detection of Deception in Forensic Contexts,* 2004, pp. 229 y ss, Cambridge University Press). Sánchez, N.; Manzanero, A. L., "El engaño en contextos judiciales", *Revista Ítalo-Española de Derecho Procesal,* n. 1, 2023, p. 8.

1608 Pese a los criterios expuestos en Daubert v. Merrell Dow Pharmaceuticals, 509 U.S. 579 (1993), General Electric Co. v. Joiner, 522 U.S. 136 (1997), Kumho Tire Co. v. Carmichael, 526 U.S. 137 (1999). Vid. Vázquez, C., *De la prueba científica a la prueba pericial,* Madrid 2015, Nieva Fenoll, "Repensando Daubert: la paradoja de la prueba pericial", en AAVV, Peritaje y prueba pericial, Barcelona 2017, pp. 85 y ss. Dondi, A., "Paradigmi processuali ed 'expert witness testimony' nel diritto statunitense", *Rivista Trimestrale di Diritto e Procedura Civile,* 1996, pp. 261 y ss, Auletta, F., *Il procedimento di istruzione probatoria mediante consulente tecnico,* Padova 2002. Ansanelli, V., *La consulenza tecnica nel processo civile,* Milano 2011, Taruffo, M., "Prova scientifica e giustizia civile", en AAVV, *Giurisprudenza e scienza,* Roma 2017, Bardi Edizioni, pp. 241 y ss. Faigman, D. L., "The Daubert Revolution and the Birth of Modernity: Maniging Scientific Evidence in the Age of Science", *Legal Studies Research Paper Series,* n. 19, 46 UC *Davis Law Review* 2013, p. 104. Fournier, L. R., "The *Daubert* Guidelines: Usefulness, Utilization, and Suggestions for Improving Quality Control", *Journal of Applied Research in Memory and Cognition,* 5, 2016, p. 308. Haack, S., *Evidence Matters,* cit. pp. 121 y ss.

1609 Weiss M., "Deepfake Bot Submissions to Federal Public Comment Websites Cannot Be Distinguished from Human Submissions", Technology Science, 2019121801, December 18, 2019. http://techscience.org/a/2019121801. Maddocks, S., "A Deepfake Porn Plot Intended to Silence Me': exploring continuities between pornographic and 'political' deep fakes", *Porn Studies,* 7 (4), 2020, pp. 415 y ss. Cano Fernández, S., *El "deepfake" en los documentos audiovisualesun reto para la valoración de la prueba, Actualidad Civil,* n. 2, 2024. Nieva Fenoll, J., "La prueba de los *deepfakes* pornográficos: I.A. sobre I.A.", *Diario La Ley,* n. 10516, 2024.

de retórica que acostumbran a eludir la valoración de la prueba —a veces con excusas fáciles como la de la carga de la prueba[1610]—, o bien sólo pretenden persuadir de una interpretación jurídica para no ser revocadas por el tribunal superior, lo que nuevamente vuelve a utilizar en demasiadas ocasiones la retórica.

¿Hay alguna posibilidad de salir de este estado de cosas? Como ya se dijo, el peso de la falacia *ad antiquitatem* hace que aunque sea sólo por inercia o por comodidad, casi nadie esté realmente dispuesto a que le cambien su forma de trabajar. Sin embargo, es posible que la realidad tecnológica acabe venciendo esas resistencias, puesto que puede llegar un momento en que la ciudadanía ya no esté dispuesta a aceptar un medio de resolución de conflictos como el proceso en el que los litigantes no entienden realmente lo que sucede y no les acostumbra a gustar ni su desarrollo —sobre todo por las esperas—, ni lo que le cuesta, ni muchas veces su resultado final.

Además, téngase en cuenta otro factor que no se tiene jamás en consideración. La "justicia" es un concepto de origen indudablemente teológico, que hacía que los jueces fueran en realidad sacerdotes transmitiendo la voluntad de una diosa, que recibió el nombre de Maat en el antiguo Egipto[1611], que es de donde viene la costumbre de celebrar procesos judiciales. A lo largo del tiempo, esa conexión de la justicia con la voluntad divina, teniendo al juez como intérprete, ha hecho que los ciudadanos confíen en el criterio de los jueces e incluso crean que son capaces de adivinar cuándo una persona miente, lo que evidentemente es falso y en la actualidad sabemos científicamente por qué, como se acaba de explicar[1612]. Debería quizá tenerse en cuenta que la progresiva secularización de la sociedad va a provocar que la ciudadanía ya no esté dispuesta a creer en el "juez-oráculo", sino que requiera algo mucho más tangible, en coherencia con lo que percibirá en el resto de áreas de su vida cotidiana, cada vez más distanciadas de las supersticiones[1613].

1610 Nieva Fenoll, "Requiem per l'onere della prova", *Rivista Trimestrale di Diritto e Procedura Civile*, n. 1, 2023, pp. 171 y ss.

1611 Assmann, J., *Ma'at. Gerechtigkeit und Unsterblichkeit im Alten Ägypten*, München 1995, p. 15. Decoeur, Henri. "Maat, entre Cosmologie et Mythe: Le Principe Constitutionnel d'un Etat de Racine Chtonienne en Ancienne Egypte". Revue Juridique Themis, vol. 45, no. 2, 2011, p. 349.

1612 Por todos, Julià Pijoan, M. "Un análisis del fundamento de la declaración del testigo ocular como medio de prueba, a partir de la investigación empírica", *Ius et Praxis*, vol. 29, n. 2, 2023, pp. 44 y ss.

1613 Russell, B., "Is There a God? [1952]", en Slater, (ed.). *The Collected Papers of Bertrand Russell*, Vol. 11: Last Philosophical Testament, 1943-68 Routledge, pp. 542 y ss.

Y para ofrecérselo, tendremos que alejar a la justicia del oráculo para situarla en algo que sea más parecido a un laboratorio en el que, efectivamente, sí se aplique el método científico al averiguar la realidad y al aplicar las leyes. Ese trabajo no va a ser fácil, pero es muy probable que la tecnología nos ayude a realizarlo. Al final, se trata, sobre todo, de descubrir qué factores tiene el juez en consideración a la hora de juzgar, descartando completamente estímulos emocionales y otras herramientas puramente intuitivas o impulsivas que no tengan un respaldo en la voluntad del legislador a la hora de emitir sus normas.

6. EL MUNDO DIGITAL: HACIA UN NUEVO PROCESO

En esa labor, lo primero que hay que hacer es olvidarse por un momento de la historia del proceso e imaginar cómo configuraría un jurista sin pasado, un espacio para que el juez y las partes puedan comunicarse en el marco de un conflicto, pues de eso se trata: de conseguir una opinión del juez tras una imposibilidad de las partes de ponerse de acuerdo. Por supuesto, hay que dar por supuesto que, salvo casos excepcionales, todas las comunicaciones entre los sujetos del proceso van a ser telemáticas.

En primer lugar, hay que distinguir los procesos simples y reiterativos de los procesos complejos. Los primeros son fundamentalmente reclamaciones de cantidades claramente debidas, procesos posesorios de cosas que, indudablemente, deberían haberse devuelto, o procesos de divorcio en los que la única discusión es el régimen socioeconómico de la ruptura, que no depende esta última de la voluntad de ambas partes, sino de una sola de ellas. También estarían en este grupo muchos procesos de consumo en los que no existe duda de que el empresario no cumplió con las prestaciones contractuales.

Estos procesos no precisan de demasiados razonamientos. Se trata de litigios que pueden ser automatizados[1614] a través de una app, siempre y cuando la situación extraprocesal esté digitalizada. Es decir, si alguien ocupa un piso de alquiler y consta que no ha hecho el correspondiente ingreso bancario —o por otro medio digital— en la forma prevista, la sentencia sólo puede ser una. Ocurre lo mismo con cualquier otra cantidad debida, siempre y cuando, insisto, se haya digitalizado el vencimiento de la deuda.

[1614] Vid. Julià-Pijoan, M., *La computarización del Derecho, a partir del proceso y de los procedimientos judiciales*, Madrid 2024.

O cuando se ha contratado un bien de consumo y no se ha cumplido la prestación, como ocurre con las compañías aéreas cuando se cancela un vuelo. En estos casos, ni el demandado realmente no tiene nada que decir ni el juez tiene otra alternativa que darle la razón al demandante. Históricamente esos demandados se han aprovechado de los retrasos de los tribunales para ganar tiempo, pero en la actualidad, llegada esa situación, el pronunciamiento del juez debe ser automático y producirse, por tanto, de inmediato, iniciándose sin solución de continuidad la ejecución. Haciendo las cosas de ese modo, este tipo de procesos desaparecerán, y son una parte importantísima del contencioso pendiente. Hay muy pocos datos al respecto, pero un estudio de 2013 reveló que este tipo de casos constituía aproximadamente un 41% de los asuntos ingresados de aquel año[1615]. Es posible que sean bastantes más, puesto que el estudio no contabilizaba ni los procesos posesorios ni los de consumo. Sea como fuere, toda esa burocracia saldría de los juzgados, obteniendo los justiciables tutela judicial efectiva en cuestión de días, puesto que debe darse la oportunidad al demandado de denunciar algún error puntual, que puede ser también automatizado.

En cambio, en los procesos más complejos no es concebible este nivel de automatización, pero sí algunos cambios relevantes que también son consecuencia de la digitalización. En el pasado tuvo sentido que el proceso se iniciara con una demanda seguida de una contestación, pues de lo que se trataba era de dar argumentos para situar al juez en un marco mental[1616] que despertara su empatía hacia una de las partes. Al fin y al cabo, todo el proceso dependía de la creencia en la inspiración divina del juez, como ya se ha dicho, por lo que lo esencial era que todo el esfuerzo procesal del abogado estuviera centrado en dar una buena imagen de su cliente y de su conducta, lo que, además, encierra un maniqueísmo de raigambre claramente religiosa, lo que cuadra perfectamente con el origen teológico del concepto de justicia.

Pero ya no es así. Ahora el juez debe estar dispuesto a reconstruir la realidad de los hechos y a interactuar con las partes en busca de la interpretación jurídica más adecuada en el caso concreto, con independencia de que sean buenas o malas personas. Y en ese contexto, no es adecuada

---

[1615] Consejo General de la Abogacía Española, "La estadística oficial de la justicia en España: ¿realidad o ficción?", 24-7-2013, https://www.abogacia.es/actualidad/noticias/situacion-actual-de-la-administracion-de-justicia-en-espana-un-analisis-desde-el-derecho-procesal/

[1616] Johnson-Laird, P. N., *Mental Models and Probabilistic Thinking*, Cognition, 1994, 50, pp. 191.

la persistencia de dos escritos —la demanda y la contestación— que intentan inducir marcos mentales al juez[1617]. Tampoco discursos que con una retórica brillante consigan esa complicidad del juzgador. Hay que crear un escenario procesal en el que sea solamente la objetividad la que dirija los debates, lo cual, por cierto, es posible que a la postre acabe evitando un buen número de conflictos artificiosos que actualmente sobrecargan a los tribunales, de manera que los jueces queden solamente concentrados en los asuntos en los que sí es precisa su participación: aquellos en que el hecho o el derecho, o ambos, no son claros, precisándose una labor de averiguación de la realidad y de la interpretación más adecuada de la norma. En esos casos también es especialmente imprescindible crear un marco de debate objetivo que rara vez ha existido, con constantes apelaciones emotivas al "factor humano" del juez.

La única manera de lograrlo es conseguir la inmediata interacción de las partes con el juez, al estilo de lo que ocurre en la fase de *pretrial* del *Common Law*, pero con mayor agilidad[1618]. De esa manera, no se van a formular ya escritos con la esperanza de que quede de algún modo fijada para siempre la postura de cada uno, sino que, previo un último intento de negociación preprocesal escrita en el que se demostrará que las partes conocen el litigio, deberán quedar claras las posiciones de las partes en dos sesiones de debate próximas en el tiempo y de duración muy limitada —no más de treinta minutos, salvo casos excepcionales—, de las que automáticamente se irán extrayendo los argumentos de cada parte. Para dichas sesiones será imprescindible la presencia judicial, al menos mientras un *chatbot* no sea capaz de dirigir estos debates, como veremos en el epígrafe siguiente. La ventaja es que ya no se tratará de alegaciones lanzadas al viento, sino de afirmaciones que el juez deberá ir diciendo si le parecen o no adecuadas o si precisan prueba. En este escenario, será completamente imprescindible el trabajo de abogados y jueces, que deberán acudir muy bien preparados a estas audiencias, que por supuesto serán virtuales. En función de su complejidad pueden ser orales —las más complejas— o escritas vía chat las más simples. En todo caso, el fruto de esas dos sesiones de debate será

[1617] Tversky, A.; K., Daniel, "The Framing of decisions and the psychology of choice", *Science*, 211, 1981, (4481), pp. 453 y ss. Plous, S., *The psychology of judgment and decision making*, 1993. Andrews, A.; Clawson, R. A.; Gramig, B. M., "Finding the Right Value: Framing Effects on Domain Experts", *Political Psychology*, vol. 38, 2, abril 2017, pp. 261 y ss.

[1618] Cfr. Mullenix, L. S.; Nylund, A.; Vallines García, E.; Mendes, A., "Different Stages of Proceedings", en *Comparative Procedural Law and Justice*, Part. VI, C. 2, julio 2024, https://www.cplj.org/publications/6-2-different-stages-of-proceedings.

una recolección automatizada de puntos de debate para la prueba y para la argumentación jurídica que se espere del juez en la sentencia.

Pero insisto, lo que es esencial es que la exposición de alegaciones sea simultánea y que no obedezca a turnos de discurso, sino que se cree un ambiente de interacción similar a una conversación, que el juez deberá moderar, naturalmente, para prevenir excesos. De lo contrario, la objetividad se perderá.

La prueba puede presentarse de forma simultánea en los debates en caso de ser documental, siendo analizada automáticamente para la detección, en la medida de lo posible, de *deepfakes*. Los interrogatorios serán excepcionales y se convertirán, en caso necesario, o bien en declaraciones escritas similares a los afidávits, o bien en entrevistas cognitivas si la averiguación de la realidad depende muy principalmente de la declaración de esas personas, lo que ocurre pocas veces en realidad[1619]. También será necesario un tiempo para la realización de los dictámenes periciales que sea menester, en su caso, pudiéndose realizar preguntas aclaratorias por escrito a los peritos.

Con todo ello, se podrá pasar ya a la tercera y última audiencia —tras la práctica de la prueba— en la que el juez expondrá su conclusión y la debatirá con las partes, en busca de sus puntos fuertes y débiles, en el mismo formato de conversatorio que antes indiqué. Tras ello, el juez emitirá su sentencia con una cantidad de datos e informaciones que probablemente sea inédita en la historia de los procesos, lo que hará más dificultosa la apelación del fallo al producirse probablemente menos errores.

Todo ello requerirá un entrenamiento de los jueces para dirigir los debates buscando siempre promover esa objetividad. Es obvio que cada abogado defiende a su cliente, pero no podemos permitir por más tiempo que defiendan a toda costa lo indefendible simplemente porque su cliente así lo quiere, en la confianza de que conseguirán captar la empatía del juez. En estos procesos se procurará la recopilación objetiva de datos, nada más, a los que se les aplicará la normativa que sea menester sin interpretaciones forzadas o indefendibles. Será un nuevo escenario que requerirá abogados

---

[1619] Köhnken, G. / Manzanero, A. L. / Scott, M. T., "Análisis de la validez de las declaraciones: mitos y limitaciones", *Anuario de Psicología Jurídica*, 2015, pp. 13 y ss. Bueno Ochoa, L., "El protocolo SVA como sistema de análisis de validez de las declaraciones en contextos forenses", en Fuertes-Planas (ed.), *Concepciones sistemáticas y visiones literarias del Decho. Principios del Derecho VI*, Madrid 2020, pp. 441 y ss.

y jueces que sean juristas de una excelencia que, por desgracia, no se puede predicar de muchos de los que hoy ejercen esas profesiones.

7. LA INFLUENCIA DE LA INTELIGENCIA ARTIFICIAL

En el momento actual, todo lo anterior requiere la intervención humana en esos casos más complejos, que todavía son de un modo u otro una parte muy importante de los asuntos pendientes ante los tribunales. Necesitamos que el juez interactúe con las partes en esos breves e intensos debates para evitar que se desvíen. Va a ser imprescindible aprender el arte de explicarse muy bien de manera rápida, directa y concreta, sin florituras que a nadie van a convencer, pues serán indicios de falta de objetividad.

Pero llegará un día en que ese hábito de objetividad ayudará a los informáticos constructores de un sistema de justicia que aplique inteligencia artificial generativa, porque hará que se pueda configurar una herramienta que realmente sustituya al juez en no pocos casos reiterativos e interactúe con los abogados en esas audiencias virtuales, y que podrá trabajar en un número ilimitado de asuntos, lo que hará necesaria la presencia de más abogados que trabajen en esas audiencias y menos jueces que supervisen el trabajo del sistema, corrigiendo sus posibles errores con la ayuda de los informáticos, naturalmente, cuando esos fallos sean detectados con la ayuda de todos los participantes.

De ese modo, las posiciones de las partes serán el producto de un debate con una herramienta de inteligencia artificial generativa que, igual que pueden hacer siempre los jueces, procurará avenirlas expresando los puntos débiles de la defensa de cada una de ellas[1620], lo que aumentará su disposición a alcanzar una transacción, no a cualquier precio, sino a costa de ser vencidos con los datos objetivos que beneficien a la otra parte, lo que constituirá una posibilidad mucho más real y previsible que en la actualidad, cosa que sin duda beneficiará a la justicia como concepto y aspiración social.

De todos modos, la configuración de esa herramienta no va a ser nada fácil. Debe contener todos los datos del ordenamiento jurídico, así como

---

1620 Sarita, and Harsh Kumar, "Mediation and Artificial Intelligence: Future of Dispute Resolution", *International Journal of Law Management & Humanities*, 4, 2021, pp. 1472 y ss. Larson, D. A., "Artificial Intelligence: Robots, Avatars, and the Demise of the Human Mediator", *Ohio State Journal on Dispute Resolution*, Vol. 25, 2010, pp. 161-162.

su interpretación doctrinal y jurisprudencial, además de poseer también los datos de los litigios, no ya más frecuentes, sino de cualquiera de los conflictos que puedan aquejar a las personas en el ámbito civil.

A partir de ahí, deben suministrársele los datos para que la herramienta pueda identificar cuáles son las pruebas necesarias en cada tipo de litigio, exigiendo esa prueba a las partes o un equivalente a la misma, que con el tiempo también debe ser capaz de identificar, igual que deberá detectar, en la medida de lo posible, los *deepfakes* antes citados, por supuesto. Las partes, por supuesto, mandarán esos documentos a la herramienta con la misma facilidad que hoy cuelgan una foto en Instagram, lo que hará innecesario un procedimiento al respecto.

Tras toda esa labor, una herramienta de inteligencia artificial no va a recurrir a la retórica para cubrir vacíos de argumentación probatoria fáctica o jurídica. O el dato para hacer una afirmación existe, o no habrá nada que hacer. En absoluto va a suponer ello que las pruebas tengan una valoración tasada, ni mucho menos, pero sí se distinguirán aquellas pruebas que acreditan sin dudas una realidad, como la existencia documentada de una deuda o de su pago, de aquellas otras que simplemente enseñan que una realidad puede existir, pero hay que sopesarla con los datos existentes que no sean de una calidad tan incuestionable. En esta labor de consideración de estos datos menos contundentes —que son la mayoría en un proceso— la labor de los jueces en el "entrenamiento" de la herramienta debería ser fundamental.

Y de ese modo acabaremos descubriendo que la justicia que todos pretendemos, al contrario de lo que desde antiguo creímos, no depende de emociones ni de intuiciones, sino de la correcta averiguación de la verdad, que fue la aspiración de los egipcios al construir este concepto[1621], así como de la correcta aplicación del ordenamiento jurídico, mucho más complejo que entonces, naturalmente.

[1621] Lichtheim, M., *Maat in Egyptian Autobiographies and Related Studies.* Freiburg (Suiza) 1992, p. 18. Assmann, *Ma'at. Gerechtigkeit und Unsterblichkeit im Alten Ägypten,* cit. p. 15. Decoeur, Henri. "Maat, entre Cosmologie et Mythe: Le Principe Constitutionnel d'un Etat de Racine Chtonienne en Ancienne Egypte". Revue Juridique Themis, vol. 45, no. 2, 2011, p. 349.

8. HACIA LA REFORMA

Con todo ello se hace necesaria, imprescindible en realidad, una reforma que ponga a las leyes en la disposición de atender estas necesidades futuras. La reforma consiste, en pocas palabras, en la simplificación drástica de las leyes procesales, siguiéndose los siguientes cuatro puntos.

1. Desaparición de la competencia territorial[1622]. Al ser los procesos telemáticos, ya no tiene sentido que se celebren lo más cerca posible del lugar de los hechos, lo que hará que se puedan distribuir los procesos entre todos los jueces de un país. Ello llevará a una mejor gestión de los recursos humanos y materiales, así como, probablemente, a la prevención del tráfico de influencias en las sedes judiciales pequeñas, donde con alguna frecuencia se observa demasiada connivencia entre jueces y abogados.
2. Deben regularse las audiencias, estableciendo sus tiempos y su gestión en aras de la obtención de la objetividad, favoreciendo la interacción entre abogados y jueces, evitando los discursos de cada parte.
3. Las sentencias pueden ser elaboradas con herramientas de inteligencia artificial generativa que tenga en cuenta los datos obtenidos en las audiencias, lo que favorecerá la objetividad de su argumentación. En consecuencia, deben regularse en las leyes los límites del uso de estas herramientas tanto en cuanto a su funcionamiento como con respecto a la utilización de todos los datos del proceso, sobre todo a fin de no producir situaciones de indefensión, que se entenderán derivadas de las afirmaciones no respaldadas por datos. La inteligencia artificial no posee intuición ni debe poseerla, al estar basada solamente en generalizaciones que ayudan al ser humano a tomar decisiones rápidas[1623]. No son estas las que se esperan de una resolución judicial, que necesariamente deben ser reflexivas.
4. Debe abolirse toda la burocracia procedimental derivada de los traslados y las impugnaciones interlocutorias. Al tratarse de un proceso de audiencias con todos los datos del mismo colgados en la web, no tiene sentido digitalizar las antiguas normas procedimentales, que es

---

1622 Borràs Andrés, N, "Digitalización y normas de competencia territorial en el proceso civil: el fin de una era", *Revista Ítalo-Española de Derecho Procesal*, 2024, pp. 1 y ss.

1623 Myers, D. G., Intuición. El poder y el peligro del sexto sentido, trad. de Guillermo Solana de Intuition: its power and perils, New Haven y Londres 2002, Barcelona 2003. Gigerenzer, G. *Decisiones instintivas*, Barcelona 2008. Kahneman, D.; Tversky, A., "On the study of statistical intuitions", *Cognition*, 1982, 11, pp. 123 y ss.

lo que se ha hacho hasta el momento, sino que deben ser totalmente superadas con carácter definitivo, escapando así, por fin, de una tradición de más de un milenio.

Desde luego, con ello no solamente cambiarán las leyes procesales, sino el estudio de los procesalistas, centrado sobre todo en esa gestión de datos para que no se desvíen de la realidad apreciada con objetividad. Por supuesto, los profesores de Derecho Procesal nos encargaremos de la explicación del enjuiciamiento y de la preparación de los debates procesales y de su desarrollo. Probablemente dejaremos de hablar de carga de la prueba —un concepto que debe superarse definitivamente[1624]— o sobre todo de cosa juzgada, puesto que en una realidad procesal digitalizada, las repeticiones de juicios serán excepcionales al ser detectadas con gran facilidad las tentativas de reiteración. Tampoco hablaremos ya de interrogatorios como aprendices de brujo, o de pruebas periciales que no entendemos. Pero sí será precisa nuestra ciencia para gestionar todos esos datos para obtener lo que todos deseamos: una resolución que se ajuste a la realidad de los hechos y del ordenamiento, respetándose los derechos fundamentales. Es decir, una decisión justa[1625].

1624 Nieva Fenoll, "Requiem per l'onere della prova", *Rivista Trimestrale di Diritto e Procedura Civile,* n. 1, 2023, pp. 171 y ss.

1625 Taruffo, M., "Idee per una teoria della decisione giusta·, en *Verso la decisione giusta,* Torino 2020.

EL PROCEDIMIENTO VERBAL SIN ORALIDAD: LA TRANSFORMACIÓN DE UN MODELO

Publicado en AAVV, Las transformaciones del proceso civil, Cizur Menor 2016, pp. 81-110.

1. INTRODUCCIÓN

Llevamos muchísimo tiempo a vueltas con la oralidad[1626]. Pese a que la escritura había sido concebida originalmente para darle mayor fiabilidad a la memoria de los procesos en un tiempo en que no existían ni cámaras ni otros medios para acreditar los acontecimientos[1627], finalmente se habían burocratizado hasta tal extremo las actuaciones que se produjo en la mayoría de lugares un colapso procesal que aún perdura en tantos países. Por ello, identificado aparentemente el mal —la escritura—, se había descrito a la oralidad como la solución a todas las deficiencias del proceso, lo que se ha demostrado claramente que no es así, con gran frecuencia, cuando se la ha puesto en práctica[1628], simplemente porque, más que la escritura, lo que fallaba en realidad era la obsoleta estructura organizativa jurisdiccional —sobre todo por el insuficiente número de jueces—, así como una

---

1626 Al menos desde Chiovenda, Giuseppe, *Principios de Derecho Procesal.* Traducción de Casais a la tercera Edición de la obra "*Principii di Diritto Processuale*". Madrid 1977, p. 143, y con especial entusiasmo desde Cappelletti, Mauro, *La oralidad y las pruebas en el proceso civil,* traducción de Sentís Melendo de Buenos Aires, 1972.

1627 Mansi, Joannes Dominicus, *Sacrorum conciliorum nova et amplissima collectio,* Vol 22, Graz 1961, pp. 1023-1026. La referencia del Concilio es: Lateranense IV, Innocentius P.III, Cap. XXXVIII, anno Christi 1215: "*Quoniam contra falsam assertionem iniqui iudicis innocens litigator, quandoque non potest veram negationem probare, cum negantis factum per rerum naturam nulla sit directa probatio: ne falsitas veritati praeiudicet aut iniquitas praevaleat aequitati, statuimus ut tam in ordinario iudicio quam extraordinario, iudex semper adhibeat aut publicam (si potest habere) personam, aut dos viros idoneos, qui fideliter universa iudicii acta conscribant, videlicet citaciones et dilationes, recusationes et exceptiones, petitiones et responsiones, interrogationes et confessiones, testium depositiones et instrumentum productiones, interlocutiones, apellationes, renunciationes, conclusiones et cetera quae ocurrunt competenti ordine conscribenda, designando loca, tempora et personas...*"

1628 Ya lo advirtió hace tiempo 1950 Prieto-Castro Ferrándiz, Leonardo, *Oralidad y escritura en el proceso civil,* en: "Trabajos y orientaciones prácticas de Derecho Procesal", Madrid 1964, p. 209: "*...ha pasado el tiempo en que, incondicionalmente, se atribuía la preferencia a la oralidad.*"

excesiva complejidad de los trámites, complejidad que se debía a ilegítimas razones serán abordadas brevemente después[1629]. Sea como fuere, todo ello ha favorecido algunas opiniones doctrinales que reclaman el valor de la escritura para diversos trámites[1630] —no todos—, voces con las que me he mostrado de acuerdo en diversas ocasiones[1631].

Cuando esta crítica a la oralidad afecta ni más ni menos que al juicio o procedimiento "verbal", la paradoja se hace evidente. Se trata de un procedimiento que fue concebido en la Ley de Enjuiciamiento Civil de 2000 con inicial vocación de sumariedad para ser sustanciado rápidamente[1632], aunque en las discusiones prelegislativas se fue desnaturalizando esa vocación inicial por razones ajenas a los redactores del proyecto[1633]. Por lo demás, las últimas reformas han hecho del mismo un simple procedimiento ordinario sin audiencia previa con los plazos más breves, al que, además, no se acaba de entender por qué se le sigue llamando "verbal", habida cuenta de que solamente dispone de una fase oral que, como vamos a ver más adelante, es perfectamente posible que ni siquiera se celebre.

Probablemente lo que subyace en toda esta materia es un déficit acerca de cuál sería el modelo ideal de procedimiento, al margen de condicionamientos históricos o tradicionales. Quizás haya que recordar que, como veremos seguidamente, los procedimientos sumarios como tales nacieron como consecuencia de la crisis del procedimiento plenario debida a su excesiva duración sobre todo[1634]. Pero tras ello, convendría reflexionar sobre las mismas oralidad y sumariedad como herramientas procesales, a fin de

---

1629 Traté este tema en Nieva Fenoll, *La desburocratización de los procedimientos judiciales (reflexiones a propósito del Código Procesal Modelo para Iberoamérica)*, Revista Iberoamericana de Derecho Procesal, n. 14, 2012, pp. 31 y ss.

1630 Vid. las ponencias de e Jorge W. Peyrano (t. I, pp. 149 y ss), Michele Taruffo (t. I, pp. 185 y ss) y Eduardo Oteiza (t. I, pp. 413 y ss), entre otros, en AAVV (Carpi / Ortells ed.). *Oralidad y escritura en un proceso civil eficiente*, Valencia 2008.

1631 Nieva Fenoll, *Oralidad e inmediación en la prueba: luces y sombras*, Civil Procedure Review, v. 1, n. 2: 27-41, jul./set., 2010; *Los problemas de la oralidad*, Justicia 2007, 1-2, pp. 101 y ss.

1632 Vid. Borrador de la Ley de Enjuiciamiento Civil de abril de 1997, pasaje IV de la exposición de motivos y art. 443.2 del mismo borrador.

1633 Vid. Diario de Sesiones del Congreso de los Diputados, Comisión de Justicia e Interior, año 1999, VI Legislatura, nº 634, pp. 18434 y ss, aunque sobre todo el nº 635 del día siguiente, el 4 de marzo, pp. 18455 y ss, donde se recogieron al respecto comentarios —algo fuera de tono incluso— de los críticos con el proyecto.

1634 Que también se observaba en otras latitudes, como en Cataluña. Vid. al respecto Nieva Fenoll, *El proceso jurisdiccional catalán entre 1714 y 1835. Breve reseña histórica*, en: "Jurisdicción y Proceso", Madrid 2009, pp. 209 y ss.

averiguar su auténtica utilidad. Con esa guía, posiblemente será más sencillo pronunciarse sobre si es recomendable la existencia de uno o varios procedimientos sumarios y por qué. Y finalmente, si ese procedimiento sumario conviene que sea oral o no.

A toda esta materia se dedicará el presente trabajo, con el único ánimo de ayudar a acabar una obra que la Ley de Enjuiciamiento Civil de 2000 emprendió —por fin— decididamente, pero que por desgracia no fue posible concluir: la definitiva simplificación procedimental.

2. LA ORALIDAD COMO MITO DE RAPIDEZ Y EFICIENCIA

La oralidad fue la estrella de congresos y doctrinas durante casi todo el siglo XX[1635]. Cuando se buscaba un pretexto para criticar a nuestros viejos procedimientos, se aludía a la oralidad como la herramienta que traería una más que deseable modernidad a los procedimientos civiles sobre todo[1636]. No en vano el procedimiento principal de la Ley de Enjuiciamiento Civil de 1881, el procedimiento de mayor cuantía, era heredero directo del mismísimo *solemnis ordo iudiciarius* de la Baja Edad Media, tal y como nos lo había legado el Digesto de la Alta Edad Media[1637]. Y era casi íntegramente escrito[1638].

1635 De hecho, lo sigue siendo en parte. Sirvan como ejemplos el II Congreso Internacional de Derecho Procesal "Oralidad y Proceso", celebrado en Cartagena de Indias en 2009 (http://www.eluniversal.com.co/cartagena/educacion/ii-congreso-internacional-de-derecho-procesal-%E2%80%9Coralidad-y-proceso), o el IV Congreso Internacional de Derecho Procesal celebrado en La Habana en 2015, con el tema "El papel de la oralidad en las reformas procesales contemporáneas" (http://www.redliberoamericanadetrabajoconfamilias.org/convocatoria-ivcongresointernacional.pdf), o el Congreso Internacional "Juicios Orales y Debido Proceso Legal, celebrado en Ciudad de México en 2007 (http://www.kas.de/rspla/es/events/26364/), sin olvidar naturalmente el importante Coloquio de la Asociación Internacional de Derecho Procesal celebrado en Gandía en 2008 con el tema "Oralidad y escritura en un proceso civil eficiente" (http://www.uv.es/coloquio/).

1636 Como ya se ha dicho, Chiovenda y Cappelletti, *ibidem*, fueron especialmente activos en este sentido.

1637 Vid. el mismo en NÖRR, Knut Wolfgang, *Romanisch-kanonisches Prozessrecht*, Berlin 2012.

1638 Salvando las pruebas que suponían declaración de personas, aunque en la práctica se celebraban casi siempre sin presencia del juez, lo que hacía inútil la oralidad, así como la fase de conclusiones, que podía consistir en una vista (art. 668 LEC 1881) que tampoco solía celebrarse al tener que ser solicitada por todas las partes o concedida discrecionalmente por el juez (art. 675 LEC 1881). Sobre el carácter escrito

El problema principal de dicho procedimiento no era en realidad su falta de oralidad, sino su complejidad burocrática. Buscando salvaguardar de manera obsesiva el derecho de defensa, aunque también los honorarios de los abogados y los aranceles del personal de la justicia —jueces incluídos[1639]—, se había construído un procedimiento lleno de incidentes infinitos, que se podía suspender a cada momento, y en el que cabía replicar y contrarreplicar sin descanso[1640]. De hecho, el procedimiento de mayor cuantía de la Ley de Enjuiciamiento Civil de 1881 intentaba ser una síntesis de ese antiguo procedimiento, aunque era igualmente demasiado complicado.

Uno de los mayores inconvenientes que planteaba el *solemnis ordo iudiciarius*, y que se mantuvo durante muchísimo tiempo, consistía en el planteamiento de las excepciones dilatorias, dado que su simple alegación paralizaba automáticamente el curso del proceso, pudiendo ser opuestas, además, una tras el fracaso de la otra, lo que hacía el proceso interminable[1641]. Un problema tan burdo[1642] tuvo que haber sido resuelto con la simple abolición de esa fase procedimental, dejando su decisión para la sentencia. Pero los juristas, tan apegados siempre a la tradición, quisieron mantener esa absurda fase con el pretexto de ejercer debidamente la defensa. Tuvo que ser alguien más imaginativo como Franz Klein[1643] quien en Austria, utilizando precisamente la oralidad, se atreviera a hacer un cambio poniendo en marcha la audiencia previa con el único objeto de resolver ese problema[1644].

---

de las pruebas, que se intentaba combatir, vid. entre otras muchas la Real Cédula de 13-8-1769, aunque especialmente la disposición de 1500 contenida en NR, Libro XII, Título XXXII, Ley XVI.

1639 El hecho es que casi todos ellos cobraban por trámite concluído, por lo que más ganaban cuantos más hacían. Vid. Nov. Rec. Lib. IV, tít. I, Ley 3, tít. XVII, Ley 4, tít. XX, Ley 8, tít. XXI, Leyes 13-15, tít. XXX, Ley XVI; Lib. V, tít. XIX, Leyes 4-5; Lib. XI, tít XXX, etc. Los abogados estaban sometidos a una limitación de cuota litis de un 20% (Nov. Rec. Lib. V, tít. XXII, Ley 18). Vid. también Gaceta de Madrid, n. 1594, 28-3-1839, p. 3; n. 110, 8-6-1834, p. 487, así como los *Aranceles Generales para todos los Tribunales y Juzgados... en virtud del decreto de las Cortes, desde 1 de febrero de 1838*, Madrid 1837.

1640 Nuevamente, Nieva Fenoll, *El proceso jurisdiccional catalám*, ibidem.

1641 Vid. Vázquez Sotelo, *Instituciones saneadoras del proceso civil español: "excepciones dilatorias" y "comparecencia previa"*, Justicia, N. 1, 1987, pp. 19 y ss.

1642 Combatido desacertadamente por la Ley de Enjuiciamiento Civil de 1881, arts. 535 y 539, que encierran una fenomenal paradoja.

1643 KLEIN, Franz, *Vorlesungen über die Praxis des Civilprocesses*, Viena 1900.

1644 §§ 239 y ss de la ZPO austríaca en su versión original de 1895. Esta audiencia preliminar tenía lugar antes de la contestación de la demanda. Actualmente está regulada

Es posible que la estela del éxito de Klein reforzara las posiciones en favor de la oralidad. Ese antiguo éxito de originalidad, no obstante, constituye la razón por la que una fase habitualmente inútil en la actualidad[1645], sigue contando con muy numerosos adeptos en el mundo hispano/lusoparlante fundamentalmente, aunque incluso reconozcan que la fase es, normalmente, del todo prescindible[1646]. Pero aún y así, no desean perderla una vez habituados a ella. Es curioso observar cómo este tipo de comportamientos tradicionalistas han marcado tantas veces la historia del Derecho en general.

Con todo, en el trámite en el que la oralidad se hacía del todo imprescindible era en la práctica de la prueba de declaración de personas, que en la época distinguía, fundamentalmente, entre la confesión y la declaración de testigos, distinción que tenía sentido sobre todo bajo el sistema de prueba legal, y que a su vez dejó arrinconada la declaración libre de las partes, aunque existía[1647]. Sea como fuere, la celebración de estas pruebas, siempre en ausencia de los jueces, se transformó en un acto formal, que consistía meramente en respuestas breves y preconcebidas —habitualmente inútiles— a preguntas o repreguntas redactadas previamente en el caso de los testigos[1648], o de encorsetado juramento a unas afirmaciones —las antiguas "posiciones"— en el caso de las partes. Aunque con el tiempo la declaración de los testigos se fue haciendo algo menos formulista, el inconveniente de no estar presentes los jueces en la declaración fue desprestigiando esta prueba hasta el punto de hacerla marginal, situación de la que

---

únicamente en el § 258, y se celebra después de la contestación de la demanda.

1645 En Alemania se recomienda su práctica solamente cuando las partes no van acompañadas de abogado, precisamente para ayudarlas a centrar el objeto del proceso. De lo contrario, esta fase preparatoria se celebra por escrito confudiéndose con la fase de alegaciones. Vid. Rosenberg, Leo / Schwab, Karl Heinz / Gottwald, Peter, *Zivilprozeßrecht*, München, 2010, pp. 573-574.

1646 Lo mismo pude percibir en Italia, al observar la evidente reacción del público al mismo comentario que he realizado en el texto principal, con motivo de una conferencia que pronuncié en Roma el 20 de marzo de 2015 en el congreso organizado por la Unione Nazionale delle Camere Civili y el Centro Studi dell'Avvocatura Italiana (IV Rapporto sulla Giustizia Civile in Italia), publicada bajo el título *Reformas pasadas y reformas pendientes del proceso civil español* en La Ley, nº. 8.513, 7-4-2015.

1647 Partida III, tít. XIII. Vid. también Nieva Fenoll, *La valoración de la prueba*, Madrid 2010, pp. 58 y ss.

1648 Rigidez procedimental criticada justamente por la doctrina de la época. Vid. por todos De la Oliva Santos, Andrés, *Derecho Procesal Civil*, T. II, Madrid 1991, p. 310. Prieto-Castro Ferrándiz, Leonardo, *Tratado de Derecho Procesal Civil*, Pamplona 1982, p. 685.

no se ha recuperado en el proceso civil, pese al profundo cambio que han sufrido los interrogatorios.

Pero la oralidad no mejoró las cosas. Se está comprendiendo poco a poco, aunque está costando, que la inmediación no confiere al juez un poder paranormal para saber quién miente y quién dice la verdad, por lo que la principal finalidad que se había anunciado de la oralidad en la prueba —su debida valoración— ha ido cayendo en saco roto, por desgracia. No se ha entendido que la finalidad principal de la inmediación no era que el juez hiciera de adivino[1649], sino que pudiera preguntar directamente a

---

[1649] Esa es la línea de las sentencias que, absurdamente, siguen reclamando el valor de la inmediación en la primera instancia hasta hacer inimpugnable la valoración de la prueba en la apelación. STC 120/2009, de 18-5, FJ 3: "*cuando el Tribunal de apelación ha de conocer tanto de cuestiones de hecho como de Derecho, y en especial cuando ha de estudiar en su conjunto la culpabilidad o inocencia del acusado, el Tribunal Europeo de Derechos Humanos ha entendido que la apelación no se puede resolver en un proceso justo sin un examen directo y personal del acusado que niegue haber cometido la infracción considerada punible, de modo que en tales casos el nuevo examen por el Tribunal de apelación de la declaración de culpabilidad del acusado exige una nueva y total audiencia en presencia del acusado y los demás interesados o partes adversas (SSTEDH de 26 de mayo de 1988, caso Ekbatani c. Suecia, § 32; 29 de octubre de 1991, caso Helmers c. Suecia, §§ 36, 37 y 39; 29 de octubre de 1991, caso Jan-Äke Andersson c. Suecia, § 28; 29 de octubre de 1991, caso Fejde c. Suecia, § 32). En este sentido el Tribunal ha declarado también en su Sentencia de 27 de junio de 2000 —caso Constantinescu c. Rumania, §§ 54 y 55, 58 y 59. (...) Más recientemente, en las SSTEDH de 27 de noviembre de 2007, caso Popovici c. Moldavia (§ 71); 16 de diciembre de 2008, caso Bazo González c. España (§ 31); y 10 de marzo de 2009, caso Igual Coll c. España (§ 37), se reitera que la condena en apelación de quien fue inicialmente absuelto en una primera instancia en la que se practicaron pruebas personales, sin que hubiera sido oído personalmente por el Tribunal de apelación ante el que se debatieron cuestiones de hecho afectantes a la declaración de inocencia o culpabilidad del recurrente, no es conforme con las exigencias de un proceso equitativo tal como es garantizado por el art. 6.1 del Convenio.*" Vid. una magnífica y atinada crítica de esta jurisprudencia en Igartua Salaverria, Juan, *Prueba científica y decisión judicial (unas anotaciones propedéuticas)*, La Ley, 2-11-2007. Hay que decir, no obstante, que esta jurisprudencia solamente tiene sentido cuando ha juzgado en primera instancia un jurado puro, que por definición no motiva, por lo que no existe valoración probatoria que atacar, confiándose totalmente, no sin algo de fe, en el criterio del jurado. De ahí que en el siglo XVIII pronunciara estas esclarecedoras palabras Blackstone, William, *Commentaries on the Laws of England*, III, London 1794, p. 454: "*An appeal to parliament, that is, to the house of lords, is the dernier resort of the subject who thinks himself aggrieved by an interlocutory order or final determination in this court: and it is effected by petition to the house of peers, and not by writ of error, as upon judgments at common law. This jurisdiction is said to have begun in 18 Jac. I. and it is certain, that the first petition, which appears in the records of parliament, was preferred in that year; and that the first which was heard and determined (though the name of appeal was then a novelty) was presented in a few months after: both levelled against the lord chancellor Bacon for corruption, and other misbehaviour. It was afterwards warmly controverted by the house of commons in the reign of Charles the second. But this dispute is now at rest; it being obvious to the reason of all*

partes y testigos acerca de las dudas que le surgieran tras los interrogatorios de los abogados de las partes, así como que el control sobre la admisión de preguntas fuera mucho más ágil y eficiente. De hecho, ninguna de ambas cosas ha sucedido en realidad, aunque la causa de ello no es la introducción de la oralidad, sino la falta de formación específica de los jueces para los interrogatorios, cuestión que sigue sin solucionarse[1650].

En el resto de fases procesales, la oralidad se ha revelado con frecuencia como un engorro, aunque no realmente porque no sea útil debatir algunas cuestiones oralmente, sino por problemas de tiempo que han saturado la agenda de los juzgados y traen de cabeza a los abogados, que se ven obligados a acudir a vistas que consideran perfectamente prescindibles. La introducción de la oralidad, para que fuera eficiente, debería haber aumentado muy relevantemente la planta de juzgados y tribunales. Pero ello no sucedió. De ahí, en parte, su parcial fracaso, al que habría que sumar la reflexión acerca de si esa oralidad, aparte de más cómoda que un trámite escrito, era realmente necesaria en todo caso, en tantos incidentes como todos aquellos para los que está prevista.

3. SUMARIEDAD Y ORALIDAD

Otra reflexión que se dejó de lado se centra en si, en primer lugar, es precisa la existencia de un procedimiento sumario junto al plenario. Y si siendo positiva la respuesta a esa pregunta, es eficiente que dicho procedimiento sea eminentemente oral.

---

mankind, that, when the courts of equity became principal tribunals for deciding causes of property, a revision of their decrees (by way of appeal) became equally necessary, as a writ of error from the judgment of a court of law. And, upon the same principle, from decrees of the chancellor relating to the commissioners for the dissolution of chauntries (...) an appeal to the king in parliament was always unquestionably allowed. But no new evidence is admitted in the house of lords upon any account; this being a distinct jurisdiction: which differs it very considerably from those instances, wherein the same jurisdiction revises and corrects its own acts, as in rehearings and bills of review. For it is a practice unknown to our law, (though constantly followed in the spiritual courts), when a superior court is reviewing the sentence of an inferior, to examine the justice of the former decree by evidence that was never produced below. And thus much for the general method of proceeding in the courts of equity."

1650 Por todos, Manzanero, *Psicología del testimonio,* cit. *passim.* Masip, Jaume / Gernán, Alonso / Herrero, Carmen, *Verdades, mentiras y su detección a partir del comportamiento no-verbal,* en: "AAVV (coord. Garrido / Masip / Herrero), Psicología jurídica", Madrid 2008, pp. 475 y ss. Ibabe Erostarbe, Izaskun, *Psicología del testimonio,* Donostia 2000. Ibáñez Peinado, *Psicología e investigación criminal: el testimonio,* Madrid 2009.

3.1. Breve historia y Derecho comparado

En cuanto a la sumariedad[1651], su origen es perfectamente conocido. Al margen de experiencias previas, y de muy dudosa configuración, como los interdictos romanos[1652], o el mismo *summatim cognoscere* también romano —antecedente directo de los procedimientos sumarios[1653]—, o algunas experiencias previas de procedimientos breves[1654], el origen de la generalización de la sumariedad parece situarse en la Decretal de Clemente V *Saepe Contingit* de 1306[1655], a partir de la que varios ordenamientos seculares[1656] extienden aún más la simplificación procedimental propia de los procedimientos sumarios.

No entraré en la discusión de si el proceso celebrado a través de un procedimiento sumario tiene como fruto una sentencia con fuerza de cosa juzgada[1657]. En este momento es más interesante ahondar en las razones de

---

1651 Al respecto, resulta de gran utilidad la recopilación de antecedentes que realizó Fairén Guillén; Víctor, en *Lo "sumario y lo "plenario" en los procesos civiles y mercantiles españoles. Pasado y presente,* Madrid 2006.

1652 Vid. Kaser / Hackl, *Das römische Zivilprozessrecht,* cit. p. 637.

1653 Vid. su curioso detalle en Nieva Fenoll, *Enjuiciamiento* prima facie, Barcelona 2007, pp. 20 y ss y su copia parcial en la Partida III, tít XXII, Ley 7: "*Escodriñada, e sabida la verdad del pleyto, deue el Judgador dar su juycio, assi como de suso mostramos. Pero pleytos y ha, que el Judgador non ha por que fazer gran escodriñamiento, si non oyrlos, e librarlos llanamente*". Se añade, además, que el Juez en estos casos debe juzgar "*si fallare por algunas razones, o señales, maguer non sean mucho afincadas nin que prueuen el fecho claramente*".

1654 El procedimiento castellano para procesos de escasa cuantía, por ejemplo, regulado en la Partida III, tít XXII, Ley 6: "*En escripto diximos en la ley de suso, que deue todo Judgador dar su juycio acabado. Pero pleytos y ha, que pueden ser judgados sin escrito, e por palabra tan solamente. E esto seria, quando la demanda fuesse de quantia de diez marauedis ayuso, o sobre cosa que non valiesse mas desta quantia; mayormente quando tal contienda como esta acaesciesse entre omes pobres e viles. Ca a tales como estos deuelos el Judgador oyr, e librar llanamente, de guisa que non ayan a fazer costa, e mission por raçon de las Escrituras. E esto mismo dezimos que deue ser guardado, quando los Oficiales dan cuenta de lo que ficieron en sus oficios; o quando algun Obispo oyere, o librare pleytos entre sus Clerigos.*"

1655 Vid. la Decretal traducida en Gutiérrez Berlinches, Álvaro, *Algunas reflexiones sobre el concepto de sumariedad,* RDProc, 2003, n. 1-3, pp. 296 y ss.

1656 Vid. Vid. CYADC, volumen I, libro 3, título 26, constituciones 2 a 7 (pp. 233-235); Nov. Recop. Libro XI, tít. III Ley VIII.

1657 Que tiene pocos partidarios (por todos, Fairén Guillén, Víctor, *La desaparición de la fuerza de cosa juzgada material de las sentencias dictadas en juicios sumarios (art. 447 de la Ley de Enjuiciamiento Civil de 7 de enero de 2000),* Tribunales de Justicia, 2003, n. 7, pp. 1 y ss), bastantes contradictores (entre otros Montero Aroca, Juan, *La cosa juzgada: conceptos generales,* "Efectos jurídicos del proceso", Cuadernos de Derecho Judicial, CGPJ, Madrid, 1995, p. 94. De la Oliva Santos, Andrés / Díez-Picazo Giménez, Ignacio, *Derecho Procesal Civil. El proceso de declaración,* Madrid 2000, p. 494-496. Gutiérrez Berlinches, Álvaro,

la sumariedad y limitar su estudio, no tanto a su definición más tradicional —limitación de medios de ataque y defensa[1658]—, sino a su único origen etimológico, que desvela perfectamente su sentido: *summatim*, la palabra latina de la que proviene el vulgarizado *summarium*, significa breve o resumido. Y en este sentido puede anunciarse que existe una razón doble de introducir esa brevedad o sumariedad en las leyes procesales, de la que esa supuesta limitación de medios de defensa y ataque no sería más que una mera consecuencia[1659]. Por una parte, algunas pretensiones son privilegiadas por el legislador para que tengan una respuesta judicial más rápida[1660], lo que acostumbra a afectar a pleitos posesorios[1661], o bien de protección de sujetos en situación de necesidad urgente, como ocurre en el caso de los alimentos, o bien como sucedió en Derecho catalán medieval con los procesos en que fuere parte un extranjero transeunte[1662]. Pero después, en segundo lugar, existe a veces una voluntad, más general, de crear sim-

---

Algunas reflexiones sobre el concepto de sumariedad, RDProc, 2003, n. 1-3, p. 320) y diversas posturas intermedias Prieto-Castro Ferrándiz, *Tratado*, cit. pp. 37-38. Serra Domínguez, Manuel, *Comentario al art. 1252 del Código Civil*, en: "Comentarios al Código Civil y compilaciones forales" (dirigidos por Albaladejo), Madrid 1981, tomo XVI, vol. 2, p. 722. Gimeno Sendra, Vicente, (con Moreno y Cortés), *Derecho Procesal Civil. Parte especial*, Madrid 2003, p. 25. Lourido Rico, Ana Mª, *La cosa juzgada y su tratamiento procesal en la Ley de Enjuiciamiento Civil*, A Coruña 2001, p. 150. Grande Seara, Pablo, *Notas sobre la regulación de la cosa juzgada en la nueva Ley de Enjuiciamiento Civil*, Rev.VascaDPA, 2000, 13 (2), p. 293. Vallines García, Enrique, *La preclusión en el proceso civil*, Madrid 2004, pp. 287 y ss. Tapia Fernández, Isabel, *Efectos objetivos de la cosa juzgada*, "Efecto jurídicos del proceso", Cuadernos de Derecho Judicial, CGPJ, Madrid, 1995, p. 178. De Padura Ballesteros, Mª Teresa, *Fundamentación de la sentencia, preclusión y cosa juzgada*, Valencia 2002, p. 180-182. Explico mi posición, también favorable a dichos efectos, en Nieva Fenoll, *La cosa juzgada*, Barcelona 2006, pp. 153 y ss.

1658 Vid. Gutiérrez Berlinches, *Algunas reflexiones*, pp. 310-311.

1659 Digo supuesta, dado que como explico en Nieva Fenoll, *La cosa juzgada*, cit. pp. 161, en ocasiones sí que ha existido (interdicto de retener y recobrar, LEC 1881, arts. 1652, 1655 y 1656) o existe (art. 444.3 LEC, proceso en materia de venta a plazos de bienes muebles y arrendamiento financiero) esa limitación legalmente, pero lo que en realidad ha ocurrido habitualmente es una restricción de tiempos y trámites de la que sólo teóricamente es posible deducir una mengua de las posibilidades de defensa y ataque, ya que en la práctica esa defensa y ese ataque coincide habitualmente con el desplegado en un procedimiento plenario.

1660 Vid. Nieva Fenoll, *Enjuiciamiento* prima facie, cit. p. 33.

1661 Es el caso de los "juicios de despojo" del ordenamiento castellano. Nov. Recop. Libro XI, tít. XXXIV, Ley VI.

1662 Usatge Quoniam ex conquestione: "*Ab inviolabile observatio manam fermament esser guardat que con se esdevendra algun caminant o estranger ab alguns dels nostres sotmesos pledejar, que tost e sens triga aytal plet sie ab deguda fi termenat, car unica cosa seria si aytals persones, qui a perills de camins e fortuna de rius ells mateixs e lurs bens sovint exposan, contra arbitre de*

plemente un procedimiento plenario pero más simple, lo que va más en la línea de la *Saepe Contingit*, aunque no completamente[1663].

Esa misma voluntad se encuentra presente hoy en día. En la Ley de Enjuiciamiento Civil española, acudiendo a su art. 447 pueden descubrirse la mayoría de procedimientos sumarios actualmente existentes, que vuelven a ser pleitos posesorios, añadiéndose un par de casos para la tutela de consumidores[1664], las partes débiles por excelencia del proceso civil actual. A su vez se añade el procedimiento verbal para reclamaciones de hasta 6.000 euros (art. 250. 2 LEC), que también en un origen fue configurado como un procedimiento sumario a sustanciarse en una sola vista[1665].

En el Derecho extranjero de nuestro entorno más inmediato, la situación es desigual, pero existe una tendencia a marginar los procedimientos especiales y a trazar un procedimiento plenario y otro sumario, sin más, con diferentes matices y pretextos.

En Alemania, al lado del procedimiento ordinario existe un procedimiento algo más sencillo ante los *Amtsgerichte*, juzgados unipersonales de distrito que conocen de reclamaciones dinerarias inferiores a 5.000 euros, así como pretensiones en su mayoría posesorias y nuevamente de Derecho de consumo (art. 23 GVG)[1666]. El procedimiento es más simple que el sus-

---

lur propia voluntat en algun loc havien a fer longa triga". Vid. también CYADC, I, 3, 26, 1 (1493, p. 233).

1663 Cfr. en Montero Aroca, *La herencia procesal española*, México 1994, p. 75 y ss.

1664 Vid. art. 250.1.10 y 11.

1665 Vid. las reflexiones al respecto de Lorca Navarrete, *La eficacia de la reciente modificación del juicio verbal*, cit., así como los comentarios sobre la dudosa constitucionalidad actual de una sumariedad entendida a la antigua usanza, es decir, como limitación en el procedimiento en cuestión de los medios de ataque y defensa.

1666 Die Zuständigkeit der Amtsgerichte umfaßt in bürgerlichen Rechtsstreitigkeiten, soweit sie nicht ohne Rücksicht auf den Wert des Streitgegestandes den Landgerichten zugewiesen sind:
1. Streitigkeiten über Ansprüche, deren Gegenstand an Geld oder Geldeswert die Summe von fünftausend Euro nicht übersteigt;
2. ohne Rücksicht auf den Wert des Streitgegenstandes:
a) Streitigkeiten über Ansprüche aus einem Mietverhältnis über Wohnraum oder über den Bestand eines solchen Mietverhältnisses; diese Zuständigkeit ist ausschließlich;
b) Streitigkeiten zwischen Reisenden und Wirten, Fuhrleuten, Schiffern oder Auswanderungsexpedienten in den Einschiffungshäfen, die über Wirtszechen, Fuhrlohn, Überfahrtsgelder, Beförderung der Reisenden und ihrer Habe und über Verlust und Beschädigung der letzteren, sowie Streitigkeiten zwischen Reisenden und Handwerkern, die aus Anlaß der Reise entstanden sind;

tanciado ante los tribunales del estado federado (*Landgerichte*)[1667], pero lo importante es que solamente puede hacerse auténticamente sumario en caso de reclamaciones inferiores a 600 euros, situación en que el juez puede determinar el procedimiento a su libre albedrío y celebrarlo de forma oral a petición de una de las partes[1668] (art. 495a ZPO)[1669].

En Italia existen simplificaciones procedimentales ante el tribunal en composición unipersonal (arts. 281 bis y ss y 702 bis a quater CPC)[1670], en el que se introduce decididamente, aunque opcionalmente, la oralidad, tras el intercambio de los escritos dispositivos. Algo parecido, aunque con cierta complejidad innecesaria, se dispone para el procedimiento ante el juez de paz (art. 311 y ss CPC)[1671]. Además, se le dedica un título entero a los procedimientos sumarios (art. 633 a 705 CPC), dentro de los que se regulan procedimientos que no deberían tener esta calificación, como el monitorio, las medidas cautelares o las medidas de aseguramiento de la prueba, pero sí la merecen procesos posesorios como el desahucio (arts. 657 y ss CPC) o la denuncia por obra nueva (arts. 688 y ss), también incluidos en ese mismo título de la ley.

En Francia se estableció como sumario el procedimiento para los jueces de proximidad[1672], que puede ser íntegramente oral (arts. 842 y 846[1673] CPC) con amplios poderes de ordenación para el juez (art. 847)[1674].

---

c) Streitigkeiten nach § 43 Nr. 1 bis 4 und 6 des Wohnungseigentumsgesetzes; diese Zuständigkeit ist ausschließlich;

d) Streitigkeiten wegen Wildschadens; (...)

g) Ansprüche aus einem mit der Überlassung eines Grundstücks in Verbindung stehenden Leibgedings—, Leibzuchts—, Altenteils— oder Auszugsvertrag.

1667 Rosenberg / Schwab / Gottwald, *Zivilprozessrecht*, cit. pp. 603 y ss.

1668 Es el proceso alemán de bagatela al que se refiere el manual de Rosenberg / Schwab / Gottwald, *Zivilprozessrecht*, cit. pp. 606 y ss.

1669 *Das Gericht kann sein Verfahren nach billigem Ermessen bestimmen, wenn der Streitwert 600 Euro nicht übersteigt. Auf Antrag muss mündlich verhandelt werden.*

1670 Vid. Carpi, Federico / Taruffo, Michele, *Commentario breve al Codice di Procedura Civile*, Padova 2013, pp. 1431 y ss y 3294 y ss.

1671 Carpi / Taruffo, *Commentario breve*, cit. pp. 1673 y ss.

1672 AAVV (dir. Wyvekens y Faget), *La justice de proximité en Europe. Pratiques et enjeux*, Ramonville Saint-Agne 2001.

1673 Este precepto es lapidario: "*La procédure est orale*".

1674 "A défaut de conciliation constatée à l'audience, l'affaire est immédiatement jugée ou, si elle n'est pas en état de l'être, renvoyée à une audience ultérieure. Dans ce cas, le greffier avise par tous moyens les parties qui ne l'auraient pas été verbalement de la date de l'audience." Y añade el art. 847.1: "Le juge qui organise les échanges entre les parties comparantes peut, conformément au second alinéa de l'article 446-1, dispen-

Por último, en Portugal la situación es similar a la española: un procedimiento ordinario (arts. 467 y ss CPC) y dos procedimientos más breves: uno al que llaman "sumário" (arts. 783 y ss CPC), que es una versión abreviada del ordinario y que parece ser el más frecuente (art. 462 CPC), y otro denominado "sumaríssimo" (arts. 793 y ss CPC), aún más resumido, que sería el realmente "sumario" en el sentido que estamos analizando. La ley portuguesa regula, además, una multiplicidad de procedimientos especiales (arts. 944 y ss CPC).

El panorama que deja el estudio comparado no es demasiado esclarecedor, aunque sí lo es algo más el brevísimo análisis histórico que se hizo al inicio de este apartado. Considerando lo anteriormente tratado, todo apunta a que los legisladores parecen sentir la necesidad de configurar un procedimiento plenario que, con el tiempo, se va complicando y haciendo cada vez más burocrático, como sucedió en época romana[1675] y después muy claramente en la Edad Media sobre la misma base de ese procedimiento. Esa burocratización provino en su momento, como ya quedó dicho, del interés de los profesionales del proceso por producir mayor rendimiento económico en sus actuaciones, a la vez que se trataba de obstaculizar la pretensión ejercida de contrario. Sea como fuere, siempre llega un momento en que, ante el hastío por el procedimiento plenario, surge la necesidad de que algunas tutelas sean más rápidas, y en ese momento aparecen los procedimientos sumarios, produciéndose a veces una increíble disgregación procedimental de los mismos. Dichas tutelas dependen de las circunstancias sociológicas de cada lugar. Y curiosamente el fenómeno se sigue observando hoy en día. No otra cosa son las diferentes versiones de tutelas anticipatorias[1676], inhibitorias[1677] o hasta "medidas autosatisfactivas"[1678] que han nacido en diferentes lugares de América Latina, ante la ineficiencia del procedimiento plenario.

---

ser une partie qui en fait la demande de se présenter à une audience ultérieure. Dans ce cas, la communication entre les parties est faite par lettre recommandée avec demande d'avis de réception ou par notification entre avocats et il en est justifié auprès du tribunal dans les délais que le juge impartit."

1675 Vid. Kaser/Kackl, *Das römische Zivilprozessrecht*, pp. 517 y ss.

1676 Mitidiero, Daniel, *Anticipación de tutela*, Madrid 2013.

1677 Marinoni, Luiz Guilherme, *Tutela inhibitoria*, Madrid 2014.

1678 AAVV, (Peyrano dir.), *Medidas autosatisfactivas*, Santa Fe 1999. Peyrano, Jorge W., "Tendencias sistémicas em materia de procesos cautelares, urgentes y tuitivos de la ley", en: AAVV (Peyrano dir.), *Medidas Cautelares*, T. I, Buenos Aires 2010, pp. 41 y ss.

3.2. La auténtica razón de la sumariedad y los motivos de su frecuente fracaso

No parece que la rapidez tenga nada que ver con la oralidad. Es cierto que alguno de los procedimientos sumarios observados se sustancian de forma oral, pero no es el caso de todos. De hecho, uno de los procedimientos más sumarios que actualmente existe, el procedimiento europeo de escasa cuantía[1679], dispone de una tramitación casi íntegramente escrita[1680]. Aunque ello suceda como consecuencia del elemento transnacional y de la posible diversidad de idiomas de las partes, constituye un ejemplo de cómo el legislador se plantea que la escritura puede ser eficaz en estos casos. Es lo mismo que ocurre con el ODR o arbitraje o mediación celebrados a través de internet[1681]. Con frecuencia también son escritos, a fin de evitar la complejidad y el desplazamiento de las partes, salvo que los litigantes hayan pactado la celebración de audiencias por videoconferencia.

Por consiguiente, ya no es posible hablar de un correlato auténtico entre oralidad y sumariedad. Quizás la lección a sacar de todo el panorama anterior sea que es recomendable, en todo caso, que el procedimiento plenario sea lo más simple posible, porque de ese modo puede absorber la totalidad de pretensiones imaginables sin tener que configurar procedimientos especiales. Y que no está de más que exista un procedimiento —uno solo— muchísimo más rápido, y probablemente flexible, para proceder a la sustanciación de cualesquiera reclamaciones que convenga resolver velozmente, pero no realmente por la urgencia de los intereses implicados, sino por la *simplicidad o escasa importancia del* thema debatendi, *que no merece del Estado un dispendio procedimental desproporcionado.* Esas serían las auténticas, y problamente las únicas, razones de la sumariedad: la simplicidad o la escasa relevancia del interés discutido. Insisto en que conviene configurar un único procedimiento al respecto, y no una pluralidad, que sólo es producto de la más que discutible originalidad de cada legislador que va viniendo en cada momento, pero que como demuestra el derecho extranjero considerado, no parece tener sentido al producir una inadmisible complejidad procedimental. Más tarde se analizará si conviene que este procedimiento sea escrito u oral.

1679 Reglamento CE 861/2007 de 11-VII-2007 y DF 24ª de la Ley de Enjuiciamiento Civil.

1680 Sobre el mismo, vid. Valencia Mirón, Antonio José, *El proceso europeo de escasa cuantía*, en: AAVV (dir. De la Oliva), Derecho Procesal Civil Europeo, vol. III, Cizur Menor 2011, pp. 259 y ss.

1681 Vid. Montesinos García, Ana, *Arbitraje y nuevas tecnologías*, Cizur Menor 2007, p. 295.

En todo caso, si bien se observa, nada de lo que se acaba de decir es realmente nuevo. Exponiendo todo lo anterior he tratado simplemente de volver a los orígenes de la sumariedad, puesto que las razones que se acaban de apuntar de la misma son exactamente idénticas a las que inspiraron la *Saepe Contingit* y a las que debieron propiciar el surgimiento del *summatim cognoscere* y el *iudicare de plano*. Conviene, eso sí, advertir de los dos motivos por los que, pasado el tiempo, fracasan todos esos procedimientos sumarios.

El primero es que teniendo en cuenta su sencillez y rapidez, con el tiempo se intentan introducir en sus cauces pretensiones que no son adecuadas para el procedimiento sumario, teniendo en cuenta la complejidad o relevancia de las mismas. Ello sucedió, por ejemplo, con el juicio ejecutivo[1682] de la Ley de Enjuiciamiento Civil de 1881, que es otra especie de procedimiento sumario, aunque de ejecución. Pero algo muy parecido sucedió también con el "juicio verbal".

Respecto del primero, originariamente se aceptaba como título ejecutivo la confesión judicial en cantidad cierta y el documento público de reconocimiento de la deuda. La razón de que tras la presentación de estos títulos se iniciara la ejecución era muy sencilla. Ambos eran medios probatorios que provocaban prueba plena en el sistema de prueba legal vigente —más en la práctica que en las leyes— en la Edad Media. Siendo así, presentada tal prueba, cualquier discusión era superflua, por lo que no era precisa la celebración del proceso de declaración, pasando directamente a la ejecución. Por tanto, el debate procesal era tan sencillo que podía ser inexistente. Pero ello se olvidó por todo el mundo, y en consecuencia, ante la observación de que el "juicio ejecutivo" era rápido y eficiente, se empezaron a añadir otros títulos de los que ya no se podía afirmar ese mismo carácter indiscutible, lo que unido al cambio de régimen del sistema probatorio, de legal a libre, provocó que el juicio ejecutivo dejara de ser en la mayoría de los casos un procedimiento tan sumamente rápido y eficiente[1683].

1682 Sobre su historia, vid. Montero Aroca, Juan, *La naturaleza jurídica del juicio ejecutivo*, en "Ensayos de Derecho Procesal", Barcelona 1996, pp. 355 y ss. Girbau Coll, Alexandre, *El juicio ejecutivo: perspectiva histórica desde el prisma del título ejecutivo*, en: "Realismo jurídico y experiencia procesal; *Liber amicorum* a Manuel Serra Domínguez", Barcelona 2009, pp. 571 y ss.

1683 Explico esta curiosa historia en Nieva Fenoll, *Derecho Procesal Civil II*, Madrid 2015, pp. 418 y ss.

Algo parecido sucedió con el juicio verbal. Como veremos seguidamente, nació para el debate y fallo de pequeñas causas, pero, como ocurre hoy en día, se le fueron asignando a su ámbito causas que, pese a su baja cuantía, eran de mayor complejidad, o bien asuntos que, efectivamente, interesa que se sustancien rápido, pero que no acostumbran a ser tan sencillos, como sucede con muchas de las tutelas sumarias de la posesión, o con la acción de cesación en defensa de los intereses colectivos y difusos[1684]. Para algunas de estas tutelas, antes que un procedimiento sumario, si lo que interesaba es que se sustanciaran rápido, se les debía haber otorgado una preferencia en el reparto y en la agenda judicial, dado que en no pocas ocasiones una simple vista no basta para conocer de las mismas debidamente.

En consecuencia, es necesario no perder de vista las ya anunciadas únicas razones de la sumariedad: la escasa complejidad o relevancia de lo discutido. Y cabe recordar que para evaluar esa complejidad y relevancia, no siempre es un buen indicador la cuantía. El Estado puede decidir resolver rápidamente un asunto de escasa cuantía porque opine que no merece más atención de los recursos públicos, es decir, porque no lo considere relevante. Pero se equivoca el Estado cuando confunde sumariedad con urgencia y le asigna al procedimiento sumario tutelas complejas que considera urgentes. En ese punto fracasa completamente la sumariedad, al no ser un cauce adecuado para resolver pretensiones más complicadas. Entonces empieza a enmarañarse la tramitación de esos procedimientos, las vistas se hacen demasiado largas o se suspenden para dar garantías de defensa a las partes, y finalmente el procedimiento sumario, aunque esté vigente en la ley, deja de existir en la práctica. Es justo lo que ha ocurrido, como vamos a ver seguidamente, con el "juicio verbal" en España.

4. BREVE HISTORIA DEL JUICIO VERBAL ESPAÑOL

Al margen del *summatim cognoscere* y el consiguiente *iudicare de plano*, desde época romana postclásica, al menos, había existido una forma de procedimiento que era mucho más sencilla que la que describía el Digesto, y que muy probablemente había tomado por base ese *summatim cognoscere*. En el *Codex*[1685], tras recordar el deber de los jueces de motivar debidamente

---

1684 Vid. art. 250.1 LEC.

1685 Cod. Lib. VII, tít. XLIV, Authent. de mandatis principum: *Nisi breves sint lites et maxime vilium personarum vel causarum (tunc enim sine scriptis et sine aliqua expensa cognoscere praesidem oportet), et nisi episcopus cognoscat inter suos subditos.*

las sentencias, se prescribía que los procesos en los que se juzgaran personas o causas de poca importancia, debían ser fallados oralmente y sin gasto alguno.

Esa disposición, según recuerda de Vicente y Caravantes[1686], fue copiada por las Partidas en el pasaje que ya se reprodujo[1687] en el que, efectivamente, se dispone la celebración de procesos íntegramente orales en estos casos de escasa relevancia. Más adelante, en 1534, recogiendo el espíritu —y parte del texto— de la *Saepe Contingit*, se actualizó la cuantía y se dispuso que en tales procedimientos casi íntegramente orales —salvo el fallo—, no participaran los abogados ni se siguiera procedimiento alguno más allá de la mera comparecencia[1688], así como que los escribanos cobraran un escaso arancel de precio fijo, precisamente, como ya vimos, para evitar que por esta causa —a sumar a las ya consideradas— se complicaran de mala manera los pleitos. Éste último es, con toda probabilidad, el más directo antecedente de Derecho castellano del juicio verbal español.

Y es que, posteriormente, dejando de lado otros antecedentes dispersos[1689], el siguiente precedente lo encontramos ya en el Reglamento provisional para la administración de justicia de 1835, en el que se contiene una referencia directa al "juicio verbal"[1690] como un procedimiento nueva-

---

1686 De Vicente y Caravantes, José, *Tratado histórico, crítico filosófico de los procedimientos judiciales en materia civil según la nueva Ley de Enjuiciamiento*, Madrid 1856, T. II, p. 447.

1687 Partida III, tít XXII, Ley 6. Vid. también en la misma Partida III, tít. II, Ley 41: "*Escrita, tovieron los Antiguos por bien, que fuesse fecha toda demanda que oviessen a fazer de diez maravedis arriba, o de cosa que lo valiesse. Mas dende ayuso non ha el demandador por que la fazer en escrito, si non quisiere. Ca abondale, que diga por palabra antel Juez, seyendo y el demandado, que es lo que demanda, e por que razon, assi como de suso es dicho. E esto tovieron por bien, porque los pleytos pequeños se puedan librar mas ayna, e sin grand costa.* (…)"

1688 Nov. Recop. Lib. XI, tít. III, Ley 8: "*Mandamos, que en los pleytos civiles, y sobre deudas que fueren de quantidad de mil maravedís y de ahí abaxo, porque en tales haya toda la brevedad, no haya órden ni forma de proceso, ni tela de juicio ni solemnidad alguna; salvo que, sabida la verdad sumariamente, la Justicia proceda en pagar lo que se debiere; y que no se asiente por escrito sino la condenacion ó absolucion; y que no se admitan escritos y alegaciones de Abogados; y que en las tales causas no haya apelacion ni restitucion, ni otro remedio alguno; y que el Escribano ante quien pasare, no pueda llevar de derechos por todo el tal proceso mas de medio real; y encargamos á los Jueces, que con toda brevedad lo despachen: lo qual todo no se entienda en los casos y penas de ordenanzas.*"

1689 Vid. de Vicente y Caravantes, José, *Tratado histórico, crítico filosófico*, cit. p. 448.

1690 Art. 31: *Los alcaldes y los tenientes de alcalde son ademas jueces ordinarios en sus respectivos pueblos para conocer, á prevencion con el juez letrado de primera instancia, donde le hubiere, de las demandas civiles cuya entidad no pase de diez duros en la península é islas adyacentes, y de treinta en ultramar, y de los negocios criminales sobre injurias y faltas livianas que no merezcan otra pena que una reprension ó correccion ligera, determinando unos y otros en juicio verbal.*

mente oral —salvo en la sentencia—, común para causas civiles de escasa cuantía y penales de faltas, sin apelación, igual que el precedente de 1534, y siendo decidido por un jurado escabinado, lo que no deja de ser un precedente —claramente afrancesado[1691]— de esta institución —el jurado— en España que no se ha solido tener en cuenta. De hecho, la propia expresión "juicio verbal", aunque se utilizaba ya en el siglo XVIII para referirse a estas pequeñas causas[1692], es probablemente un galicismo[1693] derivado de una expresión parecida que se encuentra, por ejemplo, en el art. 14 del título II de la ya citada *Loi sur l'organisation judiciaire des 16-24-VIII-1790*[1694], sin descartar incluso una indebida traducción de la expresión *procès-verbal*, un auténtico *faux ami* que no designa a un "proceso —o juicio— verbal", sino a un acta.

De ahí ya pasamos al juicio verbal de los arts. 1162 y ss de la Ley de Enjuiciamiento Civil de 1855, donde cabe encontrar la "papeleta" de demanda, precedente de la actual "demanda sucinta", que abría el proceso a una comparecencia, sin previa contestación, cuyo esquema era el mismo que el del procedimiento ordinario —demanda, contestación y prueba—

Para este fin, en cualquiera de dichas demandas se asociará tambien el alcalde ó el teniente de alcalde con dos hombres buenos nombrados uno por cada parte, y despues de oir al demandante y al demandado, y el dictámen de los dos asociados, dará ante el escribano la providencia que sea justa; y de ella no habrá apelacion ni otra formalidad que asentarla, con espresion sucinta de los antecedentes, en un libro que deberá llevar para los juicios verbales, firmandose el alcalde ó teniente de alcalde, los hombres buenos y el escribano.

1691 Era la "*justice de paix*" revolucionaria, que había dispuesto en la la Ley de 16-24 de agosto de 1790 la existencia de un juez de paz asistido por dos asesores en cada pueblo de más de 2.000 habitantes. Vid. Bianchi, Serge, *La justice de paix pendant la Révolution. Acquis et perspectives*, en: AAVV, Une justice de proximité: la justice de paix 1790-1958, Paris 2003, pp. 37 y ss. Pronier, Dominique, *Le juge d'Instance dans la société française*, Paris 1993, pp. 21 y ss. Follain, Antoine, *De la justice seigneuriale à la justice de paix*, en: AAVV, Une justice de proximité: la justice de paix 1790-1958, Paris 2003, pp. 32 y ss.

1692 Vid. *Tercera parte de las Leyes del Reyno. Libro nono*, Madrid 1723, p. 358. También Nov. Recop. Lib. 11, tít. III, Ley 8, nota 1.

1693 La expresión la he localizado por vez primera en el Arancel de Derechos publicado el 25 de febrero de 1722, aprobado por Pragmática Sanción de Felipe V de 9 de enero del mismo año, publicado *ibidem* p. 331 y ss. Teniendo en cuenta la procedencia del monarca y varios de sus asesores, puede aventurarse ese origen francés de la expresión. Si se localizara un antecedente anterior a la dinastía borbónica, lógicamente habría que rectificar lo que he declarado en el texto principal.

1694 En toute matière civile ou criminelle, les plaidoyers, rapports et jugemens seront publics; et tout citoyen aura le droit de défendre lui-même sa cause, soit verbalement, soit par écrit.

pero en forma oral[1695], y que podía suspenderse tras las alegaciones de las partes para que pudieran preparar convenientemente la prueba[1696], ejercicio legítimo del derecho de defensa que, sin embargo, debió dificultar la expedita celebración de estos procesos. Tras esa comparecencia se resolvía el pleito a través de sentencia apelable en ambos efectos, lo que ocasionó que debiera ser debidamente motivada, pese a que existieron serias dudas doctrinales en este sentido entre los que pensaban que esta motivación debía ser inexistente, y los que consideraban que al menos debía ser sucinta, es decir, no tan extensa como la del resto de procesos, sino adaptada a las características de este procedimiento[1697]. Este esquema ya no se alterará demasiado en la Ley de Enjuiciamiento Civil de 1881, y será prácticamente idéntico al que llegó al año 2000.

5. LA PAULATINA TENDENCIA A LA ESCRITURA DEL PROCEDIMIENTO VERBAL

El legislador español de 2000, por su parte, es obvio que ha seguido la línea de separar la oralidad de la sumariedad. El único procedimiento sumario —al margen de los especiales— de la Ley de Enjuiciamiento Civil, es el llamado "juicio verbal". El mismo, siguiendo su precedente histórico, empezó siendo mayoritariamente oral, configurando el legislador una sencilla "demanda sucinta", es decir, muy breve, que simplemente abriera el juego en el proceso, tras la cual se iniciaba una vista en la que se acumulaba la contestación, la prueba y las conclusiones, tan absurdamente discutidas estas últimas en la práctica[1698]. Finalmente se culminaba el proceso con una sentencia escrita, pero tras todo un procedimiento casi exclusivamente oral.

Sin embargo, desde un inicio se sintió la necesidad de "escriturar" algunos trámites. Las advertencias de reconvención o de citación de testigos eran un buen ejemplo, y existieron desde la entrada en vigor de la ley.

1695 Vid. Manresa y Navarro, José María, *Comentarios a la Ley de Enjuiciamiento Civil*, Tomo III, Madrid 1887, pp. 511 y ss.

1696 De Vicente y Caravantes, José, *Tratado histórico, crítico filosófico*, cit. p. 459.

1697 De Vicente y Caravantes, José, *Tratado histórico, crítico filosófico*, cit. p. 461.

1698 Vid. Cucarella Galiana, Luis-Andrés, *El trámite de conclusiones en el juicio verbal*, en http://www.uv.es/coloquio/coloquio/comunicaciones/cp7cuc2.pdf.

5.1. La técnica monitoria en el procedimiento verbal

Pero algo más tarde, en 2009[1699], se decidió introducir la técnica monitoria en la reclamación de rentas por arrendamiento (art. 818.3 LEC)[1700], lo que hacía que un procedimiento como el de desahucio en el que tradicionalmente se celebraba una vista inútil, al no comparecer habitualmente el demandado, se pudiera sustanciar íntegramente por escrito. Aunque está en la misma línea, más complejo es el cambio operado en 2015 con respecto al procedimiento monitorio con cuantía inferior a 6.000 euros, en el que se ha configurado una impugnación del demandante a la oposición del deudor, impugnación para la que ya no existe trámite de respuesta, debiendo hacerla el demandado de forma preventiva[1701]. No obstante, para los efectos que ahora interesan, nuevamente el legislador ha avanzado claramente por el camino de la escritura, al establecer como opcional para ambas partes la celebración de vista (art. 818.2 LEC)[1702].

En cuanto al primer punto, debe decirse que la introducción de la técnica monitoria en los desahucios no gustó en la práctica, que ha sufrido los efectos de la imprevisión del legislador en este particular. La idea era verdaderamente buena, dado que se evitaba la celebración de una vista muy habitualmente inútil, como ya se ha dicho. Pero el problema se ha centrado en cuestiones puramente prácticas en las que no debió de pensar el legislador.

La primera es la prevención de la abogacía en general a utilizar el procedimiento monitorio para obtener un desahucio. Al existir un procedimiento especial —y extraordinariamente disperso en la ley— para sustanciar los desalojos por falta de pago del arrendatario, existe un temor no infundado en la práctica a que el procedimiento monitorio solamente sirva para conseguir la condena al pago de la deuda, pero no para obtener el desalojo. Es bastante ilógico —aunque no imposible— pensar que dicho desalojo no pueda tener lugar, pero existe el riesgo de que un juez pueda declararlo así ateniéndose al tenor estrictamente gramatical de la ley. Lo

---

1699 Ley 19/2009, de 23 de noviembre.

1700 Vid. al respecto Perarnau Moya, *El juicio verbal tras su reforma por la Ley 42/2015*, cit.

1701 Sobre este tema, vid. Bonet Navarro, *Monitorio y juicio verbal para sustanciar la oposición conforme a la Ley 42/2015, de 5 de octubre*, Diario La Ley, n. 8810, 25-7-2016, pp. 3 y ss. Perarnau Moya, *El juicio verbal tras su reforma por la Ley 42/2015*, cit.

1702 Rodríguez Tirado, Ana M. *La nueva configuración del juicio verbal con contestación escrita. El derecho a la asistencia jurídica gratuita del demandado*, Práctica de Tribunales, n. 117, nov.-dic. 2015.

cierto es que el legislador podría haber regulado mucho mejor este tema en el art. 818.3 LEC.

El segundo problema, que tampoco es menor, se centra en la notificación del demandado. La misma es vital en el procedimiento monitorio para que consiga su eficiencia. En principio pudo pensarse que éste era un tema irrelevante, habida cuenta de que en un desahucio por falta de pago la determinación del domicilio del demandado no debe ofrecer dificultades. Pero no se cayó en la cuenta de que muchas veces el inquilino no se encuentra en el inmueble, o simplemente no abre la puerta, por lo que localizarle resulta sencillamente imposible, produciéndose de ese modo, igualmente, la dilación que pretendía evitarse. Si se trata de un local de negocio no abierto normalmente al público, el problema se hace todavía más complejo.

El tercer problema viene con la oposición a la demanda monitoria. El inquilino que no paga, como es sabido, normalmente busca ganar tiempo de ocupación de la vivienda o local, como es lógico. Por ello, no es demasiado difícil configurar una oposición que sirva para que el trámite se complique y el desahucio no sea inmediatamente ejecutivo, como lo sería de no haber oposición. Es una ingenuidad, como veremos después, que el legislador en la última reforma haya exigido indirectamente (art. 818.2.I LEC) que la oposición en el procedimiento monitorio sea motivada. Y es que la comprobación judicial de esa motivación, aparte de que sería precipitada en ese estadio procesal —antes de la prueba—, no es posible materialmente realizarla al inicio del proceso, dado que esa parte de la tramitación no suele correr a cargo del juez, sino del personal de la oficina judicial. De ese modo, los jueces deben impartir al respecto instrucciones muy precisas, haciendo que dicho personal únicamente proponga la inadmisión de oposiciones muy claramente infundadas[1703].

Todo ello ha motivado el desuso de este procedimiento. No parece que la reforma de 2015 vaya a poner remedio a estos problemas, sino que podría agravarlos. En la actualidad, el art. 818.2 LEC establece, con muy poca claridad, que tras la oposición del demandado en el procedimiento monitorio de cuantía inferior a 6.000 euros, existirá una "impugnación" del demandante a la que ya no existiría ulterior respuesta del demandado,

---

1703 Así lo demostró la Junta de Jueces de Primera Instancia de Barcelona en relación con el procedimiento monitorio tras la reforma de la Ley de Enjuiciamiento Civil, de 15 de julio de 2016. Sugieren la inadmisión de la oposición exclusivamente en "*un supuesto en que resulte muy evidente que se ha prescindido de la norma ("No debo").*"

pese a que la remisión del precepto citado a los arts. 438 y ss LEC[1704] puede suscitar serias dudas a este respecto[1705].

Suponiendo que no exista contestación a esa "impugnación" del demandante, la situación es la siguiente: un supuesto —aún debe probarse que lo sea— acreedor realiza una solicitud monitoria acompañando la también supuesta documentación de su deuda, sin decir apenas nada más. El supuesto deudor se verá obligado a oponerse fundadamente con los datos que posea, que pueden ser muy escasos, y deberá hacerlo con todas las de la ley, incluyendo todas las excepciones de que disponga[1706], porque ya no tendrá otra oportunidad para oponerse, dado que actualmente la vista del procedimiento verbal no está concebida para que conteste la demanda. Esa oposición será "impugnada" —*rectius* replicada— por el demandante, ahora sí, con toda la argumentación de que disponga. Y ante esa tesitura el demandado ya nada podrá alegar porque la ley no se lo permite, sino que deberá defenderse como pueda a través de los medios de prueba, y también mediante las conclusiones, si es que le dejan formularlas, lo que no es fácil teniendo en cuenta el tenor potestativo para el juez del art. 447.1 LEC acerca de su celebración[1707].

Ciertamente, aunque puede pensarse que normalmente las cosas no sucederán de ese modo, sino que con la información que aporte el demandante en su solicitud monitoria ya podrá el demandado defenderse, puede ocurrir que no sea así, lo que le generará indefensión. En todo caso se favorecen, de nuevo, los tacticismos que pretendían ser evitados con esta reforma, a los que después me referiré.

Pero quizás el problema principal sea que, con esta tramitación, lo sustanciado ya no es realmente un procedimiento monitorio, pese a que siga conservando esa denominación[1708]. El mismo no pasa de ser una fase previa que puede insertarse en cualquier procedimiento, como había suce-

---

1704 El art. 438 se refiere precisamente a la contestación.

1705 La antes citada Junta de Jueces ha resuelto la cuestión en sentido negativo a la existencia de tal contestación, como era fácilmente previsible.

1706 Bonet Navarro, *Monitorio y juicio verbal para sustanciar la oposición conforme a la Ley 42/2015, de 5 de octubre*, Diario La Ley, n. 8810, 25-7-2016, pp. 3 y ss.

1707 Dice el art. 447.1 LEC: "*Practicadas las pruebas, el tribunal podrá conceder a las partes un turno de palabra para formular oralmente conclusiones.* (...)"

1708 Vid. Correa Delcasso, *EL proceso monitorio*, Barcelona 1998, p. 211, insiste en la característica de la "rapidez" de este procedimiento.

dido históricamente[1709]. Pero para que sea eficaz, no debe provocar una tramitación farragosa, ni para el Juzgado ni para las partes. Consiste dicha fase previa en un requerimiento del actor reforzado psicológicamente por el hecho de que es asumido casi automáticamente por el Juzgado, requerimiento al que el demandado sólo atenderá si es localizado con prontitud y sabe que, de no pagar inmediatamente, la consecuencia será una muy pronta condena con costas, y que además se perseguirá su patrimonio con rapidez si no paga voluntariamente.

Si falla cualquiera de las piezas que se acaban de citar, el procedimiento monitorio acaba fracasando tarde o temprano. Tal y como está configurado después de 2015, esa fase previa se convierte en un intercambio de alegaciones ajeno a la técnica monitoria, y que permite que el deudor gane tiempo ilegítimamente retrasando el pago de la deuda, incluso sin acudir a la frecuente solicitud de justicia gratuita para paralizar *de facto* el proceso.

Bien al contrario, lo lógico sería que el monitorio fuera configurado con todas las garantías estructurales que se acaban de describir. O bien que existiendo ya la contestación a la demanda en el procedimiento verbal, la tramitación fuera exactamente la misma que en el procedimiento ordinario, acortando los plazos si se quiere. Pero en la situación actual se puede favorecer involuntariamente una estrategia del actor que perjudique la defensa del demandado, lo que es inaceptable por romper la igualdad de partes. O, como ya se ha dicho, maniobras dilatorias del demandado. Es por ello por lo que cabe abogar por que esta normativa sea corregida lo antes que sea posible.

En cualquier caso, en todo lo comentado no hay atisbo de oralidad. Toda la tramitación es escrita, habiendo representado la introducción de la técnica monitoria en ese procedimiento verbal, un primer paso en la abolición de su, en principio característica, oralidad.

5.2. La contestación escrita de la demanda

El último paso —por el momento— lo ha dado esa misma reforma de 2015[1710], al introducir, como ya se ha indicado, la contestación de la de-

---

1709 Nieva Fenoll, *Aproximación al origen del procedimiento monitorio*, Justicia n. 1, 2013, pp. 107 y ss.

1710 Vid. Lorca Navarrete, Antonio María, *La eficacia de la reciente modificación del juicio verbal por Ley 42/2015, de 5 de octubre*, Diario La Ley, n. 8679, 12-1-2016. Perarnau Moya, Joan,

manda en todos los procedimientos verbales[1711], largamente reclamada por la doctrina y por la práctica, reformando así el art. 438.1 LEC, aunque también marginando la antigua "demanda sucinta" del art. 437 LEC[1712].

Con todo ello, el esquema del procedimiento verbal puede consistir en una fase inicial de alegaciones idéntica a la del procedimiento ordinario, y una vista que puede ser casi calcada al acto de juicio también del procedimiento ordinario[1713]. De ese modo, la única diferencia entre ambos procedimientos es la inexistencia de la audiencia previa en el verbal, dándose así la curiosa paradoja de que el procedimiento plenario, el ordinario, tiene más fases netamente orales que el procedimiento "verbal".

Es cierto que el procedimiento verbal, tal y como se estaba celebrando, provocaba indefensión tanto del demandante como del demandado. El demandante se veía obligado a no enseñar todas sus cartas en la demanda, con el peligro de que la preclusión le impidiera hacerlo después convenientemente. Y a su vez el demandado iba a ciegas a la vista, aunque curiosamente podía sorprender al demandante con defensas que éste no había podido ni imaginar, sin tener tiempo para reaccionar al hallarse ya el procedimiento en el estadio de la vista[1714]. Todo ello se traducía en ocasiones en un despropósito de tacticismos, que debieran ser, en lo posible, inadmisibles en un proceso judicial[1715], y que había motivado en la mayoría de abogados un gran recelo en la defensa en los procedimientos verbales.

La situación actual, ciertamente, favorece la defensa, pero no la rapidez, que debería ser la característica principal de un procedimiento como el verbal, originalmente configurado como sumario. Además, existen varias pretensiones para las que un procedimiento verbal de estas características es manifiestamente excesivo. Por otra parte, como veremos en el siguiente epígrafe, es bastante probable que en el futuro muchos de estos procedi-

---

El juicio verbal tras su reforma por la Ley 42/2015, de 5 de octubre. Una mirada práctica, Diario La Ley, n. 8727, 22-3-2016.

1711 Ya no solamente en los inquisitivos (art. 753 LEC).

1712 En este sentido, Perarnau Moya, *El juicio verbal tras su reforma por la Ley 42/2015,* cit.

1713 Destacando estas identidades, Lorca Navarrete, *La eficacia de la reciente modificación del juicio verbal,* cit.

1714 Destacan este problema Bonet Navarro, *Monitorio y juicio verbal,* cit. p. 2. Perarnau Moya, *El juicio verbal tras su reforma por la Ley 42/2015,* cit. Rodríguez Tirado, Ana M. *La nueva configuración del juicio verbal con contestación escrita. El derecho a la asistencia jurídica gratuita del demandado,* Práctica de Tribunales, n. 117, nov.-dic. 2015.

1715 Vid. al respecto Hess, Burkhard / Jauernig, Othmar, *Manual de Derecho procesal civil,* Madrid 2015, p. 171.

mientos se sustancien íntegramente por escrito al ser innecesaria la prueba de declaración de personas, y probablemente no es negativo que sea así, ahorrándose de este modo la celebración de una vista.

Pero sin embargo, ello supondrá de todos modos un esfuerzo jurisdiccional probablemente innecesario en la evaluación de escritos de demanda, contestación y prueba documental, así como en la redacción de sentencias, que quizás podrían ser dictadas oralmente en algunos casos. Sigue estando pendiente en nuestro ordenamiento la fijación de un criterio, que no necesariamente sea el de la cuantía, para disponer la celebración de auténticos procedimientos sumarios íntegramente orales que se resuelvan en el acto, y que esté basado, como ya se ha dicho, en la sencillez o en la escasa relevancia, y no necesariamente en la rapidez.

Los veremos en el último epígrafe de este trabajo, pero avanzo ya que me estoy refiriendo a pretensiones en las que baste comunicar al juez lo sucedido para que el mismo resuelva con arreglo a derecho, o incluso en equidad llegado el caso. Se trata de pretensiones que nunca llegan a los juzgados, o que si llegan se demoran meses, y que debieran ser resueltas *simpliciter et de plano, ac sine strepitu et figura iudicii,* como decía la Decretal de 1306, hace nada menos que 700 años... Es decir, simplemente y sin abrir formalmente un proceso, *de plano,* esto es, en el acto, como diríamos actualmente. No es un tema que se haya enfrentado ni se desee enfrentar, más allá de los arbitrajes de consumo de diferentes juntas arbitrales[1716]. Pero sin duda está entre las causas más ocultas, pero también más potentes, de la mala imagen que los ciudadanos poseen de la justicia en general, dado que no suelen obtener justa solución a esos pequeños litigios.

Sin embargo, no siempre es precisa esa comparecencia. No es inimaginable pensar en algunos de esos mismos casos en un procedimiento escrito que asimismo permitiera una rápida resolución tras un intercambio telemático de escritos. También lo veremos después.

6. PRUEBA DE DECLARACIÓN DE PERSONAS Y PROCESO CIVIL

Con la actual regulación, la única razón para celebrar un procedimiento verbal oral, valga la redundancia, es la práctica de pruebas que suponen

[1716] Vid. Iboleón, Belén, *El proceso arbitral: una perspectiva procesal del arbitraje de consumo,* Madrid 2012.

la declaración de personas, es decir, la declaración de partes, de testigos y eventualmente de algún perito.

La reflexión, no obstante, es si el procedimiento verbal, es decir, el más sumario del ordenamiento, es el cauce adecuado para recibir esa prueba y si, además, esos medios de prueba todavía son útiles en procesos civiles de escasa relevancia, o bien lo que en tantas ocasiones sucede es que, dicho en términos algo más coloquiales, se pide la declaración de las partes por tradición, y alguna testifical para rellenar. La prueba pericial ya actualmente es infrecuente en estos casos, por el coste desproporcionado de un perito en relación con la cuantía que se suele discutir.

Efectivamente, en los últimos años se ha producido un abandono paulatino de la prueba testifical en el proceso civil. A ello han contribuído varios factores. En primer lugar, que superado el régimen de prueba legal, que exigía un determinado número de testigos para provocar "prueba plena" de un hecho[1717], el valor de un testimonio se hizo inapreciable. Por otra parte, existe todavía en las mentes de los juristas la idea de que los testigos prácticamente siempre son falsos o preparados por los abogados para reforzar falsamente sus alegaciones, por lo que poco puede sacarse en limpio de su declaración. Además, en un proceso civil no acostumbran a juzgarse hechos clandestinos para los que sea esencial lo que haya podido ver u oír una persona, como sí sucede en el proceso penal, sino que más bien se trata de evaluar una relación negocial que acostumbra a constar por escrito, del que suelen deducirse suficientes indicios. Por último, la prueba testifical es de muy difícil valoración, dado que, como ya se ha dicho, apreciada rectamente requiere conocimientos de psicología del testimonio que el juez acostumbra a no tener, lo que unido a la ya mencionada falta de formación del juez y los abogados para los interrogatorios, ha hecho que esta prueba se considere habitualmente prescindible en cualquier proceso civil, aunque se siga solicitando y practicando, a veces con una paciencia infinita.

Sin embargo, las cosas podrían ser bastante diferentes si el juez sí tuviera esa formación en psicología del testimonio, puesto que en la apreciación de vicios del consentimiento, o incluso de la simulación contractual, el papel de los testigos puede ser capital[1718]. Sin embargo, pocas veces las peque-

---

[1717] Esa fue sobre todo una disposición práctica. Lo que en realidad se prohibía era el testimonio único, tomando por base lo dispuesto en el Codex, Lib. IV, tít. XX, 9.

[1718] Vid ampliamente Muñoz Sabaté, Lluís, *Tratado de probática judicial*, T. I, Barcelona 1992, 168 y ss y 346 y ss.

ñas causas que suelen ser —o debieran ser— objeto de un procedimiento verbal se complican de tal modo que sea necesaria la presencia de testigos, es decir, traer al proceso a terceros que observaron la relación negocial para declarar lo que recuerden de la misma, ante la falta de consistencia de las declaraciones de las partes o ante la oscuridad de las cláusulas del contrato, o frente a la inexistencia de documentación del mismo. Más allá de testimonios que pueden acabar siendo de muy difícil valoración como los de familiares, empleados o amigos[1719], es inverosímil pensar en otros testigos de un pequeño negocio jurídico que sus propios protagonistas, que son las partes.

Y esas mismas partes tampoco suelen tener nada que añadir presencialmente en un proceso, dado que sus abogados ya dijeron lo que tenían que decir en sus escritos iniciales, y de hecho por eso el proceso comienza con los mismos. Si se lleva a las partes a comparecer ante el juez, tiene que ser para evaluarlas seriamente a través de la psicología del testimonio, lo que requiere tiempo y esfuerzo. De lo contrario, es preferible dejarlas en paz. Es inadecuado pretender que sea esclarecedora una comparencia ante el juez en la que una de las partes pueda equivocarse o decir lo contrario de lo que dijo su abogado en la demanda o la contestación, y de ese evidente traspiés o error, por espectacular que parezca, deducir el contenido de la sentencia. O bien que el juez, ignorante de la referida ciencia de valoración de los testimonios, pueda adivinar "por su experiencia" si el litigante miente o dice la verdad. Afirmar algo así, por frecuente que sea esa aseveración, es sencillamente absurdo. Los pleitos no se fallan mirando a los ojos a las partes u observando, poco menos que a ojo de buen cubero, sus reacciones físicas[1720]. Los procesos se deciden a través de indicios epistémicamente bien relacionados con conclusiones que permitan construir inferencias acertadas, y no a través de simples intuiciones o saberes populares[1721].

Siendo ello así, decaen las dos principales razones para celebrar la vista de un procedimiento verbal, es decir, las dos pruebas de declaración de personas: el interrogatorio de testigos y la declaración de las partes. Y en estas circunstancias, curiosamente el procedimiento verbal se acaba trans-

---

1719 Vid. Nieva Fenoll, *La valoración de la prueba*, cit. pp. 265 y ss.

1720 Aunque no han faltado quienes adoptan ese enfoque, a mi entender erróneo, o al menos insuficiente científicamente. Vid. por todos, Ekman, Paul, *Cómo detectar mentiras*, Madrid 2012.

1721 En este sentido, por todos, Taruffo, Michele, *La prueba de los hechos*, Madrid 2002, p. 171.

formando en íntegramente escrito, lo que además deja de ser una paradoja si se tienen presentes las consideraciones precedentes.

Bien diferente es que esa escritura sistemática sea lo más recomendable. A veces un procedimiento íntegramente escrito puede ahorrar mucho trabajo, pero otras veces puede sobrecargar a las oficinas judiciales de sentencias que siempre dicen lo mismo, modificando simplemente los datos de las partes y de la pretensión, o incluso puede complicar asuntos que se podrían resolver muy fácilmente con un contacto personal, y probablemente mediador, del propio juez. A evaluar esa cuestión de manera empírica dedico los dos últimos epígrafes.

7. PRETENSIONES APTAS PARA UN PROCEDIMIENTO SUMARIO ESCRITO

Muchas de las sentencias de los procedimientos verbales, especialmente las de desahucios o tutelas sumarias de la posesión, pero también las de no pocos procedimientos matrimoniales o de incapacitación, y con frecuencia las de reclamación de cantidad, son calcadas unas de otras. Simplemente se modifican, como ya se ha dicho, los datos identificativos de las partes y del objeto del proceso, pero la motivación está preconcebida en algún modelo[1722], por lo que sistemáticamente es la misma. De hecho, la realidad es que muchas de esas sentencias ni siquiera las redactan los jueces, sino el personal de su juzgado que luego se las pasan para firma.

Siendo así, y sucediendo tantas veces casi lo mismo con las demandas, cabe preguntarse si este dispendio literario es realmente necesario, o bien este tipo de pretensiones podría resolverse más eficientemente y con más facilidad, también a través de la escritura, pero operando algún cambio adicional.

El primero de esos cambios podría consistir en recuperar una antigua fase del *solemnis ordo iudiciarius*[1723], y que en realidad es el origen del mismo procedimiento monitorio. Es decir, una fase en la que el demandante

---

[1722] Modelos que, además, no cambian demasiado de una generación a otra durante largo tiempo. Puede resultar impresionante repasar algunos de los contenidos en AAVV (dir. Reus), *Ley de Enjuiciamiento Civil*, Tomos V y VI, Madrid 1883, y compararlos con los actuales.

[1723] Vid. Bartolus de Saxoferrato, *Commentaria in primam codicis*, Lyon 1550, pp. 111. También Knörr, *Romanisch-Kanonisches Prozessrecht*, cit. pp. 68 y ss.

exponga su reclamación, que no siendo contestada por el demandado, o siendo reconocida por el mismo, determine la condena. Eso es lo que modernamente se ha conocido como técnica monitoria[1724], pero en realidad, como se ha dicho, esa manera de proceder es muy antigua[1725].

Sin embargo, para que funcione y, por tanto, sea eficiente, el trámite de respuesta debe ser muy rápido y probablemente bastante más corto que los actuales 20 días (art. 815.1 LEC)[1726], a fin de que el asunto pueda quedar resuelto de manera prácticamente automática en el plazo máximo de dos semanas desde la formulación de la reclamación. Puede parecer que este plazo es muy ambicioso, y en todo caso demasiado corto para que el demandado pueda buscar con garantías un abogado, pero en realidad no es así en el mundo de hoy en día. Es obvio que existe una pluralidad ingente de abogados, y que actualmente es sencillo localizarlos a través de internet, o de un simple contacto con el entorno del demandado. En consecuencia, insisto, el plazo puede ser realmente breve, y en todo caso no prolongarse durante esos veinte días hábiles, que suponen casi un mes.

Para esa celeridad también es preciso que la notificación sea ágil, y que pueda realizarse al correo electrónico que se estableció voluntariamente al inicio de la relación negocial, si se demuestra por escrito que así se hizo constar en el mismo documento de la obligación. Para ello bastaría que las partes, además de su firma, escribieran al pie de la misma su correo electrónico de su puño y letra, siempre que la relación no fuera telemática, en cuyo caso este medio de comunicación no puede plantear dudas. Para todo ello habría que reformar ligeramente la actual ley Ley de Enjuiciamiento Civil —más allá del ya reformado art. 155.2— y el Código Civil.

De ese modo, todas estas pretensiones que normalmente acostumbran a no recibir oposición, o ser dicha oposición meramente aparente, pueden recibir una respuesta judicial muy rápida, porque incluso en el caso de producirse dicha oposición, la sentencia puede ser también bastante sencilla —aún debería simplificarse más— y dictarse en idéntico plazo, lo que sin duda desincentivará oposiciones poco serias y acabará recortando la pendencia de asuntos ante los tribunales.

En conclusión, la escritura es adecuada en los procedimientos verbales en los que no es esperable una auténtica oposición, y que vienen bien do-

---

1724 Lorca Navarrete, Antonio María, *El procedimiento monitorio civil*, Erandio 1988, p. 18.

1725 Vid. Nieva Fenoll, *Aproximación al origen del procedimiento monitorio*, cit. pp. 107 y ss.

1726 Cfr. Perarnau Moya, *El juicio verbal tras su reforma por la Ley 42/2015*, cit., aunque haciendo referencia al plazo de contestación de 10 días del procedimiento verbal.

cumentados por el demandante, que por otra parte son la mayoría. En esos casos no merece la pena perder el tiempo escuchando a las partes practicando su declaración, puesto que, como se dijo, ya han hablado a través de su abogado en los escritos iniciales; ni mediante testigos que en realidad no convencen a nadie. Así las cosas, el procedimiento en estos casos sería íntegramente escrito, y mucho más breve que el actual.

8. PRETENSIONES ADECUADAS PARA UN PROCEDIMIENTO SUMARIO ORAL

La oralidad, en cambio, es adecuada cuando hay poca documentación y más conflictividad entre las partes, pero a la postre la relevancia económica concreta del litigio es mínima.

En esta categoría entrarían buena parte de las reclamaciones de consumo como consecuencia de la relación del ciudadano con pequeños negocios, tales como restaurantes o tiendas en general, que en el mejor de los casos acaban en un arbitraje de consumo[1727], pero que normalmente concluyen con una denuncia perdida en un organismo de teórica protección al consumidor, o simplemente terminan con el enfado del cliente que no sigue adelante con la reclamación sencillamente porque no merece la pena, dada la cuantía económica de que se trata. En estos casos, una conversación algo distendida ante un juez especialmente formado para intentar una mediación, podría acabar dando una adecuada solución al tema, y además con una precisa averiguación de los hechos.

Lo mismo ocurre con las frecuentes inejecuciones de los pronunciamientos de las sentencias matrimoniales. Actualmente son objeto de ejecución forzosa a través de la normativa general con las pocas especialidades del art. 776 LEC, pero en realidad se convierten en un auténtico quebradero de cabeza para jueces, abogados y, por supuesto, cónyuges y su entorno. Las mismas se resolverían muchísimo mejor en una rápida comparecencia de ambos cónyuges ante el juez, insisto que con funciones de mediación. Aunque también habría que hacer una reflexión sobre si en estos casos es mejor que los cónyuges acudan directamente ante un juez, o sería más útil remitirlos previamente a un psicólogo con funciones de mediación familiar, quien tras una serie de contactos infructuosos y conflictividad irreso-

---

[1727] Real Decreto 231/2008, de 15 de febrero, por el que se regula el Sistema Arbitral de Consumo.

luble, forzara a comparecer ante el juez a los cónyuges para establecer un régimen más estricto en el que se evite en lo posible la aparición de nuevas disensiones.

En estos supuestos, el contacto directo con los litigantes es fundamental, porque los escritos de parte no dicen, lógicamente, nada más que lo que a las partes interesa. Si esa comparecencia, además, ha venido precedida de los informes de las visitas con el psicólogo-mediador, el juez tendrá base más que suficiente para tomar una decisión justa sobre las desavenencias.

Así como la celebración de los procesos vistos en el epígrafe anterior podría hacerse con la planta actual, aunque probablemente especializando algunos juzgados y creando algunos pocos más donde sea preciso, en el caso de los procedimientos orales la dotación debe ser claramente superior. Sería bueno que en estos casos participara un juez novel, precisamente para que vaya conociendo la jurisdicción a través de estos conflictos más simples, a fin de que pueda afrontar los ulteriores destinos de su carrera con una experiencia de base en los litigios que, por cierto, más acaban interesando a la ciudadanía, aunque tantas veces deje decaer sus derechos.

REFORMANDO LA CASACIÓN —CIVIL Y PENAL— POR REAL DECRETO-LEY: ¿EL ESPÍRITU DE UNA ÉPOCA?

Publicado en Actualidad Civil, n. 7, julio 2023.

1. INTRODUCCIÓN

No acaba de entenderse qué razón de extraordinaria y urgente necesidad (art. 86.1 CE) puede haber hecho que el Gobierno se haya decidido a realizar en el marco del Real Decreto-Ley 5/2023, de 28 de junio —una especie de "decreto omnibus"— una reforma de la casación civil y penal que, pese a no tener absolutamente nada que ver con el resto del decreto —ni siquiera con el título del Real Decreto-Ley[1728]—, va a ser clave para el futuro del recurso, como se verá a continuación. Tengo para mí que esa razón de extraordinaria y urgente necesidad simplemente no existe, pero lo que sí ha concurrido es un interés que bien podría calificarse de político por lo que tiene de utilitarista, y que consistiría en que saliera adelante urgentemente una reforma que descargue drásticamente de trabajo a las Salas I y II del Tribunal Supremo.

Tan drástico es el recorte que es posible que en el futuro haya que plantearse seriamente la continuidad de la composición de las referidas salas, porque es evidente que, según y cómo vayan las cosas, no harán ya falta tantos magistrados, pudiendo el Tribunal Supremo contraerse a aproximadamente una decena de miembros, como es el caso de los supremos tribunales de la órbita del *Common Law* —nueve en EEUU[1729] y doce en el

---

[1728] Real Decreto-ley 5/2023, de 28 de junio, por el que se adoptan y prorrogan determinadas medidas de respuesta a las consecuencias económicas y sociales de la Guerra de Ucrania, de apoyo a la reconstrucción de la isla de La Palma y a otras situaciones de vulnerabilidad; de transposición de Directivas de la Unión Europea en materia de modificaciones estructurales de sociedades mercantiles y conciliación de la vida familiar y la vida profesional de los progenitores y los cuidadores; y de ejecución y cumplimiento del Derecho de la Unión Europea.

[1729] https://www.supremecourt.gov/about/biographies.aspx

Reino Unido[1730], siete en Australia[1731], ocho en Canadá[1732]—, que son los tribunales en los que está inspirado el nuevo modelo de la casación introducido por la reforma. Tal vez esa restricción del número de magistrados sea una buena noticia, visto el actual y vergonzoso bloqueo en la renovación del Consejo General del Poder Judicial que ha provocado una carestía de magistrados sin precedentes. Pero más allá de eso, es evidente que ha existido la voluntad de dotarse de una facultad discrecional en la selección de recursos, al estilo de esos tribunales anglosajones.

A continuación se analizará si esa voluntad es legítima y se repasará el resto de detalles de la reforma, que son esenciales para tener una mínima perspectiva de éxito en la interposición del recurso. Debo avanzar ya que la reforma es, en gran medida, técnicamente correcta e incluso, en cierto modo, inteligente, al menos para los intereses de los magistrados del Tribunal Supremo, sin duda. Pero no hay que engañarse; hay que tener bien claro que esa perspectiva de éxito en la interposición del recurso se aleja muchísimo con la reforma. A partir de ahora, el recurso de casación puede devenir, no extraordinario, como ya lo es, sino excepcional y hasta marginal, de manera que la enorme mayoría de Letrados de este país, de manera realista, no podrán pensar jamás en interponerlo. Con todo, ese fatal resultado final depende por completo del Tribunal Supremo. Como impropio "legislador", en su mano estará que las Audiencias Provinciales se conviertan en pequeños tribunales territoriales de "casación", lo que sería inquietante, sobre todo porque son muchísimos y pueden provocar una fragmentación del ordenamiento jurídico sin precedentes. Sin embargo, es bastante posible que algo así acabe sucediendo en los próximos años.

2. EL ESPERADO FIN DEL RECURSO EXTRAORDINARIO POR INFRACCIÓN PROCESAL

El recurso extraordinario por infracción procesal había sido una incomprensible frivolidad del legislador de 2000, que nunca llegó ni a acomodarse en la práctica ni a complacer realmente a la doctrina. Tenía como precedente una antigua idea de Gimeno Sendra[1733] quien, tal vez influido

---

1730 https://www.supremecourt.uk/about/biographies-of-the-justices.html

1731 https://www.hcourt.gov.au/justices/about-the-justices

1732 https://www.scc-csc.ca/judges-juges/index-eng.aspx

1733 Gimeno Sendra, V., "El recurso de "amparo judicial" y el anteproyecto de ley de enjuiciamiento civil", *La Ley*, n. 6, 1997, pp. 1439 y ss.

por la realidad latinoamericana[1734], así como sin duda por su propia experiencia ante el Tribunal Constitucional, había sugerido la creación de un "amparo judicial".

Pero no fue ese en absoluto el objeto del recurso extraordinario por infracción procesal, sino que simplemente consistió en un intento de desgajar los motivos *in procedendo* del recurso de casación creando un nuevo recurso que, aún pensado originalmente para ser conocido por los Tribunales Superiores de Justicia, finalmente acabó siendo competencia funcional del propio Tribunal Supremo por una serie de azarosos avatares parlamentarios que quedan para la historia, y que ya no merece la pena ni relatar, ni mucho menos detallar, de nuevo.

Sea como fuere, ello generó una serie de complejidades procedimentales tremendas que la propia Sala I del Tribunal Supremo, desde el mismísimo año 2000[1735], se encargó de complicar todavía más para restringir la admisión de recursos, causando el lógico estupor, no ya de la doctrina, sino de los propios reformadores[1736]. Se comentó en aquellos años, *off the record*, que pronto se produciría una reforma para arreglar el desaguisado. Pero lo cierto es que este auténtico disparate ha durado veintidós largos años, por lo que el legislador ha hecho muy bien en corregirlo por fin con la nueva redacción del art. 477.2 de la Ley de Enjuiciamiento Civil.

La casación, por tanto, vuelve a tener motivos *in iudicando* e *in procedendo*, como había sido desde el principio en la propia casación francesa originaria de 1791[1737], que además se basaba en el *appeal* inglés ante la *House of Lords* que también admitía ambos tipos de errores, puesto que únicamente

1734 Vid, entre otros muchos países, los arts. 103 y 107 de la Constitución Política de los Estados Unidos Mexicanos.

1735 Criterios orientativos adoptados en junta general por la Sala I del Tribunal Supremo de 12-12-2000.

1736 Díez-Picazo Giménez, I, "Un torpedo a la casación", *Tribunales de Justicia*, 2001, n. 2, pp. 1 y ss. Aguilera Morales, M., "Los recursos extraordinarios: casación, extraordinario por infracción procesal, en interés de ley y queja", *Tribunales de Justicia*, 2001, n. 11, pp. 15 y ss.

1737 Art. 3 del Decreto sobre la organización del tribunal de casación de 27 de noviembre - 1 de diciembre: "*Il annulera toutes procédures dans lesquelles les formes auront été violées, et tout jugement qui contiendra une contravention expresse au texte de la loi. Et jusqu'à la formation d'un code unique des lois civiles, la violation des formes de procédure prescrites sous peine de mullité, et la contravention aux lois particulières aux différentes parties de l'Empire, donneront ouverture à la cassation,*"

exigía que el recurso se basara en un *point of law*[1738]. En consecuencia, a la hora de interponer el recurso, ya no tendremos que preocuparnos por tener un asunto de cuantía desproporcionada, o bien el interés casacional de un motivo *in iudicando* para que la Sala I tenga a bien revisar una incongruencia, o un defecto de cosa juzgada. Y esa es una muy buena noticia.

3. EL NUEVO INTERÉS CASACIONAL

Pero conviene no distraerse con temas secundarios, porque la auténtica clave de la nueva casación está en el punto tratado en este epígrafe. El Real Decreto-Ley abole por fin la casación por *summa gravaminis*, lo que es un evidente acierto —la cuantía económica de un asunto nada tiene que ver con su importancia jurídica—, pero obliga a cualquier recurrente a demostrar interés casacional. La misma reforma se ha hecho, por cierto, para la casación penal a través de una pequeñísima pero impactante reforma del art. 889 de la Ley de Enjuiciamiento Criminal, que puede ser de muy largo alcance según decida comportarse en el futuro la Sala II.

La consideración de los supuestos de interés casacional no cambia apenas con respecto a la anterior ley (art. 477.3 LEC): vulneración de jurisprudencia del Tribunal Supremo; jurisprudencia contradictoria de las Audiencias Provinciales; aplicación —se supone que indebida, la ley no lo dice— de normas sobre las que no existiese jurisprudencia del Tribunal Supremo. De hecho, este último caso es otro acierto de la nueva regulación, puesto que se deroga la absurda exigencia de vigencia de cinco años de la norma infringida, con todos los problemas de cómputo de ese plazo que había generado.

Incluso se amplían las posibilidades de recurrir cuando el propio Tribunal Supremo —o en su caso los Tribunales Superiores de Justicia— aprecien "interés casacional notorio" si la cuestión litigiosa concernida es de interés general. Esta apreciación puede ser de oficio, naturalmente, lo que servirá eventualmente —en casos obviamente excepcionales— para que el propio Tribunal Supremo salve algún recurso defectuosamente interpuesto. Aunque también servirá, sin duda, para que ingenuos escritos de interposición se llenen de cuestiones de "interés general", a fin de intentar que el Tribunal Supremo aprecie ese interés casacional notorio.

[1738] Nieva Fenoll, J., "El origen inglés de la casación francesa", *Revista Ítalo-Española de Derecho Procesal*, vol. 1, 2020, pp. 83 y ss.

Sin embargo, conviene no abusar de esa alegación y, de hecho, cabe desaconsejarla expresamente. La expresión "notorio", que en este contexto no deja de ser impropia —no atañe a cuestión probatoria alguna— no precisa ser evidenciada, dado que si realmente es notoria, será conocida por cualquier jurista del país especializado en temas civiles, e incluso más allá del mundo jurídico. En consecuencia, formular esta alegación tratando de hacer pasar como notorio lo que no lo es, puede ser muy contraproducente para la admisión del recurso. Por ello, es recomendable prescindir de esta categoría, salvo que esté realmente presente, y centrarse solamente en los tres casos de interés casacional antes citados.

Adicionalmente, cabría esperar que el Tribunal Supremo, reformando su jurisprudencia anterior, relaje la apreciación de alguno de los casos de interés casacional, como por ejemplo que deje de exigir la tradicional concurrencia de dos sentencias para considerar que existe jurisprudencia, que es una interpretación anticuada y en exceso gramatical del art. 1.7 CC que ya había intentado superar la Sala I en casos importantes de resolución del pleno[1739] o fijando doctrina[1740]. También sería muy positivo que la Sala prescinda del absurdo laberinto de localizar "dos pares" de sentencias, además de diferentes Audiencias Provinciales, criterio de superación muy dificultosa que establecieron los antiguos criterios sobre recurribilidad del año 2000. Debería bastar con que haya dos sentencias que digan cosas diferentes en casos análogos, ni siquiera idénticos, pues a diferencia de lo que opina desde hace muchos años la Sala IV del propio Tribunal Supremo al amparo del art. 219.1 de la *Ley 36/2011 reguladora de la jurisdicción social*, no es con esa identidad fáctica casi imposible como se descubren los problemas de interpretación jurídica, sino más bien a través de la simple analogía que siempre se ha aplicado en el mundo jurídico, incluso en períodos muy escolásticos, y que hasta es objeto de referencia en el art. 4 del Código Civil.

Sin embargo, es poco esperable que eso ocurra. Como se verá en el apartado siguiente, la voluntad principal de la reforma ha sido otorgar facultades discrecionales a la Sala I en la apreciación del interés casacional. También a la Sala II, que hasta ahora había estimado desde 2016[1741] la con-

---

1739 Acuerdo sobre criterios de admisión de los recursos de casación y extraordinario por infracción procesal, 30-12-2011, p. 15.

1740 Acuerdo sobre criterios de admisión de los recursos de casación y extraordinario por infracción procesal. Pleno no jurisdiccional de 27 de enero de 2017, III.3.3.C.a.2, p. 9.

1741 Acuerdo de 9 de junio de 2016: "*d) Los recursos deben tener interés casacional. Deberán ser inadmitidos los que carezcan de dicho interés (art. 889 2°), entendiéndose que el recurso tiene interés casacional, conforme a la exposición de motivos: a) si la sentencia recurrida se opone*

currencia del interés casacional siguiendo los ya derogados supuestos del mismo en la Ley de Enjuiciamiento Civil. Sin embargo, es imprescindible saber que ahora ya no se limitará la concurrencia de este requisito a los casos conocidos en segunda instancia por las Audiencias Provinciales, sino a cualquier recurso de casación que se interponga (art. 889 LECrim). Es decir, cualquier recurso de casación penal deberá acreditar la existencia de interés casacional.

No hay que ocultar que lo que se ha introducido con esta reforma ha sido un *certiorari* al más puro estilo anglosajón, aunque encubierto o disfrazado, lo que es impropio y hasta indignante porque una reforma de semejante calado no es una banalidad, sino algo que hubiera debido ser discutido ampliamente en el Parlamento, que para eso está aunque llevemos ya varios años olvidándolo, legislando abusivamente a golpe de Decreto-Ley. Es cierto que el procedimiento legislativo debería ser mucho más ágil en nuestros días, puesto que es extraordinariamente farragoso. Pero la solución a ese problema no puede ser aprobar leyes por Decreto-Ley, y mucho menos en el último suspiro, cuando no es ni el pleno del Congreso, sino la diputación permanente la que ha de convalidar el Decreto-Ley.

Pero al margen de las formas legislativas de la reforma, la relevancia sistémica de la introducción del *certiorari* es inmensa. Como antes advertí, es necesario que los abogados sepan que en la enorme mayoría de los casos desaparecerá el recurso de casación como posibilidad mínimamente avizorable en un proceso. Ello comportará, al contrario de lo que algunos piensan, que la presencia del Tribunal Supremo en la vida jurídica del país pueda menguar notablemente, dado que los abogados van a centrarse más en consultar la jurisprudencia de su Audiencia Provincial que no la del Tribunal Supremo, jurisprudencia esta última que los magistrados de las Audiencias Provinciales, a poco que empleen un mínimo de habilidad, podrán contravenir siempre que lo deseen, porque no tendrán que temer por una eventual casación que lo más seguro es que sea inadmitida con cierta facilidad o, dicho con otras palabras, con motivación sucinta, como veremos a continuación, en el siguiente epígrafe, que dice el nuevo art. 483.3 LEC.

---

abiertamente a la doctrina jurisprudencial emanada del Tribunal Supremo, b) si resuelve cuestiones sobre las que exista jurisprudencia contradictoria de las Audiencias Provinciales, c) si aplica normas que no lleven más de cinco años en vigor, siempre que, en este último caso, no existiese una doctrina jurisprudencial del Tribunal Supremo ya consolidada relativa a normas anteriores de igual o similar contenido."

Lo que estoy diciendo ya es una realidad, no solamente en España en las múltiples materias que no suelen ocupar al Tribunal Supremo por no alcanzar una cuantía que no haga antieconómica la interposición de la casación, sino también en el ámbito anglosajón, del que proviene este modelo, mucho más reciente de lo que se cree[1742], que convierte a los tribunales supremos en palaciegos balnearios para magistrados que dictan una centena —muchas veces escasa— de sentencias cada año.

Es por ello por lo que existe en EEUU o en el Reino Unido una herramienta terrorífica pero que, al menos, tiene pese a todo una cierta utilidad en este escenario de *certiorari*: la vinculación al precedente. Y aún y así, pese a la presencia de este instrumento, se escapan las jurisprudencias de los jueces inferiores en no pocas ocasiones[1743]. Imagínese si ni siquiera existe la vinculación al precedente... De hecho, aunque algunos defenderán lo contrario, no es ni puede ser el sistema que vigente en España porque esa vinculación es una auténtica orden al tribunal inferior, cuya falta de seguimiento puede hacer incurrir al magistrado inferior nada menos que en prevaricación. Esa vinculación no parece compatible con la independencia judicial, al menos en el sentido que desde hace casi cuarenta años la viene desarrollando el legislador en el art. 12 de la Ley Orgánica del Poder Judicial, que contundentemente dispone que "*tampoco podrán los Jueces y Tribunales, órganos de gobierno de los mismos o el Consejo General del Poder Judicial dictar instrucciones, de carácter general o particular, dirigidas a sus inferiores, sobre la aplicación o interpretación del ordenamiento jurídico que lleven a cabo en el ejercicio de su función jurisdiccional*". ¿Qué es el "precedente vinculante", sino una instrucción de carácter general, dirigida a los jueces inferiores, sobre la aplicación o interpretación del ordenamiento jurídico que lleven a cabo en el ejercicio de su función jurisdiccional?

Más allá de eso, el precedente vinculante es incompatible con la existencia de un ordenamiento vivo, y no anquilosado, como el que se observa en tantos sectores en esos países del *Common Law*. De hecho, si en esos países la situación no se ha hecho directamente insoportable, es simplemente porque han expulsado a los ciudadanos del sistema judicial empujándolos con amenazas a aceptar negociaciones y mediaciones que provocan que

---

[1742] Vid. *Judiciary Act* de 1891 (*Evarts Act*), *Judiciary Act* de 1925 y la *Supreme Court Case Selections Act* de 1988.

[1743] Cross, R.; Harris, J. W., *El precedente en el Derecho inglés*, Madrid 2012, pp. 153 y ss. Vid. también Passanante, L, *Il precedente impossibile*, Torino 2018, pp. 273 y ss.

más del 95% de los procesos no se llegue a celebrar jamás[1744]. Y todo a cambio de no dar razón a quien la tiene, sino quitándosela a quien la tiene obligándole a ceder frente a un simple caradura, en aras de una mal entendida "cultura de la paz"[1745] .

Con independencia de lo anterior, cabe concluir este apartado recomendando a los recurrentes no emplear enormes esfuerzos en la localización del interés casacional cuando no sea extraordinariamente evidente. Y sólo hacerlo cuando sí lo sea, para que una defectuosa redacción del escrito de interposición no dé al traste con un recurso de casación que sí era viable. Es posible que en un principio la Sala I sea algo más generosa con las admisiones, pero es previsible —también muy humano— que irá paulatinamente cerrando el grifo. La consecuencia positiva es que se reducirá la pendencia de los recursos a unos meses, menos de un año en todo caso. La negativa es que el Tribunal Supremo se convertirá en una sede jurisdiccional que ni está ni se la espera, igual que el Tribunal Constitucional en amparo desde que en 2007 se introdujo la "especial trascendencia constitucional del recurso". De hecho, este último fue el primer *certiorari* trasplantado en suelo español. Era cuestión de tiempo que el Tribunal Supremo se apuntara también a esta negativa tendencia, que provoca que haya que plantearse muy seriamente la utilidad de la propia existencia del mismísimo Tribunal Supremo.

La razón se hace evidente cuando se conoce la historia de los tribunales supremos. Son los herederos de los antiguos consejos reales, que ejercían a la vez funciones legislativas, como se hizo evidente en el Reino Unido con la *House of Lords*, pero el esquema era idéntico en la mayoría de lugares. Si en realidad lo que deseamos es un órgano que clarifique la interpretación de las leyes en una centena de casos anuales, tal vez menos en países con población muy inferior a la de los EEUU, ¿por qué no devolvemos ese poder interpretativo a los Parlamentos, que son la sede natural del poder legislativo? Piénsese, además, que ese poder cuasilegislativo —constitucional, dirían otros— de los tribunales supremos proviene de una trifulca política estadounidense de 1804 (el archiconocido caso Marbury v. Madison[1746]) que ha tenido un increíble recorrido posterior que hubiera sorprendido a los propios redactores del art. III de la Constitución de los EEUU, que sólo

---

1744 Vid. la estadística del Reino Unido en https://www.gov.uk/government/uploads/system/uploads/attachment_data/file/217494/judicial-court-stats-2011.pdf.

1745 Chase, O., *ADR and the Culture of Litigation: The Example of the United States*, Conference Paper, Paris 2004, p. 5.

1746 Marbury v. Madison, 5 U.S. 137 (1803).

imaginaban una cúspide del sistema judicial, pero que en absoluto interfiriera, rompiendo la división de poderes, en la labor del poder legislativo, como ha sucedido en demasiadas ocasiones después, algunas muy recientes que recordará cualquier lector con facilidad.

Todas estas, y algunas más, son las discusiones que hubieran debido acompañar a esta relevantísima reforma, que cambia nuestro ordenamiento jurídico de manera radical, y que por ello hubieran merecido una reflexión parlamentaria impropia de un Real Decreto-Ley. No ha sido así, y ahora estamos a merced de lo que decidan voluntariamente hacer —ojalá que no "legislar"— los magistrados de las Salas I y II del Tribunal Supremo. No debe esconderse que lo que ha inspirado a la reforma no ha sido, en absoluto, que el Tribunal Supremo dicte menos sentencias que, por ello, posean más autoridad, por mucho que en el futuro se quiera decir y repetir así. Lo único que ha favorecido la reforma es la voluntad de quitar papel al Tribunal Supremo. Nuevamente, recuérdese que el Tribunal Constitucional lleva desde 2007 con un criterio de admisión análogo, y lamentablemente está a la vista de todos que su jurisprudencia en amparo no solamente no ha ganado autoridad, sino que es cada vez más ignorada.

4. LA ADMISIÓN

La única ventaja —pírrica— de todo lo anterior, como ya advertí, es que no habrá que hacer los esfuerzos que hoy se emplean, o se malgastan más bien, en conseguir que un escrito de interposición sea digerible para el Tribunal Supremo, redactándolo a su gusto expresado en unos nuevamente impropios —por paralegislativos— criterios de admisión que la Sala I ya ha formulado en tres ocasiones, 2000, 2011 y 2017. La Sala II de momento sólo en una, en 2016.

Sin embargo, ahora se anuncian desde la propia ley (art. 481.8 LEC) más acuerdos paralegislativos, que hasta serán publicados en el BOE por si había alguna sombra de duda sobre su esencia. No obstante, la ley establece que esos acuerdos se limiten a establecer "*la extensión máxima y otras condiciones extrínsecas, incluidas las relativas al formato en el que deban ser presentados, de los escritos de interposición y de oposición de los recursos de casación.*" Ojalá todo sean, efectivamente, sólo cuestiones de formato, que incluso en cuanto a la extensión máxima de los recursos son saludables, a fin de que los juristas españoles pierdan esa antigua costumbre, proveniente de un pasado muy diferente al actual, de no poder percibir que un escrito era de calidad si no era extenso. Es necesario poner en marcha, decididamente, la cultura de la concisión, y a ello puede contribuir, ciertamente, el Tribunal Supremo. Pero al margen de ello, será deseable que este párrafo no dé la ocasión de establecer disposiciones *contra legem* como las que claramente contenía el acuerdo de 2000 y que fueron ignoradas por el Tribunal Constitucional, obviamente, porque al parecer, un quebranto de la división de poderes como es un acuerdo *contra legem* de un tribunal supremo, no es una cuestión de relevancia constitucional...[1747] Los tribunales tienen que hablar a través de su jurisprudencia, no mediante acuerdos, como si fueran juntas de accionistas. Y en todo caso, la frontera infranqueable de la jurisprudencia es no usurpar la labor del poder legislativo, claro está.

Pero como decía, ya no habrá que hacer grandes esfuerzos para interponer una casación. El art. 483.3 LEC dispone que la Sala I inadmitirá el recurso a través de "providencia sucintamente motivada", lo que no hay que ser muy perspicaz para saber lo que significa. Se elimina, además, el trámite de audiencia manifestando la causa de inadmisión que benéficamente había dispuesto la Ley de Enjuiciamiento Civil en su versión original de 2000. Y aunque algunas veces se conseguía algo en este trámite, su utilidad, no hay que engañarse, era excepcional, lo que convertía esta audiencia en una simple dilación con poco más sentido que el pataleo, así como en una frustración de vanas esperanzas. Es decir, en un motivo más para el enojo, que además costaba dinero a los clientes. Por ello, tal vez haya sido mejor su supresión, aunque revela todavía más a las claras cuál ha sido la voluntad real de la reforma.

Podría pensarse que ello provoca una vulneración del derecho de defensa, pero no hay que hacerse ilusiones, porque ni siquiera el Tribunal Europeo de Derechos Humanos lo apreciaría de esta forma. El tribunal de Estrasburgo parte de la base de que el legislador es libre de disponer la existencia de recursos, por lo que también posee la libertad de establecer que la admisión de los mismos pueda ser muy restrictiva, particularmente en casación[1748]. Lo único que no permite es que los requisitos para recurrir sean dispuestos de manera arbitraria[1749] por el legislador[1750], que no puede establecer exigencias desvinculadas de la debida prestación del servicio de

---

1747 SSTC 150 y 164/2004

1748 Reichman v. France, n. 50147/11, 12-10-2016, § 29.

1749 Dorado Baúlde v. Spain, n. 23486/12, 24-9-2015, § 18.

1750 Walchli v. France, n. 35787/03, 26-10-2007, § 29: "*Il résulte de ces principes que si le droit d'exercer un recours est bien entendu soumis à des conditions légales, les tribunaux doivent, en appliquant des règles de procédure, éviter à la fois un excès de formalisme qui porterait atteinte*

justicia[1751], aunque más particularmente por los jueces[1752], que no pueden improvisar requisitos formalistas, respetando además el principio de proporcionalidad[1753], en el sentido de que dichos requisitos no deben ser de imposible o muy difícil cumplimiento para el recurrente.

Pues bien, lo establecido por la reforma en absoluto es irracional ni está desvinculado de la debida prestación del servicio de justicia. Simplemente es altísimamente cuestionable desde una perspectiva de debate jurídico, pero nada más. Entender lo contrario supondría condenar a la desaparición el sistema de selección de asuntos del Tribunal Supremo del Reino Unido, y obviamente el Tribunal Europeo de Derechos Humanos no está por la labor. La cuestión es si, como ya se dijo, es realmente algo así lo que necesita el ordenamiento jurídico español para mantener y aumentar su calidad.

5. VISTA Y DECISIÓN DEL RECURSO

La vista en el recurso de casación había sido alabada por la doctrina tradicional[1754], dado que era un momento en que podía asegurarse que era toda la Sala o Sección, y no sólo el ponente, la que tomaba conocimiento del caso. Con todo, cualquier magistrado que haya estado en un tribunal colegiado sabe que es superficial y fragmentario el conocimiento de los asuntos en los que no se es ponente, por lo que esa vista, salvo en asuntos de extraordinario debate jurídico que haya interesado particularmente a los magistrados, tampoco contribuía a mucho.

Antes de la reforma podían forzar su celebración ambas partes de común acuerdo, y ahora queda a la discrecionalidad del tribunal, lo que obviamente significará que su celebración será excepcional, salvo que gracias a la selección de asuntos acabe conociendo el Tribunal Supremo de tan pocos casos, que los magistrados lleguen a encontrar útil la celebración de una audiencia mucho más interactiva que las actuales, que no lo son, deba-

---

à l'équité de la procédure, et une souplesse excessive qui aboutirait à supprimer les conditions de procédure établies par les lois".

1751 Evaggelou v. Greece, n. 44078/07, 20-6-2011, § 22 y 23.

1752 Nuevamente, Evaggelou v. Greece, n. 44078/07, 20-6-2011, § 22 y 23.

1753 Maresti v. Croatia, n. 55759/07, 25-09-2009, §§ 33-43.

1754 Serra Domínguez, M., "Del recurso de casación", en AAVV, *La reforma de los procesos civiles (Comentario a la Ley 10/92 de medidas urgentes de reforma procesal)*, Madrid 1993, p. 282.

tiendo directamente entre jueces y abogados sobre las cuestiones jurídicas concernidas, y no limitando la vista a unos simples discursos victimas de la impostura de oradores y oyentes, cada uno en su rol.

Sea como fuere, finalmente se dictará sentencia. A través de la reforma del art. 487 Ley de Enjuiciamiento Civil se supera la errónea jurisprudencia de la Sala I que había restaurado algo de lo que, por buen criterio del legislador de la Ley de Enjuiciamiento Civil de 1855, se había librado España durante más de ciento cincuenta años: nada menos que el reenvío en las casaciones por motivos *in iudicando*. Esa jurisprudencia, insisto, errónea, había buscado una similitud con los ordenamientos italiano, francés o alemán que precisamente se había intentado superar en estos países, en la línea que había expresado con especial claridad Satta[1755] desde los años sesenta del siglo XX. Tras la reforma, la estimación de un motivo *in iudicando* hará que el Tribunal Supremo dicte nueva sentencia resolviendo sobre el fondo, determinando, por el contrario, la estimación de un motivo *in procedendo* la reposición de las actuaciones a la instancia, salvo que el defecto procesal se hubiera producido en la misma sentencia recurrida, en cuyo caso la Sala I resolverá también sobre el fondo de manera definitiva.

Hasta aquí todo hubiera sido correcto. Sin embargo, inopinadamente el legislador, en el art. 487.1 LEC ha dispuesto que cuando la sentencia recurrida se oponga a doctrina del Tribunal Supremo —lo que ocurrirá en muchísimas estimaciones—, casará la sentencia a través de un auto y devolverá el asunto a la instancia para que la sentencia sea corregida.

Ese reenvío es impropio, no sólo porque tiene algo de humillante la actuación de decirle a un juez que hizo mal lo que hizo y que lo repita en un caso de pura interpretación jurídica. Es decir, que no se trata de un evidente error de procedimiento. Más valdría que el Tribunal Supremo no le mandara al tribunal *a quo* repetir su trabajo para que aprenda... sino que corrigiera él mismo la sentencia, lo que además es sencillo si ya se ha identificado el error, evitando así hacer perder el tiempo y el dinero a las partes. Es posible que semejante disposición haya venido propiciada por una voluntad de descargar en el cuerpo de Letrados de la Sala la redacción de estos autos en los que simplemente se indique cuál es la jurisprudencia infringida. Pero si ha sido así, habría que recordar algo que demasiados altos tribunales parecen haber olvidado: quienes forman el tribunal son los magistrados, y no los referidos letrados, por mayor excelencia que puedan

---

1755 Satta, S., *Passato e avvenire della Cassazione*, Riv. T. Dir. Proc. Civ., 1962, p. 958. "(...) *che cosa è, se non uno spreco di tempo, il rinvio? (...)*".

poseer. La normalización —y hasta banalización— de esta anomalía en altas sedes jurisdiccionales muy próximas es realmente alarmante.

Por supuesto, habrá quien piense que de esa forma "se pierde una instancia", pero no es así. Aplicando el tribunal *a quo* la jurisprudencia del Tribunal Supremo, la sentencia será muy difícilmente recurrible, lo que provoca que en este contexto deba mandar, sin duda de ningún tipo, la economía procesal, concluyendo definitivamente el proceso, de una vez por todas, el Tribunal Supremo.

En consecuencia, bien haría el próximo legislador en reformar este párrafo con urgencia, evitando extrañas nostalgias de un sistema de *renvoi* que nunca funcionó bien, y que solamente provocó enojos y hasta rebeldía por parte de los jueces inferiores, para desesperación de los litigantes.

6. CONCLUSIÓN: UNA REFORMA TÉCNICAMENTE CORRECTA CON UN REGALO ENVENENADO

Como se puede observar, salvo en el detalle de la resolución del recurso a través de auto con reenvío, la técnica jurídica en la elaboración de esta nueva regulación de la casación ha sido impecable, resolviéndose antiguos problemas evidentes de la anterior regulación —el principal, la existencia de dos vías recursivas— y simplificando la interposición de los recursos. Ni siquiera es rechazable en sí misma la limitación de la extensión de los recursos, siempre y cuando no sea irracional, claro está, y tenga la razonable flexibilidad en casos complejos, que podría producirse comunicándose el Tribunal Supremo directamente con los Letrados en este tipo de casos, ejerciendo un saludable *case management* frecuente ante otras jurisdicciones.

Lo único verdaderamente rechazable de esta reforma es la introducción del *certiorari* por Real Decreto-Ley. No es aceptable que se le haya conferido al Tribunal Supremo por la puerta de atrás una facultad extraordinaria de selección de asuntos, que provocará en la enorme mayoría de casos la desaparición de la casación del cálculo de posibilidades razonables en un proceso que hace cualquier abogado a su inicio. Esa reforma, además, es propia de los sistemas del *Common Law*, donde existe la vinculación al precedente y un altísimo índice de litigios resueltos —es un decir— a través de los A.D.R. Nada de eso ocurre, diría que por fortuna, en España.

CONTRA EL ELITISMO Y LA POSMODERNIDAD EN EL ARBITRAJE

Publicado en Revista General de Derecho Procesal, n. 62, 2024.

1. INTRODUCCIÓN

Pierdan ya toda esperanza. El arbitraje, como medio muy antiguo de resolución de conflictos, no va a sustituir al proceso judicial. Podría haberlo hecho en muchos casos, pero una combinación de ingenuidad y codicia lo ha impedido.

La ingenuidad fue presentar, con un desconocimiento pavoroso de la historia, como un medio novedoso lo que era, como se ha dicho, un muy antiguo instrumento que, de hecho, había fracasado. Dentro de lo que conocía nuestra cultura, se remontaba nada menos que a época griega[1756], y no era realmente un mecanismo en el que las partes escogieran a los jueces, sino más bien un espacio en el que los jueces podían decidir al margen de la ley, con criterios de simple equidad. Un resto de aquello había quedado en las *courts of equity* del sistema inglés[1757], aunque el surgimiento y pervivencia de estos tribunales se explican más bien por razones políticas que ahora no vienen al caso. Sea como fuere, el sistema de equidad acababa creando una suerte de ordenamiento paralelo, lo que no era positivo para la uniformidad jurídica de un territorio[1758]. Pero más allá de esa ignorancia de la Historia, se vendió la idea de que el arbitraje, por su informalidad, solucionaría los problemas de lentitud y complejidad de la justicia tradicional, estableciendo una especie de modo aparentemente "*cool*" de resolución de controversias[1759].

[1756] Aristóteles, *Retórica*, Madrid (Alianza ed.) 2004, cap. XIII, 1374b, p. 126.

[1757] Parkes, J., *A History of the Court of Chancery*, 1828.

[1758] Vid. Herzog, T., "European Law and the myths of a separate English legal system", *History & Policy*, 13-11-2018. Con más detalle en Herzog, T. A Short History of European Law: The Last Two and a Half Millennia. Cambridge, MA: Harvard University Press, 2018.

[1759] Entre otros muchos, Gumbel, H. E., "Thoughts on Arbitration under Reinsurance Contracts and on an Attempt to Draft a Standard Clause", *Arbitration: The International Journal of Arbitration, Mediation and Dispute Management*, Volume 45, Issue 4, 1979, pp. 257 y ss. Aksen, G., "Post-Gardner-Denver Developments in Arbitration Law. In Arbitra-

Todo ello, aparte de ser mentira, era indicativo de simple codicia. Lo que ocurría era que los gobiernos se negaban —se siguen negando— a financiar debidamente la justicia, simplemente porque eso no da votos. Además, ni tan siquiera deseaban una justicia independiente, por las dificultades para influir políticamente sobre ella derivadas del hecho de tener una autonomía real, y para ello siempre es mejor que la institución esté subfinanciada, claro está. Por si fuera poco, se unió a todo ello una tendencia neoliberal[1760] que simplemente busca reducir el sector público a la actividad de control externo e interno de la seguridad del Estado, es decir, a los mecanismos represivos, lo que conduce a desmantelar todo el entramado de organismos públicos que aseguran nuestro Estado del bienestar, tribunales incluidos[1761], por supuesto[1762]. Naturalmente, las empresas más importantes han colaborado en ello porque así se ven más libres para negociar en privado con sus contrincantes en condiciones de evidente desigualdad, aunque suelan aludir, al menos en EEUU, al terror a las *class actions*[1763].

Aprovechando la "feliz" coyuntura, muchos abogados deseosos de ganar mucho dinero y constituir la élite que anhelan todas las dictaduras —también el neoliberalismo— se lanzaron en la defensa del arbitraje, poniendo

---

tion-1975", en *Proceedings of the 28th Annual Meeting*, National Academy of Arbitrators, Washington, DC 1976, pp. 24 y ss. Rothschild, D. P.; Davis, P. J., "How to Protect Consumers through Local Regulation and Arbitration: A Cooperative Venture with Country Government. *Loy*", *Consumer Protection J.*, 1972, pp. 26 y ss. Leffler, R. G., "Dispute settlement within close corporations", *Arbitration Journal*, 31, 4, 1976, pp. 254 y ss. Gumbel, H. E., "Thoughts on Arbitration under Reinsurance Contracts and on an Attempt to Draft a Standard Clause", *Arbitration: The International Journal of Arbitration, Mediation and Dispute Management* 45, 4, 1979, pp. 215 y ss.

1760 Vid. al respecto Farrow, T. C. W., "Public Justice, Private Dispute Resolution and Democracy", (2008). Comparative Research in Law & Political Economy. Research Paper n. 18/2008. http://digitalcommons.osgoode.yorku.ca/clpe/192. Giabardo, C. V., "Private Justice: The Privatisation of Dispute Resolution and the Crisis of Law", Wolverhampton Law Journal, 2020, pp. 14 y ss. Robel, L. K., "Private Justice and the Federal Bench," Indiana Law Journal, 1993, Vol. 68, Iss. 3, Article 17, pp. 891 y ss. Miller, A. R., "What Are Courts For? Have We Forsaken the Procedural GoldStandard?", 78 *La. L. Rev.* 2018, pp. 797 y ss.

1761 Kim, A. S., "Rent-a-Judges and the Cost of Selling Justice", *Duke Law Journal*, vol. 44, 1994, pp. 166 y ss.

1762 Vid. más ampliamente Nieva Fenoll, "Mediación y arbitraje: ¿una ilusión decepcionante?", *Revista General de Derecho Procesal*, n. 39, 2016.

1763 Vid. Gilles, M., "The Day Doctrine Died: Private Arbitration and the End of Law", *University of Illinois Law Review*, vol. 2016, pp. 371 y ss. Weinstein, J. B., "Comments on Owen M. Fiss, Against Settlement (1984)", 78 *Fordham L. Rev.*, 2009, pp. 1265 y ss.

como pretexto la lentitud de los tribunales —que ya ni se proponían corregir, porque les beneficiaba—, la antigüedad del proceso judicial —como si el arbitraje fuera más moderno...— e incluso la complejidad, tantas veces deliberada, de las normas que establecen la jurisdicción internacional de los tribunales, y que desde luego obstaculiza el inicio de los procesos con elementos de extranjería. Teniendo como señuelos las palabras "*modern*", "*easy*", "*speedy*", "*flexible*" "*cheap*" (¿?) "*friendly*" y con esos antecedentes, diseñaron unas instituciones arbitrales que elaboraron listas, no de juristas insignes, sino más bien de amigos íntimos entre los que, por casualidad, a veces se cuela un buen jurista[1764]. A ello se añaden unos costes desproporcionados —con frecuencia iguales o superiores a los judiciales—, así como una frecuente falta de calidad de los laudos y, finalmente, una dificultad enorme para anularlos incluso cuando son simples disparates[1765]. La única ventaja, en todo este panorama, era el factor temporal. Ciertamente, los arbitrajes duran menos tiempo que un proceso judicial. Pero a qué precio...

En este trabajo voy a ir explicando todo este conjunto de desdichas, a los efectos de que se pueda poner el contador a cero y se diseñe una auténtica institución arbitral que atienda realmente las necesidades de los justiciables, y no de los juristas aparentes, intrínsecamente falsarios, ávidos de ser nombrados árbitros en temas en los que ni siquiera son expertos, a fin de ganar —mucho— dinero fácil copiando simplemente los escritos de alegaciones del litigante al que quieren dar la razón.

2. EL FRACASO DE LA VISIÓN *FLOWER-POWER* DEL ARBITRAJE

Lo que estaba detrás del interés en sustituir el proceso judicial por el arbitraje ha sido explicado ya en el anterior epígrafe: puras conveniencias económicas. Pero interesa también centrarse en la filosofía que se tomó como cebo.

Se suele situar el inicio de la explosión de los ADR en general, no sólo del arbitraje, en la *Pound Conference* de 1976, pese a que en dicha conferencia se habló solamente de deficiencias ya conocidas de la administración de

1764 Cfr. Barona Vilar, S., "Psicoanálisis del arbitraje en la sociedad digital y líquida del siglo XXI. Entre la deconstrucción y la caquexia", en Barona Vilar (ed.), *Psicoanálisis del Arbitraje: solución o problema en el actual paradigma de justicia*, Valencia 2020, pp. 50-51.

1765 Por citar a uno de los primeros que se dio cuenta, Albaladejo García, M., *La ominosa pretensión de hacer irreconocible el laudo infractor de derecho*, Academia Sevillana del Notariado, Tomo IV, homenaje al Profesor Jordano Barea, Madrid 1991, pp. 217 y ss.

justicia en EEUU[1766], centrándose sobre todo en un problema que perdura a día de hoy: el abuso de los procedimientos de *discovery* y sobre todo del *summary judgment*, el principal dolor de cabeza de un abogado estadounidense[1767]. También hicieron mención de la acumulación de procesos y de la creciente complejidad de las nuevas leyes[1768]. Sea como fuere, las críticas a la justicia tradicional desataron una atención inusitada hacia los ADR. Esas críticas conocieron otro punto álgido con el Woolf Report del Reino Unido en 1996[1769], cuando se acabó autorizando a los jueces de ese país a forzar la mediación.

Desde entonces, aunque hay voces discrepantes[1770], se han observado dichos medios alternativos con un buenismo espectacular[1771], como si enfrentarse en un arbitraje fuera cultura de la paz, y hacerlo ante un juez fuera incultura de la guerra[1772]. Lo curioso es que en ambos casos estamos hablando de un proceso ante un órgano jurisdiccional, y no se entiende qué mayor propensión al pacifismo puede existir en un arbitraje que en un proceso ante un juez. Se podría decir que las partes, al menos, han sido

---

1766 Genn. D. H., "Why the Privatisation of Civil Justice is a Rule of Law Issue", 19-11-2012, 36th F A Mann Lecture, Lincoln's Inn, www.ucl.ac.uk/laws/sites/laws/files/36th-f-a-mann-lecture-19.11.12-professor-hazel-genn.pdf, p. 7.

1767 Robertson, "The Right to Appeal", 91, The North Carolina Law Review, 1219 (2012-2013).

1768 Wallace, J. C., "Judicial Reform and the Pound Conference of 1976", *Michigan Law Review*, vol. 80, 4, 1982, pp. 592-593.

1769 Lord Woolf, Access to Justice: Final Report to the Lord Chancellor on the Civil Justice System in England and Wales, HMSO, July 1996. Sobre el mismo, Bochner, K., "Alternative Dispute Resolution and Access to Justice in the 21st Century", 2019, 40 *Adelaide Law Review*, pp. 343 y ss.

1770 Fiss, O. M., "Against Settlement", 93 *Yale L.J.*, 1983-1984, pp. 1073 y ss. Con una aproximación más matizada, Allen, D., "Against settlement? Owen Fiss, ADR and Australian Discrimination Law", *International Journal of Discrimination and the Law*, 2009, Vol. 10, pp. 191 y ss. Intentando resolver los muchos puntos críticos de la mediación, BUSH, R. A. B., Fogler, J. P., "Mediation and Social Justice: Risks and Opportunities", *27 Ohio St. J. on Disp. Resol.* 1, 2012. Cohen, A. J., "Revisiting Against Settlement: Some Reflections on Dispute Resolution and Public Values", *Fordham Law Review*, vol. 78, pp. 1143 y ss.

1771 Menkel-Meadow, C., "Whose Dispute Is It Anyway? A Philosophical and Democratic Defense of Settlement (In Some Cases)" (1995), *The Georgetown Law Journal*, vol. 83, pp. 2663 y ss. https://scholarship.law.georgetown.edu/facpub/1767. MAIN, T. O., "ADR: The New Equity", *Scholarly Works*, Paper 739, 2005, pp. 398 y ss, http://scholars.law.unlv.edu/facpub/739. Nolan-Haley, J. M., "Court Mediation and the Search for Justice Through Law", 74 *WASH. U. L. Q.* 47, 1996, pp. 47 y ss.

1772 Genn. D. H., "Why the Privatisation of Civil Justice is a Rule of Law Issue", 19-11-2012, 36th F A Mann Lecture, Lincoln's Inn, www.ucl.ac.uk/laws/sites/laws/files/36th-f-a-mann-lecture-19.11.12-professor-hazel-genn.pdf, p. 8.

capaces de pactar que acudían al arbitraje e incluso han acordado la identidad del árbitro...

Pero es que no es así. Lo que sucede es que las partes suscriben la cláusula de sumisión a arbitraje en un momento en que lo que hay es un acuerdo contractual sobre cualquier materia comercial, precedido por una lógica relación de confianza, o al menos de no profunda sospecha por el futuro comportamiento de la otra parte, porque de lo contrario no se firma. Y en ese contexto de buenas relaciones, es posible que la cláusula compromisoria se pase por alto, o bien no se quiera romper la operación poniéndole un pero por tan poca cosa, como si una cláusula de sumisión expresa a arbitraje fuera una futesa... Lo que acaba sucediendo es que cuando hay problemas, esa cláusula es vital, y en ese momento llega la hora de los lamentos. Se identifica que no se ha pactado el nombre de un árbitro de la confianza de ambas partes, sino el de una institución arbitral, privada por supuesto, que puede que sea más próxima a uno de los litigantes sin que el otro lo sepa. O no, sino que puede suceder, más simplemente, que la institución sea puramente ineficiente porque su listado de árbitros sea defectuoso.

Todo lo anterior no tiene absolutamente nada de pacífico, y mucho menos posee trazo alguno de la cultura *hippie* de los años sesenta-setenta del siglo XX. Ni los árbitros visten ropas de colores, ni ofrecen flores a las partes para que dejen sus armas procesales ni tienen —en principio— propensión por sustancias alucinógenas. Lo que sucedió en realidad es que muchos abogados estadounidenses quisieron alejarse solapadamente de los altos riesgos de incertidumbre del jurado[1773], existente también para procesos civiles en EEUU, así como librarse de la desesperadamente larga fase de *pretrial*, esa en la que se desarrolla el temido *discovery*.

Y es que el jurado es un órgano de legos en derecho y, por tanto, de resoluciones imprevisibles, que por supuesto no conoce las complejidades del ordenamiento jurídico. Ello hace que la labor de los abogados intentando explicarse en el marco de un proceso —ya en el *trial*— sea simplemente frustrante. Por otra parte, la fase de *pretrial* no es más que una carnicería abogacil[1774] que intenta hacer que la otra parte cobre la apariencia de poco colaboradora de la justicia. Por eso los litigantes se piden mutuamente

---

1773 Cassingham, R., *The True Stella Awards*, New York, 2005. http://www.stellaawards.com/. McCormack, T. W., "Privatizing the Justice System", *International Society of Barristers Quarterly*, vol. 41, oct. 2006, n. 4, p. 474.

1774 Capuder, D. M., "Dirty Litigation Tactics: How to Deal with the "Rambo" Litigator", 16-9-2019, www.clearlawinstitute.com.

todo tipo de documentación o pruebas periciales con el objetivo de que la contraria no pueda cumplir, para así lograr que en el *pretrial*, es decir, en la fase previa a la apertura del proceso que se celebra ante un juez, dicho juez decida que la posición de una de las partes no es sostenible por no tener "perspectivas de éxito", impidiendo así que se pase a la fase siguiente y el objeto del proceso sea examinado por un jurado. Esa decisión se toma a instancia de parte a través del llamado *summary judgment*[1775], que es justamente lo que más temen los abogados estadounidenses. Por eso tienen la cultura de "colaborar" con la otra parte cuando esta les pide la documentación más peregrina. No es que sean amantes de la cultura de la paz ni que tengan una mentalidad más cooperativa. Simplemente reaccionan para evitar los efectos más nocivos de una vulgar amenaza del sistema.

Con semejante modelo antediluviano, que de hecho se remonta nada menos que al antiguo proceso romano de las *legis actiones*[1776], no es extraño que la profesión jurídica estadounidense buscara oxígeno fuera del sistema judicial[1777], con el beneplácito, además, de las instituciones públicas, que privatizando la justicia, ahorraban costes[1778]. Y que incluso el proceso fuera visto como una batalla campal, porque de hecho en eso consiste el *pretrial*, que además es carísimo[1779]. Es comprensible que buscaran algo de paz aprovechando la corriente predominante entre la juventud del *make love, not war*[1780].

Lo que resulta incomprensible es que esa corriente se extendiera por la Europa no anglosajona, donde quienes se dejaron engañar ante el trampantojo obraron con un provincianismo y una candidez sin precedentes. Al menos, los pícaros que solamente estaban intentando emular a los árbitros estadounidenses para ganar mucho dinero, sí sabían muy bien lo que hacían. Y es que en EEUU, los costes de un arbitraje podrían no parecer desproporcionados si se tiene en cuenta lo que cuesta allí —o en el Reino

---

1775 Rule 56 de las Federal Rules of Civil Procedure.

1776 Kaser, M. / Hackl, K., *Das römische Zivilprozessrecht*, München 1996, p. 26 y ss.

1777 Robertson, "The Right to Appeal", 91, The North Carolina Law Review, 1219 (2012-2013).

1778 Genn. D. H., "Why the Privatisation of Civil Justice is a Rule of Law Issue", 19-11-2012, 36th F A Mann Lecture, Lincoln's Inn, www.ucl.ac.uk/laws/sites/laws/files/36th-f-a-mann-lecture-19.11.12-professor-hazel-genn.pdf, p. 13.

1779 Whitney, E., *Statistical Abstract of the United States*, 1921, Washington 1922, p. 90. Vid. también *The Legal Observer and Solicitors' Journal*, 14-7-1855, pp. 200, 203.

1780 Chase, O., *ADR and the Culture of Litigation: The Example of the United States*, Conference Paper, Paris 2004, p. 5.

Unido[1781]— un proceso judicial[1782]. La situación era bastante diferente en la Europa continental. La justicia no tenía un funcionamiento óptimo, claro está, y sigue sin tenerlo. Pero era —aún es— sustancialmente más barata y los problemas de la justicia europea podían resolverse, o al menos paliarse, con una mayor inversión de los poderes públicos en recursos humanos y económicos, como se demostró en Alemania.

De hecho, el arbitraje fue percibido siempre como un cuerpo extraño que nunca acabó de funcionar. España, sin ir más lejos, tuvo hasta tres leyes de arbitraje en cincuenta años[1783], lo que es indicativo de que la institución, aunque ha enriquecido a algunos, nunca ha funcionado. Tampoco recurriendo al posmodernismo[1784], teóricamente ajeno a que alguien se enriquezca de manera desproporcionada... Pero conviene, por cierto, abundar en este último aspecto económico, porque ha sido realmente el que ha caracterizado a las instituciones arbitrales. Y si no lo ha hecho, ha sido solamente porque no han conseguido atraer el tipo de pleitos que deseaban: los de exagerada cuantía económica.

3. LA ESPECIALIZACIÓN DE LAS INSTITUCIONES ARBITRALES EN LOS LITIGIOS DE MAYOR CUANTÍA

Los datos no engañan, aunque son esquivos porque las instituciones arbitrales se resisten a hacerlos públicos alegando motivos de confidencialidad, que no concurren cuando lo único que deseamos saber son cantidades de dinero, sin vinculación con dato personal alguno.

El hecho es que las instituciones arbitrales más conocidas en el mundo manejan procesos de cuantías astronómicas. La Corte de Arbitraje Internacional de Londres, la última que tuvo a bien publicar sus datos en este sentido (2016), establecía una media de coste mínimo de un arbitraje de 100.000 euros[1785], lo que puede dar una idea bastante precisa de las cuan-

---

1781 Andrews, N., "Mediation in England: Organic Growth and Stately Progress", *Revista Eletrônica de Direito Processual - REDP*, Vol. IX, 2012, p. 573.

1782 Vid. https://www.rocketlawyer.com/article/how-much-do-lawyers-cost.rl

1783 Ley 22 de diciembre de 1953, Ley 36/1988 y la vigente Ley 60/2003 de 23 de diciembre.

1784 Vid. Aliste Santos, T. J., *Hacia la justicia posmoderna*, Barcelona 2023, pp. 16 y ss.

1785 Vid. http://www.lcia.org//News/lcia-releases-costs-and-duration-data.aspx (13-03-2016).

tías que se mueven en sus procesos. La *Camera Arbitrale di Venecia*[1786] establece como valor mínimo de referencia unos 50.000 euros, y a partir de ahí dispone un escalado que concluye con las controversias de valor superior a 25.000.000 euros. Con esos datos puede imaginarse también, con suma facilidad, cuál es el marco mental económico de la institución. La Corte Española de Arbitraje sitúa los casos de cuantía indeterminada en nada menos que 300.000 €[1787] y establece en sus "reglas sobre costes del arbitraje" cuantías que van de los 30.000 a los 100.000.000 €[1788]. Por su parte, las cuantías del Tribunal Arbitral de Barcelona son más modestas, a pesar de que la primera referencia —para la que no cobran tasas— es para los casos de cuantía inferior a 16.000 €[1789], cantidad que tampoco es despreciable.

Después de esta exposición, pocas dudas pueden quedar con respecto a qué casos intentan captar estas instituciones[1790]. Por mucho que siempre marquen las cuantías de 0 € a X, esa X, como ya se ha visto, no son precisamente 1.000 euros. No crearon sus instituciones, ni mucho menos, para ocuparse de los pequeños litigios que realmente afectan a la vida cotidiana de los ciudadanos, sino que deliberadamente quisieron especializarse en los conflictos entre grandes empresas, donde se manejan con una facilidad increíble unas cuantías abultadísimas y en cuya habitualidad pasan relativamente desapercibidos pagos de miles de euros que quebrantarían la economía anual de cualquier persona. Solamente los organismos de arbitraje de consumo[1791] han intentado centrarse en esos pequeños litigios, hasta ahora con escaso éxito como consecuencia de la libertad de adhesión de las empresas al sistema arbitral[1792].

Y es que no se ha encontrado un incentivo para que asociaciones privadas se dediquen a esos pequeños arbitrajes. Disponer la obligatoriedad del arbitraje en esos ámbitos de consumo es muy complicado, aunque no

---

1786 http://www.camera-arbitrale-venezia.com/?IdPagina=63

1787 https://www.cearbitraje.com/es/calculadora

1788 https://www.cearbitraje.com/es/calculadora

1789 https://tab.es/ca/sollicitar-arbitratge/

1790 Vid. Barona Vilar, S., "Psicoanálisis del arbitraje en la sociedad digital y líquida del siglo XXI. Entre la deconstrucción y la caquexia", cit. pp. 36 y ss.

1791 Sobre el tema, entre otros muchos Ruiz Jiménez, J. Á., *Análisis crítico del Sistema Nacional Español de Arbitraje de Consumo,* San Sebastián 2007. Álvarez Alarcón, A., *El sistema español de arbitraje de consumo,* Jerez de la Frontera 1999. Valbuena González, F., Incidencia de la Ley 60/2003, de arbitraje, en el sistema arbitral de consumo, Revista vasca de derecho procesal y arbitraje, vol. 17, n. 2, 2005, pp. 395-408.

1792 Vid. el interesante voto particular a la STC 1/2018.

imposible[1793], pero debe asumirse que no es algo que vaya a ocurrir con facilidad. Por ello, los estímulos para acudir al arbitraje deberían ser de otra naturaleza, constituyendo una auténtica ventaja recurrir a ellos con respecto al sistema estatal de justicia. Lo que ocurre es que mientras ese sistema no funcione debidamente, esas empresas parecen más interesadas en seguir en él, poniendo sus dificultades como ariete frente a las reclamaciones de los consumidores.

4. LA BUSCADA COMPLEJIDAD DE LAS NORMAS DE JURISDICCIÓN INTERNACIONAL

Uno de los factores que más sorprendentemente favorece el arbitraje son las normas de jurisdicción internacional que suele haber en las leyes procesales nacionales. Incluso si nos fijamos solamente en las derivadas de la Unión Europea, sobre todo del Reglamento 1215/2012, la lectura de sus artículos 4 a 24, salvo alguna excepción con respecto a consumidores, trabajadores y asegurados, lamento decir que parecen concebidas a propósito para que ningún litigante se atreva a llevar sus litigios ante los tribunales, y opte así por el arbitraje.

Una parte de la culpa la tienen todavía tanto la tradición como las relaciones internacionales. Se sigue tratando el tema de la jurisdicción y la competencia como si las naciones fueran enemigas, lo que es un contrasentido sobre todo en el marco de la Unión Europea. Las normas al respecto parten claramente del feudalismo, de hecho, y exponen un esquema de comportamiento entre jueces que hace de ellos señores feudales celosos de preservar como sea su territorio y poder frente a cualquier agresión externa de otro señor feudal, en este caso de otro juez que, desde luego, actualmente, absolutamente nada tiene que ver ya con un señor feudal, para tranquilidad de todos, también de los propios jueces.

Y es que, obviamente, ya nada referido a la jurisdicción sigue ni puede seguir una estructura feudal. No debería ser ya, a nivel interno, un tema tan importante, qué juez, de entre los que tengan la misma competencia objetiva, conoce de un determinado litigio, teniendo todos la misma sapiencia y capacidad de gestión del asunto. Quiero decir con ello que las normas de competencia territorial, al menos en el proceso civil, deberían haber pasado ya a la historia hace muchísimo tiempo gracias a la tecnolo-

1793 De nuevo, STC 1/2018.

gía[1794]. Aún se las quiere justificar a veces en razón de que las partes y los testigos no deban trasladarse lejos de su domicilio para ser interrogados, o que los jueces estén cerca del objeto de la prueba para poder practicar eficazmente el reconocimiento judicial. Incluso se habla de la necesidad de que los abogados asistan a los litigios cerca de su sede, cuando la realidad es que ya no son nada excepcionales los viajes, muchas veces absurdos, a largas distancias que se ven obligados a llevar a cabo los abogados para ejercer la defensa en un proceso, aumentando así los costes para los clientes.

Lo que sucede es que todo lo anterior posee como trasfondo una vetusta tradición, completamente obsoleta, que hoy se ha transformado en un tremendo engaño. Está ya demostrado empíricamente, más allá de toda duda razonable, que los interrogatorios son científicamente absurdos[1795]. Se basan en la existencia de una huella de la memoria en el cerebro que simplemente no es real, sino que está inmediatamente distorsionada por cada sujeto de manera espontánea. Además, incluso aunque esa huella existiera realmente en términos que permitieran su control empírico con una mínima seriedad, los métodos de interrogatorio que utilizamos contravienen frontalmente los parámetros de la psicología del testimonio[1796], que es la materia que los disciplina, por lo que no deberían ser celebrados más que en ocasiones verdaderamente excepcionales, y siempre a cargo de un auténtico experto, el psicólogo del testimonio, no pudiendo ser una labor encomendada los juristas, que no tenemos ni la más mínima formación al respecto. Por otra parte, los reconocimientos judiciales, no solamente es que sean excepcionales, sino que además de poco sirven si no vienen acompañados de una prueba pericial que, en realidad, sustituye cualquier observación voluntariosa incluso del juez que quisiera mostrarse más diligente.

Por último, actualmente no es en absoluto necesario desplazarse para celebrar una audiencia, sino que puede y debe tener lugar a distancia con conexión remota, como ya se celebran la enorme mayoría de reuniones empresariales y no empresariales en cualquier ámbito económico de la

---

1794 Lo vengo proponiendo desde 2015. Vid. Nieva Fenoll, *Derecho Procesal II, proceso civil*, Madrid 2015, pp. 25 y ss.

1795 Julià Pijoan, M., "Un análisis del fundamento de la declaración del testigo ocular como medio de prueba, a partir de la investigación empírica", *Ius et Praxis*, vol. 29, n. 2, 2023, pp. 44 y ss.

1796 Manzanero, A. *Psicología del testimonio*, Madrid 2008, pp. 106 y ss. Sánchez, N., Manzanero, A., "El engaño en contextos judiciales", *Revista Italo-Española de Derecho Procesal*, n. 1, 2023, pp. 1 y ss. Mazzoni, G., *Psicologia della testimonianza*, Roma 2015, pp. 108 y ss.

vida cotidiana. ¿Por qué debe ser el proceso judicial un ámbito diferente, si lo único que se busca es un diálogo entre abogados y jueces? Es más, la falta de contacto directo con el juez podría hasta ser positivo para el mantenimiento de la imparcialidad, al disminuirse de manera relevante los sesgos sociológicos que afectan al juicio, y que conocemos popularmente como prejuicios, pero que ya han empezado a ser estudiados por la doctrina especializada[1797]. Más allá de que alejar el proceso de los jueces de cada territorio disminuiría la ocasión de que se formen redes de confianza e influencia entre abogados y jueces, que cuando existen no son más que simple corrupción que, o es difícil de detectar, o nadie suele tener el valor de atreverse a denunciarla.

En consecuencia, las normas de competencia territorial y, por extensión, las de jurisdicción internacional, deberían pasar a mejor vida si realmente nos creemos el principio de "confianza mutua"[1798] que repiten una y otra vez las normas al respecto de la Unión Europea, y que desde luego deben ser obvias e indiscutibles entre los jueces de un mismo país. Al menos en ese espacio geográfico europeo, las únicas dificultades deberían ser ya solamente las idiomáticas, que no son pocas, pero no el hecho de que deba conocer un juez u otro de la Unión, problemática que incluso se podría llegar a resolver con un sencillo sorteo en caso de discrepancia, o hasta atribuirle jurisdicción a los jueces de un tercer país ajeno a las partes del litigio para favorecer su imparcialidad, realizando a tal efecto un listado de jurisdicciones que, a juicio de la Comisión Europea, reúnan unos estándares altos de calidad, y que podrían convertirse incluso en un incentivo para mejorar las estructuras nacionales de justicia.

Esta manera de organizar la Justicia pondría fin a los problemas anunciados, mejoraría la calidad del servicio judicial y, además, podría ser fuente de inspiración para todos aquellos territorios o instituciones que quieran acoger en sus fronteras arbitrajes internacionales. La clave, insisto, es ofrecer calidad y seriedad. Lo contrario es la corrupción cortoplacista que acaba destruyendo cualesquiera buenas intenciones, en este y en cualquier otro terreno que quepa concebir razonablemente.

1797 Nuevamente, Mazzoni, G., *Psicologia della testimonianza*, cit. pp. 108 y ss.

1798 Vid. De Hoyos Sancho, M., "Armonización de los procesos penales, reconocimiento mutuo y garantías esenciales", en AAVV (De Hoyos coord.), *El proceso penal de la Unión Europea*, Valladolid 2008, p. 44 y ss.

5. HACIA LA CREACIÓN DE ESPACIOS QUE GARANTICEN LA IMPARCIALIDAD DEL ÁRBITRO

Y es que uno de los objetivos más importantes, precisamente, es ser capaces de generar jurisdicciones, arbitrales o no, que posean como principal carta de presentación la excelencia de sus jueces o árbitros. Es decir, más que atraer arbitrajes caros, cualquiera que se proponga crear algo nuevo y competitivo en este terreno debe conseguir atraer a los mejores juristas del mundo, para que una vez formen parte de la institución, sean vistos como personas competentes e insobornables, lo que hará que cualquier contratante de buena fe desee someterse expresamente a un arbitraje en esa institución, ya sin las dudas habituales. Y ello evidentemente atraerá a los casos de mayor cuantía económica, teniendo en cuenta lo mucho que está en juego. De hecho, si se crea esa excelencia en el establecimiento de la estructura jurisdiccional de que se trate, someterse a la misma será un elemento inequívoco de confianza mutua entre las partes en cualquier relación contractual.

Pero centrémonos en el arbitraje. Los árbitros no pueden tener como principal ocupación el arbitraje, sino otra distinta, a fin de evitar que su dedicación de tiempo sea solamente al arbitraje y descuiden su labor principal, que es la que les ha dado el prestigio necesario para pertenecer a esa jurisdicción arbitral. Además, es conveniente que esos árbitros tengan una identidad reservada hasta el fin del proceso, a los efectos de prevenir posibles influencias. Ello no impediría la posibilidad de pedir posteriormente la anulación del laudo, una vez conocida la identidad del árbitro, si se demuestra que concurría en el mismo un conflicto de intereses o estaba afectado por cualquier causa que hubiera permitido su recusación. Por supuesto, hay que partir de la base de que lo normal es que un árbitro que posea, como debe, excelencia y honestidad contrastada, se abstenga inmediatamente en caso de no considerarse imparcial. Es decir, que en condiciones normales estaríamos ante un caso excepcional. Pero hay que prever un procedimiento de anulación precisamente para prevenir que perdure cualquier posible disfunción en el sistema.

Al margen de ello, también es muy importante que los árbitros adquieran habilidades de persuasión. Y es que una de las características que más desgraciadamente han perdido los actuales procesos judiciales, en comparación con los que se celebraban en la antigüedad[1799], es su importante

[1799] Nieva Fenoll, J., *El origen de la justicia*, Valencia 2023, pp. 104 y ss.

función conciliatoria. Las partes ya no acuden a los procesos con voluntad de entenderse, sino con la declarada intención de batallar, lo que da al traste con la función del proceso como medio pacífico —que pese a todo, lo es— de resolución de conflictos.

Por consiguiente, sería extraordinariamente positivo que fueran seleccionados para ser árbitros, las personas con mayores habilidades personales de persuasión, que no solamente les vendrán bien para intentar una mediación durante el proceso, sino también para la mejor motivación de sus laudos. Es bien conocido que el discurso persuasivo es el que utilizan los juristas en general[1800], más concretamente los jueces en sus resoluciones judiciales, y por supuesto fiscales y abogados en sus escritos. Todos ellos buscan convencer a alguien. Los abogados desean persuadir habitualmente a los jueces, pese a que no pocas veces tratan también de crear un efecto disuasorio en la parte contraria ante la fuerza de sus argumentos, lo que obviamente también forma parte de la persuasión. A su vez, los jueces tratan de convencer, no solamente a las partes a quienes imparten justicia, sino también a la sociedad en general, al representar a un poder del Estado democrático. Y en el terreno interno de ese poder, persiguen convencer también a los jueces superiores para que no se les revoquen sus resoluciones. Esas son las funciones endo— y extraprocesal de la motivación de las que habló con precisión Michele Taruffo[1801]. Y todos ellos son, insisto, discursos persuasivos. De hecho, es sorprendente que en los estudios jurídicos no exista habitualmente una asignatura dedicada a la construcción de este tipo de discurso.

Recopilando todo lo dicho, contaríamos con las siguientes características que deberían concurrir en un árbitro o institución arbitral de prestigio:

1. Excelencia jurídica del árbitro.
2. Anonimato del árbitro, favoreciendo la comunicación telemática con las partes con identidad reservada.
3. Alejamiento del objeto del proceso y de los litigantes, es decir, imparcialidad.
4. Alejamiento del lugar origen de la controversia.
5. Formación en habilidades de persuasión.

1800 Atienza, M., *Curso de argumentación jurídica*, Madrid 2013, p. 649.

1801 Taruffo, M. *La motivazione della sentenza civile*, Padova 1975.

Celebrar un proceso ante un juez de estas características sí que es lo que desearíamos en los procesos judiciales. Un juzgador de excelente formación jurídica con habilidades humanas de pragmatismo, tal y como exige, por ejemplo, el ordenamiento holandés, intentando hacer realidad las exigencias de los principios de Bangalore[1802] a través de la formación. Dichos principios, en concreto, recomiendan que los jueces mantengan una conducta algo más restringida para preservar su imparcialidad, evitando acudir a reuniones que puedan comprometer su independencia como las que pueden celebrarse con abogados o los encuentros privados con las partes[1803]. Además, el juez debe ser prudente en sus intervenciones públicas en medios de comunicación para que no se le sitúe en una posición política concreta[1804], ganando así la confianza de la sociedad en su conjunto[1805].

Todas esas virtudes, que desvelan grandes dosis de pragmatismo y autocontención, sólo las puede poseer quien tiene una serie de cualidades humanas que no suelen comprobarse entre los aspirantes en las pruebas de acceso a la función judicial. Como decía, en el ordenamiento holandés[1806] se dispone que los candidatos sean evaluados sobre su capacidad de conocer y tener en cuenta el contexto social de un caso concreto, así como su capacidad de comunicar persuasivamente sus resoluciones de acuerdo con ese contexto social, de manera que los litigantes se sientan escuchados y orientados. También son evaluados sobre su capacidad de valorar su propio comportamiento y el de los demás.

Pues bien, esas son también las virtudes que debieran adornar a los árbitros de una institución que pretenda ser competitiva, junto con las ya citadas. En la medida de que la eventual institución arbitral sea capaz de generar esos perfiles, su excelencia hablará por sí misma.

1802 United Nations Office on Drugs and Crime (2007), *Commentary on the Bangalore Principles of Judicial Conduct.*

1803 United Nations Office on Drugs and Crime, *Commentary on the Bangalore Principles of Judicial Conduct*, 2007, p. 48.

1804 United Nations Office on Drugs and Crime, *Commentary on the Bangalore Principles of Judicial Conduct*, 2007, p. 48.

1805 United Nations Office on Drugs and Crime, *Commentary on the Bangalore Principles of Judicial Conduct*, 2007, p. 34-35.

1806 De Rechtspraak. Referentiefunctie: Rechter. https://werkenbijderechtspraak.nl/rechter-of-raadsheer-worden/. Y en ese lugar: chrome-extension://efaidnbmnnnibpcajpcglclefindmkaj/https://werkenbijderechtspraak.nl/wp-content/uploads/2023/07/Referentiefunctie-rechter-4-april-2012.pdf, en el punto 3. "Resultaatgebieden". Consultado el 12 de noviembre de 2023.

Precisamente en el mismo sentido han intentado discurrir los llamados "Tribunales Comerciales Internacionales"[1807], buscando justamente el abaratamiento de costes, el patrocinio gubernamental para alejarlos de intereses comerciales, así como la excelencia de los miembros de esos tribunales como alternativa al arbitraje internacional, dadas sus desventajas, ya citadas anteriormente. Pese a su nutrido número, sus resultados y futuro resultan inciertos todavía. De hecho, no deja de ser un poco frustrante que los Estados deban generar instituciones judiciales paralelas ante la ineficiencia de sus propias jurisdicciones...

6. EL ARBITRAJE *ONLINE* Y LA ASISTENCIA DE LA INTELIGENCIA ARTIFICIAL EN EL FUTURO ARBITRAJE

Solamente unas breves palabras para el arbitraje *online*[1808]. Ciertamente, no es descartable su presencia en el futuro como sustituto de los tradicionales arbitrajes internacionales, si bien en reclamaciones de escasa cuantía. Con todo, piénsese que, al menos de momento, su papel ha estado limitado claramente a la asistencia burocrática para la celebración del arbitraje —redacción de convenios arbitrales, selección de árbitros, automatización, etc.[1809]—, pero no a la ejecución del proceso arbitral en sí mismo y mucho menos a la emisión del laudo, para el que sólo se ha contado con facilidades tecnológicas de redacción, pero poco más. Ciertamente, no se puede ignorar un uso de la inteligencia artificial en los futuros laudos, aunque es

[1807] Fach Gómez, K., "La creación y el funcionamiento de los tribunales comerciales internacionales: estudio de sus efectos en el ámbito del arbitraje comercial internacional, en AAVV, *Reconocimiento y ejecución de sentencias arbitrales extranjeras en España y Latinoamérica*, Valencia 2019, pp. 33 y ss.

[1808] Sobre el mismo, Montesinos García, A., "Inteligencia artificial y ODR", en *Justicia algorítmica y neuroderecho: una mirada multidisciplinar*, pp. 519 y ss. Palao Moreno, G., "El arbitraje comercial en línea en la era de la inteligencia artificial", en Barona Vilar (ed.), *Psicoanálisis del Arbitraje: solución o problema en el actual paradigma de justicia*, Valencia 2020, pp. 458 y ss. Martín Diz, F., "Inteligencia artificial y ADR: evolución en el arbitraje y la mediación", *La Ley. Mediación y arbitraje*, n. 2 (abril-junio), 2020. Martín Diz, F., "ADR, ODR e inteligencia artificial. Evolución en el arbitraje y la mediación", en Fernández Pérez (dir.), *Interacción entre mediación y arbitraje en la resolución de los litigios internacionales del siglo XXI: ponencias y comunicaciones del I Curso interuniversitario internacional organizado por la Universidad de Alcalá (7 a 9 de abril de 2021)*, 2021, pp. 95 y ss.

[1809] Vid. Montesinos García, A., "Inteligencia artificial y ODR", cit. p. 521.

posible que sea más útil, al menos por ahora, en la automatización de los procedimientos.

La razón es simple. Si con el arbitraje lo que se pretende es crear un espacio de confianza o acercamiento entre el árbitro y las partes, su tecnologización puede repercutir justamente en lo contrario, lo que es contrasentido. Por ello, quede constancia de las posibilidades burocráticas de la tecnología en este contexto, pero si de lo que se trata es de crear algo más restaurativo en el futuro como medio de resolución de conflictos, no es este, al menos en principio, un lugar donde la tecnología esté llamada a sustituir al ser humano, pues se perdería la esencia emocional y persuasiva de la labor del árbitro[1810].

Diferente por completo es que la IA, en su variedad generativa, ayude en esa labor de persuasión, dando ideas transaccionales o para la disuasión de persistir con el conflicto a los litigantes, y por supuesto al mismo árbitro. En este sentido, a una aplicación le es posible detectar posiciones emocionales de fuerza, si las razones argumentales son pobres y el elemento emocional muy fuerte. También puede, incluso con más facilidad, ofrecer argumentos contrarios a la posición de cada una de las partes[1811], lo que les puede ayudar a percibir las debilidades de su defensa, siendo así más favorables a una transacción, o incluso a un allanamiento o a un desistimiento.

1810 Más ampliamente, Martín Diz, F., "Inteligencia artificial y ADR: evolución en el arbitraje y la mediación", 2020, cit. pp. 27 y ss, al hilo de *Smartsettle* y *Modria*.

1811 Vid. Montesinos García, A., "Inteligencia artificial y ODR", cit. pp. 518-519. Larson, D. A., "Artificial Intelligence: Robots, Avatars, and the Demise of the Human Mediator", *Ohio State Journal on Dispute Resolution*, Vol. 25, 2010, pp. 161 y ss.

LA OBLIGATORIEDAD VS. VOLUNTARIEDAD EN EL SISTEMA ARBITRAL DE CONSUMO

Publicado en La Ley. Mediación y Arbitraje, n. 4, 1-10-2020.

1. INTRODUCCIÓN: *DE MINIMIS NON CURAT PRAETOR*

[1812]Mentiría si empezara diciendo que el problema que subyace detrás del debate sobre la obligatoriedad o no del arbitraje consiste en el respeto por el derecho a la tutela judicial efectiva, como se ha dicho con frecuencia y ha asumido sobre todo el Tribunal Constitucional[1813] y en parte, aunque tal vez por diferentes razones de consenso internacional, la Unión Europea[1814]. Pese a que esa cuestión será abordada en este trabajo, el problema no es ese en realidad. Luego se comentará cómo la STC 1/2018[1815] dio en alguno de sus votos particulares —particularmente en el de Xiol Ríos— alguna vía de escape profundamente discutible[1816], pero que podría haber dejado la cuestión realmente resuelta por algún tiempo.

Pero no es esa la problemática real. Como se demostrará seguidamente, el arbitraje también es jurisdicción[1817], y hasta hubiera sido posible una interpretación amplia del art. 24.1 CE, que hubiera incluído a los árbitros, si el Tribunal Constitucional así lo hubiera estimado conveniente. Al final, la potestad jurisdiccional, exactamente igual que el resto de poderes, proviene del pueblo. Y si dicho pueblo decide acudir a unos juzgadores —los árbitros— y no a otros, podría haberse estimado que salvo en casos de

---

1812 Este texto es la base de la ponencia que presenté el 23 de octubre de 2020 en la Jornada Virtual Internacional de Arbitraje de Consumo, organizado por la Agencia Catalana de Consumo.

1813 STC 174/1995, 23-11.

1814 Directiva 2013/11/UE del Parlamento Europeo y del Consejo de 21 de mayo de 2013 relativa a la resolución alternativa de litigios en materia de consumo y por la que se modifica el Reglamento (CE) n. 2006/2004 y la Directiva 2009/22/CE, punto 45.

1815 STC 1/2018, 11-1.

1816 "*Sostengo, por consiguiente, que en nuestra Constitución el arbitraje no tiene su asiento en elartículo 24, que consagra el derecho a la tutela judicial efectiva, sino en el artículo 10 CE queproclama la dignidad y la autonomía de la persona, en relación con otros preceptos en los quese desarrolla este principio (por ejemplo, los arts. 33 y 38 CE).*"

1817 Determina de modo *"irrevocable del derecho en un caso concreto"*, según afirmó Serra Domínguez, *Jurisdicción*, en: "Estudios de Derecho Procesal", Barcelona 1969, p. 50.

abuso de posición dominante[1818], aquel que inicia un litigio, en uso de los poderes que le otorga el principio dispositivo[1819], podía decidir ante qué tipo de jurisdicción se sustanciaba el litigio por él comenzado. Hubiera sido una interpretación cuestionable por sus efectos prácticos, pero en el plano teórico podría haber sido impecable si el Tribunal Constitucional la hubiera asumido.

Pero no ha sido así. Al fin y al cabo, ideológicamente el arbitraje es mirado con desconfianza y la jurisdicción que ofrece les parece de segunda clase a demasiadas mentes jurídicas. Y no es que en ocasiones, dependiendo de quién preste el arbitraje, no tengan razón. Pero hay maneras de otorgar institucionalidad al arbitraje que hubieran permitido obtener una tutela al menos de la misma calidad —si no superior— que la prestada por los tribunales. Insisto, todo era una cuestión de opción y voluntad "política"[1820], si puede decirse así.

Sin embargo, el problema real reitero que es otro. Dicho problema es que el legislador lleva siglos y siglos sin saber qué hacer con los pequeños litigios[1821]. En la Baja Edad Media, con paternidad desconocida[1822], se impuso una máxima que no tiene origen romano —Roma era mucho más piadosa con los pequeños litigantes, como demuestran los *interdicta*— pero que se expresa en latín: *de minimis non curat praetor*. Es decir, de los pequeños casos no se encargan los jueces. Se considera que son bagatelas de las que no tiene por qué ocuparse la jurisdicción, porque en el fondo se parte de la base de que no inquietan al orden público. Con ese fundamento se ha diseñado incluso la estructura jurisdiccional de casi cualquier país del mundo, determinando las cuantías económicas el tipo de procedimiento,

---

1818 STJUE 15-3-2012, Jana Pereničová, Vladislav Perenič c. SOS financ, spol. s r. o. C-435/10.

1819 Jauernig / Hess, *Zivilprozessrecht*, cit. p. 93. Rosenberg, Leo / Schwab, Karl Heinz / Gottwald, Peter, *Zivilprozeßrecht*, München, 2010, pp. 395-396. Serra Domínguez, Manuel, *Liberalización y socialización del proceso civil*, RDProc, 1972, p. 520. Nieva Fenoll, Derecho Procesal I, Introducción, Valencia 2019, p. 146.

1820 Jauernig, Othmar / HESS, Burkhard, *Zivilprozessrecht*, München 2011, p. 96: "*Wie die Verantwortung für die tatsächlichen Urteilsgrundlagen verteilt werden soll, ist primär ein* ***rechtspolitisches Problem***."

1821 Vid. ampliamente HAU, Wolfgang, "Las pequeñas causas en el proceso civil: tribunales, vías procesales (tracks) y procedimientos de escasa cuantía", *Revista Ítalo-Española de Derecho Procesal*, 1/2019, pp. 73 y ss.

1822 Vid. De Benintendi, Pietro, *Decisiones causarum bononiensis*, Frankfurt 1573, p. 6, Klingenberg, Georg, "Minima non curat praetor", en: FS Rolf Knütel (2009), p. 559.

la competencia de algunos tribunales e incluso si las resoluciones que dictan son o no apelables.

Todo ello es un tremendo error. El tipo de procedimiento debe venir determinado por su dificultad, probatoria sobre todo, y no por su cuantía, que nada revela sobre la enjundia jurídica o fáctica del pleito. La competencia de los tribunales, en la realidad tecnológica actual, debe venir marcada por criterios de estricta división de trabajo, y no partiendo de la falsa presunción de que los pleitos más caros son más complejos. Los recursos deben existir por una voluntad de perfectibilidad de la jurisdicción[1823], y no como una suerte de premio a los procesos de cuantía elevada. Y finalmente, la excelencia en la prestación de la función jurisdiccional debe ser la luz que guíe toda la estructura de Justicia. Y es sobre esa base de prestancia que debe tomarse la decisión de si son jueces o árbitros los que deben juzgar las controversias.

A continuación me ocuparé separadamente de todos estos temas. Las reflexiones que se expongan darán respuesta directa al interrogante planteado en el título, aunque sea por una vía inesperada.

2. UNA CUESTIÓN IDEOLÓGICA

Como decía, toda la problemática sobre el tema de este trabajo tiene una base profundamente ideológica. Los pequeños litigios no importan. Siempre han sido despreciados pese a que puntualmente hubo intentos en el pasado de que no lo fueran. La Decretal conocida por sus primeras palabras, *Saepe contingit*[1824], intentó en 1306 justamente eso: que los pleitos pequeños fueran decididos *simpliciter et de plano ac sine strepitu et figura iudicii*. Esta declaración tuvo su destacada relevancia histórica, pues hizo que los llamados "procedimientos sumarios" iniciaran su singladura[1825]. Es

---

1823 Chiovenda, *El juicio de reenvío y su perención*, en "*Ensayos de Derecho Procesal Civil*", vol III, Trad. Sentís Melendo, a la Edición de Roma de 1931, Vol. II. E.J.E.A. Bosch y Buenos Aires 1949, p. 147.

1824 Decretal de Clemente V de 1306 "*Saepe contingit, quod causas commitimus, et in earum aliquibus simpliciter et de plano, ac sine strepitu et figura iudicii procedi mandamus.*" Vid. Gutiérrez Berlinches, Álvaro, *Algunas reflexiones sobre el concepto de sumariedad*, RDProc, 2003, n. 1-3, pp. 289 y ss.

1825 Vid. Usatge *Quoniam ex conquestione*, en *Constitucions i altres drets de Cathalunya, compilats en virtut del Capítol de Cort LXXXII de les Corts per la S.C.Y.R. Majestat del Rey Don Philip IV. nostre Senyor en la ciutat de Barcelona any MDCCII*, Barcelona 1704, reedición facsímil de esta edición, Col. "Textos jurídics catalans", Lleis i costums IV/2, Barcelona 1995,

decir, aquellos procedimientos concebidos para sustanciar rápidamente pequeñas reclamaciones.

Pero pese a intentos como el anterior, es una constante histórica claramente constatable que los pequeños pleitos no han sido realmente tenidos en cuenta. Es bastante probable que ello se debiera a que en el pasado el justiciable debía pagar sus aranceles a todos los participantes en el proceso[1826], lo que obviamente sólo merecía la pena si el pleito tenía una cuantía sustanciosa. Además, los abogados también acababan cobrando, de un modo u otro, un tanto por ciento[1827] por el volumen del trabajo realizado[1828]. Todo ello, que inauguró la odiosa tendencia de aumentar irracionalmente la extensión de los escritos judiciales y los de parte, lo que si en un pasado tuvo un sentido —como se ha indicado— económico, actualmente no lo tiene. Pero como tantas otras veces, suprimida la base racional de una costumbre, queda dicha costumbre para la posteridad en forma de tradición, aunque desprovista de todo sustento lógico. Ello ha ocurrido en varios países, entre otros España, Italia, Portugal o los Estados de América Latina particularmente, en los que, absurdamente, no se concibe que un documento importante no deba ser extenso.

Lo relevante de todo lo anterior es que detalles aparentemente irrelevantes como el anterior marcan una tendencia y una mentalidad: lo pequeño no importa. Y como no importa, la jurisdicción estatal no le presta atención y no se lo pone fácil al justiciable para acudir a ella. Y aún y así, si de todas maneras dicho justiciable desea defenderse, tampoco le permite

---

CYADC, volumen I, libro 3, título 26, constitución 1 (p. 233): "*Ab inviolabile observatio manam fermament esser guardat que con se esdevendra algun caminant o estranger ab alguns dels nostres sotmesos pledejar, que tost e sens triga aytal plet sie ab deguda fi termenat, car unica cosa seria si aytals personas, qui a perills de camins e fortuna de rius ells mateixs e lurs bens sovint exposan, contra arbitre de lur propia voluntat en algun loc havien a fer longa triga*". Vid. también Partida III, tít XXII, Ley 6: "*En escripto diximos en la ley de suso, que deue todo Judgador dar su juycio acabado. Pero pleytos y ha, que pueden ser judgados sin escrito, e por palabra tan solamente. E esto seria, quando la demanda fuesse de quantia de diez marauedis ayuso, o sobre cosa que non valiesse mas desta quantia; mayormente quando tal contienda como esta acaesciesse entre omes pobres e viles. Ca a tales como estos deuelos el Judgador oyr, e librar llanamente, de guisa que non ayan a fazer costa, e mission por raçon de las Escrituras. E esto mismo dezimos que deue ser guardado, quando los Oficiales dan cuenta de lo que ficieron en sus oficios; o quando algun Obispo oyere, o librare pleytos entre sus Clerigos.*"

1826 NR, Libro XII, Tít. XXXV, Ley XXIII. Vid. también Cap. 29 del Decreto de Nueva Planta de 9-10-1715.

1827 En torno al 5%, es decir, la veintena parte de la cuantía, como enseña NR, Libro V, Tít. XXII, Ley XVIII.

1828 Vid. el inciso final de NR, Libro V, Tít. XXII, Ley XX.

acudir a canales alternativos, como el del arbitraje, si el otro litigante no lo desea.

Y de esa forma, una ingenua libertad de elección de jurisdicción disfrazada de protección del derecho a la tutela judicial efectiva[1829] —nada menos—, se convierte de hecho en un tapón, en un freno, uno más, para los litigantes de pequeñas causas. Incluso disponiendo de una vía rápida, sencilla y barata de defender sus pretensiones como el arbitraje de consumo, no se les deja acudir al mismo porque el futuro demandado no accede a ello.

De ese modo, no sólo no se protege realmente dicho derecho fundamental al demandado, sino que en realidad se le deniega al demandante. No se le permite ir a un arbitraje que sí podría pagar. Pero se le deja ir a un tribunal estatal, lo que le produce unos gastos que no puede —o no merece la pena— sufragar. Y con ello, se quiera ver o no, se produce una denegación de la jurisdicción. Es como regalarle un telescopio a un invidente. Simplemente tiene la desgracia de no poder utilizarlo. De hecho, como en el ejemplo ofrecido, el supuesto regalo se transforma en una vulgar y grotesca crueldad.

Es una auténtica lástima que el Tribunal Constitucional no haya sido consciente realmente de esto introduciendo en el contenido esencial del derecho a la tutela judicial efectiva el derecho a un proceso, no solamente sin dilaciones indebidas[1830], sino también con un coste económico razonable[1831]. Y es que no puede haber ningún proceso de consumo que deba ser caro para las partes, porque salvo que se empeñen en ello, no es razonable pensar que van a pagar lo que costaría en un tribunal ordinario. Y teniendo en cuenta la entidad del daño reclamado, tampoco pueden esperar meses o años a que se les resuelva su pretensión, porque las pequeñas reclamaciones deben ser resueltas muy rápidamente. De lo contrario, su titular pierde interés por una razón psicológica que nadie tiene en cuenta. Es muy difícil soportar vivir con un pleito, con un problema legal en definitiva. Se aguanta cuando no hay otro remedio, pero cuando la renuncia a la pretensión provoca insatisfacción, pero también sensación de paz, cualquier ciudadano acaba renunciando a ella porque no le compensa la tensión de la espera ni las molestias, al menos burocráticas, que puede ocasionarle. Sin embargo, se genera con ello en la población un sentimiento de que la justicia no

---

1829 Vid. de nuevo la STC 1/2018.

1830 STC 142/2010, FJ 2.

1831 Nieva Fenoll, *Derecho Procesal I, Introducción*, cit. p. 123.

resuelve los problemas de la gente porque es ineficaz en este tipo de litigios tan frecuentes, lo que aumenta, por desgracia, su desprestigio.

Por todo ello, si el Estado no es capaz de generar una jurisdicción rápida y barata en estos casos, no considerar "jurisdicción" al arbitraje al no protegerlo a través del art. 24 CE, provoca, sencillamente, una denegación de justicia.

3. EL ARBITRAJE TAMBIÉN ES JURISDICCIÓN

Y es que buena parte de la responsabilidad de todo lo anterior la tiene, al contrario de lo que demasiados afirman, la teoría contractualista del arbitraje[1832]. Si en lugar de concebirse el arbitraje como un acuerdo entre las partes para conferir jurisdicción a un tercero en quien ambas confían, se fuera más realista saliendo del terreno de la ingenuidad y se viera que lo único que buscan las partes, particularmente la demandante, es la opinión de un tercero versado en la materia que imponga su opinión a los contendientes, se ganaría mucho terreno en la aceptación del arbitraje como mecanismo de resolución de conflictos, porque se le dejaría de mirar con desconfianza.

Y es que dicha desconfianza, querellas doctrinales aparte, ha tenido como causa la lógica dificultad de las partes en localizar a ese tercero imparcial en quien puedan confiar. Dos personas adultas enfrentadas difícilmente van a ponerse de acuerdo en quién sea ese tercero, si ya ni siquiera han sido capaces de eliminar el litigio existente entre ellas. Tal vez ello sea más sencillo en comunidades muy pequeñas, pero en el mundo urbano de hoy en día, ese intento es simplemente una quimera.

Además, el llamado "arbitraje institucional" tampoco ha ayudado, en general, a la difusión de la institución del arbitraje, sino más bien todo lo contrario, porque han acostumbrado a convertirse en asociaciones elitistas, sólo interesadas en grandes pleitos que puedan reportar beneficios económicos a la asociación[1833]. Además, en no pocas ocasiones han descuidado la calidad técnica de los designados como árbitros, lo que unido a la dificultad legal para impugnar los laudos, ha provocado una huida del arbitraje, de forma y manera que su uso en términos porcentuales realmente no es

---

1832 Vid. Guasp Delgado, Jaime, *El arbitraje en el derecho español*, Barcelona 1956.

1833 Lo justifico con datos económicos en Nieva Fenoll, Jordi, "Mediación y arbitraje: ¿una ilusión decepcionante?", *Revista General de Derecho Procesal*, 39, 2016, p. 8.

que sea minoritario, sino absolutamente marginal. Esa falta de preparación técnica, e incluso una odiosa corrupción en los nombramientos de árbitros que a veces se ha observado, ha propiciado que hasta se estén planteando mecanismos alternativos al arbitraje como los llamados "tribunales comerciales internacionales"[1834], es decir, grupos de expertos que ofreciendo un prestigio jurídico en sus integrantes, intentan ofrecer una solución a pleitos con elementos de internacionalidad que es muy complejo sustanciar ante las jurisdicciones estatales. Pero hay que recordar que el arbitraje ya es un medio alternativo, lo que sitúa a estos tribunales en la alternativa de la alternativa, lo que no es negativo en absoluto pero ciertamente paradójico, aunque revelador de dos cosas: la primera es que al arbitraje se le espera, pero no se le encuentra con facilidad. Y la segunda es que lo que echan de menos los litigantes, en el fondo, es una institucionalidad jurisdiccional, arbitral o no, en la que puedan confiar.

Al arbitraje, igual que a la mediación, por cierto, les falta en muchas ocasiones el prestigio de árbitros y mediadores, es decir, la *auctoritas* de la que hablaron D'Ors[1835] y Carreras Llansana[1836], y que ha venido investida por el Estado para los tribunales oficiales estableciendo unos estudios de judicatura con la exigencia y excelencia necesarias como para que esa *auctoritas* venga otorgada por la superación de los exámenes correspondientes, reconociéndolo así la sociedad. De ahí que la excelencia de esos estudios sea algo que deba preservarse especialmente y actualizarse a los tiempos, lo que no siempre sucede, pero esa ya es otra cuestión.

En todo caso, todo ello enseña qué es lo que le falta al arbitraje, y qué es lo que pueden darle las instituciones arbitrales de consumo. No sólo rapidez y bajo coste, como ya ha sido indicado, sino excelencia en la prestación de la función jurisdiccional, que es justamente lo que anhela cualquier justiciable honesto. Por consiguiente, es preciso concentrarse en ese punto, y afortunadamente ello no es difícil. Los litigios de consumo no acostumbran a ser muy complejos y suelen ser bastante reiterativos, por lo

---

1834 Sobre el particular, Fach Gómez, Katia, "La creación y el funcionamiento de los tribunales comerciales internacionales: estudio de sus efectos en el ámbito del arbitraje comercial internacional", (18 de septiembre de 2018), en A. M. López Rodríguez and K. Fach Gómez (eds) *Reconocimiento Y Ejecución De Sentencias Arbitrales Extranjeras en España Y Latinoamérica*, Valencia 2019. También en https://papers.ssrn.com/sol3/papers.cfm?abstract_id=3255670

1835 D'Ors, Álvaro, *Principios para una teoría realista del derecho*, Afil. Der. 1953.

1836 Carreras Llansana, Jorge, *Las fronteras del Juez*, en: "Fenech / Carreras, Estudios de Derecho Procesal", Barcelona 1962, pp. 103 y ss.

que no es difícil que las personas que los atiendan como árbitros puedan ser particularmente eficientes y acertados en su labor.

Y si ello acaba siendo así y, además, un laudo es incuestionablemente "jurisdicción", como asume la ley española desde la ley de arbitraje desde la Ley 36/1988[1837], ¿qué dificultad habría en reconocer que el derecho a la tutela judicial efectiva se ve cubierto con la labor arbitral? Es decir, si la labor de un juez, ni en términos de tiempo, ni de costes, ni de eficiencia ni de excelencia va a ser mejor en estos casos que la de un árbitro, ¿por qué no considerar que el arbitraje en estos casos sí cubre el contenido esencial del derecho a la tutela judicial efectiva?

Debo advertir, no obstante, que es difícil extender lo anterior a cualquier otro ámbito que no sea el del Derecho de consumo. El consumo en nuestra sociedad es masivo porque nuestra economía, en buena medida, está sustentada en él, lo que hace que se genere una multitud de reclamaciones sustancialmente idénticas, básicamente porque todo el mundo compra lo mismo y le genera exactamente los mismos problemas. Pero tal situación no acostumbra a darse en el resto de ámbitos. Por ello, permitir la atribución de esos litigios al arbitraje, por voluntad de una sola de las partes cuando es la parte débil de la relación contractual, es algo que sólo debe suceder en los casos indicados: litigios masivos con partes débiles, porque además en su fondo son conflictos de sencilla solución. Extender esta lógica a ámbitos en los que no estén presentes los citados elementos sería un simple sinsentido.

4. LA CAPACIDAD DE CUALQUIER INSTITUCIÓN DE RESOLVER RECLAMACIONES MASIVAS

De ahí la importancia de que las administraciones públicas, además de ocuparse del sistema de justicia tradicional, hayan generado también alguna estructura jurisdiccional paralela que pueda atender debidamente a los ciudadanos. Es lo que se ha intentado hacer con las diversas juntas arbitrales de consumo[1838]. Siguiendo la línea que antes se indicó, las administra-

---

1837 art. 37 de dicha ley de 1988: "*el laudo arbitral firme produce efectos idénticos a la cosa juzgada*".

1838 Desde el recordado RD 636/1993 de 3 de mayo, hoy sustituído por el Real Decreto 231/2008 de 15 de febrero.

ciones han seleccionado un determinado tipo de litigio y le han asignado un tribunal especial.

Sin embargo, el funcionamiento de las juntas no ha desplegado toda su eficacia, no solamente por el obstáculo de la necesaria voluntariedad de la sumisión a arbitraje, sino porque tal vez no han visualizado suficientemente su capacidad exponencial de resolver reclamaciones de consumo, descargando de ellas de manera eficaz a los tribunales. Si lograran hacerlo, incluso aunque se opusieran *lobbies* formados por empresas relevantes que quieren seguir utilizando las deficiencias del sistema de justicia tradicional como barrera a las reclamaciones que reciban, llegaría un momento en que la presión de la opinión pública —que aún no conoce el arbitraje de consumo— llegaría a ser tan fuerte que debería cambiar la visión sobre este tema, propiciando así un cambio en la estricta jurisprudencia del Tribunal Constitucional. La STC 1/2018 ya dejó ver fisuras entre los magistrados en cuanto a la vigencia de este planteamiento, por lo que una modificación futura de la jurisprudencia es viable.

Pero para ello, como se ha dicho, el sistema debe exhibir su eficacia. Y no lo hará mientras la práctica de sus procesos siga la estructura tradicional, que data de época postclásica romana. En concreto, la estructura formal de alegaciones y pruebas debe ser sustituida por algo mucho más actual, acorde a los tiempos, y teniendo muy en cuenta que el ciudadano acudirá al sistema sin ir acompañado de abogado, y mucho menos de la vetusta figura del procurador.

Al contrario, el ciudadano debe encontrar una respuesta interactiva que sea capaz de entender, tan sencilla como crear un perfil en un red social, porque la complicación de los casos de Derecho de consumo en la enorme mayoría de las ocasiones no es superior a la creación de uno de esos perfiles. Para ello, las juntas debieran centrarse en diseñar cuestionarios muy sencillos para cada tipo de reclamación con diferentes alternativas, de manera que el consumidor pueda pedir justicia explicando lo sucedido sin mayores dificultades que dar sus datos como consumidor, la documentación u otros extremos que prueben su contratación y el inconveniente acaecido que ha generado la reclamación, pero priorizando la elección de alternativas[1839] a la tradicional exposición de los hechos[1840]. Además, en

---

1839 En la línea apuntada, pero no culminada, por la Agència Catalana de Consum. Vid. http://consum.gencat.cat/es/consultes-i-reclamacions/reclamacio-queixa-denuncia/

1840 Es decir, lo contrario de lo que sucede habitualmente. Vid. https://juntarbitral.bcn.cat/es/solicitud-de-arbitraje.

casos de reclamaciones frente a empresas importantes, las juntas arbitrales deberían hacer un seguimiento de incidencias técnicas en las diversas empresas, de manera que la prueba de dichas incidencias se facilite al consumidor. Esto último posee un potencial realmente extraordinario.

Finalmente, deberían plantear al consumidor ideas de medios de prueba de que puede valerse, a fin de que aporte los que tenga. De hecho, de no ser aportados, la reclamación podría ser resuelta anticipadamente en sentido negativo. Pero en caso de que sí que sean entregados, la reclamación también podría ser fácil y rápidamente estimada ante la falta habitual de argumentos de defensa realistas por parte del demandado, lo que propiciaría que las empresas fueran aumentando y optimizando su comportamiento ético. Muchas veces, en la actualidad, al consumidor le invade una sensación de estafa porque en realidad algo muy parecido es lo que ha padecido: una disposición patrimonial que decidió hacer tras un engaño suficiente por parte del estafador.

Por poner sólo un par de ejemplos, me referiré a dos reclamaciones muy frecuentes: la cancelación de vuelos o los cortes de un servicio de red.

En el primer caso, lo único que tiene que hacer el consumidor es dar los datos de su vuelo, porque a la Junta de Consumo ya debería constarle la anulación del mismo. Es una reclamación que ni siquiera tendría que haberse generado, y que ha aparecido por la negligencia de la empresa en cumplir sus obligaciones económicas de inmediato, sin excusas y, en realidad, debiera ser precisa reclamación alguna. Y lo mismo sucede en el segundo caso. Las caídas en la red quedan reportadas por zonas sobre todo. Basta con que las Juntas, con la colaboración de las empresas, adquieran un activo conocimiento de dichas incidencias.

Si todo ello se consigue, las reclamaciones podrían, por tanto, automatizarse. De ahí que se pueda dar un paso más en esa automatización acudiendo a la última novedad en materia informática: la inteligencia artificial.

5. EL USO DE LA INTELIGENCIA ARTIFICIAL EN LAS RECLAMACIONES DE CONSUMO

La inteligencia artificial es una herramienta que se ha infiltrado en buena parte de nuestras vidas cotidianas. Está tan integrada en nuestra normalidad y nos hace las cosas tan cómodas, que no nos damos cuenta de que no son solamente las redes sociales o los buscadores de internet los que hacen uso de ella, sino también los semáforos de las calles, las luces de un edificio o algunos sistemas de vigilancia cuya eficacia gozamos pero no percibimos porque ni siquiera sabemos que existen.

En materia de justicia[1841], dejando de lado la experiencia china por ser antidemocrática al pretender, con elegantes y atractivos subterfugios, hacer de la jurisdicción una manifestación autómata[1842], se han desarrollado ya algunas aplicaciones que ayudan a gestionar el día a día de un juzgado clasificando asuntos y previendo su tramitación, o que automatizan las reclamaciones de cantidad por deudas dinerarias, o que tratan de procesar las denuncias más frecuentes de un modo mucho más rápido[1843] —aunque no siempre eficiente—, pero que han llegado incluso al extremo de asistir a los jueces en la planificación de la prueba y en su valoración[1844], o en la evaluación del riesgo de reincidencia delictiva en las medidas cautelares en el proceso penal[1845].

1841 Vid. Nieva Fenoll, *Inteligencia artificial y proceso judicial*, Madrid 2018.

1842 Recomiendo una lectura reflexiva de "Big Data, AI and China's Justice: Here's What's Happening", *China Justice Observer*, 1-12-2019. https://www.chinajusticeobserver.com/a/big-data-ai-and-chinas-justice-heres-whats-happening. Vid. también Jie-jing YAO / Peng HUI, "Research on the Application of Artificial Intelligence in Judicial Trial: Experience from China", *Journal of Physics: Conference Series*, vol. 1487, 2020. https://iopscience.iop.org/article/10.1088/1742-6596/1487/1/012013/meta.

1843 Vid. Pérez Colomé, "Así sabe la policía si tu denuncia es falsa (y acierta un 91% de veces), *El País*, 17-9-2018, https://elpais.com/tecnologia/2018/09/16/actualidad/1537135174_883514.html

1844 Bromby, Michael C. / Hall, Maria Jean, "The Development and Rapid Evolution of the Knowledge Model of ADVOKATE: An Advisory System to Assess the Credibility of Eyewitness Testimony Article", January 2002, pp. 143 y ss, ***https://www.researchgate.net/publication/228189761,*** y https://www.researchgate.net/figure/ADVOKATE-Witness-Compellability_fig3_228189761. Nissan, Ephraim, "Digital technologies and artificial intelligence's present and foreseeable impact on lawyering, judging, policing and law enforcement", *AI & Society*, 2015, p. 5.

1845 NORTHPOINTE INC., *Practitioners Guide to COMPAS*, 17-8-2012, http://www.northpointeinc.com/files/technical_documents/FieldGuide2_081412.pdf. Larson, J. / Mattu, S. / Kirchner, L. / Angwin, J., "How We Analyzed the Compas Recidivism Algorithm", *Propublica*, 23-5-2016, https://www.propublica.org/article/how-we-analyzed-the-compas-recidivism-algorithm. Pearson, Jordan, "Bail algorithms are as accurate as random people doing an online survey", *Motherboard*, 17-1-2018, https://motherboard.vice.com/en_us/article/paqwmv/bail-algorithms-compas-recidivism-are-as-accurate-as-people-doing-online-survey. Thadaney Israni, Ellora, "When An Algorithm Helps Send You To Prison", *The New York Times*, 26-10-2017, https://www.nytimes.com/2017/10/26/opinion/algorithm-compas-sentencing-bias.html. TURKE

No todos esos medios funcionan correctamente, y en no pocas ocasiones generan gran polémica, no tanto por la temible —y algo irreal— suposición de que las máquinas van a sustituir a los jueces, sino porque el uso de tales herramientas han supuesto el asentamiento de rechazables sesgos en la decisión de los jueces, tales como el racismo[1846] u otras marginaciones de minorías. Al fin y al cabo, la inteligencia artificial es sólo una enorme base de datos de funcionamiento más complejo de lo habitual que se conduce a través de los llamados algoritmos, que son los que le permiten a la aplicación la gestión de los datos y la exposición de las alternativas de decisión a la cuestión planteada a la propia aplicación. Ese diseño de los algoritmos puede estar influenciado, naturalmente, por el informático que los configura, y por ello hay que tener un enorme cuidado político —casi podría decirse democrático— en la selección de esa persona y en el control de su trabajo, para que no introduzca en el algoritmo variables autoritarias, o simplemente complacientes con su gusto personal. Ha sucedido ya[1847], y por ello hay que ser muy conscientes de que el riesgo es real.

La propuesta que se formula aquí consiste en averiguar si las reclamaciones de consumo son clasificables con cierta facilidad, cosa que deben evaluar las Juntas, utilizando la información que, de hecho, ya está disponible en algunas de sus webs[1848], pero con bastante más detalle. Si la respuesta a esa pregunta es afirmativa, el siguiente paso consiste en seleccionar las reclamaciones que sean más frecuentes y que, además, acostumbren a ser similares tanto en las alegaciones presentadas por el consumidor como en las defensas ofrecidas por los empresarios. Si es así, ello querrá decir que la respuesta jurisdiccional también puede ser previsible, lo que abre el paso a su automatización a través de algoritmos de inteligencia artificial.

Si todo lo anterior es posible, la capacidad de respuesta de las Juntas arbitrales aumentará hasta extremos nunca vistos, pudiendo ser resueltos

---

& STRAUSS LLP, "Algorithms and criminal sentencing", https://www.turkestrauss.com/2016/06/algorithms-and-criminal-sentencing/

1846 Larson, Jeff / Mattu, Surya / Kirchner, Lauren / Angwin, Julia, "How We Analyzed The Compas Recidivism Algorithm", *Propublica*, 23-5-2016, https://www.propublica.org/article/how-we-analyzed-the-compas-recidivism-algorithm. Dressel, Julia / Farid, Hany, "The Accuracy, Fairness, And Limits Of Predicted Recidivism", *Science Advances*, 17-1-2018, http://advances.sciencemag.org/content/4/1/eaao5580.full.

1847 Torres Menárguez, Ana, "Kate Crawford: "Los ricos temen la rebelión de las máquinas, no tienen otra cosa de la que preocuparse"", *El País*, 18-6-2018. https://elpais.com/tecnologia/2018/06/01/actualidad/1527868778_834780.html.

1848 Vid. http://consum.gencat.cat/es/consultes-i-reclamacions/reclamacio-queixa-denuncia/

los litigios en un tiempo récord de pocos días, básicamente los que se considere conveniente ofrecer al empresario para elaborar su defensa, teniendo en cuenta que se trata de casos reiterativos y, por tanto, de respuesta altamente previsible, lo que simplifica en gran medida las alternativas de esa defensa y de decisión. Si ello es así, reclamaciones que actualmente tardan semanas en resolverse ante las Juntas o meses y hasta algún año por los tribunales, serían dirimidas mucho antes de que el consumidor sienta la tensión o el cansancio que le hace desistir de sus reclamaciones habitualmente.

El descrito no es un trabajo que pueda realizar en solitario la junta arbitral, sino que precisa de informáticos especializados. Pero lo que sí que puede hacer la junta es empezar a preparar ese trabajo, realizando la labor de clasificación a que antes me referí, por demandas, argumentos de defensa de ambas partes, medios de prueba habituales y alternativas más frecuentes de aplicación del ordenamiento jurídico. Con todo ello, el trabajo de los informáticos estará ya muy adelantado, porque lo que piden siempre son ese tipo de datos para aplicar sus conocimientos técnicos.

La duda surgirá solamente en cuanto a los argumentos de defensa inesperados, que tras su revisión por la aplicación y el descarte de que se trate de argumentos inscribibles en las categorías establecidas, aparezcan como realmente novedosos, momento en que será necesaria la intervención humana, en este caso de un árbitro, a fin de evaluar dicho argumento fáctico o jurídico, emitiendo la decisión definitiva por la vía tradicional.

Todo el sistema se podría empezar a configurar de manera experimental hasta que se obtenga un buen funcionamiento sin apenas errores, lo que precisa algo de tiempo, pero que en absoluto es invertido en vano. Al mismo tiempo habría que propiciar una reforma legal a fin de que este procedimiento telemático sea posible y se considere compatible con el derecho de defensa, lo que no debe plantear dudas si se muestra de manera transparente su funcionamiento y eficiencia.

Tal vez ello resultará inspirador para los tribunales, que empezarán a ansiar procedimientos similares para disminuir su carga de trabajo, y que ya deberían estar previstos en las leyes de enjuiciamiento, ahorrándose así un extraordinario volumen de tramitación que actualmente agobia a los trabajadores de la Justicia, que se pasan el día actuando mecánicamente como máquinas, sin serlo, cubiertos por una maraña de papeleo burocrático que tal vez tuvo sentido antes de la existencia de la informática, pero que desde luego ahora mismo es completamente ineficiente. El banco de pruebas del arbitraje de consumo puede servir para propiciar esas reformas, que además harían más evidente que no existe una diferencia real entre el trabajo de un juez y el de un árbitro, lo que desembocaría finalmente en la natural inclusión de los arbitrajes dentro del derecho a la tutela judicial efectiva y, por tanto, en la posibilidad de imponerlos en determinados ámbitos[1849], que ya estaría exenta de cualquier dificultad y, sobre todo, de sospecha de falta de imparcialidad.

De hecho, una vez automatizados los procedimientos, no existirá una diferencia real entre que se sustancien ante los tribunales estatales o ante los órganos arbitrales, estribando su única diferencia en el carácter irrecurrible del laudo, que siempre aligera los procedimientos al hacer las resoluciones inmediatamente ejecutivas.

En esa nueva realidad se abrirán otras incógnitas, sobre todo en torno a la necesaria desclasificación de los algoritmos[1850] o al procedimiento para su elaboración, a fin de acreditar sin duda de ningún tipo la independencia/imparcialidad de la herramienta, así como su compatibilidad con el derecho de defensa. Si bien al principio el mecanismo generará dudas y hasta reticencias, en breve su uso desembocará en una solución rápida, barata y previsible para las reclamaciones de consumo, que es lo que todos deseamos.

1849 Pudiéndose persuadir para un cambio de mentalidad a la Comisión Europea y reformar así el art. 9 de la Ley 7/2017, de 2 de noviembre, por la que se incorpora al ordenamiento jurídico español la Directiva 2013/11/UE, del Parlamento Europeo y del Consejo, de 21 de mayo de 2013, relativa a la resolución alternativa de litigios en materia de consumo: "**Voluntariedad.** *Ninguna de las partes tendrá la obligación de participar en el procedimiento ante una entidad de resolución alternativa de litigios de consumo, excepto cuando una norma especial así lo establezca. En ningún caso la decisión vinculante que ponga fin a un procedimiento de participación obligatoria podrá impedir a las partes el acceso a la vía judicial.*"

1850 Cfr. State v. Loomis, 881 N.W.2d 749 (Wis. 2016).

VI. PROCESO PENAL

LA INSTRUCCIÓN COMO FALSA "PRIMERA INSTANCIA" DEL PROCESO PENAL: HACIA UNA TOTAL SUPERACIÓN DEL SISTEMA INQUISITIVO

Publicado en Revista Italoespañola de Derecho Procesal, 2019, n. 1, pp. 1-18.

A Manuel MIRANDA ESTRAMPES, entrañable colega y admirable procesal-penalista. Siempre demostró tanta excelencia como humildad.

1. INTRODUCCIÓN

Muchas veces los procesalistas recomendamos la lectura de la exposición de motivos de la Ley de Enjuiciamiento Criminal de 1882. Aunque alguno de sus pasajes está fuera de época, en su conjunto es un texto bien escrito, con un lenguaje sencillo y directo, y que sobre todo no ahorraba críticas a la lamentable situación judicial entonces existente. Aunque sin duda la intención del texto era defender la reforma —por otra parte como cualquier exposición de motivos—, las palabras del legislador tuvieron que levantar muchas ampollas entre varios jueces de la época[1851], y lo cierto es que la valentía del ministro que inspiró el cambio alentó una situación como la presente, que pese a todos los pesares es infinitamente mejor que la de 1882.

Con todo, repasando ese texto, uno se encuentra con la tremenda sorpresa de que muchos de los problemas que menciona como propios de su tiempo, siguen totalmente vigentes a día de hoy. La explicación a ello es multifactorial, como iremos viendo en cada caso. En algunos puntos una nueva ley por sí sola, sin más, no era eficaz desde un principio para

---

[1851] Decía la propia E. de M: "*Quizá se tache de exagerada e injusta esta crítica de la organización de nuestra justicia criminal. ¡Ojalá que lo fuera! Pero el Ministro que suscribe no manda en su razón y está obligado a decir a V. M. la verdad tal como la siente, que las llagas sociales no se curan ocultándolas, sino al revés, midiendo su extensión y profundidad y estudiando su origen y naturaleza para aplicar el oportuno remedio.*" (…) "*Todas estas concesiones al principio de libertad, que a una parte de nuestros Jueces y Magistrados parecerán sin duda exorbitantes…*"

afrontar el problema en concreto. En otros, el inconveniente fue la falta de infraestructuras judiciales, endémica en aquel momento. También hay que sumar la absoluta falta de formación de los jueces en el nuevo sistema, lo que claramente hizo que de algún modo intentaran seguir aplicando en buena medida el antiguo, situación que se arrastra, aunque sea sorprendente, hasta el presente en varios casos. Tampoco se puede descartar la sempiterna resistencia al cambio tan propia de la profesión jurídica, tan absurdamente ligada a la "tradición" y tan alejada, por lo general, del método científico en beneficio de los hábitos escolásticos medievales, que aún son perfectamente perceptibles en tantos y tantos escritos de la doctrina. Sin el "argumento de autoridad" —de los autores o de la jurisprudencia— buena parte de la literatura jurídica actual simplemente no existiría. Falta muchísima creatividad y sobre todo experimentación previa a las reformas, y sobra argumentación aparente, y en el fondo falsaria, al carecer tan habitualmente de un sustento de datos de la realidad.

Pero volviendo al tema, el hecho cierto es que pese a todas las reformas y a un evidente cambio de época acaecido —en varios países— sobre todo en el último cuarto del siglo XX[1852], en algunos aspectos verdaderamente centrales seguimos en el siglo XIX, lo que equivale a decir, en determinados puntos, en la Edad Media. Visto con frialdad, el panorama resulta claramente sorprendente y decepcionante.

En el presente trabajo trataré de descubrir los puntos más importantes de esos arrastres del pasado, con la finalidad de que puedan ser corregidos cuanto antes y no sean heredados por las próximas reformas, al menos sin consciencia de que se trata de aspectos trasnochados que convendría que fueran eliminados definitivamente, y no con el simple argumento de su antigüedad, lo que sería una falacia, sino por no existir una razón científica para mantenerlos.

A día de hoy, un legislador reformista que pretenda la excelencia no se puede limitar a repetir lo que ya existe en buena medida. El cambio de paradigma debe ser total, al menos con respecto a la fase de instrucción.

1852 Probablemente como consecuencia de la impronta que supuso la reforma alemana de 9 de diciembre de 1974, que confió la instrucción al ministerio fiscal: "Erstes Gesetz zur Reform des Strafverfahrensrechts (1. StVRG)", *Bundesgesetzblatt*, 1974, n. 132, 11-12-1974. https://www.bgbl.de/xaver/bgbl/start.xav#__bgbl__%2F%2F*%5B%40attr_id%3D%27bgbl174s3393.pdf%27%5D__1549615998240.

2. ONCE ARRASTRES DEL SISTEMA INQUISITIVO EN EL PROCESO PENAL ACTUAL

Una de las afirmaciones que más pueden sorprender es que el proceso penal actual sigue siendo en buena medida inquisitivo, y no sólo en España. Para confirmarlo, basta darse cuenta de que el peso de la investigación criminal, y muchas veces de la sentencia, suele estar en las actuaciones policiales, y sobre ellas no hay transparencia suficiente todavía. En realidad, adolecen de una alarmante falta de regulación que hace que muchas de ellas estén en una especie de limbo jurídico hasta que son enviadas al infierno de la prueba ilícita por los jueces, o bien, con enorme frecuencia, al "cielo" populista de las condenas, en detrimento tantas veces de la presunción de inocencia[1853], que sigue sin ser comprendida[1854] casi 2.000 años después de que la enunciara Ulpiano[1855].

Pero al margen de ello, que ya es lo suficientemente alarmante, quedan directamente en la Ley de Enjuiciamiento Criminal claros vestigios del antiguo sistema inquisitivo[1856] que tendrían que haberse suprimido hace bastante tiempo, y que curiosamente no son realmente los que la jurisprudencia ha identificado con mayor vigor, entre ellos la prueba de oficio[1857] o las posibilidades del juez de seguir una actuación independiente de la acusación en el juicio oral[1858]. Ambas han sido cuestionadas o suprimidas cubriéndose bajo el manto de un supuesto respeto del "principio acusatorio". Ello es en parte cierto en cuanto a la prueba de oficio, aunque sería bastante más apropiado decir que se trata más bien de una implementación parcial del principio de aportación de parte —el contrario al inquisitivo— en el proceso penal, y no tanto algo que implique al "principio acusatorio".

1853 Sobre el tema, Illuminati, Giulio, *La presunzione d'innocenza dell'imputato*, Bologna 1979.

1854 Lo denuncié reiteradamente en Nieva Fenoll, *La duda en el proceso penal*, Madrid 2013.

1855 Dig. L. 48, tít. 19, 5. Ulpiano: "*sed nec de suspicionibus debere aliquem damnari divus traianus adsidio severo rescripsit: satius enim esse impunitum relinqui facinus nocentis quam innocentem damnari.*" Trad. "*Pero Trajano respondió por rescripto a Adsiduo Severo que nadie debía ser condenado por sospechas: es preferible que se deje impune el delito de un culpable antes que condenar a un inocente.*"

1856 Sobre el sistema y su confrontación histórica con el acusatorio, vid. Illuminati, Giulio, "Accusatorio ed inquisitorio (sistema)", *Enciclopedia Giuridica Treccani*, Roma 1988, pp. 1 y ss.

1857 STS 413/2015, 30-6-2015, STS 276/2012, 2-4-2012, STS 306/2003, 4-4-2003, STS 1100/2002, 13-6-2002, STS 1186/2000, 28-6-2000.

1858 Acuerdo del Pleno no jurisdiccional de la Sala 2ª de 2-12-2006: "*El tribunal sentenciador no puede imponer pena superior a la más grave de las pedidas en concreto por las acusaciones, cualquiera que sea el tipo de procedimiento por el que se sustancie la causa.*"

En cuanto a la segunda, estamos ante una a mi juicio errónea introducción del principio dispositivo[1859], normalmente del ministerio público, en el enjuiciamiento criminal, en la que tiene probablemente bastante responsabilidad el legislador de 1882[1860]. El sistema inquisitivo posee como única característica descriptiva incontrovertible el hecho de que quien acusa y quien juzga no pueden ser la misma persona[1861]. Y los dos aspectos citados no afectan en absoluto a ese punto, tampoco el segundo, siempre que el juez se separe de la acusación una vez practicada la prueba. En donde sí cabe encontrar aspectos inquisitivos de nuestro proceso es en otros temas que han solido pasar inadvertidos, y de los que, en su mayoría, ya se quejaba el legislador de 1882 en la referida exposición de motivos. Enumeraré hasta once puntos al respecto.

1859 Conso, Giovanni, "Accusa e sistema accusatorio", *Enciclopedia del diritto*, V. I, 1958, pp. 369 y ss

1860 Vid. E. De M.: "*Y suponiendo que algún día el legislador, echándose en brazos de la lógica, llegase hasta este último límite del sistema acusatorio, el Gobierno de V. M. ha creído que la transición era demasiado brusca para este país, en que los Jueces han sido hasta ahora omnipotentes, persiguiendo los delitos por su propia y espontánea iniciativa, instruyendo las causas los mismos que habían de fallarlas, ejerciendo la facultad omnímoda de separarse de los dictámenes fiscales, así durante la sustanciación como en la sentencia definitiva, calificando según su propio juicio el delito y designando la pena, sin consideración a las conclusiones de la acusación y la defensa y empleando, por último la fórmula de la absolución de la instancia o, lo que es lo mismo, dejando indefinidamente abierto el procedimiento cuando, faltos de prueba para condenar, infundían en su mente las diligencias sumariales livianas sospechas contra el acusado. La sociedad debe marchar como la naturaleza, gradualmente y no a saltos: los progresos jurídicos deben irse eslabonando, si han de encarnar en las costumbres del país. Por esto, el Gobierno propone a V. M. la solución contenida en el artículo 733, que no altera en rigor la virtualidad del principio acusatorio. Según la estructura de la adjunta Ley, concluso el sumario, las partes hacen la calificación provisional del hecho justiciable. Sobre sus conclusiones versan las pruebas que se practican durante todo el juicio; y al término de éste, cuando ya no faltan más que los informes del Fiscal y del defensor del acusado, autorízase a una y otro para confirmar, rectificar o variar, en vista de las pruebas, su primera calificación. Al llegar a este trámite, todo, en rigor, está acabado; los Jueces han oído al reo y los testigos; han examinado las demás piezas de convicción y están en condiciones de apreciar con amplitud y acierto la naturaleza del hecho que es materia del juicio. Si en tal momento les asalta una duda grave sobre su verdadera calificación jurídica, ¿qué dificultad puede haber en que, hipotéticamente, sin prejuzgar el fallo definitivo y sólo por vía de ilustración, invite el Presidente del Tribunal al Ministerio público y defensor del procesado para que en sus informes discutan una tesis más. El principio acusatorio quedaría quebrantado si ésta no hubiera de discutirse y resolverse con arreglo a las pruebas ya practicadas, dando lugar a que se abriese de nuevo o se prorrogase el juicio, pero, como éste está ya terminado y no es permitido volver sobre él, todo lo que puede suceder es que el Fiscal o el Letrado necesiten veinticuatro horas para razonar sobre la hipótesis del Tribunal con la conveniente preparación.*"

1861 Fonseca Andrade, Mauro, *Sistemas processuais penais e seus princípios reitores*, Curitiba 2009, p. 246.

2.1. *La competencia mixta de algunos juzgados de instrucción y el enjuiciamiento de delitos leves*

El primero de ellos se centra en la competencia mixta[1862] de muchos juzgados de instrucción de la actualidad, que conservan la posibilidad de dictar sentencias no sólo en los procesos por delito leve, que con frecuencia se han visto precedidos de una breve instrucción a la que incluso hace referencia implícita en el art. 779.1.2ª LECrim, lo que hace que ese enjuiciamiento se convierta en virtualmente —no formalmente— inquisitivo y, de hecho, contrario a lo dispuesto en el art. 219.11ª de la Ley Orgánica del Poder Judicial[1863].

Se trata, por tanto, de una indudable facultad inquisitiva que se ve psicológicamente reforzada por el hecho de que muchos de esos jueces dicten habitualmente sentencias en los procesos civiles. En suma, el juez de instrucción en estos casos no es sólo un juez recolector de vestigios de los delitos, que es lo que debiera ser, como le viene a encomendar el art. 299 LECrim, sino que también conoce de enjuiciamientos, lo que no presagia nada bueno en cuanto a que su función no es formular conclusiones sobre los hechos sino, como digo, simplemente recoger sus vestigios.

2.2. *Un juez como director de la instrucción*

Lo anterior se confirma claramente con el segundo punto: el hecho de que España sea uno de los pocos países —junto con Francia[1864], Luxemburgo[1865] y sólo marginalmente Bélgica[1866]— del "mundo acusatorio" en el

---

1862 E. de M.: "*Pues bien, Señor, he aquí el conjunto de medios que el nuevo sistema ofrece para el logro de resultado tan trascendental; la sustitución de los dos grados de jurisdicción por la instancia única, la oralidad del juicio; la separación de lo civil y lo criminal en cuanto al Tribunal sentenciador; igual separación en cuanto a los Jueces instructores en ciertas ciudades populosas en donde hay más de un Juez de primera instancia y es mucha la criminalidad;*"

1863 "*Haber participado en la instrucción de la causa penal o haber resuelto el pleito o causa en anterior instancia.*"

1864 **Art. 49 Code de procédure pénale**: Le juge d'instruction est chargé de procéder aux informations, ainsi qu'il est dit au chapitre Ier du titre III.

1865 **Art. 27 Code de procédure pénale**: (1) Le juge d'instruction est chargé de procéder aux informations, ainsi qu'il est dit au chapitre Ier du titre III.

1866 **Art. 55 Code d'instruction criminelle.** L'instruction est l'ensemble des actes qui ont pour objet de rechercher les auteurs d'infractions, de rassembler les preuves et de prendre les mesures destinées à permettre aux juridictions de statuer en connaissance de cause. Elle est conduite sous la direction et l'autorité du juge d'instruction.

que todavía un juez dirige la instrucción[1867], y no el ministerio fiscal o la policía como sucede en el resto de países. Probablemente ese tema sería más bien simbólico si no fuera porque un juez, por su formación, por mucho que intente hacer solamente de recolector de indicios, como le encarga la ley, finalmente se ve compelido a enjuiciar, y no sólo a recoger vestigios, como ya se ha dicho.

Es decir, el problema no es tanto que sea un juez, un fiscal u otra autoridad la que se encargue de encontrar y compilar los vestigios, sino de que siendo un juez, para lo que ha sido instruído en sus estudios judiciales es para dictar sentencias, es decir, para formular conclusiones definitivas sobre los temas que se le plantean. Y eso es justamente lo que no debe hacer en la instrucción, como ya he dicho e iré repitiendo aún en los siguientes epígrafes, porque es la clave de toda esta cuestión.

2.3. La imputación: una acusación de oficio

El tercer punto reafirma todo lo anterior: los actos de imputación de los arts. 384 y 779 LECrim. Nuevamente se trata de manifestaciones inquisitivas, no por cómo están formulados dichos actos en la ley, sino por cómo se desarrollan en la práctica. El primero se refiere al auto de procesamiento del procedimiento ordinario. Tanto leyendo dicho artículo como acudiendo a las ideas expresadas por el propio legislador en la exposición de motivos de la Ley de Enjuiciamiento Criminal de 1882[1868], se saca la conclusión de que dicha imputación fue concebida como simplemente inicial, con la idea de que el reo pudiera defenderse desde un primer momento en el proceso[1869]. Es decir, se trata sencillamente de dar la información al reo de que lo es y se le está investigando, como actualmente sucede con la imputación del art. 775 LECrim en el procedimiento abreviado.

Sin embargo, los jueces de instrucción pronto convirtieron ese auto de procesamiento en una resolución que no harían ya al principio de la instrucción, cuando corresponde, sino al final de la misma, en añoranza

---

1867 Pese a las intenciones del legislador. Vid. E. de M.: "*El Ministro que suscribe, de acuerdo con sus colegas, no ha vacilado en aconsejar a V. M. que dé un paso más en el camino del progreso, llevando en cierta medida el sistema acusatorio al sumario mismo...*"

1868 Lo explico en Nieva Fenoll, *Derecho procesal III. Proceso penal*, Madrid 2017, p. 237.

1869 Vid. E. de M.: "*En adelante, el Juez instructor, por su propia iniciativa y de oficio, podrá, o mejor dicho, deberá acordar que se comuniquen los autos al procesado desde el momento en que la publicidad y la contradicción no sean un peligro para la sociedad interesada en el descubrimiento de los delitos y en el castigo de los culpables.*"

inquisitiva de la antigua "acta de acusación"[1870] que elaboraban los jueces y con la que se abría el juicio, en ausencia de ministerio público o víctima que ejerciera la acusación particular. En dicho auto acostumbran los jueces a realizar una especie de "pre-sentencia", expresando sus conclusiones fácticas sobre la instrucción, lo que no puede sino servir para condicionar a las acusaciones y al tribunal de juicio, es decir, todo lo contrario de lo que deseó el legislador de 1882. Y algunos jueces remachan el clavo en el auto de conclusión del sumario, en el que o bien transcriben el auto de procesamiento recientemente dictado, o bien amplían sus conclusiones completando esa sentencia espuria antes referida, cuando lo único que exige el art. 622 LECrim es razonar que se han practicado todas las diligencias necesarias, y no efectuar conclusiones sobre las mismas, más allá de una calificación preliminar de los hechos que no prejuzgue por su extensión la que deba hacer en su día el tribunal sentenciador.

Lo mismo ha sucedido en el procedimiento abreviado con el auto del art. 779 LECrim, que recibe tantas estrambóticas denominaciones en la práctica cuantas ideas falsas existen sobre su recto contenido. En dicho auto, lo único que tiene que hacer el juez es razonar un sobreseimiento, si hubiere lugar a él. Pero no debe realizar en absoluto, de nuevo, esa falaz "pre-sentencia" del juez de instrucción que tantas veces se observa, y en la que expresa todos sus prejuicios adquiridos durante la instrucción y en virtud de los cuales, precisamente, está impedido de juzgar. Por si fuera poco, también dispone de una segunda oportunidad para continuar en la misma línea: el auto de apertura del juicio oral (art. 783 LECrim), que en lugar de ser una segunda "pre-sentencia", debiera limitarse a constatar que existe la acusación y que por ello se abre juicio, sin más valoraciones que puedan influir a sus compañeros del juicio oral.

2.4. *La extraña vigencia de la incoación de oficio*

El cuarto arrastre inquisitivo es la persistencia en la práctica de la incoación de oficio. Es cierto que no se trata de una acusación de oficio[1871],

---

1870 Hasta el legislador reconoce ingenuamente que el procesamiento sustituyó al acta de acusación. Vid. E. de M.: "*En adelante, el Juez instructor, por su propia iniciativa y de oficio, podrá, o mejor dicho, deberá acordar que se comuniquen los autos al procesado (…) Si no se hace espontáneamente en el plazo de dos meses, contados desde que se incoó la causa, la Ley da al* ***acusado*** *el derecho de solicitarlo…*" La negrita es mía.

1871 Gimeno Sendra, *Derecho Procesal Penal*, Madrid 2007. p. 288. Armenta Deu, Teresa, "Principio acusatorio: realidad y utilización (lo que es y lo que no)", *RDProc.* 1996, p. 273.

pero es un claro residuo del antiguo "auto cabeza del proceso", que avanzaba en parte precisamente esa acusación.

Lo sorprendente es que la institución ni siquiera está en la ley[1872], que parece aludir a ella pero no la desarrolla[1873], dado que en el lugar que le correspondería a la misma, tras los pasajes de la denuncia y de la querella, la ley se refiere a la "policía judicial".

En realidad, la incoación de oficio no es sino un constructo práctico derivado del antiguo uso inquisitivo. Cuando se analiza la misma con detalle, se percibe que el juez que incoa de oficio, o bien suele poner en cuestión su imparcialidad al ser difícil saber de dónde le llega la información que le sirve para iniciar la instrucción, o bien vulnera el derecho al juez ordinario predeterminado por la ley al autoinvestirse de jurisdicción[1874]. En todo caso, se trata de una práctica que, no sólo por ser inquisitiva, sino por ser claramente inconstitucional, debe ser expulsada definitivamente de nuestro proceso penal en beneficio de la diligente actuación de los fiscales sobre todo, sin dejar de lado a la policía judicial.

2.5. El peso aplastante de la instrucción sobre el juicio oral

El quinto aspecto inquisitivo de nuestro actual proceso penal es la configuración general de la instrucción, de manera que sigue teniendo una importancia preponderante durante el juicio oral y en la sentencia[1875].

No es ya que, como se verá, el aspecto central de la Ley de Enjuiciamiento Criminal sea, pese a todo, la instrucción, sino que, además, las referencias a la misma son constantes durante la práctica de los juicios orales, dilatando hasta el extremo las posibilidades de los arts. 714 y 730 LECrim, mucho más allá de los límites con los que fueron concebidos dichos preceptos.

1872 Lo explico en Nieva Fenoll, *La incoación de oficio de la instrucción penal*, Barcelona 2001, p. 33 y ss.

1873 Arts. 303 y 308.

1874 Nuevamente, para ambos temas, Nieva Fenoll, *La incoación de oficio de la instrucción penal*, cit. pp. 77 y ss.

1875 Las menciones a este tema son frecuentes en la E. de M. Probablemente el pasaje más llamativo sea el siguiente: "*Alude el infrascrito a la costumbre, tan arraigada de nuestros Jueces y Tribunales de dar escaso o ningún valor a las pruebas del plenario, buscando principal o casi exclusivamente la verdad en las diligencias sumariales practicadas a espaldas del acusado. No; de hoy más las investigaciones de Juez instructor no serán sino una simple preparación de juicio.*"

Se han intentado reducir absurdamente los tiempos de duración de la instrucción a través de la muy polémica reforma de 2015 del art. 324 LECrim, como si poner límites en los plazos cambiara la naturaleza de las cosas. La instrucción, hay que insistir en ello, es una simple recogida de vestigios de los hechos supuestamente delictivos. Y en esa actividad se puede tardar más o menos tiempo, depende de la complejidad y clandestinidad del delito. El factor temporal no es, por tanto, el problema. El inconveniente es que en la instrucción pretendan deslizarse conclusiones que influyan en el juicio oral, como estamos viendo.

2.6. *La instrucción: una extraña "primera instancia"*

Y es que, en definitiva —y es el sexto factor—, la realidad muestra que durante la instrucción se celebra una especie de proceso de primera instancia previo al proceso del juicio oral[1876].

Asistimos impotentes a ver cómo mecánicamente las instrucciones multiplican sus tiempos haciendo declarar a testigos que, salvo que deban dar alguna clave esencial para las investigaciones —y ello no es tan frecuente—,

---

[1876] Vuelve a ser interesante la lectura de la E. de M.: "...*nuestros Jueces y Magistrados han adquirido el hábito de dar escasa importancia a las pruebas del plenario, formando su juicio por el resultado de las diligencias sumariales y no parando mientes en la ratificación de los testigos, convertida en vana formalidad; que, en ausencia del inculpado y su defensor, los funcionarios que intervienen en la instrucción del sumario, animados de un espíritu receloso y hostil que se engendra en su mismo patriótico celo por la causa de la sociedad que representan, recogen con preferencia los datos adversos al procesado, descuidando a las veces consignar los que pueden favorecerle; y que, en fin, de este conjunto de errores, anejos a nuestro sistema de enjuiciar, y no imputable, por tanto, a los funcionarios del orden judicial y fiscal, resultan dos cosas a cual más funestas al ciudadano: una, que al compás que adelanta el sumario se va fabricando inadvertidamente una verdad de artificio que más tarde se convierte en verdad legal, pero que es contraria a la realidad de los hechos y subleva la conciencia del procesado; y otra, que cuando éste, llegado al plenario, quiere defenderse, no hace más que forcejear inútilmente, porque entra en el palenque ya vencido o por lo menos desarmado.* (...) *Subsiste, pues, el secreto del sumario; pero sólo en cuanto es necesario para impedir que desaparezcan las huellas del delito, para recoger e inventariar los datos que basten a comprobar su existencia y reunir los elementos que más tarde han de utilizarse y depurarse en el crisol de la contradicción durante los solemnes debates del juicio oral y público* (...) *El juicio verdadero no comienza sino con la calificación provisional y la apertura de los debates delante del Tribunal que, extraño a la instrucción, va a juzgar imparcialmente y a dar el triunfo a aquel de los contendientes que tenga la razón y la justicia de su parte. La calificación jurídica provisional del hecho justiciable y de la persona del delincuente, hecha por el acusador y el acusado una vez concluso el sumario, es en el procedimiento criminal lo que en el civil la demanda y su contestación, la acción y las excepciones.*" (...) *tratándose en la hora presente de un método de enjuiciar en el cual el sumario es una mera preparación del juicio, siendo en éste donde deben esclarecerse todos los hechos y discutirse todas las cuestiones que jueguen en la causa...*"

debieran declarar solamente en el juicio oral. O bien en la instrucción, si se cree que deben prestar declaración lo antes posible para conservar su memoria en mejores condiciones, pero no absurdamente en ambas fases del proceso, asistiendo al bochornoso espectáculo de las retractaciones.

De hecho, las diligencias de instrucción, copiando antiguas regulaciones y formularios doctrinales sobre todo[1877], regulan las actuaciones como si fueran pruebas, siguiendo el esquema inquisitivo, que lo es tanto que hasta el juez tiene el poder de decidir cuándo concluye la instrucción. Ese estado de cosas debiera cesar en beneficio de una instrucción centrada solamente, como ya he reiterado, en la recogida de vestigios, que es su única misión legítima.

Pero bien al contrario, lo que acostumbra a suceder es que la instrucción celebra una a veces superficial, a veces detenida, primera instancia, pero casi siempre "primera instancia" a la antigua usanza, por cierto. Se admite la querella y se presenta una réplica por parte del reo proponiendo diligencias de descargo, lo que hace las veces de demanda y contestación. Acto seguido, se cita a declarar a todos los testigos que en aquel momento se le ocurran a las partes, e incluso al juez, que carece de limitación alguna en este sentido, y se celebran todas las pruebas periciales, inclusive las que, preservándose sin problema alguno la fuente de prueba, podrían ser practicadas perfectamente en el juicio oral. Por supuesto, también declaran reo y víctima. Y por si fueran pocas analogías con un proceso civil de primera instancia, el juez dicta su "pre-sentencia" a través de los actos de imputación de los arts. 384 y 779 LECrim respectivamente para los procedimientos ordinario y abreviado, que luego recurren las partes, celebrándose así una peculiar fase de conclusiones que luego alumbra la "sentencia" con el auto de conclusión del sumario, y que se ve enriquecida con las conclusiones de la acusación en el procedimiento abreviado que tantas veces transcriben la versión del juez expresada en el auto del art. 779. Con todo ello se dicta la peculiar "sentencia" de la instrucción del procedimiento abreviado: el auto de apertura del juicio oral. A veces ese auto es inteligentemente mucho más breve, dando constancia simplemente de que existe una acusación, sin más, pero no pocas veces encontramos esa especie de "sentencia" del juez de instrucción, especialmente cuando el caso es mediático.

Por supuesto, esas "sentencias" recogen todas las conclusiones del juez. De hecho, leyendo muchos de esos infaustos autos, puede quedar la duda

---

[1877] Vid. entre otros Juan y Colom, Joseph, *Instrucción de escribanos*, Madrid 1795. De Tapia, Eugenio, *Febrero novísimo ó librería de Jueces, abogados y escribanos*, Valencia 1828.

de si al juez que instruyó le hubiera gustado juzgar ese caso, o simplemente expresa sus conclusiones porque cree que tiene que hacerlo. Al contrario, lo único que debiera justificar es un detalle de las diligencias practicadas, para que sea el juez del juicio oral quien extraiga sus conclusiones sin condicionantes. Hasta ha habido algún juez que una vez dictada la auténtica sentencia por sus compañeros, ha sentido la necesidad de comentarla en los medios de comunicación[1878].

2.7. *La ridícula extensión de la regulación del juicio oral*

Todo lo anterior se confirma con el séptimo factor al que ya se aludió: la llamativa regulación marginal del juicio oral en la Ley de Enjuiciamiento Criminal. Aunque pueda considerarse un tema simplemente estético, no lo es en absoluto.

Si el centro de gravedad del proceso penal debiera ser realmente el juicio oral, no se comprende cómo su regulación puede ser tan breve (arts. 650 a 749 LECrim) en comparación con el denso volumen de artículos que se dedican a su fase previa: la instrucción (arts. 259 a 633 LECrim). En la normativa del juicio oral resulta particularmente sangrante la ausencia de regulación de la declaración del acusado[1879], o la casi nula regulación de la prueba documental, en beneficio de remisiones a la regulación de la instrucción, lo cual, si verdaderamente deben existir esas remisiones —que personalmente opino que no—, debieran ser en sentido justamente inverso, es decir, del juicio oral a la instrucción. En consecuencia, el legislador, copiando el modelo anterior, sigue regulando el juicio oral como si el sistema fuera inquisitivo.

Lo que es más sorprendente es que los legisladores modernos sigan ese mismo patrón. Los autores del borrador de Código Procesal Penal de 2013[1880] dedicaron a la instrucción de los arts. 239 a 417 (más los arts. 147 a 238 si se cuentan las medidas cautelares) y al juicio oral de los arts. 436 a

---

1878 Urreiztieta, Esteban, “El juez Castro: “La sentencia es benévola, el Supremo tenía las manos atadas por la Audiencia de Palma””, *El Mundo*, 12-6-2018. https://www.elmundo.es/espana/2018/06/12/5b1f9e60e2704e79378b456f.html.

1879 Vid. además la totalmente incomprensible referencia a la “confesión de los procesados”, previa al art. 688 LECrim.

1880 Vid. https://e00-elmundo.uecdn.es/documentos/2013/06/04/codigo_procesal_penal.pdf.

477. El anteproyecto de Ley de Enjuiciamiento Criminal de 2011[1881] no le iba a la zaga: arts. 162 a 238 para las medidas cautelares, arts. 239 a 497 para la instrucción, y arts. 543 a 607 para el juicio oral. Sin duda, estamos ante una cuestión de parámetros o marcos mentales antiguos y mentalidades de otro tiempo que deben cambiar.

Al fin y al cabo, como ya se ha dicho, si finalmente se asume que la instrucción y el juicio oral tienen finalidades diametralmente distintas —respectivamente recoger vestigios y enjuiciar—, la regulación de ambas deberá ser coherente con esa idea. Pero mientras la instrucción se siga pareciendo a una primera instancia, el juicio oral seguirá siendo una especie de segunda instancia a la antigua, es decir, siguiendo el modelo del *novum iudicium*, que ya no está vigente en nuestro ordenamiento.

2.8. El abuso del "sobreseimiento provisional"

Persiste incluso —y es el octavo factor— la histórica "absolución de la instancia"[1882]. Tanto el autor del Reglamento provisional para la Administración de Justicia de 1835 como el legislador de la Ley de Enjuiciamiento Criminal (art. 144) habían insistido en que la absolución se entendería libre en todos los casos.

Pero finalmente hallaron la forma de que la Justicia siguiera teniendo "libertos de por vida" o "siervos de la curia": el sobreseimiento provisional, que efectivamente deja al reo en un limbo durante los años que tarda en prescribir el delito[1883], sabiendo que normalmente nunca volverán a importunarle, pero sin ser segura tal conclusión. Hasta durante unos años existió el llamado "archivo de las actuaciones" en el procedimiento abreviado, que no es sino una reedición de la vetusta absolución de la instancia.

Bien al contrario, el Estado, con todo su poder, debe tener una sola oportunidad de investigar y condenar a una persona, a riesgo de incurrir

---

1881 Vid. https://notin.es/wp-content/uploads/2013/01/anteproyecto-de-la-Ley-de-Enjuiciamiento-Criminal-de-27-de-julio-de-2011.pdf.

1882 Vid. E. de M.: "*Es igualmente inútil decir que la absolución de la instancia, esta corruptela que hacía del ciudadano a quien el Estado no había podido convencer de culpable una especie de liberto de por vida, verdadero siervo de la curia marcado con el estigma del deshonor, está proscrita y expresamente prohibida por el nuevo Código, como había sido antes condenada por la ciencia, por la Ley de 1872 y por la Compilación vigente. De esperar es que las disposiciones de la nueva Ley sean bastante eficaces para impedir que semejante práctica vuelva de nuevo a injerirse en forma más o menos disimulada en nuestras costumbres judiciales.*"

1883 STC 34/1983, 6-5-1983.

en lo que los estadounidenses, con un curioso galicismo, denominan *double jeopardy*[1884] siguiendo la expresión de la V Enmienda de su Constitución[1885]. Sin embargo, el miedo por el error y el terror por que se escape un culpable, incompatible con la presunción de inocencia, han favorecido la subsistencia de esa especie de suspensión de la instrucción. Y la sociedad, que en general tampoco cree en la presunción de inocencia[1886], rema a favor de ese estado de opinión, que sin duda arrastra también a las mentes judiciales.

2.9. Algunos restos de prueba legal

El noveno punto inquisitivo es la persistencia de antiguos restos del sistema de prueba legal, pese a que el art. 741 LECrim impone el sistema de valoración libre de la prueba. Esos restos están claramente representados por las dispensas de declaraciones testificales entre familiares (art. 416 LECrim), que no sólo dan terribles problemas hoy en día en los casos de violencia de género, sino que representan una directa agresión al sistema de libre valoración de la prueba establecido en ese art. 741. Aunque no se las haya visto como tales, dichas dispensas no son más que las antiguas prohibiciones de declarar del sistema de valoración legal, que eran mucho más amplias[1887]. Dulcificadas dichas prohibiciones, se han mantenido como "dispensas", pero su origen es absolutamente evidente.

Otro residuo del antiguo sistema es el propio juramento de los testigos, o incluso la distinción entre partes y testigos, que tenía sentido en el viejo sistema al ser diferente su valoración legal como prueba plena[1888]. Pero no en el actual sistema de valoración libre, ya que ahora bastaría con hablar de la "prueba de interrogatorio", dado que de lo que se trata es de que un sujeto sea evaluado de acuerdo con los parámetros de la psicología del testimonio[1889], en esclarecimiento de su recuerdo y valoración de su

---

1884 Lo advirtió ingenuamente el legislador en la E. de M.: "*Proscrita para siempre la absolución de la instancia y rigiendo sin excepción la máxima* non bis in idem…"

1885 "… *nor shall any person be subject for the same offence to be twice put in jeopardy of life or limb* (…)".

1886 Nieva Fenoll, *La duda en el proceso penal*, cit. pp. 102 y ss.

1887 Vid. Partida III, tít. XVI, Leyes VIII y ss.

1888 Sobre estos temas, vid. Nieva Fenoll, "La inexplicable persistencia de la valoración legal de la prueba", *Ars Iuris Salmanticensis*, vol. 5, n. 1, 2017.

1889 Vid. por todos Manzanero, Antonio L., *Psicología del testimonio*, Madrid 2008. Mazzoni, Giuliana, *Psicología del testimonio*, Madrid 2019.

credibilidad. Y en esa valoración no es tan relevante que el declarante sea parte o testigo. En todo caso, para la práctica del interrogatorio es absolutamente indiferente que sea el reo, la víctima o un testigo quien declare, porque los métodos para la formulación de las preguntas son idénticos. De hecho, que en el proceso penal de medio mundo se siga considerando a la víctima como un simple testigo, y no como una parte —o posible parte al menos—, no sólo es una agresión a la victimología, sino una expresión de que en el sistema inquisitivo la "relación procesal" —como quizás hubiera dicho Von Bülow[1890]— se establecía entre el juez y el reo. La víctima era sólo un pretexto.

Además de ello, la jurisprudencia sigue queriendo convertir algunas pruebas en una especie de "*plena probatio*" y, con la excusa de ofrecer estándares de valoración, en realidad dibuja criterios que hacen que esa valoración ya no sea tan libre. Ha sucedido con el único testigo-víctima[1891], con el coimputado[1892] y con el testigo de referencia[1893] sobre todo, con respecto a los cuales la jurisprudencia ha ofrecido, con las mejores intenciones, criterios de valoración, pero que traspasados a la práctica se aplican de manera demasiado estricta a veces, convirtiendo su valoración en prácticamente tasada.

La razón de ello es la voluntad manifiesta de simplificar, de seguir unas pautas fijas de actuación que ahorren trabajo a jueces sobrecargados de asuntos. Pero que a la postre restan espontaneidad y relajan el libre criterio del juez, confiado en el seguimiento de esos parámetros.

Ello no hace inquisitivo el procedimiento, pero reduce el papel del juez a un automatismo que era el que tenían los jueces en el juicio oral en el sistema inquisitivo, y además produce la búsqueda obsesiva de elementos que sustenten solamente esos parámetros, dejando al margen otros aspectos de la realidad que pueden ser relevantes, exactamente igual que antiguamente se perseguía la obtención de la confesión o de los dos testigos conformes. Juzgar no es ningún automatismo, sino una misión compleja que difícilmente puede simplificarse, dado que la realidad es también compleja.

[1890] Von Bülow, *Die Lehre von den Proceßeinreden und die Proceßvoraussetzungen*, Gießen, 1868, p. 1.

[1891] STS 717/2018, 17-1-2019.

[1892] STS 714/2018, 16-1-2019.

[1893] STS 404/2018, 13-09-2018.

2.10. El absurdo derecho a la última palabra

La décima característica inquisitiva es una institución que ha sido ingenuamente considerada acusatoria, pero que sólo tiene auténtica lógica en un sistema inquisitivo de proceso: el derecho a la última palabra.

Tenía todo el sentido del mundo en un proceso en el que no se escuchaba al reo salvo para torturarle u obligarle con coacciones a que confesara, pero que ninguna participación adicional tenía en el proceso. En cambio, en un esquema acusatorio se supone que el juez no va por libre, sino que hay un tercero encargado de la acusación precisamente para garantizar la imparcialidad del primero. Precisamente para evitar que el sistema se hiciera de nuevo inquisitivo en manos de un fiscal que, nuevamente, actuara de espaldas al reo, se garantiza la intervención de este último en cualquier fase, como viene a recordar el art. 400 LECrim[1894].

Pero siendo así, es absurdo que conserve el derecho a decir la última palabra en un contexto en el que ha hablado todo lo que ha querido. Es por ello por lo que en la práctica, lógicamente, la institución ha caído en desuso por lógico consejo de los abogados del reo, que no quieren ver cómo su cliente desbarata estúpidamente su defensa, o bien es aprovechada como momento de exaltación histriónica con diversas finalidades, pero que en absoluto contribuyen al enjuiciamiento. Por ello, debiera ser también abolida.

2.11. El abuso de la prisión provisional

El undécimo y último factor es la prisión provisional[1895]. Pese a los esfuerzos del Tribunal Constitucional[1896] y del propio legislador, que obedeció dicha jurisprudencia, la misma se sigue adoptando con cierta ligereza y con una ausencia de base empírica que, vista con detenimiento, resulta simplemente espantosa. No es que el reo deba estar necesariamente en libertad en un sistema acusatorio, sino que solamente en un sistema inqui-

---

1894 "*El procesado podrá declarar cuantas veces quisiere, y el Juez le recibirá inmediatamente la declaración si tuviese relación con la causa.*"

1895 E. de M.: "*...sería temerario negar que aun bajo la legislación vigente no es raro que un sumario dure ocho o más años, y es frecuente que no dure menos de dos, prolongándose en ocasiones por todo este tiempo la prisión preventiva de los acusados...*"

1896 STC 47/2000 de 17-2-2000.

sitivo en el que el juez instruye y juzga a la vez, tiene sentido que dicho juez avance la pena, acomodando la realidad a sus deseos de condena[1897].

Por ejemplo, cuando se considera el riesgo de fuga se suele pensar en la inminencia de una pena alta[1898] —como si el reo fuera a ser culpable—, o bien en fugas anteriores[1899], resistencia a la autoridad en la detención[1900], pertenencia a banda organizada[1901], posesión de un domicilio fijo[1902] o riqueza del reo[1903]. Y se razonan todos esos puntos no tanto tomando en cuenta su esencia, que a veces se agota por sí misma, sino más bien según la idea que tenga el juez respecto, sobre todo, a la reiteración delictiva o a la repulsa que le produzca la situación, aunque ello pocas veces se razona. Y es que ninguno de esos puntos, en realidad, son suficientes para entender realmente que un reo puede escaparse. No hay base empírica alguna detrás de los mismos.

Lo mismo sucede con el riesgo de destrucción de pruebas[1904] e incluso con la antes citada reiteración delictiva. Hasta la ciencia, con la inteligencia artificial[1905] ha caído en la trampa de intentar buscar criterios objetivos de previsión de la reiteración de la conducta que simplemente es posible que ni siquiera existan. El fiasco de COMPAS[1906] es especialmente indicativo a

---

[1897] Sobre presunción de inocencia y prisión provisional, vid. ampliamente Illuminati, Giulio, *La presunzione d'innocenza dell'imputato*, Bologna 1979, pp. 39 y ss.

[1898] A. Jdo. de instrucción n. 4 de Pamplona de 20-03-2017, n. rec. 668/2017. A. Jdo. de instrucción n. 32 de Madrid de 20-12-2014, n. rec. 6412/2014. A. Jdo. de instrucción n. 3 de Pamplona de 27-08-2012, n. rec. 2708/2012.

[1899] A. Jdo. de instrucción n. 4 de Pamplona de 20-03-2017, n. rec. 668/2017.

[1900] A. Jdo. de instrucción n. 4 de Pamplona de 20-03-2017, n. rec. 668/2017.

[1901] A. Jdo. de instrucción n. 4 de Pamplona de 20-03-2017, n. rec. 668/2017.

[1902] A. Jdo. de instrucción n. 4 de Bilbao de 1-09-2013, n. rec. 2887/2013.

[1903] A. Jdo. de instrucción n. 7 de Alicante de 10-02-2017, n. rec. 2526/2016. A. Jdo. de instrucción n. 6 de Sevilla de 24-04-2012, n. rec. 174/2011.

[1904] A. Jdo. de instrucción n. 3 de Pamplona de 27-11-2012, n. rec. 2708/2012.

[1905] Vid. Nieva Fenoll, *Inteligencia artificial y proceso judicial*, Madrid 2018, pp. 66 y ss.

[1906] Farrell, JAMES, "Humans Beat Popular Algorithm For Spotting Potential Re-Offenders", *SILICONANGLE*, 17-1-2018, https://siliconangle.com/blog/2018/01/17/popular-algorithm-used-spot-potential-Reoffenders-sometimes-extend-prison-sentence-doesnt-work-according-researchers/. FUSSELL, Sidney, "Study Finds Crime-Predicting Algorithm Is No Smarter Than Online Poll Takers", *Gizmodo*, 18-1-2018, https://gizmodo.com/study-finds-crime-predicting-algorithm-is-no-smarter-th-1822173965. Pearson, Jordan, "Bail Algorithms Are As Accurate As Random People Doing An Online Survey", *Motherboard*, 17-1-2018, Https://Motherboard.Vice.Com/En_Us/Article/Paqwmv/Bail-Algorithms-Compas-Recidivism-Are-As-Accurate-As-People-Doing-Online-Survey. YONG, Ed, A Popular Algorithm Is No Better At Predicting Crimes Than

tal efecto, y es que en ciencia no todo son estadísticas, y mucho menos si los datos se tienen en cuenta de modo prejuicioso. Otras aplicaciones de inteligencia artificial han tenido, no obstante, mejor fortuna[1907], y hay que seguirles la pista porque en el futuro pudieran darnos claves, no solamente interesantes, sino bastante definitivas sobre estos temas.

En todo caso, la situación actual no es tanto expresiva de un terror de los jueces a que se les escapen los reos, o a que vuelvan a delinquir o destruyan pruebas, sino que, si bien se mira, esa situación sigue la misma lógica de que el juez instructor se puede llegar a creer demasiadas veces inmerso en el escenario de una "primera instancia", y lógicamente dicta sentencia coherente con sus pensamientos: condenatoria. Si como he ido repitiendo, el juez, conscientemente, fuera solamente un simple compilador de vestigios, ni siquiera un posible futuro acusador como el ministerio público, ese riesgo se podría reducir de manera muy relevante. Se produciría tal vez, como le ocurre a veces a la policía, un apasionamiento en la investigación inspirado por la —supuesta— evidencia de los indicios que van apareciendo. Sin embargo, adoptando las medidas oportunas para que la prisión no dependiera de ese órgano investigador, el riesgo de adelantos injustificados de la pena sin duda podría menguar. Y con ello dejaríamos de lado una de las peores lacras que conllevó el sistema inquisitivo: la prisión, entonces casi indefinida en la práctica, de los reos[1908].

3. LA POLICÍA: UN ACTOR ENTONCES INEXISTENTE

Muchas veces se olvida que durante la vigencia del sistema inquisitivo no existieron cuerpos policiales como ahora los conocemos. Existían a lo sumo fuerzas rurales o ciudadanas bastante informales. La propia Guardia Civil surgió en 1844[1909], es decir, después de la desaparición formal del juicio oral inquisitivo con el Reglamento provisional para la Administración de Justicia de 1835[1910], y se centró, como la Hermandad[1911], en el ámbito

Random People, *The Atlantic*, 17-1-2018, https://www.theatlantic.com/technology/archive/2018/01/equivant-compas-algorithm/550646/

1907 Nuevamente, Nieva Fenoll, *Inteligencia artificial y proceso judicial*, cit. pp. 66 y ss.

1908 Aunque teóricamente no duraba más de 10 años. Partida VII, tít. XXIX, Ley 7.

1909 Decreto de 28 de marzo de 1844. Gaceta de Madrid, nº 3.486, 31-3-1844.

1910 Regla 5ª del art. 51 del Reglamento provisional para la Administración de Justicia de 1835.

1911 NR, Libro XII, Tít. XXXV, Ley XXVII, 12.

rural, que era, por cierto, el mayoritario de la época. Eran algo parecido a los *Texas Rangers* surgidos en este territorio precisamente en la misma época, en 1835[1912], aunque lógicamente también con la finalidad de consolidar la ocupación de estas tierras, entonces mexicanas, en vistas a la anexión que finalmente se produjo. Pero esa es otra cuestión.

En España, hasta 1906[1913] no aparece la primera promoción de cincuenta agentes salida de una escuela de policía. Y es que la propia policía judicial se había creado sólo para Madrid y Barcelona con la Real Orden de 19 de septiembre de 1896[1914], pero sin una formación real. Lo que demuestra que en 1882, a la promulgación de la Ley de Enjuiciamiento Criminal, no existía realmente un cuerpo de policía judicial como el que anunciaba la ley. La situación era similar en otros países.

Es por ello por lo que las diligencias de investigación fueron reguladas como si las llevara adelante un juez, y siguen reguladas de esa forma, cuando la realidad actual es que buena parte de ese trabajo lo hace la policía sin sujeción a procedimiento alguno, porque no hay norma que regule las actividades policiales, a diferencia de lo que ocurre en el Reino Unido[1915] o, aunque con destacables contrastes, en otros países —Irlanda, Malta, Chipre, Suecia, Finlandia, Dinamarca, Eslovaquia, Estonia, Letonia o Lituania[1916]—, que confían a la policía toda la instrucción. En su lugar, en España y en otros lugares son protocolos policiales informales, así como simples usos de las fuerzas de seguridad, los que orientan la labor de los cuerpos de seguridad, lo que a día de hoy es inaceptable.

Esa situación debe cambiar haciendo transparente la labor policial, salvo que pueda justificarse su sigilo para evitar la perdida de pruebas. Pero la investigación policial no puede ser secreta por sistema, como lo había sido el modelo inquisitivo, porque de lo contrario caemos en el mismo error

---

1912 Su historia puede consultarse en la página del Departamento de Seguridad Pública de Texas: http://www.dps.texas.gov/TexasRangers/HistoricalDevelopment.htm.

1913 Orden de 18 de enero de 1906. Gaceta de Madrid, año CCXLV, nº 20, 20-1-1906.

1914 Gaceta de Madrid, nº 264, 20-09-1896. Vid. también la Real Orden de 7-10-1896, Gaceta de Madrid, nº 285, 11-10-1896, que dispone la organización e inicio de funciones de la policía judicial para el 1 de noviembre del mismo año.

1915 Vid. Police and Criminal Evidence Act 1984. https://www.legislation.gov.uk/ukpga/1984/60/contents.

1916 Vid. Nieva Fenoll, "Orden europea de investigación: autoridades competentes en el estado emisor y de ejecución. Especial consideración del papel del ministerio fiscal", en prensa.

pese a todas las reformas que hemos tenido. En consecuencia, el primer paso a dar será la regulación de las diligencias policiales.

4. HACIA UN MODELO DEFINITIVAMENTE ACUSATORIO

Se observará con mucha facilidad que los once factores antes enumerados, así como la discusión sobre el rol de la policía, afectan a la línea medular del proceso penal. Por ello, las futuras reformas debieran tener en cuenta todos esos factores para superar ya de una vez esa aciaga fase histórica del sistema inquisitivo que, en puridad, no debió haber existido jamás.

El modelo que surgiría de todo ello, expuesto muy brevemente, comprendería una investigación fundamentalmente policial en la que un fiscal iría recopilando las actuaciones de la policía, calificando jurídicamente los resultados de la investigación a fin de determinar si presenta acusación o no. Si en cambio se opta por dejar al fiscal de lado y se prefiere seguir confiando en un juez, aunque no es lo más recomendable por las varias razones que ya se indicaron, lo que debiera hacer ese juez es compilar las diligencias practicadas y sus resultados, aunque sin expresar conclusión alguna al respecto, tarea que, en todo caso, corresponderá al ministerio fiscal a los efectos indicados de formulación o no de la acusación.

Llevadas a término las diligencias de ese modo, se pasaría inmediatamente al juicio oral, puesto que el fiscal debería formular su acusación basándose en las mismas, lo que provocará que la prueba se celebre realmente en el juicio oral ante los juzgadores, sin "ensayos" ante un juez de instrucción que se convierten en "primeras instancias", y sin dilatar la decisión sobre la acusación, debiendo existir las normas limitativas a tal efecto que impidan que los fiscales abusen de su posición o puedan presionar a los reos para alcanzar acuerdos desde esa posición omnímoda, como sucede en EEUU en ocasiones[1917]. Para ello, un control activo de un juez de garantías, a petición del reo, debería ser suficiente. Ese mismo juez sería el que autorizaría las medidas restrictivas de derechos fundamentales.

1917 Blume, John H. / Helm, Rebecca K., *The Unexonerated: Factually Innocent Defendants Who Plead Guilty*, Scholarship@Cornell Law: A Digital Repository. Cornell Law Faculty Working Papers, 31-1-2014. http://scholarship.law.cornell.edu/cgi/viewcontent.cgi?article=1116&context=clsops_papers. Vid. También al respecto Lascurain Sánchez / Gascón Inchausti, "¿Por qué se conforman los inocentes?", *Indret*, julio 2018.

Con ello, la instrucción se hace verdaderamente transparente y acusatoria desde sus inicios, dado que de ser secreta, deberá autorizarse por el mismo juez de garantías con una limitación temporal similar a la existente ya para los jueces en la Ley de Enjuiciamiento Criminal, revisable, naturalmente, en función de las necesidades de la investigación. La tutela del ministerio público y la supervisión del juez garantizarían la regularidad de todo el sistema, haciendo que la instrucción concluya con una acusación o con un sobreseimiento, pero no con unas conclusiones judiciales que influyan a los jueces de juicio. En todo caso, también habría que evitar un excesivo seguidismo de esas acusaciones por parte de los jueces enjuiciadores, que podría lograrse distinguiendo netamente su carrera —no idéntica a la judicial—, formación —más criminalística la de los fiscales— y ubicación, muy próxima a la policía la del ministerio público, y no a los jueces, a fin de evitar eficazmente connivencias y subrayar la independencia de la Justicia.

En suma, en estas condiciones, y llevada al terreno acusatorio por fin la instrucción, como era el deseo expreso del legislador de 1882[1918], se habrá completado finalmente su labor. En el siglo XXI. Despacio van las cosas de palacio.

[1918] Vid. E. de M.: "*El Gobierno de V. M. cree ser consecuente con el espíritu liberal que informa su política introduciendo, dentro de ciertos límites racionales, el sistema acusatorio en el sumario, lo cual constituye un gran progreso sobre la Ley de 22 de diciembre de 1872. No hay tampoco una sola nación en el continente europeo que vaya en esto más allá que al adjunto proyecto de Código, ni siquiera la Alemania en cuyas leyes procesales quedó impreso como en roca de granito el sello característico del individualismo germánico, sin que hayan alcanzado a borrarle ni la autoridad prepotente de sus Monarcas, ni sus grandes glorias militares, ni su reciente y portentoso engrandecimiento territorial.*"

EL PROCEDIMIENTO DE INVESTIGACIÓN EN EL ANTEPROYECTO DE LEY DE ENJUICIAMIENTO CRIMINAL DE 2020

Publicado en la Revista de la APDPUE, n. 4, 2021, pp. 74-91.

1. INTRODUCCIÓN

La Ley de Enjuiciamiento Criminal de 1882 posee una resiliencia verdaderamente sorprendente. El anteproyecto de 2020 es la quinta tentativa de reforma integral tras las de 1891, 1906, 2011 y 2013. Hasta ahora los cuatro intentos previos fracasaron, y nada asegura el éxito de este quinto ensayo a la fecha de escribir estas líneas.

El texto de 2020 se parece bastante al de 2011, sobre todo —pero no solamente— en lo que parece ser la intención principal de la reforma, que es atribuir la instrucción al ministerio fiscal. El resto solamente son reordenaciones, aportes doctrinales, alguna actualización científica o tecnológica, y en el fondo poco más.

Lamento ser tan severo en estas líneas previas porque legislar no es nada fácil, y mucho menos si pretende acometerse la reforma integral de un código de semejante envergadura. Por ello, cualquiera que lo intente, solamente por haber hecho el esfuerzo mental de conseguirlo, merece un tremendo respeto.

Pero a renglón seguido también debe decirse que no se puede legislar por legislar, o justificar la reforma simplemente en que la ley es vieja, porque esa no es una razón, sino la mismísima falacia *ad novitatem*. Más antiguas son las leyes de enjuiciamiento alemanas —datan de 1877—, y siguen siendo objeto de inspiración y estudio de muchos juristas del mundo. Ni siquiera parece haber un movimiento que plantee su sustitución, sino simplemente su reforma paulatina para adaptarlas a los tiempos. De hecho, a esas leyes actualmente sólo les faltaría una renumeración de los preceptos —hay demasiados intermedios—, una cierta reordenación de su esquema general, ya algo anticuado, y la supresión de algunas normas fuera de época, como las referentes al juramento en la prueba testifical. Pero por lo demás, los textos legales siguen sirviendo eficazmente a la justicia alemana, pese a haber cumplido ya 144 años, que se dice pronto.

Por demás, casi tan antiguo es el Código Civil español —1889—, y no ha parecido haber tantos ministros de justicia interesados en su sustitución por una norma más adaptada a la realidad negocial actual. Claro está, José Canalejas no firmó una inolvidable exposición de motivos como la Manuel Alonso Martínez a la Ley de Enjuiciamiento Criminal de 1882. Quién sabe si por la nostalgia de esa ejemplar —y breve— exposición, ha sentido el prelegislador la necesidad de redactar al anteproyecto una exposición de motivos de nada menos que 100 páginas justas.

Indico todo lo anterior, insisto, con todo el respeto, pero no sin algo de ironía porque incluso para una ley centenaria, tres proyectos de reforma en los últimos diez años son demasiados, y que haya sucedido tal cosa es llamativo. Pero en realidad lo expongo porque creo que tanto en este anteproyecto como en los anteriores, se está perdiendo la ocasión para operar un auténtico y necesario cambio de modelo a fin de mirar realmente hacia el siglo XXII, cuando todos los juristas que actualmente estamos en activo probablemente hayamos fallecido.

Y es que pese a los esfuerzos casi sobrehumanos del legislador de 1882, el sistema actual es tributario del modelo inquisitivo, que además no se ha superado en la enorme mayoría de lugares del mundo. La instrucción sigue siendo extensísima, además de que se traduce por voluntad de todos sus participantes en una suerte de falsa primera instancia[1919]. La desean los jueces de instrucción para hacer lo que realmente han sido formados para hacer: una sentencia disfrazada de auto de imputación formal para abrir el juicio oral. La desean también los abogados de los reos, que intentan así librar a su cliente cuanto antes, evitando que se abra el juicio oral, sabedores de que los jueces de ese juicio se dejan influir demasiado por el parecer del juez de instrucción, que al fin y al cabo es su compañero. En ese esquema, además, el ministerio fiscal suele estar ausente durante toda la instrucción, pese a que en los últimos años ha ganado actividad, no sin algún contratiempo de bastante consideración[1920]. En definitiva, que todo parece conspirar para que este modelo caduco, auténtica rémora del antiguo sistema inquisitivo, se mantenga *sine die*, insisto que no solamente en España.

En las líneas que seguirán voy a dar cuenta de este estado de cosas que se mantiene y profundiza en este anteproyecto, y que concluirá, aún sin

---

[1919] Lo expliqué en Nieva Fenoll, J., "La instrucción como falsa "primera instancia" del proceso penal: hacia una total superación del sistema inquisitivo", *Revista Ítalo-española de Derecho Procesal*, n. 1, 2019, pp. 39 y ss.

[1920] STS 980/2016, 11-1-2017.

formularla al final, con una pregunta un tanto desesperanzada que tal vez nadie responderá. ¿Sólo para hacer que el ministerio fiscal fuera el director de la instrucción, merecía la pena todo este anteproyecto? Naturalmente no. Copiar el modelo alemán, italiano o portugués actuales, que ya copiaban a su vez el sistema estadounidense en este sentido, no tiene demasiada razón de ser si sólo se pretende eso, copiar, sin valorar el impacto benéfico o no del cambio de modelo y dar razones del mismo, que desde luego las hay, pero hay que explicarlas. Había que hacer, por tanto, algo más aprovechando la reforma. Las líneas que seguirán pretenden explicarlo.

Con todo, el anteproyecto posee indudables aciertos, y uno de ellos que no va a ser objeto de comentario, pero debe destacarse, es la generalizada abolición de la impugnabilidad en la instrucción. Dispone el art. 585 que sólo serán recurribles los decretos del fiscal en los supuestos expresamente establecidos por la ley. Ciertamente, esa impugnabilidad ha demorado tradicionalmente hasta límites irracionales algunas instrucciones, porque era un regalo en manos de abogados bien financiados que sólo querían retrasar el proceso. Aunque en realidad era otro legado del proceso medieval que arrastró el sistema inquisitivo: las apelaciones interlocutorias y otros incidentes, también interlocutorios. Con este proyecto se acaban definitivamente esos enojosos y habitualmente chicanosos recursos y se aleja así el anteproyecto del sistema inquisitivo. Ojalá hubiera culminado también esa labor en otros terrenos.

2. ¿SE ARRASTRA EL SISTEMA INQUISITIVO?

Es un muy mal presagio que el art. 522 diga literalmente que el objeto de la investigación es "*esclarecer los hechos y las circunstancias del delito y averiguar quiénes son responsables de su comisión.*" Y es un pésimo augurio porque esos cometidos, aunque coincidan con los enunciados desde 1882 en el art. 299 de la ley vigente, no son los de la instrucción, sino más bien los de la sentencia que se pronuncia tras la celebración del juicio oral. En la instrucción no debe esclarecerse nada y mucho menos señalar a los culpables de unos hechos, sino que hay que asegurar los vestigios relacionados con el delito para que, con ese acervo indiciario, sean los jueces del juicio oral los que digan cómo sucedieron los hechos y determinen a sus responsables.

Por tanto, es obvio que en este precepto se está arrastrando una mentalidad, lo que se agrava si se piensa que el encargado de esa misión ya no va a ser un juez, sino el ministerio fiscal. Es decir, quien en su caso va a formular acusación. Es, en definitiva, si se me permite un tono más coloquial, como si la instrucción sólo fuera a servir para confirmar que, tal y como dice la policía, efectivamente se ha cometido un delito y que su responsable ha sido X, tal y como constará en la acusación y debe constar en la sentencia...

Lo anterior podría ser solamente, como decía, un mal presagio. Sin embargo, por desgracia se ve confirmado con la redacción del art. 546: Dicho precepto, refiriéndose al atestado, obliga a los policías a que expresen "*con la mayor exactitud las diligencias de averiguación practicadas y su resultado.*" El hecho de que se hagan constar las diligencias de investigación es obligado, pero que la policía deba interpretar esas diligencias expresando su "resultado", y no el juez del juicio oral, es algo que por frecuente que sea, invita a la comodidad a fiscales y jueces, descansando su labor jurídica de evaluadores de los vestigios en los hombros de la policía, lo que hace que la influencia de este cuerpo en el devenir y destino del proceso sea demasiado intensa, lo que no es sino insistir en este esquema inquisitivo que parece no querer abandonarse.

Lo correcto —y el art. 547 va más en este sentido— es que la policía detalle lo que ha hecho, pero sin expresar conclusiones sobre el acaecimiento de los hechos. La policía, sin duda, debe expresar hipótesis de investigación, sobre todo mientras la instrucción está abierta, a fin de que se practiquen las diligencias que sea menester para que lleguen al juicio oral esas hipótesis que los jueces deberán comprobar con el sustento indiciario necesario. Pero lo que no es aceptable es avanzar acontecimientos. Y si el atestado policial va a acabar siendo, una vez más, el documento que determinará el escrito de acusación, como sucede tantas veces, su influencia en la sentencia será también notable. La única labor de la policía en el atestado no es decir que "A ha matado a B, como lo demuestran las diligencias practicadas", sino que "las diligencias practicadas han determinado la existencia de sangre de A sobre B, presentando A laceraciones compatibles con una lucha". La diferencia es notable, como se puede entender sin mayor dificultad.

Más allá de eso, tampoco es una buena noticia que los arts. 578 y ss dispongan que el ministerio fiscal, con el concurso del juez de garantías, pueda declarar el secreto de las actuaciones *sine die*. Claro está, ciertamente por un plazo determinado, como dan a entender los preceptos de esta parte de la ley. Pero como digo, sin un *dies ad quem* máximo previsto legalmente, lo que supone un retroceso con respecto a lo establecido en la normativa vigente en el art. 302, al depender todo de la mayor o menor generosidad con el principio de publicidad —y a la postre con el derecho de defensa— de jueces y fiscales.

Igual que tampoco parece muy coherente con un sistema auténticamente acusatorio que el art. 524 prohíba muy correctamente la *inquisitio generalis* al evitar las investigaciones prospectivas, pero después los arts. 537 y 538 no se ocupen de poner auténticos límites a las investigaciones policiales y al origen de la *notitia criminis*, que van a poder seguir siendo clandestinas y hasta a veces aleatorias, como en la actualidad, actuando la policía en esta fase preinvestigativa con absoluta independencia de lo que digan jueces y fiscales. Es bastante indicativo al respecto el art. 537.1, diciendo que los policías "*siempre que tengan conocimiento de un hecho que pueda ser constitutivo de infracción penal perseguible de oficio procederán por su propia autoridad a comprobarlo*". Se alude así a una desconocida fuente de conocimiento que recuerda demasiado a la denostada, por antidemocrática, "inteligencia policial", por más que sea citada a veces por la jurisprudencia. Y por si quedaba alguna duda, el artículo 538.2 remacha que los agentes cesarán en su labor investigadora por orden del fiscal —lo que es más correcto— o "*a requerimiento de las unidades de Policía Judicial*", lo que refuerza el carácter autónomo y en buena medida incontrolado de la labor policial, tal y como la concibe el anteproyecto.

Lo adecuado hubiera sido que el articulado hubiera seguido la orientación del art. 525, cuando prevé que el ministerio fiscal pueda disponer el inicio de una investigación de oficio. Ella hubiera supuesto restar algo de autonomía a la policía, incluso aunque ni siquiera ese poder oficial sea algo ideal, puesto que puede padecer de los mismos problemas de imparcialidad que la actual incoación de oficio de los jueces, que es otro resto del antiguo sistema inquisitivo que ni siquiera está previsto expresamente en la Ley de Enjuiciamiento Criminal en realidad, más allá de algunas veladas referencias demasiado superficiales[1921].

Pero lo que quiero expresar es que las labores de policía y fiscalía hubieran debido ensamblarse como un todo, haciendo que la tarea policial estuviera siempre dirigida por los fiscales, de manera que los agentes no pudieran obrar al margen de los mismos o, si se hace inevitable, dándoles inmediata cuenta de sus actuaciones urgentes. Al contrario, para el anteproyecto "policía" y "fiscalía" siguen siendo dos mundos separados. Y si lo que se deseaba era potenciar la labor de la fiscalía como directora de la ins-

---

1921 Vid. sobre el tema, Nieva Fenoll, J., *La incoación de oficio de la instrucción penal*, Barcelona 2001.

trucción (art. 521), bueno hubiera sido eliminar cualquier atisbo de autonomía investigadora e, insisto, en buena medida clandestina de la policía.

Al contrario, lo que sucede es que el proyecto arrastra demasiados elementos del presente, y sobre todo del pasado, para poder ser considerado un modelo que apuesta decididamente por el sistema acusatorio. Tanto es así que se sigue aludiendo a la víctima como "acusación particular" (art. 566), lo que también era típico del sistema inquisitivo, que pese a su conducción oficial conservó este curioso resto de la antigua regulación romana, que respetaba, igual que en el proceso civil, la dualidad de partes[1922]. Es cierto que el papel de la víctima como un acusador más es una peculiaridad del sistema español y que el prelegislador, en línea con las regulaciones europeas más influyentes, supedita ese papel a la autorización del juez de garantías (art. 587), aunque no parece que esta autorización vaya a suponer un obstáculo insuperable a su participación expansiva, y probablemente excesiva, en el proceso.

Quizás era el momento de superar concepciones muy anticuadas que mentalmente ligan todavía la justicia que se le hace a la víctima con la pena que se impone al reo. Por el contrario, hubiera debido reconocerse expresamente que en el castigo del reo la víctima no debe tener papel alguno, dado su espectacular e innegable sesgo punitivo en esta materia, que hace del ofendido un sujeto que, en el fondo, tiene más en su cabeza la idea de venganza que la de reparación, y que en absoluto suele tener en cuenta la pena como la oportunidad de reinserción del reo, que debe adaptarse a los avances de la misma. Es por ello que el protagonismo de la víctima en este sentido es inconveniente para los fines del proceso penal, dado que el castigo no repara y es ilegítimo que consuele, debiendo hoy en día buscarse la reparación de la víctima en otros terrenos que nada tengan que ver con el sufrimiento del reo[1923].

Como detalle secundario —tal vez no tanto— que subraya este carácter todavía demasiado inquisitivo del anteproyecto, cabe destacar la posibilidad, que el art. 564.2 confiere al fiscal, en torno a denegar la incorporación de documentos o informes que presente el reo cuando los considere "*absolutamente irrelevantes por resultar ajenos al objeto de la investigación.*"

1922 Vid. Partida VII, tít. I, Ley 1.

1923 Sobre el tema, aun en sentido discrepante al indicado en el texto principal, vid. Solé Riera, J., *La tutela de la víctima en el proceso penal*, Barcelona 1997, Ferreiro Bahamonde, X., *La víctima en el proceso penal*, Madrid 2005, Martín Ríos, P., *Víctima y justicia penal*, Barcelona 2012.

Por mucho que el fiscal no sea un acusador y esté sometido al principio de imparcialidad, no puede olvidarse su frecuentísimo compromiso con la acusación que este proyecto no alcanza a combatir, y que se refuerza con esta posibilidad de seleccionar los materiales de defensa del reo. Por mucho que la decisión del fiscal sea impugnable —que además no parece serlo a la luz de lo dispuesto en el art. 585—, hubiera sido bastante más fácil permitirle al reo aportar todo lo que quisiera, siendo después el órgano jurisdiccional del juicio oral quien haga la selección. Que quien va a estar destinado a hacer de contradictor del reo en el juicio oral deba tomar esa decisión, es poco menos que inaceptable desde la perspectiva del derecho de defensa.

De hecho, esta decisión de exclusión es peligrosa de por sí. Incluso si quien tomara la decisión última al respecto fuera el juez de garantías, no debe olvidarse que en varios países en los que ya existe este esquema, acostumbra a haber un inaceptable seguidismo entre fiscal y juez de garantías[1924], lo que puede hacer la defensa no imposible, pero sí mucho más farragosa. El reo estaba ausente de todo el proceso inquisitivo salvo cuando se aprestaba o se le obligaba a declarar, dejándole en la inopia en el resto de ocasiones[1925]. Ahora, con este precepto, parece seguirse una orientación parecida a fin de evitar que el reo "moleste" durante la instrucción. Si algún sentido tiene la imputación temprana del reo es precisamente impedir su indefensión. Si ahora se le deja estar pero se ponen peros a sus facultades de defensa, el resultado negativo puede ser el mismo. Este precepto debiera desaparecer del articulado.

Por último, aunque es una cuestión menor, resulta un tanto curioso que la regulación de la denuncia (arts. 526 a 529), con la excepción de la referencia al "alertador" —el *whistleblower*— (art. 528.6) sea tan compendiosa de la regulación de 1882. Pero lo que es inaceptable es que se siga estableciendo una obligación de denunciar sin auténtica sanción, pero sobre todo que se siga contando entre los exceptuados de este deber a menores e incapaces, que son antiguas inhabilidades para testificar del régimen de prueba legal[1926], hoy totalmente superadas. La referencia debiera suprimir-

---

1924 Vid., por ejemplo, en Colombia, Arango H., M. I., "A propósito del papel del juez de control de garantías en la audiencia de formulación de imputación. (Comentario a la sentencia de tutela de la Sala de Casación Penal de la CSJ, del 22 de septiembre de 2009, radicado 44103)", Revista Nuevo Foro Penal Vol. 6, No. 75, julio-diciembre 2010, p. 231 y ss.

1925 Juan y Colom, J., *Instrucción de escribanos*, Madrid 1795, p. 211.

1926 Partida III, tít. XVI, Ley 9.

se también, porque en ningún caso se va a perseguir a personas sin capacidad de obrar porque no hayan denunciado. Y al contrario, se transmite la idea de que menores e incapaces no son creíbles a la hora de denunciar, cuando son dos de las principales víctimas propiciatorias de un sinfín de delitos, y no solamente contra la libertad sexual. Con seguridad no fue esa la intención del prelegislador, pero convendría conjurar cualquier riesgo al respecto.

En conclusión, la regulación no pretende ser inquisitiva, qué duda cabe. Pero arrastra elementos del pasado y añade otros del presente que pueden servir para acusar al anteproyecto de este carácter, lo que merecería la pena corregir en una próxima revisión del texto.

3. LA INVESTIGACIÓN, ¿ES DE LA POLICÍA, DEL FISCAL O DEL JUEZ?

Uno de los puntos que suscitan más dudas del anteproyecto se centra en averiguar cuál es el modelo realmente escogido. Descartado que sea el juez de instrucción el director de la investigación, sólo queda la opción de que se descargue en el fiscal[1927] o en la policía, con mayor[1928] o menor intensidad[1929], esa labor de dirección, siguiendo alguno de los tres modelos existentes en el panorama internacional o bien creando, por qué no, uno nuevo.

Sin embargo, en el anteproyecto no se opta por una línea clara al respecto. Por una parte, como ya vimos, se hace al ministerio fiscal director de la investigación en el art. 521 y hasta se le da la posibilidad de incoar de oficio con informaciones recibidas supuestamente también de oficio (art. 550.1).

Sin embargo, a la hora de detallar la tarea de investigación, el protagonismo es claramente para la policía, lo que no es negativo en sí mismo, pero como antes ya se vio, arroja dudas en cuando a la excesiva autonomía de este último cuerpo. Es cierto que la actividad independiente de la policía cesa cuando asume la dirección el ministerio fiscal (art. 536.2). Pero como ya se ha sugerido, hasta ese momento la actividad que puede desplegar la

---

[1927] Vid. el modelo alemán en los §§ 160 y 161 StPO.

[1928] Vid. para el Reino Unido la Prosecution of Offences Act 1985.

[1929] Vid., entre otros, el modelo rumano en los arts. 56 y 57 del Codul de procedură penală.

policía es muy amplia, tal vez demasiado. Por ejemplo, de propia autoridad puede tomar muestras genéticas (art. 539.4ª), recibir declaración al reo (art. 539.10ª), o bien emprender labores de vigilancia de personas, lugares o cosas (art. 539.14ª), entre otras muchas atribuciones que establece un extenso art. 539 y que por bien que coincidan con algunas de las actuales, no dejan de ser tal vez demasiado expansivas en la actualidad, según sea el modelo que quiera adoptarse, claro está.

Con todo, una buena noticia al respecto cabe hallarla en el art. 531, en el que se faculta a los fiscales para impartir instrucciones para establecer "*reglas, métodos y procedimientos de obligado cumplimiento para asegurar la sujeción de la actividad investigadora de la Policía Judicial a las normas y garantías procesales.*" Ojalá ello acabe de una vez por todas con el vicio de los "protocolos" policiales, que no son sino directrices internas de casi imposible control y conocimiento, que condicionan muchísimo la labor policial, que son excesivamente variables y que no pocas veces dan al traste con la debida protección de los derechos fundamentales, produciendo pruebas ilícitas.

Pero avanzando al art. 533, que se ocupa de la comunicación del ministerio fiscal con la policía, aunque establece órdenes directas en caso de urgencia o detenciones, se detecta un alejamiento incomprensible entre las dos figuras, impropio de un auténtico director de la investigación. Se confirma la sospecha en el art. 541, en el que se deja manga ancha a la policía y se dispone la comunicación con el fiscal por medio de "atestado", siempre que haya sospechoso o deba intervenir el juez de garantías, o salvo que el ministerio fiscal disponga lo contrario (art. 544), o bien mediante "relación periódica" mientras no haya identificación del reo. También se detecta este alejamiento en los arts. 548 y 549, en los que se regulan las "actuaciones ordenadas por el fiscal", como si fueran algo tal vez no excepcional, pero desde luego no la norma general que, al contrario, parece ser la actuación policial autónoma, enterándose el ministerio fiscal de la labor de la policía desde su despacho y cuando se lo comunican. Mal director es aquel que habitualmente sólo supervisa cuando se lo advierten sus empleados... De ese modo, el resultado puede ser el mismo que el actual: dos mundos separados: el policial y el fiscal. Si para algo tenía que servir la reforma es para abolir las rutinas acomodaticias en la fiscalía, siempre a remolque de lo que va haciendo y quiere comunicar la policía.

Por añadidura, tampoco parece alejarse tanto el modelo propuesto por el anteproyecto del actualmente vigente, pese a que la dirección de la fiscalía sea una de sus propuestas estrella. Al contrario, muy buena parte de la legalidad de la actuación del ministerio fiscal se hace depender del juez de garantías, como ya advierte el art. 521.2. Pero no ya en el sentido de que el juez de garantías sea el garante del respeto por los derechos fundamentales durante la actividad instructora, sino que su labor va mucho, demasiado más allá. No hay, en primer lugar, demasiada claridad en cuanto a qué diligencias puede ordenar el ministerio fiscal, o incluso la policía, de propia autoridad, manteniéndose la dispersión actual al tener que acudir a la regulación de cada concreta diligencia, lo que no deja de resultar farragoso. Pero es que más allá de eso, una actuación que, siguiendo la orientación del art. 462, hubiera podido conferirse tan claramente al ministerio fiscal, como el incidente de aseguramiento de fuentes de prueba (arts. 591 a 593), se atribuye al juez de garantías por la creencia, realmente anticuada, de que los interrogatorios sólo pueden convertirse en prueba si se practican ante un juez, como manda la tradición, más que el Derecho.

Pero bien al contrario, sucede que cuando se teme que un testigo o perito no van a poder declarar en el juicio oral por peligro de muerte o discapacidad, teniendo en cuenta que ya no van a ser los jueces del juicio oral los que van a observar el interrogatorio, lo único que hay que hacer es celebrar el mismo con asistencia de ambas partes y grabarlo para que su resultado conste en el juicio oral y pueda ser valorado libremente por sus jueces. Aunque suene contraintuitivo decirlo, el papel del juez de garantías en este trámite no es esencial, siempre que se confíe mínimamente en la labor del ministerio fiscal y se dé por hecho que no va a impedir la actuación del abogado del reo, toda vez que su actuación va a quedar grabada. Pero es que si nos referimos al testigo menor de edad o discapacitado, la solución óptima ya no es, en nuestros días, que le interrogue solamente el presidente del tribunal (art. 672) o *mutatis mutandis* el juez de garantías, porque ninguno de los dos posee formación en psicología del testimonio, sino que practique ese interrogatorio quien sí tiene esa capacitación, es decir, un psicólogo del testimonio, no haciendo depender su intervención de la decisión discrecional del fiscal (469.4, 470.2.b y 486). De ese modo se habría cumplido cuanto dispone, de hecho, el art. 600 para el juicio oral.

En definitiva, se deja al ministerio fiscal en una posición secundaria y en todo caso precaria, vigilado además por esa reliquia histórica que es la acción popular (art. 568), por mucho que la reconozca de manera ingenua y pseudodemocrática nuestra Constitución, que además debe personarse ante el juez, y no ante el ministerio fiscal, cuando lo lógico es que se presentara ante el director de la investigación, y no ante quien le vigila. Tampoco se entiende, de hecho, por qué no se ha aprovechado para restringir drásticamente la acción popular más allá de las limitaciones de los arts. 121 y 122.

Tal vez lo que ocurre es que el anteproyecto no acomete las necesarias reformas para hacer del ministerio fiscal un órgano auténticamente independiente. Se conoce que esa misión se ha confiado a la reforma del Estatuto Orgánico del Ministerio Fiscal, pero ya que en la ley se habla de la inamovilidad del policía (arts. 534 y 535), no se entiende por qué se deja pendiente (art. 98) la inamovilidad del ministerio fiscal, que es una de las claves principales de esa independencia.

En síntesis, la posición del ministerio fiscal en el anteproyecto no es evidente, y preocupa que no lo sea, dado que requería superior precisión un cambio tan ambicioso como el propuesto, que aleja por fin a España del modelo francés del *juge d'instruction*, insólito actualmente en el mundo, y supera un avatar histórico que se debió en el siglo XIX a simples circunstancias económicas[1930], por más partidarios que haya ganado este modelo en los últimos años por otras razones que, en realidad, tienen mucho que ver con la independencia del ministerio fiscal, tema que, insisto, tendría que haber sido de prioritario tratamiento en este anteproyecto, y no sólo en la reforma del Estatuto Orgánico del Ministerio Fiscal. ¿Qué sucedería si, por esas circunstancias rocambolescas que a veces afectan al poder legislativo, se aprobara el nuevo modelo de la Ley de Enjuiciamiento Criminal y quedara pendiente la reforma del Estatuto?

4. ARCHIVO / SOBRESEIMIENTO

Como consta en la celebrada Exposición de Motivos de la Ley de Enjuiciamiento Criminal de 1882, una de las lacras contra las que expresamente quiso luchar la Ley de Enjuiciamiento Criminal fue la "absolución de la instancia", que dejaba la vida de los reos en un limbo idéntico al descrito por Kafka en *Der Prozeß*. Por ello se creó el sobreseimiento, que estaba llamado a ser solamente libre, como la absolución en todos los casos, tal y como dice solemnemente el art. 144 LECrim.

1930 Vid. arts. 22, 8 y ss del *Code d'Instruction Criminelle* de 1808, en los que se atribuía la instrucción al fiscal, pero los arts. 57, 59 y 61 establecían la posibilidad de que los jueces de instrucción asumieran la competencia —con la supervisión de los fiscales— que es lo que acabó sucediendo. Para España, vid. Santos de Isasa, *Estado de la Administración de Justicia en España*, RGLJ, 1884, tomo LXV, pp. 272-275, Colmeiro, M., *Estado de la Administración de Justicia y reformas que parecen convenientes*, RGLJ, 1887, tomo LXXI, p. 446.

Pero se coló el "sobreseimiento provisional", en España y en todas partes, como siniestro legado del sistema inquisitivo, haciendo del *non bis in idem* una auténtica quimera. Lo cierto es que esa absolución incondicional jamás ha gustado a punitivistas, negacionistas de la presunción de inocencia y otros paranoicos. Y es que la incongruencia del sobreseimiento "provisional" era y es máxima. El ordenamiento, en principio, impide volver a juzgar a alguien que ya ha sido absuelto tras un juicio oral, pero se le mantiene en la tortura de una instrucción inacabable si no alcanza ese estadio, o que se acaba porque se le pone ingenuamente un plazo (art. 574), pero que se concluye con sobreseimiento provisional para poder volver a la carga más adelante. El sobreseimiento provisional es la formalización del *bis in idem*, en realidad. Un *bis in idem* casi perpetuo.

El anteproyecto reincide en el mismo error y lo perpetúa, aún no en la línea de algunos recientes abolicionistas del *non bis in idem* en el mundo anglosajón[1931], pero casi, porque representa una nueva oportunidad perdida para acabar de una vez con este sinsentido. Se recupera una institución aparecida con la reforma del procedimiento abreviado de 1988, pero abolida con la reforma de 2003: el "archivo", que reaparece junto al "sobreseimiento".

El archivo es una resolución del ministerio fiscal que se dicta en supuestos muy diversos. En primer lugar, en caso de que los hechos carezcan manifiestamente de relevancia penal, haya exentos de responsabilidad criminal o se evidencie la inocencia del imputado (art. 590.5 en relación con el art. 586.2), equivale a un sobreseimiento libre.

Pero el archivo, con esa misma denominación —lo que puede provocar confusiones—, también puede ser una resolución equivalente al sobreseimiento provisional que puede adoptarse por muy diferentes razones, dado que se permite la reapertura de la instrucción si se decretó el archivo por razones de oportunidad (art. 175.5, 178.4, 179.3), o se produjo el archivo de la denuncia (art. 551), o no hay indicios de delito contra una persona determinada (art. 556.3), o no hay indicios racionales de comisión del hecho (art. 586). Pero insisto, una instrucción archivada se puede reabrir en todos esos casos, según dispone claramente el art. 590. Alguno de ellos es idéntico a los actuales supuestos de sobreseimiento libre, lo que supone un arrinconamiento de esta institución que hubiera sorprendido, sin duda, al legislador de 1882 por la evidente vuelta al pasado que supone.

1931 Vid. Ashworth, A. / Redmayne, M., *The Criminal Process*, Oxford 2010, pp. 397 y ss.

De hecho, el sobreseimiento, que tiene efectos de cosa juzgada (art. 627) sólo procede tras la audiencia preliminar (art. 622), es decir, una vez formulada la acusación, si lo declara el juez de garantías por las causas del art. 622, lo que quiere decir que el fiscal que desea que la instrucción no acabe del todo, lo único que tiene que hacer es avanzarse con un archivo, conjurando así ese riesgo, lo que resulta peligroso.

Es posible que esta regulación, que no deja de ser algo desordenada, sea fruto de varios debates entre personas más o menos abolicionistas del sobreseimiento provisional, o que incluso querían introducir facultades de oportunidad para la persecución de delitos en caso de que el reo colabore, lo que supone una influencia estadounidense notable aunque con una merma relevante del principio de legalidad que tal vez no sea tan aceptable como pueda parecer en un principio. Pero ese es otro tema en el que no puedo entrar ahora. Lo cierto es que observando en conjunto toda la normativa sobre el archivo y el sobreseimiento, no puede sino concluirse que no existía un criterio coherente sobre cuándo hacer que concluya definitiva o provisionalmente la instrucción.

5. ¿ES NECESARIO EL PERÍODO INTERMEDIO?

Acabo con una reflexión que va más allá de la parte del anteproyecto que me proponía comentar, pero a la que es obligatorio dedicarle algunas líneas. Probablemente la fase más enigmática de nuestros actuales sistemas procesales penales sea el llamado período intermedio[1932].

Se trata de una fase crucial para el destino del reo, pero que no acaba de tener demasiado sentido si se considera que la conclusión de la instrucción podría ser la acusación o el archivo decretados por el ministerio fiscal, sin más. De hecho, el anteproyecto avanza por ese camino abolicionista de la fase intermedia con la institución del archivo, como ya se ha visto, pero al formularse acusación vuelve otra vez a la apertura de esa fase intermedia, que tiene que servir para que un juez haga de filtro de la instrucción, dictaminando si fueron suficientes las investigaciones llevadas a cabo, y habiéndolo sido, si procede acabarlo todo con el sobreseimiento o hay que validar la acusación y decretar la apertura del juicio oral.

No deja de ser sorprendente esa verificación de la acusación a cargo de un juez en un sistema acusatorio. Además, esa verificación tiene lugar tras

---

1932 Sobre esta fase, ampliamente, Ortego Pérez, F., *El juicio de acusación*, Barcelona 2007.

un primer decreto de iniciación en el que se imputa por primera vez a la persona investigada (art. 550.2), así como tras una comparecencia ante el ministerio fiscal para traslado de cargos, que procedería tras varias investigaciones que permitan atribuir a una persona hechos delictivos (art. 557). El acta de dicha comparecencia se traspasa al juez de garantías pero la imputación no es recurrible ante él (art. 558).

Es decir, se permite que el ministerio fiscal trabaje con las manos libres durante toda la instrucción, pero llega un momento en que se dispone la celebración de una audiencia preliminar (art. 617) ante un juez habitualmente encargado del enjuiciamiento pero que no integrará el tribunal que dicte la sentencia. En ese período intermedio, además de la verificación de la acusación, se procede a la depuración del material probatorio de pruebas ilícitas (art. 619)

Aunque es evidente que el esquema del anteproyecto intenta ser coherente y poner orden en la situación actual, lo cierto es que el resultado final es algo farragoso, porque no se entiende la existencia de tanta cautela con una acusación en un sistema acusatorio. Pero dicho esquema en absoluto es insólito en el panorama internacional, aunque lo lógico sería abrir el juicio oral una vez formulada la acusación, sin más trámites.

La razón de existencia de la fase intermedia no es demasiado conocida, pero debe ser explicada de una vez por todas. El actual "sistema acusatorio", o al menos lo que conocemos bajo ese nombre, es la copia que se hizo en plena revolución francesa del proceso penal inglés del siglo XVIII. En dicho proceso, al igual que actualmente en EEUU, existían dos jurados, uno de acusación que databa del *Assize of Clarendon* de 1166[1933], y el jurado de juicio que fue instituido en la *Carta Magna Libertatum* de 1215.

Pues bien, lo que sucedió en 1166 es que se detectaron un buen número de acusaciones falsas por motivos propios de la época. Muchos hombres habían acudido a las cruzadas, el país salía de una guerra civil que se hizo dinástica, y como consecuencia de todo ello en el reino de Inglaterra abundaban los pillajes y las ocupaciones de terrenos ajenos, lo que generaba muchas acusaciones, algunas de ellas ventajistas, aprovechando la ausencia de los legítimos propietarios. Por eso el rey dispuso que las acusaciones se

---

[1933] Vid. Hurnard, N. D., "The Jury of Presentment and the Assize of Clarendon", *English Historical Review*, 56 (223), 1941, pp. 374 y ss. Vid. también Hostettler, J., A History of Criminal Justice in England and Wales, 2009 pp. 46 y ss. Groot, Roger D., "The Jury of Presentment before 1215", *The American Journal of Legal History*, vol. 26, No. 1 (Jan., 1982), pp. 1 y ss.

revisaran ante un jurado de vecinos del lugar antes de que se juzgaran habitualmente a través de una ordalía, como relata el propio *Assize of Clarendon*. Ese fue el origen del *Grand Jury* estadounidense[1934].

Pero llegados al siglo XVIII, ese origen estaba probablemente olvidado y lo que encontraron los revolucionarios franceses fue un proceso con dos jurados, que copiaron. Sin embargo, pronto se detectó un mal funcionamiento del primer jurado, el de acusación, puesto que los llamados a integrarlo pensaban erróneamente que eran los jurados del juicio, lo que les llevaba a rechazar muchas acusaciones pensando que estaban pronunciando un veredicto de inocencia[1935]. Ello condujo a su supresión y atribución de su misión a los jueces del juicio oral que no estaban encargados de juzgar —como hace el anteproyecto—, porque eran los jurados los que cumplían esa misión. Cuando el modelo fue copiado en España, al no haber jurado hasta un tiempo después, lo que se decidió es que de esa fase se encargaran los mismos jueces de juicio, lo que podía poner en riesgo su imparcialidad.

Sin embargo, la pregunta es si es necesario el mantenimiento de esta fase inicial en absoluto. Cuando debe juzgar un jurado, al ser legos sus integrantes es necesario prevenir que los juristas les podamos engañar. Y por ello no está de más esa verificación de la acusación y ese expurgo de pruebas ilícitas, a fin de que no se vean influídos por nada de eso. Es más, igual que en el *arraignment* y las *pretrial conferences* estadounidenses[1936], es positivo que se haga toda esa labor, insisto, para preservar la objetividad del jurado.

Pero si no hay jurado y los jueces son profesionales, ¿qué sentido tiene? ¿No sería más lógico pasar directamente de la acusación a la apertura del juicio oral? En realidad, el período intermedio tiene sentido si va a juzgar un jurado solamente, razón por la cual tal vez el anteproyecto debería plantearse su supresión, por ser una formalidad innecesaria tratando de preservar la imparcialidad de quien ya está formado para ostentar esa característica, lo que se traduce en una pérdida de tiempo.

1934 Reglas 6 y 7 de las *Federal Rules of Criminal Procedure.*

1935 Vid. Pradel, "Le jury en France. Une histoire jamais terminée", Revue internationale de droit pénal, 2001/1, vol. 72, pp. 175 y ss.

1936 Reglas 10 a 17.1 de las *Federal Rules of Criminal Procedure.*

6. REFLEXIONES FINALES

Los proyectos de ley siempre son criticados, especialmente cuando se dirigen a reformar normas tan extensas como un código procesal. La resistencia al cambio suele estar siempre detrás de las objeciones, y se explica fundamentalmente porque por mucho que magistrados, fiscales, abogados y otros operadores se quejen constantemente de las deficiencias del régimen existente, a la hora de la verdad, cuando se trata de cambiarlo todo, la pereza mental por aprender la nueva norma y adaptarse a los cambios suele dominar el fondo de todo el debate. A lo anterior se añade incluso un problema frecuente de egos por no haber estado entre los elegidos para emprender la reforma.

Todo lo anterior es muy conocido, pese a que no se acostumbre a expresar de esta forma tan sumamente descarnada. En el presente trabajo, no obstante, siendo muy consciente de lo anterior, he intentado que nada de eso influyera en el análisis. Al contrario, creo que la Ley de Enjuiciamiento Criminal es una ley que ya nació farragosísima incluso para su época y pese a los muchos elogios que se le han dedicado, pues dichos elogios tal vez haya que enfocarlos más a su exposición de motivos que al cuerpo legal en sí. La ley ahora mismo está incompleta, bastante parcheada, es víctima de demasiadas leyes especiales que han roto la lógica de la codificación, tiene frecuentes reiteraciones que no acaban de comprenderse y, además, no nos engañemos, está redactada en una época en que la teoría de los derechos fundamentales todavía no se había instalado en la mente de los juristas. Es decir, creo realmente que el cambio es necesario, pero no operado de cualquier manera ni para que todo quede en el fondo igual que antes.

Es por ello por lo que en este trabajo me he centrado sobre todo en destacar una serie de carencias clave que en mi opinión tiene el anteproyecto, con la única y desinteresada intención de ayudar, si es posible, a los reformadores. La principal de esas carencias, y que desde luego condiciona las demás, es el consabido arrastre del antiguo sistema inquisitivo. Son demasiados los ejemplos de dicho arrastre que he podido identificar y enumerar, y tengo para mí que la mayoría se han producido por no tener demasiada consciencia el legislador de que esos puntos, ciertamente, provienen de dicho sistema inquisitivo. Y no es insólito que así sea, y ni siquiera al final del día resulta criticable. El sistema inquisitivo es hoy en día un gran desconocido para la doctrina en general[1937]. Echar la vista atrás al antiguo

---

1937 Vid. Nieva Fenoll, J. El "último" proceso inquisitivo español (el proceso penal de la Novísima Recopilación), Justicia 2006, pp. 107 y ss. Pérez Martín, A., *El Derecho procesal del "ius commune" en España*, Murcia 1999.

sistema haría sin duda reflexionar mejor sobre la enorme mayoría de los temas que me he referido en ese epígrafe, valorando realmente su impacto en la regulación futura.

Más allá de eso, en materia de *bis in idem* hay que tomar una decisión de cara al futuro. No es aceptable que los reos puedan ser perseguidos una y otra vez con sucesivos sobreseimientos provisionales, que si se aprueba el anteproyecto serán archivos, que tampoco serán definitivos. De poco sirve decir que quien ya ha sido juzgado no puede volver a ser enjuiciado si basta con que dejemos al reo en el limbo —más bien el purgatorio— de la instrucción haciendo de él el "liberto de por vida" o "siervo de la curia" de que se quejaba Alonso Martínez. Tampoco haremos mucho por él si, en un nuevo arrastre del sistema inquisitivo, dejamos que la actual autoridad encargada de la investigación penal, es decir, la policía, pueda trabajar con el tradicional alejamiento funcional y material del ministerio fiscal. Al contrario, la fiscalía debe estar permanentemente informada de la acción de la policía, sin que se produzcan esos espacios de sombras que tan negativos son para la vida de tantos ciudadanos.

Por último, en absoluto está de más reflexionar sobre la oportunidad del mantenimiento del período intermedio. Ya se ha visto que es una fase que pertenece a otra época y a otras necesidades que por esas casualidades que a veces tiene la historia, y por el tremendo peso que posee la fuerza de la tradición en materia jurídica, se ha mantenido propiciando un control judicial de las acusaciones, no provenientes de cualquiera, sino de la mismísima fiscalía. Muy probablemente, como se ha explicado, hubo una época en que convenía que los jueces imparcialmente comprobaran la seriedad de las acusaciones de quienes se decían víctimas. Pero habiendo instituido todo un organismo cuya misión ni siquiera es realmente acusar, sino impulsar que se haga en el proceso lo que mande la legalidad, ese control preventivo de los jueces, que además puede contaminar a los jueces del juicio aunque no sean los mismos, definitivamente sobra. No es positivo, todo lo contrario, que la instrucción acabe con conclusiones cerradas que dibujen la futura sentencia. Al contrario, todas las piezas de este mecanismo extraordinario que es el sistema procesal penal deben ordenarse a conseguir uno de los puntales principales de cualquier Justicia que merezca ese nombre: la imparcialidad de los jueces.

LA DECADENCIA DEL SISTEMA PENAL ACUSATORIO

Publicado en la Revista Vasca de Derecho Procesal y Arbitraje, vol. 33, n. 4, 2021, pp. 489-500, y en el libro homenaje a Joan J. Queralt.

1. INTRODUCCIÓN

[1938]El proceso penal actual pertenece a otra época. La idea que se acaba de exponer es un auténtico oxímoron en sí misma, pero es completamente cierta. No solamente en España, por cierto. En la mayoría de países tenemos un modelo de proceso penal basado fundamentalmente en el sistema inquisitivo fraguado desde el siglo XIII[1939], con algunos aportes relevantes del proceso con jurado del Derecho inglés del siglo XVIII[1940]. Esa es la estructura básica, con incorporaciones de otros sistemas jurídicos durante el siglo XX, particularmente del sistema estadounidense[1941]. Algo parecido, pero todavía más anticuado, sucede en el proceso civil. En ese caso, el modelo utilizado se remonta nada menos que al Derecho romano postclásico[1942], con destellos de modernidad que vinieron del Derecho prusiano[1943] y del Derecho austríaco[1944] sobre todo en el siglo XIX, también con alguna incorporación estadounidense durante el siglo XX[1945].

1938 Este artículo recoge con alguna variación la ponencia presentada al XLII Congreso Colombiano de Derecho Procesal de 2021 bajo el título "la decadencia de la actividad probatoria en el proceso penal acusatorio". Una primera versión sin citas será publicada en el libro homenaje al Prof. Joan J. Queralt.

1939 "*Tribus modis possit procedi, per accusationem videlicet, denunciationem & inquisitionem eorum*". Mansi, Joannes Dominicus, *Sacrorum conciliorum nova et amplissima collectio,* Vol 22, Graz 1961, p. 994-995. Concilio Lateranense IV, Innocentius P. III, Cap. VIII. "De inquissitionibus", anno Christi 1215.

1940 Blackstone, *Commentaries on the Laws of England,* London 1795, p. 378.

1941 Vid. Wellman, *The art of cross-examination,* (1a. ed. 1903), New York 1997. Wigmore, *A Treatise on the System of Evidence in Trials at Common Law,* vol. II, Boston 1904.

1942 Kaser, Max / Hackl, Karl, *Das romische Zivilprozessrecht,* München 1996, pp. 517 y ss. NÖRR, Knut Wolfgang, *Romanisch-kanonisches Prozessrecht,* Berlin 2012.

1943 Vid. la *Allgemeine Gerichtsordnung für die Preußischen Staaten* de 6 de julio de 1793.

1944 Klein, Franz, *Vorlesungen über die Praxis des Civilprocesses,* Viena 1900.

1945 Particularmente con respecto a la prueba pericial con dictamen de parte, que sobrevino con la Ley de Enjuiciamiento Civil de 2000. La última aportación de ese mundo tal vez ha sido el llamado *case management.* Vid. Cabral, Antonio, "New trends and pers-

El balance, por ello, en absoluto es positivo. Sorprende que no hayamos sido capaces de alumbrar casi nada nuevo, teniendo en cuenta que nuestro modo de vivir ha cambiado radicalmente durante el siglo XX, y considerando que desde que se inició el siglo XXI la tecnología ha traído novedades a nuestras vidas a un ritmo vertiginoso, muy acelerado comparándolo incluso con el compás ya muy rápido que imprimió el siglo XX[1946].

En este trabajo voy a dar cuenta de los fósiles con los que contamos en el proceso penal, e intentaré ir haciendo algunas propuestas de futuro, como si no hubiera ninguna ley procesal en la que basarse y empezáramos casi de cero hoy mismo. Siempre se aprovechan elementos de épocas anteriores porque no se puede renunciar a todo, y ni siquiera es conveniente.

Pero si un día alguien decide abrir un museo de antigüedades del proceso, encontrará materiales abundantes en el que nos llegó en el ámbito penal en el siglo XXI. También podrá evocar a las personas que decidieron cumplir religiosamente con toda una serie de normas, costumbres y hasta ritualismos que ya no tenían el más mínimo sentido. Y probablemente se sorprenderá pensando cómo es posible que el ser humano haya podido dejarse vencer por la tradición, la inercia o la simple fuerza de la costumbre en asunto tan delicado como es el decidir castigar a un ser humano.

2. LA NEUTRALIDAD DEL INICIO DEL PROCESO PENAL

Todo empieza con una denuncia o una querella. O un atestado policial. O incluso de oficio[1947], si el juez se anima pese a vulnerar de manera flagrante el derecho al juez ordinario predeterminado por la ley al autoinvestirse de jurisdicción, a veces incluso sin expresar la fuente de su conocimiento de la *notitia criminis*. La jurisprudencia, ajena a la Constitución al parecer, se lo deja hacer igual que a un juez inquisitivo del siglo XVIII o más atrás. E ignora completamente a la policía y sus atestados, que son la auténtica y única manera de incoar de oficio, como malamente intuyó el legislador de 1882 al dedicar un apartado a la policía judicial tras la expli-

pectives on case management: Proposals on contract procedure and case assignment management", Peking University Law Journal 2018, vol. 6, 1, pp. 6 y ss. Nylund, Anna, "Preparatory Proceedings in Norway: Efficiency by Flexibility and Case Management", en Current Trends in Preparatory Proceedings, 2016, pp. 1 y ss.

1946 La estrella de esas novedades ha sido sin duda la inteligencia artificial. Vid. Nieva Fenoll, *Inteligencia Artificial y proceso judicial*, Madrid 2018.

1947 Vid. Nieva Fenoll, *La incoación de oficio de la instrucción penal*, Barcelona 2001.

cación de la denuncia y la querella. Y es que la policía no es un organismo aparte de la Justicia, sino que trabaja en y para la Justicia.

Pero repasemos esos medios de inicio del proceso. Una denuncia tiene sentido, dado que es un simple aviso a la autoridad de que el delito se ha cometido, aunque sería positivo actualizar la autoridad receptora, centralizando todas las denuncias en un solo lugar. Pero una "querella"... Y además con esa denominación literal y etimológicamente "lamentable" que sólo evoca a una demanda del proceso civil. Al contrario, el escrito inicial de un proceso penal debe ser informal. Y si lo es, su regulación detallada tiene poca cabida en pura lógica. A partir de ahí, cada cual expresará su denuncia como mejor le parezca, debiendo precisar la ley solamente que debe contener un resumen muy breve del hecho denunciado, a fin de facilitar la labor de las autoridades de la persecución penal.

Por tanto, todo queda reducido a la denuncia y al atestado policial como únicos medios de iniciar una instrucción. Un juez no debe iniciarla de oficio, salvo que quiera ser tan inquisitivo como el fiscal que intentara hacer lo propio, tal y como ocurre en muchos países que se creen libres de ese antiguo sistema. Al contrario, el fiscal tampoco puede iniciar incondicionalmente actuaciones de investigación de propia autoridad, salvo con esa base de denuncia o atestado. Y la policía en su atestado tiene que explicar qué le llevó a investigar unos hechos, sin que queden espacios de clandestinidad de supuesta "inteligencia policial"[1948]. Un reo tiene derecho a defenderse, y por ello debe saber qué ocurrió para que las autoridades decidieran perseguirle. Es lo que exige, insisto, el derecho de defensa. Un proceso legítimo no se concibe sin él.

3. LA POLICÍA JUDICIAL: ESA GRAN DESCONOCIDA DEL PROCESO PENAL

Otro de los puntos más curiosos de las leyes de enjuiciamiento es que no solamente no suelen regular la actividad de investigación de la policía judicial, sino que mienten claramente al atribuirle esa actividad a los fiscales o a los jueces de instrucción, como si fueran estos dos últimos, según el sistema, quienes recogieran el cuerpo del delito de la escena de un crimen, por ejemplo, lo que es absolutamente obvio que no es así. Incluso en los casos en que no hay nada que recoger al no implicar el delito la sangre de

[1948] Cfr. STS (Sala 2ª) 312/2021, 13-4-2021.

nadie, jueces y fiscales tienen la demasiado frecuente costumbre de encargar informes policiales en algunos delitos económicos o de otra índole que no dejan de ser forzados, al no tener la policía preparación para tales investigaciones que implican complejas operaciones económicas, societarias, urbanísticas o administrativas en general. La policía acaba en ocasiones disparando a todas partes mientras el juez o el fiscal espera en su despacho el informe para ver qué hace con él.

El proceso penal actual tiene que confrontarse con la realidad de la existencia de un órgano que no existía, al menos como hoy lo conocemos, en el siglo XIX: la policía. Y que la misma no tiene ya solamente la función para la que fue creada: prevención de delitos, más allá de la represión de los primeros movimientos obreros[1949]. Al contrario, la policía de hoy en día tiene como misión principal descubrir delitos investigándolos. Y como en esa labor puede hacer un daño inmenso a personas que en absoluto lo merecen, debe ser vigilada estrechamente en su labor. La policía debe ser autónoma en cuestiones operativas, pero en absoluto debe ser independiente de jueces y fiscales en la dirección y seguimiento de su labor, que debe alejarse de toda clandestinidad. Como ya intenta el Derecho inglés[1950], los ordenamientos tienen que entrar de una vez por todas en la tarea policial, más allá del primer amago en este sentido, que fue la introducción de la regla de exclusión en EEUU[1951], y que ha servido al menos —no sin contratiempos[1952]— para quitar de en medio algunas investigaciones policiales que no habían respetado lo más básico de nuestros ordenamientos: los derechos fundamentales.

Pero hay que ir mucho más allá. La labor de la policía debe estar normativizada, desde la decisión de iniciar actuaciones de investigación, que nunca pueden ser prospectivas[1953] —aunque sean de la policía—, pasando por la llevanza de las diligencias que se vayan ordenando, y llegando hasta los interrogatorios policiales en comisaria o fuera de ella, en el momento de una detención o de un traslado a dependencias policiales, eso que de

---

1949 Vid. Walker, Samuel, *The Police in America: An Introduction*, New York 1996. Harring, Sidney, *Policing a Class Society: The experience of American Cities*, 2017.

1950 Vid. *Police and Criminal Evidence Act* de 1984 del Reino Unido.

1951 Weeks v. US, 232 U.S. 383 (1914). Silverthorne Lumber Co. v. U.S., 251 U.S. 385 (1920). Nardone v. U.S., 308 U.S. 338 (1939).

1952 Hudson v. Michigan, 547 U.S. 586 (2006). Utah v. Strieff, 579 U.S., 136 S. Ct. 2056 (2016).

1953 Vid. STS (Sala 2ª) 276/2021, 25-3-2021.

forma un tanto impropia se llaman "declaraciones espontáneas"[1954]. Debe regularse la instalación de controles policiales en la vía pública, que no pueden ser ni incondicionales ni aleatorios[1955], e incluso debe precisarse qué razones concretas avalan que un policía pueda realizar una inspección personal superficial de un sujeto, lo que vulgarmente se llama "cacheo". Todo lo anterior tiene que estar regulado para que el agente de policía deba dar cuenta de las razones de sus decisiones sin caer en la falsa justificación del "control rutinario", que no es más que una forma amable de decir "circulen", pero tampoco sin sumergir al policía en una estúpida burocracia que sólo le va a dar trabajo ímprobo y que, además, no va a posibilitar que haga mejor su labor. No puede caerse en este sentido en el mismo error en que han caído tantísimos programas de *compliance*, que han inundado a muchísimas empresas —públicas y privadas— y a sus trabajadores de trámites que no sólo les quitan un tiempo precioso, sino que además no son conducentes en absoluto para descubrir delitos. Al contrario, pueden llegar a servir para construir persecuciones artificiales sobre sujetos perfectamente inocentes, lo que representa el fracaso absoluto de estos ostentosos sistemas de control[1956].

Para conseguir todo ello hay que empezar asumiendo algo que no supone en absoluto un desprestigio de la labor policial: no puede respetar la presunción de inocencia[1957]. La policía no puede realizar sus investigacio-

---

1954 Vid. STS (Sala 2ª) 226/2021, 11-3-2021.

1955 Vid. §111 StPO. **Errichtung von Kontrollstellen an öffentlich zugänglichen Orten.** (1) Begründen bestimmte Tatsachen den Verdacht, daß eine Straftat nach § 89a oder § 89c Absatz 1 bis 4 des Strafgesetzbuchs oder nach § 129a, auch in Verbindung mit § 129b Abs. 1, des Strafgesetzbuches, eine der in dieser Vorschrift bezeichneten Straftaten oder eine Straftat nach § 250 Abs. 1 Nr. 1 des Strafgesetzbuches begangen worden ist, so können auf öffentlichen Straßen und Plätzen und an anderen öffentlich zugänglichen Orten Kontrollstellen eingerichtet werden, wenn Tatsachen die Annahme rechtfertigen, daß diese Maßnahme zur Ergreifung des Täters oder zur Sicherstellung von Beweismitteln führen kann, die der Aufklärung der Straftat dienen können. An einer Kontrollstelle ist jedermann verpflichtet, seine Identität feststellen und sich sowie mitgeführte Sachen durchsuchen zu lassen. (2) Die Anordnung, eine Kontrollstelle einzurichten, trifft der Richter; die Staatsanwaltschaft und ihre Ermittlungspersonen (§ 152 des Gerichtsverfassungsgesetzes) sind hierzu befugt, wenn Gefahr im Verzug ist. (3) Für die Durchsuchung und die Feststellung der Identität nach Absatz 1 gelten § 106 Abs. 2 Satz 1, § 107 Satz 2 erster Halbsatz, die §§ 108, 109, 110 Abs. 1 und 2 sowie die §§ 163b und 163c entsprechend.

1956 Más ampliamente, Nieva Fenoll, "Investigaciones internas de la persona jurídica: derechos fundamentales y valor probatorio", *Jueces para la Democracia*, 2016, n. 86, pp. 80 y ss.

1957 Vid. Nieva Fenoll, *La duda en el proceso penal*, Madrid 2013, p. 95.

nes si a la primera duda razonable debe decantarse por la inculpabilidad. Al contrario, la policía debe seguir investigando mientras no conjure esas dudas que a un juez le llevarían a absolver a una persona, hasta que se conviertan en algo más que conjeturas de inocencia. Si alguien tiene que encargarse de prevenir la impunidad es la policía, por lo que no es negativo que sus investigaciones tengan un sesgo incriminador. Deben tenerlo en todo caso y hay que contar con ello, porque de lo contrario no concluiría ninguna de ellas.

Es por ello por lo que es tan importante que jueces y fiscales vigilen la labor policial. Liberados del sesgo incriminador que hoy conserva la policía, dejarán de ser ya los jueces inquisitivos que fueron. De ese modo cumplirán debidamente su superior función de depurar la actividad policial de ese sesgo incriminador, que tantas veces deriva incluso en emociones, a fin de que dicha actividad no recaiga en esa inquisición. Si se persiste, como tantas veces sucede hoy, en un seguidismo fiel de jueces y fiscales por la labor policial, el sistema no es que fracase —que también—, sino que no cumple su misión. Debe asumirse que alguien debe sospechar —la policía— y alguien debe acusar —el fiscal— aún debiendo actuar con razonable escepticismo —y no seguidismo— por la labor policial y siempre más cercano a la presunción de inocencia que a la culpabilidad. Pero alguien debe también juzgar, y ese alguien, que es el juez —y no la policía ni la fiscalía—, no puede dejarse llevar por el sesgo incriminador de los policías y en parte de los acusadores, salvo que se desee que el proceso penal no salga jamás de esa inquisición que fue durante tantísimos siglos, como a veces parece.

Y es que el sistema no funciona debidamente, aunque cueste muchísimo reconocerlo a quienes trabajan en él. Si funcionara, la instrucción sería una simple recolección de vestigios, y no una especie de primera instancia previa al juicio oral, que lo condiciona tantísimas veces, y que hace que dicho juicio oral se convierta *de facto* en una apelación que sigue el antiguo modelo de *novum iudicium* al practicarse prueba. Por muchas reformas que ha habido para que el proceso penal fuera totalmente acusatorio —inclusive la reforma consistente en hacer del ministerio fiscal el director de la investigación[1958]—, no se ha superado el sistema inquisitivo porque en realidad se siguen centrando casi todos los esfuerzos en esa investigación, que

[1958] Cuyo origen cabe situar en Alemania. Vid. Erstes Gesetz zur Reform des Strafverfahrensrechts (1. StVRG), *Bundesgesetzblatt*, 1974, n. 132, 11-12-1974. https://www.bgbl.de/xaver/bgbl/start.xav#__bgbl__%2F%2F*%5B%40attr_id%3D%27bgbl174s3393.pdf%27%5D__1549615998240.

no se detiene hasta que se encuentra "algo" que demasiadas veces no es nada en realidad, aunque cueste reconocerlo a los investigadores, y muy a menudo a los fiscales y hasta a los jueces de instrucción en España. Y tanto es así que no por casualidad la mayoría de procesos penales concluyen, casi por inercia, con un sobreseimiento provisional al cabo de meses o años, precisamente porque no se ha encontrado absolutamente nada, por más bombo y platillo que se le pusiera al inicio de la instrucción y más terror hubieran experimentado todos los indebidamente señalados de manera casi indiscriminada en las imputaciones del juez de instrucción, que no hacen sino seguir las listas de sospechosos, formuladas con más, menos o ninguna razón en los informes policiales.

4. EL SOBRESEIMIENTO PROVISIONAL: LA RESILIENCIA DE LA ABSOLUCIÓN DE LA INSTANCIA

Precisamente el sobreseimiento provisional es otra de esas piezas de museo que debieran desaparecer, pese al terror irracional a la impunidad de tantos policías, jueces y fiscales. El sobreseimiento provisional, si se sigue su discurrir histórico, no es más que una versión amable de la antigua absolución de la instancia[1959], que permitía perseguir sin límites temporales, de por vida, a un sujeto probablemente inocente pero señalado como odioso por la sociedad en virtud de quién sabe qué razones puramente sociológicas la mayoría de las veces. Cuando la esperanza de vida de los humanos en general —no de los adinerados que podían tener acceso a alimentación de calidad y tratamiento médico— no superaba los 30 o 40 años, era sencillo mantener a algunas personas subyugadas a los jueces hasta su muerte. Ahora, por fortuna, la gente vive más tiempo, y por ello se plantean en ocasiones barbaridades epistémicas como abolir los plazos de prescripción[1960]

[1959] Vid. la Exposición de motivos de la Ley de Enjuiciamiento Criminal española de 1882: "*Es igualmente inútil decir que la absolución de la instancia, esta corruptela que hacía del ciudadano a quien el Estado no había podido convencer de culpable una especie de liberto de por vida, verdadero siervo de la curia marcado con el estigma del deshonor, está proscrita y expresamente prohibida por el nuevo Código, como había sido antes condenada por la ciencia, por la Ley de 1872 y por la Compilación vigente. De esperar es que las disposiciones de la nueva Ley sean bastante eficaces para impedir que semejante práctica vuelva de nuevo a injerirse en forma más o menos disimulada en nuestras costumbres judiciales.*"

[1960] Vid. Ragués i Vallès, Ramon, *La prescripción penal: fundamento y aplicación*, Barcelona 2004. Gómez Martín, *La prescripción del delito. Una aproximación a cinco cuestiones aplicativas*, Buenos Aires 2016.

en algunos delitos. ¿Qué pruebas reales se espera encontrar contra una persona después de veinte o treinta años del acaecimiento de los hechos? ¿Qué testigos conservan tanta memoria? ¿Qué vestigios se han conservado tanto tiempo como para poder ser interpretados debidamente a día de hoy, fuera ya completamente del contexto en el que surgieron?

Las investigaciones no pueden durar indefinidamente, manteniéndolas abiertas incluso de manera artificial para impedir que se impongan los plazos de prescripción. Salvo casos muy excepcionales, se puede establecer un plazo razonable de unos diez años para que una instrucción decaiga, siendo además bastante generosos, por cierto, en el plazo que se acaba de proponer. Pero más allá del mismo, ni siquiera socialmente tiene sentido volver sobre hechos tan antiguos, y desde luego no lo tiene para el reo. El Estado debe tener solamente una oportunidad de perseguir a una persona sobre unos determinados hechos porque todo el mundo, también los sospechosos, tienen derecho a vivir su vida tranquilos sin temor a una perenne persecución que les haga entrar en un estado de paranoia eterna. Y diez años de persecución parecen mucho más que suficientes para cualquier ciudadano.

El sobreseimiento provisional no es más que la resistencia a aceptar la inocencia por parte de las autoridades de la persecución penal. Significa no sólo la negación más absoluta de la presunción de inocencia, sino el *bis in idem* infinito, perpetuo, hasta la muerte del sujeto, aunque algunos querrían incluso que fuera más allá, como ha ocurrido históricamente de manera absurda. Es por ello por lo que hay que reconocer que ni la policía ni las autoridades de la persecución penal pueden poseer facultades ilimitadas en el tiempo para la persecución de delitos.

Y a la vez hay que aprender a vivir con la posibilidad de que un delito no se sancione. En otra época precedente a la nuestra, a los juristas más influyentes les preocupó muchísimo que un inocente pudiera llegar a ser castigado[1961]. Sin duda pesó el conocido pensamiento de Ulpiano[1962] sobre

---

1961 De Bracton, Henry, *De legibus et consuetudinibus Angliae*, Londres 1569, Lib. IV, De Assissis novae disseysinae, 4. Cui competit exceptio villeganii p. 193. HALE, Matthew, *Historia Placitorum Coronae / History of the Pleas of the Crown*, Philadelphia 1847, vol I. p. 300. Blackstone, William, *Commentaries on the Laws of England*, Lib. IV, Oxford 1769, p. 352. AL-TIRMIDHI. Vid. Ibrahim / Bin Ibrahim Mehemeed, *Basic principles of criminal procedure under islamic Shari'a*, London 2003, p. 25.

1962 Dig. L. 48, tít. 19, 5. Ulpiano: "*sed nec de suspicionibus debere aliquem damnari divus traianus adsidio severo rescripsit: satius enim esse impunitum relinqui facinus nocentis quam innocentem damnari.*"

la presunción de inocencia, pero más allá de ese argumento de autoridad, lo cierto es que esos juristas entendieron que es preferible dejar escapar a un culpable que condenar a un inocente. Hoy en día parece que la balanza se ha trastocado y existe una especie de empecinamiento en el castigo eterno, haciendo del mismo una suerte de maldición bíblica. Se ha sublimado de manera exagerada la antigua ley del talión y muchas personas, también juristas, no entienden que alguien no vaya a "pagar" por un delito, haciendo buena la idea, tal vez algo disparatada, de Nietzsche[1963], en torno a que la sed de venganza provenía de la economía del trueque.

Las cosas son muy diferentes en realidad. Nadie tiene que pagar por un delito en una sociedad que concibe la pena no como un castigo, sino como una oportunidad para reinsertar al reo. Una sociedad así entiende que la pena es un tratamiento para conseguir que una persona adecue voluntariamente su conducta al consenso social existente en cada época, sin volver a protagonizar hechos que esa sociedad entiende como perjudiciales. Por ello, antes de aplicar cualquier pena de manera automática para conseguir un absurdo "pago del precio", un ciudadano —jurista o no— consciente de la razón de ser del ordenamiento jurídico, evaluará antes si la pena es necesaria o no para aquel sujeto, apartará de su mente cualquier ancestral sed de venganza y observará si tiene o no un sentido práctico someter a la pena al reo. Pasado el tiempo de comisión del delito sin que el reo haya reincidido, la pena acostumbra a no tener ese sentido y así hay que reconocerlo, una vez constatada la realidad actual del acusado. Es algo que debe tenerse en cuenta, no sólo tras la sentencia, sino antes de imponer la pena, e incluso mucho antes durante la investigación, rompiendo la lógica vetusta que nos ha inundado desde hace algunos años en torno a que una parte de la indemnización de la víctima es el sufrimiento del reo. Tal pensamiento es emocionalmente comprensible pero jurídicamente absurdo. Aunque para algunas personas el sadismo pueda compensar el dolor, un ordenamiento que respeta los derechos humanos no puede avalar semejante forma de conducirse.

Por todo ello, no debe preocupar que la desaparición del sobreseimiento provisional haga que algunos culpables puedan escapar. En su lugar, habrá que ser conscientes de que la persecución estatal tiene unos medios inmensos y que si en esos citados diez años, la maquinaria de persecución no ha conseguido recoger los vestigios de un delito, lo más posible es que el delito no haya existido. Y que si más adelante descubrimos que no era

---

1963 Nietzsche, Friedrich, *Zur Genealogie der Moral*, Ditzingen 1988 (1ª ed. 1887), II, 4, p. 53.

así, habrá que aceptar la deficiencia igual que se aprende a aceptar, a la larga, todo tipo de errores. Es necesario, en fin, romper una tendencia a la punición indiscriminada que está llevando en algunos ordenamientos a intentar abolir el *non bis in idem* incluso en casos de absolución[1964], lo que supone una ruptura histórica[1965] que sólo se entiende si se capta el terror social que el terrorismo internacional provocó tras los atentados a las torres gemelas en 2001. El miedo no es un buen consejero para nada, pero aún menos para legislar, puesto que si algo han demostrado los últimos dos siglos es que la evolución social que permite aquel mítico "*pursuit of happiness*"[1966] sólo se consigue desde parámetros humanitarios de libertad, perdón y reinserción, y nunca siguiendo la lógica oscurantista del castigo y la venganza que nos retrotrae a las épocas prejurídicas de la autotutela.

5. LA FASE INTERMEDIA: UNA RELIQUIA DEL SIGLO XII

Un resto de un pasado remotísimo que no se ha solido identificar es el período intermedio[1967]. En el sistema inquisitivo, tal fase no existía realmente. Cuando el juez consideraba que había concluido todas sus investigaciones, daba traslado de los cargos al reo para que los asumiera a través de una confesión, que incluso podía ser obtenida bajo tortura. En realidad, el juez buscaba desesperadamente con esta confesión la "prueba plena" que le permitía condenar sin tener siquiera que abrir el plenario, denominación que se refería precisamente a la obtención de estas pruebas "plenas". Si esa prueba plena ya había sido conseguida, llevar adelante el plenario carecía de sentido. Así de absurdas eran las cosas entonces, y así de absurdas son ahora cuando de manera creciente se busca desesperadamente la conformidad del reo para evitar la celebración del juicio[1968], como si esa conformidad supusiera esa confesión, aquella prueba plena.

1964 Vid. Criminal Justice Act, parte 10, incisos 75 y ss.

1965 Vid. Blackstone, *Commentaries*, cit. Lib. IV, cap. 30, último párrafo.

1966 De la Declaración de independencia de los Estados Unidos de América: "We hold these Truths to be self-evident, that all Men are created equal, that they are endowed by their Creator with certain unalienable Rights, that among these are Life, Liberty, and the pursuit of Happiness."

1967 Sobre esta fase, por todos, Ortego Pérez, F., *El juicio de acusación*, Barcelona 2007.

1968 Siguiendo el modelo estadounidense. Vid. McConvill, Mike / Mirsky, Chester L., *Jury Trials and Plea Bargaining: A True Story*, Oxford 2005, pp. 2 y ss. Brown, Darryl K., *The perverse effects of efficiency in criminal process*, Virginia Law Review, vol. 100, 18-2-2014, p. 213.

Hay veces que da la sensación de que seguimos anclados en la Edad Media de un modo u otro.

Donde sí que existía la fase intermedia era en el proceso inglés desde el *Assize of Clarendon* de 1166[1969]. Era época de cruzadas, y muchos propietarios habían abandonado sus tierras en la isla para ir a combatir a oriente, de manera que habían sido indebidamente ocupadas por delincuentes que aprovechaban la piadosa ausencia de sus dueños. Muchos protestaban, entre otros delitos, por la usurpación, pero no todos lo hacían verazmente, sino que había quien aprovechaba la coyuntura para ajustar cuentas o quedarse con unas tierras que nunca había poseído. Cuando llegaban los jueces regios al lugar, no eran capaces de averiguar la realidad de los hechos. Y por ello decidió Enrique II que antes de dar lugar a la apertura de un juicio —habitualmente una ordalía—, se reuniera un colegio de doce "*more lawful men*" de la región o "ciento" (*hundred*) y cuatro más de la villa en concreto para que filtraran las acusaciones con su propio conocimiento de los hechos como vecinos del lugar. Este órgano era, por tanto, un auténtico jurado de acusación que todavía se conserva en EEUU bajo el nombre de *Grand Jury*, haciendo la misma función de filtro para decretar el *indictment*[1970].

También existía este peculiar jurado en el siglo XVIII en Inglaterra cuando los revolucionarios franceses se fijaron en él, y así lo instituyeron en un inicio, junto con el jurado de juicio, que provenía, como es sobradamente sabido, de la *Carta Magna Libertatum* de 1215, que intentó evitar las ordalías del período anterior tras la prohibición del antes citado Concilio Lateranense IV de 1215, y a las que todavía alude el *Assize of Clarendon*. En un primer momento de la Revolución dicho jurado fue instituido en Francia[1971], pero más tarde lo abolieron ante la perplejidad de los ciudadanos por la función que debían desempeñar, y que nunca entendieron, y que les llevaba a confundir los cargos con las pruebas, lo que les conducía a decretar la absolución en muchas ocasiones. Por ello, ese jurado fue suprimido y su función de filtro, que es la propia del período intermedio, fue conferida

---

1969 Vid. Hurnard, Naomi D., "The Jury of Presentment and the Assize of Clarendon", *English Historical Review*, 56 (223), 1941, pp. 374 y ss. Vid. también Hostettler, John, A History of Criminal Justice in England and Wales, 2009 pp. 46 y ss. Groot, Roger D., "The Jury of Presentment before 1215", *The American Journal of Legal History*, vol. 26, No. 1 (Jan., 1982), pp. 1 y ss.

1970 Reglas 6 y 7 de las *Federal Rules of Criminal Procedure.*

1971 Vid. Pradel, "Le jury en France. Une histoire jamais terminée", Revue internationale de droit pénal, 2001/1, vol. 72, pp. 175 y ss.

a los jueces profesionales de la *Cour d'Assises*, dejando para el jurado el veredicto sobre el asunto. Así quedo instituido en el *Code d'Instruction Criminelle*.

Se observará que con ello existían tres órganos diferentes: uno para la instrucción (el *juge d'instruction*), otro para el período intermedio (los jueces) y otro para el juicio oral y el veredicto (el jurado). Pues bien, cuando este sistema es adoptado en España, al no existir jurado, se atribuye la función del período intermedio a los jueces de juicio, poniendo así en peligro su imparcialidad. Este problema intentó ser remediado con la reforma del procedimiento abreviado de 1988, confiriendo la fase intermedia al juez de instrucción, con el inconveniente de que dicho juez carece *a radice* de imparcialidad para ese trámite al haber llevado a cabo la investigación. Y así llegamos al momento actual, en el que el juez de instrucción en el procedimiento abreviado malinterpreta su función con el auto de traslado de la imputación (art. 779 LECrim), dictando una especie de resumen de las actuaciones que se convierte en una suerte de "presentencia". Y en el procedimiento ordinario, dicho juez hace lo propio con el auto de procesamiento (art. 384 LECrim), trámite concebido para informar al principio de la instrucción al imputado de que lo es para que se pueda defender, pero que se desplazó al final de la instrucción para evitar la impugnación de su auto, convirtiéndose, de nuevo, en la "presentencia" que condiciona, y de qué manera, a los jueces del juicio oral. Y que además es un monumento al sistema inquisitivo puesto que ni siquiera se trata de una sentencia, sino que es una auténtica acusación de oficio formulada por el juez, que dibuja el marco de las actuaciones posteriores y que de hecho usurpa una función que debería tener atribuida con exclusividad el ministerio fiscal: la acusación[1972].

En resumidas cuentas, un cúmulo de despropósitos proveniente de la copia parcial de modelos extranjeros sin haber entendido su razón de ser. Incluso en Francia sobrevino un problema parecido con el *résumé* del presidente del jurado que intentaba emular el *summing up* anglosajón y que se convertía, de nuevo, en una acusación. No obstante, conscientes de la realidad de las cosas, el periodo intermedio debe desaparecer. Las instrucciones deben acabar con un resumen objetivo de las diligencias practicadas que los jueces del juicio oral deberán analizar por sí mismos, sin conclusiones preconcebidas que les puedan influir. El período intermedio tenía sentido en el siglo XII cuando se trataba de acreditar la verosimilitud de

---

1972 Vid. Nieva Fenoll, "La instrucción como falsa "primera instancia" del proceso penal: hacia una total superación del sistema inquisitivo", Revista Italo-Española de Derecho Procesal, vol. 1, 2019, pp. 39 y ss.

una denuncia. En el sistema inquisitivo, la búsqueda de la confesión antes del plenario era una simple corruptela que podía convertirse en una tortura. Superadas esas épocas y no siendo necesario resumen alguno para ningún jurado —y pudiendo además ser contraproducente—, concluida la instrucción debe pasarse al juicio de la forma descrita, sin más trámites, teniendo acceso jueces y partes a la vez de todo el material de la instrucción, sin limitaciones ni conclusiones preconcebidas o prejuiciosas.

6. JUSTICIA ESPECTÁCULO PARA JURADOS: LOS INTERROGATORIOS

Llegados al juicio, hoy en día es necesario hacer un esfuerzo para entender que las pruebas testificales ya no son tan importantes. En realidad, en la enorme mayoría de los casos no lo son en absoluto. En el sistema inquisitivo[1973], las listas de testigos —no así su declaración, que no se prestaba— fueron relevantes para conseguir otra de las pruebas plenas entonces existentes: el doble testigo conforme. Así las partes se afanaban, no sólo a presentar esas listas de "amigos" que formulariamente dijeran que asentían —sólo asentían— a todo lo que les decía que declarara el litigante que los proponía. Además procuraban formular muchas tachas a fin de que la parte contraria tuviera un número menor de pruebas plenas, o no las consiguiera en absoluto. Había muchos motivos de tacha[1974], de los que nos han quedado en la actualidad las dispensas de los familiares, que dan muchos problemas en los delitos de violencia intrafamiliar, entre otros. Sea como fuere, en el sistema inquisitivo no se practicaban interrogatorios. Todo se reducía al asentimiento a las larguísimas afirmaciones que las partes formulaban como si fueran preguntas. De ahí vienen las extensísimas preguntas que todavía oímos en los actuales interrogatorios, aunque ya no sirvan más que para enredar al declarante.

Pero en el mundo del *Common Law*, los testigos tenían otra razón de ser[1975]. En los procesos por jurado, teniendo en cuenta que sus miembros no poseían conocimientos jurídicos ni experiencia de juzgar, los interrogatorios eran claves para convencerles. De ahí que sean espectaculares —en

---

1973 Sobre el mismo, Nieva Fenoll, "El último proceso inquisitivo español (el proceso penal de la Novísima Recopilación)", en *Jurisdicción y proceso*, Madrid 2009, pp. 163 y ss.

1974 Vid. Partida III, tít. XVI, Leyes 8, 12, 13 y 17.

1975 Cfr. Wigmore, John Henry, *A Treatise on the System of Evidence in Trials at Common Law*, vol. II, Boston 1904, §1367, p. 1697.

el sentido de espectáculo—, porque el único empeño de las partes es que el testigo de la contraria dé la imagen de mentiroso, sea o no un embustero. Para eso sirve la *cross-examination*, para impresionar a los jurados, y no para averiguar la verdad, que mal puede extraerse de un testigo sometido a estrés, enemigo directo de la memoria según la moderna Psicología del testimonio[1976].

Y es que actualmente debemos atenernos a dicha ciencia extrajurídica si queremos obtener algo útil de un interrogatorio, lo que no es nada fácil. En la práctica presente, fiscales y abogados practican un curioso interrogatorio que es el fruto de ambos modelos, el uno adquirido por la tradición y el segundo a través de la cinematografía, habiendo configurado una curiosa síntesis que suele servir para bien poco. La Psicología del testimonio nos dice muy claramente que extraer la verdad de las declaraciones de una persona es muy difícil y no está al alcance de *amateurs* como somos los juristas. Ni siquiera es fácil para los psicólogos, como ellos mismos reconocen, puesto que al factor importante de que la memoria humana no es demasiado buena, se suman una serie de importantes condicionantes situacionales que la alteran, más allá del tiempo que se suele tardar en celebrar un proceso, tiempo larguísimo que suele anular una memoria fiable para evocar el recuerdo a través del interrogatorio. Es simplemente soñar creer que puede extraerse algo útil de un testigo que declara meses o años después del acaecimiento de los hechos, en una situación de estrés propiciada además por el aspecto y escenografía absolutamente enconadas de una sala de justicia, y que además muchas veces viene "preparado" por el abogado del litigante que presenta al testigo, lo que provoca que más allá de la generación espontánea —y muy frecuente— de falsos recuerdos[1977] que cubren las frecuentes lagunas de la memoria, la declaración final no sea más que una farsa. La farsa de otra de esas piezas de museo a las que me vengo refiriendo, y que hoy en día caracterizan nuestro proceso penal.

7. POR EL FIN DEL CONSERVADURISMO

Existen otros puntos interesantes que podrían tratarse, como la inactividad de los jueces durante el juicio y su absoluta aversión a descubrir su

---

1976 Mazzoni, *Psicologia della testimonianza*, Roma 2015, pp. 108 y ss. Manzanero, *Memoria de testigos*, Madrid 2010, pp. 23 y ss. Manzanero, *Psicología del testimonio*, Madrid 2008, pp. 106 y ss. Vid. también, ampliamente, LOFTUS, *Eyewitness testimony*, Harvard 1996.

1977 Diges, *Los falsos recuerdos*, Barcelona 1997.

parecer a las partes antes de dictar sentencia, una vez acabado el juicio, a fin de corregir posibles errores de percepción. Al contrario, se actúa como si un juez unipersonal fuera un jurado que todavía tuviera que deliberar, o como si los jueces de un tribunal colegiado no deliberaran informalmente entre sesión y sesión de un juicio, y no tuvieran ya una idea bastante formada concluido este, salvo excepciones, que las hay pero no son frecuentes.

Pero más allá de ello, lo que demuestra todo lo anterior es que nuestro proceso penal debe cambiar. Hace muchos años que se avecina una reforma de la Ley de Enjuiciamiento Criminal que no acaba de culminarse, aunque no es buena noticia que los cuatro proyectos de reforma íntegra que hasta ahora han existido hayan ignorado casi íntegramente todo lo anterior, lo cual fue disculpable en el primero, muy remoto —de 1906—, pero no en los últimos tres. Todo apunta a que se reforma para dejar todo como estaba, con algunos ligeros cambios que introduzcan novedades científico-tecnológicas y algunas disposiciones que siguen más el gusto de sus autores que una auténtica evolución. Seguiremos, por tanto, en el siglo XIX, cuando se produjeron los grandes cambios. Qué lástima que el espíritu liberal de aquellos juristas de finales del XIX no se haya contagiado a los profesionales del Derecho más progresistas que hoy existen con capacidad de influencia en una reforma. Se arrastra en la profesión jurídica, en general, un bestial conservadurismo que obviamente no ayuda a la evolución. Habrá que seguir esperando.

EL TRÁNSITO DE LA FE A LA TECNOLOGÍA EN EL PROCESO PENAL

Publicado en Diario La Ley, n. 9986, 11-1-2022, y en el Libro homenaje a Mirentxu Corcoy.

I. INTRODUCCIÓN

[1978]Hace tiempo que más allá de evoluciones doctrinales en el terreno epistemológico sobre todo[1979], una parte de la población está sintiendo que algo no cuadra en el proceso judicial, particularmente en el proceso penal. Se observa en las redes sociales con frecuencia un interés por la materia que lejos de la admiración y curiosidad que causaba hasta hace no tanto —sobre todo a través de la cinematografía—, ahora se ha transformado a menudo en perplejidad y amargura, siendo la justicia una de las instituciones menos valoradas[1980]. Desde hace mucho tiempo[1981] —se ignora exactamente cuánto—, los seres humanos de algunas latitudes —ni siquiera todas[1982]— estamos confiando en lo que diga una persona —un juez— para resolver un conflicto. En el proceso penal ese conflicto incluso se sobredimensiona como un litigio entre el Estado y el reo, a fin de que la comunidad entienda que se está juzgando aquello que la sociedad más rechaza en su conjunto, que son —teóricamente[1983]— los hechos tipificados como delito en el código penal. De ese modo, en ese proceso se plantea una especie de litigio entre una acusación —habitualmente el ministerio público— y el acusado, de manera que se confía en que el juez, observando las pruebas aportadas por ambos y conociendo el derecho, acertará a valorar dicha prueba averiguando la realidad de lo sucedido e impulsará

1978 Estudio destinado al Libro Homenaje a la Prof. Mirentxu Corcoy Bidasolo.

1979 Vid. por todos Taruffo, M., *La semplice verità*, Bari 2009. *Ferrer Beltrán, J., La valoración racional de la prueba*, Madrid 2007.

1980 En el Barómetro del CIS de 2010 (pregunta 10ª) la Justicia apareció como la institución que los ciudadanos pensaban en mayor número que debía modificarse en una eventual reforma de la Constitución. http://www.cis.es/cis/export/sites/default/-Archivos/Marginales/2840_2859/2853/es2853.pdf.

1981 Vid. Decoeur, Henri. "Maat, entre Cosmologie et Mythe: Le Principe Constitutionnel d'un Etat de Racine Chtonienne en Ancienne Egypte" Revue Juridique Themis, vol. 45, no. 2, 2011, pp. 343 y ss.

1982 Fried, M. H., The Evolution of Political Society. Oxford University Press, 1967.

1983 Cfr. Green, Stuart, *Mentir, hacer trampas y apropiarse de lo ajeno*, Madrid 2013.

el cumplimiento de la ley, en este caso el código penal. Y en nuestra cultura, adicionalmente, se le obliga al juez a respetar durante el proceso unos límites intangibles que protegen al ciudadano frente al Estado: los derechos fundamentales[1984]. Tienen particular relevancia en el proceso penal, puesto que de hecho blindan el proceso del acceso de pruebas falsas que pudieran contaminar la correcta averiguación de los hechos, alejando al juez de la realidad[1985].

Pero para todo ello, como decía, confiamos simplemente en un ser humano: el juez. Le creemos con capacidad para determinar si el reo miente, si la víctima miente o si los testigos mienten. Le suponemos especialmente dotado para interpretar dictámenes periciales, e incluso para acceder al fondo de los mensajes que se escondan tras la muy numerosa prueba documental que hoy adorna al proceso penal, gracias fundamentalmente a la tecnología. Los procesos se han llenado de conversaciones de chat, audios, fotografías y todo tipo de grabaciones, que son los documentos de nuestra época, antes más excepcionales, y hoy al alcance de cualquiera a través de algo todavía más suave que un click.

Pues bien, en todo ello hay mucho de autoengaño en el fondo y de reverencia a un ceremonial milenario. A poco que nos pongamos a pensar, es obvio que ni un juez ni ninguna otra persona puede saber con certeza si le están mintiendo, salvo que posea poderes sobrenaturales, que no es el caso. Pensar que un no experto puede valorar el trabajo de un experto —es la esencia de la prueba pericial— es acercar la labor judicial a la del tertuliano televisivo todólogo, que lo mismo habla de política que de inundaciones, volcanes, cambio climático, medicina, agricultura, litisconsorcio pasivo necesario o el ciclo de Calvin si hace falta. En la época en que el conocimiento estaba muy limitado a unos pocos libros, se pudo crear la imagen del "hombre del renacimiento". En aquel tiempo sí era posible que al menos algunos llegaran a conocer casi todo lo sabido entonces. Hoy pensar algo así es simplemente ridículo, inconcebible desde una racionalidad esencialmente básica. Por ello, insisto en que en el proceso nos encomendamos realmente a una especie de ceremonial que nos impresiona, como otros ceremoniales, y, por qué no decirlo, lo fiamos casi todo a una especie de fe procesal para resolver algo tan complicado como, por ejemplo, la averiguación de la existencia de un delito.

1984 Así se cumplen los tres requisitos de la justicia propuestos por Taruffo, M., "Idee per una teoria della decisione giusta·, en *Verso la decisione giusta*, Torino 2020, p. 360.

1985 Lo expliqué en Nieva Fenoll, "Policía judicial y prueba ilícita. Regla de exclusión y efecto disuasorio: un error de base", Diario La Ley, n. 9068, 25-10-2017.

En el presente trabajo se desarrollarán muy brevemente estas ideas a fin de comprobar finalmente si en el futuro, gracias a la tecnología, podemos ofrecer a la población algo mejor que la fe en un ser humano falible e imperfecto, elevándolo a la categoría de semidios inspirado por su propio conocimiento y experiencia. Ya no se celebran apenas ordalías[1986] y ya no puede pensarse en que un dios de verdad decida lo que los seres humanos no saben resolver. En cambio, sí que podemos imaginar un escenario en que las apps, los ODR y la inteligencia artificial hayan infiltrado el campo procesal. Por ello, se echará un poco la vista hacia adelante en búsqueda de algunas claves que describan un posible futuro.

2. AUGE Y CREPÚSCULO DE LOS INTERROGATORIOS

Aunque todavía no se ha tomado demasiada consciencia de ello y tal vez muy pocas personas quieran verlo aún, los interrogatorios en absoluto tienen la utilidad que se les atribuyó en el pasado. La razón es eminentemente científica y en parte histórica. En un mundo no tan lejano en que la pericia no existía y el documento era tantas veces una quimera, lo único que quedaba para demostrar algo era traer a alguien que dijera lo que había visto. Y como no se podía confirmar realmente la veracidad de su conocimiento, superada una primera fase ordálica, se le obligó a jurar decir verdad con la esperanza de que poniendo a una deidad como testigo, el declarante no se atrevería a mentir, castigándole ese ser sobrenatural si lo hacía. Ese es el origen, ordálico también, por supuesto, de los interrogatorios[1987].

Con semejantes fundamentos, y una vez superadas creencias que mentaban el nombre de Dios en vano, así como supersticiones varias y otros bestialismos como marcar con un hierro candente a los condenados[1988] —*raise your right hand to take the oath…*—, lo que nos quedó fue un ser humano expuesto ante un tribunal que tenía que determinar si decía o no la verdad. Y como por más empeño que le pusiera, el juez no podía determinar tal cosa mirando su cara, gestos, tono y apariencia, algo hubo que hacer para

---

1986 Patetta, Federico, *Le ordalie*, Torino 1890. Chase, O., *Derecho, cultura y ritual*, Madrid 2011.

1987 Los §§ 129 a 133 del Código de Hammurabi es un testigo privilegiado de todo ese proceso de transición. Vid. Lara Peinado, Federico, *Código de Hammurabi*, Madrid 1997, p. 6.

1988 Vid. Barrington, D., *Observations upon the Statutes, chiefly the more ancient, from Magna Charta to the twenty-first of James the First, Ch. XXVII*, Dublin 1767, pp. 334-335.

mantener la apariencia de legitimidad de la prueba, porque en realidad científicamente no había alternativa en aquel tiempo[1989]. Y dos fueron las soluciones, que además fueron contemporáneas.

La primera, nacida en la Europa continental[1990], consistió a partir del siglo XIII en la creación del régimen de valoración legal de la prueba. El sistema partió de una cierta consciencia de que el juez no podía valorar la prueba en realidad, tal y como se ha explicado, aunque el trasfondo de dicho sistema se situaba sobre todo en el intento de evitar una valoración que, precisamente por la falta de elementos fiables de juicio y realizada por jueces delegados de la nobleza —por tanto dependientes—, podía ser increíblemente arbitraria. Y así fue como determinó la doctrina, siguiendo de manera literal, escolástica[1991] y hasta fetichista lo que decían las fuentes legales, que se aceptara como cierto lo que dijeran dos testigos juramentados, sólo porque lo hubieran jurado, sin examinarlos más allá. Y del mismo modo procedieron con el juramento de las partes. Lo que dijera un litigante bajo juramento era también prueba plena[1992]. De ese modo prescindieron *de facto* de la inmediación hasta épocas muy recientes.

La segunda solución surgió en el mundo anglosajón. En 1215 la baja nobleza inglesa consiguió librarse directamente de los jueces de designación real a través de la *Carta Magna Libertatum*, recurriendo en sus incisos 20 y 39 a un curioso mecanismo de origen romano que parece que pervivió en aquellas tierras en los pleitos civiles durante la Alta Edad Media: el jurado[1993]. También se temía la arbitrariedad de aquellos doce hombres honestos —*twelve lawful men*— que originariamente eran en realidad doce testigos del lugar de acaecimiento de los hechos[1994]. Pero en un ejercicio de pragmatismo, se decidió aceptar esa arbitrariedad no obligándoles a motivar lo que decidieran en su veredicto, con la excusa de que habiendo jurado, estaban inspirados por Dios, lo que no debió ser difícil en una época en la que las ordalías eran Derecho vigente hasta su desautorización

1989 Vid. Partida III, Tít. XVI, Ley 26: "E des que el testigo començare a decir, debe el iudgador escucharle mansamente y callar fasta que aya acabado catándole toda via enla cara".

1990 Nörr, *Romanisch-kanonisches Prozessrecht,* Heidelberg 2012, p. 128.

1991 Endemann, *Die Beweislehre des Civilprozesses,* Heidelberg 1860, p. 630.

1992 Jaumar Carrera, *Práctica forense,* Barcelona 1840, pp. 39-40, 44-45

1993 Más ampliamente, Nieva Fenoll, "Ideologia e giustizia laica (con un'ipotesi sull'origine romana della giuria inglese)", *Rivista Trimestrale di Diritto e Procedura Civile,* 2, 2016, pp. 517 y ss.

1994 Vid. Macnair, M., *Vicinage and the Antecedents of the Jury,* Law and History Review, 17 (1999), p. 546.

por la Iglesia católica, precisamente en 1215[1995]. Sin embargo, a cambio de aceptar esa arbitrariedad se fue formando un estilo de interrogatorio cuyo único objetivo acabó siendo, no la averiguación de la realidad[1996], sino la descalificación como embusteros de los testigos de la parte contraria. Esa acabó siendo la finalidad de la *cross examination*, tan alabada como desconocida en su esencia. En realidad, todo se saldaba con una especie de interrogatorios-espectáculo para impresionar a los doce legos en derecho llamados a decidir. En este tipo de interrogatorio la inmediación fue fundamental desde un principio, porque los jurados, como es obvio, más allá de su propio testimonio —si lo tenían— carecían de otra herramienta de convicción.

La última derivación de todo ello ha sido ya en nuestra época la mezcla de modelos, de manera que en la Europa continental se incorporó en parte el estilo de interrogatorio anglosajón, aunque dirigido a jueces y no a jurados, y en el Reino Unido se fue renunciando al jurado pero no a esos interrogatorios tradicionales de su sistema, aunque intentando no llegar jamás al momento del juicio, tratando de pactar antes con el reo una culpabilidad con pena rebajada.

Pero si todo ello es así y, por tanto, la inmediación no es eficiente según confirma con reiteración la psicología del testimonio[1997], es difícilmente comprensible que a día de hoy todavía mantengamos la relevancia de una prueba que, aún sin desaparecer, tendría que haber sido desplazada a un segundo plano, siendo practicada sólo cuando fuera imprescindible por los auténticos especialistas en la materia: los psicólogos del testimonio. De ese modo, tal vez en el futuro veremos cómo esta prueba tan tradicional se convierte en una prueba pericial. La alternativa de formar a los jueces en psicología del testimonio debiera ser valorada, aunque difícilmente podrían ser auténticos expertos al faltarles el fondo de armario de conocimientos de un psicólogo. Por consiguiente, si algún día llega lo anterior y vemos muchos menos interrogatorios y más entrevistas cognitivas de psicólogos cuando sean realmente necesarias, el cambio en nuestro modelo procesal tradicional será reseñable, porque habremos abandonado definitivamente la tradición.

1995 Concilio Lateranense IV de Inocencio III. Vid. Mansi, J. D., *Sacrorum conciliorum nova et amplissima collectio*, vol. 22, Graz 1961, p. 1007, XVIII.

1996 Justo lo contrario dijo Wigmore, J. H., *A Treatise on the System of Evidence in Trials at Common Law*, vol. II, Boston 1904, §1367, p. 1697.

1997 Vid. Mazzoni, *Psicologia della testimonianza*, Roma 2015, pp. 108 y ss. Manzanero, *Psicología del testimonio*, Madrid 2008, pp. 141-143.

3. AUGE Y CRISIS DE LA PRUEBA PERICIAL

Todo debería haber cambiado con el auge de la ciencia en el siglo XIX. Los médicos empezaron a poder hacer autopsias y examinar lesiones con un rigor creciente[1998]. Los químicos analizaban sustancias con cada vez más precisión. Luego vinieron los biólogos, los ingenieros, los psicólogos, los topógrafos y un sinfín de científicos que paulatinamente empezaron a aportar su asistencia en el proceso.

En un principio la doctrina observó esta prueba con la misma fe que antes había depositado en los interrogatorios, es decir, respetando la reverencial preeminencia del juez y la confianza ciega en su criterio, al que hasta se protege con la cosa juzgada. Y así se afirmó con frecuencia en la doctrina —con diferentes modos de expresar las ideas[1999]— que el juez debía realizar un análisis epistémico del dictamen pericial, de manera que comprobara su coherencia y adecuación racional, y que no encontrando alguna de las dos, podía llegar a apartarse del dictamen pericial, deduciéndose a partir de ahí que incluso se le permitiría al juez imponer su criterio derivando el mismo, en el mejor de los casos, del resto de pruebas practicadas en el proceso.

La doctrina asumió en general esa conclusión, y aún la asume. Tanto es así que incluso en EEUU el Tribunal Supremo desarrolló una interesante serie de criterios de control de la prueba pericial[2000], pero no tanto para valorar la prueba —aunque pueden ser utilizados con ese cometido—, sino para decidir sobre su admisión, a los efectos de alejar del jurado evidencias que no fueran realmente científicas. Y de la evaluación de esos criterios, cinco en total y todos ellos científicos, se tenía que encargar el juez... Lo cual quiere decir que pese a la indudable evolución que supuso la citada jurisprudencia Daubert, se permaneció en el terreno de la fe. En realidad, como objetaba Rehnquist en un voto particular a esa primera sentencia de 1993, el juez no es competente para analizar esos criterios científicos, precisamente porque el juez no es un especialista en esas materias científicas. Es sólo un jurista.

[1998] Virchow, Rudolf (dir. y aut.), *Handbuch der speciellen Pathologie und Therapie*, Erlangen 1854.

[1999] Vid. Serra Domínguez, *Prueba pericial*, en: "Estudios de Derecho probatorio", Lima 2009, p. 533. Haack, S., *Evidence Matters*, Cambridge 2014, p. 121. Taruffo, "Prova scientifica e giustizia civile" en AAVV, *Giurisprudenza e scienza*, Roma 2017, pp. 241 y ss.

[2000] Daubert v. Merrell Dow Pharmaceuticals, 509 U.S. 579 (1993), General Electric Co. v. Joiner, 522 U.S. 136 (1997), Kumho Tire Co. v. Carmichael, 526 U.S. 137 (1999).

Y aunque personalmente me costó asumirlo a mí también, ese es el problema de la prueba pericial. Se le hace valorar a un lego lo que dictaminó un científico, que es más o menos lo mismo que entregarle a un ingeniero una sentencia del Tribunal Supremo sobre congruencia para que emita opinión sobre si dicha sentencia es adecuada. El ingeniero hará lo mismo que el jurista con el dictamen pericial. Intentará entender la sentencia, procurará aprender, siquiera mínimamente, lo que es la congruencia y por qué es importante, a duras penas comprenderá la cuestión de fondo y con esas bases hará lo que pueda, que normalmente será darle la razón al Tribunal Supremo, porque cuál sería la razón para desconfiar del tribunal si está formado por juristas especialistas. Tal vez discrepe del tribunal por razones ideológicas, y simplemente por eso concluya que la sentencia es errónea. Y si no entiende la redacción de la sentencia dirá que no puede pronunciarse, lo que ese ingeniero puede hacer perfectamente, pero no un juez. En todo caso, como no puede valorar lo que no entiende realmente, será víctima de sus prejuicios e ignorancia. Exactamente igual que puede serlo un juez.

La constatación de todo ello acaba haciendo que los jueces acepten ciegamente el parecer del perito —lo que ya ocurre ahora en no pocas ocasiones—, o bien lo descarten sin razones de peso o, aún peor, ante dos dictámenes contradictorios sobre un mismo tema, decidan en favor de uno u otro según la mejor calidad de la redacción, lo que puede ser muy injusto porque esa claridad expositiva puede no ser más que retórica muy bien empleada. Pero el juez no tiene manera de saberlo con certeza.

El futuro de esta prueba es incierto. Su introducción en el proceso acercó el Derecho a la ciencia, pero su imbricación en nuestras estructuras jurisdiccionales no es más que aparente, siendo un medio de prueba que claramente está pendiente de una reflexión muy concienzuda[2001].

4. LA CRISIS GENERALIZADA DEL PROCESO TRADICIONAL

Si convertimos la mayoría de los interrogatorios en entrevistas cognitivas y, por tanto, en pruebas periciales, el problema ya anunciado con respecto a esta última prueba se hará más profundo. Y con ello se desvelará que en los procesos judiciales se está produciendo una gran mentira que la población entiende cada vez menos. Aumenta el número de personas que

---

2001 Vid. Vázquez, Carmen, *De la prueba científica a la prueba pericial*, Madrid 2015.

empiezan a descubrir, no sin estupor, que la solución de un caso depende tantas veces de quién sea cada juez, puesto que incluso cumpliendo la norma, los caminos interpretativos de la misma son múltiples.

Y si además, como ya se ha demostrado, el juez está influido por factores ajenos al proceso y que tienen poco de científico en sí mismos[2002] —si resuelve en días de frío o de calor, antes o después de comer, etc—, se entenderá que estamos confiando la resolución de nuestros conflictos a la falibilidad humana. ¿Cómo puede ser ello así? ¿Cómo es posible que los juristas, a diferencia de buena parte del resto de ciencias, no hayamos encontrado procedimientos con resultados más seguros y comprobables *a posteriori*? Todas las ciencias tienen sus fugas y también dependen muchas veces de los sesgos del investigador, pero al menos la aproximación de tales científicos está mucho más alejada de la intuición. En cambio, cuando hablamos del proceso judicial, parece que la intuición, a la postre y por desgracia, es precisamente uno de los factores más importantes.

¿Es legítimo que sea así? La respuesta, en mi opinión, es clara: no. Y es que el problema de fondo, más grave de lo que parece, es que el proceso judicial, cuando quiera que surgiera, se creó para resolver robos, lesiones y homicidios sobre todo, junto con los adulterios y la brujería. O bien para establecer de quién era un trozo de tierra. Incluso cuando los litigios se fueron haciendo más complejos, como ya ocurrió en época romana, leyendo las páginas del *Corpus Iuris Civilis* se puede comprobar fácilmente que los procesos en cuestión versaban sobre litigios que pertenecían a la vida cotidiana del juez y que, además, se habían producido en comunidades bastante pequeñas cuyos miembros debían ser relativamente conocidos para el juez, salvo en un período más avanzado y solamente en las ciudades más grandes. En un contexto semejante se podía tolerar que los litigios se fallasen por intuición porque los jueces, de hecho, no eran del todo ajenos al litigio. Hoy día todo ello pudiera haber resultado inaceptable en términos de imparcialidad, pero entonces no fue así.

En nuestra época, no podemos utilizar un proceso que fue diseñado pensando en la proximidad de los jueces y su familiaridad con las disputas, si queremos resolver litigios de gentes que le son completamente ajenos al juez. Hay que hacer un esfuerzo para resolver la cuestión científica planteada en el proceso sin recurrir a corazonadas o inspiraciones. Una vez que se haya operado de esa forma y las conclusiones sobre los hechos sean claras, en sentido positivo o negativo en términos probatorios, el juez tendrá que

---

2002 Vid. el interesantísimo Forza, Menegon, Rumiati, *Il giudice emotivo*, Bolonia 2017.

extraer sus consecuencias aplicando las leyes. Pero no hay que confundir ambos planos. Un juez no es un adivino, sino solamente un experto en Derecho, por lo que solamente podrá intervenir en la prueba para recoger los resultados que arroje el uso de la ciencia. A veces no necesitará un perito para ello, pero en otras ocasiones —cada vez más frecuentes—, le será imprescindible. No puede eludirse esa realidad.

5. LA PERSPECTIVA DE LAS APPS, LOS ODR Y LA IRRUPCIÓN DE LA INTELIGENCIA ARTIFICIAL: HACIA UN PROCESO EXTRAORDINARIAMENTE DIFERENTE

Pero como se anunció al principio, en los últimos tiempos se ha introducido en el proceso unas herramientas cuyo uso se hará más expansivo en el futuro. Me refiero a los ODR —Online Dispute Resolution— y a la inteligencia artificial.

Los primeros se han presentado fundamentalmente en el proceso civil[2003]. Consisten en la resolución a distancia de un litigio sin necesidad de celebrar un proceso judicial. Explicado muy básicamente consiste en que el potencial demandante, habitualmente un consumidor, contacta con el posible demandado, que tantas veces es una gran empresa. En ese contacto, realizado normalmente a través de una plataforma o incluso de una red social, la empresa contesta a la queja por escrito a través de un operador físico que intenta ayudar al consumidor. En otras ocasiones, en cambio, el consumidor recibe una respuesta automática si el programa de inteligencia artificial de la empresa localiza a partir de la queja la posible solución al problema, siempre que tenga una serie de modelos de queja estandarizados en su base de datos. Justo en ese momento se unen ODR e inteligencia artificial.

Paralelamente, es conocido que desde hace años la justicia de algunos países —particularmente EEUU, pero no solamente[2004]—, está utilizando

[2003] Al margen de eBay y otros lugares más conocidos, un ejemplo ambicioso, aunque todavía incipiente pese a su antigüedad, es la plataforma la resolución de litigios en línea de la Unión Europea: https://ec.europa.eu/consumers/odr/main/index.cfm?event=main.home2.show&lng=ES. Vid. también Valbuena González, F. "La plataforma europea de resolución de litigios en línea (ODR) en materia de consumo", *Revista de Derecho Comunitario Europeo*, 52, 2015, pp. 987 y ss.

[2004] Giampiero, L., "Regulating (Artificial) Intelligence in Justice: How Normative Frameworks Protect Citizens from the Risks Related to AI Use in the Judiciary", European

programas de inteligencia artificial en la predicción del riesgo de reincidencia, a los efectos de adoptar medidas cautelares como la prisión provisional, pero también con finalidades penitenciarias y de avance de grado en ese contexto de ejecución de la pena. La estrella de esos programas ha sido COMPAS[2005], que creó una considerable protesta cuando se descubrió que su uso discriminaba a algunas minorías sobre todo[2006]. Con todo, el programa se ha seguido utilizando y, de hecho, programas parecidos son frecuentes en la predicción del riesgo en todo el mundo[2007].

La pregunta es si todo ello puede alumbrar un proceso distinto particularmente en el ámbito penal. La respuesta, lejos de lo que se pueda imaginar, es realmente confusa. Primero hay que plantear si cabe imaginar un proceso en que el testigo o la víctima de un delito lo denuncian a través de una App, lo cual ya no es una perspectiva sino una realidad en varios lugares[2008]. Una vez la denuncia ya consta en el sistema y por tanto está almacenado el testimonio de que se trate, incluso con la ayuda interactiva de la propia App, se trata de localizar al sospechoso, y una vez contactado, acreditada indiciariamente su responsabilidad —para lo cual también puede ayudar la inteligencia artificial—, se formulará acusación de forma automática y se procederá a realizar sobre el reo una prognosis de riesgo que arrojará un perfil de personalidad que ayudará al sistema a movilizarse más rápido, lo que puede ser muy útil en supuestos de violencia de género, por ejemplo, pero también de hurtos, sin ir más lejos.

Tras ello quedará el juicio, en el que tanto la acusación como la defensa pueden contar con la asistencia de programas que dibujan posibles escenarios probatorios[2009] a fin de preparar su estrategia, sin olvidar que el juez también podrá utilizar dichos programas en la sentencia, una vez se

---

Quarterly of Political Attitudes and Mentalities, 8(2), 2019, pp. 75 y ss, https://nbn-resolving.org/urn:nbn:de:0168-ssoar-62463-8, p. 81.

2005 Correctional Offender Management Profiling for Alternative Sanctions. Northpointe, *Practioners Guide to COMPAS*, 17-8-2012.

2006 Larson, Jeff / Mattu, Surya / Kirchner, Lauren / Angwin, Julia, "How We Analyzed The Compas Recidivism Algorithm", *Propublica*, 23-5-2016, https://www.propublica.org/article/how-we-analyzed-the-compas-recidivism-algorithm.

2007 Vid. Quattrocolo, S., *Artificial Intelligence, Computational Modelling and Criminal Proceedings*, Springer 2020, pp. 101 y ss.

2008 Vid. Crime Stopers, "Report Crime Anonymously", https://crimestopperssa.com.au/download-the-app/. También la *SelfEvident App* en el Reino Unido: https://witnessconfident.org/. En España existe Alertcops: https://alertcops.ses.mir.es/mialertcops/

2009 Matzner, T. / Hizler, P., "Any-World Access to OWL from Prolog", en Hertzberg e.a. ed., KI 2007: Advances in Artificial Intelligence, Berlin 2007, p. 95.

hayan cargado en el mismo todas las evidencias aparecidas en el proceso. Como se dijo, si se prescinde de interrogatorios inútiles y los subsistentes se convierten en pruebas periciales, es posible que los resultados probatorios, expuestos en la forma adecuada para que puedan ser interpretados por el programa, puedan conducir a la elaboración de un listado de hechos probados de los que cabrá deducir una consecuencia jurídica. Obviamente, en los casos más complicados serán difíciles los automatismos, pero en los asuntos prototípicos, que son la mayoría, lo cierto es que se podrá elaborar un proyecto de sentencia que puede devenir la sentencia misma.

En este trabajo no puedo desarrollar más estas ideas, pero todo lo anterior puede dar a luz una justicia bastante automatizada en algunos casos en los que las evidencias sean claras: conducción bajo los efectos del alcohol, hurtos y daños, delitos de tráfico de estupefacientes, y no pocos violencia de género, o lesiones sin móvil machista. Incluso limitándolo a las cuatro primeras categorías citadas, son estadísticamente los más frecuentes[2010]. Ciertamente, dependiendo de la complejidad probatoria, no todos los casos serán automatizables, pero una parte relevante de ellos sí lo será. De hecho, son casos que ya están automatizados aunque empleando a seres humanos que rellenan siempre los mismos formularios muy burocratizados, con una atención bastante superficial de fiscales y jueces.

Si se produce esa automatización, el proceso penal puede cambiar bastante, de manera que los tiempos habituales de la instrucción se reducirán drásticamente favoreciéndose con ello, ante la evidencia probatoria, muchísimas más conformidades que evitarán la fase de juicio[2011]. Es incluso posible que ante la rapidez y contundencia de la persecución penal, se reduzca la criminalidad, aunque es muy difícil hacer previsiones en este terreno al intervenir muchos otros factores. Con todo, lo que sí parece evidente es que el papel de los jueces se irá concentrando cada vez más en los casos difíciles. Tal vez también ocurra lo mismo con los abogados, ocasionando un descenso de su labor, lo que provocará que el colectivo intente localizar otras salidas profesionales que están por ver.

Lo que desde luego ya no va a ser posible va a ser concentrar la actividad profesional en los casos reiterativos como fuente principal de ingresos, por-

---

2010 Vid. el *Ranking de los delitos más comunes en España en 2019, por grado de comisión* en https://es.statista.com/estadisticas/532756/delitos-mas-frecuentes-en-espana-por-grado-de-comision/

2011 Vid. Rule, C., "How ODR Can Benefit Three Criminal Case Types", Tyler Technologies, 12-6-2019, https://www.tylertech.com/resources/blog-articles/how-odr-can-benefit-three-criminal-case-types.

que el papel de la máquina será demasiado preponderante. Así, localizar un nicho de trabajo reiterativo será más complicado, siendo una posible salida laboral la de asistentes jurídicos de los informáticos que configuren los algoritmos aplicables al proceso. No es un futuro aciago. Solamente es un futuro diferente al que, como siempre ha ocurrido, habrá que adaptarse. En todo caso, es posible que gracias a la tecnología cambiemos por fin la fe por el ceremonial actual en beneficio de algo que solamente es realmente científico cuando el juez decide aplicarse valorando debidamente las pruebas con un enfoque epistémicamente válido, sin dejarse llevar —tanto— por las muchas variables que estudia la psicología cognitiva, y que solemos resumir bajo el nombre de intuición[2012].

[2012] Hogarth, Robin M., *Educar la intuición. El desarrollo del sexto sentido,* Barcelona 2002. Gigerenzer, G. *Decisiones intuitivas,* Barcelona 2008.

SEIS CONCEPTOS EN BUSCA DE UN OBJETIVO: JURISDICCIÓN, ACCIÓN, PROCESO, DERECHOS, PENA Y DELITO

Publicado en Diario La Ley, n. 8894, 4-1-2017 y en Política Criminal (Chile), n. 23, 2017, pp. 103-123.

1. INTRODUCCIÓN

A veces el Derecho penal hace preguntas al Derecho procesal para las que puede parecer que éste no tiene respuesta. La dogmática penal ha elaborado una riquísima teoría del delito[2013] cuyo fin último es conocer, en pocas palabras, por qué o para qué existe el Derecho penal. Para ello es preciso saber qué es lo que se castiga, qué posibles causas de justificación pueden existir al hecho perpetrado que lesionó o puso en peligro el bien jurídico, y finalmente si existía un componente volitivo suficiente en el sujeto que merezca sanción. ¿Pero por qué ha de merecer un sujeto sanción? ¿Queremos castigar para "compensar" el mal realizado? ¿Queremos prevenir que sucedan hechos parecidos asustando con la pena? ¿Queremos castigar al individuo para que entienda que está mal lo que hizo y decida no volver a delinquir? Y además, ¿para qué hacemos todo ello? Si de lo que se trata es de conservar un estado de convivencia social satisfactorio en la medida de lo que, efectivamente, nos parezca razonable en cada momento, ¿qué es mejor? ¿Extirpar? ¿Tratar? ¿Curar? ¿Asustar? El Derecho penal lleva ya bastante tiempo formulándose, de un modo u otro, estas preguntas.

Varios autores han introducido la variable del proceso jurisdiccional en la discusión[2014]. Si convenimos pacíficamente en que sin proceso no hay pena posible, a fin de entender para qué sirve el Derecho penal será útil

---

[2013] Una aproximación general absolutamente diáfana puede verse en MIR PUIG, *Derecho Penal, parte general*, Barcelona: Reppertor, 2011, pp. 135 y ss.

[2014] Ver por todos AAVV, *El sistema integral del Derecho penal*, Madrid: Marcial Pons, 2004. Ragués i Vallès, "La función del proceso en el sistema integral del Derecho penal: una valoración crítica del estado de la cuestión", en: Maqueda; Martín; Ventura (Coords.), *Derecho Penal para un estado social y democrático de derecho: estudios penales en homenaje al profesor Emilio Octavio de Toledo y Ubieto*, Madrid: Universidad Complutense de Madrid, Facultad de Derecho, Servicio de Publicaciones, 2016, pp. 1203 y ss.

analizar también para qué sirve el Derecho procesal, pero... ¿el Derecho procesal se ha formulado la pregunta de para qué sirve?

Las líneas que seguirán describirán las respuestas que, de un modo u otro, se han dado al interrogante. Quedará por ver si algo de ello es aprovechable para la construcción de ese sistema integral, o se trata simplemente de una opción teórica sin relevancia práctica o, bien al contrario, encontrar esa idea guía común nos permitirá articular mejor la respuesta de todo este sector del ordenamiento.

Tómese en cuenta una advertencia previa. Es posible que no se hubiera entrado en este debate de no poseer el ministerio fiscal alemán las facultades derivadas del principio de oportunidad (§§ 153 y ss StPO)[2015], más frecuentes de lo que parece —un 27% de los casos[2016]— a veces sorprendentes[2017] —aunque también benefactoras[2018]—, de renuncia a la persecución penal, y que en ocasiones poco o nada tienen que ver, con frecuencia, con los fines del Derecho penal, y mucho menos con el Derecho procesal, sino con intereses simplemente políticos. A partir de ahí se han ido analizando los "obstáculos" que puede poner el proceso a la efectividad del Derecho penal, quizás desenfocando un tanto la cuestión, habida cuenta de que se han metido en el mismo saco instituciones de esencia muy dispar, como el sobreseimiento, la prueba, la prisión provisional y hasta la presunción de inocencia[2019].

2015 Sobre las mismas, Kühne, *Strafprozessrecht*, Heidelberg: C.F. Müller, 2015, pp. 382 y ss.

2016 Como reporta Kühne, *Strafprozessrecht*, nota nº 3, p. 382.

2017 ***§ 153d StPO. Absehen von der Verfolgung bei Staatsschutzdelikten wegen überwiegender öffentlicher Interessen.*** *(1) Der Generalbundesanwalt kann von der Verfolgung von Straftaten der in § 74a Abs. 1 Nr. 2 bis 6 und in § 120 Abs. 1 Nr. 2 bis 7 des Gerichtsverfassungsgesetzes bezeichneten Art absehen, wenn die Durchführung des Verfahrens die Gefahr eines schweren Nachteils für die Bundesrepublik Deutschland herbeiführen würde oder wenn der Verfolgung sonstige überwiegende öffentliche Interessen entgegenstehen. (2) Ist die Klage bereits erhoben, so kann der Generalbundesanwalt unter den in Absatz 1 bezeichneten Voraussetzungen die Klage in jeder Lage des Verfahrens zurücknehmen und das Verfahren einstellen.*

2018 Es especialmente interesante la derivada del § 154d StPO, porque de ser introducido en España, evitaría un sinnúmero de querellas malintencionadas: ***Verfolgung bei zivil— oder verwaltungsrechtlicher Vorfrage.*** *Hängt die Erhebung der öffentlichen Klage wegen eines Vergehens von der Beurteilung einer Frage ab, die nach bürgerlichem Recht oder nach Verwaltungsrecht zu beurteilen ist, so kann die Staatsanwaltschaft zur Austragung der Frage im bürgerlichen Streitverfahren oder im Verwaltungsstreitverfahren eine Frist bestimmen. Hiervon ist der Anzeigende zu benachrichtigen. Nach fruchtlosem Ablauf der Frist kann die Staatsanwaltschaft das Verfahren einstellen.*

2019 Ver Wolter, "Estudio sobre la dogmática y la ordenación de las causas materiales de exclusión, del sobreseimiento del proceso, de la renuncia a la pena y de la atenuación de la misma. Estructuras de un sistema integral que abarque el delito, el proceso penal y

Con todo, el estudio no ha dejado de ser provechoso, en el sentido de que se consiga o no ese sistema integral, siempre es útil saber por qué existen las instituciones del ordenamiento, dado que conocer esas razones ayuda a planificar mejor las reformas, por ejemplo. Además, el hallazgo de ese objetivo común puede comportar una benéfica función de estabilización teleológica de todo el sector que puede tener importantes beneficios sociales a largo plazo.

2. LOS PRINCIPIOS DEL PROCESO, LOS CONCEPTOS FUNDAMENTALES DEL DERECHO PROCESAL Y LA PROHIBICIÓN DE AUTOTUTELA

Lo más parecido a una búsqueda de los fines del Derecho procesal ha venido en España, Italia y América Latina —no propiamente en Alemania— del estudio de sus llamados "conceptos fundamentales", así como en parte de los "principios del proceso", en el que las categorías alemanas sí que han influido más modernamente[2020].

El primer estudio surge, en realidad, de una polémica entre civilistas —o romanistas— sobre el concepto de acción[2021], que después referiré, al que se fueron superponiendo las categorías de "jurisdicción" y "proceso", con aportaciones también de la doctrina francesa[2022] en cuanto a este último concepto.

---

la determinación de la pena", pp. 42 y ss., y Freund, "Sobre la función legitimadora de la idea de fin en el sistema integral de Derecho penal", pp. 108 y ss., ambos en: AAVV, *El sistema integral,* nota nº 2.

2020 Jauernig; Hess, *Zivilprozessrecht,* München: C. H. Beck, 2011, p. 93. Rosenberg; Schwab; Gottwald, *Zivilprozeßrecht,* München: C. H. Beck, 2010, pp. 395-396.

2021 Windscheid, *Die Actio des römischen zivilrechts vom Standpunkte des heutigen Rechts,* Düsseldorf, 1856. Muther, *Zur Lehre von der römischen Actio, dem heutigen Klagerecht, der Litiskontestation und der Singularsukzession in obligationen. Eine Kritik des windscheidschen Buchs "die Actio des römischen Zivilrechts"*. Windscheid, *Die Actio. Abwehr gegen Theodor Muther,* Düsseldorf, 1857. Las tres obras están recopiladas en un único tomo en el facsímil Windscheid; Muther, *Die actio des römischen zivilrechts,* Darmstadt: Scientia Verlag Aalen, 2ª ed., 1984.

2022 De Guenyveau, *Du quasi contrat judiciaire,* Poitiers: Dupré, 1859, pp. 13-14. Démolombe, *Cours de Code Napoléon,* t. 29, Paris: A. Lahure, 1879, pp. 179 y ss.

El estudio de los principios del proceso es, como se ha dicho, más reciente, aunque de origen mucho más antiguo[2023]. Pero conviene saber que dicho estudio es un simple atisbo, en muchas ocasiones, del de los derechos fundamentales del proceso, en especial el derecho de defensa[2024].

Sin embargo, no ha habido un planteamiento global de todo ello como enfocado a un solo objetivo. Se ha dado por hecho que ese objetivo era obvio y existía, pero ciertamente no se ha reflexionado demasiado sobre el mismo. En el mejor de los casos se ha hablado de la "justa composición de la litis"[2025], o aún más en general y a vuelapluma de la "Justicia", o hasta de la "paz social". Pero la definición de lo que sea un conflicto o la misma justicia se ha ido dejando, en realidad, de lado, aunque haya existido debate al respecto[2026].

Sin embargo, sí ha habido una parte de los autores que anunciaron una conclusión que ha sido aceptada unánimemente y sin dificultad por toda la doctrina: el Derecho procesal tiene como fin la evitación de la autotutela, es decir, de la venganza privada[2027]. De hecho, se acostumbra a describir el mundo antiguo como un lugar dominado por esa venganza o autogestión de los asuntos propios de naturaleza violenta. El proceso jurisdiccional trajo la heterotutela, el *actus trium personarum* de Bulgaro[2028], que supera esa venganza simplemente unilateral —más bien bilateral— en beneficio del recurso a un tercero que resuelva el conflicto. Todo apunta a que dicho tercero en un principio pudo ser la propia comunidad en la que vivían los contendientes, que desempeñaba funciones que estaban entre la jurisdic-

---

2023 Durandus, *Speculum iuris,* parte II, Venecia: Conradi, 1585, *De Sententia,* § 5, 1. pp. 784-785, aunque se remonta más atrás, hasta Azzone (o Azo o Azón), *Brocardica (aurea). sive generalia iuris,* Basilea: Eusebium Episcopum, 1567, rúbrica XX, p. 237, y Accursius, *Corporis Iustinianaei Digestum Vetus, seu Pandectarum,* Vol. 6, Lyon: Sumptibus Horatii Cardon, 1604, p. 17: "*Iudex debet ferre sententiam, secundum allegata et probata, non secundum conscientiam*".

2024 Lo explico en Nieva Fenoll, *Derecho Procesal I. Introducción,* Madrid: Marcial Pons, 2014, pp. 122 y ss.

2025 Carnelutti, "Ancora sulla lite nel processo penale", en *Studi di Diritto Processuale,* Padova: CEDAM, 1939, p. 58.

2026 Ver uno de los últimos en Sen, *The Idea of Justice,* Cambridge: Allen Lane/Penguin Books, 2009.

2027 Serra Domínguez, "Jurisdicción", en: *Estudios de Derecho Procesal,* Barcelona: Ariel, 1969, p. 21.

2028 Bulgarus, "Summa de iudiciis", en: Wunderlich, *Anécdota quae processum civilem spectant,* Göttingen: Vandenhoeck et Ruprecht, 1841.

ción y la mediación[2029]. Más adelante, o contemporáneamente —nunca lo sabremos—, el vulgo se sintetizó en una única persona o en un grupo de escogidos, lo que dio a luz a la figura del juez en su variedad de juzgador único o de jurado. Si lo hicieron por comodidad, para no implicar a toda la comunidad en el conflicto, o bien porque el tercero juzgador tenía prestigio o *auctoritas*[2030] o simplemente poder fáctico, tampoco lo sabemos ni probablemente lo sabremos. En lo que conocemos hasta ahora de la historia remota existen ejemplos de todas esas hipótesis.

Pero ello no importa para el reconocimiento de esa finalidad principal: el proceso es un mecanismo de evitación de la autotutela. Pero no se dice por qué se quiere evitar la autotutela, que sería lo lógico y lo que nos interesaría a los efectos de la construcción del sistema integral. Se da por obvio que la venganza, el tomarse la justicia por propia mano, genera muchos más conflictos, de manera que la sociedad se hace irrespirable. El inconveniente consiste en que es probable que la preservación de nuestro sistema de convivencia no sea una finalidad exclusiva del Derecho penal, sino de todo el ordenamiento jurídico, lo que es, por cierto, muy fácilmente argumentable. Siendo así, la autotutela no sería más que una de las varias amenazas que existen a esa convivencia, probablemente una de las principales, pero en todo caso una más.

Además, no se puede dejar de lado que esa finalidad de evitación de autotutela, aunque posiblemente sea sólo un objetivo intermedio, encaja como un guante para explicar la finalidad de cualquier norma procesal. El objetivo de todas esas normas es favorecer la heterotutela, es decir, el trabajo de ese tercero, de manera que los ciudadanos no solamente no acudan, sino que no perciban la necesidad de acudir a la *Selbsthilfe*[2031]. Para ello es fundamental la imparcialidad judicial, el derecho de defensa y la cosa juzgada. Lo veremos después.

Y con lo anterior podría darse el trabajo por acabado, ciertamente, al menos desde la perspectiva procesal. Sin embargo, conscientes probablemente de las carencias de la conclusión, los autores han ido bastante más allá, puesto que se han preguntado por el cometido de los principales con-

---

2029 Malinowski, *Crimen y costumbre en la sociedad salvaje*, Trad. ALIER, Barcelona: Ariel, 1982. Peña Jumpa, "El poder judicial comunal aymara", en: Peña Jumpa; Cabedo Mallol; López Bárcenas, *Constituciones, Derecho y Justicia en los pueblos indígenas de América*, Lima: Fondo Editorial PUCP, 2002, pp. 362 y ss.

2030 Carreras Llansana, "Las fronteras del Juez", en: Fenech; Carreras, *Estudios de Derecho Procesal*, Barcelona: Bosch, 1962, pp. 103 y ss.

2031 Rosenberg / Schwab / Gottwald, *Zivilprozessrecht*, nota nº 8, p. 2.

ceptos procesales, más allá de la genérica evitación de la autotutela, lo que enlaza aún más con los estudios de la dogmática penal acerca de los fines del delito y la pena. Se analizará en los siguientes epígrafes.

3. FINALIDADES DE LA JURISDICCIÓN

La jurisdicción es el concepto que explica la actividad del juez. Serra Domínguez elaboró una de las definiciones más claras y difícilmente controvertibles de la doctrina cuando afirmó que la jurisdicción es la determinación irrevocable del derecho en el caso concreto, seguida en su caso de su actuación práctica[2032]. Se puede discutir cada palabra de esa definición, como se hará seguidamente, pero lo cierto es que ofrece una idea clara de lo que implica la jurisdicción: una declaración del juez con voluntad jurídica de imponerse.

La doctrina, italiana sobre todo, le dio bastantes vueltas al concepto, situándose fundamentalmente en torno a tres vértices, aunque en realidad, como veremos, se trataba de uno solo. Las opciones son que el juez con su labor actúe derechos subjetivos[2033], o bien que actúe el derecho objetivo[2034], o bien que cree derecho[2035].

La opción subjetiva deja completamente al margen al Derecho penal precisamente, porque es una teoría pensada sobre todo en el derecho privado y en sus relaciones contractuales, en las que cada derecho va seguido de una obligación individual de cada parte. Pero no explica casi en absoluto qué hace un juez cuando trabaja con cualquier manifestación del Derecho público, salvo en parte el Derecho administrativo, en cuyo ámbito sí cabe hablar de derechos subjetivos de los ciudadanos.

2032 Serra Domínguez, *Jurisdicción*, nota nº 15, p. 50.

2033 Hellwig, *System des deutschen Zivilprozeßrechts*, Darmstadt: Scientia Verlag Aalen, 1980, p. 2. "*Dafür übernimmt der Staat die Pflicht, dem Privaten unter gewissen Voraussetzungen Rechtsschutz gegen gefährdung oder Verletzung seiner Privatrechtsstellung zu gewähren*".

2034 Calamandrei, *Instituciones de Derecho Procesal Civil, Vol. I*, Trad. Sentís Melendo, Buenos Aires: Ediciones Jurídicas Europa-América, 1986, p. 202.

2035 Satta; Punzi, *Diritto Processuale Civile*, Padova: CEDAM, 1996, p. 14. Lo cual ya había sido intuído por otros juristas, por ejemplo, Carnelutti, "Nuove riflessioni sul giudizio giuridico", *Rivista di diritto processuale civile*, vol. 11, n° 1, (1956), pp. 81-106, p. 104, "*il giudizio non basta per fare la giustizia*".

Es por ello por lo que es descartable esta opción subjetiva, directamente conectada, como veremos, con la teoría concreta de la acción[2036]. No da una respuesta única al papel de la jurisdicción en el ordenamiento jurídico. Como reacción a la misma, aunque también muy claramente como reacción a la *Freierechtslehre*[2037], surgió en Italia la teoría objetiva[2038], de forma menos irónica que el título de la *Reine Rechtslehre* de Kelsen[2039], que también reclamaba el papel del Derecho objetivo[2040]. La misma defiende que el rol de la jurisdicción sería actuar el Derecho objetivo, intentando recuperar así el papel de los tribunales como cumplidores de la norma jurídica emanada del poder legislativo, el que representa la voluntad popular. De ese modo, el juez no puede ser un verso libre, sino que tiene que cumplir con los designios del legislador.

La teoría encaja perfectamente en cualquier ámbito del ordenamiento jurídico, incluido el Derecho penal, y por ello es defendida, expresa o tácitamente, por la mayoría de la doctrina, al llevar además la pátina de respeto de la división de poderes. Sin embargo, falla estrepitosamente en aquellos ámbitos en los que el ordenamiento jurídico carece de respuesta y recurre a la equidad o al simple buen criterio del juez[2041]. Es algo parecido a lo que, por ejemplo, sucede en el ámbito penal cuando se delega en el juez un amplísimo margen, no siempre claramente motivado, en la determinación de la pena a imponer[2042]. De hecho, ni siquiera el ordenamiento jurídico da razón de por qué un hecho delictivo es sancionado con una concreta pena, existiendo en este sentido una fenomenal imprecisión del legislador[2043], que por añadidura acaba recurriendo al juez para que establezca, casi intuitivamente, la pena concreta.

2036 Wach, *Manual de Derecho procesal Civil*, Trad. BANZHAF, Buenos Aires: Ediciones Jurídicas Europa-América, 1977, p. 42.

2037 Kantorowicz, *Der Kampf um die Rechtswissenschaft*, Heidelberg: Winter, 1906.

2038 Nuevamente Calamandrei, *Instituciones*, nota nº 22, p. 202.

2039 Kelsen, *Reine Rechtslehre*, ed. de Viena 1934, Darmstadt: Scientia Verlag Aalen, 1994.

2040 Ese papel, e incluso la ironía —rayana con la indignación— se desprende claramente de las primeras palabras de la obra de Kelsen, *Reine Rechtslehre*, nota nº 27, "*Die Reine Rechtslehre ist eine Theorie des positiven Rechts. Des positiven Rechts schlechthin, nicht einer speziellen Rechtsordnung. Sie ist allgemeine Rechtslehre, nicht Interpretation besonderer nationaler oder internationaler Rechtsnormen. Als Theorie will sie ausschließlich, und allein ihren Gegenstand erkennen. Sie versucht, die Frage zu beantworten, was und wie das Recht ist, nicht aber die Frage, wie es sein oder gemacht werden soll. Sie ist Rechtswissenschaft, nicht aber Rechtspolitik*".

2041 Pese a los denodados esfuerzos de Calamandrei, *Instituciones*, nota nº 22, p. 202, por evitar esa crítica.

2042 Mir Puig, *Derecho penal*, nota nº 1, pp. 745 y ss.

2043 Wesel, *Fast alles, was Recht ist*, München: C. H. Beck, 1994, p. 192.

Pero pese a los esfuerzos de la teoría objetiva, en EEUU y en Italia acabaron surgiendo opciones que seguían, en el fondo y pese a sus diferencias, una idea base análoga de la Escuela del Derecho Libre. Tanto el realismo jurídico americano[2044] como Satta[2045] reconocen el papel creador del derecho del juez, surgiendo de este modo la opción creacionista de la jurisdicción. La misma parte de la base de que el legislador establece una serie de normas generales, el derecho objetivo. Pero esa vocación de abstracción no puede cubrir cada caso concreto que se plantea en la realidad, y por ello la labor del juez es fundamental en la determinación del derecho en ese caso concreto, lo que lleva a esta opción a argumentar que esa determinación no sería una simple adaptación hermenéutica del derecho objetivo, sino una auténtica creación de la norma jurídica[2046], aunque sin esa vocación de generalidad del derecho objetivo.

No obstante, la teoría se refuerza al contemplar el papel creador del derecho de la jurisprudencia, incluso con vocación de generalidad, lo que es especialmente claro en el mundo anglosajón, pero que también se observa en el resto de tribunales cuando fuerzan una interpretación legal o incluso crean una solución para una multitud de casos concretos. Puede gustar más o menos, pero en esos casos se están creando normas jurídicas[2047]. Sucede también en el reino del principio de legalidad: el Derecho penal. El Tribunal Supremo, tomando el precepto del legislador, va estableciendo —o concretando— los elementos objetivos y subjetivos de los tipos penales, de manera que se restringe o se amplía el ámbito de la tipificación, como ha ocurrido en diversos supuestos como el del delito de prevaricación (art. 446 CP)[2048] o el de desobediencia (art. 556 CP)[2049]. Aunque probablemente no debiera ser así, no hay otro remedio que acudir a la jurisprudencia para saber si el hecho es realmente delictivo.

Puede parecer que todas estas teorías, y otras intermedias, no sirven, sin embargo, para la construcción de ese sistema integral, porque se centran en averiguar qué hace el juez, y no por qué lo hace. Sin embargo, no es en-

---

2044 Llewellyn, *Jurisprudence. Realism in Theory and Practice*, New Brunswick: Transaction Publishers, 2008, pp. 4, 17-18.

2045 Satta, *Diritto Processuale Civile*, nota nº 23, p. 16.

2046 Lo reconoce hasta Kelsen, *Reine Rechtslehre*, nota nº 27, p. 79. "*Die Funktion der sogenannten Rechtsprechung ist vielmehr konstitutiv, ist Rechtserzeugung im eigentlichen Sinne des Wortes.*"

2047 Nuevamente Kelsen, *Reine Rechtslehre*, nota nº 27, p. 79.

2048 Sentencia Tribunal Supremo 228/2015, de 21 de abril de 2015, FD 3.

2049 Sentencia Tribunal Supremo 800/2014, de 12 de noviembre de 2014, FD 8.

teramente así. La opción subjetiva permite afirmar que el juez contribuye a la materialización de uno de los fines principales de varios sectores del ordenamiento: el cumplimiento de derechos subjetivos, lo que le da una vocación de generalidad. Con la opción objetiva sucede algo parecido. El juez ejecuta y hace cumplir la obra del legislador, producto principal del ordenamiento, papel que aparece decididamente reforzado con la opción creacionista, puesto que desde ese punto de vista el juez le daría la misma vida al ordenamiento jurídico, que no sería sino una voz apagada, como decía Satta[2050], de no tener a alguien que le ayudara a pronunciar sus palabras.

Se podría llegar a concebir que el Derecho penal sigue un fin similar, dado que en el fondo sanciona a aquel que se aparta gravemente de dicho ordenamiento[2051], dejándolo inservible. De ese modo, el Derecho procesal daría vida al ordenamiento, mientras que el Derecho penal evitaría que se le diera muerte.

La opción sería bastante original y hasta cierto punto integral, pero ignoraría que es difícil explicar que una parte del mismo ordenamiento es la que le da la vida al propio ordenamiento, o simplemente la conserva. Se podría acudir a una comparación con el cuerpo humano y sus órganos y miembros, en el que algunos permiten a la persona realizar actos materiales, como las manos, mientras que otros mantienen al sujeto con vida, como el corazón, el hígado o el cerebro.

Sin embargo, por sugestiva que parezca la metáfora, resulta, además, incompleta, puesto que deja al resto de ramas del derecho en un papel incomprensiblemente secundario[2052], siendo que casi todas ellas también contribuyen a la evitación de conflictos y, por tanto, a la preservación del orden social. Ello resulta especialmente claro con el Derecho civil[2053], e incluso más con el Derecho administrativo y su omnipresente visión del interés general[2054].

2050 Satta / Punzi, *Diritto Processuale Civile*, nota nº 23, p. 14.

2051 Cfr. Mir Puig, *Derecho penal*, nota nº 1, pp. 39-40.

2052 Mir Puig, *Derecho penal*, nota nº 1, pp. 40 y 41, se refiere a otro sector del ordenamiento con el mismo fin: el Derecho administrativo sancionador.

2053 Muy claramente Albaladejo, *Derecho Civil I, Vol. I*, Barcelona: Bosch, 1985, p. 41. Cfr. Lacruz Berdejo, *Elementos de Derecho Civil I, Parte General*, Vol. I, Madrid: Dykinson, 2002, p. 33.

2054 García de Enterría; Fernández, *Curso de Derecho Administrativo, I*, Madrid: Civitas, 1992, p. 43.

Por tanto, no encontramos, con el estudio de la jurisdicción, ese objetivo que singularice al Derecho penal y al Derecho procesal penal como partes de un mismo ámbito del ordenamiento jurídico que comparten una finalidad. En consecuencia, es preciso seguir buscando.

4. FINALIDADES DE LA ACCIÓN

Es posible que esa común finalidad surja, al menos en parte, de un estudio notoriamente infructuoso: el del supuesto concepto de acción[2055]. Si ello fuera así, por fin habrían tenido una finalidad, aunque inconsciente, una suma de doctrinas baldías.

El estudio del concepto se inició en Prusia con Savigny[2056], que recuperó para el Derecho actual una noción que, en realidad, sólo tenía sentido en el antiguo proceso formulario romano: la *actio.* Y de ese modo, dijo que la acción sería el derecho a la protección judicial que surge de la violación de un derecho[2057], subjetivo, se entiende, puesto que el autor centraba sus conclusiones en el Derecho civil. Así definió Savigny la acción en sentido material, puesto que en sentido formal la acción era la simple presentación de la demanda, y era el concepto entendido en tal sentido el único que encomendaba al Derecho procesal[2058].

A partir de ahí, la doctrina mayoritariamente se enzarzó en un debate inútil sobre si la acción era independiente o no del derecho material, o bien si debía obedecer a la primera orientación de Savigny (teoría concreta)[2059] o a la segunda (teoría abstracta)[2060]. El debate, como es fácil deducir, no llevaba a ninguna parte.

2055 Personalmente he renunciado a incluir esta confusa e inconducente noción entre los conceptos fundamentales del Derecho procesal. Expongo las razones en Nieva Fenoll, "Imprecisiones privatistas de la ciencia jurisdiccional", en: *Jurisdicción y proceso,* Madrid: Marcial Pons, 2009, pp. 19 y ss.

2056 Von Savigny, *System des heutigen römischen Rechts, Vol. 6,* Darmstadt: Scientia Verlag Aalen, 1974, p. 3.

2057 Von Savigny, *System,* nota nº 44, p. 5.

2058 Von Savigny, *System,* nota nº 44, pp. 5-6.

2059 Wach, *Handbuch des deutschen Zivilprozeßrecht,* Leipzig: Verlag von Duncker & Humblot, 1885, pp. 21-22.

2060 Plósz, *Beiträge zur Theorie des Klagerechts,* Leipzig: Verlag von Duncker & Humblot, 1880, p. 4. Degenkolb, *Einlassungszwang und Urteilsnorm. Beiträge zur materiellen Theorie der Klagen insbesondere der Anerkennungsklagen,* Leipzig: Breitkopf & Härtel, 1877 p. 1.

Pero sin embargo, la definición de Savigny, aún enfocada en el Derecho civil, nos dice entre líneas algo útil para los efectos ahora considerados: el Derecho procesal se pone en marcha cuando se viola el Derecho material, o simplemente se alega esa violación. Por tanto, desde esta perspectiva en cualquiera de las opciones doctrinales, el Derecho procesal sería, nuevamente, el agente protector del ordenamiento jurídico, desempeñando así una función tutelar.

Pero esa conclusión nos devuelve a los problemas anunciados en el epígrafe anterior: una parte de lo tutelado tutelaría lo tutelado, lo que no es más que una cacofónica tautología. Con esta opción, sin embargo, el Derecho procesal ya no daría vida al ordenamiento, sino que simplemente evitaría que muriera, lo que ya es coincidente con el fin del Derecho penal, abriéndose así la puerta a la constitución de ese sistema integral. De ese modo, Derecho penal y Derecho procesal se encargarían de lo mismo: de la protección del ordenamiento y desde la misma perspectiva.

No obstante, no se gana absolutamente nada suprimiendo el potencial creador del Derecho Procesal, a cambio de integrarlo en una función que, nuevamente, puede ser de todo el ordenamiento jurídico y no exclusivamente del Derecho penal o del Derecho procesal. Por tanto, esta opción, aunque consigue el fin de la integralidad, nos devuelve a un camino sin salida.

5. FINALIDADES DEL PROCESO Y DEL JUICIO JURISDICCIONAL

También se ha teorizado sobre el concepto de proceso. Los autores, intentando llenar de contenido jurídico un concepto que en buena medida bascula entre lo vulgar y lo cotidiano, compararon el proceso con un contrato[2061], con un cuasicontrato[2062], con una relación jurídica[2063] o incluso con un conjunto de "situaciones jurídicas"[2064], o incluso lo redujeron a me-

2061 Démolombe, *Cours de Code,* nota nº 10, p. 179

2062 De Guenyveau, *Du quasi contrat judiciaire,* nota nº 10, pp. 13-14.

2063 Von Bülow, Die Lehre von den Proceßeinreden und die Proceßvoraussetzungen, Gießen: Emil Roth, 1868, p. 1-2.

2064 Goldschmidt, *Zivilprozeßrecht,* Berlin: Springer, 1929, p. 4.

ro procedimiento[2065], confundiendo así ambas nociones. Pero finalmente, la opción que parece haber triunfado es la que no intenta comparar al proceso con nada, sino que sencillamente describe que es una sucesión de actos que tiene por finalidad emitir un juicio jurisdiccional[2066]. Tan simple como eso.

Con ello, el estudio nos aboca a un concepto diferente: el de juicio. Su definición no es controvertida, en el sentido de que se trata de la decisión del juez, aunque sí que se discute sobre su naturaleza[2067]. Pero ese estudio, aún siendo sin duda el más interesante y fructífero, no aporta nada desde la perspectiva que estamos considerando en este trabajo, por lo que no será tratado.

Pero sí cabe hacerse una pregunta que la doctrina pocas veces se ha formulado, y que daría respuesta a la cuestión del sistema integral: ¿para qué existe el juicio? Y es que justamente esta formulación sería probablemente más correcta que preguntarse para qué existe el Derecho procesal. Ya hemos visto que el Derecho procesal combate la autotutela, y que posibilita la emisión del juicio jurisdiccional. Ahora bien, ¿existe el juicio jurisdiccional simplemente para conjurar la autotutela? ¿O más bien cabría decir que el juicio jurisdiccional, como producto de la jurisdicción, persigue la determinación —o creación— del derecho en el caso concreto? Y si así fuera, ¿son ambas cosas incompatibles?

Desde la perspectiva del Derecho penal y su estricto principio de legalidad, en el proceso penal el derecho no se crea salvo en los casos antes referidos de indeterminación de la norma, en los que esa creación/determinación se hace inevitable, por lo que esa opción definitoria de la finalidad del juicio se hace difícil de mantener a ultranza. Pero sin embargo, sí queda subsistente la opción de la evitación de autotutela. Y es que esa finalidad, más que del Derecho procesal, es de su producto más preciado, sin el que el mismo carecería de todo sentido: el juicio. Todo en el Derecho procesal está enfocado a emitir ese juicio, desde las mismas normas de procedimiento en sí mismas, pasando por las medidas cautelares o la prueba. Las normas de ejecución sirven para que el juicio sea eficaz, pero por ello no se separan de esa común finalidad. Hasta los derechos fundamentales pro-

2065 Furno, "Intervento del prof. Carlo Furno, straord. dell' Università di Perugia", en: *Atti del Congreso internazionale di diritto processuale civile*, Padova: CEDAM, 1953, pp. 110-112.

2066 Hay referentes más modernos, pero el origen —no identificado— de esta definición está en Plósz, *Beiträge zur*, nota n° 48, p. 3 e incluso en Von Bülow, *Die Lehre*, nota n° 51, p. 4.

2067 Por todos, De Marini, *Il giudizio di equità nel processo civile*, Padova: CEDAM, 1959.

cesales, antiguos principios[2068], sirven, como veremos, fundamentalmente a la correcta emisión del juicio.

Y el juicio es el producto de llamar a un tercero para que decida entre al menos dos partes que no han sido capaces de llegar a una transacción, para evitar que el enfrentamiento degenere en violencia. Ello, como se ha dicho, parece cuadrar bien con el Derecho penal, pero ha llegado el momento de decir que sólo en parte. En un delito de robo, por ejemplo, el Juez se sitúa entre quien robó y la persona a quien robaron, para evitar que el segundo quiera eliminar al primero, o simplemente recobrar por la fuerza lo robado, generando violencia.

Pero en otros muchos delitos no se da esa dualidad de sujetos. En un homicidio de un sujeto sin familia ni amigos, no hay peligro de que nadie quiera vengarlo. Pero lo mismo sucede en un delito de desobediencia, o de conducción bajo los efectos del alcohol sin resultado de muerte o lesiones (art. 379 CP). Y aún y así, en esos casos en los que en realidad no hay conflicto, se requiere la presencia del juez y el consiguiente juicio jurisdiccional. ¿Por qué?

Formulo esta pregunta, que puede parecer inconducente, porque en su respuesta está, en mi opinión, la clave de ese sistema integral. Se ha dicho hasta el momento que el Derecho penal necesita al juez para ser efectivo, pero no se ha explicado por qué. En realidad, el Estado podría imponer penas sin contar con los jueces. Históricamente lo ha hecho muchísimas veces y lo sigue haciendo. Pero entonces, ¿por qué se reclama la presencia del juez? Su presencia se hace imprescindible incluso en Estados dictatoriales, y no es simplemente para aparentar limpieza en el sistema, ni mucho menos.

La razón es intrigante, pero finalmente ofrece una respuesta clara a la constitución del sistema integral del Derecho penal, aunque más bien cabría decir del sistema punitivo, a fin de no escorar científicamente en la apariencia lo que en la esencia no es sólo Derecho penal. Esa respuesta merece un epígrafe aparte.

2068 Nieva Fenoll, *Derecho Procesal*, nota nº 12, pp. 122 y ss.

6. EL JUEZ RESULTA IMPRESCINDIBLE... ¿PARA QUÉ?

Nuevamente tenemos que echar una brevísima mirada a la historia. A lo largo de la misma, como se vio, ha existido el juez-comunidad —la asamblea plenaria del núcleo humano—, el juez colectivo representante —el jurado— y el juez unipersonal[2069]. Pero con justicia o sin ella, casi siempre ha habido algo parecido a un juez, pese a que han existido épocas y momentos en que han sido suprimidos, como ya se dijo. Es decir, ese tercero parece antropológicamente omnipresente. ¿Por qué?

La razón es plenamente coincidente con la esencia generadora del proceso penal. Aunque los pueblos muchas veces eligen líderes, o bien permiten más o menos voluntariamente que se impongan, lo cierto es que la convivencia social es fruto de un consenso expreso o tácito entre los que deciden ser vecinos. Cuando ocurre algo que los vecinos rechazan[2070], ese consenso generará la idea de querer averiguar la real existencia de ese algo, pero precisamente porque lo rechazan.

Como es sabido, el Derecho penal es probablemente el Derecho que es o debiera ser fruto de un mayor consenso[2071], de manera que cuando lo sancionado no goza de aceptación social, el sistema entra en crisis si la fuerza de influencia de la norma sobre la *opinio iuris* no acaba por generar artificialmente ese consenso. Pero por un camino u otro, el consenso, como se ve, acaba teniendo relevancia prácticamente siempre.

Pues bien, a fin de expresar ese consenso en su máxima y más dura expresión, la sancionadora, los miembros de la comunidad deben buscar también ese consenso. Es posible que se genere ese consenso de manera espontánea, o más estructurada democráticamente, o bien que confíen plenamente en su líder, y junto a la labor de legislar y gobernar, le atribuyan también el poder de juzgar, más o menos voluntariamente. Pero incluso en este último caso, lo habitual es que existan jueces que, pese a poder ser de la confianza del líder, en puridad debieran ser de la confianza de la comunidad.

2069 Ver esta evolución en Nieva Fenoll, "Ideología y justicia legal (con una hipótesis sobre el origen romano del jurado inglés)", *Revista Ius et Praxis*, n° 1 (2016), año 22, pp. 59-86.

2070 "...*determinados comportamientos sociales que se reputan indeseables*", dice MIR PUIG, *Derecho penal*, nota n° 1, p. 39.

2071 Green, *Mentir, hacer trampas y apropiarse de lo ajeno*, Madrid: Marcial Pons, 2013, pp. 337 y ss.

Y es que el Derecho penal es —o debiera ser en democracia— fruto de un consenso social sobre aquello que más se odia. Pues bien, la presencia del juez no es más que la necesidad de expresar en lo concreto ese consenso social. Porque una cosa es regular aquello que está castigado, y otra castigarlo efectivamente. En épocas remotas, el pueblo condenaba al reo a la exclusión, es decir, al destierro, y cuando ni siquiera eso les parecía suficiente, lo mataban. Pero se requería siempre ese consenso popular, al menos en comunidades pequeñas sin líderes claros que celebraban procesos asamblearios. De hecho, por las dificultades de hallar en ocasiones ese consenso se acudía al bestialismo de la ordalía[2072], que igualmente gozaba de consenso por su enorme aceptación social fruto de la superchería[2073].

En consecuencia, el Derecho penal sería la plasmación *ex ante* de ese consenso. El Derecho procesal, la plasmación *ex post.* Pero ese consenso siempre está presente. Está ahí en los lugares democráticos, pero también en las dictadoras inducidas por la propia población, en las que la pereza mental de los habitantes provoca la aparición de reyezuelos de poder omnímodo que se aprovechan de esa abulia o temor ciudadanos en la labor de gobernar. Como ya se dijo, en las dictaduras impuestas, en realidad todo el sistema punitivo es pura apariencia. No existe el consenso, pero se anhela aparentarlo, porque los ciudadanos desean, pese a todo, que existan los jueces. Porque creen que en ellos verán reflejadas sus opiniones, es decir, su idea de lo justo. De ahí la visible incomprensión y frustración social que se produce cuando, eventualmente, el juez no decide según lo que pensaban los ciudadanos, sino según la prueba que ha observado y lo que le ordena el Derecho penal, es decir, correctamente. A pesar de lo acertado del proceder judicial los ciudadanos sienten, sin saberlo, que se ha roto el consenso, que es la principal fuente generadora de su idea de justicia.

En realidad, todo en sociedad parte de ese consenso. La regla de convivencia básica es, como ha descrito la Psicología, "haz lo mismo que todos, y todo irá bien"[2074]. Se vuelve, por tanto, a la idea del consenso expreso, tácito o forzado, pero consenso al fin. Esa es, en realidad, la justicia, que fundamentalmente es lo que a los ciudadanos de una comunidad les parece justo en un momento dado, aunque a otros observadores no nos lo parezca. Y el llamado a aplicarla es el mismo pueblo, si es pequeño, y cuan-

---

2072 Patetta, *Le ordalie,* Torino: Fratelli Bocca Editori, 1890, pp. 3 y ss.

2073 Foucault, *La verdad y las formas jurídicas,* Trad. LYNCH, Barcelona: Gedisa, 1996, pp. 61-62.

2074 Gigerenzer, *Decisiones intuitivas,* Barcelona: Ariel, 2008, p. 212

do ello es demográficamente imposible aparecen los jueces, como sujetos encargados de la expresión de ese consenso.

En consecuencia, Derecho penal y Derecho procesal penal por fin confluyen. Son sectores del ordenamiento que reflejan con mucha claridad —bastante más que el resto— la existencia de esos consensos sociales. De ahí que los Derechos penal y procesal lleguen a un mismo fin y estén condenados a entenderse.

Resumiendo todo lo anterior en una frase breve: la finalidad de Derecho penal y del Derecho procesal es exactamente la misma: la generación y custodia del consenso social. El primero como respetada rama del Derecho que estudia el sector del ordenamiento de la "*ultima ratio*" y que explica el consenso social y lo racionaliza. El segundo hace efectivo dicho consenso, recreándolo en el caso concreto. Pero para ello es necesario que el juez esté en las mejores condiciones de recoger ese consenso, ayudando a esa misma racionalización a través de la aplicación de otro sector clave del ordenamiento: los derechos fundamentales. Ahí es donde el estudio de los principios procesales y, como digo, la protección de los derechos fundamentales, desempeñan un papel absolutamente vital, sólo incidentalmente destacado por la doctrina. Lo veremos en el siguiente epígrafe.

7. EL PAPEL DE LOS DERECHOS FUNDAMENTALES Y LOS ANTIGUOS PRINCIPIOS PROCESALES EN EL CORRECTO DESEMPEÑO DE LA FUNCIÓN JUDICIAL

Los derechos fundamentales existen como barrera de los ciudadanos para defenderse del omnímodo poder del Estado. Ello está suficientemente demostrado y no es preciso insistir en ello. Basta recordar que las declaraciones de derechos más importantes se han desarrollado como reacción a poderes injustos: la *Bill of Rights* inglesa de 1689 se promulgó tras la Revolución Gloriosa de 1688, que eliminó el poder absoluto del rey en favor del parlamentarismo. La Declaración de Virginia de 1776 fue la antesala de la Declaración de Independencia de los EEUU. La Declaración de los Derechos del Hombre y del Ciudadano llega en 1789, tras la Revolución Francesa, que liquida la monarquía absoluta y el feudalismo. Y la Declaración Universal de los Derechos Humanos sobreviene en 1948, es decir, poco después de la derrota de terribles totalitarismos en la II Guerra Mundial.

Sin embargo, en materia procesal poseen una finalidad adicional. Simplificando al máximo esos derechos, cabe decir que consisten básicamente en una trilogía: imparcialidad, defensa y cosa juzgada[2075]. Pues bien, sobre todo los dos primeros derechos están enfocados a que la función judicial pueda prestarse con excelencia, de manera que el juez pueda captar debidamente el consenso antes citado, de manera que dicte una sentencia que los ciudadanos perciban como justa, o bien que deba serlo porque se ajusta al ordenamiento jurídico, que es o debe ser fruto de otro consenso, lo que es —o debiera ser— especialmente evidente en materia penal.

A fin de realizar su labor con pulcritud, el juez debe averiguar también correctamente la realidad. Mala aplicación de la ley sería la que se realizara sobre un supuesto de hecho falso. Pues bien, los derechos fundamentales contribuyen a guiarle y darle algunos apoyos para que no se desvíe del camino. Para entenderlo, hay que tener en cuenta que el juicio jurisdiccional, esencialmente, es una decisión del juez. Y como argumenta la psicología cognitiva, cualquier decisión suele estar basada en heurísticos que pueden provocar sesgos, que son los que llevarán al juez a una decisión errónea[2076].

Es por ello por lo que se exige que el juez sea imparcial, a fin de aislarle de sus emociones sobre el asunto o las partes, que pueden hacerle entrar en el peligroso heurístico de afección[2077]. Igualmente se le exige que respete el derecho a la defensa, a fin de que en las diferentes fases del proceso tenga en cuenta lo que aleguen las partes, y no únicamente su propia opinión. En realidad es exactamente lo mismo que apuntaron glosadores y autores posteriores cuando le decían que juzgara *secundum allegata et probata —partium— et non secundum constientiam suam*[2078]. Justamente ese brocardo dio origen al principio dispositivo, y más exactamente al principio de aportación de parte[2079]. Con estos principios, fundamentales y origen de casi todos los demás que después describió la doctrina, lo que se pretendía es que el juez escuchara a las partes, es decir, que permitiera su defensa, lo que no ocurre cuando se hace un uso abusivo de los principios de ofi-

---

2075 Lo explico en Nieva Fenoll, *Derecho procesal*, nota nº 12, pp. 125 y ss.

2076 Kahneman; Slovic; Tversky, *Judgment under Uncertainty: Heuristics and Biases*, Cambridge: Cambridge University Press, 1982, *passim*.

2077 Finucane; Alhakami; Slovic; Johnson, "The Affect Heuristic in Judgment of Risks and Benefits", *Journal of Behavioral Decision Making*, vol. 13, n° 1 (2000), pp. 1-17. Slovic; Finucane; Peters; MacGregor, "Risk as Analysis and Risk as Feelings: Some Thoughts about Affect, Reason, Risk, and Rationality", *Risk Analysis*, vol. 24, n° 2 (2004), pp. 311-322.

2078 Nuevamente Accursius, *Corporis Iustinianaei*, nota nº 11, p. 17: "*Iudex debet ferre sententiam, secundum allegata et probata, non secundum conscientiam*".

2079 Nieva Fenoll, "La cattiva reputazione del principio inquisitorio", *Rivista trimestrale di diritto e procedura civile*, vol. 68, n° 3 (2014), pp. 943-970.

cialidad e inquisitivo, que llevados a ultranza suponen la denegación de la defensa y el consiguiente aislamiento del juez en su propio criterio, lo que está muy bien descrito por los sesgos egocéntrico[2080] y de confirmación[2081]. Con los mismos, el juez cree que todo el mundo es de su opinión, y además no solamente no la cambia, sino que reinterpreta erróneamente todas las informaciones que recibe en apoyo de su tesis, aunque rectamente le deberían llevar a un cambio de opinión.

Por consiguiente, ignorando la imparcialidad y la defensa, el juez ignora el consenso social y se forma una idea equivocada del existente. No escucha a las partes, fuentes informadoras principales del consenso en el proceso, o al menos de sus posibles versiones, dado que las mismas deben ser completadas con lo que declara el ordenamiento, naturalmente. Y de ese modo, el único "consenso" que tiene en cuenta el juez es el que está en su mente. Es decir, lo que debiera ser una decisión de la comunidad, se convierte en la decisión individual de un falso representante.

De ese modo, también desde la teoría general de los derechos fundamentales, e incluso de la más antigua de los principios, se comprueba que la orientación del consenso es correcta. Por fin, más allá de la evitación de la autotutela o del mantenimiento de un estilo de convivencia, se llega a la conclusión de que un sistema integral punitivo debe regirse por la idea única de consenso. Del consenso para elaborar los tipos penales se encarga el Derecho penal. De su correcta plasmación en el juicio jurisdiccional se encarga el Derecho procesal. Ambos son imprescindibles recíprocamente. Sin juicio, el Derecho penal es letra muerta. Sin Derecho penal, las posibilidades de elaboración de un falso consenso se multiplicarían. Aunque la mente judicial esté debidamente informada por las partes y por su propia formación esté en condiciones de emitir un juicio correcto, sin esa guía que supone el Derecho penal, en comunidades relativamente complejas se disgregaría absolutamente el sentido de lo justo, dado que cuanto más numerosa es esa comunidad, mayores discrepancias pueden surgir, especialmente en un aspecto tan sensible como aquello que más rechaza una sociedad. Se perdería, en definitiva, una idea coherente de lo justo, lo que quebraría finalmente la supervivencia del grupo, surgiendo la autotutela y rompiéndose la convivencia. De ahí la necesidad de existencia de la norma

---

2080 Artieta Pinedo; González Labra, "La toma de decisiones", en: González Labra, *Introducción a la psicología del pensamiento,* Madrid: Trotta, 2005, pp. 344.

2081 Myers, *Intuición. El poder y el peligro del sexto sentido,* Trad. SOLANA, Barcelona: Paidós, 2003, p. 175.

penal uniforme y de un juez que la aplique y, eventualmente, la complete en las mejores condiciones.

8. LAS INSTITUCIONES PROCESALES Y SU INTERACCIÓN CON EL DERECHO PENAL

Descubierto, por tanto, ese fin único de ambas ramas del Derecho, resta solamente pronunciarse por las supuestas interacciones —o interferencias— que ha denunciado la doctrina[2082]. Me centraré sobre todo en el sobreseimiento, la prueba y la presunción de inocencia como aspectos comunes a cualquier ordenamiento jurídico.

En cuanto al sobreseimiento, en absoluto puede observarse como una barrera al Derecho penal. Los hechos dejan de perseguirse cuando la ley penal no los tipifica como delito, o bien cuando esa misma ley prevé causas de inimputabilidad que hacen imposible la sanción[2083]. Nada de ello es obstáculo, sino mera ejecución procesal de lo que dice el Derecho sustantivo.

Más dudas pueden surgir en los supuestos de sobreseimiento por no existir evidencias suficientes para juzgarlo[2084], lo que enlaza con la cuestión de la prueba. Sin embargo, tampoco ese sobreseimiento, libre o provisional, constituye obstáculo alguno a la norma penal. Bien al contrario, cumple plenamente con un principio orientador, convertido por algunas constituciones incluso en derecho fundamental, y que constituye la clave de bóveda esencial de todo el sistema: la presunción de inocencia, que desde luego puede citarse en su más antigua acepción de *in dubio pro reo*. Actualmente ya no existen dudas de que ambos principios son exactamente el mismo[2085]. Pero más allá de eso, fijémonos que con la presunción de inocencia de lo que se trata es de eliminar de la mente judicial un consenso social especialmente nocivo: el prejuicio social de culpabilidad, extendidísimo en cualquier latitud del mundo[2086].

[2082] Wolter, *Estudio,* nota nº 7, pp. 31 y ss.

[2083] Ver, por ejemplo, el art. 637 de la Ley de Enjuiciamiento Criminal española o el art. 177 del CPP francés.

[2084] Art. 641 Ley de Enjuiciamiento Criminal, que provoca un sobreseimiento provisional. En Alemania, en cambio, en estos casos el sobreseimiento es libre (§ 203 StPO).

[2085] Lo explico en Nieva Fenoll, *La duda en el proceso penal,* Madrid: Marcial Pons, 2013, pp. 62 y ss.

[2086] Nieva Fenoll, *La duda,* nota nº 73, p. 102.

Pues bien, si se pudieran llevar adelante procesos que solamente están basados en conjeturas, en hipótesis que pueden tener confirmación simplemente intuitiva, pero en ningún caso empírica, la presunción de inocencia no estaría siendo respetada. Se estaría perjudicando al reo con una pena de banquillo, una incertidumbre y la consiguiente desazón que sólo serviría para dañarle innecesariamente, y quizás para satisfacer el ánimo inquisitorio de algunos de los sujetos del proceso, así como de ciudadanos tan paranoicos como dichos sujetos. Si utilizados todos los esfuerzos del fenomenal aparato investigador del Estado resulta que no se descubren evidencias suficientes de un hecho, el mismo debe dejar de ser perseguido, porque de lo contrario la presunción de inocencia sería irremediablemente vulnerada, lo que resulta absurdo desde el punto de vista de la misma esencia de la norma penal.

En consecuencia, esas interacciones entre el proceso y el Derecho sustantivo no se traducen, en absoluto, en interferencias, sino que sólo son piezas de un mismo sistema, ese sistema integral del que, en conclusión, se hablará en el último epígrafe. Sí son interferencias, en cambio, y como ya se advirtió, las generosas posibilidades de renuncia a la acción penal del ministerio fiscal alemán. Dejar de perseguir hechos porque el delincuente sea joven puede estar justificado, no sólo por razones de política criminal, sino por evidencias neurocientíficas[2087]. No hacerlo por motivos políticos es simplemente un fraude al consenso social del que venimos hablando.

9. ¿ES POSIBLE UN SISTEMA INTEGRAL DEL DERECHO PENAL?

No sólo es posible ese sistema integral, sino que resulta totalmente ineludible. Es probable que algunas disposiciones legislativas puntuales hayan podido resultar sorprendentes a ese fin, pero finalmente parece completamente claro que siendo el proceso el cauce a través del cual se actúa el Derecho penal, no pueden existir incoherencias entre uno y otro.

De ese modo, teniendo claro el objetivo común de ambos derechos —la averiguación del consenso social en torno a lo más rechazado—, como ya se anunció, se hace más fácil planificar las reformas legislativas y hasta la propia configuración de la jurisdicción penal. Desde ese punto de vista, no se pueden tipificar hechos que la sociedad no rechaza, porque encon-

---

2087 Pozuelo Pérez, "Sobre la responsabilidad penal de un cerebro adolescente", *InDret,* n° 2 (2015), pp. 1 y ss.

trarán problemas en la elaboración de la convicción judicial, lo que amenaza con distorsionar todo el modelo. No se podrá caer en el populismo punitivo, porque el supuesto consenso derivado de declaraciones políticas repugnantes no es más que el producto de una manipulación puntual.

Pero podremos decidir, además, qué formación debe tener el juez, a fin de que consiga captar perfectamente esos consensos en cada momento, igual que el legislador, por cierto. Y también se podrá decidir, desde esta perspectiva, si el jurado es un válido representante de la voluntad popular en sociedades numerosas y complejas, o más bien se trata de una reliquia histórica que se convierte en simple farsa representativa en la práctica, víctima además de toda clase de prejuicios.

Por último, cabrá concretar cómo debe ser la respuesta del sistema. Será necesario identificar definitivamente a la pena como una actividad netamente ejecutiva, lo que ayudará a reflexionar, no solamente sobre sus fines, sino sobre sus posibilidades en el sistema de que se trate. Será posible concretar si se sigue tratando de un castigo basado en el Talión, que nuevamente vuelve a estar construido sobre un consenso social viciado, muy inestable y reminiscente de la venganza o autotutela que el Derecho procesal intenta evitar, o más bien cabría decir que hoy en día, cuando probatoriamente podemos conocer el estado mental de un reo a través de diversas pericias, la pena —que quizás debería dejar de llamarse así— debe ser más bien un tratamiento que ayude, no ya a reintegrar al individuo a la sociedad, sino a adecuar su comportamiento futuro a lo dispuesto por el ordenamiento jurídico, entendiendo por qué su conducta es antisocial, existiendo otras vías para conseguir la satisfacción personal, siempre que ello sea científicamente posible, así como procesalmente viable en función de la infraestructura existente en cada territorio.

Restará, finalmente, averiguar qué podemos hacer con los inimputables irrecuperables y con los menores. Más allá del Derecho, debe hablar la psiquiatría[2088] y la neurociencia en estos casos extremos, dictando cuáles son los tratamientos —nuevamente los tratamientos— acertados. El sistema integral tendrá que posibilitar la materialización de aquello que diga la ciencia médica.

[2088] Pese a sus imprecisiones, que destaca Ragués i Vallès, *El dolo y su prueba en el proceso penal*, Barcelona: Bosch, 1999, p. 230.

LA COMPETENCIA DE LA SALA SEGUNDA DEL TRIBUNAL SUPREMO PARA EL ENJUICIAMIENTO DE LOS LÍDERES INDEPENDENTISTAS

Publicado en AA.VV. (Queralt dir.), La sentencia del procés: una aproximación académica, Barcelona. 2020, pp. 19-32.

1. INTRODUCCIÓN

Ha pasado ya algún tiempo desde la sentencia 459/2019 de 14 de octubre de 2019 que condenó a los líderes independentistas catalanes a penas de prisión de entre nueve y trece años. En un tiempo en que todo es efímero y los acontecimientos, incluso los más importantes, se olvidan con facilidad, este proceso está teniendo ya una persistencia infrecuente en la memoria colectiva, que da la razón a los que avizoraban que pasaría a la historia. Con independencia de las medidas de gracia o de beneficios penitenciarios que puedan eventualmente acordarse, por desgracia quedará para siempre en el recuerdo que en este proceso se pudieron vulnerar, en opinión de algunos juristas que se atrevieron a decirlo[2089], el principio de legalidad, la presunción de inocencia, el derecho de defensa en su vertiente del derecho a la prueba[2090], derecho a la motivación de la sentencia, el derecho a la libertad personal, el derecho de participación política, el derecho de manifestación, el derecho al reexamen de las sentencias condenatorias y el derecho al juez ordinario predeterminado por la ley, sin contar con la dramática situación creada a nivel europeo con las euroórde-

---

[2089] Cfr. el tratamiento de estas cuestiones en el número monográfico de la *Revista Teoría y Derecho Revista de Pensamiento Jurídico*, 26/2019, *Comentarios a la Sentencia del Tribunal Supremo de 14 de octubre de 2019. El proceso penal al procés*, coordinado por José Luis González Cussac.

[2090] Me ocupé de la cuestión en Nieva Fenoll, "El art. 708 LECRIM: una limitación inexistente al interrogatorio cruzado", *Revista Teoría y Derecho Revista de Pensamiento Jurídico*, 26/2019, pp. 235 y ss.

nes[2091] y el fallo del caso Junqueras ante el Tribunal de Justicia de la Unión Europea[2092].

Semejante sacrificio de derechos fundamentales no puede encontrar razón alguna —aunque sea de Estado— que lo justifique. No tiene ningún sentido que algunos jueces se aprestaran a otorgar una injustificada gravedad a hechos que, aún no siendo desde luego irrelevantes penalmente, no podían recibir la desproporcionada respuesta punitiva que merecieron. Sería interesante realizar un trabajo completo sobre todas las indicadas vulneraciones[2093], pero me centraré únicamente en la última de las citadas: la del derecho al juez ordinario predeterminado por la ley.

Y es que a muchos extrañó que el Tribunal Supremo se hiciera cargo de la instrucción y enjuiciamiento de estos hechos. Su competencia natural es, como es sabido, la resolución de recursos de casación, y no el enjuiciamiento en primera y única instancia de delitos. Vamos a analizar a continuación lo sucedido, de manera que pueda evaluarse con objetividad si la citada vulneración de derecho fundamental existió o no.

2. DEL TSJ AL TS, PASANDO POR LA AN

Al ser aforados los investigados, en un primer momento se pensó que el tribunal para enjuiciarlos sería el Tribunal Superior de Justicia de Cataluña[2094]. Así lo manda el art. 73.3.a de la Ley Orgánica del Poder Judicial, que se remite a los arts. 57 y 70 del Estatut de Catalunya, que efectivamente disponen que los causas penales contra diputados, presidente y miembros del consejo ejecutivo de una comunidad autónoma se sustanciarán ante el citado órgano jurisdiccional.

[2091] Nieva Fenoll, "El examen de la autoridad requerida en la orden europea de detención y entrega de políticos independentistas: entre la política y el Derecho", en AAVV (Arroyo, Nieto, Muñoz dir.), *Cooperar y castigar: el caso de Puigdemont*, 2018, pp. 73 y ss.

[2092] C-502/19, Junqueras Vies, 19-12-2019, ECLI:EU:C:2019:1115.

[2093] Vid. nuevamente el número monográfico de la *Revista Teoría y Derecho Revista de Pensamiento Jurídico*, 26/2019, *Comentarios a la Sentencia del Tribunal Supremo de 14 de octubre de 2019. El proceso penal al procés.*

[2094] Sobre todos los antecedentes que llevaron a la competencia de la Sala Segunda del TS, es imprescindible la lectura de Armengot Vilaplana, Alicia, "La competencia del TS para conocer de la causa especial de "el procés", *Revista Teoría y Derecho Revista de Pensamiento Jurídico*, 26/2019, pp. 253 y ss.

Sin embargo, al aprobarse la suspensión de la autonomía *ex* art. 155 CE, que conllevó también la inmediata convocatoria de elecciones el 27-10-2017, todos los investigados —salvo la presidenta del *Parlament* y algunos miembros de la diputación permanente— quedaron automáticamente apartados de sus cargos, por lo que ya no eran aforados. Siendo así, debían ser competentes para la investigación de los hechos los juzgados de instrucción de Barcelona, lugar en el que habían sucedido la mayoría de los acontecimientos investigados, incluída la convocatoria del referendum, la movilización de 20 de septiembre ante la *conselleria de economia*, tal vez la mayoría de choques con la policía del día del referendum, y la mismísima declaración de independencia.

Sin embargo, en un primer momento las querellas de la Fiscalía General del Estado recalaron en el Tribunal Supremo —y no ante el Tribunal Superior de Justicia— con respecto a los que aún eran aforados por pertenecer a la Diputación Permanente del Parlament. Y los que habían perdido el aforamiento fueron citados en la Audiencia Nacional —y no ante los Juzgados de Instrucción de Barcelona— en concreto ante una de sus juezas centrales de instrucción que nueve meses después (el 24-7-2018) obtuvo su ascenso a la Sala Segunda del Tribunal Supremo[2095]. Esa misma semana de noviembre de 2017, todos los investigados ante ese Juzgado Central de Instrucción de la Audiencia Nacional[2096] fueron citados cautelarmente. Tras haber prestado declaración fueron reducidos a prisión provisional los que comparecieron voluntariamente. Contra los ausentes se dictaron días más tarde órdenes europeas de detención y entrega dirigidas a los jueces del país en el que se habían instalado esos reos ausentes: Bélgica.

Paralelamente, dos reos —Jordi Cuixart y Jordi Sànchez— habían sido sometidos a prisión provisional días antes por el mismo Juzgado Central de Instrucción, como consecuencia de la investigación en la Audiencia Nacional —y no en los juzgados de instrucción de Barcelona— de la citada movilización ante la *conselleria de economia* por delito de sedición, del que la juez central de instrucción se consideró competente. Y es en esta misma causa en la que se cita al jefe de la policía autonómica, a una intendente

---

2095 http://www.poderjudicial.es/cgpj/es/Poder-Judicial/Tribunal-Supremo/En-Portada/El-CGPJ-elige-a-Carmen-Lamela-nueva-magistrada-de-la-Sala-Segunda-del-Tribunal-Supremo

2096 Sobre su competencia objetiva real, es extraordinariamente esclarecedora la explicación de Dopico Gómez-Aller, Jacobo, "¿Es competente la Audiencia Nacional para conocer de los delitos de rebelión y de (algunos de) los delitos de sedición?", *Revista Electrónica de Ciencia Penal y Criminología*, 19-17 (2017), pp. 1 y ss.

policial que estuvo en el lugar de los hechos y posteriormente a los dos responsables políticos de dicha policía.

Finalmente, las investigaciones citadas se dividieron en tres procesos. De manera inopinada, el Tribunal Supremo asumió una causa contra la mayoría de investigados, sustrayéndole la competencia a la Audiencia Nacional, que solamente se quedó con un proceso exactamente por los mismos hechos contra los cuatro responsables policiales. Nadie sabe a ciencia cierta el porqué de esta decisión, pero es como si se hubiera querido separar a los políticos de las fuerzas de seguridad, pese a que en el marco de un delito de rebelión —que es el que se acabó juzgando en todos los casos— no se entiende la participación de los unos —los políticos— sin el concurso de una especie de brazo armado representado por las fuerzas de seguridad.

Ulteriormente, el propio Tribunal Supremo decidió mandar al Tribunal Superior de Justicia una parte de la causa frente a los solamente acusados por delito de desobediencia por estar algunos reos aforados, produciéndose así la tercera división de la misma causa. Con ello intentaba no sustraer a esos reos su derecho a la revisión de su eventual condena. Y ello era correcto, pero por la misma razón debía haber renunciado a juzgar el resto de la causa, traspasando la competencia al Tribunal Superior de Justicia, ya que la competencia sobre estos reos por desobediencia estaba sustentada exactamente en las mismas razones que el resto de reos, porque los hechos eran idénticos y comprendían una evidente unidad de actuación[2097].

Esta triple partición del proceso es incomprensible. Rompe la unidad de la causa y plantea el riesgo cierto de que se dicten sentencias contradictorias. Nunca debiera haber ocurrido, y no hubiera sucedido de no haber asumido el Tribunal Supremo la competencia sobre buena parte de estos hechos. Veamos las razones que ofreció el alto tribunal.

3. LAS RAZONES DEL TRIBUNAL SUPREMO

El Tribunal Supremo manifestó en concreto tres únicas razones por las que fundamentó su competencia: que el delito tenía trascendencia fuera de la Comunidad Autónoma donde habría sido cometido, que además tenía elementos de internacionalidad y que el Tribunal Supremo era el tribunal superior en todos los órdenes.

2097 Cfr. Armengot Vilaplana, Alicia, "La competencia del TS para conocer de la causa especial de "el procés", cit. pp. 268 y ss.

Como se ve, no se observa ningún criterio realmente directo de atribución de la competencia, sino más bien se trata de justificaciones *a posteriori* de una decisión ya tomada de antemano, sustrayendo la competencia a quien sí le correspondía por los aforamientos: el Tribunal Superior de Justicia. Estos casos en que se mezclan personas aforadas y no aforadas siempre son complejos en cuanto a la determinación de la competencia, porque se obliga a acudir a un tribunal especial a quien tiene que ser juzgado por un tribunal ordinario. Hasta el momento, el Tribunal Europeo de Derechos Humanos no ha puesto demasiados problemas al respecto siempre que exista una conexión establecida en la ley respecto de los hechos por los que se juzga a aforados y no aforados, compensando la pérdida del juez natural, e incluso del derecho a la revisión de la condena, con el prestigio que suele tener un tribunal superior[2098].

Pero es que en este caso, la asunción de la competencia por parte del Tribunal Supremo tenía aún más graves efectos, dado que no solamente se sustraía a varios reos no aforados de su juez predeterminado por la ley, sino que además se les hurtaba su derecho a la revisión de un fallo eventualmente condenatorio ante un tribunal superior. Piénsese que no es que los reos pasaran simplemente del Tribunal Superior de Justicia al Tribunal Supremo, sino que los investigados no aforados deberían haber sido juzgados por la Audiencia Provincial de Barcelona, siendo recurrible su sentencia, no sólo en casación ante el Tribunal Superior de Justicia, sino también en casación ante el Tribunal Supremo. La merma en el derecho de defensa es, en estas condiciones, ciertamente considerable. Y con más razón si la competencia del Tribunal Supremo se basaba en argumentos tan endebles como los que se van a considerar.

3.1. El delito tiene trascendencia fuera de la Comunidad Autónoma

Este era el argumento principal del Tribunal Supremo. Basándose en lo dispuesto en los arts. 57.2 y 70.2 del Estatut de Catalunya, argumentaba que los delitos habían tenido efectos "fuera del territorio de Cataluña", como dicen los preceptos, arguyendo que un intento de separación de la región de un Estado obviamente tiene efectos en el territorio de todo el Estado.

2098 Indirectamente, STEDH 2-9-2005, Claes y otros v. Bélgica, puntos 39-44 (rec. n. 46825/99, 47132/99, 47502/99, 49010/99, 49104/99, 49195/99 y 49716/99).

Pero es que lo preceptos no dicen eso. Simplemente reza su redactado que "*fuera del territorio de Cataluña la responsabilidad penal es exigible en los mismos términos ante la Sala de lo Penal del Tribunal Supremo*", lo que se refiere claramente a los delitos cometidos "fuera" del territorio catalán, y no "en" el territorio catalán, como era el caso. Había que recurrir a una lectura extensiva de la competencia para hablar de los "efectos" del delito o, como dijo la sentencia, que "*los hechos se sitúen ... fuera del ámbito de la comunidad autónoma catalana*", lo que afectaba directamente al derecho al juez ordinario predeterminado por la ley porque se abría una puerta peligrosísima de cara al futuro. Si todos los delitos cometidos por aforados autonómicos con efectos fuera de la comunidad autónoma se han de juzgar en el Tribunal Supremo, cualquier delito fiscal, malversación, prevaricación, delito contra el medio ambiente o cualquier otro con efectos sobre la generalidad habría de tener el mismo destino, lo que no es coherente con un reparto racional de la competencia territorial, porque demasiadas veces habrían de conocer de los procesos órganos centralizados, excluyendo a los territoriales.

Y es que, además, recordemos que se juzgaba un delito de rebelión, que no se produjo en ningún caso "*fuera del territorio de Cataluña*", sino sólo en el territorio de Cataluña, que también pertenece a España, nadie lo duda, pero que no por ello deja de ser territorio de Cataluña. Es como si el histórico Motín de Aranjuez, o la rebelión de Asturias, o las diversas sublevaciones cubanas o marroquíes hubieran debido juzgarse en algún otro sitio que no fuera el lugar de los hechos, trayendo a todos los rebeldes a un lugar distante al discutir el poder público español en su conjunto. Es simplemente absurdo, salvo que lo disponga la ley expresamente, que como se ve no es el caso.

Además, finalmente se acabó condenando por un delito de sedición, que es un delito contra el orden público, que por pura lógica sólo tiene efectos allá donde se comete, no pudiendo ser de otro modo. Habiendo tenido lugar todas las movilizaciones que fueron tachadas de sediciosas exclusivamente en territorio catalán, no tenía sentido pensar que unos disturbios a gran escala que impiden u obstaculizan la actuación de las autoridades sin usurpar el poder, hayan podido tener efectos fuera del lugar donde sucedieron, como si se hubieran extendido las movilizaciones a otras partes del Estado, cosa que nunca sucedió.

En consecuencia, este criterio de atribución de la competencia simplemente no era correcto. Debemos pasar por tanto a los siguientes en averiguación de si fueron más fundamentados.

3.2. El delito tenía elementos internacionales

Una de las sospechas que concurrieron en un principio es que parte de los hechos se hubieran producido en el extranjero. Como muchas rebeliones, partiendo de la base de la supuesta existencia de ese delito —que era difícilmente sustentable, como luego afirmó la sentencia—, era posible que parte de la pretendida sublevación se hubiera producido en el extranjero, comprando o escondiendo armas, por ejemplo.

Sin embargo, en la sentencia no se dice absolutamente nada al respecto. Durante la causa solamente se refirieron dos tipos de actividades con elemento internacional: la compra y custodia de urnas, por un lado, y la realización de actos públicos en promoción de la independencia[2099], por el otro, tales como conferencias, reuniones o manifestaciones, artículos de prensa, apertura de páginas web de promoción del *procés* o incluso acciones de simple facilitación del voto de los catalanes en el extranjero.

Sin embargo, en el proceso no se determinó cómo fueron adquiridas las urnas, lo que a día de hoy sigue siendo una incógnita para la enorme mayoría. Pero es que en segundo lugar, mal futuro tiene una rebelión que piensa utilizar la "violencia"que puede ejercerse con conferencias, urnas y votos, conclusión que también es aplicable para la sedición. No se pueden hacer barricadas con urnas y conferencias, ni organizar tropas de voluntarios, ni incendios, ni ataques a la población o contra edificios públicos, ni saqueos ni nada que se le parezca y que haya conformado una rebelión alguna vez en la historia del mundo.

Todas esas actividades, por tanto, no eran aptas para cometer un delito de rebelión, y por ello ni tan siquiera hubieran debido ser tomadas en consideración. Y es que tomar urnas, conferencias y actos públicos y pacíficos de promoción de la independencia como parte de un proceso de rebelión, supone directamente criminalizar una ideología, lo que no es posible en una democracia. Por ello, este supuesto punto de conexión no tenía ni la más mínima verosimilitud. En realidad, ni siquiera fue considerado realmente en la sentencia.

3.3. El Tribunal Supremo es el Tribunal Superior en todos los órdenes

Con todo, este fue precisamente el argumento más sorprendente de todos. Es simplemente inaceptable que el propio Tribunal Supremo re-

[2099] P. 7 y 88 y ss de la querella del ministerio fiscal dirigida al Tribunal Supremo.

cordara el contenido del art. 123 CE, arguyendo que el Tribunal Superior de Justicia nunca podría plantear cuestiones de competencia al Tribunal Supremo porque este órgano es el superior en todos los órdenes.

Y es inaceptable porque nadie duda de la superioridad del Tribunal Supremo en la escala jurisdiccional, pero eso no hace entrar al alto tribunal en una suerte de jerarquía a través de la cual pudiera avocar a su conocimiento discrecionalmente los asuntos que deseara enjuiciar. Ese comportamiento, propio de los consejos reales medievales de toda Europa y parte de América[2100], y más precisamente del Consejo de Castilla[2101], sustituído precisamente por el Tribunal Supremo en 1834[2102], es incompatible con la independencia judicial y por ello no puede constituirse en la base que sustente la competencia del Tribunal Supremo ni siquiera como argumento secundario, visto lo endeble de los anteriores.

Es cierto que, como dice la sentencia, la fiscalía inicialmente específicó elementos de internacionalidad en la causa, pero como se ha comprobado, los mismos eran inanes para la comisión del delito de rebelión incluso en un principio de las investigaciones, por lo que jamás deberían haber sustentado la competencia del Tribunal Supremo. O bien, incluso habiendo existido tales elementos, una vez comprobada en la instrucción su inexistencia, debieron haber motivado, como es obligado, la inhibición del Tribunal Supremo y el traspaso de la causa al Tribunal Superior de Justicia de Cataluña o a los juzgados de primera instancia de Barcelona, como se dijo. De hecho, esa inhibición se acordó para los acusados simplemente por delito de desobediencia. Es decir, podía decidirse sin dificultad.

Pero no fue así. Incomprensiblemente se mantuvo esa posición del Tribunal Supremo como preeminente que, como después se razonará, vulneró el derecho al juez legal. En un Estado que respete ese derecho, los órganos jurisdiccionales tienen la competencia que la ley establece antes del acaecimiento de los hechos. La competencia no puede establecerse *ad hoc* y *ex post facto*. Y mucho menos con argumentaciones tan sumamente endebles como las señaladas.

2100 Vid. Vives y Cebriá, Pedro Nolasco, *Traducción al castellano de los Usages y demás derechos de Cataluña que no están derogados ó no son notoriamente inútiles*, Tomo I, Barcelona 1832, pp. 198 y ss. De de Dou y de Bassols, Ramón Lázaro, *Instituciones de Derecho Público General de España con noticia particular de Cataluña y de las principales reglas de gobierno de cualquier Estado*, Madrid 1800-1802, Tomo II, p. 153.

2101 Tomé Paule, J., *La Organización Judicial española durante la Edad Moderna*, RDProc. 1982, pp. 458 y ss.

2102 Real Decreto de 24-3-1834.

3.4. La designación de Pablo Llarena como magistrado instructor

Otro de los asuntos espinosos en este proceso lo constituyó la designación del magistrado Pablo Llarena como instructor. Se dijo en varias informaciones periodísticas[2103] que no hubiera debido ser él el designado por el turno establecido en la Sala, sino que le debió haber correspondido el nombramiento a otro de sus compañeros.

Para comprobar lo que ocurrió, debe recurrirse a la normativa reguladora al efecto. Todo parte del art. 57.1.2º de la Ley Orgánica del Poder Judicial, que dispone una regulación ciertamente anómala, aunque respetada hasta la fecha —en parte[2104]— por el Tribunal Europeo de Derechos Humanos. De la instrucción y enjuiciamiento de las causas contra algunos aforados —sólo una parte de los reos, como ya se dijo— se encarga un solo tribunal: la Sala Segunda del Tribunal Supremo. Y para no caer en la falta de imparcialidad derivada de haber instruido y juzgado el asunto, el legislador, en el art. 57.2 LOPJ acude a la ficción de que la sala establezca "un turno preestablecido" entre sus magistrados, en función del cual el magistrado elegido por ese sorteo parcial se encargará de la fase de investigación y por tanto no formará parte de la sala enjuiciadora.

La solución del legislador es, en términos técnicos, una auténtica chapuza sin paliativos. Fue ideada a finales de los años ochenta del siglo XX e introducida a través de la Ley Orgánica 7/1988 de 28 de diciembre, día bastante señalado en España que irónicamente no presagiaba nada bueno. Quien figura de magistrado instructor no es un juzgador que pueda estar alejado del fondo del asunto, sino que es un juez que convive cotidianamente con sus compañeros de la misma sala, por lo que es simplemente inimaginable pensar que no va a comentar con ellos cuanto investigue o que ninguno de ellos le sugerirá absolutamente nada sobre el asunto, siquiera de forma informal. El ser humano dejaría de ser lo que es si imagináramos a ese magistrado instructor como un individuo aislado de todo el resto de la sala, pero sólo para ese asunto, puesto que para el resto seguirá trabajando con sus compañeros. Es de notar, además, que los casos de aforados son mediáticamente muy potentes. En suma, no cabe en cabeza humana imaginar en ese magistrado el aislamiento deseado por el legislador español del instructor con respecto al resto de magistrados del tribunal, y que es estrictamente necesario para mantener su imparcialidad.

2103 https://www.publico.es/politica/causa-general-proces-supremo-salto-normas-ascender-llarena-adjudicarle-causa-proces.html

2104 STEDH, Gómez de Liaño v. España, 22-10-2008, rec. 21369/04.

Al contrario, lo que es natural es que los magistrados comenten los asuntos de los que están encargados, con más razón, insisto, cuando son mediáticos, y por ello no es posible concebir la obligada distancia entre instructor y juzgadores. De ahí que este régimen legal debiera ser urgentemente reformado, sea a través del encargo de la instrucción al ministerio fiscal, que podría perfectamente operarse para este caso concreto incluso si la Ley de Enjuiciamiento Criminal no optara finalmente, en algún momento, por este modelo en términos generales, o sea confiando en un magistrado de otro tribunal superior dicha instrucción, que bien podría ser a sorteo un magistrado de un Tribunal Superior de Justicia con especialización en materia penal. Con todo, esta es una cuestión *de lege ferenda.*

Para lo que ahora concierne, debe asumirse que la regulación es la que es y que por tanto debe revisarse cómo fue establecido el turno. A tal efecto, cada año la Sala de Gobierno del Tribunal Supremo acuerda ese turno, que posteriormente es publicado por acuerdo del Consejo General del Poder Judicial. Así se ha hecho antes y después de 2016[2105], que es la que afecta al objeto de estas reflexiones, y se ha seguido procediendo de la misma manera en los años posteriores 2017[2106], 2018[2107] y 2019[2108].

Centrándonos en el de 2016, se disponía en el mismo que la designación del instructor se realizaría por orden de antigüedad, es decir, de más antiguo a más moderno en la sala, excluyendo al presidente y a los magistrados de la sala de admisión y de la de recursos. Según el mismo documento, para el período de 1-10-2017 a 31-1-2018, la sala de admisión la conformaban los magistrados Marchena Gómez, Martínez Arrieta, Sánchez Melgar, Berdugo Gómez de la Torre y Varela Castro, y la de recursos para el mismo período los magistrados Conde-Pumpido Tourón, Monterde Ferrer y Jorge Barreiro. Todos ellos, por tanto, quedaban excluídos para la función de instructor cuando fue designado por la sala de admisión el magistrado Llarena Conde por auto de 31-10-2017, "*conforme al turno establecido*", según reza el punto 2º de la parte dispositiva de dicho auto.

Y teniendo en cuenta dicho turno, establecido, como se ha dicho, por orden de antigüedad, esto es, de más antiguo a más moderno porque así lo

---

2105 BOE 30-12-2016, Sec. III, pp. 91617 y ss. https://www.boe.es/boe/dias/2016/12/30/pdfs/BOE-A-2016-12567.pdf

2106 https://www.boe.es/buscar/doc.php?id=BOE-A-2017-14554

2107 https://www.boe.es/diario_boe/txt.php?id=BOE-A-2018-16763

2108 https://www.boe.es/buscar/doc.php?id=BOE-A-2020-2129

indica el propio acuerdo de 2016 que estamos considerando[2109], que incluso ofrece dicho orden[2110], la lista de posibles instructores la conformaban los magistrados: 1. Soriano Soriano; 2. Colmenero Menéndez de Luarca; 3. del Moral García; 4. Palomo del Arco; 5 Ferrer García; 6. Llarena Conde.

Sin embargo, el magistrado Soriano causó baja por jubilación en 2017, el mismo año en cuyo mes de marzo el magistrado Conde-Pumpido fue nombrado magistrado del Tribunal Constitucional, lo que hizo que la Sala de recursos fuera integrada por el siguiente en antigüedad, el magistrado Colmenero. De ese modo, el orden del turno para ocupar el puesto de instructor, por orden de antigüedad, lo formaban: 1. del Moral García; 2. Palomo del Arco; 3 Ferrer García; 4. Llarena Conde.

En consecuencia, según el acuerdo y "*conforme al turno establecido*", como ordena la Ley Orgánica del Poder Judicial, el designado para la función de instructor debió haber sido el magistrado Antonio del Moral, que era el más antiguo de los posibles, y no el magistrado Pablo Llarena, que era el más moderno.

No se entiende cómo se pudo operar esta alteración del orden ni por qué. Son absolutamente descartables razones políticas de orientación ideológica de cualquiera de los dos magistrados, en las que ni siquiera voy a entrar. De hecho, la propia Sala de Gobierno, durante todo 2017 pudo haber modificado tranquilamente el orden, disponiendo el inverso, es decir, de más moderno a más antiguo, pero no consta que lo hiciera en ningún momento[2111]. Y debía haber procedido de esta forma para que fuera efectivo, no pudiendo derogar discrecionalmente la Sala Segunda un acuerdo de la Sala de Gobierno del Tribunal Supremo, debiendo ser esta misma última Sala la que en su caso debía reformar el criterio.

Por consiguiente, reitero que es simplemente incomprensible por qué debiendo haber sido nombrado el magistrado más antiguo, lo fue *ad hoc* el más moderno, criterio que, por cierto, se repite en parte, en contra nuevamente del Acuerdo de la Sala de Gobierno de 2016[2112] y del de 2017 antes

---

2109 Vid. p. 91621 con respecto precisamente a las causas especiales, aplicable analógicamente a la designación de instructor: "*Estos Magistrados serán nombrados por un periodo de cuatro meses; siguiendo un doble turno: uno o dos, en su caso, por turno de antigüedad —de mayor a menor— y el otro o los otros dos, por turno de menor a mayor antigüedad.*" La especificación del propio acuerdo del Tribunal Supremo se hace evidente.

2110 Vid. p. 91622.

2111 Es más, consta lo contrario, puesto que en los acuerdos ya citados de 2017 y 2018 se reitera literalmente ese orden de antigüedad de mayor a menor.

2112 Vid. p. 91621.

citado, al designar a Vicente Magro Servet, recién llegado y, por tanto, el más moderno tras Pablo Llarena, para sustituir al magistrado Monterde por jubilación en la sala de recursos, aunque esta sala tiene otros problemas quizás más graves que el turno, como veremos a continuación. En todo caso, de haberse aplicado estrictamente las normas, el magistrado del Moral hubiera sido el instructor, de ser así el magistrado Palomo habría formado parte de la sala de recursos, y en ese caso el tribunal sentenciador lo hubieran acabado integrando en su lugar los magistrados Llarena y Magro, además de los magistrados que formaron parte de él y que no han sido citados en este párrafo.

Llámeseme ingenuo por decir que todo lo acaecido ha podido ser fruto de una mera inadvertencia de la sala de admisión al errar en la designación del instructor. Pero sea lo que fuere, lo cierto es que el turno no fue respetado, y con ello se vulneró claramente el derecho al juez ordinario predeterminado por la ley ya en este momento tan inicial del proceso, en su mismísimo comienzo. La nulidad que ello forzosamente hubiera debido provocar sería, nunca mejor dicho, *a radice*, es decir, radical.

5. LA COMPETENCIA DE LA "SALA DE RECURSOS"

Más sorprendente es la existencia de un tribunal interno a la propia Sala Segunda llamado "sala de recursos". Se encarga de los recursos de apelación o queja que dispone la Ley de Enjuiciamiento Criminal contra las resoluciones del magistrado instructor, a fin de no hurtar a las partes de estos recursos claramente establecidos en la ley, igual que se les sustrae de hecho y de derecho de recurso alguno contra la sentencia. Pero así como en este último caso la Sala Segunda no ha sentido la necesidad de remediar una situación de evidente pérdida de oportunidades procesales, al menos para el reo, con respecto a las resoluciones del instructor sí ha sido sensible a ese problema, lo cual no deja de ser un tanto contradictorio, toda vez que si al Tribunal Europeo de Derechos Humanos no le ha preocupado esa falta de recurso contra la sentencia, menos le habría de preocupar la falta de recursos contra las resoluciones del instructor. Sin embargo, al producirse el caso Gómez de Liaño[2113] en el que el Tribunal Europeo de Derechos Humano, como se dijo, puso problemas al respecto, el Tribunal Supremo se sintió obligado a reaccionar.

[2113] STEDH, Gómez de Liaño v. España, 22-10-2008, rec. 21369/04.

Sin embargo, el problema es que esta "sala de recursos" es un auténtico fantasma jurídico, lo que es más grave cuando se trata de un tribunal, puesto que para respetar el derecho al juez ordinario predeterminado por la ley, sin duda es precisa la creación del órgano jurisdiccional por ley orgánica previa. Pero la Ley Orgánica del Poder Judicial no se refiere en absoluto a este órgano.

Se le detecta, no obstante, en el Boletín Oficial del Estado —decir en el ordenamiento sería excesivo— a partir de 2011, momento en el que por primera vez hace su aparición en el consabido Acuerdo de la Sala de Gobierno del Tribunal Supremo publicado por Acuerdo de la Comisión permanente del Consejo General del Poder Judicial de 30 de noviembre de 2011[2114].

En ese texto, efectivamente, figura la "sala de recursos" por primera vez, y se advierte de que "*excepcionalmente*" conocerá de esos recursos "*desde la aprobación de las presentes normas de funcionamiento por la Sala de Gobierno*". Es decir, todo apunta a que debió descubrirse una necesidad urgente de constituir esa sala, que después se normalizó en los años posteriores, pero sin que en todo este tiempo el legislador —que es quien debía hacerlo— haya reaccionado a esa necesidad.

Esa necesidad parece haber surgido, no sólo del asunto Gómez de Liaño, sino más precisamente del caso que acabó con la condena por prevaricación de Baltasar Garzón, iniciado en 2009, en el que se puso en cuestión la imparcialidad de los magistrados que hubieran intervenido en incidentes de la instrucción, a fin de poder formar parte después de la sala sentenciadora. El Tribunal Europeo de Derechos Humanos, en ese caso Gómez de Liaño c. España[2115], descartó que los magistrados que hubieran revisado resoluciones de fondo de la instrucción pudieran formar parte de la sala sentenciadora, que era lo que había venido ocurriendo hasta entonces.

Pues bien, la Sala del art. 61 LOPJ, en ese asunto Garzón, resolvió en el mismo sentido[2116] que el Tribunal Europeo de Derechos Humanos, estimando la recusación formulada por el reo, pero haciendo una recomendación que, en mi opinión, es absolutamente desacertada: que la Sala Segunda procediera como las Audiencias Provinciales, es decir, desdoblando salas para que no conocieran las mismas de los recursos en incidentes de la instrucción y luego también en el juicio oral sobre la causa.

2114 https://www.boe.es/buscar/doc.php?id=BOE-A-2011-20232

2115 STEDH 22-7-2008.

2116 Auto 20-6-2011, ECLI: ES:TS:2011:7341A.

Lo que sucede es que esa misma solución no podía aplicarse razonablemente a la Sala Segunda del Tribunal Supremo. En una Audiencia Provincial, al menos en los lugares más populosos, hay una pluralidad de magistrados bastante más nutrida[2117] que en la Sala Segunda del Tribunal Supremo (entre 12 y 15 aproximadamente), y salvo en los lugares más pequeños, las secciones de dicha Audiencia no trabajan habitualmente codo con codo como sí lo hacen sistemáticamente los magistrados de la Sala Segunda, sino que se reúnen en múltiples secciones entre las que la comunicación no es tan sumamente constante como en la Sala Segunda del Tribunal Supremo. Por otra parte, las Audiencias Provinciales conocen de multitud de asuntos, y no de asuntos tan sumamente selectos como la Sala Segunda del Tribunal Supremo cuando juzga en primera instancia. En consecuencia, bajo ningún concepto es comparable en este sentido la situación del Tribunal Supremo y las Audiencias Provinciales.

Además, crear un órgano de recursos supone instaurar un nuevo tribunal que ni siquiera está establecido por la ley, a diferencia de las Audiencias Provinciales en los recursos de la instrucción, que sí están predeterminadas por la ley con esa función, reduciéndose el problema a su composición cuando conocen de recursos, pero no a su mismísima existencia, que es lo que sucede con la "sala de recursos" en el Tribunal Supremo. Y es que en el caso de la Sala Segunda del Tribunal Supremo, la competencia para resolver esos recursos ni siquiera está prevista en la ley.

Bien parece que la Sala Segunda, a lo largo de los años, ha ido improvisando soluciones en estos —por fortuna— infrecuentes casos de aforados, partiendo de una regulación exageradamente pobre. El legislador debía haber reaccionado hace bastante tiempo a esta situación absurda, pero es posible que lo hayan impedido razones de índole política en cuando a la oportunidad y contenido de la reforma.

6. LA VULNERACIÓN DEL DERECHO AL JUEZ ORDINARIO PREDETERMINADO POR LA LEY

En conclusión, estamos ante una situación en que de los cuatro contenidos que enuncia el Tribunal Constitucional del derecho al juez ordinario predeterminado por la ley, en este proceso se han vulnerado en un

[2117] Unos cincuenta en Barcelona, sólo en la parte penal o unos sesenta en Madrid

momento u otro todas ellas. Las expondré esquemáticamente a modo de resumen[2118]:

1. *Creación del órgano mediante ley orgánica previa*: la Ley Orgánica del Poder Judicial no prevé la existencia de una "sala de recursos", ni mucho menos la competencia de la sala segunda del Tribunal Supremo para conocer de los recursos de la instrucción, ni atribuyéndoselos a dicha sala ni a ningún otro tribunal. Falta por tanto este punto básico del contenido esencial del derecho en este aspecto.

2. *Prohibición de órganos jurisdiccionales* ad hoc: necesidad de predeterminación genérica de la competencia judicial. Apunta en esta dirección la orientación de los criterios de la Sala Segunda para determinar su competencia por exclusión de la del Tribunal Superior de Justicia. Es como si se hubieran buscado deliberadamente criterios, como vimos muy aparentes y discutibles, para asumir la competencia directamente para este caso. Existiera o no intencionalidad en este caso, materia en la que no entro, la atribución de competencia se fundó en criterios insostenibles.

3. *Prohibición de órganos* ex post facto: necesidad de predeterminación apriorística de la competencia judicial. Parece obvio que *a priori* nadie pensó en el Tribunal Supremo para este caso, ni siquiera realmente la propia fiscalía al repartir la causa entre la Audiencia Nacional y el Tribunal Supremo, que optó por separar a aforados de no aforados. Si hubiera tenido que determinarse esa competencia antes de los hechos, parece que nadie, con la ley en la mano, se hubiera atrevido a señalar al Tribunal Supremo como competente.

4. *Predeterminación de las normas de composición del órgano*: Este punto afecta fundamentalmente a la designación del magistrado Llarena como instructor del caso, que nunca debió producirse al no respetar el turno establecido por la Sala de Gobierno del Tribunal Supremo. Pero además, esa errónea designación tuvo como consecuencia la indebida alteración de la composición de la sala enjuiciadora en dos de sus siete magistrados.

[2118] El *leading case* es en esta materia es desde hace muchos años la STC 47/1983 de 31-5-1983, F.J. 2.

EL INDULTO: UN CUERPO EXTRAÑO EN EL SISTEMA PROCESAL

Publicado en Teoría y Derecho: revista de pensamiento jurídico, n. 30, 2021, pp. 66-79.

1. INTRODUCCIÓN

El indulto es una institución muy poco estudiada[2119]. Más allá de la evidencia de que es una reminiscencia del poder absoluto de los soberanos[2120] que históricamente tal vez se ha ejercido en algunas ocasiones muy pretéritas de forma aproximadamente democrática[2121], puede discutirse si en un contexto claramente democrático tiene cabida un perdón de las penas por parte de los poderes que no son el judicial, esto es, el legislativo y el ejecutivo. Puede reflexionarse también sobre si el indulto debe ser motivado o cabe ejercerlo con absoluta discrecionalidad aun sin caer en la arbitrariedad. Incluso puede debatirse acerca de cuál es el interés en el cumplimiento de una pena en contextos en los que carece completamente de finalidad, recuperando el antiguo pensamiento de Ulpiano acerca de que había que plantearse matizar el rigor del Derecho[2122].

Todos ellos son temas interesantes, aunque me referiré a la mayoría sólo incidentalmente por una buena razón. Resulta preciso alejarse en todo caso de cualquier oportunismo en materia jurídica, y resulta que este trabajo se redacta con el trasfondo[2123] de los indultos concedidos a los líderes

---

2119 Vid. entre otros, Zagrebelsky, G., Amnistía, indulto e grazia: profili costituzionali. Milán 1974. Dimoulis, D., *Die Begnadigung in vergleichender Perspektive. Rechtsphilosophische, verfassungs— und strafrechtliche Probleme,* Berlin 1996. García Mahamut, R., *El indulto. Un análisis jurídico-constitucional,* Madrid 2004. Bueno Ochoa, L., *Elogio y refutación del indulto: estudio sobre la gracia de indulto y su regulación en el ordenamiento jurídico español,* Madrid 2007. Sánchez-Vera Gómez-Trelles, J., "Una lectura crítica de la Ley de Indulto, InDret, 2, 2008, pp. 1 y ss. García San Martín, Jerónimo, *El indulto. Tratamiento y control jurisdiccional,* Valencia 2015. Santana Vega, Dulce M., "Desmontando el indulto (especial referencia a los delitos de corrupción", *Revista Española de Derecho Constitucional,* 108, sept-dic 2016, pp. 51 y ss.

2120 Cfr. Cod. Lid. IX, Tít. LI.

2121 Vid. Mommsen, Theodor, *Römisches Strafrecht,* Leipzig 1899, pp. 31-32.

2122 D. XL, tít. V, 10: "...*quod multa contra iuris rigorem pro libertate sint constituta.*"

2123 Vid. dicho trasfondo en De Lucas, Javier, "Concordia Discors. Una interpretación sobre los indultos a los políticos catalanes en prisión", *Teorder* 2021, n. 29, pp. 280 y ss.

independentistas catalanes en el caso "procés"[2124]. Durante los años que duró, no ya ese proceso, sino el propio *procés*, abundó ese oportunismo. Un delito tan grave, extremo, marginal y, por otra parte, evidente en cualquier otra ocasión como el de rebelión, se manoseó hasta puntos difícilmente imaginables en otro contexto, y que harán que con el tiempo más de uno se sorprenda de todo lo que se llegó a decir en aquel momento. Algo parecido sucedió con el delito de sedición, y ahora me temo que le ha tocado al indulto. Hay que procurar no escribir pensando en casos particulares porque pasa el tiempo, y cambiando los casos y las circunstancias uno se puede arrepentir y mucho de lo que un día dijo. Por ello, eludiré profundizar en esos temas más tópicos, en los que es fácil caer en el prejuicio.

En consecuencia, para eludir cualquier sesgo —aunque como casi todo el mundo, estoy convencido de no padecerlo—, en este breve estudio me voy a limitar a evaluar la lógica procesal de este cuerpo extraño que sin duda es el indulto. En un contexto de división de poderes en el que atribuimos a la Justicia la competencia exclusiva para ejercer la jurisdicción, debe analizarse si el cumplimiento de las penas o, mejor aún, su condonación, pertenece o no al dominio de los tribunales, partiendo de la base de que naturalmente es competencia de los órganos jurisdiccionales la ejecución de resoluciones judiciales.

Pero se trata, en definitiva, de comprobar si la pena en sí es algo que atañe o no a los jueces, más allá de su imposición. En un proceso civil se condena al pago en la sentencia, pero dicho pago no acaba dependiendo a la postre del juez que la dictó, sino de si quiere cobrar el acreedor. Es decir, se trata de examinar, no si en el proceso penal la función judicial acaba con el pronunciamiento de la sentencia y también con su ejecución, sino si esta última competencia rige sólo en el caso de que no llegue el perdón del castigo, que sería ajeno —o no, vamos a verlo— a los jueces una vez pronunciada la sentencia. Hay que partir de la base de que cualquier sentencia goza del efecto de cosa juzgada formal y que, por tanto, el tribunal no la puede modificar por ninguna vía, ni de hecho ni de derecho, lo que se opondría a que dicho tribunal pudiera disponer sobre una relajación o incluso cancelación de las penas.

En resumidas cuentas, voy a intentar dilucidar en este trabajo si hay algo de principio dispositivo en esta materia, de manera que el cumplimiento efectivo de la pena en los términos en que fue impuesta no fuera realmente, a la postre, tarea de los jueces. Es decir, se analizará si esa manera de

---

2124 BOE 23-6-2021.

entender la vida que es el respeto por las relaciones privadas entre ciudadanos, y que constituye la base cultural no sólo del proceso civil sino de nuestro sistema jurídico en general, alcanza en alguna medida, con alguna extrapolación aceptable, también al sistema procesal penal.

2. LA COSA JUZGADA FORMAL COMO FRENO AL TRIBUNAL

La cosa juzgada es una prohibición de reiteración de juicios que se establece con el objetivo de dar estabilidad a los pronunciamientos judiciales, y por tanto seguridad jurídica[2125]. Esa prohibición está dirigida a dos principales actores: el juez que ha dictado la sentencia y cualquier otro juez futuro. Ninguno de ambos puede reiterar el juicio, lo que significa que no se puede modificar lo juzgado. Cuando la prohibición va dirigida a otros jueces diferentes del que dictó la sentencia, ha hablado la doctrina tradicionalmente de cosa juzgada material[2126]. Cuando en cambio la prohibición se destina al mismo juez que pronunció esa resolución, habla la doctrina de cosa juzgada formal[2127]. Es una faceta de la cosa juzgada muy antigua. De hecho es la primera que se encuentra en el más remoto texto legal que se refiere al concepto: el código de Hammurabi, aunque tal vez tenga precedentes aún más antiguos en Egipto.

La función de esa variedad es evidente: que el juez no pueda modificar su sentencia una vez que la ha dictado. Ese intento de alteración debió de ser en su día algo frecuente, puesto que en el VI, § 5 del Código de Hammurabi esa modificación *in extremis* estuvo sancionada nada menos que con la separación de la función judicial[2128]. Era, en consecuencia, considerada una especie de prevaricación, el peor de los pecados que puede cometer un juez sin recurrir a la violencia.

Más allá del precedente histórico, el art. 207.3 de la Ley de Enjuiciamiento Civil, que es el precepto de referencia en esta materia, recuerda ese deber hammurabiano del juez de atenerse a lo juzgado por él mismo. Y de hecho, el art. 563 del mismo cuerpo legal establece la posibilidad de impugnar la actuación ejecutiva del juez que dictó la sentencia si no se atiene

2125 Vid. Nieva Fenoll, J., *La cosa juzgada*, Barcelona 2006, p. 119.

2126 Bernatzik, E., *Rechtsprechung und materielle Rechtskraft*, Wien 1886.

2127 Keller, Friedrich Ludwig, *Über Litis Contestation und Urtheil nach classischem Recht*, Zürich 1827, p. 222.

2128 Lara Peinado, Federico, *Código de Hammurabi*, Madrid 1997, p. 7.

a lo decidido en la misma al llevar adelante la ejecución forzosa. En consecuencia, queda absolutamente diáfano que un juez no puede modificar los pronunciamientos de su sentencia alterando su redactado, pero tampoco por la vía casi de hecho de manipular su ejecución.

Trasladado todo lo anterior al proceso penal, se hace obvio que el juez, más allá de las posibilidades que le ofrece la legislación penal y penitenciaria, que son muchas, no puede ir en contra de su fallo. Podría haber absuelto, pero una vez pronunciada la condena no puede establecer un perdón del calado tan profundo como el propio de un indulto. Es decir, el tribunal no puede alterar su juicio dejándolo sin efecto, sino que sólo puede aplicar esa referida normativa de la ejecución para aceptar, por ejemplo, la libertad condicional. Pero no puede cancelar la pena porque forma parte de su propio enjuiciamiento.

Por tanto, con independencia de si se consideran suficientes las oportunidades que la normativa penal y penitenciaria otorgan al juez para ajustar su fallo a la evolución del reo, lo que no puede hacer el juez es disponer de espaldas a esa evolución, es decir, al pronóstico de reinserción, que es el único alma y cometido que tiene en un estado realmente aconfesional la pena. Ni el arrepentimiento ni obviamente nada que se le parezca.

Pero ello supone, también, que el juez está atado de pies y manos por la propia pena que impuso, es decir, por su sentencia en esa parte concreta y en todo lo demás. Sin duda, es posible pensar en situaciones en que con independencia de cuál sea la evolución del reo en cuanto a su prognosis de comportamiento futuro, no sobren motivos para prescindir del cumplimiento de la pena. Indultos y amnistías han salvado situaciones políticas muy complicadas que la Justicia, encadenada por la cosa juzgada, no podía resolver o, aún peor, se negaba a resolver incluso dándose claramente los presupuestos técnicos, establecidos por la normativa penitenciaria, para tener en la cabeza un cumplimiento flexible de la pena. En ocasiones, dejando otros factores aparte, el empeño de un tribunal por mantener su sentencia en sus términos, en respeto de la cosa juzgada formal, puede ir en contra del interés del propio Estado al que pertenece esa Justicia, es decir, lo que en otra época se llamó, no sin algo de pomposidad, *la raison d'État* o, aún más rimbombante, "*arte dello Stato*", como lo denominó Nicolás Maquiavelo.

Asumiendo provisionalmente la existencia, en ocasiones, de esa razón política, ¿sería posible y sobre todo legítimo que, de algún modo, algún otro poder del Estado pudiera prescindir, siempre con una buena razón, de ese cumplimiento estricto de la pena? Esa es la cuestión que se abordará a continuación.

3. LA RAZÓN DE SER DEL PRINCIPIO DISPOSITIVO

Cada vez que se repite la muy extendida idea de que el proceso civil y el penal se basan en principios distintos, se olvida por completo que en realidad originariamente no existió una diferencia real entre ambos procesos, siendo ambos manifestaciones de la misma labor de enjuiciamiento que, dejando al margen la presunción de inocencia, carecen ya de esas diferencias tan insalvables que poseyeron en el pasado. Incluso la misma presunción de inocencia no es más que un refuerzo necesario de la imparcialidad en un contexto muy complicado, el del proceso penal. La sociedad —también el juez—, ante el enjuiciamiento de un posible delincuente, tiende a ver como inequívocamente culpable a quien está sentado en el banquillo, desplegándose así con toda su crudeza el fenomenal prejuicio social de culpabilidad que padece la comunidad humana en su conjunto, lo que haría que el juez, si no estuviera vinculado por la presunción de inocencia, estuviera más próximo a la condena[2129].

Pues bien, probablemente una de las diferencias que más se han subrayado entre proceso civil y penal atañe al llamado principio dispositivo, es decir, al hecho de que en el proceso civil son las partes las que deciden acudir a la jurisdicción libremente, pueden disponer quién las juzga —si un juez o un árbitro— y pueden concluir el proceso cuando deseen a través de una transacción u otro negocio jurídico con trascendencia procesal[2130].

Todo eso es imposible, se dice, en un proceso penal. ¿Todo? Hay que recordar que actualmente son amplísimas —sin duda demasiado— las posibilidades de alcanzar un acuerdo entre el reo y la fiscalía[2131]. Además, en EEUU —incomprensiblemente no en España—, existe el *jury waiver*[2132], es decir, el derecho del reo a elegir ser juzgado por un juez profesional o por un jurado. Incluso está ganando mucho terreno en los últimos tiempos el

---

2129 Lo explico en detalle en Nieva Fenoll, J., *La duda en el proceso penal*, Madrid 2013, p. 102.

2130 Serra Domínguez, M., *Liberalización y socialización del proceso civil*, RDProc, 1972, p. 520.

2131 Por influencia de EEUU. Vid. McConvill, M. / Mirsky, Ch. L., *Jury Trials and Plea Bargaining: A True Story*, Oxford 2005, pp. 2 y ss.

2132 Patton v. United States (No. 53), 281 U.S. 276, 14-4-1930.

principio de oportunidad de la fiscalía[2133] y la mediación penal[2134], que de un modo u otro deja el resultado del proceso no a merced de los jueces, sino de alguna manera en la órbita de quien está llamado a ejercer el rol de parte en el mismo.

Siendo ello así, no se puede ya hablar en absoluto de una alergia del proceso penal por el principio dispositivo. Dicho de otro modo, ya no forma parte de nuestra cultura esa alergia, que dejaba todo el proceso penal en manos del Estado sin darles oportunidad alguna a las partes, más allá de la eventual acusación de la víctima —en algunos países, no en la mayoría— y la confesión del reo. De hecho, refiriéndose en el fondo al principio dispositivo, en EEUU se habla de *adversarial system*[2135] tanto en el proceso civil como en el proceso penal, si bien pensando más en el principio de aportación de parte, igual que sucedió en el pasado en Europa con el principio dispositivo, antes de la delimitación doctrinal de ambos principios[2136].

Pues bien, queda claro que esa lógica dispositiva no es ajena al proceso penal y que, por tanto, no tiene ya absolutamente nada de particular que dicha lógica se aplique en dicho proceso. Puede discutirse, sin duda, si el ministerio público es parte en el proceso penal, o simplemente actúa como parte, como se mantiene en la doctrina alemana. Pero es bastante obvio que lo que ocurre en el proceso depende no sólo de los jueces, sino también de los fiscales.

¿Pero hasta dónde tiene sentido extender esa lógica dispositiva en el proceso penal? Y, sobre todo, ¿a quién darle ese poder de disposición en un proceso penal? Para dar respuesta a esas preguntas, será conveniente analizar cómo nació históricamente el principio dispositivo.

Desde luego, no se trata de una invención romana, pese a que el proceso romano —al menos el civil— fuera indudablemente dispositivo[2137]. El principio dispositivo es una creación medieval de los siglos XII-XIII[2138] que tuvo unas causas e intenciones muy concretas[2139].

2133 Kühme, H-H., *Strafprozessrecht*, Heidelberg 2015, pp. 210 y ss.

2134 Dalia, G., "Prospettive di mediazione in Italia", *Iura and Legal Systems*, 2016, pp. 93 y ss.

2135 Freer, Richard D., *Civil Procedure*, p. 4. Damaska, Mirjan R., *The Faces of Justice and State Authority*, New Haven 1986, p. 3.

2136 Vid. Jauernig, O. / Hess, B., *Zivilprozessrecht*, München 2011, p. 93.

2137 Kaser, M. / Hackl, K., *Das romische Zivilprozessrecht*, München 1996, p. 363.

2138 Azón, *Brocardica (aurea). sive generalia iuris*, Basilea 1567, rúbrica XX, p. 237

2139 Lo cuento en Nieva Fenoll, J., "The CJEU and the Refinement of the Principle of Party Disposition", *International Journal of Procedural Law*, 1-2020, pp. 21 y ss.

Por la época en la que surgió, es absolutamente obvio que no es una expresión del liberalismo en el proceso, dado que dicho liberalismo sólo vino varios siglos después. En el siglo XII la justicia era delegada de un soberano. En consecuencia, los jueces no eran independientes, sino delegados de la nobleza o realeza que comandaba los territorios.

En este contexto, no resulta extraño que los comerciantes de la época intentaran no estar sometidos en los procesos al poder de esos jueces delegados, que además la mayor parte de las veces ni siquiera eran juristas, sino personas favorecidas por nobleza o realeza, según el caso. Eran jueces de los que las partes principales de los procesos civiles de entonces —los comerciantes— no podían fiarse, porque eran dependientes y muchas veces ignorantes, pero sobre todo ni siquiera pertenecían a la misma extracción social[2140].

Por ello, los juristas de la incipiente Universidad de Bolonia —AZÓN y ACCURSIO[2141] sobre todo, y más tarde DURANTE[2142]— idearon un proceso en el que el juez no fallara con libertad *secundum conscientiam suam*, sino sometido a lo que les alegaran y probaran las partes, es decir, *secundum allegata et probata partium*. En la época fue una conquista social, dado que

2140 Contamine / Bompaire / Lebecq / Sarrazin, *La economía medieval*, Madrid 2000.

2141 Azón, *Brocardica (aurea)*, cit. rúbrica XX, p. 237, escrito en un latín muy vulgarizado, tiene una traducción algo complicada: *Iudex debet ex conscientia iudicare, & econtrà.] Secundum allegata iudicare debet. Cum quaeritur, an iudex debeat iudicare secundum conscientiam suam, in causa civili vel criminali, distingue: utrum notum sit ei tamquam iudici, id est, ratione officii sui: an ut privato. In primo casu fertur sentencia secundum conscientiam suam; quae etiam potest dici allegatio. ut ff. de ser. l.2.&ff. Si fer. vend.1 surreptionem. & de minor. 25. anno.l.minor. Quid miri? nonne sert sententiam, secundum testificationes & confessiones, quas novit ut iudex? & et ita potest intellegi hoc generale. Si vero novit ut privatus, non debet ferre sententiam secundum conscientiam suam, sed secundum allegata. & ita intelligitur contraria Rubrica.*

2142 Durandus, *Speculum iuris*, cit. Parte II, *De Sententia*, § 5, 1. pp. 784-785: "*Qualiter aut sententia sit promulganda, clarius explicemus. Et quidem iudex ante omnia debet diligenter cuncta, quae fuerunt in iudicio acta discutere, et cum peritis deliberare, ut s. de requis, cos. in prin. et in si. postmodum partes citandae sunt ad sententiam audiendam, ut extr. de testi. cum olim. in si. aliter non valeret sententia, ut s. de citat. §. viso ver. aliter autem. Deinde est ferenda sententia, iudice sedente pro tribunali in loco consueto, vel alias honesto, utraque parte praesente, vel altera contumaciter absente: (quia contumacia tunc eam pro praesente haberi) sententia prius in scripti redacta, et correcta, sacris et coram se positis, sciat iudex, quia non minus iudicabit, quam iudicet hoc probatur per ordinem 2. q. 3. § notandum versi abolitio et 3.q.3. § spacium ver. a procedente. C. de iudi. properandum et l. rem non novam. C. quomodo et quando iud. ea quae exc. de dolo et contu. veritatis ext. de iur. venientes. Et j. eo.ti.§.iuxta. ver.item non valet et per totum. 1 Item debet ferri secundum allegata et probata, et non secundum conscientiam, ut 3.q.7. iudicet ff. de offi. iud. or.si sacerdos 2 et de off. de leg. pastoralis...*"

de ese modo conseguían sujetar al juez al parecer de los litigantes, sin que el juzgador pudiera ir en ningún caso más allá —*ne eat iudex ultra petita partium*—. De esa manera lograban de algún modo liberarlo de la dependencia de los soberanos y lo sometían al poder de los litigantes.

En realidad, se trataba también de una forma de ejercer el derecho de defensa. Personalmente estimo incluso que se trata de una de sus formulaciones más antiguas, y de hecho de la más influyente en nuestro presente. Si las partes no podían prever el margen de actuación del juez, no podían defenderse eficazmente, porque nunca podían saber por dónde iba a ir en su juicio. Sin embargo, si sí lograban delimitar ese espacio, la defensa se simplificaba notablemente, porque ya no estaban pendientes de lo que pudiera eventualmente ocurrírsele al juez, sino más bien de los argumentos de la contraparte.

Incluso más, realizando una interpretación profundamente escolástica —propia de la época— de las disposiciones probatorias del *Codex* romano[2143], interpretaron las recomendaciones que allí se contienen —presentar determinados documentos, presentar un número mínimo de dos testigos, jurar las alegaciones—, no como tales consejos, sino como órdenes al juzgador, de manera que el mismo ya no iba a escuchar las declaraciones que prestaran las partes y los testigos bajo interrogatorio, o leer los documentos presentados, sino que simplemente sumaría testigos propuestos y ratificados formulariamente, juramentos de parte realizados y documentos con fe pública presentados. Tras esa vulgar suma, el juez vería quién había presentado más pruebas, pero sin examinarlas más allá de lo indicado. Había nacido así un sistema absurdo de valoración de la prueba: el sistema de valoración legal o tasada[2144]. Y sí, el sistema era absurdo, ciertamente, pero permitía sujetar, de nuevo, al juez a lo que dijeran o presentaran las partes sin poder ir más allá.

[2143] Vid. por ejemplo: Codex, Libro IV, título XX, nº 9, §1, Codex, Libro IV, título XXI, nº 15.

[2144] Sobre el funcionamiento de este sistema, vid. Nörr, *Romanisch-kanonisches Prozessrecht*, Heidelberg 2012, pp. 128-129, Ortiz de Zúñiga, *Práctica general forense*, T. II, Madrid 1856, pp. 239, 255, 257. De Vicente y Caravantes, *Tratado histórico, crítico filosófico de los procedimientos judiciales en materia civil según la nueva Ley de Enjuiciamiento*, Madrid 1856, p. 133. Gómez de la Serna / Montalbán, *Tratado académico-forense de los procedimientos judiciales*, Tomo I, Madrid 1861, p. 435.

Hasta que Bentham[2145] o VOLTAIRE[2146] no denunciaron la situación, incluso habiéndose ya mofado RABELAIS mucho antes de ella, no vieron los legisladores la necesidad de recuperar el régimen de valoración libre de la prueba. Los primeros fueron los revolucionarios franceses, al copiar el sistema inglés, jurados incluidos, que obviamente no conocían reglas legales de valoración de la prueba ni motivaban sus veredictos, por lo que sólo les quedaba valorar libremente la prueba. Luego vino el resto de Europa y buena parte del mundo, a pesar de que todavía existen en las legislaciones procesales penales —v.g. las dispensas probatorias o el juramento o promesa de los testigos— restos del antiguo sistema.

Por tanto, el juez era un prisionero de las partes, lo que les daba tranquilidad tratándose de un mal juez, obviamente. El modelo se extendió desde sus inicios bajomedievales al mundo anglosajón[2147] con el *adversarial system*, como antes indiqué, sin parar mientes en que se trataba de lo mismo que en el resto de Europa a partir del siglo XIX se llamó principio dispositivo. Luego vendría la apropiación del principio por el liberalismo, intentando explicar el papel del principio en el proceso como una manifestación más de dicho liberalismo, es decir, el "progresismo" de la época en tantos lugares, dejando al margen al socialismo y sus diversas manifestaciones. En todo caso, como se puede comprobar, esa apropiación es falaz porque la razón de ser del principio dispositivo no era la libertad de los individuos, sino la protección del derecho de defensa frente a jueces nefastos en un contexto tan autoritario como el feudalismo medieval.

En consecuencia, la razón del principio dispositivo es la desconfianza en la Justicia, lo que no deja de ser curioso. Siendo el citado su contenido y origen, cabe ya responder ahora a las dos preguntas formuladas: si tiene sentido en el proceso penal y, en caso de respuesta positiva, a quién se le confiere ese poder de disposición.

2145 Bentham, J., *Traité des preuves judiciaires*, Paris 1823, pp. 9 a 15.

2146 Voltaire, *Oeuvres complètes de Voltaire*, t. XXXVI, *Politique et législation*, vol. 4, Bruselas 1829, pp. 104 y ss

2147 Glanvill, *Tractatus de Legibus et Consuetudinibus Regni Angliae*, London 1780, ch. XXXI, p. 333. Bracton, *DeLegibus et Consuetudinibus Angliae*, London 1569, Lib. III, Cap. VIII.

4. LA DISPOSICIÓN ESTATAL DE LA PENA: EL PROBLEMA DE LA FALTA DE IMPARCIALIDAD

La pena reflejó originariamente una voluntad social de castigo, sin más, a veces incluso fatal. Se ha intentado explicar esa voluntad de diversas maneras, pero al margen de ello lo cierto es que cuando surgieron los castigos, la sociedad deseaba que se castigara. Es decir, que se pagara con dolor físico el daño causado, lo que visto con cierta perspectiva no deja de ser una solemne estupidez.

Fue mucho más adelante cuando empezaron a surgir nuevas explicaciones más allá del retribucionismo, hablando del efecto disuasorio de la prevención general y hasta de la reeducación de la prevención especial. Otros pensamos en la pena más bien como una oportunidad de reinserción que sólo tiene sentido mientras la misma posee perspectivas y no se ha cumplido todavía, lo que conduce a pensar más bien en la pena como una especie de tratamiento en el que el reo voluntariamente decide adaptar su conducta a la pauta social más generalizada.

Pero en todo caso queda claro que, descartada la existencia de la autotutela o venganza privada, la pena, como expresión de una voluntad social remota, pertenece al poder de lo que hoy denominamos "Estado", que es ese ente en el que los ciudadanos hemos confiado muchas decisiones que no podemos o no es conveniente ejecutar por nuestra propia mano, como sucede con la aplicación de las penas. No tenemos presa a una persona en nuestras casas o en cárceles improvisadas, o aunque existiera, no ejecutamos la pena de muerte acudiendo al linchamiento, sino que incluso cuando existió dicha pena acabamos dejando que fuera el "Estado" quien la ejecutara. Ya hace mucho tiempo que consideramos que devolver ese poder al ciudadano generaría mucha violencia e inseguridad jurídica, y por ello confiamos en ese ente estatal. Pero surgen las dificultades a la hora de situar en qué parte de ese Estado se ubica concretamente el poder de aplicar una pena, sobre todo si se le quiere imprimir a las penas la flexibilidad que poseen en nuestros días.

Queda descartado, como ya se explicó, que el Juez sentenciador pueda ostentar ese poder de disposición. Pese a lo que disponen nuestras leyes penales y penitenciarias, existen dos problemas para que dicho juez pueda decidir hasta las últimas consecuencias sobre esa flexibilidad. El primero es, como ya vimos, la cosa juzgada: la flexibilidad supone variar la sentencia, o hacer depender su vigencia de la voluntad de un tribunal que tendría una oportunidad eterna de variar su criterio, lo que no se compagina bien con la seguridad jurídica que intenta otorgar la cosa juzgada formal.

Pero además, el problema principal del juez sentenciador con respecto a las decisiones sobre la pena es su evidente falta de imparcialidad. Está afectado absolutamente por un sesgo egocéntrico[2148] que le provoca un efecto compromiso con su propia resolución, lo que más allá del tradicional, y también evidente en este caso, sesgo de confirmación[2149], le hará humanamente muy difícil modificar de un modo u otro la pena impuesta en la sentencia, corriendo el riesgo de poner en cuestión su propio juicio.

En consecuencia, no parece que la Justicia pueda ser la que mejor disponga sobre este tema, y desde luego no el juez que dictó la sentencia por las razones apuntadas, pero tampoco la Justicia en general, toda vez que se puede crear una suerte de corporativismo que generara los mismos prejuicios indicados en una materia tan sumamente delicada, y que por tanto tampoco dice nada a favor de que esta competencia la retenga el poder judicial.

Por ello, hay que pensar en alguno de los otros dos poderes. Sería fácil decir que dado que el ministerio fiscal jugó el rol parte en el proceso, debería ser el poder ejecutivo del que proviene el que resolviera sobre algo tan radical como un indulto. Además, el hecho de que la administración penitenciaria sea la ocupada del seguimiento de la evolución de los reos y de las propuestas precisamente sobre el cumplimiento de la pena, y perteneciendo dicha administración al poder ejecutivo, todo parecería jugar nuevamente a favor de que sean los Gobiernos los que decidan los indultos, como ocurre en la mayor parte del mundo. Aunque siendo justos, ello sucede solamente por haber asumido los Gobiernos el antiguo poder ejecutivo de los emperadores, como ya vimos, que era el único que ni Montesquieu[2150] discutía. No hay mayores reflexiones detrás de esta cuestión.

Sin embargo, en la actualidad, esa competencia gubernamental está fuera de época. Aunque los gobiernos sean elegidos por los parlamentos, su acción ejecutiva puede verse influida en exceso por la acción política, lo que no parece ser muy coherente con la independencia e imparcialidad de los pronunciamientos judiciales. Es decir, estaríamos diciendo que un poder que no es ni independiente ni imparcial —el ejecutivo—, estaría disponiendo de lo que hizo otro que al menos sobre el papel sí lo era. Pero

---

2148 Artieta Pinedo / González Labra, "La toma de decisiones", en González Labra, M. J., *Introducción a la psicología del pensamiento*, Madrid 2005, p. 344.

2149 Furnham, A. / Chu Boo, H., "A literature review of the anchoring effect", *The Journal of Socio-Economics*, vol 40, 1, Feb. 2011, pp. 35 y ss.

2150 Montesquieu, Barón de, *De l'esprit des lois*, reedición de la ed. de Paris 1748, Paris 1979, Lib. XI, cap. VI.

al mismo tiempo, no podemos poner esa independencia como freno del poder de los Gobiernos de perdonar el cumplimiento de una pena como mecanismo de acción política, porque de lo contrario el resultado sería que fuera la Justicia la que dirigiera esa acción política con sus fallos, lo que definitivamente sí es incompatible con su independencia. Es decir, tampoco desde este punto de vista parece que el indulto sea una materia de la que deba disponer la Justicia, particularmente en asuntos que posean ese indudable trasfondo político.

Por consiguiente, hay que pensar en otra solución. Veamos a continuación la oportunidad de concederle esa prerrogativa al único poder que resta, el legislativo, y analícese si tiene algún sentido, desde esa perspectiva, el mantenimiento de la institución del indulto.

5. ¿PUEDE SERVIR EL PODER DEL PARLAMENTO PARA PRESERVAR LA DIVISIÓN DE PODERES?

Ha quedado claro que la motivación del indulto suele ser política, se trate de alta política, como sucede cuando se trata de pasar página de acontecimientos pretéritos que han enfrentado a la sociedad, como si se trata de una política de más baja relevancia, como la clemencia merecida por un ciudadano absolutamente reinsertado al que la Justicia desea simplemente maltratar con el cumplimiento de penas fuera de contexto, oponiéndose a adaptar esas penas a su situación personal actual, que desaconseja la retribución.

Si de política hablamos, y siendo que la decisión del Gobierno por las razones ya indicadas puede ser contraproducente, parece que lo más adecuado debiera ser dejar algo tan delicado como un indulto en poder del parlamento. Y no porque sea la autoridad más relevante sobre la faz de la tierra[2151], como dijo Blackstone buscando dejar atrás el absolutismo de los antiguos soberanos, sino porque es el órgano que más fielmente refleja las mayorías sociales realmente existentes en un momento determinado, depuradas y racionalizadas además por el debate parlamentario. Se trata, sin duda, del órgano con mayor legitimación democrática que existe en una democracia, y por ello, al igual que se decidió hace tiempo en Suiza[2152],

---

2151 Blackstone, *Commentaries on the Laws of England*, Lib. I, London 1768, p. 185.

2152 **Art. 381 del Código Penal suizo:** ***Begnadigung. Zuständigkeit.*** *Das Recht der Begnadigung mit Bezug auf Urteile, die auf Grund dieses oder eines andern Bundesgesetzes ergangen sind, wird*

corresponde centrar en él este poder de disposición sobre las penas acerca del cual se ha venido hablando hasta el momento.

De esa forma, se preserva además de manera ejemplar la división de poderes. Se sitúa al Parlamento en el lugar central del Estado, que es el que le corresponde, sosteniendo la balanza de la propia Justicia y decidiendo que las penas impuestas por la misma no son procedentes en ese momento. Se puede sujetar el indulto, si se desea, a mayorías reforzadas como la absoluta, que es la existente para legislar sobre los asuntos más sensibles de un Estado, análogos a lo que se intenta cuando se concede un indulto. En definitiva, parece que es ese Parlamento el que puede dar una respuesta definitiva sobre la subsistencia de ese poder de perdonar y quién debe ser su depositario como representante de aquel de quien provienen todos los poderes: el pueblo, o la gente, como se prefiere decir en inglés y se ha hecho más frecuente en los últimos tiempos.

6. COSA JUZGADA Y VÁLVULA DE SEGURIDAD PARLAMENTARIA DE LA POLÍTICA

La cuestión es cómo configurar ese poder para evitar, por ejemplo, que un Parlamento perdone delitos de corrupción, o que un grupo de políticos aproveche una aplastante mayoría parlamentaria para proceder así. Y no se piense que así lo querrían —siempre— los ciudadanos que les han votado, a la postre los depositarios últimos del poder de castigar y de cualquier otro poder del Estado, porque puede ser una sorpresa para ellos mismos tras haber votado en las elecciones.

Es decir, parece que no es demasiado práctico mantener a ultranza un fallo como si fuera la palabra *ex cathedra* de un Papa cuando es posible que la Justicia se haya equivocado absolutamente en su decisión, o sin haberse equivocado haya aplicado con demasiado rigor un Derecho del que podían desprenderse interpretaciones mucho más favorables al reo, como es siempre debido, y además resulte contraproducente para la sociedad que trata de preservar el Estado el mantenimiento de dicha decisión, insisto que incluso no habiéndose equivocado. Al final, la Justicia es un mecanismo de preservación de la paz social, igual que la imposición de castigos,

---

ausgeübt: a. in den Fällen, in denen die Strafkammer des Bundesstrafgerichts oder eine Verwaltungsbehörde des Bundes geurteilt hat, durch die Bundesversammlung; b. in den Fällen, in denen eine kantonale Behörde geurteilt hat, durch die Begnadigungsbehörde des Kantons

por cierto, cuya declaración se le confiere a dicha Justicia. Pero si la labor de la Justicia acaba por amenazar dicha paz volviéndose contra sus propios fines, alguna solución democrática tiene que haber para evitarlo. Y dicha solución no es otra que recurrir al Poder que representa más directamente a aquel de quien todo poder emana: el pueblo.

¿Cómo garantizar que un Parlamento tome una buena decisión, es decir, que tampoco provoque más problemas que los que intenta corregir? Al fin y al cabo, si un juez impuso una pena es porque aplicó una ley del Parlamento que imponía el castigo. No es cuestionable que el Parlamento podría reformar la ley para eliminar incluso la figura delictiva que fue objeto de la condena. Por ello, parece obvio que si quien puede lo más, puede lo menos, teniendo competencia el Parlamento hacer desaparecer un delito en general, también podría indultar una pena en lo concreto. O incluso amnistiar, acudiendo exactamente al mismo argumento, dado que si podría hacer desaparecer la tipificación delictiva de unos hechos, teniendo esa acción como resultado la inmediata liberación, no sólo de ese reo, sino de todos los condenados por dicho delito, es obvio que puede hacer que esa liberación sea mucho más selectiva.

Quedará siempre, naturalmente, el riesgo de la arbitrariedad, en la que también puede incurrir el legislador. Pero es dudoso que la labor de un Tribunal Constitucional, como garante de la constitucionalidad de las leyes, pudiera llegar tan lejos en un caso en el que más que arbitrariedad, lo que tal vez pueda haber es discrepancia con la razón política del legislador[2153], acerca de la que es incuestionablemente soberano. Forzar de ese modo los límites del control de constitucionalidad sería probablemente desacertado, pero toda esta reflexión ya pertenece a otra disciplina que es ajena a mi especialidad.

2153 Sobre ello reflexiona De Lucas, Javier, "Concordia Discors. Una interpretación sobre los indultos a los políticos catalanes en prisión", *Teorder* 2021, n. 29, pp. 280 y ss.

AMNISTÍA Y MEDIDAS CAUTELARES

Pendiente de publicación en 2025.

1. INTRODUCCIÓN

Pocas veces una ley había dado tanto que hablar. Una norma que busca expresamente un valor positivo para casi todo el mundo como la reconciliación[2154], es sentida por algunos como una horrible traición. Existen muchas personas en España que piensan que aquella tentativa de independencia fue un ultraje sumamente peligroso para la conservación, no ya de la integridad de España en sus fronteras actuales, sino del propio Estado de Derecho, lo que hace que sientan todavía, desde una perspectiva, no hay que negarlo, profundamente retribucionista y en parte de prevención general, que hay todavía un castigo pendiente, proporcional al daño percibido —más que cometido—, puesto que lo cierto es que el perjuicio real al Estado, emociones ciudadanas aparte, fue entre escaso e inexistente. Cuando una operación de este estilo se frustra simplemente con una página del BOE, como afirmó el propio Tribunal Supremo en su sentencia de condena de 2019[2155], tal vez algún día habrá que asumir que no hubo para tanto y que, de hecho, la intentona tuvo mucho de ridícula, como quizá acabará contando la historia, si es que finalmente habla de este capítulo en profundidad, lo que es cuestionable. Si lo hiciere, cabe dudar que lo haga en términos honrosos para los líderes independentistas por su comportamiento entre temerario, contraproducente para sus objetivos, ignorante, iluso y tantas veces embustero en varios de ellos. Tampoco será positivo el relato para el Ejecutivo español de entonces, dicho sea de paso, cuya actitud entre quietista, vacilante, torpe y hasta activador de cloacas policiales a día de hoy fuera de duda, no va a pasar a los anales del buen gobierno, precisamente. Puede que al final todo se acabe contando como un gran vodevil institucional a absolutamente todos los niveles, que no supieron estar a la altura.

2154 "Entendimiento y convivencia", "diálogo", "integración" y "cohesión social", dice la exposición de motivos de la Ley Orgánica 1/2024 de 10 de junio.

2155 Dijo la sentencia 459/2019, de 14-10, p. 219: "*Y la conjura fue definitivamente abortada con la mera exhibición de unas páginas del Boletín Oficial del Estado que publicaban la aplicación del artículo 155 de la Constitución a la Comunidad Autónoma de Cataluña*".

Vista la dimensión vergonzante de lo ocurrido, urgencias parlamentarias aparte, no es extraño que desde una posición tal vez más sensata, haya voluntad de pasar página a lo acontecido y simplemente borrarlo de la memoria, como tantos otros capítulos de la historia que todo el mundo ha olvidado, por graves que parecieran en su momento. Creo que si en este momento preguntamos a cualquiera por las guerras carlistas, o hasta por el asesinato de Eduardo Dato, pocos sabrían contar realmente lo sucedido con una mínima precisión. Incluso considerando que este último tuvo lugar hace muy poco más de cien años y era nada menos que el presidente del gobierno...

Pues bien, desde esta posición de resistencia al olvido y voluntad retribucionista, se ha planteado un debate que, en términos propios, podría ser simplemente absurdo. Tras la entrada en vigor de una ley de amnistía, ¿es posible el mantenimiento de medidas cautelares derivadas de los procesos en los que se estaban juzgando los delitos amnistiados? Y es que aunque casi todos los tribunales han adaptado su conducta a la ley y, por tanto, han levantado todas las medidas cautelares existentes, también ha existido algún órgano jurisdiccional que se ha resistido a hacerlo, pretextando que la ley de amnistía no es aplicable a los delitos claramente amnistiados por el legislador, como afirmaron en su auto de 1 de julio de 2024 algunos magistrados de la Sala Segunda del Tribunal Supremo de modo inopinado, discrepante de hecho con alguno de sus miembros al contener dicha resolución un destacable voto particular.

Pero más allá de eso, se analizará a continuación si es posible, pese a todo, la adopción de estas medidas desde el punto de vista de la esencia procesal de las mismas.

2. EL PRINCIPIO PRO REO Y LA PRESUNCIÓN DE INOCENCIA

Uno de los aspectos previos al objeto de estas líneas que parece necesario considerar, consiste en ser conscientes de algo que se ha solido pasar por alto en los debates sobre cualquier proceso relacionado con el conflicto independentista. A veces ha dado la sensación, bastante insistente, por cierto, de que en las opiniones de juristas y no juristas acerca de la mayoría de procesos judiciales sobre el tema, la presunción de inocencia ha quedado voluntariamente arrinconada, y también su hermano, el principio *pro reo,* basado en esa misma idea de humanidad que se tiene para con los acusados, no exactamente por una voluntad de ser clementes, sino simplemente para luchar desde cualquier punto de vista contra el atávico prejuicio social de culpabilidad que afecta a todas nuestras mentes[2156]. En materia judicial este prejuicio se convierte en parcialidad, puesto que cuando un juzgador es parcial, sucede que un juez predispuesto contra el reo le enjuicia, siendo más severo simplemente como consecuencia del aludido prejuicio, lo que evidentemente resulta inaceptable. Es posible que en la configuración de este prejuicio no hayan pesado solamente factores sociológicos y otros atavismos, sino que la evidencia de lo sucedido y la consiguiente indignación hayan favorecido que muchos no creyeran factible nada más que una condena.

En concreto, en los asuntos relacionados con los procesos que han enjuiciado a independentistas, en demasiadas ocasiones se ha formulado pública y privadamente la pregunta de qué hacer para que no eludan una condena, o para que esta sea más severa. Sorprende ese empeño, dado que en cualquier aula en que se imparte Derecho Penal, sus estudiantes han oído siempre, casi desde el primer día que, ante la duda, cualquier interpretación posible de una norma penal debe ser siempre favorable al reo, y no en su contra[2157]. Sin embargo, aquí parece haber sucedido en todo caso lo contrario, lo que resulta algo más que sorprendente. Cuando se trataba de averiguar su responsabilidad en el proceso principal, se decía con insistencia en algunos ambientes que debían imponerse "penas de dos dígitos", lo cual no tenía mucho que ver con una interpretación favorable a reo. Tampoco los comentarios sobre la ley de amnistía parecen ser nada respetuosos con una de esas interpretaciones favorables, puesto que el empeño no es en intentar favorecer la aplicación de la ley claramente favorable a reo en la mayor medida posible, como sería coherente con esa orientación básica del Derecho Penal, sino que la idea parece ser más bien encontrar cualquier subterfugio para eludir esas interpretaciones favorables, aunque ello suponga incluso negar que la *voluntas legislatoris* fue la que realmente fue, y no existe duda alguna sobre la misma.

El legislador quiso amnistiar los delitos relacionados con el movimiento independentista de los últimos años, y lo dijo en la exposición de motivos, en el texto de la ley (art. 1) y en los debates parlamentarios de una forma tan evidente que hasta provocó escándalo en todos los actores adversos a la ley. En estas condiciones y, sobre todo, con tales evidencias, formular dudas inexistentes sobre la interpretación de la ley o, aún peor, interpretar

---

2156 Vid. Nieva Fenoll, *La duda en el proceso penal*, Madrid 2013, pp. 102 y ss.

2157 Por todos, Mir Puig, *Derecho Penal, parte general*, Barcelona 2011, pp. 115-116. Quintero Olivares, *Derecho Penal, parte general*; Madrid 1989, p. 138.

lo contrario de lo que la ley dice, puede convertirse en una simple tergiversación de un texto legal, y no hay tribunal que legítimamente pueda querer eso.

3. ¿EXISTE *FUMUS DELICTI COMMISSI*?

Entrando ya en el debate sobre la tutela cautelar, que en absoluto es ajeno a todo lo anterior, cabe preguntarse si es posible, pese a la existencia de la ley de amnistía, que un tribunal adopte medidas cautelares por los delitos amnistiados.

Nuevamente, tal pregunta parece realmente absurda. Las medidas cautelares, según una de las primeras definiciones doctrinales[2158], existen para que el tiempo que tarda en celebrarse el proceso no perjudique el derecho de quien ha tenido que acudir a la jurisdicción para que se le reconozca. Obviamente, tal concepción fue formulada para el proceso civil, pero adaptándola al proceso penal significa que la medida cautelar personal se adopta regularmente para que el reo no desaparezca, o bien a fin de que no siga cometiendo delitos o bien para evitar que pueda alterar las pruebas que sean útiles para esclarecer los hechos, o incluso para las tres cosas a la vez. Es decir, la finalidad de la medida cautelar en el proceso penal no es que nadie obtenga su derecho —al menos no como objetivo principal—, sino que el Estado pueda conseguir en algún momento ejercer el *ius puniendi*[2159].

Para que pueda adoptarse una medida cautelar, la doctrina, y al hilo de la misma la jurisprudencia, han establecido al menos desde Calamandrei[2160] que la medida cautelar cumpla con dos presupuestos: el apariencia de un derecho[2161] —el *fumus boni iuris*— y el *periculum in mora*. Limitándonos ahora al primero —dejando el segundo para el siguiente epígrafe—, debe procederse a una adaptación para el proceso penal, puesto que, nuevamente, el presupuesto está formulado solamente para el proceso civil. En el proceso penal no existe el "*bonus ius*" de nadie que sea necesario reconocer en una sentencia, puesto que ni siquiera el *ius puniendi*, pese a

---

2158 Chiovenda, *Istituzioni di Diritto Processuale Civile*, Napoli 1935, vol. II, p. 147. Más ambiguamente en Chiovenda, *Principi di Diritto Processuale Civile*, Napoli 1923, p. 224.

2159 Vid. Pujades Tortosa, *Teoría general de las medidas cautelares penales*, Madrid 2008, pp. 57 y ss.

2160 Calamandrei, *Introduzione allo studio sistematico dei provvedimenti cautelari*, Padova 1936.

2161 Así le llamó Calamandrei, op. cit. §§ 20 y 21.

su formulación, es un auténtico derecho. Puede ser tal vez una potestad del aparato institucional del Estado, que originariamente sirvió para evitar las venganzas de las víctimas o de sus allegados, sustituyendo esa autotutela por el castigo[2162]. Pero quizás sea impropio personalizar tanto al Estado como para suponer que es sujeto de derechos, como si el Estado fuera una sola persona. Un monarca, en definitiva.

Por todo ello, ese "*fumus*" o apariencia solamente puede hacer referencia a la comisión del delito. Es decir, no se trata de intentar demostrarle al juez en un primer momento que el derecho reclamado existe, sino que realmente estamos en presencia de un delito. Es decir, que al final del proceso, en la sentencia, un juez acabará dando la razón completa —o casi— al solicitante de la medida cautelar, siendo esta última formulación común para cualquier proceso, penal o no. Por ello se habla en el proceso penal, más que de *fumus boni iuris*, de "*fumus delicti commissi*". Apariencia de comisión del delito.

Sin embargo, cuando se ha aprobado una ley de amnistía, el delito simplemente deja de existir, por lo que cualquier discusión sobre su apariencia resulta ociosa. Pero en este caso, además, existían enormes dudas, en absoluto resueltas en la sentencia del Tribunal Supremo de 14-10-2019, de qué delito constituían los hechos enjuiciados. Recuérdese que la fiscalía acusó hasta el final por el delito de rebelión, aunque finalmente se acabó condenando por el delito de sedición, pese a que ambos delitos poseen —poseían— un bien jurídico protegido diferente, lo que los hacía obviamente diferentes, y que además existen muchísimas y enormes dudas de que la celebración de un referéndum ilegal, en las condiciones de pacifismo masivo en que tuvo lugar, pudieran ser algo parecido a un "alzamiento" en el sentido del art. 544 del Código Penal en su versión en vigor al tiempo de la sentencia, coincidente con el significado inequívocamente violento establecido por el Diccionario de la Real Academia Española.

De hecho, las muy escasas expresiones de violencia que existieron durante la jornada de la consulta del 1-10-2017 se producen en una medida bastante superior en muchísimas manifestaciones, sin que hasta entonces ningún juez se hubiera planteado calificar como "sedición" una manifestación como consecuencia de esos incidentes, y mucho menos una rebelión. Hacerlo supuso, en el fondo, una cierta vuelta a esquemas del siglo XIX

[2162] Boehm, C., "The Natural History of Blood Revenge", in B. Poulsen and J. B. Netterström, eds, Feud in Medieval and Early Modern Europe. Aarhus University Press, 2007, p. 202.

que se suponían superados desde la existencia del derecho fundamental de manifestación. De hecho, después de los hechos de octubre de 2017 han existido muchas manifestaciones realmente violentas a lo largo y ancho de España sin que ninguna de ellas haya sido calificada como sedición. Si se lee la misma sentencia, existen varios pasajes que parecen más bien pensados para el delito de rebelión que para el de sedición, dicho sea de paso. Sea como fuere, el legislador acabó con la sedición, aun sin la intención de que lo sucedido no pudiera ser enjuiciado bajo otras categorías delictivas. Sin embargo, la Sala Segunda del Tribunal Supremo, inopinada y sorprendentemente, acabó afirmando que los hechos del *procés* en este sentido eran atípicos[2163]. En consecuencia, ningún debate cabe ya sobre esta parte de la sentencia, que se sitúa por tanto al margen, no de la ley de amnistía, sino del código penal. Mal se puede cometer un delito que no existe.

Queda, por tanto, solamente pendiente el delito de malversación, cuyo desarrollo en la sentencia de 14-10-2019 fue realmente deficitario[2164]. Aunque parezca increíble, todavía no sabemos cómo se pagaron las urnas y, en buena medida, la infraestructura que permitió celebrar el referéndum. Pero pese a ello se produjo la condena, que no relató con precisión estos hechos más que de manera rayana con la conjetura y que, por tanto, quedaron en el terreno de lo desconocido. Sea como fuere, lo que es seguro es que en ningún momento se habló en la sentencia de que la supuesta utilización de fondos públicos en la realización del referéndum hubiera supuesto el enriquecimiento personal de ninguno de los reos. De hecho, en la propia ley de amnistía (art. 1.4) se descarta expresamente que los actos de financiación del referéndum supusieran enriquecimiento de los condenados.

Sin embargo, el auto de 1 de julio de 2024 afirmó justamente lo contrario, formulando, por decirlo de manera elegante, la muy forzada teoría de que los responsables del delito, tanto los ya condenados como los no juzgados, hubieran pagado de su bolsillo la organización del referéndum que anhelaban, y que, al haberlo hecho con fondos públicos, se habrían enriquecido al ahorrarse ese dinero. Y eso suponiendo que jamás se lo hubieran llegado a gastar en ese cometido de haber dispuesto de él, lo que realmente es mucho suponer, demasiado quizá para la interpretación de una norma penal que siempre debe ser favorable al reo y que de manera

---

2163 Auto 20107/2023, 13-2-2023.

2164 Vid. STS 14-10-2019, pp. 39 a 41, 54-59 y 285 a 291.

expresa pretendía serlo, como incuestionablemente ocurre con una ley de amnistía, por cierto. En todo caso, esta interpretación clarísimamente *contra reo* está basada, además, en una versión de los hechos que ni siquiera se sostuvo en la sentencia de condena, lo que supone una evidente reescritura de la misma contraria a la cosa juzgada, de hecho en su versión más remota: la que se remonta nada menos que al Código de Hammurabi[2165].

Con todo, situar esta concreta malversación fuera del ámbito de la ley de amnistía ha servido para que el magistrado instructor adopte medidas cautelares, empleando en ello un seguidismo y velocidad impropios de dos figuras judiciales que no hay que olvidar que están separadas precisamente para que no se influyan entre sí: el juez instructor y el juez de juicio. Si en algún momento se llegaran a juzgar realmente estos hechos respecto de los reos que han permanecido en el extranjero, esta evidente y hasta fluida comunicación entre tribunal sentenciador y juez de instrucción deberá ser objeto de debate procesal, porque puede ser contraria al derecho al juez imparcial.

De todos modos, incluso con esta inesperada —e inesperable— interpretación de la ley de amnistía, no es ya que sea evidente que no existe un delito si ni siquiera ha sido juzgado. Si a ello se añade una amnistía y una imprecisa sentencia de condena de tal delito con respecto a otros reos que, además, fueron indultados, tal vez todos estos elementos sean demasiados para poder sostener que se está manteniendo la presunción de inocencia en este proceso. ¿Cabe sostener seriamente que el mismo gobierno que indultó la malversación para los reos condenados, no tenía la intención de amnistiar ese mismo delito para el resto de reos pidiendo al parlamento que aceptara la proposición de ley a tal efecto? La "presunción" —técnicamente no lo es— de inocencia es un derecho fundamental que constituye la clave de bóveda del proceso penal, e influye en todas sus fases desde que el caso es judicializado y deja de ser competencia exclusiva de meras investigaciones policiales.

Bien al contrario, en este caso parece prescindirse de ese derecho fundamental. El hecho es que pese a todo lo indicado, que no es precisamente poco, el magistrado instructor ha confirmado la orden de detención que ya pesaba sobre los políticos que eludieron la acción de la justicia española marchándose al extranjero y que todavía no han vuelto a España. Con estos mimbres, desde luego, no se cumple el presupuesto de la medida cautelar que estamos considerando, si existen tantísimas dudas en cuanto al delito

---

2165 Ley 5 de dicho código.

y su comisión, y más bien certezas a partir de la ley de amnistía que se han tratado de eludir.

De hecho, algo querrá decir —porque es sorprendente— que el magistrado instructor no haya intentado de nuevo la orden europea de detención y entrega, habida cuenta de que los reos están perfectamente localizados en Bélgica. Y formular esa orden no es algo potestativo, sino obligatorio para el juez de instrucción que, pese a todo lo indicado, sí cree que existe un delito enjuiciable. Puede que esa decisión de inhibición en este caso responda, naturalmente, a la escasa posibilidad de convencer a los jueces belgas de la existencia de este presupuesto en las condiciones descritas. Y es que precisamente la existencia de *fumus delicti commissi* es básico para la concesión de la orden europea[2166]. El juez requirente debe demostrar, al menos de forma indiciaria, que existe el delito que señala. Y en este caso más bien sobran razones para afirmar que el delito dejó de existir, no ya por su muy precaria base fáctica, sino porque está evidentemente amnistiado.

4. ¿EXISTE *PERICULUM LIBERTATIS*?

Pero existe un segundo presupuesto que exige la doctrina para adoptar una medida cautelar. Se trata de demostrar que concurre una situación de riesgo derivada de la libertad del reo. Como ya se dijo, riesgo de fuga, de destrucción de pruebas o de reiteración delictiva.

En puridad, esta exigencia no puede ser un presupuesto, dado que su análisis acostumbra a ser propio de automatismos atávicos[2167] que deducen la situación de riesgo de variables que, aun siendo objetivas, en absoluto conducen lógicamente a concluir la existencia del riesgo. Y es que se trata de saber si una persona va a hacer algo en un futuro que ni siquiera tiene por qué ser inmediato, lo que pertenece al terreno de sus pensamientos y es muy difícilmente determinable, salvo que el juzgador decida abandonar-

---

2166 Nieva Fenoll, "El examen de la autoridad requerida en la Orden Europea de detención y entrega de políticos independentistas: entre la política y el derecho", *Diario La Ley*, n. 9227, 24-5-2018.

2167 Vid. la jurisprudencia citada en Nieva Fenoll, *Inteligencia artificial y proceso judicial*, Madrid 2018, pp. 63 y ss.

se en prácticas paranormales para adivinar ese futuro, lo que obviamente es inadmisible[2168].

Por ello, lo correcto es simplemente determinar la existencia, a grandes rasgos, de una situación cautelable, lo que ni siquiera puede ser dibujado como un presupuesto en sentido propio, pues no se trata de algo que se pueda afirmar realmente que aparezca con carácter previo a la adopción de la medida cautelar, dado que puede que ni siquiera exista en realidad. Basta, por tanto, con que no se pueda excluir la situación de riesgo al concurrir claramente circunstancias objetivas que llevan a sospechar fundadamente de la existencia de ese riesgo, lo que, obviamente, es necesario explicarlo de manera suficiente en la resolución que adopta la medida cautelar.

En el caso concreto que estamos analizando, es imposible que exista destrucción de pruebas, al haber sido los hechos ya juzgados y haber ocurrido, en este momento, hace varios años. Cualquier labor de alteración, de haberse producido, se hubiera operado ya hace mucho tiempo. Tampoco puede haber riesgo de reiteración delictiva en un delito de malversación en quien no ocupa ya ningún cargo público desde el que pueda disponer del dinero de todos. Además, estando los reos en el extranjero, difícilmente podrán hacer uso de otro dinero que no sea su propio sueldo como diputados, lo que obviamente no puede constituir malversación al ser el sueldo de libre disposición.

Por tanto, las actuales consideraciones deben quedar confinadas al riesgo de fuga. Y en este caso, por lo menos para los reos que están en el extranjero, es obvio que concurre. Ya eludieron la acción de la justicia, por lo que de volver a España es bastante evidente que podrían querer emprender el camino de vuelta al extranjero, escapando así, nuevamente, de la acción de la justicia española.

Sin embargo, ese riesgo no puede ser ni siquiera tomado en consideración cuando la base fáctica de la existencia del delito es algo más que precaria y, además, está obviamente afectada por la ley de amnistía. Es necesario recalcar este punto porque no es en absoluto infrecuente que los jueces de instrucción, al decidir adoptar las medidas cautelares, se dejen llevar por la inminencia de los riesgos, sin darse cuenta de que el presu-

---

2168 Cfr, Fairén Guillén, "La reforma del proceso cautelar español", en *Temas del ordenamiento procesal*, Madrid 1969, tomo II. p. 906. Serra Domínguez e.a., *Las medidas cautelares en el proceso civil*, Barcelona, 1974, p. 40. Ortells Ramos, *Derecho Procesal Civil*, Cizur Menor 2003, p. 998.

puesto básico de la medida cautelar es el *fumus*, porque de hecho es el único objetivable, a diferencia, habitualmente, del *periculum*. A pesar de ello, es habitual encontrar resoluciones en la práctica en las que se razona solamente, y ni siquiera de un modo riguroso, sobre la inminencia de los riesgos, dejando de lado la existencia de delito con la excusa de que es algo que debe averiguarse durante el proceso, pretendiendo así no "prejuzgar" y fundándose, además, en la tradicional idea doctrinal de que la existencia de dicho *fumus*, como la propia palabra pretende indicar, es suficiente con demostrarla de manera superficial, es decir, *prima facie*.

A pesar de la total consolidación de esta idea, resulta perfectamente errónea por varias razones. La primera, porque aunque no se sea consciente de ello, proviene de un sistema de valoración probatoria que ya no es vigente: el sistema de valoración legal. Bajo dicho sistema se distinguían —al menos— dos niveles probatorios, o medidas de prueba, como aún prefiere decir la doctrina alemana[2169]: la prueba plena y la prueba semiplena. La primera suponía, al menos en teoría, que un hecho estaba completamente demostrado. La segunda era lo que hoy todavía conocemos como "indicio" o "prueba indirecta", es decir, una simple sombra de un hecho que requería mayor base para ser demostrado. El sistema, en realidad, era una completa locura porque hoy sabemos que todos los datos probatorios de los procesos son indicios, no existiendo ya pruebas plenas o directas, privilegiadas en definitiva, al haber sido abolidas por el sistema de libre valoración[2170].

Por consiguiente, el juez debe ir recopilando los indicios que vayan surgiendo de la actividad probatoria, a fin de establecer inferencias razonables que le permitan trazar un relato de hechos que sea intersubjetivamente defendible, es decir, que sea creíble. Y suelen ser intersubjetivamente creíbles los relatos que se han formulado de manera lógica y están basados en datos objetivos. En estas condiciones, establecer una diferencia entre niveles probatorios es una auténtica entelequia[2171]. En consecuencia, afirmar que una medida cautelar sólo precisa una fundamentación superficial de su *fumus*

2169 Scherer, *Das Beweismaß bei der Glaubhaftmachung*, ("Prozessrechtliche Abhandlungen", Bd. 101). Köln, Berlin, Bonn, München: Carl Heymanns Verlag 1996.

2170 Muñoz Sabaté, *Técnica probatoria*, Barcelona 1993, p. 20. Bender; Nack, "Grundzüge einer Allgemeinen Beweislehre", *Deutsche Richterzeitung*, 1980, p. 121.

2171 Cfr, Ferrer Beltrán, *Prueba sin convicción*, Madrid 2021. González Lagier, D. "¿Es posible formular un estándar de prueba preciso y objetivo? Algunas dudas desde un enfoque argumentativo de la prueba", *Revista Telemática de Filosofía del Derecho*, n. 23, 2020, p. 83. Gascón Abellán, M., *Los hechos en el Derecho. Bases argumentales de la prueba*, Madrid 2004.

es algo que en términos epistémicos es prácticamente imposible de defender hoy en día, insisto, aunque se siga afirmando tantas veces lo contrario. Bajo la vigencia del sistema de valoración legal de la prueba, la distinción entre prueba plena y semiplena era evidente. Continuar utilizando, de un modo u otro, esas categorías hoy en día, resulta simplemente erróneo.

Pero es que, además, incluso aceptando que esa manera de razonar fuera correcta, no es adecuado permitir que al menos algunas medidas cautelares, particularmente las que suponen privación de libertad, puedan adoptarse únicamente con una base indiciaria precaria, a fin de no "prejuzgar". Al contrario, hay que ser muy conscientes de que con una medida de prisión provisional se está avanzando la pena, por lo que no es posible proceder a su adopción simplemente porque "parezca" que un reo es responsable del delito, sino que es precisa prácticamente una certeza de su responsabilidad a ojos del juez instructor, que debe emprender esa labor de comprobación de los hechos si realmente desea operar ese adelantamiento de la pena. Precisamente esa es una de las principales razones por las que no puede ser después juez de juicio: quien ha adoptado una prisión provisional, o ha valorado no adoptarla, posee un profundo conocimiento de los hechos que descarta su imparcialidad para el juicio oral. Y el juez de instrucción va a realizar esa labor de comprobación realmente, y por supuesto que con ello el ordenamiento le obliga a prejuzgar. Por eso es apartado a la hora de celebrar el juicio.

Pues bien, esa certeza de la existencia del delito, en el caso que estamos considerando y como se ha razonado suficientemente ya, no puede existir, puesto que más bien existe certeza de lo contrario, en realidad, en cuanto a la no existencia del delito tras la aprobación de la ley de amnistía. Por consiguiente, resulta imposible fundamentar la concurrencia de *periculum* en quien no es ya imputable por el delito por el que se ha formado la causa. Es decir, no es exactamente que durante la instrucción no se conozcan todos los datos del delito. En este caso, además, se da la circunstancia de que sí que se conocen porque ya han sido objeto de una instrucción, de un juicio y de una sentencia con respecto a otros reos. Además, debe recordarse algo curioso y que se pasó completamente por alto: la enorme mayoría de los hechos que se investigaron y juzgaron eran prácticamente notorios, pese a lo cual se desplegó una actividad probatoria innecesariamente extensa, que el tribunal admitió con el objeto de no producir una muy improbable indefensión. Y es que mal puede alegar dicha indefensión quien intenta probar en el proceso hechos que, siendo entre evidentes y notorios, no precisan prueba. Se escucharon decenas de interrogatorios que, al margen de que fueran reiterativos, muchos de ellos habían sido preparados previamente, como por desgracia es habitual, lo que unido a los defectos de la práctica de este prueba que ha evidenciado la psicología del testimonio[2172], hace que la relevancia probatoria de lo actuado con las testificales y las declaraciones de los reos fuera entre débil e inexistente. De hecho, la sentencia apenas se refirió a dichos interrogatorios.

En conclusión, mal puede hablarse de riesgo de fuga de quien no puede considerarse ya que haya cometido delito alguno, pues la ley de amnistía obliga a olvidarlo. Cualquier reflexión en sentido contrario, que pretendiera que el delito sí fue cometido pero ha sido amnistiado, ignoraría la presunción de inocencia. En consecuencia, faltando el primer presupuesto del *fumus delicti commissi*, es improcedente tomar el *periculum* en consideración.

5. ¿SERÍA POSIBLE LA ADOPCIÓN DE MEDIDAS CAUTELARES POR EL TRIBUNAL CONSTITUCIONAL?

Un último punto que resulta de interés es el referido a la posibilidad de que el planteamiento de cuestiones de inconstitucionalidad opere de manera irregular como una suerte de suspensión de los efectos de la ley. El debate al respecto no tiene sentido, habida cuenta de que el artículo 30 de la Ley Orgánica del Tribunal Constitucional impide precisamente que la tramitación de la cuestión pueda tener este efecto, gozando todas las leyes aprobadas por el parlamento de presunción de constitucionalidad.

Al margen de ello, se suscita también la duda de si el Tribunal Constitucional, en el marco de una cuestión de inconstitucionalidad o de un recurso de amparo, puede adoptar medidas que garanticen la vigencia de la ley, avanzándose a su juicio final de constitucionalidad. No es habitual que el alto tribunal realice este tipo de actuaciones, pero sí que es frecuente, por ejemplo, que suspenda condenas cuando la pena impuesta es inferior a cinco años[2173], por ejemplo, a fin de que el amparo, en su caso, no pierda

---

2172 Loftus, E. *Eyewitness testimony*, Harvard 1996. Mazzoni, G. *Psicologia della testimonianza*, Roma 2015. Diges, M. *Los falsos recuerdos*, Barcelona 1997. Manzanero, A. *Memoria de testigos*, Madrid 2010. Manzanero, A. L., *Psicología del testimonio*, Madrid 2008, pp. 38-39. Julià Pijoan, M. "Un análisis del fundamento de la declaración del testigo ocular como medio de prueba, a partir de la investigación empírica", *Ius et Praxis*, vol. 29, n. 2, 2023, pp. 44 y ss.

2173 ATC 112/2020, 21-9-2020.

su finalidad si se retrasa el tribunal en su resolución más allá del cumplimiento de una pena relativamente breve.

La pregunta es si en este caso se produce una situación similar a la que se acaba de describir, en relación con la posibilidad de que un tribunal realice una interpretación inconstitucional de la ley al eludir aplicarla con unos u otros argumentos. Esa es justamente la situación que se ha planteado con la decisión de la Sala Segunda del Tribunal Supremo de no aplicar la amnistía al delito de malversación, lo que tiene como efecto el mantenimiento de unas órdenes de detención que amenazan la libertad de los reos si se desplazan a España. Con ello se está afectando, no ya ese derecho a la libertad de movimientos, sino también el derecho fundamental a la presunción de inocencia al evitarse aplicar la ley de amnistía en una situación que es evidente que la ley pretendía cubrir y cubre. Más allá de la posible vulneración del derecho al juez imparcial, al haber realizado la resolución de no aplicación de la amnistía casi los mismos magistrados que pronunciaron la sentencia de condena. Y por supuesto el principio de legalidad penal (art. 25 CE), al estarse impidiendo la aplicación de la ley a un reo beneficiado por la misma.

No es posible prever si el Tribunal Constitucional considerará que todo lo anterior integra un *fumus boni iuris* suficiente para conceder la suspensión del auto del Tribunal Supremo recurrido en amparo, lo que provocaría la inmediata aplicación, si bien cautelar, de la amnistía al delito de malversación. Pero puede que base para ello no le falte ante lo sorprendente del auto del Tribunal Supremo y su evidente discrepancia con respecto a la ley.

Lo que ya es más dudoso es si existe *periculum in mora*, que consistiría en que esta situación de no aplicación de la ley impidiera la libertad de movimientos en España de los reos beneficiados por la amnistía mientras el Tribunal Constitucional no se pronuncia, lo que provocaría un perjuicio irreparable, puesto que aunque todo el mundo puede esperar, naturalmente, no es legítimo que lo haga quien no tiene por qué hacerlo desde que existe una ley que le beneficia y cuya aplicación se impide indebidamente. Desde luego, no es posible volver a vivir los años de vida que se han perdido de plena libertad, y desde esa perspectiva es factible que sí pudiera determinarse la existencia de una situación cautelable, siempre en el marco del recurso de amparo.

Una última reflexión que es pertinente consiste en saber si, pese al parecer puede que unánime —o casi— de los juristas en general, es legítimo que un Tribunal Constitucional se pronuncie sobre la constitucionalidad de una ley de amnistía en el marco de una cuestión de inconstitucionalidad, sin perjuicio de que lo haga incidentalmente también con ocasión de un recurso de amparo.

Personalmente entiendo que dicho tribunal, y los tribunales constitucionales del mundo en general, se han excedido en demasiadas ocasiones en el uso de sus competencias, ensombreciendo la labor de los parlamentos, constituyéndose en una especie de comité legislativo que se superpone al parlamento, sin tener realmente la legitimación democrática que posee una cámara legislativa elegida por sufragio universal. Una cosa es que se diseñe un órgano, casi como válvula de seguridad, que se active para defender la democracia y, por tanto, su sistema institucional, en caso de que venga un día otro Hitler con una nueva *Ermächtigungsgesetz* (1933) que provoque el suicidio del parlamento al aprobar una ley en que delegara sus funciones en un dictador, como sucedió en Alemania. De hecho esa es, muy probablemente, cuestiones doctrinales aparte, la principal razón de existencia de los tribunales constitucionales en varios países de la Europa de la postguerra.

Lo que ha ocurrido es que posiblemente por culpa del excesivo activismo, en ocasiones incluso propagandístico, del Tribunal Supremo de los EEUU, nos hemos acostumbrado a que los tribunales constitucionales se pronuncien sobre cuestiones que no suponen peligro alguno para la democracia, como el matrimonio homosexual, el aborto o la eutanasia, entre otros temas. La legislación de un país es obra de su parlamento, y sólo excepcionalmente debería intervenir el Tribunal Constitucional, que debiera inadmitir cuestiones y recursos formulados para evitar que se impida la labor del parlamento en esas temáticas sociológicamente ordinarias, y que la ciudadanía debe poder regular como mejor le parezca, sin interferencias de ningún tribunal, por mucha calidad técnica que posea. Al final, se trata de cuestiones profundamente políticas en las que existe el riesgo bastante elevado —como ya ha ocurrido— de que los magistrados decidan guiados por su propia ideología, y no por su saber jurídico. Es decir, de manera sesgada[2174].

Dicho lo cual, la pregunta es si una ley de amnistía es una de esas normas que pueden volver del revés la democracia. Muy probablemente no sea así, habida cuenta de la frecuencia con que se encuentran leyes de amnistía en países incuestionablemente democráticos. Es cierto que se trata de

---

2174 *Dobbs v. Jackson Women's Health Organization*, n. 19-1392, 597 U.S. 215 (2022). *Trump v. Anderson*, n. 23-719, 601 U.S. (2024).

una institución anterior a la división de poderes, y que justamente por esa razón plantea dudas, también a quien escribe estas líneas[2175]. Pero también es cierto que más dudas en este sentido plantea el indulto y ha sido aceptado con naturalidad en casi todo momento, salvo casos excepcionales, precisamente uno de ellos el relacionado con el proceso independentista, en el que puntualmente provocó una enorme polémica. Pero aprobando una amnistía, no un monarca, sino quien tiene la competencia para crear normas penales y derogarlas, es decir, el parlamento, debieran disiparse estas dudas de coherencia con la división de poderes.

Todo ello debiera llevar en el futuro a la inadmisión de recursos y cuestiones de inconstitucionalidad que siempre son admitidos a trámite. Sin embargo, ello no debiera observarse en modo negativo. Al final, reafirmar el poder del parlamento es también una forma de promover la democracia, lógicamente. Siempre y cuando, como ya se ha dicho, el parlamento no esté deseando autoextinguirse o abolir su periódica y regular renovación a través de las elecciones. Por supuesto, también debe defender el Tribunal Constitucional los derechos fundamentales, puesto que las leyes pueden llegar a anularlos, naturalmente. Pero esa labor la tiene que hacer también de manera muy selectiva. Al final, dichos derechos evolucionan conforme lo hace la mentalidad de la sociedad, que refleja puntualmente un parlamento cada cuatro años. Es, no obstante, una suerte que ante los excesos en que puede incurrir un parlamento en este sentido, contemos en Europa con un Tribunal Europeo de Derechos Humanos marcando una pauta que deben seguir todos los tribunales supremos y constitucionales de los países del Consejo de Europa. Es la rebeldía a la jurisprudencia del tribunal de Estrasburgo la que tendrían que corregir los tribunales constitucionales. Es una lástima que no siempre lo hagan. Y ojalá el Tribunal Europeo de Derechos Humanos siga siempre la senda profundamente democrática que le es propia.

2175 Nieva Fenoll, "El indulto: un cuerpo extraño en el sistema procesal", *Teoría&Derecho*, n. 30, 2021, pp. 66 y ss.

DAS GERICHTSURTEIL IM STRAFPROZESS GEGEN DIE PRO-UNABHÄNGIGKEITS-POLITIKER UND DIE GEGENWÄRTIGE LAGE IN KATALONIEN

Publicado en Schlaglichter 22, enero 2021, pp. 16-27.

1. DER SACHVERHALT: EINE GESCHICHTE DES GLOBALEN UNSINNS

Seit ungefähr 2012 läuft in Katalonien der sogenannte "Prozeß". Dieser propagandistische Ausdruck, der aus der Pro-Unabhängigkeitsbewegung stammt, beschreibt einen politischen und friedlichen Weg zur Erreichung der Unabhängigkeit Kataloniens.

Der "Prozeß" begann mit Demonstrationen von Pro-Unabhängigkeits-Organisationen. Seit etwa 2013 hatte er auch die direkte Unterstützung der katalanischen Regionalregierung. Sie hat die Tätigkeiten der Organisationen gefördert und auch offizielle Gutachten darüber erstellt, wie die Unabhängigkeit möglich wäre. Außerdem hielt die katalanische Regierung im Jahr 2014 eine informelle und nicht verbindliche Volksbefragung ab. Hierfür wurden der Regionalpräsident sowie drei Regionalminister wegen Ungehorsams gegenüber dem Verfassungsgericht verurteilt, weil die Volksbefragung stattgefunden hatte, aber vom Verfassungsgericht vorher verboten worden war.

Dennoch ist der "Prozeß" weitergegangen, und der neue Regierungspräsident (Puigdemont) kündigte ein —diesmal verbindliches— Referendum für den 1.10.2017 an. Damit begann eine neue und viel intensivere Phase des "Prozeßes".

Die spanische Zentralregierung ließ das Referendum wieder nicht zu. Trotzdem machte die katalanische Regierung mit der Vorbereitung des Referendums weiter. Das katalanische Parlament erließ dringlich zwei Gesetze über das Referendum und über den nationalen Übergang, um eine Anfechtung dieser Gesetze vor dem spanischen Verfassungsgericht zu vermeiden. Damit verletzte es ausdrücklich die Vorgaben des parlamentarischen Verfahrens, da der Opposition die Möglichkeit genommen wurde, die Entwürfe von derart bedeutsamen Gesetzen —besonders des Übergangsgesetzes, das einen neuen Staat gründen würde— mit genügend Zeit durchzulesen. Eine Woche später hob das Verfassungsgericht daher beide Gesetze vorläufig auf, die damit vollständig unwirksam waren.

In diesem Moment hatte die spanische Regierung durch die Staatsanwaltschaft eine Ermittlung des allgemeinen Vorgehens der Regionalregierung eingeleitet, um zu prüfen, ob in diesem Vorgehen eine Veruntreuung vorliegen könnte.

In diesem Ermittlungsverfahren wurden verschiedene Durchsuchungen angeordnet. Die erheblichste fand am Sitz des regionalen Wirtschaftsministeriums im Zentrum von Barcelona statt. Als die Durchsuchung anfing, riefen die Pro-Unabhängigkeits-Organisationen zu einer Protestdemonstration vor dem Wirtschaftsministerium auf. Rund 40.000 Menschen demonstrierten an diesem Tag friedlich. Niemand wurde verletzt oder festgenommen. Drei Polizeiwagen wurden teilweise zerstört, weil einige Personen auf die Autodächer geklettert sind und unter ihrem Gewicht die Räder und die Windschutzscheiben kaputt gingen. Es lag also kein absichtlicher Vandalismus vor, sondern Sachbeschädigung mit bedingtem Vorsatz. Während der Demonstration hatten die Organisatoren mehrmals um friedliches Verhalten gebeten mit dem Erfolg, dass das öffentliche Leben der Anwohner und Touristen in den umliegenden Straßen normal weitergehen konnte, was im Übrigen im Gerichtsverfahren sogar bewiesen wurde.

Die Durchsuchung konnte ohne weiteres durchgeführt werden. Keiner der Demonstranten ist in das Gebäude eingedrungen. Die Polizisten und die Gerichtsbeauftragten haben das Gebäude nur deshalb etwas später verlassen können, weil zahlreiche Demonstranten den Vorplatz erst früh am Abend verlassen hatten. Einige Polizisten und eine Gerichtsbeauftragte haben zwar später über Bedrohungen der Demonstranten ausgesagt, doch der Oberste Gerichtshof hat ihnen letztendlich nicht weitgehend geglaubt.

Das Referendum fand somit statt, obwohl das Verfassungsgericht es verboten hatte. Es war daher illegal; ihm fehlten die demokratischen Voraussetzungen um gültig zu sein, da das Referendumsgesetz aufgehoben war und die in diesem Gesetz Vorgesehenen Aufsichtsorganen und Garantien daher ausgefallen hatten. Gleichwohl haben viele anonyme Akteure eine Volksbefragung anstatt des offiziellen Referendums organisiert, die Urnen versteckt und am Tag des Referendums die Urnen mit Sitzblockaden körperlich verteidigt.

Die katalanische Polizei hatte am Tag der Volksbefragung einige Wahllokale geschlossen, um die Verbotsanordnung des Verfassungsgerichts durchzusetzen. Gleichwohl hatte ein nach wie vor nicht näher bekannter Vertreter der spanischen Zentralregierung noch früh am Morgen befunden, dass der Einsatz der katalanischen Polizei ungenügend sei, und deswegen die spanische Polizei geschickt, um das Verbot des Verfassungsgerichts durchzusetzen und die Urnen wegzunehmen. Dafür haben sie in einigen der etwa 2.300 Wahllokale auch Gewalt angewendet, um die Sitzblockaden aufzulösen. Fast 900 Demonstranten wurden leicht verletzt, 5 von ihnen schwer. 58 der 6.000 Polizisten, die an dem Einsatz teilgenommen hatten, wurden nach Angaben der spanischen Regierung leicht verletzt.

In den folgenden vier Wochen und nach mehreren Aktivitäten und Verhandlungen der beiden Regierungen, war die katalanische Regierung der Meinung, dass die Volksbefragung dem Referendum gleichwertig sei, und bat daher das Parlament, die Unabhängigkeit zu erklären. Das geschah schließlich am 27. Oktober 2017.

Etwa sechs Stunden später setzte die spanische Regierung, mit Genehmigung des spanischen Bundesrats, die katalanische Autonomie aus und übernahm die Macht über die Region. Die katalanische Regierung leistete keinen Widerstand und blieb während dieser sechs Stunden untätig. Die meisten Regionalminister gingen nach der Unabhängigkeitserklärung schlicht nach Hause. Fünf von ihnen sind einige Tage später ins Ausland geflohen, unter ihnen der Präsident Puigdemont. Nicht einmal die spanische Fahne wurde vom katalanischen Regierungssitz eingeholt.

2. DIE JURISTISCHE ERWÄGUNG DES GERICHTSHOFS: VON HOCHVERRAT BIS AUFRUHR

Neben der Aussetzung der Autonomie entschied die spanische Regierung, ein Gerichtsverfahren gegen die Pro-Unabhängigkeits-Politiker einzuleiten. Der Generalanwalt bezeichnete die Ereignisse als “Hochverrat” —Rebellion— und klagte die Politiker dementsprechend an. Viele Juristen in Spanien hielten diese Anklage für absurd, weil offenkundig niemand bei den Ereignissen in Katalonien eine gewalttätige Verhaltensweise beobachtet hatte, nicht einmal Krawalle, sondern nur die schon erwähnten Sitzblockaden und Demonstrationen. Diese waren nie gewalttätig, und Sitzblockaden verursachen nicht das Ausmaß an Gewalt, das genügend wäre, um einen Hochverrat zu begründen, nämlich etwa großflächige Straßenschlachten, Brandstiftungen oder Plünderungen u.a. Wohlgemerkt musste die Polizei bei den Ereignissen auch keine Schusswaffen einsetzen.

Niemand wollte also mit Gewalt die Macht übernehmen. Das geschützte Rechtsgut des Hochverrats (demokratischer Rechtsstaat) würde überhaupt nicht verletzt. Trotzdem vertrat die Staatsanwaltschaft auch über den Lauf des Verfahrens weiter die gegenteilige Meinung; dementsprechend agierte auch der Untersuchungsrichter während des ganzen Ermittlungsverfahrens. Die Staatsanwaltschaft behielt die gleiche Anklage sogar in der Hauptverhandlung bei, auch wenn schon aus der Ermittlung deutlich war, dass faktisch keine Gewalt vorlag.

Nach der Hauptverhandlung hat dies der Oberste Gerichtshof in seinem Urteil auch anerkannt. Nach seiner Meinung hatte die spanische Regierung nie die Kontrolle der Situation verloren. Nicht gesellschaftlich, und auch nicht politisch oder militärisch. Das Urteil behauptet ausdrücklich, daß alles eine große Lüge der Unabhängigkeitsbewegung war. Eine Farce, um die spanische Regierung unter Druck zu setzen, um mehr Zuständigkeiten für die Regionalregierung zu erlangen. D.h. viel Lärm um Nichts.

Trotzdem bezeichnete der Oberste Gerichtshof in einer überflüssigen und unglaublich kurzen Erwägung (dreieinhalb Seiten der fast 500 Seiten umfassenden Urteilsbegründung) die Geschehnisse als "Aufruhr"— eine Straftat gegen die öffentliche Ordnung, die mit Landfriedensbruch vergleichbar ist. Der Gerichtshof war der Meinung, dass die Menschenmenge, die Volksbefragung überall in Katalonien veranstaltet und ermöglicht hatte, ungehorsam gegenüber dem Verfassungsgericht war und die Polizeieinsätze gegen die Volksbefragung behindert hatte. Auch wenn keine einzelnen Teilnehmer dieser Menschenmenge angeklagt waren, so hätten nach Erachten des Obersten Gerichtshofes doch die angeklagten Politiker die Menschenmenge führen und beherrschen können, um die Volksbefragung zu vermeiden. Da die Angeklagten die Teilnahme der Bevölkerung an der Volksbefragung aber sogar gefördert hatten, seien sie auch für das entsprechende Verhalten der Menschenmenge verantwortlich und deshalb wegen Aufruhrs zu verurteilen.

Das Verhalten der Politiker war allerdings nie gewalttätig, ebensowenig wie das Verhalten der Menschenmenge, da Sitzblockaden nie mit der Gewalt des Landfriedensbruchs vergleichbar sind. Die Politiker wurden jedoch für diese Straftat mit einem Strafmaß von ungefähr 9 Jahren bestraft, auch wenn das spanische Strafgesetzbuch natürlich einen deutlich schwächeren Strafrahmen ermöglicht. In Deutschland sind derartige Straftaten mit Freiheitsstrafe bis zu drei Jahren zu bestrafen (§ 125 StGB).

U.a. Amnesty International hat im November 2019 diese Verurteilung als unverhältnismäßig bezeichnet. Die Angeklagten wurden zusätzlich wegen Veruntreuung verurteilt, auch wenn im Urteil nicht erklärt ist, wer und wie die Volksbefragung finanziert hat. Diese zusätzliche Verurteilung bedeutete eine um 3 bis 4 Jahre höhere Freiheitsstrafe für einige Verurteilte.

3. DIE ZUSTÄNDIGKEIT DES GERICHTSHOFS

Da Parlamentsabgeordnete angeklagt wurden, wäre hierfür das Oberlandesgericht Katalonien nach spanischen Recht ausschließlich zuständig gewesen. Trotzdem hat sich der Oberste Gerichtshof des Zentralstaats für zuständig überraschend erklärt und damit die Zuständigkeit des Oberlandesgerichts Katalonien ausgeschlossen. Der Oberste Gerichtshof ist auch für Anklagen gegen Regionalabgeordnete, Regionalminister und Regionalpräsidenten zuständig, wenn die Fakten Wirkungen über die Region hinaus hatten. Mit dieser Vorgabe hat der Oberste Gerichtshof die Entscheidung über seine Zuständigkeit mit drei Gründen gerechtfertigt:

Erstens, weil die Fakten ganz Spanien betreffen, nicht nur Katalonien, da die Unabhängigkeit einer Region das ganze Territorium beeinträchtigt. Mit einer solchen Argumentation wäre der Oberste Gerichtshof allerdings fast immer zuständig. Zum Beispiel in Straftaten gegen den Wettbewerb, die Umwelt oder bei Kapitalanlagebetrug in Prospekten, die im Internet hochgeladen worden sind. Sollte der Oberste Gerichtshof in all diesen Fällen zuständig sein, wäre das Ergebnis nicht nur absurd, sondern wäre dieses Gericht auch vollkommen überlastet.

Zweitens hatten die Tatsachen nach der anfänglichen Meinung des Obersten Gerichtshofs internationale Bezüge. Der Oberste Gerichtshof hatte dies zum Auftakt des Ermittlungsverfahrens begründungslos angenommen. Es waren seinerzeit Gerüchte im Umlauf, wonach die Urnen in Ausland gekauft und versteckt worden waren. Die Angeklagten hatten auch einige Vorträge im Ausland gehalten, um die Unabhängigkeit Kataloniens zu unterstützen. Vorträge und Urnen sind allerdings keine Instrumente, mit denen man Hochverrat begehen kann. Auch deswegen ist die Zuständigkeit des Obersten Gerichtshofs sinnlos.

Drittens hatte der Oberste Gerichtshof behauptet, er sei das oberste Gericht in Spanien, weswegen seine Zuständigkeit unwiderlegbar sei. Aber wenn das so wäre, wären alle anderen Gerichte in Spanien nie wirklich unabhängig, insofern als ihre Zuständigkeit immer vom Willen des Obersten

Gerichtshofs abhinge und nicht von den Vorgaben des Gesetzes. Die Lage wäre in diesem Fall mittelalterlich, als noch der König nach seinem Gutdünken seine Zuständigkeit beanspruchte.

Aus diesen Gründen war meines Erachtens der Oberste Gerichtshof für diesen Fall überhaupt nicht zuständig. Gegen das Recht auf den gesetzlichen Richter wurde eindeutig verstoßen, und so könnte es in Zukunft auch der Europäische Gerichtshof für Menschenrechte entscheiden.

4. DIE UNTERSUCHUNGSHAFT. KEINE VORAUSSETZUNGEN DAFÜR

Wie schon erwähnt wurden die meisten Angeklagten verhaftet und saßen während des ganzen Prozesses in Untersuchungshaft. Nach dem spanischen Strafprozessgesetz darf Untersuchungshaft nur angeordnet werden wenn:

1. Dringender Verdacht einer schweren Straftat vorliegt.
2. Ein Haftgrund vorliegt. Haftgrund im Sinne des Strafprozessgesetzes ist:

   a) Fluchtgefahr.

   b) Verdunkelungsgefahr.

   c) Wiederholungsgefahr.

Dringender Verdacht einer Straftat liegt nur vor, wenn eine deutliche Konkretisierung und Offensichtlichkeit der Fakten und des darauf bezogenen Delikts vorliegen. Diese Offensichtlichkeit liegt nicht vor, wenn die Fakten umstritten sind. Wenn sie sich außerdem unter verschiedene Delikte mit unterschiedlichen geschützten Rechtsgütern subsumieren lassen, sind Fakten keineswegs offensichtlich.

In dem Fall waren die meisten Fakten vollkommen offenkundig. Zweifelhaft war nur, ob Demonstrationen, eine nicht zugelassene Abstimmung und eine absurde, rechtlich nichtige Unabhängigkeitserklärung ohne den kleinsten Widerstand gegen die spanische Regierung überhaupt als Straftat bezeichnet werden konnte. Wie gesagt hat die spanische Staatsanwaltschaft diese Fakten als Hochverrat bezeichnet, und der Oberste Gerichtshof als Aufruhr/Landfriedensbruch. Unter diesen Umständen waren vielleicht die Fakten nicht umstritten, ihre strafrechtliche Qualifizierung allerdings schon. Diese war übertrieben, unverhältnismäßig und insgesamt schlicht überraschend. Tatsächlich lag somit ein dringender Verdacht einer schweren Straftat nicht vor.

Der Untersuchungsrichter hatte dies seinerzeit anders bewertet und deswegen auch Fluchtgefahr bei allen Beschuldigten angenommen, im Übrigen als einige Beschuldigte schon geflohen waren. Allerdings muss Fluchtgefahr für jeden Beschuldigten individualisiert dargelegt werden, was der Untersuchungsrichter versäumt hat, obwohl 12 Angeklagte immer vor Gericht erschienen sind (5 Verdächtige sind von Anfang an geflohen und eine sechste —schon Beschuldigte— ist später geflohen). Nach der hier vertretenen Rechtsauffassung war allerdings mangels dringenden Tatverdachts auch jede anschließende Erwägung über Haftgründe überflüssig.

Der Untersuchungsrichter hat überdies keinerlei mildere Maßnahmen, die Freiheit wenig beeinträchtigt hätten, geprüft, z.B. den Erlaß von anderen einstweiligen Verfügungen. Polizeiliche Überwachung oder Hausarreste wurden nie erwogen, obwohl sie wirksam gewesen wären. Möglicherweise hätte man damit sogar die erwähnte Flucht der Beschuldigten am Tag vor der erwarteten Anordnung der Untersuchungshaft verhindern können.

Andere Haftgründe kamen nicht in Betracht. Es bestand keine Verdunkelungsgefahr, da die Fakten offenkundig waren. Wiederholungsgefahr lag auch nicht vor, da die Beschuldigten nicht mehr Regionalminister und die meisten auch nicht mehr Abgeordnete waren.

5. DIE EUROPÄISCHEN HAFTBEFEHLE

Gegen die Verdächtigen, die geflohen waren, hat der Untersuchungsrichter europäische Haftbefehle an drei Länder (Belgien, Deutschland und Großbritannien) übersandt. Alle wurden aus unterschiedlichen Gründen verworfen bzw. der Untersuchungsrichter hat ihren Vollzug verzichtet.

Der an Belgien zugestellte europäische Haftbefehl wurde wegen Formfehlern abgelehnt. Der belgische Richter vertrat die Auffassung, dass der spanische Untersuchungsrichter erst einen Haftbefehl gegen den gesuchten Verdächtigen in Spanien hätte erlassen müssen, was aber nicht geschehen sei. Denn der spanische Untersuchungsrichter hatte zwar die Festnahme der Verdächtigen angeordnet, jedoch anhand eines Anschuldigungsbeschlusses und nicht direkt durch einen Festnahmebeschluss, was der belgische Richter offenbar missverstanden hatte. Vielleicht handelte es sich aber insgesamt um eine vorgeschobene formelle Abweisung, um nicht in eine inhaltliche Prüfung der Fakten eintreten zu müssen, die möglicherweise politische oder diplomatische Probleme geschaffen hätte.

Der Haftbefehl, der dem deutschen OLG Schleswig zugestellt worden war, wurde ebenfalls und richtigerweise abgewiesen. Das deutsche Gericht hat die Fakten ausführlich und sorgfältig erwogen und entschieden, dass derartige Ereignisse keinesfalls als Hochverrat qualifiziert werden könnten. Sie haben allerdings die Auslieferung für Veruntreuung (das zweite ersuchte Delikt) zugelassen, jedoch hat der spanische Untersuchungsrichter die Auslieferung gerade nicht auf diese Straftat angenommen —ein Fehler, da eine Straftat immer aus dem Legalitätsgrundsatz verfolgt werden muss.

Nach dem endgültigen Urteil hat der Untersuchungsrichter erneut Haftbefehle erlassen. Drei der Verfolgten sind jedoch inzwischen europäische Abgeordnete geworden. Jetzt hat der spanische Untersuchungsrichter die entsprechende Erlaubnis des europäischen Parlaments beantragt, um sie verfolgen zu können. Das EU-Parlament dürfte unter normalen Umständen die Verfolgung zulassen, doch die endgültige Entscheidung mit diesem politischen Hintergrund der Sache steht noch aus.

6. DIE HAUPTVERHANDLUNG. DAS KREUZVERHÖR

Die Hauptverhandlung hat lang gedauert, etwa 4-5 Monate. Das erscheint überraschend, denn die meisten Fakten waren offenkundig. Doch die Staatsanwaltschaft hatte viele Polizisten vorgeladen, die im Einsatz gegen die Volksabstimmung tätig waren, und die Verteidiger hatten auch viele Demonstranten zur Beweisaufnahme gebracht. Die Situation war einigermaßen absurd. Mit den Aussagen der Polizisten wollte die Staatsanwaltschaft beweisen, dass die Demonstranten gewalttätig waren, und die Verteidiger wollten das Gegenteil beweisen. Doch darauf kam es gar nicht an. Denn auch wenn bewiesen worden wäre, dass die Demonstranten gewalttätig waren —was ausweislich des späteren Urteils ohnehin nicht der Fall war— so erfüllen Sitzblockaden oder mildere Formen —allerdings nie Krawalle— doch niemals den Tatbestand einer Rebellion. Aber trotzdem wurde mit dieser Frage nach "Gewalt" in der Hauptverhandlung viel Zeit mit letztlich irrelevanten Aussagen verloren.

Zusammenfassend lässt sich feststellen, dass die Prozessgrundrechte während der Hauptverhandlung beachtet wurden. Die Verhaltensweise des Vorsitzenden Richters war allgemein korrekt. Er hat jedoch keine Aussagen zugelassen, die das Selbstbestimmungsrecht der Völker betrafen. Das wäre allerdings nötig gewesen, um den Vorsatz der Rebellion und des Aufruhrs ausschließen zu können. Wenn nämlich die Angeklagten hätten beweisen können, dass sie mit der Volksabstimmung und der Unabhängigkeitserklärung ein bestehendes Recht rechtmäßig und friedlich wahrnehmen wollten, wäre der Vorsatz der Rebellion/des Aufruhrs nicht vorhanden. Eine solche Verteidigung hat der Vorsitzende Richter allerdings von vorneherein ausgeschlossen. Kein Zeuge oder Sachverständiger erhielt so die Möglichkeit, darüber aussagen.

Das Hauptproblem lag bei der Vernehmung der Zeugen. Beide Parteien konnten Zeugen befragen, aber der Vorsitzende Richter hat die Fragen der Gegenpartei ausgeschlossen, wenn sie mit dem Thema der Fragen der Hauptpartei nicht in Bezug standen. Eine solche Beschränkung war überraschend, eigenartig und verwirrend. Nie ist das in einem spanischen Gericht je passiert. Der Vorsitzende Richter berief sich auf einen uralten Artikel (708) des spanischen Strafprozessgesetzes, den er so merkwürdig auslegte, dass dies seine merkwürdige Entscheidung stützen konnte.

Seine Auslegung war selbstverständlich falsch. Nach Artikel 6.3.d EMRK können beide Parteien Fragen an Belastungszeugen stellen oder stellen lassen und die Ladung und Vernehmung von Entlastungszeugen **unter denselben Bedingungen** erwirken wie sie für Belastungszeugen gelten. Das ist leider nicht geschehen.

In unserer Zeit, und besonders nach § 286 ZPO, muss der Richter über **den gesamten Inhalt** des Ergebnisses einer Beweisaufnahme nach freier Überzeugung entscheiden. Die Zeit der gesetzlichen Beweisregeln ist vorbei. Beweise sind nicht "Eigentum" einer Partei, sondern gehören zum gesamten Prozessstoff, d.h. zu beiden Parteien.

7. DIE VERURTEILUNG

Letztendlich wurden die Angeklagten wegen Aufruhr und Veruntreuung verurteilt. Der Oberste Gerichtshof verneinte den Tatbestand des Hochverrats mit langer Begründung, da die Angeklagten nicht die Macht des Staates in der Region übernehmen wollten, sondern die spanische Regierung lediglich unter Druck setzen wollten, um eine bessere Stellung in künftigen Verhandlungen über neue Zuständigkeiten der Region zu erlangen.

Die Angeklagten wurden allerdings wegen Aufruhrs zu 9 Jahren Freiheitstrafe verurteilt, einige von ihnen überdies zu etwa 2-4 Jahren Freiheitsstrafe wegen Veruntreuung. Die Veruntreuung wurde als Mittel bezeichnet, um den Aufruhr zu begehen. Mit dieser Tatmehrheit wurden die betreffenden Angeklagten zu Freiheitsstrafen zwischen 11-13 Jahren verurteilt.

Es ist äußerst problematisch, dass der Oberste Gerichtshof die Finanzierung der Volksabstimmung als Veruntreuung bezeichnet hat. Denn dieser gerichtlichen Einschätzung liegt die irrige Annahme zugrunde, dass eine Volksabstimmung als Aufruhr einzustufen ist. Fehlerhaft ist auch die weitere Annahme des Obersten Gerichtshofs, dass etwa die Sitzblockaden, um die Abstimmung zu ermöglichen, mit öffentlichen Geldern finanziert wurden. Das ist geradezu absurd, denn die Sitzblockaden waren von den Demonstranten selbst organisiert; sie hatten mit dem offiziellen Aufruf zur Volksabstimmung nichts zu tun. Auch können "Sitzblockaden" keinen Landfriedensbruch bzw. Aufruhr begründen. Passiven Widerstand und Landfriedensbruch zu verwechseln ist völlig inakzeptabel und höhlt das Demonstrationsrecht aus.

Merkwürdig war in diesem Zusammenhang schließlich auch, dass keine Demonstranten —also diejenigen, die Sitzblockaden veranstaltet hatten— beschuldigt oder gar verurteilt wurden.

8. DIE GEGENWÄRTIGE LAGE IN KATALONIEN. GERICHTE KÖNNEN NICHT EIN POLITISCHES PROBLEM LÖSEN

Die politische Situation in Katalonien ist jetzt ruhig, aber immer noch schlecht. Überraschend hat diese politische Spannung die wirtschaftliche Lage nicht nachhaltig geschädigt, aber natürlich war sie auch nicht wirkungslos. Die Wirtschaft in Katalonien stünde heute wahrscheinlich besser da, wenn all´ diese Ereignisse nie geschehen wären.

Wahrscheinlich waren diese Vorgänge letztlich nicht so schädlich für die Wirtschaft, weil das politische Problem schon sehr alt ist. In den letzten etwa 15 Jahren war Katalonien ein ständiges Thema für spanische Journalisten. Seitdem haben die verschiedenen katalanischen Regierungen mehr Kompetenzen von der spanischen Regierung gefordert. Im Jahr 2006 wurde sogar eine neue katalanische Regionalverfassung erlassen und in einer legalen Volksabstimmung gebilligt, allerdings später teilweise vom spanischen Verfassungsgericht für nichtig erklärt, was seinerzeit schon Empörung in der katalanischen Gesellschaft auslöste.

Meines Erachtens waren die Ereignisse von 2017 nur eine Auswirkung dieser langjährigen gesellschaftlichen Spannungen —deren Wurzeln im Übrigen weit in die Geschichte des Landes zurückreichen. Es ist eine lange Geschichte von politischer und wirtschaftlicher Rivalität zwischen Kastilien und Katalonien —seinerzeit auch Valencia, die Balearen, Aragón und den Gebieten, die mit Katalonien die alte "aragonische Krone" geformt haben— die im Mittelalter angefangen hat. Diese Geschichte lässt sich mit zahlreichen Auseinandersetzungen, Rebellionen und sogar Kriegen aus unterschiedlichen Gründen in den letzten sechs Jahrhunderten erzählen.

Die Vorgänge von 2017 sind darin nur ein weiteres Kapitel. Selbstverständlich können Gerichte eine solche Situation nicht lösen. Die Politik muss die Situation befrieden, aber bisher war dies nicht möglich. Die Lösung für derartige Probleme ist normalerweise mehr Föderalismus, wie Bundeskanzlerin Merkel es im Jahr 2014 gesagt hat. Natürlich wären auch eine Begnadigung der Verurteilten oder ähnliche gleichwertige Maßnahmen eine mögliche / denkbare Lösung. Politik und Gefängnis passen einfach nicht zusammen. Sie schließen sich aus. Zusätzlich wäre eine ausdrückliche und öffentliche Erklärung der katalanischen Politiker sehr hilfreich, künftig immer legal zu agieren. So könnten sie diese Situation mindestens für eine Generation schlichten.

Für eine langfristige Lösung verstellen zu viele emotionalen Hindernisse den Weg. Für spanische Politiker ist eine Übertragung von Kompetenzen nur insoweit unproblematisch, als damit keine Zession/Abspaltung bzw. symbolische Forderungen nach nationalstaatlicher Eigenständigkeit Kataloniens einhergehen, die das Bild der Einheit des Landes beeinträchtigen könnten. In Katalonien sind Symbole durchaus wichtig, besonders die Sprache, die natürlich kein Symbol ist, aber oft als solches gilt. Genauso wie die spanische Sprache für den meisten Spanier.

Ob mit derartigen emotionalen Hindernisse eine politische Lösung möglich ist, bleibt ungewiss. Deswegen sind so viele Katalanen für die Unabhängigkeit und wollen so viele Spanier keine Zession der spanischen Regierung (=Abspaltung Kataloniens). Alle möchten das Thema endgültig beenden. Eine Schlichtung in solchen Situationen ist trotzdem schwierig.

VII. DERECHO EUROPEO Y COMPARADO

REQUISITOS MÍNIMOS EUROPEOS PARA LA INDEPENDENCIA PERSONAL DE LOS JUECES

Publicado en Revista Vasca de Derecho Procesal y Arbitraje, 2024, vol. 36, n. 1, pp. 123-134, y en lengua inglesa en AAVV (Hau e.a. dir.), European Law and National Organisation of Civil Justice, Streitbeilegung und Streitvermeidung im Zivilrecht - Schriftenreihe des Munich Center for Dispute Resolution, vol. 19, Baden-Baden 2024.

1. INTRODUCCIÓN

Hace tiempo que existe una preocupación a nivel internacional acerca de la independencia de los jueces[2176], estudiada incluso desde el punto de vista empírico[2177]. El concepto ha acabado por no distinguirse realmente del de imparcialidad, aunque todavía existe cierta prevención a decirlo por parte de la doctrina[2178] e incluso la jurisprudencia[2179]. Pero lo cuestión es que al tratar el concepto, ambas nociones se mezclan[2180]. Al fin y al cabo, lo que se desea es un juez ajeno a influencias que, incidiendo sobre sus

---

2176 Vid. Due Process Law Foundation, *Efforts to Enhance Judicial Independence in Latin America: A Comparative Perspective,* 2001. Tridimas, G. (2004), A Political Economy Perspective of Judicial Review in the European Union: Judicial Appointments Rule, Accessibility and Jurisdiction of the European Court of Justice, *European Journal of Law and Economics,* 18, p. 99 y ss. Garoupa, N., & Ginsburg, T. (2009). Guarding the guardians: judicial councils and judicial independence. American Journal of Comparative Law, 57(1), p. 103. Van Dijk, F., & Vos, G. (2018). method for assessment of the independence and accountability of the judiciary. International Journal for Court Administration, 9 (3), p. 1. Kim Lane Scheppele, K. L.; Kochenov, D. V.; Grabowska-Moroz, B. (2020), EU Values Are Law, after All: Enforcing EU Values through Systemic Infringement Actions by the European Commission and the Member States of the European Union, *Yearbook of European Law,* Vol. 39, No. 1, p. 3.

2177 Van Dijk, F. (2020), *Perceptions of the Independence of Judges in Europe. Congruence of Society and Judiciary,* Palgrave Macmillan. Gutmann, J.; Voigt, S. (2020), Judicial independence in the EU: a puzzle, *Eur.J.LawEcon,* 49, p. 88.

2178 Epstein, Lee, "Some Thoughts on the Study of Judicial Behavior", *William & Mary Law Review,* vol. 57, 6, art. 3, 2017, p. 2024.

2179 Vid. especialmente el informe del European Centre for Law and Justice, "The Impartiality of the ECHR, Concerns and Recommendations", Strasbourg 2023, https://eclj.org/echr-impartiality-concerns-and-recommendations?lng=en, donde los tradicionales temas de independencia e imparcialidad se tratan de forma mezclada.

2180 Tiede, L. (2006). Judicial Independence: Often Cited, Rarely Understood, *Journal of Contemporary Legal Issues,* 15, p. 130-131.

emociones, puedan romper su objetividad o neutralidad[2181]. Cuando en los territorios se carecía de una auténtica estructura estatal que detentara la justicia, esa posible influencia se producía sólo con las partes y con el objeto de lo que se discutía, dibujándose así el concepto de imparcialidad, que es el origen de la noción que se está comentando[2182]. Más adelante, sobre todo a raíz de la teoría de la división de poderes, se empezó a perfilar el concepto de independencia como autonomía total de los jueces con respecto a las otras instituciones del Estado. Su necesidad había sido sentida ya previamente, al menos desde el siglo XII[2183], al ser los jueces de la época meros delegados de emperadores, reyes y señores feudales. Pero no se había concretado el concepto previamente al ser el poder judicial sólo una manifestación más del propio poder de los soberanos.

Sin embargo, un examen más detenido de la cuestión, entrando en su detalle práctico sobre todo, revela que estamos en todo caso hablando de lo mismo: de la neutralidad que se espera de los jueces. Esa es justamente la evolución que se ha observado, de hecho en breve plazo, en la jurisprudencia del Tribunal de Justicia de la Unión Europea. Confrontado, sobre todo últimamente, con problemas en Polonia y Hungría con la independencia del poder judicial, ha tenido que elaborar una teoría sobre la neutralidad de los tribunales algo fragmentaria pero en la que, ciertamente, la imparcialidad es solamente una subcategoría del concepto más general de independencia.

Es justamente la reflexión sobre el concepto de independencia —al hilo de ataques furibundos a la misma— el que ha llevado a las instituciones de la Unión, así como a organismos de todo el mundo[2184], a preguntarse qué es lo que tiene que poseer un juez para ostentar independencia. Y en este sentido se han referido en concreto los aspectos más personales que inquietan a un juez, lo que nuevamente vuelve a unir la cuestión con el estudio de la imparcialidad. A la exposición y reflexión sobre esos aspectos se dedicará el presente trabajo.

[2181] Garoupa, N., & Ginsburg, T. (2009). Guarding the guardians: judicial councils and judicial independence. American Journal of Comparative Law, 57(1), p. 103-104.

[2182] Sobre la historia de la independencia, ampliamente Neudorf, L (2009), Judicial independence: the Judge as a Third Party to the Dispute.

[2183] Azo, *Brocardica (aurea), sive generalia iuris*, Basel 1567, rúbrica XX, pp. 235-236: "*Maior iudex de his quae ad sui subditi iurisdictionem spectant, se intromittere non debet: nisi negligens fuerit, vel aliqui ante eum appellati*".

[2184] See United Nations Office on Drugs and Crime, *Commentary on the Bangalore Principles of Judicial Conduct*, 2007.

2. LA NORMATIVA INTERNACIONAL

La preocupación internacional por la independencia de los jueces no se produjo hace demasiado tiempo, tampoco la de la Unión Europea, probablemente porque originalmente la Comunidad Económica Europea estaba formada por países sin especiales problemas en este sentido. Sin embargo, últimamente se han producido reacciones realmente autoritarias en países que por desgracia padecieron regímenes autocráticos hasta la última década del siglo XX, y que han puesto en cuestión este auténtico pilar del Estado de Derecho. Por ello, la jurisprudencia sobre la materia ha aumentado y sobre todo ha tenido un notable impacto político y mediático.

En el sector internacional, en el plano normativo hay que partir del art. 6 del Convenio Europeo de Derechos Humanos:

> *"1. Toda persona tiene derecho a que su causa sea oída equitativa, públicamente y dentro de un plazo razonable, por un Tribunal independiente e imparcial, establecido por ley, que decidirá los litigios sobre sus derechos y obligaciones de carácter civil o sobre el fundamento de cualquier acusación en materia penal dirigida contra ella. La sentencia debe ser pronunciada públicamente* (...)"

Sin embargo, en el plano de la reflexión de los juristas, todo parece haber empezado en 1985 con los "*Basic Principles on the Independence of the Judiciary*" (Milán 6-9-1985), en el marco del VII Congreso de Naciones Unidas sobre la prevención del crimen y el tratamiento de los delincuentes, avalado por la Resolución de la Asamblea General de Naciones Unidas 40/32 de 29 de noviembre y 40/146 de 13 de diciembre de 1985. En dicha resolución se derivó el concepto de independencia judicial, implícitamente, del *due process*, interpelando directamente a los Estados para reconocerla en sus Constituciones y defenderla activamente. Sin embargo, la precisión del concepto fue vaga. Se relacionó principalmente con la imparcialidad[2185], aludiendo después a la posible "interferencia" en el proceso judicial, impidiendo que otras autoridades no judiciales revisaran lo decidido por los jueces[2186]. Pero en lo que a este trabajo atañe, todo quedó localizado en el

---

2185 2. The judiciary shall decide matters before them impartially, on the basis of facts and in accordance with the law, without any restrictions, improper influences, inducements, pressures, threats or interferences, direct or indirect, from any quarter or for any reason.

2186 4. There shall not be any inappropriate or unwarranted interference with the judicial process, nor shall judicial decisions by the courts be subject to revision. This principle is without prejudice to judicial review or to mitigation or commutation by competent authorities of sentences imposed by the judiciary, in accordance with the law.

ámbito de la imparcialidad: "*restrictions, improper influences, inducements, pressures, threats or interferences, direct or indirect, from any quarter or for any reason*". Justamente esas posibles presiones son las que serán abordadas aquí.

Años después, en 1994, el Comité de Ministros del Consejo de Europa realizó una Recomendación[2187] que constituye el texto base en la materia, estableciendo los ejes de la independencia judicial a través de una serie de principios enunciados de forma algo desordenada en la recomendación, pero que son los siguientes:

1. La regulación sobre la independencia debe figurar en las normas de mayor rango.
2. Las decisiones judiciales sólo se revisan a través de los recursos por los tribunales superiores, con la excepción de amnistías e indultos.
3. El periodo de prestación del servicio y la remuneración deben estar fijados en la ley. La remuneración debe ser digna y adecuada a la labor desempeñada.
4. Las decisiones sobre el acceso a la carrera judicial y la selección deben estar encomendadas a una autoridad independiente, rigiéndose por criterios objetivos de transparencia, mérito y capacidad.
5. La formación de un órgano jurisdiccional debe estar predeterminada por la ley.
6. El juez debe estar libre de todo tipo de influencias impropias, presiones, amenazas o interferencias directas o indirectas. Debe otorgárseles protección física en caso necesario.
7. Los tribunales deben tener infraestructuras adecuadas para prestar su función.

En 1997, la *European Association of Judges* publicó la *Judges' Charter in Europe*, siguiendo lo anterior, relacionó directamente la independencia judicial con el *Rule of Law*[2188], sin más explicación aparte de decir que era uno de sus fundamentos, dado que de no existir, se infringirían los derechos procesales de los litigantes. Tras ello, el texto despliega un listado de trece puntos en los que ya se alude directamente, por primera vez, a la selección

[2187] Committee of Ministers (Council of Europe), Recommendation Nq. R (94) 12 of the Committee of Ministers to Member States on the Independence, Efficiency and Role of Judges, 13.10.1994.

[2188] Tiede, L. (2006). Judicial Independence: Often Cited, Rarely Understood, *Journal of Contemporary Legal Issues*, 15, p. 129.

de los jueces por un organismo independiente y libre de influencias políticas, a su promoción dependiendo sólo de su objetividad y excelencia profesional, a la adecuación de su salario y su régimen disciplinario siguiendo siempre el debido proceso. Con ello, se precisaron las circunstancias que realmente inquietan a un juez: las que afectan a su vida profesional.

Al año siguiente, el Consejo de Europa, siguiendo la Recomendación de 1994, publicó la *European Charter on the Statute of Judges*[2189]. En la misma se insistió en la competencia, independencia e imparcialidad como puntos de partida, reclamando a los Estados que las regularan en su normativa interna de alto nivel sin menoscabarlas. Y añadió en su punto 1.3 un aspecto importante: la selección, acceso, designación, promoción y finalización del —o al— oficio de juez debería ser asignado a una autoridad independiente de ejecutivo y legislativo[2190], de la que la mitad de sus miembros fueran jueces elegidos por sus colegas, con un sistema que garantizara la mayor representación de la judicatura.

Entrando más en detalle, se exige que la selección y acceso estén basadas solamente en la excelencia y no produzcan ningún tipo de discriminación (punto 2). En cuando a la designación e inamovilidad (punto 3), se encomienda a la autoridad independiente antes citada, cuidando de observar la actividad profesional anterior del nuevo juez y considerando si la misma es un impedimento por provocar dudas objetivas en cuanto a su independencia e imparcialidad. La promoción en la carrera (punto 4) debe depender también exclusivamente de los méritos valorados por la autoridad independiente. Podrán desempeñar todo tipo de actividades salvo las que comprometan su confianza, independencia e imparcialidad o les empeñen un tiempo incompatible con la prestación de la función jurisdiccional. Las actividades remuneradas deben ser objeto de autorización expresa. Por último, deben abstenerse de cualquier comportamiento, acción o expresión que afecte la confianza en su independencia e imparcialidad (punto 4.3).

En cuanto a su remuneración (punto 6), se exige que la misma sea suficiente para protegerles frente a las presiones ejercidas para influenciar sus decisiones y comportamientos en su jurisdicción, comprometiendo su independencia e imparcialidad. La remuneración dependerá de la dura-

---

2189 Council of Europe, Explanatory Memorandum to the European Charter on the Statute for Judges, 8-10 de julio de 1998, DAJ/DOC (98) 23.

2190 Garoupa, N., & Ginsburg, T. (2009). Guarding the guardians: judicial councils and judicial independence. American Journal of Comparative Law, 57(1), p. 103. Bobek, M.; Kosa⊠, D., Global Solutions, Local Damages: A Critical Study in Judicial Councils in Central and Eastern Europe, *German Law Journal*, Vol. 15 No. 07, p. 1257.

ción, naturaleza e importancia del servicio, valoradas estas circunstancias de modo transparente. Deben abandonar su función a la edad establecida y también deben tener una pensión tan parecida como sea posible a su salario final como juez.

La finalización de la carrera judicial se produce a través de la dimisión, enfermedad certificada médicamente, haber alcanzado la edad de jubilación o a través de un expediente de expulsión de la carrera (punto 7).

Tras ello, el memorándum (punto 2.1) se refiere a algo esencial. La habilidad de abordar casos con neutralidad y la excelencia del conocimiento jurídico son dos características que deben ser evaluadas de manera independiente. También es interesante el tema de la promoción (punto 4), debe evitarse que haya jueces indebidamente ascendidos o que también de manera ilegítima se les vede el acceso. Desde luego, el ascenso es uno de los temas más delicados que pueden afectar más a la independencia del juez allí donde haya más oportunidades de ascenso[2191].

En 1999, la *International Association of Judges* publicó la *Universal Charter of the Judge* volvió a insistir en la independencia (art. 1) como algo sin lo que la imparcialidad no puede existir, derivándola del derecho al "*fair trial*". Desarrolló los conceptos de "personal autonomy", como la imposibilidad de dar instrucciones a los jueces —salvo en caso de apelación a través de los tribunales superiores— y de imparcialidad, insistiendo en su apariencia (art. 5). También se ocupó de la incompatibilidad con otras funciones o trabajos (art. 7) y de la remuneración digna para garantizar su independencia (art. 13), su inamovilidad (art. 8), reafirmando la transparencia en su designación (art. 9).

Aún siendo importantes estas normas, podría decirse que la regulación más completa se produce con la publicación de los llamados *Bangalore Principles* (2001-2002), que tratan de establecer a nivel mundial los parámetros, derivados del *Rule of Law*, de la independencia y la imparcialidad, entre otros valores esenciales que deben caracterizar a la Justicia.

En cuanto a la independencia, se establece como una garantía fundamental del *fair trial*[2192], evitando que se considere como una prerrogativa o privilegio del juez. Supone que podrá juzgar imparcialmente sin presiones

---

2191 Garoupa, N., & Ginsburg, T. (2009). Guarding the guardians: judicial councils and judicial independence. American Journal of Comparative Law, 57(1), p. 112.

2192 United Nations Office on Drugs and Crime (2007), *Commentary on the Bangalore Principles of Judicial Conduct*, p. 27.

externas, influencias, interferencias o miedo a nadie, de manera directa o indirecta[2193], al margen de la aprobación o desaprobación social o de los medios[2194], obteniendo así la plena libertad para decidir con independencia del criterio del Gobierno, grupos de presión, otros jueces incluso superiores —el juez no es empleado de nadie[2195]—, familiares o cualquier otra persona, particularmente las de su entorno. Así se convierte en un estado mental de libertad de decisión, distinguiéndose de ese modo de la imparcialidad, que sería un estado mental o actitud del juez en relación con las partes o el objeto del proceso, estando libre de sesgos reales o aparentes[2196], estado mental para el que la independencia es un prerrequisito[2197].

Las condiciones para obtener la independencia, según los principios de Bangalore, son las siguientes[2198]:

1. Inamovilidad (*security of tenure*), que le garantiza que no será apartado o jubilado de su cargo antes del tiempo establecido[2199].
2. Seguridad financiera: derecho a un salario establecido por la ley y no sometido a la interferencia de los gobiernos, adecuando a cada tribunal.
3. Independencia institucional: que supone que no se le inquietará con decisiones gubernamentales que afecten a su función judicial, tales como participar en la designación de jueces para la formación de órganos jurisdiccionales, o tener influencia en la fijación de las audiencias.

2193 United Nations Office on Drugs and Crime, *Commentary on the Bangalore Principles of Judicial Conduct*, 2007, p. 30-31.

2194 United Nations Office on Drugs and Crime, *Commentary on the Bangalore Principles of Judicial Conduct*, 2007, p. 30.

2195 United Nations Office on Drugs and Crime, *Commentary on the Bangalore Principles of Judicial Conduct*, 2007, p. 38.

2196 United Nations Office on Drugs and Crime, *Commentary on the Bangalore Principles of Judicial Conduct*, 2007, p. 28.

2197 United Nations Office on Drugs and Crime, *Commentary on the Bangalore Principles of Judicial Conduct*, 2007, p. 43.

2198 United Nations Office on Drugs and Crime, *Commentary on the Bangalore Principles of Judicial Conduct*, 2007, p. 29.

2199 Tiede, L. (2006). Judicial Independence: Often Cited, Rarely Understood, *Journal of Contemporary Legal Issues*, 15, p. 143.

Con todo, no es posible el aislamiento total del juez, y ni siquiera es positivo al alejarlo del mundo que debe juzgar[2200], aunque sí debe observar una conducta más bien monástica en ciertos terrenos[2201], manteniendo un comportamiento y forma de vida más severa y restringida que otras personas, a fin de no dejarse influir por sus compañeros, amigos o entorno familiar. Eso no supone que deba comportarse mecánicamente o sin sentido del humor, sino que tiene que evitar acudir a reuniones, públicas o privadas, que puedan comprometer su independencia, especialmente si también asisten abogados o miembros del ministerio público. Por ello, debe preguntar el propósito de la reunión, que le debe llegar por escrito, y en todo caso debe evitar reuniones o comunicaciones privadas con las partes[2202], recomendándose hacerse asistir de un fedatario público en caso de producirse la reunión[2203].

Tampoco deben ser aceptables los trabajos complementarios, o los cambios de dedicación laboral —especialmente desempeñando cargos legislativos o ejecutivos—, abandonando la judicatura y luego volviendo a ella, o bien los premios u honores por parte del ejecutivo[2204], que puedan ofrecer una apariencia de falta de independencia[2205]. También debe ser prudente con sus manifestaciones públicas en los medios, particularmente las políticas que le hagan situarse, o parecer situado, en una posición concreta[2206], debiendo tener siempre como único objetivo explicar el ordenamiento jurídico y realzar su independencia ante la ciudadanía[2207]. De ese modo, es más fácil ganar la esencial confianza de la sociedad[2208], dado que la misma

---

2200 United Nations Office on Drugs and Crime, *Commentary on the Bangalore Principles of Judicial Conduct*, 2007, p. 32-33.

2201 United Nations Office on Drugs and Crime, *Commentary on the Bangalore Principles of Judicial Conduct*, 2007, p. 32.

2202 United Nations Office on Drugs and Crime, *Commentary on the Bangalore Principles of Judicial Conduct*, 2007, p. 48.

2203 United Nations Office on Drugs and Crime, *Commentary on the Bangalore Principles of Judicial Conduct*, 2007, p. 33-34.

2204 United Nations Office on Drugs and Crime, *Commentary on the Bangalore Principles of Judicial Conduct*, 2007, p. 37.

2205 United Nations Office on Drugs and Crime, *Commentary on the Bangalore Principles of Judicial Conduct*, 2007, p. 36.

2206 United Nations Office on Drugs and Crime, *Commentary on the Bangalore Principles of Judicial Conduct*, 2007, p. 48.

2207 United Nations Office on Drugs and Crime, *Commentary on the Bangalore Principles of Judicial Conduct*, 2007, p. 41.

2208 United Nations Office on Drugs and Crime, *Commentary on the Bangalore Principles of Judicial Conduct*, 2007, p. 34-35.

debe percibir que es el juez de todos, y no sólo de los que comparten sus opiniones políticas[2209].

La imparcialidad supondría la ausencia de sesgos o inclinaciones, reales o aparentes, que se pueden manifestar en el abuso de los poderes de dirección de las audiencias, que deben ser usados con gran cautela y prudencia[2210], o bien en las opiniones ideológicas del juez, que son aceptables hasta que sus comentarios o decisiones evidencian que está sesgado y no está valorando debidamente la prueba[2211]. También debe evitar su participación en procesos en que él o sus familiares tengan un conflicto de intereses por razones de cualquier tipo, particularmente las económicas.

La regulación internacional se completa con el *Report on the Independence of the Judicial System* de la Comisión de Venecia[2212] y después con la *Magna Carta of Judges*, del *Consultative Council of European Judges* de 17 de noviembre de 2010[2213].

El *Report* de la Comisión de Venecia es el texto a partir del cual se elaboran los demás, y trata de los estándares mínimos de independencia. El documento parte de la base de que sin independencia no puede existir una implementación correcta de los derechos y libertades, de manera que la independencia debe ser regulada en una Constitución o texto similar. En el resto, el texto reafirma los principios de la Recomendación de 1994, con pocas novedades, salvo reconocer que la existencia de una autoridad independiente para resolver los asuntos que afecten a la judicatura —un consejo— es una solución adecuada para las nuevas democracias, sin perjuicio de que en países con tradiciones democráticas asentadas puedan funcionar también otros sistemas, como la elección a cargo del ejecutivo. En todo caso, la mayoría de los miembros del Consejo deben ser elegidos por jueces, sin perjuicio de que el parlamento elija al resto de miembros.

Se ocupa el *Report* también del período de servicio, recomendando que dure hasta la jubilación y desaconsejando los períodos de prueba y reafir-

---

2209 United Nations Office on Drugs and Crime, *Commentary on the Bangalore Principles of Judicial Conduct*, 2007, p. 48.

2210 United Nations Office on Drugs and Crime, *Commentary on the Bangalore Principles of Judicial Conduct*, 2007, p. 46.

2211 United Nations Office on Drugs and Crime, *Commentary on the Bangalore Principles of Judicial Conduct*, 2007, p. 46.

2212 Venice Commission (European Commission for Democracy through Law), *Report on the Independence of the Judicial System*, Study No. 494/2008, 16.3.2010, CDL-AD(2010)004.

2213 Consultative Council of European Judges, *Magna Carta of Judges*, 17-11-2010. CCJE (2010)3 Final.

mando la inamovilidad (*irremovability*). También mantiene que la remuneración de los jueces debe ser establecida por la ley, en la misma línea que la recomendación de 1994, debiendo garantizar la dignidad de los jueces y ser adecuada a la labor prestada, debiendo ser descartados los complementos o beneficios no financieros, aconsejándose un salario adecuado. También las infraestructuras judiciales deben ser adecuadas.

Finalmente, trata también de la imagen de independencia de los jueces, recomendando que no se pongan en situaciones que permitan cuestionar su imparcialidad, especialmente en el terreno político.

La *Magna Carta of Judges* es un simple resumen de todo lo anterior. Finalmente, la *recommendation of the Committee of Ministers to Member states on Judges: Independence, Efficiency and Responsibilities* de 2010[2214] es sólo una reforma de la de 1994, sin cambiar sustancialmente su contenido. Sólo amplía sus recomendaciones a todo tipo de jueces (también los constitucionales) y personal de la administración de justicia, y restringe y desaconseja la presencia en los medios de los jueces, recomendando a los tribunales que establezcan gabinetes de prensa.

3. LA JURISPRUDENCIA Y SU RAZÓN DE SER

La jurisprudencia ha ido siguiendo fielmente las recomendaciones anteriores, reproduciendo dichos textos cuando ha sido necesario y obrando en consecuencia[2215].

Una de las primeras sentencias tratando muy indirectamente el asunto fue *Los Verdes v. Parlamento*[2216]. En dicho asunto, el Tribunal confiaba todavía en la normativa nacional, en este caso para establecer cómo se llevan a término los procesos electorales y su financiación. Este pronunciamiento hacía realmente inimaginable que veinte años después, el propio Tribunal incidiría nada menos que en el estudio de la independencia judicial. Sin duda, las nuevas adhesiones de los Estados con pasado autoritario hicieron modificar la mentalidad del tribunal en este sentido.

2214 Committee of Ministers (Council of Europe), Recommendation CM/Rec(2010)12 of the Committee of Ministers to Member States on Judges: Independence, Efficiency and Responsibilities, 17.10.2010.

2215 Vid. Reinhammar, H. (2022), Going on Offense in Defense of National Judiciaries, Uppsala Universitet.

2216 C 294/83, Los Verdes v. Parlamento, 23.3.1986.

Ello sucedió en *Wilson v. Ordre des avocats du barreau de Luxembourg*[2217]. Aunque intentó remitirse a pronunciamientos puntuales pasados, lo cierto es que el tribunal perfila en esta sentencia su concepto de "órgano jurisdiccional" de acuerdo con el Derecho Europeo, aludiendo al concepto de "independencia", que implica que el tribunal debe tener el carácter de "tercero" en relación con las partes, así como estar libre de injerencias o presiones. El segundo aspecto atañe al concepto de imparcialidad, que relaciona con el alejamiento con respecto a las partes y al objeto del proceso. Todo ello, dijo la sentencia, incide también en la composición del órgano y duración de la función de los jueces. Como se ve, todo bastante neutro en preparación de lo que habría de venir[2218].

En este sentido, la primera sentencia importante y *leading case* en la materia es *Comisión v. Hungría*[2219], en la que ya directamente se ocupa del descenso de la edad de jubilación de los jueces a los 62 años decidida por el Gobierno húngaro e implementada en su parlamento. En este caso, el tribunal estableció un triple estándar, en el sentido de que hay que observar si la norma en cuestión produce una discriminación, y si la misma no sería tal si está justificada objetiva y razonablemente por una finalidad legítima y, finalmente, si la norma en sí constituye un medio adecuado y necesario para alcanzar esa finalidad legítima —en este caso la promoción de jueces jóvenes—, lo que cohonestaría la norma con el principio de proporcionalidad. En este caso, determinó que se pasaban todos los pasos del estándar salvo el último: el de la proporcionalidad. Era desproporcionado un descenso de la edad de jubilación tan abrupto, sin establecer normas transitorias, descendiendo drásticamente su pensión en un 30% del salario de los jueces y traicionando la confianza legítima de los concernidos. Por otra parte, el país no dio explicaciones suficientes sobre la razón de todas esas irregularidades.

Dos años más tarde, de nuevo el Tribunal de Justicia volvió sobre la cuestión en *Associação Sindical dos Juízes Portugueses v. Tribunal de Contas*[2220], arguyendo que el derecho al juez independiente resulta del derecho al *fair trial* del art. 47 de la Carta de los derechos fundamentales de la Unión Eu-

---

2217 C-506/04, Wilson v. Ordre des avocats du barreau de Luxembourg, 19.9.2006.

2218 Un fallo parecido puede observarse en C-216/18 PPU, LM, 25.7.2018, en un litigio sobre la orden europea de detención y entrega entre Irlanda y Polonia como Estado requirente.

2219 C-286/12, Comisión v. Hungría, 6.11.2012.

2220 C-65/16, Associação Sindical dos Juízes Portugueses v. Tribunal de Contas, 27.2.2018.

ropea[2221] y especificando que la independencia judicial exige no solamente la falta de presiones o injerencias en el órgano y la inamovilidad de sus miembros, sino también que los jueces perciban un salario proporcional a las funciones que ejercen. En este caso concreto, dado que los recortes salariales se hicieron en general a todos los miembros de la función pública, el tribunal no las consideró incompatibles con la independencia.

Con todo, el caso más famoso en la materia es actualmente el asunto Comisión v. Polonia[2222], al evaluarse la ley que redujo drásticamente la edad de los jueces del Tribunal Supremo (Sąd Najwyższy)[2223]. En este caso, el Tribunal ya no recurrió principalmente a la Carta de derechos fundamentales, sino que decidió inferir el derecho *al effective judicial protection* del art. 19 TUE[2224] y de los arts. 6 y 13 del Convenio Europeo de Derechos Humanos, como de hecho ya había hecho el Tribunal Europeo de Derechos Humanos en Baka v. Hungría[2225]. El objetivo era hacer de la independencia un contenido obligatorio a nivel convencional, desde el propio Tratado de la Unión Europea. Sin embargo, no añadió contenidos a la noción que no sean los que ya se han expuesto en Comisión v. Hungría de 2012. Los argumentos fueron reiterados en la sentencia AK v. Krajowa Rada Sądownictwa[2226], que resolvió sobre la incompatibilidad con el Derecho europeo de una polémica sala disciplinaria creada en el Tribunal Supremo polaco, y que carecía de independencia con respecto al poder legislativo y ejecutivo[2227].

2221 *Art. 47. Right to an effective remedy and to a fair trial.* Everyone whose rights and freedoms guaranteed by the law of the Union are violated has the right to an effective remedy before a tribunal in compliance with the conditions laid down in this Article.
Everyone is entitled to a fair and public hearing within a reasonable time by an independent and impartial tribunal previously established by law. Everyone shall have the possibility of being advised, defended and represented.
Legal aid shall be made available to those who lack sufficient resources in so far as such aid is necessary to ensure effective access to justice.

2222 C-619/18, Comisión v. Polonia, 24.6.2019.

2223 Vid. Zoll, F., & Wortham, L. (2019). Judicial independence and accountability: withstanding political stress in poland. Fordham International Law Journal, 42(3), p. 875. Bodnar, A. (2021). Polish road toward an illiberal state: methods and resistance. *Indiana Law Journal,* 96(4), p. 1059.

2224 Pech, L.; Platon, S. (2018), Judicial independence under threat: The Court of Justice to the rescue in the ASJP case Common Market Law Review 55: p. 1835.

2225 ECHR Baka v. Hungary (no. 20261/12), 23.6.2016.

2226 C-585/18, AK v. Krajowa Rada Sądownictwa, 19.11.2019.

2227 Vid. también en cuanto al régimen de responsabilidad, C-83/19, Asocia[illegible]ia "Forumul Judecătorilor din România", 18.5.2021. C-791/19, Comisión v. Polonia, 15.7.2021.

De toda esta jurisprudencia, pese a su contundencia, se deduce bastante poco, menos que de la normativa internacional, ya de por sí inconcreta como norma fruto de un siempre difícil consenso. Con todo, intentaré a continuación pergeñar algunos principios en la materia, respetando aunque desarrollando todo lo anterior.

4. SALARIO

En cuanto al salario, más allá de que debe venir precedido de una financiación estatal suficiente de las infraestructuras judiciales[2228], las normas podrían haber dispuesto un criterio general aplicable a cualquier país, como el basado, por ejemplo, en el cálculo de su salario mínimo o de su renta media, pero han optado porque cada país determine lo que es una remuneración "adecuada", lo que complica las cosas si, además, esa adecuación se pone en relación con otros conceptos jurídicos indeterminados, tal y como hace la Constitución polaca y le parece oportuno a la Comisión de Venecia: dignidad y finalidad de la labor.

Sin embargo, exige esa misma comisión que los criterios de determinación del salario sean transparentes y que no estén basados ni en premios basados en la actuación personal de cada juez, pues ello introduciría un elemento de discrecionalidad y subjetividad muy peligroso en esta materia, incluso aunque la discrecionalidad estuviera prevista en la ley. La dificultad en algunos países de la antigua órbita soviética es que, basado su sistema económico en la distribución de los bienes que dependía de la planificación central, los jueces percibían apartamentos o casas, lo que fue una ventaja enorme cuando los precios de la vivienda empezaron a subir fruto del acceso a la economía de mercado. Sin embargo, ello se considera inadmisible por la razón indicada, recomendándose que el juez sólo reciba los emolumentos de su sueldo.

La conclusión sobre cómo configurar dichos sueldos no es fácil. Sería todo más fácil si al menos se hubiera prescindido del concepto de "dignidad", tan inconcreto, y no se hubiera querido establecer una ambigüedad en el cálculo del sueldo para permitir pagar más a los jueces de los tribunales superiores, que suelen tener menos trabajo.

2228 Due Process Law Foundation, *Efforts to Enhance Judicial Independence in Latin America: A Comparative Perspective*, 2001, p. 26.

Al contrario, en mi opinión es imprescindible establecer una serie de criterios objetivos, simplemente porque es posible, y además sin avergonzarse de las razones que llevan a los mismos, con el fin de otorgar la necesaria transparencia a la delimitación de esos sueldos. Dichos criterios habrían de ser los siguientes.

1. Cuántas veces debe ser multiplicado el salario mínimo para obtener una cantidad de sueldo base que satisfaga, no los estándares de "dignidad" establecidos en una sociedad, que son intuitivos, sino cuál debe ser la cantidad que debe cobrar un juez para aislarlo de presiones de actores económicos más poderosos.
2. Paralelamente, debe existir un complemento de destino en función del valor de la vida en cada lugar. En este sentido, el nivel medio de los precios de productos básicos, de la vivienda y de los restaurantes debería ser un buen parámetro.
3. Lo anterior hará que los sueldos en los tribunales superiores deban ser más altos, puesto a esos tribunales, particularmente a los tribunales supremos, suelen llegar litigantes con mayor poder económico. Ese es el parámetro a tener en cuenta, basado directamente en la preservación de la independencia, y no la "dignidad".
4. En la primera instancia sobre todo, pero también en la segunda instancia, debe tenerse en cuenta la carga de trabajo media de los tribunales de cada lugar. Estadísticamente es sencilla de calcular, estableciéndose proporcionalmente el sueldo al esfuerzo requerido.
5. Por descontado, al margen de esas cantidades calculadas de ese modo, el juez no debe recibir ningún otro emolumento. Tampoco la ayuda para encontrar vivienda, establecida en el parámetro 2.

5. SEPARACIÓN, JUBILACIÓN Y TRASLADO

En cuanto a la inamovilidad, las normas son inflexibles y no requieren mucho comentario, más allá de la remisión a lo ya expuesto anteriormente y reproducido en la importante sentencia Baka v. Hungría[2229] del Tribunal Europeo de Derechos Humanos. En definitiva, los jueces no pueden ser ni separados ni trasladados de su puesto sino por causa establecida específicamente en la ley, siguiendo los procedimientos también previstos, que

[2229] ECHR Baka v. Hungary (no. 20261/12), 23.6.2016. 137.

deben ser transparentes y previsibles, a fin de que el juez pueda hacer sus cálculos de vida, precisa y particularmente con respecto a su salario.

En este sentido, el problema últimamente se ha producido con las jubilaciones anticipadas[2230], que es uno de los métodos más antiguos para "limpiar" la judicatura de los elementos que estorban a un Gobierno. En España se hizo durante los años ochenta del s. XX, antes de acceder a la Comunidad Económica Europea, para intentar introducir algo de juventud y modernidad en un poder, el judicial, absolutamente infiltrado por los jueces del régimen anterior, por mucho que no fueran todos ellos fascistas, ni mucho menos. En este sentido, se descendió la edad de jubilación forzosa, no sólo de los jueces, sino de todos los funcionarios, a los 65 años. Además, se aumento de forma exponencial la oferta de nuevas plazas y se actuó con muchísima rapidez para cubrirlas a través de la tradicional oposición[2231]. Por último, se inauguró un sistema que permitía que abogados de cierta trayectoria —10 años de antigüedad finalmente— accedieran a la función judicial.

El resultado fue catastrófico. Dejando al margen la siempre espinosa cuestión ideológica, las prisas hicieron que se colaran un buen número de jueces sin el nivel suficiente para ejercer su labor. Y en ningún momento se estableció procedimiento alguno para valorar su necesaria neutralidad a efectos simplemente psicológicos.

Por ello, los intentos de Polonia y Hungría con el descenso de la edad de jubilación, la verdad es que suenan familiares en España. De hecho, todavía se arrastran irregularidades en la designación de los jueces de los altos tribunales que siguen teniendo influencia política, al estar la supuesta autoridad independiente —el Consejo General del Poder Judicial— absolutamente politizada por la designación de sus vocales, todos ellos de influencia política[2232]. Por cierto, que dicho órgano se elija sólo por los jueces tampoco es una buena solución, dada la profunda influencia ideológica que, de un modo u otro, se sigue sintiendo en la carrera judicial, sobre todo a través de los pronunciamientos en prensa de sus asociaciones, de profundo calado ideológico, y con algunos jueces haciendo incluso de-

---

[2230] Halmai, G. (2017), The Early Retirement Age of the Hungarian Judges, in EU Law Stories, Contextual and Critical Histories of European Jurisprudence, Cambridge University Press, p. 471.

[2231] Sobre los métodos de selección, vid. Tiede, L. (2006). Judicial Independence: Often Cited, Rarely Understood, *Journal of Contemporary Legal Issues*, 15, p. 136.

[2232] Cuesta Martínez, A., "La degradación institucional del Consejo General del Poder Judicial". *Temas para el debate*, n. 337-338 (january-february 2003, p. 24.

claraciones descarnadamente políticas en redes sociales, sin la debida prudencia que requiere la división de poderes. Estos últimos son, además, una minoría que, desde luego, no hace justicia a muchos de sus compañeros. La verdad es que sería bastante deseable en el futuro un cambio profundo en estas manifestaciones públicas, situándose no ya al margen, sino absolutamente por encima de los debates políticos diarios.

Señalo todos esos aspectos que no parecen haber sido tenidos en cuenta por el Consejo de Europa, ni tampoco en los principios de Bangalore, que son mucho más completos y que están pensando en situaciones observadas a lo largo y ancho del mundo. Lo cierto es que existen circunstancias mucho más sibilinas que también inquietan a la independencia judicial y que son ignoradas por estos organismos internacionales. Una autoridad independiente que se encargue de traslados y destituciones de jueces, no sirve para nada si la designación de sus miembros no es independiente. La garantía se convierte en una simple trampa de la que se hace depender todo el régimen de separación de la carrera judicial y que no sirve absolutamente para nada en esas circunstancias.

Las soluciones no son sencillas, porque en buena medida dependen de una cierta tradición en la conducta honesta por parte de los responsables públicos, y de un control ciudadano de esa honestidad, rechazando conductas alternativas. Hay que tener en cuenta que en muchos lugares esa tradición es la contraria: la gente está acostumbrada a la corrupción. Y para romper esa dinámica no son "organismos independientes" lo que hace falta, sino más bien un nuevo sistema educativo[2233].

[2233] Cfr. Gutmann, J.; Voigt, S. (2020), Judicial independence in the EU: a puzzle, *Eur.J.LawEcon*, 49, p. 88.

LA ACTUACIÓN DE OFICIO DEL JUEZ NACIONAL EUROPEO

Publicado en Diario La Ley, n. 9000, Justicia, n. 1, 2017, pp. 181-210, en Revista Uruguaya de Derecho Procesal, n. 1, 2017, pp. 121-131 y en lengua italiana en Rivista Trimestrale di Diritto e Procedura Civile, n. 4, 2019, pp. 1223-1240.

1. INTRODUCCIÓN

En los últimos años, la jurisprudencia europea ha dado un giro aparentemente radical a la visión tradicional del principio dispositivo. Ese giro ha revolucionado a la doctrina[2234] y a algunas jurisprudencias nacionales, pero como digo, todo lo que ha sucedido se traduce en un cambio en el fondo más aparente que real, como se intentará demostrar en este trabajo.

Lo que probablemente ha llamado la atención de la doctrina es el hecho de que, acostumbrados todos como estábamos a un juez pasivo, que simplemente observaba silente lo que decían y probaban ambas partes sin intervenir en absoluto, pasamos ahora a tener a un juez algo más activo. Hay que decir, no obstante, que esa pasividad vino favorecida por la acu-

---

[2234] Entre otros, Blanco García, "Necesidad de controlar de oficio las cláusulas abusivas en las relaciones de consumo: Visión comparada con el régimen español", *Revista de la Facultad de Derecho,* 2016. Blanco García, "Control de oficio de las cláusulas abusivas en la ejecución hipotecaria", *Revista CESCO de Derecho de Consumo,* n. 7, 2013, pp. 195 y ss. Cordón Moreno, "La posibilidad de que el juez otorgue de oficio una tutela jurisdiccional no pedida por el consumidor (STJUE de 3 de octubre de 2013), *Revista CESCO de Derecho de Consumo,* n. 8, 2013, p. 494. Domínguez Ruiz, "El control judicial de cláusulas abusivas en el proceso de ejecución tras la reforma de la Ley 1/2013, de 14 de mayo, *Revista General de Derecho Procesal,* 35, 2015, pp. 1 y ss. Gil Nogueras, "El control judicial de oficio de las claúsulas abusivas en la contratación en masa", *Práctica de tribunales,* n. 118, 2016, p. 3. Gómez de Liaño Fonseca-Herrero, "El control de oficio de las cláusulas abusivas. El juez nacional como garante de la protección del consumidor", *Revista de derecho de la Unión Europea,* 2014, pp. 313 y ss. Krans, "EU Law and National Civil Procedure Law: An Invisible Pillar", *European Review of Private Law,* 4-2015, pp. 573 y ss. Miquel Sala, "Verbraucherschutz auf Kosten der Dispositionsmaxime: War das erforderlich? Zugleich eine Besprechung der Rs C-32/12 (Duarte Hueros)", 2014, *Journal of European Consumer and Market Law,* pp. 181-182. Ormazabal Sánchez, *Cuando Luxemburgo declaró la guerra al principio dispositivo: el deber judicial de reconocer al consumidor el derecho a la reducción del precio que no pidió en la demanda,* La Ley UE 82 enero 2014, p. 33. Paveliu, "The Active Role of the Judge in the Field of Unfair Terms Litigation", *Perspectives of Business Law Journal,* vol. 3, 1, nov. 2014, pp. 344 y ss.

mulación de trabajo que padece cualquier juez, pero nunca debió haberse convertido en una regla general, como de hecho sucedió.

En este sentido, la jurisprudencia del Tribunal de Justicia de la Unión Europea ha sido benefactora para adecuar a la realidad actual en sus justos términos los históricos *secundum allegata et probata (partium)*[2235] y su derivación *ne eat iudex ultra petita partium*, frases que nunca debieron haber abandonado la intención con que fueron concebidas, sobre todo la primera. En concreto, merece la pena recuperar los orígenes de ese principio que ha marcado el proceso civil especialmente durante tantos siglos, así como recordar y reflexionar sobre algo bien conocido pero paradójicamente bastante olvidado o arrinconado: la posibilidad de apreciar de oficio las excepciones materiales basadas en hechos impeditivos y extintivos.

Tras repasar esos orígenes históricos del principio dispositivo, este trabajo se centrará, fundamentalmente, en analizar si la aparición de la figura del consumidor en nuestras sociedades realmente debe plantear otra visión del susodicho principio, o bien cabe establecer una interpretación que lo devuelva a las bases que nunca debió perder.

2. BREVE REPASO A LA JURISPRUDENCIA EUROPEA

Antes de comenzar, es necesario realizar un breve resumen de esa jurisprudencia del Tribunal de Justicia de la Unión Europea[2236]. Aunque el Tribunal sólo ha pretendido reforzar la protección del consumidor frente a las cláusulas abusivas, lo cierto es que sus pronunciamientos han significado mucho más[2237].

2235 Sobre este brocardo, vid. Vid. Picó i Junoy, *El juez y la prueba*, Barcelona 2007, pp. 99 y ss. Nieva Fenoll, "El mal nombre del principio inquisitivo", en *La ciencia jurisdiccional: novedad y tradición*, Madrid 2016, pp. 27 y ss. Aliste Santos, "La facultad de iniciativa probatoria ex officio iudicis en nuestro derecho procesal", *Actualidad civil*, n. 9, 2012, pp. 944 y ss.

2236 Sobre la interpretación de esta jurisprudencia es imprescindible la lectura de Arroyo Amayuelas, *No vinculan al consumidor las cláusulas abusivas: del derecho civil al procesal y entre la prevención y el castigo*, en "AAVV (dir. Arroyo /Serrano), La europeización del derecho privado: cuestiones actuales", Madrid 2016, pp. 65 y ss.

2237 Un interesante estudio estadístico de esa jurisprudencia, con muy reveladores datos, puede encontrarse en Gómez-Pomar / Lyczkowska, "Spanish Courts, the Court of Justice of the European Union, and Consumer Law", InDret, oct. 2014, pp. 1 y ss.

Hay que recordar que las cláusulas de un contrato de consumo son abusivas[2238] porque producen un desequilibrio en las prestaciones contractuales, contrario a la buena fe, dejando al consumidor en una delicada posición sin que el mismo sea realmente consciente de ello en el momento de la contratación, o incluso siendo consciente, sin que tenga una posibilidad real de optar por no contratar[2239].

En cualquiera de los dos casos, la *Directiva 93/13/CEE del Consejo, de 5 de abril de 1993, sobre las cláusulas abusivas en los contratos celebrados con consumidores* declara en su artículo 3 que "*las cláusulas contractuales que no se hayan negociado individualmente se considerarán abusivas si, pese a las exigencias de la buena fe, causan en detrimento del consumidor un desequilibrio importante entre los derechos y obligaciones de las partes que se derivan del contrato*". Aunque pese a esa negociación individual quepa deducir que en realidad se ha suscrito un contrato de adhesión, la cláusula podría ser igualmente considerada abusiva, aunque ello resulta algo más difícil a la luz de los pronunciamientos del Tribunal de Justicia.

Lo que se busca con la declaración de nulidad de la cláusula abusiva es principalmente un efecto disuasorio dirigido al empresario, a fin de que sea consciente de que esas cláusulas no van a tener efecto alguno aunque consten en el contrato[2240], pudiéndose producir además nulidades totales de los mismos dependiendo del alcance de la cláusula.

2238 Sobre la cuestión, vid. ampliamente Carballo Fidalgo, *La protección del consumidor frente a las cláusulas no negociadas individualmente*, Barcelona 2013, pp. 95 y ss. Vid. también Martínez Espín, "¿Qué hay de nuevo en materia de cláusulas abusivas?", *Revista CESCO de Derecho de Consumo*, 2014, N. 9, 2014, pp. 76 y ss.

2239 Vid. STJUE 30-4-2014, Árpád Kásler, Hajnalka Káslerné Rábai c. OTP Jelzálogbank Zrt. C-26/13. STJUE 1-10-2015, ERSTE Bank Hungary Zrt. c. Attila Sugár. C-32/14, puntos 39 y 40: "*A fin de determinar si una legislación de este tipo es compatible con las exigencias de la Directiva 93/13, procede recordar que el sistema de protección establecido por esta Directiva se basa en la idea de que el consumidor se halla en situación de inferioridad con respecto al profesional, en lo referente tanto a la capacidad de negociación como al nivel de información, situación que le lleva a adherirse a las condiciones redactadas de antemano por el profesional, sin poder influir en el contenido de éstas (véase, en particular, la sentencia Kušionová, C-34/13, EU:C:2014:2189, apartado 48 y jurisprudencia citada). Habida cuenta de esta situación de inferioridad, el artículo 6, apartado 1, de la Directiva 93/13 prevé que las cláusulas abusivas no vincularán al consumidor. Se trata de una disposición imperativa que pretende reemplazar el equilibrio formal que el contrato establece entre los derechos y obligaciones de las partes contratantes por un equilibrio real que pueda restablecer la igualdad entre éstas (véase la sentencia Sánchez Morcillo y Abril García, C-169/14, EU:C:2014:2099, apartado 23 y jurisprudencia citada).*"

2240 Vid. acerca de la solución alemana a una problemática similar, DELLACASA, "Judicial Review of 'Core Terms' in Consumer Contracts: Defining the Limits - Judgement, C-26/13, Kasler", 2015, 11, *ERCL*, pp. 163.

La jurisprudencia ha ido ampliando las posibilidades del juez de conocer de oficio diversas cuestiones relacionadas con las cláusulas abusivas. Así, desde el asunto Océano del año 2000, el juez puede analizar de oficio una cláusula abusiva —en aquel caso de determinación de la competencia[2241]—, lo que se especificó en 2012, y posteriormente, que podía hacerse en el marco de cualquier procedimiento[2242] —incluso los dirigidos por el Letrado de la Administración de Justicia[2243]— y en cualquier fase del mismo, también en apelación si lo permite el derecho nacional[2244], pudiéndose llegar a suspender cautelarmente la ejecución que esté pendiente en otro procedimiento[2245].

Tras el asunto Océano, el Tribunal afirmó en 2002[2246] que un juez podía apreciar de oficio el carácter abusivo de una cláusula incluso precluído un plazo de prescripción para alegar tal abusividad, lo que se reafirmó años después[2247] subrayando esta posibilidad también cuando no hubiera alegado el consumidor en absoluto la abusividad[2248] o solicitado la nulidad del contrato[2249], tan pronto como el juez dispusiera de los datos para hacerlo[2250], aunque respetando el derecho de defensa de las partes[2251]. A tal efecto puede practicar incluso prueba de oficio[2252], pero declarando solamente su nulidad radical, sin poder integrar o modificar la cláusula abusiva

---

2241 STJUE 27-6-2000, Océano Grupo Editorial c. Rocío Murciano. C-240/98 a C-244/98.

2242 STJUE 14-6-2012, Banco Español de Crédito c. Joaquín Calderón. C-618/10. STJUE 14-3-2013, Mohamed Aziz c. Catalunyacaixa. C-415/11. STJUE 14-11-2013, Banco Popular Español c. María Teodolinda Rivas y Banco de Valencia c. Joaquín Valldeperas. C-537/12 y C-116/13. Incluso en un procedimiento concursal: STJUE 21-4-2016, Radlinger y Radlingerová c. Finway a.s. C-377/14.

2243 STJUE 18-2-2016, Finannadrid c. Jesús Vicente Albán e.a. C-49/14.

2244 STJUE 30-5-2013, Erika Jörös c. Aegon Magyarország Hitel Zrt. C-397/11.

2245 STJUE 14-3-2013, Mohamed Aziz c. Catalunyacaixa. C-415/11. STJUE 17-7-2014, Juan Carlos Sánchez Morcillo y María del Carmen Abril García c. BBVA. C-169/14. ATJUE 26-10-2016, Isabel Fernández Oliva c. Caixabank y Jordi Carné, Anna Aracil c. Catalunya Banc y Nuria Rubirosa y César Romera c. Banco Popular Español. C-568/14 a 570/14.

2246 STJUE 21-11-2002, Cofidis SA c. Jean-Louis Fredout. C-473/00.

2247 Incluso a instancia de parte, no teniendo validez alguna el plazo, en este caso de caducidad. STJUE 29-10-2015, BBVA c. Pedro Peñalva e.a. C-8/14. STJUE 26-1-2017, Banco Primus c. Jesús Gutiérrez García. C-421/14.

2248 STJUE 17-12-2009, Eva Martín c. EDP Editores. C-227/08.

2249 STJUE 21-2-2013, Banif Plus Bank c. Csaba Csipai. C472/11.

2250 STJUE 4-6-2009, Pannon GSM c. Erzsébet Sustikné Gy⊠rfi, C-243/08

2251 STJUE 21-2-2013, Banif Plus Bank c. Csaba Csipai. C472/11.

2252 STJUE 9-11-2010, VB Pénzügyi Lízing Zrt. C. Ferenc Schneider, C-137/08.

declarada nula para que no lo sea[2253], por el riesgo que ello conllevaría para la consecución del efecto disuasorio[2254] dirigido a los comerciantes.

Ya en 2006[2255], el Tribunal de Justicia estableció la posibilidad de conocer de oficio de la nulidad de una cláusula de sumisión arbitral impuesta de forma abusiva, aunque tal abusividad no fuera alegada por el consumidor en el proceso arbitral, lo que podía alcanzar a declarar la nulidad de todo el contrato[2256]. Esa postura fue reafirmada en 2009[2257] en el marco de la ejecución judicial de un laudo arbitral. Y en 2012[2258] estableció el Tribunal que la declaración judicial de abusividad podía beneficiar a cualquier otro consumidor al que el mismo profesional le hubiera aplicado la misma cláusula, aunque no fuera parte en el proceso, cuestión ciertamente relevante en materia de "cosa juzgada material"[2259].

No obstante, en 2009 y 2010 reafirmó su jurisprudencia tradicional al afirmar el Tribunal de Justicia que una vez concluido el proceso con resolución firme, la cosa juzgada[2260] lo hace inatacable, aunque no sin interesantes matices[2261]. Más adelante reafirmó que si el juez ya se pronunció una vez sobre la abusividad con fuerza de cosa juzgada en una fase del

---

[2253] Con la importante matización en cuanto a la reducción del precio fruto de la abusividad. STJUE 3-10-2013, Soledad Duarte c. Autociba y Automóbiles Citroën España. C-32/12. Vid. también STJUE 21-1-2015, Unicaja Banco c. José Hidalgo e.a. y Caixabank c. Manuel María Rueda. C-482, 484, 485, 487/13.

[2254] STJUE 14-6-2012, Banco Español de Crédito c. Joaquín Calderón. C-618/10.

[2255] STJUE 26-10-2006, Elisa María Mostaza c. Centro Móvil Milenium. C-168-05.

[2256] STJUE 15-3-2012, Jana Pereničová, Vladislav Perenič c. SOS financ, spol. s r. o. C-435/10.

[2257] STJUE 6-10-2009, Asturcom Telecomunicaciones c. Cristina Rodríguez. C-40/08.

[2258] STJUE 26-4-2012, Nemzeti Fogyasztóvédelmi Hatóság c. Invitel Távközlési Zrt. C-472/10.

[2259] Sobre esta extensión, vid. Nieva Fenoll, *La cosa juzgada*, Barcelona 2006, pp. 203 y ss.

[2260] STJUE 6-10-2009, Asturcom Telecomunicaciones c. Cristina Rodríguez. C-40/08. ATJUE 16-11-2010, Pohotovosť s. r. o. c. Iveta Korčkovská. C-76/10.

[2261] Los derivados de la STJUE 28-7-2016, Milena Tomášová c. Ministerstvo spravodlivosti SR y Pohotovosť s. r. o. C-168/15. En este caso el Tribunal de Justicia afirmó que la jurisprudencia Pannon de 4 de junio de 2009 —que como hemos visto obliga a apreciar de oficio la abusividad de una cláusula en el marco de la ejecución judicial de un laudo arbitral— no era aplicable a casos acabados con sentencia firme anteriores a 2009. El Tribunal de Justicia hizo esta afirmación para justificar que no procedía la responsabilidad del Estado Miembro por incumplimiento del Derecho del Unión en estos casos, pero con ello abre la posibilidad de anular procesos concluídos por sentencia firme posteriores a 2009 en los que no se hubiera apreciado de oficio la abusividad de una cláusula, dado que si el Estado Miembro no arbitra un procedimiento de anulación de estos procesos concluídos con firmeza, incurriría en responsabilidad.

proceso, no puede reconsiderar la cuestión posteriormente en el curso del mismo[2262], lo que es lógico desde la perspectiva de la llamada "cosa juzgada formal"[2263].

También sostuvo que la apreciación de oficio sólo era posible si la permitían las normas procesales de Derecho interno, aunque equiparando la cuestión de la abusividad a un tema de orden público[2264], con la importancia que ello conlleva dado que, precisamente, las normas nacionales permiten —con mayor o menor ambigüedad— al juez apreciar de oficio las vulneraciones del orden público[2265]. Por último, el Tribunal de Justicia estableció[2266] que su control sólo alcanza a procesos judiciales, y no a las ejecuciones de documentos ejecutivos notariales, lo que ha supuesto un evidente retroceso que ha podido ser aprovechado por el legislador español, por ejemplo, para convalidar sin problemas el llamado "procedimien-

---

2262 Lo que es perfectamente lógico si no fuera porque, en el caso concreto, la resolución de la que el Tribunal de Justicia predicó esos efectos —el célebre "auto de 12 de junio de 2013", vid. STJUE 26-1-2017, Banco Primus c. Jesús Gutiérrez García. C-421/14, puntos 18 y 38 a 54— muy probablemente no los tenía (vid. Achón Bruñén, Soluciones, cit. p. 37), o ni siquiera era apropiado que los tuviera al haberse producido el pronunciamiento en el marco de un procedimiento claramente sumario, aunque la Ley de Enjuiciamiento Civil intente hurtarle dicho carácter en evidente beneficio de las entidades crediticias. Y es que al margen de otras consideraciones más complejas, si la resolución final del propio procedimiento ejecutivo hipotecario, que era el sustanciado en aquel caso, carece, en general, de efectos de cosa juzgada (art. 698 LEC), mal podía tenerlos una resolución incidental, aún centrada específicamente en la abusividad de las cláusulas. No obstante, es de justicia decir que el párrafo 1 del art. 698, puesto en relación con el art. 695.1.4ª LEC avala literalmente la interpretación del Tribunal de Justicia. Sobre el tema, Carrasco Perera, "La Ley 1/2013, de 14 de mayo, de reforma hipotecaria y la articulación procesal del control sobre cláusulas abusivas en la ejecución hipotecaria", *Revista CESCO de Derecho de Consumo*, n. 6, 2013, p. 65. EBERS, M., "From Océano to Asturcom: Mandatory Consumer Law, Ex Officio Application of European Union Law and Res Iudicata", *European Review of Private Law*, 4, 2010, pp. 835 y ss.

2263 Que es la más antigua históricamente hablando. Nieva Fenoll, *La cosa juzgada*, cit. pp. 25 y ss.

2264 ATJUE 16-11-2010, Pohotovosť s. r. o. c. Iveta Korčkovská. C-76/10. STJUE 30-5-2013, Dirk Frederik Asbeek Brusse y Katarina de Man Garabito c. Jahani BV.

2265 Art. 1255 del Código Civil español, art. 11.2 de la Ley Orgánica del Poder Judicial y art. 247 de la Ley de Enjuiciamiento Civil. Art. 6 del *Code Civil* francés. Art. 1229 *Codice Civile* italiano. §138 BGB.

2266 STJUE 1-10-2015, ERSTE Bank Hungary Zrt. c. Attila Sugár. C-32/14.

to monitorio notarial" de los arts. 70 y 71 de la Ley del Notariado de 1862, introducido meses antes de la sentencia[2267].

A pesar de las resoluciones destacadas en los dos últimos párrafos, que además poseen una sólida, aunque discutible, fundamentación, se observa con facilidad que ciertamente es relevante el cambio operado en relación con el entendimiento habitual de lo que es el principio dispositivo. Antes de esta jurisprudencia, el juez nada hacía si un litigante no alegaba expresamente la abusividad de una cláusula. Ahora tiene que declararla nula incluso aunque nadie se lo pida, porque de lo contrario, no es sólo que se vulneraría el orden público, sino que no se operaría eficazmente el efecto disuasorio que se pretende para evitar que estas cláusulas existan en el tráfico jurídico. Veremos en los siguientes epígrafes si es legítimo que sea así y, sobre todo, si todo ello supone realmente un cambio tan radical como se ha dicho últimamente.

3. ORIGEN Y RAZÓN DE SER DEL PRINCIPIO DISPOSITIVO

Hay que retroceder unos ocho siglos para percibir la esencia inicial del principio dispositivo. Su primera formulación hizo referencia, más que al propio principio dispositivo, al que desde hace ya más de un siglo se llama principio de aportación de parte, aunque no dejaba de referirse al primero y es importante ser conscientes de ello.

La idea madre hay que buscarla en un texto de Azzone escrito entre finales del siglo XII y principios del XIII[2268], de posible, aunque muy oscu-

---

2267 Ley 15/2015, 2-7. DF 11.1. Sobre este procedimiento, CABREJAS GUIJARRO, "El nuevo Monitorio Notarial, una forma de evitar el control judicial de oficio de las cláusulas abusivas", *Temas para el debate*, n. 247 (junio), 2015, pp. 31 y ss.

2268 Azzone, *Brocardica (aurea)*, cit. rúbrica XX, p. 237, escrito en un latín muy vulgarizado, tiene una traducción algo complicada: *Iudex debet ex conscientia iudicare, & econtrà.] Secundum allegata iudicare debet. Cum quaeritur, an iudex debeat iudicare secundum conscientiam suam, in causa civili vel criminali, distingue: utrum notum sit ei tamquam iudici, id est, ratione officii sui: an ut privato. In primo casu fertur sentencia secundum conscientiam suam; quae etiam potest dici allegatio. ut ff. de ser. l.2.&ff. Si fer. vend.1 surreptionem. & de minor. 25. anno.l.minor. Quid miri? nonne sert sententiam, secundum testificationes & confessiones, quas novit ut iudex? & et ita potest intellegi hoc generale. Si vero novit ut privatus, non debet ferre sententiam secundum conscientiam suam, sed secundum allegata. & ita intelligitur contraria Rubrica.*
Traducción: "*El juez debe juzgar en conciencia y, al contrario, debe juzgar según lo alegado. Se pregunta si el juez, en el proceso civil y penal, debe juzgar según su conciencia. Hay que distinguir entre lo que le sea conocido como juez —esto es, en razón de su oficio—, y lo que conozca por su*

ro, origen romano[2269]. En el mismo, como se ve en la cita, se dice —con algo de complejidad— que el juez forme su juicio a través de lo alegado en el proceso[2270], lo que constreñía su jurisdicción tanto a los hechos que se alegaran y probaran en el proceso —principio de aportación de parte— como lógicamente a lo que las partes hubieran pedido —principio dispositivo en sentido estricto—. Aunque el texto pueda resultar ambiguo, no es posible dudar de lo segundo teniendo en cuenta que durante todas las fases del proceso romano —que era en el que se basaban los glosadores de Bolonia— el objeto del juicio permanecía delimitado por lo que hubieran propuesto las partes desde un principio[2271]. Algo más tarde, ya en pleno siglo XIII, Durand[2272] escribió la frase que definitivamente pasó a la historia, basada muy claramente en el texto de Azzone: *secundum allegata et probata, et non secundum conscientiam.*

Lo complejo es encontrar el porqué de estas declaraciones, dado que como sucede con frecuencia en materia jurídica, se las ha dado por buenas sin más, simplemente porque pertenecen a nuestra tradición —falacia *ad antiquitatem*— o porque las han reafirmado juristas importantes —falacia

---

vida privada. En el primer caso, debe dictar la sentencia según su conciencia, que también puede formar con las alegaciones. (...) ¿Qué tiene esto de extraño? ¿Acaso no es válida la sentencia dictada teniendo en cuenta los testimonios y confesiones que conoce como juez? De ese modo puede conocer todos los datos del asunto. Pero si conoce la verdad por su vida privada, no debe dictar la sentencia según su conciencia, sino (solamente) teniendo en cuenta lo alegado. Y así se entiende de la rúbrica contraria."

2269 Vid. la interesante reconstrucción histórica de Aliste Santos, "La facultad de iniciativa probatoria ex officio iudicis en nuestro derecho procesal", *Actualidad civil,* n. 9, 2012, pp. 940-941.

2270 Lo que propició la precisión canónica posterior del "*secundum acta e probata*", que destaca Aliste Santos, "La facultad de iniciativa probatoria ex officio iudicis en nuestro derecho procesal", cit. p. 944.

2271 Kaser, Max / Hackl, Karl, *Das römische Zivilprozessrecht,* München 1996, pp. 9-10.

2272 Durandus, *Speculum iuris,* cit. Parte II, *De Sententia,* § 5, 1. pp. 784-785: "*Qualiter aut sententia sit promulganda, clarius explicemus. Et quidem iudex ante omnia debet diligenter cuncta, quae fuerunt in iudicio acta discutere, et cum peritis deliberare, ut s. de requis, cos. in prin. et in si. postmodum partes citandae sunt ad sententiam audiendam, ut extr. de testi. cum olim. in si. aliter non valeret sententia, ut s. de citat. §. viso ver. aliter autem. Deinde est ferenda sententia, iudice sedente pro tribunali in loco consueto, vel alias honesto, utraque parte praesente, vel altera contumaciter absente: (quia contumacia tunc eam pro praesente haberi) sententia prius in scripti redacta, et correcta, sacris et coram se positis, sciat iudex, quia non minus iudicabit, quam iudicet hoc probatur per ordinem 2. q. 3. § notandum versi abolitio et 3.q.3. § spacium ver. a procedente. C. de iudi. properandum et l. rem non novam. C. quomodo et quando iud. ea quae exc. de dolo et contu. veritatis ext. de iur. venientes. Et j. eo.ti.§.iuxta. ver.item non valet et per totum. 1 Item debet ferri secundum allegata et probata, et non secundum conscientiam, ut 3.q.7. iudicet ff. de offi. iud. or.si sacerdos 2 et de off. de leg. pastoralis...*"

ad autoritatem o *ad verecundiam*—. De hecho, la supuesta "libertad" procesal de las partes derivada del principio dispositivo ha sustentado un evidente sofisma en torno al mismo, que también ha servido con reiteración para justificarlo aparentemente, e incluso para excluir, entiendo que erróneamente[2273], toda actividad oficial del juez en materia probatoria[2274].

A mi juicio, las palabras de Azzone no iban tan lejos, y si se lee cuidadosamente lo dicho por el autor no parece tener otro sentido que intentar proteger el derecho de defensa de las partes y la imparcialidad judicial, sin más. De hecho, preocupado por este mismo tema de aislar al juez de influencias ajenas al proceso, en el pasaje inmediatamente anterior al que ha pasado a la historia, Azzone habla ni más ni menos que de la independencia judicial, en concreto de la que goza el juez inferior respecto del superior, obligando a este último a que no se entrometa en la jurisdicción del primero[2275].

De ese modo, Azzone habría intentado alejar al juez de cualquier injerencia, de la de los superiores del juez, y más en concreto de la proviniente de su conocimiento privado, desconocido para las partes, favoreciéndose así de manera obvia, como se ha dicho, su defensa. Si ello es cierto, en un origen el brocardo en cuestión no era sino manifestación de esos dos derechos esenciales en el proceso: el derecho al juez imparcial y el derecho de defensa.

Sin embargo, algo más adelante debió de surgir la duda acerca de si, efectivamente, el juez podía ir más allá de las peticiones de las partes. En concreto, se detecta en el siglo XVI que en una adición a la *Practica Aurea* de Giovanni Pietro Ferrari escrita ya en 1576[2276], se planteó la posibilidad de juzgar *extra petita* en los procesos sumarios[2277]. Sin embargo, pese a este dato puntual se mantuvo firme la idea que se remontaba, por cierto, a

---

2273 Nieva Fenoll, "El mal nombre del principio inquisitivo", cit. pp. 27 y ss.

2274 Vid. Picó i Junoy, *El juez y la prueba*, Barcelona 2007, pp. 99 y ss. Aliste Santos, "La facultad de iniciativa probatoria ex officio iudicis en nuestro derecho procesal", cit. pp. 945 y ss.

2275 Azzone, *Brocardica (aurea)*, cit. rúbrica XX, pp. 235-236: "*Maior iudex de his quae ad sui subditi iurisdictionem spectant, se intromittere non debet: nisi negligens fuerit, vel aliqui ante eum appellati*".

2276 De Ferraris Papiensis, Io. Petri, *Practica aurea*, 1576, p. 64.

2277 Op. et loc. cit. "...*quod clausula summaria, sola facti importat, ut ferri possit sententia, etiam si non in totum conformis libello, teste Paris. Consi. 113. Lib. 1 & si in commissione adsint verba summariae, extunc iudex potest recedere à reg. iuris communis, & etiam iudicare extra petita, dummodo sententia aliqualiter conveniat petitioni, licet non in totum...*"

Baldo de Ubaldis[2278] (s. XIV): el juez no puede juzgar *extra petita*: "*sententia extra petita est nulla*"[2279], o aún más palmariamente, "*alias sequitur absurdum, quod concessio foret extra petita, quod dici non habet*"[2280], o bien "*sententia debet esse conformis libello*"[2281], o incluso con más contundencia "*pro ut subsistit etiam antiqua regula, quod sententia conformis esse debeat libello, adeout extra petita, condemnatio sequi non valeat*"[2282]. La frase *ne eat iudex ultra petita partium*, que compendia todo lo anterior, parece haber surgido en el siglo XIX en los estados alemanes[2283].

Y la razón de ser de todo ello ya se ha indicado. Pese a que no se dice con demasiada claridad en los tratados ni se explica mucho más allá, habida cuenta de la frecuente copia directa que se hacían unos autores de otros derivada del uso abusivo del argumento de autoridad propio de la época, si nos remontamos al texto de Azzone, origen de todo ello, la voluntad del jurista está clara: apartar al juez de su intuición, de su conocimiento privado, a fin de garantizar su imparcialidad y a la postre proteger el derecho de defensa de las partes, que no podrían combatir algo que no conocen: precisamente la intuición del juez o su conocimiento privado, como ya se ha dicho. De ahí que fuera obligatorio poner todas las cartas encima de la mesa en el proceso. Y así fue desde entonces.

2278 "...non vale re quia non est conformis libello." BALDO DE UBALDIS, *Ad tres priores libros Decretalium Commentaria*, Turín 1578, p. 19.

2279 Así se lee en las *Decisiones Rotae Lucensis*, Espira 1599, p. 422.

2280 Turreti, Fabio, *Consiliorum seu responsorum*, vol. II, Venecia 1596, p. 20, vuelto.

2281 Riminaldi Ferrari, Hippoly, *Consiliorum seu responsorum in causis gravissimis redditorum*, Lib. I, Frankfurt 1609, p. 219.

2282 De Luca Venusini. Jo. Baptistae, *Theatrum veritatis & Justitiae*, Lib. 15, Pars I, De iudiciis, Disc. VIII, p. 23, Venecia 1706. Vid. También en el mismo sentido VANZI, Sebastiano, *Tractatus de nullitatibus processum ac sententiarum causarum*, Venecia 1555, punto 99, p. 425. Barbosae, Agustini, *Repertorium iuris civilis et canonici*, Lyon 1713, p. 120, columna 2.

2283 Schmid, "Das s.g. Verhandlungsprinzip gilt für die Abfassung des Appellationserkenntnisses bei Appellationem gegen Definitivurtheile, und die denselben an kraft gleichstehenden Beiurtheile nach gemeinem deutschen Prozeßrecht nicht", *Zeitschrift für Civilrecht und Prozeß*, T. IV, 1847, p. 27. Vid. también Von Stürzer, Joseph, *Theoretisch praktische Bemerkungen zum dermaligen bayerischen Civilgerichts-Verfahren*, München 1838, p. 368.

4. EL CONTEXTO HISTÓRICO DEL PRINCIPIO DISPOSITIVO

En consecuencia, el principio dispositivo sería una descripción antigua del derecho a la imparcialidad judicial y del derecho de defensa, compendiando dos de los que en mi opinión son los tres derechos básicos del proceso, junto con la cosa juzgada[2284]. De esa manera, el principio dispositivo, curiosamente, habría sido una descripción arcaica del que después se conoció como *due process of law* o debido proceso en la V Enmienda de la Constitución de los EEUU[2285], cuyo origen está en el *lawful judgment* de la Carta Magna inglesa de 1215, es decir, justamente de la misma época que el *secundum allegata et probata*. Siendo así, este brocardo latino tiene ciertamente una importancia capital para el entendimiento de lo que es el debido proceso en nuestras culturas. Se trata de una simple frase que finalmente ha significado tanto en realidad.

No obstante, para entender lo anterior es importante conocer las circunstancias sociales e históricas en las que fueron pronunciadas esas palabras. En el siglo XIII, cuando escribe Azzone y pese a la brillantez de este pensamiento suyo —entre otros—, no se hacía auténtica ciencia jurídica. La frase en cuestión ha influido posteriormente a nuestro entendimiento del proceso durante siglos, pero no hay que sobredimensionar ese mérito. Pese al indudable valor de algunos de los trabajos de la época de todos conocidos, que compendiaron y pusieron al día una antigua recopilación romana, lo que hicieron aquellos autores es tratar de adaptar a su tiempo lo que se había dicho en Roma en épocas muy dispares durante casi mil años. Cuando escriben estos juristas medievales lo hacen varios siglos después de la publicación del *Corpus Iuris Civilis*, en un contexto de sociedades rurales dominadas por señores feudales en las que la mayoría de la población era simplemente sierva, mientras algunas personas habían conseguido emanciparse dedicándose a la actividad comercial como artesanos o mercaderes en las ciudades[2286].

2284 Vid. Nieva Fenoll, *Derecho Procesal I, Introducción*, Madrid 2014, pp. 125 y ss.

2285 *No person shall be held to answer for a capital, or otherwise infamous crime, unless on a presentment or indictment of a Grand Jury, except in cases arising in the land or naval forces, or in the Militia, when in actual service in time of War or public danger; nor shall any person be subject for the same offense to be twice put in jeopardy of life or limb; nor shall be compelled in any criminal case to be a witness against himself, nor be deprived of life, liberty, or property, without due process of law; nor shall private property be taken for public use, without just compensation.*

2286 Sobre el tema, vid. Comín Comín, *Historia económica mundial*, Madrid 2011, pp. 203 y ss. Contamine / Bompaire / Lebecq / Sarrazin, *La economía medieval*, Madrid 2000.

Sin duda, Azzone escribió para estos últimos, propios del ámbito de la Bolonia[2287] de la época en cuya universidad impartió sus lecciones. Poco antes, el emperador del Sacro Imperio Enrique V había concedido un Diploma en 1116[2288] a la ciudad de Bolonia con el objeto, sobre todo, de desarrollar su actividad comercial concediéndole privilegios tributarios y políticos —entre ellos alguno judicial— que garantizaban su autonomía comunal, lo que facilitó su desarrollo posterior, del mismo modo que sucedió con otras ciudades italianas[2289] como Florencia, Génova, Venecia[2290] o Cremona, donde se supuso acontecido —quizás erróneamente[2291]— el nacimiento del procedimiento monitorio en el siglo XIII[2292].

En estas condiciones, no resulta extraño que los juristas de la época pensaran en que los jueces dejaran de ser —en lo posible— delegados de reyes y emperadores, y que en su jurisdicción no fueran arbitrarios, sino que observaran la imparcialidad y garantizaran la defensa de las partes sin reservas mentales de ninguna clase por parte de dichos juzgadores. En el fondo, estaban intentando superar esforzadamente la falta de independencia e imparcialidad propia de la justicia feudal, que anulaba las posibilidades de defensa de las partes. En una sociedad en la que la burguesía buscaba garantías para sus negocios, el juez debía hacer auténtica justicia a las partes, y no adoptar resoluciones arbitrarias.

5. EL NUEVO CONTEXTO HISTÓRICO: EL SURGIMIENTO DE LA FIGURA DEL CONSUMIDOR

La economía ha cambiado muchísimo desde entonces. Baste como dato que en la Baja Edad Media los mercaderes, reunidos en gremios, pactaban los precios, los espacios y la calidad de los productos para no incurrir en

---

2287 Lo describe bien Blanschei, Sarah Rubin, *Politics and Justice in Late Medieval Bologna*, Leiden 2010, pp. 183 y ss. Vid. también Pirenne, *Storia economica e sociale del Medioevo*, Roma 2012. COMÍN COMÍN, *Historia económica mundial*, Madrid 2011, pp. 210.

2288 Ghirardacci, *Della Historia di Bologna*, Bologna 1956, pp. 60 y ss.

2289 Francovich, Riccardo, "The beginnings of Hilltop Villages in Early Medieval Tuscany", en AAVV (Davis / McCormick ed.), *The Long Morning of Medieval Europe*, New York 2008.

2290 Comín Comín, *Historia económica mundial*, cit. pp. 220-221.

2291 Nieva Fenoll, "Aproximación al origen del procedimiento monitorio", en *La ciencia jurisdiccional: novedad y tradición*, Madrid 2016, pp. 197 y ss.

2292 Skedl, Arthur, *Das Mahnverfahren*, Leipzig 1891, p. 31. MAGNOLI, Giovanni B., *Gli ebrei a Cremona*, Firenze 2002

competencia[2293]. Ello acabo generando un elitismo impenetrable en esas estructuras gremiales que se rompe con la Revolución industrial[2294] y el liberalismo[2295], que marca el punto final del triunfo de la burguesía frente a la nobleza feudal[2296], avanzando posteriormente con muy diversos avatares hacia la economía de mercado que hoy conocemos. De ese modo, los antiguos siervos dejaron de serlo en un primer momento porque se convirtieron en burgueses y profesionales liberales a través del estudio sobre todo, y la enorme mayoría de los que no lo hicieron así se transformaron en asalariados, proletarios en terminología marxista.

Sin embargo, la jurisdicción civil nunca pensó hasta época muy reciente en estos últimos, como tampoco había pensado en los siervos en el periodo precedente. Los procesos solían ser entre personas que podían pagarlos, lo que no estaba al alcance de los bolsillos de la clase trabajadora, por lo que quedaban limitados a la burguesía. No fue sino después de la Gran Guerra cuando el sistema, en lugar de basarse sobre todo en las relaciones entre comerciantes, se sustenta primordialmente en el destinatario final al haber empezado a fabricar el comerciante, gracias a los avances tecnológicos, a una escala inimaginable hasta entonces, que abarataba los precios y, en consecuencia, aumentaba las rentas y el consumo[2297]. En ese momento, ya hacia los años veinte del siglo XX, gana en importancia un actor que se consolida completamente después de la II Guerra Mundial con el Estado del bienestar iniciado incipientemente antes de dicha guerra[2298], pero que incluso hoy en día cuesta encontrar más de lo que se cree en los procesos judiciales: el consumidor.

La entrada de dicho consumidor en el tablero judicial altera los esquemas que se habían producido hasta el momento. Ya no se enfrentan solamente empresarios entre sí en el proceso, sino que se produce una alta posibilidad de litigios entre consumidores y empresarios al ser ambos, sobre todo los primeros, los motores centrales de la actividad económica.

2293 Comín Comín, *Historia económica mundial*, cit. pp. 209-210.

2294 Comín Comín, *Historia económica mundial*, cit. pp. 349 y ss.

2295 Un curioso testimonio de lo que sucedió puede hallarse en el documento *Sobre abolición de ordenanzas gremiales y libre ejercicio de las artes* de 28 de septiembre de 1834, que se puede encontrar en https://books.google.es/books?id=OxWgC5Cfd7YC&printsec=frontcover&dq=gremios&hl=es&sa=X&redir_esc=y#v=onepage&q=gremios&f=false

2296 Cabe releer a SMITH, Adam, *An Inquiry into the Nature and Causes of the Wealth of Nations*, Edindurgh 1843, especialmente en la parte de la fijación de precios, pp. 12 y ss.

2297 Comín Comín, *Historia económica mundial*, cit. pp. 516 y ss.

2298 Comín Comín, *Historia económica mundial*, cit. p. 544.

Y es en ese instante en el que uno de los fundamentos esenciales del derecho de defensa corre un serio peligro: la igualdad de partes. Y es que por más que se quiera, un consumidor no acostumbra a ser igual a un mediano o gran empresario, teniendo estos últimos un poder económico con el que no puede competir el consumidor. Por otra parte, el mismo, en la sociedad actual, ha sido inducido a depender de los productos fabricados por el empresariado precisamente para que el sistema puede sostenerse. Y ahí es cuando puede generarse la situación de abuso. El consumidor necesita el producto —la electricidad, un crédito bancario, una línea telefónica, etc—, y el empresario se lo vende pero a veces en condiciones que subrayan la desigualdad entre ambos, produciéndose entonces el abuso que quiere evitar la la *Directiva 93/13/CEE*, así como el Tribunal de Justicia de la Unión Europea con su jurisprudencia.

En ese momento, la inteligencia histórica del principio dispositivo deja de ser válida porque se aplica a una situación en la que ni Azzone ni DURAND pudieron llegar a pensar jamás, porque no era el tipo de litigios que se veía en su época. En nuestro tiempo, en un litigio en el que figuran como partes los consumidores, el principio dispositivo ya no protege a las partes, sino que en realidad privilegia solamente a una de ellas, que puede defenderse mucho mejor que la otra. Si se deja todo el objeto del juicio en poder de los litigantes, lo que puede acabar sucediendo es que una de las partes se apodere completamente de él, dejando a la otra desprotegida. Es por ello por lo que la jurisprudencia del Tribunal de Justicia, lejos de ser sorprendente, tiene toda su razón de ser.

6. EL PRINCIPIO DISPOSITIVO Y LA ACTIVIDAD OFICIAL DEL JUEZ: LA APRECIACIÓN DE OFICIO DE LAS EXCEPCIONES MATERIALES

Por otra parte, ni siquiera es obvio que el principio dispositivo se oponga a toda actividad oficial del juez. De hecho, si se recuperara la auténtica esencia de la frase de Azzone, lo cierto es que lo que deberían hacer las leyes es favorecer, como siempre, la imparcialidad y el derecho de defensa. Si lo primero —la imparcialidad judicial— ya no se pone en discusión, está en serio riesgo lo segundo, no debiendo suceder que un principio, el dispositivo, creado para favorecer la defensa, pueda acabar sirviendo para anularla.

Es ahí cuando deben surgir las matizaciones, aunque hay que llamar la atención sobre que las mismas quizás no son obra reciente del Tribunal de Justicia, sino que en realidad son bastante más antiguas. Pese a que existe bastante confusión sobre el particular[2299], en los manuales[2300] y en la jurisprudencia[2301], se acostumbra a afirmar que el juez puede apreciar de oficio las excepciones materiales basadas en hechos impeditivos y extintivos, pero no así las que se fundamenten en hechos excluyentes[2302]. Y ello se ha sostenido sin que la doctrina haya destacado en este sentido mengua alguna del principio dispositivo.

En la doctrina alemana, el tema se relaciona con la clasificación de las excepciones entre *Einreden* y *Einwendungen*, que tampoco es unánime entre civilistas y procesalistas[2303], y ni siquiera entre estos últimos[2304]. Pero si se hace caso de los primeros —no así de los procesalistas[2305]—, las *Einwendungen* serían solamente las basadas precisamente en hechos impeditivos y extintivos[2306], es decir, las que en la doctrina española se han denominado excepciones impropias o en la italiana "defensas"[2307]. Y justo estas son las que se podrían apreciar de oficio. Stein decía que los hechos en que se basa la excepción en estos casos tienen efectos por sí mismos, sin necesidad de alegación[2308], y por esa razón habrían de ser apreciados de oficio. Satta y Punzi[2309] argumentan que esa facultad proviene de la simple necesidad de comprobación del juez del hecho constitutivo para dar lugar a la demanda, que se ve suprimido por la presencia de un hecho impeditivo o extintivo.

2299 Sobre el tema, vid. Marcos González, *La apreciación de oficio de la nulidad contractual y de las cláusulas abusivas*, 2011, Cizur Menor 2011, pp. 106 y ss.

2300 SATTA /PUNZI, *Diritto processuale civile*, Padova 1996, pp. 206-207.

2301 Es muy indicativo el resumen que hace Carratta, "Comentario al art. 112", en Carratta/Taruffo, *Poteri del giudice*", Bologna 2011, pp. 218 y ss, que expresa cómo han surgido las mismas divagaciones que en la jurisprudencia española.

2302 Vid. Carratta, "Comentario al art. 112", cit. p. 228.

2303 Rosenberg / Schwab / Gottwald, *Zivilprozessrecht*, München 2010, p. 560.

2304 Stein, Friedrich, *Grundriß des Zivilprozeßrechts und des Konkursrechts*, Tübingen 1928, p. 173.

2305 Stein, *Grundriß*, cit. p. 173, ya decía en su tiempo que la noción procesalista de *Einrede* era más estrecha que la de *Einwendung*, pero más amplia que la de *Einrede* en sentido civilista.

2306 Jauernig / Hess, *Zivilprozessrecht*, München 2011, p. 177.

2307 Carratta, *Comentario al art. 112*, cit. p. 214.

2308 Cfr. Stein, *Grundriß*, cit. p. 173.

2309 Satta /Punzi, *Diritto processuale civile*, cit. p. 205. Vid. También Carratta, "Comentario al art. 112", cit. p. 225.

Aunque esta última declaración también es ambigua, da un poco más de luz al complejo tema. Si se analizan los hechos en que se basan las excepciones, nos encontramos con que los impeditivos serían la incapacidad mental, el defecto de forma legal en el contrato, la vulneración de norma imperativa o la mala fe o el atentado a la moral o al orden público. Hechos extintivos serían el pago o cumplimiento de la obligación, la consignación, la compensación, la condonación, la rescisión, el cumplimiento de una condición resolutoria, la revocación de un derecho y la nulidad por dolo, error o intimidación. En cambio, hechos excluyentes son la prescripción, el no cumplimiento del contrato por parte del demandante —*exceptio non adimpleti contractus*—, la espera o el derecho de retención[2310].

Explicado todo lo anterior, es imprescindible realizar alguna aclaración. Aunque se haya solido decir que el juez puede apreciar de oficio excepciones basadas en hechos impeditivos y extintivos, eso no es del todo exacto, como han señalado Jauernig y Hess[2311]. En realidad, lo que ocurre es que los hechos en que se basan esas excepciones son apreciables por el juez si constan en el proceso, con independencia de cuál sea el litigante que los haya aportado, alejándose esta cuestión completamente de la institución de la carga de la prueba. Pero ello no quiere decir que el juez pueda iniciar una investigación de oficio en búsqueda de tales hechos[2312], sino solamente que si constan en el proceso no puede ignorarlos, al margen de si el demandado opuso o no la excepción. No obstante, si el demandado no quisiera expresamente que se apreciara tal hecho, el juez no podría tomarlo en consideración. Sin embargo, todo ello no sucedería con los hechos excluyentes, ya que están basados en un derecho potestativo o disponible[2313], y si no se quiere restar eficacia a dicho derecho, el juez no lo puede apreciar de oficio[2314].

Con esta explicación se mantiene la plena vigencia del principio dispositivo, aunque también se abre la posibilidad de que, en realidad, no exista diferencia alguna entre unos y otros hechos. Lo que se deduce de todo

---

2310 En la enumeración he seguido las clasificaciones de Rosenberg / Schwab / Gottwald, *Zivilprozessrecht*, cit. pp. 561-562 y Jauernig / Hess, *Zivilprozessrecht*, München 2011, p. 176.

2311 Jauernig / Hess, *Zivilprozessrecht*, cit. p. 177.

2312 Cfr. STJUE 9-11-2010, VB Pénzügyi Lízing Zrt. C. Ferenc Schneider, C-137/08.

2313 Ortells Ramos, *Derecho Procesal Civil*, Cizur Menor 2013, p. 311.

2314 Con respecto a la no apreciación de oficio de la prescripción, vid. Arroyo Amayuelas, “Efectos de la prescripción extintiva”, en AAVV, *La prescripcion extintiva*, Valencia 2014, pp. 244 y ss.

lo anterior es que el juez, por pura lógica, puede conocer la existencia de hechos impeditivos, extintivos, y también excluyentes, si constan en el proceso. Pero solamente si lo desea el demandado podrá apreciar sus efectos jurídicos. Con respecto a los hechos impeditivos y extintivos basta con que el demandado no explicite su voluntad en contra de la apreciación. Si el hecho es excluyente, el demandado debería pedir expresamente esa apreciación. Y esa es la diferencia fundamental entre los dos grupos de excepciones.

En consecuencia, la vigencia del principio dispositivo se hace compatible, no tanto con una matización del principio de aportación de parte, que a mi juicio permanece vigente, sino con una superación de una visión doctrinal lastrada por la antigua concepción de la carga de la prueba inspirada en el sistema de valoración legal de la prueba[2315], y que desde luego ya no tiene valor alguno en el proceso actual. En consecuencia, el *secundum allegata et probata* recobra su sentido original. El juez sólo decide en virtud de lo que conoce a través del proceso, y no más allá.

Aplicando todo lo anterior al tema que nos ocupa en este artículo, se plantea la posibilidad de si la alegación de la abusividad de la cláusula, como tal, entra dentro de las categorías de hechos objeto de excepción que el juez podría apreciar de oficio si le son conocidos por la documentación que se aporta a las actuaciones del proceso, aunque el demandado no haya opuesto tal abusividad. Es decir, se abre la cuestión de si la jurisprudencia del Tribunal de Justicia de la Unión Europea supone una novedad absoluta en nuestros ordenamientos, como se ha dicho con reiteración, o simplemente lo que ha hecho el Tribunal de Justicia es aplicar de un modo correcto y escrupuloso la antigua —y vigente— teoría de las excepciones. Veámoslo.

7. ¿PUEDE ENCUBRIR LA CLÁUSULA ABUSIVA UN VICIO DEL CONSENTIMIENTO?

El Tribunal de Justicia canceló toda posible discusión sobre la naturaleza de la abusividad al afirmar desde 2010 que se trataba de un tema de

2315 Vid. Nieva Fenoll, "La inexplicable persistencia de la valoración legal de la prueba", *Ars Iuris Salmanticensis*, 2017, en prensa, p. 13.

orden público[2316]. Si es una cuestión de orden público, ese concepto sustenta nada menos que un hecho impeditivo que, en consecuencia, puede ser apreciado por el juez de propia iniciativa si la abusividad surge de las actuaciones procesales y el demandado no se opone a ello[2317]. Dado que dicha abusividad posee un soporte documental indubitado en el contrato de consumo, esa apreciación es verdaderamente muy sencilla. Por tanto, tema zanjado.

La cuestión es que la decisión ha despertado una sonora polémica que, a mi juicio, está mal enfocada. La doctrina[2318] se ha lamentado de que la jurisprudencia del Tribunal de Justicia pone en cuestión el principio dispositivo[2319], cuando como se acaba de demostrar en el epígrafe anterior, el principio dispositivo no sufre daño alguno, sino que es reconducido por esta jurisprudencia a sus originales fronteras. Sentado lo anterior, lo que sí puede ser debatible es si la abusividad podría implicar algo más incluso, además de ser una cuestión de orden público.

Personalmente, teniendo en cuenta que el consumidor, como ya se dijo, es la base esencial de nuestra actual economía de mercado, no veo objeción alguna a que su protección sea un tema tan esencial para la Unión Europea que la protección de su posición se eleve de rango al máximo,

---

2316 ATJUE 16-11-2010, Pohotovosť s. r. o. c. Iveta Korčkovská. C-76/10. STJUE 30-5-2013, Dirk Frederik Asbeek Brusse y Katarina de Man Garabito c. Jahani BV. Vid. al respecto Ebers, M., "From Océano to Asturcom: Mandatory Consumer Law, Ex Officio Application of European Union Law and Res Iudicata", *European Review of Private Law*, 4, 2010, pp. 823 y ss.

2317 Importante matización, porque de ese modo no se pone en cuestión el principio de aportación de parte. Cfr. Saare / Sein, "Amtsermittlungspflicht der nationalen Gerichte bei der Kontrolle von missbräuchlichen Klauseln in Verbraucherverträgen", 2013, *Journal of European Consumer and Market Law*, pp. 17-20.

2318 Aunque no unánimemente. Vid. Achón Bruñén, "Soluciones a problemas que en la praxis plantea la apreciación judicial de oficio de cláusulas abusivas en las escrituras de hipoteca", *Práctica de Tribunales*, n. 118, enero-febrero 2016, p. 3. Fernández Seijo, "Tutela de oficio por el juez en los procedimientos judiciales", *Cuadernos de Derecho y Comercio*, n. extraordinario 2014, p. 187. Fernández de Senespleda e.a., *Cláusulas abusivas en la contratación bancaria*, Barcelona 2014, p. 45. Marcos González, *La apreciación de oficio*, cit. p. 233. Con algún matiz, Saare / Sein, "Amtsermittlungspflicht der nationalen Gerichte bei der Kontrolle von missbräuchlichen Klauseln in Verbraucherverträgen", cit. p. 20.

2319 Aunque en un supuesto distinto, vid. Miquel Sala, "Verbraucherschutz auf Kosten der Dispositionsmaxime: War das erforderlich? Zugleich eine Besprechung der Rs C-32/12 (Duarte Hueros)", 2014, *Journal of European Consumer and Market Law*, pp. 178 y ss.

como si existiera, como quizás debiera existir, un derecho fundamental[2320] del consumidor a obtener protección eficaz, específica y reforzada, más allá de la vigencia de los derechos actuales reconocidos en nuestras constituciones.

Ahora bien, con el derecho vigente en la mano quizás hubiera podido seguirse un camino paralelo, o incluso complementario. La abusividad, a mi juicio, encubre con enorme frecuencia un engaño, o al menos un error, y quizás incluso una situación que se acerca tímidamente a la intimidación.

Como antes se explicó, el consumidor no tiene otra opción que aceptar las condiciones del empresario si desea obtener el bien de consumo que necesita. La necesidad puede ser más imperiosa, como la de dinero para la compra de una vivienda, o la adquisición de electricidad, gas, agua, o libros para su actividad laboral. O algo menos urgente, pero igualmente relevante en nuestras sociedades actuales, como ocurre con cualquier otro bien de consumo si la persona desea sentirse integrada en la sociedad en la que vive. De hecho, son las propias empresas productoras las que inducen la existencia de algo tan sumamente estúpido como la "moda", precisamente para conseguir vender más y si es posible a mayor precio. Y lo cierto es que no es nada fácil sustraerse a esa corriente claramente restrictiva de la libertad individual que representa la "moda". Finalmente, las personas *necesitan* tener un teléfono móvil, un ordenador, ropa "moderna", y desde luego una casa lo más estable posible que disponga de electricidad y agua al menos. No es fácil escapar de todo ello salvo que uno quiera convertirse en una especie de ermitaño[2321].

El paso siguiente consiste en aceptar las condiciones que ponga el empresario una vez condicionado psicológicamente el consumidor por la presión social de la "moda", o bien por la imposibilidad de localizar otro empresario con condiciones más favorables. Puede llegarse incluso a un engaño directo prometiendo un rendimiento económico que finalmente no se produce, como sucede con los *swaps* —dependiendo de cómo se

---

[2320] Parecido al principio rector existente en el art. 51 de la Constitución española. Cfr. Della Negra, "The Uncertain Development of the Case Law on Consumer Protection in Mortgage Enforcement Proceedings: Sánchez Morcillo and Kušionová", 2015, 52 *CMLR*, p. 1030-1031.

[2321] Llegándose a generar la exclusión o incluso la anorexia. Vid. Uribe Merino, *Anorexia. Los factores socioculturales de riesgo*, Medellín 2007, p. 162. Sobre las "temporadas", vid. Rivière, *Historia informal de la moda*, 2013.

explicaran al consumidor— o con la publicidad agresiva engañosa[2322] de cualquier producto. O al menos el error[2323].

Si todo ello es así, las cláusulas abusivas encubren habitualmente un vicio del consentimiento, que podría haber sido apreciado de ese modo, sin perjuicio de recurrir al concepto de orden público, para que el juez hubiera podido apreciarlo de oficio siguiendo lo que hace mucho tiempo que mantiene la doctrina al respecto de las excepciones basadas en hechos extintivos, y que ya quedó explicitado.

El final del camino hubiera sido el mismo, la posibilidad de apreciación de oficio de las cláusulas abusivas. Pero el resultado hubiera sido aún más revelador de lo que hace un empresario con una política comercial agresiva acompañada de publicidad engañosa: incurrir en dolo o al menos inducir a error al contratante. Hace siglos que dichos vicios anulan el consentimiento. No es, por tanto, una novedad del siglo XXI, y mucho menos una ocurrencia del Tribunal de Justicia.

No obstante, desde el punto de vista práctico proceder de ese modo hubiera tenido más dificultad al tener que entrar en la difícil cuestión de la vulnerabilidad del contratante, por muy generalizable que sea en el caso de los consumidores, lo que hubiera dificultado su apreciación de oficio, por cierto. Además, desde el punto de vista político, ciertamente, hubiera sido mucho más grave acusar directamente de engaño a tantas grandes empresas, por lo que, finalmente, parece prudente la decisión del Tribunal de Justicia de acudir al concepto de orden público para cerrar la cuestión consiguiendo la protección del consumidor, que es la principal prioridad.

[2322] STS 16/2017, 16-1-2017. Sobre las condiciones para la concurrencia de dolo vid. también STS 266/2016, 21-4. STS 834/2009, 22-12.

[2323] STS 250/2017 25-4. STS 229/2017, 6-4. STS 174/2017 13-3.

THE CJEU AND THE REFINEMENT OF THE PRINCIPLE OF PARTY DISPOSITION

Publicado en International Journal of Procedural Law, 1-2020, pp. 21-33.

1. INTRODUCTION

For a number of years, the Court of Justice of the European Union (CJEU) has shown clear signs of an indirectly expressed will to change certain essential aspects of traditional procedural law[2324]. From the beginning[2325], it has seemed surprising that the CJEU deals with procedural matters that involve the national law of the member states, but it was more or less assumed to be another manifestation of the direct effect and primacy of European Union law. In this context, it would generate the notions of principle of effectiveness and principle of equivalence[2326], and, as the result, of procedural autonomy of the member states[2327].

However, some proceduralists continue to express an attitude that swings between surprise and, occasionally, complaint[2328] over the decisions of the CJEU in procedural matters in cases where they do affect national law. Some authors until now have limited themselves to compiling these

---

2324 See D-U. Galetta, *L'autonomia procedurale degli Stati membri dell'Unione europea: Paradise Lost?*, Springer, Milano 2009. F. Gascón Inchausti, *Derecho europeo y legislación procesal civil nacional: entre autonomía y armonización*, Madrid 2018.

2325 Case C-45/76, Comet BV v. Produktschap voor Siergewassen, 16.12.1976. EU:C:1976:191

2326 Case C-201/02, Delena Wells v. Secretary of State for Transport, 7.1.2004. EU:C:2004:12

2327 J. V. Louis, *L'ordre juridique communautaire, Office des publications officielles des Communautés Européennes*, Brussels, 1993, p. 179.

2328 Blanco García, "Necesidad de controlar de oficio las cláusulas abusivas en las relaciones de consumo: Visión comparada con el régimen español", *Revista de la Facultad de Derecho,* 2016. Cordón Moreno, "La posibilidad de que el juez otorgue de oficio una tutela jurisdiccional no pedida por el consumidor (STJUE de 3 de octubre de 2013), *Revista CESCO de Derecho de Consumo,* n. 8, 2013, p. 494. Miquel Sala, "Verbraucherschutz auf Kosten der Dispositionsmaxime: War das erforderlich? Zugleich eine Besprechung der Rs C-32/12 (Duarte Hueros)", 2014, *Journal of European Consumer and Market Law,* pp. 181-182. Ormazabal Sánchez, *Cuando Luxemburgo declaró la guerra al principio dispositivo: el deber judicial de reconocer al consumidor el derecho a la reducción del precio que no pidió en la demanda,* La Ley UE 82 enero 2014, p. 33. Paveliu, "The Active Role of the Judge in the Field of Unfair Terms Litigation", *Perspectives of Business Law Journal,* vol. 3, 1, Nov. 2014, pp. 344 y ss.

judgments, classifying them by the topics that were implied, e.g. *res iudicata, ex officio* powers and arbitration, and tried to explain how the CJEU influenced these classic institutions of procedural law by presenting the issue as an always isolated novelty[2329]. Anyway, the approach of the most recent works tends to be globally comprehensive[2330]. It is just a matter of time before the CJEU begins to involve itself in other relevant procedural institutions. In fact, there have already been judgments on the burden of the proof[2331], or the parties[2332], among other key areas affected to a lesser degree than those mentioned above. In other words, it is possible that the case law of the CJEU could be extended to other equally relevant areas.

The CJEU, following the path opened by the EU-lawmaker, has launched a genuine revolution[2333]. While the initial intention was not to modify the

---

2329 A. Adinolfi, 'The "procedural autonomy" of member states and the constraints stemming from the ECJ's case law: is judicial activism still necessary?' in H.-W. Micklitz and B. De Witte (eds), *The European Court of Justice and the Autonomy of the Member States,* Intersentia, Antwerp-Cambridge 2011, p. 281. G. C. Rodríguez Iglesias, 'Sui limiti all'autonomia procedimentale e processuale degli Stati membri nell'applicazione del diritto comunitario' [2001] *Rivista italiana di diritto pubblico comunitario* 27. C. N. Kakouris, 'Do the Member States Possess Judicial Procedural "Autonomy"?' (1997) 34 *Common Market Law Review* 1390. B. Krans, 'The impact of EU Law on Dutch Civil Procedure Law' in A. Nylund and H. B. Krans (eds), *The European Union and National Civil Procedure,* Intersentia, Antwerp-Cambridge 2016, p. 89. S. Wagner, "Unionsrechtliche Rechtskraftdurchbrechung? - Zu den Grenzen der mitgliedstaatlichen Verfahrensautonomie auf dem Gebiet der Rechtskraft nach der Rechtsprechung des EuGH" (2014) 2 *ZeuS* 211.

2330 F. Wilman, Private Enforcement of EU Law Before National Courts. The EU Legislative Framework, Chentelham 2015, p. 146. Prechal, Sacha, 'Between Effectiveness, Procedural Autonomy and Judicial Protection', in Challenges of Law in Life Reality, Liber Amicorum Marko Ilešič, eds. Alexander Arabadjiev, A., M. Pavliha, M. Ilešič; A. Polajnar-Pavčnik and B. Koritnik, Ljubljana 2017, p. 681. A. Östlund, *Effectiveness versus Procedural Protection,* Munich 2019. B. Hess, *Europäisches Zivilprozessrecht,* Heidelberg 2010. M. Ahrens, V. Lipp, Varga, I., *Europäisches Zivilprozessrecht. Einfluss auf Deutschland und Ungarn,* Göttingen 2011. M. Bobek, 'Why there is no principle of "procedural autonomy" of the Member States' in Bruno De Witte and Hans-Wolfgang Micklitz (eds), *The European Court of Justice and the Autonomy of the Member States,* Intersentia, Antwerp-Cambridge 2011, p. 6; J. Nieva-Fenoll, 'La actuación de oficio del juez nacional europeo' (2017) 9000 *Diario La Ley*; and, of course, D-U. Galetta, L'autonomia procedurale degli Stati membri dell'Unione europea: Paradise Lost?, Springer, Milano 2009.

2331 Case C-199/82, *Amministrazione delle Finanze dello Stato v. SpA San Giorgio,* 9.11.1983. EU:C:1983:318

2332 Cases C-87/90, C-88/90 and C-89/90, *Verholen v. Soziale Verzekeringsbank,* 11.7.1991. EU:C:1991:314

2333 J. Nieva-Fenoll, 'La actuación de oficio del juez nacional europeo' (2017) 9000 *Diario La Ley.*

procedural law of the member states, over time the judges of the CJEU have made clear that this renewal has been unavoidable for the effectiveness of substantive European law. As we will see below, the CJEU is trying to modify the tradicional european civil procedural law that was essentially conceived in the Middle Ages for processes between merchants[2334] and was reaffirmed over the centuries. The 19th-century procedural codifications also served first and foremost the "merchants", i.e. businessmen, as since the beginning of that century, the bourgeoisie had become the new ruling class of society[2335], unlike in the Middle Ages[2336].

But with the appearance of the consumer in the 20th century, and in particular social awareness for weak litigants[2337] resulting from mass contracting, including litigation between small citizens and large companies, procedural law ought to have evolved to re-establish the equality of procedural weapons in all these cases: the two parties were in many cases no longer two merchants, but two subjects with very different economic powers, potentially provoking a worse defence of the weak party. Unfortunately, apart from the naive and inefficient introduction of collective processes —an imitation of American class actions—, there were in fact no reforms to undertake the main task of changing the basic structure of traditional civil process[2338].

As the protector —among other public areas— of consumers, employees and other vulnerable citizens, the CJEU has imposed EU law and thus created a type of case law that sooner or later must provoke reforms in national procedural law. These vulnerable subjects are, after all, one of the economic engines of the Union.

2334 S. R., Blanschei, *Politics and Justice in Late Medieval Bologna*, Leiden 2010, p. 183. Pirenne, *Storia economica e sociale del Medioevo*, Roma 2012. Comín Comín, *Historia económica mundial*, Madrid 2011, p. 210.

2335 A. Smith, *An Inquiry into the Nature and Causes of the Wealth of Nations*, Edinburgh 1843, pp. 12 y ss.

2336 Comín Comín, *Historia económica mundial*, cit. pp. 209 and 349.

2337 See W. Hau, "Zivilprozesse mit geringem Streitwert: Small claims courts, small claims tracks, small claims procedures", *Rabels Zeitschrift für ausländisches und internationales Privatrecht (RabelsZ)*, n. 81, 2017, vol. 3, pp. 570-607.

2338 M. Cappelletti, "Formazione soziali e interessi di gruppo davanti alla giustizia civile", Riv. Dir. Proc. 1975, pp. 361 y ss.

2. THE PROCESS DOES NOT BELONG EXCLUSIVELY TO THE PARTIES

While it has sometimes expressed itself otherwise, the CJEU basically intends to overlap to a certain extent the traditional "adversarial system"[2339], that is, the incidence of what we know in continental law as principle of party disposition, in order to guarantee the defence of vulnerable parties. To achieve this goal, the CJEU is attempting to change the basis of this traditional framework: the judge shall only be an impartial observer who barely intervenes in the process, and what is discussed in the process is exclusively a matter of the parties.

Apart from this, the CJEU is also aiming to overcome something even more important, in my opinion: the inflexibility of procedural norms. The CJEU observes a national procedural system and rules on whether it represents an obstacle to the application of EU law. In doing so, it urges national judges to avoid national procedural law as a consequence of the principle of primacy. It usually acts this way by firmly expressing its highest consideration for the procedural autonomy of the member states. However, what the CJEU does in these cases is motivate the national judge to repeal the national procedural norm.

Judges of the CJEU have probably been the first to realize that national procedural law is outdated, being conceived for late 19th century parties. The CJEU has made clear that these new-and vulnerable-subjects cannot benefit from Union law with these outdated procedural rules, and therefore they cannot defend themselves properly.

Let us remember that both the adversarial system and the dispositive principle most likely share the same 12th-century origin in the phrase "*secundum allegata et probata (partium)*, which was written by AZO in the Glossa to Justinian's Code[2340] precisely to guarantee the defence of the litigants.

2339 About this system, Freer, Richard D., *Civil Procedure*, p. 4. Damaska, Mirjan R., *The Faces of Justice and State Authority*, New Haven 1986, p. 3.

2340 Azo, *Brocardica (aurea). sive generalia iuris*, Basel 1567, rubrica XX, p. 237: *Iudex debet ex conscientia iudicare, & econtrà.] Secundum allegata iudicare debet. Cum quaeritur, an iudex debeat iudicare secundum conscientiam suam, in causa civili vel criminali, distingue: utrum notum sit ei tamquam iudici, id est, ratione officii sui: an ut privato. In primo casu fertur sentencia secundum conscientiam suam; quae etiam potest dici allegatio. ut ff. de ser. l. 2.&ff. Si fer. vend. 1 surreptionem. & de minor. 25. anno.l.minor. Quid miri? nonne sert sententiam, secundum testificationes & confessiones, quas novit ut iudex? & et ita potest intellegi hoc generale. Si vero novit ut privatus, non debet ferre sententiam secundum conscientiam suam, sed secundum allegata. & ita intelligitur contraria Rubrica.*

At the time, the powerbrokers in society were the nobility, and as such, they appointed judges who did not enjoy independence[2341]. Faced with this situation, the incipient bourgeoisie were able to achieve through legal studies —rather than by means of laws— a process whereby they could tie the hands of those judges to prevent them from imposing their own will since their powers were subject to the will of the parties, by defining the boundaries of the discussion and the means —or the evidence— by which the case would be discussed.

At the time, this was an original and logical course of action. Today, this scheme is outdated and it has become apparent that the CJEU has, to some degree, recognised the problem. The following outlines some of the most important areas in which the actions of the CJEU have recently highlighted the need for reform.

2.1. *Res judicata*

One of the sacrosanct institutions occasionally addressed by the CJEU has been *res judicata*. Proceduralists of the member states have explained for centuries that *res judicata* only concerns the parties of the process[2342], since these were the only ones that had been able to defend themselves in it[2343]. On the other hand, it has always been understood that, barring exceptional cases, a final judgment was completely unassailable[2344].

2341 Again, Azo, *Brocardica (aurea)*, cit. rubrica XX, pp. 235-236: "*Maior iudex de his quae ad sui subditi iurisdictionem spectant, se intromittere non debet: nisi negligens fuerit, vel aliqui ante eum appellati*".

2342 R. J. Pothier, *Tratado de las obligaciones*, Barcelona 1839, p. 533. A. Mendelssohn-Bartholdy, *Grenzen der Rechtskraft*, Leipzig 1900, pp. 411-412. F. Carnelutti, "*Efficacia, autorità e immutabilità della sentenza*", *Riv. Dir. Proc. Civ.* 1935, p. 208. C. G. Freudenstein, *Die Rechtskraft nach der Reichscivilprocessordnung und ihre Wirkungen auf die subjektiven Rechte*, Hannover 1881, p. 214.

2343 Also with many exceptions, starting from the original ideas of R. Von Ihering, "Die Reflexwirkungen oder die Rückwirkung rechtlicher Tatsachen auf dritte Personen", in *Gesammelte Aufsätze aus den Jahrbüchern für die Dogmatik des heutigen römischen und deutschen Privatrechts*, Jena 1882, p. 80.

2344 G. W. Wetzell, *System des ordentlichen Civilprocesses*, Leipzig 1878, pp. 674, 782. J. Goldschmidt, *Zivilprozeßrecht*, Berlin 1929, pp. 168-169. A. Blomeyer, *Zivilprozessrecht, Erkenntnisverfahren*, Berlin 1985, p. 611.

To the latter point, the CJEU has responded by supporting the traditional doctrine[2345], even during the process itself: once a judge has already ruled at the beginning of the process on the unfair character of contractual terms, he or she cannot reconsider the judgment later[2346]. However, it also foresaw the possibility of annulment of final judgments after the *Pannon* judgment of June 4, 2009[2347]. This was the result of the same unfair character of contractual terms[2348], which already entailed establishing an exception that approaches the traditional assumptions of the American *relief of judgments* (rule 60 *Federal Rules of Civil Procedure*), or the German *Wiederaufnahme des Verfahrens* (§§578 ZPO), although it is unlikely that any national court would have treated such a matter this way, as seen in cases where a relief, or *Wiederaufnahme des Verfahrens,* is possible.

The most interesting judgments, however, deal with the *inter partes* effect. Since 2012, with the *Invitel*[2349] case, consumers affected by the same term of a company that was declared unfair in a process in which they did not participate can benefit from the final judgment. Since 2016, with the *Biuro*[2350] ruling, this has been extended to contractual terms of materially identical content imposed by other companies.

The above is all very substantially logical and follows the opinion of many scholars who have written about collective processes in the past four decades[2351]. But the CJEU is exceeding this traditional doctrinal framework

---

[2345] C-40/08, Asturcom Telecomunicaciones c. Cristina Rodríguez, 6-10-2009, EU:C:2009:615. C-76/10, Pohotovosť s. r. o. c. Iveta Korčkovská, 16-11-2010, EU:C:2010:685.

[2346] C-421/14, Banco Primus c. Jesús Gutiérrez García, 26-1-2017.

[2347] See also C-505/14 Klausner Holz Niedersachsen GmbH v. Land Nordrhein-Westfalen, 11-11-2015, EU:C:2015:742, and B. Laukemann, "Unionsrechtsschutz und res judicata im Zivilprozess", ZZP 130, 4, 2017, p. 439.

[2348] C-168/15, Milena Tomášová c. Ministerstvo spravodlivosti SR y Pohotovosť s. r. o., 28-7-2016, EU:C:2016:602.

[2349] C-472/10, Nemzeti Fogyasztóvédelmi Hatóság c. Invitel Távközlési Zrt., 26-4-2012, EU:C:2012:242.

[2350] C-119/15, Biuro podróży "Partner" sp. z o.o. sp.k. w Dąbrowie Górniczej v. Prezes Urz⊠du Ochrony Konkurencji i Konsumentów, EU:C:2016:987.

[2351] Some of the numerous authors which dealt with the topic are M. Taruffo, "*I limiti soggettivi del giudicato e le class-actions*", *Riv. Dir. Proc.*, 1969, p. 616. F. Carpi, *L'efficacia "ultra partes" della sentenza civile,* Milano 1973. G. Constantino, "Comunicazione", in *Le azioni a tutela di interessi collettivi, Atti del Convegno di studio, Pavia 11-12 giugno 1974,* Padova 1976, pp. 817 y ss. A. Proto Pisani, "Appunti preliminari per uno studio sulla tutela giurisdizionale degli interessi collettivi (o più esattamente: superindividuali) innanzi al giudice civile ordinario", in *Le azioni a tutela di interessi collettivi, Atti del Convegno di stu-*

in order to protect vulnerable subjects. *Res judicata* could be updated with the elements that could not have been conceived of in the 19th century[2352].

2.2. *Ex officio powers*

The CJEU has also broken tradition in *ex officio* powers, not directly denying but at least calling into question what is probably the foundation of the entire civil process in most member states: the principle of party disposition[2353]. In other words, the CJEU has shaken the essential foundations of the adversarial system in the terminology of the Common Law[2354], which drew the principle of party disposition from GLANVILL[2355], which was immanent in the work of BRACTON[2356], in which AZO[2357] in turn had a clear influence, as is well known. Ultimately, the judge must not act *ultra petita partium* or, as already said, the key is to judge only *secundum allegata et probata (partium)*. Parties must define the frontiers of a judge's decision, and the passive and expectant judge must only rule on what the litigants —or, more precisely, litigators— say.

---

dio, Pavia 11-12 giugno 1974, Padova 1976, p. 815. V. Vigoritti, *Interessi collettivi e Processo. La legitimazione ad agire*, Milano 1979, p. 41. J. C. Barbosa Moreira, "A ação popular do Dereito brasileiro como instrumento de tutela jurisdiccional dos chamados "interesses difusos", in *Studi in onore di Enrico Tullio Liebman*, vol. 4, Milano 1979, p. 2690. A. Pellegrini Grinover, "La tutela giurisdizionale degli interessi diffussi nel sistema brasiliano", *Riv. Trim. Dir. Proc. Civ.*, 1984, p. 70. A. Gidi, *Las acciones colectivas y la tutela de los derechos difusos, colectivos e individuales en Brasil. Un modelo para países de derecho civil*, México 2004, p. 98. J. Nieva-Fenoll, *La cosa juzgada*, Barcelona 2006, p. 214.

2352 However, the EU is trying to escape from the *res judicata* perspective with collective redress and its so-called "evidentiary effect". See the Proposal for a Directive of the European Parliament and of The Council on representative actions for the protection of the collective interests of consumers, and repealing Directive 2009/22/EC, art. 10 (COM/2018/0184 final - 2018/089 (COD)).

2353 See B. Hess & P. Taelman, "Chapter 3: Consumer Actions before National Courts", in Max Planck Institute, An evaluation study of national procedural laws and practices in terms of their impact on the free circulation of judgments and on the equivalence and effectiveness of the procedural protection of consumers under EU consumer law. Report prepared by a Consortium of European universities led by the MPI Luxembourg for Procedural Law as commissioned by the European Commission JUST/2014/RCON/PR/CIVI/0082. Strand 2. Procedural Protection of Consumers, 2018, p, 188.

2354 R. D. Freer, *Civil Procedure*, p. 4.

2355 R. Glanvill, *Tractatus de Legibus et Consuetudinibus Regni Angliae*, London 1780, ch. XXXI, p. 333.

2356 H. Bracton, *DeLegibus et Consuetudinibus Angliae*, London 1569, Lib. III, Cap. VIII

2357 Azo, *Brocardica (aurea). sive generalia iuris*, Basel 1567, rúbrica XX, p. 237

This way of thinking may not have been that of AZO, but it made its way into the Middle Ages[2358] in order to control judges who were not trusted as delegates of the nobility and who in many cases had an improper juridical education. This way of thinking had a long evolution during the centuries that it is not intended to be summarised in this paper. Nevertheless, at the end of the 18th century would a discussion about the powers of the judge open up[2359] and remain open[2360]. What the principle of party disposition means, however, has not changed substantially since that time. What the judge does in a process is only what the parties ask him to do[2361], if he or she considers the claim to be lawful. His/her role is inexistent in the presentation of claims or defences.

The CJEU dealt with this topic in the *Oceano* case in 2000. From that judgment, a national judge can (or must) analyse *ex officio* an unfair contractual term[2362]. He or she can even order *ex officio* some evidence related to that point[2363], although one limit must be established: a national judge cannot integrate or modify an unfair term, but simply declare it void[2364] as a type of concession to the classical notion of the principle of party disposition. However, it should be noted that the CJEU has proceeded this way not for that reason, but because it wishes to completely bar the way for wrongdoing by traders with these terms.

2358 G. Durandus, *Speculum iuris*, cit. Part II, *De Sententia*, § 5, 1. pp. 784-785.

2359 Over all, from the coming into force of Title X, §2 of the *Allgemeine Gerichtsordnung für die Preußischen Staaten*, 1793.

2360 W. Endemann "Die Folgen freier Beweisprüfung im Civilprozesse", *AcP* n. 41 (1858), p. 289. A. Wach, "*Der Entwurf einer deutschen Civilprozeßordnung*", *Kritische Vierteljahresschrift für Gesetzgebung und Rechtswissenschaft* vol. 14 1872, p. 331. R. F. Von Canstein, "Die Grundlagen des Beweisrechts", *ZZP* n. 2 (1880), p. 351. B. Cavallone, "En defensa de la verifobia", in "Cavallone / Taruffo, *Verifobia, un diálogo sobre prueba y verdad*, Lima 2010, p. 31. M. Taruffo, "Poteri probatori delle parti e del giudice in Europa", *Rivista Trimestrale di Diritto e Procedura Civile*, 2006, p. 454. E. Oteiza, "El juez ante la tensión entre libertad e igualdad", *Revista de Derecho Procesal*, 2002, p. 220. J. F. Etxeberria Guridi, *Las facultades judiciales en materia probatoria en la LEC*, Valencia 2003. J. Parra Quijano, *Racionalidad e ideología en las pruebas de oficio*, Bogotá 2004. X. Abel Lluch, *Iniciativa probatoria de oficio en el proceso civil*, Barcelona 2005.

2361 See B. Hess & P. Taelman, op. cit. p. 158.

2362 C-240/98 a C-244/98, Océano Grupo Editorial c. Rocío Murciano, 27-6-2000, EU:C:2000:346.

2363 C-137/08, VB Pénzügyi Lízing Zrt. C. Ferenc Schneider, 9-11-2010, EU:C:2010:659.

2364 C-618/10, Banco Español de Crédito c. Joaquín Calderón, 14-6-2012, EU:C:2012:349. C-32/12, Soledad Duarte c. Autociba y Automóbiles Citroën España, 3-10-2013, EU:C:2013:637. C-482, 484, 485, 487/13, Unicaja Banco c. José Hidalgo e.a. y Caixabank c. Manuel María Rueda, 21-1-2015, EU:C:2015:21.

The CJEU aims to leave no escape route unchecked. It has even stated that it was a matter of public order[2365], simply because member states usually allow judges to deal with these issues *ex officio*[2366]. Thus, the principle of party disposition could no longer represent an excuse not to interfere in a claim[2367].

3. THE QUESTION OF SUBSTANTIVE AND PROCEDURAL DEADLINES

Another relevant change in the traditional lines of the principle of party disposition came in one of the issues that was unfortunately more popular among proceduralists of the past: procedural deadlines and preclusion. Procedural laws usually tell us that deadlines are not extendable in any way whatsoever. The issue had been historically treated in a much more flexible manner[2368] following the principle of party disposition, also if in the procedure of the *jus commune* the motion of the process was officially in the hands of the judge's clerk. After French codification, however, the motion of the process remained in the hands of the parties in many European countries. Only in the 20th century[2369], in order to speed up the procedures, did legislators end up imposing inflexible deadlines[2370].

2365 C-76/10, Pohotovosť s. r. o. c. Iveta Korčkovská, 16-11-2010, EU:C:2010:685.

2366 Art. 1255 of Spanish Civil Code, art. 11.2 of Spanish *Ley Orgánica del Poder Judicial* and art. 247 of spanish Civil Procedure Code. Art. 6 of the french *Code Civil.* Art. 1229 of italian *Codice Civile.* §138 BGB.

2367 About this topic, see F. Wilman, *Private Enforcement of EU Law Before National Courts. The EU Legislative Framework,* Chentelham 2015, p. 146. Prechal, Sacha, 'Between Effectiveness, Procedural Autonomy and Judicial Protection', in *Challenges of Law in Life Reality, Liber Amicorum Marko Ilešič,* eds. Alexander Arabadjiev, A., M. Pavliha, M. Ilešič; A. Polajnar-Pavčnik and B. Koritnik, Ljubljana 2017, p. 681. A. Östlund, *Effectiveness versus Procedural Protection,* Munich 2019. B. Hess, *Europäisches Zivilprozessrecht,* Heidelberg 2010. M. Ahrens, V. Lipp, Varga, I., *Europäisches Zivilprozessrecht. Einfluss auf Deutschland und Ungarn,* Göttingen 2011. J. Nieva-Fenoll, 'La actuación de oficio del juez nacional europeo' (2017) 9000 *Diario La Ley.*

2368 Nörr, Knut Wolfgang, *Romanisch-kanonisches Prozessrecht,* Heidelberg 2012, p. 43-45.

2369 See the ZPO's Emminger Reform of 2-13-1924, and also the Spanish Decreto 4-2-1924 (Gaceta 4-4-1924).

2370 See. Stein, F., *Grundriß des Zivilprozeßrechts und des Konkursrechts,* Tübingen 1928, p. 47. Rosenberg, *Lehrbuch des Deutschen Zivilprozeßrechts,* Berlin 1929, p. 177.

For the CJEU, however, it seems that nothing is immutable when it comes to protecting a vulnerable subject. In the *Cofidis* case (2002)[2371], a bank had claimed payment of an unsatisfied credit from its borrower. The loan contract contained self-evident unfair terms, but the period of two years —as foreseen in French law— to declare these terms void had already expired. The Court of Justice considered this period to be incompatible with European Law, specifically Directive 93/13/EEC.

In *Asturcom* (2009)[2372] the CJEU was even more radical. A company trying to enforce an award after the two-month deadline to challenge it had already expired. Considering that arbitration might have been imposed by the company as an unfair term of the contract, the CJEU told the national judge that it could declare the arbitration void *ex officio*, regardless of the fact that the period to challenge the award had expired. The consumer could have challenged the award within two months (art. 41.4 of the Spanish *Ley de Arbitraje*) and did not do so, but this was not relevant to the Court. This clearly was a giant leap beyond the traditional rules of the principle of party disposition.

The most recent striking case in this area up to now is the *Primus Bank* judgment (2017)[2373], an even more extreme example than the one described above. Following seven months of mortgage non-payment, Primus Bank decided to sue its borrower by judicially enforcing the mortgage, a process that basically consists of public auctioning of the house. After the auction, the house (the borrower's home) was finally awarded to the bank for 50% of its value. According to *Spanish Law 1/2013 to protect the mortgage debtors,* the borrower had a one-month deadline after publication of the law to challenge the enforcement and avoid being evicted from the house, but he had ignored this deadline. The CJEU did not know if the debtor's behaviour ignoring the deadline was intentional or not, but it presumably found that the one-month-deadline was unreasonably restrictive. When considering the preliminary ruling, and with a self-evident orientation of material justice in order to protect the consumer's rights, the CJEU implicitly assumed that Law 1/2013 was contrary to European Union law. In doing so, the Court again ignored a deadline established by national law.

2371 C-473/00, Cofidis SA v. Jean-Louis Fredout, 21-11-2002, EU:C:2002:705.

2372 C-40/08, Asturcom Telecomunicaciones, S.L. v. Cristina Rodríguez Nogueira, 6-10-2009, EU:C:2009:615.

2373 C-421/14, Banco Primus SA v. Jesús Gutiérrez García, 26-1-2017, EU:C:2017:60.

Still more recent is the *Cogeco* judgment (2019)[2374]. The CJEU ruled that a prescription deadline in respect of actions for damages must include the possibility of being suspended or interrupted if the injured party was unaware of the identity of the person liable. The most interesting part of this judgment is that no consumer was concerned, but instead only traders.

Upon examination of all these judgments, the question that remains is: does the CJEU hold that procedural and substantive deadlines must only be respected if no consumer, or indeed any other possible litigant, is affected by them…? It is absolutely obvious that the Court has made a restriction of *nemo censetur ignorare legem* in the case of consumers, a restriction whose boundaries are truly uncertain, especially if the restriction were to be extended to other litigants.

Everything seems to indicate that the CJEU only rules in such radical terms when it observes malicious behaviour in the counterpart, something that clearly happened in *Cofidis* and *Asturcom*. But it may also do this, without saying it clearly, when it points out that same bad faith in a national legislator, obviously implying protectionism of the interests of the banks.

The problem is that a criterion like bad faith is highly inaccurate and ambiguous. It might be expected that the Court would use it only in especially clear situations, such as *Santex* (2003)[2375], or even more clearly in *Levez*[2376] (1998): false information from an employer on the salary of a partner, which caused a comparative grievance to the applicant.

In *Barth* (2010)[2377], however, the case was not about good or bad faith, but the possibility of challenging the calculation of seniority compensation for the work of a university professor in Germany, which was not recognized by the host member state (Austria). There was a three-year period to challenge the calculation, but Barth let it expire; it was not until another judgment of the Court was issued (C-224/01, *Köbler*) that he realized that the non-recognition of that seniority was contrary to the free movement of workers. By that time, the deadline had already precluded.

[2374] C-637/17, Cogeco Communications Inc. v. Sport TV Portugal, SA, Controlinveste-SGPS, SA, NOS-SGPS, SA, 28-3-2019, EU:C:2019:263.

[2375] C-327/00, Sentex SpA c. Unita Socio Sanitaria Locale n. 42 di Pavia, 27-2-2003, EU:C:2003:109.

[2376] C-326/96, B. S. Levez c. T. H. Jennings (Harlow Pools) Ltd, 1-12-1998, EU:C:1998:577.

[2377] C-542/08, Friedrich Barth c. Bundesministerium für Wissenschaft und Forschung, 15-4-2010, EU:C:2010:193.

It would seem that the type of deadline (e.g. expiry or prescription[2378]) does not represent a problem for the CJEU, and this is especially surprising in the case of prescription, since such a claim is usually allowed in the European systems only at the request of a party. On the other hand, the Court has declared unfair terms as a matter of public policy. Could they do the same thing in the future with any other matter affecting any of the four freedoms, i.e. the essential content of the public policy of the European Union? If so, the *Cogeco* case might be a precedent as it dealt with competition law, and the Court could potentially intervene in any other matter since the scope of the four freedoms covers the entire legal system of the European Union. The problem with case law, however, is that it is impossible to predict what area the Court will intervene in next.

4. OFFICIAL GUARDIANSHIP OF THE JUDGE? TOWARDS A NEW PROCEDURAL LAW ADAPTED TO WEAK PARTIES

Everything points to the clear fact that the CJEU has already started a trend in favour of *ex officio* powers of the judge, overcoming the traditional *secundum allegata et probata*, that is, the principle of party disposition. The parties, as they always did, have to take care of themselves, but the judge shall watch over them without being always limited by the *allegata*.

But this may lead to another result. Procedural laws should not be more important than material justice, although this has been the case to date. This would make it possible for people who might never have won a process under the provisions of traditional procedural law would now stand a chance. The Court appears to be suggesting that when a rule of EU law is at stake, the right to an effective remedy must be fulfilled with no obstacles coming from national procedural law[2379]. While essentially logical, this would constitute an obvious revolution that will require future study.

Waiving the legal certainty of the procedural norms is not simple because it implies a radical change of mentality. It is self-evident that the CJEU tries to ensure that the strong party behaves properly in their economic relations with vulnerable subjects, having sent them the message that in the future no procedural weapon whatsoever will prevent them from fulfilling

---

2378 C-473/00, Cofidis SA c. Jean-Louis Fredout, 21-11-2002, EU:C:2002:705.

2379 C-752/18, Deutsche Umwelthilfe eV v. Freistaat Bayern, 19-12-2019, EU:C:2019:1114, 35-44.

their obligations. In other words, they cannot illegitimately take advantage of procedural provisions because the spirit of such provisions is always to be found in the protection of the litigants, especially the weak.

What is the position of big companies, given the circumstances? What are their procedural expectations in cases of litigation with a client who might be considered "vulnerable"?

The answer to this question is in fact quite different from what has been provided so far. Companies are going to have to get used to processes in which the deadlines against the vulnerable subject will not really govern, and at the same time they must understand that the judge will be an ally to the effectiveness of the legal system that protects vulnerable litigants, rather than the small citizens themselves, as this would compromise impartiality.

The intention of the CJEU is for large companies to stop abusing their clients —or smaller business partners— for economic gain. The procedural significance of this is important: these processes will become something similar to what we have thus far called inquisitive civil proceedings, e.g. family procedures in many countries. In these procedures, litigants are minors, the disabled, or people in vulnerable situations. In order to protect them, the *ex officio* powers of the judge are increased, preclusion is more flexible and *ex officio* powers in the determination of material law are extended[2380] in a way that was virtually exclusive to those inquisitive processes, and occasionally in administrative law, but were unusual in civil law in general.

This situation might force procedural law reform that cannot be as fragmentary as it has been until now through case law. It must be much clearer and more generalised, providing the necessary powers to the judge. Perhaps this will fully prevent the abuse of vulnerable persons. Very questionable institutions such as collective redress[2381], arbitration, or mediation[2382] could be avoided, precisely in cases in which the inferiority of the consumer's position means that such ADR are not suitable for them, or that a col-

---

2380 See Nieva-Fenoll, *Derecho Procesal II, Proceso Civil*, Valencia 2019, p. 381.

2381 Proposal for a Directive of the European Parliament and of the Council on representative actions for the protection of the collective interests of consumers, and repealing Directive 2009/22/EC, COM/2018/0184 final - 2018/089 (COD), 11-4-2018.

2382 Nieva-Fenoll, "Mediation and Arbitration: a disappointing hope", 6 *IJPL* 350 (2016), p. 350.

lective redress will cause the defence of the consumer to disappear within a tidal wave of claimants.

LA AUTONOMÍA DEL LEGISLADOR NACIONAL EN LA REGULACIÓN DE LOS PROCEDIMIENTOS: LAS FRONTERAS DE LA JURISPRUDENCIA EUROPEA

Publicado en el Liber Amicorum a Gimeno Sendra y en lengua inglesa en AAVV (Krans, Nylund eds.), Procedural Autonomy Across Europe, Cambridge 2020, pp. 183-201.

1. INTRODUCCIÓN

Son sobradamente conocidas las competencias normativas de las instituciones de la Unión Europea, así como las polémicas sobre dichos actos jurídicos, sobre todo con respecto a la libertad normativa de los Estados Miembros a partir de esas disposiciones. Toda esa problemática general pertenece al ámbito del Derecho constitucional europeo y por ello no será objeto de este estudio.

Sin embargo, resulta probablemente mucho más intrigante la posibilidad de que, no la Comisión, el Consejo o el Parlamento Europeos, sino que sea el Tribunal de Justicia de la Unión Europea aquel que pueda poner en cuestión la soberanía legislativa nacional, particularmente en materia procesal, así como la propia jurisprudencia de los tribunales nacionales en la interpretación de las normas procesales.

La cuestión no puede zanjarse con una mera obediencia al Tribunal de Justicia de la Unión Europea por parte de jueces y legisladores nacionales, dado que, en primer lugar, el Tribunal de Justicia de la Unión Europea no siempre es diáfano en sus conclusiones; en segundo lugar, la jurisprudencia, por su propia naturaleza, se va modificando y con alguna frecuencia aparecen sentencias contradictorias o simplemente sorprendentes, como veremos; en tercer lugar, la jurisprudencia no deja de ser un conjunto de resoluciones motivadas que —en principio— no construyen procedimientos, sino que a lo sumo realizan recomendaciones sobre la regularidad de las normativas nacionales y su compatibilidad con el Derecho de la Unión[2383];

[2383] Cfr. C-32/12, Duarte Hueros, 28-2-2013, y vid. el muy fundamentado análisis crítico de esta sentencia de Gascón Inchausti, Fernando, *Derecho europeo y legislación procesal civil nacional: entre autonomía y armonización*, Madrid 2018, pp. 111 y ss.

en cuarto lugar, porque el hecho de que los procesos estén fundados en actos jurídicos algo inestables como las sentencias, imprime una cierta inseguridad jurídica que no es deseable cuando de lo que se trata en un proceso, precisamente, es de dar seguridad jurídica a las partes; y en quinto lugar, porque esta realidad, pese al estado actual de la cuestión en la Unión Europea tras varias décadas de efecto directo[2384] y, para lo que ahora nos ocupa, de primacía del Derecho de la Unión[2385], plantea todavía una seria problemática de soberanía por parte de los Estados miembros.

Por ello, deben explorarse las posibilidades de influencia legislativa del Tribunal de Justicia de la Unión Europea a través de su jurisprudencia, analizando sus efectos positivos y negativos, concluyendo con un juicio de valor sobre la oportunidad de esta influencia, así como con la tentativa de planteamiento de alguna solución alternativa que en el futuro pueda ser tomada en consideración y que otorgue mayor seguridad jurídica de la que existe actualmente.

2. LAS FRONTERAS DE LA JURISPRUDENCIA DEL TRIBUNAL DE JUSTICIA DE LA UNIÓN EUROPEA

Las sentencias del Tribunal de Justicia de la Unión Europea en materia de cuestiones prejudiciales son siempre interesantes. Intentan ser bastante breves y taxativas para no propiciar más problemas de interpretación de los inevitables, pero finalmente dan a luz esos problemas cuando se transpola la solución del caso concreto a otros similares de distintos Estados miembros, y a veces incluso en dicho supuesto concreto la solución no es diáfana.

Aunque los orígenes de la cuestión que analizamos, como es sobradamente sabido, se sitúan hace mucho tiempo en las antes citadas y archiconocidas *Van Gend en Loos* (1963) con el efecto directo, y más concretamente *en Costa v. Enel* (1964) con el principio de primacía, lo cierto es que desde antiguo ha existido[2386], y existe todavía como veremos, la noción de "autonomía procedimental" de los Estados miembros[2387], en función de la cual

---

[2384] C-26/62 Van Gend & Loos v. Nederlandse administratie der belastingen, 5-2-1963.

[2385] Explícitamente desde C-6/64, Costa v. ENEL, 15-7-1964.

[2386] C-45/76, Comet BV v. Produktschap voor Siergewassen, punto 13.

[2387] Citada explícitamente por primera vez con esa denominación en C-201/02 Delena Wells v. Secretary of State for Tansport, punto 65.

cada Estado, sin vulnerar el Derecho de la Unión, puede promulgar normas procesales en la manera que mejor le convenga, como no puede ser de otra forma no ya desde una perspectiva procedimental, sino también teniendo en cuenta que la competencia legislativa en esta materia —y en la enorme mayoría de las demás— sigue estando en manos de los Estados miembros. Las dos condiciones[2388] de ese respeto al Derecho de la Unión —no exclusivas de la materia procesal[2389]— se definieron en el mismo caso citado *Delena Wells*[2390] con el *principio de equivalencia* —el procedimiento para actuar el Derecho de la Unión no debe establecer condiciones más desfavorables que para las pretensiones de Derecho interno— y el *principio de efectividad* —el procedimiento no debe hacer imposible el ejercicio de los derechos otorgados por el ordenamiento de la Unión—, lo cual venía a compendiar lo que ya había dicho fragmentariamente el Tribunal de Justicia en varias ocasiones[2391].

Con todo, la doctrina no se pone de acuerdo en determinar cuándo nació exactamente esa "autonomía procedimental"[2392], o "procesal"[2393]. Ni siquiera es pacífica la terminología designada para referirse a la misma[2394]. Pero al margen de ello, que puede crear un interesante, aunque poco fructífero, debate de Derecho constitucional, lo cierto es que los autores no aciertan a definir un único punto, que es el importante: en qué situaciones concretas ejerce el Tribunal de Justicia su competencia en el marco de las cuestiones prejudiciales, más allá de lo indicado por el propio tribunal en *Delena Wells*.

Y no es de extrañar. Tanto en ésta como en otra materias, el Tribunal de Justicia, al no conocer superior y ser, de hecho, el intérprete supremo del

---

2388 Sobre las mismas, Galetta, *L'autonomia procedurale degli Stati membri dell'Unione europea: Paradise Lost?*, Milano 2009. pp. 20 y ss. Krönke, Christoph, *Die Verfahrensautonomie der Mitgliedstaaten der Europäischen Union*, 2013.

2389 Vid. C-387/16, Nidera, 28-2-2018, punto 22.

2390 Punto 67.

2391 Sobre estos dos puntos, vid. BOBEK, Michal, "Why there is no principle of "procedural autonomy" of the Member States", cit. pp. 6 y ss.

2392 Por todos, Galetta, Diana-Urania, *L'autonomia procedurale degli Stati membri dell'Unione europea: Paradise Lost?*, cit. pp. 3 y ss.

2393 C-300/17, Hochtief AG, 7-8-2018, C-234/17, XC, 24-10-2018. C-54/16, Vinyls Italia SpA, 8-6-2017

2394 Categoría doctrinal creada al parecer por Louis, Jean Victor, *L'ordre juridique communautaire*, Bruselas 1993, p. 179.

Derecho europeo[2395], ejerce su propia competencia como cree conveniente[2396], siendo automáticamente adecuada esa manera porque la confirma el propio Tribunal de Justicia, lo que es una redundancia algo falaz en el fondo, aunque cierta en sus resultados. Leyendo las resoluciones se adivina como el Tribunal de Justicia intenta realizar constantes equilibrios para delimitar su función, pero su manera de trabajar resulta a veces errática o inconstante, como la de cualquier alto tribunal, por otra parte, en puntos resbaladizos como el que nos ocupa. Es muy difícil ser completamente coherente cuando un tribunal reúne a casi tres decenas de magistrados de sistemas jurídicos distintos, y cuando además las resoluciones dependen de cada caso concreto, por mucho que tengan una indudable vocación de generalidad.

A veces uno tiene la sensación de que se trata más bien de resoluciones con un trasfondo más político que jurídico, como las decisiones que son fruto de grandes consensos, y ello provoca que sea muy difícil predecir[2397] que el Tribunal de Justicia intervendrá aquí o allá y de qué manera lo hará[2398], porque como es propio de la justicia, decidirá lo que crea oportuno en cada caso concreto. El Tribunal de Justicia no opera como un legislador, que es lo que a veces parece exigírsele cuando se ataca su manera de trabajar. Actúa fragmentariamente[2399], y por ello encontrar líneas generales de su labor no es fácil[2400] ni para el propio Tribunal de Justicia, que tiene problemas evidentes a la hora de establecerlas. Veámoslo.

2395 Como dijo el Tratado de la CECA desde un principio (art. 31) y subrayó el propio tribunal en su primera sentencia, su función es la de "asegurar el respeto del derecho en la interpretación y aplicación del Tratado". C-1/54, Francia v. Alta Autoridad, 20-12-1954.

2396 Cfr. Bobek, Michal, "Why there is no principle of "procedural autonomy" of the Member States", en De Witte / Micklitz (dir.), *The European Court of Justice and the Autonomy of the Member States*, Antwerp 2011, pp. 12 y ss.

2397 Galetta, *L'autonomia procedurale degli Stati membri dell'Unione europea: Paradise Lost?*, pp. 135 y ss.

2398 Delicostopoulos, John S., "Towards European Procedural Primacy in National Legal Systems", *European Law Journal* 2003, vol. 9, 5, p. 603. ARNULL, Anthony, "The principle of Effective Judicial Protection in EU law: An Unruly Horse?", *European Law Review*, Feb. 2011, pp. 51 y ss.

2399 Krans, Bart, "EU Law and National Civil Procedure Law: An Invisible Pillar", *European Review of Private Law* 4-2015, pp. 581 y ss.

2400 Vid. Hofmann, Ekkehard, "Der Abschied von der (ohnehin meist falsch verstandenen) Verfahrensautonomie der Mitgliedstaaten? Anmerkung zu EuGH v. 15. 10. 2015, Rs. C-137/14", *Europarecht*, 51 (2016), Heft 2, pp. 188 y ss. Kramme, Malte, "Verfahrensautonomie der Mitgliedstaaten im Zivilverfahrensrecht - Grundsatz des Unionsrechts oder Phantom?" en Behme / Fervers / Hofmann / Maute / Röder / Sattler / Schmidt

3. LA CONSTANTE, AUNQUE ERRÁTICA, JURISPRUDENCIA DE LA AUTONOMÍA PROCEDIMENTAL

Todo empezó, en el fondo, en 1960 con el asunto *Humblet*[2401]. En aquellos primeros balbuceos el Tribunal de Justicia afirmó —reiteradamente— que "*no tiene competencia para anular actos legislativos (...) de los Estados Miembros (...) sino solamente hacer constar (...) la existencia de un incumplimiento*"[2402], indicando que esa anulación la debía llevar a cabo el propio Estado cuando las normas nacionales fueran contrarias al Derecho comunitario[2403]. En realidad, en esas frases se halla la esencia de todo lo que se ha dicho en los siguientes casi sesenta años, y que se desarrolló en los ya mencionados efecto directo y primacía.

Ya en el asunto *Fleischkontor* (1971)[2404] señaló el tribunal lo que después diría con respecto a la autonomía procedimental: que los Estados Miembros debían establecer procedimientos que se compaginaran con el sistema de garantías establecido por el Derecho comunitario, a fin de evitar las diferencias de trato entre los interesados de los diferentes Estados[2405]. Ello constituye el embrión del antes citado principio de efectividad, y casi del principio de equivalencia.

Pero no fue hasta el caso *Comet* de 1976[2406] cuando el Tribunal de Justicia aludió directamente por vez primera a la cuestión procesal, derivando sus afirmaciones del principio de primacía. Sostuvo en concreto que los tribunales nacionales no podían someter los derechos derivados del ordenamiento comunitario a requisitos de Derecho interno que perjudicaran el efecto directo[2407]. Cuatro días más tarde, en el caso *Rewe*[2408], empezó a marcar los contornos de la "autonomía procesal", diciendo que los Estados Miembros debían designar tribunales y crear procedimientos para salva-

/ Seibl (dir.), Perspektiven einer europäischen Privatrechtswissenschaft, Jahrbuch Junger Zivilrechtswissenschaftler 2017, pp. 407 y ss. Schroeder, Werner, "Nationale Maßnahmen zur Durchführung von EG-Recht und das Gebot der einheitlichen Wirkung: Existiert ein Prinzip der "nationalen Verfahrensautonomie"?", *Archiv des öffentlichen Rechts*, Vol. 129, No. 1 (2004), pp. 3 y ss.

2401 C-6-60, Humblet c. Belgique, 16-12-1960.

2402 Punto I, 2.

2403 Mismo punto antes citado y también punto III, 6, párrafo final.

2404 C-39/70, Fleischkontor GmbH v. Hauptzollamt Hamburg, 11-2-1971.

2405 Puntos 5 y 6.

2406 C-45/76 Comet BV v Produktschap voor Siergewassen, 16-12-1976.

2407 Puntos 9 y 10.

2408 C-33/76 Rewe v Landwirtschaftskammer Saarland, 16-12-1976.

guardar el efecto directo, de manera no menos ventajosa que la tutela de las demandas basadas en Derecho interno. Es decir, que hay autonomía procesal, pero señalando el Tribunal de Justicia ámbitos de actuación del Estado[2409].

Quizás en el asunto en el que el Tribunal de Justicia empezó a afirmar algo distinto de lo anterior, en una línea expansiva ascendente especialmente en materia procesal, fue en el conocido caso *Simmenthal* (1978)[2410], puesto que en el mismo inició una tendencia que daría mucho que hablar después. Dijo literalmente que una ley nacional no podía impedir al juez "*la facultad de hacer* (...) *cuanto sea necesario para descartar las disposiciones legales nacionales que, en su caso, constituyan un obstáculo a la plena eficacia de las normas comunitarias* (...) *por su propia iniciativa*"[2411]. Y el importante matiz está en este último inciso. El Tribunal de Justicia estaba concediendo facultades de oficio inéditas en la mayoría de los ordenamientos nacionales para conseguir que se aplicara el Derecho comunitario[2412]. Y esa concesión ya posiblemente suponga una labor de creación del derecho que podría llegar a considerarse que excede la expresión "autonomía procedimental", que quizás en ese caso debiera de tener otra denominación porque desde esa perspectiva —que luego discutiré— no se comprendería dónde queda esa autonomía legislativa si el Tribunal de Justicia, en pocas palabras, crea Derecho procesal.

Algo parecido, y todavía más evidente, se vió en el asunto *Peterbroek* (1995), en el que el Tribunal de Justicia creó la posibilidad de que un juez pudiera invocar de oficio la violación del Derecho comunitario en el marco de un recurso de apelación[2413]. Pero sin embargo en el asunto *Van Schijndel*[2414], cuya sentencia se dictó el mismo día que la anterior y con idéntico

---

2409 Vid. también C-208/90, Emmot v. Minister for Social Welfare, 25-7-1991.

2410 C-106/77, Amministrazione delle Finanze dello Stato v. SpA Simmenthal, 9-3-1978, punto 22.

2411 Punto 24. Matizando en C-10/97 y 22/97, Ministero delle Finanze v IN.CO.GE.'90 Srl, 22-10-1998, punto 21 que la facultad del juez se limita a inaplicar, y no a expulsar del ordenamiento la norma, que puede ser utilizada en otros casos si no contraviene el Derecho de la Unión. Vid. al respecto C-314/08, Filipiak v. Dyrektor Izby Skarbowej w Poznaniu, 19-11-2009.

2412 Tendencia que fue en aumento. Vid. también C-497/13 Faber v. Hazet, 4-6-2015.

2413 C-312/93 Peterbroeck v. Bélgica, 14-12-1995.

2414 C-430/93 y C-431/93 Van Schijndel v. Stichting Pensioenfonds voor Fysiotherapeuten, 14-12-1995, punto 22.

tribunal[2415], se vino a matizar lo dicho en *Peterbroek*, al mantener que los jueces no podían usar de esa facultad de oficio si ello les obliga "*a renunciar a la pasividad que les incumbe, saliéndose de los límites del litigio tal como ha sido circunscrito por las partes* (...) *basándose en hechos y circunstancias distintos...*" de los alegados por las partes, haciendo una llamada al tradicional *secundum allegata et probata* (*partium*) de los siglos XII-XIII[2416]. Es decir, cuando se rompa la imparcialidad ultrapasando el juez las fronteras del objeto del juicio, y con ello se vulnere el derecho de defensa. Matización importante que, nuevamente, vuelve a ser creativa aunque confirme la doctrina procesal tradicional. En *Océano* (2000) se proclamó esa facultad oficial para la declaración *a limine* de cláusulas abusivas[2417]. En el siguiente epígrafe, por su relevancia[2418], me centraré en esta importante cuestión[2419].

Más tímido fue el Tribunal de Justicia en el caso *SpA San Giorgio* (1983)[2420]. La sentencia afirmó que el juez debía inaplicar presunciones o reglas de carga de la prueba que comprometieran el ejercicio de los derechos de un litigante al amparo del Derecho comunitario. Sin embargo, el Tribunal de Justicia no creó reglas alternativas, sino que simplemente mantuvo que el juez no debía aplicarlas. Por tanto, no fue más allá de insistir en los poderes de oficio del juez, aunque en este caso en una materia que ya es habitualmente disponible para el juzgador en los ordenamientos nacionales.

2415 Sobre ambos casos vid. BIONDI, A., "The European Court of Justice and Certain National Procedural Limitations: Not such a tough Relationship", 36 *Common Market Law Review*, 1999, pp. 1277 y ss. PRECHAL, S., "Community Law in National Court: the Lessons from Van Schijndel", 35 *Common Market Law Review*, 1998, pp. 681 y ss.

2416 Vid. sobre este tema Nieva Fenoll, "La actuación de oficio del juez nacional europeo", *Diario La Ley*, n. 9000, 14-6-2017, y Nieva Fenoll, "La cattiva reputazione del principio inquisitorio", *Rivista Trimmestrale di Diritto e Procedura Civile*, 68, n. 3, 2014, pp. 943 y ss.

2417 C-240 y 244/98, Océano Grupo Editorial, 27-6-2000. C-40/08 Asturcom Telecomunicaciones c. Cristina Rodríguez, 6-10-2009. C-76/10, Pohotovosť s. r. o. v. Iveta Korčkovská, 16.11.2010. Sobre los vaivenes de la jurisprudencia en esta materia vid. BOBEK, Michal, "Why there is no principle of "procedural autonomy" of the Member States", cit. pp. 3-4.

2418 Adinolfi, A., "The "procedural autonomy" of member states and the constraints stemming from the ECJ's case law: is judicial activism still necessary?", en H.-W. Micklitz y B. De Witte (eds.), *The European Court of Justice and the Autonomy of the Member States*, Intersentia, Cambridge, 2011, pp. 281 y ss.

2419 Vid. También C-94/14, Flight Refund, 10-3-2016.

2420 C-199/82, Amministrazione delle Finanze dello Stato v. SpA San Giorgio, 9-11-1983, punto 14.

Sin embargo, en el asunto *Verholen* (1991)[2421] se parece volver a la creación, dado que el Tribunal de Justicia reconoce la representación procesal a un marido sobre su esposa cuando la misma carece de capacidad procesal, aunque no la reconozca el Derecho interno, en reclamación, naturalmente, de derechos derivados del ordenamiento comunitario. Sin embargo, también se puede decir que el Tribunal de Justicia lo único que hace es ordenar inaplicar la norma que impide la representación, conclusión, como vamos a ver, bastante más relevante de lo que puede parecer en un principio.

Otra sentencia interesante es la del caso *Kapferer* (2006)[2422], en la que el Tribunal de Justicia sustuvo que la vulneración de Derecho comunitario no permite atacar una sentencia con fuerza de cosa juzgada, es decir, que no se puede prescindir de la firmeza como antes sí se orillaron las normas sobre carga de la prueba o sobre representación. Aunque sí marca los límites de la cosa juzgada, en el sentido de que no puede afectar expansivamente a casos futuros idénticos acerca de otros puntos no discutidos en el primer proceso, lo que, aunque sea de nuevo coherente con la habitual doctrina procesal vigente en los Estados Miembros, supone marcar las fronteras subjetivas de la institución[2423].

4. EN PARTICULAR, LA JURISPRUDENCIA SOBRE LOS PODERES DE OFICIO DEL JUEZ EN MATERIA DE CLÁUSULAS ABUSIVAS

El Tribunal de Justicia sólo ha reconocido que su intención era mejorar la protección del consumidor frente a las cláusulas abusivas[2424], pero la realidad es que sus pronunciamientos han ido mucho más allá[2425], dado

---

2421 C-87, 88 y 89/90, Verholen v. Soziale Verzekeringsbank, 11-7-1991

2422 C-234/04, Kapferer v. Schlank & Schick GmbH, 16-3-2006, punto 21.

2423 C-2/08, Amministrazione dell'Economia e delle Finanze c. Fallimento Olimpiclub Srl, 3-9-2009.

2424 Sobre la interpretación de esta jurisprudencia es imprescindible la lectura de Arroyo Amayuelas, *No vinculan al consumidor las cláusulas abusivas: del derecho civil al procesal y entre la prevención y el castigo*, en "AAVV (dir. Arroyo /Serrano), La europeización del derecho privado: cuestiones actuales", Madrid 2016, pp. 65 y ss.

2425 Un interesante estudio estadístico de esa jurisprudencia, con muy reveladores datos, puede encontrarse en Gómez-Pomar / Lyczkowska, "Spanish Courts, the Court of Justice of the European Union, and Consumer Law", InDret, oct. 2014, pp. 1 y ss.

que persigue un efecto disuasorio para el empresario, amenazándole con nulidades totales, no solamente de la cláusula, sino de todo el contrato[2426].

Desde el asunto *Océano* (2000), el juez puede analizar de oficio una cláusula abusiva[2427], y actualmente en el marco de cualquier procedimiento[2428] y en cualquier fase del mismo[2429]. También precluído un plazo de prescripción[2430] y aunque no la hubiera alegado el consumidor —lo que es insólito en esta institución[2431]— tan pronto como el juez dispusiera de los datos para hacerlo[2432], aunque respetando el derecho de defensa de las partes[2433]. A tal efecto puede practicar incluso prueba de oficio[2434], pero declarando solamente su nulidad radical, sin poder integrar o modificar la cláusula abusiva declarada nula para que no lo sea[2435], por el riesgo que ello conllevaría para la consecución del efecto disuasorio[2436]. Ya en 2006[2437], extendió esas facultades a la apreción de la nulidad de cláusulas de sumisión a arbitraje[2438].

[2426] Vid. acerca de la solución alemana a una problemática similar, Dellacasa, "Judicial Review of 'Core Terms' in Consumer Contracts: Defining the Limits - Judgement, C-26/13, Kasler", 2015, 11, *ERCL*, pp. 163.

[2427] En aquel caso de determinación de la competencia. C-240/98 a C-244/98, Océano Grupo Editorial c. Rocío Murciano, 27-6-2000.

[2428] C-618/10, Banco Español de Crédito c. Joaquín Calderón, 14-6-2012. C-415/11, Mohamed Aziz c. Catalunyacaixa, 14-3-2013. C-537/12 y C-116/13, Banco Popular Español c. María Teodolinda Rivas y Banco de Valencia c. Joaquín Valldeperas, 14-11-2013. C-377/14, Radlinger y Radlingerová c. Finway a.s., 21-4-2016. C-49/14, Finannadrid c. Jesús Vicente Albán e.a., 18-2-2016.

[2429] C-397/11, Erika Jörös c. Aegon Magyarország Hitel Zrt., 30-5-2013. C-415/11, Mohamed Aziz c. Catalunyacaixa, 14-3-2013. C-169/14, Juan Carlos Sánchez Morcillo y María del Carmen Abril García c. BBVA, 17-7-2014. C-448/17, EOS KSI Slovensko s.r.o., 20-12-2018.

[2430] C-473/00, Cofidis SA c. Jean-Louis Fredout, 21-11-2002.

[2431] C-8/14, BBVA c. Pedro Peñalva e.a., 29-10-2015. C-421/14, Banco Primus c. Jesús Gutiérrez García, 26-1-2017. C-227/08, Eva Martín c. EDP Editores, 17-12-2009. C472/11, Banif Plus Bank c. Csaba Csipai, 21-2-2013.

[2432] C-243/08, Pannon GSM c. Erzsébet Sustikné Gy⊠rfi, 4-6-2009. Vid. también la importante sentencia C-32/12, Duarte Hueros, 28-2-2013.

[2433] C472/11, Banif Plus Bank c. Csaba Csipai, 21-2-2013.

[2434] C-137/08, VB Pénzügyi Lízing Zrt. C. Ferenc Schneider, 9-11-2010.

[2435] C-32/12, Soledad Duarte c. Autociba y Automóbiles Citroën España, 3-10-2013. C-482, 484, 485, 487/13, Unicaja Banco c. José Hidalgo e.a. y Caixabank c. Manuel María Rueda, 21-1-2015.

[2436] C-618/10, Banco Español de Crédito c. Joaquín Calderón, 14-6-2012.

[2437] C-168-05, Elisa María Mostaza c. Centro Móvil Milenium, 26-10-2006.

[2438] C-435/10, Jana Pereničová, Vladislav Perenič c. SOS financ, spol. s r. o., 15-3-2012. C-40/08, Asturcom Telecomunicaciones c. Cristina Rodríguez, 6-10-2009.

En 2012[2439] estableció el Tribunal que la declaración judicial de abusividad podía beneficiar a cualquier otro consumidor al que el mismo profesional le hubiera aplicado la misma cláusula, aunque no fuera parte en el proceso, cuestión ciertamente relevante en materia de "cosa juzgada material"[2440]. No obstante, en 2009 y 2010 reafirmó su jurisprudencia tradicional al afirmar el Tribunal de Justicia que una vez concluido el proceso con resolución firme, la cosa juzgada[2441] lo hace inatacable[2442]. Más adelante confirmó que si el juez ya se pronunció una vez sobre la abusividad con fuerza de cosa juzgada en una fase del proceso, no puede reconsiderar la cuestión posteriormente en el curso del mismo[2443], lo que es lógico desde la perspectiva de la llamada "cosa juzgada formal"[2444].

También sostuvo que la apreciación de oficio sólo era posible si la permitían las normas procesales de Derecho interno, aunque equiparando la cuestión de la abusividad a un tema de orden público[2445], con la importancia que ello conlleva dado que, precisamente, las normas nacionales suelen permitir al juez apreciar de oficio las vulneraciones del orden público[2446].

5. ¿QUÉ HACE EN REALIDAD EL TRIBUNAL DE JUSTICIA?

Hasta aquí el resumen del recorrido jurisprudencial del Tribunal de Justicia, como se ve, aparentemente algo irregular. Y es que aunque no se quiera reconocer expresamente, la conclusión hace tiempo que está esta-

---

2439 C-472/10, Nemzeti Fogyasztóvédelmi Hatóság c. Invitel Távközlési Zrt., 26-4-2012.

2440 Sobre esta extensión, vid. Nieva Fenoll, *La cosa juzgada*, Barcelona 2006, pp. 203 y ss.

2441 C-40/08, Asturcom Telecomunicaciones c. Cristina Rodríguez, 6-10-2009. C-76/10, Pohotovosť s. r. o. c. Iveta Korčkovská, 16-11-2010.

2442 Con matices. Vid. C-168/15, Milena Tomášová c. Ministerstvo spravodlivosti SR y Pohotovosť s. r. o., 28-7-2016.

2443 C-421/14, Banco Primus c. Jesús Gutiérrez García, 26-1-2017. Vid. Ebers, M., "From Océano to Asturcom: Mandatory Consumer Law, Ex Officio Application of European Union Law and Res Iudicata", *European Review of Private Law*, 4, 2010, pp. 835 y ss.

2444 Que es la más antigua históricamente hablando. Nieva Fenoll, *La cosa juzgada*, cit. pp. 25 y ss.

2445 C-76/10, Pohotovosť s. r. o. c. Iveta Korčkovská, 16-11-2010.

2446 Art. 1255 del Código Civil español, art. 11.2 de la Ley Orgánica del Poder Judicial y art. 247 de la Ley de Enjuiciamiento Civil. Art. 6 del *Code Civil* francés. Art. 1229 *Codice Civile* italiano. §138 BGB.

blecida. Como afirma Rodríguez Iglesias[2447], se parte de la prevalencia del Derecho europeo, lo que significa que el ordenamiento nacional no puede desplegar sus efectos si esa eficacia se traduce en un trato discriminatorio para el propio Derecho europeo, o bien cuando su misma efectividad —la del Derecho europeo— se vea comprometida.

Definir las fronteras de tales afirmaciones, que no tienen eficacia exclusivamente para el Derecho procesal, es decididamente inútil[2448]. Nunca se hallarán sus contornos precisos más allá de esas dos generalidades —equivalencia y efectividad— que, además, poseen una vaguedad extrema dado que dependen de la observación que los jueces europeos hagan en cada caso concreto y que, por cierto, van más allá de asuntos transfronterizos, dado que inciden, como estamos viendo, en el derecho interno[2449].

No obstante, hay que decir que hasta el momento el Tribunal de Justicia solamente ha sido tal vez creativo en cuanto a las facultades de oficio de los jueces, y en parte en materia de prueba y de cosa juzgada[2450], aunque sin decir nada distinto a lo asumido por la doctrina procesalista comparada salvo precisamente en el asunto de las facultades judiciales de oficio.

Sin embargo, justamente en este último polémico caso, por vía argumentativa se podría decir que el Tribunal de Justicia no está creando derecho, sino simplemente ordenando inaplicar la norma que impide al juez hacer una apreciación de oficio. Lo que viene a ser lo mismo que está diciendo desde el principio en su jurisprudencia, es decir, que no anula normas nacionales, que no las crea para el caso concreto ni tampoco con vocación general, sino que solamente identifica los obstáculos que los Estados miembros ponen al Derecho europeo en su aplicación, ordenando removerlos.

2447 Rodríguez Iglesias, G. C., "Sui limiti all'autonomia procedimentale e processuale degli Stati membri nell'applicazione del diritto comunitario", *Rivista italiana di diritto pubblico comunitario*, 2001, p. 27.

2448 Cfr. Kakouris, C. N., "Do the Member States Possess Judicial Procedural "Autonomy"?" 34 *Common Market Law Review*, 1997, p. 1390.

2449 KRANS, Bart, "The impact of EU Law on Dutch Civil Procedure Law", en Nylund/ Krans (ed.), *The European Union and National Civil Procedure*, Cambridge 2016, pp. 89 y ss.

2450 Krans, "EU Law and National Civil Procedure Law: An Invisible Pillar", cit. pp. 567 y ss. Wagner, Swantje, Unionsrechtliche Rechtskraftdurchbrechung? - Zu den Grenzen der mitgliedstaatlichen Verfahrensautonomie auf dem Gebiet der Rechtskraft nach der Rechtsprechung des EuGH. *ZeuS* 2/2014, pp. 211 y ss.

Sin duda lo anterior es cierto, y sería coherente con la bien conocida función kelseniana de legislador negativo atribuída a los tribunales constitucionales[2451]. Podría dudarse de ello con respecto a las repetidamente citadas facultades de oficio, pero incluso en relación con estas mismas me he encargado de demostrar que lo único que ha hecho el Tribunal de Justicia es devolver el principio dispositivo a su concepción originaria[2452], de donde nunca tuvo que haber salido, pero de la que a lo largo de los siglos se fue alejando la doctrina en beneficio de un entendimiento algo fetichista de las fronteras de la decisión judicial, que sólo buscaba obtener una seguridad jurídica que se perdió precisamente por ese entendimiento demasiado extensivo del poder de las partes, pero esa es otra cuestión.

En consecuencia, el Tribunal de Justicia no está creando Derecho, sino simplemente señalando los obstáculos a su aplicación. Incluso en el caso más espinoso, el de las facultades de oficio, el Tribunal de Justicia lo único que ha hecho es poner de manifiesto que el natural cumplimiento del derecho nacional, junto con una timorata actuación por parte del juez respetando de forma demasiado estricta los poderes de las partes, produciría una ineficacia del Derecho europeo. Ello es especialmente evidente en el caso antes estudiado de las cláusulas abusivas, dado que además los consumidores podrían no estar individualmente en las mejores condiciones para alegar la abusividad, como se demostró en *Océano*. Pero algo parecido sucedió en el primer caso, en *Simmenthal*, en el que se intentaba proteger a los particulares obligados por un tributo, asunto similar al tratado en *Peterbroek* o también en *Van Schijndel*, en el que se dilucidaban derechos de trabajadores por cuenta ajena.

Pero es absolutamente provisional esa delimitación de la labor del Tribunal de Justicia en función del mayor compromiso social del asunto tratado[2453] en el que pueda darse un menoscabo de las posibilidades de defensa de particulares[2454]. El Tribunal de Justicia no se ha referido expresamente de forma tan precisa a esa delimitación, y en el futuro podría decidir ampliar sus facultades a otros casos no tan socialmente sensibles por esa misma vía de la orden de inaplicación que, es mejor no engañarse, po-

---

2451 Kelsen, Hans, *Wesen und Entwicklung der Staatsgerichtsbarkeit*, en: "Veröffentlichungen der Vereinigung der Deutschen Staatsrechtslehrer", t. V, Berlín 1929, p. 56.

2452 Nieva Fenoll, "La actuación de oficio del juez nacional europeo", *cit.*

2453 Vid. C-317/08, Alassini, 18-3-2010. C-75/16, Menini, 14-6-2017. C-73/16, Puskár, 27-9-2017.

2454 Cfr. Hoskins, M., "Tilting the Balance: Supremacy and National Procedural Rules", *European Law Review*, vol. 21, 1996, pp. 365-376.

dría también argumentarse perfectamente que es una labor esencialmente creativa de derecho.

Por ello, el estudio interesante en esta materia deberá centrarse en qué posibilidades se traduce la labor del Tribunal de Justicia de la Unión Europea, y no tanto en la delimitación de sus fronteras[2455] que, en sentido realista, son objetivamente inexistentes[2456]. A esa labor dedico los siguientes párrafos.

6. EL EFECTO DEROGATORIO DE LA JURISPRUDENCIA

La pregunta que debe formularse es si la jurisprudencia provoca la derogación inmediata de normas procesales nacionales. La respuesta no puede ser afirmativa en cuanto a la inmediatez, puesto que se comprometería la soberanía nacional, de manera que el sistema ya no sería el de un espacio normativo descentralizado[2457], ni siquiera el de un Estado federal[2458], sino propiamente el de un Estado centralista que, desde luego, no es la Unión Europea[2459].

Sin embargo, un cierto efecto derogatorio a corto-medio plazo es inevitable. El juez nacional, como es de sobras conocido, debe declarar la inaplicabilidad de la norma nacional contraria al Derecho europeo, pero no puede derogarla, puesto que ello es competencia exclusiva del legislador nacional. Lo cual quiere decir que aunque un juez nacional haya declarado la citada inaplicabilidad, otro juez podría seguir aplicando la norma, como de hecho ya ha sucedido en el pasado.

Es por ello por lo que la intervención del legislador se hace urgente, puesto que de lo contrario el Estado podría correr el riesgo de pasar por

---

2455 Vid. Couronne, D.-U., "L'autonomie procédurale des États membres de l'Union européenne à l'épreuve du temps", *Cahiers de droit européen*, núms. 3-4, 2010, p. 275.

2456 Kakouris, C. N., "Do the Member States Possess Judicial Procedural "Autonomy"?", cit. pp. 1411.

2457 Matusescu, Constanta / Gilia, Claudia, "Aspects regarding the EU Member States competence in the enforcement of the European Legislation, en AAVV, *Challenges of the Knowledge Society*, 2011, pp. 540.

2458 Galetta, *L'autonomia procedurale degli Stati membri dell'Unione europea: Paradise Lost?*, pp. 132 y ss.

2459 Vid. Arzoz Santisteban, "La autonomía institucional y procedimental de los Estados Miembros de la Unión Europea: mito y realidad", *Revista de Administración Pública*, n. 191, mayo-agosto 2013, pp. 160 y ss.

un proceso de incumplimiento. En consecuencia, el legislador nacional debe adaptarse a la normativa europea[2460], regulando en su ordenamiento las disposiciones tal y como lo ha sugerido el Tribunal de Justicia. Dado que dicho tribunal no realiza recomendaciones legislativas de contenido positivo, el campo de actuación del legislador nacional consiste en elaborar una norma que contenga justamente el contenido inverso al que el Tribunal de Justicia ha declarado contrario al Derecho europeo, ajustando la nueva disposición al que se determine que es el sentido deseado por el Tribunal de Justicia.

Todo sería mucho más sencillo si el Derecho europeo contuviera normas de Derecho procesal, pero no acostumbra a ser el caso, sino que el Tribunal de Justicia, de la regulación del Derecho sustantivo deduce una normativa procesal que, aunque formulada en sentido negativo, tiene sin duda contornos algo más precisos. Ello no excluye, naturalmente, que la recién creada normativa nacional sea contraria, de nuevo, al Derecho europeo, pero en otro terreno.

Si ello ocurre, el camino para la derogación de la nueva normativa será inevitablemente lento, puesto que no habrá otro remedio que esperar a que el propio legislador se dé cuenta del problema —para lo que hace falta una voluntad política no euroescéptica—, o bien que algún juez plantee una nueva cuestión prejudicial, lo que perfectamente podría llegar a no ocurrir, habida cuenta de los contrastes en las costumbres forenses en este sentido por parte de los Estados miembros.

Sin duda, no resulta fácil el procedimiento para la adaptación de los Derechos nacionales al Derecho europeo, especialmente en materia procesal. Sin embargo, la evolución política del funcionamiento normativo de la Unión Europea no permite actuar con mayor celeridad. Esta falta de agilidad se traduce en una cierta parálisis, en una gran imprevisibilidad y en unas diferencias entre Estados miembros que, desde luego, son contrarias a la seguridad jurídica y a los fines de la Unión Europea. Pero el esquema actual no da para más, como ya se ha dicho. La Unión Europea no es un Estado, y un cambio en esta materia supondría que se empezaría a comportar como tal, lo que de momento parece casi imposible. Desde luego, el futuro no está escrito.

2460 Mayer, Heinz, "Der Vorrang des Unionsrechts und die Rechtskraft Nationaler Individualrechtsakte", Zbornik Radova, 2012, p. 433.

7. ¿CONDICIONA EL TRIBUNAL DE JUSTICIA DE LA UNIÓN EUROPEA LA LABOR DEL LEGISLADOR NACIONAL?

Cuestión diferente, aunque íntimamente relacionada con la anterior, es si el Tribunal de Justicia puede predeterminar la labor del legislador nacional, en el sentido de que sus pronunciamientos hagan necesarias las reformas de los ordenamientos procesales de los Estados.

Se trata de un caso ciertamente curioso, por ser insólito en los ordenamientos más cercanos al *civil law*. En los mismos se acepta con grandes reticencias, o simplemente se rechaza, que la jurisprudencia sea una fuente del Derecho. En el ámbito europeo no puede decirse que dicha jurisprudencia constituya un ente generador de normas jurídicas. Pero en cambio sí que se trata de un potente motor con eficacia productora de normas, aunque en sentido mediato, lógicamente.

La pregunta, a partir de aquí, es si el legislador nacional está sometido a la jurisprudencia del Tribunal de Justicia, y la respuesta es obviamente positiva[2461]. El legislador nacional no puede actuar en contra de los fallos del alto tribunal[2462], por la misma razón expresada anteriormente: la evitación del incumplimiento al Derecho comunitario, que podría dar lugar a un proceso contra el Estado.

Pero ello no quiere decir que las posibilidades del legislador nacional se vean definitivamente limitadas, o hasta suprimidas en parte, por dicha jurisprudencia. Al contrario, en realidad toda esa jurisprudencia tiene una influencia solamente en contadas ocasiones, cuyo número ni tan siquiera es espectacular. Es cierto que la jurisprudencia ha actuado en ámbitos muy variados del ordenamiento procesal, pero ello no quiere decir que toda una Ley de Enjuiciamiento Civil, por ejemplo, sea relevante para el Derecho europeo. Al contrario, las materias a las que afecta la jurisprudencia son extraordinariamente limitadas y, por ello, la enorme mayoría de las disposiciones procesales seguirán siendo como desee el legislador nacional.

El problema, que ya se señaló antes, es que nunca se sabe cuál será el próximo punto en el que incidirá la jurisprudencia, lo que provocará algo

---

2461 Kowalik-Bańczyk, K., "Procedural Autonomy of Member States and the EU Rights of Defence in Antitrust Proceedings", Yearbook of Antitrust And Regulatory Studies, 2012, 5(6), pp. 230 y ss. Zingales, "Member State Liability vs. National Procedural Autonomy: What Rules for Judicial Breach of EU Law?", German Law Journal (2010). 20, p. 430.

2462 Galetta, *L'autonomia procedurale degli Stati membri dell'Unione europea: Paradise Lost?*, pp. 135 y ss.

que no es insólito: que la obra normativa nunca esté completa. Pero ello no tiene nada de particular. El ordenamiento jurídico es un ente vivo, y por tanto no solamente no es contraproducente que el Tribunal de Justicia intervenga indirectamente en la labor legislativa, sino que es razonable a fin de que el legislador nacional no tenga solamente en cuenta la transposición o adaptación a directivas, sino que sea consciente de que el Derecho europeo en su globalidad requiere la obra legislativa nacional en coherencia con sus directrices comunes a todos los Estados miembros.

En efecto, lejos de ser una realidad que añade complejidad, es un mecanismo embrionario, uno más, de aproximación de las diversas legislaciones europeas hacia una obra codificadora que quizás algún día vendrá. Los únicos obstáculos a esta obra pueden ser sentimentales o peor aún, nacionalistas. Pero es sin duda magnífico para los fines comunitarios que las legislaciones de los Estados miembros se vayan aproximando también en materia procesal, alejando la visión de esa parte del ordenamiento como algo puramente nacional y prácticamente acuñado por las tradiciones de cada Estado.

Y es que esa imagen del Derecho procesal es completamente falsa. Es difícil concebir una rama del Derecho más transnacional y transversal que el Derecho procesal. No solamente porque provengamos —también los ordenamientos anglosajones[2463]— de una tradición procesal común, la del último proceso romano postclásico, que se nos transmitió a la mayoría de Estados europeos a través de las enseñanzas impartidas en la Escuela de Bolonia desde el siglo XI, y de ahí a la mayor parte del mundo. También hay que tener en cuenta que con independencia de la tradición jurídica, un juez es un juez en cualquier lugar, igual que un testigo, un documento o un perito. La prueba, en suma, no cambia su consideración en las diferentes culturas del mundo, difiriendo solamente en su regulación concreta, pero atendiendo a una realidad conceptual única que se deja ver en la enorme mayoría de instituciones procesales.

Disponer ahora del Tribunal de Justicia como herramienta para esta aproximación de ordenamientos es ciertamente saludable. Quizás en el futuro vendrán más aportes del alto tribunal, pero que hay que decir que al menos hasta el momento han servido para poner correctamente al día la normativa procesal en varios Estados en algunos terrenos, como el antes destacado del principio dispositivo.

2463 Vid. Brand, Paul, *The Making of the Common Law*, London 1992, así como la influencia romana en la obra de Bracton, Henry, *De Legibus et Consuetudinibus Angliae*, ca. 1235.

Quiere decirse con ello que sigue existiendo la capacidad legislativa de los Estados miembros de construir su propio sistema procesal[2464], así como las posibilidades de los tribunales nacionales de desarrollarlo[2465]. Diferente es que el papel del Tribunal de Justicia acompañe decisivamente en esa labor en nuestro tiempo, pero no en el sentido de disponer auténticos límites a la tarea de unos y otros, sino simplemente dando pautas de referencia en los momentos en que las peculiaridades nacionales de esos ordenamientos entorpezcan la labor de la Unión Europea. Ni siquiera debe verse la misma como algo ajeno a los Estados, sino que dentro del mismo sistema básico de cesión de soberanía que fundó las comunidades europeas, debe tenerse ahora en cuenta el papel ciertamente orientador del Tribunal de Justicia, que es un actor más que no debe ser observado en ningún caso como extranjero.

8. ¿UN PROCEDIMIENTO CIVIL EUROPEO UNIFORME?

Quizás sería positivo disponer algún día de un proceso, o al menos de un procedimiento modelo único para toda Europa[2466], como mínimo para el proceso civil, sin perjuicio de que fuera traspasado a otros órdenes, pero que sin duda facilitaría mucho las cosas no solamente en materia transnacional, sino también de comunicación entre abogados y jueces en los diversos instrumentos de cooperación que ya existen, y que en no pocas ocasiones se ven dificultados por la ignorancia de cómo funciona el procedimiento concretamente en cada Estado. Obrando con buena voluntad, no debería ser tan difícil ponerse de acuerdo al menos en unas bases sobre la estructura procedimental básica de ese modelo.

Existe una iniciativa ya en este sentido con la Resolución del Parlamento Europeo de 4 de julio de 2017, que contiene recomendaciones a la Comisión sobre los estándares mínimos comunes de un proceso civil para la

---

2464 Delicostopoulos, John S., "Towards European Procedural Primacy in National Legal Systems", cit. p. 601.

2465 Vid. Afilalo, A., "Towards a Common Law of Europe: Effective Judicial Protection, National Procedural Autonomy, and Standing to Litigate Diffuse Interests in the European Union", *Suffolk Transnat'l L. Rev.*, 1998, pp. 349 y ss.

2466 Vid. sobre esta cuestión, ampliamente, Gascón Inchausti, *Derecho europeo y legislación procesal civil nacional: entre autonomía y armonización*, cit. pp. 56 y ss.

Unión Europea[2467]. No obstante, pese a que incluye un texto articulado, no dejan de ser un conjunto de directrices propias de cualquier directiva, formuladas incluso en un plano más general de lo que en ocasiones se observa. Pero sin duda es un comienzo, en la línea de la labor del *European Law Institut* y de UNIDROIT.

Otra cosa es que esas normas puedan ir realmente más allá del establecimiento de unos principios y derechos básicos. Contamos con cierta experiencia, no siempre positiva, en el ámbito procesal penal, y desde luego no se plantea algo tan ambicioso como una codificación. Quizás haya que obrar en el futuro con una superior valentía, aunque con la necesaria prudencia en aspectos políticamente sensibles. El establecimiento de un procedimiento civil básico no debiera ser, para la mayoría, uno de ellos.

2467 2015/2084 (INL). http://www.europarl.europa.eu/sides/getDoc.do?pubRef=-//EP//TEXT+TA+P8-TA-2017-0282+0+DOC+XML+V0//EN&language=EN

LA PAULATINA CONSTITUCIONALIZACIÓN DEL DERECHO AL RECURSO

Publicado en Revista de Derecho Político, n. 120, 2024, pp. 45-83, y pendiente de publicación en lengua inglesa.

1. INTRODUCCIÓN

Aunque la realidad de los recursos es muy antigua y su estudio, pese a que sea más moderno, también lo es, la reflexión sobre si debe existir un derecho al recurso es realmente muy reciente. De hecho, la propia historia de los derechos no es tan antigua. Pero lo que ahora interesa destacar es que la existencia del recurso no había sido originariamente objeto de ningún derecho. No figura ni en los catálogos más antiguos —*Magna Carta Libertatum* (1215), *Petition of Right* (1628), *Bill of Rights* (1689)— ni tampoco está realmente presente en las enmiendas de la Constitución de los EEUU, pese a algunos intentos recientes[2468] para incluirlo que serán tratados después, y que también son aún minoritarios. Es por ello por lo que la bibliografía sobre el tema es también escasa y las actuales referencias constitucionales, legales o jurisprudenciales son algo pobres, como se verá después.

Sin embargo, al menos desde época romana[2469], e incluso antes en otras culturas[2470], la idea del recurso sí estaba presente, es decir, la posibilidad de acudir ante un juez superior, o al menos diferente, cuya cognición fuera más o menos amplia, aunque habitualmente no como un derecho, sino como una facultad del soberano de un territorio. Sea como fuere, aunque pueda haber antecedentes más antiguos en diferentes culturas, en la más difundida actualmente partimos del modelo de la *appellatio* romana, que era un auténtico *novum iudicium*. Sin embargo, la historia del derecho ha llegado a crear mecanismos tan extraños y restringidos como el anti-

---

2468 Robertson, C. B. "The Right to Appeal", *North Carolina Law Review*, vol. 91, no. 4, May 2013, p. 1219.

2469 Kaser, m. / Hackl, K., *Das römische Zivilprozessrecht*, München 1996, pp. 46, 501.

2470 Kootz, A. B., "Der altägyptische Staat. Untersuchung aus politikwissenschaftlicher Sicht", *MENES. Studien zur Kultur und Sprache der ägyptischen Frühzeit und des Alten Reiches*, vol. 4, Wiesbaden 2006, p. 68.

guo *writ of error*[2471] inglés, o medios de impugnación que aparentan ser tan originales como la casación[2472]. Es decir, se han producido a lo largo del tiempo de un modo u otro una serie de instrumentos que permiten poner en cuestión una decisión judicial definitiva, pese a que en algunos ordenamientos jurídicos —nuevamente el inglés— se partía de una aversión a la segunda instancia —particularmente en el proceso penal— como consecuencia de la existencia del jurado[2473].

Quiere decirse con ello que pese a que en apariencia los ordenamientos son en general muy uniformes por la tremenda influencia —también en el espacio anglosajón[2474]— del Derecho romano, el panorama ha sido demasiado variopinto en la realidad como para poder concebir inicialmente la creación de un derecho al recurso. Como mucho, se garantizó en general en las primeras normas constitucionales el derecho a un "*remedy*", terminología que tanto se refiere a la posibilidad de acudir ante un juez de primera instancia —como equivalente de protección judicial de un derecho[2475]—, como también a una instancia de recurso[2476], pero no se estableció específicamente un derecho al recurso.

En el presente estudio se abordará la oportunidad de que exista ese derecho al recurso, es decir, a la revisión de las resoluciones judiciales por un juez superior en el proceso civil, valorando la oportunidad de configurar

---

2471 Holdsworth, W. S., *A History of English Law*, vol. 1, Methuen, 1922, p. 215. Hood, J. T. Jr., "The Right of Appeal", *Louisiana Law Review*, vol. 29, no. 3, April 1969, pp. 498.

2472 Nieva-Fenoll, J., "The English Origin of French Cassation", (2022) 42 *Civil Justice Quarterly*, Issue 1, p. 31.

2473 Blackstone, W., *Commentaries on the Laws of England*, Lib. III, London 1768, p. 455. Djukic, D., "The Right to Appeal in Comparative Perspective", *The Journal of Appellate Practice and Process*, vol. 19, 2, 2018, p. 214.

2474 Vid. Blackstone, W., *Commentaries on the Laws of England*, Lib. I, London 1768, pp. 3 y ss, en este sentido.

2475 Thomas, T. A. "Ubi Jus, Ibi Remdium: The Fundamental Right to a Remedy under Due Process", *San Diego Law Review*, vol. 41, no. 4, November-December 2004, p. 1633. Phillips, T. R. "The Constitutional Right to a Remedy", *New York University Law Review*, vol. 78, no. 4, October 2003, p. 1309. Schuman, D., "The Right to a Remedy", *Temple Law Review*, vol. 65, n. 4, Winter 1992, p. 1197. Gutman, K., "The Essence of the Fundamental Right to an Effective Remedy and to a Fair Trial in the Case-Law of the Court of Justice of the European Union: The Best Is Yet to Come?", German Law Journal, September 2019, p. 889. Cover, B. P., "The First Amendment Right to a Remedy", *University of California Davis Law Review*, vol. 50, 2017, p. 1741.

2476 Orfield, L. B., "Right of Appeal in Criminal Cases", 34 Michigan Law Review, 1935-1936), p. 937.

un contenido similar al que existe en el proceso penal[2477]. Añádase que este análisis parte de una paradoja. En el proceso penal fue tremendamente discutida la posibilidad de introducir este derecho, y sin embargo es el ámbito en el que actualmente, desde mediados del siglo XX, existe sin dudas al menos para el condenado, de acuerdo con el art. 14.5 del *Pacto Internacional de Derechos Civiles y Políticos* de Naciones Unidas de 1966[2478] y el art. 2 del Protocolo no. 7 del *Convenio Europeo de Derechos Humanos*[2479] (1984).

En contraste, en el proceso civil no existe realmente un derecho equivalente. A lo largo del tiempo la doctrina[2480] ha dado por descontado que en este ámbito civil los ordenamientos en general reconocen los recursos contra la sentencia de primera instancia, y por ello la preocupación por elevarlo al rango de derecho fundamental ha sido casi inexistente. Solamente a ratos se ha preocupado la doctrina por la cuestión debido a razones muy concretas. En EEUU, por ejemplo, para tratar de paliar los abusos del *summary judgment*[2481]. Mientras tanto, en la Europa continental, la preocupación ha sido sobre todo en torno al recurso de casación, pero centrando la cuestión no tanto en si el derecho al recurso existe o tiene carácter fundamental, sino acerca de si las restricciones que se suelen imponer al mismo son legítimas desde el punto de vista constitucional[2482],

---

2477 Sobre la idea de unificar los procesos civil y penal, vid. Meyn, Ion. "Why Civil and Criminal Procedure Are So Different: A Forgotten History." *Fordham Law Review*, vol. 86, n. 2, noviembre 2017, p. 697.

2478 "Toda persona declarada culpable de un delito tendrá derecho a que el fallo condenatorio y la pena que se le haya impuesto sean sometidos a un tribunal superior, conforme a lo prescrito por la ley."

2479 *Artículo 2. Derecho a un doble grado de jurisdicción en materia penal.* 1. Toda persona declarada culpable de una infracción penal por un tribunal tendrá derecho a que la declaración de culpabilidad o la condena sea examinada por una jurisdicción superior. El ejercicio de ese derecho, incluidos los motivos por los cuales pueda ser ejercitado, se regularán por ley. 2. Este derecho podrá ser objeto de excepciones en caso de infracciones de menor gravedad según las defina la ley, o cuando el interesado haya sido juzgado en primera instancia por el más alto tribunal o haya sido declarado culpable y condenado al resolverse un recurso contra su absolución.

2480 Dalton, H. L., "Taking the Right to Appeal (More or Less) Seriously", *Yale Law Journal*, vol. 95, no. 1, November 1985, p. 101. Marshall, P. D. "A Comparative Analysis of the Right to Appeal", *Duke Journal of Comparative & International Law*, vol. 22, no. 1, Fall 2011, p. 5.

2481 Robertson, "The Right to Appeal", 91, *The North Carolina Law Review*, 2012-2013, p. 1219.

2482 Taboada Roca, M., *La casación civil española en alguna de sus complejidades*, Madrid 1977, p. 9. Serra Domínguez, M. "Violación de ley y doctrina legal", *Estudios de Derecho Procesal*, Barcelona 1969, p. 438. Taruffo, M., "La Corte di Cassazione e la legge", *Riv. trim*

que es muy diferente. Solamente en Italia se incluyó sorprendentemente a la casación en el ámbito de la constitucionalización (art. 111[2483] de la *Costituzione Italiana*[2484])[2485], lo que ha supuesto una vía indirecta para el reconocimiento de este derecho que, por cierto, ni siquiera ha tenido un efecto realmente positivo. En realidad, ese "derecho" ha colapsado desde hace años a la *Corte di Cassazione* italiana[2486].

En suma, va a tratarse la cuestión de si el derecho al recurso debe existir, con carácter autónomo o como derivación del derecho de defensa, pero no solamente cuando la existencia del recurso haya sido prevista por el legislador, sino en general. Para ello se realizará un estudio de Derecho comparado cubriendo las áreas geográficas más interesantes en la materia, y se ampliará la cuestión a si debe existir también el derecho al recurso a un tribunal constitucional y a un tribunal supranacional como el Tribunal Europeo de Derechos Humanos. La respuesta no es obvia, puesto que la mayoría de Estados no posee nada parecido a la *Verfassungsbeschwerde* alemana. Además, pasando al ámbito supranacional, la Corte Interamericana de Derechos Humanos no garantiza, como veremos, el acceso directo de los ciudadanos a su cognición, sino a través del difícil paso intermedio de la Comisión Interamericana de Derechos Humanos. De hecho, existen Es-

---

di dir. e proc. civ., 1990, p. 349. Chiarloni, S., "In difesa della nomofilachia", *Riv. trim. di dir. e proc. civ.*, 1992, p. 123. In Argentina, Morello, A. M., *La casación, un modelo intermedio eficiente*, Buenos Aires, 2000, p. 198. In Venezuela, Abreu Burelli, A.; Mejía Arnal, L. A., *La casación civil*, Caracas 2005, p. 201. Vid. también Honorat, E., "Plaider un pourvoi devant la Cour de justice", Christianos (ed.), *Evolution récente du droit judiciaire communautaire*, Vol. I, Institut européen d'administration publique. Maastricht 1994, p. 37. Van Drooghenbroeck, J. F., Mougenot, D., "Le formalisme dans la procédure de cassation en Belgique", Chainais; Van Drooghenbroeck; Saletti; Hess; *Quel avenir pour les juridictions suprêmes? Etudes de droit comparé de la cassation en matière civile*, 2021, p. 187. Boré, *La cassation en matière civile*, paris 1980, p. 729. Bellet, P., Grandeur et servitudes de la Cour de cassation, *Revue internationale de droit comparé*, 1980 32-2, p. 299. Desde una perspectiva distinta, Ferrand, F., *Cassation française et Revision allemande*, Paris 1993, p. 242.

2483 (...) Contro le sentenze e contro i provvedimenti sulla libertà personale, pronunciati dagli organi giurisdizionali ordinari o speciali, è sempre ammesso ricorso in Cassazione per violazione di legge. (...)

2484 Vid. también art. 24: "Tutti possono agire in giudizio per la tutela dei propri diritti e interessi legittimi.
La difesa è diritto inviolabile in ogni stato e grado del procedimento. (...)

2485 Vid. Consolo, C., *Spiegazioni di diritto processuale civile*, Torino 2012, p. 372. Satta, S., (with Punzi), *Diritto Processuale Civile*, Padova 1996, p. 591.

2486 Passanante, L., *Il precedente impossibile*, Torino 2018, p. 3.

tados como Canadá o EEUU que no reconocen ningún mecanismo de protección judicial internacional de los derechos de ciudadanos individuales.

En este primer apartado se elaborará de entrada un estudio descriptivo de derecho comparado para mostrar el estado de la cuestión. Con esas bases, finalmente se profundizará, a modo de conclusión, en la teórica esencia del derecho y sobre su virtualidad para ser constitucionalizado.

2. ACCESO A LOS MEDIOS DE IMPUGNACIÓN INTERNOS

Los ordenamientos son relativamente uniformes en esta materia. No suele preverse la existencia del recurso en el ámbito interno como un derecho del justiciable. Los recursos en el proceso civil existen más bien por tradición, y no por disposición constitucional. Sin embargo, cuando la tradición es tan reiterada y es a la vez tan extendida la conciencia ciudadana de que siempre existe la posibilidad de recurrir, al menos, la sentencia de un juez de primera instancia, tal vez la constitucionalización de esta realidad pudiera llegar algún día. Veremos después que esto ya es así en algunos lugares.

Con todo, ¿qué recursos deben existir? ¿Solamente la apelación, o alguno más? Veamos que dan de sí en este sentido las legislaciones nacionales.

2.1. ¿Existe discrecionalidad legislativa para disponer el acceso a los medios de impugnación?

De acuerdo con la mayoría de las normas constitucionales nacionales, en sentido estricto no tendría por qué existir recurso alguno. El legislador es de ese modo libre de disponerlos o no contra las resoluciones que le parezca más conveniente. Podríamos imaginar perfectamente un ordenamiento que sólo previera un proceso en única instancia en el que tampoco se pudieran recurrir las resoluciones interlocutorias del juez, ni siquiera ante el mismo juzgador. Con ello cambiaría radicalmente la historia del Derecho y de hecho se regresaría a una situación de inexistencia de recursos que no concurría, con algunos paréntesis, desde hace más de dos milenios, al menos en los territorios influenciados por la cultura romana.

Por tanto, como se va a ver, el derecho al recurso no existe en general en las constituciones nacionales, aunque con algunas excepciones relevantes que serán objeto de estudio. Y que, por cierto, están creciendo en su número.

2.1.1. Según el Derecho nacional

Son relativamente pocos los países que reconocen expresamente en sus Constituciones un derecho al recurso en el proceso civil, y no siempre se trata, además, del mismo recurso. En realidad, podríamos decir que en el conjunto de países democráticos del mundo[2487], únicos donde los derechos son realmente concebibles —dejando ahora de lado sus distintos niveles de corrupción—, existen tres grupos principales: aquellos que no reconocen derecho fundamental alguno al recurso y que tampoco tienen constitucionalizado un contenido parecido; países que reconocen en sus Constituciones estructuras judiciales de las que eventualmente sus tribunales podrían llegar a deducir algún día un derecho al recurso; y finalmente Estados en los que se reconoce el derecho a algún recurso, habitualmente el recurso de apelación. A continuación haré referencia a todos los Estados de dichos grupos, citando los preceptos en los que se reconoce el derecho de defensa, y después aquellos artículos en los que se regula el poder judicial.

El primero de dichos grupos —ni constitucionalización ni fundamentalización del derecho al recurso— es el más numeroso (*treinta y cuatro Estados*), y además es transversal puesto que comprende diversas áreas geográficas y espacios de diversa tradición jurídica. Dando por descontado al Reino Unido según cuanto antes se dijo, se incluyen además Canadá[2488], Suiza[2489] (arts. 29, 29A y 30)[2490], Francia[2491] (arts. 64 a 66-1), Alemania[2492] (arts. 1 y 92 a 104), Austria[2493] (arts. 82 a 94), España[2494] (arts. 24 y 117 a 123), Andorra[2495] (arts. 10 y 85-94), Países Bajos[2496] (arts. 18 y 112-122),

---

2487 Vid. Democracy Countries 2022: https://worldpopulationreview.com/country-rankings/democracy-countries

2488 Constitution Act of Canada, 1982: https://laws.justice.gc.ca/eng/Const/page-12.html

2489 Constitución de Suiza, 1999: https://www.fedlex.admin.ch/eli/cc/1999/404/de

2490 Con una leve y controvertida excepción con un recurso final: art. 191 de la Constitución de Suiza.

2491 Constitución de Francia, 1958: https://www.conseil-constitutionnel.fr/le-bloc-de-constitutionnalite/texte-integral-de-la-constitution-du-4-octobre-1958-en-vigueur

2492 Ley Fundamental de Alemania, 1949: https://www.gesetze-im-internet.de/gg/BJNR000010949.html

2493 Constitución de Austria, 1920. http://www.verfassungen.at/indexheute.htm

2494 Constitución española, 1978: https://www.boe.es/buscar/act.php?id=BOE-A-1978-31229

2495 Constitución de Andorra, 1993, https://www.cijc.org/es/NuestrasConstituciones/ANDORRA-Constitucion.pdf

2496 Constitución de Países Bajos, 2008: https://www.legislationline.org/documents/section/constitutions/country/12/Netherlands/show

Bélgica[2497] (arts. 144 a 159), Luxemburgo[2498] (arts. 84 a 95 ter), Grecia[2499] (arts. 20 y 87 a 100A) y Turquía[2500] (art. 36, 138-160); también Dinamarca[2501] (arts. 59 a 65), Suecia[2502] (Chapter 11) e Islandia[2503] (arts. 59 a 61) en el área nórdica; Letonia[2504] (arts. 92, 82-86), Chequia[2505] (art. 90-96), Eslovaquia[2506] (arts. 46, 141-148), Hungría[2507] (arts. 25-28) y Bosnia and Herzegovina[2508] (art. 3.d) en los países con un pasado de influencia soviética; en América Latina, Argentina[2509] (arts. 43, 108-129), Paraguay[2510] (arts. 15, 247-275), Perú[2511] (138-149), Ecuador[2512] (arts. 75, 167-203), Costa Rica[2513] (art. 41, 152-166), Panamá[2514] (201-

---

2497 Constitución de Bélgica, 1831: https://www.senate.be/doc/const_fr.html

2498 Constitución de Luxemburgo, 1868: https://legilux.public.lu/eli/etat/leg/recueil/constitution/20200519

2499 Constitución de Grecia, 1975: https://www.constituteproject.org/constitution/Greece_2008.pdf?lang=en

2500 Constitución de Turquía, 1982: https://global.tbmm.gov.tr/docs/constitution_en.pdf

2501 Constitución de Dinamarca, 1953: https://www.constituteproject.org/constitution/Denmark_1953.pdf?lang=en

2502 Constitución de Suecia, 1974: http://webcache.googleusercontent.com/search?q=cache:aX-EnTiPq-oJ:www.partylaw.leidenuniv.nl/party-law/4c8b8db7-7720-480b-a535-1a017287acdc.pdf+&cd=17&hl=es&ct=clnk&gl=es

2503 Constitución de Islandia, 1944, https://www.constituteproject.org/constitution/Iceland_2013.pdf?lang=en

2504 Constitución de Letonia, 1922: https://www.constituteproject.org/constitution/Latvia_2016?lang=en

2505 Constitución de la República Checa, 1992: https://www.psp.cz/en/docs/laws/1993/1.html

2506 Constitución de Eslovaquia, 1992: https://www.prezident.sk/upload-files/46422.pdf

2507 Constitución de Hungría, 2011: https://www.constituteproject.org/constitution/Hungary_2011.pdf

2508 Constitución de Bosnia y Herzegovina, 1995: https://www.constituteproject.org/constitution/Bosnia_Herzegovina_2009.pdf?lang=en

2509 Constitución de Argentina, 1853: https://pdba.georgetown.edu/Parties/Argentina/Leyes/constitucion.pdf

2510 Constitución de Paraguay, 1992: https://www.constituteproject.org/constitution/Paraguay_2011.pdf?lang=es

2511 Constitución de Perú, 1993: https://www.oas.org/juridico/spanish/per_res17.pdf

2512 Constitución de Ecuador, 2008, https://www.oas.org/juridico/pdfs/mesicic4_ecu_const.pdf

2513 Constitución de Costa Rica, 1949: https://pdba.georgetown.edu/Parties/CostaRica/Leyes/constitucion.pdf

2514 Constitución de Panamá, 1972: https://pdba.georgetown.edu/Constitutions/Panama/vigente.pdf

224), Honduras[2515] (82, 303-320) y Bolivia[2516] (arts. 178-204). Japón[2517] (arts. 32, 37, 76-82) y Corea del Sur[2518] (art. 12, 27, 101-110)[2519] en Asia, Somalia[2520] (arts. 34, 105-109C) en África y Nueva Zelanda[2521] (arts. 23-24) en Oceanía. En todos estos Estados existen no obstante recursos contra las sentencias de primera instancia y también ante Tribunales supremos, a veces reconocidos estos últimos por sus constituciones, lo que ha hecho que la doctrina no se cuestione la existencia de la apelación al menos, pero tampoco haya sentido la necesidad de establecer derecho fundamental ni norma constitucional alguna que la garantice.

En este primer grupo también debe reconocerse[2522], por último, a EEUU[2523], puesto que pese a que su Constitución[2524] hace algunas alusiones a los tribunales de apelación (art. II, Sec. 2), y la Enmienda I hace referencia a la "*redress of grievances*", la Enmienda VII efectúa una prohibición relativa de la apelación en el proceso civil, que no existe salvo respetando las reglas del *common law*, lo que supone, en todo caso, una apelación limitada a las cuestiones de derecho. Ello constituye, aunque de manera indirecta y *a contrario*, un primer paso hacia la constitucionalización de la apelación, que es lo que sucede en los países del segundo grupo, y que ya se quiso ver dentro de los mismos EEUU a través de la Enmienda XIV[2525].

El segundo grupo, de hecho, es una especie de área de transición entre el primer y el tercer grupo, puesto que sus normas constitucionales reconocen expresamente la existencia de tribunales de apelación, lo que supone

---

2515 Constitución de Honduras, 1982: https://www.oas.org/dil/esp/constitucion_de_honduras.pdf

2516 Constitución de Bolivia, 2009: https://www.oas.org/dil/esp/constitucion_bolivia.pdf

2517 Constitución de Japón, 1946, https://japan.kantei.go.jp/constitution_and_government_of_japan/constitution_e.html

2518 Constitución de Corea, 1948: https://www.constituteproject.org/constitution/Republic_of_Korea_1987.pdf?lang=en

2519 Vid. también Constitutional Court, 90Hun-Ba26, June 26, 1992.

2520 Provisional Constitución de Somalia, 2012: http://hrlibrary.umn.edu/research/Somalia-Constitution2012.pdf

2521 Constitución de Nueva Zelanda, 1986: https://www.legislation.govt.nz/act/public/1986/0114/latest/DLM94204.html

2522 Vid. Guinchard, S. e.a., *Droit processuel*, Paris 2021, p. 800.

2523 Vid. Abney v. United States, 431 U.S. 651 (1977).

2524 Constitution of the United States, 1788: https://www.senate.gov/civics/constitution_item/constitution.htm#:~:text=Written%20in%201787%2C%20ratified%20in,exists%20to%20serve%20its%20citizens.

2525 Fins, H. G. "Is the Right of Appeal Protected by the Fourteenth Amendment", Judicature, vol. 54, no. 7, February 1971, p. 296.

la constitucionalización del derecho pero aún no su fundamentalización. En ese pequeño grupo se encuentran solamente *dieciséis países*: Portugal[2526] (arts. 32 y 202 a 220), Finlandia[2527] (Sec. 21 y 98 a 105), Lituania[2528] (art. 30, 33, 109-118), Bulgaria[2529] (arts. 31, 119, 117-134), Albania[2530] (arts. 33, 136), Chile[2531] (arts. 19.3°, 76-82), Uruguay[2532] (arts. 233-261), Guatemala[2533] (arts. 12, 218), Brasil[2534] (arts. 33.3°, 92-126)[2535], República Dominicana[2536] (arts. 157-159), México[2537] (art. 17, 94-107), Malasia[2538] (art. 122), Sudán del Sur[2539] (arts. 19,

---

2526 Constitución de Portugal, 1976: https://www.parlamento.pt/Legislacao/Paginas/ConstituicaoRepublicaPortuguesa.aspx

2527 Constitución de Finlandia, 1999: https://finlex.fi/en/laki/kaannokset/1999/en19990731

2528 Constitución de Lituania, 1992: https://www.legislationline.org/download/id/8210/file/Lithuania_Constitution_1992_am2019_en.pdf

2529 Constitución de Bulgaria, 1991: https://www.parliament.bg/en/const

2530 Constitución de Albania, 1998: https://www.legislationline.org/download/id/9669/file/ALB_constituion.pdf

2531 Constitución de Chile, 1980: https://www.oas.org/dil/esp/constitucion_chile.pdf

2532 Constitución de Uruguay, 1830: https://parlamento.gub.uy/documentosyleyes/constitucion

2533 Constitución de Guatemala, 1985: https://www.cijc.org/es/NuestrasConstituciones/GUATEMALA-Constitucion.pdf

2534 Constitución de Brasil, 1988: http://www.planalto.gov.br/ccivil_03/constituicao/constituicao.htm

2535 Sin embargo, es percibido por la doctrina dominante como un principio constitucional (el llamado *princípio do duplo grau de jurisdição*), especialmente debido a la estructura del sistema judicial brasileño. El debate gana trascendencia práctica con el art. 1013 § 3° del Código de Proceso Civil brasileño, a través de la llamada "teoría de la acción madura". Esta disposición permite que el tribunal de apelación se pronuncie sobre el fondo de la acción en determinados casos, incluso si el juez de primera instancia no se pronunció sobre la acción o si la sentencia de primera instancia fue declarada nula. Aunque en este caso la parte haya hecho valer su derecho a recurrir, parte de la doctrina opina que, según el *princípio do duplo grau de jurisdição,* las partes deberían tener derecho a que el juez de primera instancia decida primero sobre la acción y que, por tanto, el art. 1013 § 3° es inconstitucional.

2536 Constitución de La República Dominicana, 2010: https://www.cijc.org/es/NuestrasConstituciones/REP%C3%9ABLICA-DOMINICANA-Constitucion.pdf

2537 Constitución de México, 1917: https://www.diputados.gob.mx/LeyesBiblio/pdf/CPEUM.pdf

2538 Constitución de Malasia, 1957: https://www.constituteproject.org/constitution/Malaysia_2007.pdf?lang=en

2539 Constitución de Sudán del Sur, 2011: https://www.constituteproject.org/constitution/South_Sudan_2011.pdf

129), Namibia[2540] (arts. 12, 80), Botswana[2541] (arts, 10, 99) y Sudáfrica[2542] (arts. 34, 35.3, 165-180), que además sólo reconoce expresamente el derecho para el proceso penal.

El tercer grupo comprende a los Estados que sí apuestan decididamente por el derecho al recurso, y de hecho son los *veinte países* que a día de hoy tienen fundamentalizado tal derecho. Existen seis Estados con influencia directa o indirecta del *common law*: Irlanda[2543] (arts. 34 a 37, en particular art. 34.4[2544]), Australia[2545] (arts. 71 a 80, en particular art. 73[2546]), India[2547] (arts. 32, 132, 133, 134, 134A, 137, 214-237, en particular arts. 132 y 134A[2548]), Is-

---

2540 Constitución de Namibia, 1990: https://www.lac.org.na/laws/annoSTAT/Namibian%20Constitution.pdf

2541 Constitución de Botswana, 1966: http://www.commonlii.org/bw/legis/const/1966/

2542 Constitución de Sudáfrica, 1996: https://www.gov.za/documents/constitution-republic-south-africa-1996

2543 Constitución de Irlanda, 1937: https://www.irishstatutebook.ie/eli/cons/en/html

2544 *The Court of Appeal shall— i. save as otherwise provided by this Article and, ii. with such exceptions and subject to such regulations as may be prescribed by law, have appellate jurisdiction from all decisions of the High Court, and shall also have appellate jurisdiction from such decisions of other courts as may be prescribed by law.*

2545 Constitución de Australia, 1900: https://www.aph.gov.au/About_Parliament/Senate/Powers_practice_n_procedures/Constitution/chapter3

2546 *The High Court shall have jurisdiction, with such exceptions and subject to such regulations as the Parliament prescribes, to hear and determine appeals from all judgments, decrees, orders, and sentences: (i). of any Justice or Justices exercising the original jurisdiction of the High Court; (ii). of any other federal court, or court exercising federal jurisdiction; or of the Supreme Court of any State, or of any other court of any State from which at the establishment of the Commonwealth an appeal lies to the Queen in Council; (iii). of the Inter-State Commission, but as to questions of law only; and the judgment of the High Court in all such cases shall be final and conclusive.*

2547 Constitución de India, 2020: https://legislative.gov.in/sites/default/files/COI.pdf

2548 133. Appellate jurisdiction of Supreme Court in appeals from High Courts in regard to civil matters.- (1) An appeal shall lie to the Supreme Court from any judgment, decree or final order in a civil proceeding of a High Court in the territory of India if the High Court certifies under article 134A: (a) that the case involves a substantial question of law of general importance; and (b) that in the opinion of the High Court the said question needs to be decided by the Supreme Court. (2) Notwithstanding anything in article 132, any party appealing to the Supreme Court under clause (1) may urge as one of the grounds in such appeal that a substantial question of law as to the interpretation of this Constitution has been wrongly decided. (3) Notwithstanding anything in this article, no appeal shall, unless Parliament by law otherwise provides, lie to the Supreme Court from the judgment, decree or final order of one Judge of a High Court.
134A. Certificate for appeal to the Supreme Court.-Every High Court, passing or making a judgment, decree, final order, or sentence, referred to in clause (1) of article 132 or clause (1) of article 133, or clause (1) of article 134,— (a) may, if it deems fit so to do, on its own motion; and (b) shall, if an oral application is made, by or on behalf

rael[2549] (Basic Law: The Judiciary (1984), § 17[2550]), Malta[2551] (art. 95[2552]) y Chipre[2553] (arts. 23.11[2554], 111.4[2555], 155.1[2556]). Pero también están incluidos un gran número de Estados de la antigua órbita soviética, influidos tal vez por la labor supervisora que el Tribunal Supremo de la Unión Soviética ejercía sobre los tribunales inferiores[2557]: Estonia[2558] (art. 15,

of the party aggrieved, immediately after the passing or making of such judgment, decree, final order or sentence, determine, as soon as may be after such passing or making, the question whether a certificate of the nature referred to in clause (1) of article 132, or clause (1) of article 133 or, as the case may be, sub-clause (c) of clause (1) of article 134, may be given in respect of that case.

2549 Leyes Fundamentales de Israel, 1958: https://www.constituteproject.org/constitution/Israel_2013.pdf?lang=en

2550 17. A judgment of a court of first instance, other than a judgment of the Supreme Court, shall be appealable as of right.

2551 Constitución de Malta, 1964: https://legislation.mt/eli/const/eng/pdf

2552 95.(1) There shall be in and for Malta such Superior Courts having such powers and jurisdiction as may be provided by any law for the time being in force in Malta.
(2) One of the Superior Courts, composed of such three judges as could, in accordance with any law for the time being in force in Malta, compose the Court of Appeal, shall be known as the Constitutional Court and shall have jurisdiction to hear and determine - (...) (c) appeals from decisions of the Civil Court, First Hall, under article 46 of this Constitution.

2553 Constitución de Chipre, 1960: https://www.constituteproject.org/constitution/Cyprus_2013.pdf?lang=en

2554 Any interested person shall have the right of recourse to the court in respect of or under any of the provisions of this Article, and such recourse shall act as a stay of proceedings for the compulsory acquisition; and in case of any restriction or limitation imposed under paragraph 3 of this Article, the court shall have power to order stay of any proceedings in respect thereof. Any decision of the court under this paragraph shall be subject to appeal.

2555 Law shall provide for appeal against decisions of the family courts, for the composition of those who shall adjudicate and decide on these appeals and for the jurisdiction and powers of these appellate courts. A law enacted in accordance with the provisions of this paragraph may provide that the appellate court may be composed of one or more judges of the Supreme Court, sitting alone or together with another judge or other judges belonging to the judicial service of the Republic as the law may provide.

2556 The High Court shall be the highest appellate court in the Republic and shall have jurisdiction to hear and determine, subject to the provisions of this Constitution and of any Rules of Court made thereunder, all appeals from any court other than the Supreme Constitutional Court

2557 Art. 104. The Supreme Court of the U.S.S.R. is the highest judicial organ. The Supreme Court of the U.S.S.R. is charged with the supervision of the judicial activities of all the judicial organs of the U.S.S.R. and of the Union Republics.

2558 Constitución de Estonia, 1992: https://www.constituteproject.org/constitution/Estonia_2015.pdf?lang=en

24[2559], 146-153), Polonia[2560] (art. 78[2561], 173-187), Rumanía[2562] (arts. 21, 124-141, en particular, art. 129[2563]), Eslovenia[2564] (art. 25[2565], 125-134), Croacia[2566] (art. 18[2567]), Serbia[2568] (art. 36[2569]), Macedonia[2570] (art. 15[2571]), Montenegro[2572] (arts. 20[2573], 118-128) y Ucrania[2574] (art. 129.8[2575]). Por úl-

---

2559 (...) *Everyone has the right of appeal to a higher court against the judgment in his or her case pursuant to procedure provided by law.*

2560 Constitución de Polonia, 1997: https://www.sejm.gov.pl/prawo/konst/angielski/kon1.htm

2561 Each party shall have the right to appeal against judgments and decisions made at first stage. Exceptions to this principle and the procedure for such appeals shall be specified by statute.

2562 Constitución de Rumanía, 1991: https://www.presidency.ro/en/the-constitution-of-romania

2563 Against decisions of the court, the parties concerned and the Public Ministry may exercise ways of appeal, in accordance with the law.

2564 Constitución de Eslovenia, 1991: https://www.varuh-rs.si/en/about-us/legal-framework/the-constitution-of-the-republic-of-slovenia/

2565 Everyone shall be guaranteed the right to appeal or to any other legal remedy against the decisions of courts and other state authorities, local community authorities and bearers of public authority by which his rights, duties or legal interests are determined.

2566 Constitución de Croacia, 1990: https://www.sabor.hr/en/constitution-republic-croatia-consolidated-text#:~:text=Freedom%2C%20equal%20rights%2C%20national%20and,of%20the%20Republic%20of%20Croatia.

2567 The right to appeal against individual legal decisions made in first-instance proceedings by courts or other authorized bodies shall be guaranteed. By way of exception, the right to appeal may be denied in cases specified by law if other legal protections are ensured.

2568 Constitución de Serbia, 2006: https://www.ilo.org/dyn/natlex/docs/ELECTRONIC/74694/119555/F838981147/SRB74694%20Eng.pdf

2569 Equal protection of rights before courts and other state bodies, entities exercising public powers and bodies of the autonomous province or local self-government shall be guaranteed. Everyone shall have the right to an appeal or other legal remedy against any decision on his rights, obligations or lawful interests.

2570 Constitución de Macedonia, 1991: https://www.ilo.org/dyn/natlex/docs/ELECTRONIC/36714/70972/F511737559/MKD36714%20Eng.pdf

2571 The right to appeal against individual legal acts issued in a first instance proceedings by a court, administrative body, organization or other institution carrying out public mandates is guaranteed.

2572 Constitución de Montenegro, 2007: https://www.constituteproject.org/constitution/Montenegro_2007.pdf

2573 Everyone shall have the right to legal remedy against the decision ruling on the right or legally based interest thereof.

2574 Constitución de Ucrania, 1996: https://www.refworld.org/pdfid/44a280124.pdf

2575 While administering justice, a judge is independent and governed by the rule of law. The main principles of justice are: (...) 8) ensuring the right to appeal and, in cases prescribed by law, the right to cassation of court decision.

timo, existen una especie de islas jurídicas en su área geográfica en este sentido en América Latina: Colombia[2576] (art. 31[2577], 228-257); dos en África: Túnez[2578] (art. 108[2579]) y Ghana[2580] (arts. 19, 138[2581]). Y dos más en Europa: el primer país en reconocerlo en 1814, Noruega[2582] (arts. 95, 86 a 91, en particular arts. 88, 89 y 90 *a contrario*[2583]) e Italia[2584] (arts. 24[2585], 101-113[2586]).

Dentro de este tercer grupo hay, con todo, diferentes intensidades. Por un lado existen los Estados que reconocen este derecho al recurso —habitualmente apelación— en la medida en que esté prescrito por la ley o con las excepciones establecidas por el legislador. Es el caso de Irlanda, Australia, Polonia, Rumanía, Croacia, Malta, Colombia con respecto a la segunda instancia y de Noruega en relación con la casación, aunque de su

---

2576 Constitución de Colombia, 1991: https://www.corteconstitucional.gov.co/inicio/Constitucion%20politica%20de%20Colombia%20-%202015.pdf

2577 Toda sentencia judicial podrá ser apelada o consultada, salvo las excepciones que consagre la ley. (...)

2578 Constitución de Túnez, 2014: https://www.constituteproject.org/constitution/Tunisia_2014.pdf

2579 "(...) The right to litigation and the right to defence are guaranteed. The law facilitates access to justice and provides legal assistance to those without financial means. The law guarantees the double degree of jurisdiction. (...)

2580 https://www.constituteproject.org/constitution/Ghana_1996.pdf

2581 Constitución de Ghana, 1992: Art. 138.b: in civil matters, any order, direction or decision made or given in exercise of the powers conferred by this article, may be varied, discharged or reversed by the Court of Appeal as duly constituted.

2582 Constitución de Noruega, 1814, https://lovdata.no/dokument/NLE/lov/1814-05-17

2583 Art. 88. The Supreme Court pronounces judgment in the final instance. Nevertheless, limitations on the right to bring a case before the Supreme Court may be prescribed by law. The Supreme Court shall consist of a President and at least four other Members.
Art. 89. In cases brought before the Courts, the Courts have the power and the duty to review whether applying a statutory provision is contrary to the Constitution, and whether applying other decisions under the exercise of public authority is contrary to the Constitution or the law of the land.
Art. 90. The judgments of the Supreme Court may in no case be appealed.
El art. 90 es el antiguo § 91: Høiesterets Domme kunne i intet Tilfælde paaankes eller underkastes Revision.

2584 Constitución de Italia, 1947: https://www.senato.it/istituzione/la-costituzione

2585 Tutti possono agire in giudizio per la tutela dei propri diritti e interessi legittimi. La difesa è diritto inviolabile in ogni stato e grado del procedimento. (...)

2586 Art. 111: Contro le sentenze e contro i provvedimenti sulla libertà personale, pronunciati dagli organi giurisdizionali ordinari o speciali, è sempre ammesso ricorso in Cassazione per violazione di legge. Si può derogare a tale norma soltanto per le sentenze dei tribunali militari in tempo di guerra.

regulación se podría inferir una fundamentalización de la segunda instancia, al excluir la apelación sólo con respecto a las sentencias del Tribunal Supremo (art. 90). Específicamente se dispone justamente así en la Constitución de Ucrania: derecho absoluto con respecto a la apelación, y relativo en relación con la casación, dependiendo de lo que disponga el legislador.

Como auténtico derecho fundamental al recurso, la apelación solamente está prevista sin matices en Estonia, Eslovenia, Serbia, Macedonia, Montenegro, Chipre, Israel, Túnez y Ghana. Y curiosamente ese mismo derecho existe con respecto nada menos que a la casación en Italia, como ya se dijo.

Un último caso particular es India. Se dispone el derecho al recurso ante el Tribunal Supremo pero solamente si así lo consiente el juez *a quo*, como suele ser habitual en el Reino Unido o en parte en Alemania (*Zulassungsrevision*, §543 ZPO), aunque sin disposición constitucional al efecto en estos dos últimos países, razón por la que no han sido incluidos en este grupo.

De todo el estudio anterior puede concluirse provisionalmente que el derecho fundamental al recurso, sin matices, es minoritario en el mundo. Con respecto a la apelación solamente existe en diez Estados. Seis de ellos son países de la zona de antigua influencia soviética, y de hecho cuatro de ellos formaron parte de un solo Estado hoy desaparecido (Yugoslavia). El caso de Italia con respecto a la casación es una auténtica rareza, formulada en un tiempo de fascinación por la casación[2587], tal vez inspirada por la magna obra de Calamandrei[2588].

2.1.2. Según los instrumentos internacionales

La pregunta que resta es si siendo esta la realidad, debe avanzarse en el camino de tal reconocimiento. Comencemos por decir que a nivel mundial, ni los arts. 8 a 11 de la Declaración Universal de Derechos Humanos (10.12.1948)[2589] ni el art. 14 del Pacto Internacional de Derechos Civiles y

---

2587 Taruffo, M., La motivazione della sentenza civile, Padova, 1975, 474 ss. Taruffo, M., "Le novità nel giudizio di cassazione", Treccani 2016 (https://www.treccani.it/enciclopedia/le-novita-nel-giudizio-di-cassazione_%28Il-Libro-dell%27anno-del-Diritto%29/).

2588 Calamandrei, P., *La Cassazione civile*, Milano 1920, *Opere Giuridiche*, Vol. VI y VII.", Napoli 1976.

2589 Art. 8: "Toda persona tiene derecho a un recurso efectivo ante los tribunales nacionales competentes, que la ampare contra actos que violen sus derechos fundamentales reconocidos por la constitución o por la ley.". Art. 10: "Toda persona tiene derecho, en condiciones de plena igualdad, a ser oída públicamente y con justicia por un tribunal

Políticos (16.12.1966)[2590] se refieren a esta cuestión, como ya se dijo. Es difícil que unas normas tan genéricas se refirieran hace más de cinco déca-

---

independiente e imparcial, para la determinación de sus derechos y obligaciones o para el examen de cualquier acusación contra ella en materia penal."

2590 Art. 14: "1. Todas las personas son iguales ante los tribunales y cortes de justicia. Toda persona tendrá derecho a ser oída públicamente y con las debidas garantías por un tribunal competente, independiente e imparcial, establecido por la ley, en la substanciación de cualquier acusación de carácter penal formulada contra ella o para la determinación de sus derechos u obligaciones de carácter civil. La prensa y el público podrán ser excluidos de la totalidad o parte de los juicios por consideraciones de moral, orden público o seguridad nacional en una sociedad democrática, o cuando lo exija el interés de la vida privada de las partes o, en la medida estrictamente necesaria en opinión del tribunal, cuando por circunstancias especiales del asunto la publicidad pudiera perjudicar a los intereses de la justicia; pero toda sentencia en materia penal o contenciosa será pública, excepto en los casos en que el interés de menores de edad exija lo contrario, o en las acusaciones referentes a pleitos matrimoniales o a la tutela de menores.

2. Toda persona acusada de un delito tiene derecho a que se presuma su inocencia mientras no se pruebe su culpabilidad conforme a la ley.

3. Durante el proceso, toda persona acusada de un delito tendrá derecho, en plena igualdad, a las siguientes garantías mínimas:

a) A ser informada sin demora, en un idioma que comprenda y en forma detallada, de la naturaleza y causas de la acusación formulada contra ella;

b) A disponer del tiempo y de los medios adecuados para la preparación de su defensa y a comunicarse con un defensor de su elección;

c) A ser juzgado sin dilaciones indebidas;

d) A hallarse presente en el proceso y a defenderse personalmente o ser asistida por un defensor de su elección; a ser informada, si no tuviera defensor, del derecho que le asiste a tenerlo, y, siempre que el interés de la justicia lo exija, a que se le nombre defensor de oficio, gratuitamente, si careciere de medios suficientes para pagarlo;

e) A interrogar o hacer interrogar a los testigos de cargo y a obtener la comparecencia de los testigos de descargo y que éstos sean interrogados en las mismas condiciones que los testigos de cargo;

f) A ser asistida gratuitamente por un intérprete, si no comprende o no habla el idioma empleado en el tribunal;

g) A no ser obligada a declarar contra sí misma ni a confesarse culpable.

4. En el procedimiento aplicable a los menores de edad a efectos penales se tendrá en cuenta esta circunstancia y la importancia de estimular su readaptación social.

5. Toda persona declarada culpable de un delito tendrá derecho a que el fallo condenatorio y la pena que se le haya impuesto sean sometidos a un tribunal superior, conforme a lo prescrito por la ley.

6. Cuando una sentencia condenatoria firme haya sido ulteriormente revocada, o el condenado haya sido indultado por haberse producido o descubierto un hecho plenamente probatorio de la comisión de un error judicial, la persona que haya sufrido una pena como resultado de tal sentencia deberá ser indemnizada, conforme a la ley, a menos que se demuestre que le es imputable en todo o en parte el no haberse revelado oportunamente el hecho desconocido.

das a contenidos tan específicos como el que se está tratando, toda vez que, como se ha visto, el desarrollo a nivel interno del derecho al recurso en esa época era casi inexistente. Bastante fue que el referido art. 14.5 dispusiera la revisión sistemática de las condenas en el proceso penal.

Descendiendo a un nivel más regional, ni el Convenio Europeo de Derechos Humanos (en adelante CEDH)[2591] ni el art. 47[2592] de la Carta de Derechos Fundamentales de la UE disponen un derecho semejante, puesto que su artículo 13 solamente exige la presencia en los ordenamientos de un "effective remedy", es decir, de un medio de impugnación ante los tribunales contra las vulneraciones de derechos cometidas por las autoridades nacionales. De hecho, el específico derecho a la apelación solamente está reconocido en el art. 2 del Protocolo n. 7 al CEDH, pero igual que las normas de Naciones Unidas, únicamente con respecto al proceso penal. Eso no impide un futuro reconocimiento del derecho en el CEDH con respecto al proceso civil, obviamente, pero a día de hoy tal derecho no existe, como confirma la jurisprudencia tanto del Tribunal Europeo de Derechos Humanos[2593] como del Tribunal de Justicia de la Unión Europea[2594].

Sin embargo, una Recomendación[2595] del *Comité de Ministros del Consejo de Europa sobre la introducción y mejora del funcionamiento de los sistemas recur-*

---

7. Nadie podrá ser juzgado ni sancionado por un delito por el cual haya sido ya condenado o absuelto por una sentencia firme de acuerdo con la ley y el procedimiento penal de cada país.

[2591] https://www.echr.coe.int/documents/convention_eng.pdf

[2592] Art. 47: "Everyone whose rights and freedoms guaranteed by the law of the Union are violated has the right to an effective remedy before a tribunal in compliance with the conditions laid down in this Article.
Everyone is entitled to a fair and public hearing within a reasonable time by an independent and impartial tribunal previously established by law. Everyone shall have the possibility of being advised, defended and represented.
Legal aid shall be made available to those who lack sufficient resources in so far as such aid is necessary to ensure effective access to justice."

[2593] De Cubber v. Belgium (n. 9186/809), 26-10-1984: "*Article 6 para. 1 (art. 6-1) concerns primarily courts of first instance; it does not require the existence of courts of further instance.*". Dorado Baúlde v. Spain, n. 23486/12, 24-9-2015, § 18: "*As regards the applicant's complaint under Article 13 in conjunction with Article 6 of the Convention, the Court recalls that neither Article 6 of the Convention nor Article 13 guarantees, as such, a right of appeal or a right to a second level of jurisdiction (see, mutatis mutandis, Nurhan Yılmaz v. Turkey (no. 2), no. 16741/04, § 21, 8 April 2008, and Gurepka v. Ukraine, no. 61406/00, § 51, 6 September 2005)*".

[2594] C-497/20, Randstad Italia SpA v Umana SpA, 21-12-2021, §84.

[2595] Comp. Rec. R (95) 5 of 7 February 1995. https://rm.coe.int/CoERMPublicCommonSearchServices/DisplayDCTMContent?documentId=0900001680505f3c

sivos y de los procedimientos en asuntos civiles y comerciales dispuso en sentido contrario, sugiriendo la introducción generalizada de la apelación en el proceso civil, aunque dejando un amplio margen para introducir excepciones en la cognición del tribunal *ad quem*, tales como excluir a las pequeñas causas —*small claims*—, o disponiendo una fase de admisión en la segunda instancia (art. 3).

Sin embargo, lo más decepcionante, como se verá después, fueron las restricciones que la Recomendación permitió realizar a la cognición del tribunal de segunda instancia (art. 5). En concreto, avaló que pudiera restringirse la apelación a las cuestiones de derecho, respetando la valoración de la prueba en primera instancia, así como disponiendo motivos de recurso que limitaran las posibilidades del tribunal *ad quem*. En realidad, todo ello tenía una fuerte influencia anglosajona[2596] que probablemente fue necesario respetar para conseguir el consenso, y que podía tener sentido cuando decidía un jurado, pero no cuando lo hace un juez profesional, por más acostumbrados que estemos ya a la persistencia en ese error histórico, que después se detallará. El resultado final es que la Recomendación no proponía, ni mucho menos, un "derecho al recurso" sino, como dijo su art. 1, un "*right to judicial control*", lo que desde luego no es una segunda instancia, sino más bien algo que se asemeja mucho más a un *writ of error*[2597]. En conclusión, la recomendación comentada es simplemente una norma de mínimos.

Tampoco en el área americana hizo avance alguno la Convención Interamericana de Derechos Humanos (San Jose, 22 Nov. 1969), pero sí ofrece alguna novedad interesante. Aunque solamente se reconoce el derecho al recurso para el proceso penal en su art. 8.2.h[2598], en el proceso civil la

---

2596 Blackstone, *Commentaries on the Laws of England*, Lib. III, cit. p. 455, explica este punto: "*...an appeal to the king in parliament was always unquestionable allowed. But no new evidence is admitted in the house of lords upon any account, for this a distinct jurisdiction: which differs it very considerably from those instances, wherein the same jurisdiction revises and corrects its own acts, as in rehearings and bills of review. For it is a practice unknown to our law, (though constantly followed in the spiritual courts) when a superior court is reviewing a sentence of an inferior, to examine the justice of the former decree by evidence that was never produced below. This is the general method of proceeding in the courts of equity.*"

2597 Freedman, A. L. "The Writ of Error Coram Nobis", *Temple Law Quarterly*, vol. 3, no. 4, August 1929, p. 365.

2598 Art. 8: "Right to a Fair Trial. (...) 2. Every person accused of a criminal offense has the right to be presumed innocent so long as his guilt has not been proven according to law. During the proceedings, every person is entitled, with full equality, to the following minimum guarantees: h. the right to appeal the judgment to a higher court."

Corte Interamericana de Derechos Humanos deja la tarea de establecer recursos al legislador o al constituyente, exigiendo no obstante que si el legislador ha dispuesto que exista el recurso, el mismo debe ser idóneo, efectivo, sencillo y breve para dar respuesta a las violaciones de los derechos contemplados en la convención[2599]. Es decir, aunque no dispone una obligación para el constituyente de prever un derecho al recurso, sí exige un contenido esencial mínimo si el recurso existe, lo que no deja de ser una curiosa estrategia indirecta de afirmación del derecho. De hecho, la jurisprudencia extiende dicho contenido esencial a cualquier recurso, por supuesto de apelación[2600], pero también incluso ante un Tribunal Constitucional[2601].

En el espacio africano, la Carta Africana sobre Derechos Humanos y de los Pueblos (27 de junio de 1981)[2602] no dispuso realmente en su art. 7 un derecho a una segunda instancia ni a ninguna otra. El uso de la expresión "*right to an appeal*" hubiera podido ser interpretado como un uso impropio de esta palabra equivalente al término "*remedy*", o aún mejor, a un simple "*access to justice*". Pero sin embargo, la todavía escasa jurisprudencia[2603] del Tribunal Africano de Derechos Humanos y de los Pueblos —establecido en 2006— ha sido más audaz y ha considerado que el artículo citado obliga a los Estados a disponer un recurso de apelación contra las sentencias, y lo establece claramente como derecho de los ciudadanos[2604], lo que constituye una novedad que va bastante más allá, como se ha visto, de lo dispuesto en el espacio europeo.

2599 Corte IDH. Caso Trabajadores Cesados de Petroperú y otros Vs. Perú. Excepciones Preliminares, Fondo, Reparaciones y Costas. Sentencia de 23 de noviembre de 2017. Serie C No. 3442. Corte IDH. Caso Bámaca Velásquez Vs. Guatemala. Fondo. Sentencia de 25 de noviembre de 2000. Serie C No. 70. Corte IDH. Caso del Tribunal Constitucional Vs. Perú. Fondo, Reparaciones y Costas. Sentencia de 31 de enero de 2001. Serie C No. 712.

2600 Corte IDH. Caso San Miguel Sosa y otras Vs. Venezuela. Fondo, Reparaciones y Costas. Sentencia de 8 de febrero de 2018. Serie C No. 3485

2601 Corte IDH. Caso Trabajadores Cesados de Petroperú y otros Vs. Perú. Excepciones Preliminares, Fondo, Reparaciones y Costas. Sentencia de 23 de noviembre de 2017. Serie C No. 344.

2602 https://treaties.un.org/doc/Publication/UNTS/Volume%201520/volume-1520-I-26363-English.pdf

2603 https://www.african-court.org/wpafc/

2604 Mallya v Tanzania (merits and reparations) (2019) 3 AfCLR 482, §43. https://www.african-court.org/wpafc/african-court-law-report-volume-3-2019/. Werema v Tanzania (merits) (2018) 2 AfCLR 520, §68. Makungu v Tanzania (merits) (2018) 2 AfCLR 550, §57 https://www.african-court.org/wpafc/wp-content/uploads/2020/04/African-Court-Law-Report-Volume2-2017-2018.pdf.

De todo lo anterior cabe concluir que cuanto más modernas son las normas, mayor sensibilización existe por el derecho al recurso, de manera parecida a lo que se pudo ver al exponer los ordenamientos internos. De ello cabe inferir que se está abriendo camino un debate en torno a la introducción de este derecho de forma generalizada, y no solamente en el ámbito penal. Sobre su contenido se reflexionará más adelante.

3. MEDIOS DE IMPUGNACIÓN ESPECÍFICOS EN CASO DE VIOLACIÓN DE DERECHOS CONSTITUCIONALES

Habitualmente, los ordenamientos no disponen remedios específicos para impugnar resoluciones judiciales que hayan podido vulnerar derechos fundamentales. Se considera, en general, que la protección que dispensan los medios generalistas ya existentes en la justicia ordinaria son suficientes a tal fin.

Sin embargo, se han desarrollado algunas iniciativas relevantes en algunos Estados que ponen en cuestión ese principio general, aunque pocas de ellas son auténticos recursos, sino simples quejas o remedios que obligan a los tribunales a realizar un análisis específico de la vulneración de un determinado derecho en un caso concreto. Es decir, tienen un objeto muy especializado. Es el caso de la *Abhilfe bei Verletzung des Anspruchs auf rechtliches Gehör* del §321a de la ZPO alemana, creado tras una sentencia del Tribunal Constitucional[2605], y que se formula ante el mismo tribunal que habría cometido una vulneración del derecho de defensa en una resolución definitiva. Es un medio muy parecido al incidente de nulidad de actuaciones del art. 241 de la Ley de Enjuiciamiento Civil española, aunque este remedio se extiende a todo tipo de derechos fundamentales. En Francia, el "*recours-nullité*" (*appel-nullité* o *pourvoi-nullité*) ha sido creado por la jurisprudencia en caso de exceso de poder del juez (excès de pouvoir)[2606], si la apelación ordinaria no está disponible[2607].

2605 Vid. BVerfG. 30 April 2003, 1 PBvU 1/02, juris paragraph 49: "If the alleged violation of the fundamental procedural right occurs at the last instance provided for in the Rules of Procedure and if the error is material to the decision, the Rules of Procedure must provide for an independent judicial remedy."

2606 Guinchard et alii, *Droit processuel, Droits fondamentaux du procès*, 11th ed. 2021, n. 348.

2607 Vid. Cass. civ. 2, 9.1.2020, no 18-19.301, Dalloz actu., 4.2.2020, obs. R. Laffly - Civ. 2e, 16.12.2021, no 19-243, Dalloz actu., 17.1.2022, obs. N. Hoffschir.

Algo parecido vienen a ser las acciones o juicios de "amparo" de algunos países de América Latina, entre ellos Argentina[2608], Paraguay[2609], Ecuador[2610], México[2611], República Dominicana[2612], Panamá[2613], Honduras[2614],

2608 Art. 43 de la Constitución argentina: "Toda persona puede interponer acción expedita y rápida de amparo, siempre que no exista otro medio judicial más idóneo, contra todo acto u omisión de autoridades públicas o de particulares, que en forma actual o inminente lesione, restrinja, altere o amenace, con arbitrariedad o ilegalidad manifiesta, derechos y garantías reconocidos por esta Constitución, un tratado o una ley. En el caso, el juez podrá declarar la inconstitucionalidad de la norma en que se funde el acto u omisión lesiva. Podrán interponer esta acción contra cualquier forma de discriminación y en lo relativo a los derechos que protegen al ambiente, a la competencia, al usuario y al consumidor, así como a los derechos de incidencia colectiva en general, el afectado, el defensor del pueblo y las asociaciones que propendan a esos fines, registradas conforme a la ley, la que determinará los requisitos y formas de su organización. Toda persona podrá interponer esta acción para tomar conocimiento de los datos a ella referidos y de su finalidad, que consten en registros o bancos de datos públicos, o los privados destinados a proveer informes, y en caso de falsedad o discriminación, para exigir la supresión, rectificación, confidencialidad o actualización de aquellos. No podrá afectarse el secreto de las fuentes de información periodística. Cuando el derecho lesionado, restringido, alterado o amenazado fuera la libertad física, o en caso de agravamiento ilegítimo en la forma o condiciones de detención, o en el de desaparición forzada de personas, la acción de habeas corpus podrá ser interpuesta por el afectado o por cualquiera en su favor y el juez resolverá de inmediato aun durante la vigencia del estado de sitio."

2609 Art. 134. Del Amparo: Toda persona que por un acto u omisión, manifiestamente ilegítimo, de una autoridad o de un particular, se considere lesionada gravemente, o en peligro inminente de serlo en derechos o garantías consagradas en esta Constitución o en la ley, y que debido a la urgencia del caso no pudiera remediarse por la vía ordinaria, puede promover amparo ante el magistrado competente. (...)

2610 Art. 88.- La acción de protección tendrá por objeto el amparo directo y eficaz de los derechos reconocidos en la Constitución, y podrá interponerse cuando exista una vulneración de derechos constitucionales, por actos u omisiones de cualquier autoridad pública no judicial; contra políticas públicas cuando supongan la privación del goce o ejercicio de los derechos constitucionales; y cuando la violación proceda de una persona particular, si la violación del derecho provoca daño grave, si presta servicios públicos impropios, si actúa por delegación o concesión, o si la persona afectada se encuentra en estado de subordinación, indefensión o discriminación.

2611 Arts. 103 y 107 de la Constitución Política de los Estados Unidos Mexicanos.

2612 Art. 72 de la Constitución de República Dominicana: Acción de amparo. Toda persona tiene derecho a una acción de amparo para reclamar ante los tribunales, por sí o por quien actúe en su nombre, la protección inmediata de sus derechos fundamentales, no protegidos por el hábeas corpus, cuando resulten vulnerados o amenazados por la acción o la omisión de toda autoridad pública o de particulares, para hacer efectivo el cumplimiento de una ley o acto administrativo, para garantizar los derechos e intereses colectivos y difusos. De conformidad con la ley, el procedimiento es preferente, sumario, oral, público, gratuito y no sujeto a formalidades.

Guatemala[2615], Bolivia[2616] o Perú[2617], que se formulan ante diversos órganos judiciales. En realidad, a veces son solamente procedimientos civiles especiales para la protección específica de derechos fundamentales, y no realmente quejas intraprocesales contra una resolución judicial.

Todos ellos, por tanto, se separan realmente del objeto de estudio, puesto que no constituyen ningún derecho al recurso. Igual que tampoco lo representan las acciones por responsabilidad patrimonial del Estado por daños causados a la ciudadanía del art. L. 141-1 del Código de Organización Judicial[2618] de Francia, o la acción de responsabilidad patrimonial

---

2613 Art. 54. Toda persona contra la cual se expida o se ejecute, por cualquier servidor público, una orden de hacer o de no hacer, que viole los derechos y garantías que esta Constitución consagra, tendrá derecho a que la orden sea revocada a petición suya o de cualquier persona. El recurso de amparo de garantías constitucionales a que este artículo se refiere, se tramitará mediante procedimiento sumario y será de competencia de los tribunales judiciales.

2614 Art. 183. El Estado reconoce la garantía de amparo. En consecuencia toda persona agraviada o cualquiera otra en nombre de esta, tiene derecho a interponer recurso de amparo: 1. Para que se le mantenga o restituya en el goce o disfrute de los derechos o garantías que la constitución establece; y 2. Para que se declare en casos concretos que un reglamento, hecho, acto o resolución de autoridad, no obliga al recurrente ni es aplicable por contravenir, disminuir o tergiversar cualesquiera de los derechos reconocidos por esta Constitución. El Recurso de Amparo se interpondrá de conformidad con la Ley.

2615 Artículo 265. Procedencia del amparo. Se instituye el amparo con el fin de proteger a las personas contra las amenazas de violaciones a sus derechos o para restaurar el imperio de los mismos cuando la violación hubiere ocurrido. No hay ámbito que no sea susceptible de amparo, y procederá siempre que los actos, resoluciones, disposiciones o leyes de autoridad lleven implícitos una amenaza, restricción o violación a los derechos que la Constitución y las leyes garantizan.

2616 Artículo 128. La Acción de Amparo Constitucional tendrá lugar contra actos u omisiones ilegales o indebidos de los servidores públicos, o de persona individual o colectiva, que restrinjan, supriman o amenacen restringir o suprimir los derechos reconocidos por la Constitución y la ley.
Artículo 129. I. La Acción de Amparo Constitucional se interpondrá por la persona que se crea afectada, por otra a su nombre con poder suficiente o por la autoridad correspondiente de acuerdo con la Constitución, ante cualquier juez o tribunal competente, siempre que no exista otro medio o recurso legal para la protección inmediata de los derechos y garantías restringidos, suprimidos o amenazados.

2617 Art. 200.2 de la Constitución Política de Perú: "2. La Acción de Amparo, que procede contra el hecho u omisión, por parte de cualquier autoridad, funcionario o persona, que vulnera o amenaza los demás derechos reconocidos por la Constitución, con excepción de los señalados en el inciso siguiente. No procede contra normas legales ni contra Resoluciones Judiciales emanadas de procedimiento regular".

2618 Art. L. 141-1 COJ; "Para 1. *L'État est tenu de réparer le dommage causé par le fonctionnement défectueux du service public de la justice.* Para 2. *Sauf dispositions particulières, cette responsa-*

del Estado por el mal funcionamiento de la Administración de Justicia de España (arts. 292-296 de la Ley Orgánica del Poder Judicial), o la acción prevista en caso de dilaciones indebidas[2619] en Alemania, a través de la *Gesetz über den Rechtsschutz bei überlangen Verfahren*[2620].

Por ello, el estudio hará referencia breve solamente a las impugnaciones directas de los ciudadanos ante los tribunales constitucionales así como ante los tribunales supranacionales, que sí representan un derecho al recurso aunque superespecializado en la protección de derechos fundamentales. En realidad, tanto por su trascendencia general para la formación de jurisprudencia como por la restricción de las cuestiones de derecho que abordan los tribunales, se trata de pequeñas casaciones superespecializadas, o bien de recursos herederos de los recursos tradicionales ante los tribunales supremos[2621].

3.1. Medios de impugnación constitucionales

Los recursos por vulneración de derecho fundamental ante un tribunal constitucional deben distinguirse de las acciones de ciudadanos ante los tribunales constitucionales para el control de la constitucionalidad de las leyes, que se alejan del objeto de nuestro estudio. Tienen su origen en el caso Marbury v. Madison (1803)[2622] en EEUU y han sido descartadas por algunos Estados siguiendo el ejemplo inglés[2623], por ejemplo los Países Ba-

---

bilité n'est engagée que par une faute lourde ou par un déni de justice". Salvo en caso de violación manifiesta del Derecho de la Unión Europea por una resolución de un órgano jurisdiccional nacional que resuelva en última instancia, una acción de responsabilidad del Estado por el funcionamiento defectuoso del servicio público de la justicia basada en el art. L. 141-1 COJ no puede tener por efecto cuestionar una resolución judicial, al margen del ejercicio de recursos (Civ. 1, 18 November 2020, no. 19-19.517).

2619 Vid. por ejemplo BVerfG, 5 August 2013, 1 BvR 2965/10, NJW 2013. 3432. Vid. también BVerfG, 24 July 2008, 1 BvR 547/06, FamRZ 2008. 2258.

2620 GBl. I Nr. 60 vom 2. Dezember 2011, S. 2302.

2621 Vid. Kelsen, H., "Wesen und Entwicklung der Staatsgerichtsbarkeit", en: *Veröffentlichungen der Vereinigung der Deutschen Staatsrechtslehrer*, t. V, Berlín 1929, pp. 30 y ss. Ferreres Comella, V., *Justicia constitucional y democracia*, Madrid 2007, pp. 37 y ss. García-Cuevas Roque, Elena, "Orígenes de la justicia constitucional: un recorrido por Europa", en: AAVV (coord. Peña González), *Homenaje a D. Iñigo Cavero Lataillade*, 2005, p. 291.

2622 5 U.S. 137, 1803.

2623 Sorabji, J., "El Tribunal Supremo de Reino Unido: procedimientos, precedentes y reforma", Nieva; Cavani (ed.), *La casación hoy, cien años después de Calamandrei*, Madrid 2021, p. 107.

jos[2624], desde un respeto absoluto por la independencia del Parlamento con respecto a los tribunales.

El resultado de lo anterior es que no son tantos los países que disponen de un Tribunal Constitucional autónomo del Tribunal Supremo, y aún menos los que han previsto esta competencia para conocer de un recurso directo de los ciudadanos con el objeto específico de que se encargue de revisar una resolución judicial que ha vulnerado derechos fundamentales. Un pionero en esta materia, no tan conocido en el extranjero, fue el Tribunal de Garantías Constitucionales de la II República Española[2625], que existió desde 1933 a 1939 y que contaba entre sus competencias precisamente con un "recurso de amparo". Ese mismo recurso existe de nuevo desde 1980 como competencia del actual Tribunal Constitucional[2626]. Un sistema similar es el de la *Verfassungsbeschwerde* alemana (Art. 93, 4a GG[2627]). También cuentan con medios parecidos previstos en sus Constituciones países como Andorra (arts. 88[2628] y 98), Polonia (art. 79.1)[2629], Serbia[2630], Mon-

2624 Art. 120 de la Constitución de Países Bajos: The constitutionality of Acts of Parliament and treaties shall not be reviewed by the courts.

2625 Art. 121 de la Constitución Española de 1931.

2626 Artículo 161 de la Constitución española vigente de 1978. 1. El Tribunal Constitucional tiene jurisdicción en todo el territorio español y es competente para conocer: (...) b) Del recurso de amparo por violación de los derechos y libertades referidos en el artículo 53, 2, de esta Constitución, en los casos y formas que la ley establezca.

2627 Art. 93 de la *Grundgesetz*: "*Das BVerfG entscheidet über: [...] 4a. über Verfassungsbeschwerden, die von jedermann mit der Behauptung erhoben werden können, durch die öffentliche Gewalt in einem seiner Grundrechte oder in einem seiner in Artikel 20 Abs. 4, 33, 38, 101, 103 und 104 enthaltenen Rechte verletzt zu sein*; [...]".

2628 Judgments, once final, have the value of res judicata and may not be modified or quashed except in the cases provided for by the law or when, in exceptional cases, the Constitutional Court, after the corresponding process of Constitutional appeal, decides that they were rendered in violation of certain fundamental rights.

2629 Art. 79.1 In accordance with principles specified by statute, everyone whose constitutional freedoms or rights have been infringed, shall have the right to appeal to the Constitutional Tribunal for its judgment on the conformity to the Constitution de a statute or another normative act upon which basis a court or organ of public administration has made a final decision on his freedoms or rights or on his obligations specified in the Constitution.

2630 Art. 170. A constitutional appeal may be lodged against individual general acts or actions performed by state bodies or organisations exercising delegated public powers which violate or deny human or minority rights and freedoms guaranteed by the Constitution, if other legal remedies for their protection have already been applied or not specified.

tenegro[2631], Macedonia[2632], Perú (art. 202.2[2633]), Colombia[2634], Bolivia[2635], Sudáfrica[2636], Malta[2637], Albania[2638], Turquía[2639] y Hungría, que regula un recurso cuyo objeto incluso sobrepasa el ámbito de los derechos fun-

---

2631 Art. 149. Responsibility. The Constitutional Court shall decide on the following: (...) 3. Constitutional appeal due to the violation of human rights and liberties granted by the Constitution, after all other efficient legal remedies have been exhausted; (...)

2632 Art. 110. The Constitutional Court of the Republic of Macedonia (...) protects the freedoms and rights of the individual and citizen relating to the freedom of conviction, conscience, thought and public expression of thought, political association and activity as well as to the prohibition of discrimination among citizens on the ground of sex, race, religion or national, social or political affiliation. (...)

2633 Art. 202. Corresponde al Tribunal Constitucional: (...) 2. Conocer, en última y definitiva instancia, las resoluciones denegatorias de hábeas corpus, amparo, hábeas data, y acción de cumplimiento. (...).

2634 Art. 241. A la Corte Constitucional se le confía la guarda de la integridad y supremacía de la Constitución, en los estrictos y precisos términos de este artículo. Con tal fin, cumplirá las siguientes funciones: (...) 9. Revisar, en la forma que determine la ley, las decisiones judiciales relacionadas con la acción de tutela de los derechos constitucionales.

2635 Art. 202. Son atribuciones del Tribunal Constitucional Plurinacional, además de las establecidas en la Constitución y la ley, conocer y resolver: (...) 6. La revisión de las acciones de Libertad, de Amparo Constitucional, de Protección de Privacidad, Popular y de Cumplimiento. Esta revisión no impedirá la aplicación inmediata y obligatoria de la resolución que resuelva la acción.

2636 Art. 167 Constitutional Court (...) 6. National legislation or the rules of the Constitutional Court must allow a person, when it is in the interests of justice and with leave of the Constitutional Court:
a. to bring a matter directly to the Constitutional Court; or
b. to appeal directly to the Constitutional Court from any other court.

2637 95.(1) There shall be in and for Malta such Superior Courts having such powers and jurisdiction as may be provided by any law for the time being in force in Malta. (2) One of the Superior Courts, composed of such three judges as could, in accordance with any law for the time being in force in Malta, compose the Court of Appeal, shall be known as the Constitutional Court and shall have jurisdiction to hear and determine - (...) (c) appeals from decisions of the Civil Court, First Hall, under article 46 of this Constitution; (d) appeals from decisions of any court of original jurisdiction in Malta as to the interpretation of this Constitution other than those which may fall under article 46 of this Constitution. (...)

2638 Art. 131. The Constitutional Court decides on: (...) f) final examination of the complaints of individuals against the acts of the public power or judicial acts impairing the fundamental rights and freedoms guaranteed by the Constitution, after all effective legal means for the protection of those rights have been exhausted, unless provided otherwise by the Constitution.

2639 Art. 148. (...) Everyone may apply to the Constitutional Court on the grounds that one of the fundamental rights and freedoms within the scope of the European Convention on Human Rights which are guaranteed by the Constitution has been violated by

damentales y se extiende a toda la norma constitucional (art. 24.d[2640]). Sólo de manera muy matizable cabe incluir en esta lista a Lituania[2641], Croacia[2642], República Dominicana[2643], Chipre[2644], Bélgica[2645] y Aus-

---

public authorities. In order to make an application, ordinary legal remedies must be exhausted. (...).

2640 2. The Constitutional Court shall: (...) d. review any court ruling for conformity with the Fundamental Law further to a constitutional complaint.

2641 Art. 106 (...) Every person shall have the right to apply to the Constitutional Court concerning the acts specified in the first and second paragraphs of Article 105 if a decision adopted on the basis of these acts has violated the constitutional rights or freedoms of the person and the person has exhausted all legal remedies. The procedure for implementing this right shall be established by the Law on the Constitutional Court.

Vid. Art. 105. The Constitutional Court shall consider and adopt decisions on whether the laws of the Republic of Lithuania or other acts adopted by the Seimas are in conflict with the Constitution of the Republic of Lithuania. The Constitutional Court shall also consider whether the following are in conflict with the Constitution and laws: 1) the acts of the President of the Republic; 2) the acts of the Government of the Republic. (...)

2642 Art. 129. The Constitutional Court of the Republic of Croatia: (...) shall decide on constitutional petitions against individual decisions taken by governmental agencies, bodies of local and regional self-government and legal persons vested with public authority where such decisions violate human rights and fundamental freedoms, as well as the right to local and regional self-government guaranteed by the Constitution of the Republic of Croatia (...)

2643 Artículo 185.- Atribuciones. El Tribunal Constitucional será competente para conocer en única instancia: 1) Las acciones directas de inconstitucionalidad contra las leyes, decretos, reglamentos, resoluciones y ordenanzas, a instancia del Presidente de la República, de una tercera parte de los miembros del Senado o de la Cámara de Diputados y de cualquier persona con interés legítimo y jurídicamente protegido.

2644 Art. 146. 1. The Supreme Constitutional Court shall have exclusive jurisdiction to adjudicate finally on a recourse made to it on a complaint that a decision, an act or omission of any organ, authority or person, exercising any executive or administrative authority is contrary to any of the provisions of this Constitution or of any law or is made in excess or in abuse of powers vested in such organ or authority or person.

2. Such a recourse may be made by a person whose any existing legitimate interest, which he has either as a person or by virtue of being a member of a Community, is adversely and directly affected by such decision or act or omission.

2645 Art. 142. Il y a, pour toute la Belgique, une Cour constitutionnelle, dont la composition, la compétence et le fonctionnement sont déterminés par la loi. Cette Cour statue par voie d'arrêt sur:

1° les conflits visés à l'article 141;

2° la violation par une loi, un décret ou une règle visée à l'article 134, des articles 10, 11 et 24;

3° la violation par une loi, un décret ou une règle visée à l'article 134, des articles de la Constitution que la loi détermine.

tria[2646], dado que sus constituciones contienen más bien acciones de inconstitucionalidad de disposiciones generales ejercitadas por las ciudadanos, pensadas más bien para formular quejas frente a leyes, reglamentos e incluso actos administrativos, pero sólo eventualmente frente a resoluciones judiciales, que en todo caso son del ámbito administrativo tras el agotamiento de esta vía jurisdiccional.

Otros países como Italia, Bulgaria, Rumanía, Bosnia y Herzegovina, Eslovaquia, la República Checa, Ucrania, Portugal, Chile, Túnez, Somalia o Corea cuentan con un tribunal constitucional, pero entre sus competencias no se dispone este recurso directo de los ciudadanos por vulneración judicial de sus derechos fundamentales.

Cada uno de los países que cuentan con recursos por la vulneración de derechos fundamentales poseen normas de procedimiento específicas, naturalmente, pero su tratamiento no es relevante para abordar la justificación del establecimiento de este recurso ante un tribunal constitucional, que es lo que interesa esclarecer en este apartado. En este sentido, no parece haber un criterio político único a la hora de decidir sobre la disposición de este recurso superespecializado en una Constitución. En el caso de España —más allá de sus particulares antecedentes históricos—, Alemania y Austria, pudo tener una influencia decisiva la consciencia de que tras los períodos de dictadura, los integrantes de su poder judicial, incluso por su formación como juristas —propia de principios del siglo XX— podrían no ser todo lo sensibles que debieran a la protección de los derechos fundamentales[2647], lo que justificaba la creación de un alto tribunal específico que se encargara de corregir a la justicia ordinaria si los ignoraba[2648].

La Cour peut être saisie par toute autorité que la loi désigne, par toute personne justifiant d'un intérêt ou, à titre préjudiciel, par toute juridiction.

2646 Artikel 144. (1) Der Verfassungsgerichtshof erkennt über Beschwerden gegen Bescheide der Verwaltungsbehörden einschließlich der unabhängigen Verwaltungssenate, soweit der Beschwerdeführer durch den Bescheid in einem verfassungsgesetzlich gewährleisteten Recht oder wegen Anwendung einer gesetzwidrigen Verordnung, einer gesetzwidrigen Kundmachung über die Wiederverlautbarung eines Gesetzes (Staatsvertrages), eines verfassungswidrigen Gesetzes oder eines rechtswidrigen Staatsvertrages in seinen Rechten verletzt zu sein behauptet. Die Beschwerde kann erst nach Erschöpfung des Instanzenzuges erhoben werden.

2647 Vid. Rüthers, B., *Entartetes Recht. Rechtslehren und Kronjuristen im Dritten Reich*, München 1988. Müller, Ingo, *Furchtbare Juristen*, München 1987.

2648 Vid. los artículos contenidos en Kelsen, H., *Wer soll Hüter der Verfassung sein?*, Tübingen 2019.

Una motivación similar pudo existir en Sudáfrica, tras la superación del *apartheid*, e igualmente en los países de la antigua órbita soviética, más allá de un intento de presentarse como Estados con una imagen más democrática ante la comunidad internacional, reflejando así públicamente una superación de sus períodos autoritarios que pudiera convencer al Consejo de Europa y a la Unión Europea a los fines de lograr la adhesión. En Andorra pesa mucho también el criterio de esas dos organizaciones, aunque además, igual que en los países de América latina, puede haber tenido una cierta influencia un mimetismo con el ordenamiento español, quedando solamente por explicar las razones de Malta y Chipre, que más que con la Unión Europea y el Consejo de Europa —aun sin descartarlo—, tal vez tengan más que ver con una habitual ambición de la clase política de países pequeños por poseer todas las instituciones de un país de mayor tamaño.

En todo caso, ¿es preciso tener este recurso ante un Tribunal Constitucional, disponiendo ya de la protección de los tribunales ordinarios? La *Comunicación de la Comisión al Parlamento Europeo, al Consejo, al Consejo Económico y Social Europeo y al Consejo de las Regiones* (2020 *Rule of Law Report*)[2649] se refiere sólo a la importancia del control de constitucionalidad de las leyes, pero ni siquiera hace esa referencia de forma generalizada ni aborda el caso del recurso directo para la protección de derechos fundamentales. Por su parte, el *Rule of Law Checklist* de la Comisión de Venecia (2016)[2650] se ocupa más bien de la independencia e imparcialidad de los jueces, así como de la facilidad en el libre acceso a los tribunales, pero tampoco específicamente de ese recurso ante un tribunal constitucional, ni siquiera su existencia.

No se puede decir en absoluto que los países democráticos que no poseen este remedio, que a decir verdad son la enorme mayoría, tengan a sus ciudadanos menos protegidos por esta razón. De hecho, en estos momentos son dignos de reflexión precisamente los casos de Turquía, Hungría[2651] y en menor medida de Polonia, Estados que sí que cuentan con el recurso y que en cambio están teniendo problemas graves de legitimación democrá-

---

2649 30.9.2020, COM(2020) 580 final.

2650 https://www.venice.coe.int/images/SITE%20IMAGES/Publications/Rule_of_Law_Check_List.pdf

2651 Recommendation CM/Rec(2010)5, of the Committee of Ministers to member states on measures to combat discrimination on grounds of sexual orientation or gender identity. https://search.coe.int/cm/Pages/result_details.aspx?ObjectID=09000016805cf40a

tica ante la Unión Europea[2652] y previsiblemente ante el propio Tribunal Europeo de Derechos Humanos[2653].

Por ello, este recurso es prescindible. De hecho, en el ámbito europeo retrasa la oportunidad del Tribunal Europeo de Derechos Humanos para pronunciarse sobre el asunto en cuestión. Su existencia, además, no garantiza que el Tribunal Constitucional esté integrado por jueces más concienciados en materia de derechos fundamentales, sino que se trata con frecuencia de jueces del propio poder judicial y además con influencia política en su designación. Por añadidura, dado que tanto en el área europea como en el área americana, e incipientemente en el área africana, existe ya —como vamos a ver— un tribunal internacional de referencia en la materia con una jurisprudencia consolidada sobre cada derecho fundamental, la existencia de estos tribunales constitucionales en realidad constituye una oportunidad nacional de ignorar dicha jurisprudencia, lo que resulta nefasto. El problema se detectó en alguna ocasión en España en materia de libertad de expresión[2654] o en Alemania en diversas materias[2655].

3.2. Medios de impugnación externos

En el ámbito internacional existe desde hace décadas una preocupación por la vigencia de los derechos humanos que ha hecho disponer diferentes mecanismos para que los ciudadanos de todo el mundo puedan acudir de un modo u otro a los mismos. No se trata de auténticos recursos, puesto que el cumplimiento de sus resoluciones queda, con mayor o menor intensidad, a la buena voluntad de los Estados. Con todo, como ya se ha dicho, esos mecanismos crean un cuerpo doctrinal relevante que orienta a los tribunales de todos los países. De hecho, igual que el Tribunal Supremo Federal de los EEUU ha servido de inspiración en materia de derechos humanos —particularmente en la jurisprudencia sobre la regla de

---

[2652] Communication from the Commission to the European Parliament, the Council, the European Economic and Social Committee and the Committee of the Regions. Union of Equality: LGBTIQ Equality Strategy 2020-2025. Brussels, 12.11.2020. COM(2020) 698 final. https://eur-lex.europa.eu/legal-content/EN/TXT/?uri=CELEX:52020DC0698

[2653] Bayev and others v. Russia, (n. 67667/09), 13/11/2017.

[2654] Judgment of the Spanish Constitutional Court 190/2020, 15.12.2020.

[2655] Ekardt, Felix; Lessmann, Verena, "EuGH, EGMR und BVerfG: Die dritte Gewalt im transnationalen Mehrebenensystem", *Kritische Justiz*, 2006, p. 381. Mückl, Stefan, "Kooperation oder Konfrontation? - Das Verhältnis zwischen Bundesverfassungsgericht und Europäischem Gerichtshof für Menschenrechte", *Der Staat*, Vol. 44, No. 3 (2005), p. 403. BVerwG, NVwZ 2000, p. 810.

exclusión[2656] y derechos del reo[2657]—, el TEDH también tiene una especial relevancia sobre la Corte Interamericana de Derechos Humanos. De ese modo, se activa un diálogo entre tribunales que propicia el intercambio de puntos de vista sobre la mejor protección de los ciudadanos.

3.2.1. A nivel regional

En el ámbito regional existen tres grandes tribunales internacionales que se ocupan de la protección de derechos humanos, y que están a disposición de los ciudadanos a fin de obtener un recurso contra las resoluciones judiciales definitivas que se dictaron en su perjuicio en sus Estados. Dichos tribunales son el TEDH, la Corte Interamericana de Derechos Humanos y el Tribunal Africano de Derechos Humanos y de los Pueblos. Se trata de auténticos hitos en la historia del Derecho que cubren áreas geográficas inmensas, y que suponen la extensión de la cultura de los derechos humanos por todo el mundo, por mucho que, como sucede con el TEDH, estén sujetos al principio de subsidiariedad[2658], que hace responsables en primer lugar a los Estados del respeto de los derechos, antes que al TEDH[2659].

3.2.1.1. El recurso individual ante el Tribunal Europeo de Derechos Humanos

Agotados los recursos de derecho interno ante la jurisdicción de uno de los Estados firmantes del Convenio (art. 35 CEDH), cualquier particular, ONG, o grupo de particulares (art. 34 CEDH), o un Estado signatario del Convenio contra otro (art. 33 CEDH), pueden someter un asunto al TEDH, genéricamente considerado, si estiman que una resolución —habitualmente de un órgano jurisdiccional—, ha violado los derechos recono-

---

2656 Weeks v. US, 232 U.S. 383 (1914). *Silverthorne Lumber Co. v. United States*, 251 U.S. 385 (1920), *Nardone v. U.S.* 308 U.S. 338 (1939).

2657 Miranda v. Arizona, 384 U.S. 436 (1966).

2658 Carozza, Paolo G., "Subsidiarity as a Structural Principle of International Human Rights Law", *American Journal of International Law*, January 2003, p. 38. Sibanda, Sanele, "Beneath it all lies the principle of subsidiarity: the principle of subsidiarity in the African and European regional human rights systems", *The Comparative and International Law Journal of Southern Africa*, Vol. 40, No. 3, Nov. 2007, p. 425. Füglistaler, Gabriel, "The Principle of Subsidiarity and the Margin of Appreciation. Doctrine in the European Court of Human Rights' Post-2011 Jurisprudence", *Cahier de l'IDHEAP* 295/2016, p. 1.

2659 Vid. Bjorge, E. *Domestic application of the ECHR. Courts as faithful trustees*, Oxford 2015.

cidos en la CEDH o en el resto de Protocolos que completan al Convenio (art. 34)[2660].

El plazo para interponer la demanda es de cuatro meses desde que se dicta la resolución firme (art. 35 CEDH). Su contenido viene definido por el art. 47 del Reglamento del tribunal[2661], del que destaca sobre todo el "*concise and legible statement of the facts*" (e) and the "*concise and legible statement of the alleged violation(s) of the Convention and the relevant arguments*" (f), que son los aspectos más relevantes de su fundamentación y que a pesar de estar formulados de un modo que intenta ser sencillo —y que pueden redactarse en la lengua propia (art. 34 del Reglamento)—, finalmente se convierten en el principal aspecto del que se preocupan los abogados que lo redactan. De hecho, el idioma de redacción es un aspecto importante, dado que las últimas reformas del Reglamento tratan de conducir a las partes al uso del inglés o del francés, las lenguas oficiales del TEDH. Y en realidad se trata de las lenguas que pueden entender debidamente todos los jueces, lo que, se quiera o no, es importante para el éxito del recurso.

3.2.1.2. Requisitos de admisión

En primer lugar, si la demanda es individual —es decir, si no es de un Estado—, la analizará un juez único que no sea de ese Estado (art. 27 CEDH). Si el juez único no la inadmite de plano, la pasará a un comité (art. 28 CEDH). El comité la decidirá en el fondo si basa la decisión en jurisprudencia constante del TEDH, o en caso contrario la difiere a una de las salas, que realizará un nuevo análisis de admisión (art. 29 CEDH).

Si se supera ese nuevo examen, decidirá el asunto la propia sala, salvo que no haya jurisprudencia anterior o considere necesario modificarla, en cuyo caso traspasa el asunto a la Gran Sala (art. 30 CEDH).

En todo caso, las posibilidades de inadmisión del TEDH son enormes[2662], considerando las causas de la misma establecidas en los arts. 35 y 37 CEDH. Especialmente destacan las siguientes, relacionadas con el fondo del asunto:

[2660] Sobre los recursos al TEDH, vid. Thavard, B. "The admissibility Hurdle", *Verfassungsblog*, 27-5-2021: https://verfassungsblog.de/the-admissibility-hurdle/, and of course the site of the Court itself: https://www.echr.coe.int/Pages/home.aspx?p=applicants&c

[2661] https://www.echr.coe.int/documents/rules_court_eng.pdf

[2662] Vid. de nuevo Thavard, B. "The admissibility Hurdle", *Verfassungsblog*, 27-5-2021: https://verfassungsblog.de/the-admissibility-hurdle/

- La solicitud es sustancialmente idéntica a un asunto que ya ha sido examinado por el Tribunal o que ya ha sido sometido a otro procedimiento de investigación o solución internacional y no contiene ninguna información nueva pertinente.
- La solicitud es incompatible con las disposiciones del Convenio o de sus Protocolos, manifiestamente infundada o constituye un abuso del derecho a presentar solicitudes individuales.
- El solicitante no ha sufrido una desventaja significativa, a menos que el respeto de los derechos humanos, tal como se definen en el Convenio y sus Protocolos, requiera un examen de la solicitud en cuanto al fondo.
- Pérdida de interés en la solicitud, particularmente si por cualquier (...) razón establecida por el Tribunal, ya no está justificado continuar el examen de la solicitud (art. 37 CEDH).

La inadmisión puede producirse en todo momento del proceso (art. 35.4 y 37.1 CEDH). Si la solicitud es admitida definitivamente, el tribunal puede fijar un plazo para que las partes presenten observaciones escritas complementarias o prueba, y hasta una vista, aunque no suele hacer ninguna de las dos cosas.

A pesar de la importante —y en parte preocupante— influencia de las ONG sobre el TEDH[2663], el protagonismo de los Estados es preponderante. Pueden participar en el proceso como terceros si uno de sus nacionales ha presentado una solicitud, e incluso el Presidente del Tribunal puede invitar a un Estado no parte "en interés de la debida administración de justicia" (art. 36 CEDH).

El tribunal, previa una investigación del caso, puede intentar una mediación ante el propio tribunal (art. 38 y 39 CEDH).

3.2.1.3. Efectos de la estimación del recurso

Si la mediación y la fase de doce semanas de intercambio amistoso de ofertas[2664] no ha tenido éxito, el TEDH entrará en el fondo del asunto y

---

[2663] Vid. European Centre for Law & Justice, *NGOs and Judges of the ECHR, 2009-2019*, Strasbourg 2020, http://media.aclj.org/pdf/ECLJ-Report,-NGOs-and-the-Judges-of-the-ECHR,-2009—2019,-February-2020,-Complete-Edition.pdf

[2664] Tametti, A., "Les méthodes de travail de la Cour européenne", *in*: L. Robert et H. Surrel, *Quel avenir pour le système européen de protection des droits de l'homme?*, 2020, p. 70.

dictará sentencia. Incluso si el Derecho del Estado sólo ofrece satisfacción parcial al litigante, tomará las medidas oportunas para que la satisfacción sea total (art. 41 CEDH). No existe recurso contra la decisión de la Sala, pero cualquiera de las partes tiene un plazo de tres meses para llevar el caso a la Gran sala "*en casos excepcionales*". Sobre la admisión del caso decidirá una sección de cinco jueces de la Gran Sala. Lo admitirán si se trata de un caso de importancia general, o muy relevante para la interpretación del CEDH.

Los efectos de la sentencia del TEDH son vinculantes, según dispone el art. 46 CEDH, que prevé que en caso de incumplimiento del Estado, el Comité de Ministros podrá tomar las medidas oportunas para forzar ese cumplimiento, dado que la resistencia supone la violación de un tratado internacional. Sin embargo, los incumplimientos son reiterados y hasta los legisladores nacionales han creado procedimientos judiciales internos para analizar cómo ejecutar una sentencia del TEDH, lo que no era en absoluto necesario y en realidad demora el cumplimiento de la sentencia[2665]. Todo se debió a una bienintencionada pero imprudente Recomendación[2666] del año 2000 del Comité de ministros del Consejo de Europa enfocada a facilitar el cumplimiento de las sentencias del Tribunal Europeo de Derechos Humanos, y no a dificultarlas, y que proponía la creación de un procedimiento específico a tal efecto. Así nacieron los procedimientos del Derecho alemán (§580.8 ZPO), francés (art. L. 452-1 COJ[2667] o art. 622-1 del *Code de Procédure Pénale*), turco (art. 311 del *Ceza Muhakemesi Kanunu*) o español (art. 510.2 de la Ley de Enjuiciamiento Civil).

2665 Nieva-Fenoll, "Juzgar dos veces (Comentario a la sentencia de la Sala II del Tribunal Supremo de 15 de diciembre de 2020, en el caso Bateragune)", *InDret* 1.2021, p. 615.

2666 n. R (2000) 2, apéndice 2.

2667 Art. L. 452-1 COJ: "*Le réexamen d'une décision civile définitive rendue en matière d'état des personnes peut être demandé au bénéfice de toute personne ayant été partie à l'instance et disposant d'un intérêt à le solliciter, lorsqu'il résulte d'un arrêt rendu par la Cour européenne des droits de l'homme que cette décision a été prononcée en violation de la convention européenne de sauvegarde des droits de l'homme et des libertés fondamentales ou de ses protocoles additionnels, dès lors que, par sa nature et sa gravité, la violation constatée entraîne, pour cette personne, des conséquences dommageables auxquelles la satisfaction équitable accordée en application de l'article 41 de la même convention ne pourrait mettre un terme. Le réexamen peut être demandé dans un délai d'un an à compter de la décision de la Cour européenne des droits de l'homme. Le réexamen d'un pourvoi en cassation peut être demandé dans les mêmes conditions*".

3.2.1.4. Comisión (y Corte) Interamericana y Tribunal Africano de los Derechos Humanos y de los Pueblos

Un mecanismo similar al del TEDH existe en el ámbito americano, con especial relevancia en América Latina[2668]. Se trata de la Corte Interamericana de Derechos Humanos, que actúa fundamentalmente con una fase previa ante la Comisión Interamericana de Derechos Humanos[2669] que distancia ya demasiado este medio del objeto de nuestro estudio, dado que el mecanismo no abre realmente nada parecido a un recurso y, por tanto, no se puede hablar en este ámbito de un derecho al mismo.

En realidad, se trata solamente de denuncias o peticiones que puede presentar la ciudadanía o una ONG ante la Comisión citada[2670], integrada por personas elegidas por la Organización de Estados Americanos (arts. 44 y ss de la Convención). La Comisión exige que se hayan agotado los recursos ante la jurisdicción interna (art. 46), pero insisto que lo que se abre a partir de ahí, nada tiene que ver con un recurso. La Comisión intenta una mediación con el Estado y, en caso contrario, emite un informe (art. 50), que en caso de no dar resultado, podrá ser sometido a la Corte Interamericana de Derechos Humanos pero, y esto es muy importante, solamente por los Estados parte del convenio o por la propia comisión, buscando así alterar o corroborar su informe (arts, 61 y ss)[2671], lo que confirma que nada tiene que ver lo anterior con un recurso.

2668 Vid. https://www.corteidh.or.cr/estatuto.cfm?lang=en. Veinte Estados han reconocido la jurisdicción de la Corte, incluyendo a los siguientes: Argentina, Barbados, Bolivia, Brasil, Chile, Colombia, Costa Rica, República Dominicana, Ecuador, El Salvador, Guatemala, Haití, Honduras, México, Nicaragua, Panamá, Paraguay, Perú, Surinam y Uruguay.

2669 https://www.oas.org/en/iachr/

2670 Digest of the Inter-American Commission on Human Rights on Its Admissibility and Competence Criteria, 2020 (https://www.oas.org/en/iachr/reports/pdfs/Digesto-ADM-en.pdf).

2671 Art. 6: "1. Only the States Parties and the Commission shall have the right to submit a case to the Court.
2. In order for the Court to hear a case, it is necessary that the procedures set forth in Articles 48 and 50 shall have been completed."
Article 62: "1. A State Party may, upon depositing its instrument of ratification or adherence to this Convention, or at any subsequent time, declare that it recognizes as binding, ipso facto, and not requiring special agreement, the jurisdiction of the Court on all matters relating to the interpretation or application of this Convention.
2. Such declaration may be made unconditionally, on the condition of reciprocity, for a specified period, or for specific cases. It shall be presented to the Secretary General of the Organization, who shall transmit copies thereof to the other member states of the Organization and to the Secretary of the Court.

Como se ve, todo el procedimiento descrito no es más que un medio de resolución alternativa de conflictos, es decir, un ADR —*Alternative Dispute Resolution*— sólo con apariencia de recurso ante un tribunal para darle más peso psicológico a sus decisiones, pero poco más. Alejándose, por tanto, del objeto del estudio, debe abandonarse aquí el análisis.

Un procedimiento absolutamente similar es el que se sustancia ante la Tribunal Africano de Derechos Humanos y de los Pueblos[2672] que, por la misma razón, tampoco debe ser comentado[2673]. Ni siquiera a ese nivel llega la Comisión Asiática de Derechos Humanos[2674], que es solamente una ONG de juristas y activistas de los derechos humanos en Asia.

3.2.2. A nivel internacional

A nivel mundial no existe ningún tribunal que pueda abrir nada parecido a un recurso frente a resoluciones judiciales nacionales. El único organismo con impacto internacional que posee al menos, entre otros objetivos

---

3. The jurisdiction of the Court shall comprise all cases concerning the interpretation and application of the provisions of this Convention that are submitted to it, provided that the States Parties to the case recognize or have recognized such jurisdiction, whether by special declaration pursuant to the preceding paragraphs, or by a special agreement.

Article 63: "1. If the Court finds that there has been a violation of a right or freedom protected by this Convention, the Court shall rule that the injured party be ensured the enjoyment of his right or freedom that was violated. It shall also rule, if appropriate, that the consequences of the measure or situation that constituted the breach of such right or freedom be remedied and that fair compensation be paid to the injured party.

2. In cases of extreme gravity and urgency, and when necessary to avoid irreparable damage to persons, the Court shall adopt such provisional measures as it deems pertinent in matters it has under consideration. With respect to a case not yet submitted to the Court, it may act at the request of the Commission."

2672 https://www.african-court.org/wpafc/

2673 Vid. el African (Banjul) Charter on Human and Peoples' Rights (https://www.african-court.org/wpafc/wp-content/uploads/2020/04/AFRICAN-BANJUL-CHARTER-ON-HUMAN-AND-PEOPLES-RIGHTS.pdf) y el Protocol to the African Charter on Human and Peoples Rights on the Establishment of an African Court on Human and Peoples Rights (https://www.african-court.org/wpafc/wp-content/uploads/2020/10/2-PROTOCOL-TO-THE-AFRICAN-CHARTER-ON-HUMAN-AND-PEOPLES-RIGHTS-ON-THE-ESTABLISHMENT-OF-AN-AFRICAN-COURT-ON-HUMAN-AND-PEOPLES-RIGHTS.pdf)

2674 http://www.humanrights.asia/#:~:text=The%20Asian%20Human%20Rights%20Commission&text=The%20AHRC%20is%20an%20independent,victims%20of%20human%20rights%20violations.

más generales[2675], el examen de denuncias de violaciones de derechos con cierto impacto sobre los Estados, es el Comité de Derechos Humanos de Naciones Unidas[2676]. Su texto base recopilatorio de derechos es el Pacto Internacional de Derechos Civiles y Políticos (16-12-1966)[2677].

El trabajo del Comité, aun siendo formalmente contencioso, carece de efectos estrictamente vinculantes. Su procedimiento de actuación está descrito en el art. 41 del Pacto y en su Primer Protocolo Facultativo[2678], aunque tiene muchas reservas de un gran número de países[2679]. Las denuncias solamente pueden efectuarse una vez agotados los recursos internos. De las mismas, el Comité da traslado al país involucrado para que se pronuncie en un plazo de seis meses. Tras esas informaciones, el Comité dictamina.

Se trata, por tanto, de un simple embrión de tribunal internacional, pero al que no se le puede atribuir en absoluto esa clasificación. Además, muchos países —la mayoría de los europeos— no reconocen efectos vinculantes a los dictámenes del Comité si el caso ya fue objeto de análisis a través de un procedimiento internacional, como es el caso del Tribunal Europeo de Derechos Humanos. Por ello, cuando pese a todo el Comité se pronuncia, el valor de su dictamen es cuestionable, más allá del peso que en cada momento quiera atribuirle la comunidad internacional.

3.2.3. Impacto de los medios de impugnación supranacionales y jurisprudencia sobre la existencia o el diseño de los medios de impugnación nacionales

Dejando de lado los procedimientos para el cumplimiento de las sentencias del TEDH que existen en varios Estados —y que no suponen ningún recurso—, la realidad es que la jurisprudencia internacional no ha tenido el más mínimo impacto en el diseño de la estructura del sistema de recursos, a excepción de Suiza, que dispone un recurso final contra las sentencias del

---

2675 Informes generales sobre derechos humanos y valoración de los informes nacionales anuales que elaboran los Estados (art. 40).

2676 Vid. https://www.ohchr.org/EN/HRBodies/TBPetitions/Pages/HRTBPetitions.aspx

2677 https://www.ohchr.org/en/instruments-mechanisms/instruments/international-covenant-civil-and-political-rights

2678 https://web.archive.org/web/20081220175814/http://www2.ohchr.org/english/law/ccpr-one.htm

2679 https://web.archive.org/web/20080611154109/http://www2.ohchr.org/english/bodies/ratification/5.htm

Tribunal Supremo tras una sentencia del TEDH[2680]. Los Estados han mantenido su estructura original y al menos en el ámbito civil, poco o nada han cambiado. Diferente es la situación en el ámbito penal, en el que en diversos países se introdujo por fin el recurso de apelación, que no existía como consecuencia de partir muchas de las modernas regulaciones del siglo XIX del sistema inglés de jurados[2681], habiendo solamente dispuesto la casación como único recurso contra las sentencias. Y es obvio que en esa introducción de la apelación tuvo un peso decisivo, no solamente el derecho a la revisión de las condenas del art. 2 del Protocolo n. 7 de la CEDH, sino también el correspondiente art. 14.5 del Pacto Internacional de Derechos Civiles y Políticos. Pero como se ha dicho, todo ello ha ocurrido en el ámbito penal, no en el civil.

Donde sí ha existido un indudable impacto de la jurisprudencia internacional en el proceso civil ha sido tanto en la cognición sobre cuestiones probatorias como en el sistema de admisión de los recursos. El segundo se ha hecho más flexible, mientras que el primero se ha alejado completamente del modelo del *novum iudicium*, situándose cada vez más en el sistema de la *revisio prioris instantiae*. Ambas cuestiones han afectado en parte al diseño legal de los recursos pero, insisto, solamente en cuanto al objeto de su cognición. Por ello, toda esta temática será examinada en el siguiente apartado.

Lo que sí ha existido es una extensión de la consciencia en torno a la existencia de un derecho al recurso, en general en cualquier proceso, que hasta se ha reflejado, como ya vimos, en algunas constituciones. Es posible que en un futuro esos preceptos influyan en las futuras reformas que se emprendan en cada país. Pero las reformas constitucionales suelen ser muy lentas y no es previsible una explosión del reconocimiento expreso del derecho en este sentido.

4. ¿DEBE EXISTIR EL DERECHO A LA REVISIÓN DE RESOLUCIONES JUDICIALES?

Llegados a este punto, es necesario pronunciarse sobre si debe existir o no un derecho al recurso, y si el mismo basta que sea constitucionalizado

---

2680 Art. 122. Bundesgerichtsgesetz. https://www.fedlex.admin.ch/eli/cc/2006/218/de#art_122. Vid. también art. 328(2) del Código de Proceso Civil para las sentencias de los tribunals cantonales.

2681 Vid. Pradel, "Le jury en France. Une histoire jamais terminée", *Revue internationale de droit pénal*, 2001/1, vol. 72, p. 175.

o debe ser también fundamentalizado. Hasta el momento, la existencia de los recursos, como se ha visto, se ha debido sobre todo al peso de la tradición del modelo romano original[2682]. Pero en este momento es necesario ir más allá y pronunciarse sobre si existe una mejor justicia cuando un ordenamiento reconoce recursos, y si por tanto es imprescindible o no que existan y cuáles deben ser sus fronteras. A todas estas cuestiones se dedica el siguiente epígrafe, dejando para el último apartado la decisión final sobre la conveniencia de la constitucionalización/fundamentalización.

4.1. Esencia

No ha sido este un tema que haya interesado por lo general a la doctrina. Cuando se estudia el fundamento de la existencia de los recursos, una vez descartado que sirvan ya para combatir una injusticia, sobre todo por lo complejo e impreciso del mismo concepto de "justicia", se reconoce que pese a todo probablemente su origen remoto sí pudo ser ese, al menos en las conciencias de las gentes que los crearon, más allá de la simple subordinación de los jueces inferiores a un juez superior[2683]. Pero actualmente es necesario buscar un fundamento más preciso que explique la presencia del recurso en el ordenamiento jurídico desde una perspectiva esencialmente organizativa.

A ese fin, se alude a la voluntad de corregir un error jurídico o de hecho como razón de existencia de los recursos[2684], pero sin embargo, tal fundamento no es defendible. La realidad es que se revocan no pocas resoluciones, no porque sean erróneas, ni mucho menos, sino porque el tribunal *ad quem* posee otra opinión sobre el asunto, tan válida como la de la primera instancia, pero basada en apreciaciones fácticas y jurídicas diferentes. Y no es ilegítima esa revocación, puesto que está entre las atribuciones de cualquier tribunal de recurso en tanto en cuanto las leyes no lo prohíban. De hecho, históricamente[2685] se partía de la base de que el fundamento de los recursos se sitúa en el perjuicio o gravamen que la resolución recurrida le provoca al litigante recurrente, lo que legitima su posibilidad de recurrir con el propósito de obtener un mejor fallo. Así surgió en Alemania, por

---

2682 Kaser, M. / Hackl, K., *Das römische Zivilprozessrecht*, München 1996, pp. 46, 501.

2683 Nobles, R. Schiff, D., "The Right to Appeal and Workable Systems of Justice", *The Modern Law Review,* 2002 (first published 2008), Volume 65, Issue 5 p. 676.

2684 Dalton, H. L., 'Taking the Right to Appeal (More or Less) Seriously' (1985), 95(1) Yale Law Journal 62, p. 69.

2685 D., XLIX, 5 art. 100— ex 30.

ejemplo, la doctrina del gravamen material[2686], aunque fuera criticada por otros autores[2687].

Pero sin embargo, ese perjuicio es más bien una razón que autoriza a un litigante concreto a recurrir, pero no es un fin general, sistémico, del ordenamiento jurídico, puesto que la reparación de perjuicios es una de las expectativas que tiene cualquier ciudadano con la justicia en general, no solamente con un recurso, y por tanto no lo individualiza a estos efectos. Cuando se busca la esencia de una institución, en este caso de un supuesto derecho al recurso, se piensa más bien en un objetivo del ordenamiento jurídico que pueda servir a los fines políticos del Estado en general. Y en este particular, la razón esencial que se está intentando localizar podría hallarse en alguna tarea, finalidad u orientación relacionada con las labores del poder judicial pero que, como se ha dicho, individualice al recurso como la institución adecuada para cumplir ese fin.

Pues bien, aunque algún intento ha habido de abolir el derecho al recurso, en particular el de apelación[2688], pero también el de casación[2689], la escasa doctrina que se ha planteado este tema ha subrayado como fundamento de los recursos una vocación estatal de excelencia en la labor del poder judicial, que lógicamente se produciría cuando las resoluciones judiciales son revisadas por un juez distinto de aquel que las ha dictado[2690]. Allorio incluso ofreció una razón adicional que avala también la existencia de los recursos: el juez de apelación examina la obra ya realizada por otro juez, lo cual le otorga una serenidad y objetividad mayores que las que tuvo el juez *a quo*, y le permite que el grado de certeza o corrección del segundo juez sea también mayor[2691]. Lo que amplía probablemente las posibilida-

---

2686 Bettermann, "Die Beschwer als Rechtsmittelvoraussetzung im deutschen Zivilprozeß", *ZZP* n. 82. 1969, p. 46 y ss.

2687 Baur, F., "Zur "Beschwer" im Rechtsmittelverfahren des Zivilprozeßes". *Festschrift für Lent,* 1957, p. 1 y ss.

2688 Aun estando en contra de la apelación, refirió esta tendencia Perrot, R., "Le principe de double degré de juridiction et son evolution en droit judiciaire privé français", *Studi in Onore di Enrico Tulio Liebman,* Vol. III, Milano 1979, p. 1971.

2689 Molina Galicia, René, *Reflexiones sobre una nueva visión constitucional del proceso y su tendencia jurisprudencial. ¿Hacia un gobierno judicial?,* Caracas 2008, p. 51.

2690 Vid. Perrot, Roger, *Le principe de double degré de juridiction et son evolution en droit judiciaire privé français,* en: "Studi in Onore di Enrico Tulio Liebman", Vol. III, Giuffrè, Milano 1979, p. 1971: "*La justice des hommes est faillible: ses décisions peuvent être entachées d'erreurs ou d'insuffisances. Il est donc raisonnable d'offrir à tout plaideur la possibilité de soumettre l'affaire qui le concerne à la connaissance de deux juridictions succesives* (...)".

2691 Allorio, E., "Sul doppio grado del processo civile", Studi in Onore di Enrico *Tulio Liebman,* Vol. III, Milano 1979, p. 1802-1804.

des de mejorar la calidad del servicio prestado por el poder judicial. En definitiva, según esta opinión, el fundamento de los recursos estaría en el propósito de obtener un mejor fallo[2692].

Esa opinión parece ampliamente aceptable. El Estado debe desear siempre, al menos en democracia, el bienestar de los ciudadanos, y dicho bienestar no puede conseguirse si el servicio de justicia que se presta es deficiente. Sin embargo, por perfecto que sea el sistema de formación de los jueces, siempre acabarán surgiendo errores, por lo que es positivo tener una oportunidad de corregirlos. Se podría dejar, naturalmente, esa oportunidad al propio juez que ha dictado la sentencia, pero con ello se crearían dos problemas. El primero es que solamente con mucha dificultad podrá percibir el juez que ha cometido un error, dado que es demasiado fuerte la influencia del sesgo de confirmación[2693] en cualquier ser humano como para que el Estado asuma una confianza en la autocorrección de errores, que ocurriría muy pocas veces. Pero además, si el propio juez pudiera corregir sus errores, estaríamos rompiendo una de las principales garantías de la seguridad jurídica en el ordenamiento jurídico: la cosa juzgada[2694]. Por ello parece conveniente esperar un tiempo adicional más para que, en caso de producirse la interposición de un recurso, un juez diferente proceda a la revisión de la sentencia recurrida, confirmando la corrección del fallo o intentando rectificar los errores que pueda contener. Naturalmente, el sistema puede funcionar mal y cometer errores el juez *ad quem* y no el juez *a quo*. Precisamente por ello resulta tan importante que el tribunal de los recursos sea siempre colegiado, puesto que de ese modo se hace más improbable incurrir en errores al multiplicarse las mentes que realizan el análisis jurídico sobre la misma cuestión[2695].

[2692] Chiovenda, G., *El juicio de reenvío y su perención*, en "*Ensayos de Derecho Procesal Civil*", vol III, Buenos Aires 1949, p. 147.

[2693] Kahneman, D. / Slovic, P. / Tversky, A., *Judgment under Uncertainty: Heuristics and Biases*, Cambridge 1982, p. 16.

[2694] Wurzer, G., *Die Rechtskraft, eine Idee im Dienste des Rechts*, Mannheim 1923, S. 4. Najarian, K., *L'autorité de la chose jugée au criminel sur le criminel*, Paris 1973, S. 2. Vellani, M., *Appunti sulla natura della cosa giudicata*, Milano 1958, S. 132. Allorio, E., "*Naturaleza de la cosa juzgada*", *Problemas de Derecho Procesal*, Buenos Aires 1963, S. 156. De la Oliva Santos, A., *Sobre la cosa juzgada civil, contencioso-administrativa y penal, con examen de la jurisprudencia del Tribunal Constitucional*, Madrid 1991. Nieva Fenoll, J. *La cosa juzgada*, Barcelona 2006.

[2695] Serra Domínguez, M., "Del Recurso de Casación", "La reforma de los procesos civiles (Comentario a la Ley 10/92 de medidas urgentes de reforma procesal)". Madrid 1993, p. 285.

Finalmente, no debe olvidarse que el derecho al recurso, si existe, es un derecho negativo, en el sentido de que limita la acción estatal pero no le impone ninguna obligación al Estado, puesto que recurrir es algo que simplemente decidirá el ciudadano, bastando con que el Estado disponga la existencia del recurso[2696]. Con todo, la cuestión es si la existencia de esta oportunidad debe transformarse en una exigencia para el Estado a la hora de legislar o, más aún, en el momento de elaborar su Constitución. Justamente ese punto, que es el decisivo, es el que se trata en el último epígrafe.

4.2. *Utilidad de la constitucionalización*

Si algo se puede deducir claramente del estudio de Derecho comparado realizado al inicio de este trabajo es que no existe ningún criterio ni línea maestra para decidir lo que entra en un texto constitucional, y mucho menos en qué medida es amplio y restringido el catálogo de derechos reconocido. En los setenta países que consideramos hay realmente de todo, y si los catálogos se parecen, no es porque haya una teoría general detrás, sino porque se han copiado unos a otros. En este sentido, las normas de más influencia han sido, como es obvio, tanto la *Bill of Rights* de la Constitución de los EEUU, como el Convenio Europeo de Derechos Humanos y como el Pacto Internacional de Derechos Civiles y Políticos. Pero ninguno de esos tres textos, tampoco la Carta de los Derechos Fundamentales de la Unión Europea, reconoce el derecho al recurso. De hecho, este último texto ni siquiera lo reconoce en el ámbito penal, a diferencia del CEDH y del Pacto Internacional de Derechos Civiles y Políticos.

Tal vez lo que debe figurar en una constitución es lo más básico, pero en materia de derechos humanos se puede ser más o menos explícito sin que se tenga que ver afectada la protección de los ciudadanos necesariamente. Con todo, parece lógico que deba figurar en una constitución aquello que los ciudadanos conciben como algo que tienen en mente como una parte de su protección. Desde esa perspectiva se puede afirmar que el ciudadano espera el recurso frente a una resolución adversa, expectativa tan sumamente extendida que algunos opinan que debe transformarse en un derecho[2697].

2696 Marshall, Peter D., "A Comparative Analysis of the Right to Appeal", *Duke Journal of Comparative & International Law* 22, no. 1 (Fall 2011), p. 42.

2697 Robertson, C. B. "The Right to Appeal," North Carolina Law Review 91, n. 4, (May 2013), p. 1219.

Esa perspectiva de las expectativas de los ciudadanos puede ser tal vez una primera orientación democrática, pero no puede transformarse en lo único que debe tener en cuenta el redactor de una constitución. A veces los ciudadanos ansían derechos que no son compatibles con la convivencia democrática, y otras veces ni siquiera piensan en algunos de ellos porque ni siquiera los conocen. De hecho, no es inhabitual que les sean vulnerados y ni siquiera sean conscientes de ello, como sucedió durante la pandemia de 2020 en varios países con la libertad de circulación. La mayoría de ciudadanos ignoraba siquiera que tal derecho existiera.

Por ello, parece un criterio más orientador imaginar qué sucedería si, al margen de tradiciones, el legislador decidiera que la justicia solamente posee una primera y única instancia, sin oportunidad de recurso. Y aunque una situación así es perfectamente imaginable y hasta planteable tal vez en algunos casos —*small claims*[2698]—, la realidad que se crea tras ello quizá no sea la más apetecible: un Estado en que los jueces fallan soberanamente sin posibilidad de ser replicados. Sin duda, a Hegel[2699] algo así no le gustaría al eliminar el elemento dialéctico que se crea con los recursos y que refuerza el uso del mismo método durante el proceso con el enfrentamiento entre las partes. Tampoco dice nada a favor la incidencia innegable del sesgo de confirmación[2700] antes indicada, y que provocaría muchas decisiones judiciales erróneas y que además serían desacertadas una y otra vez al ser más difícil que los jueces cambien de criterio si no son corregidos, comportándose prácticamente como herramientas de inteligencia artificial[2701].

Por consiguiente, tanto desde la perspectiva ciudadana como desde el punto de vista de la calidad de la prestación del servicio de justicia, por mucho que parezca farragoso, parece imprescindible la existencia de una doble oportunidad para que el poder judicial pueda prestar un servicio con la debida calidad[2702]. Se trata, de hecho, de una garantía de esa calidad tan obvia que sí debería encontrarse en cualquier constitución.

2698 Vid. Hau, Wolfgang, "Zivilprozesse mit geringem Streitwert: Small claims courts, small claims tracks, small claims procedures", *Rabels Zeitschrift für ausländisches und internationales Privatrecht (RabelsZ)*, n. 81, 2017, vol. 3, p. 570.

2699 Hegel, F., *Phänomenologie des Geistes*, Bamberg und Würzburg 1807.

2700 Kahneman, Daniel / Slovic, Paul / Tversky, Amos, Judgment under Uncertainty: Heuristics and Biases, Cambridge 1982, p. 16.

2701 Vid. Nieva Fenoll, J., *Inteligencia artificial y proceso judicial*, Madrid 2018.

2702 Vid. Guinchard, S. et alii, Droit processuel, Droits fondamentaux du procès, 11th ed. 2021, n. 439.

La pregunta es si ese contenido debe ser solamente constitucionalizado o también fundamentalizado. Es decir, si finalmente parece más procedente seguir la línea de los Estados que exigen la existencia de la apelación, o es mejor constituir un auténtico derecho al recurso que no deba deducir el intérprete.

Las diferencias de una u otra decisión pueden llegar a ser notables. Un legislador que sólo debe reconocer el recurso de apelación, puede poner a disposición del tribunal muchas restricciones a su admisión, a pesar de las limitaciones existentes en esta materia y que se verán en el epígrafe siguiente. Sin embargo, si el derecho al recurso se fundamentaliza, las restricciones a su admisión son mucho más complicadas, lo que hace que puedan llegar a colapsarse los tribunales ocupados de dichos recursos, lo que ya es una evidencia empírica que ocurre en la mayoría de países, y que también perjudica la calidad del servicio de la justicia. Por otra parte, la constitucionalización del derecho al recurso hace posible su reclamación ante los tribunales, también en casos en que el litigante no tenga ninguna razón en el fondo del caso, pudiendo lograr una victoria por simples razones procesales que al final se revelarían vacuas.

La decisión, como se ve, es compleja. Con todo, los argumentos en favor del derecho al recurso parecen de más peso que los argumentos en contra. Al final, estamos oponiendo la excelencia en la prestación de un servicio al ahorro de recursos humanos y materiales por parte del Estado, sin que ese ahorro permita mantener ese nivel de excelencia. Por ello, parece que la opción más aceptable es fundamentalizar el derecho al recurso, generalizándolo y haciendo a la vez que salga de las limitaciones que se le han impuesto en el proceso penal. Tal vez hay que reconocer que una justicia moderna, de nuestros días, no se concibe sin que existan al menos dos instancias, y ese tendría que ser el contenido del derecho, sustentado epistémicamente en el método dialéctico y psicológicamente en la evitación del sesgo de confirmación, como ya se ha explicado. Es decir, que las razones del derecho ya no son solamente intuitivas y basadas en las expectativas de los ciudadanos, sino que se sustentan en la solidez de argumentos que incluso son extrajurídicos, pese a que tengan innegable influencia en el ámbito jurídico.

Queda, no obstante, resolver la duda de si esa fundamentalización debe alcanzar también a un tercer grado de jurisdicción, es decir, a un recurso ante un tribunal supremo. En este punto la discusión es más compleja y a mi juicio ultrapasa el ámbito del derecho al recurso, razón por la que no será tratada. En el fondo, con los tribunales supremos deseamos la existencia de órganos con vocación paralegislativa que orienten a los tribunales. Sin embargo, ¿los necesitamos realmente? La reflexión es sin duda de teoría general del derecho y su desarrollo precisaría un espacio del que no se dispone aquí[2703]. Pero en todo caso, la fácil concepción de alternativas a la existencia de ese órgano, alternativas que podrían ser incluso más eficientes —imagínese una sección de los parlamentos encargada de la supervisión de la jurisprudencia—, descarta que deba constituirse en un derecho. En todo caso, está fuera de discusión que los tribunales supremos, la cúspide del sistema, no abren una posibilidad ciudadana de acudir a ellos prácticamente en ningún ordenamiento jurídico, salvo en el italiano. Y esa posibilidad, aunque también sea de utilidad, no deja de ser altamente controvertida, sobre todo porque acaba abocando a un cierto elitismo, como se analizará seguidamente. Sea como fuere, en estas condiciones, no debería ser objeto de derecho constitucionalizado.

2703 Vid. Nieva Fenoll, J., "¿Un juez supremo o un legislador "supremo"?", *Justicia: revista de derecho procesal*, n. 1, 2015, p. 31.

HACIA LA CONSTITUCIONALIDAD DEL DISEÑO PROCESAL DE LOS MEDIOS DE IMPUGNACIÓN

Publicado en Revista de Derecho Político, n. 121, 2025, y pendiente de publicación en lengua inglesa.

1. INTRODUCCIÓN

Si tal y como expuse en un trabajo anterior, se acepta que el derecho al recurso debe ser constitucionalizado, debe abordarse la cuestión de en qué condiciones debe establecerse tanto la admisión a los recursos como el objeto de su cognición, en orden a evitar que la existencia del recurso sea en vano, si después se ve restringido por la presencia de requisitos demasiado exigentes o simplemente impredecibles. O que incluso siendo predecibles, sean de tan difícil cumplimiento que finalmente el derecho al recurso deje de existir. Es lo que ocurriría, por ejemplo, si solamente se aceptaran recursos de apelación en asuntos de cuantía superior a 10.000.000 de euros. No es difícil predecir si serán admisibles o no, pero la realidad es que la mayoría de procesos no alcanzan esa cuantía. Ese umbral correría el riesgo de convertirse en una restricción del derecho de acceso a la justicia.

A continuación se van a repasar los requisitos y exigencias más frecuentes en las legislaciones, que suelen ser más o menos los mismos en los diferentes países, razón por la que el estudio se centrará fundamentalmente en esas trabas y en su justificación a la luz de la jurisprudencia.

2. REQUISITOS SOBRE LA CLARIDAD Y TRANSPARENCIA DE LAS EXIGENCIAS FORMALES. PROHIBICIÓN DEL FORMALISMO

El estudio de las exigencias para interponer recursos ha sido normalmente una cuestión tratada por las jurisprudencias nacionales, particularmente en lo referido al recurso de casación. En realidad, se trata de una parte muy poco interesante de los estudios procesales si se la observa con cierta objetividad. Los tribunales supremos, a fin de defenderse de la cantidad de recursos que les llegaban, han ido improvisando exigencias a los recurrentes a fin de inadmitir recursos y no colapsarse. En esa labor han sido ayudados en ocasiones por el legislador, que ha establecido con frecuencia —no pocas veces por sugerencia de los jueces— requisitos que simplemente quedaban lejos de cualquier esencial lógica humana, puesto que se habían dispuesto como simple control arbitrario del volumen de recursos. Y ello afecta también, como vamos a ver, tanto a la restricción a las cuestiones de derecho propia de los tribunales de casación, como a la creación del mismísimo *certiorari* en el Tribunal Supremo de los EEUU.

A pesar de que el estudio es sobre todo de derecho nacional, se comenzará con la exposición de la jurisprudencia supranacional, puesto que igual que ha ocurrido en otros ámbitos, dicha jurisprudencia se ha convertido en una guía inexcusable de tribunales y legisladores nacionales, lo que simplifica ese estudio de Derecho interno.

2.1. *La jurisprudencia del TEDH y de la Corte Interamericana de Derechos Humanos*

El TEDH ha expuesto con bastante sencillez cuáles son los mínimos que deben respetarse a la hora de evaluar la admisión de recursos. Es verdaderamente curioso observar que lo ha hecho sin necesidad de reconocer un derecho al recurso, que no existe en el ámbito civil en el CEDH[2704]. Pero el resumen de su jurisprudencia vendría a ser que si un ordenamiento prevé en sus leyes la existencia de un recurso, no se pueden disponer trabas arbitrarias a su admisión que acaben anulando el derecho al libre acceso a la justicia[2705]. Para llevar a cabo esa labor, como de costumbre, el TEDH no interpreta el Derecho nacional, porque eso corresponde a los tribunales de cada Estado, sino que solamente va a comprobar que la interpretación realizada por los jueces nacionales no vulneró el derecho al libre acceso (art. 6 CEDH)[2706].

2704 Guinchard, S. e.a., *Droit processuel*, Paris 2021, p. 806.

2705 Dorado Baúlde v. Spain, n. 23486/12, 24-9-2015, § 18: "*As regards the applicant's complaint under Article 13 in conjunction with Article 6 of the Convention, the Court recalls that neither Article 6 of the Convention nor Article 13 guarantees, as such, a right of appeal or a right to a second level of jurisdiction (see, mutatis mutandis, Nurhan Yılmaz v. Turkey (no. 2), no. 16741/04, § 21, 8 April 2008, and Gurepka v. Ukraine, no. 61406/00, § 51, 6 September 2005)*".

2706 Maresti v. Croatia, n. 55759/07, 25-09-2009, § 36. "*The Court reiterates at the outset that it is not its task to take the place of the domestic courts. It is primarily for the national authorities, no-*

Por tanto, el único objetivo de la jurisprudencia es garantizar dicho derecho[2707], aunque teniendo muy en cuenta que el TEDH reconoce la capacidad de los Estados de establecer condiciones más rigurosas para la casación que para la apelación[2708]. De ese modo, lo curioso es que el TEDH ha aceptado restricciones muy controvertidas en la doctrina, como la limitación de los tribunales de casación a las cuestiones de derecho. Sin embargo, se trata de una restricción que está muy extendida en las leyes y jurisprudencias de los Estados, y probablemente por ello no ve el TEDH una ocasión realista de ponerla en discusión, ni siquiera cuando su aplicación esté fuera de lugar. Solamente si dicha limitación, u otras, fueran empleadas de forma completamente irracional, entraría el TEDH en la cuestión. Lo contrario sería poner en cuestión, no solamente el poder interpretativo de los tribunales estatales, sino incluso su poder legislativo, puesto que, como se ha dicho, si un Estado no desea disponer recursos, no tiene por qué hacerlo, con el único límite del respeto al derecho al libre acceso, exigencia que no por casualidad se relaja con respecto al recurso de casación.

---

tably the courts, to resolve problems of interpretation of domestic legislation. The role of the Court is limited to verifying whether the effects of such interpretation are compatible with the Convention (see, Miragall Escolano and Others v. Spain, no. 38366/97, §§ 33-39, ECHR 2000-I)".

2707 Maresti v. Croatia, n. 55759/07, 25-09-2009, § 23: "*The Court firstly observes that the actual name given to the proceedings in the domestic legal system or the fact that the national jurisdictions have considered them as an extraordinary remedy cannot be considered determinant: what is decisive is the nature and the scope of the proceedings at issue (Vid. San Leonard Band Club v. Malta, no. 77562/01, § 41, ECHR 2004-IX). Furthermore, it is the Court's well-established practice that the proceedings following an appeal on points of law or an appeal for cassation fall within the scope of Article 6 § 1 of the Convention (see, for example, H.E. v. Austria, no. 33505/96, §§ 14 and 18, 11 July 2002, and Cobianchi v. Italy (no. 1), no. 43434/98, §§ 8 and 11, 9 November 2000)*".

2708 Reichman v. France, n. 50147/11, 12-10-2016, § 29: "*La Cour rappelle en outre que l'article 6 n'astreint pas les États contractants à créer des cours d'appel ou de cassation. Néanmoins, un État qui se dote de juridictions de cette nature a l'obligation de veiller à ce que les justiciables jouissent auprès d'elles des garanties fondamentales de cette disposition (Delcourt c. Belgique, 17 janvier 1970, § 25, série A no 11), notamment en ce qu'elle assure aux plaideurs un droit effectif d'accès aux tribunaux pour les décisions relatives au «bien-fondé de toute accusation en matière pénale» (Viard c. France, no 71658/10, § 30, 9 janvier 2014). La manière dont l'article 6 § 1 s'y applique dépend toutefois des particularités de la procédure en cause et il faut prendre en compte l'ensemble du procès mené dans l'ordre juridique interne et le rôle qu'y a joué la Cour de cassation, les conditions de recevabilité d'un pourvoi pouvant être plus rigoureuses que pour un appel (Levages Prestations Services c. France, 23 octobre 1996, § 45, Recueil des arrêts et décisions 1996-V, Kemp et autres c. Luxembourg, no 17140/05, § 48, 24 avril 2008, et Viard, précité, § 30)*".

Pero a pesar de que sea así, las normas de procedimiento deben evitar un formalismo excesivo que podría vulnerar el derecho a un proceso justo, incluso hasta el punto de que se hiciera imprevisible el cumplimiento de las condiciones procedimentales establecidas por la ley[2709]. Esta exigencia del TEDH obliga a la jurisprudencia a evitar la disposición de requisitos que no sirven absolutamente para nada que pueda relacionarse con la prestación del servicio de la justicia, y que sólo tienen como efecto y objetivo la inadmisión de recursos[2710]. Por tanto, no es que la jurisprudencia no pueda establecer requisitos de admisión, sino que los mismos deben ser razonables desde esta perspectiva[2711]. En consecuencia, no pueden ser exigencias simplemente arbitrarias.

Y profundizando en ello, los requisitos que se impongan no pueden ser de imposible o muy difícil cumplimiento para el recurrente, como sería el caso, por ejemplo, si se le impusiera al litigante un plazo de interposición excesivamente breve para recurrir una resolución de especial relevancia para él[2712]. Es decir, si se le obligara a cumplir un requisito que no está

2709 Walchli v. France, n. 35787/03, 26-10-2007, § 29: "*Il résulte de ces principes que si le droit d'exercer un recours est bien entendu soumis à des conditions légales, les tribunaux doivent, en appliquant des règles de procédure, éviter à la fois un excès de formalisme qui porterait atteinte à l'équité de la procédure, et une souplesse excessive qui aboutirait à supprimer les conditions de procédure établies par les lois*".

2710 Vid. ECtHR 9 June 2022, Xavier Lucas v. France, no 15567/20.

2711 Evaggelou v. Greece, n. 44078/07, 20-6-2011, § 22 and 23: "22. Il n'en reste pas moins qu'en l'occurrence la Cour de cassation a explicitement admis dans son arrêt no 724/2007 que «l'omission [de produire le mandat de représentation] ne peut pas être corrigée par le fait que le conseil du requérant l'avait aussi représenté lors de la procédure ayant débouché sur l'arrêt attaqué, comme il ressort de son examen. En effet, ledit fait devait être mentionné dans le pourvoi en cassation, pour que le mandat [entre l'avocat et son client] soit présumé». En d'autres termes, dans le cas d'espèce, la haute juridiction pénale a admis que l'absence de pouvoir de représentation dans le dossier n'aurait pas entraîné sans autre l'irrecevabilité du pourvoi en cassation. Le requérant aurait été présumé légalement représenté si son conseil avait mentionné dans le pourvoi en cassation le fait qu'il était son représentant devant la cour d'appel de Corfou. La question particulière qui se pose donc en l'occurrence est celle de savoir si l'irrecevabilité du pourvoi en cassation, faute de mention explicite dans le pourvoi en cassation que l'avocat du requérant l'avait en fait représenté devant la juridiction inférieure, a enfreint le droit d'accès à un tribunal".

2712 Labergère v. France, n. 16846/02, 26-12-2006, § 20, 23: "Dans ces conditions, qui ne sont pas ordinaires, la Cour considère, qu'à supposer même que le requérant ait été en mesure d'interjeter appel avant son internement ou le jour de sa sortie, son délai d'appel, dont elle observe qu'il est en soi particulièrement court, aurait été considérablement réduit, passant de dix à trois jours. Or, compte tenu des circonstances particulières de l'espèce, et notamment de l'enjeu pour le requérant et de la nécessaire prise

en condiciones de atender, puesto que ello equivale a una denegación de justicia. Dicho en otras palabras, a una vulneración del derecho al libre acceso.

Por último, para que se pueda proceder a la inadmisión, el incumplimiento de los requisitos que se dispongan para recurrir debe ser solamente imputable al recurrente, sin que sean las autoridades las que hayan favorecido o incluso forzado el incumplimiento con requerimientos contrarios al principio de proporcionalidad[2713] o, como ya se ha dicho, de manera arbitraria[2714]. Incluso más, incumbe a las autoridades nacionales la obliga-

---

en compte de sa situation médicale, la Cour considère que l'application qui a été faite, en l'espèce, des règles de droit interne, et notamment des articles 380-1 et suivants du code de procédure pénale, par la Cour de cassation constitue une application particulièrement rigoureuse d'une règle procédurale, qui a porté atteinte à son droit d'accès à un tribunal, dans son essence même".

2713 Maresti v. Croatia, n. 55759/07, 25-09-2009, §§ 33-43: "33. The Court reiterates that Article 6 of the Convention does not compel the Contracting States to set up courts of appeal or of cassation. However, where such courts do exist, the guarantees of Article 6 must be complied with, for instance in that it guarantees to litigants an effective right of access to the courts (see, Brualla Gómez de la Torre v. Spain, 19 December 1997, § 37, Reports of Judgments and Decisions 1997-VIII; Kozlica v. Croatia, no. 29182/03, § 32, 2 November 2006; and Angel Angelov v. Bulgaria, no. 51343/99, § 31, 15 February 2007). (...) 37. The right of access to a court by its very nature calls for regulation by the State and may be subject to limitations. Nevertheless, the limitations applied must not restrict the access left to the individual in such a way or to such an extent that the very essence of the right is impaired. A limitation will violate the Convention if it does not pursue a legitimate aim and if there is not a reasonable relationship of proportionality between the means employed and the aim sought to be achieved (see, among other authorities, Kreuz v. Poland, no. 28249/95, §§ 52-57, ECHR 2001-VI, and Liakopoulou v. Greece, no. 20627/04, §§ 19-25, 24 May 2006)".

2714 Johansen v. Germany, n. 17914/10, 15-12-2016, §§ 46-57: "*49. As for the proportionality of the restriction of the applicant's access to court by the interpretation of the applicable procedural rules and in particular by the standard of proof required for refuting the probative value of a record of service, the Court reiterates that it is not its task to examine whether the requirements of domestic law in the abstract complied with the Convention. It must examine the manner in which those requirements were applied to the applicant in the particular circumstances (compare, mutatis mutandis, Floquet v. Germany (dec.), no. 50215/99, 9 February 2006). (...) 55. In view of the foregoing elements, the Court concludes that the standard of proof which the applicant had to comply with in order to disprove the service of the penal order on her was indeed very high. However, the Court is satisfied that the interpretation of domestic law, and in particular of the applicable procedural rules in practice by the domestic courts in the applicant's case, availed her of a sufficient opportunity to disprove the service of the penal order. The domestic courts, by taking additional evidence, addressed all arguments brought forward by the applicant in this respect. They found in reasoned decisions which do not disclose any arbitrariness that there was not sufficient proof that the penal order had not been served on the applicant in November 2008 as certified by the record of service. As a consequence, the applicant was awarded sufficient opportunity, by*

ción de dotarse de infraestructuras administrativas y judiciales suficientes para que los posibles inconvenientes generados por el litigante no sean tomados como excusa para que el sistema tenga deficiencias que provoquen, finalmente, la inadmisión del recurso como consecuencia de dichas deficiencias[2715].

Resumiendo, la jurisprudencia del TEDH recoge las siguientes tres exigencias para considerar que la admisión se ha realizado de manera compatible con el derecho al libre acceso:

1. Exclusión de la arbitrariedad: los requisitos para autorizar la admisión están permitidos, pero sólo en tanto en cuanto no sean dispuestos de manera arbitraria por el legislador o por los jueces.
2. Proporcionalidad: Los requisitos deben respetar el principio de proporcionalidad: no deben ser de imposible o muy difícil cumplimiento para el recurrente.
3. Imputabilidad al recurrente: El incumplimiento del requisito debe ser solamente imputable al recurrente, sin participación de las autoridades.

A partir de esos requisitos, el problema es su interpretación, que posee un margen relativamente amplio en la jurisprudencia del TEDH, como se ha podido ver en los casos citados. Tal vez sería positivo que las decisiones del TEDH siguiendo esas tres exigencias fueran más previsibles, aunque la idea general para realizar una predicción del resultado en estos casos vendría a ser la siguiente, ya indicada: el TEDH no va a poner jamás en cues-

---

lodging an objection against the penal order within the statutory time-limit, to have the charges against her decided again by a court, following a hearing".

2715 Davran v. Turkey, n. 18342/03, 3-2-2010, §§ 40-47: "40. En l'espèce, la Cour observe que la Cour de cassation a déclaré le pourvoi du requérant irrecevable au motif que les délais légaux n'avaient pas été respectés. Elle relève que ces délais courent, selon le droit interne, à partir de la notification de l'arrêt rendu en première instance et que c'est précisément les modalités de notification que le requérant conteste. 41. La Cour admet que le requérant a certes contribué à compliquer l'application de la loi sur la notification en se mettant en état de fuite (...) 45. La Cour considère que l'objection du Gouvernement quant à l'impossibilité pour les autorités judiciaires de Midyat d'être informées de l'arrestation réalisée à Istanbul n'est pas fondée, dans la mesure où il incombe à l'Etat défendeur d'organiser son système judiciaire de manière à rendre effectifs les droits prévus à l'article 6 de la Convention et de se doter des moyens propres à assurer un réseau d'information entre les entités judiciaires de l'ensemble du pays. (...) 47. Ces éléments suffisent à la Cour pour conclure que le requérant a subi une entrave excessive à son droit d'accès à un tribunal et, partant, à son droit à un procès équitable. En conséquence, elle conclut qu'il y a eu violation de l'article 6 § 1".

tión la interpretación de los jueces estatales de sus normas nacionales. Sólo evaluarán si la misma incumple alguna de las tres exigencias indicadas.

Por su parte, la jurisprudencia de la Corte Interamericana de Derechos Humanos se ha centrado sobre todo en las garantías de calidad del tribunal *ad quem*, así como en las tres características que debe tener un recurso, a juicio de este tribunal: idoneidad, efectividad y rapidez. Idoneidad para que el recurso no sea una mera formalidad y pueda tratar todo el fondo del asunto, particularmente la vulneración de derechos humanos[2716]. Efectividad[2717], en el sentido de que el tribunal que conozca de él sea independiente e imparcial y pueda ejecutar sus decisiones[2718]. Y rapidez[2719], lo que se relaciona con la prohibición de dilaciones indebidas y por tanto desborda el análisis que se está realizando en este trabajo. En todo caso, dicha jurisprudencia es menos concreta que la explicada del TEDH, y de hecho la sigue expresamente en este punto[2720], por lo que no es necesario abordarla con más detalle.

2.2. *Derecho nacional*

Actualmente, como se ha dicho, los tribunales europeos siguen en general las directrices del TEDH en esta materia, por lo que la exposición que seguirá ya no es tan relevante como lo fue antaño, y tampoco pretende estudiar de manera comparada las restricciones que ha impuesto cada tribunal de cada país, pues ello sería farragoso y en buena medida inútil. En su lugar, más allá de las exigencias ya estudiadas de la jurisprudencia del TEDH, se tratarán algunas de las decisiones más polémicas o también constructivas en esta materia, a fin de ilustrar el impacto del derecho al libre acceso en las mismas.

2716 Caso Castillo Petruzzi y otros Vs. Perú. Fondo, Reparaciones y Costas. Sentencia de 30 de mayo de 1999. Serie C No. 52, párr. 185;

2717 Caso Velásquez Rodríguez Vs. Honduras. Excepciones Preliminares. Sentencia de 26 de junio de 1987. Serie C No. 123.

2718 Caso "Cinco Pensionistas" Vs. Perú. Fondo, Reparaciones y Costas. Sentencia de 28 de febrero de 2003. Serie C No. 98, párr. 126

2719 Caso del Tribunal Constitucional Vs. Perú. Fondo, Reparaciones y Costas. Sentencia de 31 de enero de 2001. Serie C No. 71.

2720 Caso Trabajadores Cesados de Petroperú y otros Vs. Perú. Excepciones Preliminares, Fondo, Reparaciones y Costas. Sentencia de 23 de noviembre de 2017. Serie C No. 344.

2.2.1. Los requisitos formales más frecuentes

Como ya se advirtió, las jurisprudencias y las legislaciones han buscado sobre todo descargar de asuntos a los tribunales supremos. Así es como han dispuesto fundamentalmente cuatro caminos para conseguir ese objetivo: la restricción a las cuestiones de derecho, el *certiorari*, la vinculación al precedente y el formalismo. Estos cuatro caminos acaban concretándose, de un modo u otro, en prerrequisitos formales de la interposición de los recursos.

La restricción a las cuestiones de derecho surge en el Derecho inglés como consecuencia de la existencia del jurado[2721], pero acaba convirtiéndose en un mecanismo para controlar la admisión de recursos. Ante los tribunales superiores ingleses, particularmente en la *House of Lords*, ya desde el siglo XVIII al menos, bajo ningún concepto se admitía nueva prueba para la revisión del caso en el marco de una apelación, considerándose una práctica ajena al Derecho inglés —no así al Derecho romano o al canónico— revisar la sentencia de un tribunal inferior sobre la base de pruebas que no se practicaron en la instancia[2722]. Y todo ello era lógico precisamente por lo ya dicho: el jurado resuelve la cuestión de hecho de manera inmotivada[2723], de modo que ya no puede ser modificada por un tribunal superior[2724] porque no tiene manera humana de conocer las razones fácti-

---

[2721] Blackstone, W., *Commentaries on the Laws of England*, Lib. III, cit. p. 452: "*for, if any matter of fact is strongly controverted, this court is so sensible of the deficiency of trial by written depositions, that it will not bind the parties thereby, but usually directs the matter to be tried by a jury*". Nobles, R. Schiff, D., "The Right to Appeal and Workable Systems of Justice", *The Modern Law Review*, 2002, vol. 65, Issue 5, p. 685.

[2722] Vid. Blackstone, *Commentaries on the Laws of England*, Lib. III, cit. p. 455: "*...an appeal to the king in parliament was always unquestionable allowed. But no new evidence is admitted in the house of lords upon any account, for this a distinct jurisdiction: which differs it very considerably from those instances, wherein the same jurisdiction revises and corrects its own acts, as in rehearings and bills of review. For it is a practice unknown to our law, (though constantly followed in the spiritual courts) when a superior court is reviewing a sentence of an inferior, to examine the justice of the former decree by evidence that was never produced below. This is the general method of proceeding in the courts of equity.*"

[2723] Cfr. Blackstone, *Commentaries on the Laws of England*, Lib. III, cit. p. 378.

[2724] Lo recuerda Blackstone, *Commentaries on the Laws of England*, Lib. IV, Oxford 1770, p. 384, para la jurisdicción penal: "*But if such attainder of the vendor was by verdict, on the oath of his peers, the alienee cannot be received to falsify or contradict the* fact *of the crime committed.*" El subrayado de la palabra "fact" es del propio Blackstone, quien añadía que el condenado sólo podía discutir el momento en que el crimen fue cometido o alegar su alienación.

cas que quedaron en la mente de los jurados sin desclasificarse jamás. Por tanto, la restricción era lógica e inevitable.

Diferente fue cuando esta restricción se trasladó en Francia[2725] al nuevo *Tribunal de Cassation*[2726], que en 1804 se convertiría en la *Cour de cassation*[2727]. Merlin (Philippe Antoine) había desarrollado ya la idea de la restricción[2728], con la importancia que tiene el hecho de que Merlin era consejero de Estado y Procurador General Imperial de la *Cour de Cassation*. Pero de hecho, Merlin recogía lo que ya era jurisprudencia de la *Cour*[2729]. Como es sabido, la restricción se hizo consustancial a la casación francesa y de ahí se trasladó a todo el mundo, pese a los ataques doctrinales que ha sufrido y sufre por su escasa viabilidad ontológica y epistémica[2730].

En cuanto a la vinculación al precedente, su surgimiento no es ancestral en el Reino Unido, como se cree a veces, sino que apareció bastante más tarde de lo que se piensa[2731]. Proviene de la jurisprudencia de la *House of*

2725 Decreto 27 de noviembre-1 de diciembre de 1790.

2726 Sobre el mismo, Halperin, Jean-Louis, *Le Tribunal de Cassation et ses pouvoirs*, Paris 1987.

2727 Art. 136 *Le Tribunal de cassation prend la dénomination de Cour de cassation.* (...) Constitución de 28 de Floreal del Año XII (18 de mayo de 1804), que reorganizó la República Francesa en un Imperio, por obra y gracia de Napoléon, obviamente.

2728 Vid. *Répertoire universel et raisonné de jurisprudence*, T. V, Paris 1808, p. 94, § 7

2729 Vid. the judgment of 8.1.1806: "*la discussion de ce point de fait, et l'examen des preuves y relatives ne sont pas du domaine de la Cour de cassation*". *Journal du Palais*, 1er semestre, nº 373, 20-5-1806, p. 442. Vid. también Jouanneau / Solon, Discussions du code Napoléon dans le Conseil d'État, Paris 1808, p. 301. Jalbert, J. B., *Journal des audiences de la Cour de Cassation*, Paris 1816, p. 131.

2730 Chiarloni, S., "La cassazione e le norme", *Riv. di dir. proc. civ.* 1990, p. 992. Fairén Guillén, "De los "hechos" al "derecho". Uno de los sofismas de la Ley del Jurado de 1995", *RDProc*, n. 2, 1997, p. 359. Guasch Fernández, S., *El hecho y el derecho en la casación civil*, Barcelona 1997, p. 200. Iacoviello, F. M., *La motivazione de la sentenza penale e il suo controllo in cassazione*, Milano, 1997, p. 265. Kleinknecht, T. / Meyer, K. / Meyer-Gossner, L., *Strafprozeßordnung*, München 1995, p. 991. Mazzarella, F., ""Fatto e diritto" in Cassazione", *RTDPCIt*, 1974. p. 82. Neumann, U., "Die Abgrenzung von Rechtsfrage und Tatfrage und das Problem des Revisionsgerichtlichen Augenscheinsbeweises", *GA*, 1988, p. 387. Nieva Fenoll, *El hecho y el derecho en la casación penal*, Barcelona 2000, p. 101. Satta, S., "Il formalismo nel proceso", *RTDPCIt*, 1958, p. 1154. Temming, D. (with Lemke, M. / Julius, K-P. / Krehl, C. / Kurth, H-J. / Rartenberg, E. C.), *Strafprozeßordnung*, Heidelberg, 1995, p. 1243. Serra Domínguez, "Del recurso de casación", *Comentarios a la reforma de la Ley de Enjuiciamiento Civil*, Madrid 1985, p. 843. Verger Grau, J., "Algunas observaciones al Proyecto de Ley Orgánica del Tribunal del jurado de 20 de abril de 1994", *Justicia* 1994, p. 528-529. Vázquez Sotelo, J. L., *La Casación Civil (Revisión crítica)*, Barcelona 1981, p. 198.

2731 Duxbury, *The Nature*, cit. pp. 33 y ss.

Lords de finales del siglo XIX[2732], y no realmente de las *Judicature Acts* 1873-1875 inglesas, dado que estas leyes se centraban más bien en otros asuntos, tales como la reorganización del sistema judicial inglés y la corrupción de los miembros hereditarios de la *House of Lords*. Y simplemente surgió como un modo de evitar recursos, es decir, carga de trabajo, haciendo que la jurisprudencia de los tribunales inferiores pudiera ser más uniforme.

Finalmente, la selección de asuntos o *certiorari* es todavía más moderna. En EEUU, la introducción de la selección de asuntos fue paulatina, primero con la *Judiciary Act* de 1891 (*Evarts Act*), después con la *Judiciary Act* de 1925 y finalmente con la *Supreme Court Case Selections Act* de 1988, leyes todas ellas que fueron restringiendo la posibilidad de *appeal* antiguamente existente. Sin embargo, lo que es más impactante es saber que la selección de asuntos no fue introducida, en absoluto, para que la *Supreme Court* pudiera desempeñar un papel cuasilegislativo, sino que la primera finalidad de las reformas citadas fue la lucha, una vez más, contra la acumulación de asuntos[2733]. Así se fueron disminuyendo, hasta dejarlas reducidas a un puesto casi simbólico, las posibilidades de recurso ante el Tribunal Supremo de los particulares, decidiendo los respectivos legisladores confiar en las decisiones de los jueces inferiores. Se introdujo así en el sistema un factor de fiabilidad en su propia justicia, que ya tenía base histórica[2734], convirtiendo a los jueces supremos inglés y estadounidense en auténticos órganos cuasilegislativos, que dictan poquísimas resoluciones cada año —algo más de 100— con las que pretenden servir de guía para todos los tribunales inferiores en cualquier aspecto de todo el ordenamiento jurídico[2735].

En todo este escenario de condicionantes y restricciones, que proviene, como se ve, casi exclusivamente del sistema del *Common Law*, el resto de Estados no han hecho sino copiar, atraídos probablemente por la reducción fortísima del volumen de asuntos que comportan esas maneras de hacer. Así surge —pese a las críticas iniciales[2736]— el "*grundsätzliche Bedeutung*" de los §§ 511.4.1, 522.1 de la ZPO alemana en cuanto a la apelación, y la misma expresión aplicada a la casación del §543.1, o la "*Fortbildung des Rechts*

2732 Vid. Duxbury, *The Nature*, cit. pp. 31 y ss.

2733 Sternberg, Jonathan, *Deciding Not to Decide: The Judiciary Act of 1925 and the Discretionary Court*, The Journal of Supreme Court History, marzo 2008, vol. 33, pp. 1 y ss.

2734 Blackstone, *Commentaries on the Laws of England*, III, cit. p. 454.

2735 Vid. Rice c. Sioux City Memorial Park Cemetery inc. et al., 349 u.s. 70 (1955), 9-5-1955.

2736 Lässig, Curt Lutz, "Das neue Revisionsrecht - Kritik einer Reform", *NJW*, 1976, pp. 269 y ss. Kaempfe, Hasso, "Die Zukunft der Revision in Zivilsachen", *NJW*, 1979, p. 1134. Jagusch, H., "Nachteile der Grundsatzrevision", *NJW* 1963, p. 566.

oder die Sicherung einer einheitlichen Rechtsprechung" del §543.2 de la misma ley, aunque constitucionalmente no se permita la inadmisión por este motivo de ninguna casación con posibilidades de éxito[2737]. En esa misma línea van los arts. 477.3 y 4 y 483.3 y 4 de la Ley de Enjuiciamiento Civil y 889 de la Ley de Enjuiciamiento Criminal con el "interés casacional"[2738], que en la última reforma de 2023 se ha hecho de interpretación prácticamente discrecional por parte de las salas civil y penal del Tribunal Supremo[2739]. También debe aludirse, en la misma línea, al § 502 de la ZPO austríaca con la "*Wahrung der Rechtseinheit, Rechtssicherheit oder Rechtsentwicklung erhebliche Bedeutung*".

2.2.2. El formalismo

Pero queda el formalismo, que es una estrategia muy antigua de los tribunales supremos sobre todo. Se podrían poner ejemplos del mismo en muchísimos Estados, que van desde la propia delimitación de unos motivos de casación, que intentan, no orientar, sino restringir las infracciones que se pueden alegar, hasta simples y estúpidos requerimientos burocráticos, como los que citaba un magistrado del Tribunal Supremo español hace cincuenta años, diciendo que uno de aquellos defectos imperdonables que provocaban la fulminante inadmisión era que se acumularan "*en un mismo motivo infracciones de normas de diferente contenido que deberían ser denunciadas en motivos diferentes y con distinta numeración.*"[2740] Esos abusos son precisamente los que contribuyó a remediar la jurisprudencia del TEDH antes citada, asumida, como se ha dicho, por el Tribunal Constitucional español[2741].

2737 BverfG, JZ 1979, p. 20.

2738 Sobre su detalle y crítica, Nieva-Fenoll, J. *El recurso de casación civil*, Barcelona 2003, p. 185.

2739 Hay que reconocer que el tribunal Constitucional había puesto ya una autopista a esa reforma desde las SSTC 150 y 164/2004, que contradecían su jurisprudencia anterior (STC 56/1982). Vid. Díez-Picazo Giménez, Ignacio, *Un torpedo a la casación*, Tribunales de Justicia, 2001, nº 2, pp. 1 y ss. Aguilera Morales, Marien, *Los recursos extraordinarios: casación, extraordinario por infracción procesal, en interés de ley y queja*, Tribunales de Justicia, 2001, nº 11, pp. 15 y ss.

2740 Taboada Roca, Manuel, *La casación civil española en alguna de sus complejidades*, Madrid 1977, p. 10.

2741 STC 56/1982.

No es cuestión de hacer ahora una enumeración de dichos requisitos en cada país[2742]. Por lo general, han ido siendo descartados ya, por fortuna, por las jurisprudencias nacionales[2743], haciéndose eco de la necesidad de seguir la jurisprudencia del TEDH dentro de lo posible en el terreno de la interpretación[2744]. Dicha jurisprudencia exige la claridad de los requisitos, de manera que la admisión del recurso no se convierta en una expectativa incalculable, más allá de los costes que ello supone. El fondo del razonamiento tiene algo que ver, de hecho, con la prohibición de decisiones sorpresa, que también tiene por base la jurisprudencia del TEDH[2745]. Asimismo en Francia ha tenido que desarrollar su labor el tribunal de Estrasburgo[2746] ante los múltiples requisitos que se vienen exigiendo en este país para restringir el acceso a los recursos[2747], lo que parece haber tenido efectos en la jurisprudencia de este país[2748].

Con todo, en ocasiones parece no ser suficiente la obra ya hecha por el TEDH. Como se demuestra con el ejemplo francés o español, en cuanto un tribunal se ve con un volumen excesivo de asuntos, improvisa nuevas estrategias de inadmisión. Por ello, la reafirmación de la jurisprudencia del TEDH siempre será necesaria, al menos hasta que algún día se aprenda a controlar el volumen de trabajo de los tribunales con métodos de gestión modernos, con la asistencia de inteligencia artificial en algunos casos, y sin caer en la tentación de estrechar exageradamente el acceso a los tribunales supremos con métodos similares al *certiorari*. Si no fuera por el respeto al método empleado en este sentido, primero por la *House of Lords*, y desde

---

2742 Vid. Chainais, C.; Ferrand, F.; Mayer, L.; Guinchard, S., *Procédure civile*, Paris 2020, p. 1318.

2743 Vid. por ejemplo BVerfG, 9 August 1978, 2 BvR 831/76, juris, párrafo 37 y ss. Vid. también BVerfG, 18 February 2020, 1 BvR 1750/19, juris párrafo 9. Según esta decisión, el demandante de un recurso de amparo (*Verfassungsbeschwerde*) no estaba obligado a solicitar primero, de nuevo, la protección jurídica del tribunal civil contra la decisión sobre un recurso contra una (supuesta) violación por el tribunal del derecho a ser oído (*Anhörungsrüge*) en virtud del artículo 321a del Código de Procedimiento Civil alemán. A falta de una regulación legal fiable de dicho recurso (ulterior), el *Bundesverfassungsgericht* consideró que no se cumplían a este respecto los requisitos del Estado de Derecho relativos a la claridad de los requisitos para interponer recursos.

2744 BVerfG, Beschluss der 1. Kammer des Zweiten Senats vom 18. August 2013 - 2 BvR 1380/08 - Rn. (1-48), http://www.bverfg.de/e/rk20130818_2bvr138008.html.

2745 Gil Sanjuan c. España, n. 48297/15, 26-5-2020.

2746 Vid. por ejemplo Henrioud v. France, no 21444/11, 5.11.2015, relating to time-limits in civil cassation proceedings to send the service document to the Court of cassation.

2747 Por ejemplo Cass. civ. 2, 21.2.2019, no 17-28.285.

2748 Cass. civ. 1, 27.1.2021, no 19-22.508.

2009 por la *Supreme Court of the United Kingdom*, tal vez el TEDH hubiera excluido este método de selección de asuntos por ser, a todas luces, exageradamente arbitrario[2749].

3. VALORACIÓN DE LA PRUEBA EN APELACIÓN

Una de las cuestiones más controvertidas en los últimos tiempos se refiere a la jurisprudencia que impide a los tribunales de apelación buscar errores en la valoración de la prueba, si esta valoración depende de la inmediación del tribunal de primera instancia, como ocurre, supuestamente, con todos los interrogatorios.

Esta jurisprudencia[2750], en principio dirigida sólo al procedimiento penal, que proviene claramente del sistema del jurado del *common law* donde tiene pleno sentido, no es tan comprensible en un sistema en el que existe un juez profesional que motiva las sentencias, a diferencia del jurado, y por tanto razona su valoración de cada prueba, también los interrogatorios.

Por otro lado, hay que tener en cuenta los avances científicos de la psicología del testimonio. Esas investigaciones confirman, no sólo que la memoria de las personas es altísimamente falible y manipulable[2751], sino también que los gestos de una persona pueden ser muy engañosos[2752]. Además, si los gestos han sido tradicionalmente uno de los principales puntos que los

---

2749 Silvestri, Elisabetta, *L'accesso alle corti di ultima istanza: rilievi comparatistici*, Il Foro Italiano, Parte V, Roma 1987, p. 285.

2750 Ekbatani v. Sweden, n. 10563/83, 26.5.1988, § 32; Helmers v. Sweden, n. 11826/85, 29.10.1991, §§ 36, 37 y 39; Jan-Äke Andersson v. Sweden, n. 11274/84, 29.10.1991, § 28; Constantinescu v. Romania, n. 28871/95, 27.6.2000, §§ 54 y 55, 58, 59. Popovici v. Moldavia, n. 38178/08, 27.11.2007, § 71; Bazo González v. Spain, n. 30643/04, 16.12.2008, § 31; Igual Coll v. Spain, n. 37496/04, 10.3.2009, § 37.

2751 Vid. Julià Pijoan, M., "Un análisis del fundamento de la declaración del testigo ocular como medio de prueba, a partir de la investigación empírica", *Ius et Praxis*, vol. 29, n. 2, 2023, pp. 44 y ss.

2752 Vid. Loftus, *Eyewitness testimony*, Harvard 1996. Mazzoni, G., *Psicologia della testimonianza*, Carocci 2015. Diges, *Los falsos recuerdos* Madrid 1997. Manzanero, A., *Memoria de testigos*, Madrid 2010. Leippe, M. R.; Eisenstadt, D. "Eyewitness confidence and the confidence-accuracy relationship in memory for people", en Lindsay, e.a., (Eds.). *The handbook of Eyewitness Psychology*. Vol. II. *Memory for People*, 377, Psychology Press 2007. Memon, A. A., Vrij, A., Bull, R., *Psychology and Law: Truthfulness, Accuracy and Credibility*, John Wiley & Sons 2003. Valentine, T.; Mesout, J. "Eyewitness identification under stress in the London Dungeon", 2009 *Applied Cognitive Psychology, 23*, p. 151. Wells, G. and Olson, E. A., "Eyewitness Testimony", 2003, *Annual Review of Psychology, 54*, p. 277.

jueces han tenido en cuenta de forma casi intuitiva[2753], quizás el valor de la inmediación no sea tan alto como se piensa. En cambio, el examen detallado de la valoración del juez de primera instancia sobre los interrogatorios podría aportar resultados mucho mejores, y en esta tarea la inmediación podría no ser en absoluto esencial[2754].

A la luz de estas recientes valoraciones, probablemente debería revisarse la jurisprudencia tradicional del TEDH sobre este punto. Restringe irracionalmente el examen de los tribunales en los recursos de apelación, simplemente porque confía en una herramienta —la inmediación— que científicamente no tiene la eficiencia que incomprensiblemente se le atribuye todavía, restringiéndose así de manera injustificada las posibilidades de recurso de los litigantes.

Al contrario, dichas posibilidades deben ampliarse a la crítica de la valoración de la prueba, también cuando consiste en interrogatorios. Sobre los mismos, el juez de primera instancia habrá tenido que expresar en su motivación las razones concretas por las que decidió creer a un testigo. Pues bien, esas razones no son simplemente intuitivas y mucho menos incontrolables hasta la arbitrariedad. Al contrario, deben ser revisadas y comprobadas legítimamente en una segunda instancia, saliendo de un terreno de obscurantismo que, como se ha visto, no tiene sentido, realzando así, definitivamente, el contenido del derecho al recurso en toda su extensión.

4. EL ACCESO EQUITATIVO A LOS MEDIOS DE IMPUGNACIÓN

No se ha solido estudiar el derecho a recurrir desde la perspectiva de las necesidades económicas de los litigantes. Dicho de otro modo, se analiza

---

Wise, R. A., Fishman, C. S., Safer. M. A., "How to Analyze the Accuracy of Eyewitness Testimony in a Criminal Case", 2009-2010, 42 *Conn. L. Rev.*, p. 435.

2753 Vid. Ekman, P., *Nonverbal messages: cracking the code* (Paul Ekman Group 2016). Ekman, P., *Emotions Revealed: Recognizing Faces and Feelings to Improve Communication and Emotional Life* (Times Books 2003).

2754 Vid. Schemmel, J.; Steinhagen, T.; Ziegler, M.; Volbert, R., "How Information on a Motive to Lie Influences CBCA-Based Ratings and Veracity Judgments", 14 August 2020 *Front. Psychol.* https://www.frontiersin.org/articles/10.3389/fpsyg.2020.02021/full, Oberlader, V. A.; Quinten, L.; Banse, R.; Volbert, R.; Schmidt, A. F.; Schönbrodt, F. D., "Validity of content-based techniques for credibility assessment-How telling is an extended meta-analysis taking research bias into account?" (8-12-2020) *Wiley Online Library*, ⊠ https://onlinelibrary.wiley.com/doi/full/10.1002/acp.3776.

en general el derecho al libre acceso a los tribunales de las personas sin recursos económicos, pero no específicamente en la fase de recurso.

Con todo, las disposiciones generales sobre justicia gratuita son aplicables, sin duda, al derecho a los recursos. Si partimos de una jurisprudencia que garantiza el libre acceso, no puede denegarse el mismo en una de las fases del proceso que dispone el legislador al servicio de los ciudadanos. Así lo consideró el Tribunal Supremo de los EEUU en M. L. B. v. S. L. J.[2755], siguiendo su jurisprudencia anterior de Lindsey v. Normet[2756] en la que sostuvo que "*when an appeal is afforded (...) it cannot be granted to some litigants and capriciously or arbitrarily denied to others without violating the Equal Protection Clause.*"

Ese es el principio general, aplicable a cualquier otra circunstancia que afecte o individualice a un ser humano[2757]. Con todo, en la base de cualquier otra consideración al respecto que pudiera hacerse, está la decisión sobre si existe o no el derecho al recurso. En Griffin v. Illinois[2758] el Tribunal Supremo hizo una reflexión interesante al mantener que "*There is no meaningful distinction between a rule which would deny the poor the right to defend themselves in a trial court and one which effectively denies the poor an adequate appellate review accorded to all who have money enough to pay the costs in advance*". Pero sin embargo, en esa misma sentencia, el *Justice* Harlan —y en parte Frankfurter— mantuvo que no se podía poner a los Estados ante la tesitura de decidir si disponían la apelación para todo el mundo, o bien no la preveían en absoluto[2759]. Es justamente el dilema que ya vimos que años más tarde fue aceptado por el TEDH, en el sentido de que es legítimo optar por una de las dos opciones.

Este *appeal in forma pauperis*[2760] no debe sorprender. El acceso a la justicia debe estar abierto a todos los ciudadanos, con independencia de su

---

2755 519 U.S. 102 (1996).

2756 405 U.S. 56 (1972).

2757 Eisenstadt v. Baird, 405 U. S. 438, 453 (1972).

2758 351 U.S. 12 (1956).

2759 "I can find nothing in the past decisions of this Court justifying a holding that the Fourteenth Amendment confines the States to a choice between allowing no appeals at all or undertaking to bear the cost of appeals for indigents, which is what the Court, in effect, now holds".

2760 Anderson, Ll. C., "The Constitutional Right of Poor People to Appeal without Payment of Fees: Convergence of Due Process and Equal Protection in M. L. B. v. S. L. J." (1999), 32:3 *U Mich JL Reform*, p. 441. Vid. también Epps, G., "Money and Civil Justice: Can a State Condition and Appeal on the Payment of Substantial Fees (95-853)," Preview of United States Supreme Court Cases 1996, no. 1 (October 1996), p. 5.

condición económica o de cualquier otra, como por ejemplo que se trate de partes débiles, como consumidores o asegurados. Discriminarlos para recurrir sus sentencias, al menos en segunda instancia, simplemente no es admisible desde ninguna perspectiva. También desde el punto de vista de las facultades y expectativas procesales de las partes, como ocurrió en Francia con la obligación del litigante de indicar los puntos sobre los que recurre para materializar el efecto devolutivo. La *Cour de cassation*[2761] consideró formalista una obligación similar en los casos en que el procedimiento no exige la representación obligatoria por abogado.

¿Sería diferente si aplicamos lo anterior al recurso de casación, es decir, un recurso ante un tribunal supremo? Quizá podría decirse que al ser este recurso extraordinario, las restricciones por razones económicas sí serían admisibles. Pero justamente a través de esta reflexión es como se esclarece, de nuevo, el porqué de que no sea posible denegar el libre acceso a la justicia por ninguna cualidad de un ser humano. Lo que está en el fondo de la cuestión no es tanto el derecho al libre acceso a los tribunales, sino más bien el derecho a la igualdad, del que parten todas las consideraciones que se han hecho en la jurisprudencia, como ya se sugirió en Lindsey v. Normet[2762]. No se puede restringir el derecho al recurso por razones económicas simplemente porque ello sería discriminatorio. Es quizás lo que, como hemos visto, hace setenta años costaba entender a muchos juristas, y aún ahora, pero en estos momentos debería captarse sin ninguna dificultad.

La igualdad de acceso también podría estudiarse, no como una discriminación, sino desde el punto de vista de las normas que darían lugar a una especie de privilegio injustificado en algunas situaciones, como la que se produjo en Francia en relación con el territorio de Mayotte, respecto del cual se estableció por decreto un plazo de interposición de recurso distinto del ordinario, que no estaba justificado al no ser la situación de Mayotte distinta de la de otros territorios de ultramar, lo que condujo a la desautorización del *Conseil Constitutionnel*[2763].

[2761] 9-9-2021, Pourvoi n. 20-13.662.

[2762] 405 U.S. 56 (1972).

[2763] Decision of 30/6/2017 (no 2017-641 QPC, Société Horizon OI et autre [Délai d'appel des jugements rendus par le tribunal du travail de Mamoudzou].

EL EXAMEN DE LA AUTORIDAD REQUERIDA EN LA ORDEN EUROPEA DE DETENCIÓN Y ENTREGA DE POLÍTICOS INDEPENDENTISTAS: ENTRE LA POLÍTICA Y EL DERECHO

Publicado en Diario La Ley, 27-6-2018, n. 9227, en lengua inglesa en EuCLR 2/2018, pp. 175-184 y en lengua italiana en Diritto Penale e Processo 11/2018, pp. 1493-1499.

1. INTRODUCCIÓN

La situación judicial creada a raíz del conflicto independentista en Cataluña es ciertamente paradójica y sorprendente a cada paso. Se pueden hacer lecturas políticas de la conducta de unos y otros durante el conflicto hasta su implosión con la fallida declaración de independencia de 27 de octubre de 2017, y por supuesto también con posterioridad a esa fecha. Pero ese relato sólo explicaría en parte lo sucedido jurídicamente desde aquel momento. Baste por ello con decir que en el relato de los hechos existen dos versiones radicalmente contrapuestas que se defienden incluso con ardor: la de buena parte de los españoles partidarios de mantener la unión, que entienden que lo sucedido en Cataluña en esas fechas fue algo terrible y peligrosísimo para España, y la de una parte minoritaria de la población española y de la práctica totalidad del independentismo, que defiende que lo sucedido fue, sin duda, una desobediencia puntual a las autoridades españolas, pero no algo que pudiera ni lejanamente suponer una amenaza para nadie al no materializarse en ningún resultado práctico, sino que se quedó en el terreno de lo simbólico o simplemente político.

Indico lo anterior porque esas percepciones, aunque parezca increíble, han condicionado muchos análisis jurídicos sobre esta materia. No es un secreto que la ideología condiciona a los jueces, y por descontado a cualquier jurista. Es un hecho que está estudiado empíricamente desde hace mucho tiempo[2764], y a lo máximo que puede aspirarse es a que esa que-

[2764] Forza / Menegon / Rumiati, *Il giudice emotivo*, Bologna 2017, pp. 107 y ss. Epstein, Lee et al., "The Supreme Court During Crisis: How War Affects Only Non-War Cases", 80

rencia política no predetermine excesivamente el análisis jurídico, aunque una cierta influencia tendrá siempre, salvo que al jurista que haga el estudio le sea indiferente la cuestión de fondo[2765], como es difícilmente factible —pero no imposible— que suceda con un jurista español, pero que tiene pocas posibilidades de acontecer con un jurista extranjero.

En este caso concreto, un magistrado del Tribunal Supremo español que hace de instructor para estos hechos, así como la Fiscalía General del Estado del mismo país, han visto un delito de rebelión en lo acaecido en Cataluña, así como otro de malversación al relacionar la rebelión con la convocatoria de un referendum que no había sido autorizado por el Gobierno, y cuya celebración se intentó impedir a través de advertencias del Tribunal Constitucional y anulaciones del mismo tribunal de cuantas normas fueron aprobadas por el Parlamento de Cataluña para la consecución de dicha consulta. Como en la materialización del referendum no autorizado se supone, por su envergadura, que se tuvieron que utilizar recursos públicos, se imputa, como se ha dicho, el delito de malversación.

2. LAS DOS LISTAS DE DELITOS DE LA DECISIÓN MARCO

Existen otras imputaciones, pero son secundarias a lo ya indicado. Al amparo de las disposiciones contenidas en la *Decisión Marco del Consejo de 13 de junio de 2002 relativa a la orden de detención europea y a los procedimientos de entrega entre Estados miembros*[2766], la cuestión principal a resolver es qué tipo de examen de la solicitud de entrega puede realizar la autoridad judicial[2767] del Estado requerido. En este sentido, ante la ambigüedad de

---

N.Y.U. L. Rev. 1, 109-10, 2005. Posner, Eduard A., *Cómo deciden los jueces*, Madrid 2011, passim.

2765 Vid. reflexiones parecidas en Sarmiento, Daniel, "Una prejudicial factible pero peligrosa", *Agenda Pública*, 10-4-2018, http://agendapublica.elperiodico.com/una-prejudicial-factible-pero-peligrosa/

2766 Sobre la misma, vid. por todos Jimeno Bulnes, Mar, "La orden europea de detención y entrega: análisis normativo", en AAVV (Arangüena / De Hoyos / Rodríguez-Medel), *reconocimiento mutuo de resoluciones judiciales en la Unión Europea*, Cizur Menor 2015, pp. 35 y ss. Dalia, Gaspare, "L'adeguamento della legislazione nazionale alla decisione quadro tra esigenze di cooperazione e rispetto delle garanzie fondamentali", en AAVV (Kalb dir.), *Mandato di arresto europeo e procedure di consegna*, Milano 2002, pp. 1 y ss.

2767 S. Kovalkovas, 10-11-2016, C-477/16, puntos 33 y ss y S. Poltorak, 10-11-2016, C-452/16. Vid. no obstante S. Özçelik, 10-11-2016, C-453/16, puntos 34-37, al considerar "autoridad judicial" al ministerio fiscal húngaro que había emitido una orden de detención.

la disposición normativa europea y dado el hecho de que el Tribunal de Justicia de la Unión Europea, en realidad, no se ha pronunciado específicamente sobre este punto[2768], se ha suscitado un interesante debate acerca de los márgenes de apreciación de las autoridades requeridas[2769] motivado justamente por el caso que nos ocupa[2770].

Los preceptos de referencia son los arts. 2.2, 2.4 y 4.1 de la Decisión Marco, transpuestos en diversas disposiciones normativas de cada Estado Miembro. Dichas normas distinguen dos grupos de delitos: una lista de treinta y dos categorías delictivas recogida en el art. 2.2, y el resto de delitos que reconozca la ley penal de cada Estado.

Con respecto a los primeros, dice la Decisión Marco que no se hará un control de la doble tipificación de los hechos, es decir, de la tradicional necesidad, clásica de la extradición, de que los hechos estén tipificados como delito —lo más equivalente posible— en el Estado requirente y en el Estado requerido. En virtud del "*grado de confianza elevado entre los Estados Miembros*" de que habla la exposición de motivos de la Decisión Marco y reitera siempre la jurisprudencia, aunque sobre todo de las numerosas equivalencias entre los códigos penales de los Estados Miembros en cuando a dichos delitos, se considera que no es necesario realizar el referido examen, por lo que la entrega debería ser bastante sencilla, aunque no realmente automática. Más adelante abundaré en este tema.

En relación a los segundos, la Decisión Marco no prevé exactamente un auténtico análisis de doble tipificación en el sentido acabado de indicar, sino que intenta establecer un mecanismo más flexible. La idea es que la autoridad requerida se cerciore de si los hechos son abstractamente delictivos en su Estado, con independencia de que los elementos del tipo o la calificación no coincida. Por tanto, también en este caso se trata de que

---

2768 Tampoco concretó la Comisión este tema en el *Manual europeo para la emisión y ejecución de órdenes de detención europeas*, DOUE 6-10-2017, (2017/C 335/01).

2769 Tangencialmente se trataba en parte este tema en Ban Fuglsang Madsen Soresnsen, Henning "Mutual trust - blind trust or general trust with exceptions? The CJEU hears key cases on the European Arrest Warrant", *EU Law Analysis*, http://eulawanalysis.blogspot.com.es/2016/02/mutual-trust-blind-trust-or-general.html y en Suominen, Annika, "Limits of mutual recognition in cooperation in criminal matters within the EU - especially in light of recent judgments of both European Courts", *European Criminal Law Review*, vol. 4, 3, 2014.

2770 Vid. ampliamente Nieto Martín, Adán, "La cuestionable decisión de los jueces alemanes en el caso Puigdemont", *Almacén de Derecho*, 8-4-2018, http://almacendederecho.org/reconocimiento-mutuo-doble-incriminacion/

la entrega se produzca de forma ágil, aunque no tanto como en el caso anterior.

La diferencia fundamental entre ambas categorías sería que en la primera se parte de la base de que existen tipos bastante equivalentes entre todos los Estados Miembros, por lo que no hay que hacer un examen detenido sobre la cuestión. Pero en cuanto a los segundos, dadas las diferencias sustanciales entre los códigos penales de casi una treintena de Estados Miembros, se impone al menos un análisis de que los hechos explicitados por la autoridad requirente sean delito en el Estado requerido.

Por tanto, aunque se trata de simplificar decididamente el antiguo procedimiento de extradición, en ambos casos existe un examen por parte de la autoridad requerida. La intensidad de ese examen es la que será analizada en los próximos epígrafes.

3. EL EXAMEN CON OCASIÓN DE LAS TREINTA Y DOS CATEGORÍAS DELICTIVAS DEL ART. 2.2

Con respecto a esas treinta y dos categorías delictivas privilegiadas, la norma no dice nada más que lo indicado al respecto del no examen de la doble tipificación. Sin embargo, insisto en que todo ello está basado en la razonable homogeneidad de concretamente esas categorías delictivas en todos los Estados Miembros. Algunos son delitos gravísimos, como el terrorismo, y otros más tradicionales como la estafa.

La exposición de motivos de la Decisión Marco, en su punto 5, ofrece a mi juicio las claves esenciales del sistema, que conviene recordar:

> *"el objetivo atribuido a la Unión de llegar a ser un espacio de libertad, seguridad y justicia da lugar a la supresión de la extradición entre los Estados miembros, debiéndose sustituir por un sistema de entrega entre autoridades judiciales. Por otro lado, la creación de un nuevo sistema simplificado de entrega de personas condenadas o sospechosas, con fines de ejecución de las sentencias o de diligencias en materia penal permite eliminar la complejidad y los riesgos de retraso inherentes a los actuales procedimientos de extradición. Es preciso sustituir las relaciones clásicas de cooperación que prevalecían entre Estados miembros por un sistema de libre circulación de decisiones judiciales en materia penal, tanto previas a la sentencia como definitivas, en el espacio de libertad, seguridad y justicia."*

Por tanto, las expresiones fundamentales serían: la Unión Europea como "espacio de libertad, seguridad y justicia"; "supresión de la extradición"; "sistema simplificado de entrega judicial de reos"; "libre circulación de decisiones judiciales en materia penal". Por su parte, La jurisprudencia del Tribunal de Justicia de la Unión Europea, en coherencia con esas ideas, ha recordado muy reiteradamente que existe la obligación de ejecución[2771], y que los Estados no pueden crear causas de rechazo ajenas a las previstas muy restrictivamente en la Decisión Marco, como en ocasiones ha sucedido[2772], y esas causas de rechazo, salvo en el supuesto del art. 4 bis[2773], no pueden estar basadas en la falta de respeto de los derechos fundamentales por parte del Estado emisor presumida por el juez del Estado de ejecución[2774], porque se parte de la existencia de un estándar mínimo equivalente de protección en toda la Unión Europea, y que sólo en circunstancias excepcionales podría conducir a la suspensión del sistema de entrega de reos, previa decisión del Consejo de la Unión Europea[2775].

Ahora bien, de ahí a decir que el análisis de la autoridad requerida deba ser "automático"[2776] dista un trecho. Al contrario, el hecho de que el legislador europeo haya querido que sea precisamente una autoridad judicial la que tome una decisión significa que se desea precisamente un control jurisdiccional suficiente[2777]. Además, dicha autoridad judicial debe velar por que al reo se le respeten durante la tramitación de la orden europea de detención sus derechos fundamentales en el Estado de ejecución[2778],

---

2771 S. Ardic, 22-12-2017, C-571/17, puntos 69-70. S. Dworzecki, 24-5-2016, C-108/16, punto 27. S. Kovalkovas, 10-11-2016, C-477/16, puntos 26-28.

2772 S. F., 30-5-2013, C-168/13, punto 36. S. Poplawski, 29-6-2017, C-579/15, punto 19. S. Tupikas, punto 50.

2773 S. Dworzecki, 24-5-2016, C-108/16, punto 50: "*Por otra parte, dado que los supuestos mencionados en el artículo 4 bis, apartado 1, letra a), inciso i), de la Decisión marco 2002/584 se concibieron como excepciones a un motivo de no reconocimiento facultativo, la autoridad judicial de ejecución puede, en cualquier caso, incluso después de comprobar que éstos no contemplan la situación de que se trata, tener en cuenta otras circunstancias que le permitan cerciorarse de que la entrega del interesado no implica vulnerar su derecho de defensa*". S. Zdziaszek, 10-8-2017, C-271/17, puntos 100-104.

2774 S. Radu, 29-1-2013, C-369/11, puntos 36-38. S. Aranyosi y Căldăraru, 5-4-2016, C-404/15 y C-659/15, puntos 80-82.

2775 Con especial contundencia, S. Melloni, 26-2-2013, C-399/11, S. F., 30-5-2013, C-168/13, punto 49.

2776 Cfr. Ambos, Kai, "¿Reconocimiento mutuo versus garantías procesales?", en AAVV (De Hoyos coord.), *El proceso penal de la Unión Europea*, Valladolid 2008, p. 30.

2777 Vid. S. F., 30-5-2013, C-168/13, punto 45.

2778 Insiste en ello, Pérez Marín, Mª Ángeles, *La lucha contra la criminalidad en la Unión Europea*, Barcelona 2013, p. 222. Vid. también Arangüena Fanego, Coral, "Garantías procesales de los sospechosos e imputados", en AAVV (De Hoyos coord.), *El proceso penal de la Unión Europea*, Valladolid 2008, p. 44 y ss, especialmente pp. 137 y ss.

tanto de acuerdo con el Convenio Europeo de Derechos Humanos como con el Derecho del propio Estado de ejecución de la orden de entrega[2779].

Siendo ello así, la autoridad requerida debe examinar necesariamente los siguientes puntos:

1. Requisitos formales: identificación del reo y de la autoridad emisora (art. 8.1.a y b) e indicación de la resolución judicial nacional en la que se disponga la condena o la detención (art. 8.1.c)[2780].
2. Si los hechos explicitados por la autoridad requirente se corresponden, *prima facie*, con la categoría delictiva enunciada también en el país del juez requerido (art. 8.1.d).
3. Si los hechos son o no manifiestamente falsos (art. 8.e).

Dejando al margen el primer punto, que es en principio poco polémico[2781], el examen de los incisos 2 y 3 ni es complejo ni requiere mucho esfuerzo. Se trata del examen incluso superficial mínimamente imprescindible para entender el requerimiento y poderle dar una respuesta racional y por tanto motivada[2782] de una forma rápida, como exige la jurisprudencia[2783].

Es decir, no se trata de un examen eludible, dado que la Decisión Marco impone la obligación de ejecutar las órdenes de entrega, pero no a ciegas[2784], porque de lo contrario no existiría una lista de treinta y dos delitos preferentes ni nada parecido, sino que bastaría con que la autoridad del Estado reclamante dijera el nombre de un reo junto con la denominación de un delito para que fuera entregado de inmediato, sin mayor análisis.

Creo que todo el mundo estaría de acuerdo en afirmar que no basta con que la autoridad requirente diga "terrorismo", exigiendo la entrega de

---

2779 S. F., 30-5-2013, C-168/13, punto 48.

2780 Y que la detención consista realmente en una efectiva privación de libertad, y no en una simple restricción de movimientos. Vid. S. JZ, 28-7-2016, C-294/16.

2781 Aunque motivó, a mi juicio erroneamente, el rechazo de la orden europea de detención por parte de la Justicia belga también en el caso de los políticos independentistas. Vid. Nieva Fenoll, "Un varapalo de la Justicia belga", *Agenda Pública*, 16-5-2018. http://agendapublica.elperiodico.com/un-varapalo-de-la-justicia-belga/

2782 Insiste en este punto el §32 de la ley alemana al efecto: *Gesetz über die internationale Rechtshilfe in Strafsachen.*

2783 S. Pietrowski, 23-1-2018, C-367/16, puntos 58 y 59.

2784 Cfr. Ruz Gutiérrez, Pablo, "Cuestiones prácticas relativas a la orden europea de detención y entrega", en AAVV (Arangüena / De Hoyos / Rodríguez-Medel), *reconocimiento mutuo de resoluciones judiciales en la Unión Europea*, Cizur Menor 2015, pp. 94 y ss.

una persona, sino que será necesario que el requirente argumente, aunque sea mínimamente, que sus investigaciones acreditan que, efectivamente, la persona cuya entrega se reclama es un terrorista. De lo contrario, insisto, bastaría con mencionar la identificación de una persona e imputarle una de las treinta y dos categorías delictivas, sin más, lo que podría ser falaz. Y es que la confianza mutua[2785] sin duda existe y el Tribunal de Justicia de la Unión Europea insiste siempre en ella, dando credibilidad por defecto a lo manifestado por el juez requirente[2786]. Pero dicha confianza debe asentarse en la realidad de los comportamientos de las autoridades implicadas, dado no existe para que sea traicionada aprovechándose de la misma.

En consecuencia, como decía, la autoridad requerida deberá analizar si los hechos pertenecen o no a una de las treinta y dos categorías (art. 8.1.d), a fin de comprobar que la autoridad requirente no está defraudando la citada confianza precisamente a fin de evitar subrepticiamente el examen de la doble tipificación, citando por ejemplo un delito de la lista privilegiada cuando en realidad se está persiguiendo otro que no está en esa lista. O bien, que el juez requirente esté narrando unos hechos que ni por un asomo son siquiera el delito que dice que son. Ese es, por tanto, un análisis muy elemental[2787] pero ineludible, y por ello lo he citado en primer lugar (2).

Justo después (3) debe analizar la autoridad requerida si los hechos que se le expresan son o no *manifiestamente* falsos. Obviamente no va a poder entrar en el análisis de si son o no auténticos, porque ello requeriría una apreciación probatoria que no sólo ultrapasa las posibilidades de la orden europea, sino que situaría a la autoridad requerida en un escenario en el que sin conocimiento directo del asunto, habría de evaluarlo como si lo tuviera. Y además, ello supondría en mi opinión un exceso en sus funciones, usurpando la competencia de la autoridad requirente. Esa competencia debe respetarse en todo caso, porque de lo contrario se estaría vulnerando

---

2785 Sobre la imprecisa ejecución de este concept, vid. de Hoyos Sancho, Montserrat, “Armonización de los procesos penales, reconocimiento mutuo y garantías esenciales”, en AAVV (De Hoyos coord.), *El proceso penal de la Unión Europea*, Valladolid 2008, p. 44 y ss, especialmente pp. 58 y ss.

2786 Vid. un interesante caso en este sentido —acerca de la apreciación de cosa juzgada— en la S. Mantello, 16-11-2010, C-261/09, puntos 50 y 51.

2787 La Ley italiana de 22 de abril de 2005, n. 69 (*Disposizioni per conformare il diritto interno alla decisione quadro 2002/584/GAI del Consiglio, del 13 giugno 2002, relativa al mandato d'arresto europeo e alle procedure di consegna tra Stati membri*) es precisa a estos efectos, cuando exige comprobar en su art. 18.1.t si la medida cautelar en la que se basa la orden europea está carente de motivación.

la soberanía nacional de otro Estado, que se manifiesta también en las actuaciones judiciales.

Pero la situación cambia por completo si los hechos narrados por el juez requirente son manifiestamente falsos. El juez requerido puede llegar por dos vías a esa gravísima conclusión. La primera, porque los hechos sean notorios. Es la menos frecuente, pero también la que puede descubrir más fácilmente que existe mala fe por parte del órgano requirente. La segunda es la más habitual: que los hechos, tal y como son relatados por la propia autoridad emisora y sin ulterior investigación, aparezcan como falsos. O que incluso lo sean tras haber hecho el juez requirente una ampliación de la información a instancia del requerido, lo que es plenamente aceptable[2788].

Puede sorprender que el juez requerido pueda entrar en este tipo de análisis. Pero si bien se piensa, dichos análisis son lógicos y resultan, no solamente viables, sino imprescindibles al amparo del Derecho interno en cualquier Estado en una situación del todo análoga a la que se está analizando. Imagínese que en España un juez de Santander reclamara a un juez de Sevilla la competencia para juzgar sobre un asunto y, por vía de consecuencia, la potestad de decidir sobre la libertad de un reo. El juez de Santander, por ejemplo, haría ese requerimiento diciendo que está investigando un delito conexo cuya pena es mayor que el que está investigando el juez de Sevilla (art. 18.1.1 LECrim). Creo que a nadie se le ocurriría pensar que el Juez de Sevilla no va a hacer un análisis indiciario de la existencia de ese delito conexo, más que nada porque estaría entregando su competencia indebidamente a quien la reclama sin motivo. Es más, si realmente los hechos fueran manifiestamente falsos, el juez no tendría más remedio que informar a la fiscalía y al Consejo General del Poder Judicial del comportamiento de su compañero. En el ámbito europeo las cosas no podrían llegar tan lejos, pero el descrédito internacional del juez requirente sería monumental.

Insisto en que en absoluto se trata de un examen invasivo ni que ponga en cuestión ni la soberanía de Estado alguno, ni mucho menos el cumplimiento de la orden europea de detención y entrega. Se trata de un examen análogo al que cabe hacer a través del art. 269 LECrim[2789] cuando se trata

[2788] Lo recuerda en varias ocasiones el manual de la Comisión antes citado, pp. 24 y ss.

[2789] "*Formalizada que sea la denuncia, se procederá o mandará proceder inmediatamente por el Juez o funcionario a quien se hiciese a la comprobación del hecho denunciado, salvo que éste no revistiere carácter de delito, o que la denuncia fuere manifiestamente falsa. En cualquiera de estos dos casos,*

de la admisión de denuncias, momento en el cual el juez, o el fiscal o incluso la policía deben analizar si los hechos son *prima facie* constitutivos de algún delito y si no son manifiestamente falsos. No se entendería que ya no en el ámbito interno, sino en el internacional y en una ocasión probablemente mucho más comprometida, no pudieran los jueces de ejecución hacer tal examen, por mucha vinculación política y confianza mutua que exista entre los países de la Unión Europea.

4. EL EXAMEN CON OCASIÓN DEL RESTO DE DELITOS

Con el resto de delitos, lógicamente, se puede acometer exactamente el mismo examen que el indicado en el número anterior, pero debe añadirse además el de la doble tipificación[2790], pero no en el sentido más clásico, que dejaba un total margen de maniobra al Estado requerido bajo el antiguo sistema de la extradición, dentro del trasfondo político en el que puede moverse cualquier extradición. Lo que precisamente intentó con más ahínco la Decisión Marco fue limitar absolutamente ese margen de maniobra político[2791], reconduciéndolo por vías estrictamente jurídicas, a fin de que la autoridad del Estado requerido no haga un examen estricto de doble tipificación —que ampliaría el margen político en función del grado de equivalencia exigido discrecionalmente—, sino algo más genérico y, por tanto, más generoso para las posibilidades de entrega. Esa es la intención del redactado de los arts. 2.4 y 8.1.e de la Decisión Marco.

Y es que, como se ha indicado, el examen de la doble tipificación puede entrar absolutamente en el terreno de la arbitrariedad. Salvo que un país haya copiado literalmente el texto del artículo del código penal precisamente del país requirente, siempre podría decir que el tipo no se corresponde completamente con lo previsto en su ordenamiento y que, por ello, deniega la entrega. Eso es justamente lo que intenta evitar el art. 2.4 diciendo que no se busque siquiera esa equivalencia, sino simplemente que se verifique si los hechos sometidos a examen son delito en el Estado requerido.

---

el Tribunal o funcionario se abstendrán de todo procedimiento, sin perjuicio de la responsabilidad en que incurran si desestimasen aquélla indebidamente."

2790 Sobre este requisito y su interpretación en la Decisión Marco 2008/909, vid. S. Grundza, 11-1-2017, C-289/15.

2791 Alejándose así de la extradición, como recuerda Nieto Martín, Adán, "La cuestionable decisión de los jueces alemanes en el caso Puigdemont", *Almacén de Derecho*, 8-4-2018, http://almacendederecho.org/reconocimiento-mutuo-doble-incriminacion/

Sin embargo, incluso ese análisis tan generoso debe tener límites. Existe un listado de treinta y dos delitos preferentes porque entre otras razones se ha considerado, como se indicó, que esos delitos son bastante homogéneos entre las distintas normas penales de los Estados europeos y que incluso están sancionados con penas de gravedad al menos similar, aunque en este último terreno existen tremendos contrastes. Pero lo que está claro es que los Estados han deseado sancionar indudablemente esas grandes categorías de hechos delictivos.

Pero con respecto a los delitos que quedan fuera de la lista hay que proceder con mayor cautela, porque no es la intención de Estado alguno hacer dejación de su soberanía para que otro Estado haga lo que quiera con un reo que está en su territorio, puesto que ello supondría reconocer una gravedad a conductas que o no son consideradas tan graves en el Estado en cuestión, o que simplemente, como dice el propio art. 2.4, son atípicas. Sería un contrasentido enviar a alguien a un territorio para que sea sancionado por un delito que no lo es en el Estado en que el reo se encuentra[2792]. La entrega en estos casos podría tener o no motivaciones políticas, pero sea como fuere, es aberrante en el terreno de los principios.

Es por ello por lo que el análisis debe hacerse en concreto formulándose la autoridad requerida la pregunta de si esos hechos, tal y como han sido descritos por la autoridad requirente, y siempre que no sean manifiestamente falsos, son delito en el país requerido. Pero no cualquier delito, sino que deberán situarse siempre dentro de la categoría delictiva genérica enunciada por el Estado requirente, aunque ello normalmente no presentará dificultad, al menos en el entorno cultural europeo.

Ello es así porque la intención de la norma europea con respecto a los delitos de esta segunda lista no es que los jueces de ejecución sean más generosos que con respecto a los delitos de la primera lista, sino que tomen mayores precauciones y amplíen su examen. Y por ello, si en relación con los delitos de la primera lista parece razonable que exista una correspondencia entre la categoría reclamada por el Estado emisor y la considerada por el Estado de ejecución, esa misma coherencia debe ser exigible con mayor motivo —aunque siempre con flexibilidad— cuando se consideran los delitos de la segunda lista, al menos en cuanto al bien jurídico prote-

---

[2792] Vid. analógicamente la S. Pietrowski, 23-1-2018, C-367/16, punto 38, en cuanto a la apreciación de la edad penal para denegar la entrega según las normas del Estado de ejecución, aunque debe decirse también que esa causa de denegación tiene su reflejo específico en el art. 3.3 de la Decisión Marco.

gido, que si bien no tendría por qué ser idéntico, sí al menos debiera ser comparable.

No de otro modo puede interpretarse el art. 4.1 de la Decisión Marco cuando arguye que en materia de tasas e impuestos de aduana y cambio, no podrá rechazarse la entrega por el hecho de que el Estado requerido no disponga en su legislación el mismo tipo de tasas o impuestos. Si el redactado del art. 4.1 no fuera ese, cabría suponer que el impago de impuestos, en general, podría ser calificado por la autoridad del Estado requerido bajo cualquier título de imputación. Sin embargo, lo que parece decir la Decisión Marco es que podrá comprobarse si dicho título es el mismo o equivalente, dentro del habitual examen de doble tipificación. Pero que una vez hecha esa operación, no debe analizarse si los impuestos serían debidos o no en el Estado requerido. Si no hiciera falta esa comprobación, la referencia de la Decisión Marco al detalle de los impuestos sería prescindible.

Por tanto, al examen expresado en el epígrafe anterior en cuanto a la existencia de un hecho con caracteres del delito señalado por la autoridad emisora, así como con respecto a que el relato del mismo no sea manifiestamente falso, deberá añadirse ahora que el hecho sea delictivo también en el Estado requerido, lo que es y se hace bastante obvio en las treinta y dos categorías anteriores, pero no en el resto de casos. Y por ello es precisa la comprobación judicial.

5. EL CASO DE LOS POLÍTICOS INDEPENDENTISTAS

En el caso que nos ocupa, como antes fue referido, se están imputando fundamentalmente los delitos de rebelión y malversación a diversas personas presentes en el Reino Unido, Bélgica y Alemania. Dejo al margen la situación de los políticos que están en Suiza por seguirse con los mismos el antiguo sistema de extradición.

Con respecto a los referidos, y con independencia de las numerosas y algo rocambolescas visicitudes vividas en este espinoso asunto, a día de hoy disponemos de la decisión de un juez escocés que ha aplazado su consideración del asunto bastante tiempo, probablemente por la consciencia del trasfondo político de lo que tenía entre manos, sobrepasando manifiesta y arbitrariamente los plazos de resolución marcados por la Decisión Marco. La Justicia belga, por su parte, ha declinado el conocimiento del fondo del asunto pretextando que la euroorden no estaba basada en una orden nacional de detención que fuera coherente con dicha euroorden en cuanto a los delitos imputados, lo que no era realmente cierto y suena muchísimo, nuevamente, a una voluntad de apartar el conocimiento del tan complejo asunto por razones políticas sobre todo[2793].

Finalmente están los jueces alemanes, que decidieron *a limine* no entrar en el análisis de la rebelión al parecerles absolutamente evidente que los hechos, tal y como habían sido narrados por el magistrado requirente, no constituían ni ese delito ni ningún otro en Alemania, lo que aunque causó estupor en un sector de la profesión jurídica española, quizás se entiende mejor desde el principio de intervención mínima y, sobre todo, desde la evidencia de que incluso siendo ciertos los hechos tal y como los había narrado el magistrado requirente, los mismos no constituían delito de rebelión, conclusión que, por cierto, era compartida también por no pocos juristas[2794], por una ausencia esencial de violencia insurreccional en lo acaecido en Cataluña.

Pero queda ahora que los jueces alemanes realicen el análisis que eludieron los belgas, o que al menos no expresaron en su resolución aunque a buen seguro hicieron preventivamente, y que el juez escocés ha postergado. Es decir, el análisis descrito en los apartados anteriores, particularmente en el tercero, dado que el delito de malversación fue situado por el magistrado español en la categoría de "corrupción".

Ese examen, como ya se ha visto, es medianamente sencillo pero no automático. Los jueces alemanes deberán establecer si la malversación descrita por el juez requirente en este caso se encuadra en la categoría de "corrupción", lo que podría plantear problemas interpretativos desde la perspectiva de la normativa internacional al efecto[2795], pero ese asunto es ajeno a este trabajo.

Y por otra parte, hay que realizar también el referido examen de verosimilitud *prima facie* de los hechos investigados, lo que es más necesario en este caso, dado que en un primer momento la solicitud de entrega apenas justificó la existencia de este delito, lo que resultó extraordinariamente llamativo. Es de esperar de la justicia española que haya aportado los ele-

---

2793 Nieva Fenoll, "Un varapalo de la Justicia belga", *Agenda Pública*, 16-5-2018. http://agendapublica.elperiodico.com/un-varapalo-de-la-justicia-belga/

2794 http://www.lavanguardia.com/politica/20171123/433106313410/centenar-penalistas-carga-contra-proceso-maza-lamela-independentistas.html

2795 Vid. art. 17 de la Convención de las Naciones Unidas contra la corrupción de 31 de octubre de 2003; art. 14 de la Convención sobre corrupción de 27 de enero de 1999 del Consejo de Europa.

mentos mínimos para realizar ese examen *prima facie*, sin fiarlo todo a conjeturas o a datos que podrían aparecer como contradictorios.

El destino de estos procesos es muy incierto. Habitualmente las solicitudes de entrega son bastante automáticas, dado que constan los hechos delictivos y no tienen problemas de calificación jurídica ni trasfondo político alguno. Pero es que en este caso el trasfondo político es evidente y los delitos reclamados no son ciertamente habituales, especialmente en el caso de la rebelión. Alguna ley de trasposición, como la italiana, hace referencia expresa precisamente a este tema[2796].

El mecanismo de la euroorden quiso apartar la política de estas decisiones, pero no estableció mecanismos para que los jueces de los Estados requirentes y requeridos también la apartaran de sus mentes. Y se quiera o no, ese factor en este caso, aunque quizás no tenga peso en la decisión final que algún día se dicte, ha puesto sobre aviso a los jueces requeridos, lo cual ha cortado las alas a cualquier automatismo. Al fin y al cabo, tomen la decisión que tomen, las resoluciones de esos jueces serán portada en buena parte de la prensa mundial.

2796 Art. 18.1 de la Ley de 22 de abril de 2005: *La corte di appello rifiuta la consegna nei seguenti casi: a) se vi sono motivi oggettivi per ritenere che il mandato d'arresto europeo è stato emesso al fine di perseguire penalmente o di punire una persona a causa del suo sesso, della sua razza, della sua religione, della sua origine etnica, della sua nazionalità, della sua lingua, delle sue opinioni politiche o delle sue tendenze sessuali oppure che la posizione di tale persona possa risultare pregiudicata per uno di tali motivi.*

ORDEN EUROPEA DE DETENCIÓN Y ENTREGA: EL ANÁLISIS DE LA AUTORIDAD REQUERIDA SOBRE EL RESPETO POR LOS DERECHOS FUNDAMENTALES

Publicado en Diario La Ley, n. 10084, 2022.

1. INTRODUCCIÓN

¿Es concebible que en un espacio de confianza mutua, los integrantes de ese espacio comprueben que la confianza no se traiciona?[2797] En pocas palabras, esa es la cuestión que se está suscitando desde hace algún tiempo en el espacio de libertad y seguridad que fue inaugurado en Tampere en 1999[2798] y cuyo principal exponente, como reconoce la jurisprudencia[2799], es la orden europea de detención y entrega[2800].

Durante los primeros años, el sistema funcionó reconociéndose los Estados Miembros entre sí unos estándares mínimos comunes de protección de derechos fundamentales[2801]. Aunque pronto se dieron cuenta de que

---

2797 Vid. Anagnostaras, Georgios, "Mutual confidence is not blind trust! Fundamental rights protection and the execution of the European arrest warrant: Aranyosi and Caldararu", *Common Market Law Review,* Volume 53, Issue 6, 2016, pp. 1675 y ss. Ouwerkerk, Jannemieke, "Balancing Mutual Trust and Fundamental Rights Protection in the Context of the European Arrest Warrant. What Role for the Gravity of the Underlying Offence in CJEU Case Law?", *European Journal of Crime, Criminal Law and Criminal Justice,* 26-5-2018. Konstadinides, T., "Court of Justice Judicial independence and the Rule of Law in the context of non-execution of a European Arrest Warrant: LM", *Common Market Law Review,* Volume 56, Issue 3, 2019, pp. 743 y ss.

2798 Vid. Considerando 1 de la Decisión Marco del Consejo de 13 de junio de 2002.

2799 C-216/18, L.M., 25-7-2018, punto 45.

2800 Vi., por todos, Calaza López, Sonia, *El procedimiento europeo de detención y entrega,* Madrid 2005. Jimeno Bulnes, Mar, "La orden europea de detención y entrega: análisis normativo", en Arangüena / De Hoyos / Rodríguez-Medel (ed.), *reconocimiento mutuo de resoluciones judiciales en la Unión Europea,* Cizur Menor 2015, pp. 35 y ss. Dalia, Gaspare, "L'adeguamento della legislazione nazionale alla decisione quadro tra esigenze di cooperazione e rispetto delle garanzie fondamentali", en Kalb (dir.), *Mandato di arresto europeo e procedure di consegna,* Milano 2002, pp. 1 y ss

2801 Decisión Marco del Consejo 2002/584/JAI, 13-6-2002, Considerandos 10 y 12.

esos estándares, pese a ser generalmente observados en la Unión, no han llegado todavía a todas partes, particularmente, no hay que ocultarlo, a algunos de los países del este de Europa. Al fin y al cabo se trata de lugares que sufrieron una dictadura desde el fin de la Segunda Guerra Mundial y su sistema judicial, policial y penitenciario, pese a los denodados esfuerzos de mejora, sigue teniendo deficiencias que eran la base del modo habitual de funcionar de aquellas dictaduras y que, en su mayoría, eran deseadas por el poder público. Cárceles terribles, policía represiva, jueces dependientes del poder político, inexistencia de la presunción de inocencia e inutilidad de cualquier tentativa de defensa. Todos esos son los ingredientes característicos de una dictadura, y desmontar todo ese aparataje cuesta muchísimo tiempo y muchos esfuerzos, pues hay que vencer innumerables resistencias. Y no siempre existe la voluntad de quienes integran una estructura judicial y policial que tenía normalizados esos vicios y que, en el fondo, no ven nada malo en ellos, dado que son la expresión del poder que ya ejercen y en el modo en que creen que lo deberían tener y ejercer.

La Unión Europea, con bastante celeridad y muy consciente de lo anterior, aprobó una serie de directivas[2802] a fin de orientar el respeto de derechos procesales básicos en los países con más deficiencias, pese a que las directivas, evidentemente, están destinadas a todos los Estados. Esas directivas son, sobre todo, un buen resumen de la jurisprudencia del Tribunal Europeo de Derechos Humanos, y han ayudado a emprender reformas incluso en países en los que en principio no se pensó cuando se configuraron esas directivas, como es el caso de España[2803]. Todo es perfectible, y no nos engañemos: España y Portugal también son países que provienen de dictaduras no tan lejanas en el tiempo y cuya ideología, de hecho, todavía es defendida incluso con pasión por una parte demasiado relevante de la población. Ocurre lo mismo, aunque en menor medida —la dictadura acabó hace más tiempo— en Italia y en Alemania. Todavía hay nostálgicos de

---

2802 Resolución 2009/C 295/01 del Consejo de 30 de noviembre de 2009, sobre un plan de trabajo para reforzar los derechos procesales de sospechosos o acusados en los procesos penales. Directiva 2010/64/UE de 20-10-2010, sobre el derecho a interpretación y traducción en los procesos penales. Directiva 2012/13/UE de 22-5-2012, sobre el derecho a la información en los procesos penales. Directiva 2013/48/UE de 22-10-2013, sobre el derecho a la asistencia de letrado en los procesos penales. Directiva (UE) 2016/343 de 9-3-2016, por la que se refuerzan en el proceso penal determinados aspectos de la presunción de inocencia y el derecho a estar presente en el juicio. Directiva (UE) 2016/800 de 11-5-2016 relativa a las garantías procesales de los menores sospechosos o acusados en los procesos penales.

2803 Vid. Ley Orgánica 13/2015, de 5 de octubre y Ley Orgánica 5/2015 de 27 de abril.

un nacionalismo netamente autoritario que obtiene en las elecciones una no despreciable representación parlamentaria.

Esa nostalgia es posible que se traslade de manera más o menos inconsciente al sistema judicial, lo que puede hacer que el respeto por los derechos fundamentales, que es la esencia de la democracia, no se produzca como debiera. O bien que se cuiden las formas de los tribunales en cuanto a su cortesía, pero se ejecuten las más flagrantes y desvergonzadas agresiones a la democracia escondiendo esas vulneraciones tras la aparente formalidad de togas impolutas. Es algo que cuesta mucho de percibir dentro del país, por la presión del ambiente, pero que verdaderamente se detecta muy rápidamente en cuanto se observa "desde fuera", sin los condicionantes ideológicos de cada Estado.

Sea como fuere, dentro de este soñado espacio de libertad y seguridad, ¿tienen los jueces la facultad de mirar "desde fuera" —es decir, desde donde ya están— a sus colegas extranjeros? Si es así, ¿pueden comprobar si en esos procesos extranjeros se observaron los derechos fundamentales o, aún más, si es previsible que se observen en el futuro tras producirse la entrega del reo? Ese es el tema del que voy a ocuparme en este artículo.

2. LA CONFIANZA MUTUA Y EL RESPETO POR LOS DERECHOS FUNDAMENTALES

La confianza mutua no es una patente de corso[2804]. Como ocurre en cualquier relación humana, no se tiene confianza por ser familia, por amistad o incluso por ser de la misma raza, país o ideología. Todos esos son atajos bastante poco inteligentes, por cierto, a la hora de tomar la decisión de atribuir confianza. Al contrario, al menos a nivel oficial, como es el caso, la confianza debe estar sustentada en hechos. Y cuando los hechos la desmienten, hay que reconocer tranquilamente que no concurre.

En el contexto de la cooperación judicial europea, esa confianza debe basarse en la seguridad de que la autoridad requirente, no sólo pertenece a un sistema aparentemente democrático, sino que además respeta la democracia. Y como ya he dicho, ese respeto por la democracia se concreta sobre todo, más allá del sistema institucional, en la observancia de los derechos

[2804] Ya razoné sobre este tema en Nieva Fenoll, "El examen de la autoridad requerida en la Orden Europea de detención y entrega de los políticos independentistas: entre la política y el derecho, Diario La Ley, 9227, 24-5-2018.

fundamentales, que jamás se ha puesto en duda[2805]. Si ello es así, ¿puede la autoridad requerida entrar en un análisis de cumplimiento de derechos en el proceso extranjero en el que se produjo la orden europea de detención?

La respuesta del Tribunal de Justicia de la Unión Europea en principio fue negativa[2806]. Se partía de la base de que permitir que el juez requerido realizara tal examen, en los mismos términos que lo realizaría un tribunal superior con respecto a la resolución de un tribunal inferior del mismo país que hubiera sido recurrida, podría poner en peligro todo el sistema de cooperación. La confianza mutua se cuestionaría y la entrega de reos, de ser algo relativamente fácil, se convertiría en algo incierto y dependiente de voluntades judiciales que podrían ser volátiles y hasta volubles.

Por ello, no puede esperarse que la jurisprudencia europea autorice algo así en términos tan sumamente amplios. Pero al mismo tiempo, como afirmó de manera muy contundente el Tribunal Europeo de Derechos Humanos, tampoco puede permitirse que los Estados vulneren los derechos fundamentales sin que eso tenga ninguna consecuencia, aprovechándose del sistema de confianza mutua[2807]. La orden europea de detención y en-

---

2805 S. F., 30-5-2013, C-168/13, punto 48: "*aun en el marco del procedimiento penal de persecución o de ejecución de la pena o de la medida de seguridad privativas de libertad, o también en el marco del procedimiento penal de fondo, que quedan fuera del ámbito de aplicación de la Decisión marco y del Derecho de la Unión, los Estados miembros siguen estando obligados a respetar los derechos fundamentales según los reconocen el CEDH o su Derecho nacional*". Vid. también Pérez Marín, Mª Ángeles, *La lucha contra la criminalidad en la Unión Europea*, Barcelona 2013, p. 222. Vid. también Arangüena Fanego, Coral, "Garantías procesales de los sospechosos e imputados", en AAVV (De Hoyos coord.), *El proceso penal de la Unión Europea*, Valladolid 2008, p. 44 y ss.

2806 Vid. Melloni, 26-2-2013, C-399/11, puntos 44, 56 y 63.

2807 Vid. TEDH, Avotin̦š v. Latvia, (n. 17502/07), 23-5-2016: 98. The Court (...) has always applied the general principle whereby a court examining a request for recognition and enforcement of a foreign judgment cannot grant the request without first conducting some measure of review of that judgment in the light of the guarantees of a fair hearing. (...) 114. Nevertheless, the methods used to create that area must not infringe the fundamental rights of the persons affected by the resulting mechanisms, as indeed confirmed by Article 67 § 1 of the TFEU. However, it is apparent that the aim of effectiveness pursued by some of the methods used results in the review of the observance of fundamental rights being tightly regulated or even limited. Hence, the CJEU stated recently in Opinion 2/13 that "when implementing EU law, the Member States may, under EU law, be required to presume that fundamental rights have been observed by the other Member States, so that..., save in exceptional cases, they may not check whether that other Member State has actually, in a specific case, observed the fundamental rights guaranteed by the EU" (see paragraph 49 above). Limiting to exceptional cases the power of the State in which recognition is sought to review the observance of fundamental rights by the State of origin of the judgment could, in

trega es un mecanismo que pretende ser ágil[2808], pero no hasta el punto de encubrir los atropellos frente a los derechos fundamentales que haya podido cometer eventualmente el propio juez que requiere la entrega de un reo. Ello haría que ese espacio de mutua confianza se convirtiera en un tablero inseguro en el que, de hecho, ese estímulo para respetar esos derechos dejaría de existir[2809]. Un Estado y sus jueces se comportarían con modos autoritarios, lo que haría que la Unión Europea, de ser lo que pretende ser —un espacio profundamente democrático—, se convertiría en un lugar de encubrimiento de excesos dictatoriales, lo que es contrario a sus objetivos más esenciales.

En consecuencia, hay que dejar un margen de apreciación precisamente para descubrir esos excesos, que romperían en mil pedazos el sistema europeo de libertad y seguridad. Veamos con qué límites permite el Tribunal de Justicia de la Unión Europea realizar ese examen.

3. LAS CONDICIONES Y FRONTERAS DEL ANÁLISIS

El Tribunal de Justicia se ha acercado a esta materia con extraordinaria cautela[2810]. Recordemos que parte de la base de que ese examen de derechos no es posible de manera incondicional y generalizada. En la conocida sentencia Melloni[2811], sin ir más lejos, explicitó muy claramente que la autoridad requerida no puede afirmar sin más que se ha vulnerado el dere-

---

practice, run counter to the requirement imposed by the Convention according to which the court in the State addressed must at least be empowered to conduct a review commensurate with the gravity of any serious allegation of a violation of fundamental rights in the State of origin, in order to ensure that the protection of those rights is not manifestly deficient. (...) 116. Nevertheless, it must verify that the principle of mutual recognition is not applied automatically and mechanically (see, mutatis mutandis, X v. Latvia [GC], no. 27853/09, §§ 98 and 107, ECHR 2013) to the detriment of fundamental rights - which, the CJEU has also stressed, must be observed in this context (see, for instance, its judgment in Alpha Bank Cyprus Ltd v. Dau Si Senh and Others, paragraph 48 above).

2808 Vid. Ambos, Kai, "¿Reconocimiento mutuo versus garantías procesales?", en AAVV (De Hoyos coord.), *El proceso penal de la Unión Europea*, Valladolid 2008, p. 30.

2809 Vid. Marguery, TP, "Towards the end of mutual trust? Prison conditions in the context of the European Arrest Warrant and the transfer of prisoners framework decisions", *Maastricht Journal of European and Comparative Law*, 22-1-2019, https://journals.sagepub.com/doi/full/10.1177/1023263X18818662

2810 Vid. Radu, C-396/11, 29-1-2013.

2811 Melloni, 26-2-2013, C-399/11.

cho de defensa por estimar que el Derecho positivo del Estado requirente vulnera el derecho de defensa. Y hay que reconocer que sostener algo así era excesivo. En concreto, en ese caso se trató de que alguien condenado en rebeldía no pudiera recurrir su condena, cuando el Tribunal Europeo de Derechos Humanos[2812] y el Tribunal de Justicia de la Unión Europea[2813] tienen muy bien establecido que el derecho al recurso solamente existe en la medida en que el legislador de cada país lo haya reconocido. Es cierto que también está fundamentalizado el derecho de cualquier condenado en el proceso penal a obtener una revisión de su sentencia por un tribunal superior[2814], pero no hasta el punto de que un condenado en rebeldía voluntaria deba gozar forzosamente de tal derecho, como sucedió en esa ocasión. El Tribunal de Justicia no sustentó sus consideraciones, no obstante, en este motivo, sino en algo más fácil: que el órgano requerido no puede añadir razones de rechazo de la orden de detención y entrega que no estén establecidas en la normativa. A partir de esta sentencia, aunque no lo dijo así el tribunal, el análisis de derechos fundamentales parecía cerrado para la autoridad requerida.

Pero llegó Aranyosi y Căldăraru[2815]. En aquella ocasión, un tribunal alemán preguntó si podía denegar una orden de detención y entrega proveniente de Hungría por temer que en aquel país, dadas las precarias condiciones de su sistema penitenciario, el reo correría el riesgo de ser sometido a un trato inhumano y degradante.

Desde luego, esta causa de rechazo no figuraba en la Decisión-Marco, por lo que aplicando la jurisprudencia anterior del Tribunal de Justicia, parecía obvio que el mismo no aceptaría que se añadiese una causa de desestimación de la solicitud de cooperación. Sin embargo, se produjo un evidente cambio de criterio, derivado precisamente de que la Unión Europea es un espacio de libertad y seguridad en el que, ciertamente, los tratos inhumanos o degradantes repugnan a cualquier conciencia jurídica y no jurídica. Por tanto, se hacía muy difícil que una cuestión tan delicada, planteada además de esa forma, no recibiera una respuesta al menos en parte positiva del Tribunal. Y así fue, en términos incluso más amplios de los que cabía esperar, pese a que el Tribunal de Justicia realizó su formulación con vocación claramente restrictiva.

[2812] De Cubber v. Belgium (n. 9186/809, 26-10-1984. Dorado Baúlde v. Spain, n. 23486/12, 24-9-2015, § 18.

[2813] C-497/20, Randstad Italia SpA v Umana SpA, 21-12-2021, §84.

[2814] Art. 2 del Protocolo n. 7 del Convenio Europeo de Derechos Humanos.

[2815] Aranyosi y Căldăraru, 5-4-2016, C-404/15 y C-659/15.

Recordó el Tribunal que, ciertamente, la autoridad requerida no podía revisar generalmente el cumplimiento de derechos fundamentales por parte de la autoridad requirente, dado que eso rompería el espacio de confianza mutua y acabaría por hacer ineficaz el sistema de la orden europea. Recordó además que la suspensión del sistema de la orden europea es competencia exclusiva del Consejo Europeo, y no de cualquier tribunal. Pero al mismo tiempo entendió que "*como dispone el artículo 1, apartado 3, de la Decisión Marco, ésta no puede tener por efecto modificar la obligación de respetar los derechos fundamentales tal como se hallan consagrados, en particular, en la Carta.*"[2816] Y así abrió una ventana que, insisto, aunque formulada de forma muy restrictiva y pretendidamente precisa, al final puede convertirse en un cauce relativamente grande para vehicular las pretensiones de rechazo de la autoridad requerida.

En concreto, dijo el Tribunal de Justicia que la autoridad requerida debía hacer un doble examen. En primer lugar, debía constatar la existencia de deficiencias sistémicas o generalizadas que afecten a ciertos grupos de personas o a determinados centros de reclusión, procurándose la autoridad requerida información precisa y actualizada al respecto. Y en segundo lugar, dicha autoridad debía verificar si más allá de esa situación generalizada, en el caso concreto, las persona perseguida correrá el riesgo de ser sometida a un trato inhumano o degradante[2817].

Es decir, se trata de un análisis en dos tiempos, partiendo de lo general y descendiendo a lo concreto, siempre con datos fundados para poder sustentar de manera razonable el rechazo. No se trata de un examen fácil, ni mucho menos, pero para ello se prevé precisamente el contacto estrecho entre autoridad requerida y requirente para recabar esos datos[2818], existiendo la obligación de la autoridad requerida de solicitar información complementaria al respecto de la requirente[2819].

Veamos a continuación en qué se concretan esos dos análisis.

[2816] *Ibidem*, punto 83.

[2817] *Ibidem*, puntos 88 a 94.

[2818] *Manual europeo para la emisión y ejecución de órdenes de detención europeas,* DOUE 6-10-2017, (2017/C 335/01)

[2819] Aranyosi y Căldăraru, 5-4-2016, C-404/15 y C-659/15, punto 95.

4. DEFICIENCIAS SISTÉMICAS O GENERALIZADAS

La propia jurisprudencia ha situado el examen de estas deficiencias en una situación de excepcionalidad que se justifica por un doble motivo. En primer lugar, porque en la Unión Europea no se puede admitir la existencia de tratos inhumanos o degradantes, como ya se dijo. Es un caso extraordinariamente especial, por tanto. Pero en segundo lugar, las deficiencias tienen que ser graves, generalizadas y constatadas. El Tribunal lo expresó en estos términos[2820]:

> "*...La autoridad judicial de ejecución deberá basarse primero en elementos objetivos, fiables, precisos y debidamente actualizados relativos a las condiciones de reclusión imperantes en el Estado miembro emisor que demuestren la existencia de deficiencias sistémicas o generalizadas que afecten a ciertos grupos de personas o a ciertos centros de reclusión. Esos elementos pueden proceder en particular de resoluciones judiciales internacionales, como las sentencias del TEDH, de resoluciones judiciales del Estado miembro emisor o de decisiones, informes u otros documentos elaborados por los órganos del Consejo de Europa o del sistema de las Naciones Unidas.*"

Interesa especialmente recopilar cuáles son las posibles fuentes de los datos. Descartado de entrada que los mismos puedan provenir voluntariamente del propio Estado requirente —aunque no es imposible—, el Tribunal de Justicia cita como posibles fuentes las resoluciones judiciales internacionales, como las sentencias del Tribunal Europeo de Derechos Humanos, aunque también se podrían incluir claramente las sentencias del Tribunal Internacional de Justicia o del Tribunal Penal Internacional. Pero también acepta los documentos provenientes del Consejo de Europa o del sistema de Naciones Unidas, que al Tribunal de Justicia le merecen un crédito al estar realizados en condiciones de transnacionalidad que excluyen o al menos aminoran la influencia de un sesgo nacionalista o ideológico en sus conclusiones, aunque tampoco puede excluirse del todo, no obstante.

Pero esas son las fuentes, citadas a modo de ejemplo. No obstante, es preciso recordar que esos documentos se refieren solamente al primer apartado del análisis, el de las deficiencias sistémicas o generalizadas, que al ser de ámbito más general hace más fácil que semejantes documentos sean creíbles. Ni el Consejo de Europa ni Naciones Unidas trabajan contra los intereses de sus Estados miembros, salvo que incurran en violaciones

---

[2820] Aranyosi y Căldăraru, 5-4-2016, C-404/15 y C-659/15, punto 89.

sistemáticas de derechos humanos, que lógicamente son relevantes teniendo en cuenta su mismísima normativa fundacional.

Por tanto, el margen de apreciación se pretende estrecho en el sentido de que si los citados documentos concluyen deficiencias puntuales, o incluso de mayor alcance, pero no sistemáticas o generalizadas, el examen de este primer escalón del análisis no se superará. El Tribunal de Justicia busca, por tanto, situaciones excepcionales[2821], groseras, evidentes.

De no localizarse, no se pasará al segundo grado del análisis, que es, como se verá, el más complejo, aunque también el más abierto a la apreciación de la autoridad requerida, lo que lo hace sin duda mucho más peligroso para la pervivencia fluída del sistema de cooperación internacional en esta materia. Quedaría la duda, además, de si estas deficiencias son solamente apreciables con respecto a la existencia de tratos inhumanos o degradantes, o puede ir a otros ámbitos igualmente vulneradores de derechos fundamentales, pero que no sean tan sumamente sensibles.

Sin embargo, esa duda ha sido despejada por el propio Tribunal de Justicia en los casos L.M.[2822] y L y P[2823], extendiendo el examen al derecho al juez independiente, nada menos, que tiene un ámbito incomparablemente más amplio que el de los tratos inhumanos o degradantes. Según estas resoluciones, resulta que la autoridad requerida puede rechazar la orden de detención si constata una vulneración generalizada de la independencia judicial, obviamente sustentada en datos concretos. En ambos casos el país concernido es Polonia, y dado que dicho Estado tenía entonces abierto precisamente un proceso por incumplimiento de los Tratados por esa razón —que acabó con sentencia condenatoria[2824]—, el Tribunal de Justicia ha considerado que la simple apertura de ese procedimiento por la Comisión es suficiente para proceder al rechazo de las órdenes, no con carácter generalizado —falta el segundo escalón del examen, lo que recuerda específicamente el Tribunal de Justicia—, pero sí con posibilidades no despreciables de ver justificado finalmente ese rechazo. Haber aceptado que procediera el rechazo únicamente con el primer grado del examen hubiera supuesto una suspensión *de facto* del sistema de cooperación ju-

---

[2821] C-216/18, L.M., 25-7-2018, punto 43. Vid. también Konstadinides, T., "Court of Justice Judicial independence and the Rule of Law in the context of non-execution of a European Arrest Warrant: LM", *Common Market Law Review,* Volume 56, Issue 3, 2019, p. 751.

[2822] L.M., 25-7-2018, C-216/18.

[2823] L, P, 17-12-2020, C-354/20 y C-412/20.

[2824] Comisión v. Polonia, 15-7-2021, C-791/19.

dicial, lo que no es deseado por el Tribunal, pues pondría absolutamente en cuestión la eficacia de todo el sistema, como es evidente. De hecho, esa suspensión sólo es posible ejecutarla por el Consejo, en caso de violación grave y persistente de un Estado Miembro de los principios contemplados en el art. 6.1 del Tratado de la Unión Europea[2825]

5. EL ANÁLISIS INDIVIDUAL DE LA SITUACIÓN CONCRETA

Una vez que la autoridad requerida posee el contexto general de vulneración de derechos de manera incuestionable, analizar la posible infracción de derechos en el caso concreto hace que el examen ulterior del tribunal en ningún caso sea infundado. Pero debe procederse a esa segunda fase.

Para ese examen, la Comisión[2826] recomienda que la autoridad requerida aproveche el contacto directo con la autoridad requirente y le recabe datos concretos del proceso en cuestión, a fin de valorar la vulneración. Esos datos, obviamente, serán valorados libremente por la autoridad requerida, con el único límite de que no puede vulnerar el Derecho de la Unión denegando las órdenes que sean procedentes al amparo de su normativa, si no localiza una razón concreta para el rechazo: que en ese caso concreto se vulnerarán con altas probabilidades los derechos del reo. Con las palabras del Tribunal:

> *"...comprobación concreta y precisa en la que se tengan en cuenta, en particular, la situación personal de aquella, la naturaleza de la infracción que se le imputa y el contexto fáctico en el que se dictó la orden de detención europea, como las declaraciones de autoridades públicas que pueden interferir en el tratamiento que ha de darse a un caso concreto."*

Es decir, más allá de un examen jurídico de la cuestión, la autoridad requerida debe analizar el contexto, social sobre todo, del proceso en el que se ha suscitado la orden de detención y entrega, de manera que revele una posible vulneración del sistema de protección de derechos fundamentales. Pueden ser declaraciones institucionales del Estado requirente, o incluso pueden ser valoraciones más generales pero siempre partiendo de datos concretos que, por cierto, podrían provenir eventualmente de los datos re-

---

[2825] Vid. Considerando 10 de la Decisión Marco del Consejo de 13 de junio de 2002.

[2826] *Manual europeo para la emisión y ejecución de órdenes de detención europeas*, DOUE 6-10-2017, (2017/C 335/01)

cabados en la primera fase del examen, dependiendo de la trascendencia pública del caso en cuestión.

El Tribunal se ha referido a los tratos inhumanos o degradantes o al derecho al juez independiente, pero es obvio, como se ha advertido, que justamente este segundo derecho amplía el ámbito de apreciación al derecho al juez imparcial, o aún más precisamente al derecho al juez legal. Ello podría conducir —lo veremos en el apartado final— a la autoridad requerida incluso a valorar la normativa sobre jurisdicción y competencia del Estado requirente y hasta el respeto por el derecho a la presunción de inocencia en ese caso concreto. Todo ello de manera potencial[2827], porque está por ver en qué medida desea el Tribunal de Justicia la extensión de dicho examen. Pero con la jurisprudencia en la mano, lo dicho no es completamente inviable, todo lo contrario. Siempre y cuando, y este es un límite muy importante, se produzcan esas deficiencias sistémicas o generalizadas que se señalaron en el apartado anterior.

En todo caso, si este examen aún más detallado es o no aceptable, hay que evaluarlo desde la perspectiva del mantenimiento del espacio de libertad y seguridad, y recordando, como siempre, que el art. 1.3 de la Decisión Marco es lo suficientemente claro: "*La presente Decisión marco no podrá tener por efecto el de modificar la obligación de respetar los derechos fundamentales y los principios jurídicos fundamentales consagrados en el artículo 6 del Tratado de la Unión Europea.*"

6. ¿EL FIN DEL SISTEMA O EL INICIO DE UN AUTÉNTICO ESPACIO DE LIBERTAD Y SEGURIDAD?

Creo que nadie esperaba en 2002 tal extensión del examen de la autoridad requerida[2828]. Las causas de rechazo fueron formuladas de manera muy restrictiva para favorecer su operatividad, pero desde entonces, como ocurre siempre con cualquier norma jurídica, se han detectado deficiencias que deben tomarse en consideración y sobre las que, por cierto, el legislador de la Unión debería intervenir. Una de ellas ha sido la constatación de

---

2827 Cfr. Von Bogdandy e. a., "Guest Editorial:Apotential constitutional moment for the European rule of law - The importance of red lines," *Common Market Law Review* (2018), 55, p. 983.

2828 Cfr. Muñoz de Morales Romero, ""Dime cómo son tus cárceles y ya veré yo si coopero". Los casos Caldararu y Aranyosi como nueva forma de entender el principio de reconocimiento mutuo". Indret 1/2017.

que no todos los países de la Unión Europea gozaban del mismo nivel de protección de derechos fundamentales, y que ello ponía unas enormes piedras en el camino para la operatividad del sistema de cooperación judicial. Ningún tribunal decente entregaría a un reo a un país en el que tuviera la convicción de que se le van a vulnerar sus derechos. Lo que ha hecho el Tribunal de Justicia es convertir ese pensamiento en un principio general a través de la jurisprudencia, sin más, siguiendo, de hecho, el art. 1.3 de la Decisión Marco, que se acaba de reproducir.

Ahora bien, obrar así, ¿supone el fin del espacio de confianza mutua? Muchos pensarán que sí, convencidos de que en sus fronteras no se vulneran derechos fundamentales, inspirados por un profundo nacionalismo del que tal vez ni siquiera sean conscientes, trasladando su propia ideología a lo jurídico. Afirmarán que si dejamos que cualquier tribunal de la Unión Europea ponga en cuestión la protección de derechos fundamentales en los tribunales de otro Estado Miembro, el mecanismo de la orden europea de detención y entrega tendrá unas trabas inaceptables que harán imprevisible el resultado de la cooperación, dificultándose la eficacia de un instrumento que ciertamente fue previsto para que la entrega de reos en la Unión Europea se hiciera de manera rápida y sin dificultades, dejando al margen las complicaciones del tradicional sistema de extradición.

Otros, en cambio, algo más en la línea con el art. 1.3 de la Decisión Marco y con la jurisprudencia del Tribunal Europeo de Derechos Humanos[2829], alegarán que la protección de derechos fundamentales es lo más básico en cualquier democracia, y que por tanto no se puede permitir que exista un espacio de confianza mutua de cooperación si ese mismo espacio se utiliza indebidamente para que las autoridades de un Estado vulneren tranquilamente los derechos fundamentales de algunas personas. Por ello, abogarán por ese análisis individualizado en cada caso concreto. Y si además de eso, igual que los anteriores, piensan en algún caso particular, entonces tendrán en mente sólo la solución que apetecen para ese caso concreto, ignorando absolutamente las consecuencias de que el examen de la autoridad requerida deje de ser rápido y ágil, convirtiéndose en una carrera de obstáculos.

2829 TEDH, *Avotin¸š v. Latvia*, (n. 17502/07), 23-5-2016.

El primer buen consejo que podría darse en esta materia, y en general en la mayoría de pareceres jurídicos, sería que es obligado atenerse a los datos técnicos y dejar la ideología en un cajón al formular el parecer. Evitando de ese modo el sesgo ideológico, es mucho más sencillo tomar una opinión razonable al respecto[2830].

Comiéncese por reconocer que el doble examen propuesto por el Tribunal de Justicia es absolutamente razonable, tanto en su forma como en su esencia. El Tribunal de Justicia no permite a la autoridad requerida un análisis preciso del cumplimiento de los derechos fundamentales en el caso concreto, pues obliga a considerar por sistema que ese cumplimiento existe. Es una auténtica presunción *iuris tantum* con un valor de principio general: los tribunales europeos protegen los derechos fundamentales. Ningún reo tiene nada que temer en este sentido en un tribunal de la Unión Europeo.

Ahora bien, como la realidad es que en la Unión Europea se están produciendo reaccionarias conductas autoritarias avaladas por algunos movimientos políticos que han influido a la Justicia de algunos países, bien está que se identifiquen esas conductas, sean estas novedosas o fruto de un pasado más o menos remoto pero que son tributarias de idéntico autoritarismo.

Y para ello, no debe actuarse con prejuicios nacionalistas, tales como que los gobernantes polacos odian la independencia judicial, o que a los jueces y fiscales húngaros les gustan las prisiones terribles. Esas gravísimas afirmaciones no son más que prejuicios intuitivos que no se pueden mantener seriamente si no existen datos concretos que los avalen. El Tribunal de Justicia exige "*elementos objetivos, fiables, precisos y debidamente actualizados*", y como tales admite fundamentalmente dictámenes de organismos internacionales independientes, tales como, ya se dijo, la Comisión o el Consejo Europeos, el propio Tribunal de Justicia, el Tribunal Europeo de Derechos Humanos y otros organismos del Consejo de Europa, así como los organismos del sistema de protección de derechos humanos de Naciones Unidas. Es bueno recordar que el Tribunal Europeo de Derechos Humanos también acoge en un sentido parecido los informes de Amnistía Internacional[2831].

[2830] Vid. Sarmiento, Daniel, "Una prejudicial factible pero peligrosa", *Agenda Pública*, 10-4-2018, http://agendapublica.elperiodico.com/una-prejudicial-factible-pero-peligrosa/

[2831] Vid. Selahattin Demirtaş v. Turkey (n. 14305/17), 20-11-2018.

El parecer del Tribunal de Justicia es acertado. Todos esos organismos no hablan porque sí, sino solamente cuando detectan situaciones graves de vulneración de derechos. Les va su prestigio en ello, y por ello no se trata de pareceres que se encuentren con frecuencia. Ese dato, aunque a veces puedan equivocarse, hace de ellos buenos indicios a la hora de evaluar esa situación de deficiencias sistémicas y generalizadas.

Pues bien, sólo si existe ese indicio, e incluso es reafirmado por más de un organismo, existe la posibilidad de pasar al segundo examen: si en el proceso concreto esas deficiencias generalizadas o sistémicas han provocado la vulneración de derechos. Y en dicho examen, el análisis de la autoridad requerida debe ser completo, aunque sin perder de vista que lo que debe demostrarse es que la deficiencia sistémica o generalizada ha influido negativamente en ese proceso, dado que no puede darse por supuesto que la deficiencia se extienda sistemáticamente a cualquier parecer fiscal o judicial. Hay que demostrarlo, y ese examen tampoco se puede realizar gobernado por los prejuicios, a riesgo de que jueces y fiscales justos, que se sobreponen, pese a las dificultades, a las deficiencias de su país, pasen por pecadores. El examen, por tanto, insisto, debe ser detallado.

Y con ello no se destruye el "espacio de libertad y seguridad", sino que se hace realmente auténtico, como desean las autoridades de la Unión. Insisto, ese espacio no es un manto con el que cubrir arbitrariedades de quien eventualmente, incluso puntualmente, desee hacer trampas.

7. LA CUESTIÓN PREJUDICIAL SOBRE LAS EUROÓRDENES DEL TRIBUNAL SUPREMO

Dentro de no mucho tiempo, el Tribunal de Justicia se pronunciará sobre una interesante cuestión prejudicial. El Tribunal de Apelación de Bruselas decidió confirmar el rechazo de una euroorden formulada por la Sala Segunda del Tribunal Supremo. La justicia belga dictaminó[2832] que en el caso en cuestión existía un riesgo grave de violación de derechos fundamentales. Pese a que se planteó si los jueces que deberían juzgarle podían haber sido designados en parte por razones políticas, dichas razones no se relacionaban directamente con el caso de Lluís Puig (el reo en aquel proceso), por lo que no fue este el motivo del rechazo.

2832 Sentencia 2021/79, 7-1-2021.

Sin embargo, en línea con la jurisprudencia citada del Tribunal de Justicia de la Unión Europea, sí hizo caso del informe del Grupo de Trabajo de las Naciones Unidas sobre la Detención Arbitraria de 2019[2833]. En ese informe se denunciaba que la prisión de tres políticos independentistas —Jordi Cuixart, Jordi Sánchez y Oriol Junqueras— había sido arbitraria, con vulneraciones del derecho al juez independiente, del derecho a la presunción de inocencia y del derecho de defensa, esta última al no haber tenido tiempo los reos de preparar su defensa antes de su encarcelamiento.

El tribunal belga se centró en las dos primeras posibles vulneraciones, y tras haber recabado —supuestamente— información de las autoridades españolas —aunque el Tribunal Supremo afirmó lo contrario en su cuestión prejudicial—, concluyó que el Tribunal Supremo no había sido competente para juzgar a los tres políticos finalmente condenados, al no estar basada su competencia en ninguna norma legal, sino en la jurisprudencia del propio tribunal, confirmando el idéntico parecer que al respecto había manifestado el Grupo de Trabajo de Naciones Unidas. Por último, siguiendo nuevamente la opinión del Grupo de Trabajo, concluyó el tribunal que las declaraciones públicas hechas por altos funcionarios y autoridades españoles sobre la culpabilidad de las personas afectadas antes de la sentencia, había perjudicado su presunción de inocencia, lo que afectaba también a Lluís Puig al estar en el mismo proceso.

Tras esta sentencia, el Tribunal Supremo formuló una cuestión prejudicial en la que preguntaba, en sustancia, si un tribunal extranjero, en el marco del procedimiento de detención y entrega, puede apreciar causas de denegación no previstas en la decisión marco —la vulneración de derechos fundamentales— y si eso le podía permitir a la autoridad requerida indagar en la regularidad de la competencia del tribunal requirente. Y que si para todo ello bastaban los indicios presentados por el informe del Grupo de Trabajo de Naciones Unidas. Denunciaba además el Tribunal Supremo que el tribunal belga no le había solicitado información complementaria específica acerca de la competencia.

No quiero hacer pronósticos sobre la decisión final del Tribunal de Justicia. El informe del Grupo de Trabajo, cuya eficacia potencial no puede ponerse en duda según la jurisprudencia del Tribunal de Justicia, no concluye la existencia de deficiencias generalizadas o sistémicas en la Justicia española, sino que solamente denuncia la privación de libertad arbitraria

---

2833 Opinión n. 6/2019, 27 de mayo de 2019.

de las tres personas antes citadas, aunque con una afirmación inquietante que sí tiene carácter general:

> *"El Grupo de Trabajo ha considerado arbitraria la privación de libertad cuando esta es destinada a reprimir a miembros de grupos políticos para silenciar su reclamo en favor de la autodeterminación. En este caso, la detención de los señores Cuixart, Sánchez y Junqueras se efectuó a partir de acciones concertadas del aparato nacional de procuración e impartición de justicia, en contra de ciertos dirigentes del movimiento independentista catalán, que a su vez contó con el respaldo público de altos funcionarios del Gobierno Español, incluso a través de pronunciamientos que apoyaban la decapitación de dicho movimiento."*

Las mismas conclusiones fueron extendidas en un informe posterior al resto de presos[2834], y parecidas ideas se incluyeron en el informe del Comité de Asuntos Jurídicos y Derechos Humanos de la Asamblea Parlamentaria del Consejo de Europa, en las que se alude incluso con más datos y detalles a la falta de proporcionalidad de la persecución penal en este caso[2835]. En la misma línea se ha pronunciado repetidamente Amnistía Internacional[2836]. Sea como fuere, estas palabras hacen que el ámbito de lo denunciado por el Grupo de Trabajo no sea una enmienda a la totalidad de la Justicia española, sino que su ámbito se haga mucho más concreto, pero no por ello menos grave, de ser real lo denunciado por el Grupo de Trabajo. Si el Tribunal de Justicia concluyera que esas deficiencias pueden estar focalizadas en un solo proceso o un solo sector ideológico de la población, la jurisprudencia mantenida hasta ahora habría de precisarse y saldría del inicial ámbito generalizado —deficiencias sistémicas o generalizadas—, entrando más en el ámbito interpretativo sugerido por el Tribunal

---

2834 Opinión n. 12/2019, 18 de junio de 2019.

2835 As/Jur (2021) 07, 3-6-2021, pp. 18 a 25.

2836 **7-4-2021**: Amnesty International Report 2020/21: The state of the World's Human Rights (Spain). **3-11-2020:** Spain: The three state powers have the opportunity to correct the unjust situation suffered by Jordi Sànchez and Jordi Cuixart, who have been in prison for three years. **16-7-020**: Spain must commit to the UN to take measures to guarantee the right to freedom of expression and peaceful assembly. **13-5-2020**: Why should Sanchez and Cuixart be released under international law? **16-4-2020:** Report on the State of Human Rights in Spain 2020. **20-11-2019:** Analysis of the Suprem Court's ruling in the case of Catalan leaders. **19-11-2019:** Spain's conviction for sedition of Jordi Sànchez and Jordi Cuixart threatens rights to freedom of expression and peaceful assembly. **16-10-2018**: A year after their detention in Spain, the Jordis should be released. **6-2-2018**: Spain: Ongoing detention of Jordi Sánchez and Jordi Cuixart is "excessive and disproportionate". **18-10-2017**: Spain: Charges for sedition and pretrial detention against Jordi Cuixart and Jordi Sánchez are excessive. Vid. Todos estos informes en: https://www.omnium.cat/en/international-supports/.

Europeo de Derechos Humanos en el asunto *Avotiņš*[2837]. Y en ese caso, el examen de la competencia y la presunción de inocencia realizado por la Justicia belga sería completamente legítimo.

Está por ver.

[2837] TEDH, *Avotiņš* v. *Latvia,* (n. 17502/07), 23-5-2016.

ORDEN EUROPEA DE INVESTIGACIÓN: AUTORIDADES COMPETENTES EN EL ESTADO EMISOR Y DE EJECUCIÓN. ESPECIAL CONSIDERACIÓN DEL PAPEL DEL MINISTERIO FISCAL

Publicado en AAVV (González Cano dir.), Orden europea de investigación y prueba transfronteriza en la Unión Europea, Valencia 2019, pp. 438-456.

1. INTRODUCCIÓN

Causa una comprensible sorpresa la lectura del art. 2.c y d[2838] de la Directiva 2014/41/CE del Parlamento Europeo y del Consejo de 3 de abril de 2014 relativa a la orden europea de investigación en materia penal[2839].

2838 *c) "autoridad de emisión":*
i) un juez, órgano jurisdiccional, juez de instrucción o fiscal competente en el asunto de que se trate, o
ii) cualquier otra autoridad competente según la defina el Estado de emisión que, en el asunto específico de que se trate, actúe en calidad de autoridad de investigación en procesos penales y tenga competencia para ordenar la obtención de pruebas con arreglo al Derecho nacional. Además, antes de su transmisión a la autoridad de ejecución, la OEI deberá ser validada, previo control de su conformidad con los requisitos para la emisión de una OEI en virtud de la presente Directiva, en particular las condiciones establecidas en el artículo 6, apartado 1, por un juez, un órgano jurisdiccional, un fiscal o un magistrado instructor del Estado de emisión. Cuando la OEI haya sido validada por una autoridad judicial, dicha autoridad también podrá considerarse autoridad de emisión a efectos de la transmisión de la OEI;
d) "autoridad de ejecución": una autoridad que tenga competencia para reconocer una OEI y asegurar su ejecución de conformidad con la presente Directiva y los procedimientos aplicables en un caso interno similar. Dichos procedimientos pueden requerir una autorización judicial del Estado de ejecución cuando así se disponga en su legislación interna.

2839 Sobre el instrumento, vid. AAVV (coord. Gutiérrez Zarza), *Los avances del espacio de Libertad, Seguridad y Justicia de la UE en 2017*, II Anuario ReDPE, Madrid 2018. Arangüena Fanego, Coral, "Orden Europea de Investigación: próxima implementación en España del nuevo instrumento de obtención de prueba penal transfronteriza", *Revista de Derecho Comunitario Europeo*, sept-dic (2017), pp. 905 y ss. Bachmaier Winter, Lorena, "La orden Europea de Investigación y el principio de proporcionalidad", *Revista General de Derecho Europeo*, 2011, núm. 25, pp. 1 y ss. Bachmaier Winter, Lorena, "Prueba transnacional en Europa: la Directiva 2014/41 relativa a la orden europea de investigación", *Revista General de Derecho Europeo*, núm. 36, 2015. Bachmaier Winter, Lorena,

Una de las peculiaridades que más dificultan los mecanismos de cooperación es la diversidad de órdenes jurídicos de cada uno de los veintiocho Estados miembros —*rectius,* veintiséis descontando a Dinamarca e Irlanda[2840]—, dadas las distintas tradiciones de las que proviene cada uno, sin contar con las reformas más recientes, a lo que se añade la diversidad de leyes de transposición de la Directiva[2841]. Naturalmente cabe agrupar algunas de esas tradiciones, como vamos a ver, pero la diversidad supone un inconveniente añadido para el legislador europeo, y también para el usuario de este instrumento de cooperación.

En este trabajo abordaré esta cuestión al hilo de la importante directiva citada, que como consecuencia de lo anterior y como sucede otras veces,

---

"La propuesta de Directiva europea sobre la orden de investigación penal: valoración crítica de los motivos de denegación", *Diario La Ley,* n. 7992, 2012. Burgos Ladrón de Guevara, Juan, "La Orden Europea de Investigación Penal en España, aplicación y contenido: posible relación con la Orden Europea de Protección", *Diario La Ley,* n. 8660 y 8861, 2015. Escribano Mora, Ana, "El exhorto europeo de obtención de pruebas y la Orden Europea de Investigación", en AAVV (dir. González Cano), *Cooperación judicial penal en la Unión Europea: Reflexiones sobre algunos aspectos de la investigación y el enjuiciamiento en el espacio europeo de justicia penal,* 2015, pp. 499 y ss. Grande Seara, Pablo, "Reconocimiento y ejecución en España de una Orden Europea de Investigación", AAVV (coord. González Cano), *Integración europea y justicia penal,* 2018, pp. 436 y ss. Jiménez-Villarejo Fernández, "Orden Europea de Investigación: ¿Adiós a las comisiones rogatorias?", en AAVV (coord. Arangüena), *Cooperación Judicial Civil y Penal en el nuevo escenario de Lisboa,* Granada 2011, pp. 175 y ss. Jimeno Bulnes, Mar, "Orden europea de investigación en materia penal", en *Aproximación legislativa versus reconocimiento mutuo en el desarrollo del espacio judicial europeo* (Dir. M. Jimeno Bulnes), Barcelona, 2016, pp. 156 y ss. López Jara, Manuel, "Transposición al Ordenamiento Español de la Orden Europea de Investigación en materia penal: el procedimiento para su emisión: Ley 3/2018, de 11 de junio, por la que se modifica la Ley 23/2014, de 20 de noviembre, de reconocimiento mutuo de resoluciones penales en la Unión Europea, para regular la Orden Europea de Investigación", *Diario La Ley,* n. 9252, 2018. Martín García / Bujosa Vadell, L., *La obtención de prueba en materia penal en la Unión Europea,* Barcelona 2016. Martínez García, Elena, *La Orden Europea de Investigación,* Valencia 2016. Martínez García, Elena, "La orden europea de investigación", en AAVV (coord. González Cano), *Integración europea y justicia penal,* 2018, pp. 403 y ss. Rodríguez-Medel Nieto, *Obtención y admisibilidad en España de la prueba penal transfronteriza,* Cizur Menor 2016. Romero Pradas, María Isabel, "La prueba penal en Europa, una cuestión compleja: La orden europea de investigación como nuevo instrumento de obtención de pruebas en procesos penales transnacionales y su próxima incorporación al Derecho español", en AAVV (coord. González Cano), *Integración europea y justicia penal,* 2018, pp. 343 y ss.

2840 Vid. considerandos 44 y 45 de la Directiva.

2841 Las leyes nacionales de transposición de la Directiva pueden localizarse en la página de la Red Judicial Europea: https://www.ejn-crimjust.europa.eu/ejn/EJN_Library_StatusOfImpByCat.aspx?CategoryId=120

se ve dificultada por el maremagnum de autoridades existentes[2842], puesto que aunque se sepa a qué organismo acudir gracias a los puntos de información al respecto, la dificultad estriba en saber cómo trabaja cada una de esas autoridades y, por tanto, qué están dispuestas a hacer, y sobre todo cómo lo van a hacer en lo concreto, más allá de lo que disponga la Directiva y lo que la jurisprudencia pueda ir declarando fragmentariamente. Toda esta normativa europea se basa siempre, como es sabido, en la confianza mutua[2843]. Pero la confianza hay que asentarla en la realidad[2844], y es difícil de conseguir si se desconoce casi todo de aquel con el que tiene que actuarse.

Para ello, puede ser de utilidad asomarse a cada sistema jurídico[2845], determinando a grandes rasgos lo que es esperable según el modelo que siga cada Estado en concreto, teniendo en cuenta, naturalmente, que las cosas cambian con el tiempo y que, no ya cada autoridad, sino que es un mundo cada persona encargada de la decisión. Por ello, al margen de estas peculiaridades que fragmentan extraordinariamente un panorama que pretende ser lo más armónico posible, se trata de establecer algunas expectativas razonables de actuación y reacción de las autoridades de destino.

En consecuencia, se va a proceder a un estudio de derecho comparado, con la única finalidad de ayudar a los usuarios de la orden europea de investigación. A lo largo de todo el trabajo se prestará especial atención al papel de una autoridad que, aunque de manera a veces polémica, podría —es difícil decir en todo caso que “debería”— estar llamada a centralizar esta labor: el ministerio fiscal.

2842 Como señala Aguilera Morales, Marien, “La implementación de la orden europea de investigación: el dolor de la lucidez”, en las actas del Congreso Processulus 2018, de próxima publicación en Barcelona, Ed. Atelier 2019, p. 9, se trata de un problema patrio.

2843 Considerando 19 de la Directiva.

2844 Nieva Fenoll, “El examen de la autoridad requerida en la orden europea de detención y entrega de políticos independentistas: entre la política y el derecho”, en AAVV, (dir. Arroyo / Nieto / Muñoz), *Cooperar y castigar: el caso Puigdemont*, Cuenca 2018, pp. 78-79.

2845 Es fundamental la web *Legislationonline* (https://www.legislationline.org/documents/section/criminal-codes), que contiene, normalmente traducidas al inglés, muchas de las regulaciones penales y procesales penales del mundo. Además, para conocer la estructura judicial básica de los Estados miembros de la Unión Europea debe acudirse a la página de *E-Justice* (https://e-justice.europa.eu/content_judicial_systems_in_member_states-16-es.do).

2. EL VARIOPINTO CONCEPTO DE "AUTORIDAD DE EMISIÓN" Y "AUTORIDAD DE EJECUCIÓN"

Al amparo del art. 2.c de la Directiva, autoridad de emisión puede ser literalmente cualquiera que tenga competencias para la investigación en su Estado miembro, igual que el de "autoridad de ejecución" del art. 2.d, aunque sea aparentemente más restringido y esté, por lo general, más centralizado, pese a que la autoridad que ejecuta finalmente en el caso concreto puede ser, como veremos, difícil de prever.

Sea como fuere, se trata, en definitiva, de que cualquier órgano investigador pueda utilizar el instrumento con cierta facilidad. La única garantía en este sentido proviene del propio precepto citado, que somete la orden europea de investigación (OEI) a una validación por parte de una autoridad judicial o fiscal[2846], salvo que sean estos mismos los que emitan la OEI, claro está.

Lo anterior sigue la política de armonización y aproximación de ordenamientos propia de la cooperación europea en materia judicial, pero sobre todo simplifica un poco las cosas porque de esa forma el problema se reduce, al menos en principio, a saber si en cada país dirige la instrucción un juez o bien el ministerio fiscal. Pero la cuestión es todavía más compleja de lo que parece. Para darse cuenta de ello, es necesario saber, al menos, cuál es el modelo que rige en cada uno de los Estados Miembros, en función de cuál es la autoridad de la que dependen las decisiones, no más relevantes en materia de derechos fundamentales, sino las más cotidianas en el día a día de la investigación.

En este sentido cabe localizar contrastes interesantes, distinguiéndose al menos cuatro sistemas distintos en cuanto a la dirección de la instrucción. Ordenados —aproximadamente— por su devenir histórico se pueden enumerar los sistemas en los que la fase de investigación la conduce un juez de instrucción, aquellos en los que es el ministerio fiscal el que asume este rol, los modelos en que es la policía la que detenta esta función y, por último, aquellos que siguen un sistema más claramente híbrido[2847]. A continuación explicaré brevemente el funcionamiento de cada uno de estos modelos, no con el objeto de otorgar una visión completa de los mismos, sino simplemente a fin de situar al lector —y al usuario de la OEI— en cada

[2846] Art. 2.c.ii de la Directiva.

[2847] Todo el resto de sistemas en el fondo también son parcialmente mixtos, como veremos seguidamente.

sistema, para poder examinar después sus dificultades, a los simples fines orientativos que mencioné anteriormente.

2.1. El modelo del juez de instrucción

Se trata del primer modelo en surgir en la historia, con la puesta en marcha del sistema inquisitivo[2848]. Lo que sucedió fue simplemente que el juez que juzgaba en todos los casos pasó a asumir funciones de investigación al formarse con claridad en el medievo esta fase previa en los procesos penales, inexistente en el proceso civil, sobre todo a raíz de la introducción de la *inquisitio* con la impronta del Concilio Lateranense IV de 1215[2849]. La recepción de esta competencia en los países que optaron por el modelo mixto por parte de los jueces del XIX fue, por tanto, bastante natural, a pesar de los problemas sobre todo de imparcialidad judicial que indudablemente había de provocar.

En la actualidad siguen ese modelo solamente cuatro países: Francia[2850], y directamente por la influencia francesa fruto de las invasiones napoleónicas, Luxemburgo[2851], España[2852], y casi Bélgica[2853], aunque con una fortísima intervención en este último caso del ministerio fiscal[2854] que ha dejado

---

2848 Sobre el tema, vid. Nieva Fenoll, "El "último" proceso inquisitivo español (el proceso penal de la Novísima recopilación)", en *Jurisdicción y Proceso,* Madrid 2009, pp. 163 y ss.

2849 Mansi, Joannes Dominicus, *Sacrorum conciliorum nova et amplissima collectio,* Vol 22, Graz 1961, p. 994-995. La referencia del Concilio es: Lateranense IV, Innocentius P.III, Cap. VIII. "De inquissitionibus", anno Christi 1215: "*Ad corrigendos itaque subditorum excessus tanto diligentius debet praelatus assurgere, quanto damnabilius eorum offensas defereret incorrectas. Contra quos, ut de notoriis excessibus taceatur, etsi tribus modis possit procedi, per accusationem videlicet, denunciationem & inquisitionem eorum.*"

2850 **Art. 49 Code de procédure pénale**: Le juge d'instruction est chargé de procéder aux informations, ainsi qu'il est dit au chapitre Ier du titre III.

2851 **Art. 27 Code de procédure pénale**: (1) Le juge d'instruction est chargé de procéder aux informations, ainsi qu'il est dit au chapitre Ier du titre III.

2852 **Artículo 303 Ley de Enjuiciamiento Criminal.** La formación del sumario, ya empiece de oficio, ya a instancia de parte, corresponderá a los Jueces de instrucción por los delitos que se cometan dentro de su partido o demarcación respectiva, y en su defecto a los demás de la misma ciudad o población con ellos o por su delegación, a los Jueces municipales

2853 **Art. 55 Code d'instruction criminelle.** L'instruction est l'ensemble des actes qui ont pour objet de rechercher les auteurs d'infractions, de rassembler les preuves et de prendre les mesures destinées à permettre aux juridictions de statuer en connaissance de cause. Elle est conduite sous la direction et l'autorité du juge d'instruction.

2854 **Arts. 22 y 29 y ss del Code d'Instruction Criminelle.** El art. 22 posee el siguiente redactado: Les procureurs du Roi sont chargés de la recherche et la poursuite des infrac-

a este país a un pequeño paso de entrar en el modelo del epígrafe siguiente. De ahí el "casi".

El sistema, como digo, es de cuño francés pese a tener su precedente directo en el juez inquisitivo medieval. En realidad se trata de un sistema de circunstancias, fruto sobre todo en Francia y en España de las dificultades presupuestarias[2855]. En ambos países se quiso abolir completamente el sistema inquisitivo, surgiendo el contratiempo de que no había suficiente planta de fiscales para introducir el principio acusatorio en la instrucción, razón por la que se encargó dicha fase al mismo órgano que la había asumido hasta entonces: un juez.

Pasadas ya —en principio— las sospechas inquisitivas en la actuación del juez de instrucción, el sistema tiene la ventaja de que coloca al frente de la investigación a un jurista de indiscutida excelencia, lo que puede hacer augurar un mayor respeto por los derechos fundamentales en la investigación.

La desventaja es que el juez suele recibir formación para dictar sentencias, pero no para investigar delitos, lo que tiene como consecuencia que se acaba desplazando *de facto* el centro de gravedad de la investigación a la labor policial, asumiendo el cuerpo armado unas funciones directivas —insisto en que *de facto*— para las que le falta formación jurídica. Además, todas las actuaciones policiales acaban investidas de una cierta clandestinidad legal, puesto que no se regulan en ninguna parte al reflejar el legislador en las leyes que es el juez quien investiga cuando, como es sobradísimamente sabido, no suele ser así. Es más, cabe observar en la práctica el seguidismo demasiado estricto de muchos jueces por las decisiones investigadoras de la policía, lo que sin duda hace más cómoda la labor de ambos pero compromete su licitud en ocasiones no siempre fácilmente detectables.

---

tions dont la connaissance appartient aux cours d'assises, aux tribunaux correctionnels et aux tribunaux de police, sauf, pour ces deux dernières juridictions, lorsque l'action publique est confiée à l'auditeur du travail.

2855 En Francia, al margen de las reticencias políticas, esas dificultades se infieren de la lectura de los arts. 22, 8 y ss del *Code d'Instruction Criminelle* de 1808, en los que se atribuía la instrucción al fiscal, pero los arts. 57, 59 y 61 establecían la posibilidad de que los jueces de instrucción asumieran la competencia —con la supervisión de los fiscales— que es lo que acabó sucediendo. Para España, vid. Santos de Isasa, *Estado de la Administración de Justicia en España*, RGLJ, 1884, tomo LXV, pp. 272-275, se refiere a la insuficiencia de medios del Fiscal, no ya para realizar labores de investigación, sino para llevar a cabo la inspección que le encomendaba la Ley de Enjuiciamiento Criminal. En el mismo sentido, Colmeiro, Manuel, *Estado de la Administración de Justicia y reformas que parecen convenientes*, RGLJ, 1887, tomo LXXI, p. 446.

A los efectos de la OEI, al no tener la policía en estos sistemas facultades directivas de la investigación legalmente reconocidas, el problema es que el juez debe "traducir" lo que le pide la policía en unos términos que la autoridad requerida del país de destino esté en condiciones de entender y ejecutar correctamente, teniendo en cuenta que esa autoridad, como veremos seguidamente, sí puede ser un policía, al menos en el destino final de la diligencia.

Es por ello por lo que España, por ejemplo, de un modo comprensible pero quizás no tan homologable[2856], ha establecido en el art. 187 de la Ley 23/2014 de reconocimiento mutuo de resoluciones penales en la Unión Europea, que la autoridad competente para emitir una OEI será normalmente un juez de instrucción, o un fiscal, siempre en las instrucciones que dirijan, siendo que en la actualidad el papel del primero es preponderante y el segundo muy marginal[2857], y hasta marginalizado[2858], salvo en los procesos de menores. Sin embargo, como autoridad de recepción de una OEI, el art. 187.2 establece que será únicamente el ministerio fiscal el competente para recibirla y ejecutarla, lo que no es nada coherente con las funciones del mismo en el actual modelo del proceso penal español.

Es posible que en lo anterior haya pesado una cierta conciencia —en parte falsa como vamos a ver— de que el modelo del ministerio fiscal es predominante en Europa. No lo es. Y por ello, el diálogo entre autoridades

---

2856 Vid. ampliamente Aguilera Morales, "La implementación de la orden europea de investigación: el dolor de la lucidez", cit. p. 10.

2857 **Art. 773.2. LECrim.** Cuando el Ministerio Fiscal tenga noticia de un hecho aparentemente delictivo, bien directamente o por serle presentada una denuncia o atestado, informará a la víctima de los derechos recogidos en la legislación vigente; efectuará la evaluación y resolución provisionales de las necesidades de la víctima de conformidad con lo dispuesto en la legislación vigente y practicará él mismo u ordenará a la Policía Judicial que practique las diligencias que estime pertinentes para la comprobación del hecho o de la responsabilidad de los partícipes en el mismo. El Fiscal decretará el archivo de las actuaciones cuando el hecho no revista los caracteres de delito, comunicándolo con expresión de esta circunstancia a quien hubiere alegado ser perjudicado u ofendido, a fin de que pueda reiterar su denuncia ante el Juez de Instrucción. En otro caso instará del Juez de Instrucción la incoación del procedimiento que corresponda con remisión de lo actuado, poniendo a su disposición al detenido, si lo hubiere, y los efectos del delito. El Ministerio Fiscal podrá hacer comparecer ante sí a cualquier persona en los términos establecidos en la ley para la citación judicial, a fin de recibirle declaración, en la cual se observarán las mismas garantías señaladas en esta Ley para la prestada ante el Juez o Tribunal. Cesará el Fiscal en sus diligencias tan pronto como tenga conocimiento de la existencia de un procedimiento judicial sobre los mismos hechos. (El subrado es mío).

2858 STS 980/2016, 11-1-2017.

es posible que acabe siendo entre un fiscal y un juez, o entre un fiscal y la policía. Pero ello es secundario en comparación con otro problema más importante: que un fiscal venga llamado a ejecutar actuaciones de investigación para las que no tiene competencia en su país, lo cual no es solamente que producirá evidentes problemas prácticos[2859], sino que puede hacer que se acabe buscando una no siempre fácil asistencia judicial *ad hoc* para los mismos.

De ello se hace eco el propio art. 187.2 cuando distingue en sus párrafos a y b que la diligencia afecte o no a derechos fundamentales, dado que en el primer caso obliga al fiscal a remitirla al juez, lo que burocratiza y sobre todo obstaculiza un acto que está llamado, al menos en teoría, a ser ágil. El problema, como se verá a continuación, no es exclusivo de este modelo, pero habría de quedar relativamente resuelto si el legislador español decidiera —por fin— si quiere avanzar hacia el modelo del ministerio fiscal o prefiere quedarse en el sistema original. Pero obtener estos resultados híbridos fruto de tímidos intentos legislativos en cada reforma, definitivamente obscurece un panorama que debiera ser bastante más diáfano, considerando los bienes jurídicos que están en juego.

2.2. *El modelo del ministerio fiscal*

Se trata de una reacción al sistema anterior, que intenta instaurar definitivamente el modelo acusatorio también en la fase de instrucción, como parece que fue la frustrada intención primigenia de los reformadores franceses y españoles, aunque teniendo en cuenta el año (1975) en que fue implementada la reforma en el primer país que la asumió, Alemania[2860], no es descartable cierta influencia tardía del *attorney* del modelo estadounidense, igual que antes ya había sucedido en otros terrenos del ordenamiento alemán[2861].

2859 Vid. Aguilera Morales, "La implementación de la orden europea de investigación: el dolor de la lucidez", cit. pp. 10-13.

2860 Sobre la interesante evolución de la institución en este país, vid. Muscheler, Karlheinz, "Die Staatsanwaltschaft seit 1871", *Rechtsgeschichtliches Seminar: "Geschichte der juristischen Berufe"*, 2009, Universität Bochum. http://www.ruhr-uni-bochum.de/ls-muscheler/downloads/seminar09/Kerstin_Hammeke_Die_Entwicklung_der_deutschen_Staatsanwaltschaft_seit_1871.pdf

2861 Cfr. Wesel, Uwe, *Fast alles was Recht ist*, Frankfurt am Main 1994, pp. 46 y ss.

En todo caso, los ocho países que practican este modelo, aparte de la misma Alemania[2862], son Portugal[2863], Italia[2864], Austria[2865], Holanda[2866/2867], Eslovenia[2868], Croacia[2869] y Grecia[2870]. Se trata, por tanto, de un sistema también minoritario, pese a que el hecho de haberlo adoptado los dos países

---

2862 **§ 160 StPO** (1) Sobald die Staatsanwaltschaft durch eine Anzeige oder auf anderem Wege von dem Verdacht einer Straftat Kenntnis erhält, hat sie zu ihrer Entschließung darüber, ob die öffentliche Klage zu erheben ist, den Sachverhalt zu erforschen.
(2) Die Staatsanwaltschaft hat nicht nur die zur Belastung, sondern auch die zur Entlastung dienenden Umstände zu ermitteln und für die Erhebung der Beweise Sorge zu tragen, deren Verlust zu besorgen ist.
(3) Die Ermittlungen der Staatsanwaltschaft sollen sich auch auf die Umstände erstrecken, die für die Bestimmung der Rechtsfolgen der Tat von Bedeutung sind. Dazu kann sie sich der Gerichtshilfe bedienen.
§ 161 StPO (1) Zu dem in § 160 Abs. 1 bis 3 bezeichneten Zweck ist die Staatsanwaltschaft befugt, von allen Behörden Auskunft zu verlangen und Ermittlungen jeder Art entweder selbst vorzunehmen oder durch die Behörden und Beamten des Polizeidienstes vornehmen zu lassen, soweit nicht andere gesetzliche Vorschriften ihre Befugnisse besonders regeln. Die Behörden und Beamten des Polizeidienstes sind verpflichtet, dem Ersuchen oder Auftrag der Staatsanwaltschaft zu genügen, und in diesem Falle befugt, von allen Behörden Auskunft zu verlangen.

2863 Desde 1978. **Artigo 53 Código de Processo Penal. Posição e atribuições do Ministério Público no processo**
1 - Compete ao Ministério Público, no processo penal, colaborar com o tribunal na descoberta da verdade e na realização do direito, obedecendo em todas as intervenções processuais a critérios de estrita objectividade.
2 - Compete em especial ao Ministério Público:
a) Receber as denúncias, as queixas e as participações e apreciar o seguimento a darlhes;
b) Dirigir o inquérito.

2864 Desde 1988. **Art. 326.1. CPP.** Il pubblico ministero e la polizia giudiziaria svolgono, nell'ambito delle rispettive attribuzioni, le indagini necessarie per le determinazioni inerenti all'esercizio dell'azione penale.

2865 Desde 2008. **§20 StPO**: (1) Die Staatsanwaltschaft leitet das Ermittlungsverfahren; ihr allein steht die Erhebung der öffentlichen Anklage zu. Sie entscheidet, ob gegen eine bestimmte Person Anklage einzubringen, von der Verfolgung zurückzutreten oder das Verfahren einzustellen ist.

2866 **Art. 128 Wet op de rechterlijke organisatie**. Onze Minister stelt het College van procureurs-generaal in de gelegenheid zijn zienswijze kenbaar te maken voordat hij in een concreet geval een aanwijzing geeft inzake de opsporing of vervolging van strafbare feiten.

2867 Desde 2011. Vid. Hirsch Ballin, Marianne F. H., *Theory and Counterterrorism Practice in the Netherlands and in the United States*, Den Haag 2012, pp. 67-68.

2868 **Ley de proceso penal. Art. 45** (1) The basic right and basic duty of the public prosecutor shall be the prosecution of perpetrators of criminal offences. (2) In respect of criminal offences prosecuted ex officio, the public prosecutor shall have the jurisdiction: 1) to take the necessary steps concerning the detection of criminal offences, tracing

que poseen un mayor liderazgo doctrinal en materia procesal penal (Alemania e Italia), ha podido crear una imagen, bastante extendida, de que es el modelo a seguir y predominante en el mundo. Lo primero puede que sea cierto, pero lo segundo obviamente no lo es.

La ventaja principal de este modelo es que por fin la fase de investigación pierde su vínculo con el sistema inquisitivo y, por tanto, se hace acusatoria, al menos formalmente. Subraya este carácter acusatorio el hecho de que la figura del juez siga siendo necesaria para la adopción de diligencias que vulneren derechos fundamentales, respetándose así la dualidad de partes.

El problema es que, igual que sucede en la mayoría de los países, la formación de un fiscal es muy similar o idéntica a la de un juez, lo que unido a su siempre escaso número provoca un alejamiento de la realidad de las investigaciones muy parecido al que ya se ha dicho que padece el juez de instrucción. En la práctica, por tanto, es la policía la que dirige materialmente las investigaciones[2871], pese a que la dirección formal esté en manos del ministerio público. Ello puede hacer que en lo concreto, la instrucción siga siendo tan inquisitiva como antes al no haber cambiado el principal protagonista de las investigaciones: la policía. Al fin y al cabo, se trata de un órgano con estructura cuasimilitar que dirige realmente el día a día de la investigación sin imparcialidad posible, al estar directamente implicado con la investigación, posiblemente con un lógico exceso de celo por la eficacia de su labor y con una imposibilidad estructural de respetar

---

of perpetrators and directing of preliminary criminal proceedings; 2) to request that investigations be undertaken;

2869 **Código de proceso penal (Zakon o kaznenom postupku) Art. 38** (1) The basic powers and main function of the State Attorney shall be the prosecution of perpetrators of criminal offences subject to public prosecution. (2) Regarding the criminal offences subject to public prosecution, the State Attorney shall have the right and duty to: 1) undertake the necessary actions aimed at discovering criminal offences and finding the perpetrators; 2) undertake inquiries into criminal offences, and order and supervise the implementation of particular inquiries aimed at collecting the data relevant for the institution of an investigation; 3) bring decisions predicted by law; 4) conduct the investigation; 5) conduct and supervise evidence collecting actions; 6) make a motion for temporary security measures of seizing assets;

2870 Código de procedimiento penal (*Κώδικας* Ποινικής Δικονομίας). Vid. http://www.greeklawdigest.gr/topics/judicial-system/item/16-procedure-before-criminal-courts y http://www.lifethemis.eu/en/content/criminal-proceedings

2871 Gössel, Karl-Heinz, *Ministerio Fiscal y policía criminal en el procedimiento penal del Estado de Derecho,* Cuadernos de política criminal (nº 60), 1996, p. 618. KÜHNE, Hans-Heiner, *Strafprozeßlehre,* Heidelberg 1993, p. 34.

la presunción de inocencia[2872]. Y además, obra no con tanta transparencia como sería deseable, lo que nos devuelve a los viejos problemas del sistema inquisitivo.

A efectos de la OEI, que la competencia esté exclusivamente en manos del ministerio fiscal, sin caminos intermedios, simplifica bastante las cosas, al no tener tan habitualmente un largo listado de autoridades posibles a las que acudir para saber cómo avanza la diligencia, aunque tampoco se excluye que el Estado decida atomizar el panorama, como por ejemplo hizo Alemania para la intervención de comunicaciones[2873]. Otra ventaja es precisamente el hecho de haber finiquitado la tradicional duda existencial

---

2872 Lo explico en Nieva Fenoll, *La duda en el proceso penal*, Madrid 2013, pp. 95 y ss.

2873 Merece la pena la lectura del §92 d de la *Gesetz über internationale Rechtshilfe in Strafsachen*: **§ 92d Örtliche Zuständigkeit für Ersuchen um Überwachung des Telekommunikationsverkehrs ohne technische Hilfe; Verordnungsermächtigung** (1) Örtlich zuständig für Ersuchen aus den Mitgliedstaaten der Europäischen Union, die auf eine grenzüberschreitende Überwachung des Telekommunikationsverkehrs gerichtet sind, ohne dass für die Durchführung der Überwachung die technische Hilfe der Bundesrepublik Deutschland benötigt wird, ist 1. für Ersuchen aus der Französischen Republik, dem Königreich Spanien und der Portugiesischen Republik das zuständige Gericht am Sitz der Landesregierung von Baden-Württemberg; 2. für Ersuchen aus der Italienischen Republik, der Republik Kroatien, der Republik Malta, der Republik Österreich und der Republik Slowenien das zuständige Gericht am Sitz der Landesregierung des Freistaats Bayern; 3. für Ersuchen aus der Republik Estland, der Republik Lettland und der Republik Litauen das zuständige Gericht am Sitz des Senats von Berlin; 4. für Ersuchen aus der Republik Polen das zuständige Gericht am Sitz der Landesregierung von Brandenburg; 5. für Ersuchen aus Irland das zuständige Gericht am Sitz des Senats der Freien Hansestadt Bremen; 6. für Ersuchen aus dem Königreich Schweden das zuständige Gericht am Sitz des Senats der Freien und Hansestadt Hamburg; 7. für Ersuchen aus der Republik Bulgarien und aus Rumänien das zuständige Gericht am Sitz der Landesregierung von Hessen; 8. für Ersuchen aus der Republik Finnland das zuständige Gericht am Sitz der Landesregierung von Mecklenburg-Vorpommern; 9. für Ersuchen aus dem Vereinigten Königreich Großbritannien und Nordirland das zuständige Gericht am Sitz der Landesregierung von Niedersachsen; 10. für Ersuchen aus dem Königreich der Niederlande das zuständige Gericht am Sitz der Landesregierung von Nordrhein-Westfalen; 11. für Ersuchen aus dem Königreich Belgien das zuständige Gericht am Sitz der Landesregierung von Rheinland-Pfalz; 12. für Ersuchen aus dem Großherzogtum Luxemburg das zuständige Gericht am Sitz der Landesregierung des Saarlandes; 13. für Ersuchen aus der Slowakischen Republik und der Tschechischen Republik das zuständige Gericht am Sitz der Landesregierung des Freistaats Sachsen; 14. für Ersuchen aus Ungarn das zuständige Gericht am Sitz der Landesregierung von Sachsen-Anhalt; 15. für Ersuchen aus dem Königreich Dänemark das zuständige Gericht am Sitz der Landesregierung von Schleswig-Holstein; 16. für Ersuchen aus der Hellenischen Republik und der Republik Zypern das zuständige Gericht am Sitz der Landesregierung des Freistaats Thüringen. (2) Die Landesregierungen können die örtliche Zuständigkeit durch Rechtsverordnung abweichend regeln.

de los juristas entre la elección del modelo del juez de instrucción o del ministerio fiscal que, en este terreno al menos, provoca perplejidades, como acabamos de ver. Por tanto, la ventaja es la centralización en una única autoridad tanto de la emisión como de la ejecución de las OOEI. Lo negativo, no obstante, es que se produce un alejamiento de la autoridad que realmente llevará a cabo la diligencia: en muchos casos, la policía.

2.3. El modelo policial

Eso es justamente lo que evita el modelo de la mayoría de países (once), que por influencia anglosajona atribuyen a la policía la dirección y gestión de la investigación, con una supervisión bastante ligera en el caso concreto del ministerio fiscal u otras autoridades gubernativas.

Esta es la situación en los siguientes países: El Reino Unido, dentro del cual hay que distinguir el caso de Inglaterra, Gales e Irlanda del Norte, en el que la policía actúa de propia autoridad bajo la supervisión del *Crown Prosecution Service* (*Criminal Justice System Northern Ireland* en Irlanda del Norte), vigilancia que se ejerce a través del *Director of Public Prosecutions*[2874]. Un sistema parecido de supervisión de la labor policial sigue Escocia[2875] con el *Procurator Fiscal*, como delegado del *Lord Advocate*, jefe del *Crown Office and Procurator Fiscal Service*.

Siguiendo el ejemplo inglés, formalizándolo expresamente en esos términos[2876], se encuentra Chipre. Otros países que por proximidad histórica con el Imperio Británico siguen un sistema similar son Irlanda (con el *Director of Public Prosecutions*)[2877] y Malta[2878] y —también por proximidad territorial y cultural entre ellos— los países nórdicos: Suecia[2879] —a través

Die Landesregierungen können diese Ermächtigung durch Rechtsverordnung auf die Landesjustizverwaltungen übertragen".

2874 Prosecution of Offences Act 1985, parte I.

2875 Criminal Procedure Act 1995, Parte II y Prosecution Code.

2876 Kyprianou, Despina, *The Role of the Cyprus Attorney General's Office in Prosecutions: Rhetoric, Ideology and Practice*, Berlin 2010, p. 49.

2877 Prosecution of Offences Act 1974.

2878 **Libro Segundo del *Criminal Code* de Malta**, en especial art. 356 (1) It is the duty of the Executive Police to bring as soon as possible before the court, and, where practicable, together with the offender, all the evidence that may have been collected in respect of the offence.

2879 **Código de Procedimiento Judicial (Rättegångsbalken), Chapter 23**, Section 3. A decision to initiate a preliminary investigation is to be made either by the police authority or by the prosecutor. If the investigation has been initiated by the police authority and the matter

del *Åklagarmyndigheten*—, Finlandia[2880] y Dinamarca[2881]. Eslovaquia[2882], Estonia[2883], Letonia[2884] y Lituania[2885] adoptaron también este sistema en sus modernas regulaciones procesales penales.

---

is not of a simple nature, the prosecutor shall assume responsibility for conducting the investigation as soon as someone is reasonably suspected of the offence. The prosecutor shall also take over the conduct of the investigation if there special reasons so require.

2880 **Criminal Investigation Act (Esitutkintalaki) (805/2011), Section 1** - The authorities in the criminal investigation (1) The criminal investigation is conducted by the police. (2) In addition to the police, the border guard, customs and military authorities are criminal investigation authorities as provided in respect of their criminal investigation competence in the Border Guard Act (578/2005), the Act on the Customs Investigation Office (623/2015), the Military Discipline Act (331/1983) and the Act on the Performance of Police Functions in the Defence Forces (1251/1995). (629/2015) (3) In addition to the criminal investigation authorities, the prosecutor participates in the criminal investigation.
Section 2 - Head investigator (1) The criminal investigation is directed by the head investigator, who is the official with the power of arrest referred to in Chapter 2, section 9 of the Coercive Measures Act (806/2011). However, the public prosecutor serves as the head investigator only in the cases referred to in section 4, subsection 1. In a criminal investigation conducted by the police, a detective sergeant or a police sergeant may serve as head investigator for a reason connected with the nature of the matter or for another corresponding justified reason, and in a criminal investigation conducted by another authority, separate legislation provides which official may serve as the head investigator. (2) A general head investigator may be appointed as the superior of the head investigators dealing with offences that are part of the same totality of offences, and the general head investigator decides on the coordination of the criminal investigation and may, for said purpose, issue orders to his or her subordinate head investigators.

2881 **§ 742 de la Ley de la Jurisdicción (Retsplejeloven)**. Anmeldelser om strafbare forhold indgives til politiet. Stk. 2. Politiet iværksætter efter anmeldelse eller af egen drift efterforskning, når der er rimelig formodning om, at et strafbart forhold, som forfølges af det offentlige, er begået. https://www.retsinformation.dk/Forms/R0710.aspx?id=183537

2882 **Código de proceso penal. Section 201**. Common conduct of investigation and summary investigation. (1) As a rule, police officers shall conduct investigation or summary investigation under their sole authority. The procedures performed to commence criminal investigation or after the commencement of criminal investigation by a police officer other than the locally competent police officer shall not have to be repeated, provided they were taken in compliance with this Act. (2) Police officers shall conduct investigation or summary investigation in a manner enabling them to procure, as expediently as possible, the evidence necessary to clarify the act, to the extent necessary to examine the case and to identify the perpetrator of the criminal offence. (3) Except where they have to obtain the decision or the consent of a judge for pre-trial proceedings or a prosecutor, police officers shall carry out investigation procedures under their sole authority, in compliance with the law and in time. (4) Police officers shall procure the evidence irrespective of whether it favours or not the accused, proceeding in accordance with paragraph 3. No unlawful means may be used to force the accused to testify or to make a confession. The refusal to testify may not be used as the evidence against the accused.

En todos estos países, no cabe duda de la dependencia gubernamental, no ya obviamente de la policía, sino del órgano que se encarga de la supervisión de sus actuaciones. El sistema posee la ventaja aparente de que solamente hay un interlocutor, aunque en el detalle de algunas de las regulaciones se descubren varios organismos —jueces a veces incluso— que pueden oscurecer el panorama.

La desventaja es que se trata de un sistema que, por bien que reconoce la realidad policial que intentan solapar los dos primeros, le da amplia carta de naturaleza, lo que supone, en el fondo, una derrota de las garantías que se pretendían con la introducción del sistema acusatorio, estando en primer lugar la imparcialidad judicial, que se ve comprometida por una confianza excesiva en las labores policiales. Esa confianza puede estar justificada allí donde el cuerpo armado ha conseguido un prestigio y transparencia indudable de su labor, pero puede convertirse en un mecanismo de represión donde no sea así.

Al margen de ello, en lo que atañe a la OEI y excluyendo expresamente a Dinamarca e Irlanda[2886], lo que puede provocar este sistema es la dispersión, salvo que el Estado en cuestión haya hecho un esfuerzo por centralizar las recepciones de OOEI, como lo operó el Reino Unido[2887] escogiendo solamente dos órganos[2888] para todo el Estado —excluyendo Escocia—, uno de ellos especializado en materia tributaria[2889], y un tercero, como decía, para Escocia[2890].

2883 **Código de Proceso Penal. § 32**. Investigative bodies in criminal procedure (1) An investigative body shall perform the procedural acts provided for in this Code independently unless the permission of a court or the permission or order of a prosecutor's office is necessary for the performance of the act. (2) An investigative body has the right to demand submission of a document necessary for the adjudication of a criminal matter.

2884 **Ley de proceso criminal. Section 27**. Person Directing the Proceedings (...)
(2) A person directing the proceedings shall be: 1) an investigator or in exceptional cases a public prosecutor —in an investigation;

2885 Código de proceso penal (Baudžiamojo proceso kodeksas). Vid. https://www.prokuraturos.lt/en/home/control-pretrial-investigation/4416

2886 Considerandos 44 y 45 de la Directiva sobre la OEI.

2887 Vid. https://www.gov.uk/guidance/european-investigation-orders-requests#sending-eios-to-the-uk.

2888 El principal, UK Central Authority. International Criminality Unit.

2889 El Criminal Law and Benefits and Credits Advisory Team HM Revenue and Customs - Solicitor's Office.

2890 International Co-operation Unit. Crown Office.

Pero cuando se trata de los organismos de emisión, los mismos se atomizan en hasta quince unidades, entre las cuales se halla el Banco de Inglaterra o el Secretario de Estado de salud[2891]. Y ello es importante porque se trata de los órganos que en el caso de recibir el Reino Unido[2892] una OEI, son los que van a practicar la diligencia en el caso concreto, una vez requeridos por las autoridades antes mencionadas. Las dificultades de predecir el comportamiento de tal diversidad de organismos es ciertamente compleja, como lo suele ser la propia organización de la policía en casi cualquier país como consecuencia de la pluralidad de terrenos en los que actúan.

En consecuencia, aunque se trata de un modelo bastante más próximo a la realidad auténtica de la práctica de las diligencias, se complica en cuanto a su previsibilidad. Literalmente, cada vez que se contacte con uno de estos Estados será precisa una tarea de investigación sobre su sistema y funcionamiento que puede llegar a ser casi imposible hasta las últimas consecuencias.

2.4. El modelo policial atenuado

Existe un cuarto modelo que aunque es parecido al anterior, intenta controlar en mayor medida que la policía no asuma todo el protagonismo de la investigación, con las consecuencias antes reseñadas. En estos países el rol principal lo sigue teniendo la policía, indudablemente, pero con un superior papel director del ministerio fiscal.

Es el caso de Rumanía[2893], Bulgaria[2894], República Checa[2895], Polonia[2896] y Hungría[2897], que de una etapa histórica en la que el papel de autoridades

---

[2891] https://www.gov.uk/guidance/european-investigation-orders-requests#sending-eios-to-the-uk.

[2892] Vid. https://www.gov.uk/guidance/european-investigation-orders-requests.

[2893] **Código de proceso penal (Codul de procedură penală). Art. 56.1.** (1) A prosecutor coordinates and controls directly criminal investigation activities performed by the judicial police and by special criminal investigation bodies set by law. Also, a prosecutor makes sure that criminal investigation acts are performed in compliance with the legal stipulations.
Art. 57. (1) The criminal investigation (bodies of the judicial police conduct the criminal investigation in relation to any offense that is not assigned by law under the jurisdiction of special criminal investigation bodies or of a prosecutor, as well as in other situations stipulated by law.
http://lex.justice.md/md/326970/

[2894] **Código de proceso penal. Art. 46.** (1) The prosecutor shall bring and maintain the accusation in crimes of general nature. (2) In execution of his/her tasks under Para. 1,

similares al ministerio fiscal fue muy influyente en los procesos[2898], han querido combinar la antigua preponderancia de sus policías con un renovado papel del ministerio fiscal más en línea con los países que siguen el modelo del ministerio público como director de la investigación. De hecho, si no fuera por la fuerte autonomía de la labor policial, estos modelos son los que estarían en teoría más cercanos del sistema alemán.

Siempre y cuando el ministerio fiscal posea una auténtica excelencia en su formación jurídica y ejerza verdaderamente sus labores directivas, quizás sea el sistema más realista en cuanto a que refleja la realidad de las investigaciones criminales, pero al mismo tiempo sitúa a un jurista a su frente, lo que en condiciones de legitimidad puede favorecer que la

---

the prosecutor shall: 1. rule the investigation and carry out a permanent supervision of its lawful and due execution as a monitoring prosecutor; 2. may carry out investigation or separate actions of investigation and other procedural actions; 3. participate in the Court procedure as a state prosecutor;

2895 **Código de proceso penal. Section 158** (1) The Police authority is obliged, based on their own findings, criminal reports, and incentives from other persons and authorities, which may lead to conclusions on a suspicion that a criminal offence has been committed, to make all necessary investigations and take measures to reveal the facts indicating that a criminal offence has been committed and aimed towards identifying the offender; they are obligated to take the necessary measures for prevention of criminal activity.

Section 160 (1) If the matters of facts ascertained and justified in the course of verification according to Section 158 indicate that a criminal offence was committed, and if the conclusion that it was committed by a certain person is sufficiently substantiated, then the Police authority shall immediately decide to initiate the criminal prosecution of this person as the accused, unless there is reason to proceed pursuant to Section 159a (2) and (3), or Section 159b (1).

2896 **Código de proceso penal (Kodeks postępowania karnego). Article 298 § 1**. The preparatory proceedings shall be conducted by the state prosecutors, and, within the scope provided by law, the Police. In the cases provided for in law, other agencies shall have the powers of the Police.

2897 **Ley de proceso penal (Törvény a büntetőeljárásról). Section 28**, 77(1) The prosecutor shall act as the public accuser. The prosecutor shall be obliged to consider both the circumstances aggravating and extenuating for the defendant and the circumstances aggravating and mitigating the criminal liability in all phases of the proceedings. (2) The prosecutor shall exercise the rights vested in the prosecutor's office where the prosecutor works. (3) The prosecutor shall order or perform an investigation to establish the conditions for accusation. (4)78 When the investigating authority conducts an investigation or certain investigative actions independently [Section 35 (2)], the prosecutor shall supervise compliance with this Act throughout the procedure and ensure that the persons participating in the procedure can assert their rights.

2898 Vid. El caso de la República Democrática Alemana en Muscheler, Karlheinz, "Die Staatsanwaltschaft seit 1871", cit. pp. 26 y ss.

investigación se realice en las mejores condiciones de respeto de derechos humanos. No obstante, la eficacia del sistema dependerá del número de casos que deba atender el ministerio público, de si puede llevar adelante realmente una labor en la que la estrategia de la investigación policial dependa de él y, sobre todo, no entra en situaciones de corrupción o no hace —como ya vimos que sucede habitualmente— un excesivo seguidismo de las decisiones policiales operativas.

En relación con la OEI, también se trata de un esquema que puede favorecer una superior agilidad en la comunicación entre autoridades nacionales, así como una mayor transparencia en cuanto a la realización de la diligencia y la identificación de los auténticos encargados de llevarla a cabo, lo que permitirá una más adecuada ejecución de la OEI, resolviéndose las dudas con un diálogo más eficaz entre autoridades. Las dificultades pueden ser, naturalmente y como es habitual, idiomáticas, pero si algún día se superan las mismas, *a priori* parece el mejor esquema para la eficiencia del sistema de cooperación.

3. ¿DIVERSOS SISTEMAS JURÍDICOS O DIVERSOS CAPRICHOS?

Bien parece que los distintos sistemas jurídicos son fruto de una mezcla de arrastres históricos, algo de reflexión, bastante improvisación, adaptación a las circunstancias orgánicas de cada país y tremendas dificultades para dar con un modelo depurado. Como se dijo, en el pasado se impuso doctrinalmente con mucha fuerza el modelo del ministerio fiscal, pero no es tan sencillo decir que sea el modelo perfecto tras todo lo visto.

En todo caso, y en lo que atañe a la aproximación de sistemas propia de la Unión Europea, no parecen existir cuestiones nacionales tras el debate sobre la autoridad que debe dirigir la instrucción. Es obvio que el sistema del juez de instrucción está en franca decadencia y que el modelo del ministerio público está en línea ascendente, pero el problema principal consiste en determinar, al margen de debates bizantinos, si es mejor un modelo que otro y, sobre todo, si no sería ya hora de blanquear, y sobre todo regular, la actividad del actor que sistemáticamente está detrás de casi todas las investigaciones en el proceso penal: la policía judicial.

Si la respuesta a lo anterior es positiva, es posible que en el futuro haya que realizar una reforma completa de las leyes procesales penales, adaptando cuanto regulan de las diligencias de investigación poniendo el acento en su auténtico conductor, y modificando convenientemente la regulación teniendo presente este hecho. Sin duda, no es lo mismo legislar pensando que va a ser un juez o un fiscal, un jurista en todo caso, el autor de esas diligencias, que teniendo en cuenta que va a ser un policía con una autonomía en su actuación infinitamente superior a la imaginada por los legisladores del siglo XIX que, teniendo en cuenta la incipiente formación de cuerpos policiales, no pudieron tener en cuenta esa perspectiva. Lo que no es aceptable es que a día de hoy se sigan haciendo reformas en materia procesal penal como si la policía judicial no fuera actualmente una realidad.

La reflexión se deberá producir sobre todo en materia de derechos fundamentales. Hasta el momento se ha ido siguiendo a trancas y barrancas el doble requisito[2899] de la jurisprudencia del Tribunal Europeo de Derechos Humanos —de inspiración estadounidense— en torno a la sospecha fundamentada —*probable cause*— y la urgencia o consentimiento en el acto de investigación, contando con el hecho de que siempre iba a existir una convalidación judicial previa o posterior de las actuaciones policiales para que respetaran ese doble requisito. Tal vez habría que tener en cuenta que para su agilidad es preciso ese cumplimiento del doble requisito por defecto, es decir, sin analizar si se van a vulnerar directamente derechos humanos o no, puesto que de cualquier actuación policial puede acabar derivándose esa afectación. Y que habría que sumar algunas garantías como la filmación sistemática de los actos de investigación, estudiando la afectación del derecho a la intimidad con esa filmación, temática todavía de muy incipiente estudio.

Esas podrían ser las bases que deberían favorecer algunos cambios en esta materia, y que, como vamos a ver en el último epígrafe, serían relevantes en materia de cooperación. Al fin y al cabo, lo único que estoy proponiendo es alcanzar un cierto consenso en lo esencial.

4. HACIA UN MODELO UNIFORME DE AUTORIDADES PENALES

Si ese consenso se obtiene, es posible que por fin el esquema de funcionamiento de los diversos Estados sea prácticamente idéntico. Los sistemas que confían la instrucción al ministerio fiscal deberían proceder a las adaptaciones precisas en la regulación de sus diligencias para que reflejen la

[2899] Sobre el mismo me remito a lo que explico en Nieva Fenoll, *Derecho Procesal III. Proceso penal*, Madrid 2017, pp. 172 y ss.

realidad de la práctica policial y el respeto por los derechos fundamentales, más delicado cuando se implica a ese cuerpo de seguridad.

Por su parte, los pocos modelos que aún siguen el sistema del juez de instrucción debieran seguir el ejemplo belga: ampliar los casos en los que interviene el ministerio fiscal e ir reduciendo paulatinamente la actividad de un juez de instrucción a la misión de juez de garantías. Y los modelos que sitúan el peso de las actuaciones en la actividad policial, debieran reforzar el papel director de los órganos gubernativos de control, alejándolos de una mera supervisión para acercarlos a una auténtica dirección de las actuaciones que combine lo mejor de la actividad jurídica y de la habitual operativa policial, más familiarizada con cuestiones criminalísticas. En todo caso, debiera cambiar la formación de los fiscales precisamente hacia una exigencia real de conocimientos de Criminalística, materia que les suele ser ajena, o al menos más ajena que a un policía.

Con ello, las autoridades no tendrán que consultar en cada caso cuál es el sistema de cada país, sino que ya lo conocerán de antemano, identificándose *a posteriori* al encargado de llevar a cabo la diligencia para poder colaborar concretamente con esa persona, a fin de que la actuación de investigación sea realmente eficiente. Aunque siempre sea delicado que la Unión Europea intervenga en materia orgánica, la importancia de esta cuestión en el asunto que nos ocupa quizás haría conveniente que, con el debido debate y posterior consenso, se formulara una recomendación en este sentido por parte de la Comisión, igual que sucede en otras ocasiones.

Es posible que ello hiciera avanzar más el respeto de los derechos fundamentales más de lo que lo están consiguiendo las sucesivas normativas europeas en esta materia, cuyo resultado[2900] no deja de ser algo pobre. Si la organización de cada Estado es similar, quizás sea más fácil que todos trabajen mirándose en el espejo de quien parezca que realiza las actuaciones de un modo más eficiente.

2900 Sobre el tema, AAVV (coord. Vidal, dir. Arangüena / De Hoyos), *Garantías Procesales de Investigados y acusados: situación Actual en el Ámbito de la Unión Europea*, 2018, en especial, Kostoris, Roberto, "Orden europea de investigación y derechos fundamentales", op. cit., pp. 321 y ss.

REGLA DE EXCLUSIÓN DE PRUEBAS ILÍCITAS Y EFECTO DISUASORIO: UN ERROR DE BASE EN LA JURISPRUDENCIA ESTADOUNIDENSE

Publicado en Diario La Ley, n. 9068, 25-10-2017, en AAVV (dir. Vázquez), Hechos y razonamiento probatorio, Puno (Perú), Pachuca (México), 2019, pp. 105-135 y en lengua italiana en Cassazione penale, 5-2018, pp. 1794-1814.

1. INTRODUCCIÓN

Exclusionary rule o regla de exclusión es la denominación que recibe la doctrina de la prueba ilícita en EEUU[2901], de donde proviene todo el estudio de la cuestión con algunos antecedentes en la Inglaterra del siglo XVIII[2902]. De esa misma doctrina se deriva la más conocida en España "doctrina de los frutos del árbol envenenado"[2903], que permite anular los vestigios derivados de la información obtenida a través de una prueba ilícita, pese a que esos vestigios secundarios fueran obtenidos lícitamente. Todo ello es conocido y será abordado después, como conocida es también la notoria polémica en su aplicación práctica.

2901 Por todos, Maclin, T., *The Supreme Court and the Fourth Amendment's Exclusionary Rule*, Oxford 2012.

2902 Roe, Haldane, Urry v. Havey, 1769. En Burrow, J., *Reports of Cases Argued and adjudged in the Court of King's Bench during the time of Lord Mansfield's presiding in that Court*, vol. IV, London 1790, pp. 2484 y ss: "*in a* criminal *or* penal *cause, the defendant is never forced to produce any evidence; though he should hold it in his hands, in Court.*" Y más claramente en el caso The King v. Rudd, 1775: "*If any evidence or confession has been extorted from her, it will be of no prejudice to her on the trial.*" En Leach, T., *Cases in Crown Law*, vol. I, London 1815, p. 123. Vid. también Macnair, M. R. T., *The law of proof in early modern equity*, Berlin 1999, p. 105 y Merkel, L., "Apuntes clave sobre el origen, sentido y futuro del derecho al silencio", *Justicia*, n. 1, 2016, pp. 439 y ss.

2903 Entre otras muchas, STS 292/2017, 26-4-2017.

El que quizás no es tan difundido en Europa[2904] es el motivo por el que existe esta regla de exclusión[2905]. Como repite constantemente la jurisprudencia del Tribunal Supremo de los EEUU desde hace bastante tiempo[2906], se trata de buscar con dicha regla un efecto disuasorio de la mala praxis policial. Es posible que un policía, llevado por el empeño en atrapar al que dicho agente cree que es el responsable de un delito, decida prescindir de los derechos fundamentales para realizar una investigación; pero si lo hace, su actuación no obtendrá los frutos que busca precisamente como resultado de la aplicación de la regla de exclusión: siendo su conducta contraria a los derechos fundamentales, su investigación será completamente anulada, resultando el reo absuelto con el consiguiente disgusto del policía actuante, que ve destrozada una laboriosa tarea que puede haber durado meses o años.

En su día se pensó en EEUU que este efecto disuasorio sería suficiente para depurar los malos usos de la policía, como veremos seguidamente, pero a la vista está que no ha sido así[2907]. Aunque obviamente la actividad policial de ahora no es como la de hace un siglo, las mejoras han sobrevenido como resultado de una mejor formación de los cuerpos policiales y de mayores mecanismos de control sobre la actividad policial. Pero en todo ello el efecto disuasorio de la regla de exclusión no parece haber tenido un papel tan protagonista como se piensa. En Europa, por ejemplo, se ha hablado bastante menos de ese efecto disuasorio, siendo habitual en la jurisprudencia encontrar declaraciones de nulidad como consecuencia de la violación de derechos fundamentales *per se*, como si la única razón de su respeto fuera su mera existencia en el ordenamiento[2908].

2904 Como lo reconoce Miranda Estrampes, M., *El concepto de prueba ilícita y su tratamiento en el proceso penal*, Barcelona 1998, p. 120.

2905 Aunque tampoco ignorado. Vid. desde las SSTS 1647/1993, 14-5, 501/1997, 18-4, hasta hoy: STS 297/2017, 26-4.

2906 Por ejemplo, en Davis v. US, 564 U.S. 229 (2011): "*The exclusionary rule's sole purpose is to deter future Fourth Amendment violations, e.g., Herring v. United States, 555 U. S. 135, and its operation is limited to situations in which this purpose is "thought most efficaciously served," United States v. Calandra, 414 U. S. 338. For exclusion to be appropriate, the deterrence benefits of suppression must outweigh the rule's heavy costs.*"

2907 Lo reconoce Pizzi, W. T., *Trials without Truth*, New York 1999, pp. 37-39. Vid. las causas en Klockars, C. B., "A Theory of Excessive Force ant Its Control", en AAVV (Geller / Toch ed.), *Understanding and Controlling Police Abuse of Force*, New Haven and London 1996, pp. 16 y ss.

2908 Es de hecho el caso alemán con el sistema de las prohibiciones de prueba. Vid. KÜHNE, H.-H., *Strafprozessrecht*, Heidelberg 2015, pp. 565 y ss. También en Italia: Conso, G. / Grevi, V. / Bargis, M., *Compendio di procedura penale*, Padova 2012, pp. 319 y ss.

Sin descartar lo anterior, y sin apartar la vista de una cierta eficacia del *deterrent effect*, lo cierto es que la regla de exclusión provoca muchos problemas. Los mismos son resueltos de manera a veces dispersa o incluso arbitraria por los tribunales, adaptando la motivación de sus resoluciones a lo que creen más justo en cada caso concreto pero sin parar mientes en la real vulneración del derecho, mirando con frecuencia hacia otro lado ante lesiones flagrantes de los derechos fundamentales. Lo que sucede en esos casos, en realidad, es que a dichos jueces no les gusta que ese reo en concreto, responsable de ese delito en particular, salga absuelto. A partir de ahí, la manipulación de la regla de exclusión —a fin de no aplicarla— es frecuente y casi proverbial a lo largo y ancho del mundo, empezando por los mismísimos EEUU.

Al margen de las críticas más o menos severas que merezcan dichos jueces, críticas que muchas veces están curiosamente inspiradas muy claramente por la política, es posible que algo falle en el fondo de la configuración de la regla de exclusión. Todos estamos de acuerdo en su vigencia en general, pero en lo concreto acabamos discrepando con frecuencia. Este trabajo pretende descubrir ese posible error de base, proponiendo una alternativa que ojalá pueda encontrar consenso.

2. ORIGEN DE LA REGLA DE EXCLUSIÓN

Existe cierto debate sobre si la jurisprudencia de la regla de exclusión se origina en 1886, con el caso Boyd v. U.S.[2909], o bien casi treinta años más tarde, en 1914, con el caso Weeks v. US[2910], con el paso intermedio que supuso el caso Bram v. U.S. de 1897[2911]. Una derivación de esa jurisprudencia fue la doctrina de los frutos del árbol envenenado, que surge en 1920 con el caso Silverthorne Lumber Co. v. U.S.[2912] y se confirma, con esa terminología, en Nardone v. U.S. de 1939[2913]. A partir de ahí, la trayectoria de la jurisprudencia ha andado en parte a trompicones, con las importantes resoluciones de Mapp v. Ohio (1961)[2914], Miranda v. Arizona (1966)[2915],

---

2909 116 U.S. 616 (1886).

2910 232 U.S. 383 (1914).

2911 168 U.S. 532 (1897).

2912 251 U.S. 385 (1920).

2913 308 U.S. 338 (1939).

2914 367 U.S. 643 (1961).

2915 384 U.S. 436 (1966).

pero también últimamente con las muy polémicas Hudson v. Michigan (2006)[2916] y Utah v. Strieff (2016)[2917], que han supuesto una peligrosísima puesta en cuestión de lo enunciado en Weeks v. U.S. hace más de un siglo. Y es que este último caso había marcado un antes y en después. Antes de Weeks, lo único importante era que la prueba fuera verdadera, no cómo hubiera sido conseguida. A partir de este caso, la prueba ilícitamente obtenida sería excluída[2918].

De lo que no se ha hablado demasiado es del porqué se originó esta jurisprudencia, lo que obliga a analizar, siquiera brevemente, las circunstancias sociales de EEUU a finales del siglo XIX[2919]. En ese período, una vez superada la época de la reconstrucción tras la Guerra Civil (1861-1865), se produjo una rápida industrialización en el país que buscaba mano de obra barata sobre todo en los inmigrantes que en masa acudieron a EEUU de todas partes del mundo, especialmente de Europa.

Ello provocó que las miserables condiciones de trabajo generaran movimientos obreros de gran calado, que preocupaban a los empresarios enormemente. Obviamente creció la criminalidad derivada del abuso del alcohol propia de los ambientes empobrecidos, junto con otros delitos comunes cuyo único origen es ciertamente la miseria.

Con la excusa de estos últimos hechos delictivos, pero sobre todo con la firme voluntad de controlar los movimientos obreros y sus numerosísimas huelgas y manifestaciones, se empezó a desarrollar una institución que sólo había tenido algún desarrollo en unas pocas ciudades durante el siglo XIX: la policía profesionalizada. La primera fuerza policial fue establecida en Boston en 1838, seguida de la de Nueva York en 1845, y a partir de ahí otras ciudades hasta que en la década de los ochenta del siglo XIX la mayor parte de ciudades importantes disponían de su policía local. Todo eso fue en el Norte. En el Sur, los cuerpos policiales habían tenido directamente funciones de persecución de esclavos huídos desde principios del siglo XVIII.

2916 547 U.S. 586 (2006).

2917 579 U.S. _, 136 S. Ct. 2056 (2016).

2918 Hensley, T. R., *The Rehnquist Court*, Santa Barbara 2006, p. 160.

2919 Sobre el tema, Walker, Samuel, The Police in America: An Introduction, New York, New York: McGraw-Hill, 1996. Harring, Sidney, *Policing a Class Society: The experience of American Cities*, 2017. Kappeler, V. / Sluder, R. / Alpert, G., *Forces of Deviance: Understanding the Dark Side of Policing*, Prospect Heights, 1998.

Lo que unía a ambos territorios es que el mantenimiento del "orden" tenía unos fines claramente mercantilistas. Lo que preocupaba al Poder no era tanto la lucha contra el crimen como el control social. En consecuencia, las dos principales características de la policía de finales del XIX eran la corrupción y la brutalidad[2920]. Los agentes estaban involucrados en el juego, la prostitución, el tráfico de drogas y, por supuesto, el *racketeering*, es decir, la extorsión de las bandas organizadas a cambio de protección. También participaban en el fraude electoral que aseguraba la permanencia de las élites en el poder[2921]. Naturalmente, la ley seca (*National Prohibition Act* o *Volstead Act*, 1919-1933) no hizo sino aumentar todos estos problemas, generando más delincuencia. Testimonio de ello fueron, por ejemplo, los intocables de Elliot Ness y sus alegales métodos de investigación[2922], que con un selecto grupo de escogidos intentaban luchar contra la corrupción policial totalmente infiltrada por el gangsterismo, especialmente de Al Capone en aquella época, pero que venía de muy atrás. Esa historia, llevada a la literatura y a la cinematografía, no es más que un triste reflejo de la gravísima situación vivida en la época.

Con todo este panorama no puede extrañar en absoluto que algunos magistrados del Tribunal Supremo, pese a la polémica de la mayoría de sus decisiones, decidieran romper una lanza intentando lograr un poco de limpieza en el sistema[2923]. De ahí que como método disuasorio de los abusos policiales decidieran participar activamente en la depuración de la única manera que les era posible: a través de sus sentencias. Y en ese momento se originó la idea de que la total nulidad de las actuaciones policiales lesivas de derechos fundamentales contribuiría a la mejora del sistema.

2920 Potter, Gary, *The History of Policing in the United States*, Parte 2. http://plsonline.eku.edu/insidelook/history-policing-united-states-part-2

2921 Potter, Gary, *The History of Policing in the United States*, Parte 4. http://plsonline.eku.edu/insidelook/history-policing-united-states-part-4#_ga=2.66081642.59940879.1498142108-489442676.1498142108

2922 Perry, D., *Elliot Ness: The Rise and Fall of an American Hero*, New York 2014.

2923 Se demuestra lo anterior leyendo algún *obiter dictum* del caso Weeks v. U.S., 232 U.S. 383 (1914), aunque ciertamente faltaba una declaración más contundente sobre la vigencia del efecto disuasorio: "*The tendency of those who execute the criminal laws of the country to obtain conviction by means of unlawful seizures and enforced confessions, the latter often obtained after subjecting accused persons to unwarranted practices destructive of rights secured by the Federal Constitution, should find no sanction in the judgments of the courts, which are charged at all times with the support of the Constitution, and to which people of all conditions have a right to appeal for the maintenance of such fundamental rights.*"

Por desgracia, no fue realmente así. En cualquier profesión se heredan siempre los hábitos del pasado, dado que cualquier persona que entra a trabajar en un servicio, lo primero que desea es saber cómo se conducía el mismo con anterioridad a su llegada. Y de ese modo lo más cómodo, y lo que además suele parecer más correcto en un primer momento, es copiar lo que se ve hacer. Lo contrario implica recibir críticas de todos los compañeros más "experimentados". Por eso los cambios cuestan tanto y se avanza tan lentamente en algunos sectores.

En consecuencia, el efecto disuasorio, aun estando en el origen de la regla de exclusión, no parece haber servido ni para resolver el problema de la mala praxis policial, ni tampoco para asentar la indiscutible observancia de los derechos fundamentales en las investigaciones penales.

3. PROBLEMAS DEL EFECTO DISUASORIO COMO FUNDAMENTO DE LA ILICITUD

Existe además otro problema muchísimo más grave. Es muy peligroso configurar un supuesto efecto disuasorio como razón central de la licitud de la prueba y, por ende, del respeto por los derechos fundamentales. El inconveniente de proceder de ese modo es que acaba conduciendo a la conclusión de que cuando no existe, en apariencia o en realidad, una malintencionada praxis policial, la vulneración del derecho fundamental parece que no sería relevante, lo que supone poner una excepción al cumplimiento de los derechos fundamentales que puede degenerar en su desaparición. Es más, se ha llegado a afirmar en no pocas ocasiones que dicha mala praxis, pese a sus inconvenientes, ayuda a descubrir la realidad de los hechos —era lo que se sostenía antes del caso Weeks[2924]—, lo que aunque a veces —sólo a veces— pueda ser cierto, supone definitivamente la perversión total del sistema.

Y es que si ello es así, ¿para qué sirven entonces los derechos fundamentales? Toda la protección que dichos derechos nos confieren a los ciudadanos frente al tremendo poder del Estado —ese es su origen[2925]— parece completamente irrelevante en aras de un descubrimiento a ultranza de

---

2924 232 U.S. 383 (1914).

2925 Conviene releer a Locke, J., *Two Treatises of Government*, II, Cambridge 1963, pp. 377 y ss (137 y ss) y a Blackstone, *Commentaries on the Laws of England*, I, London 1791, pp. 126 y ss.

la realidad de los hechos. En la práctica ello se traduce en una aplicación más de la máxima "el fin justifica los medios", cuyo cumplimiento se puede mostrar en apariencia muy práctico, pero es brutal en la mayoría de las ocasiones. Y es que, además, a partir de ahí cunden entre la ciudadanía las apelaciones a la eficacia policial o a la seguridad de todos, que justificarían la vulneración de derechos[2926], pero sólo los de los delincuentes, como se dice con una ingenuidad —o mala fe— inaceptable. Finalmente, todo acaba convergiendo en un mensaje claramente populista, puesto que es en una masa desinformada y crédula donde dicho mensaje encuentra un fenomenal, aunque increíblemente torpe, caldo de cultivo.

Justo eso es lo que ha sucedido hoy en día y, de hecho, desde hace años, como veremos seguidamente. La regla de exclusión conoce tantas y tan amplias excepciones en la jurisprudencia que a veces bien parece que no exista. Como veremos más adelante, nada de ello hubiera sucedido si el fundamento de dicha regla hubiera sido otro bien diferente con respecto al que ese efecto disuasorio solamente posee un papel, de hecho, secundario. Pero tomando como prioridad y pretexto el efecto disuasorio, acaba sucediendo que cuando dicho efecto carece de sentido —como ocurre con cierta frecuencia—, la lesión del derecho fundamental es presentada como irrelevante, lo que conduce a un resultado ciertamente cruel y peligrosísimo para nuestro sistema jurídico. Veámoslo. En este particular seguiré expresamente, con alguna variación, la magistral explicación sobre el particular que realizó Miranda Estrampes[2927].

3.1. Excepción a la regla de exclusión

Era inevitable la primera excepción que surgió a la regla de exclusión, o a la ilicitud de la prueba como se prefiere decir en en Europa. Está justamente basada en las situaciones en que el efecto disuasorio carece de sentido. La jurisprudencia ha afirmado que en los casos en que la actuación

---

2926 Vid. sobre el tema Jakobs, Günther, *Bürgerstrafrecht und Feindstrafrecht,* HRRS, marzo 2004, pp. 88 y ss. Mir Puig, Santiago, *Límites del normativismo en Derecho penal,* Revista electrónica de Ciencia Penal y Criminología, 07-18 (2005). Gracia Martín, Luis, *Consideraciones críticas sobre el actualmente denominado "Derecho penal del enemigo",* Revista Electrónica de Ciencia Penal y Criminología, 07-02 (2005). Cancio Meliá / Gómez-Jara Díez (coord.), *Derecho penal del enemigo: el discurso penal de la exclusión,* Madrid 2006.

2927 Miranda Estrampes, Manuel, "La regla de exclusión en el sistema estadounidense (crónica de una muerte anunciada)", *El Derecho (Universidad Católica Argentina),* n. 13.242, 21-5-2013, pp. 1 y ss. Vid. también Miranda Estrampes, *El concepto de prueba ilícita,* cit. passim.

policial haya estado presidida por la buena fe, la prueba no debe anularse pese a la lesión del derecho fundamental, que parece que deja de tener cualquier importancia. Así lo estableció el Tribunal Supremo en el caso Michigan v. Defillippo de 1979[2928], cuando un agente detuvo a un sospechoso en cumplimiento de una ordenanza de Detroit que más tarde fue declarada inconstitucional. Al actuar dicho policía bajo la cobertura de esa ordenanza y, por tanto, en creencia de que estaba actuando conforme a derecho, no podía dudarse de su buena fe. Más adelante se amplió esta jurisprudencia a que fuera, no una norma positiva, sino un precedente posteriormente anulado el que diera cobertura a la actuación policial[2929], y finalmente a que fuera una orden judicial errónea la que determinara la indebida actuación policial[2930]. En todos esos casos la culpa no sería del policía, sino del legislador o de los jueces, por lo que no podría observarse mala fe policial por ninguna parte, careciendo de razón de ser el efecto disuasorio y, por tanto, tomando carta de naturaleza la vulneración del derecho fundamental.

Pero más adelante, el propio Tribunal Supremo afirmó que ese error antecedente de la actuación policial no tenía por qué ser solamente de un juez, sino que también podía provenir de la propia policía… En resumidas cuentas, que cuando la policía pudiera justificar buena fe en su actuación, la lesión del derecho fundamental resultaba nuevamente indiferente. Tal sucedió en el asunto New York v. Quarles, de 1984[2931], en el que se aludió a la peligrosidad del momento de la detención y a la seguridad pública como pretextos para suprimir la lectura de derechos previa al arresto, peligrosidad y seguridad que aparentemente justificaban la buena fe policial. Lo mismo acaeció en el caso US v. Patane, en 2004[2932], en el que los agentes, al parecer, paralizaron la lectura de derechos a petición del propio sospechoso, que alegó que ya los conocía. Pero el desarrollo más peligroso de esta línea de pensamiento acaeció con el asunto Herring v. U.S. de 2009[2933], en el que sucedió algo bastante frecuente en la práctica policial de cualquier país: que existía una orden de arresto que había sido anulada y que habría justificado la detención de ser aún válida, pero sin que dicha anulación le constara a la policía en el momento del arresto por un deficiente mante-

[2928] 443 U.S. 31 (1979).

[2929] Davis v. US, 564 U.S. 229 (2011).

[2930] U.S. v. Leon, 468 U.S. 897 (1984).

[2931] New York v. Quarles, 467 U.S. 649 (1984).

[2932] U.S. v. Patane, 542 U.S. 630 (2004).

[2933] Herring v. U.S., 555 U.S. 135 (2009).

nimiento de la base de datos policial. El Tribunal Supremo justificó que dicho error no era deliberado y, por tanto, no respondía a una conducta intencionada del agente, de quien, por tanto, no podía predicarse mala fe. Más adelante profundizaré en este caso.

Las razones manejadas por el Tribunal Supremo pueden parecer muy sensatas, porque ciertamente lo son aunque sólo desde el punto de vista del efecto disuasorio. Según los datos obrantes en todos los casos citados, no parece haber habido una mala praxis policial, sino simples errores burocráticos o graves necesidades de seguridad pública, entre otras la protección de la propia vida del agente actuante. Sin embargo, como observa muy acertadamente Miranda Estrampes[2934], las posibilidades que abre esta jurisprudencia son infinitas, porque interpretada su línea de pensamiento de manera extensiva —cosa que ya ha sucedido últimamente—, cada vez que no pueda demostrarse expresamente la mala fe policial, la vulneración del derecho fundamental resulta irrelevante.

Es también cierto que los errores cometidos no son gravísimos, pero siempre desde el punto de vista del, a mi parecer desorientador, efecto disuasorio. Ciertamente, si lo que se busca es que la policía actúe debidamente, en ninguno de los casos analizados concurrió —aparentemente— una conducta indebida. Pero pese a ello existió una vulneración evidente del derecho fundamental. La lectura de derechos —aunque a veces pueda parecerlo— no es pura burocracia, sino que constituye la principal —y casi la única— garantía del reo en un instante de especial estrés para el mismo: su detención. En ese momento, la única salvaguarda de su defensa proviene de la lectura de derechos. Si se suprime, lo que ocurrirá en bastantes casos es que el detenido hará todo lo que le diga la policía, entre otras cosas autoincriminarse, y desde luego no guardar silencio ante la presión del momento.

Pero ello no parece considerarse relevante, y desde luego no lo es desde la estrecha perspectiva del efecto disuasorio. En consecuencia, y para no ser acusados los magistrados del Tribunal Supremo de un simple fetichismo en el cumplimiento de las formas, las vulneraciones citadas no determinaron la declaración de existencia de una mala praxis policial. Pero, pese a todo, la vulneración de derechos fundamentales es evidente. Es por ello por lo que la solución del Tribunal Supremo no es satisfactoria. Aunque está basada en una quizás adecuada —en el caso concreto— ponderación de los intereses en juego, el resultado final es que el derecho fundamental

---

2934 Miranda Estrampes, M., "La regla de exclusión", cit. p. 3.

no es que se restrinja, como es lícito en estos casos, sino que se anula por completo, lo que no es admisible en democracia[2935]: a un detenido al que no se le leen sus derechos se le suprime completamente, en ese instante especialmente delicado, el derecho de defensa. Y hay que tener muy en cuenta que lo que eventualmente pueda declarar el reo en ese primer momento puede contaminar y predeterminar toda la investigación posterior, que le va a señalar como responsable con una fuerza incontenible derivada de sus primeras palabras en el momento del arresto, que van a ser interpretadas sin duda en sentido incriminatorio, condicionando así la investigación posterior.

Por ello es preciso descartar la excepción de la mala fe y acudir a otros posibles caminos de salida, como veremos más adelante.

3.2. Excepciones a la doctrina de los frutos del árbol envenenado

Como ya vimos, el Tribunal Supremo, siempre con la guía del efecto disuasorio, estableció que no sólo la prueba vulneradora del derecho fundamental debía ser expulsada del proceso, sino que también todas las que de la misma derivaran debían seguir el mismo destino, aunque fueran obtenidas lícitamente.

Pero nuevamente la buena fe, o mejor dicho, la exclusión de la relevancia de la mala fe policial, en el fondo y si bien se observa, ha justificado las tres excepciones a la doctrina de los frutos del árbol envenenado: la fuente independiente, el nexo causal atenuado y el descubrimiento inevitable[2936]:

- Es posible que la prueba de la que surgió la investigación penal sea vulneradora de los derechos fundamentales, pero si puede justificarse que la prueba incriminadora surgió de una *fuente independiente* de la misma, esa nulidad inicial no vicia esa segunda prueba. Lo dijo el Tribunal Supremo en el mismo caso Silversthorne Lumber Co. V. U.S. de 1920[2937], y ha sido objeto de desarrollo posterior. En 1980, en U.S.

2935 Lo explico en Nieva Fenoll, "Neurociencia y juicio jurisdiccional: pasado y presente. ¿Futuro?", *Civil Procedure Review*, v. 7, n. 3, sept-dic. 2016, p. 142 y en Nieva Fenoll, *Derecho Procesal II: proceso penal*, Madrid 2017, pp. 149 y ss.

2936 Así se confirma en Nix v. Williams (1984): "*...even assuming that there is an inevitable discovery exception to the exclusionary rule —— the State had not met the exception's requirement that it be proved that the police did not act in bad faith.*"

2937 251 U.S. 385 (1920).

v. Crews[2938], el Tribunal Supremo resolvió el siguiente caso: la víctima de un delito lo denuncia a la policía ofreciendo una descripción del agresor. Días después, la policía detiene ilegalmente, sin cargos reales, a una persona de similares características, haciéndole una foto que posteriormente es enseñada a la víctima, siendo reconocida por la misma, claro está. Pues bien, el Tribunal Supremo afirmó que el recuerdo de la víctima era independiente de la detención ilegal. Como si no condicionara a una víctima que la policía le enseñe días más tarde, con un recuerdo absolutamente alterado o casi borrado, a alguien cuyas características coinciden con las que fueron objeto de la denuncia[2939]. Existió mala fe policial, claro está, pero la misma no habría influido en el recuerdo de la víctima, que, según el Tribunal Supremo, era una fuente independiente (¿?) de conocimiento del delito...

- Igualmente, si existe una prueba ilícita y no puede negarse un nexo causal con la prueba subsiguiente, pero sí afirmar que es escasamente relevante, esa segunda prueba será válida. El *nexo causal atenuado* fue enunciado ya en Nardone v. U.S. en 1939. Pues bien, en Wong Sun v. U.S. (1963)[2940], la policía detuvo ilegalmente a una persona, que tras ser puesta en libertad compareció días más tarde ante la policía para hacer una declaración inculpatoria plenamente legal, que lógicamente no hubiera tenido lugar de no haber acaecido el arresto ilegal inicial. Pero el Tribunal Supremo, aún reconociendo ese nexo causal, lo consideró atenuado al estimar que el carácter voluntario de la segunda declaración legitimaba la prueba. Nuevamente, a juicio del Tribunal Supremo, la mala fe policial en el arresto fue irrelevante, puesto que en la declaración prestada días más tarde no habría influído dicha mala fe...
- Del mismo modo, si la policía practicó una detención legal durante la que se persuadió al sospechoso —sin presencia de su abogado— a localizar el lugar donde estaba la víctima de un homicidio, pero se puede suponer que la policía hubiera acabado encontrándola por situarse en el perímetro inicial de búsqueda, se puede sostener que era *inevitable el descubrimiento* del cadáver. De nuevo, según el parecer del Tribunal Supremo, la mala fe de la policía no viciaría el descu-

---

2938 445 U.S. 463 (1980).

2939 Vid. ampliamente Diges, M. / Pérez-Mata, N., "La prueba de identificación desde la psicología del testimonio", en: AAVV, *Identificaciones fotográficas y en rueda de reconocimiento. Un análisis desde el Derecho procesal penal y la psicología del testimonio,* Madrid 2014, pp. 33 y ss.

2940 371 U.S. 471 (1963).

brimiento posterior. Tal sucedió en Nix v. Williams, en 1984[2941]. Después analizaré con más detenimiento este caso.

Con todo ello, lo cierto es que la policía puede tener toda la mala fe que desee, aunque tampoco puede decirse que en estos casos sean irracionales las decisiones del Tribunal Supremo, puesto que, ciertamente, aunque exista un comportamiento indebido de un policía, el problema es que la prueba obtenida, en realidad, existe. Dicho de otro modo, los hechos son ciertos, y si el proceso debe reflejar la realidad de los mismos[2942], nadie entendería que los jueces no sancionaran dichos hechos, observando la ciudadanía que un criminal se ríe de la justicia.

Pero lo anterior supone un primer reconocimiento implícito —que ha pasado desapercibido— por parte de la jurisprudencia de que el efecto disuasorio no es una buena guía en esta materia, y que de hecho con estas excepciones se estaba volviendo a tiempos anteriores a Weeks, aunque esto segundo sí ha sido subrayado, como veremos. Y es que existen algunas ocasiones en que la mala praxis policial no debe deslegitimar una investigación, si la misma refleja la realidad.

El problema es si, realmente, la investigación en estos casos refleja la auténtica realidad, cuestión que no parece haber merecido la debida atención. Cualquier persona que se declara culpable tras haber tenido una conversación ilegal con un policía, está realizando una autoincriminación completamente condicionada, lo que descarta las dos primeras excepciones estudiadas: la de la fuente independiente porque sólo en ocasiones marginales la fuente es realmente independiente[2943]; y también la del nexo causal atenuado, puesto que en esta ocasión ni siquiera se hace el esfuerzo de negar ese nexo con la prueba ilícita, sin cuya presencia la investigación no se hubiera iniciado en absoluto. Claro está, se puede pensar, acudiendo a la antigua máxima del sistema legal de valoración de la prueba, que nadie se acusa a sí mismo en perjuicio propio[2944]. Sin embargo, ya desde hace mucho tiempo sabemos que ello es completamente falso en muchas ocasiones, porque las

---

2941 467 U.S. 431 (1984).

2942 Taruffo, Michele, *La prueba de los hechos,* trad. de Jordi Ferrer Beltrán de "la prova dei fatti giuridici, milano 1992, Madrid 2002, p. 181.

2943 Lo explica Miranda Estrampes, *El concepto de prueba ilícita,* cit. pp. 116 y ss.

2944 Recogida en tantas legislaciones aún en el proceso civil, como la francesa, la italiana o la portuguesa: ***Article 1383 CC.*** *L'aveu judiciaire est la déclaration que fait en justice la partie ou son représentant spécialement mandaté. Il fait foi contre celui qui l'a fait.* ***Art. 2733 CC. Confessione giudiziale.*** *È giudiziale la confessione resa in giudizio. Essa forma piena prova contro colui che l'ha fatta, purché non verta su fatti relativi a diritti non disponibili.* ***Artigo 358 CC.***

presiones policiales quiebran el ánimo de los declarantes. Por ello, el derecho a no declarar *contra se* existe desde hace más de dos siglos al menos[2945].

Y por último, ¿qué garantía existe de que no ha concurrido mediatización policial en la declaración de un sospechoso? Es imposible saberlo, porque inútil resulta el intento de controlar todos los comentarios e insinuaciones que la policía puede realizarle al sospechoso durante su detención, por más mecanismos de prevención que existan en este sentido, es decir, por más cámaras que graben la actuación policial. Siempre existirán momentos clandestinos, esto es, instantes en que la policía puede proceder a esa persuasión, o incluso presión, sin que sean captados por las cámaras. En consecuencia, la excepción del descubrimiento inevitable también puede encubrir una mala praxis policial muy difícil de detectar.

Es por ello por lo que estas tres excepciones, por razonables que parezcan sobre el papel, no son aceptables en la práctica, puesto que no eliminan las sospechas de manipulación policial, que es sin duda el peor enemigo de la veracidad de las investigaciones penales. Es por ello por lo que debe acudirse necesariamente a una solución alternativa que pueda parecer razonable desde todos los puntos de vista.

4. RECONFIGURACIÓN DE LA REGLA DE EXCLUSIÓN: EL DOBLE REQUISITO DE LICITUD DE LAS ACTUACIONES POLICIALES

En primer lugar, parece conveniente realizar una relectura de la *probable cause* de la IV Enmienda como mecanismo legitimador de las actuaciones policiales. Como ha dicho reiteradamente la jurisprudencia, la misma sólo concurre si existen, a juicio de la policía, indicios de delito, así como la convicción que de la actuación que se pretenda realizar van a obtenerse resultados útiles para la investigación. La actuación policial potencialmente vulneradora de los derechos fundamentales requiere un *warrant*, es decir, una orden judicial que especifique la causa probable y que legitime la actuación del agente, y si dicha orden no concurre, la actuación debe justificarse en la convicción del agente de la existencia de causa probable.

(Força probatória da confissão) *1. A confissão judicial escrita tem força probatória plena contra o confitente.*

2945 Merkel, L., "Apuntes clave sobre el origen, sentido y futuro del derecho al silencio", cit. pp. 439 y ss.

A mi entender, esta legitimación de la actuación policial, no es que sea demasiado amplia, que quizás no lo sea, sino que es particularmente inconcreta y, por consiguiente, incontrolable.

Es por ello por lo que me parece más correcto seguir en este sentido las exigencias que implícitamente ha expresado, no sin algo de ambigüedad, el Tribunal Europeo de Derechos Humanos[2946]. Dichas exigencias, dando por supuesta la existencia de la previa regulación legal de la diligencia[2947], pueden resumirse en un doble requisito para establecer la licitud de las actuaciones policiales:

1. *Sospecha fundamentada*: la misma concurre cuando el agente puede establecer los motivos que le llevaron a sospechar que en una determinada situación existían indicios de delito. Pero esa sospecha debe ser, como se ha dicho, fundamentada, en el sentido de que el agente actuante debe explicitar de una forma epistémicamente correcta qué indicios concretos le hicieron sospechar. De ese modo podremos saber si su hipótesis estaba guiada por la simple intuición, de manera que se traduciría en un ejercicio arbitrario del poder. De no ser así, y siendo el agente capaz de detallar los indicios de su sospecha, la misma se considerará fundamentada.

2. *Urgencia o consentimiento*: la sospecha fundamentada no basta para dar por buena una actuación policial, sino que es necesario que el policía pueda explicar, de nuevo de modo epistémicamente correcto, que en la situación concreta no pudo acudir previamente a un juez para realizar su actuación por concurrir especial urgencia, puesto que de lo contrario se hubiera frustrado toda la actuación investigadora. Y en caso de no concurrir esa urgencia, pero habiendo decidido el policía igualmente actuar, debe contar con el consentimiento expreso y claramente verificable del sujeto pasivo de la diligencia, para lo que es preciso disponer mecanismos de control que no de-

---

2946 Un buen resumen puede hallarse en Ibrahim e.a. c. Reino Unido, 50541/08, 50571/08, 50573/08, 40351/09, 13-9-2016, punto 210: "*Pursuant to Article 3(6), temporary restrictions on the right of access to a lawyer are permitted at the pre-trial stage in exceptional circumstances where one of two compelling reasons is demonstrated. The first is that there is an urgent need to avert serious adverse consequences for the life, liberty or physical integrity of a person. The second is that immediate action by the investigating authorities is required to prevent substantial jeopardy to criminal proceedings. Pursuant to Article 8, any restrictions must be proportionate, be strictly limited in time, not be based exclusively on the type or seriousness of the offence and not prejudice the overall fairness of the proceedings. Restrictions are to be authorised by a duly reasoned decision on a case-by-case basis.*" V

2947 Krusling c. Francia, 11801/85, 24-4-1990, Huvig c. Francia, 11105/84, 24-4-1990.

pendan de la simple palabra del policía. De ese modo, este segundo requisito, en cualquiera de sus dos vertientes, se constituye como una guía completa de la buena fe en las actuaciones policiales.

Ciertamente, cumpliéndose los dos requisitos, no es preciso buscar un efecto disuasorio con la ilicitud de la prueba, sino que de manera anticipada y preventiva, la actuación policial siempre será correcta. Los dos requisitos son de muy fácil recuerdo y concreción para un agente con el debido entrenamiento, que no es tan complejo. Así se evitan los abusos y, en definitiva, la mala praxis policial contra la que tan denodadamente se ha intentado luchar durante tantísimo tiempo con tan pobres resultados en ocasiones. Además, y esto es lo que debiera ser más importante, se previenen las vulneraciones de derechos fundamentales de una forma compatible con la eficiencia de las actuaciones policiales.

Por añadidura, de ese modo se compendia lo deseado por la jurisprudencia desde cualquier punto de vista. Si lo que se perseguía era la bondad de las actuaciones policiales, por fin estamos ante una guía sintética y completa de la misma, porque lo que sucede en muchísimas ocasiones es que el policía, ante la complejidad de la jurisprudencia sobre derechos fundamentales, no ve claro —de buena fe— si puede o no realizar tal actuación ni cómo, en diversas situaciones que le pueden parecer evidentes —y ni siquiera siempre— a un jurista, pero no a un agente de policía. De hecho, como se puede comprobar en la jurisprudencia, tampoco los tribunales han trazado senderos claros en esta materia.

5. LA VULNERACIÓN DE UN DERECHO FUNDAMENTAL COMO INDICIO EVIDENTE DE MANIPULACIÓN DE PRUEBAS

Con todo ello parece estar asegurada de manera preventiva y suficiente la buena praxis policial. Pero sin caer en la ingenuidad hay que reconocer que siempre aparecerán casos —previsiblemente muchos menos— en los que dicha mala praxis va a existir, y pese a ello existirá la voluntad de no anular la investigación policial. Es lo que sucedió en el polémico caso Hudson v. Michigan, de 2006[2948], y más recientemente en Utah v. Strieff (2016)[2949].

[2948] 547 U.S. 586 (2006).

[2949] 579 U.S. _, 136 S. Ct. 2056 (2016).

En el primero de esos casos, la policía no respetó la regla de dejar pasar un tiempo mínimamente razonable para permitir que el ocupante del lugar cerrado abriera voluntariamente la puerta (*knock and announce rule*). Pese a ello, una vez hubieron irrumpido los agentes en el domicilio unos tres segundos después de llamar a la puerta, descubrieron relevantes —luego se matizará este punto— cantidades de estupefacientes y un arma. En el segundo caso, el policía actuante detuvo sin un motivo suficientemente justificado a una persona, avalando su detención en una orden previa muy sistemática —está sujeta a una orden semejante un ingente número de ciudadanos— y de poca importancia —seguridad en el tráfico—, descubriéndose después que el detenido tenía en su poder estupefacientes.

El problema de ambos casos, como ya se ha venido anunciando, es que en cualquiera de los dos supuestos, y de hecho muy frecuentemente, es posible pensar en una versión bastante verosímil que apunte a una conducta manipuladora de la policía. En Hudson v. Michigan cabe preguntarse por qué la policía decidió no esperar unos segundos más para abrir la puerta. Desde luego, la explicación habitual consiste en que si se deja pasar más tiempo, los ocupantes del inmueble tendrán la oportunidad de hacer desaparecer los estupefacientes por el inodoro o tirándolos por la ventana o dándoselos por el patio a cualquier vecino. Pero también puede ser que, para justificar una entrada ilegal, decidieran entrar de forma rapidísima para intimidar a los ocupantes y preparar una escena aparentemente delictiva durante la confusión inicial derivada de esa intimidación, introduciendo estupefacientes que *no* estuvieran antes de la entrada en el domicilio. O incluso un arma, como fue el caso.

En Utah v. Strieff, cabe preguntarse por qué el policía decidió detener a la persona que vio que salía de una casa, pese a no tener ningún motivo para hacerlo, buscándolo después de manera artificial. Por descontado, puede justificarse que habiendo observado movimientos sospechosos que delatan el posible comercio de estupefacientes en aquella casa, ya tenía una sospecha fundamentada —causa probable—, y ciertamente así pudo ser. Pero si fue así, ¿qué necesidad existía de detener a aquel sujeto? Siendo aparentemente un punto de venta de estupefacientes del que cabe predicar una cierta estabilidad, ¿no era más fácil obtener rápidamente una orden judicial y realizar una entrada y registro? Y siendo así, ¿por qué no se hizo? ¿No cabría pensar en una introducción de estupefacientes del agente al detenido, durante el cacheo, para favorecer la versión del agente sobre la investigación y justificar una detención que, de otro modo, sería ilegal? En favor de esta versión jugaría el hecho de que el agente podía prever algo muy frecuente en EEUU: que el detenido se declare culpable para reducir su condena, lo que de hecho sucedió, como cuenta la sentencia.

Lo que intento expresar es que, aunque se pueda pensar lo contrario, *ningún policía requiere la vulneración de derechos fundamentales para llevar a cabo sus investigaciones.* Es más, dispone de un margen suficiente de actuación si entiende que existe una sospecha fundamentada, sin vulnerar derecho alguno. Y siendo ello así, no tiene sentido que rompa una puerta de una patada entrando ilegítimamente en un domicilio, o bien que no le lea sus derechos al detenido, o incluso, en el peor de los casos, que realice actuaciones de aún mayor presión sobre el detenido. Nada de eso tiene sentido si no es porque desee que su actuación refuerce su versión sobre la investigación, es decir, el resultado incriminatorio que él cree que existe y del que necesita pruebas que teme no encontrar si respeta los derechos fundamentales. Y de ese modo, una vez vulnerados esos derechos, en realidad puede hacer lo que quiera porque el ciudadano ha quedado completamente desprotegido frente a su poder, que por cierto es el del Estado y, por tanto, es enorme. La que va a prevalecer es la versión del policía, suceda lo que suceda.

Y en esa tesitura, el único medio de evitar que todo acabe en una condena injusta es la denuncia de la ilicitud de la prueba, excluyendo la evidencia vulneradora de los derechos fundamentales. Es la única defensa del reo frente a una acusación indebida cuya falsedad no está en condiciones de demostrar, porque es casi imposible revisar *a posteriori* todo el *iter* de la investigación policial en todos sus detalles, más allá de lo que conste en el atestado. Si le quitamos esa defensa, dejamos al reo prácticamente inerme. Su presunción de inocencia queda absolutamente anulada antes incluso de la sentencia.

En definitiva, cuando se vulnera un derecho fundamental el agente actuante entra en un espacio de total clandestinidad que le otorga un ilimitado campo de actuación, lo que resulta peligrosísimo. Siendo ello así, la vulneración del derecho constituye un indicio absolutamente razonable de que el agente está intentando crear un relato que tiene la más amplia oportunidad de introducir en la escena, manipulando la realidad, sembrando una prueba falsa en el proceso que todo el mundo va a dar por auténtica.

En consecuencia, *la vulneración de un derecho fundamental constituye un indicio evidente de falseamiento policial de la realidad.* Por tanto, en ese caso es muy probable que el proceso penal se esté alejando de su principal objetivo final: el descubrimiento de esa auténtica realidad. Y si las cosas son de ese modo, lo que sucede es que el proceso ya no sirve para ese fin, sino que se convierte en un simple juguete en manos de la policía que confirma formalmente, con carácter definitivo, la existencia del vestigio falsamente introducido. De ese modo, la versión policial consigue total firmeza y el reo se queda en la más absoluta indefensión. Y todo ello simplemente porque se considera irrelevante la vulneración del derecho fundamental.

6. PROPUESTA DE EXCEPCIÓN ÚNICA A LA REGLA DE EXCLUSIÓN: LA NOTORIA REALIDAD DE LOS HECHOS DESCUBIERTOS

Es por ello por lo que entiendo que el fundamento principal de la regla de exclusión nunca debió haber sido, ni debe ser en nuestros días, la persecución de un efecto disuasorio. Al contrario, como veremos a continuación, *la razón de ser de la regla de exclusión debe ser el descubrimiento de la realidad,* explicando claramente que cuando se vulneran derechos fundamentales se apartan policías y jueces de dicha realidad, y a partir de ahí ya no ven lo que hay realmente, sino lo que quieren ver, condicionados por ese descubrimiento que, insisto, quizás sea cierto, pero que tiene enormes posibilidades de ser falso o estar al menos manipulado.

Por consiguiente, la regla de exclusión existe como mecanismo para conseguir descubrir la realidad. Al contrario de lo que se ha pensado tradicionalmente, la tortura no sirve para que el torturado declare la veracidad de los hechos, sino sólo para que el torturador oiga la versión que desea oír. Cuando se entra en un domicilio ilegalmente, la policía está actuando de forma completamente clandestina, sin cobertura judicial, lo que abre un inmenso universo para introducir pruebas falsas. Cuando a un detenido no se le leen o no se respetan de cualquier modo sus derechos, lo que sucede es que se convierte en un individuo absolutamente manipulable, que va a dar la versión de los mismos que más interese al agente que le ha detenido, porque así se lo puede haber recomendado. En cualquiera de estos casos, no solamente no nos acercamos a la realidad, sino que nos separamos irremediablemente de ella.

En consecuencia, las excepciones a la regla de exclusión no deben estar basadas en la mala praxis policial, sino que si se desea evitar dicha mala praxis hay que pensar más bien en las peligrosas consecuencias de la misma: la manipulación de la realidad.

Siendo así, solamente cuando la realidad descubierta sea absolutamente notoria podremos establecer una excepción a la regla de exclusión.

Ciertamente, si el policía ha actuado indebidamente debe ser sancionado, como veremos en el próximo epígrafe. Pero esa sanción no puede acarrear siempre el perjuicio para los ciudadanos que se deriva de una expulsión de la prueba en el proceso, con la consiguiente, y frustrante, declaración de inocencia del reo culpable, que nadie en la ciudadanía entiende.

Por ello, en cada caso concreto habrá que estudiar la situación. Si la entidad de lo descubierto es de tal notoriedad que pese a la vulneración de los derechos fundamentales no hay motivo alguno para sospechar de manipulación policial, la prueba no deberá ser expulsada del proceso. Es decir, si por ejemplo un policía revienta una puerta sin orden judicial, ni consentimiento ni flagrancia ni otro pretexto que justifique la existencia de una sospecha fundamentada, pero una vez en el interior se descubren vestigios que el policía no ha tenido manera humana de introducir a hurtadillas, la ilicitud probatoria deberá ser declarada irrelevante, pese a lo cual el policía deberá ser sancionado, como se verá después.

Si una persona es detenida ilegalmente, pero lo que declara se acaba confirmando palmariamente en la realidad y sin ningún resquicio razonable de sospecha de manipulación, lo descubierto no podrá ser anulado, pero el agente deberá ser sancionado, incluso con la expulsión del cuerpo, como veremos, porque una democracia no puede tolerar la presencia en la policía judicial de un agente que practica detenciones ilegales.

En consecuencia, sólo si lo descubierto acaba constituyendo, por las pruebas que lo sustentan, un hecho notorio, podrá evitarse la anulación de la prueba. Lo que quiere decir que lo descubierto será considerado auténtico si no hay motivo alguno, en absoluto, para dudar de su veracidad. La excepción que propongo, por tanto, es muy exigente. No serviría para avalarla una confianza general en la actuación policial, porque es justamente esta natural confianza la que en ocasiones —muy difícilmente detectables— es aprovechada para introducir pruebas falsas. Por ello, el resultado probatorio obtenido debe situarse al margen de dicha confianza, de manera que sea tan palmario y evidente que resulte irrelevante, a efectos probatorios, si ha existido o no mala fe policial.

De ese modo se salvará la distancia tremenda que existe entre la consideración de la ciudadanía en este sentido, que no entiende que se anulen pruebas auténticas, y la ciencia jurídica, que insiste en dicha anulación para conseguir, en el fondo, un habitualmente ineficaz efecto disuasorio, con no poca polémica entre los operadores jurídicos cuando sucede lo contrario. De ese modo, las aspiraciones ciudadanas, la protección de las personas a través de los derechos fundamentales, y el necesario descubrimiento de los delitos que todos observamos como auténticos porque realmente lo son, quedarán debidamente compensados entre sí en un resultado final ponderado que respete razonablemente todos los intereses en juego.

Aplicando dicha regla de la excepción de la notoria realidad y pasando revista a algunos de los casos más polémicos de la jurisprudencia, que ya han sido citados, se comprobará que el resultado hubiera sido idéntico en ocasiones y completamente diferente en otras, pero en ningún caso irracional.

1. *Boid v. US (1886)*[2950]: se trataba de un asunto de contrabando en el que el fiscal del distrito requirió del reo documentación comercial privada, lo que suponía una violación del derecho de aportar pruebas contra uno mismo. Por ello, el Tribunal Supremo revocó la sentencia condenatoria. Esta sentencia es previa a la doctrina del efecto disuasorio y, por tanto, a mi juicio, centra la cuestión en sus propios términos. Cuando un investigador requiere específicamente una documentación de un reo y éste se ve obligado a aportarla, el problema es que el investigador inicia sus pesquisas sesgado, lo que hace que selectivamente se fije solamente en lo que pueda sustentar su acusación. Puede parecer que siendo la documentación requerida real, la investigación debería ser válida, pero ocurre todo lo contrario, puesto que dicha investigación está condicionada desde un principio. A partir de esa aportación de prueba contraria a la presunción de inocencia —como reconoce la propia sentencia—, el reo se sitúa en una situación de indefensión. Aunque aporte otras pruebas en su defensa, existe el riesgo cierto de que nada cambie en la acusación, viéndose el juez condicionado con la misma[2951], con el resultado de una sentencia condenatoria injusta.
2. *Bram v. US (1897)*[2952]: se había cometido un homicidio en alta mar. Un policía en solitario había interrogado a Bram como sospechoso, lo que sin duda le había dado la posibilidad de inducir su confesión. Obviamente, las posibilidades de alejamiento de la realidad son máximas. La sentencia condenatoria debía ser revocada bajo este punto de vista, como efectivamente lo fue. De hecho, el Tribu-

---

2950 116 U.S. 616 (1886).

2951 Es el llamado sesgo de confirmación, que describe MYERS, David G., *Intuición. El poder y el peligro del sexto sentido,* trad. de Guillermo Solana de *Intuition: its power and perils,* New Haven y Londres 2002, Barcelona 2003, p. 175.

2952 168 U.S. 532 (1897).

nal Supremo, aunque entró en una revisión fáctica, aludió expresamente a esta posibilidad de condicionamiento del reo.

3. *Weeks v. US (1914)*[2953]: es el primer caso en el que se alude indirectamente al efecto disuasorio (*individual misconduct*)[2954]. Se trató de un registro no autorizado del domicilio en el que la policía aprehendió correspondencia del reo, mientras estaba detenido ilegalmente. Nuevamente, las posibilidades de introducción de pruebas falsas son máximas. Se dijo en esta sentencia una frase que ilustra perfectamente todos estos casos: "*While the efforts of courts and their officials to bring the guilty to punishment are praiseworthy, they are not to be aided by sacrificing the great fundamental rights secured by the Constitution.*" Faltó decir la razón última de ello: el distanciamiento de la realidad de los hechos.

4. *Silverthorne Lumber Co. V. US (1920)*[2955]: se trata de la primera sentencia sobre la doctrina de los frutos del árbol envenenado. La policía había detenido a dos sospechosos. Durante su arresto entró ilegalmente en sus domicilios ocupando documentación. Tras ello, el tribunal requirió a los reos la entrega de dicha documentación para salvar la ilicitud probatoria. Obviamente, igual que en el caso Boid, el daño ya estaba hecho y todas las posibilidades de manipulación de la realidad estaban abiertas. El Tribunal Supremo anuló correctamente la condena, aunque fundándose indirectamente en el efecto disuasorio.

5. *Nardone v. US (1939)*[2956]: en este caso, la prueba supuestamente de cargo había sido adquirida a través de unas escuchas ilegales, lo que favorecía que solamente se hubieran seleccionado de las conversaciones de los reos aquellos datos que fueran incriminatorios, construyendo con ello una acusación falsamente refrendada por pruebas subsiguientes, enfocadas en una única dirección. La sentencia

---

2953 232 U.S. 383 (1914).

2954 También en el siguiente pasaje, antes reproducido: "*The tendency of those who execute the criminal laws of the country to obtain conviction by means of unlawful seizures and enforced confessions, the latter often obtained after subjecting accused persons to unwarranted practices destructive of rights secured by the Federal Constitution, should find no sanction in the judgments of the courts, which are charged at all times with the support of the Constitution, and to which people of all conditions have a right to appeal for the maintenance of such fundamental rights.*"

2955 251 U.S. 385 (1920).

2956 308 U.S. 338 (1939).

condenatoria, desde el punto de vista que se está analizando ahora, fue correctamente revocada.

6. *Mapp v. Ohio (1961)*[2957]: Es el asunto más célebre del llamado "período Warren" del Tribunal Supremo. La policía solicitó el consentimiento de la Sra. Mapp para entrar en su casa. Se hallaba investigando unos hechos muy inconcretos acerca de atentados con bomba, propaganda política y juego ilegal. La Sra. Mapp les denegó la entrada, pese a lo cual, tres horas más tarde volvieron los agentes con una supuesta orden judicial —que resultó inexistente— entrando subrepticiamente en el domicilio, actuando con brutalidad esposando a la Sra. Mapp y descubriendo finalmente material obsceno —libros y fotos—, por cuya posesión fue condenada. Huelgan comentarios acerca de las enormes posibilidades de manipulación policial en este caso.
7. *Wong Sun v. US (1963)*[2958]: la policía detuvo sin razón alguna a una persona de raza china y con pobres conocimientos de la lengua inglesa, simplemente por haber sido señalada por otro sospechoso. El agente actuante también era de ascendencia china. El sospechoso, días después de ser puesto en libertad, compareció voluntariamente ante la policía para realizar una declaración inculpatoria de tráfico de estupefacientes que se negó a firmar, a pesar de reconocer, supuestamente, la veracidad de su contenido. El Tribunal Supremo reconoció un nexo causal entre la detención ilegal y la comparecencia posterior, pero entendió que estaba atenuado por la voluntariedad de la declaración[2959]. Obviamente, la posibilidad de presiones policiales durante esos días intermedios es máxima, por lo que el alejamiento de la realidad pudo acaecer efectivamente. La condena fue anulada por insuficiencia probatoria, pero nunca debió el Tribunal Supremo haber declarado la citada atenuación.

[2957] 367 U.S. 643 (1961).

[2958] 371 U.S. 471 (1963).

[2959] "*On the evidence that Wong Sun had been released on his own recognizance after a lawful arraignment, and had returned voluntarily several days later to make the statement, we hold that the connection between the arrest and the statement had "become so attenuated as to dissipate the taint." Nardone v. United States, 308 U. S. 338, 308 U. S. 341.*" Vid. también Trabajo Rueda c. España, 32600/12, 30-5-2017, puntos 29 a 43. Salduz c. Turquía, 36391/02, 27-11-2008, punto 55; Szabó y Vissy c. Hungría, 37138/14, 12-1-2016.

8. *Miranda v. Arizona (1966)*[2960]: en este archiconocido caso, también de la época de Warren, Ernesto Miranda fue detenido ilegalmente, resultando de tal arresto sin garantías una declaración autoinculpatoria a las pocas horas sin asistencia letrada. Nuevamente, las posibilidades de manipulación eran máximas. El Tribunal Supremo, en consecuencia, anuló debidamente la condena, surgiendo de esta sentencia la célebre guía de lectura de los derechos fundamentales.
9. *Michigan v. De Filippo (1979)*[2961]: un policía encontró al reo en un callejón en compañía de una mujer que se estaba bajando los pantalones. El policía procedió a la detención del reo —aunque no había causa probable—, que no supo justificar su presencia en el callejón con la mujer. Durante el cacheo el agente le encontró estupefacientes. El Tribunal Supremo confirmó erróneamente la condena. La posibilidad de introducción de pruebas falsas en una situación semejante era máxima.
10. *US v. Crews (1980)*[2962]: el caso ya fue explicado anteriormente. Era el supuesto en que se produjo el llamado "efecto compromiso"[2963], al mostrarle la policía a una víctima, días después de los hechos, la foto de una persona cuyas características físicas generales coincidían con el sospechoso (hombre de raza negra de 15 a 18 años de edad, con la piel suave y tonalidad muy oscura). El delito fue un atraco a punta de pistola, por lo que no era descartable el "efecto foco"[2964], que también distorsiona la memoria, sin contar con el estrés de la situación, acrecentado por una tentativa de abuso sexual. Se daba la circunstancia de que la policía tomó la foto tras una detención ilegal del sospechoso. Obviamente, cualquier semejanza entre la realidad de los hechos y la declarada en la sentencia podía ser pura coincidencia. No obstante, el Tribunal Supremo confirmó la condena, a mi modo de ver erróneamente, al entender que el recuerdo de la víctima era independiente de la mala praxis policial. La intrahistoria del caso es que otras dos víctimas habían denunciado a un hombre similar actuando en una zona turísticamente emblemática de Washington, por lo que en cuanto apareció en la investigación alguien de estas características —que pueden contarse a miles—, la

---

2960 384 U.S. 436 (1966).

2961 443 U.S. 31 (1979).

2962 445 U.S. 463 (1980).

2963 Diges, M. / Pérez-Mata, N., "La prueba de identificación", cit. p. 62

2964 Diges, M. / Pérez-Mata, N., "La prueba de identificación", cit. p. 50.

policía lo detuvo con un pretexto burdo y pudo organizar un escenario incriminatorio.

11. *Nix v. Williams (1984)*[2965]: había desaparecido una niña de 10 años. La policía conducía al sospechoso, que se había entregado voluntariamente, al lugar en el que 200 policías estaban rastreando el cuerpo, que era una zona de varios kilómetros en torno al lugar en el que aparecieron ropas de la niña. Durante el trayecto en el coche policial, el sospechoso, tras la persuasión de un agente, se autoincriminó de los hechos y, una vez en el lugar, condujo a la policía hasta el cadáver. El Tribunal Supremo sostuvo que el cadáver hubiera sido localizado inevitablemente y que, por tanto, esa declaración autoinculpatoria realizada ilegalmente por el reo no anulaba la prueba del cadáver. Sin embargo, entiendo que fue erróneo el uso de la excepción del descubrimiento inevitable en este caso. Es casi imposible que la policía hubiera encontrado el cadáver por sí sola porque el área de búsqueda era amplísima. Como vestigios iniciales sólo existía el testimonio de un niño de 14 años que dijo haber ayudado a Williams a abrir su coche, en el cual colocó un bulto envuelto en una colcha militar del que pudo ver que sobresalían dos piernas delgadas y blancas. La colcha y ropas de la niña fueron encontradas a 130 km del lugar del secuestro y la niña 120 km aún más lejos. La condena debía ser confirmada, ciertamente, pero no con la argumentación del Tribunal Supremo, sino porque la realidad era notoria: nadie sino el autor del hecho podía localizar con esa precisión el cadáver, en el que además aparecieron vestigios que también involucraban a Nix.

12. *New York v. Quarles (1984)*[2966]: Una mujer alertó a una patrulla de policía que acababa de ser violada por un hombre armado que estaba en un supermercado cercano. Un agente localizó al hombre en el supermercado, lo esposó y al localizarle una cartuchera vacía, le preguntó dónde estaba el arma, señalando el detenido el lugar. Seguidamente le leyó sus derechos. No se encontraron pruebas de la violación, por lo que el hombre fue condenado por posesión ilegal de armas. El Tribunal Supremo confirmó la condena al no considerar relevante esa ausencia de lectura de derechos por la urgencia derivada de la necesidad de localización del arma, en aras de la se-

---

2965 467 U.S. 431 (1984).

2966 467 U.S. 649 (1984).

guridad pública —afirma el tribunal que un cómplice o un cliente o un trabajador del supermercado pudiera haber cogido el arma—, habiendo actuado el agente, por tanto, de buena fe. Visto con frialdad, todo el caso parece una farsa monumental. No se consigue demostrar la violación y en una situación en la que el peligro probablemente no era tan grande —el sospechoso se hallaba comprando tranquilamente en un supermercado después de cometer una supuesta violación—, se prescinde de los derechos del detenido. La historia más bien apunta a una voluntad policial de condena del reo derivada de la frustración de no poder demostrar la violación.

13. *US v. Leon (1984)*[2967]: la policía había obtenido vestigios de delito de tráfico de drogas bajo la cobertura de una autorización judicial manifiestamente expansiva e inmotivada. El Tribunal Supremo mantuvo que el policía hizo su trabajo de buena fe confiando en la legalidad de la orden judicial, pero lo cierto es que la vulneración judicial de derechos amparaba una actuación policial indiscriminada e incontrolable, que separaba al proceso de la realidad. Lo interesante de este caso es que bajo la perspectiva del efecto disuasorio —el analizado por el Tribunal Supremo—, la condena no podía ser anulada. En cambio, con la teoría del alejamiento de la realidad, la condena debió ser obviamente revocada.

14. *US v. Patane (2004)*[2968]: Patane aparentemente había estado acosando a su exnovia, pese a tener una orden de alejamiento. Un agente de policía se personó en su casa, lo detuvo por violar la orden de alejamiento, le informó de su derecho a guardar silencio pero no continuó con la lectura de derechos al decir el reo que ya los conocía. Tras ello, el policía, que tenía una información oficial previa al respecto, preguntó al detenido si tenía una Glock —un tipo de pistola—, a lo que el sospechoso respondió voluntariamente que estaba en posesión ilegal de ese arma, identificando su localización. En consecuencia, Patane fue condenado por esa posesión ilegal. El Tribunal Supremo no consideró relevante que no se le informara de sus derechos toda vez que su declaración fue voluntaria. En cambio, todo apunta a que el agente, ante las posiblemente escasas pruebas del acoso, intentó buscar una excusa para incriminar a Patane a través de algo muy frecuente en EEUU: la posesión de un

---

[2967] 468 U.S. 897 (1984).

[2968] 542 U.S. 630 (2004).

arma, con la posible finalidad indirecta de que cesara el acoso a la exnovia. El agente, en el marco de esta detención casi clandestina, pudo hacer lo que quisiera. La condena debió haber sido anulada.

15. *Hudson v. Michigan (2006)*[2969]: este caso fue descrito antes, consistente en que la policía, actuando con una orden judicial de registro, no respetó la *knock-and-announce rule*, existente para proteger la intimidad y dignidad de las personas[2970]. Aunque esta regla tiene excepciones —riesgo de violencia inminente o de destrucción de pruebas o irrelevancia de la espera[2971]—, en este caso el Tribunal Supremo no apreció dichas excepciones ni tuvo la regla como relevante por los "costes sociales sustanciales" que tendría aplicarla. El supuesto es complejo, dado que la *knock-and-announce rule* es algo anticuada y, en cierta medida, ilógica y difícilmente operativa, como se dijo en la vista ante el Tribunal Supremo, ante el riesgo que corre el agente de ser disparado, lo que le había ocurrido anteriormente justo al policía actuante en ese caso[2972]. Sin embargo, existiendo esta garantía, debe ser respetada y solamente se puede pasar por alto si, como se está analizando, la realidad descubierta es notoria. Ese podría haber sido el caso si en el registro se hubieran descubierto, según sostiene la sentencia, "grandes cantidades de droga", así como un arma. Pero por el contrario, esas cantidades eran en realidad bastante pequeñas —sólo 20 piedras de crack entre siete personas, de las que cinco fueron halladas en los pantalones de Hudson[2973]—,

---

2969 547 U.S. 586 (2006). Sobre este asunto vid. *Tomkovicz, J. J.*, "Hudson v. Michigan and the Future of Fourth Amendment Exclusion", *Iowa Law Review, 93, 2008, pp. 1819. Alschuler, A., "The Exclusionary Rule and Causation: Hudson v. Michigan and Its Ancestors", Iowa Law Review, 93, 2007-2008, pp. 1741 y ss. Davies, S. L. / Scanlon, A. B., "Katz in the Age of Hudson v. Michigan: Some Thoughts on "Suppression as a Last Resort"", University of California, Davis Law Review, vol. 41, 2008, pp. 1035 y ss.*

2970 "*... the knock-and-announce rule protects those elements of privacy and dignity that can be destroyed by a sudden entrance. It gives residents the "opportunity to prepare themselves for" the entry of the police.*"

2971 "*We recognized that the new constitutional rule we had announced is not easily applied. Wilson and cases following it have noted the many situations in which it is not necessary to knock and announce. It is not necessary when "circumstances presen[t] a threat of physical violence," or if there is "reason to believe that evidence would likely be destroyed if advance notice were given," id., at 936, or if knocking and announcing would be "futile," Richards v. Wisconsin, 520 U. S. 385, 394 (1997).*"

2972 Acta de la vista ante el Tribunal Supremo de 9 de enero de 2006, en: https://www.supremecourt.gov/oral_arguments/argument_transcripts/04-1360.pdf

2973 Moran, David A., "The End of the Exclusionary Rule, Among Other Things: The Roberts Court Takes on the Fourth Amendment", *Cato Supreme Court Review*, 2005-2006,

de manera que no puede descartarse una introducción ilegítima de la policía. Por ello, la condena debiera haber sido revocada, resultando peligrosísima esa excusa para el cumplimiento de los derechos fundamentales derivada de los "costes sociales sustanciales", que amenaza con ser expansiva.

16. *Herring v. US (2009)*[2974]: un agente de policía quería detener con una mera hipótesis intuitiva a Herring, quien era un sospechoso habitual. Dicho agente contactó con sus compañeros para comprobar si existía alguna orden de detención contra él para poder arrestarle por algún motivo, localizando finalmente una orden por un delito no especificado. El sospechoso fue detenido, localizándosele una pequeña cantidad de metanfetamina y un arma. Sin embargo, esa orden de detención había sido anulada hacía cinco meses, lo que aparentemente era desconocido para los policías actuantes, anulación que fue descubierta entre 10 y 15 minutos después de la detención. El Tribunal Supremo mantuvo la condena, pero las altísimas posibilidades de manipulación de la realidad debieron haber conducido a su revocación.

17. *Utah v. Strieff (2016)*[2975]: Igual que en el caso anterior, un agente quería detener a una persona (Strieff) que le pareció sospechosa sin poder fundamentarlo más allá de su propia intuición, así como por el hecho de que le había visto salir de una casa que hacía una semana que estaba vigilando como consecuencia de una denuncia anónima de tráfico de drogas. El agente dio el alto a Strieff y le preguntó por su identidad, contactando acto seguido con la central para comprobar si había una orden de detención sobre el sospechoso, apareciendo una por un delito de impago de un ticket de parking. Hay que aclarar que este tipo de órdenes son muy frecuentes, sobre todo por el impago de multas de tráfico. El agente procedió entonces a la detención, interviniéndole algunas pequeñas cantidades de estupefacientes durante el cacheo. La evidente desconexión entre el delito de la orden de detención y el ilícito sospechado por el policía —tráfico de drogas— evidencian a mi juicio una posibilidad enorme de falseamiento de la realidad, al margen de la mala fe policial: Todo apunta a que el agente sólo buscaba una excusa para

---

p. 297.

2974 555 *U.S.* 135 (2009).

2975 579 U.S. _, 136 S. Ct. 2056 (2016).

detener a un ciudadano. Sin embargo, el Tribunal Supremo revocó la sentencia del Tribunal Supremo de Utah y aceptó la prueba que este tribunal había excluído, es decir, el hallazgo del estupefaciente. Pero como puede deducirse fácilmente, la prueba debió haber sido rechazada.

Al margen de que se observa una clara tendencia jurisprudencial muy restrictiva de los derechos fundamentales[2976] después del polémico caso Miranda v. Arizona, se demuestra con todo lo anterior que la violación de un derecho fundamental es, en primer lugar, absolutamente innecesaria para realizar una correcta investigación. Pero lo que resulta más alarmante es que analizando la pequeña historia de todos estos casos, se confirma a las claras que existen muchas veces rastros evidentes de manipulación policial de la realidad, lo que ratifica la conclusión que antes se expuso: la vulneración de derecho fundamental constituye un indicio evidente de alteración de la realidad, salvo que dicha realidad sea notoria, como ocurrió en el caso Nix c. Williams[2977]. Por ello, desde este punto de vista, la prueba vulneradora de derechos fundamentales, con la sola excepción referida, debe ser anulada sin contemplaciones, pero no para perseguir un efecto disuasorio, sino porque la prueba tenía grandes posibilidades de ser falsa, lo cual es contrario tanto al derecho de defensa como a la presunción de inocencia.

7. LA SANCIÓN AL POLICÍA INFRACTOR

La vulneración de un derecho fundamental no es un hecho irrelevante, sino que es la mayor agresión existente al ordenamiento jurídico, puesto que la protección de derechos fundamentales es la parte más importante del mismo. Además, se debe suponer en la policía un perfecto conocimiento de dichos derechos, puesto que trabajando los agentes con una materia tan sensible, deben tener una formación de excelencia, no solamente en el contenido esencial de los derechos, sino también en los procedimientos de investigación para conseguir siempre una actuación netamente depurada.

Para ello es imprescindible una instrucción precisa en el conocimiento del doble requisito de validez de las actuaciones policiales, que ya fue

---

2976 Sobre todo bajo la influencia de Warren Burger. Vid. Hensley, *The Rehnquist Court*, cit. pp. 161 y ss.

2977 467 U.S. 431 (1984).

explicado anteriormente, así como en argumentación fáctica, es decir, en epistemología, a fin de que el policía no solamente aprenda a justificar debidamente y por escrito sus sospechas, sino para que sepa con facilidad cuándo se halla ante una hipótesis que puede fundamentar y cuándo ante una simple intuición que, por mucha convicción íntima que le otorgue, no va a ser capaz de motivar. En este sentido, la regla es sencilla: la sospecha que la policía pueda motivar debidamente legitimará a los agentes para la realización de actuaciones restrictivas de derechos fundamentales. Si su hipótesis no pasa de una mera intuición o sensación, la policía deberá seguir investigando a través de mecanismos que no provoquen lesión relevante alguna de derechos. Y si tras esa investigación no se encuentra nada, deberá abandonarse esa línea de investigación.

Y es que éste último es el momento más peligroso. El policía, frustrado por el fracaso de sus esfuerzos investigadores, puede sentir la tentación de traspasar los límites llevado por un exceso de celo o voluntad de eficacia que puede estar incluso movido frecuentemente por la buena fe. Sin embargo, el agente debe ser consciente de su posición en el ordenamiento jurídico, sobre la cual también hay que instruirle: el policía debe saber que no es el protagonista del proceso penal, sino que sólo es un mero —aunque obviamente muy relevante— colaborador de fiscales y jueces. Pues bien, sólo a estos últimos corresponde determinar una acusación y una condena respectivamente, y no al agente de policía. La policía no debe hacer juicios de valor en este sentido —mucho menos ante la prensa—, sino solamente presentar el resultado de sus investigaciones a los órganos citados. Y jueces y fiscales no deben asumir sin más las investigaciones policiales, porque de lo contrario es la policía —y no el fiscal y el juez respectivamente— quien acaba acusando y condenando. Fiscales y jueces tienen que comprobar las hipótesis policiales, la licitud de los vestigios hallados y practicar actividad investigadora y probatoria a fin de confirmar o descartar las conclusiones policiales.

Finalmente, visto que la anulación de las investigaciones no opera como eficaz efecto disuasorio, hay que pensar en otras medidas para conseguir una buena praxis policial. Al margen de la formación de los cuerpos, en la que siempre hay que insistir, estimo que en los casos más graves —detenciones ilegales y registros injustificados—, el policía debe ser apartado del cuerpo. Un agente que vulnera los derechos fundamentales que está llamado a defender, no merece formar parte de la institución policial. Obviamente habrá que establecer gradaciones en la sanción en función de su gravedad, pero estas sí deben ser —y serán— claramente disuasorias.

De ese modo, un policía solamente podrá realizar una diligencia restrictiva de derechos fundamentales cuando esté en plena consciencia de hallarse ante una sospecha fundamentada. Siempre deberá requerir una orden judicial —que debe emitirse con extraordinaria celeridad—, y sólo cuando la urgencia del caso no lo permita, urgencia que deberá justificar debidamente, podrá actuar de propia autoridad. De lo contrario habrá que requerir el consentimiento del sujeto pasivo, que debe constar de manera inequívoca, para lo que debe dotarse a la policía de los medios tecnológicos que permitan acreditar esa realidad.

Si no existen la urgencia ni el consentimiento, el policía nuevamente deberá ser sancionado, aunque esta sanción no habría de ser tan severa si concurre la sospecha fundamentada. Las situaciones de urgencia no son fácilmente valorables en muchas ocasiones por razones operativas, estando implicada sobre todo la seguridad del agente o la eficacia de la actuación policial. Tampoco es fácil la apreciación del consentimiento en ocasiones de sospechosos que no hablan la lengua oficial, o bien que simplemente prestan un consentimiento implícito viciado, acuciados por la presencia policial. Es preciso observar cada caso concreto con los parámetros ya ofrecidos.

Lo que no es excusable, en conclusión, es la existencia de una sospecha fundamentada. No es solamente el respeto por los derechos fundamentales lo que está en juego, sino la propia eficiencia de la labor policial, que aunque parezca lo contrario a veces, se pierde cuando se siguen hipótesis falsas o se empeña el agente en una línea de investigación que no da frutos, apareciendo en ese momento el impulso de querer encontrar el vestigio como sea. Ese es justamente el peligro que debe evitarse[2978].

[2978] Este artículo está dedicado a los alumnos de la primera edición (2017) del Master de Razonamiento Probatorio de la Universitat de Girona.

EL ORIGEN INGLÉS DE LA CASACIÓN FRANCESA

Publicado en Revista Italoespañola de Derecho Procesal 1-2020, pp. 1-18, en lengua portuguesa en Revista de Processo, n. 311, Janeiro 2021, pp. 335-351, en lengua italiana en Rivista Trimestrale di Diritto e Procedura Civile, 2, 2022, pp. 475-496, en lengua inglesa en Civil Justice Quarterly, (2022) 41, pp. 31-44 y en lengua francesa en Révue Internationale de Droit Comparé, 1-2023.

1. INTRODUCCIÓN

Es habitual despreciar las hipótesis de Derecho inglés cuando se investiga el origen de las instituciones procesales. Se parte de la base de que el Derecho de los británicos es muy distinto, que se habría separado hacia el siglo XIII del Derecho romano con el *Common Law* y simplemente se deja de lado el estudio. Es posible que en ello tenga una influencia notable que hasta hace relativamente pocas décadas, los autores de la Europa continental no dominaban la lengua inglesa, sino más bien la francesa, y algunos pocos la alemana. Aunque tampoco hay que descartar, al menos desde Blackstone[2979], que tenga un peso relevante el voluntario alejamiento de los autores ingleses del Derecho romano para reivindicar sobre todo la enseñanza del Derecho nacional. El excesivo peso que se daba al Derecho romano en detrimento del Derecho estatal en los planes de estudio de las Universidades no era un problema solamente inglés, ni mucho menos[2980]. Pero en ese país tuvo especial repercusión para el futuro.

Con todo, no puede ignorarse el contacto mutuo que necesariamente tuvieron los juristas franceses e ingleses. No sólo era un factor de proximidad geográfica, sino que la lengua normanda —o *law french* u *old norman french*— fue comunmente usada en los tribunales ingleses hasta el siglo XVII y definitivamente abolida en 1731[2981]. Junto con el inglés, ese dialecto

---

2979 Vid. el contundente alegato de Blackstone, W., *Commentaries on the Laws of England*, Lib. I, London 1768, pp. 3 y ss, en este sentido.

2980 Vid. Cachón Cadenas, M. “Apuntes históricos sobre la enseñanza del Derecho procesal en la Universidad española”, en AAVV, *El aprendizaje del Derecho procesal*, Barcelona 2011, pp. 25 y ss.

2981 Erskine May, T., *A Treatise upon the Law, Privileges, Proceedings and Usage of Parliament*, London 1844, p. 294.

del francés era hasta hace no tanto lengua oficial en el parlamento británico[2982] y aún se utiliza en algunos actos formales[2983]. De hecho el francés era asimismo la lengua culta en la Inglaterra de los siglos XVII y XVIII, momentos trascendentales en los que nos fijaremos especialmente en este trabajo. Consta que dos abogados ingleses —Erskine y Bond— asistieron a uno de los más importantes debates de la asamblea nacional francesa sobre la casación el 12 de agosto de 1790[2984], y no tenía sentido que lo hicieran si no entendían la lengua francesa. Por otro lado, como en parte veremos, las referencias al Derecho inglés —y estadounidense— durante aquellos debates parlamentarios fueron destacables[2985]. No por casualidad la obra de Blackstone se había traducido al francés en 1774[2986], no pocos años antes de la Revolución.

Además, la relación entre los juristas franceses y los ingleses existió efectivamente. Al menos dos miembros del *Comité de Constitution* formado el 7 de julio de 1789 tenían profundos conocimientos del *Common Law.* Se trataba de Jean-Joseph Mounier[2987] y de Jean-Nicolas Démeunier[2988]. Y es factible que este hecho haya tenido una mayor repercusión que la que puede adivinarse, o se reconoce, en el Derecho surgido de la Ilustración y la Revolución Francesa. La propia división de poderes se basa en las ideas

---

2982 Hubo un intento en 1706 de derogar su uso oficial, pero fracasó en el parlamento. Vid. Erskine May, *A Treatise upon the Law, Privileges, Proceedings and Usage of Parliament,* cit. p. 294.

2983 https://www.parliament.uk/site-information/glossary/norman-french/ La referencia de los debates de esos años puede hallarse en https://www.persee.fr/collection/arcpa

2984 Archives Parlementaires de 1787 à 1860 —Première série (1787-1799) Tome XVII— Du 9 juillet au 12 aout 1790. Paris, Librairie Administrative P. Dupont, 1883, p. 737. https://archive.org/details/archivesparlemen17pariuoft/page/736

2985 Archives Parlementaires de 1787 à 1860 —Première série (1787-1799) Tome XX— Du 23 octobre au 26 novembre 1790. Paris: Librairie Administrative P. Dupont, 1885, pp. 29 y 31, intervención de Jean-Sifrein (o Siffrein) Maury de 25 de octubre de 1790, citando incluso a Blackstone.

2986 Blackstone, *Commentaires sur les loix angloises,* traduits de l'Anglois par Auguste-Pierre Damiens de Gomicourt sur la quatrieme edition d'Oxford, Bruselas 1774.

2987 Es interesantísima la lectura de su memoria de 12 de agosto de 1789, llena de referencias al Derecho estadounidense y al Derecho inglés. "Mémoire de M. Mounier, sur les gouvernements et principalement sur celui qui convient à la France, lors de la séance du 12 aout 1789". Archives Parlementaires de 1787 à 1860 —Première série (1787-1799) Tome VIII— Du 5 mai au 15 septembre 1789. Paris, Librairie Administrative P. Dupont, 1875, pp. 407 y ss.

2988 Demeunier, J-N., *L'Amerique indépendante, ou les différentes constitutions des treize provinces qui se sont érigées en républiques sour le nom d'États-Unis de l'Amérique,* Paris 1790.

de Locke[2989]. El mismo sistema de libre valoración de la prueba —la *intime conviction*— está inspirado por el jurado inglés[2990]. Y el jurado que quiso introducirse en la Francia revolucionaria[2991] era el mismo que el inglés, el de la *Carta Magna Libertatum*[2992].

Esos orígenes, no siempre reconocidos expresamente pero sí barruntados en ocasiones, no se han considerado realmente con respecto al *pourvoi en cassation*. Como se ha dicho muy reiteradamente, no existe duda alguna en la doctrina de que la casación fue una novedad casi total a finales del siglo XVIII, reafirmándose en general que fue un producto netamente francés. La pregunta que se va a formular e intentar resolver en este trabajo es muy simple: ¿es posible que la casación tenga, en realidad, un oculto origen inglés?

2. ALGUNOS ERRORES DEL ESTUDIO HISTÓRICO DE CALAMANDREI

El autor del estudio histórico más completo que se ha hecho sobre la casación es sin duda Piero Calamandrei[2993]. El tomo I de su magna obra, aunque concluye de un modo un tanto desilusionado[2994] al reconocer no haber encontrado precedentes del instituto ni en la historia del Derecho ni en el Derecho comparado[2995], en el fondo le supuso al autor una victoria doctrinal, dado que leyendo su obra da la sensación de que aquel joven pro-

---

2989 Locke, J., *Two treatises on government*, London 1821, §.241.

2990 Blackstone, W., *Commentaries on the Laws of England*, Lib. III, London 1794, cap. 23, pp. 373-374.

2991 Art. 9 de la Constitución francesa de 1791.- *En matière criminelle, nul citoyen ne peut être jugé que sur une accusation reçue par des jurés, ou décrétée par le Corps législatif, dans les cas où il lui appartient de poursuivre l'accusation.- Après l'accusation admise, le fait sera reconnu et déclaré par des jurés.- L'accusé aura la faculté d'en récuser jusqu'à vingt, sans donner des motifs.- Les jurés qui déclareront le fait, ne pourront être au-dessous du nombre de douze.- L'application de la loi sera faite par des juges.- L'instruction sera publique, et l'on ne pourra refuser aux accusés le secours d'un conseil.- Tout homme acquitté par un juré légal, ne peut plus être repris ni accusé à raison du même fait.*

2992 *39. No freeman shall be taken or imprisoned or disseised or exiled or in any way destroyed, nor will we go upon him nor send upon him, except by the lawful judgment of his peers or by the law of the land.*

2993 Calamandrei, P., *La Cassazione civile*, Vol I y II, Milano 1920, en: "Piero Calamandrei, Opere Giuridiche, Vol. VI y VII.", Napoli 1976.

2994 Calamandrei, *La Cassazione civile*, Vol I, p. 701.

2995 Calamandrei, *La Cassazione civile*, Vol I, pp. 693 y ss.

fesor de treinta años[2996] quiso ver en la casación un producto original de la teoría de la división de poderes, que habría llevado a los juristas franceses a crear una especie de clave de bóveda del sistema jurídico para la protección del producto más preciado de la Revolución: la ley, como expresión de la voluntad popular a través de la Asamblea. Es también la versión más repetida en los debates en la Asamblea Nacional francesa, de los que Calamandrei tomó con seguridad su inspiración. El Tribunal de casación no conocería del fondo de los asuntos[2997]. Sería un único tribunal[2998], guardián supremo de la ley, nexo común de todos los tribunales de apelación[2999], proveniente formalmente —no en el fondo[3000]— del *Conseil des parties* del Antiguo Régimen, situado en —o al lado de[3001]— el poder legislativo[3002], abriendo una vía extraordinaria[3003], diferente de la apelación —sólo sería motivo de casación la violación directa de la ley, y no la mala aplicación a

---

2996 Que eran los que tenía aproximadamente a la publicación de su obra en 1920.

2997 Archives Parlementaires de 1787 à 1860 —Première série (1789-1800) Tome XV— Du 21 avril au 30 mai 1790. Paris: Librairie Administrative P. Dupont, 1883, p. 432. Intervención de D'ANDRÉ (Antoine-Balthasar-Joseph d'André) el 8 de mayo de 1790. También Archives Parlementaires de 1787 à 1860 —Première série (1787-1799) Tome XVII— Du 9 juillet au 12 aout 1790. Paris, Librairie Administrative P. Dupont, 1883, p. 737, intervención de Jacques-Guillaume Thouret informando sobre esta idea como vencedora en el proyecto.

2998 Archives Parlementaires de 1787 à 1860 —Première série (1789-1800) Tome XV— Du 21 avril au 30 mai 1790. Paris: Librairie Administrative P. Dupont, 1883, p. 432. Intervención de D'ANDRÉ (Antoine-Balthasar-Joseph d'André) el 8 de mayo de 1790.

2999 Archives Parlementaires de 1787 à 1860 —Première série (1789-1800) Tome XV— Du 21 avril au 30 mai 1790. Paris: Librairie Administrative P. Dupont, 1883, p. 666. Intervención de Merlin (Philippe-Antoine Merlin, o Merlin de Douai) el 24 de mayo de 1790.

3000 Calamandrei, *La Cassazione civile*, Vol I, pp. 365 y 372.

3001 Archives Parlementaires de 1787 à 1860 —Première série (1787-1799) Tome XVII— Du 9 juillet au 12 aout 1790. Paris, Librairie Administrative P. Dupont, 1883, p. 740-741, intervención de Louis-Pierre-Joseph Prugnon de 12 de agosto de 1790.

3002 Archives Parlementaires de 1787 à 1860 —Première série (1789-1800) Tome XV— Du 21 avril au 30 mai 1790. Paris: Librairie Administrative P. Dupont, 1883, p. 672, intervención de Bertrand Barère o Barère de Vieuzac de 25 de mayo de 1790 en tono crítico, pero confirmando que esa era la intención del proyecto. También Archives Parlementaires de 1787 à 1860 —Première série (1787-1799) Tome XX— Du 23 octobre au 26 novembre 1790. Paris: Librairie Administrative P. Dupont, 1885, p. 336, intervención de Robespierre de 9 de noviembre de 1790.

3003 Archives Parlementaires de 1787 à 1860 —Première série (1787-1799) Tome XVII— Du 9 juillet au 12 aout 1790. Paris, Librairie Administrative P. Dupont, 1883, p. 740-741, intervención de Louis-Pierre-Joseph Prugnon de 12 de agosto de 1790.

hechos controvertidos[3004]—, y con la finalidad de mantener una doctrina uniforme[3005], no en interés de los particulares solamente, sino en el interés público de la ley[3006]. Ciertamente, un producto del todo original, al menos a primera vista, y así quedó reflejado aparentemente en los Decretos de su creación de 27 de noviembre y 1 de diciembre de 1790[3007].

Taruffo[3008] ya advirtió que en ocasiones la exposición de Calamandrei estaba sesgada u orientada inductivamente a una conclusión, refiriéndose a la historia de la casación, apartándose de lo que se alejaba de los antecedentes que sustentaban su conclusión. Para lo que ahora nos ocupa, añado yo que probablemente el apasionamiento del profesor le hizo dejar de lado hipótesis que aunque consideró de manera expresa, de haberlas analizado con mayor detenimiento o tal vez con menor rechazo mental, quizás no hubieran alterado el producto final de sus investigaciones, aunque le hubieran quitado el lustre de la originalidad a la obra de los revolucionarios franceses. Y es que Calamandrei ofrece algunos datos muy interesantes que, pese a que el autor pretende expresamente apartar al lector de los mismos, no se pueden pasar por alto porque me temo que son sumamente reveladores.

En primer lugar, el autor no encuentra nada parecido al *Tribunal de cassation*[3009] fuera de Francia, con la única excepción de la *Supreme Court* estadounidense con el control de la constitucionalidad de las leyes[3010]. Sin embargo, ese control no estaba vigente a la fecha de los debates en la Asamblea francesa, sino que arranca en 1803 con el caso *Marbury v. Madi-*

3004 Esclarecedora explicación de Isaac-René-Guy Le Chapelier en Archives Parlementaires de 1787 à 1860 —Première série (1787-1799) Tome XX— Du 23 octobre au 26 novembre 1790. Paris: Librairie Administrative P. Dupont, 1885, p. 351, 10 de noviembre de 1790.

3005 Archives Parlementaires de 1787 à 1860 —Première série (1789-1800) Tome XV— Du 21 avril au 30 mai 1790. Paris: Librairie Administrative P. Dupont, 1883, p. 673, intervención de Stanislas Marie Adélaïde, comte de Clermont-Tonnerre de 25 de mayo de 1790.

3006 Archives Parlementaires de 1787 à 1860 —Première série (1787-1799) Tome XVII— Du 9 juillet au 12 aout 1790. Paris, Librairie Administrative P. Dupont, 1883, p. 737, intervención de Jacques-Guillaume Thouret de 12 de agosto de 1790.

3007 Archives Parlementaires de 1787 à 1860 —Première série (1787-1799) Tome XXI— Du 26 novembre 1790 au 2 janvier 1791. Paris: Librairie Administrative P. Dupont, 1885, 27-11-1790 pp. 38 y ss.

3008 Taruffo, M., *El vértice ambiguo,* trad. de la ed. de Bologna de 1991, Lima 2005, pp. 67 y ss.

3009 Sobre este órgano, Halperin, J-L., *Le Tribunal de Cassation et ses pouvoirs,* Paris 1987.

3010 Calamandrei, *La Cassazione civile,* Vol I, pp. 625-626.

son[3011], es decir, 13 años después de la ley institutiva de la casación francesa. Por consiguiente, difícilmente pudo servir de inspiración a la *Assemblée*. Pero pese a ello, Calamandrei pudo haber tirado de ese hilo para dibujar un posible origen anglosajón, mas no lo hizo, sino que simplemente lo contempla como una rareza que deja de lado sin más, lo que no deja de resultar llamativo.

En segundo lugar, no encuentra el maestro ningún ejemplo anterior a la *Cour de cassation* de un órgano al que se pudiese recurrir solamente por *error in iudicando* para resolver la cuestión de derecho[3012], pese a reconocer que la separación entre cuestión de hecho y de derecho es algo típicamente inglés que se extiende en todos los niveles de su jurisdicción como consecuencia del jurado[3013]. Sin embargo, como veremos a continuación, existe un paralelismo evidente entre la labor del *Tribunal de cassation* y la misión de la *House of Lords* inglesa que Calamandrei niega[3014]. A esta última normalmente sólo se puede acudir por un error en un *point of law*, lo que es algo más que un indicio, insólito por otra parte, porque pocas veces se encuentra semejante precisión en la coincidencia en un posible antecedente histórico. Pero Calamandrei, intentando explicar esta coincidencia[3015], se aleja de nuevo de esta hipótesis anglosajona por considerar que esta realidad, a diferencia del *Tribunal de cassation*, no deriva de limitaciones de la competencia de la *House of Lords*, sino más bien de la conformación de los medios de impugnación en el Derecho inglés[3016] y, en realidad, de todo el sistema de jurado que obliga a esa separación entre hecho y derecho.

Calamandrei, en definitiva, prescinde del ejemplo inglés por otras diversas razones, aunque la principal es que la misión del órgano no tendría que ver con la del *Tribunal de Cassation*. La labor de este último era anular las sentencias discrepantes con la ley, creando de ese modo un ejemplo de preservación del ordenamiento jurídico —la nomofilaxis— a través de la jurisprudencia. Esa labor, siempre según Calamandrei, no era posible encontrarla en la *House of Lords* inglesa, que sería poco más que un órgano de apelación eminentemente judicial.

3011 5 U.S. 137, 1803.

3012 Calamandrei, *La Cassazione civile*, Vol I, p. 618.

3013 Calamandrei, *La Cassazione civile*, Vol I, pp. 618-619.

3014 Al concebir que la House of Lords tenía una misión netamente jurisdiccional, de última instancia, sin vocación general. Vid. Calamandrei, *La Cassazione civile*, Vol I, p. 623.

3015 Calamandrei, *La Cassazione civile*, Vol I, p. 622.

3016 Calamandrei, *La Cassazione civile*, Vol I, pp. 622-623.

Sin embargo, la explicación de Calamandrei sufre de algunos errores. En primer lugar explicita como una de las diferencias principales con el sistema inglés que el mismo conozca el sistema de los precedentes (el *stare decisis*)[3017], inexistente en Francia. Sin embargo, hoy sabemos que ese sistema es muy posterior a la Revolución Francesa, y surge en Inglaterra en la propia jurisprudencia de la *House of Lords* a finales del siglo XIX[3018]. Quiero decir con ello que no existía en la época del nacimiento del *pourvoi en cassation*. Con todo, es curioso que el autor rechace considerar este sistema de precedentes vinculantes, porque constituyen un diáfano vestigio de eficacia normativa de la jurisprudencia que acerca a las sentencias de la *House of Lords* al *ius constitutionis*. Pero probablemente el empeño en alejarse del modelo inglés le impidió considerar el paralelismo.

No obstante, es todavía más sorprendente que deje de lado evidentes analogías entre la casación y el *appeal* ante la *House of Lords*, algunas de las cuales llega a citar expresamente. Aparte de la del recurso restringido al *point of law*, existe otra también muy reveladora por su carácter nuevamente insólito. Me estoy refiriendo a la posibilidad de la *House of Lords* de acoger el recurso dictando nueva sentencia, o bien de reenviar el asunto a la instancia anterior para que dicte nueva sentencia.

Este reenvío, que constituyó objeto de mención especial en los debates de la Asamblea[3019], habría tenido por origen el procedimiento de la *cassation* ante el *Conseil des Parties*, en el que también se reenviaba, según cuenta Calamandrei[3020]. Sin embargo, el autor se basa para afirmarlo sobre todo en un escrito de 1767 de Pierre Gilbert de Voisins[3021] que, como veremos después, más parece recomendar al rey lo que debería ser la casación que no describir lo que la casación era entonces. De hecho, el propio Gilbert

---

3017 Calamandrei, *La Cassazione civile*, Vol I, pp. 619-620.

3018 Es imprescindible leer con detenimiento sobre este particular a Duxbury, *The nature and authority of precedent*, Cambridge 2008, pp. 31 y ss. Vid. También Ross, R. / Harris, J. W., *El precedente en el Derecho inglés*, pp. 123 y ss. Baker, J. H., *An Introduction to English Legal History*, Oxford 2007, pp. 199 y ss y, aún con algunos pocos contrastes con lo ya indicado, Passanante, L., *Il precedente impossibile*, Torino 2018, pp. 191 y ss.

3019 Archives Parlementaires de 1787 à 1860 —Première série (1789-1800) Tome XV— Du 21 avril au 30 mai 1790. Paris: Librairie Administrative P. Dupont, 1883, p. 673, intervención de Stanislas Marie Adélaïde, comte de Clermont-Tonnerre de 25 de mayo de 1790.

3020 Calamandrei, *La Cassazione civile*, Vol I, p. 341.

3021 Antoine, M., "*Le mémoire de Gilbert de Voisins sur les cassations. un épisode des querelles entre Louis XV et les parlements (1767)*", *Revue historique de droit français et étranger* (1922-), Quatrième série, Vol. 35 (1958), pp. 1-33. La memoria está reproducida en dicho artículo.

de Voisins parece nuevamente inspirado en el Derecho inglés, dado que sospechosamente realiza su trabajo apenas un año después de la publicación de la primera edición de la obra de Blackstone (1765). Y es que el hecho cierto es que la extraña figura del reenvío no se encuentra en otros ordenamientos de la época[3022] que no sean el inglés. De hecho, como reconoce el propio Calamandrei, no se puede teorizar realmente sobre la labor del *Conseil des parties* en casación, dado que incurría en frecuentes contradicciones e ilogicidades propias del poder absoluto del soberano y decidía con frecuencia sobre el fondo de los asuntos[3023]. Es bastante factible que precisamente por eso Gilbert de Voisins escribiera lo que escribió.

También fueron muy llamativas, y extensas, las discusiones en la Asamblea sobre la colocación del *Tribunal de Cassation* en los poderes del Estado, habiendo quedado situado, muy curiosamente, *auprès du corps législatif.* Y aunque la lectura de los debates parlamentarios ilustra muy claramente que la voluntad de los miembros de la Asamblea fue respetar con ello la división de poderes, destinando al garante de la ley al poder legislativo, lo cierto es que más allá de eso se da otra extraordinaria coincidencia: la *House of Lords* también es un órgano del poder legislativo, pese a su origen y división de funciones, que luego se examinarán. En todo caso, todo ello hace sospechar que en el origen de los debates pudo tener alguna influencia esta proteica posición de la *House of Lords* en el ordenamiento, posición que, por cierto, también había llamado la atención de Montesquieu al describir el sistema inglés y ver que era, precisamente, una parte del poder legislativo la autoridad suprema que, constituída como tribunal, se encargaba de moderar la ley en favor de la misma ley, reveladoras palabras, por cierto[3024].

Nuevamente todo ello se ve confirmado por un pasaje de uno de los juristas más citados e influyentes de aquella Asamblea: Philippe-Antoine Merlin, también llamado Merlin de Douai. En una importante intervención, no es que estableciera un paralelismo entre la *House of Lords* y el *Tribunal de Cassation*, sino que directamente califica a la *House of Lords* como

---

3022 Tampoco realmente en el francés, al menos no de manera realmente institucionalizada, sino simplemente discrecional. Calamandrei, *La Cassazione civile*, Vol I, pp. 354-355.

3023 Calamandrei, *La Cassazione civile*, Vol I, p. 351.

3024 Montesquieu, op. cit. I, p. 301: "*C'est donc la partie du corps législatif, que nous venons de dire être, dans une autre occasion, un tribunal nécessaire, qui l'est encore dans celle-ci; c'est à son autorité suprême à modérer la loi en faveur de la loi même, en prononçant moins rigoureusement qu'elle.*"

Corte de casación. La contundencia del pasaje es tan fuerte que merece la pena reproducir el párrafo[3025]:

> *Les Anglais j'ose le dire, Messieurs, les Anglais vous ont donné là-dessus une grande leçon. Ces hommes qu'on nous a cités si souvent comme des maîtres en fait d'ordre judiciaire; ces hommes qui ont admis l'ambulance des juges ordinaires, ont senti la necessité de rendre sédentaires les juges de cassation. C'est à leur chambre-haute qu'ils ont attribué le pouvoir exclusif de casser les arrêts qui contreviennent aux lois du royaume et assurément, il serait difficile de leur persuader qu'ils eussent mieux fait, pour leur intérêt national, de confier ce pouvoir à un tribunal errant.*

Después de semejante discurso, muy poco queda que decir o incluso especular. Corresponde ahora acudir a las fuentes inglesas, a fin de comprobar las sospechas y, en definitiva, para confirmar o descartar que las conclusiones que tantas veces hemos repetido de Calamandrei eran, en cierta medida, erróneas. Calamandrei conocía este pasaje[3026], y lo cita un poco alterado aunque sin manipular en absoluto su contenido. Lo que sucedió es que simplemente no dio crédito a la afirmación de un jurista de la talla de Merlin, que cita en otros pasajes de su obra, pero que en este punto decide dejarlo incomprensiblemente de lado, despreciando el hecho de que fue uno de los principales legisladores de la norma. Y para ello se basa en una frase sacada del debate del mismo día, el 24 de mayo de 1790, pronunciada por Guillaume François Charles Goupil de Préfeln[3027] en la que este habría dicho que "*ce moyen* —la casación— *a manqué jusq'à présent à toutes les nations modernes*"[3028]. Sin embargo, leyendo el pasaje entero se hace evidente que la concepción de Goupil de Préfeln acerca de lo que tendría que ser la casación no era exactamente coincidente con lo que había dicho MERLIN, y que además la afirmación es claramente exagerada para resaltar la importancia de la protección de la legislación, pero no va más allá pese a su contundencia.

Es posible que el hiperbólico —y conocido— aserto de Robespierre sobre la sustitución de la jurisprudencia por la ley le influyera demasia-

---

3025 Archives Parlementaires de 1787 à 1860 —Première série (1789-1800) Tome XV— Du 21 avril au 30 mai 1790. Paris: Librairie Administrative P. Dupont, 1883, p. 666, 24 de mayo de 1790. https://archive.org/details/archivesparlemen15pariuoft/page/666/mode/2up

3026 Calamandrei, *La Cassazione civile,* Vol I, p. 393.

3027 Curiosamente acabó siendo juez del *Tribunal de Cassation* en 1800, un año antes de su muerte. Vid. Michaud, L-G., *Biographie universelle ancienne et moderne ou histoire, par ordre alphabétique de la vie publique et privée de tous les hommes…,* Paris 1816, t. XVII, p. 191.

3028 Op. cit. p. 668.

do[3029]. En todo caso, no es extraño que Calamandrei hubiera cometido estos errores. Al fin y al cabo, utiliza en su obra poquísima bibliografía inglesa[3030] y ninguna obra de la época en inglés, lo que quiere decir que no pudo consultar fuentes directas. Es desconocido qué hubiera sucedido de haber consultado esas fuentes. No es posible saber si hubiera prevalecido la voluntad de otorgar originalidad a la Asamblea francesa, o hubiera cedido finalmente dándole más relevancia, o al menos alguna relevancia, al antecedente inglés.

3. LA DESPRECIADA OPCIÓN DEL *COMMON LAW*

Una de las cosas que más me sorprendieron la primera vez que leí la *Cassazione civile* fue precisamente que la casación parecía haber nacido como un hongo en el bosque: de repente y prácticamente de la nada. Y además sin paralelismos claros en ninguna institución anterior, y desde luego no en Francia, como se encargaba de subrayar el propio Calamandrei.

En esa época, en Inglaterra se estaba empezando a desarrollar la doctrina del precedente, es decir, del *stare decisis*, dado que hasta entonces la jurisprudencia había tenido el mismo valor ejemplificativo que en cualquier otro lugar de Europa[3031], como atestigua Matthew Hale en pleno siglo XVII con clarísimas palabras a través de las que ni siquiera considera "derecho" propiamente dicho a la jurisprudencia[3032]. De hecho, esa doctrina del pre-

3029 Archives Parlementaires de 1787 à 1860 —Première série (1787-1799) Tome XX— Du 23 octobre au 26 novembre 1790. Paris: Librairie Administrative P. Dupont, 1885, p. 516, intervención de Robespierre de 18 de noviembre de 1790: "*Ce mot de jurisprudence des tribunaux, dans l'acception qu'il avait dans l'ancien régime, ne signifie plus rien dans le nouveau; il doit être effacé de notre langue. Dans un État qui a une Constitution, une législation, la jurisprudence des tribunaux n'est autre chose que la loi; alors il y a toujours identité de jurisprudence.*"

3030 Calamandrei, *La Cassazione civile,* Vol I, pp. 597-598.

3031 Duxbury, op. cit. p. 35.

3032 Hale, M., *The history of the common law,* London 1779 (publicada por primera vez postumamente en 1713), p. 67: "*Judicial decisions. It is true the decisions of courts of justice, though by virtue of the laws of this realm they do bind, as a law between the parties thereto, as to the particular case in question, till reversed by error or attaint, yet they do not make a law properly so called, (for that only the king and parliament can do); yet they have a great weight and authority in expounding, declaring, and publishing what the law of this kingdom is, especially when such decisions hold a consonancy and congruity with resolutions and decisions of former times; and though such decisions are less than a law, yet they are a greater evidence thereof than the opinion of any private persons, as such whatsoever.*"

cedente vinculante no se consolida en Inglaterra hasta bien entrado el siglo XIX, es decir, mucho después de la instauración de la casación, pero sí existía ya esa idea de la eficacia ejemplificativa de la jurisprudencia, eficacia que no concurría realmente en el resto de Europa.

Además, en esa época estaba vivo un interesante debate doctrinal sobre el positivismo en el que existían posturas enfrentadas entre los que le daban más valor a la ley y los que no asumían que el juez, como dijo Montesquieu[3033], fuera solamente la boca que pronunciara sus palabras[3034]. Lo más curioso es que la posición del jurista inglés probablemente más influyente en la Revolución Francesa, Jeremy Bentham, era justamente favorable al antiguo *non exemplis, sed legibus iudicandum est*[3035] que se sublimó en Francia. Existen dos libros de este último autor que lo demuestran. En el primero, la *Introducción a los principios de la moral y la legislación*[3036], Bentham hace una decidida defensa de la ley[3037] con el objeto de elaborar un código penal[3038]. Habla incluso del *pannomion*, como forma de describir una colección completa de las leyes en vigor[3039], refiriéndose después a la manera de elaborar un código civil, un código penal y una ley constitucional[3040], quejándose del desorden que suponía tanto el *common law* —cuyo origen estaba en el *judiciary*[3041]— así como en general de los ordenamientos europeos de la época.

Reflexiones similares realiza en los *Traités de Législation civile et pénale*[3042], obra extraída de manuscritos de Bentham y en los que se dan argumentos precisos de por qué es importante tener un cuerpo de leyes[3043], y a qué razones obedece la importancia misma de tener leyes[3044].

[3033] Montesquieu, Barón de, (Charles-Louis de Secondat), *De l'esprit des lois*, reedición de la ed. de Paris 1748, Paris 1979, I, p. 301.

[3034] Duxbury, op. cit. p. 38.

[3035] Codex 7, 45, 13

[3036] Bentham, J., *Introduction to the principles of morals and legislation*, London 1823, con primera edición de 1780.

[3037] Bentham, *Introduction to the principles of morals and legislation*, vol II, cit. p. 272.

[3038] Bentham, *Introduction to the principles of morals and legislation*, vol. I, cit. p. II.

[3039] Bentham, *Introduction to the principles of morals and legislation*, vol II, cit. p. 272.

[3040] Bentham, *Introduction to the principles of morals and legislation*, vol II, cit. pp. 273 y ss.

[3041] Bentham, *Introduction to the principles of morals and legislation*, vol II, cit. p. 275.

[3042] Bentham, Jeremy, *Traités de Législation civile et pénale*, t. III, Paris 1820, pp. 185 y ss.

[3043] Bentham, Jeremy, *Traités de Législation civile et pénale*, t. I, Paris 1802, pp. 146 y ss.

[3044] Bentham, *Traités de Législation civile et pénale*, t. I, pp. 108 y ss.

Si de Bentham retrocedemos unos años a Blackstone[3045], encontramos una soberbia explicación de la realidad del Derecho inglés de la época. Se refiere al *common law*[3046] como una *antient collection of unwritten maxims and customs*[3047], y recuerda que en una democracia el derecho de legislar pertenece al pueblo —*rectius*, a la gente (*people*)[3048]— representado en la *House of Commons*, en la que dicha gente, de entre sí misma, elegía —y elige— a sus representantes[3049], con el añadido, obviamente, de la *House of Lords*, el vestigio del consejo real y de la propia monarquía, estableciendo un balance entre esos tres centros de poder.

Lo más interesante para el tema que nos ocupa es que se refiere Blackstone también a la jurisprudencia, y la describe como las colecciones de sentencias[3050] que desde el siglo XVII aproximadamente y de manera irregular[3051], junto con las obras de la doctrina, habrían recogido los dispersos usos del *common law*[3052]. Y se le da a esas costumbres positivizadas en la jurisprudencia un valor obligatorio del que los jueces sólo podrían apartarse justificando su carácter absurdo o injusto[3053], es decir, a través de la motivación, otorgándoles un nivel idéntico al de las leyes imperiales del Derecho romano[3054] pero con mayor legitimación democrática frente al Derecho romano, siempre según Blackstone[3055], al provenir de la costumbre.

A pesar de ese valor de la jurisprudencia, más relevante que el que se le daba en el resto de Europa, la ley, el *statute law*, también en Inglaterra, tenía un valor jerárquicamente superior al *common law*[3056]. En realidad, un acto parlamentario, como decía Blackstone[3057], *is the exercise of the highest authority that this kingdom acknowledges upon earth.* Por tanto, el valor de la ley era ciertamente central y supremo, además de la expresión de la voluntad

---

3045 Blackstone, W., *Commentaries on the Laws of England*, Lib. I, London 1768.

3046 Sobre su origen y elaboración, vid. Brand, P., *The Making of the Common Law*, London 1992.

3047 Blackstone, *Commentaries on the Laws of England*, Lib. I, cit. p. 17.

3048 Blackstone, *Commentaries on the Laws of England*, Lib. I, cit. p. 49.

3049 Blackstone, *Commentaries on the Laws of England*, Lib. I, cit. p. 51.

3050 Blackstone, *Commentaries on the Laws of England*, Lib. I, cit. p. 71.

3051 Blackstone, *Commentaries on the Laws of England*, Lib. I, cit. p. 72.

3052 Blackstone, *Commentaries on the Laws of England*, Lib. I, cit. pp. 63-64.

3053 Blackstone, *Commentaries on the Laws of England*, Lib. I, cit. pp. 70-71.

3054 Blackstone, *Commentaries on the Laws of England*, Lib. I, cit. p. 71.

3055 Blackstone, *Commentaries on the Laws of England*, Lib. I, cit. p. 74.

3056 Blackstone, *Commentaries on the Laws of England*, Lib. I, cit. p. 89.

3057 Blackstone, *Commentaries on the Laws of England*, Lib. I, cit. p. 185.

del *people*, insisto, de la gente. Esas ideas eran inéditas en los ordenamientos europeos de la época.

Fueron decisivas tanto esa forma de ver el Derecho, como probablemente una voluntad reformadora de Bentham que el mismó lamentó[3058] que no concurría en Blackstone en torno a darle más valor a la ley[3059] y a su codificación excluyendo incluso a la *equity* por su profunda imprecisión[3060]. Esas conclusiones, junto con la preponderancia del poder legislativo enunciada por Montesquieu[3061] —inspirado por la *English Constitution* por cierto— influenciaron sin duda y muy particularmente a los diputados de la Asamblea. La propia Asamblea estaba destinada a ser un evidente remedo de la *House of Commons* y, como ya vimos, sus referencias a la doctrina inglesa fueron constantes en sus debates. Por otra parte, insisto en que es bien sabido que Montesquieu describe la división de poderes hablando en el cap. VI, Lib. XI de su obra de la *Constitution d'Angleterre.*

En estas condiciones, no cuesta demasiado aventurar que Francia se vio influída por tales ideas al concebir el valor de la ley y, subsiguientemente, el valor de la jurisprudencia. No hay que olvidar que Bentham estuvo en Francia en época revolucionaria, de manera que hasta le hicieron ciudadano francés, como reconoce él mismo[3062]. Es cierto, no obstante, que sobre el punto de la jurisprudencia hubo en Francia discrepancias que en poco tiempo desaparecieron. Aunque al principio el *Tribunal de Cassation* no estuvo destinado a crear jurisprudencia, debió de crearla, porque existió un *Bulletin des jugements du Tribunal de Cassation* que por desgracia se perdió en un incendio en 1871[3063]. Además, muy pronto, ya convertido en *Cour de cassation,* formó un cuerpo de doctrina legal con valor persuasivo y ejemplificador que sí ha llegado efectivamente hasta nosotros.

3058 Bentham, J., *A fragment on government or, a comment on the Commentaries,* London 1823, p. VII.

3059 Dice Bentham, *A fragment on government or, a comment on the Commentaries,* cit. p. XIX: "*The Law is no man's enemy; the Law is no man's rival. Ask the clamorous and unruly multitude-it is never the Law itself that is the wrong; it is always some wicked interpreter of the Law that has corrupted it.*"

3060 Bentham, *A fragment on government or, a comment on the Commentaries,* cit. p. IX.

3061 Montesquieu, Barón de, (Charles-Louis de Secondat), *De l'esprit des lois,* reedición de la ed. de Paris 1748, Paris 1979, I, pp. 294 y ss.

3062 Vid. Bentham, J., *To his fellow-citizens of France on Houses of Peers and Senates,* London 1830, p. 3.

3063 Halperin, op. cit. p. 13.

Es decir, finalmente en Francia se crea un sistema de Tribunal Supremo similar al inglés, y desde luego al estadounidense[3064]. Nadie pensó en el valor vinculante de los precedentes porque el estricto sistema del *stare decisis* llegó a Inglaterra después, como se ha dicho, a finales del siglo XIX. En consecuencia, el sistema de la casación no sería original francés, sino un reflejo probablemente mejorado del sistema inglés de la *House of Lords* en esa época, y quizás en parte de la *Supreme Court* de EEUU. No obstante, esta arriesgada conclusión precisa ser demostrada volviendo a Blackstone y examinando cómo desempeñaba su misión en ese tiempo la *House of Lords.*

4. HISTORIA Y REALIDAD DE LA HOUSE OF LORDS EN EL SIGLO XVIII

La *House of Lords* en el siglo XVIII era claramente, como cuenta Blackstone, una cámara legislativa de aristócratas que tenía una faceta de enjuiciamiento. En ello no era diferente que cualquier Consejo real europeo de la época. Estando concentrado el poder en el monarca, este *Magnum Concilium* y *Curia Regis* que representaba la *House of Lords* atendía los asuntos legislativos y judiciales de los que estaba encargado el rey, con funciones de apelación desde 1620[3065]. Y como en Inglaterra, tras la Revolución Gloriosa de 1688 el rey había quedado despojado de poder efectivo, quedó quizás un tanto desubicada la posición de la *House of Lords* como un órgano que conservó esas importantes atribuciones legislativas[3066] y judiciales, pero sin tener como base el poder regio absoluto de antaño, posición que ha llegado prácticamente hasta nuestros días. De hecho, la *House of Lords* conservó sus funciones judiciales hasta 2009[3067].

Pero como se dijo, lo importante es saber cómo era la misión judicial de la *House of Lords* a finales del siglo XVIII. Blackstone[3068] define a este órgano como la *supreme court of judicature*, dedicada únicamente a los *appeals* y a los *writs of error.* Dejando de lado estos últimos, que eran avocaciones

[3064] En realidad, se trata de manifestaciones comparables de la función nomofiláctica de los tribunales supremos del *civil law* y del *common law.* Vid. Taruffo, Michele, "Precedente y jurisprudencia" en *Páginas sobre justicia civil,* Madrid 2009, pp. 567-568.

[3065] Blackstone, W., *Commentaries on the Laws of England,* Lib. III, London 1768, p. 454.

[3066] Al menos hasta la Parliament Act 1911, que supuso el principio del fin del poder de veto de la *House of Lords.* Vid. también R (Jackson) v Attorney General, 13-10-2005.

[3067] Constitutional Reform Act 2005.

[3068] Blackstone, *Commentaries on the Laws of England,* Lib. III, cit. p. 56.

discrecionales de asuntos ya juzgados por otro tribunal, y centrándonos exclusivamente en los *appeals*, creados en 1620[3069] y habiendo mantenido esa competencia desde entonces hasta principios del siglo XXI[3070], el papel del órgano en los mismos era solamente la rectificación de cualquier *injustice or mistake of the law* cometido por los jueces inferiores. Era por tanto una última instancia —*last resort*— en cualquier proceso[3071], una *distinct jurisdiction*, una apelación al rey en el parlamento, en la que bajo ningún concepto se admitía nueva prueba para la revisión del caso, considerando una práctica ajena al Derecho inglés —no así al Derecho romano o al canónico— revisar la sentencia de un tribunal inferior sobre la base de pruebas que no se practicaron en la instancia[3072]. Lo cual era lógico porque, como reconoce Blackstone, los tribunales solían confiar en el jurado la resolución de la cuestión de hecho[3073], que ya no puede ser modificada por un tribunal superior[3074]. Y hay que recordar que los jurados no motivan, sino que sólo le dan la razón a una de las partes[3075], motivo por el que difícilmente podría un tribunal superior corregir la argumentación fáctica de un jurado, al desconocerla por completo.

3069 Blackstone, *Commentaries on the Laws of England*, Lib. III, cit. p. 455.

3070 Se renunció en 1670 a examinar asuntos en primera instancia. Vid. Jones, D. L., "The Judicial Role of the House of Lords before 1870, en AAVV, The Judicial House of Lords: 1876-2009, Oxford 2009, p. 6.

3071 Blackstone, *Commentaries on the Laws of England*, Lib. III, cit. p. 56.

3072 Merece la pena reproducir el pasaje en que Blackstone, *Commentaries on the Laws of England*, Lib. III, cit. p. 455, explica este punto: "*...an appeal to the king in parliament was always unquestionable allowed. But no new evidence is admitted in the house of lords upon any account, for this a distinct jurisdiction: which differs it very considerably from those instances, wherein the same jurisdiction revises and corrects its own acts, as in rehearings and bills of review. For it is a practice unknown to our law, (though constantly followed in the spiritual courts) when a superior court is reviewing a sentence of an inferior, to examine the justice of the former decree by evidence that was never produced below. This is the general method of proceeding in the courts of equity.*"

3073 Blackstone, *Commentaries on the Laws of England*, Lib. III, cit. p. 452: "*for, if any matter of fact is strongly controverted, this court is so sensible of the deficiency of trial by written depositions, that it will not bind the parties thereby, but usually directs the matter to be tried by a jury*".

3074 Lo recuerda Blackstone, *Commentaries on the Laws of England*, Lib. IV, Oxford 1770, p. 384, para la jurisdicción penal: "*But if such attainder of the vendor was by verdict, on the oath of his peers, the alienee cannot be received to falsify or contradict the* fact *of the crime committed.*" El subrayado de la palabra "fact" es del propio Blackstone, quien añadía que el condenado sólo podía discutir el momento en que el crimen fue cometido o alegar su alienación.

3075 Cfr. Blackstone, *Commentaries on the Laws of England*, Lib. III, cit. p. 378.

Por consiguiente, sólo errores de derecho[3076], imposible practicar prueba alguna, *distinct jurisdiction*, apelación en el parlamento... Si estos cuatro datos claves, junto con todo lo que ya se ha explicado, no persuaden al lector de que esta es la base de la casación que se creó en Francia, quizás le convenza la traducción que se hizo al francés de este pasaje de la obra de Blackstone en 1774[3077]:

> *Et sur le même principe, on pouvoit sans contrédit toujours appeller au Roi en Parlement, (...). Mais la Chambre des Pairs n'admet aucune nouvelle preuve, étant une jurisdiction distincte & très-au-dessus de celles qui révisent & corrigent leurs propres actes: comme dans les secondes audiences & bills de revue. Car c'est une pratique inconnue à notre droit (quoique constamment suivie dans les Cours spirituelles) quand une Cour supérieure révise la sentence d'une Cour inférieure, d'examiner la justice du premier décret par une preuve qui n'avoit jamais été produite dans la Cour inférieure.*

Es materialmente imposible que estas palabras no influyeran a aquellos que crearon el *Tribunal de cassation* dieciséis años después, porque prácticamente las copiaron. Y son demasiado insólitas en el panorama europeo de la época —que seguía el Derecho romano y el canónico— como para pensar que en dos países distintos se les ocurrieron a los juristas exactamente las mismas ideas, con la diferencia de que la invención de los ingleses es anterior y fue incuestionablemente conocida por los franceses de la *Assemblée.*

Es posible que incluso el mecanismo del reenvío tenga un curioso origen, también en Derecho inglés. Henry Elsynge, en 1663, describe un caso en el que una *petition* fue examinada por el parlamento, que partía de un proceso que los jueces encontraron tan difícil en un "*point of law*", que se abstuvieron de proceder hasta que los *Lords* del parlamento les dijeron cómo debían juzgar[3078]. Es decir, parece como si utilizaran un mecanismo parecido a los *responsa* de los jurisconsultos imperiales romanos. Es más, es posible que exista cierta inspiración en ese antiguo mecanismo.

3076 Insistía Blackstone en ello en una obra anterior, precursora de la que se está examinando: *An analysis of the laws of England*, London 1757 (1ª ed. 1756), p. 100.

3077 Blackstone, *Commentaires sur les loix angloises*, cit. pp. 309-310.

3078 Elsynge, H., *The ancient and present manner of holding Parliaments in England with their priviledges*, London 1663, p. 224: "*it was to demand Judgment in a Case depending in the Common pleas, which was of such difficulty for point of Law, that the Judges did forbear to proceed, and so the Lords of Parliament directed them on which side to give judgment. Note that the Commons joined with the Lords to damn the recoignance of Elizabeth de Burgo, but the Commons din not join in the assent touching G. de Stantons petition, for there the Lords direct Justice to be done in another Court.*"

Pero lo importante es que por fin encontramos, no solamente de nuevo la limitación al "*point of law*", sino una razón del reenvío. Recordemos que desde 1670[3079] la *House of Lords* no conocía de procesos en primera instancia, sino que eran competencia exclusiva de los jueces ordinarios. Dichos jueces parece que podían formular una especie de cuestión prejudicial. La forma de darle respuesta, alejada del fondo fáctico del asunto, puede que influyera posteriormente en la *House of Lords* a la hora de dar respuesta a los *appeals*.

Si a ello le unimos que habiendo conocido en primera instancia un jurado, era imposible discutir la cuestión de hecho y, por lo tanto, resolver el asunto definitivamente, encontramos finalmente una pintura precisa de lo que era el mecanismo del *appeal* en la época, sustancialmente idéntico al de la *cassation*: recurso ante una "jurisdicción distinta" que era un órgano del poder legislativo, limitado a las cuestiones de derecho, en el que no se podía practicar prueba alguna y que reenviaba el asunto a los jueces de instancia para su decisión definitiva. No ya la semejanza, sino la identidad es tan evidente que no merece la pena extender más esta explicación.

5. LA INFLUENCIA INGLESA EN LA MEMORIA DE PIERRE GILBERT DE VOISINS

La ya citada memoria[3080] es un documento dirigido a mejorar y agilizar el funcionamiento de la casación en el *Conseil de parties*, que se acostumbra a situar como el texto precursor de la casación revolucionaria. Como ya se advirtió, el escrito de este consejero del rey es escasamente posterior a la obra de Blackstone, y este es un dato importante porque el documento contiene datos que verdaderamente hacen sospechar de un trasvase de ideas entre un texto y otro.

Comienza Gilbert de Voisins diciendo que la casación no es una vía de recurso ni de pura jurisdicción[3081], dado que no es una vía ordinaria, sino más bien una vía legítima y extraordinaria de plenitud de poder, al repre-

---

3079 Jones, D. L., "The Judicial Role of the House of Lords before 1870, cit. p. 6.

3080 En Antoine, M., "*Le mémoire de Gilbert de Voisins sur les cassations. un épisode des querelles entre Louis XV et les parlements (1767)*", *Revue historique de droit français et étranger* (1922-), Quatrième série, Vol. 35 (1958), pp. 1-33.

3081 Op. cit. p. 21.

sentar al rey. Lo que recuerda poderosamente a la "*distinct jurisdiction*" de Blackstone.

Continúa el jurista francés añadiendo[3082] que la casación sólo procede por errores de forma y contravención de las ordenanzas, siendo esta última "*le moïen de cassation le plus clair et le plus précis*", lo que conduce a pensar que sólo es posible alegar errores de derecho. Es decir, otra coincidencia destacable.

Además[3083], la casación no se atribuye a ningún tribunal ni a ninguna comisión, sino que vendría directamente del poder real[3084] cuando la vía jurisdiccional se haya concluído, pudiendo hasta ser activado de oficio[3085]. Obviamente, Gilbert de Voisins se enfrenta con la dificultad de que en Francia en la época regía una monarquía absoluta sin un parlamento al estilo inglés, por lo que hace competente para la casación al rey y su consejo. En el fondo, nada muy diferente a la *House of Lords* en su origen. Es decir, nos situamos ante un mecanismo del que decide el poder legislativo de la época.

Pero en uno de los puntos que más se extiende el jurisconsulto galo es el hecho de que en casación no se trata el fondo de los asuntos, que pertenece a los tribunales, y por ello se procede al reenvío[3086]. Reconoce el autor expresamente que esta regla de no decidir sobre el fondo de los asuntos no ha sido siempre respetada, aunque insiste en que deberá serlo en el futuro, si bien, a diferencia de lo que sucedía en Inglaterra, no expresa justificación alguna a este parecer, que más bien parece enfocado a evitar el colapso del órgano casacional[3087]. No dice el autor que no se pueda practicar prueba alguna en casación, pero la prohibición de juzgar sobre el fondo de los procesos es lo suficientemente explícita como para incluir tal cuestión en la intención del autor.

En definitiva, que de repente la célebre memoria de Gilbert de Voisins cobra sentido y desvela su trasfondo. No es sólo un documento sobre el origen de las bases de la casación en Francia. Es más bien una declaración de intenciones de lo que el autor quería que fuera la casación, siguiendo de

---

3082 Op. cit. pp. 22-23.

3083 Op. cit. p. 28.

3084 Op. cit. p. 33.

3085 Op. cit. p. 30.

3086 Op. cit. pp. 30-33.

3087 Op. cit. p. 32: "*Mais la cassation est une voie d'autorité, réservée pour des cas extraordinaires où elle se trouve d'une espèce de nécessité. Plus donc elle doit estre rare...*"

manera solapada el modelo inglés. El documento es ciertamente revelador, pero no en el sentido que se le ha dado tradicionalmente.

¿Y por qué de manera solapada? Porque Gilbert de Voisins, como otros poderosos de su época[3088], tenía miedo de que los vientos de libertad de Inglaterra pudieran convertirse en una revolución en Francia, y la historia le dio la razón. Hasta dejó escritos sus resquemores[3089] al respecto. Quizás no consideró prudente que un consejero real hiciera una referencia tan explícita a Inglaterra.

Por tanto tenían razón aquellos autores que desautorizó Calamandrei y que apuntaban —más bien intuyeron lejanamente— un origen inglés de la casación: Conzo[3090] y Waldeck[3091]. De todos modos, estos autores no hacen más que una cita inmotivada y extraordinariamente sucinta del sistema inglés. De haber abundado en la cuestión, hubieran encontrado varias sorpresas y, en todo caso, que su intuición era completamente cierta.

6. EPÍLOGO

Los historiadores[3092] relatan la existencia de una anglofobia en la Francia revolucionaria, larvada durante siglos, que pese a todo, como hemos visto no afectó a muchos de los juristas franceses más brillantes, que revelaron claramente el antecedente inglés. Pero más adelante, por alguna razón, dicho antecedente quedó en el olvido, hasta el punto de que Halperin habla de la creación de la casación como un proceso lento, complejo y en parte inaprehensible[3093].

Es decir, el modelo inglés pareció quedar en el más completo de los olvidos para casi todos, incluído el autor que está escribiendo estas líneas. No es que el producto final fuera idéntico al inglés, dado que probablemente la mayor diferencia se cifra en que la *House of Lords* creaba jurisprudencia, mientras que no era esa la intención —quizás no inicial, aunque probable-

---

3088 Vid. Stone, B., *Reinterpreting the French Revolution*, Cambridge 2002, p. 37.

3089 Que recoge Baker, K. M., "On the problem of the ideological origins of the French Revolution" en *Inventing the French Revolution*, Cambridge 1990, pp. 23 y ss.

3090 Conzo, N. M., *Intorno alla cosa inrevocabilmente giudicata*, Napoli 1836, p. 23.

3091 Waldeck, B. F. L., *Die Nichtigkeitsbeschwerde als alleinige Rechtsmittel höchster Instanz*, Berlin 1861, pp. 30-31.

3092 Stone, B., *Reinterpreting the French Revolution*, Cambridge 2002, pp. 115 y ss.

3093 Halperin, op. cit. p. 23.

mente sí inmediatamente posterior— del *Tribunal de cassation.* ¿Qué sentido hubiera tenido que el *Tribunal* publicara un *bulletin* si no creaba jurisprudencia? Pero incluso dejando este tema al margen, en la mayor parte de todo lo demás las concomitancias son, como ya se ha dicho, ciertamente destacables y muy llamativas.

Más adelante, el órgano casacional, ya convertido en *Cour*, dio a luz un tribunal del que *de facto* ya no se puede decir que estuviera *auprès du corps législatif*, igual que el resto. Pero produjeron, ya incuestionablemente, jurisprudencia y además condicionaron su admisión a través de motivos de casación y complejas restricciones formalistas que ya separaron definitivamente a los órganos casacionales europeos del modelo inglés, que además conoció la innovación del carácter vinculante de los precedentes, ajeno a la Europa continental.

Con todo, la finalidad nomofiláctica es la misma en todos estos órganos, aunque llegando a la misma por caminos diferentes. Quién sabe si siendo conscientes de estos orígenes comunes no sería el momento de buscar un modelo más uniforme de tribunal supremo para la mayoría de países, tal vez no olvidando del todo el origen paralegislativo —no legislativo— del órgano[3094].

3094 Vid. Nieva Fenoll, J. "¿Un juez supremo o un legislador "supremo"?", *La ciencia jurisdiccional: novedad y tradición*, Madrid 2016, pp. 423 y ss.

¿ES TAN DIFERENTE EL PROCESO CIVIL INGLÉS DE LOS PROCESOS DEL CONTINENTE?

Publicado en Diario La Ley, n. 10384, 9-11-2023, y en lengua italiana en Cammino Diritto, n. 12, 2023.

1. INTRODUCCIÓN

No es fácil responder con un sí o un no a la pregunta de si el proceso civil inglés es muy diferente al que se celebra en la mayoría del resto de países europeos. Externamente parece muy distinto, dado que el proceso en Inglaterra y Gales, y también en los otros Estados del *common law*, tiene una fase previa hipertrofiada, que es prácticamente inexistente en los procesos continentales. De hecho, en Inglaterra y Gales es fácil que en dos años —o hasta en seis[3095]— no haya concluido esa fase de *pretrial*, mientras que en España, por ejemplo, es perfectamente posible que a esas alturas ya se haya dictado una sentencia de segunda instancia, y si hablamos de seis años, que la sentencia ya sea del Tribunal Supremo en casación. Otra diferencia destacable es que esta larguísima fase previa, junto con sus enormes riesgos y costes, favorece que los litigantes escapen hacia el uso de los ADR, que, en general, es marginal en los países del continente, salvo excepciones[3096]. Por otra parte, el proceso inglés posee una práctica de la prueba extensísima, sobre todo por la enorme duración de los interrogatorios, insólita en Europa fuera de las islas británicas, que además están reforzados con la existencia del *perjury*, que es otra diferencia destacable entre ambos mundos que afecta a la veracidad de las declaraciones de las partes y sus abogados[3097]. Finalmente, debe insistirse en que los costes del proceso inglés son sustancialmente superiores a los de los países continentales[3098].

3095 Andrews, N., *English Civil Justice*, Cambridge 2009-2010, p. 21.

3096 Nylund, A.; Ervasti, K; Lin, A., *Nordic Mediation Research*, 2018.

3097 Perjury Act 1911, puntos 1 y 7 sobre todo. Para EEUU, vid. 18 U.S. Code § 1621 —Perjury generally. https://www.law.cornell.edu/uscode/text/18/1621

3098 Vid. Whitney, E., *Statistical Abstract of the United States*, 1921, Washington 1922, p. 90. Para el Reino Unido, *The Legal Observer and Solicitors' Journal*, 14-7-1855, pp. 200, 203. Vid. también https://www.rocketlawyer.com/article/how-much-do-lawyers-cost.rl. http://

Viendo esos detalles, insisto, externos, desde luego el proceso inglés parece no tener nada que ver con el resto de los europeos. Sin embargo, si se acude a la esencia, las diferencias no son tan sumamente insalvables como parece, sobre todo porque, como vamos a ver, el esquema del que parten ambos procesos es casi exactamente el mismo.

Las diferencias se originaron históricamente a partir de dos factores principales. En primer lugar, esa fase de *pretrial*, tan característica de los sistemas del *common law*, también existió en el continente y provenía de la fase *in iure* de los procesos romanos, que databa del antiquísimo proceso de las *legis actiones*[3099]: Sin embargo, se acabó integrando como una parte más desapercibida del proceso en esos sistemas europeos continentales, acabando con las antiguas *positiones* y *responsiones* de la antigua *litis contestatio*[3100] del Derecho romano y, por supuesto, del *ius commune*, sobre todo a raíz de una importante reforma acaecida en Austria en 1895[3101] que introdujo la audiencia previa a la audiencia de prueba. Esa reforma tuvo enorme influencia no sólo en Europa, sino también en América Latina.

El segundo factor es sumamente interesante. En Inglaterra existió en el proceso civil una institución que —casi[3102]— jamás estuvo presente en el resto de países europeos: el jurado. Pues bien, la existencia de jurados en los procesos civiles ingleses, desde luego hasta hasta 1854[3103] —con el precedente de 1846[3104]—, aunque en realidad hasta casi mediados del siglo XX, determinó que el *trial*, es decir, la práctica de la prueba, fuera completamente diferente en ambos mundos, pese a que las reglas procesales vigentes eran, en el fondo, muy parecidas. Sin embargo, en la Europa continental se tendió hacia la escritura por influencia del Derecho canónico[3105],

---

www.bloomberg.com/news/articles/2016-02-05/lawyers-earning-1-100-pounds-an-hour-put-u-k-justice-at-risk

3099 Kaser, M. / Hackl, K., *Das römische Zivilprozessrecht*, München 1996, p. 37.

3100 Nörr, K. W., *Romanisch - kanonisches Prozessrecht*, Berlin 2012, pp. 116 y ss.

3101 §§ 239 y ss de la ZPO austríaca, en su versión de 1895. Actualmente está regulada únicamente en el § 258.

3102 Vid. Pradel, "Le jury en France. Une histoire jamais terminée", Revue internationale de droit pénal, 2001/1, vol. 72, pp. 175 y ss.

3103 Common Law Procedure Act 1854, inciso I: https://www.legislation.gov.uk/ukpga/Vict/17-18/125/enacted#:~:text=An%20Act%20to%20enable%20Courts,conducted%2C%20and%20the%20Depositions%20taken

3104 County Courts Act 1846.

3105 Mansi, J. D., *Sacrorum conciliorum nova et amplissima collectio*, Vol 22, Graz 1961, pp. 1023-1026. La referencia del Concilio es: Lateranense IV, Innocentius P. III, Cap. XXXVIII, anno Christi 1215: "*Quoniam contra falsam assertionem iniqui iudicis innocens litigator,*

mientras que en el proceso inglés, aunque también tuvo esa influencia en la *Court of Chancery* —sobre todo por la formación requerida a sus jueces[3106]—, el jurado hizo arraigar la oralidad, que se ha mantenido incluso después de la paulatina pero casi completa desaparición de los jurados en el proceso civil en la actualidad[3107].

Esos dos factores han dejado una imagen de tremendas diferencias entre ambos sistemas procesales que no acaba de reflejar la auténtica realidad. Lo cierto es que ambos mundos se han influido entre sí bastante más de lo que se cree, sobre todo últimamente, lo que ha hecho que poco a poco podamos ir hablando de una lenta confluencia o reencuentro de ambos sistemas que todo apunta a que podría culminarse, de manera más o menos ambigua, algún día[3108]. Y es que, actualmente, los prejuicios tradicionalistas del pasado ya no tienen lugar. Sólo es la eficiencia lo que científicamente cuenta, y eso es lo que buscamos los procesalistas de cualquier país. Por eso, por ejemplo, desde 1998 existen en Inglaterra y Gales unas *Civil Procedure Rules*[3109] que se va asemejando cada vez más a los códigos procesales europeos, aunque aún están lejos de ese modelo. Por su parte, en los tribunales europeos se celebran audiencias de prueba, insólitas hace sólo unas décadas. Aunque también están lejos de los extensísimos *hearings* del proceso inglés.

2. EL ORIGEN ROMANO COMÚN DE AMBOS PROCESOS

Uno de los puntos tal vez menos conocidos del proceso civil inglés[3110], a diferencia del resto de europeos, es que también proviene del Derecho

---

quandoque non potest veram negationem probare, cum negantis factum per rerum naturam nulla sit directa probatio: ne falsitas veritati praeiudicet aut iniquitas praevaleat aequitati, statuimus ut tam in ordinario iudicio quam extraordinario, iudex semper adhibeat aut publicam (si potest habere) personam, aut dos viros idoneos, qui fideliter universa iudicii acta conscribant, videlicet citaciones et dilationes, recusationes et exceptiones, petitiones et responsiones, interrogationes et confessiones, testium depositiones et instrumentum productiones, interlocutiones, apellationes, renunciationes, conclusiones et cetera quae ocurrunt competenti ordine conscribenda, designando loca, tempora et personas…"

3106 Basset, W. W., "Canon Law and the Common Law", *Hastings Law Journal*, vol. 29, 6, 1-1978, p. 1406.

3107 Vid. Courts and Tribunals Judiciary, "Civil Justice in England and Wales", https://www.judiciary.uk/about-the-judiciary/our-justice-system/jurisdictions/civil-jurisdiction/

3108 Vid. Marcus, R. L., "Procedural Postcard from America", 1 *Russian Law Journal* 5, 2013, pp. 9 y ss.

3109 https://www.legislation.gov.uk/uksi/1998/3132/contents/made

3110 Vid. Blackstone, W., *Commentaries on the Laws of England*, Lib. I, London 1768, pp. 3 y ss.

romano, aunque con algunos accidentes históricos que han marcado notorias diferencias posteriores, pero que aún permiten identificar la fuente original[3111].

El origen del proceso civil inglés, más allá del fin de la ocupación romana, es desconocido. Hay datos bastante contundentes para suponer la continuidad de algo parecido al proceso civil romano después del año 410[3112]. Al parecer, siguió practicándose un procedimiento formulario con dos características esenciales del anterior proceso de las *legis actiones*[3113], que era la limitación del tipo de demandas —*actiones*— que podían plantearse ante el tribunal, así como la división del proceso en dos fases, *in iure* y *apud iudicem*, que son sustancialmente idénticas a las posteriores fases de *pretrial* y *trial*. Consta, además, que estos procesos, fundamentalmente sobre asuntos de propiedad, eran fallados por jurados, exactamente igual que en época romana[3114]. De hecho, con estas características conforman el proceso del *common law* existente en el siglo XI, que competiría con la *curia regis* normanda después de 1066, y que originaría poco después la *Court of Chancery*, un tribunal que podía apartarse de las leyes prenormandas y que, por tanto, con la excusa de fallar en equidad, le daba al rey la posibilidad de ir cambiando el ordenamiento jurídico. En el fondo se trató de una recuperación del antiguo modelo griego de jueces que decidían en derecho y árbitros que lo hacían en equidad, y que fue conocido en la Europa medieval gracias a la obra de Aristóteles[3115], cuya noticia, gracias al estudio árabe, se remonta al siglo IX, es decir, a la Alta Edad Media, cuando pasa a la escolástica.

Con lo explicado se abren, no una, sino dos vías de penetración de las fuentes romanas. La primera, la del *common law*, es evidente y ya ha sido explicada. La segunda se derivó más bien, no tanto de la voluntad de los reyes, sino de la formación jurídica de los juristas que servían en la *Court of*

3111 Vid. ampliamente Aliste Santos, T., *Sistema de common law*, Salamanca 2013, pp. 77 y ss.

3112 Vid. Macnair, M., *Vicinage and the Antecedents of the Jury*, Law and History Review, 17 (1999), p. 537. Brunner, H., *Die Entstehung der Schwurgerichte*, Berlin 1872, Van Caenegem, *Royal Writs in England from the Conquest to Glanvill*, Selden Society, vol. 77, 1959, pp. 57 y ss. Turner, *The origins of the medieval english Jury: Frankish, English or Scandinavian?*, Journal of British Studies, 7, n. 2, 1968, pp. 1 y ss. Dawson, J. P., *A History of Lay Judges*, Cambridge 1960. Taruffo, *La semplice verità*, cit. pp. 19 y ss. Baker, J. H., *An Introduction to English Legal History*, Oxford 2007, pp. 73 y ss.

3113 Kaser; Hackl, *Das römische Zivilprozessrecht*, cit. pp. 26 y ss.

3114 Kaser; Hackl, *Das römische Zivilprozessrecht*, cit. pp. 33-34.

3115 Aristóteles, *Retórica*, Madrid (Alianza ed.) 2004, cap. XIII, 1374b, p. 126.

Chancery, que eran clérigos con formación de Derecho canónico[3116], cuerpo legal profundamente influido, como es sobradamente sabido, por el Derecho romano.

Con esto queda demostrado que la base jurídica del proceso civil inglés es históricamente romana. Exactamente igual que en cualquier otro lugar de Europa, adquirió influencias del Derecho que trajeron los sucesivos invasores, en Inglaterra los anglos, los sajones —con el *Sachsensiegel*[3117]— y los jutos, en el territorio de la actual España los visigodos[3118], los árabes y en parte los francos[3119], o en los dominios de la actual Italia los longobardos y los burgundios[3120]. Cada uno de esos pueblos fue dejando su huella, ciertamente, pero no alcanzaron a sustituir el esquema procesal romano bifásico *in iure* y *apud iudicem*, y muchos otros aspectos. De ahí que los actuales procesos europeos, también los ingleses, se parezcan sustancialmente.

3. LA IMPORTANCIA DE LOS ADR

Con todo, si algo caracteriza actualmente al proceso en Inglaterra y Gales es, precisamente, la renuncia al mismo a través de diversos mecanismos de ADR, de entre los que destaca la mediación, la evaluación rápida por un observador independiente (*Faster evaluation of small-value disturbance disputes*), el parecer de un perito independiente (*Independent Expert*) y la evaluación neutral precoz sobre los puntos fuertes y débiles de las posiciones de ambas partes (*Early Neutral Evaluation*)[3121]. Pese a los intentos de simplificación y abaratamiento que se pusieron en marcha con las *Civil Procedure Rules* de 1997, la realidad es que los costes del proceso siguen siendo desproporcionados, por no hablar de la duración media de la fase de

---

3116 Basset, W. W., "Canon Law and the Common Law", *Hastings Law Journal*, vol. 29, 6, 1-1978, p. 1406.

3117 Bethmann-Hollweg, M. A., *Der Civilprozeß des gemeinen Rechts in geschichtlicher Entwicklung*, tomo IV, Vom fünften bis achten Jahrhundert, Die Staaten der Völkerwanderung, Bonn 1868, p. 43.

3118 *Fuero Juzgo*, Real Academia Española, Madrid 1815, Reedición facsímil de Valladolid, 1990.

3119 Vid. Eckhardt, Karl August, *Lex Salica, 100 Titel-Text*, Weimar 1953.

3120 Bethmann-Hollweg, *Der Civilprozeß des gemeinen Rechts in geschichtlicher Entwicklung*, cit. pp. 30 y ss.

3121 Vid. HS2 (Department of Transport), *Alternative dispute resolution guidance February 2023*: https://assets.publishing.service.gov.uk/government/uploads/system/uploads/attachment_data/file/1141477/ADR_Guidance_accessible_WEB_20_.pdf

pretrial, que puede alcanzar los dos años, y hasta los seis, como reconoció Andrews[3122] y ya se mencionó antes.

En el continente, sin embargo, no es que los procesos no cuesten dinero o no se demoren también en el tiempo, pero poseen la ventaja de que los honorarios de los abogados son sustancialmente más baratos, y la fase preprocesal simplemente no existe, como veremos a continuación. Es posible que ello explique por qué los ADR se utilizan tan poco. Simplemente la población prefiere el proceso judicial como medio de resolución de conflictos, porque al final al menos se obtiene una respuesta definitiva y existe siempre la expectativa de vencer en el proceso sin más costes adicionales, o sin que estos sean desproporcionados, teniendo en cuenta que incluso en caso de derrota, la cuantía de la condena en costas no puede ni compararse con los honorarios de un *barrister* inglés.

Las estadísticas confirman esta realidad. En el ámbito del consumo, incluso aunque la mayoría de comerciantes (un 76%) no están vinculados al sistema arbitral de consumo[3123], las estadísticas de satisfacción de los consumidores son altas con los ADR, aunque algo menos que con los tribunales, curiosamente[3124]. Y debe añadirse que el 83%[3125] de los casos acaban con una transacción, lo que es una cifra que es simplemente increíble en cualquier otro país europeo.

Sin embargo, en España, en el ámbito laboral —donde el uso de ADR es más intenso— la tasa de conciliación está en torno al 30%[3126]. En el ámbito familiar, el éxito en concreto de la mediación desciende a un 10% aproximadamente[3127]. En todo caso, el uso de estos medios es realmente

---

3122 Andrews, N., *English Civil Justice*, Cambridge 2009-2010, p. 21.

3123 Department for Business, Energy & Industrial Strategy, *Resolving Consumer Disputes*, Final Report, April 2018. https://assets.publishing.service.gov.uk/government/uploads/system/uploads/attachment_data/file/698442/Final_report_-_Resolving_consumer_disputes.pdf p. 16.

3124 Department for Business, Energy & Industrial Strategy, *Resolving Consumer Disputes*, Final Report, April 2018. https://assets.publishing.service.gov.uk/government/uploads/system/uploads/attachment_data/file/698442/Final_report_-_Resolving_consumer_disputes.pdf p. 17. Vid también: https://www.mites.gob.es/estadisticas/Mac/mac20dicpublicacion/mac_12_20.pdf

3125 House of Commons Library, *Court Statistics for England and Wales*, 31-1-2023, p. 9: https://commonslibrary.parliament.uk/research-briefings/cbp-8372/

3126 Ministerio de trabajo y economía social, Gobierno de España, *Estadística de mediación, arbitraje y conciliación*, https://www.mites.gob.es/estadisticas/Mac/welcome.htm

3127 Poder Judicial España, *Medios alternativos de resolución de conflictos* (2009-2022): https://www.poderjudicial.es/cgpj/es/Temas/Estadistica-Judicial/Estadistica-por-temas/Me-

marginal y es mirado aún con absoluto escepticismo, cuando no desprecio, por los operadores jurídicos.

No es posible saber cómo evolucionarán estas estadísticas, que pese a ser más altas en el Reino Unido, tampoco se han convertido en una auténtica alternativa eficiente a la jurisdicción, siendo aparentemente más frecuentes los acuerdos transaccionales como fruto sobre todo del cansancio por la duración y costes del *pretrial*[3128]. Debemos ser conscientes de que el tiempo de explosión de los ADR, a raíz de la *Pound Conference* de 1977[3129], ya pasó, y no parece que haya habido, pese a todo, una decidida activación de estos medios. Tal vez la población es más consciente que los políticos de que se trata, en realidad, de antiquísimos medios de resolución de conflictos que ya mostraron su ineficacia y que por ello, de hecho, dejaron paso al proceso judicial. Este último, naturalmente, necesita cambios drásticos, pero visto lo acontecido tal vez no sea finalmente sustituido por los ADR.

4. LA FASE DE *PRETRIAL*

Sin duda, lo que más caracteriza al proceso civil inglés es una llamativa fase de *pretrial* en la que se decide de oficio el procedimiento a seguir y se opera algo llamado hoy *disclosure* y antiguamente *discovery*[3130] —así se la conoce todavía en EEUU[3131]—, puesto en marcha sobre todo a raíz de la introducción de las *Federal Rules of Civil Procedure* de 1938[3132]. En realidad, no es una auténtica fase preprocesal, aunque con frecuencia la hayamos

---

dios-alternativos-de-resolucion-de-conflictos/Mediacion-Intrajudicial/

3128 Sobre el tema, es relevante la lectura de Lord Woolf, Access to Justice: Final Report to the Lord Chancellor on the Civil Justice System in England and Wales, HMSO, July 1996. Bochner, K., "Alternative Dispute Resolution and Access to Justice in the 21st Century", 2019, 40 *Adelaide Law Review*, pp. 343 y ss. Aún en EEUU, vid. también Fiss, O. M., "Against Settlement", 93 *Yale L.J.*, 1983-1984, pp. 1073 y ss. Allen, D., "Against settlement? Owen Fiss, ADR and Australian Discrimination Law", *International Journal of Discrimination and the Law*, 2009, Vol. 10, pp. 191 y ss. Bush, R. A. B., Fogler, J. P., "Mediation and Social Justice: Risks and Opportunities", *27 Ohio St. J. on Disp. Resol.* 1, 2012. Cohen, A. J., "Revisiting Against Settlement: Some Reflections on Dispute Resolution and Public Values", *Fordham Law Review*, vol. 78, pp. 1143 y ss.

3129 Levin, L.; Wheeler, R. R., *The Pound Conference: Perspectives on Justice in the Future*, Saint Paul, 1979.

3130 Part 31 CPR.

3131 Rule 26 Federal Rules of Civil Procedure.

3132 Vid. Resnick, J., "Managerial Judge", *Harvard Law Review*, n. 96, 2, dic. 1982, p. 378.

motejado así para explicarla mejor, sino que es más bien una fase intermedia entre las alegaciones y la prueba.

Los procesos se inician con una demanda (*claim* o *application*)[3133] con el contenido señalado en la Part 16 CPR, que es respondida en 14 días —salvo que el tribunal amplíe el plazo o las partes lo acuerden así— con una *defence*[3134] a la que se puede sumar la reconvención (*counterclaim*)[3135].

El tribunal gestiona de oficio el devenir de los procedimientos. Ello significa que dicho órgano jurisdiccional dispone de un amplísimo catálogo de competencias para adaptar o incluso alterar el procedimiento en cada caso. Es el conocido como *case management*[3136], que planea particularmente durante estas fases inicial e intermedia, y que se inaugura habitualmente con una *case management conference*[3137], que no es sino una audiencia[3138], que puede ser telefónica y que no es obligatoria para el juez[3139], que tiene lugar en un período muy variable entre semanas y meses[3140] después de la presentación de la demanda y que puede repetirse si es necesario. De hecho, suele celebrarse otra unas semanas antes del comienzo del *trial*, sin excluir otros encuentros si son necesarios.

El *case management*, entre otras muchas atribuciones, permite al juez transferir su competencia a un juez superior (de las *county courts* a la *High Court* o incluso dentro de este mismo tribunal[3141]) o elegir el procedimiento con amplísimos poderes de oficio (*Small Claims Track*[3142], *Fast Track*[3143] y

---

3133 Part 2 CPR.

3134 Part 15 CPR. Su contenido está en la Part. 16.5 CPR.

3135 Part. 15.7 CPR.

3136 Part 3.1 CPR.

3137 Part 31.5 CPR.

3138 Sobre su contenido, vid. https://www.justice.gov.uk/courts/procedure-rules/civil/standard-directions/general/case-management

3139 Laver, Nicola, "What is the Case Management Conference?", en https://www.claims.co.uk/knowledge-base/preparing-for-trial/attending-a-case-management-conference

3140 Sobre los tiempos de espera, vid. House of Commons Library, *Court Statistics for England and Wales*, 31-1-2023, p. 24: https://commonslibrary.parliament.uk/research-briefings/cbp-8372/

3141 Part. 30 CPR.

3142 Part. 27 CPR.

3143 Part 28 CPR.

Multi-Track[3144]), todo basándose sobre todo en la complejidad[3145], la cuantía o hasta la especialización de los jueces.

También puede rechazar una demanda y dar por concluido un proceso si una de las partes no cumple con las órdenes del juez[3146]. Entre todos esos poderes, sin duda los más temidos son los contenidos en la parte 3.4 (2) de las CPR:

> *(2) The court may strike out a statement of case if it appears to the court —*
> *(a) that the statement of case discloses no reasonable grounds for bringing or defending the claim;*
> *(b) that the statement of case is an abuse of the court's process or is otherwise likely to obstruct the just disposal of the proceedings; or*
> *(c) that there has been a failure to comply with a rule, practice direction or court order.*

Este precepto es clave para la eficacia del *disclosure*, puesto que es el que describe la amenaza permanente de acabar prematuramente un caso. En dicha *disclosure* se requieren todo tipo de documentos, incluso declaraciones testificales que deben ser juradas (*statement of truth*) para poder ser admitidas como prueba[3147].

Con todo, existe una segunda amenaza, que probablemente es la más famosa en este contexto: el *summary judgment*[3148], que consiste en un final prematuro y definitivo del proceso en los siguientes casos:

> **24.2** *The court may give summary judgment against a claimant or defendant on the whole of a claim or on a particular issue if —*
> *(a) it considers that —*
> *(i) that claimant has no real prospect of succeeding on the claim or issue; or*
> *(ii) that defendant has no real prospect of successfully defending the claim or issue; and*
> *(b) there is no other compelling reason why the case or issue should be disposed of at a trial.*

El *summary judgment* procede a instancia de parte o de oficio. Ambos tendrán como resultado la celebración de una audiencia donde el juez lo

---

3144 Part 29 CPR.

3145 Vid. Hazard, G; Dondi, A., "Responsibilities of Judges and Advocates in Civil and Common Law: Some Lingering Misconceptions Concerning Civil Lawsuits", *Yale Law Scholl Legal Scholarship Repository*, 1-1-2006, p. 67.

3146 Part. 3.4 y 5 CPR.

3147 Part. 22 CPR.

3148 Part. 24 CPR.

decidirá. Antes de dicha audiencia, las partes podrán presentar las pruebas de que intenten valerse con una antelación mínima de siete días a la fecha de la comparecencia, o de tres en caso de tratarse de documentos en respuesta a otro documento presentado por la contraria[3149].

Todo lo anterior es insólito en Derecho continental, que establece un procedimiento muy estricto precisamente para no dejar a los jueces libertad de alterar el procedimiento en lesión del derecho de defensa de una de las partes. Sin duda, se puede concluir que los procesos continentales están basados en la desconfianza en los jueces, mientras que en el Reino Unido se parte del principio contrario, que no deja de recordar a las inmensas atribuciones del *praetor* en la fase *in iure* del procedimiento de las *legis actiones* y también del *formulario,* aunque ese procedimiento inglés sea claramente de origen mucho más moderno[3150]. Nuestros sistemas a menudo son motejados como "*inquisitorial*". Sin embargo, tras contemplar todo lo anterior, debe concluirse que indudablemente inquisitivo es todo lo planteado[3151], lo que no quiere decir necesariamente que sea negativo. Simplemente que aunque se intentan favorecer los acuerdos entre las partes, las atribuciones de la autoridad, es decir, del juez, deja bastante poco margen de libertad a los litigantes, y sin embargo abren un tremendo recorrido en manos del juzgador.

Toda esta fase previa puede durar bastante tiempo. Si no hay contratiempos, en los *small, multi* y *fast tracks,* esta fase dura entre 51 y 73 semanas, es decir, en torno al año[3152], aunque estas cifras se ampliaron hasta los 18 meses como consecuencia de la pandemia[3153].

3149 Part. 24.5 CPR.

3150 Vid. Taruffo, M., "Il processo civile di 'civil law' e di 'common law': aspetti fondamentali", *Foro italiano,* 2001, pp. 34 y ss. Resnick, "Managerial Judge", cit. pp. 376 y ss. Chayes, A. "The role of the Judge in Public Law Litigation", *Harvard Law Review,* n. 89, 7, mayo 1976, pp. 1284 y ss.

3151 Lo destacó así Dondi, A., "Questioni di efficienza della fase preparatoria nel processo civile statunitense (e prospettive italiane di reforma)", *Rivista Trimestrale di Diritto e Procedura Civile,* 2003, pp. 162-163.

3152 Ministry of Justice, National statistics; Civil Justice Statistics Quarterly: January to March 2022, 1-6-2022. https://www.gov.uk/government/statistics/civil-justice-statistics-quarterly-january-to-march-2022/civil-justice-statistics-quarterly-january-to-march-2022

3153 Ames, J., "Businesses wait average of 18 months for civil disputes to be heard", *The Times,* 16-8-2023. *https://www.thetimes.co.uk/article/businesses-wait-18-months-for-civil-disputes-to-be-heard-0d90bjfpz#:~:text=Court%20backlogs%20are%20forcing%20businesses,rise%20over%20pre%2Dcoronavirus%20delays.*

5. EL *TRIAL*

En realidad, la celebración de *trials* en el Reino Unido es marginal. Sólo ocurre en un 3% de los casos[3154], debiéndose recordar que un 83% suelen acabar en transacción. El otro 14% suelen consistir en desistimientos (*abandonment*).

Su duración es muy variable y depende de la prueba admitida, aunque lo que más caracteriza a estas audiencias son los extensísimos interrogatorios, que son consecuencia de la existencia de jurados en el proceso civil hasta mediados del siglo XX[3155], y que han mantenido un estilo de celebración que ya no se sostiene científicamente hoy en día[3156], de acuerdo con los parámetros de la psicología del testimonio. Existe una convicción muy arraigada de que sobre todo en la fase de *cross examination*, un abogado hábil puede obtener la verdad de un testigo gracias al interrogatorio[3157]. Simplemente, no es verdad. De hecho, las condiciones de presión psicológica en que se celebran los interrogatorios favorecen un debilitamiento de la memoria por parte del testigo, así como su vulnerabilidad para ser guiado por el abogado interrogador.

En realidad, en estas audiencias y con estos larguísimos interrogatorios, no se trata de averiguar la verdad, sino de crear un ambiente favorable para la estimación de la demanda o para su rechazo, según sea el interés de cada litigante, claro está. Pero eso es solamente una reminiscencia de lo que un día fueron los juicios: simples obras de teatro celebradas ante la comunidad, o ante un juez que se suponía oráculo, a fin de convencerle, al menos

---

3154 Según una estadística que recogía los casos entre 2000 y 2018 publicada por Grosvenor Law. https://www.grosvenorlaw.com/2019/11/14/how-many-civil-cases-actually-go-to-trial/#:~:text=Taking%20an%20average%20of%20the,to%20a%20fully%20contested%20trial.

3155 *Common Law Procedure Act* 1854, con el precedente de la reforma de los *county courts* en 1846. Actualmente, son solamente los casos de fraude o difamación, entre otros pocos, los que todavía pueden celebrarse ante un jurado (Senior Courts Act 1981, Section 69).

3156 Julià Pijoan, M., "Un análisis del fundamento de la declaración del testigo ocular como medio de prueba, a partir de la investigación empírica", *Ius et Praxis*, vol. 29, n. 2, 2023, pp. 44 y ss. Manzanero, *Psicología del testimonio*, Madrid 2008, pp. 106 y ss. Sánchez, N, Manzanero, A., "El engaño en contextos judiciales", *Revista Italo-Española de Derecho Procesal*, n. 1, 2023, pp. 1 y ss. Mazzoni, G., *Psicologia della testimonianza*, Roma 2015, pp. 108 y ss. Mazzoni, G., *Psicologia della testimonianza*, Roma 2015, pp. 108 y ss.

3157 Wigmore, J. H., *A Treatise on the System of Evidence in Trials at Common Law*, vol. II, Boston 1904, §1367, p. 1697: "*is beyond any doubt the greatest legal engine ever invented for the discovery of the truth.*"

intuitivamente[3158]. Hoy día es perfectamente lógico que no se llegue a esta fase del proceso prácticamente nunca.

Muy diferentes son las cosas en el continente, donde los procesos se celebran siempre, también de forma oral en la fase de prueba curiosamente por influencia del *common law*, especialmente de EEUU a través de la cinematografía, aunque también gracias a una promoción intensa de la oralidad que hicieron algunos autores durante el siglo XX[3159], siguiendo los ejemplos austríaco y alemán.

El resultado, no obstante, es igualmente pobre. Los interrogatorios son muchísimo más breves, sobre todo porque los jueces no permiten que se alarguen, ante la gran acumulación de asuntos. Al final, son pantomimas idénticas a las ya referidas, que al menos duran menos tiempo.

6. LA CASACIÓN

Una curiosa influencia proveniente de Inglaterra, no descubierta hasta hace muy poco, fue la introducción del recurso de casación[3160], que no existió en Francia ni en ninguna otra parte hasta que no fue directamente copiado por los juristas franceses del *appeal* ante la *House of Lords*, con relativamente pocos cambios.

Se había especulado, de hecho, con que dicho recurso era una institución jurídica de creación original francesa[3161], basándose sobre todo en un escrito que Gilbert de Voisins dirigió al rey en 1767[3162], y que contiene unos criterios básicos de reforma de la labor del *Conseil de parties*[3163], y que

---

3158 Vid. Nieva Fenoll, *El origen de la justicia*, Valencia 2023, pp. 106 y ss.

3159 Chiovenda, G., *Principios de Derecho Procesal*. Traducción de Casais a la tercera Edición de la obra "*Principii di Diritto Processuale*". Madrid 1977, p. 143. Cappelletti, M., *La oralidad y las pruebas en el proceso civil*, traducción de Sentís Melendo de Buenos Aires, 1972, p. 5.

3160 Nieva Fenoll, "The English Origin of French Cassation", *Civil Justice Quarterly*, (2022) 41, pp. 31-44.

3161 Calamandrei, *La Cassazione civile*, Vol I, pp. 693 y ss. Halperin, J-L., *Le Tribunal de Cassation et ses pouvoirs*, Paris 1987, p. 23.

3162 Vid. La reproducción de la memoria en Antoine, M., "Le mémoire de Gilbert de Voisins sur les cassations. un épisode des querelles entre Louis XV et les parlements (1767)", Revue historique de droit français et étranger (1922—), Quatrième série, Vol. 35 (1958), pp. 1-33.

3163 Calamandrei, *La Cassazione civile*, Vol I, pp. 365 y 372.

serían los caracteres básicos de lo que después se convirtió en el *pourvoi en cassation.*

Se puede pensar, ciertamente, que la fuente de ese escrito fue el propio genio de Gilbert de Voisins. Ocurre, sin embargo, que dicha memoria parece realmente un resumen de las explicaciones de Blackstone publicadas en su conocida obra[3164], que data, no por casualidad, de 1765, es decir, con anterioridad a la citada memoria. De hecho, la obra de Blackstone fue traducida poco después al francés, en 1774[3165]. De las explicaciones de Blackstone destacan sobre todo cuatro puntos que serán esenciales para el futuro recurso de casación[3166]:

- El hecho de que la *House of Lords* sólo aceptara en sus *appeals* la *injustice or mistake of the law.*
- La *House of Lords* no podía revisar pruebas[3167].
- Que todo ello hiciera de ese tribunal una *distinct jurisdiction*[3168].
- El *appeal* inglés era competencia de la cámara alta de un parlamento[3169], lo que recuerda poderosísimamente a la definición del posterior *Tribunal de Cassation* francés con la enigmática frase *auprès du corps legislatif*[3170], que se entiende perfectamente si se tiene en cuenta el precedente inglés[3171].

3164 Blackstone, W., *Commentaries on the Laws of England,* London 1765.

3165 Blackstone, W., *Commentaires sur les loix angloises,* traduits de l'Anglois par Auguste-Pierre Damiens
de Gomicourt sur la quatrieme edition d'Oxford, Bruselas 1774.

3166 Blackstone, *Commentaries on the Laws of England,* Lib. III, cit. p. 455

3167 Archives Parlementaires de 1787 à 1860 —Première série (1789-1800) Tome XV— Du 21 avril au 30 mai 1790. Paris: Librairie Administrative P. Dupont, 1883, p. 432. Intervención de D'ANDRÉ (Antoine-Balthasar-Joseph d'André) el 8 de mayo de 1790. También Archives Parlementaires de 1787 à 1860 —Première série (1787-1799) Tome XVII— Du 9 juillet au 12 aout 1790. Paris, Librairie Administrative P. Dupont, 1883, p. 737, intervención de Jacques-Guillaume Thouret informando sobre esta idea como vencedora en el proyecto.

3168 Archives Parlementaires de 1787 à 1860 —Première série (1789-1800) Tome XV— Du 21 avril au 30 mai 1790. Paris: Librairie Administrative P. Dupont, 1883, p. 432. Intervención de D'André (Antoine-Balthasar-Joseph d'André) el 8 de mayo de 1790.

3169 Blackstone, *Commentaries on the Laws of England,* Lib. III, cit. p. 56.

3170 Archives Parlementaires de 1787 à 1860 —Première série (1787-1799) Tome XVII— Du 9 juillet au 12 aout 1790. Paris, Librairie Administrative P. Dupont, 1883, p. 740-741, intervención de Louis-Pierre-Joseph Prugnon de 12 de agosto de 1790.

3171 Vid. También Montesquieu, op. cit. I, p. 301: "*C'est donc la partie du corps législatif, que nous venons de dire être, dans une autre occasion, un tribunal nécessaire, qui l'est encore dans*

Calamandrei confirmó que no se conocía ningún recurso con esas características en la historia del Derecho[3172], lo que es cierto, salvo por el hecho de que el autor italiano, por razones desconocidas en las que no se puede excluir la ideología política[3173], había excluido de sus consideraciones al Derecho inglés, pese a contar con una evidencia que es imposible de rebatir: los propios parlamentarios franceses habían reconocido directamente esa influencia en sus debates en la Asamblea[3174].

Se trata de un error que nos ha despistado durante más de cien años, junto con una concepción del recurso y su función del *ius constitutionis* que no era exactamente la original del órgano, y que ha animado todavía más debates al respecto. Es posible que en el futuro haya que sustituir el estudio de la casación por un debate mucho más extendido sobre la función actual de los tribunales supremos[3175], sin separar los sistemas del *common law* y del Derecho continental, y sobre todo sin condicionantes doctrinales cuyo fundamento es demasiado controvertible.

7. ¿QUÉ SISTEMA ES MEJOR?

Sin duda, se trata de una pregunta incómoda, pero que debe ser contestada en beneficio de la eficiencia de los sistemas procesales. Y sobre todo, sin prejuicios. Ambos sistemas pueden criticarse desde las falacias. Se puede decir que el sistema continental es anticuado porque sigue destinando, en realidad, poco esfuerzo a la práctica de la prueba, lo que es propio del

---

celle-ci; c'est à son autorité suprême à modérer la loi en faveur de la loi même, en prononçant moins rigoureusement qu'elle."

3172 Calamandrei, *La Cassazione civile*, Vol I, pp. 693 y ss.

3173 También presente en épocas anteriores. Vid. Stone, B., *Reinterpreting the French Revolution*, Cambridge 2002, pp. 115 y ss.

3174 Archives Parlementaires de 1787 à 1860 —Première série (1789-1800) Tome XV— Du 21 avril au 30 mai 1790. Paris: Librairie Administrative P. Dupont, 1883, p. 666, 24 de mayo de 1790. https://archive.org/details/archivesparlemen15pariuoft/page/666/mode/2up: *Les Anglais j'ose le dire, Messieurs, les Anglais vous ont donné là-dessus une grande leçon. Ces hommes qu'on nous a cités si souvent comme des maîtres en fait d'ordre judiciaire; ces hommes qui ont admis l'ambulance des juges ordinaires, ont senti la necessité de rendre sédentaires les juges de cassation. C'est à leur chambre-haute qu'ils ont attribué le pouvoir exclusif de casser les arrêts qui contreviennent aux lois du royaume et assurément, il serait difficile de leur persuader qu'ils eussent mieux fait, pour leur intérêt national, de confier ce pouvoir à un tribunal errant.*

3175 Vid los estudios contenidos en AAVV (Nieva y Cavani ed.), *La casación hoy, cien años después de Calamandrei*, Madrid 2021.

desprecio que por la valoración libre de la prueba se tuvo desde el siglo XII hasta el siglo XIX aproximadamente[3176].

Sin embargo, el sistema inglés sigue celebrando la fase previa al *trial*, es decir, a la práctica de la prueba, como si el sistema de valoración de la prueba fuera el legal, y no el libre, persistiendo en una duración excesiva de esta fase, la llamada fase *in iure* en los antiguos procesos romanos, transformados en los *praeparatoria iudicii*[3177] y sobre todo en la onerosísima *litis contestatio*[3178] del proceso del *ius commune*: el *solemnis ordo iudiciarius*, que era el heredero del último sistema procesal romano, el llamado "postclásico"[3179]. En dicha fase, se trataba sobre todo de aportar documentos y testigos, sin valorar ni unos ni otros, porque los testigos declaraban por escrito y los documentos raramente se leían, sino que sólo se observaba si eran públicos o privados. La finalidad, sobre todo, era cubrir la llamada "carga subjetiva de la prueba", de manera que el juez no pudiera decir que una de las partes no había cumplido con su aportación, perdiendo así prematuramente el proceso.

¿Tiene ello alguna similitud con el actual proceso inglés? Más que de similitud, podría hablarse casi de una identidad, sobre todo si se piensa en la *burden of production*[3180]. Lo sucedido, como ya se habrá adivinado, es que el proceso inglés recogió probablemente a través de la *Court of Chancery* las enseñanzas del Derecho canónico, que eran justamente las que se acaban de explicar, al estar influido este Derecho fortísimamente por el Derecho romano, como es sobradamente sabido.

La conclusión es que el proceso inglés ha conservado la *litis contestatio*, mientras que los procesos del continente han prescindido de la valoración prematura de documentos y testigos —no hay auténticos *affidavits* en los procesos continentales— y han desplazado esa valoración a la práctica de la prueba, es decir, a lo que sería el *trial* en el proceso inglés. De ese modo, el antiguo rol de la carga subjetiva de la prueba simplemente ha desapa-

---

3176 Vid. Endemann, W., *Die Beweislehre des Civilprozesses*, Heidelberg 1860.

3177 Nörr, K. W., *Romanisch - kanonisches Prozessrecht*, Berlin 2012, pp. 59 y ss.

3178 Nörr, *Romanisch - kanonisches Prozessrecht*, cit. pp. 109 y ss.

3179 Kaser; Hackl, *Das römische Zivilprozessrecht*, cit. pp. 517 y ss.

3180 Redmayne, M., "Standards of Proof in Civil Litigation", *Modern Law Review* 62, n. 2, marzo 1999, p. 172. Dennis, *The Law of Evidence*, London 2013, p. 442.

recido de nuestros procesos[3181] —aunque la doctrina insista incomprensiblemente en ella—, mientras que en el proceso inglés sigue existiendo[3182].

La evolución principal en el proceso inglés, con respecto al antecedente romano, es que el juez ha ganado facultades de dirección inmensas que le permiten conducir esta fase, aunque no se evitan siempre sus abusos, basados en el desgaste a la parte contraria solicitando más y más documentos. Por otra parte, como consecuencia de la persistencia del jurado —muy probablemente romano, ya se ha dicho— se ha conservado el protagonismo de la práctica de la prueba, el *trial*, completamente perdido durante la Edad Media en la Europa continental, muy probablemente por pereza de los jueces[3183]. Sin embargo, el *trial*, como vimos, se celebra en poquísimas ocasiones. Como ya sucedió en la Europa continental, los pleitos se ganan o se pierden en la *litis contestatio*, es decir, en la fase de *pretrial*.

Y ahora es pertinente volver a formular la pregunta. ¿Es mejor haber renunciado a la *litis contestatio*, o habría sido mejor mantenerla? Quizás manteniéndola, en esta época hubiéramos conseguido forzar un mayor uso de los ADR por parte de los litigantes, con independencia de si tal resultado es positivo, negativo o incluso legítimo. Y por parte continental, ¿ha sido beneficioso convertir la práctica de la prueba en algo parecido a los *trials* ingleses? Teniendo en cuenta las enseñanzas de la psicología del testimonio, ya reseñadas, cabe formular muy serias dudas al respecto. Ningún juez ni ningún jurado puede averiguar la verdad en un interrogatorio en términos científicos mínimamente serios, como ya ha sido indicado.

¿Qué hacer, entonces? Es posible que todo el proceso judicial esté en crisis, y que haya que recuperar el espíritu restaurativo que probablemente tuvo hace milenios[3184], y que hoy, en buena medida, ha perdido. Tal vez una mejor e intensa instrucción de los jueces en habilidades de persuasión

---

3181 Nieva Fenoll, J., "Requiem por la carga de la prueba", *Quaestio facti*, n. 4, 2023, pp. 39 y ss.

3182 Redmayne, M., "Standards of Proof in Civil Litigation", *Modern Law Review* 62, n. 2, marzo 1999, p. 172. Dennis, *The Law of Evidence*, London 2013, p. 442.

3183 Sanz, M. C., *Modo y forma de instruir y sustanciar las causas criminales*, Madrid 1828, p. 28. Álvarez Posadilla, J., *Práctica criminal por principios, o modo de instruir los procesos criminales de las causas de oficio de la Justicia*, Valladolid 1802, t. II, p. 18. Juan y Colom, J., *Instrucción de escribanos*, Madrid 1795, pp. 223-224.

3184 Nieva Fenoll, *El origen de la justicia*, cit. pp. 104 y ss.

podría hacer que el llamado *case management* pudiera suponer una puerta al futuro en este sentido[3185].

De todos modos, resulta bien curioso saber que hubo un momento de la historia, en concreto hasta el siglo XIX, en que la fase previa a la práctica de la prueba fue muy similar en toda Europa. Es decir, que hubo un tiempo en que nuestros mundos no estuvieron tan alejados. Salvo por el *trial*.

[3185] Vid. Cabral, A., "Framing the Structure of the Court System from a Case Management Perspective: New Trends in Brazilian Law", en Chan, Peter C. H.; Van Rhee, *Civil Case Management in the Twenty-First Century: Court Structures Still Matter*, Springer 2021, pp. 123 y ss.